ACCESO GRATIS *a la Lectura en la Nube*

Para visualizar el libro electrónico en la nube de lectura envíe junto a su nombre y apellidos una fotografía del código de barras situado en la contraportada del libro y otra del ticket de compra a la dirección:

ebooktirant@tirant.com

En un máximo de 72 horas laborables le enviaremos el código de acceso con sus instrucciones.

CONTRATOS, EMPRESA E INTERVENCIÓN NOTARIAL

CONTRATOS, EMPRESA E INTERVENCIÓN NOTARIAL

Directores

FRANCISCO GONZÁLEZ CASTILLA
UBALDO NIETO CAROL

Coordinador

JAUME MARTÍ MIRAVALLS

tirant lo blanch
Valencia, 2024

En caso de erratas y actualizaciones, la Editorial Tirant lo Blanch publicará la pertinente corrección en la página web www.tirant.com.

© TIRANT LO BLANCH
EDITA: TIRANT LO BLANCH
C/ Artes Gráficas, 14 - 46010 - Valencia
TELFS.: 96/361 00 48 - 50
FAX: 96/369 41 51
Email: tlb@tirant.com
www.tirant.com
Librería virtual: www.tirant.es
DEPÓSITO LEGAL: V-2463-2024
ISBN: 978-84-1071-223-2
MAQUETA: Innovatext

Si tiene alguna queja o sugerencia, envíenos un mail a: *atencioncliente@tirant.com*. En caso de no ser atendida su sugerencia, por favor, lea en *www.tirant.net/index.php/empresa/politicas-de-empresa* nuestro procedimiento de quejas.

Responsabilidad Social Corporativa: http://www.tirant.net/Docs/RSCTirant.pdf

Carlos Alcolea Domingo
Javier Badenas Boldó
Luis L. Bustillo Tejedor
Rebeca Castrillo Santamaría
Julio Esplugues García
Nuria Fernández Pérez
Albano Gilabert Gascón
Manuel González-Meneses
Martín González-Orús Charro
Eduardo Herrero Urtueta
Rafael Lara González
María-Cruz Lascorz Collada
Alejandro Manzorro Reyes
Ana Miranda Anguita
Eduardo Miranda Ribera

Luis María Miranda Serrano
Miguel Muñoz Cervera
Judith Morales Barceló
Pablo Muruaga Herrero
Alfonso Ortega Giménez
Carmen Pérez Guerra
Rosa Pla Almendros
Pedro Portellano Díez
Jorge Prades López
Antonio Ángel Priego Quesada
Jesús Quijano González
Francisca Ramón Fernández
Eduardo E. Taléns Visconti
Sonia Uceda Martínez
Daniel Vázquez Albert

Tomás Vázquez Lepinette

Índice

EL INSTRUMENTO PÚBLICO ELECTRÓNICO Y SU REFORMA POR LA LEY 11/2023, DE 8 DE MAYO
MANUEL GONZÁLEZ-MENESES

Sección III
Contratos en particular

LA CONFLICTIVIDAD EN LA EXTICIÓN DEL CONTRATO DE AGENCIA, 30 AÑOS DESPUÉS
RAFAEL LARA GONZÁLEZ

LA INTERVENCIÓN NOTARIAL DE PÓLIZAS DE SEGURO

JORGE PRADES LÓPEZ

Sección IV

Contratación y sector financiero

NUEVA FÓRMULA DE COOPERACIÓN ENTRE BANCOS Y ASEGURADORAS: LA CAUCIÓN INDIRECTA DE SEGUNDA GENERACIÓN

PEDRO PORTELLANO DÍEZ

Sección V
Contratación y concurso de acreedores

EL INTERÉS DEL CONCURSO Y LA RESOLUCIÓN DE LOS CONTRATOS
NURIA FERNÁNDEZ PÉREZ

ACTUACIONES NOTARIALES EN EL MARCO DE LOS PROCEDIMIENTOS DE INSOLVENCIA
LUIS L. BUSTILLO TEJEDOR

Sección VI
Otros

TECNOLOGÍAS DE LA INFORMACIÓN, MERCADOS FINANCIEROS Y NUEVOS RIESGOS SISTÉMICOS: UN DESAFÍO PARA LOS REGULADORES
TOMÁS VÁZQUEZ LÉPINETTE

PARTE II
ESTUDIOS

Sección I

Teoría general y contratos en particular

PROBLEMÁTICA DE LA INTEGRACIÓN PUBLICITARIA DEL CONTRATO EN CLAUSULADOS PREDISPUESTOS E INDIVIDUALMENTE NEGOCIADOS

Ana Miranda Anguita

LA CLÁUSULA PENAL Y EL DERECHO DE DESISTIMIENTO EN EL SECTOR GASTRONÓMICO: RESPUESTAS ANTE LOS *NO-SHOWS* Y LAS CANCELACIONES

Pablo Muruaga Herrero

EXCEPCIONES AL DEBER DE MITIGAR: LA INFRACOMPENSACIÓN

Julio Esplugues García

LA SUCESIÓN DE LA EMPRESA FAMILIAR Y LOS SEARCH FUNDS

Carmen Pérez Guerra

LA INTERVENCIÓN FORZOSA DE TERCEROS EN EL ARBITRAJE COMERCIAL DESDE UNA PERSPECTIVA CONTRACTUAL

EDUARDO HERRERO URTUETA

LA ADAPTACIÓN DE LOS CONTRATOS DE COMPRAVENTA VITIVINÍCOLA A LA NUEVA LEY DE LA CADENA ALIMENTARIA

FRANCISCA RAMÓN FERNÁNDEZ

EL SINIESTRO DEL BUQUE ASEGURADO Y SUS EFECTOS SOBRE LOS CONTRATOS DE ARRENDAMIENTO Y FLETAMENTO

Albano Gilabert Gascón

EJERCICIO ABUSIVO DEL DERECHO DE INFORMACIÓN EN LAS SOCIEDADES MERCANTILES CAPITALISTAS

Judith Morales Barceló

SOBRE EL FUTURO PROCESO DE LAS ACCIONES COLECTIVAS DE CESACIÓN FRENTE A LAS PRÁCTICAS ILÍCITAS EN LA CONTRATACIÓN MERCANTIL

Rebeca Castrillo Santamaría

REGULACIÓN SOBRE ACTIVOS DIGITALES. LOS PRINCIPIOS UNIDROIT
ANTONIO ÁNGEL PRIEGO QUESADA

UNA APROXIMACIÓN A LA RESPONSABILIDAD CIVIL POR ALGORITMOS AUTOMÁTICOS DESDE LA TEORÍA DE LA PÉRDIDA DE LA OPORTUNIDAD
CARLOS ALCOLEA DOMINGO

EL USO DEL BLOCKCHAIN PARA LA TRANSPARENCIA Y CONFIDENCIALIDAD DE LOS CONTRATOS PÚBLICOS
ALEJANDRO MANZORRO REYES

Sección III
Contratación y contratos de colaboración

AGENCIA COMERCIAL INTERNACIONAL VS. DISTRIBUCIÓN COMERCIAL INTERNACIONAL Y SUS RIESGOS EN EL COMERCIO INTERNACIONAL
ALFONSO ORTEGA GIMÉNEZ

EL IMPACTO DEL MERCADO ONLINE EN LOS DISTRIBUIDORES INDIRECTOS INTREGRADOS
JAVIER BADENAS BOLDÓ

FIGURAS AFINES AL CONTRATO DE LICENCIA

EDUARDO MIRANDA RIBERA

Sección IV

Contratación y concurso de acreedores

ASPECTOS LABORALES DEL PROCEDIMIENTO ESPECIAL PARA LA INSOLVENCIA DE LAS MICROEMPRESAS

EDUARDO E. TALÉNS VISCONTI

MEDIDAS DE PROTECCIÓN PARA EL ACREEDOR DEL CRÉDITO EXONERADO EN EL CONCURSO DE ACREEDORES

MARTÍN GONZÁLEZ-ORÚS CHARRO

LAS COSTAS PROCESALES EN EL CONCURSO DE ACREEDORES TRAS LA TRANSPOSICIÓN DE LA DIRECTIVA EUROPEA 2019/1023 DE REESTRUCTURACIÓN E INSOLVENCIA

SONIA UCEDA MARTÍNEZ

Prólogo

Es usual encontrar en los prólogos de las obras colectivas *crónica* y *agradecimiento*: por un lado, se pone en antecedentes al lector sobre el origen y valor de ese trabajo que tiene en sus manos; por otro, los prologuistas firman un *reconocimiento de deuda* (aunque imposible de pagar) con todos los autores que han puesto su tiempo, conocimiento y compromiso para que la obra vea la luz.

Nos permitirá el lector que cumplamos con nuestro destino como codirectores de este proyecto colectivo que es el *Congreso de Notarios y Profesores de Derecho mercantil de Valencia*.

Esta obra es fruto, reposado y ampliado, de la tercera edición de ese encuentro, celebrado los días 5 y 6 de octubre de 2023. En otros lugares hemos contado ya la génesis del congreso[1]: la convicción de que era necesario crear un espacio de debate entre notarios, académicos y otros profesionales del Derecho que abordara los problemas de transparencia, seguridad jurídica y funcionamiento de los contratos en el tráfico mercantil; el acogimiento de la idea por el Ilmo. Colegio Notarial de Valencia y el Departamento de Derecho mercantil «Manuel Broseta Pont» de la Universitat de Valencia, firmantes del convenio marco que auspicia el encuentro; incluso hemos referido los *problemas pandémicos* que obligaron a retrasar la primera edición del Congreso a 2021.

Pero todavía quedaban algunas cosas por contar. Una de ellas la decisión que tomamos de que los resultados de cada reunión no se publicasen hasta la primavera del año siguiente. La idea era dejar el tiempo necesario a los autores para que sus aportaciones tuvieran un desarrollo y valor intrínseco más allá del debate presencial durante los días de Congreso. Como dejamos escrito en el primero de estos volúmenes: *«esta obra va mucho más allá de un «libro de actas»»* y, una vez más, tenemos que agradecer la generosidad de todos los ponentes y comunicantes en el Congreso que con sus trabajos han honrado este objetivo

[1] Véanse los prólogos a *Retos de la contratación mercantil moderna* (Tirant lo Blanch, 2022) y *Contratación empresarial y Derecho privado* (Tirant lo Blanch, 2023).

En efecto, el lector sabrá apreciar la calidad y cuidado de las contribuciones recogidas en el libro. En ellas se tratan temas de relevancia para comprender los problemas actuales de las relaciones contractuales en el mercado. De esas relaciones cuya transparencia y seguridad jurídica depende en muchas ocasiones de la *intervención notarial,* que en esta edición hemos querido destacar llevándola al propio título de la obra: *Contratos, Empresa e intervención notarial.*

Los trabajos se agrupan en dos grandes bloques: *Doctrina,* con las contribuciones de los catedráticos de Derecho mercantil y Notarios ponentes en las sesiones del Congreso y *Estudios,* donde recogemos los veinte artículos que los congresistas han presentado en cuatro grandes temas: *teoría general y contratos en particular; digitalización; contratos de colaboración; y contratación y concurso de acreedores.*

En cuanto a la *Doctrina,* y como viene siendo habitual en las tres ediciones del Congreso, se presenta dividida en cinco grandes apartados que abordan la problemática del contrato en relación con distintas áreas de la materia mercantil: *Contratación y Derecho de sociedades,* con análisis de los efectos del protocolo familiar (Miguel Muñoz Cervera) y sobre derecho de información del socio y la impugnación de acuerdos sociales (Daniel Vázquez Albert); *cuestiones generales de la contratación mercantil,* en esta ocasión referidas a las polémicas cuestiones de la transparencia material (Luis Miranda Serrano) y a la reforma del instrumento público electrónico (Manuel García-Meneses García-Valdecasas); aspectos relacionados con *contratos en particular,* donde se incluyen estudios sobre la extinción del contrato de agencia (Rafael Lara González) y la intervención notarial en las pólizas de seguro (Jorge Prades López); los *contratos en el mercado financiero,* sección que incluye el trabajo sobre la caución indirecta de segunda generación (Pedro Portellano); y, finalmente la incidencia del concurso de acreedores en el contrato, con el estudio de las actuaciones notariales en los procedimientos de insolvencia (Luis Bustillo Tejedor) y el interés del concurso y la resolución de los contratos (Nuria Fernández Pérez). A todos ellos nuestro más intenso agradecimiento por aceptar en su día la invitación a formar parte del panel de ponentes del Congreso y por haber compartir ahora su conocimiento con todos los interesados en el régimen jurídico privado de la actividad empresarial.

Y terminamos volviendo a la *crónica*: nuestro objetivo hace cuatro años fue, en primer lugar, ofrecer a los operadores relacionados con la contratación mercantil un espacio de discusión jurídica en Valencia con el más alto nivel académico y profesional posible y, en segundo lugar, que ese encuentro cristalizara en una obra anual con identidad propia que analizara esas *«cuestiones a debate en la contratación mercantil moderna»* de las que nos habla el Profesor Jesús Quijano en el trabajo que abre este volumen. Creemos que este nuevo hito consolida el camino iniciado y nos anima a preparar ese IV Congreso que nos volverá a reunir la primera semana de octubre en Valencia gracias al imprescindible apoyo del Ilmo. Colegio Notarial de Valencia y del Departamento de Derecho mercantil «Manuel Broseta Pont».

Francisco González Castilla
Catedrático de Derecho mercantil
Universitat de Valencia

Ubaldo Nieto Carol
Notario
Catedrático (acred.) de Derecho mercantil

PARTE I
DOCTRINA

Cuestiones a debate en la contratación mercantil moderna[*]

Jesús Quijano González
Catedrático emérito de Derecho Mercantil
Universidad de Valladolid

SUMARIO: I. INTRODUCCIÓN: LA CONTRATACIÓN MERCANTIL COMO OBJETO DE REFLEXIÓN. 1. La doble dimensión, externa e interna, de la cuestión: evolución histórica y perspectiva moderna. 2. El debate en la elaboración del Anteproyecto de Código Mercantil. II. LA CONTRATACIÓN MERCANTIL EN EL CONTEXTO DEL DERECHO DE OBLIGACIONES Y CONTRATOS. 1. Las opciones de regulación. 2. La aportación de la Propuesta de modernización del Código Civil. 3. La especialidad de la contratación mercantil. III. CONTENIDO Y SISTEMA DE LA CONTRATACIÓN MERCANTIL. 1. Las tendencias y los objetivos. 2. Las prioridades y los límites.

I. INTRODUCCIÓN: LA CONTRATACIÓN MERCANTIL COMO OBJETO DE REFLEXIÓN

1. La doble dimensión, externa e interna, de la cuestión: evolución histórica y perspectiva moderna

La contratación mercantil, entendida como parte esencialmente vinculada a la actividad de empresa, está integrada por un conjunto amplio y diverso de figuras contractuales de muy variada función y naturaleza, a

[*] El presente trabajo se corresponde con la conferencia de clausura que sirvió de cierre al III Congreso de Notarios y Profesores de Derecho Mercantil, celebrado los días 5 y 6 de octubre de 2023 en la sede del Colegio Notarial de Valencia. Tanto en la preparación de la conferencia, como en la elaboración de esta versión escrita, he utilizado como material principal, sin perjuicio de las correspondientes actualizaciones, las reflexiones que tuve ocasión de desarrollar, primero oralmente y luego también en formas escrita, destinada a su publicación, con ocasión de la clausura del Congreso de Contratación Mercantil, celebrado en la Facultad de Derecho de la Universidad de Córdoba, los días 20 y 21 de octubre de 2022. Una versión más resumida ha sido igualmente publicada como editorial en el periódico digital "La Ley Mercantil", número 99, febrero 2023, bajo el título "La contratación mercantil como categoría y como problema".

través de las cuales se canalizan, adoptando forma jurídica, las múltiples relaciones que dicha actividad genera, tanto de empresas entre sí, como de empresas con proveedores, clientes y consumidores. Pero, a la vez, esa constelación de figuras contractuales es susceptible de agrupación en categorías contractuales de cierta homogeneidad, formando clases de contratos generalmente admitidas y tradicionalmente utilizadas con fines sistemáticos que ayudan a aplicar similitudes en la interpretación y analogías en la integración del régimen jurídico de contratos que surgen y permanecen en ámbitos de atipicidad o de tipicidad parcial.

Las clases de contratos de intercambio de bienes, de colaboración, de prestación de servicios, de obra por empresa, de financiación, de cobertura de riesgos, etc., son buena muestra de esa útil tendencia a la búsqueda de afinidades con evidentes efectos jurídicos. Ascendiendo aún un tramo más en la sistematización integrada de estas categorías, la de los "contratos mercantiles" constituiría el nivel superior que proporciona cobertura a todas las demás, ahora configuradas como subcategorías dentro de la más general. Y es aquí, en este ámbito omnicomprensivo de la "contratación mercantil" como categoría donde se plantean los problemas comunes que aquí vamos a considerar, no sin admitir la complejidad del intento, pues fácilmente se percibirá que no todos los problemas comunes lo son por igual, o con la misma intensidad, en cada uno de los subgrupos de contratos y, menos aún, en relación con las particulares figuras contractuales que se suelen encuadrar en cada uno de ellos. Como con frecuencia ocurre, cuanta más generalidad o amplitud tengan esos problemas que se pueden considerar comunes, más factible será referirlos al conjunto de los contratos mercantiles; pero, a medida que se pretenda una mayor y más progresiva especificación particular de tales problemas, las dificultades para referirlos a grupos de contratos serán mayores. Con tal prevención, pues, se desarrollan las siguientes reflexiones, a partir de esta Introducción, que toma la contratación mercantil como objeto de reflexión unitaria, con la mayor uniformidad posible, a fin de plantear un marco inicial de cuestiones comunes, dentro de una doble perspectiva que se describe a continuación.

Esta doble perspectiva, aplicada a la contratación mercantil como categoría jurídica general, constituye un ámbito especialmente propicio para la reflexión sobre los dos aspectos que mejor caracterizan su peculiaridad y mejor sintetizan la problemática común de la categoría: de un lado, su posición sistemática y su delimitación en el espacio del Derecho de las obligaciones y de los contratos, donde convive y se relaciona con otros dominios que también ocupan espacio en ese ámbito; de otro lado, su estructura interna, habida cuenta de la variabilidad y amplitud de su contenido, necesariamente abierto a la incorporación de nuevas figuras y al desarrollo de las que en cada momento son conocidas, dispongan o no de regulación. De manera que precisar el estado de la cuestión exige aquí responder de manera actualizada a ese conjunto de preguntas que se han planteado una y otra vez, de la misma manera y en diferente contexto a lo largo del tiempo: qué hacer con la contratación mercantil, dónde colocarla, cómo organizarla internamente, qué función asignarla, etc. Y, como no se trata sólo de responder con una orientación meramente descriptiva del fenómeno, sino también de aplicar una perspectiva valorativa, al relato de los hechos significativos debe añadirse una exigencia más comprometida: qué se debería hacer, qué sería lo correcto hacer, desde el punto de vista de la naturaleza de las cosas y de una razonable coherencia jurídica, con ese magma tan expansivo que es la contratación mercantil a la hora de definir su territorio, de asignarle límites y de ordenar debidamente el espacio que haya de ocupar y el contenido que le resulte propio como especialidad.

Tal pretensión no es otra que la de retornar al debate más clásico, distinguiendo las dos dimensiones citadas: una, más histórica, con trascendencia principalmente externa, en la que se plantea la relación del Derecho de la contratación mercantil con el Derecho de las obligaciones y contratos en general, que no es más que una variante de la relación entre lo general o común y lo especial, a su vez un aspecto histórico de la más amplia entre el Derecho Mercantil y el Derecho Civil, tensionada primero, en nuestro caso, por la peculiaridad de la codificación del Derecho privado, que alumbró por dos veces un Código de Comercio sin Código Civil previo, y corregida luego por la generalización de una parte de lo que fue originariamente especial, en un proceso de mercantilización acelerada de ciertas figuras contractuales; otra, más reciente, y con más dimensión interna, que atañe a la sistematización y regulación propia de la contratación mercantil, donde el despliegue de nuevos contenidos y nuevas formas, de categorías contractuales requeridas por la evolución económico-empresarial y configuradas en la atipicidad creativa de estructuras contractuales novedosas y sofisticadas se encuentra en continuado e imparable movimiento.

Esa relación, no obstante, debe entenderse modificada por la incidencia de otras especialidades que han venido a proyectar un impacto considerable sobre la contratación mercantil. La perspectiva histórica atendía a la relación entre el Derecho Civil y el Derecho Mercantil, principalmente en el ámbito de los contratos; lo que hoy plantea una visión más moderna del problema, sin olvidar aquella perspectiva, es principalmente la relación entre el Derecho Mercantil y el Derecho Administrativo, más concretamente el Derecho Administrativo Económico, pues lo que viene ocurriendo en época más reciente es que, cada vez con mayor frecuencia, aspectos del contenido de los contratos, que en otro tiempo estuvieron atribuidos a la libertad de contratación y de configuración contractual, como manifestaciones de la autonomía de la voluntad y de la libertad de pactos, se ven hoy penetrados por normas imperativas, sea en materia de condiciones contractuales, sea en materia de precios, o de otros aspectos del régimen jurídico, cuya legitimidad se proclama derivada del interés de la economía general y de la atención a nuevos paradigmas de sostenibilidad y de protección de objetivos esenciales. Proceso éste al que no es ajena la incidencia del Derecho de la Protección de los Consumidores, con objetivos de tutela de los intereses de la parte débil del contrato, mediante limitaciones, prohibiciones, u otros instrumentos generales o sectoriales, en tanto que contribuye decididamente a modificar la estructura tradicional de la contratación; como tampoco es ajena la progresiva tendencia a incorporar fines de interés público (la protección del medio ambiente, la consecución de mejoras sociales, etc.) que alcanzan cada vez a más dominios (societario, contractual, concursal, competencial, etc.) del vasto panorama de la materia tradicionalmente considerada como mercantil.

2 El debate en la elaboración del Anteproyecto de Código Mercantil

En lo que atañe a la doble dimensión del problema de la contratación mercantil antes citado (relación externa, sistema interno), la todavía reciente elaboración del Anteproyecto de Código Mercantil ha dado ocasión para plantear las cuestiones clásicas con perspectiva moderna. Merece, pues, una consideración particular tal evento, a fin de valorar las orientaciones que se tuvieron en cuenta en esta materia contractual y los resultados alcanzados tras el debate y contraposición de criterios que tuvo lugar.

Como bien se recordará, la primera versión del citado Anteproyecto, presentada en 2013, planteó un intenso debate, con activa participación de Profesores de Derecho Civil y de la propia Sección de Derecho Civil de la Comisión General de Codificación (en cuyo seno se había elaborado en 2009 una interesante Propuesta para la Modernización del Derecho de Obligaciones y Contratos, recientemente actualizada en una nueva Propuesta de mayo de 2023) a propósito del contenido y alcance del Libro IV, que llevaba por título “De las obligaciones y de los contratos mercantiles en general”. Se alegaba, y se discutía, si el Anteproyecto había ido demasiado lejos, invadiendo el espacio de lo que se consideraba general, o apropiándose de normas comunes, en la medida en que se traían al ámbito especial de lo mercantil algunas reglas que debían pertenecer al ámbito contractual general y común.

Aquel Libro IV de la versión inicial del Anteproyecto constaba de cinco Títulos: un Título I de Disposiciones generales, referidas al carácter dispositivo de las normas, como regla general, a los deberes en la fase preparatoria del contrato, a la perfección, modificación e interpretación de los contratos, a su contenido, extinción y excesiva onerosidad, incumplimiento y morosidad en el cumplimiento de los contratos mercantiles; un Título II, que comprendía las formas especiales de contratación (electrónica, en pública subasta y automática); un Título III, sobre condiciones generales de la contratación; un Título IV, sobre cláusulas de confidencialidad y de exclusiva; y un Título V, sobre cesión de los contratos mercantiles.

Recayó entonces Dictamen del Consejo de Estado, emitido en 2015, muy alineado con la idea de que el Anteproyecto se había excedido al configurar el Libro IV. Algunos párrafos de aquel Dictamen son bien reveladores en cuanto a la afirmación de ese criterio: se refería a otros informes que se habían emitido, en los que se hablaba de "la invasión del ámbito civil por la regulación proyectada", o de la "difícil justificación actual de superponer una teoría general del contrato a la del Código Civil", para concluir que el Consejo de Estado compartía ese parecer, consideraba necesario "mantener una regulación general común de la contratación privada lo más amplia posible en el Código Civil, de forma que el Código Mercantil se limite a precisar aquellas reglas concretas en que el tratamiento mercantil ha de ser necesariamente diferente y, en su caso, con una remisión a las bases de las obligaciones contractuales del Código Civil" y entendía, por tanto, que "el Derecho privado común en materia de obligaciones y contratos debe ubicarse en el Código Civil, mientras que el Código Mercantil debe recoger solo las reglas especiales que se considere pertinente mantener para el ámbito mercantil", todo ello avalado en razones conceptuales, de simplificación normativa, de uniformidad jurisprudencial, de coordinación con los textos europeos y, en suma, de seguridad jurídica, a fin de evitar lagunas, redundancias y discordancias.

El efecto obvio de tal planteamiento no podía ser otro que el de objetar el Libro IV del Anteproyecto en los términos en que había sido concebido en aquella versión del Anteproyecto de 2013. El dictamen del Consejo de Estado se extendía incluso seleccionando ejemplos de lo que consideraba un "efecto perturbador —incluso perverso— y no pretendido" (sic) de algunas normas: así, la cláusula rebus sic stantibus, los deberes en la fase preparatoria del contrato, especialmente en cuanto al deber de confidencialidad y a la culpa in contrahendo, las condiciones generales de la contratación, o la cesión de créditos.

A la vista de esas objeciones, el Ministerio de Justicia decidió encargar a un Grupo de Trabajo, integrado por el Presidente y dos Vocales de cada una de las dos Secciones afectadas (la Civil y la Mercantil) de la Comisión General de Codificación, la realización de una revisión del citado Libro IV, a fin de alcanzar un "texto consensuado" en el que, siguiendo los criterios del Consejo de Estado, se depurara su contenido, extrayendo de él lo que se entendiera como reglas generales y comunes del Derecho de obligaciones y contratos, y manteniendo lo que se entendiera como reglas especiales de la contratación mercantil. Por mi participación personal en dicho Grupo de Trabajo, puedo dar testimonio de que el intento fue abordado con rigor, con independencia de la valoración que se tenga del resultado alcanzado. El Libro IV, que luego se incorporó a la versión del Anteproyecto de Código Mercantil actualizada en 2018, disminuyó considerablemente su tamaño, pasando de los cinco Títulos que contenía en 2013 a los tres que permanecieron.

El nuevo Título I, a diferencia del anterior que agrupaba unas Disposiciones generales, se refería ahora a "las especialidades en el régimen de las obligaciones y contratos mercantiles", expresando así un cambio de orientación bien revelador. En su contenido se distinguía un Capítulo I, integrado por una regla general de régimen jurídico de las obligaciones y contratos mercantiles, donde venía a recogerse el sistema jerarquizado de fuentes (Código, Leyes mercantiles especiales, usos de comercio y disposiciones de Derecho Civil de Estado, como normativa básica en la materia. También se establecía el carácter dispositivo como atributo general de las normas reguladoras de las obligaciones y contratos, con excepción de la noción y mercantilidad de cada uno y siempre que en esas normas no se previera expresamente lo contrario, carácter que suponía su aplicación salvo pacto de las partes o uso de comercio en contrario. El Capítulo II, por su parte, venía a ser el núcleo central de las especialidades de la contratación mercantil: especialidades en la perfección del contrato, en su integración e interpretación, y en su cumplimiento; mientras que el Capítulo III respetaba unas reglas especiales en materia de morosidad en el cumplimiento de los contratos mercantiles, con disposiciones sobre el momento y los efectos de la morosidad y normas propias de la morosidad en las operaciones entre empresarios y otros operadores del mercado.

El Título II, por su parte, comprendía las tres formas de contratación que se consideraron más especiales en el ámbito mercantil: la contratación electrónica, la contratación en pública subasta y la contratación automática, con reglas propias sobre diversos aspectos de la celebración del contrato. Por fin, en un Título III, y último de este Libro IV, se ubicaron dos cláusulas muy propias de la contratación mercantil, como lo son las de confidencialidad y de exclusiva.

A la estructura articulada que acaba de resumirse se acompañaban algunas indicaciones, como que debía suprimirse el artículo sobre jerarquía de normas en otro ámbito, ya que se había incorporado en este Libro IV una regla al respecto, particular para las obligaciones y contratos, y también las referencias al "factor notorio" que se habían incluido en la Propuesta para la Modernización del Derecho de Obligaciones y Contratos, así como también las normas para la protección de los consumidores de esa Propuesta, una vez que esta materia, tan transversal en su configuración, estaba ya sistematizada, desde 2007 y con modificaciones y actualizaciones posteriores, en el Texto Refundido de la Ley General para la Defensa de los Consumidores y Usuarios.

Esa otra dimensión, que puede considerarse más propia, por plantear la estructura interna, de sistema y contenido, de la contratación mercantil más que la relación con otros ámbitos, especialmente el Civil, resultaba bien perceptible, y un tanto novedosa, en el despliegue de figuras y categorías de contratos mercantiles que acogía el Libro V (De los contratos mercantiles en particular), donde se proponía una notable actualización de la materia. Basta repasar el índice de los Títulos dedicados específicamente a cada una de las categorías de contratos para percibir el alcance de la novedad, aunque, obviamente, no tendría mucho sentido utilizar como pauta de medida la comparación con el índice de contratos regulados en el Código de Comercio de 1885; es tal la evolución de la tipología contractual que se ha producido en la realidad económico-empresarial durante más de un siglo que solo en el tramo más clásico y tradicional de la contratación se podría encontrar algo de paralelismo. En la versión del Anteproyecto de 2013 había nueve Títulos en el Libro V, correspondientes a categorías contractuales: contratos de intercambio de bienes (compraventa, suministro y permuta); de obra por empresa; de prestación de servicios mercantiles y sobre bienes inmateriales (en general, comunicaciones electrónicas, publicitarios, servicios turísticos, cesión y licencia de bienes inmateriales); de colaboración (comisión, agencia, distribución); depósito; transporte (terrestre de mercancías y persona, marítimo, remitido a la ley especial, aéreo); contratos financieros (depósito, préstamo, apertura de crédito, crédito documentario, arrendamiento financiero, cesiones de crédito, garantías, contratos financieros instrumentales); mercado de valores; seguros (daños y personas) y mediación. En el paso a la versión de 2018 desapareció el Título de las operaciones en el mercado de valores, emigrado a la legislación específica, y se modificaron algunos otros Títulos con entradas y salidas diversas (así, por ejemplo, en los contratos de colaboración se añadieron los de mediación, estimatorio y participación, o en los de prestación de servicios se añadió la admisión a subasta pública).

A grandes rasgos, esta es la situación en que quedó planteado el debate sobre las relaciones externas y la tipología interna de la contratación mercantil, y así permanece en la actualidad, todavía a la espera de decisiones de otro nivel respecto de la configuración del Derecho Privado en materia de obligaciones y contratos, decisiones que no se atisban en el horizonte próximo, ni siquiera en forma de recomendaciones u orientaciones generales. A esas dos dimensiones se dedican los dos siguientes epígrafes de manera diferenciada.

II. LA CONTRATACIÓN MERCANTIL EN EL CONTEXTO DEL DERECHO DE OBLIGACIONES Y CONTRATOS

1. *Las opciones de regulación*

Es de sobra conocido que el debate sobre la más correcta configuración del Derecho Privado de Obligaciones y Contratos no es en absoluto nuevo, por más que a lo largo del tiempo haya experimentado desiguales grados de intensidad y haya sido objeto de propuestas variadas; a ello han contribuido, además de los planteamientos doctrinales y jurisprudenciales en torno a la unificación y al ámbito que debiera alcanzar, las experiencias legislativas desde la Codificación para acá, sea las que nacieron y se desarrollaron con un modelo de dualidad de Códigos, sea las que en cierto momento optaron por una unificación, específica del Derecho de Obligaciones, o más general. No es necesario exponer en detalle las referencias más significativas de uno u otro modelo (Francia, Alemania, o España, en un lado; Suiza o Italia, en el otro), que son suficientemente conocidas en nuestro entorno jurídico. Pero la esencia del debate permanece idéntica y, en nuestro caso, ejemplo evidente de la doble Codificación, con la peculiaridad de que la mercantil fue anterior a la civil, lo que sin duda facilitó que la primera ocupara como propio un espacio amplio que no tenía en ese momento una atribución formal a lo que luego pudo considerarse el espacio común y, a la vez, propiciara una afirmación de la especialidad, muy visible en el sistema de la jerarquía de fuentes del Código de Comercio, donde primaban la ley y el uso mercantil, mientras que el Derecho común ocupaba la posición supletoria posteriormente asignada al Código Civil y, en su caso, al Derecho Civil Foral allá donde lo hubiera.

Ese punto de partida ha sido desde entonces la base para un debate recurrente: si el régimen de las obligaciones y los contratos debe estar distribuido en dos Códigos, uno Civil, de alcance más general, otro Mercantil, de alcance más especial, o bien debe agruparse todo el régimen en un Código único, o unificado, organizado sistemáticamente en una Parte General, de aplicación común a toda la contratación, donde estarán ubicadas las reglas básicas sobre los aspectos más esenciales de las obligaciones (fuentes, clases, contenido, extinción, etc.) y de los contratos (perfección, interpretación, cumplimiento, incumplimiento, resolución etc.), sin perjuicio de que en ellas se distingan reglas especiales de aplicación exclusiva en el ámbito de la contratación mercantil (así, en la forma de celebración, en la fase de preparación del contrato, en el cumplimiento, en la morosidad, en la prescripción, en la responsabilidad, etc.) y en las correspondientes Partes Especiales (Civil y Mercantil), donde se encontrarán las reglas propias de las categorías y tipos de contratos, distinguiendo, en unos casos, contratos con doble nivel regulatorio (lo común en la Parte Civil y las especialidades en la Parte Mercantil, como ocurrirá, por ejemplo, en la compraventa, el mandato, el préstamo, etc.) y, en otros, contratos con un único régimen, que será el mercantil, cuando la figura en cuestión se haya "mercantilizado" suficientemente, de manera que la única forma en que el contrato se celebra sea la mercantil (como así ocurre en el transporte, la distribución, el seguro, etc.). Un amplio espacio transversal correspondería en ese modelo de Código Único a la temática de la protección del consumidor, donde tendrían cabida las reglas que se han ido acumulando como fruto del impacto de las técnicas de tutela de la parte débil del contrato (condiciones generales de la contratación, responsabilidad del fabricante, acciones de cesación, etc.), o como efecto de la propia evolución tecnológica y su incidencia en la celebración de los contratos. (contratación a distancia, contratación electrónica, etc.).

2. *La aportación de la Propuesta de modernización del Código Civil*

Importante, y decisiva, incidencia en el planteamiento actual del debate ha de tener, en paralelo a cómo se configure la regulación de la contratación mercantil, la evolución que experimente lo que, en la opción que nos es más próxima, estaría llamado a integrar la parte general y común del Derecho de Obligaciones y Contratos, integrada en nuestro caso en el Código Civil, al menos mientras permanezca la dualidad de textos legales, pero sin perjuicio de constituir la correspondiente parte común en una eventual opción de Código Unificado de Obligaciones y Contratos.

La propuesta elaborada en 2009, en el seno de la Sección Civil de la Comisión General de Codificación, reconocía en la Exposición de Motivos la necesidad de actualizar las reglas del Código Civil en materia de contratos, no modificadas desde su redacción inicial en 1989, incluso alegaba que el legislador de entonces "no había puesto en esta materia sus máximos empeños", más preocupado en otras cuestiones que no hacen al caso, y detallaba, en un amplio relato, las circunstancias de todo tipo que, a lo largo del siglo XX, habían transformado el contexto jurídico, económico y social en el que se configuró el Libro IV (De las obligaciones y contratos) del Código Civil.

La nueva Propuesta de modernización afectaba a los dos Títulos, respectivamente dedicados a las Obligaciones y a los Contratos. Se iniciaba el Título I con unas Disposiciones Generales (artículos 1088 a 1094), en las que se contenían los aspectos más básicos del régimen de las obligaciones (el contenido, la responsabilidad ilimitada del deudor, la acción subrogatoria, la transmisión de los derechos adquiridos en virtud de una obligación, las fuentes, la promesa unilateral y la concesión de premio mediante concurso). Venían luego las clases de obligaciones (de dar, genéricas, pecuniarias, alternativas, condicionales y a plazo), con atención especial luego a la distinción entre obligaciones mancomunadas y solidarias, y, en este caso, entre la solidaridad de deudores y de acreedores. Los efectos de las cláusulas penales precedían a continuación al régimen del cumplimiento de las obligaciones, singularmente actualizado y detallado en la Propuesta, y al tratamiento particular de la compensación. El incumplimiento, por su parte, comprendía unas disposiciones generales sobre las opciones del acreedor, y reglas más concretas sobre la acción para exigir el cumplimiento, la posibilidad de reducir el precio, la resolución por incumplimiento, y la indemnización de daños y perjuicios. Finalmente, se encadenaban un conjunto de cuestiones, en capítulos diferenciados dada la singularidad de cada una, referidas, por este orden, a la alteración extraordinaria de las circunstancias básicas del contrato, con una versión bien perfilada de la cláusula "rebus sic stantibus", a la cesión d créditos, la asunción de deuda, la delegación, la cesión de la posición contractual, la novación, la remisión y la confusión. Si se compara esta estructura sistematizada de regulación con la que sigue vigente en el Libro I del Libro IV del Código Civil (cuyos cinco capítulos se refieren a las disposiciones generales; la naturaleza y el efecto; las diversas especies, distinguiendo las puras y las condicionales, las a plazo, las alternativas, las mancomunadas y solidarias, las divisibles e indivisibles y las con cláusula penal; la extinción, por pago o cumplimiento, pérdida de la cosa debida, condonación, confusión, compensación y novación; y la prueba de las obligaciones), fácilmente se percibe el avance en contenido y en alcance regulatorio que podría suponer la Propuesta de modernización.

El Título II agrupaba las reglas propias de los contratos en general. También aquí, frente al tratamiento que permanece en el Código Civil, que, en los artículos 1254 y siguientes, recoge las disposiciones generales sobre la libertad de pactos, el efecto obligatorio entre partes, el cumplimiento, etc., y detalla los requisitos esenciales para la validez (consentimiento, objeto y causa), así como lo relativo a la eficacia, la interpretación, la rescisión y la nulidad, la Propuesta de modernización se extiende considerablemente, tanto en las disposiciones generales (así, en cuanto a la perfección del contrato, la forma y documentación, etc.), como en los aspectos más concretos de la formación del contrato (las negociaciones precontractuales, la formación por oferta y aceptación, y por otros procedimientos, la utilización de condiciones generales de la contratación, la celebración fuera de los establecimientos mercantiles y a distancia, y la contratación electrónica, supuestos éstos tan propios de la contratación mercantil), de los documentos públicos y privados, del contenido y la interpretación, de la representación del contrato a favor de tercero y para persona a designar, y, en fin, de la nulidad, anulación y rescisión de los contratos. La Propuesta contenía también una actualización del régimen general del contrato de compraventa, además de reformas puntuales en otros preceptos del Código Civil relacionados con la materia.

El novedoso carácter del planteamiento indicado se hace más intenso aún en la revisión de la Propuesta en 2023, como ya lo anuncian tanto el Prólogo, como la Exposición de Motivos, que preceden al texto articulado, poniendo énfasis en las novedades comunitarias recaídas desde la versión de 2009 y destacando lo que consideraba aportaciones de mayor interés (la nueva regla de la solidaridad entre deudores; el nuevo planteamiento en las fuentes de las obligaciones, que incluye el enriquecimiento sin causa, junto a la promesa unilateral; la regulación de la mora y el cumplimiento defectuoso; la sustitución de la causa por la finalidad ilícita como supuesto de nulidad, etc.)

En lo que se refiere a las obligaciones, el Título I de la Propuesta se integra por diez Capítulos, que recorren y actualizan todos los aspectos importantes de su régimen, a partir de unas Disposiciones generales que siguen estableciendo reglas en materia de significado de la obligación y de la responsabilidad patrimonial universal, acción subrogatoria, transmisión de los derechos surgidos de la obligación, fuentes de las obligaciones, promesa al público, concurso con premio y obligación natural. Los sucesivos capítulos se refieren a las clases de las obligaciones (de entregar, alternativas, condicionales, a plazo y duraderas); a las obligación es con pluralidad de sujetos (solidarias, de deudores y de acreedores, y mancomunadas); al cumplimiento de las obligaciones (con especial tratamiento del pago de las deudas pecuniarias, en cuanto a la imputación, la dación en pago y la cesión de bienes, la prueba y las presunciones de pago, el ofrecimiento de pago y la consignación); a la compensación (a mitad de camino entre el modo de cumplimiento por pago abreviado y la causa de extinción de la obligación); al incumplimiento (con disposiciones generales propias, y reglas sobre contenido del derecho al cumplimiento, reducción del precio, suspensión del cumplimiento y resolución por incumplimiento, e indemnización de daños); y, finalmente, a la cesión de créditos, la asunción de deuda, la cesión de posición contractual, la novación, la remisión y la confusión.

El Título II, dedicado a los contratos, se inicia de nuevo con Disposiciones generales, agrupadas en cuatro secciones, sobre el contrato (el concepto, la libertad contractual, la buena fe, la perfección, la capacidad, la forma o la contratación electrónica); los efectos (fuerza vinculante, integración, desistimiento, denuncia, arras, relatividad, contrato a favor de tercero y para persona a designar); la alteración sobrevenida de las circunstancias; y el precio, las cláusulas abiertas y las cláusulas postcontractuales. Se regula a continuación la formación del contrato, prestando atención a los deberes precontractuales, a la formación del contrato mediante oferta y aceptación, o por otros procedimientos, como la subasta o el concurso, y a los acuerdos y contratos preparatorios, donde se incluyen los acuerdos de intenciones, los pactos de preferencia, las opciones y los precontratos. La celebración de contratos con condiciones generales o con cláusulas no negociadas merece también un capítulo propio, seguido por los que se dedican a la documentación contractual, pública o privada, a la interpretación y a la representación, con reglas adecuadas en materia de apoderamiento para celebrar contratos. La nulidad y la anulabilidad, con los efectos, en su caso, de restitución e indemnización, así como la rescisión de los contratos, cierran una completa panorámica actualizada.

Bien podría ser tal conjunto normativo el Derecho Común de Obligaciones y Contratos, cumpliendo una función integradora, sea de una opción unificada, sea de la parte general o común, a incluir en el Código Civil, de una doble regulación, civil y mercantil, como la conocida hasta ahora. Esta es la previsión con que se ha elaborado el documento, que se presenta, precisamente, como Propuesta de modernización del Código Civil en materia de Obligaciones y Contratos, lo mismo que ocurrió con el anterior texto de 2009, que se ha pretendido actualizar con esta revisión de 2023. Con la misma orientación y finalidad, se acompaña la Propuesta con otra, que es también una Propuesta de Ley de Bases, que recoge los principios que darían lugar al texto articulado que se ha venido exponiendo y que, con esta modalidad normativa, podría ser objeto de una disposición legislativa aprobada por el Gobierno, previa autorización de lo que sería la Ley de Bases, una vez aprobada con la legitimación constitucional que deriva de la atribución al Estado de la competencia para establecer las bases de las obligaciones contractuales en el artículo 149, 1, 8º, de la Carta Magna.

3. La especialidad de la contratación mercantil

Es precisamente en ese contexto descrito donde cabría suscitar la cuestión que continuamente se planteó a lo largo de la historia de la contratación: qué es lo común, dónde termina, qué contenido tiene; qué es lo especial, dónde empieza, cuál es su justificación y su alcance; y cuáles son los límites respectivos, y recíprocos, de lo común y lo especial, ese espacio relativamente compartido donde no es fácil distinguir lo uno de lo otro, ni tampoco qué debe aplicarse como prioritario y qué como supletorio. Porque este fue el asunto de siempre, el mismo que, con distintas formas y en distintos contextos, se plantearon los mercaderes medievales que contrataban presencialmente en ferias y mercados, de lugar en lugar, y las multinacionales del presente que contratan virtualmente en mercados globales y con nuevas tecnologías.

Si bien se mira, las preocupaciones y las aspiraciones de unos y otros, salvadas las distancias, no eran muy distintas, en cuanto a los intereses a defender y los objetivos a conseguir, coherentes con lo que necesitan estos sujetos, agentes del mercado, que han hecho de la contratación su actividad profesional, organizada y continuada. Sus pretensiones podrían resumirse en estas cinco: agilidad y seguridad en el perfeccionamiento del contrato; claridad en la interpretación; flexibilidad y disponibilidad en el contenido, a partir, en su caso, de unos mínimos regulados; rigor en el cumplimiento; exigencia en la responsabilidad. A esas pretensiones obedecieron los usos mercantiles, primero interpretativos, luego normativos, que se fueron acumulando y aplicando a lo largo del tiempo, ya tuvieran alcance general, ya sectorial o territorial; y a esos mismos objetivos sirvieron las reglas escritas que se fueron formalizando, con frecuencia a partir de los usos, hasta quedar sistematizadas y sedimentadas en Ordenanzas y Códigos, en la fase correspondiente, e incluso en condiciones generales y particulares de la contratación en masa, en época más reciente, además de en la legislación especial. Un simple recordatorio de las normas propias aún vigentes en la contratación mercantil, sea en su formulación tradicional, sea modernizadas, lo pone bien de manifiesto: la aversión a los plazos de gracia o cortesía, la automaticidad en la mora, los criterios de interpretación, la interrupción de la prescripción, las operaciones de reemplazo, la responsabilidad solidaria cuando hay pluralidad de obligados, etc., etc., no son sino manifestaciones de esa tradición y, en última instancia, base de la especialidad, en el sentido de que constituyen una justificación racional de la existencia de normas particulares, diferenciadas de las generales de aplicación común.

Admitido ese ámbito secular de singularidad, la evolución de las relaciones económicas, de la actividad empresarial en el mercado y de las nuevas tecnologías de la información y la comunicación, ha traído consigo la aparición progresiva de nuevos instrumentos y de nuevos espacios propios de la contratación mercantil: así, la proliferación de nuevas formas de contratar (más contratación estandarizada en masa, más utilización de condiciones generales, más contratación electrónica y a distancia, etc.), la ampliación de materias objeto de contratación y de contenidos contractuales (así la variedad inagotable de contratos de prestación por empresas de servicios especializados en todos los ámbitos), o el aumento de figuras contractuales mercantilizadas, porque prácticamente sólo se utilizan en forma empresarial y mediante oferta de empresas especializadas, hasta configurar verdaderas categorías de contratos exclusivamente mercantiles que deben mantenerse como tales (así, a las ya clásicas en el seguro, la banca, el transporte o los servicios de inversión, ya consolidadas, se han ido añadiendo, de nuevo, la prestación de servicios especializados, las nuevas formas de distribución comercial, etc.).

Finalmente, no puede pasar desapercibido en cualquier análisis de la estructura, unificada o diversa, del Derecho de Obligaciones y Contratos en España, y en cualquier propuesta de sistematización en el futuro, el hecho de que el sistema constitucional de distribución de competencias, junto con la coyuntura político-institucional en cada momento, suponen, o pueden suponer, un condicionamiento importante a tal efecto. Como es bien sabido, el artículo 146, 1, 6°, atribuye al Estado competencia exclusiva en materia de legislación mercantil, lo que ha sido interpretado con frecuencia por el Tribunal Constitucional como fundamento suficiente para la regulación estatal uniforme de las relaciones jurídico-privadas, particularmente en el ámbito contractual. Pero también es cierto que, en materia de legislación civil, y teniendo en cuenta que la atribución de competencia exclusiva al Estado alcanza solamente a las "bases de las obligaciones contractuales" (concepto ciertamente difuso y poco definido), el espacio reconocido a los Derechos forales, allá donde existan, como competencia de las Comunidades Autónomas, es relevante y no puede desconocerse su incidencia, que no facilita precisamente avanzar hacia objetivos de unificación legislativa en el conjunto del régimen de las obligaciones y contratos. Cabe unificar en el ámbito propiamente mercantil, pero si lo que se pretende es una sistematización completa del Derecho privado de los contratos, la necesaria combinación de unas "bases generales y comunes de las obligaciones contractuales", de alcance uniforme, tanto en lo jurídico como en lo territorial, con el "tramo contractual foral", de alcance diversificado y de aplicación particular, supone una dificultad normativa cierta. La paralización del proceso de tramitación y aprobación del Anteproyecto de Código Mercantil, especialmente tras su "depuración" en materia contractual, desde 2018, es buena prueba del citado estado de la cuestión; como igualmente lo es el hecho de que falte una previsión de regulación de las "bases de las obligaciones contractuales", tras aquella "Propuesta de modernización" de 2009, actualizada en 2023, a la vez que la Ley de 15 de febrero de 2017, de la Comunidad Autónoma de Cataluña, ha dejado establecida la estructura de un Libro Sexto del Código Civil de Cataluña, relativo a las obligaciones y los contratos, que comprende tres Títulos (el I, disposiciones generales, aún no desarrollado; el II, tipos contractuales, ya regulados en buena parte; el III, fuentes no contractuales de obligaciones). Tal vez el hecho de que ese Título I esté pendiente de desarrollo, constituya una circunstancia aun propicia para abordar las citadas bases generales de las obligaciones contractuales con las que las disposiciones generales de ese Título deban coordinarse en su momento. Pero no se perciben señales de que tan ambicioso intento este planteado en la actualidad, con lo que tampoco las eventuales aspiraciones de un Código de Obligaciones y Contratos, que agrupara lo general común, lo civil, entendido en este aspecto como bases de las obligaciones, complementadas con las reglas forales coordinadas, y lo mercantil, como compendio de especialidades y de contratos empresariales, parece que vayan a gozar de impulso, suponiendo que esta fuera la opción deseable en este momento, lo mismo que ocurre con el objetivo de la específica codificación mercantil, para la que no habría dificultad constitucional a partir de la competencia exclusiva del Estado.

III. CONTENIDO Y SISTEMA DE LA CONTRATACIÓN MERCANTIL

1. *Las tendencias y los objetivos*

La otra dimensión del debate actual sobre la problemática de la contratación mercantil se proyecta más en la esfera interna: qué hacer dentro de la propia contratación mercantil, qué sistemática es más aconsejable para configurarla, cómo organizarla y actualizarla de la forma más correcta posible. Algunos de estos objetivos están ya planteados desde hace tiempo y algunas tendencias están bien marcadas. Se pueden, por tanto, sintetizar las más notorias, distinguiendo hasta cuatro aspectos principales, cada uno con su propia incidencia, aunque todos ellos complementarios entre sí:

- el primero, delimitar el ámbito de la contratación mercantil, definiendo los que haya que considerar supuestos propios, con criterios objetivos sólidos que fundamenten la mercantilidad con perspectiva actualizada, bien porque lo son en exclusiva, porque solo se celebran en forma mercantil, bien porque, siendo supuestos comunes de la contratación, incorporan reglas propias cuando se celebran en el contexto de la actividad económico-empresarial;
- el segundo, sistematizar el contenido, utilizando en la mayor medida posible categorías a las que puedan reconducirse, agrupándose, las figuras contractuales específicas, ya que de tal técnica puede derivar un efecto altamente beneficioso, como lo es la aplicación analógica, interpretativa e integradora, de principios comunes a la categoría, cuando sea conveniente por la escasa regulación, o por la existencia de lagunas no cubiertas por la voluntad de las partes;
- en tercer lugar, completar la materia, actualizándola, con una regulación más completa de figuras contractuales, de contenidos y de formas de contratación, pero con prudencia y con matices, de manera que no haya un vacío normativo tan extenso entre la realidad económica de los contratos que se celebran y la previsión jurídica de los contratos que se regulan, pero tampoco una obsesión por reglamentar todo lo que existe en un ámbito como el contractual mercantil, donde la flexibilidad, la autonomía de la voluntad de las partes, la negociación y la libertad de pactos deben tener un margen suficiente, sin perjuicio del mínimo imperativo de equilibrio y protección de la parte débil, sometida a riesgo de desigualdad grave;

– en cuarto lugar, en fin, depurar con delicadeza el campo propio del contrato, como instrumento de Derecho privado, respecto de las incursiones, frecuentes, imperativas y, a menudo, intensas, de técnicas de intervención, procedentes del ámbito jurídico público, administrativo-económico en particular, que impactan sobre el contenido del contrato, a veces en sus aspectos más esenciales, invocando intereses generales más elevados, todo ello en aras a conseguir una proporción adecuada entre lo privado y lo público en lo que sea necesario y oportuno en esta materia, sin olvidar que, por su naturaleza y su función, la contratación entre empresas particularmente, y también entre éstas y la clientela, constituye un ámbito jurídico vinculado a la libertad de iniciativa económica, de competencia y de contratación en el mercado, sin perjuicio del mínimo imperativo antes citado, particularmente visible en la protección del consumidor.

2. *Las prioridades y los límites*

El avance hacia esos objetivos constituye una aspiración de notable envergadura, en la que sería imprescindible establecer prioridades, pero con cierto grado de flexibilidad y con límites adecuados, porque no todo se puede plantear simultáneamente, ni de forma acuciante y descoordinada. Si tales objetivos se pueden concretar en más regulación, más actualización, más cobertura y más identidad, cada uno de ellos debe admitir ritmos y matices en la prioridad, como a continuación se sugiere.

Con frecuencia se entiende la necesidad de una mayor regulación como una considerable reducción de la atipicidad en materia contractual, porque es cierto que proliferan figuras, materias, formas y contenidos, sin suficiente regulación, o sin ninguna regulación, pues todas las situaciones posibles de tipicidad o atipicidad, total o parcial, existen en la realidad, incluso en lo terminológico y conceptual, pues hay supuestos en que no sólo falta regulación, sino también denominación. Que deba reducirse la atipicidad en categorías o figuras de contratos que están suficientemente consolidadas y estructuradas en su contenido es, sin duda, deseable (el contrato de distribución en sus diversas modalidades de franquicia, concesión, etc., o los contrato de leasing o factoring, pueden ser buen ejemplo); pero pretender que, en un ámbito tan cambiante como el de las relaciones económicas y la actividad empresarial, el ritmo de la regulación jurídica esté acompasado con el ritmo de la generación y desarrollo de nuevas figuras contractuales, es seguramente una tarea vana, por imposible. Y no sólo eso, es aceptable que haya un tramo de atipicidad amplio, original y creativo, que, además de inevitable, resulte conveniente y deseable, como expresión de la realidad; no deja de ser una seña identidad de una disciplina jurídica, el Derecho Mercantil, cuya especialidad se fraguó y se desarrolló antes en lo consuetudinario que en lo escrito, lo que equivale a decir que ha convivido siempre con una amplia zona de atipicidad, sin perjuicio de que la regulación fuera ocupando espacios normativos a medida que las reglas se iban consolidando y formalizando, lo que habitualmente ocurría con un lapso de tiempo sustancial. No debiera, pues, constituir una preocupación excesiva, y menos aún una obsesión, eliminar o reducir al máximo la atipicidad; más debiera serlo disponer de reglas contractuales básicas, suficientemente modernizadas, que permitan resolver, por analogía, o por aplicación supletoria, los problemas de vacío o de desequilibrio que puedan derivar de la atipicidad.

Similar planteamiento cabría hacer de la necesidad de actualización, en la que cabría distinguir un doble aspecto: actualización, desde luego, en lo que supone acoger novedades, sea en la forma de contratar (automática, con técnicas de subasta pública, etc.), sea, como ya se ha comentado, en figuras y contenidos contractuales; pero, y con más urgencia, actualización en lo que supone revisar, reformar o completar, categorías y tipos contractuales básicos, que suelen ser los más clásicos, fruto de una larga tradición mercantil (así, por ejemplo la categoría de los contratos de intercambio, canalizados a través del comercio electrónico, o configurados como modalidades y variantes de la "economía colaborativa", donde también proliferan supuestos de uso y disfrute en común de bienes y servicios; o también la categoría de los contratos de seguro, donde es probable que lo más urgente sea perfeccionar el régimen de los seguros de responsabilidad civil, donde han ido apareciendo variantes relacionadas con la multiplicación de riesgos necesitados de cobertura y aptos para recibirla). Incluso materias relativamente recientes y con gran incidencia en la contratación mercantil requieren casi de continuo actualizaciones convenientes para transformar en normas estables determinados criterios y principios que la doctrina o la jurisprudencia han ido consolidando (lo que ha sucedido con la progresiva catalogación de cláusulas abusivas en la contratación mercantil, en particular la financiera, reclama alguna revisión del régimen de las condiciones generales de la contratación, lo mismo que ocurre con otros aspectos de la protección del consumidor, como, por ejemplo, la publicidad, la responsabilidad del fabricante y del prestador de servicios, etc., e incluso con instrumentos clásicos del equilibrio contractual en el ámbito mercantil, que la pandemia reciente ha revitalizado, como ha ocurrido con la cláusula rebus sic stantibus, la suspensión o resolución de los contratos, o los derechos y obligaciones de las partes en situaciones de emergencia).

El objetivo de alcanzar una mayor cobertura normativa en ciertos sectores de la contratación admite también una gradación razonable. Puede pensarse que conseguir un grado óptimo, o muy completo, de cobertura jurídica en materia contractual es siempre una prioridad atendible y deseable; y, sin embargo, más allá de la complejidad técnica que ello supondría, es más que dudoso que constituya un logro factible. Es más razonable pensar que lo que necesita cobertura adicional es la neutralización de riesgos de desequilibrio entre las partes del contrato, a menudo derivados de lagunas o insuficiencias en la configuración de los contratos, o en su régimen legal. Lo que ha venido ocurriendo, por ejemplo, en el debate sobre la oportunidad y posibilidad de aplicar por analogía reglas del contrato de agencia al de concesión o al de franquicia, para resolver un asunto tan trascendental como la indemnización por clientela, tiene mucho que ver con la ausencia de un marco mínimo, pero suficiente, de los contratos de distribución; también en los contratos financieros y bancarios, o en los contratos de obra por empresa y de prestación de servicios especializados, categorías todas ellas capaces de acoger una enorme variedad de tipos y figuras contractuales, se echa de menos una mayor cobertura normativa, al menos en el nivel de las reglas básicas comunes a la categoría correspondiente.

Por fin, la pretensión, ya aludida anteriormente, de recuperar identidad propia de la contratación mercantil, que a veces se entiende como defensa de la pureza de lo jurídico-privado, o de una idiosincrasia a la que le repugna no ya la invasión, sino incluso la vecindad, con objetivos de interés general que reclaman la disponibilidad de instrumentos de intervención y el uso de técnicas propias de lo jurídico-público, debe ser abordada con delicadeza y con proporción, aceptando que hay valores y principios (justicia, equidad, solidaridad, igualdad, entre otros) que admiten presencia matizada en el ámbito de la contratación privada, pero considerando, a la vez, que la introducción de mínimos imperativos en ese ámbito, para que sea legítima, debe estar plenamente justificada, objetivamente establecida, técnicamente bien configurada y equilibradamente dimensionada; porque, en última instancia, se trata de que la intervención, además de operar como un mínimo necesario, tenga un claro carácter de excepción o, llegado el caso, de temporalidad por razones estrictamente coyunturales, o por necesidad urgente de restaurar la reciprocidad de las prestaciones, o de evitar la privación de bienes o servicios imprescindibles, a los que normalmente se accede por la vía contractual.

Queda, como reflexión final, expresar la convicción de que el debate sobre el futuro de la contratación mercantil debería ser planteado y desarrollado sin dogmatismos ni prejuicios de uno u otro signo, también sin exclusiones irreflexivas y sin concesiones injustificadas, admitiendo como común lo que deba serlo razonablemente y reclamando como especial lo que deba serlo necesariamente. Porque no se trata exactamente de ganar una batalla, sino de avanzar hacia una sistematización coherente y útil del Derecho de las Obligaciones y los Contratos, capaz de aportar cauces flexibles para las relaciones socio-económicas, a la vez que protección y seguridad jurídica para las partes implicadas. En definitiva, esa es la función que debe cumplir este sector del ordenamiento, tanto en el tramo común que debe tener, con validez para el conjunto de la contratación, como en el ámbito especifico de la contratación mercantil, justificado en las necesidades propias del tráfico económico y empresarial.

Sección I

Contratación y derecho de sociedades

Derecho de información del socio e impugnación de acuerdos sociales. Balance de una década de minimalismo legislativo y maximalismo jurisprudencial

DANIEL VÁZQUEZ ALBERT
Catedrático de Derecho Mercantil
Universidad de Barcelona [1]

I. LAS ANOMALÍAS DEL DERECHO DE INFORMACIÓN

El derecho de información del socio es una pieza clave del buen gobierno de las empresas, pero su operativa adolece de graves anomalías legislativas, judiciales y funcionales que impiden que despliegue su importante función de forma satisfactoria. Así lo evidencia la abundante e intensa conflictividad societaria y litigiosidad procesal a la que se halla sujeta esta ma-

[1] Este trabajo se enmarca en el Proyecto de investigación sobre "Resolución y prevención de conflictos societarios: buen gobierno, pactos de socios, eficiencia procesal, medios alternativos a la litigación y justicia predictiva", financiado por el Ministerio de Ciencia e Investigación (PID2022-140943NB-I00), que tengo el honor de coordinar como IP; así como en la actividad del *Grup Consolidat de Recerca en Dret Mercantil,* reconocido por el AGAUR (2021 SGR 01178), que también tengo el honor de coordinar.

teria, que parece haberse intensificado en los últimos años. Este derecho es una pieza clave del buen gobierno, no solo porque permite a los socios formarse una opinión a la hora de ejercer su derecho de voto en junta general (el llamado derecho de información instrumental), sino sobre todo porque constituye un mecanismo esencial de transparencia y de control de la gestión realizada por los administradores (el llamado derecho de información autónomo), todo lo cual incentiva una mayor calidad de los acuerdos de los socios y de la gestión de los administradores en beneficio de la sociedad en su conjunto.

La importancia y la fortaleza del derecho de información se refleja en sus mecanismos de tutela, principalmente en la impugnación de los acuerdos sociales adoptados con infracción de este derecho. Así, la falta de información ha sido y, en distinto grado, continúa siendo en la actualidad, la principal causa de impugnación de acuerdos sociales. Por este motivo, constituye uno de los caballos de batalla de los omnipresentes conflictos entre socios mayoritarios y minoritarios. Al mismo tiempo, un derecho de información robusto puede fomentar el riesgo de un ejercicio abusivo del mismo al servicio de estrategias oportunistas que pueden perjudicar la confidencialidad de información sensible y el buen funcionamiento de la compañía bloqueando sus acuerdos mediante impugnaciones artificiosas. Todo ello demanda extremar las cautelas a fin de encontrar un difícil equilibrio entre el interés del socio y el interés de la sociedad.

1. *Las anomalías legislativas*

Las anomalías legislativas del derecho de información radican principalmente en que está sujeto a un modelo dualista, en virtud del cual su régimen presenta sustanciales diferencias según se trate de una sociedad anónima o de una sociedad limitada, aunque también presenta notables similitudes, sin que a menudo resulte evidente la justificación de estas diferencias de régimen. Estas diferencias plantean la duda de la aplicación analógica en uno y otro sentido, sin que la respuesta sea siempre la misma. A esta mezcla de normas comunes y normas específicas, hay que añadir, fuera del contorno del derecho societario y dentro del complejo y voluminoso derecho del mercado de valores, un régimen especial de información para las sociedades anónimas cotizadas, basado en el principio de transparencia en aras de la correcta formación de los precios y la protección de los inversores (accionistas o no), y supervisado por la poderosa Comisión Nacional del Mercado de Valores.

El problema reside en que estas diferencias entre sociedades anónimas y limitadas se fundamentan en un modelo legal de sociedad anónima que no se corresponde con el modelo real, puesto que la mayoría de las sociedades anónimas no cotizadas son sociedades cerradas, al igual que lo son las sociedades limitadas por imperativo legal, lo que a menudo hace injustificables tales diferencias[2]. Basta con echar un vistazo a la casuística de la litigación en materia de derecho de información para comprobar que, en la inmensa mayoría de los casos de sociedades anónimas, si no en todos ellos, se trata de sociedades anónimas cerradas, con un accionariado concentrado en un reducido número de socios, siendo a menudo empresas familiares, prototipo de sociedad cerrada. Como viene ampliamente reconocido por la doctrina y la jurisprudencia, la estructura cerrada o abierta de la sociedad constituye un elemento determinante en el régimen y la práctica del derecho de información, entre otras cosas porque en una sociedad cerrada los socios precisan ejercer un mayor control sobre la gestión social y no pueden abandonar fácilmente la compañía.

La importante reforma operada por la Ley 31/2014, para la mejora del gobierno corporativo, que nuestra doctrina y nuestros tribunales todavía están intentando digerir y descifrar diez años después de su aprobación, parece haber intensificado todavía más este modelo dualista del derecho de información[3]. Un modelo dualista que, por cierto, contrasta fuertemen-

---

2 Vid. R. GUASCH MARTORELL, “La difícil comprensibilidad y justificación de la regulación dualista del derecho de información del socio en las sociedades de capital no cotizadas”, en *Revista de Derecho Mercantil,* Nº 315, 2020.

3 Entre la abundante literatura sobre la reforma de 2014 en la materia, vid. RECALDE CASTELLS, A., “Artículo 196. Derecho de información en la sociedad de responsabilidad limitada” y “Artículo 197. Derecho de información en la sociedad anónima”, en J. JUSTE MENCÍA y A. RECALDE CASTELLS (coords.), *La junta general de las sociedades de capital,* Civitas, 2022, p. 574-610; ID, “Artículo 197. Derecho de información en la sociedad anónima”, en J. JUSTE MENCÍA (coord.), *Comentario de la reforma del régimen de las sociedades de capital en materia de Gobierno Corporativo (Ley 31/2014),* Thomson Reuters, 2015, p. 91-111; SANCHO GARGALLO, I., “Artículo 196. Derecho de información en la sociedad de responsabilidad limitada” y “Artículo 197. Derecho de información en la sociedad anónima”, en J.A. GARCÍA-CRUCES y I. SANCHO GARGALLO (dirs.), *Comentario de la Ley de Sociedades de Capital,* t. III, Tirant lo Blanch, 2021, p. 2739-2776, DE BORJA VILLENA, F., “Artículo 196. Derecho de información en la sociedad de responsabilidad limitada” y “Artículo 197. Derecho de información en la sociedad anónima”, en P. PRENDES CARRIL, A. MARTÍNEZ-ECHEVARRÍA y R. CABANAS TREJO (dirs.), *Tratado de sociedades de capital,* Thomson Reuters Aranzadi, 2017, p. 1112-1137; MARTÍNEZ-GIJÓN MACHUCA, P., “Algunas cuestiones sobre el derecho de información del socio tras las reformas introducidas por la Ley 31/2014, de 3 de diciembre”, en *Revista de Derecho de Sociedades,* Nº 47, 2016, p. 67-108; BOQUERA MATARREDONA, J., “El derecho del accionista a la información”, en *Revista de*

te con la tendencia hacia un modelo unitario o, cuando menos, convergente, de la regulación de sociedades limitadas y anónimas no cotizadas, como demuestran las últimas reformas legislativas y las propuestas normativas en materia societaria, incluido el Anteproyecto de Ley de Código Mercantil de 2018. El problema reside en que, aunque esta reforma de 2014 tenía el foco puesto en las sociedades anónimas cotizadas, una parte de sus normas sobre el derecho de información se aplican solo a las sociedades anónimas (cotizadas o no) y otra parte se aplica a todas las sociedades de capital, incluidas las sociedades limitadas, sin que queden claros los contornos de estos tres niveles normativos (anónimas cotizadas, anónimas no cotizadas y limitadas), ni la justificación de sus diferencias.

Esta reforma de 2014 tenía un objetivo diáfano con respecto al derecho de información: evitar el abuso de minoría en forma del ejercicio estratégico y oportunista de este derecho y de su correspondiente derecho de impugnación de acuerdos sociales por falta de información, lo que se tradujo en una minimización legislativa del alcance del derecho de información y, muy especialmente, en una minimización de su fuerza impugnatoria de acuerdos sociales, salvo que la información sea esencial para el ejercicio razonable del derecho de voto y de los demás derechos participativos. Todo ello con la finalidad de evitar que uno o varios socios minoritarios puedan perjudicar a la compañía bloqueando sus decisiones. Esta minimización legislativa del derecho de información parece dotar a este derecho de una configuración restrictiva que chocaría con la configuración amplia patrocinada por la jurisprudencia. Además, el legislador intenta resolver un problema, el abuso del derecho de información, que los tribunales venían combatiendo con notable eficacia mediante una sólida doctrina jurisprudencial.

La minimización de la fuerza impugnatoria del derecho de información se ve compensada de algún modo mediante una pieza legislativa exógena

---

Derecho Mercantil, Nº 300, 2016, p. 13-36; FARRANDO MIGUEL, I., "Los déficits informativos como causa de impugnación de los acuerdos sociales [arts. 197.5 y 204.3.b) LSC]", en A. RONCERO SÁNCHEZ et altri (dirs), *Junta General y Consejo de Administración de la sociedad cotizada*, vol. 1, Thomson Reuters Aranzadi, 2016, p. 415-441; MARTÍNEZ MARTÍNEZ, M.T., "La infracción del derecho de información ejercitado durante la junta general en una sociedad limitada, como motivo para impugnar acuerdos sociales: Argumentos para un debate necesario", en M.J. PEÑAS MOYANO (coord.), Estudios de Derecho de sociedades y de Derecho concursal. Libro en homenaje al profesor Jesús Quijano González, Universidad de Valladolid, 2023, p. 503-520; MORALES BARCELÓ, J., *El derecho de información en las sociedades mercantiles capitalistas*, J.M. Bosch, 2019.

pero complementaria a la normativa societaria, como es la Ley 15/2015, de la jurisdicción voluntaria, la cual permite al socio exigir el cumplimiento del derecho de información solicitando "*la exhibición de libros, documentos y soportes contables de la persona obligada a llevarlos*". Pero la eficacia de este procedimiento es, hoy por hoy dudosa, y se enfrenta a los interrogantes que plantea la falta de coordinación entre la normativa societaria y la de jurisdicción voluntaria.

2. *Las anomalías judiciales*

Las anomalías judiciales del derecho de información se manifiestan en que los tribunales se debaten entre dos planteamientos aparentemente antagónicos y difíciles de conciliar. De un lado, el minimalismo legislativo del derecho de información encarnado en la citada reforma de 2014 y, de otro, el maximalismo jurisprudencial de este derecho cuyo principal epígono es la también emblemática y prácticamente coetánea Sentencia del Tribunal Supremo núm. 531/2013 de 19 de septiembre. Esta Sentencia, dictada por el Pleno de la Sala Primera, que incorpora y desarrolla otras anteriores en la misma línea, y que no ha sido revocada o modificada por las posteriores, recoge una configuración amplia del derecho de información, al que califica como derecho autónomo que, sin perjuicio de que pueda cumplir una finalidad instrumental al derecho de voto, sirve para desplegar un control del cumplimiento de sus deberes por parte de los administradores y, en su caso, reclamar las correspondientes responsabilidades. Siguiendo esta configuración amplia, define el alcance del derecho de información incluyendo, además del derecho a formular preguntas (el llamado derecho de información *stricto sensu*), el derecho a solicitar documentos contables, bancarios y fiscales (el llamado derecho de información documental).

Esta jurisprudencia atribuye al derecho de información un alcance amplio, pero no ilimitado, puesto que este derecho no puede ejercitarse abusivamente, estableciendo un largo catálogo de parámetros para valorar la existencia de abuso, sin ánimo de exhaustividad: el carácter cerrado, una participación del solicitante de al menos el 25% del capital social, la relevancia de las cuestiones sobre las que se solicita, los indicios razonables de irregularidades, la perturbación a la sociedad, el volumen o complejidad de la solicitud, etc.

En este contexto de antinomia legislativa y jurisprudencial, exacerbado por una altísima litigiosidad y un variopinto casuismo, proliferan distintas anomalías judiciales.

Primero, los tribunales deben aplicar a casos de sociedades cerradas normas que probablemente están diseñadas pensando en sociedades abiertas, donde el abuso de minoría puede resultar letal. Según se ha avanzado, la casuística judicial evidencia que la inmensa mayoría de los supuestos litigiosos, si no todos, son de sociedades cerradas, sea por ser sociedades limitadas, sea por tratarse de sociedades anónimas cerradas. El propio caso enjuiciado en la citada Sentencia del Tribunal Supremo es el de una sociedad anónima familiar.

Segundo, los tribunales deben combatir el abuso del derecho de información mediante parámetros que, legislativa y jurisprudencialmente, son distintos, aunque puedan tener coincidencias: la ley se centra en las reglas de esencialidad de la información y de anticipación de su solicitud antes de la junta general, mientras que la jurisprudencia utiliza un elenco más amplio de parámetros.

Tercero, los tribunales deben aplicar una legislación que es un campo de minas plagado de conceptos jurídicos indeterminados (información esencial, ejercicio razonable, accionista o socio medio, derechos participativos, información innecesaria para la tutela de los derechos del socio, fines extrasociales, razones objetivas, etc). Todo lo cual, unido al variado casuismo de supuestos, se presta a interpretaciones subjetivas, disparidad de criterios y, por tanto, inseguridad jurídica.

Cuarto, los tribunales acaban irremediablemente acogiendo criterios no solo distintos, sino contrapuestos, algunos más expansivos y otros más restrictivos del derecho de información, lo que también erosiona la seguridad jurídica. Así, por ejemplo, esta colisión de criterios se ha producido, señaladamente, en el debate sobre si la norma vigente para las sociedades anónimas que prohíbe la impugnación de acuerdos sociales por falta de información solicitada durante la junta general es aplicable por analogía a las sociedades limitadas. Aunque el casuismo de la materia hace difícil llegar a conclusiones irrebatibles, parece que en los últimos años la tendencia judicial predominante se decanta más hacia el minimalismo, puesto que en gran parte de las sentencias se desestima la acción de impugnación por infracción del derecho de información, sea porque la información no es esencial, sea porque concurre abuso del solicitante, sea por ambas razones a la vez.

Esta disparidad de criterios hace preciso un pronunciamiento del Tribunal Supremo, que en estos diez años desde la aprobación de la reforma de 2014 apenas ha tenido oportunidad de dictar sentencias sobre el derecho de información y las que ha dictado no han profundizado sobre el tema ni sobre la conciliación, si es posible, entre el minimalismo legislativo y el maximalismo jurisprudencial.

3. Las anomalías funcionales

Las anomalías funcionales del derecho de información derivan del hecho de que, por lo general, los conflictos que este derecho plantea no son tanto por la información en sí, sino por el conflicto subyacente entre socios que suele existir y que tiene su origen en una ruptura de la confianza causada por razones de lo más variado. A menudo, el ejercicio del derecho de información por parte de los socios minoritarios constituye una reacción ante la imposición de determinadas decisiones por parte de los socios mayoritarios, que suelen ser al mismo tiempo administradores sociales, con el objetivo de combatir estas decisiones que consideran perjudiciales para sus intereses. Con este trasfondo las posiciones se polarizan y suele producirse una concurrencia de abusos, puesto que a menudo los minoritarios solicitan una información que sobrepasa los límites de su derecho y los administradores practican una política de opacidad denegando totalmente informaciones que están obligados a suministrar. Las comentadas anomalías legislativas y judiciales contribuyen a exacerbar aún más este problema de la concurrencia de abusos, porque ni el legislador ni los tribunales suministran criterios claros, precisos y seguros. Obviamente, el casuismo y la variada fenomenología de los conflictos en materia de información tampoco ayuda a encontrar soluciones eficaces.

En consecuencia, el problema principal no es tanto la información, como la desconfianza, que es la base del conflicto subyacente. Lo grave es que los mecanismos que nuestra legislación suministra para resolver estos conflictos subyacentes, principalmente la impugnación de acuerdos sociales y la responsabilidad de administradores, son claramente insuficientes porque no ofrecen una solución eficaz y definitiva. La impugnación de acuerdos puede acabar con la confirmación de la validez de determinadas decisiones puntuales o con la declaración de su nulidad, pero suele dejar sin resolver el conflicto subyacente, que encontrará nuevos campos de batalla en futuras decisiones. En todo caso lo agravará, quizá irreversiblemente. La responsabilidad de administradores por infracción del deber de lealtad, en caso de resolverse favorablemente para el impugnante, tampoco resolverá definitivamente el problema, porque simplemente atajará prácticas desleales pasadas, pero no impedirá otras futuras. La posible condena del administrador a indemnizar a la sociedad por los daños causados tampoco ofrece una solución satisfactoria para el impugnante, porque esta indemnización engrosará los fondos sociales que el propio administrador gestionará. Ciertamente, en las sociedades limitadas la condena firme al socio administrador a indemnizar a la sociedad por infracción de sus deberes como administrador es causa de exclusión de este socio, pero esta exclusión no es automática y su tramitación puede resultar problemática según sea la estructura de la compañía. Y, en todo caso, las acciones contra administradores por vulneración de sus deberes ejercitadas por los socios plantean serias dificultades probatorias, motivo por el cual, entre otros, no son muy frecuentes en la práctica.

La solución definitiva a controversias por falta de información y a los conflictos subyacentes pasaría por admitir un derecho de separación por justa causa, como sucede en otros ordenamientos, pero como se sabe nuestro ordenamiento regula el derecho de separación en términos muy restrictivos para proteger la continuidad de la empresa[4].

II. LA GRADACIÓN DEL DERECHO DE INFORMACIÓN

1. Información y estructura societaria: sociedades abiertas vs. sociedades cerradas

La adecuada comprensión e interpretación del régimen legal del derecho de información demanda entender las bases que justifican el alcance y los límites de este derecho. La mayor o menor intensidad del derecho de información, medida en términos de su contenido y de su periodicidad, depende en gran medida de la estructura societaria.

Este derecho será más intenso cuanto más cerrada y personalista sea la sociedad, porque en ese caso la estructura societaria suele estar concentrada en un grupo reducido de socios que poseen una participación significativa en la sociedad y, por tanto, asumen mayores riesgos y están más involucrados en su marcha, estando además más cautivos en la sociedad dado su carácter cerrado, lo que dificulta sino imposibilita la desinversión. En contraste, el derecho de información será menos intenso en sociedades más abiertas y capitalistas, porque su estructura se caracteriza por su mayor dispersión, con un número de socios tendencialmente elevado y, por tanto, con una participación en la sociedad más reducida, lo que disminuye su

4 Vid. VÁZQUEZ ALBERT, D., "La expansión legal y contractual del derecho de separación de socios como solución definitiva de conflictos societarios", en M.B. GONZÁLEZ FERNÁNDEZ (dir.), Sobre el contrato de sociedad, Tirant lo Blanch, t. 2, 2024, p. 1017-1046.

riesgo y su implicación en los asuntos sociales, pudiendo además los socios desinvertir con mayor facilidad que en una sociedad cerrada. Además, en las sociedades cotizadas, prototipo de sociedad abierta, la exigente normativa del mercado de valores y las autoridades de supervisión sujetan a estas compañías a intensas obligaciones de información, no solo a los socios, sino a potenciales inversores e incluso al mercado.

Este criterio de la estructura abierta o cerrada resulta relevante porque se ha utilizado por nuestra jurisprudencia para intepretar y modular el régimen legal, como ha sucedido también en la experiencia comparada, en que por ejemplo se ha empleado el parámetro de las *quasi-partnerships* para modular los derechos de los socios en las sociedades de capital. La comentada Sentencia del Tribunal Supremo 531/2013 nos ofrece un ejemplo ilustrativo, pues utiliza el carácter cerrado de la sociedad como parámetro para justificar un derecho de información más intenso.

Grosso modo, nuestra legislación es coherente con esta vinculación entre el derecho de información y el carácter carácter abierto o cerrado de la sociedad. Así, en las sociedades colectivas, prototipo de sociedad personalista, el socio goza de un derecho de información dotado de la máxima intensidad, puesto que puede solicitar información a los administradores sobre la marcha de la sociedad en cualquier momento y también tiene un derecho de examen de la documentación societaria en cualquier momento, todo ello sin perjuicio de las limitaciones que puedan establecerse estatutariamente (arts. 133 y 173 CCom.). Además del carácter personalista y cerrado de la sociedad colectiva, la estricta responsabilidad ilimitada y solidaria que asumen los socios constituye otro elemento que justifica un derecho de información tan intenso en contenido y periodicidad: el elevado riesgo que asumen los socios explica que se le dote de potentes mecanismos de control.

En contraste, en las sociedades de capital el derecho de información es menos intenso en contenido y periodicidad. La limitación de la responsabilidad que asume un socio de una sociedad de capital explica que sus resortes de control de la gestión sean también más limitados. Tanto en sociedades anónimas como en limitadas, la información está supeditada a cierta periodicidad y ciertos contenidos, porque suele estar vinculada a la adopción de acuerdos sociales en Junta General. De este modo, los socios tienen un derecho a solicitar los "*informes o aclaraciones que estimen precisos acerca de los asuntos comprendidos en el orden del día*", tanto antes como durante la Junta General (arts. 196 y 197 LSC). Además, en determinados acuerdos relevantes sometidos a Junta General, disponen de un derecho de información documental, vinculado particularmente a la aprobación de las cuentas anuales (art. 272.2 LSC), de modificaciones estatutarias (art. 287, 300, 301, 308 LSC) y de modificaciones estructurales (art. 7 del Real Decreto-ley 5/2023, de 28 de junio).

2. Información y tipología societaria: sociedades anónimas vs. sociedades limitadas

El régimen del derecho de información de sociedades anónimas y limitadas presenta notables similitudes, pero también diferencias muy relevantes. La relevancia de estas diferencias nos permite afirmar que se ha optado por un modelo dualista. El derecho a solicitar informes o aclaraciones acerca de los asuntos del orden del día de la junta general, aunque viene regulado en dos preceptos distintos, presenta más similitudes que diferencias. Una de las diferencias reside en el momento y la forma en que los administradores deben proporcionar la información solicitada, pues en el caso de las limitadas se deja una mayor libertad, mientras que en las anónimas se marcan unos momentos y unos plazos más precisos, así como una mayor exigencia de respuesta escrita.

Sin perjuicio de estas diferencias, existe una que resulta muy relevante, puesto que los socios de la sociedad limitada disponen de un derecho de información más intenso en la medida que gozan de un derecho de examen de la contabilidad. En concreto, "*el socio o socios de la sociedad de responsabilidad limitada que representen al menos el cinco por ciento del capital podrán examinar en el domicilio social, por sí o en unión de experto contable, los documentos que sirvan de soporte y de antecedente de las cuentas anuales*" (art. 272.3 LSC). En cuanto a su contenido se trata de un derecho similar al que se atribuye a los socios de las sociedades colectivas, solo que de menor intensidad puesto que está supeditado al límite de la periodicidad, al estar vinculado a la junta general a cuya aprobación se someten las cuentas anuales. La alta conflictividad y litigiosidad de este derecho de examen ponen de manifiesto su relevancia. Sin embargo, la norma tiene carácter dispositivo, puesto que los estatutos pueden excluir o limitar este derecho de examen, a diferencia del derecho de información *stricto sensu*, que es un derecho mínimo del socio (art. 93.d LSC).

La justificación de esta relevante diferencia entre anónimas y limitadas es evidente: el carácter cerrado y más personalista de la sociedad limitada fundamentan un derecho de los socios a una mayor información que les permita estar al tanto de la marcha de la sociedad.

Según se ha avanzado, el problema es que el legislador parece estar pensando en la sociedad anónima como una sociedad abierta con muchos socios, cuando la mayor parte de las sociedades anónimas no cotizadas son también sociedades cerradas, no por decisión del legislador que configura a las sociedades limitadas como sociedades necesariamente cerradas, sino por decisión de la propia compañía, lo que pone en duda la conveniencia de negar este derecho de examen a las sociedades anónimas no cotizadas.

Y es que, hoy por hoy, las principales diferencias normativas entre las sociedades de capital no se estructuran bajo el binomio de SA vs. SL, sino bajo el binomio de sociedades cotizada vs. sociedades no cotizadas, sean estas últimas anónimas o limitadas. Por eso, existe una creciente tendencia legislativa a equiparar el régimen de ambas sociedades de capital. Esta realidad no se traduce en la absoluta equiparación del régimen de las sociedades anónimas y limitadas, sino en el sustancial incremento de las normas comunes a ambos tipos y el correspondiente decremento de las normas específicas de cada uno de ellos.

La convergencia normativa entre SA y SL se ha manifestado de forma creciente en todas y cada una de las reformas acometidas en la legislación societaria y tiene su mayor epígono en la propia Ley de Sociedades de Capital de 2010, que supuso el abandono de la ya insostenible fragmentación normativa de la Ley de Sociedades Anónimas de 1989 y la Ley de Sociedades de Responsabilidad Limitada de 1995. Se trata de una convergencia que se ha reflejado también en las distintas propuestas normativas en materia societaria propugnadas desde la Sección de Derecho Mercantil de la Comisión General de Codificación. Entre ellas, la última Propuesta de Anteproyecto de Ley de Código Mercantil, en su versión de 2018, en la que se parte de "*la ambivalencia de muchas de las normas reguladoras, emigradas de la anónima a la limitada*" y, por consiguiente, se propone "*un conjunto de disposiciones comunes comparativamente más amplio que el de las disposiciones propias de la limitada y la anónima*". Y, paralelamente, se sujeta a las sociedades cotizadas a un "*régimen particular, vinculado a los problemas especiales que plantean su carácter esencialmente abierto, su compleja estructura organizativa y su impacto sobre la pluralidad de intereses concurrentes en el mercado de capitales*".

La convergencia entre sociedad anónima y limitada no solo se ha manifestado en el plano legislativo, sino también en el judicial. Son abundantes los supuestos en los que los tribunales han resuelto dudas interpretativas referidas a las diferencias normativas entre ambos tipos bajo la técnica de la aplicación analógica, amparándose en la ausencia de una diferencia tipológica que justificase un tratamiento normativo distinto. En algunos casos, la convergencia judicial se ha plasmado por vía de la jurisprudencia del Tribunal Supremo, pero en muchos otros se ha reflejado en criterios interpretativos de reformas legislativas elaborados por los propios magistrados mercantiles.

III. LA ANTINOMIA ENTRE EL MINIMALISMO LEGISLATIVO Y EL MAXIMALISMO JURISPRUDENCIAL

1. Minimalismo legislativo: Ley 31/2014 de mejora del gobierno corporativo.

En contraste con la creciente convergencia normativa y judicial entre sociedades anónimas y limitadas, la Ley 31/2014, para la mejora del gobierno corporativo, modificó el régimen del derecho de información ahondando en las diferencias entre ambos tipos societarios. Como seguidamente desarrollaremos, la reforma en materia de información se diseñó principalmente en clave de sociedades cotizadas, y por tanto se centró en las sociedades anónimas, pero en algunos aspectos, los referidos a la impugnación por falta de información, afectaba a todas las sociedades de capital, incluidas por tanto las sociedades limitadas, lo que como veremos plantea graves problemas. Para empezar, plantea el problema de una regulación centrada en sociedades anónimas, cuando la mayor parte de los conflictos y de los litigios en materia de información se producen en sede de limitadas, siendo además este tipo societario el predominante en la práctica. Sin olvidar además que la mayoría de las sociedades anónimas no cotizadas son sociedades cerradas como las sociedades limitadas, por lo que una sociedad anónima y una limitada con estructuras societarias idénticas estarán sujetas a reglas distintas.

Aunque la reforma de 2014 en materia del derecho de información era imprecisa en cuanto a su ámbito de aplicación, poseía un claro propósito, cual es el de evitar el ejercicio abusivo de este derecho, principalmente restringiendo las posibilidades de impugnar acuerdos sociales por falta de información. La Exposición de Motivos de la Ley de 2014 habla de "*modular su ejercicio atendiendo al marco de la buena fe*". Y sobre la impugnación de acuerdos menciona que "*se adoptan ciertas cautelas en materia de vicios formales poco relevantes y de legitimación, para evitar los abusos que en la práctica puedan producirse*". Aún más ilustrativo es el antecedente directo de la reforma, el Informe de la Comisión Especial de Gobierno Corporativo de 2013, cuyas propuestas pasan literalmente a convertirse en la norma legal. En dicho Informe se explicita la conveniencia de "*acotar el ejercicio del derecho de información al marco de la buena fe y evitar un ejercicio abusivo de este*", por lo que "*la vulneración del derecho de información ejercido por el accionista durante la junta no puede ser motivo de impugnación de los acuerdos adoptados en ella*" [5]. Sobre la impugnación se afirma que uno de los objetivos de la reforma es la "*lucha contra el abuso del derecho de impugnación*", a fin de "*minimizar los riesgos de uso oportunista o táctico del derecho de impugnación*", todo ello al objeto de proteger "*la seguridad del tráfico y la eficiencia de la organización societaria*".

El problema, como decimos, es la imprecisión sobre el ámbito de aplicación de la reforma sobre este punto, porque parte de sus normas se aplican solo a las sociedades anónimas (cotizadas o no) y parte se proyectan sobre

---

[5] El Informe se pronuncia así: *"Derecho de información de los accionistas. Se considera que la regulación actual del derecho de información es, con carácter general, adecuada, acorde a la normativa comunitaria y comparable —en muchas ocasiones con ventaja— con la de otros países. Sin embargo, de un análisis más detallado, resulta la conveniencia de completar normativamente los fines y las consecuencias de las distintas modalidades de su ejercicio. Se trata de una carencia sin duda motivada por las sucesivas modificaciones y añadidos en su régimen legal, que han afectado especialmente a las sociedades cotizadas. En concreto, la coexistencia de distintas modalidades para el ejercicio del derecho de información y los diferentes momentos en que se ejercitan: (i) el previo a la junta general, que debe ser atendido por escrito antes de su celebración, y (ii) el que se ejercita durante la junta general, que debe ser respondido verbalmente durante la junta, pero que, en determinadas circunstancias, puede contestarse por escrito en los siete días posteriores a su celebración; no parecen permitir anudar a ambos unas mismas consecuencias jurídicas. No ofrece duda que el ejercicio del derecho de información previo a la junta está directamente ligado al interés del accionista de formarse una opinión que le permita un ejercicio diligente de sus derechos como accionista durante la junta y, en concreto, del derecho de voto.*
No puede afirmarse lo mismo o, al menos no con la misma rotundidad, del ejercicio del derecho de información durante la junta general de accionistas, que puede ser atendido hasta siete días después de su celebración. De hecho, en legislaciones comparables, como la británica, el derecho a intervenir durante la junta no se considera una forma de ejercicio del derecho de información, sino un derecho autónomo de aquel, del que gozan los accionistas con la finalidad de exponer opiniones o intercambiar puntos de vista sobre la evolución de la sociedad. La vulneración del derecho de información ejercido por el accionista durante la junta no puede ser motivo de impugnación de los acuerdos adoptados en ella, por existir una evidente descoordinación entre el derecho supuestamente vulnerado (que, por la mera posibilidad legal de ser atendido tras la junta general no incide en su desarrollo) y la consecuencia que se pretende: la impugnación de los acuerdos adoptados en dicha junta. En realidad, la experiencia práctica nos enseña que el ejercicio del derecho de información durante la junta esconde muchas veces propósitos ajenos a su finalidad y, en ocasiones, se usa de forma abusiva con el propósito de crear artificialmente un motivo de impugnación. Por ello, la reforma pretende lograr un adecuado equilibrio de los distintos intereses en juego sin limitar en modo alguno su ejercicio, mediante (i) la diferenciación entre las consecuencias jurídicas de las distintas modalidades de su ejercicio, y (ii) la incorporación de las cautelas del artículo 231-71 de la PCM para acotar el ejercicio del derecho de información al marco de la buena fe y evitar un ejercicio abusivo de este".

todas las sociedades de capital. En concreto, las normas sobre derecho de información formalmente afectan solo a las sociedades anónimas, mientras que las normas sobre impugnación de acuerdos afectan a todas las sociedades de capital.

Así, en materia estrictamente de derecho de información la reforma parece estar diseñada pensando principalmente en las sociedades cotizadas, porque el legislador pretendía atajar una práctica habitual, especialmente en estas sociedades, como es el abuso del derecho de impugnación por falta de información solicitada durante la junta general. Una práctica que en el ámbito germano se conoce bajo la denominación de "accionista depredador"[6]. Por este motivo, tanto la Ley, como la Exposición de Motivos, como su antecedente Informe de la Comisión, centran la reforma del derecho de información únicamente en las sociedades anónimas, refiriéndose siempre al derecho de información de los "*accionistas*" y manifestando que el riesgo de abuso que se identifica afecta "*especialmente a las sociedades cotizadas*"[7]. Pero, en materia de impugnación de acuerdos, tanto la Ley, como la Exposición de Motivos y el Informe antecedente, abarcan a todas las sociedades de capital[8].

En consecuencia, la reforma en materia del derecho de información se desdobló en dos preceptos que quedaron regulados de forma descoordinada, sencillamente porque tenían ámbitos de aplicación distintos. De un lado, la reforma modificó el precepto que regula el derecho de información en junta general (art. 197 LSC), aplicable solo a las sociedades anónimas (cotizadas o no), dejando intacto el precepto equivalente para la sociedad limitada (art. 196 LSC). De otro lado, la reforma modificó el régimen de impugnación de acuerdos sociales incluyendo un inciso puntual, pero

---

6 Sobre esta figura, *vid.* Mónica FUENTES NAHARRO, "El accionista "depredador". Un acercamiento a la figura y su problemática a partir de la experiencia comparada", en *Revista de Derecho Bancario y Bursátil*, núm. 128, 2012, pp. 7-34.

7 Al respecto, la Exposición de Motivos se justifica así: "*Un aspecto fundamental para el buen funcionamiento de las empresas y para el adecuado equilibrio entre sus órganos de gobierno es la regulación del derecho de información de los accionistas. Si bien el régimen actual para el ejercicio de este derecho es, con carácter general, adecuado, resulta sin embargo conveniente diferenciar entre las consecuencias jurídicas de las distintas modalidades de este derecho, así como modular su ejercicio atendiendo al marco de la buena fe*".

8 En el Informe de la Comisión se afirma claramente que "*las consideraciones expuestas hacen que esta comisión de expertos entienda imprescindible, para el cumplimiento de su mandato, el análisis y la valoración del régimen jurídico de la impugnación de los acuerdos de la junta general no solo respecto de las sociedades cotizadas, sino también de todas las sociedades de capital*".

muy relevante, porque restringe la impugnación por falta de información condicionándola básicamente al carácter esencial de la información solicitada y al carácter anticipado de su petición (art. 204.3.b LSC), precepto que es aplicable a todas las sociedades de capital, incluyendo por tanto a las sociedades limitadas.

La descoordinación entre los dos preceptos (arts. 197 y 204 LSC) radica principalmente en que el primero incluye una clara prohibición de impugnar los acuerdos sociales por falta de información solicitada durante la junta general (art. 197.5 LSC). Literalmente, este precepto indica que "*la vulneración del derecho de información previsto en el apartado 2 solo facultará al accionista para exigir el cumplimiento de la obligación de información y los daños y perjuicios que se le hayan podido causar, pero no será causa de impugnación de la junta general*". Por tanto, la inconsistencia reside en que la impugnación por falta de información se regula en dos preceptos llamados a complementarse, porque uno se refiere a la información solicitada en junta general (art. 197 LSC) y el otro a la información solicitada antes de la junta general (art. 204.3.b LSC). El mensaje parece evidente: la infracción del derecho de información solicitado durante la junta no permite la impugnación de acuerdos, porque según el Informe de la Comisión cabe presumir que suele tener una finalidad abusiva, mientras que la información solicitada antes de la junta puede fundamentar la impugnación solo si es de carácter esencial. En las anónimas el régimen es consistente, porque están sujetas a ambos preceptos (197.5 y 204.3.b LSC). El problema está en las sociedades limitadas, porque solo se regula explícitamente el régimen de la falta de información antes de la junta, no la solicitada durante la junta, por lo que cabe plantearse si la regla que prohíbe la impugnación en caso de información solicitada durante la junta general (art. 197.5 LSC), vigente solo para las sociedades anónimas, es aplicable por analogía también a las sociedades limitadas, lo que ha planteado un debate doctrinal y jurisprudencial sobre el que volveré más adelante.

La relevancia de la reforma en materia de derecho de información es evidente porque, hasta la mencionada reforma, la mayor parte de las impugnaciones de acuerdos sociales se basaban en la infracción del derecho de información, que se erigía así como uno de los baluartes de la protección de los socios minoritarios. En este punto, es importante señalar que a pesar de la relevancia de la reforma, esta no constituye un cambio radical del régimen anterior, porque se mantiene la regla general conforme la falta de información es causa de impugnación por infracción legal (art. 204.1 LSC), regla que se excepciona, pero que no se elimina, mediante la exigencia de los requisitos de esencialidad y de anticipación. Esto explica que la infracción del derecho de información siga siendo una de las causas más frecuentes de impugnación y que exista mucha litigiosidad en esta materia.

2. *Maximalismo jurisprudencial: STS 531/2013*

La Sentencia del Tribunal Supremo núm. 531/2013 de 19 de septiembre es relevante porque recoge la jurisprudencia vigente en materia del derecho de información de los socios de sociedades de capital. Recoge la jurisprudencia, no solo por ser una Sentencia del Pleno, sino por reflejar lo establecido en Sentencias anteriores (así, SSTS 986/2011 de 16 de enero; 652/2011 de 5 de octubre; 830/2011 24 de noviembre; 846/2011 de 21 de noviembre; 741/2012 de 13 de diciembre, entre otras). Y refleja la jurisprudencia vigente, porque no ha sido explícitamente revocada o modificada por otras Sentencias posteriores. Así, la STS núm. 670/2021 de 5 de octubre advierte que *"la configuración amplia de este derecho de información del socio que había realizado la jurisprudencia se ha visto afectada en alguna medida por la reforma llevada a cabo por la Ley 31/2014, de 3 de diciembre (RCL 2014, 1613). Fundamentalmente, porque la misma restringió la impugnabilidad de los acuerdos por infracción del derecho de información, a los casos en "que la información incorrecta o no facilitada hubiera sido esencial para el ejercicio razonable por parte del accionista o socio medio, del derecho de voto o de cualquiera de los demás derechos de participación" (art. 204.3.b] LSC)."* Es decir, reconoce que la reforma de 2014 "afecta en alguna medida" a la jurisprudencia vigente, porque se restringe la impugnabilidad por infracción del derecho de información, pero no establece que ello suponga una derogación total de esta jurisprudencia. De hecho, las Sentencias de las Audiencias Provinciales y de los Juzgados Mercantiles emplean a menudo la jurisprudencia marcada por la STS de 2013.

Esta jurisprudencia es aplicable tanto a sociedades anónimas como a sociedades limitadas porque, aunque el caso enjuiciado es el de una anónima familiar, se analiza el derecho de información consistente en la solicitud de informaciones y aclaraciones, que rige en términos similares en anónima y en limitada, aunque con diferencias puntuales. En ningún momento menciona la Sentencia que no sea aplicable esta jurisprudencia a las sociedades limitadas. Tampoco tendría sentido porque, acogiendo una configuración amplia del derecho de información en la propia sociedad anónima, esa misma configuración es trasladable a la limitada con mayor motivo, siendo una sociedad cerrada. Y, en esta línea, la mayoría de las Sentencias que utilizan y citan esta jurisprudencia se refieren a sociedades limitadas.

Recogiendo jurisprudencia anterior, la Sentencia fundamenta esta configuración amplia en las tendencias normativas de la Unión Europea, que potencian el derecho de información. En concreto, en la Directiva 2007//36/CE, de derechos de los accionistas en sociedades cotizadas. La Sentencia certifica con ello el abandono de la tradicional concepción restrictiva de este derecho inspirada en la Ley de Sociedades Anónimas de 1951[9]. Siguiendo de nuevo la anterior jurisprudencia, remarca el carácter "mínimo e irrenunciable" del derecho de información y su naturaleza de "derecho autónomo, sin perjuicio de que pueda cumplir una finalidad instrumental del derecho de voto".

La configuración amplia del derecho de información permite a esta STS reconocer a los accionistas un derecho a obtener documentación contable, bancaria y fiscal, señalando que ello es compatible con el contenido mínimo del derecho de información documental que la ley reconoce a los accionistas, a los efectos de disponer de las cuentas anuales y, en su caso, del informe de auditoría. Se indica por tanto que este derecho documental mínimo no vacía de contenido al derecho de información, "*de tal forma que el socio no queda constreñido al simple examen de los documentos sometidos a la aprobación de la Junta, por lo que, como regla, no es admisible la denegación de la información pertinente al socaire de que «no cabe investigar en la contabilidad social»*". Todo ello para que los socios puedan "*desplegar cierto control de la forma de gestionarla y del cumplimiento por los administradores de los deberes de diligente administración, fidelidad y lealtad, en relación con la actividad de la sociedad reflejada en las cuentas sometidas a la* aprobación y en el informe de gestión y, en su caso, proponer que se demanden las responsabilidades procedentes". Por eso el socio tiene un "*derecho de información completa*" sobre las cuentas anuales.

---

[9] Al respecto, es ilustrativa de esta configuración restrictiva la referencia que realiza la Exposición de Motivos de esta Ley de 1951: *"Materia delicada es ía relativa al derecho de información que suele concederse al accionista para que examine antes de la Junta general la gestión de lps administradores y las cuentas del ejercicio que se someten a la Asamblea anual en que éstas deben ser aprobadas. El robustecimiento de los poderes de los administradores y la necesidad de poner los secretos de la empresa a cubierto de cualquier accionista indiscreto o malintencionado, han inclinado a vedar al accionista aislado el derecho a investigar en la contabilidad y en los libros sociales, debiendo bastarles con la facultad, que se le concede en otro apartado del proyecto (artículos sesenta y cinco, ciento nueve y ciento diez), de pedir por escrito a los Administradores los informes y aclaraciones que estime precisos acerca de los asun tos sometidos a deliberación, y la de examinar, quince días antes de la Junta en que tengan que ser aprobados, el balance, la cuenta de pérdidas y ganancias, la propuesta de distribución de beneficios, la Memoria explicativa y el informe de los accionistas, censores de cuentas"*.

Al mismo tiempo, el TS reconoce que "*el derecho de información (...) no es ilimitado, no ampara cualquier solicitud de remisión de copia de documentos de la sociedad*", puesto que "*el derecho de información está sujeto al límite genérico o inmanente de su ejercicio de forma no abusiva objetiva y subjetivamente*". Es interesante que la Sentencia desarrolla de una manera prolija, pero sin ánimo de exhaustividad, los parámetros que deben servir para valorar si el ejercicio del derecho de información es o no abusivo. Resumidamente, menciona los siguientes parámetros[10]: el carácter cerrado, una participación del soli-

---

10 La Sentencia describe los parámetros de abusividad en los siguientes términos: *"Además de estos requisitos, tal como se declara en las sentencias de esta Sala a que se ha hecho mención, dictadas en los años 2011 y 2012, el derecho de información está sujeto al límite genérico o inmanente de su ejercicio de forma no abusiva objetiva y subjetivamente. Ello debe examinarse de forma casuística en función de múltiples parámetros, entre otros, las características de la sociedad y la distribución de su capital, volumen y forma de la información solicitada. Ha de realizarse una ponderación de las diversas circunstancias concurrentes para verificar que el ejercicio del derecho de información no es abusivo. Algunas de esas circunstancias son las que a continuación se exponen sin ánimo exhaustivo.*

Un primer elemento a tomar en consideración, de modo relevante, es que la sociedad, pese a ser anónima, presente características fácticas (escaso número de socios, carácter familiar) o jurídicas (cláusulas estatutarias que restrinjan la libre transmisibilidad de las acciones, dentro de los límites del art. 63 de la Ley de Sociedades Anónimas, actual art. 123 del texto refundido de la Ley de Sociedades de Capital) que le otorguen un cierto carácter "cerrado". La dificultad que tienen los socios minoritarios para desinvertir cuando concurren estas circunstancias exige potenciar su transparencia y el control de la actuación de los administradores por la minoría que no participa en la gestión de la sociedad (sentencia de la Sala 1ª del Tribunal Supremo núm. 846/2011, de 21 de noviembre, recurso 1765/2008). Correlativamente, mientras más se aleja la sociedad anónima del modelo de sociedad contractualista y personalista del Código de Comercio y más responde a su configuración tipológica de sociedad abierta, menos justificación tiene un acceso directo del socio a una generalidad de soportes y antecedentes de la contabilidad.

Con carácter general el derecho de información se justifica por la pertinencia de que quien está integrado en una sociedad mercantil, como socio de la misma, y ha invertido parte de su patrimonio en el capital social, pueda tener conocimiento de cómo se está gestionando y administrando la sociedad para que de este modo pueda adoptar de modo fundado las decisiones pertinentes (votación de acuerdos en las juntas sociales, exigencia de responsabilidad a los administradores, venta de su participación en la sociedad, etc.). Dicha justificación se hace más intensa si las características de la sociedad le obstaculizan la enajenación de su participación en el capital social.

El hecho de que el socio sea titular de una participación de al menos un 25% del capital social potencia significativamente su derecho de información, y en concreto el acceso a documentos contables, bancarios y fiscales con motivo de la aprobación de las cuentas anuales y la censura de la gestión social, porque además de excluir que se deniegue al socio la información solicitada con base en el perjuicio que para los intereses sociales supone la publicidad de la información solicitada (art. 112.4 de la Ley de Sociedades Anónimas, actual art. 197.4 del

citante de, al menos, el 25% del capital social, la relevancia de las cuestiones sobre las que se solicita, los indicios razonables de irregularidades, la perturbación a la sociedad, el volumen o complejidad de la solicitud.

En la misma dirección, cabe mencionar que la Sentencia afirma que el cumplimiento del derecho de información no exige que el socio quede satisfecho con la información suministrada, puesto que "*para que se satisfaga el derecho de información no es necesario que el socio quede convencido por la información que se le facilite, basta que se le informe razonablemente sobre los extremos interesados, lo que no es incompatible con la concisión o brevedad, y que la información no sea objetivamente falsa o sustancialmente inexacta o incompleta*".

En definitiva, la propia Sentencia menciona expresamente que en esta materia debe encontrarse "*un equilibrio entre los derechos del socio y el gobierno societario a fin de evitar, por un lado, la paralización de los órganos sociales y, por otro, los abusos de poder y la falta de transparencia*".

3. Hacia una conciliación legislativa y jurisprudencial

A mi entender, la antinomia entre el minimalismo legislativo de la Ley 31/2014 y el maximalismo jurisprudencial reflejado en la STS 531/2013 es, en esencia, más aparente que real. Ambas sirven a la misma finalidad con diferentes estrategias, que no son incompatibles en la medida en que les une ese fin común, que no es otro que fijar el alcance y, sobre todo, los límites del derecho de información. La clave de bóveda se sitúa en el abuso de derecho, que es el problema que ambas piezas afrontan de forma directa y explícita. Estableciendo los parámetros que marcan la existencia de un abuso de derecho es posible determinar con precisión el alcance del derecho de información.

Es relevante recordar que la Ley 31/2014 y la STS 531/2013 son coetáneas, porque, aunque la Ley es de diciembre de 2014, el texto finalmente aprobado es exactamente el mismo que el propuesto en el Informe de la Comisión especial de fecha 14 de octubre de 2013, justo unas semanas después de la Sentencia, que data de 19 de septiembre. Cuando se elabora este Informe de 2013, la Comisión es consciente de la jurisprudencia

---

texto refundido de la Ley de Sociedades de Capital), suele ser indicativo de la concurrencia de circunstancias que dificultan la desinversión, en concreto la existencia de un escaso número de socios.

Otro dato a tener en cuenta para realizar la ponderación es la naturaleza de los documentos solicitados y su conexión con cuestiones especialmente relevantes o controvertidas de la vida

del TS en la materia, que ya desde, al menos, la STS núm. 652/2011 de 5 de octubre, establece una configuración amplia del derecho de información basada en su carácter de derecho autónomo, además de derecho mínimo e irrenunciable. En el Informe de la Comisión de 2013 en ningún momento se menciona esta jurisprudencia, que por tanto no parece combatir. De hecho, la Comisión considera que el régimen entonces vigente sobre el derecho de información era "*con carácter general, adecuado*". No se pretende una modificación radical del sistema vigente, sino una reforma enfocada en un aspecto relevante, pero concreto: "*acotar el ejercicio del derecho de información al marco de la buena fe y evitar un ejercicio abusivo de este*", lo que se conecta con el régimen de impugnación de acuerdos con el objetivo de "*minimizar los riesgos de uso oportunista o táctico del derecho de impugnación*". Del mismo modo, la STS 531/2013 dedica la mayor parte de su contenido al abuso del derecho de información. En concreto, establece que "*el derecho de información está sujeto al límite genérico o inmanente de su ejercicio de forma no abusiva objetiva y subjetivamente. Ello debe examinarse de forma casuística en función de múltiples parámetros, entre otros, las características de la sociedad y la distribución de su capital, volumen y forma de la información solicitada*".

Sentado que ambas piezas comparten el mismo objetivo, combatir el abuso del derecho de información, se diferencian en cuanto a la estrategia, condicionado lógicamente por la técnica legislativa y judicial de una y otra. En este sentido, la Ley 31/2014 intenta evitar el abuso de este

---

societaria como pueden ser las que son objeto de mención obligatoria en la memoria (art. 200 de la Ley de Sociedades Anónimas, actualmente art. 260 del texto refundido de la Ley de Sociedades de Capital).

El carácter abreviado de las cuentas anuales, que implica una reducción de los datos contenidos en las mismas, es también un elemento que justifica una mayor amplitud en la solicitud de información, y concretamente de documentación.

La existencia de indicios razonables de actuaciones irregulares o del órgano de administración, o de mala gestión, es también un dato relevante para realizar tal ponderación.

Asimismo, ha de valorarse la perturbación que la solicitud de información formulada por el socio supone para el desarrollo de la actividad del órgano de administración, y para la estructura administrativa de la sociedad, por su volumen o complejidad, si bien en este aspecto ha de tenerse en cuenta la facilitación de la gestión documental que suponen las nuevas tecnologías de la informática y la comunicación. Ha de encontrarse también en este extremo un equilibrio entre los derechos del socio y el gobierno societario a fin de evitar, por un lado, la paralización de los órganos sociales y, por otro, los abusos de poder y la falta de transparencia. En todo caso, las peticiones de documentación que por su desproporción muestren claramente estar encaminadas a no poder ser atendidas por la sociedad y, ante la mínima insatisfacción, provocar un motivo de impugnación de los acuerdos, tienen carácter abusivo."

derecho principalmente restringiendo la impugnación por su infracción mediante la exigencia de dos requisitos: un test de la relevancia (información de carácter esencial) y un test de la anticipación (información solicitada antes de la junta general). Por su parte, la STS 531/2013 desarrolla pormenorizadamente un listado no exhaustivo de parámetros de ponderación, entre los que destaca el carácter cerrado de la sociedad, la relevancia de la participación social (al menos 25%), indicios de actuaciones irregulares de los administradores, el volumen o complejidad de la información, entre otros.

Es destacable mencionar que, entre estos parámetros de ponderación, el TS incluye también de algún modo el de la relevancia de la información, que es el que el legislador utiliza preferentemente, porque se refiere a la "*conexión con cuestiones especialmente relevantes o controvertidas de la vida societaria*", remitiéndose para ello al contenido de la memoria de las cuentas anuales (art. 260 LSC), que incluye cuestiones tan relevantes y conflictivas como "*transacciones significativas entre la empresa y terceros vinculados con ella*", "*los sueldos, dietas y remuneraciones de cualquier clase devengados en el curso del ejercicio por el personal de alta dirección y los miembros del órgano de administración*" o "*el grupo al que, en su caso, pertenezca la sociedad*".

Con carácter general, bien podría sostenerse que los citados parámetros jurisprudenciales podrían servir para valorar si la información solicitada es esencial para el ejercicio razonable del derecho de voto o de cualquiera de los demás derechos de participación, a efectos de la impugnación de los acuerdos. Así, por ejemplo, la estructura cerrada de la sociedad facilita justificar que la información sea esencial, al igual que la relevancia de la participación, o la existencia de indicios de irregularidades.

La compatibilidad entre la reforma y la jurisprudencia vendría también demostrada por la práctica judicial, en la que es muy frecuente que en la admisión o rechazo de la impugnación por falta de información se combinen y entremezclen el argumento del carácter esencial y el del abuso de derecho. Por ejemplo, utilizando el volumen de las preguntas como un parámetro que muestra la falta de relevancia y el consiguiente abuso de derecho.

Esta compatibilidad no significa que no existan aspectos diferenciales y por tanto, incompatibles entre el planteamiento legislativo y jurisprudencial, pero parecen más puntuales que estructurales. El más destacable sería quizá el test de la anticipación. Aquí el legislador se muestra más estricto que la jurisprudencia, porque exige una mayor diligencia del socio. La cuestión es discutible, porque durante la junta puede solicitarse información que surge de la deliberación y que no podía razonablemente anticiparse, siendo igualmente relevante esa información. Sin embargo, en la práctica no parece que sea una cuestión problemática, porque, como demuestra la casuística judicial, en la inmensa mayoría de los supuestos la información se solicita antes de la junta general y, la que se solicita durante la junta suele tener una conexión con la pedida antes, siendo más bien un complemento o un desarrollo de la misma. Sobre la anticipación hay que matizar que el legislador lo exige formalmente solo en las sociedades anónimas, siendo debatido doctrinal y judicialmente si es trasladable también por analogía a las sociedades limitadas, como luego se desarrollará.

Cabe destacar también un punto clave de la jurisprudencia que no debe entenderse afectado por la reforma legal. La STS 531/2013 establece que el derecho de información del socio incluye, además del derecho a formular preguntas y solicitar aclaraciones, el derecho de información documental, es decir el derecho a solicitar documentos, entre ellos documentos contables, fiscales y bancarios, sin que este derecho documental quede vaciado de contenido por el derecho a obtener una serie de documentación mínima expresamente establecido por la ley (típicamente las cuentas anuales, así como informes de administradores sobre aspectos variados). No existe ningún precepto de la reforma de 2014, ni tampoco ninguna referencia en sus antecedentes, que permita excluir la existencia de este derecho de información documental. Tampoco cabría argumentar sobre la base de la reforma que este derecho de información documental no posea el carácter esencial que exige el régimen vigente para poder impugnar acuerdos en caso de la infracción de este derecho. En otras palabras, el carácter esencial debe predicarse del contenido de la información, con independencia que dicha información se haya solicitado en forma de pregunta o en forma de petición de documentación.

En conclusión, la Ley 31/2014 y la STS 531/2013 serían compatibles con carácter general, lo que permitiría afirmar que el derecho de información mantendría en la actualidad una configuración amplia como derecho autónomo, incluyendo su modalidad de información documental, sin que quepa aplicar una interpretación restrictiva basada en el test de relevancia fijado por el legislador a efectos de la impugnación por falta de información.

IV. RADIOGRAFÍA DE LA JURISPRUDENCIA RECIENTE

El estudio de las abundantes Sentencias de las Audiencias Provinciales dictadas desde la reforma de 2014 permite realizar varias conclusiones preliminares.

Primero, las Sentencias son abundantes, especialmente en Madrid y Barcelona, lo que demuestra la alta litigiosidad en la materia[11].

Segundo, la mayoría se refieren a sociedades limitadas, lo que es lógico si pensamos que es el tipo societario prevalente y que, además, el derecho de información es especialmente relevante en las sociedades cerradas. Este dato hace criticable que el legislador se haya centrado en el régimen de sociedades anónimas al regular este derecho.

Tercero, la inmensa mayoría de las sociedades anónimas que litigan en esta materia son sociedades cerradas, a menudo familiares. Este dato demuestra la necesidad de una mayor aproximación del régimen de sociedad anónima y limitada.

Cuarto, el criterio judicial tiende a ser restrictivo, producto del carácter restrictivo de la reforma de 2014, lo que resulta criticable porque como se ha dicho la reforma legal no supone una revocación del contenido de la doctrina jurisprudencial sino una modulación de la misma. Ambas son conciliables porque combaten el problema del abuso del derecho de información con dos estrategias que, en general, son compatibles y complementarias.

Quinto, existe una disparidad de criterios en aspectos puntuales pero relevantes, lo que exige una jurisprudencia del Tribunal Supremo, que, desde la emblemática STS 531/2013 se ha pronunciado en contadas ocasiones sobre el derecho de información, y sin aportar un desarrollo jurisprudencial relevante.

---

11 Vid. SAP Madrid núm. 563/2018 19 octubre; SAP Madrid núm. 197/2019 12 abril; SAP Madrid núm. 97/2020 de 21 febrero; SAP Madrid núm. 316/2020 3 julio 2020; SAP Madrid núm. 220/2021 4 junio; SAP Madrid núm. 414/2021 12 noviembre; SAP Madrid núm. 475/2021 3 diciembre; SAP Madrid núm. 22/2022 17 enero; SAP Madrid núm. 710/2022 30 septiembre; SA Madrid núm. 791/2022 24 octubre; SAP Madrid núm. 372/2023 5 mayo; SAP Madrid núm. 512/2023 14 julio; SAP Madrid núm. 549/2023 13 septiembre; SAP Madrid núm. 557/2023 15 septiembre; SAP Madrid núm. 594/2023 13 octubre; SAP Barcelona núm. 302/2017 4 julio; SAP Barcelona núm. 176/2018 20 marzo; SAP Barcelona núm. 1413/2019 17 julio; SAP Barcelona núm. 1817/2019 14 octubre; SAP Barcelona núm. 90/2020 16 enero; SAP Barcelona núm. 2263/2020 22 octubre; SAP Barcelona núm. 2767/2020 16 de diciembre; SAP Barcelona núm. 2687/2020 11 diciembre; SAP Barcelona núm. 643/2021 13 abril; SAP Barcelona núm. 1664/2022 21 noviembre; SAP Barcelona núm. 6/2023 10 enero; SAP Barcelona núm. 34/2023 19 de enero; SAP Barcelona núm. 85/2023 1 febrero.

1. Derecho autónomo vs. derecho instrumental

Una de las cuestiones controvertidas que plantea el derecho de información es la de si posee naturaleza instrumental o autónoma. La cuestión, sobre la que sobrevuela cierta confusión, posee gran relevancia práctica porque según sea su naturaleza el derecho tendrá una mayor o menor intensidad, sobre todo a efectos de la impugnación de acuerdos sociales. El carácter instrumental o autónomo del derecho de información se ha hecho girar en torno al derecho de voto de los socios sobre los asuntos sometidos a junta general y en relación a los cuales se solicita la información. Bajo este parámetro, se considera que el derecho de información es instrumental si su ejercicio está al servicio del derecho de voto de los socios en junta general, de modo que la información permita al socio formarse su opinión para votar en la junta. En contraste, se entiende que el derecho de información posee naturaleza autónoma si su función consiste en obtener la información, sin perjuicio de que tenga o no una finalidad instrumental vinculada al voto. Esta naturaleza autónoma se ha vinculado a la función de control de los administradores y de su gestión social que puede desarrollar el derecho de información.

Obviamente, atribuir naturaleza autónoma al derecho de información le proporciona una configuración amplia, porque es independiente al derecho de voto, mientras que otorgarle una naturaleza instrumental le hace acreedor de una configuración restrictiva. Dotar al derecho de información de carácter autónomo no sería incompatible con que también pueda, o no, desplegar una función instrumental al derecho de voto, puesto que va más allá de esta instrumentalidad. Un argumento a favor de esta configuración amplia basada en la finalidad autónoma lo constituye el hecho de que, en las sociedades anónimas, los administradores estén obligados a facilitar a los socios por escrito, dentro de los siete días siguientes al de la terminación de la junta, la información solicitada verbalmente en la junta y que no haya sido posible satisfacerse en ese momento (art. 197.2 LSC). Si el derecho de información solo tuviera naturaleza instrumental el socio no tendría derecho a recibir la información con posterioridad a la junta, porque ya habría emitido su voto.

Existe una consolidada doctrina jurisprudencial del Tribunal Supremo que declara expresamente el carácter autónomo del derecho de información. En esta línea, destaca la comentada STS 531/2013, que, recogiendo lo establecido en otras Sentencias anteriores[12], explicitó que el derecho de

---

12 Vid. SSTS núm. 766/2010 de 1 de diciembre; núm. 204/2011 de 21 de marzo; núm. 858/2011 de 30 de noviembre; núm. 986/2011 de 16 de enero de 2012.

información tiene la naturaleza de "*derecho autónomo, sin perjuicio de que pueda cumplir una finalidad instrumental del derecho de voto*". En esta Sentencia se hace referencia a la función del derecho de información como mecanismo de control de los administradores y de sus deberes.

Sin embargo, la aprobación de la Ley 31/2024 abrió la polémica sobre si el legislador habría transformado la naturaleza autónoma de este derecho para darle una configuración instrumental. Y ello porque la reforma, a fin de impedir su ejercicio abusivo, ha restringido la impugnación de acuerdos sociales por falta de información "*salvo que la información incorrecta o no facilitada hubiera sido esencial para el ejercicio razonable por parte del accionista o socio medio, del derecho de voto o de cualquiera de los demás derechos de participación*".

En este punto, cabe mencionar la STS núm. 24/2019 de 16 septiembre, porque es la primera que se pronuncia sobre el derecho de información con posterioridad a la reforma de 2014. Esta STS de 2019 no revocó la consolidada jurisprudencia fijada en la STS de 2013, pero hizo una ambigua referencia al impacto de la Ley 31/2014 sobre la naturaleza autónoma del derecho de información que implícitamente podría dar a entender que esta ley podría haber abandonado esta finalidad autónoma[13].

Con posterioridad a esta STS de 2019, y motivado o no por la misma, comienzan a aparecer Sentencias de la Audiencia Provincial de Madrid indicando de forma explícita que, entre otras modificaciones sobre el derecho de información, la reforma de 2014 habría alterado su naturaleza "*para configurar el de información como un derecho típicamente instrumental del derecho de voto y no como un derecho autónomo*"[14]. El impacto de lo anterior

---

[13] Literalmente la Sentencia afirmaba lo siguiente: "*Antes de la reforma llevada a cabo por la Ley 31/2014 (RCL 2014, 1613), la LSC configuraba el derecho de información como un derecho autónomo sin perjuicio de que pudiera cumplir una finalidad instrumental del derecho de voto. Servía también para controlar el cumplimiento por los administradores de sus deberes de diligente administración, fidelidad y lealtad, de ahí que pudiera considerarse también instrumental respecto de la exigencia de responsabilidad a los administradores sociales (sentencia 746/2012, de 13 de diciembre). Se entendía que ello justificaba la previsión legal de que en ciertos casos la información pueda suministrarse por escrito tras la junta (art. 197.2 TRLSC), cuando ya no tiene ninguna función instrumental respecto del derecho de voto, o que la tengan también socios sin derecho al voto o que no piensen ejercitarlo*".

[14] Vid. SAP Madrid núm. 339/2019 de 28 junio. En esta misma línea, la SAP Madrid núm. 521/2021 de 22 diciembre, tras señalar que la reforma de 2014 introduce profundas alteraciones en el modo de ejercicio de este derecho, afirma que "*tras esta reforma puede concluirse que el derecho de información pasa de nuevo, en cuanto infracción que permite fundar una acción impugnatoria y al margen de su declaración general como derecho del socio (art. 93 d) LSC) a ser un derecho instrumental del derecho al voto.*

sobre la impugnación resulta evidente, puesto que permitiría impedir la impugnación en casos en que la información no sirva al derecho de voto.

Esta línea judicial resulta criticable, puesto que restringe la fuerza impugnatoria del derecho de información más allá de lo que establece la ley. La norma indica que, para habilitar la impugnación, la información denegada deber ser esencial para el ejercicio razonable del "*derecho de voto o de cualquiera de los demás derechos de participación*". Por tanto, cabe impugnar acuerdos por falta de información a pesar de que la misma no sirva para ejercer el derecho de voto, pero sí sirva para ejercer derechos de participación como es, señaladamente, el derecho de los socios a ejercitar acciones de responsabilidad contra los administradores por infracción de sus deberes (art. 236 LSC), o bien otras acciones derivadas de la infracción del deber de lealtad, como la impugnación de actos o contratos realizados en violación de este deber (art. 232 LSC), así como cualquier otro derecho de control de los socios sobre los administradores.

Otras Audiencias Provinciales, particularmente, la de Barcelona, hacen un planteamiento a mi entender más acertado, al considerar que el derecho de información "*es un derecho autónomo, pero es indudable que, cuando se alega como fundamento de la impugnación de un acuerdo social, es exigible que cumpla una función instrumental en relación con el ejercicio del derecho de voto, aunque no se ciñe exclusivamente a éste, sino que también se vincula a los derechos de participación del socio*"[15]. En la misma línea, entiende que el hecho de que la información solicitada no sea esencial para el ejercicio del derecho de voto no autoriza a negar esta información, dado el carácter autónomo que la jurisprudencia concede a este derecho[16]. Según esta Audiencia Provincial, la reforma de 2014 hace que el derecho no solo sea autónomo en su justificación, sino también en su tutela, que ya no solo puede realizarse mediante una acción de impugnación de acuerdos, sino también median-

---

Su restricción a supuestos muy concretos es evidente, solo la denegación de la información previa a la junta, que resulte de carácter esencial, esto es determinante para el sentido del voto, y ello desde la perspectiva del socio medio, permite impugnar y obtener con éxito la nulidad del acuerdo en el que no se facilitó la oportuna información". Así, igualmente, la SAP Madrid núm. 594/2022 de 22 julio y la SAP Madrid núm. 710/2022 de 30 septiembre. Otras Sentencias más recientes se refieren también a la función instrumental, aunque no la circunscriben al derecho de voto, sino a "*otros derechos*", en referencia a los "*demás derechos de participación*" que menciona la norma vigente. Así, por ejemplo, la SAP Madrid núm. 549/2023 de 13 septiembre y la SAP Madrid núm. 557/2023 de 15 de septiembre.

15 Vid. SAP Barcelona núm. 6/2023 de 10 de enero.

16 Vid. SAP Barcelona núm. 2687/2020 de 11 de diciembre.

te una acción de cumplimiento operada a través de un procedimiento de jurisdicción voluntaria o, incluso, mediante una acción de indemnización por daños[17].

En definitiva, el binomio autónomo-instrumental se presta a confusión por el carácter equívoco de esta terminología, ya que la información dirigida a controlar a los administradores puede bien considerarse una manifestación de la finalidad autónoma de este derecho, pero también una manifestación de su finalidad instrumental de derechos de socios, no solo el derecho de voto. En consecuencia, es conveniente salir de los nominalismos y centrarse en la esencia de las cosas, para concluir que la falta de información solicitada, no para formar el voto, sino para controlar a los administradores y la gestión social, constituye causa de impugnación de los correspondientes acuerdos sociales.

2. *Test de abusividad vs. test de relevancia*

Una de las dificultades que plantean la resolución de conflictos sobre el derecho de información consiste en que un mismo problema (el abuso) se combate con estrategias distintas en la legislación, que se basa en el estándar general del test de relevancia, y en la jurisprudencia, que desarrolla una serie de parámetros específicos. Según se ha afirmado más arriba, ambos planteamientos son compatibles, puesto que estos parámetros jurisprudenciales podrían servir para valorar si la información solicitada es esencial para el ejercicio razonable del derecho de voto o de cualquiera de los demás derechos de participación, a efectos de la impugnación de los acuerdos. Así, por ejemplo, la estructura cerrada de la sociedad facilita justificar que la información sea esencial, al igual que la relevancia de la participación, o la existencia de indicios de irregularidades.

La compatibilidad entre la reforma y la jurisprudencia vendría también demostrada por la práctica judicial, en la que es muy frecuente que en la admisión o rechazo de la impugnación por falta de información se combinen y entremezclen el argumento del carácter esencial y el del abuso de derecho.

Un ejemplo ilustrativo y frecuente nos lo suministra la cuestión de si las peticiones exhaustivas de información no atendidas permiten la impugnación de acuerdos, sea por abusividad sea por esencialidad. El Tribunal

---

17 Vid. SAP Barcelona núm. 40/2023 de 4 de abril; SAP Barcelona núm.1413/2019 de 17 de julio.

Supremo ha manifestado con toda claridad y en repetidas ocasiones que "*el ejercicio abusivo del derecho de información del socio no puede vincularse sin más al volumen de información requerida*", exigiendo valorarlo según las circunstancias del caso[18]. En las Audiencias luce el planteamiento distinto de las de Madrid y Barcelona, vinculado a la cuestión del carácter autónomo o instrumental. La Audiencia de Madrid, favorable al carácter instrumental vinculado al voto, suele considerar las peticiones exhaustivas bien como abusivas, bien faltadas de esencialidad[19]. Por su parte, la Audiencia de Barcelona, proclive a la configuración autónoma, considera que una solicitud de información extensa podría hacerse en abuso de derecho para obstaculizar la buena marcha de la sociedad, pero ello no autoriza a la sociedad a negar radicalmente toda la información[20].

Otro ilustrativo ejemplo lo ofrece el supuesto en que el solicitante de la información está vinculado de alguna manera a una empresa competidora o directamente compite con la compañía. De nuevo, el problema se puede analizar desde la abusividad, desde la esencialidad o, incluso, desde el perjuicio al interés social como causa de denegación de la información. La Audiencia de Barcelona admite que esta circunstancia puede justificar una negativa a proporcionar la información, pero exige que la sociedad lo justifique sobre la base de la protección del interés social en el caso concreto, lo que no se produce en el supuesto enjuiciado[21]. Por su parte, la Audiencia de Madrid ha exigido en algunos casos esa justificación[22], mientras que en otros parece que el hecho de que sea competidor permite presumir el perjuicio al interés social[23].

3. *Aplicación analógica a las sociedades limitadas*

Según se ha mencionado más arriba, el diferente tratamiento que la reforma de 2014 otorga al derecho de información en las sociedades anónimas y en las limitadas ha abierto un debate sobre una cuestión concreta, pero relevante, cual es la de si en estas últimas cabe impugnar acuerdos sociales por falta de información solicitada en la junta general. La refor-

---

18 Vid. STS núm. 531/2013 de 19 de septiembre; STS núm. 204/2011 de 21 de marzo; STS núm. 766/2010 de 1 de diciembre, entre otras.

19 Vid. SAP Madrid núm. 475/2021 de 3 de diciembre.

20 Vid. SAP Barcelona núm. 2687/2020 de 11 de diciembre.

21 Vid. SAP Barcelona núm. 2687/2020 de 11 de diciembre, SAP Barcelona núm. 1817/2019 de 14 de octubre.

22 Vid. SAP Madrid núm. 106/2012 de 26 marzo.

23 Vid. SAP Madrid núm. 248/2013 de 13 de septiembre.

ma introdujo una explícita prohibición de impugnar los acuerdos sociales por vulneración del derecho de información solicitada durante la junta general solo en relación a las sociedades anónimas (art. 197.5 LSC), pero dejó intacto el precepto equivalente de las sociedades limitadas. El legislador explicitó que los socios afectados podían pedir ejercitar una acción de cumplimiento y/o una acción de reclamación de daños y perjuicios.

Aparentemente, esta descoordinación parece producto de un descuido del legislador, más que de una intención deliberada, porque la finalidad del precepto era la de evitar el abuso del derecho de información mediante la intempestiva postulación de preguntas durante la junta con la única de finalidad de poder impugnar los acuerdos. De ser así, la solución resultaba sencilla, pues bastaría haber incluido este inciso en sede de impugnación (art. 204 LSC), precepto aplicable a ambos tipos societarios.

En esta línea, en un primer momento la interpretación imperante fue la de considerar que se trataba de un error de técnica legislativa y, por tanto, solventarlo mediante la aplicación analógica a las limitadas del régimen de las anónimas, de modo que en las sociedades limitadas tampoco cabría impugnar acuerdos por falta de información solicitada en la junta. Este planteamiento, que cabría denominar teoría unitaria, fue recogido en los criterios interpretativos aprobados desde la judicatura, concretamente en las Jornadas Magistrados Especialistas Mercantil Pamplona 2015, en el cual se argumentó lo siguiente: "*Aun cuando el art. 196 LSC guarde silencio al respecto, no hay razón alguna que justifique esa diferencia de trato entre ambos tipos sociales, máxime cuando el art. 204.3 LSC les da el mismo tratamiento. Con dicha previsión legal, lo que se está intentando es que el accionista ejercite su derecho de información antes de la junta y evitar así ejercicios abusivos de ese derecho de información durante la junta mediante una batería de preguntas abrumadoras y sorpresivas cuya única finalidad es fundamentar luego, una acción impugnatoria*". Este planteamiento unitario fue acogido por algunas Audiencias Provinciales[24].

Sin embargo, en la actualidad parece haberse impuesto la posición contraria, que podríamos denominar teoría dualista, por considerar que no cabe la analogía, de modo que en las sociedades limitadas cabría impugnar los acuerdos por falta de información solicitada durante la junta. En particular, por diversas Sentencias de la Audiencia Provincial de Madrid[25],

---

24 Vid. SAP Asturias núm. 303/2016 de 11 de noviembre, SAP Salamanca núm. 160/2017 de 20 de marzo, SAP Valencia núm. 642/2019 de 20 de mayo.

25 Vid. SAP Madrid núm. 197/2019 de 12 abril; SAP Madrid núm. 475/2021 de 3 diciembre; SAP Madrid núm. 372/2023 de 5 de mayo.

que parece haber marcado en la actualidad el criterio seguido por las Audiencias[26].

La Audiencia de Madrid justifica su negativa a la aplicación analógica sobre la base de hasta cuatro argumentos: (i) el legislador ha regulado el régimen material del derecho de información por separado en dos preceptos y decidió modificar solo el régimen de las sociedades anónimas; (ii) cuando el legislador ha querido unificar el régimen lo ha hecho de forma explícita, como sucede en el régimen de impugnación por falta de información; (iii) el art. 197.5 LSC es una norma restrictiva de derechos, en concreto del derecho de impugnación (art. 93.c LSC), por lo que no cabe una aplicación extensiva de esta restricción; y (iv) la identidad de razón exigible para aplicar por analogía un precepto es opinable en este caso porque esta restricción puede tener sentido para las sociedades anónimas, tendencialmente de gran tamaño, para agilizar su funcionamiento, mientras que en las sociedades limitadas, por su carácter cerrado, se entiende por la jurisprudencia que los socios deben poder realizar un mayor control sobre la gestión social[27].

---

[26] Vid., por ejemplo, SAP Zaragoza núm. 81/2023 de 17 febrero; SAP Navarra núm. 1000/2023 de 11 de diciembre.

[27] Literalmente, los argumentos se expresan del siguiente modo. "*1º) el legislador ha regulado por separado en el Texto refundido de la Ley de Sociedades de Capital (RCL 2010, 1792, 2400) (aprobado por RDL 1/2010, de 2 de julio) el régimen material del derecho de información en cada tipo de sociedad, el de las limitadas (SL) en el artículo 196 y el de las anónimas (SA) en el artículo 197 y sólo decidió modificar el de éstas y no el de aquellas, que permaneció incólume, con ocasión de la reforma operada por la Ley 31/2014, de 3 de diciembre (RCL 2014, 1613); 2º) cuando el legislador ha querido unificar para ambos tipos sociales el tratamiento restrictivo del derecho de información del socio como posible justificación para la acción de impugnación de acuerdos sociales, lo ha hecho de modo explícito a raíz de la Ley 31/2014, de 3 de diciembre (así ocurre con el derecho de información previo a la junta en el artículo 204.3.b del TRLSC, donde restringe la posibilidad de impugnación a los casos en los que la información fuera de carácter esencial o determinante de la infracción para el ejercicio de los derechos del socio); no lo ha hecho, sin embargo, en lo que atañe al derecho de información durante el transcurso de la junta, donde, tras la mencionada reforma, solo se prevé la regla restrictiva en sede de sociedades anónimas (art. 197 TRLSC), pero no para las de responsabilidad limitada (art. 196 TRLSC), lo que lleva a pensar en un designio determinado del legislador y que no existe, en realidad, laguna alguna que llenar, por analogía, para esta otra clase de entidades mercantiles; 3º) además, puesto que el art. 197.5 del TRLSC se trata de una norma restrictiva de los derechos del socio (en concreto, el de impugnar los acuerdos sociales – art. 93.c del TRLSC), su aplicación de modo extensivo a otro tipo de sociedad distinto del previsto por el legislador no es, tal vez, la solución jurídicamente más correcta; y 4º) la existencia de identidad de razón, exigida por el artículo 4 del C. Civil (LEG 1889, 27), es bastante opinable, pues la restricción que puede tener sentido*

Esta teoría dualista es también la seguida mayoritariamente por la doctrina[28].

En mi opinión, comparto en general los argumentos de la teoría dualista si la cuestión se plantea *de lege lata*, no así si se analiza *de lege ferenda. De lege lata*, existen sólidos argumentos para concluir que el legislador estableció deliberadamente un régimen distinto para las sociedades anónimas al modificar el art. 197 LSC y dejar intacto el art. 196 LSC. Los antecedentes de la reforma confirman esta hipótesis. En el Informe de la Comisión que propuso la modificación que literalmente se convirtió en norma legal, se justificó la reforma basándose en la sociedad anónima. El título de la sección se refiere al "*derecho de información de los accionistas*" y, en su desarrollo se menciona siempre a las "*accionistas*", nunca a los socios. En la propia justificación se una referencia expresa a las "*sociedades cotizadas*". Además, el texto explica de forma desarrollada el problema de la solicitud de información durante la junta y los riesgos de su utilización "*de forma abusiva con el propósito de crear artificialmente un motivo de impugnación*". En contraste, cuando el mismo texto justifica la modificación relativa a la impugnación por falta de información, que se extendería a sociedades anónimas y limitadas, se centra en el requisito de su carácter esencial, sin mencionar el momento en que se solicita la información. Por tanto, no existiría una laguna que precise ser colmada mediante la analogía.

Otra cosa es el planteamiento *de lege ferenda*. Desde esta perspectiva no comparto el cuarto argumento de la Audiencia Provincial de Madrid, que viene a justificar la inexistencia de analogía porque existiría una diferencia tipológica entre sociedades anónimas (empresas de gran tamaño) y limitadas (empresas más pequeñas y cerradas) que justificaría el diferente trato normativo. Como apuntaba más arriba, la realidad demuestra que la mayoría de las sociedades anónimas suelen ser sociedades cerradas, siendo lo relevante para determinar su régimen, no tanto el tamaño de la empresa, como su estructura societaria. La reforma, como la misma explicita, estaba pensando en las sociedades abiertas, no así en las cerradas. Por lo

---

para garantizar el funcionamiento más fluido de una entidad de gran tamaño, como aspira a serlo la sociedad anónima, puede no ser la más adecuada en entidades que respondan a otro modelo, más reducido y a menudo de carácter cerrado, donde la jurisprudencia tradicional (sentencia de la Sala 1ª del TS 986/2011, de 16 de enero de 2012 (RJ 2012, 177), a propósito de las sociedades mercantiles cerradas) ha insistido en que se debería permitir una adecuada y más profunda fiscalización por los socios de la gestión social".

28 Vid. MARTÍNEZ, 2023 passim; FARRANDO, 2016 *passim*; RECALDE, 2022, p. 603-605; GARGALLO, 2021, p. 2752.

tanto, desde esta perspectiva *de lege ferenda* sería partidario de la teoría unitaria, pues no detecto diferencias tipológicas que justifiquen las diferencias normativas, salvando obviamente las sociedades anónimas cotizadas. Cosa distinta es si en esa regulación unitaria tendría sentido prohibir de raíz la impugnación por falta de información solicitada durante la junta. En mi opinión, el test de relevancia sería suficiente para atajar posibles abusos, sin de amputar la posibilidad de impugnación por solicitudes de informaciones esenciales que surjan durante la junta. Dicho esto, en la práctica no parece que esta limitación tenga un gran impacto, porque la realidad demuestra que en muchos supuestos la información se solicita con antelación a la junta, porque cuando existe un conflicto latente los socios minoritarios suelen preparar su asistencia a la junta de forma concienzuda.

Admitido *de lege lata* que en las SL quepa impugnar acuerdos por falta de información solicitada en la junta, cabe plantearse si en estos casos opera el mencionado test de relevancia contenido en el art. 204.3b LSC. Es decir, si la información no facilitada debe ser esencial para poder impugnar los acuerdos. El problema es que este artículo anuda el test de relevancia "*al ejercicio del derecho de información con anterioridad a la junta*", lo que parece excluir su vigencia en caso de información solicitada en junta. En este supuesto, considero que el test de relevancia sería aplicable por analogía, entre otros motivos porque el legislador ha configurado el test de relevancia como el elemento central del régimen de impugnación por falta de información y lo proyecta a todas las sociedades de capital. Siendo el elemento central del sistema, sería un dislate no aplicar este parámetro a la información solicitada en junto, permitiendo que información no esencial pudiera servir para impugnar acuerdos[29].

4. Derecho de información documental vs. derecho de examen

Según se ha mencionado, la jurisprudencia fijada por la STS 531/2013 ha reconocido que el derecho del socio a obtener una documentación mínima ex art. 272.2 LSC, particularmente vinculada a la aprobación de cuentas anuales, no vacía de contenido el derecho de información ex arts. 196 y 197, que por tanto este último incluye un derecho de información documental que permite solicitar documentación contable, fiscal y bancaria. En otras palabras, el derecho de información ex art. 272.2 LSC no sustituye el derecho de información ex arts. 196 y 197 LSC, siendo ambos compatibles, de modo que el socio puede complementar la documentación mínima ob-

29 Vid. SJMerc. núm. 3 Barcelona núm. 309/2022 de 13 de mayo.

tenida con otros documentos que aporten una información más completa. Además, este derecho de información documental seguiría vigente tras la Ley 31/2014 y su infracción permitiría la impugnación de acuerdos si la información denegada fuera esencial. De forma similar, la documentación mínima, sea vinculada a cuentas anuales o a otros acuerdos, es compatible con solicitar informaciones o aclaraciones no documentales ex arts. 196 o 197 LSC[30].

En el caso específico de las sociedades limitades, cabe igualmente plantearse la relación existente entre el derecho de información ex art. 196 LSC y el derecho de examen de la contabilidad ex art. 272.3 LSC del que disponen los socios de dichas sociedades limitadas que ostentan al menos un cinco por ciento del capital social. A diferencia del art. 272.2 LSC, que da derecho a una documentación de mínimos, el 272.3 LSC da derecho a una documentación de máximos, aunque en el primer caso es un derecho a obtener la documentación, mientras que en el segundo es solo un derecho a examen, que se ha interpretado que no permite obtener copias. Siendo el art. 272.3 LSC un derecho de máximos, cabe plantearse si es compatible con un derecho de información documental ex art. 196 LSC. Es decir, si ejercitado el derecho de examen, cabe ejercitar también un derecho de información documental. Considero que la respuesta debe ser positiva, de modo que ambos derechos sean compatibles. Primero, porque no existe ninguna norma que establezca su incompatibilidad. Y, segundo, porque aunque el alcance del derecho de examen podría ser a priori superior que el derecho de información, puesto que la ley habla de "*documentos que sirvan de soporte y de antecedente de las cuentas anuales*", la intensidad del derecho de examen es inferior, puesto que como se ha mencionado no permite la obtención de copias de dichos documentos, a diferencia de lo que sucede con la información documental ex art. 196 LSC.

Las Audiencias Provinciales han admitido expresamente la compatibilidad del derecho de información y del derecho de examen[31]. Con independencia de lo anterior, cabría plantearse también qué consecuencias tendría el hecho de que un socio decida no ejercitar su derecho de examen ex art. 272.3 LSC, pero en cambio solicite información documental ex art. 196 LSC. En concreto, si la sociedad podría negarse a suministrar al socio la documentación por no haber ejercitado el derecho de examen que tendría a su disposición. Algunas sentencias han validado esta negativa, declarando

30 Vid. SAP Barcelona núm. 643/2021 de 13 de abril.

31 Vid. SAP Madrid núm. 41/2021 de 29 enero; SAP Madrid núm. 344/2017 de 7 de julio.

que el socio que pretende obtener la documentación debería haber ejercitado su derecho de examen[32]. Este planteamiento resulta criticable, primero porque no encuentra fundamento en ningún precepto y, segundo, porque se trata de dos derechos que tienen distinto alcance y límites, por lo que deben entenderse independientes. Otra cosa es que, como sucede en las mencionadas Sentencias, en el supuesto concreto pueda entenderse que, debido a las circunstancias del caso, existe un abuso de derecho, pero sin que pueda penalizarse al socio en su derecho de información por el mero hecho de no haber ejercitado su derecho de examen.

5. Motivos de denegación y su justificación

Uno de los puntos controvertidos en el ejercicio del derecho de información es el relativo a los motivos de denegación de dicha información. La Ley 31/2014 modificó el régimen de las sociedades anónimas sobre el respecto ampliando el catálogo de motivos de denegación con el objetivo de combatir el abuso de derecho. Antes de la reforma las causas de denegación se regulaban de forma similar en sociedades anónimas y limitadas, pues en ambas la negativa se podía basar en que "*la publicidad de la información solicitada perjudique el interés social*". La única diferencia radicaba en que en las limitadas se dejaba esta cuestión al juicio del órgano de administración y en las anónimas al juicio del presidente de la junta, buscando en estas últimas una neutralidad que en la realidad era más bien ficticia. La reforma de 2014, además de eliminar la referencia al presidente dejando la decisión en manos de los administradores, se amplió el catálogo de causas de denegación en los siguientes términos: "*que esa información sea innecesaria para la tutela de los derechos del socio, o existan razones objetivas para considerar que podría utilizarse para fines extrasociales o su publicidad perjudique a la sociedad o a las sociedades vinculadas*". El objetivo era, claramente, el de reforzar los argumentos que pueden esgrimir los administradores para negar la información, pero lo cierto es que el nuevo dictado no parece añadir realmente motivos distintos de rechazo de la información a la causa de perjuicio a la sociedad, puesto que los nuevos motivos podrían englobarse en esta cláusula general. En todo caso, se entiende que estos nuevos motivos son también trasladables a las sociedades limitadas, pues no existe una diferencia tipológica que justifique un régimen distinto [33]

---

[32] Vid. SAP Barcelona núm. 85/2023 1 febrero; SAP Barcelona núm. 1413/2019 de 17 de julio.

[33] Vid. RECALDE, 2022, p. 594.

Los administradores no pueden negar la información cuando la solicitud esté apoyada por socios que representen al menos el veinticinco por ciento del capital social, lo que juega tanto en las sociedades anónimas como en las limitadas, aunque en las primeras se puede fijar estatutariamente un porcentaje menor, siempre que se superior al cinco por ciento (arts. 196.3 y 197 4 LSC). La jurisprudencia rechaza que en estos casos de solicitud cualificada de información se pueda alegar el perjuicio al interés social como causa de denegación[34], lo que sería aplicable a los nuevos motivos introducidos por la reforma.

Aunque la ley no lo explicita, la jurisprudencia exige que los administradores proporcionen una "*justificación adecuada*" a su negativa a suministrar la información, sin que sea posible la denegación bajo el argumento de que "*no cabe investigar en la contabilidad social*"[35]. Más concretamente, se considera que no cabe la "*simple negativa*", exigiendo una "*justificación objetiva que evidencie que tiene sentido que en esas circunstancias concretas opere esa limitación al derecho del socio*" [36]. Incluso en el supuesto en que los socios solicitantes hayan constituido una sociedad competidora se exige que se justifique de forma específica y no en abstracto indicando qué motivos fundan la existencia de un manifiesto conflicto de intereses en perjuicio del interés social [37].

V. SOLUCIONES LEGISLATIVAS, JUDICIALES Y CONTRACTUALES.

El panorama descrito en las páginas anteriores muestra la necesidad de encontrar soluciones a las anomalías del derecho de información tanto en el plano legislativo, como en el judicial y en el funcional.

En el ámbito legislativo parece evidente la necesidad de una reforma que aproxime el régimen de la sociedad limitada y de la sociedad anónima no cotizada en esta materia. Ciertamente, sería conveniente que este movimiento hacia un modelo unitario del derecho de información se abordara en el marco de un movimiento más amplio de aproximación de ambos regímenes con carácter general, más allá de este derecho. En este marco, sería oportuno abordar una deconstrucción tipológica de nuestro sistema

[34] Vid. STS núm. 664/2005 de 26 de septiembre.
[35] Vid. STS núm. 531/2013 de 19 de septiembre.
[36] Vid. SAP Madrid núm. 316/2020 de 3 de julio.
[37] Vid. SAP Barcelona núm. 2687/2020 de 11 de diciembre.

societario que sirviera para reubicar a la sociedad anónima no cotizada, que sigue teniendo un espacio significativo en el mundo empresarial, pero que ha quedado desubicada y pinzada entre dos potentes realidades: una sociedad limitada que se ha convertido desde hace al menos tres décadas en el tipo prevalente gracias a su mayor flexibilidad y una sociedad cotizada que es objeto de una regulación cada vez más más desarrollada y exigente al servicio de la normativa y de las dinámicas del mercado de valores. Las sociedades anónimas no cotizadas se mueven actualmente en una especie de esquizofrenia jurídica, pues siendo en la práctica sociedades cerradas, se regulan en gran medida bajo el modelo de sociedades abiertas. La misión es compleja, pues el régimen general de las sociedades anónimas constituye el esqueleto en el que se apoya el régimen especial de las sociedades cotizadas. Quizá bastaría con formalizar legalmente el estatuto jurídico de las sociedades anónimas no cotizadas de carácter cerrado por incorporar en sus estatutos restricciones a la libre transmisibilidad de las acciones y, una vez desgajadas y liberadas de las servitudes de las sociedades cotizadas, proyectar sobre las mismas un régimen equivalente al de las sociedades limitadas por compartir ambas la coherencia de basarse en el modelo de una sociedad cerrada.

Bajo este modelo podría regularse el derecho de información de manera más consistente con la importancia que tiene este derecho en una estructura cerrada, dotándose de una configuración amplia, aunque no por ello ilimitada. El nuevo régimen podría modernizar el actual, cuya literalidad es en muchos puntos idéntica a la de la vetusta Ley de Sociedades Anónimas de 1951. En este nuevo régimen, la impugnación de acuerdos por falta de información no se regularía de forma tan restrictiva como la actual. No cabría una regla como el art. 197.5 LSC, que presume *iuris et de iure* que la petición de información durante la junta general es abusiva.

Sí cabría, en cambio, una regla que desarrollara el procedimiento para solicitar el cumplimiento del deber de información de los administradores, como mecanismo de tutela alternativo y menos invasivo que la impugnación de acuerdos sociales, todo ello a la vista de que la aplicación práctica del vigente procedimiento de jurisdicción voluntaria plantea serios interrogantes. También cabría una regla que exigiera a los administradores que deniegan la información solicitada que aporten una justificación razonable de su negativa basándose en el interés social.

En este nuevo régimen, el problema del abuso de derecho encontraría respuesta, además de en los límites legales al derecho de información, en la vigorosa doctrina jurisprudencial del abuso de derecho, que tantos desarrollos ha tenido en el ámbito societario.

Al respecto, resulta interesante mencionar que estudios empíricos realizados en Estados Unidos evidencian que, en sociedades cerradas, una configuración restrictiva del derecho de información, en su modalidad de derecho de examen (*inspection right*), desincentiva un número de casos de ejercicio razonable de este derecho superior que el número de casos de ejercicio abusivo que evita, por lo que cabe concluir que una configuración amplia del derecho de información es la que mejor promueve el buen gobierno de las empresas[38].

Lamentablemente, la Propuesta de Código Mercantil, en su versión de 2018, pese a que incide en la línea positiva de desarrollar el régimen común de las sociedades de capital bajo el modelo de las sociedades limitadas, no acoge esta misma línea en materia de derecho de información, pues mantiene en esencia el actual modelo dualista en términos muy similares al actual.

En el ámbito judicial, se hace necesario un desarrollo de la doctrina jurisprudencial del Tribunal Supremo que reconstruya la configuración amplia sentada en su vigente doctrina a la vista del planteamiento restrictivo acogido por la reforma de 2014. Según he avanzado, a pesar de la aparente antinomia entre el maximalismo jurisprudencial y el minimalismo legislativo, existe una gran compatibilidad entre ambos planteamientos en la medida en que los dos tienen como uno de sus principales objetivos atajar el abuso de derecho, si bien la jurisprudencia se ha basado en el test de abusividad, mientras que el legislador ha incorporado el test de relevancia. A mi entender, la nueva doctrina jurisprudencial debe girar en torno al test de relevancia, dejando el test de abusividad como cláusula de cierre para los supuestos que no puedan solventarse mediante el test de relevancia. Al mismo tiempo, los parámetros de abusividad desarrollados por la jurisprudencia (estructura cerrada, porcentaje de participación, indicios de irregularidades, volumen y complejidad de la información, etc.) podrían utilizarse como parámetros de relevancia. Esto contribuiría a clarificar los criterios aplicados por los tribunales, que suelen entremezclar argumentos de abusividad y de relevancia.

---

[38] Vid. BAI, L., "Shareholder Inspection Rights: From Credible Basis to Rational Belief", en *Emory Corporate Governance and Accountability Review*, vol. 10, 2023, p. 193-244.

También se hace necesaria una labor de homogeneización de criterios judiciales, sea mediante la jurisprudencia del Tribunal Supremo, sea mediante los encuentros de magistrados especialistas. Entre otras cuestiones a homogeneizar, destaca la de la naturaleza autónoma o instrumental, por su importancia práctica a efectos de una visión más amplia o restrictiva de la información. Como hemos manifestado más arriba, es necesario clarificar que el derecho de información desarrolla una función de control de la gestión social, más allá de la función instrumental vinculada al voto, con independencia de la etiqueta de derecho autónomo o de derecho instrumental al voto y a otros derechos participativos que se le atribuya. Pero, además de esta cuestión, existen otras con disparidad de criterios en materias tan relevantes como la aplicación analógica a las sociedades limitadas de la prohibición que rige en las anónimas de la impugnación de acuerdos por falta de información solicitada durante la junta; así como también la cuestión de la compatibilidad entre la información documental ex arts. 196 y 197 LSC y ex arts. 272.2 y 272.3 LSC.

Finalmente, en el ámbito funcional, cabe pensar en soluciones contractuales mediante las cuales cada sociedad pueda graduar el derecho de información adaptándolo a sus propias especificidades, entre otras cosas en relación con su contenido y periodicidad, y siempre respetando el contenido mínimo e inderogable de este derecho.

En este punto, la Propuesta de Código Mercantil nos ofrece interesantes opciones de incorporar por vía estatutaria derechos de información cualificados, propios de sociedades personalistas y desvinculados de acuerdos de junta. En concreto, la Propuesta incluye el siguiente inciso: "*Sin perjuicio del derecho de información con ocasión de la celebración de las juntas de socios, los estatutos de la sociedad limitada podrán disponer que el socio o la minoría que establezcan, que no formen parte del órgano de administración, puedan solicitar en cualquier momento o en los períodos, circunstancias y condiciones que determinen, la información que consideren oportuna sobre la marcha de los asuntos sociales, así como consultar en el domicilio social, por sí o por medio de profesionales de su confianza, los libros sociales y los documentos relativos a la actividad de la sociedad*" (art. 232-30).

Esta solución contractual podría incluso trascender del derecho de información para atajar el eventual conflicto subyacente al mismo. Entre otras fórmulas, podrían establecerse mecanismos de resolución de conflictos como un derecho de separación que se active por determinadas causas tasadas. De hecho, una causa de separación podría consistir en el incumplimiento de las obligaciones de información establecidas legal o contractualmente.

En definitiva, estas y otras soluciones contribuirían a potenciar el derecho de información en nuestras sociedades cerradas promoviendo un mejor equilibrio entre el interés del socio y de la sociedad, y fomentar así las actuales tendencias en pro del buen gobierno y de la transparencia de las organizaciones.

VI. BIBLIOGRAFÍA

BAI, L., "Shareholder Inspection Rights: From Credible Basis to Rational Belief", en *Emory Corporate Governance and Accountability Review*, vol. 10, 2023, p. 193-244

BOQUERA MATARREDONA, J., "El derecho del accionista a la información", en *Revista de Derecho Mercantil*, Nº 300, 2016, p. 13-36.

DE BORJA VILLENA, F., "Artículo 196. Derecho de información en la sociedad de responsabilidad limitada" y "Artículo 197. Derecho de información en la sociedad anónima", en P. PRENDES CARRIL, A. MARTÍNEZ-ECHEVARRÍA y R. CABANAS TREJO (dirs.), *Tratado de sociedades de capital*, Thomson Reuters Aranzadi, 2017, p. 1112-1137.

FARRANDO MIGUEL, I., "Los déficits informativos como causa de impugnación de los acuerdos sociales [arts. 197.5 y 204.3.b) LSC]", en A. RONCERO SÁNCHEZ et altri (dirs), *Junta General y Consejo de Administración de la sociedad cotizada*, vol. 1, Thomson Reuters Aranzadi, 2016, p. 415-441.

GUASCH MARTORELL, R., "La difícil comprensibilidad y justificación de la regulación dualista del derecho de información del socio en las sociedades de capital no cotizadas", en *Revista de Derecho Mercantil*, Nº 315, 2020.

MARTÍNEZ-GIJÓN MACHUCA, P., "Algunas cuestiones sobre el derecho de información del socio tras las reformas introducidas por la Ley 31/2014, de 3 de diciembre", en *Revista de Derecho de Sociedades*, Nº 47, 2016, p. 67-108.

MARTÍNEZ MARTÍNEZ, M.T., "La infracción del derecho de información ejercitado durante la junta general en una sociedad limitada, como motivo para impugnar acuerdos sociales: Argumentos para un debate necesario", en M.J. PEÑAS MOYANO (coord.), *Estudios de Derecho de sociedades y de Derecho concursal. Libro en homenaje al profesor Jesús Quijano González*, Universidad de Valladolid, 2023, p. 503-520.

MORALES BARCELÓ, J., *El derecho de información en las sociedades mercantiles capitalistas*, J.M. Bosch, 2019.

RECALDE CASTELLS, A., "Artículo 196. Derecho de información en la sociedad de responsabilidad limitada" y "Artículo 197. Derecho de información en la sociedad anónima", en J. JUSTE MENCÍA y A. RECALDE CASTELLS (coords.), *La junta general de las sociedades de capital*, Civitas, 2022, p. 574-610.

ID, "Artículo 197. Derecho de información en la sociedad anónima", en J. JUSTE MENCÍA (coord.), *Comentario de la reforma del régimen de las sociedades de capital en materia de Gobierno Corporativo (Ley 31/2014)*, Thomson Reuters, 2015, p. 91-111.

SANCHO GARGALLO, I., "Artículo 196. Derecho de información en la sociedad de responsabilidad limitada" y "Artículo 197. Derecho de información en la sociedad anónima", en J.A. GARCÍA-CRUCES y I. SANCHO GARGALLO (dirs.), *Comentario de la Ley de Sociedades de Capital,* t. III, Tirant lo Blanch, 2021, p. 2739-2776.

VÁZQUEZ ALBERT, D., "La expansión legal y contractual del derecho de separación de socios como solución definitiva de conflictos societarios", en M.B. GONZÁLEZ FERNÁNDEZ (dir.), *Sobre el contrato de sociedad,* Tirant lo Blanch, t. 2, 2024, p. 1017-1046.

Consideraciones sobre los efectos jurídicos naturales del protocolo familiar

Miguel Muñoz Cervera
Notario

SUMARIO: I. INTRODUCCIÓN. II. LA EFICACIA DEL PROTOCOLO ANTE LA FAMILIA. 1. La situación de partida: la eficacia inter partes. 2. Efectos en materia sucesoria. 2.1. El protocolo y los pactos sucesorios. 2.2. El protocolo familiar y la partición inter vivos. 3. Eficacia del protocolo en la fijación del régimen económico matrimonial. III. EFICACIA JURÍDICA ANTE LA SOCIEDAD. 1. La vocación societaria del protocolo familiar y la aplicabilidad del régimen normativo de las sociedades de capital. 2. La oponibilidad del protocolo frente a la sociedad. 2.1. Régimen general. 2.2. La pretendida oponibilidad exclusivamente registral y extraestatutaria. 2.3. La influencia del carácter omnilateral del protocolo familiar.

I. INTRODUCCIÓN

La materia objeto de análisis la constituye una relación jurídica compleja donde las haya. El mismo regulador parece hacerse eco de esta complejidad y esto tanto en el Preámbulo del RD 171/2007, de 9 de febrero, por el que se regula la publicidad de los protocolos familiares, como en su artículo 2.1; pues en ambos alude a la técnicamente imprecisa expresión «conjunto de pactos». Esta imagen responde en todo caso fielmente al propósito del instrumento conocido como protocolo familiar, que no es otro que la auto regulación del entramado de relaciones e intereses establecidos y por establecer en el seno de una familia empresaria, con causa precisamente en esa condición empresarial del grupo de parientes. Consecuencia directa de esta doble circunstancia, de un lado, un vínculo de parentesco y, de otro, una explotación económica ligada a él, la regulación se materializa a partir de una variedad de declaraciones de voluntad, insertas en un negocio plurilateral, en las que la familia hace uso de una heterogénea gama de recursos contenidos en nuestro derecho positivo[1]; entre otros, el de la autonomía de la voluntad.

---

[1] Esas declaraciones y esos recursos jurídicos no son sino resultado del amplio elenco de objetivos que se persiguen a través del protocolo familiar. Entre los mas im-

En función de ser considerado el protocolo como un contrato atípico[2], al menos en lo que respecta a su contenido, ha sido la práctica seguida en torno a él la que ha venido a establecer un esquema normalizado. Así podemos encontrar: *i*) declaraciones negociales unilaterales, a través, por ejemplo, del establecimiento de normas particionales aplicadas a la sucesión del socio fundador, tales como las del 1056 del Código civil; *ii*) declaraciones bilaterales y multilaterales, bien sean de derecho de familia, de carácter punitivo o de naturaleza procesal; *iii*) declaraciones afectantes a relaciones aún no establecidas[3], incluso referidas a personas aún por determinar, como las relativas al futuro régimen económico matrimonial de otras generaciones de la familia; *iv*) declaraciones de carácter estatutario o, de cualquier otro modo, referidas directamente a las relaciones socios-sociedad, en la línea de los conocidos como pactos parasociales; *v*) declaraciones metajurídicas, recopilatorias de las reglas de conducta bajo las que se quiere sujetar a la familia empresaria en cuanto tal.

Además, como ha podido ser deducido, el protocolo presenta una vocación clara de servir de fuente generadora de otras manifestaciones de voluntad, ya propias de la esfera estrictamente personal de los suscriptores, caso del testamento o de las capitulaciones matrimoniales; ya ligadas directamente a la sociedad, como por ejemplo, los acuerdos de modificación estatutaria, determinados estos a partir del contenido de aquel[4]. Esta configuración sirve de excusa para matizar aquella idea con la que se ha dado

---

portantes pueden ser citados los siguientes: *i*) codificar los valores de la familia y su traslación al desenvolvimiento de la empresa; *ii*) regular los conflictos interpersonales habidos en el seno de la familia empresaria; *iii*) garantizar la continuidad de la propiedad sobre la sociedad en la familia; *iv*) preservar el poder político y el control de la gestión de la sociedad en el seno de la familia; *v*) servir de garantía frente a los inversores y acreedores ante el relevo generacional en la sociedad. La consecución de tales objetivos, así como de otros posibles, provoca una red de relaciones la cual puede ser ordenada a través de dos categorías: de un lado, las relaciones de los socios con la sociedad; de otro, las relaciones de los socios entre sí.

[2] No constituye un obstáculo para la calificación de contrato atípico el hecho de que dispongamos a nivel reglamentario de un *nomen iuris*, de una definición de protocolo familiar e incluso de determinadas normas acerca de su publicidad.

[3] Artículo 1271,1 del Código civil: «*Pueden ser objeto de contrato todas las cosas que no están fuera del comercio de los hombres, aun las futuras*».

[4] Un supuesto sin duda «completo» lo constituye la posibilidad prevista en el artículo 188,5, apartado 2º, del RRM, en redacción dada por el RD 177/2007: «*De la misma forma, los estatutos podrán establecer, de conformidad con la legislación civil aplicable, la designación de un representante para el ejercicio de los derechos sociales constante la comunidad hereditaria si así fue establecido en el título sucesorio*». Se podría plantear,

principio al presente estudio. En ese punto se ha dicho que el protocolo familiar era un instrumento al servicio de la autorregulación del entramado de relaciones afectas a la condición empresaria de la familia. Pues bien, en realidad se trata de uno de los mecanismos de regulación voluntaria, pues junto a él podemos reconocer al testamento, a las capitulaciones matrimoniales o a los mismos estatutos de la sociedad familiar. A partir de aquí, serán las circunstancias concurrentes las que determinen la conveniencia de la familia de encauzar sus previsiones al respecto con uno, con varios o con todos esos instrumentos. No parece muy difícil imaginar que, en el caso de atender a esta última opción, se crearía una red normativa cuya eficacia vendrá determinada por el grado de conexión existente entre todas las implicadas.

El propósito del presente estudio no es otro que el de incidir en algunas de las consecuencias jurídicas dimanantes de la suscripción de un protocolo familiar. En este sentido, resulta fácilmente deducible que esas consecuencias vendrán determinadas en función del contenido de la convención familiar. Siendo esto así, se ha preferido centrar el análisis en los dos aspectos que, a nivel jurídico, resultan más relevantes, esto es, los efectos en el seno de la familia suscriptora y la oponibilidad del protocolo frente a la sociedad. Más en la medida en que son tratados los efectos jurídicos naturales del acuerdo, no han sido tenidos en cuenta todos aquellos instrumentos que, de un modo u otro, generan un plus de eficacia para el contrato analizado; caso, por ejemplo, de la sujeción a una prestación accesoria el mismo cumplimiento del protocolo.

II. LA EFICACIA DEL PROTOCOLO ANTE LA FAMILIA

1. *La situación de partida: la eficacia inter partes*

Como es sabido, con el protocolo familiar nos situamos ante un convenio asociativo que tiene el rango de eficacia propio de cualquier relación contractual. En consecuencia, únicamente afecta a quienes lo suscriben. Con respecto a terceros, entre ellos la sociedad familiar, no es sino *res inter alios acta*, de modo que ni les beneficia, *nec prodest*, ni le perjudica, *nec nocet*[5]. A partir de este régimen, el artículo 29 LSC debe ser entendido como una

---

con base en la norma trascrita, una previsión específica en el protocolo, su traslado al ámbito estatutario y la existencia de un testamento con el sentido expuesto.

5 Artículo 1091: «*Las obligaciones que nacen de los contratos tienen fuerza de ley entre las partes contratantes, y deben cumplirse a tenor de los mismos*».

aplicación especifica de aquellas reglas, en este caso con vista a un tercero en particular, la sociedad: «*Los pactos que se mantengan reservados entre los socios no serán oponibles a la sociedad*».

Para que dicha eficacia *inter partes* pueda darse se precisa que el protocolo se sujete a unos límites, por lo pronto los impuestos a la autonomía de la voluntad; esto es, la ley, la moral y el orden público. En lo que respecta a la primera, que es la que nos interesa en esta sede, habría que tomar en consideración forzosamente a las normas imperativas contenidas en el código civil, en concreto, en el régimen general de las obligaciones. Se trata de un límite cuya eficacia en materia de protocolos familiares está fuera de toda duda. De este modo, el acuerdo familiar habrá de reunir los requisitos esenciales de consentimiento, objeto y causa, artículo 1261. En concreto, con respecto al objeto, deberá sujetarse al régimen contenido en el artículo 1271, lo que, como se podrá comprobar, tiene su incidencia en el ámbito sucesorio. Acerca de los limites dimanantes de las reglas imperativas en materia de sociedades, en el epígrafe relativo a la aplicabilidad al protocolo del régimen normativo de las sociedades de capital, se tendrá ocasión de desarrollar esta cuestión, en el bien entendido de que tanto la doctrina mayoritaria como la jurisprudencia se decantan por sujetar los pactos del protocolo exclusivamente a los limites del artículo 1255, antes expuestos.

El panorama general descrito en orden a la eficacia inherente a un acuerdo familiar, siempre en el ámbito exclusivo de los socios, debe ser completado con la mención específica al régimen previsto por el Código civil en materia de derecho de familia y de sucesiones, labor que se inicia a continuación.

2. *Efectos en materia sucesoria*

2.1. El protocolo y los pactos sucesorios

Se plantea en los siguientes epígrafes el tratar de determinar qué margen de operatividad y eficacia tiene el protocolo en la preservación de la propiedad de la empresa familiar, ante lo inexorable del fenómeno sucesorio. En los territorios sujetos al derecho común, dicho propósito obliga a tomar en consideración el régimen contenido en el código civil y, en consecuencia, a tener en cuenta las no pocas limitaciones contenidas en

---

Artículo 1057,1: «*Los contratos sólo producen efecto entre las partes que los otorgan y sus herederos; salvo, en cuanto a éstos, el caso en que los derechos y obligaciones que proceden del contrato no sean transmisibles, o por su naturaleza, o por pacto, o por disposición de la ley*».

él, tales como la regulación de la legitima, *portio debita*; la configuración general de esta como *pars bonorum*[6]; así como las dos reglas de oro relativas al testamento, la libertad de testar y la revocabilidad esencial del mismo.

En lo que concierne al pacto sucesorio, termino acuñado por los juristas medievales, entendido en esta sede además como parte del contenido del protocolo, podría ser potencialmente uno de esos instrumentos regulatorios de la sucesión. No en balde, con él nos encontramos ante un tercer modo de regir la sucesión, *tertium genus*, en este caso del empresario, distinto por lo tanto al testamento y a la sucesión legal[7]. Más, a la hora de ver su concreta operatividad en el ámbito del derecho común, deberá dársele la extensión admitida por la jurisprudencia y por la doctrina de la DGSJyFP, cautelosas en extremo sobre la materia y esto habida cuenta de que las

---

6 Acerca de esta calificación interesa destacar que es la seguida por la DGSJyFP, como lo muestra la Resolución de la entonces DGRN de 6 de marzo de 2012, en la que se recoge la siguiente doctrina:

> *[…] la legítima en nuestro Derecho común (y a diferencia de otros ordenamientos jurídicos españoles) se configura generalmente como una «pars bonorum» (en todo caso el Código Civil habla de «porción de bienes», cfr. artículo 806), y se entiende como una parte de los bienes relictos que por cualquier título debe recibir el legitimario, sin perjuicio de que, en ciertos supuestos, reciba su valor económico («pars valoris bonorum»).*

Sigue, de este modo, el Centro Directivo la sentada por Vallet de Goytisolo, entre otros. Para dicho autor la legitima es en el Código civil, en el aspecto cualitativo de su contenido y de acuerdo a su normal naturaleza, una *pars bonorum*. Los apoyos normativos encontrados derivan de los artículos 806, 808 y 809 y, *sensu contrario*, de los artículos 821, 829 y 1056,2, dado el carácter excepcional de sus supuestos. Es precisamente con respecto a los casos de pago en metálico extrahereditario, los citados en el último grupo de normas, a los que habría que añadir el artículo 841, que Vallet habla de una transformación de su normal naturaleza en el Código, para convertirse en *pars valoris* o, en *pars valoris bonorum*; expresión esta última para el autor menos conveniente por confusa; *vid*., Vallet de Goytisolo, Juan B., «Aclaraciones acerca de la naturaleza de la legítima», *Anuario de derecho civil*, 39, n.º 3, 1986; ibídem, «Contenido cualitativo de la legítima de los descendientes en el código civil», *Anuario de derecho civil*, 23, n.º 1, 1970; ibídem, «Panorama de las legitimas y de su diversa naturaleza», en *Libro homenaje a la memoria de Lorenzo Herrera Mendoza*, vol. I, Caracas, 1970; ibídem, *Apuntes de derecho sucesorio*, Madrid, Instituto Nacional de Estudios Jurídicos, 1955, p. 92-112

7 Cano Martínez de Velasco formula la siguiente definición de lo que sea un pacto sucesorio: «convenios bilaterales esencialmente irrevocables con los que el causante codispone en vida con sus sucesibles de bienes presentes o futuros de su sucesión»; Cano Martínez de Velasco, José Ignacio, *La prohibición de los contratos sucesorios*, Barcelona, J. M. Bosch, 2002, p. 34.

resultas dimanantes del pacto sucesorio contravienen no pocos preceptos del Código civil. Serían tales resultas las siguientes:

Primera, la sucesión ya no tiene su origen en la ley, sucesión intestada, ni en el testamento, sucesión testada, sino tan sólo en ese convenio, sucesión contractual. En todo caso, comparte con las otras dos vías el hecho de provocar la efectiva sucesión al tiempo del fallecimiento[8].

Segunda, la sucesión pactada tiene un carácter unilateralmente irrevocable. Esta nota provoca que el pacto sucesorio, en el ámbito de la empresa, puede ser contemplado bajo dos perspectivas diferentes: una desfavorable, en cuanto constriñe cualquier posibilidad de reacción ante las cambiantes circunstancias de la vida, ya personales, ya empresariales[9]; otra positiva, pues permite, a quienes resulten beneficiados con la titularidad en la explotación familiar, participar en ella con un mayor grado de confianza, debiendo ser este un factor a tener en cuenta a la hora de garantizar la continuidad de dicha empresa, todo ello frente al carácter contingente de la voluntad expresada en testamento.

---

8 Tal consideración queda claramente expresada en el artículo 14, apartado primero, de la LH: «*El título de la sucesión hereditaria, a los efectos del Registro, es el testamento, el contrato sucesorio, el acta de notoriedad para la declaración de herederos abintestato y la declaración administrativa de heredero abintestato a favor del Estado, así como, en su caso, el certificado sucesorio europeo al que se refiere el capítulo VI del Reglamento (UE) n.º 650/2012*». Por su parte, el artículo 77 RH regula la inscripción de las adquisiciones por contrato sucesorio. Obviamente, las referencias contenidas en estas normas al contrato sucesorio han de ser entendidas en función de las normativas territoriales que admiten dicho contrato como titulo sucesorio.

9 Es este el aspecto fundamental que convierte a la sucesión pactada en indeseable en la esfera de los sistemas de tradición romanista. En todo caso, en la actualidad la tradicional distinción entre sistemas latinos y germánicos, en referencia a la admisión de los pactos sucesorios, no es tan evidente. Ciertamente, tales pactos son admitidos en Alemania, Austria, Dinamarca, Estonia, Hungría, Letonia, Liechtenstein y Suiza; pero también se reconocen y regulan en Portugal y Rumanía. Por otra parte, en Francia e Italia, la prohibición clásica, se ha visto atemperada en recientes reformas.

Pues bien, en el ámbito del derecho común, cabría pensar en la posibilidad de establecer un pacto sucesorio con la nota de revocabilidad, más, en tal caso, su eficacia se vería inmediatamente cercenada por el artículo 1256: «*La validez y el cumplimiento de los contratos no pueden dejarse al arbitrio de uno de los contratantes*». Tienen un interés notable las consideraciones que hace Cano Martínez de Velasco acerca del cumplimiento en vida, la anticipación entre vivos o entrega, de las atribuciones pactadas, reconociendo en ese supuesto para el instituyente una obligación natural que inhibe toda posible restitución; *vid.*, CANO MARTÍNEZ DE VELASCO, J.I., *La prohibición…*, *op.cit.*, p. 33.

Y tercera, el contenido del pacto, como categoría general, puede ser, en algunos extremos, más amplio que el del testamento, al que puede revocar. Así, además de las cláusulas de institución, propias de los llamados *pacta de succedendo,* con referencia a las institución de herederos y a las de ordenación de legados, se reconocen los *pacta de non succedendo,* o de renuncia a la herencia futura y los *pacta de hereditate tertii* o de disposición sobre la herencia de un tercero[10].

Dicho esto, queda aún por fijar los límites que el derecho común establece en materia de pactos sucesorios. En este sentido, partimos de un hecho claro: la prohibición general existente acerca de los contratos sobre la herencia futura[11]. No en balde, se establece que el testamento es un

---

10 De cualquier modo, en aquellos ordenamientos, ya de derecho comparado, ya de derecho foral, en donde se regula la figura del pacto sucesorio, existen soluciones distintas a la hora de aglutinar en dicho concepto y regulación todas esas categorías o sólo algunas de ellas. Lo que se observa en todos los casos es un recelo manifiesto hacía los *pacta de hereditate tertii.* Con ellos se alude a un convenio considerado por García Goyena como un *pactum corvinum,* un pacto entre cuervos, que se reparten los despojos del muerto. Aquí parece existir efectivamente un consenso, conforme por lo demás con la tradición romana. Ya los mismos compiladores justinianeos, «*secundum veteres regulas*», reconocieron que se trataba de «*pactiones odiosae* [...] *et plenae tristissimi et periculosi eventus*». A partir de este planteamiento, se determinó la ilicitud de esos acuerdos, a menos que se acomodare a ellos la voluntad del causante y perseverare este en ella hasta el final de sus días; *C.* 2, 4, 30. Esta misma salvedad se encuentra admitida en la STS de 10 de febrero de 1961.
Al mismo tiempo, estas tres categorías, contrato de institución, contrato de renuncia y contrato sobre herencia de tercero, sirven a Roca Sastres para diferenciar entre pacto sucesorio y sucesión contractual. En concreto, mientras que el pacto o contrato sucesorio abarca potencialmente ese trio de manifestaciones, la sucesión contractual se ajusta al primer tipo de contrato, la institución de heredero o disposición de legado por vía de contrato; Roca Sastre, Ramón María, «La sucesión contractual en Derecho común y en las legislaciones forales», en *Estudios de derecho privado,* ed. Roca Sastre y Puig Brutau, vol. II Madrid, Aranzadi, 2009, p. 391.

11 Interesa en este punto reproducir el siguiente fragmento contenido en la SAP Madrid 98/2007, 20 de Fundamento jurídico 3°:

> *Como pone de relieve la Sentencia de la Audiencia Provincial de La Coruña de 22 de abril de 2.002, es tradicional hacer referencia a las distintas concepciones sobre el particular que establecen la tradición romana y el espíritu germánico. Mientras aquélla se opone frontalmente a la posibilidad de aplicar el sistema de los contratos a la herencia futura; ésta admite la sucesión por contrato, generalmente irrevocable; y también la renuncia a la herencia futura. Los romanistas suelen alegar la inmoralidad probable por el deseo de uno de los contratantes en la muerte del otro, lo incierto de la propiedad, la aleatoriedad que conlleva el contrato, el temor a los fraudes y la pérdida de libertad para otorgar testamento. En nuestro derecho histórico sí se admitía la eficacia de dichos negocios sucesorios, siempre que viniesen otorgados con el consentimiento del titular del as hereditario, perdurando en él hasta su muerte (Ley XIII,*

acto unilateral, artículo 699[12]; personalísimo y esencialmente revocable, artículo 670[13]. Otros preceptos del Código abundan en el mismo sentido, en concreto aquellos que prohíben la renuncia en vida del causante, ya a la reducción de las donaciones, artículo 655; ya a la legitima, artículo 816; o la aceptación de herencia futura, artículo 991[14]. Siendo lo anterior relevante a nuestros efectos, aún lo son más los artículos 658 y 1271. De acuerdo con el primero, recogido en sede de sucesiones:

> *La sucesión se defiere por la voluntad del hombre manifestada en testamento y, a falta de éste, por disposición de la ley* [–] *La primera se llama testamentaria, y la segunda, legítima* [–] *Podrá también deferirse en una parte por voluntad del hombre, y en otra por disposición de la ley.*

Y, para que no existiera ningún genero de duda, en *sede materiae* de contratos, el artículo 1271 establece de manera indubitada la ilicitud del objeto de aquel acuerdo que lo tenga sobre la herencia futura[15]. Lo hace en los siguientes términos:

Título V, partida V). Aunque nuestro Código Civil parece inclinarse por la proscripción de todo contrato sobre la herencia futura, no es una prohibición absoluta, pues el propio Código contiene numerosas excepciones

12 Artículo 669:«*No podrán testar dos o más personas mancomunadamente, o en un mismo instrumento, ya lo hagan en provecho recíproco, ya en beneficio de un tercero*».

13 Artículo 670: «*El testamento es un acto personalísimo: no podrá dejarse su formación, en todo ni en parte, al arbitrio de un tercero, ni hacerse por medio de comisario o mandatario* [–] *Tampoco podrá dejarse al arbitrio de un tercero la subsistencia del nombramiento de herederos o legatarios, ni la designación de las porciones en que hayan de suceder cuando sean instituidos nominalmente*».

Artículo 737: «*Todas las disposiciones testamentarias son esencialmente revocables, aunque el testador exprese en el testamento su voluntad o resolución de no revocarlas* [–] *Se tendrán por no puestas las cláusulas derogatorias de las disposiciones futuras, y aquellas en que ordene el testador que no valga la revocación del testamento si no la hiciere con ciertas palabras o señales*».

14 Artículo 655: «*Sólo podrán pedir reducción de las donaciones aquellos que tengan derecho a legítima o a una parte alícuota de la herencia y sus herederos o causahabientes* [–] *Los comprendidos en el párrafo anterior no podrán renunciar su derecho durante la vida del donante, ni por declaración expresa, ni prestando su consentimiento a la donación* [–] *Los donatarios, los legatarios que no lo sean de parte alícuota y los acreedores del difunto, no podrán pedir la reducción ni aprovecharse de ella.*

Artículo 816: *Toda renuncia o transacción sobre la legítima futura entre el que la debe y sus herederos forzosos es nula, y éstos podrán reclamarla cuando muera aquél; pero deberán traer a colación lo que hubiesen recibido por la renuncia o transacción*».

Artículo 991: «*Nadie podrá aceptar ni repudiar sin estar cierto de la muerte de la persona a quien haya de heredar y de su derecho a la herencia*»

15 Como se ha afirmado, resulta indiferente, a tales efectos, que el pacto instituya a un heredero o legatario, mejore o simplemente atribuya sin nombramiento algu-

> *Pueden ser objeto de contrato todas las cosas que no están fuera del comercio de los hombres, aun las futuras* [–] *Sobre la herencia futura no se podrá, sin embargo, celebrar otros contratos que aquéllos cuyo objeto sea practicar entre vivos la división de un caudal y otras disposiciones particionales, conforme a lo dispuesto en el artículo 1056.*

La consecuencia que se extrae de todo ello es evidente: la infracción de la regla imperativa contenida en el 1271 y de aquellas otras establecidas en los preceptos recién citados, provocaría como sanción la ineficacia de las cláusulas del protocolo que hayan incurrido en ella. Siendo esto así, tampoco serán eficaces los mecanismos punitivos previstos en el protocolo en caso de incumplimiento del pacto sucesorio[16].

No es este el ámbito adecuado para cuestionar la proscripción que, carácter general, contiene el derecho común acerca de los pactos sucesorios. No obstante, si cabe hacer alguna breve consideración sobre el origen del criterio del Código civil, que no es otro que el derecho romano. En él existían dos principios fundamentales. De acuerdo con el primero, era esencial la revocabilidad de las disposiciones sucesorias: «[...] *ambulatoria enim est voluntas defuncti usque ad vitae supremum exitum*»[17]. Por mor del segundo, los negocios *mortis causa* tenían como necesario punto de referencia el momento de la muerte del causante, pues solo se sucedía en los bienes que existían *ad mortem testatoris.* A partir de esta última regla derivaban algunas consecuencias: *i*) para que hubiera herencia se precisaba que estuviera causada y esta causa, por ser *succesio mortis causa,* tan solo podía descansar,

---

no un bien o una cuota de una sucesión no abierta; Cano Martínez de Velasco, J.I., *La prohibición..., op.cit.,* p.41.

16 Ahora bien, no se comparte aquel planteamiento según el cual son también ineficaces los pactos que, por medio de la incorporación al protocolo de un modelo de testamento, traten de convencer a los firmantes o futuros suscriptores sobre el sentido mejor de su futura declaración de voluntad testamentaria; y esto en la medida en que se entendiera que causaron el otorgamiento con violencia o intimidación; en contra, Álvarez de Linera Granda, Pablo, *Protocolo familiar, naturaleza jurídica y eficacia procesal,* Madrid, Akal, 2019, p. 274 y 275; con base en los artículo 673 y 1267 del Código civil. En línea con lo expuesto, se ha sostenido que si bien las estipulaciones del protocolo en materia sucesoria o de régimen económico matrimonial tienen una eficacia obligatoria muy limitada, pueden resultar útiles en la medida en que favorezcan un cumplimiento espontáneo de las mismas, en aras de preservar el interés general de la empresa; Díez Soto, Carlos Manuel, «La *sucesión mortis* causa en la empresa familiar», en *Tratado jurídico y fiscal de la empresa familiar,* Valencia, Tirant lo Blanch, 2021, p. 385.

17 *D.* 34, 4, 4, Ulpiano, libro XXXIII, *ad sabinum* [...porque la voluntad del difunto es variable hasta el último momento de su vida].

tener efecto, con base en la muerte del interesado; *ii*) la sucesión suponía la diferenciación en el tiempo de dos momentos, la delación u ofrecimiento de la herencia, y la aceptación, donde la delación era siempre anterior a la aceptación, pues sólo se podía aceptar una herencia causada[18]. El resultado de todo ello era que tan solo se reconocían dos formas de delación, la testamentaria y la *ab intestato,* por lo que resultaba ineficaz cualquier pacto sobre la herencia futura, en tanto significaba la coexistencia de voluntades entre el causante y los *heredes sui,* incluso cuando se establecía bajo la fórmula estipulatoria[19].

Con estos antecedentes, resulta lógico presumir que algunos de los planteamientos que han venido determinando la prohibición de los pactos sucesorios pueden hoy ser revisados. De hecho, lo cierto es que buena parte del argumentario existente en favor de una modificación del Código civil se sirve precisamente de la crítica a unos fundamentos que, de manera obvia, en la actualidad han perdido todo su sentido[20]. Ahora bien, la cues-

---

[18] *D.* 50,16, 151, Terencio Clemente, libro V, *ad legem Iuliam et Papiam.*

[19] En este sentido, *C.*5,14,5 y D. 55,1,61, Juliano, libro II, *Ad Urseium Ferocem*; entre otros fragmentos contenidos en las fuentes.

[20] Un resumen de esos argumentos, junto con su crítica, se puede encontrar en ROCA SASTRE, R.M., *La sucesión…, op.cit.,* p.401-403. Uno de ellos sería el relativo al llamado *uotum mortis.* Se trataría con la prohibición de los pactos sucesorios de evitar que se llegara a convenir, entre los beneficiarios del pacto, la muerte del futuro causante. Frente a esto resulta ocioso señalar que existen muchos otros convenios en donde se podría plantear el mismo riesgo, tales como el seguro de vida o la renta vitalicia, además de que, como se ha señalado, con mayor razón puede desear o hacer esto quien, instituido heredero en testamento, se halla amenazado por un posible cambio de voluntad del testador; así, LACRUZ BERDEJO, JOSÉ LUIS Y FRANCISCO DE ASIS SANCHO REBULLIDA, *Derecho de Sucesiones* 2ª ed., vol. I, Barcelona, Bosch, 1976, p. 466. Roca Sastre, por su parte, hace hincapié en el nudo propietario respecto del usufructuario o en el beneficiario de una póliza de vida; ROCA SASTRE, R.M., *La sucesión…, op.cit.,* p.402. No obstante, este supuesto argumento moral de apoyo a la prohibición resulta ser de uso recurrente dentro de la jurisprudencia patria. Lo mismo cabría decir en relación con otro motivo tradicionalmente invocado, ahora de carácter socio-político: con la prohibición se trataría de evitar la perpetuación de las vinculaciones patrimoniales y de los mayorazgos, tan al gusto del Antiguo Régimen. Sobre la base de una posición crítica con la prohibición del Código al respecto de los pactos sucesorios, se ha señalado que es este interés por liberalizar al máximo la propiedad la idea que subyace para la referida prohibición; GARCÍA RUBIO, MARÍA PAZ Y MARGARITA HERRERO OVIEDO, «Pactos sucesorios en el Código Civil y en la ley de derecho civil de Galicia», en *Tratado de derecho de sucesiones: código civil y normativa civil autonómica: Aragón, Baleares, Cataluña, Galicia, Navarra, País Vasco,* vol. I, Thomson-Civitas, 2011, p. 1266-

tión dista mucho de ser tan sencilla. Algunos extremos que así lo demuestran se pueden resumir a través de los siguientes apartados:

Primero, viene siendo habitual en el seno de la doctrina afirmar las insuficiencias que el régimen sucesorio contenido en el Código civil presenta a la hora de hacer frente a los intereses que dimanan de la sucesión en la empresa familiar[21]. En esta línea, entre los autores que, hasta la fecha, han analizado la posición del Código con respecto a los pactos sucesorios, ya

---

1268. Ahora bien, existen otros medios para evitar esa misma perpetuación, tales como el régimen previsto en materia de legitimas o la prohibición de establecer sustituciones fideicomisarias ilimitadas; en este sentido, REQUEIXO SOUTO, XAIME MANUEL, «Pactos de atribución particular post mortem: ámbito del artículo 1271, ap. 2ª, del Código civil», *Anuario de Derecho Civil,* 65, n.º 4, 2012, p. 1749.

21 En nada ayuda al respecto el hecho de que la mayor parte de las normas que regulan la sucesión son ajenas a las particularidades que plantea la sucesión de este tipo de empresas y, por lo tanto, no aportan reglas específicas que faciliten su transmisión»; así, EGEA FERNÁNDEZ, JOAN, «Protocolo familiar y pactos sucesorios», *Indret: Revista para el Análisis del Derecho,* n.º 3, 2007, p. 13. Díez Soto incide en que las carencias del Código sobre esta materia han forzado a recurrir a instrumentos jurídicos previstos para finalidades distintas de la estrictamente sucesoria. Cita en esta línea, la incorporación en los estatutos de aspectos ligados a la sucesión de la empresa, tales como restricciones estatutarias; los pactos parasociales, los seguros de vida, los planes de pensiones, los contratos de vitalicio, etc.; DÍEZ SOTO, C.M., *La sucesión mortis causa…, op.cit.,* p.364.

Existen además, a nivel institucional, algunas iniciativas que vienen a invitar a la revisión de la prohibición, las cuales tienen siempre como presupuesto la tutela debida del fenómeno sucesorio en el ámbito de la empresa familiar. En este sentido, es frecuente citar la hecha por la misma Comisión Europea, precisamente en relación con la materia relativa a los protocolos familiares, y esto en los términos que se reproducen:

> *No obstante, está claro que estos acuerdos seguirán siendo una solución relativamente insatisfactoria en relación con los pactos de sucesión admitidos en la mayoría de los Estados miembros. Los Estados miembros que prohíben los pactos sobre la futura sucesión (Italia, Francia, Bélgica, España y Luxemburgo) deberían pensar en la posibilidad de autorizarlos, ya que esta prohibición complica innecesariamente la correcta gestión del patrimonio* [*Comunicación de la Comisión sobre la transmisión de las pequeñas y medianas empresas,* Diario Oficial n° C 093 de 28/03/1998 p. 0002–0012]

En el mismo sentido, Olmedo Castañeda se ha hecho eco de las conclusiones extraídas de la sesión plenaria del Congreso Notarial español, Madrid 30 de mayo 2012, así como de la encuesta llevada a cabo por el Consejo General del Notariado, entre dicho colectivo, también en el año 2012; ambas iniciativas con un resultado favorable a la admisión de los pactos sucesorios; *vid.*, OLMEDO CASTAÑEDA, FRANCISCO JAVIER, «Prohibición de los pactos sucesorios en el Derecho común: cuestionamiento de su "ratio Legis": propuesta para su admisibilidad», *Anuario de Derecho Civil,* 72, n.º 2, 2019, p. 449.

en manuales, monografías o en revistas, es posible reconocer una simpatía notable en favor de eliminar la prohibición y, en consecuencia, por regular tales convenciones[22]. Este hecho se ha visto acrecentado aún más a partir del interés que en los últimos decenios ha despertado el estudio de la empresa familiar[23].

Segundo, en realidad el peso de la posición del Código parece descansar en la actualidad en un solo factor: la necesidad de mantener la libre revocación de las disposiciones del testador sobre la herencia futura[24], tenida esta libertad como una «regla de oro» por la jurisprudencia[25]. Dicho con

---

Por último, la Asociación de Profesores de Derecho Civil de España, bajo iniciativa privada del año 2018, ha redactado un borrador de proyecto de Código civil. En él se incluye la sucesión contractual entre las clases de vocación, al tiempo que se hace una regulación detallada de los pactos sucesorios; *vid.*, Rueda Esteban, Luis, «La tradicional prohibición de la sucesión contractual en el derecho civil común español y panorama de la cuestión en los países de Iberoamérica», en *Homenaje a José María Castán Vázquez: liber amicorum*, Valencia, Tirant lo Blanch, 2019, p. 1451-1454.

22 Tal hecho ya fue constado por Castan Tobeñas, quien finalmente se mostró partidario de la reforma; Castán Vázquez, José María, «Notas sobre la sucesión contractual en el Derecho español», *Anuario de Derecho Civil*, 17, n.º 2, 1964, p. 371 y 372. De acuerdo con Rueda Esteban el giro en la doctrina fue especialmente significativo a partir de los setenta del siglo pasado; Rueda Esteban, L., *La tradicional…*, *op.cit.*, p. 1444. Como se ha señalado, la misma realidad se confirma en nuestros días. Así, García Rubio, M.P. y M. Herrero Oviedo, *Pactos sucesorios…*, *op.cit.*, p. 1282. Por su parte, recientemente, Magariños Blanco ha apuntado la posición mayoritaria de la doctrina en favor de la admisión y regulación de los pactos sucesorios, bajo la idea de proteger a la empresa familiar; Magariños Blanco, Victorio, *Libertad para ordenar la sucesión: libertad de testar*, Dykinson, 2022, p. 511. Se ha observado que la misma inclinación puede ser reconocida incluso en algunos textos legales. Tal circunstancia se daría en el Preámbulo de la ley 7/2003, reformadora de los artículos 1271 y 1056,2. De algún modo, en él se achacan a las insuficiencias presentes en el Código las dificultades para lograr la adecuada conservación de la empresa familiar ante el fenómeno sucesorio, en contraste a las soluciones más racionales contenidas en los territorios forales en los que se regula la sucesión contractual; Martínez-Gil Vich, Ignacio, «La importancia del título sucesorio para la continuidad de la empresa familiar», *Cuadernos de derecho y comercio*, n.º 1 [extra], 2017, p. 615.

23 En esta línea, se ha reconocido la aportación de Garrido de Palma al elaborar la doctrina de la organización de la sucesión a través de los protocolos familiares, la cual ha servido para iniciar un nuevo tratamiento de los pactos sucesorios en España; *vid.*, Rueda Esteban, L., *La tradicional…*, *op.cit.*, p.1450 y 1485.

24 Asi se resalta, por ejemplo, en ibídem, *La tradicional…*, *op.cit.*, p.1433 y 1434.

25 La SAP Madrid 98/2007, 20 de abril, fundamento jurídico tercero, alude al principio básico de la libertad absoluta del testador, que podrá cambiar siempre sus

otros términos: en la medida en que ha sido y es voluntad del legislador impedir que se pueda disponer, con carácter general, sobre la herencia futura, toma dos medidas interrelacionadas, que son prohibir que la misma pueda constituirse en objeto de un contrato y declarar la libre revocabilidad del testamento. Se trata, en todo caso, de una cuestión de política legislativa que el Tribunal Supremo se viene encargando de explicar de «*forma constante, reiterada, mantenida en el tiempo y sin ninguna fisura*». Obviamente detrás de esta tutela se encuentran razones de justicia material que no precisan ser reiteradas, muchas de las cuales además coinciden con las excepciones al principio *pacta sunt servanda* establecidas en los territorios que admiten la figura del pacto sucesorio[26]. Más el codificador no se contentó con ellas y de la misma forma que limita con la legitima la libertad del testador, protege su autonomía a la hora de cambiar de su voluntad cuantas veces estime conveniente. Por lo expuesto, se debe hacer hincapié en que es esta una cuestión de calado y su vigente regulación responde a unos criterios razonables, que, por tanto, van mucho más allá de una simple rémora histórica

---

disposiciones testamentarias hasta el momento de su muerte y esa libertad no puede restringirse por contrato o negocio jurídico alguno; con cita de las SSTS de 6 de marzo de 1945, 25 de abril de 1951 y 29 de octubre de 1960. Esto no es óbice para que tradicionalmente se venga aduciendo otros argumentos en apoyo de la posición del Código civil en cuanto a los pactos sucesorios. Un resumen de ellos se contiene en Sánchez Aristi, Rafael, «Propuesta para una reforma del Código civil en materia de pactos sucesorios», en *Derecho de sucesiones: presente y futuro: XII Jornadas de la Asociación de Profesores de Derecho Civil, Santander, 9 a 11 de febrero de 2006*, Murcia, 2006, p. 480-484. Desde una posición critica con la revocabilidad testamentaria, *vid.*, Roca Sastre, R.M., *La sucesión…*, *op.cit.*, p.400.

26 Señala Pietro Sanchis que la política legislativa, tiene que ver con las razones justificatorias de aquello que el derecho manda, prohíbe o permite; Prieto Sanchís, Luis, «Política legislativa, técnica legislativa y codificación en los albores del siglo XXI», *Anuario de historia del derecho español*, n.º 82, 2012, p. 404.

Obviamente es posible plantear contraargumentos no exentos de sentido. Se ha afirmado, por ejemplo, con respecto a la libertad de testar que si bien no puede ser abdicada en vida, tampoco es necesario que se conserve hasta la muerte; puede antes haberla agotado, con lo que, en el fondo, ha dispuesto de ella libremente; Roca Sastre, R.M., *La sucesión…*, *op.cit.*, p. 401. Siguen la misma reflexión, Sánchez Aristi, R., *Propuesta…*, *op.cit.*, p. 481; Cucurull Poblet, Tatiana, *El protocolo familiar mortis causa*, Madrid, Dykinson, 2015, p. 219. Esto es indudablemente cierto, pero al mismo tiempo también lo es que el Código determina un mensaje meridiano acerca de la razón de justicia material por la que proscribe, con carácter general, los pactos sucesorios sobre la herencia futura; razón que no es otra que la necesidad de preservar la libre revocación del testamento.

Tercero, a la hora de plantearse la viabilidad de los pactos sucesorios sobre la herencia futura, han de ser tenidos en cuenta una serie de factores no menores:

a) En los territorios donde son admitidos[27], tales pactos sucesorios no tienen un uso tan frecuente, como así lo demuestra la práctica notarial; todo ello en comparación con el recurso al testamento como forma de ordenar la sucesión[28]. Esto sin perjuicio claro está del respeto a aquellas instituciones forales que, ligadas a los pactos sucesorios, tienen tal arraigo en la cultura de su territorio respectivo que resulta impensable su supresión, con independencia del uso, mayor o menor que se haga de ellas[29].

---

[27] La regulación de derecho foral en materia de pactos sucesorios se encuentra contenida en:
– Cataluña, bajo un régimen unitario. Ley 10/2008, de 10 de julio, del Libro cuarto del Código civil de Cataluña, relativo a las sucesiones; título III, «La sucesión contractual y las donaciones por causa de muerte»; artículos 431-1 a 432-5.
– Aragón, en régimen unitario. Decreto Legislativo 1/2011, de 22 de marzo, del Gobierno de Aragón, por el que se aprueba, con el título de «Código del Derecho Foral de Aragón», el Texto Refundido de las Leyes civiles aragonesas; título II «De la sucesión paccionada»; artículos 337 a 404.
– Galicia, bajo régimen unitario. Ley 2/2006, de 14 de junio, de Derecho civil de Galicia, Título X, Capítulo III, «De los pactos sucesorios»; artículos 209 a 227.
– Navarra, bajo régimen unitario. Ley 1/1973, de 1 de marzo, por la que se aprueba la Compilación del Derecho Civil Foral de Navarra; Libro II, Título IV «De los pactos o contratos sucesorios», leyes 172 a 183.
– País Vasco, con régimen distinto en función del territorio. Ley 5/2015, de 25 de junio, de derecho civil Vasco, Título II, Capítulo III «De los pactos sucesorios», artículos 100 a 109.
– Islas Baleares, con régimen distinto por razón del territorio. Ley 8/2022, de 11 de noviembre, de sucesión voluntaria paccionada o contractual de las Illes Baleares.
En cuanto a la bibliografía existente acerca de esos derechos territoriales, *vid.*, DÍEZ SOTO, C.M., *La sucesión mortis causa…, op.cit.*, p.381.

[28] MAGARIÑOS BLANCO, V., *Libertad para ordenar…, op.cit.*, p.504, 513-516. Esta circunstancia ya fue advertida por Castan Tobeñas en el año 1964, quien igualmente se sirvió de la experiencia habida en la práctica notarial; CASTÁN VÁZQUEZ, J.M., *Notas…, op.cit.*, p. 380.

[29] Al mismo tiempo, es posible establecer que en tales derechos territoriales no siempre la regulación de los pactos sucesorios ha obedecido a instituciones de corte histórico. Un ejemplo lo puede constituir la regulación en el derecho catalán del pacto sucesorio de atribución particular, dispuesta antes en otros derechos autonómicos, los cuales pudieran haber servido de inspiración a aquel; en esta línea, NAVAS NAVARRO, SUSANA, «El pacto sucesorio de atribución particular en el

b) Tampoco las formas excepcionales de sucesión contractual admitidas en el derecho común, las cuales serán señaladas a continuación, tienen en la práctica un gran predicamento[30].

c) En todo caso, habida cuenta de la impronta que en nuestra cultura jurídica tiene el testamento y la idea asociada a él de la libre revocabilidad, el entusiasmo existente en favor de la sucesión contractual podría ser canalizado, a salvo de mejor criterio, mediante una reforma que la admitiera en ámbitos concretos; *v.gr.*, en la sucesión de la empresa familiar[31]. La experiencia no sería novedosa, pues esa admisión «sectorial» ya se llevó a cabo por medio del antiguo artículo 174 del Código civil y de la ley 49/1981, de 24 de diciembre, del Estatuto de la explotación familiar agraria y de los agricultores jóvenes[32]. Esta línea ha sido resaltada de algún modo por Magariños Blanco quien pone de relieve lo poco aconsejable que resulta per-

---

Código civil de Catalunya», *Indret: Revista para el Análisis del Derecho*, n.º 1-35, 2009, p. 4 y 5.

30 Así se señala también en Martínez-Gil Vich, I., *La importancia…, op.cit.*, p. 615; cuya línea argumental en este punto se comparte plenamente.

31 Al hilo de esta consideración sectorial debe señalarse lo apuntado por Ordóñez Armán, aun cuando vaya referido dicho apunte al derecho gallego. Indica el citado autor que, en el ejercicio de su autonomía privada, los particulares discriminan cada vez con más frecuencia el patrimonio personal y el empresarial. Tratándose del patrimonio personal lo que el particular pretende es transmitir los bienes que lo conforman, respondiendo las distintas asignaciones a sentimientos de cariño y comúnmente a criterios de igualdad. De ahí que el testamento constituya el cauce habitual de la autonomía privada a los efectos de transmitir los bienes integrados en el patrimonio personal. Sin embargo, el patrimonio empresarial, al estar dotado de carácter productivo y social, escapa a consideraciones de altruismo y gratuidad. En estos casos los particulares quieren ordenar su transmisión sirviéndose de criterios de competencia, eficacia y competitividad. Lo que se pretende entonces es que la designación responda a las aptitudes de gestión y profesionalidad del elegido, siendo determinantes los compromisos y méritos del designado como sucesor. Estas razones justifican para el autor que el pacto sucesorio se esté estableciendo como un cauce idóneo para la transmisión de los patrimonios empresariales; Ordóñez Armán, F.M: «La autonomía de la voluntad y el Derecho de Sucesiones en Galicia», *Discursos Académicos de la Real Academia gallega de Jurisprudencia y Legislación*, 2011, disponible en https://ragjyl.gal/wp-content/uploads/2016/12/Libro-Francisco-Ordonez.pdf, p. 35.

32 Artículo 174 del Código civil, ley de 24 de abril de 1958, vigente hasta la ley de 4 de julio de 1970: «*Los derechos del adoptado en la herencia del adoptante, y establecidos en la escritura de adopción, son irrevocables y surtirán efecto aunque éste muera intestado, salvo que el adoptado incurriere en indignidad para suceder o en causa de desheredación, o se declare extinguida la adopción* (—) *El pacto sucesorio no podrá exceder de los dos tercios*

mitir la ordenación de la sucesión de una persona, referida a todos sus bienes, a partir de un pacto irrevocable, que limite su porvenir y condicione su desarrollo personal[33]

Y cuarto, de cualquier modo, quizás los esfuerzos podrían orientarse a corto plazo con mayor provecho contando con algunos de los instrumentos que vienen siendo admitidos por la jurisprudencia del Tribunal Supremo o expresamente regulados por el propio Código. Así, dentro de los primeros, existe la posibilidad de acudir a los pactos de atribución particular de bienes determinados existentes en el patrimonio del otorgante. Será esta opción la que, en el ámbito por ejemplo del protocolo familiar, nos permita acordar el destino de la empresa familiar en vida del fundador, pero con efectos plenos a su muerte.

– Los pactos de atribución particular *post mortem*

Lo cierto es que la prohibición a la que se ha hecho referencia en los párrafos anteriores ha venido siendo modulada por los tribunales; en concreto, con respecto a determinadas cláusulas que, si bien a primera vista podrían entrar en colisión con el artículo 1271, analizadas con cierto detalle no contradicen la regla de la libre revocabilidad del testamento. El resultado de esta delimitación jurisprudencial ha sido la admisión de los llamados pactos de atribución *post mortem* de bienes concretos existentes en el patrimonio del otorgante. Justo es advertir que el número de resoluciones del TS que dan cobertura en nuestro derecho a estos pactos es escaso y de una antigüedad notable[34]. Más también lo es que el veterano criterio del TS goza en nuestros días de un predicamento notable dentro de la jurisprudencia menor[35]. Tales circunstancias permiten de manera clara poder referirnos en este momento a un instrumento que presenta una enorme utilidad en la regulación del

de la herencia del adoptante, sin perjuicio de los derechos legitimarios reservados por la ley a favor de otras personas».

En cuanto a la ley 49/1981, fue derogada por virtud de la ley 19/1995, de 4 de julio.

[33] MAGARIÑOS BLANCO, V., *Libertad para ordenar…*, *op.cit.*, p. 518.

[34] Tales salvedades se encuentran en REQUEIXO SOUTO, X.M., *Pactos…*, *op.cit.*, p. 1751 y 1752. Las resoluciones citadas en este ámbito son las siguientes: STS de 4 de mayo de 1910; 8 de octubre de 1915, 16 de mayo de 1940; 25 de abril de 1951; 3 de marzo de 1964 y 22 de julio de 1997.

[35] Aplican el mismo criterio las SAP de A coruña de 26 de abril de 2002; de Cuenca de 30 de octubre de 2009; de Madrid de 20 de abril de 2007. En lo que respecta a la doctrina de la DGSJyFP no pocas resoluciones vienen a recoger una línea argumental que corre en paralelo a la de nuestra jurisprudencia; entre ellas, Resoluciones de 19 de mayo de 1917, 13 de enero de 1984, 21 de enero de 1991, 22 de julio de 1997 y 14 de junio de 2012.

proceso sucesorio en el ámbito de la empresa familiar. A mayor abundamiento, al soslayar lícitamente la prohibición recogida en el 1271, apartado 2º del Código, puede ser establecido válidamente el pacto de atribución que nos ocupa en el protocolo familiar. A partir de aquí interesa trascribir los siguientes fragmentos contenidos en la STS de 22 de julio de 1997:

> *El segundo supuesto de nulidad alegado, consiste en que el documento privado de referencia viene a representar un pacto de los dos hermanos suscribientes sobre herencia futura no, autorizado por el artículo 1271 del Código Civil. Este precepto se refiere única y exclusivamente a los pactos sobre la universalidad de una herencia que, según el artículo 659 del Código Civil, se instaura a la muerte del causante, integrándola todos los bienes, derechos y obligaciones subsistentes, pero no cuando el pacto se refiere a bienes conocidos y determinados, existentes al tiempo del otorgamiento del compromiso en el dominio del causante (Sentencias de 2-10-1926, 16-5-1940 y 25-4-1951). El documento en contienda no contiene ninguna operación divisoria anticipada entre los herederos, sino más bien una previsión en cuanto a la titularidad del negocio de Administración de Loterias, dada la especialidad y exigencias de la normativa administrativa que lo disciplina.*

En la misma línea, la SAP Madrid 98/2007, 20 de abril de 2007, Fundamento jurídico 3º, señala:

> *Siendo cierto lo que se pone de relieve en la resolución recurrida sobre que la doctrina del Tribunal Supremo, de forma constante, reiterada, mantenida en el tiempo, y sin ninguna fisura, ha establecido que el artículo 1.271-2 se refiere exclusivamente a la prohibición de pactos sobre la universalidad de una herencia, que según el artículo 659 del Código Civil, se instaura a la muerte del causante, integrándola todos los bienes, derechos y obligaciones subsistentes. Pero proclama la validez del pacto cuando se refiere a bienes conocidos y determinados, existentes al tiempo del otorgamiento del contrato en el dominio del causante, o que hubieren de adquirirse por título de heredero (TS. 2 ó 8 de octubre de 1915; 26 de octubre de 1926; 16 de mayo de 1940; 25 de abril de 1951; 3 de marzo de 1964 y 22 de julio de 1997), no lo es menos que tal acotación sobre la posibilidad de pactar sobre bienes concretos y determinados, y no sobre la universalidad del patrimonio del causante, ha de inferirse necesariamente respecto de la situación existente con anterioridad al fallecimiento del causante puesto que, de haberse producido el mismo, como sucede en el presente caso, ya no se daría la premisa principal para la aplicación de la prohibición de pactar sobre "herencia futura" y por tanto es erróneo el pronunciamiento de nulidad radical del contrato con base en una causa inexistente.*

Por lo que respecta a la posición de la doctrina en relación al criterio jurisprudencial referenciado, la misma no es uniforme[36]. Sin perjuicio de

---

[36] Sobre la posición de los diversos autores en torno a la naturaleza del pacto estudiado, *vid.*, NAVAS NAVARRO, S., *El pacto sucesorio…*, *op.cit.*, p. 9. Por su parte, Cremades

que se trate de una cuestión que sobrepasa el propósito del presente análisis, interesa hacer hincapié en un entendimiento hasta cierto punto diferente de la misma. En este sentido, en lugar de entender al pacto que nos ocupa como si de una convención sucesoria *sensu stricto* se tratara, parece factible, a la vista de los negocios tomados en consideración en las resoluciones que vienen siendo citadas[37], sostener que constituyen en realidad convenciones *inter vivos*, obviamente sobre bienes concretos, cuya especialidad descansa en que sus plenos efectos se posponen a la muerte del otorgante. Esto sin perjuicio de que además no afectan a la universalidad conocida como herencia futura, acuerdo claramente vetado en el derecho común. En consecuencia, la cuestión, a salvo mejor criterio, se muestra por derroteros distintos a los del pacto sucesorio.

De acuerdo con el planteamiento defendido por Requeixo Souto, nos encontramos ante acuerdos que reúnen entre sus caracteres los siguientes: *i*) supone para el otorgante el ejercicio de la libertad de obligarse en vida; *ii*) la convención conlleva una transmisión entre vivos de unos bienes, de unos elementos determinados presentes en su patrimonio[38]; *iii*) en el ejercicio de aquella autonomía se fija que los plenos efectos del negocio se vean pospuestos al momento del fallecimiento del disponente[39]; *iv*) la convención tiene carácter irrevocable y esta irrevocabilidad dimana de su carácter forzosamente oneroso[40]; *v*) por último, en función de las notas

---

García no observa problema alguno en admitir el pacto entre coherederos sobre un bien concreto, la empresa familiar, pero lo hace con una salvedad notable: siempre que quede a salvo la posibilidad de revocación por parte del disponente; CREMADES GARCÍA, PURIFICACIÓN, *Sucesión mortis causa de la empresa familiar: la alternativa de los pactos sucesorios*, Madrid, Dykinson, 2014, p. 32 y 39. También se manifiesta a favor, ESPEJO LERDO DE TEJADA, M, *La sucesión contractual en el Código civil*, Sevilla, Universidad de Sevilla, 1999, p. 58 y 59.

37 *V.gr.*, la división y adjudicación de una herencia ya causada, en la que los herederos pactan la atribución de bienes a uno de ellos sometiéndola a determinadas condiciones; STS 4 de mayo de 1910; y el de renta vitalicia, a la que se incorporan estipulaciones con efectos *post mortem*; STS de 16 de mayo de 1940. En la Resolución de la actual DGSJyFP de 19 de mayo de 1917 se trató de un pacto de compraventa con pacto de supervivencia. Un análisis más exhaustivo de todas estas resoluciones se encuentra en REQUEIXO SOUTO, X.M., *Pactos…*, *op.cit.*, p. 1753 y 1754.

38 No se puede entender bajo el mismo supuesto la transmisión de una cuota, pues esta implicaría dejar la determinación del objeto del acuerdo a la muerte del otorgante.

39 *V.gr.*, la entrega de la posesión o de facultades del dominio, como el usufructo.

40 De ser lucrativo entraríamos en las donaciones por causa de muerte y, por lo tanto, bajo el régimen del artículo 620 del Código civil: «*Las donaciones que hayan de*

precedentes, se trata de acuerdos que tienen por objeto bienes que, con causa en aquellos, no llegan a formar parte del caudal relicto del otorgante. En la medida en que, como se ha visto, presentan ese elemento de onerosidad no cabe hablar de pactos sucesorios sobre bienes determinados y sí de negocios de atribución patrimonial con efectos a la muerte del otorgante[41], independientes de la institución de heredero o legatario.

De la posición jurisprudencial recién tratada y siempre bajo los presupuestos que han venido siendo apuntados, se puede inferir que el pacto de atribución particular *post mortem* puede perfectamente ser aplicable al conjunto de participaciones o acciones que sobre la empresa o grupo de empresas son propiedad del fundador o de un miembro de su familia. Al mismo tiempo, reconocida su licitud en el ámbito del derecho común, cabe que constituya dicho el objeto de algunas de las cláusulas del protocolo familiar[42].

– Las restricciones estatutarias a las transmisiones *mortis causa* de acciones y participaciones

Se plantea en este punto determinar si el establecimiento de una restricción de la naturaleza señalada, establecida al amparo de los artículos 110 y 124 de la LSC[43], debe ser tenida como un pacto sucesorio de los prohibidos

---

producir sus efectos por muerte del donante participan de la naturaleza de las disposiciones de última voluntad, y se regirán por las reglas establecidas en el capítulo de la sucesión testamentaria». En tales donaciones, por su configuración, la transmisión opera a causa de la muerte y tras ella, *ex nunc*. Consecuencia de todo ello es su revocabilidad *ad nutum*, más allá de las causas comunes de revocación de las donaciones y hasta la muerte del donante; todo lo cual excluye su condición de contrato. Una posibilidad, para detener, no erradicar, su esencial revocabilidad, es la de imponer un modo o carga que la haga onerosa o una causa remuneratoria; donde la onerosidad del modo la hace indesistible unilateralmente, artículo 1256.
Una consecuencia de este carácter oneroso del pacto de atribución es que el mismo no es relevante a efectos de la computación o de la colación, que rige para las transmisiones lucrativas *inter vivos* del causante.

41 Requeixo Souto, X.M., *Pactos…*, *op.cit.*, p. 1755, 1757, 1765-1766, 1769, 1780.

42 En contra, Cremades García. Para la autora se trata de una opción arriesgada y esto por cuanto la propia empresa esta constituida por un conjunto de bienes, derechos y obligaciones de incierta permanencia futura; Cremades García, P., *La sucesión…*, *op.cit.*, p. 32.

43 Artículo 110 LSC: 1. «*La adquisición de alguna participación social por sucesión hereditaria confiere al heredero o legatario la condición de socio* [–] 2. *No obstante lo dispuesto en el apartado anterior, los estatutos podrán establecer a favor de los socios sobrevivientes, y, en su defecto, a favor de la sociedad, un derecho de adquisición de las participaciones del socio fallecido, apreciadas en el valor razonable que tuvieren el día del fallecimiento del socio, cuyo*

por el Código civil. Se trata de un punto que ya fue resuelto por la doctrina, en el ámbito de unos textos legales de línea semejante a la expuesta. En concreto, las líneas fundamentales de lo señalado entonces, fundamentalmente a partir del criterio sustentado por Lacruz, pasan por los siguientes puntos: *i)* en la medida en que se atribuye al resto de los socios la posibilidad de comprar la participación del fallecido, lo que existe es un derecho de adquisición *inter vivos,* contra pago de su importe, operativo al tiempo de fallecimiento del socio[44]; *ii)* la normas citadas no representan quiebra alguna de las reglas del Código en cuanto a la sucesión del socio, pues la restricción opera en el ámbito societario[45].

---

precio se pagará al contado. La valoración se regirá por lo dispuesto en esta ley para los casos de separación de socios y el derecho de adquisición habrá de ejercitarse en el plazo máximo de tres meses a contar desde la comunicación a la sociedad de la adquisición hereditaria».
Artículo 124 LSC: 1. *Las restricciones estatutarias a la transmisibilidad de las acciones sólo serán aplicables a las adquisiciones por causa de muerte cuando así lo establezcan expresamente los propios estatutos* [–] 2. *En este supuesto, para rechazar la inscripción de la transmisión en el libro registro de acciones nominativas, la sociedad deberá presentar al heredero un adquirente de las acciones u ofrecerse a adquirirlas ella misma por su valor razonable en el momento en que se solicitó la inscripción, de acuerdo con lo previsto para la adquisición derivativa de acciones propias en el artículo 146* [–] *Se entenderá como valor razonable el que determine un experto independiente, distinto al auditor de la sociedad que, a solicitud de cualquier interesado, nombren a tal efecto los administradores de la sociedad*».

44 Otra cosa es el llamado «pacto de tontina», en virtud del cual la atribución de las participaciones a los demás, tras la muerte del socio, se lleva a cabo sin contraprestación alguna. Fuera de este supuesto, la doctrina más reticente lo es en función de un argumento: el derecho del socio fallecido se corresponde con una participación *in natura* y esta, por razón del pacto social, no se transmite a sus causahabientes. No obstante, se reconoce al mismo tiempo que el mismo pacto entraría dentro de la excepción ya estudiada al principio del 1271; *vid.*, acerca de esta posición, GARCÍA RUBIO, M.P. Y M. HERRERO OVIEDO, *Pactos sucesorios…*, *op.cit.*, p.12.

45 FERNÁNDEZ-TRESGUERRES GARCÍA, ANA, *Transmisión mortis causa de la condición de socio: un estudio de la sociedad limitada familiar,* Pamplona, Aranzadi, 2008, p. 90. La misma autora recuerda como el sistema romano de sucesión, vigente en el código civil, implica que se sucede al causante desde el mismo momento de su fallecimiento, sin perjuicio de que sea precisa la aceptación, que retrotrae sus efectos a la apertura de la sucesión; artículos 657, 661 y 989 del Código civil. La ley societaria, en consecuencia, presupone la adquisición hereditaria. A partir de aquí, se ordenan los supuestos que pueden plantearse: *i)* no se ejercita el pacto por los socios sobrevivientes, se consolida la posición del sucesor como socio; *ii)* si se ejercita, queda alterada la composición del caudal hereditario, pues las participaciones serán sustituidas por su valor real; *iii)* si antes del rescate se ha llevado a cabo la adjudicación concreta a los sucesores, el adjudicatario soportará la subrogación pactada en el contrato social; ibídem, *Transmisión…*, *op.cit.*, p.84.

Como resultado de lo dicho, no parece lógico sostener que con la cláusula estatutaria mencionada se atente contra la libre revocabilidad del testamento, el cual seguirá produciendo sus efectos, con independencia de lo que suceda en la esfera de la sociedad. Tampoco se lleva a cabo ninguna disposición *mortis causa* a favor de otro socio de la entidad, ni de un tercero, ni con ellos se produce renuncia alguna a suceder al causante[46]. A partir de aquí se consigue, por un lado, respetar la disposición *mortis causa* del causante y, por otro, cerrar en el ámbito societario esa distribución particional, a través de las correspondientes compensaciones, cuando no se corresponde con los intereses sociales, en este caso expresados a través de los estatutos[47].

La cuestión parece desenvolverse bajo los mismos parámetros cuando del artículo 15 de la LSP se trata:

> *En el contrato social, y fuera de él siempre que medie el consentimiento expreso de todos los socios profesionales, podrá pactarse que la mayoría de estos, en caso de muerte de un socio profesional, puedan acordar que las participaciones del mismo no se transmitan a sus sucesores. Si no procediere la transmisión, se abonará la cuota de liquidación que corresponda.*

Ahora bien, la regla sorprende por un extremo, más allá por tanto de una redacción confusa[48]; en particular por seguir una línea distinta a la del artículo 12 LSP:

> *La condición de socio profesional es intransmisible, salvo que medie el consentimiento de todos los socios profesionales. No obstante, podrá establecerse en el contrato social que la transmisión pueda ser autorizada por la mayoría de dichos socios.*

A partir de aquí, lo lógico por lo tanto hubiera sido seguir el criterio contenido en el Proyecto LSP/2006, bajo la redacción siguiente: «*Salvo disposición contraria del contrato social o consentimiento expreso de todos los socios profesionales, en caso de muerte del socio profesional las participaciones de que fuera*

46 ibídem, *Transmisión…*, *op.cit.*, p. 143 y 144.

47 Garrido de Palma, Víctor Manuel, «La sociedad anónima limitada familiar: la transmisión de acciones, de participaciones sociales y el cambio de socios en las mismas», en *Estudios de Derecho Mercantil en homenaje al profesor Manuel Broseta Pont*, vol. II, Valencia, Tirant lo Blanch, 1995, p. 1595

48 Se ha apuntado, por ejemplo, que el artículo 15 transcrito está regulando un pacto de *non succedendo* en relación con tercero, que también supone una excepción a la regla general prevista en el artículo 1271,2; así, García Rubio, M.P. y M. Herrero Oviedo, *Pactos sucesorios…*, *op.cit.*, p.1279.

titular no se transmitirán a sus sucesores, a los que se abonará la cuota de liquidación que corresponda»[49].

– Los pactos sucesorios admitidos por el Código civil

Si los supuestos anteriores suponen no llevar más lejos la prohibición de aquel nivel en el que radica su fundamento, de acuerdo a la tradición de derecho común, los que se citan a continuación constituyen auténticas excepciones legales a la misma, como así viene reconociendo la jurisprudencia. El fundamento encontrado a tales excepciones no es otro que la propia unión de intereses que dimana del vínculo matrimonial, pues buena parte de esos supuestos excepcionales derivan de pactos en capítulos entre cónyuges.

De acuerdo con la STS 473/2018, de 20 de Julio, en línea con otras, y con una doctrina consolidada, existen tres excepciones a la interdicción de los pactos sucesorios: las contenidas en los artículos 826, 827 y 1341[50]. Todo ello sin perjuicio de la regla contenida en el en el artículo 9.8 del Código y de que la SAP Madrid, 98/2007, de 20 de abril, tome en consideración también la prevista en el artículo 1674.

Merece en este momento su toma en consideración la promesa entre cónyuges de mejorar o de no mejorar, artículo 826. Se trata efectivamente

---

49 *Vid.*, MIGUEL ROSES, MARÍA ROSARIO DE, «Artículo 15: Transmisiones forzosas y "mortis causa"», *Cuadernos de derecho y comercio*, n.º 1, 2010.

50 Artículo 826: *La promesa de mejorar o no mejorar, hecha por escritura pública en capitulaciones matrimoniales, será válida* [–] *La disposición del testador contraria a la promesa no producirá efecto.*

Artículo 827: «*La mejora, aunque se haya verificado con entrega de bienes, será revocable, a menos que se haya hecho por capitulaciones matrimoniales o por contrato oneroso celebrado con un tercero*».

Artículo 1341:«*Por razón de matrimonio los futuros esposos podrán donarse bienes presentes [–] Igualmente podrán donarse antes del matrimonio en capitulaciones bienes futuros, sólo para el caso de muerte, y en la medida marcada por las disposiciones referentes a la sucesión testada*».

Además se encuentra la regla contenida en el artículo 9.8: «*La sucesión por causa de muerte se regirá por la Ley nacional del causante en el momento de su fallecimiento, cualesquiera que sean la naturaleza de los bienes y el pais donde se encuentren. Sin embargo, las disposiciones hechas en testamento y los pactos sucesorios ordenados conforme a la Ley nacional del testador o del disponente en el momento de su otorgamiento conservarán su validez, aunque sea otra la ley que rija la sucesión, si bien las legítimas se ajustarán, en su caso, a esta última. Los derechos que por ministerio de la ley se atribuyan al cónyuge supérstite se regirán por la misma ley que regule los efectos del matrimonio, a salvo siempre las legítimas de los descendientes*»

de una excepción a la regla estudiada, por lo demás un tanto olvidada, quizás por haber caído en desuso aquellas prácticas que, al tiempo de ser aprobado el Código civil, la justificaron[51]. Las razones por las que recoge un auténtico pacto sucesorio son dos: *i*) se trata de un acuerdo otorgado en capítulos que produce efectos *inter vivos*, pues tiene un carácter unilateralmente irrevocable[52], por encima en consecuencia de la libertad de testar; *ii*) el pacto recae en concreto sobre la delación hereditaria relativa a la mejora. En lo que concierne a la esfera subjetiva, es claro que las partes del mismo son el matrimonio, o aquellos que lo van a contraer, y en este caso el convenio puede afectar a los descendientes de cualquiera de los cónyuges o a los de ambos[53]. El aspecto formal también se encuentra previsto en la norma, pues precisa el otorgamiento de capitulaciones matrimoniales y, como forma *ad solemnitatem*, en escritura pública, artículo 1327. En lo que concierne a su contenido, la jurisprudencia admite que dentro de la expresión «mejora», de la que se sirve el 826, cabe incluir también, si así se

---

[51] Su antecedente habría que buscarlo en la Ley 22 de Toro. El término «*promesa*» del que se sirve la norma no debe inducir a engaño y responde a la fidelidad del precepto con nuestra tradición histórica. En este sentido, no se trata en realidad de una «simple promesa», tal como podría ser contemplada tras una lectura rápida del precepto, a concretar después necesariamente en una donación o en una declaración testamentaria, sino de un acuerdo irrevocable; *vid.*, Cremades García, P., *La sucesión…*, *op.cit.*, p. 76 y 77.

[52] De aquí que su modificación únicamente puede llevarse a efecto por medio del artículo1331: «*Para que sea válida la modificación de las capitulaciones matrimoniales deberá realizarse con la asistencia y concurso de las personas que en éstas intervinieron como otorgantes si vivieren y la modificación afectare a derechos concedidos por tales personas*»

[53] Dos ejemplos, tomados de Gomá Lanzón, pueden ilustrar mejor el alcance actual de la norma: *i*) promesa de no mejorar, una pareja que se va a casar, o ya se ha casado, teniendo uno de ellos o los dos hijos de anteriores relaciones y pactan en capitulaciones que no van a mejorar a los hijos de relaciones anteriores respecto de los que tengan comunes en su relación; *ii*) promesa de mejorar, una pareja que se dispone a divorciarse con hijos comunes, establece que estos queden mejorados respecto de los que puedan cada uno de los padres tener en el futuro con otras relaciones; Gomá Lanzón, Fernando, «Un pacto sucesorio olvidado pero potencialmente muy útil: la promesa de mejorar o no mejorar del art. 826 CC», *El notario del siglo XXI*, n.º 110, 2023. Ya antes, Rueda Esteban puso de manifiesto la utilidad en los tiempos actuales de esta forma de capitulaciones, habida cuenta de la abundancia de repetición de matrimonios con hijos de diferente rama y variadas estirpes. Se trataría así de garantizar que la primera pueda ver recompensada su dedicación al negocio familiar, con respecto a posibles mejoras a favor de los hermanos pequeños; Rueda Esteban, L., *La tradicional…*, *op.cit.*, p.1471 y 1472. Todo ello, frente al fundamento histórico de la norma, ligado a la dote que aportaba los ascendientes en capítulos.

dispone, el tercio de libre disposición[54]. Esta última precisión tiene evidentemente un alcance enorme, pues, en virtud de ella, es posible acordar en capitulaciones matrimoniales que uno de los hijos se lleve toda la herencia, salvo la legitima estricta de los demás, ya de ese matrimonio, ya de otros. Como es obvio, lo mismo se puede disponer en testamento, pero ahora se añade el elemento de la irrevocabilidad.

De cualquier modo, se trata de una excepción que no fue establecida *ab initio* con el propósito de mantener indivisa una explotación económica, sino que sus comienzos parecen ligados a la práctica de aportar los ascendientes una dote con ocasión del matrimonio de hijos o descendientes. De acuerdo con esos orígenes, el promisario no sería el otro cónyuge, lo que sucede en los ejemplos antes recogidos, sino el mejorado. En consecuencia, su uso, en el ámbito de la empresa familiar, precisa, de no pocos presupuestos: *i*) pretender distribuir la herencia de manera desigualitaria entre los descendientes, pues, en otro caso, la regla no aporta nada; *ii*) otorgar capitulaciones matrimoniales; *iii*) hacer una interpretación del precepto más allá de su tradición histórica. acerca de lo que no deberían existir obstáculos, pero supone entrar en una *terra incognita*

2.2. El protocolo familiar y la partición *inter vivos*

Por mor de lo prevenido en los artículos 1056, apartado 1°, y 1271, apartado 2°, resulta claro que es dentro de la partición donde las cláusulas del protocolo alcanzan un mayor grado de eficacia[55]. No en balde, cuan-

---

[54] STS 14 de noviembre de 1958. No obstante, existen autores con un criterio distinto. Su razonamiento se apoya en dos circunstancias: *i*) el carácter excepcional de la solución contenida en el 826, con respecto a los principios sucesorios recogidos en el mismo, que obliga a interpretar el alcance del 826 de manera restrictiva; *ii*) puede haber más razones para autorizar el compromiso de no alterar las previsiones legitimarias de la ley que para permitir al causante privarse acaso de su entero margen de libertad para disponer; Cámara Lapuente, Sergio «Artículo 826», en *Código civil comentado* ed. Ana Cañizares Laso et al., vol. II, Cizur Menor (Navarra), Civitas-Thomson Reuters, 2011. Rechazan igualmente la extensión del artículo 826 al tercio de libre disposición, García Rubio, M.P. y M. Herrero Oviedo, *Pactos sucesorios…*, *op.cit.*, p.1273. Lo cierto es que, además de lo ya señalado en la presente nota, cuando el código quiere incluir bajo la expresión «mejora» al tercio de libre disposición así lo indica expresamente; *v.gr.*, artículo 831.

[55] De hecho, la doctrina se ha centrado en la partición a la hora de estudiar la virtualidad del protocolo en la sucesión de la empresa familiar; así, Diéguez Oliva, Rocío, «Notas sobre algunos aspectos sucesorios de los protocolos familiares», en *Estudios de derecho de sucesiones "Liber Amicorum" Teodora F. Torres García,* ed. Andrés

do hablamos de una partición *inter vivos* nos viene a la mente la imagen de aquella suscrita por el testador/causante y, en su caso, por sus herederos, configuración esta que podría encajar tanto con la literalidad de los preceptos recién referidos como con la naturaleza del propio protocolo familiar[56]. A partir de aquí, se ha llegado a contemplar a las normas particionales de posible inclusión en el convenio familiar como una alternativa a los pactos sucesorios, obviamente con referencia a los territorios sujetos al derecho común[57]. De hecho, preceptos como el 829, la mejora de cosa determinada; la fiducia sucesoria del 831; o las reglas de pago en metálico de la porción hereditaria a los demás legitimarios, artículos 841 y 1056,2, han sido considerados como instrumentos disponibles dentro del derecho común para preservar en el seno de la familia la explotación mercantil del fallecido. Ahora bien, en realidad las normas relacionadas van más allá y esto en la medida en que en la mayor parte de ellas lo que se toma en consideración es la voluntad del empresario de transmitir su explotación a una única persona, esto es, la de dejarla indivisa. Esta cuestión no es baladí. De hecho, provoca que tales normas no sean de aplicación en aquellos casos en que lo que en realidad se pretenda sea velar por la dirección unitaria

---

Domínguez Luelmo, María Paz García Rubio, y Margarita Herrero Oviedo, Madrid, La Ley, 2014, p. 336.

56 Es más, la STS 366/2009, de 25 de mayo, en su Fundamento de derecho primero, al reproducir parte del contenido de la sentencia dictada en primera instancia, señala lo siguiente:

> [...] *es perfectamente admisible la partición conjunta o combinada por los dos cónyuges en relación a los bienes comunes, "sin que ello vulnere la prohibición contenida en el art. 669 CC que impide testar mancomunadamente más nada dice sobre la partición".*

En el caso de hacerla uno de los cónyuges, se ha de tener en cuenta lo manifestado al respecto por la SAP Córdoba 142/2005, 15 de junio de 2005, fundamento jurídico 4º:

> *En este sentido la jurisprudencia es unánime en no considerar que pueda ser valida la partición que comprenda bienes gananciales por no ser en su totalidad propios del testador que la hace. Así la s. de 12-12-59 y 176-5-74 nos dice que, por no ser suyos, el causante no puede distribuir los bienes de la comunidad conyugal. Y la s. de 20-5-75 sienta que "la facultad que al testador le confiere el art. 1056 de hacer por actos inter vivos o de última voluntad la partición de sus bienes se refiere a los bienes del testador pero no a la división y adjudicación de bienes ajenos, y aunque dicho art. 1056 exprese que se pasará por ella en cuanto no perjudiquen las legitimas de los herederos forzosos esa disposición se contrae al acto particional en sentido propio".*
>
> *En el mismo sentido es todavía más explicita la s. de 22-2-97 cuando afirma que en este tipo de partición no pueden incluirse bienes de carácter ganancial, también mantienen idéntico criterio las ss. de 8-3-91, 14-10-82, 3-3-80, 7-12-88, 7-2-94, 22-2-97, etc., etc.*

57 Cucurull Poblet, T., *El protocolo…*, *op.cit.*, p. 219.

de la empresa y, a la vez, por la pluralidad de familiares participes en sus beneficios.

En todo caso, una más exacta comprensión de la eficacia protocolo en cuanto instrumento de formalización de la partición entre vivos pasa por el análisis de algunos aspectos de interés, relativos precisamente a esta modalidad de partición. Serían los que se señalan a continuación.

Primer aspecto: en principio, se podría afirmar que resulta equívoco contemplar al protocolo como una vía a través de la cual practicar *inter vivos* la partición, al menos si nos atenemos a los criterios jurisprudenciales sobre la materia[58]. En este sentido, lo normal será que aquel no agote todas las fases que consuman la operación particional, manifestadas en la formación del inventario del caudal hereditario, en la valoración y liquidación, en la formación de lotes y, por último, en la adjudicación[59]. De hecho, al igual que sucede en el testamento, figuraran en el convenio familiar, en el mejor de los casos, las conocidas como «normas particionales»; *id est*, aquellas por las que «[...] *el testador se limita a expresar su voluntad para que en el momento de la partición, determinados bienes se adjudiquen en pago de su haber a los herederos que mencione*»; llegándose incluso hablar de «*normas generales o indicaciones a tener en cuenta en la verdadera y efectiva partición testamentaria*»[60].

---

58 *Vid.*, las sentencias recogidas en RUBIO GARRIDO, TOMÁS, *La partición de la herencia*, Navarra, Thomson Reuters Aranzadi, 2017, p. 462.

59 Todo ello siguiendo las pautas marcadas por los artículos 782 y siguientes de la Ley de Enjuiciamiento Civil, para la división judicial de la herencia; especialmente las del 786,1. En este sentido, la SAP Cordoba 142/2005, de 15 de junio, con cita de la STS de 7 de septiembre de 1998, alude a una «regla de oro», consistente en que la determinación de una verdadera partición se dará cuando el testador haya distribuido sus bienes practicando todas las operaciones, inventario, evalúo, liquidación y formación de lotes objeto de las adjudicaciones correspondientes. En todo caso, cabe seguir hablando de pautas, pues es posible llevar a cabo la partición sin entrar en la liquidación de las deudas, bien por constituirse una garantía de pago a los acreedores, bien por no ser esta exigida, artículo 1082; LORA-TAMAYO-RODRIGUEZ, ISIDORO, «Sinopsis de la obra "la partición convencional" de Manuel Espejo Lerdo de Tejada», *Revista Jurídica del Notariado*, n.º 107, 2018, p. 472. La cuestión de las deudas, muy particularmente cuando hablamos de una empresa familiar, tiene una importancia enorme. Tanto es así que con independencia de la partición resultante y del recurso normativo bajo el cual esta se realice, *v.gr.*, al amparo del artículo 1056,2, los acreedores siempre dispondrán el derecho a dirigirse contra cualquiera de los herederos por el total debido; otra cosa es, obviamente, la facultad del heredero-pagador de proceder contra los demás en su porción correspondiente.

60 Fundamento de Derecho primero STS 805/1998, de 7 de septiembre.

De conformidad con lo dicho, las consecuencias son evidentes: la norma particional, al ser una partición parcial, no provocará la adquisición directa de la propiedad[61]. Este carácter limitado, con respecto a la adjudicación de toda una explotación empresarial familiar, tiene su importancia, pues la norma particional no evitará, por sí sola, el nacimiento de la comunidad, y, con ella, no podrá provocar la inmediata sucesión de la empresa, pues es preciso completar los actos particionales, con la intervención de todos los legitimarios[62]. Ahora bien, se ha de reconocer la existencia de un sector de la doctrina que defiende un criterio distinto, mucho más ajustado a la realidad de las cosas. De acuerdo con él, además de tachar de inconsistente la noción jurisprudencial expuesta, se entiende que las adjudicaciones realizadas por el causante, agoten o no el caudal y vayan o no precedidas de las operaciones particionales típicas, deben ser equiparadas a la partición en sus efectos traslativos directos. Distintas serán entonces aquellas disposiciones que operan como meras directrices en la práctica de la partición futura[63]. A partir de aquí, el elemento clave radica en atender a la intención real del testador, a si tuvo una «clara e inequívoca voluntad de atribuir bienes concretos en plasmación de las cuotas previamente establecidas»[64].

Segundo aspecto: la indiferencia del código civil en cuanto a que la partición se haga por acto entre vivos o de última voluntad. En aras de fijar el alcance de la partición *inter vivos*, que, a su vez, permite la intervención del protocolo familiar, cabría preguntarse qué normas del código entran dentro de lo que este entiende por «*división de un caudal*», «*disposiciones*

---

[61] La partición propiamente dicha produce el efecto previsto en el artículo 1056,1, «*se pasará por ella*», y del 1068, «*la partición legalmente hecha confiere a cada heredero la propiedad exclusiva de los bienes que le hayan sido adjudicados*». Todo ello resultado lógico de que la comunidad no llega a nacer. Por esta razón, si el testador ha practicado la partición difícilmente cabrá que los herederos convencionalmente hagan otra, pues para ellos no hay nada que partir, no existe ya comunidad; en esta línea, Lora-Tamayo-Rodriguez, I., *Sinopsis…*, *op.cit.*, p. 474 y 475. En torno a las principales dificultades que implica la conexión entre la comunidad hereditaria y la sucesión de la empresa, *vid.*, Cañizares Laso, Ana, *Comunidad hereditaria y sucesión de la empresa*, Valencia, tirant lo blanch, 2019.

[62] Diéguez Oliva, R., *Notas…*, *op.cit.*, p. 340.

[63] *V.gr.*, homogeneidad cualitativa entre lotes, de evitación de adjudicaciones en copropiedad ordinaria, así como las adjudicaciones genéricas de categorías de bienes, que no eximen de la necesidad de su adjudicación posterior; Carballo Fidalgo, Marta, «Artículo 1056», en *Código civil comentado.*, ed. Ana Cañizares Laso et al., vol. II, Cizur Menor (Navarra), Civitas-Thomson Reuters, 2011, p. 1734.

[64] Rubio Garrido, T., *La partición…*, *op.cit.*, p.462; con cita de jurisprudencia y doctrina de apoyo.

particionales» o por «*disposición de sus bienes*», siguiendo la terminología de los preceptos antes citados. Se trata, por lo tanto, de determinar los instrumentos particionales previstos en el texto legal que, de un modo u otro, permitan practicar entre vivos la división de un caudal. Obviamente esta cuestión no es tal con relación al supuesto del párrafo 2º artículo 1056, pues el mismo se encuentra situado dentro del conjunto de normas relativas a la partición. Sí, en cambio, lo es con respecto a los siguientes preceptos: artículo 829, mejora en cosa determinada; artículo 831, fiducia sucesoria; y 841, pago en metálico de la porción hereditaria. De la relación de preceptos recién hecha se deduce que no todo el régimen particional queda normativamente agotado con lo previsto en las secciones 2 a 5 del capitulo VI, del título III del Código civil. Dicho de otro modo, esas secciones tratan efectivamente de la fase particional, pero no agotan todas las normas particionales. Dos criterios podrían ayudar a delimitar qué instrumentos legales entrarían también en la esfera de la partición *inter vivos*. El primero consistiría en determinar si en la norma se reconoce la posibilidad de concretar un derecho abstracto, el derecho hereditario, en un derecho concreto sobre bienes específicos y determinados del causante. El segundo obliga a identificar en la regla la existencia o no de una reserva en la ley a favor del testamento.

Si referimos las consideraciones anteriores a la mejora en cosa determinada, artículo 829[65], cabe observar que no existe en la regulación de dicho instrumento sucesorio una reserva a favor del testamento, si bien se dan otros elementos que conviene tener en cuenta. En este sentido, no parece que ese reconocimiento tenga el carácter de una adjudicación particional cuando, a través del testamento, no se ha señalado la mejora del beneficia-

---

[65] Artículo 829: «*La mejora podrá señalarse en cosa determinada. Si el valor de ésta excediere del tercio destinado a la mejora y de la parte de legítima correspondiente al mejorado, deberá éste abonar la diferencia en metálico a los demás interesados*». Todo ello dando por sentado de que la empresa entra dentro de la noción de «*cosa determinada*», lo que parece evidente. Se discute por la doctrina acerca de si a la mejora del 829 puede imputarse el tercio de libre disposición. Con referencia a aquellos casos en que el testador únicamente ha hecho constar su voluntad de mejorar, y sin entrar en la cuestión del orden de imputación, cabe identificar, de un lado, interpretaciones de la norma ajustadas a su literalidad; en tanto que, de otro, se ha sostenido que la mayoría de la doctrina se muestra partidaria a admitir la posibilidad de incluir el tercio disponible; con cita, en este último caso, de la STS 19 de mayo de 1951; *vid.*, CÁMARA LAPUENTE, SERGIO, «Artículo 829», en *Código civil comentado*, ed. Ana Cañizares Laso et al., vol. II, Madrid, Thomson Reuters-Civitas, 2011, p. 925. Se ha señalado la influencia de Vallet en esta orientación doctrinal en MARTÍNEZ-GIL VICH, I., *La importancia…*, *op.cit.*, p. 588.

rio, esto es, aquella que, por tal concepto, actuaría en esta materia a modo de «cuenta de cargo» por el bien asignado. Dicho en otros términos, si el recurso al 829 se ha llevado a efecto únicamente a través de un acto *inter vivos,* tanto en la identificación del bien como en su asignación en concepto de mejora, parece claro que estaríamos sobrepasando los límites propios de la partición y entrando en el ámbito de un acto dispositivo. Frente a esto, no se sobrepasan esos límites en el caso en que la mejora y su cuota vengan establecidas en testamento, y al mejorado, con cargo a ella, se le asigne una cosa cierta por acto *inter vivos*; todo ello con el carácter del 829. En esta circunstancia, la cuota funcionaría como límite, con su evidente eficacia dispositiva y la atribución sobre el concreto elemento patrimonial como un acto meramente divisorio[66].

Por lo que respecta a la fiducia sucesoria, artículo 831[67], han de ser hechas de entrada tres consideraciones importantes en torno a ella: *i*) frente

---

66 En el supuesto de mejora de cuota con asignación de cosa cierta la cuota funciona efectivamente como limite de la atribución y la cosa determinada supone una suerte de adjudicación; CÁMARA LAPUENTE, S., *Artículo 829...*, *op.cit.*, p. 924.

67 Artículo 831,1: «*No obstante lo dispuesto en el artículo anterior, podrán conferirse facultades al cónyuge en testamento para que, fallecido el testador, pueda realizar a favor de los hijos o descendientes comunes mejoras incluso con cargo al tercio de libre disposición y, en general, adjudicaciones o atribuciones de bienes concretos por cualquier título o concepto sucesorio o particiones, incluidas las que tengan por objeto bienes de la sociedad conyugal disuelta que esté sin liquidar.*
Estas mejoras, adjudicaciones o atribuciones podrán realizarse por el cónyuge en uno o varios actos, simultáneos o sucesivos. Si no se le hubiere conferido la facultad de hacerlo en su propio testamento o no se le hubiere señalado plazo, tendrá el de dos años contados desde la apertura de la sucesión o, en su caso, desde la emancipación del último de los hijos comunes.
Las disposiciones del cónyuge que tengan por objeto bienes específicos y determinados, además de conferir la propiedad al hijo o descendiente favorecido, le conferirán también la posesión por el hecho de su aceptación, salvo que en ellas se establezca otra cosa.
2. Corresponderá al cónyuge sobreviviente la administración de los bienes sobre los que penden las facultades a que se refiere el párrafo anterior.
3. El cónyuge, al ejercitar las facultades encomendadas, deberá respetar las legítimas estrictas de los descendientes comunes y las mejoras y demás disposiciones del causante en favor de ésos.
De no respetarse la legítima estricta de algún descendiente común o la cuota de participación en los bienes relictos que en su favor hubiere ordenado el causante, el perjudicado podrá pedir que se rescindan los actos del cónyuge en cuanto sea necesario para dar satisfacción al interés lesionado.
Se entenderán respetadas las disposiciones del causante a favor de los hijos o descendientes comunes y las legítimas cuando unas u otras resulten suficientemente satisfechas aunque en todo o en parte lo hayan sido con bienes pertenecientes sólo al cónyuge que ejercite las facultades.

a lo que cabía esperar, dada la indudable virtualidad del recurso contenido en la norma, la cláusula de delegación prevista en ella ha gozado de mayor predicamento en los estudios doctrinales que en la práctica sucesoria[68]; *ii*) su alcance, en todo caso, va mucho más allá de constituir una mera delegación al cónyuge de la facultad de hacer la partición o de liquidar los gananciales, pues contiene una auténtica fiducia sucesoria, de aquí que la norma haga una reserva a favor del testamento[69]; *iii*) se trata de un recurso, el del 831, justificado por el legislador sobre la base de un fin ajeno a la cuestión

---

4. La concesión al cónyuge de las facultades expresadas no alterará el régimen de las legítimas ni el de las disposiciones del causante, cuando el favorecido por unas u otras no sea descendiente común. En tal caso, el cónyuge que no sea pariente en línea recta del favorecido tendrá poderes, en cuanto a los bienes afectos a esas facultades, para actuar por cuenta de los descendientes comunes en los actos de ejecución o de adjudicación relativos a tales legítimas o disposiciones.

Cuando algún descendiente que no lo sea del cónyuge supérstite hubiera sufrido preterición no intencional en la herencia del premuerto, el ejercicio de las facultades encomendadas al cónyuge no podrá menoscabar la parte del preterido.

5. Las facultades conferidas al cónyuge cesarán desde que hubiere pasado a ulterior matrimonio o a relación de hecho análoga o tenido algún hijo no común, salvo que el testador hubiera dispuesto otra cosa.

6. Las disposiciones de los párrafos anteriores también serán de aplicación cuando las personas con descendencia común no estén casadas entre sí».

68 Acerca de las razones de esta falta de respaldo, nos interesa hacer hincapié en una: el desconocimiento, tanto teórico como práctico, de la fiducia y de su utilidad sucesoria; *vid.*, URRUTIA BADIOLA, ANDRÉS: «La fiducia sucesoria ¿una institución con futuro?», *Legaltoday.com*, 2008, disponible en https://www.legaltoday.com/practica-juridica/derecho-civil/civil/la-fiducia-sucesoria-una-institucion-con-futuro-2008-04-01/ .

69 Esto se hace patente en función de la naturaleza diversa que entre sí presentan las cláusulas referidas en los artículos 1056,2 y 831. La primera tiene claramente un carácter particional, lo que implica que precise de una institución de heredero o de un legado, que no deje lugar a dudas en relación a quien o quienes serán los beneficiarios de la adjudicación de la explotación familiar y de las proporciones en que deban ser tales adjudicatarios. En la segunda, el cónyuge fiduciario no actúa como un contador partidor, cuyas facultades aquel supera con creces, sino como si fuera el testador; dispone por tanto de una autentica fiducia sucesoria. Se dice así que, de un lado, existe un heredero fiduciario, cónyuge o pareja de hecho; y, de otro, unos herederos fideicomisarios, hijos o descendientes comunes. A partir de aquí, no resulta preciso, de acuerdo al 831, determinar en qué proporciones deben ser adjudicatarios de los bienes de la herencia estos últimos porque su distribución resta al arbitrio del fiduciario. Es más, podrá el delegado establecer mejoras entre ellos, con dos únicas limitaciones, la legitima de los no mejorados y los derechos de los hijos no comunes; RUEDA ESTEBAN, L., *La tradicional…, op.cit.*, p.1480; ibídem, *La delegación de la facultad de mejorar del art. 831 del*

tratada, el protocolo y la sucesión en la empresa familiar. Al respecto de esta última cuestión, se señala en el Preámbulo de la ley 41/2003, de 18 de noviembre, que las delegación se establece en aras de la protección patrimonial indirecta de las personas con discapacidad[70]. En todo caso, parece lógico servirse de su utilidad, en función de las circunstancias concurrentes, en la materia relativa a la sucesión en la empresa familiar[71]. Es más, con mucho sentido se ha afirmado que la fiducia del 831 ha relegado a un segundo plano la adjudicación de la empresa familiar a través del 1056,2, pues aquella recoge un abanico de facultades muy superior[72].

Acerca de la viabilidad del protocolo en el recurso del artículo 831, partimos de un hecho: el mecanismo que dispone presupone la presencia de varias declaraciones de voluntad, al menos una del testador-delegante, otras del fiduciario. Todo ello, en el bien entendido de que todas esas declaraciones del fideicomitente y del fiduciario conforman en realidad una sola voluntad[73]. Veámoslas por separado.

i. La propia delegación de la facultad de mejorar, hecha por el causante en su testamento. Es importante señalar que la redacción dispuesta en la Ley 41/2003 suprimió el recurso a la fiducia sucesoria

---

Código Civil: auténtica fiducia sucesoria en derecho civil común, Las Rozas, Madrid, La Ley, 2015, p. 744.

70 De cualquier modo, no se trata de una figura de nuevo cuño, pues responde a la tradicional fiducia sucesoria; *vid.*, Cucurull Poblet, Tatiana, «La fiducia sucesoria en la empresa familiar», *Revista Crítica de Derecho Inmobiliario,* n.º 783, 2021, p. 325-327.

71 Un sector de la doctrina orienta el provecho de la norma a los supuestos en que los hijos comunes sean menores de edad, carezcan de la necesaria experiencia empresarial al producirse el fallecimiento del causante o en situaciones de incertidumbre respecto al futuro inmediato de la empresa, más aún cuando ambos cónyuges estuvieren vinculados a la empresa; Díez Soto, C.M., *La sucesión mortis causa…, op.cit.,* p.377. Por su parte, Rueda Esteban ha apuntado que el artículo 831 permite no precipitar la partición de la herencia y aplazar la distribución de los bienes a un momento posterior. Faculta de este modo a mantener la indivisión de la empresa familiar y su transmisión *mortis causa* a favor de aquel o aquellos descendientes que muestren a ojos del delegado, mayores aptitudes o dedicación; Rueda Esteban, L., *La delegación…, op.cit.,* p. 259 y 262. También hace hincapié en el elemento de la idoneidad, Cámara Lapuente, Sergio, «Artículo 831», en *Código civil comentado,* ed. Ana Cañizares Laso et al., vol. II, Madrid, Thomson Reuters-Civitas 2011, p. 932.

72 Rueda Esteban, L., *La tradicional…, op.cit.,* p. 1483.

73 Cucurull Poblet, T., *La fiducia…, op.cit.,* p., p. 332; con apoyo doctrinal.

a través de capitulaciones matrimoniales, quedando por ello sólo el testamento como soporte de la facultad de delegar.[74].

ii. La ejecución de esa voluntad por el fiduciario. Se ha señalado que el ordenante delega en su consorte para que disponga de su herencia con iguales amplitud y efectos con los que él puede hacerlo[75].

---

[74] Cremades García apunta, tras la reforma, la posibilidad de que se establezca la fiducia en capítulos, sobre la base del principio de libertad de pactos; siempre que no quede revocada por posterior o posteriores disposiciones testamentarias; *vid.*, CREMADES GARCÍA, P., *La sucesión…*, *op.cit.*, p. 86.

[75] En esta línea, el fiduciario puede, por acto *inter vivos* o a causa de muerte, disponer de la herencia del causante, excepto en la parte en que ya lo hubiera efectuado este. Así, le cabe a aquel: donar, legar o instituir herederos, asignar y transmitir bienes y cargas; todo ello sin perjuicio de las legitimas estrictas; hacer testamento particional en base al 1056; partir donando bienes a los hijos y descendientes, verdadera donación-partición irrevocable en este caso, pues la plena y total firmeza la da el consentimiento de los hijos. Garrido de Palma refiere estas facultades a la redacción del 831 anterior a la ley 41/2003; tras ella, añade la posibilidad de liquidar la sociedad conyugal; GARRIDO DE PALMA, VÍCTOR MANUEL, «Los actuales artículos 831 y 1056-2.º del Código Civil: aplicaciones prácticas ante el sistema de legítimas», *Revista Jurídica del Notariado*, n.º 55, 2005, p. 127–130. Duda de la viabilidad en este caso de la donación irrevocable, DÍEZ SOTO, C.M., *La sucesión mortis causa…*, *op.cit.*, p. 379. De cualquier modo, nótese que la ley 41 permite, al amparo del 831, realizar mejoras incluso con cargo al tercio de libre disposición. Entrarían igualmente dentro de las potenciales funciones del delegado fiduciario la administración de los bienes sujetos al pacto fiduciario y la representación de los descendientes comunes, en el ámbito de los mismos bienes, en cuanto a las disposiciones del causante respecto a otros beneficiarios distintos de aquellos. Por último, se admite dentro del elenco de prerrogativas del 831 el pago de las legitimas de los descendientes comunes con bienes del fiduciario o de la sociedad conyugal aún no liquidada; ibídem, *La sucesión mortis causa…*, *op.cit.*, p. 379, 391 y 404.
Incluso parece factible sostener la posibilidad del fiduciario del 831 de atribuir la empresa familiar empleando el cauce del artículo 1056,2. A favor de este recurso se ha sostenido que el delegado tiene la facultad de hacer el pago de las legitimas con cualesquiera bienes, incluidos los propios del fiduciario e incluido el metálico. De cualquier modo, se precisa para esta combinación que el o los beneficiarios tengan la condición de hijos comunes; CÁMARA LAPUENTE, S., *Artículo 831…*, *op.cit.*, p.939. Considera y desarrolla esta combinación, RUEDA ESTEBAN, L., *La tradicional…*, *op.cit.*, p. 1483 y 1484; ibídem, *La delegación…*, *op.cit.*, p.747 y 748; MARTÍNEZ-GIL VICH, I., *La importancia…*, *op.cit.*, p. 597. Díez Soto la admite, pero siempre que haya sido expresamente autorizado para ello por el causante; con doctrina de apoyo, DÍEZ SOTO, C.M., *La sucesión mortis causa…*, *op.cit.*, p. 379. En contra se afirma que el 1056,2 hace referencia exclusivamente a las figura de testador como persona facultada para realizar tal acción; argumento que se hace extensivo al 841, para el contador-partidor; así, CUCURULL POBLET, T., *El protoco-*

La practica dicha disposición bajo las siguientes reglas: primera, en beneficio exclusivamente de hijos o descendientes comunes, lo que no impide que puedan existir también otros no comunes, tan solo que resulten beneficiarios al amparo de 831; segunda, implica establecer quiénes, entre aquellos, deben ser los beneficiarios de la herencia de su pareja; y tercera, todo ello con sujeción a las reglas que hubiera fijado el testador y, en lo demás, de acuerdo al criterio del fiduciario[76].

De esta manera, se desarrollan distintas declaraciones de voluntad, unas dispositivas, la propia delegación y su ejecución en cuanto a los beneficiarios y su cuota; otras, en clave particional o divisoria. Tal y como se viene

---

lo…, op.cit., p. 203; ibídem, *La fiducia…, op.cit.*, p. 341. En todo caso, la línea de la autora citada es coherente con su entendimiento de que las facultades del fiduciario deben ser interpretadas de manera restrictiva; *vid.*, ibídem, *La fiducia…, op.cit.*, p. 335 y 336.

A juicio de Díez Soto, la amplitud de las facultades susceptibles de delegación se justifica no tanto por el vínculo matrimonial como por la existencia de hijos comunes. A partir de aquí, sostiene la vigencia de la fiducia incluso en situaciones de separación o de ruptura del vínculo o de la convivencia, a salvo obviamente lo prevenido en el artículo 102,2 del Código civil; Díez Soto, C.M., *La sucesión mortis causa…, op.cit.*, p.380. De criterio distinto es Rueda Esteban, para quien el 831 apoya las prerrogativas propias de la fiducia sucesoria en dos factores: una descendencia común y la confianza inherente a la *affectio maritalis.* Es más, roto el vínculo o producida la separación, de hecho o de derecho, el mismo código llega al extremo de hacer desparecer la legítima viudal. Cosa distinta es que el testador hubiera previsto esa contingencia o que incluso la delegación se hubiera dispuesto habiéndose producido ya la ruptura de la convivencia; Rueda Esteban, L., *La delegación…, op.cit.*, p. 314, 316, 328, 338, 340 y 376; bajo el mismo criterio, Cucurull Poblet, T., *La fiducia…, op.cit.*, p. 330. Más allá de tales argumentos de derecho positivo, resulta fuera de discusión que la fiducia, ligada etimológicamente a la expresión *fides,* no tiene otro apoyo distinto al del elemento de la confianza. En línea con la aportación de Freyburger, la unidad de toda la familia *fides* se verifica a partir de la noción de «confianza», que, según reconoce, confiere a aquel término una consistencia impresionante. Dicha familia vendría conformada por cinco significados fundamentales, todos ellos expresión de la riqueza semántica de *fides*: confianza, crédito, lealtad, promesa y protección. Los cuatro primeros se remontarían a un tronco indoeuropeo común, bajo la raíz **beidh,* y coinciden con la expresión griega πιστις. El quinto, por el contrario, no parece más que en latín, en instituciones y contextos propios de la civilización romana; Freyburger, Gérard, *Fides. Étude sémantique et religieuse depuis les origines jusqu'à l'époque augustéene,* Paris, Les Belles Lettres, 1986, p. 31,32, 49 y 81.

76 Tales disposiciones o instrucciones del testador vienen a constituir otro espacio susceptible de ser llenado a través del protocolo familiar.

admitiendo, a salvo la reserva en favor del testamento en lo que a la delegación misma se refiere, las restantes declaraciones podrán llevarse a cabo en uno o varios actos, *inter vivos, mortis causa* o incluso ambos[77]. Ahora bien, resulta evidente que ya no podemos hablar de un pacto sucesorio y esto por tres razones interrelacionadas: primera, ha desaparecido la posibilidad de delegar por medio de pacto en capítulos; segunda, las mejoras, adjudicaciones o atribuciones tienen en la norma un claro carácter unilateral para el fiduciario; y tercera, por el hecho de que el testamento con la delegación es libremente revocable, de igual forma que el delegado tampoco se encuentra vinculado por la delegación[78]. En cualquier caso, de serlo, hablaríamos de una excepción legal y esto en virtud de los prevenido en el segundo apartado del artículo 831.

Otro instrumento acerca del cual interesa determinar su naturaleza particional es el previsto en el artículo 841[79], esto es, la posibilidad de conmutar la *pars bonorum* de los legitimarios para ordenar su conversión en un pago metálico extrahereditario[80]. A este respecto, es evidente que nos encontramos ante una norma que, a efectos de la sucesión, no tiene un carácter dispositivo, sino meramente particional. Es por este hecho que la doctrina ha considerado que cabe tanto la autorización del pago en me-

---

77 CÁMARA LAPUENTE, S., *Artículo 831…, op.cit.*, p.940.

78 Así, ibídem, *Artículo 831…, op.cit.*, p.932.

79 Artículo 841: «*El testador, o el contador-partidor expresamente autorizado por aquél, podrá adjudicar todos los bienes hereditarios o parte de ellos a alguno de los hijos o descendientes ordenando que se pague en metálico la porción hereditaria de los demás legitimarios* [–] *También corresponderá la facultad de pago en metálico en el mismo supuesto del párrafo anterior al contador partidor dativo a que se refiere el artículo 1.057 del Código Civil*»
La norma, a diferencia del 829, mejora en cosa determinada, implica la inexistencia de una voluntad de establecer diferencias cuantitativas entre los descendientes.

80 La facultad del 841 la establece el testador en favor del adjudicatario, quien podrá o no hacer uso de ella. Esto marca una importante diferencia con el 1056,2, donde es el testador quien dispone, de modo que al adjudicatario sólo le cabrá, de no estar conforme con ella esa disposición, renunciar y, en consecuencia, perder su participación en la herencia; en esta línea, MARTÍNEZ-GIL VICH, I., *La importancia…, op.cit.*, p. 594. El pago al que se refiere el 841 tendrá efectivamente carácter extrahereditario a salvo la facultad reconocida en el artículo 842: «*No obstante lo dispuesto en el artículo anterior, cualquiera de los hijos o descendientes obligados a pagar en metálico la cuota hereditaria de sus hermanos podrá exigir que dicha cuota sea satisfecha en bienes de la herencia, debiendo observarse, en tal caso, lo prescrito por los artículos 1.058 a 1.063 de este Código*».
Supuestos de elusión directa del derecho de los legitimarios a una *pars bonorum* son los recogidos en los artículos 821, 829,, 1062 y 1056,2; así, CARBALLO FIDALGO, M., *Artículo 1056…, op.cit.*, p.1736.

tálico hecha en testamento como en acto *inter vivos*, acto este último que pudiera servir igualmente para el nombramiento de contador-partidor, artículo 1057,1[81].

Queda, por último, la facultad conferida al testador en el 1056,2[82]. Acerca de su naturaleza particional, pocas dudas ofrece esta cuestión, entre otros aspectos, sobre la base de un argumento *sedes materiae*. Por esta razón, resulta factible su inclusión en el protocolo familiar[83]. Interesa poner de relieve el hecho de que, en el mismo Preámbulo de la ley 7/2003, de 1 de abril, de donde deriva su actual redacción, se reconoce que la reforma pretende ofrecer la posibilidad al empresario de conformar en vida la sucesión más adecuada para su explotación económica[84]. Esta idea, unida al contenido de la facultad que previene la norma, ha permitido afirmar que constituye un instrumento para preservar la unidad de la explotación económica o el control de una o varias sociedades de capital, permitiendo la transmisión a un solo adjudicatario, ya de la explotación, ya de las acciones o participaciones sociales que garanticen el control de la entidad societa-

---

81 Espejo Lerdo de Tejada, Manuel, «Artículo 841», en *Código civil comentado* ed. Ana Cañizares Laso et al., vol. II, Cizur Menor (Navarra), Civitas-Thomson Reuters, 2011, p. 981.

82 Artículo 1056: «*Cuando el testador hiciere, por acto entre vivos o por última voluntad, la partición de sus bienes, se pasará por ella, en cuanto no perjudique a la legítima de los herederos forzosos* [–] *El testador que en atención a la conservación de la empresa o en interés de su familia quiera preservar indivisa una explotación económica o bien mantener el control de una sociedad de capital o grupo de éstas podrá usar de la facultad concedida en este artículo, disponiendo que se pague en metálico su legítima a los demás interesados. A tal efecto, no será necesario que exista metálico suficiente en la herencia para el pago, siendo posible realizar el abono con efectivo extrahereditario y establecer por el testador o por el contador-partidor por él designado aplazamiento, siempre que éste no supere cinco años a contar desde el fallecimiento del testador; podrá ser también de aplicación cualquier otro medio de extinción de las obligaciones. Si no se hubiere establecido la forma de pago, cualquier legitimario podrá exigir su legítima en bienes de la herencia. No será de aplicación a la partición así realizada lo dispuesto en el artículo 843 y en el párrafo primero del artículo 844*».

83 Ciertamente tanto el 841 como el 1056 aluden expresamente al «testador», pero el párrafo primero del 1056, en lo que a la cuestión particional respecta, señala a continuación que podrá llevarla a efecto «el testador» por acto entre vivos o por última voluntad. En contra del ejercicio de la facultad contenida en el artículo 1056,2 por medio de un acto *inter vivos*, Rueda Esteban, L., *La tradicional…*, *op.cit.*, p.1482.

84 El párrafo segundo responde en su redacción a la dada por la disposición final 1.1, párrafo segundo, de la Ley 7/2003, de 1 de abril, de la Sociedad Limitada Nueva Empresa.

ria[85]. Todo ello se pretende conseguir por medio fundamentalmente de las siguientes medidas: *i.* permitiendo atribuir la empresa a un solo titular, discutiéndose si puede resultar beneficiado un no legitimario, un nieto, por ejemplo, incluso un extraño[86]; *ii.* el pago de los derechos legitimarios en metálico extrahereditario, incluso contando con un aplazamiento.

Tercer aspecto: si la partición o la norma particional, dispuestas *inter vivos*, precisa o no de un testamento. Obviamente se trata de un extremo, al igual que el siguiente, que permite valorar hasta qué punto se ajusta a la realidad esa pretensión de tener a los actos particionales *inter vivos* como una suerte de sustituto de los pactos sucesorios. A este respecto, existe un sector minoritario de la doctrina que defiende la opción de una partición *inter vivos* del causante que no ha otorgado testamento, en cuyo caso, se afirma, ha de ajustarse la partición a la ley, tanto en lo concierne a los llamados a la sucesión como a la porciones a las que los llamados tienen derecho. De este modo, se admite que deberá existir, en todo caso, una norma dispositiva básica a la cual la partición se ajuste, norma que puede ser bien un testamento, bien la ley[87]. El elemento fundamental en torno a

---

85 CARBALLO FIDALGO, M., *Artículo 1056…*, *op.cit.*, p.1736. No está de más, con relación al entendimiento de que la mejor manera de responder a los intereses de la sucesión empresarial se encuentra en la concentración de su capital, reproducir lo que ya hace algunos años se advirtió en PUIG BRUTAU, JOSÉ, «El testamento del empresario», en *Medio siglo de estudios jurídicos*, Valencia, Tirant lo Blanch, 1997, p. 361. Se trata de lo siguiente: «Conviene no olvidar que el tema capital del testamento del empresario estriba en hacer compatible la dirección unitaria de la empresa con la pluralidad de participación en sus beneficios». Parece evidente que en no pocos casos ese mismo tema capital deberá ser referido al objeto del protocolo familiar. En definitiva, la atomización de la propiedad, como resultado de la sucesión generacional, puede ser querida y, por ello, impuesta, por razones afectivas y de justicia en el seno de la familia, no resultando un factor negativo para el desenvolvimiento de la explotación cuando al mismo tiempo se alcanza esa «dirección unitaria de la empresa».

86 Esta última posibilidad es desarrollada argumentalmente en RUEDA ESTEBAN, L., *La tradicional…*, *op.cit.*, p.1482. La apunta también, CREMADES GARCÍA, P., *La sucesión…*, *op.cit.*, p.56. Díez Soto la considera respaldada por la mayoría de los autores, con cita también de la doctrina contraria; *vid.*, DÍEZ SOTO, C.M., *La sucesión mortis causa…*, *op.cit.*, p.390. Martínez-Gil Vilch la tiene por una cuestión dudosa; *vid.*, MARTÍNEZ-GIL VICH, I., *La importancia…*, *op.cit.*, p. 599 y 600.

87 Albaladejo sitúa dentro de esta corriente a De Buen Lozano, con cita bibliográfica errónea; ALBALADEJO GARCÍA, MANUEL, «Solo el testador puede partir su herencia», *Revista de la Facultad de Derecho de la Universidad de Oviedo*, n.º 71, 1954, p. 46. Su apoyo jurisprudencial lo encuentra aquel en la STS de 13 de junio de 1903. No obstante, el mismo autor reproduce un fragmento de un estudio doctrinal del po-

esta cuestión deriva de la literalidad del 1056 y, por tanto, del valor que se le de a la expresión «testador». En este sentido, dicho sector minoritario postula precisamente la neutralización de esa alusión y su entendimiento a partir de otra, referida al «difunto», recogida en el artículo 899 del Proyecto de 1851, base del 1056, y en el artículo 1075 también del Código civil[88].

Lo cierto es que la mayoría de los autores y la misma jurisprudencia del TS exigen del causante, partidor convencional, una voluntad expresada en testamento[89]. Un buen resumen de la posición jurisprudencial lo constituye la SAP Cáceres 8/2019, de 10 de enero, fundamento jurídico 9º:

---

nente de la sentencia, Covian, en donde este último, al comentarla, la contradice, pues afirma que «la jurisprudencia no admite más que el testamento-partición»; *vid.*, ibídem, *Solo el testador…*, *op.cit.*, p. 49.

88 Así, Roca Sastre, Ramón María, «Partición de herencia por actos "inter vivos"», en *Estudios de derecho privado,* ed. Ramón María Roca Sastre y José Puig Brutau, Madrid, Thomson Reuters Aranzadi, 2009, p. 434 y 435. Señala el mismo autor que, caso de fallecer el causante sin testamento, se precisa que hubiere manifestado antes su voluntad de aceptar la norma legal de distribución intestada. Ha de llamarse la atención en el hecho de que defendiendo Albaladejo la lectura del Código que conecta la partición con el testamento, expresa a un tiempo su opinión contraria a la solución del texto legal, en Albaladejo García, M., *Solo el testador…*, *op.cit.*, p. 56:

> Pero una cosa es que así lo disponga la ley y lo interprete la jurisprudencia, y otra que sea rechazable la regulación legal del particular y creamos preferible de *lege ferenda* la solución contraria, es decir, la de no exigir testamento. Esto porque con el respeto debido al texto legal y a su interpretación por nuestro más elevado Tribunal, estimamos que esta solución sería más justa y más lógica, en atención a las siguientes razones […]

Otro argumento del que también se ha servido la doctrina para extender la viabilidad de la partición entre vivos incluso sin testamento, se ha expresado en los términos siguientes, recogidos en Cano Martínez de Velasco, J.I., *La prohibición…*, *op.cit.*, p.38:

> […] partiendo de que el derecho civil es predominantemente autonomía de la voluntad, de que el abintestato es, en cierto modo, un testamento general que presume racionalmente cuál es la voluntad de quien no testa, y de que las prohibiciones deben ser interpretadas restrictivamente, cabe adelantar que quien no testa puede también partir. Porque lo que el legislador proscribe es que la partición entre vivos "sustituya" al testamento. Lo que se debe a que «la sucesión se defiere […] por testamento o […] por […] ley» (art. 658).

89 Así, Rubio Garrido, T., *La partición…*, *op.cit.*, p.447; Albaladejo García, M., *Solo el testador…*, *op.cit.*, p. 50-52; en este último caso con cita de los numerosos autores que la respaldan, entre otros, Valverde, Manresa, Royo, Clemente de Diego, Sánchez Román, Mucius Scaevola, Oyuelos, Gómez Moran, Bonet, Castán, Vallet de Goytisolo; y de la sentencias más relevantes del TS, entre ellas STS de 6 de marzo de 1917 y 6 de marzo de 1945.

Desde las primeras Sentencias dictadas en aplicación del art. 1056 CC, el TS ha condicionado la validez de la partición a la existencia de una disposición testamentaria, sin que sea preciso que una y otra se sucedan en el tiempo de una forma determinada. En la STS de 13 de junio de 1903 (de la que fue Ponente D. Víctor Covián) el TS parecía subordinar dicha validez a que el testamento fuera anterior a la distribución de los bienes hecha por el testador, pero en la posterior de 6 de marzo de 1917 declaró valida la partición hecha por actos inter vivos no por haberle precedido un testamento, sino porque se otorgó otro posterior a aquélla. A partir de entonces, el TS admite las particiones hereditarias que se apoyen en un testamento, con independencia que éste se haya otorgado antes o después del acto particional. En la Sentencia de 6 de marzo de 1945 (de la que fue Ponente Castán Tobeñas) se señala que "la doctrina de esta Sala tiene declarado que la facultad que reconoce el art. 1056 supone y requiere un testamento previo o ulterior", y en el mismo sentido se han pronunciado las posteriores Sentencias de 6 de marzo de 1956, que insiste en que la partición efectuada por el causante "debería estar respaldada en un testamento anterior o posterior" y la de 29 de octubre de 1960 (RJ 1960\3447), que condiciona la validez de la partición testamentaria a su respaldo por una disposición testamentaria "con la que ha de tener perfecta adecuación". Esta "perfecta adecuación" concurre en el supuesto que nos ocupa: primero los cónyuges constituyen herederas a sus cinco hijas por partes iguales, y luego llenan su cuota de la herencia con un lote de bienes.

Cuarto aspecto: si esa partición *inter vivos* se debe ajustar a las previsiones del testamento o, en otro caso, tiene una eficacia que va más allá de un mero carácter divisorio, en concreto, una eficacia dispositiva. Las implicaciones de esta última posición son obvias y se pueden resumir en tres: *i*) la partición del causante no precisa de un testamento; *ii*) si lo hubiera, puede contradecirlo; *iii*) tampoco es necesario que la partición, a salvo los derechos legitimarios, respete y se atenga a lo ordenado en las normas legales referentes a la sucesión intestada sobre el orden y cuantía de los derechos sucesorios[90]. No obstante, existen argumentos de peso a la hora de rebatir el planteamiento expuesto, en línea con la STS de 13 de junio de 1903: de un lado, supondría admitir un modo de testar no previsto ni autorizado, ni incluido en el capítulo que trata en nuestro Código de los testamentos, en especial de las formalidades de los mismos; de otro, de ser cierta por tanto esta posición que reconoce una virtualidad dispositiva a la partición *inter vivos* del testador, hablaríamos de un pacto sobre la herencia futura, prohibido por el 1271,2. Pues bien, de acuerdo con estos cuestionamientos, cabe afirmar que la posición mayoritaria en la doctrina, con el respaldo de

---

90 Se encuentran dentro de esta corriente, MARÍN LÁZARO, RAFAEL, «La partición de la herencia hecha por actos "inter vivos"», *Revista general de legislación y jurisprudencia*, n.º 176, 1944, p. 215 y ss; RODRIGUEZ-ARIAS, «Efectos de la partición inter vivos», *Revista General de Legislación y Jurisprudencia*, 191, 1952, p. 307 y ss.

la jurisprudencia, es la de seguir el criterio de la necesaria complementariedad, que implica la libre revocabilidad y, con ella, la prevalencia del testamento[91]. Con esta idea de una partición *inter vivos*, dispuesta por tanto con un valor meramente ejecutivo de la voluntad testamentaria, se viene

---

[91] Así, Carballo Fidalgo, M., *Artículo 1056…*, *op.cit.*, p. 1732 y 1733. En lo que se refiere a la doctrina en materia de protocolos familiares, *vid.*, Cucurull Poblet, T., *El protocolo…*, *op.cit.*, p.221 y 222; Serrano Cañas, José Manuel, *El cambio generacional en empresas familiares*, Madrid, Marcial Pons, 2013, p. 99 y 100; Cremades García, Purificación, *Sucesión "mortis causa" de la empresa familiar: la alternativa de los pactos sucesorios*, Madrid, Dykinson,, 2014, p. 43–47. La cuestión de la revocabilidad de la partición *inter vivos* se encuentra íntimamente relacionada con otra, la propia revocabilidad por el causante de la dispensa de colación que hizo en el momento de donar. En este punto es de interés la STS 473/2018, de 20 de julio. En la misma, la Sala reconoce que se trata de una cuestión discutida en la doctrina científica. Se manifiesta en los términos siguientes:

> *Un sector de la doctrina científica ha argumentado a favor de la irrevocabilidad que la dispensa hecha en la misma donación adquiere carácter irrevocable por la naturaleza contractual del acto en el que se realiza; sería una dispensa acordada, contractual. También que la dispensa formó parte del negocio lucrativo, que fue aceptado por el donatario como un conjunto y la revocación de la dispensa supone alterar la base de aquel negocio*

Señala igualmente que en este extremo la jurisprudencia no se muestra uniforme. No obstante lo anterior, el sentido de la resolución es claro, como demuestra el Fundamento Jurídico 4º:

> *Frente a estos argumentos, sin embargo, esta Sala considera que debe atenderse a la verdadera naturaleza y a la eficacia que el código civil atribuye a la dispensa de colación. La conclusión no puede ser otra entonces que la de la revocabilidad de la dispensa y la necesidad de estar a la última voluntad del causante.*
>
> *La dispensa es una declaración de voluntad que da lugar a que la partición se deba realizar sin tener en cuenta en ella las liberalidades percibidas en vida por los legitimarios. Se trata, por tanto, de un acto de naturaleza y eficacia mortis causa, regido por el principio de la revocabilidad por el que, como opción de política legislativa, se inclina el código civil, tal y como con claridad resulta de los arts. 737 y 1271 CC así como de las escasas excepciones en las que el código acepta la eficacia de un contrato sucesorio (art. 826, promesa de mejorar en capitulaciones; art. 827, mejora contractual irrevocable; art. 1341, donación en capitulaciones de bienes futuros).*
>
> *Con independencia de la forma en que se manifieste y del documento que la recoja, la dispensa de colación no pierde su naturaleza de declaración unilateral y revocable. Afirmar que la dispensa formó parte del negocio lucrativo aceptado por el donatario implicaría convertir la dispensa en causa de la donación y sostener que el donatario aceptó la donación por su carácter no colacionable, lo que resulta difícil de imaginar, solo podría dar lugar, en su caso, a plantear bien el error en la aceptación bien la renuncia a la donación. A ello debe sumarse que, sabiendo que la dispensa es un acto unilateral y revocable, el donatario que acepta la donación siempre debe asumir que el causante puede revocar su decisión para privarle, no de la donación, sino de las expectativas que tuviera de recibir más en la sucesión, por lo que una revocación de la dispensa, como la revocación de otro acto dirigido a ordenar la sucesión, nunca puede considerarse que contraríe los actos propios.*

a seguir un criterio muy diferente al sostenido cuando la partición se lleva a cabo a través de un testamento, pues en este ámbito las discrepancias entre la institución y la partición testamentaria se resuelven a favor de la segunda[92]. A partir de aquí, la partición *inter vivos* quedaría delimitada en el código civil en función de dos notas fundamentales:

La primera, el reconocimiento por el 1056 de una partición *inter vivos* no se fundamenta en la admisión de una partición convencional, sino en el de ser y suponer una mera dispensa, en materia particional, a las formalidades exigidas para el testamento[93]. Tal cosa se desprende, entre otras, de las siguientes resoluciones:

i. SAP Pontevedra 372/2010, 7 de julio de 2010, fundamento jurídico 3º:

> *Plantea el juzgador a quo la existencia de una partición intervivos, y al respecto el art. 1.056 del C. Civil, autoriza que el testador lleve a cabo la partición no solo con las solemnidades necesarias para testar, sino también, mediante una declaración de voluntad emitida a través de un acto ínter vivos, sin perder por ello su carácter mortis causa, en cuanto produce sus efectos después de la muerte del testador. Así lo ha declarado la Jurisprudencia, STS de 6 de mayo de 1.945, esta sentencia que luego ha sido reafirmada por la sentencia de 29 de octubre de 1.960, 20 y 28 de mayo de 1.965, afirma que:*
>
> *"Si bien el art. 1.056 del C. Civil admite que el causante pueda realizar la partición de sus bienes de dos modos distintos, por acto ínter vivos o por disposición de última voluntad no permite entender que sea acto entre vivos al que el texto legal se refiere, ya que en una técnica rigurosa... serán negocios mortis causa los destinados a regular las relaciones jurídicas después de la muerte del sujeto del negocio y sobre esta base la división del patrimonio es fundamentalmente un acto mortis causa que tiene clara finalidad sucesoria...".*

ii. Otras profundizan en la misma línea, esto es, en reconocer que la partición entre vivos responde a la misma naturaleza que el testamento, lo que sólo pueden interpretarse bajo la visión de aquella como acto de última voluntad; SAP Cáceres 8/2019, de 10 de enero, Fundamento jurídico 9º; con cita de la Sentencia número

---

92 CARBALLO FIDALGO, M., *Artículo 1056…, op.cit.*, p. 1733; con la jurisprudencia que cita..

93 RUBIO GARRIDO, T., *La partición…, op.cit.*, p.447; CARBALLO FIDALGO, M., *Artículo 1056…, op.cit.*, p.1733. Todo lo cual lleva al primer autor a resaltar que la llamada a una partición del testador por acto *inter vivos* es errónea, pues no es un contrato y siempre supone una partición *mortis causa,* por causa en la muerte; RUBIO GARRIDO, T., *La partición…, op.cit.*, p.447 y 453.

233/2.016, de 6 de Octubre, de la Audiencia Provincial de Ciudad Real. Esta idea nos interesa en la medida en que provoca la imposibilidad de reconocer un carácter contractual a la partición *inter vivos*[94].

La segunda nota la encontramos dentro de la doctrina. En ella se ha identificado al acto particional *inter vivos* como un acto unilateral revocable de naturaleza distributiva, frente al testamento, que lo es también, pero de carácter dispositivo. Para este sector, la aprobación de los participes tiene el valor de una manifestación negativa, en el sentido de declarar no oponerse al reparto[95]. En consecuencia, aunque intervengan los herederos en el acto particional realizado por el testador entre vivos, no se le puede privar a este de la facultad de testar libremente, de modo que no cabe que por vía de partición anticipada, los herederos tengan la titularidad de los bienes irrevocablemente, como expresamente prohibió la sentencia de 29 de octubre de 1960[96].

Expuestas todas la notas anteriores, ya pueden ser delimitados los presupuestos determinantes de la eficacia de la partición *inter vivos*, todo ello de acuerdo a la posición uniforme de la jurisprudencia: *i*) que en el documento intervenga el testador; *ii*) que no perjudique la legitima de los herederos

---

94 Si bien en algunas resoluciones se reconoce el carácter contractual de la partición *inter vivos*, al amparo del 1056 y del 1271, se añade a continuación que el hecho de que el citado artículo 1056 confiera al testador la facultad de hacer la partición por acto entre vivos presupone de por sí que la partición a la que hace referencia el citado precepto encuentre su fundamento en un testamento, lo que, al amparo del régimen dispuesto en torno a este, determina la posibilidad de que el causante otorgue un nuevo testamento y revoque su voluntad inicial. En tal caso, prevalecería el testamento frente a la partición original. Así, SAP Toledo 267/2003, de 2 de septiembre, reproducida por la SAP Valencia 167/2005, de 14 de marzo.

95 Cano Martínez de Velasco, J.I., *La prohibición…, op.cit.*, p. 106 y 107.

96 STS 366/2009, 25 de mayo de 2009, Fundamento de Derecho primero, al reproducir parte del contenido de la sentencia dictada en primera instancia. Por su parte, en SAP Cáceres 8/2019, de 10 de enero, Fundamento jurídico 9º, se recoge lo siguiente:

> *La partición por testador es un acto del causante a través del cual distribuye sus bienes entre sus herederos, sin que sea preciso el consentimiento, la aprobación ni el acuerdo unánime de estos últimos para dar validez al acto particional (SSTS de 5 de octubre de 1893 y 22 de enero de 1898, y el propio art. 1056.I CC, que no lo exige expresamente). En la práctica, el causante procura que al acto particional acudan sus distributarios, que suelen firmar el documento privado, pero tal firma no añade ni suprime nada a la validez del documento redactado por el causante (buena prueba de ello es la posibilidad del testador de variar el reparto de bienes a través de un acto posterior, SSTS de 13 de junio de 1903 y 6 de marzo de 1945 y 28 de junio de 1961 RJ 1961\2748]).*

forzosos; *iii*) y que exista testamento donde no se revoque la partición[97]; *iv*) que la partición del testador se concrete a sus bienes propios, entendiendo que la propiedad de los bienes ha de determinarse, como acto *mortis causa* que es, al momento de la muerte del causante; *v*) que la voluntad del testador sea inequívoca, pues podría haberse suscrito en realidad un vitalicio, ya a través de un instrumento, tanto público como privado, ya por medio de actos concluyentes del propio testador[98]. Aquí se situaría la entrega o

---

97 SAP Cáceres 8/2019, de 10 de enero, Fundamento jurídico 9º:

> *Desde las primeras Sentencias dictadas en aplicación del art. 1056 CC, el TS ha condicionado la validez de la partición a la existencia de una disposición testamentaria, sin que sea preciso que una y otra se sucedan en el tiempo de una forma determinada. En la STS de 13 de junio de 1903 (de la que fue Ponente D. Víctor Covián) el TS parecía subordinar dicha validez a que el testamento fuera anterior a la distribución de los bienes hecha por el testador, pero en la posterior de 6 de marzo de 1917 declaró valida la partición hecha por actos inter vivos no por haberle precedido un testamento, sino porque se otorgó otro posterior a aquélla. A partir de entonces, el TS admite las particiones hereditarias que se apoyen en un testamento, con independencia que éste se haya otorgado antes o después del acto particional. En la Sentencia de 6 de marzo de 1945 (de la que fue Ponente Castán Tobeñas) se señala que "la doctrina de esta Sala tiene declarado que la facultad que reconoce el art. 1056 supone y requiere un testamento previo o ulterior", y en el mismo sentido se han pronunciado las posteriores Sentencias de 6 de marzo de 1956, que insiste en que la partición efectuada por el causante "debería estar respaldada en un testamento anterior o posterior" y la de 29 de octubre de 1960 (RJ 1960\3447), que condiciona la validez de la partición testamentaria a su respaldo por una disposición testamentaria "con la que ha de tener perfecta adecuación". Esta "perfecta adecuación" concurre en el supuesto que nos ocupa: primero los cónyuges constituyen herederas a sus cinco hijas por partes iguales, y luego llenan su cuota de la herencia con un lote de bienes.*

Es irrelevante que el testamento que otorgaron los causantes en primer lugar no se refiera en ningún momento a la partición testamentaria. Sólo en ciertas ocasiones exige la jurisprudencia que tal referencia se contenga en el testamento posterior, por si pudieran surgir tales dudas acerca de la compatibilidad entre las cláusulas testamentarias y la anterior distribución de los bienes que llevaran a los herederos o al órgano judicial a entender que el testamento revoca la citada partición.

En relación con esta exigencia se ha de hacer hincapié en la SAP Las Palmas 470/2004, de 21 de julio, fundamento jurídico 3º:

> *En definitiva para que se considere que un acto particional y de adjudicación de bienes se corresponde con una partición hereditaria "inter vivos" se requiere: 1º. La existencia de un testamento, anterior o posterior a la partición, sin que ello implique, como bien se expone en la reciente sentencia de la Audiencia Provincial de Ciudad Real, Sección 1ª, de 5 de Diciembre de 2001, que haya de existir una absoluta correlación entre uno y otro acto, ya que de existir disparidad entre las distintas cuotas asignadas a sus herederos o a su distinta valoración, y siempre que no se afecte las legítimas, habrá que solucionar la cuestión indagando cual fue la voluntad del testador, cualquiera que sea la manifestación legalmente válida de expresarla, como regla fundamental del derecho sucesorio. Solo la partición podrá ser revocada por testamento posterior que contenga una declaración de voluntad del testador incompatible, total y absolutamente con aquel acto.*

98 SAP Las Palmas 470/2004, de 21 de julio, fundamento jurídico 3º.

traditio de los bienes a cada uno de los herederos acompañada de actos que evidencien la voluntad inequívoca de asignar la propiedad de los mismos para el momento de su fallecimiento.

En cualquier caso, no cabe la menor duda que este planteamiento choca de manera clara con la circunstancia de que el artículo 1271 hace una clara excepción, respecto de la prohibición de contratar sobre la herencia futura, cuando se trate de pactos de división de esa herencia futura. Es más, sin perjuicio de que se pudiera también recurrir a un argumento interpretativo *sedes materiae*, la misma literalidad del precepto sitúa a la partición *inter vivos* en el ámbito convencional, al admitir sobre la herencia futura a aquellos «*contratos…cuyo objeto sea practicar entre vivos la división de un caudal y otras disposiciones particionales, conforme a lo dispuesto en el artículo 1056*». Dicho en otras palabras, el Código civil proscribe el pacto sobre la herencia futura, pero no el pacto particional, que expresamente lo admite. Sea como fuere, las muchas dudas que plantean los artículos comentados y la inseguridad jurídica consecuencia de esas mismas dudas, ha llevado a un sector de la doctrina a recomendar el recurso a la distribución de los bienes del causante mediante actos *inter vivos*. Así, se afirma, asegura que, vía colación, el donatario deba compensar en metálico a los demás legitimarios, si no existen otros bienes en la herencia, artículos 1045,1047 y 1048[99]. A mayor abundamiento, se sugiere que el causante deje clara su voluntad de que el donatario colaciones, a modo de carga de la donación, para evitar que repudiando este la herencia de aquel pueda eludir también la colación[100].

---

99 Artículo 1045: «*No han de traerse a colación y partición las mismas cosas donadas, sino su valor al tiempo en que se evalúen los bienes hereditarios* [–] *El aumento o deterioro físico posterior a la donación y aun su pérdida total, casual o culpable, será a cargo y riesgo o beneficio del donatario*».

Artículo 1046: «*La dote o donación hecha por ambos cónyuges se colacionará por mitad en la herencia de cada uno de ellos. La hecha por uno solo se colacionará en su herencia*».

Artículo 1047: «*El donatario tomará de menos en la masa hereditaria tanto como ya hubiese recibido, percibiendo sus coherederos el equivalente, en cuanto sea posible, en bienes de la misma naturaleza, especie y calidad*».

Artículo 1048: «*No pudiendo verificarse lo prescrito en el artículo anterior, si los bienes donados fueren inmuebles, los coherederos tendrán derecho a ser igualados en metálico o valores mobiliarios al tipo de cotización; y, no habiendo dinero ni valores cotizables en la herencia, se venderán otros bienes en pública subasta en la cantidad necesaria* [–] *Cuando los bienes donados fueren muebles, los coherederos sólo tendrán derecho a ser igualados en otros muebles de la herencia por el justo precio, a su libre elección*».

100 Espejo Lerdo de Tejada, M., *Artículo 841…*, *op.cit.*, p.979.

3. Eficacia del protocolo en la fijación del régimen económico matrimonial

No parece necesario incidir en la importancia que tiene la cuestión relativa al régimen económico matrimonial en cuanto al correcto desenvolvimiento de los intereses concurrentes en la empresa familiar. Esta importancia, siendo evidente durante la vigencia del vínculo, se convierte en determinante en caso de crisis matrimonial. Es en ese momento donde el protocolo puede tener un gran valor, al haberse previsto en él toda una serie de cláusulas cuyo afán no sería otro que el de proteger el patrimonio empresarial familiar y, en consecuencia, el de garantizar su permanencia en el seno de la familia.

Como se ha podido comprobar, el objeto de buenas parte de los epígrafes anteriores ha sido abordar la cuestión de la eficacia del protocolo en dos niveles concretos: en el caso de que pudiera contener un pacto sucesorio y en aquel en que sirviera como instrumento para practicar la partición *inter vivos* de la herencia. Pues bien, en este momento se trata de apuntar su viabilidad a la hora de comprometer a los suscriptores en la asunción de un determinado régimen económico matrimonial, el de separación de bienes, por ejemplo; obviamente a través del cumplimiento de las exigencias formales que, con carácter constitutivo, rigen en materia de capitulaciones matrimoniales.

En este sentido, retornamos al régimen relativo al objeto del contrato, artículo 1271, en el que, a diferencia de lo que sucedía en materia de pactos sucesorios, no encontramos obstáculo alguno a cláusulas como las recién descritas. Otra cosa pudiera desprenderse, en principio, de la serie de argumentos que un sector de la doctrina viene señalando en aras de defender la ilicitud de cualquier imposición relativa al régimen económico matrimonial[101]. Se pueden expresar a través de tres puntos.

i. La aplicación analógica del artículo 1814 del Código civil[102]. De este modo, las cuestiones relativas al régimen económico del matrimonio entrarían dentro de la expresión «*cuestiones matrimoniales*» a las que se refiere el precepto al prohibir la transacción sobre ellas. Es con base en él que un sector de la doctrina cuestiona que el proto-

---

[101] Sostienen esta línea, HUERTA TRÓLEZ, ANTONIO, «La empresa familiar ante el fenómeno sucesorio», *Revista Jurídica del Notariado,* n.º 50, 2004, p. 103 y 104; VALMAÑA CABANES, ANTONIO, *El régimen jurídico del protocolo familiar,* Granada, Comares, 2014, p. 118 y 119.

[102] Artículo 1814: «*No se puede transigir sobre el estado civil de las personas, ni sobre las cuestiones matrimoniales, ni sobre alimentos futuros*».

colo pudiera tener un objeto concerniente al régimen económico matrimonial.

ii. El régimen de protección del interés de la familia contenido en el artículo 39,1 CE, interés que debe ser superior a cualquier otro[103].

iii. La sujeción del protocolo familiar a los límites del artículo 1255 del Código civil, entre ellos, las leyes imperativas. Es precisamente dentro de ellas donde se encuentra la regla de la libertad contractual, que constituye un pilar fundamental del derecho privado español[104].

Por lo tanto, a partir de cualquiera de los tres argumentos indicados, una cláusula en el protocolo determinando el régimen económico matrimonial de sus miembros supondría la vulneración de una norma imperativa y, en consecuencia, sería nula de pleno derecho. También la cláusula penal que refuerza esa pretendida obligación. A partir de aquí no podría tener otro valor que el de ser un criterio meramente indicativo.

Ahora bien, lo cierto es que en torno a tales posiciones pueden apuntarse algunos argumentos en sentido distinto[105]. Con relación al artículo 1814 y su aplicación en esta materia, habría que fundamentar la identidad de razón que se viene a invocar. Obviamente, no existe duda alguna que aquella transacción con objeto en cualquiera de los previstos en la norma sería nula de pleno derecho. Más la presencia de esos mismos objetos en ella responde a que todos se encuentran ligados a cuestiones de orden pú-

---

[103] En esta línea, Cucurull Poblet, T., *El protocolo…*, *op.cit.*, p. 173 y 174.

[104] Juárez Gónzalez, Javier Máximo, «El protocolo familiar: valor y eficacia jurídica, coordinación del protocolo familiar con los estatutos sociales y con la organización jurídica personal de sus miembros», en *El protocolo familiar: consejos prácticos para su elaboración*, Sección de Empresa Familiar de laAsociación Española de Asesores Fiscales, 2019, p. 187. Sobre la misma cuestión se ha manifestado lo siguiente, en Valverde Huerta, Ángel, «Derechos y obligaciones de los socios», en *El protocolo familiar: consejos prácticos para su elaboración*, Sección de Empresa Familiar de laAsociación Española de Asesores Fiscales, 2019, p. 133:

> En nuestra opinión dicho pacto imperativo y sometido a cláusula penal es nulo de pleno derecho ya que no puede imponerse a los cónyuges la adopción de dicho régimen por tercera personas y menos sancionar el incumplimiento de uno de los cónyuges por la negativa del otro cónyuge a pactar el régimen de separación de bienes en su matrimonio.

[105] Admiten la presencia en el contenido de los protocolos familiares de cuestiones relativas al régimen matrimonial, Álvarez de Linera Granda, P., *Protocolo…*, *op. cit.*, p.229; Álvarez Lata, Natalia, *Aspectos civiles de la empresa familiar: economia familiar y sucesión hereditaria*, Oleiros (La Coruña), Netbiblo, 2011, p. 71.

blico. En el centro de los relacionados se identifica al estado civil, derecho personalísimo de orden público y, alrededor suyo, todas aquellas cuestiones de naturaleza personal que se derivan de él por razón del matrimonio. Distinto es el tratamiento que ha de darse a las cuestiones de naturaleza patrimonial dimanantes de dicho vínculo, tales como las de régimen económico matrimonial o la pensión compensatoria, que sí pueden ser objeto de transacción[106]. Por otro, el recurso a la Constitución presenta también inconvenientes. En este sentido, apoyar un regla prohibitiva sobre la base de una norma tan imprecisa a estos efectos como la prevista en el artículo 39,1, no parece suficiente. Por último, en lo que se refiere al argumento a favor de la libertad contractual, cabría incidir en una circunstancia: si al suscribir un contrato, *v.gr.*, un protocolo familiar con el clausulado estudiado, se pierde voluntariamente parte de la libertad, no es por otro razón que por haber puesto en valor esa misma libertad contractual[107].

Resulta claro que los firmantes del protocolo no podrán compeler de ningún modo lícito a aquel miembro que ha incumplido la cláusula relativa al régimen económico matrimonial de separación de bienes, pues el régimen vigente para él deriva de un consentimiento mutuo de los contrayentes, expreso en el caso de haber capitulaciones y presumido por la ley en el supuesto de operar el régimen legal presunto. Más esto no es óbice, al tiempo que constituye una prueba de la eficacia del protocolo en esta materia, para que sí puedan intervenir las consecuencias que, en otro orden y en el ejercicio de la autonomía de la voluntad, hubiera podido establecer el convenio familiar en el supuesto de incumplimiento. Tal sería el caso, por ejemplo, de una cláusula penal. Esta misma cláusula podría ser eficaz incluso cuando la obligación que nos ocupa la asuma únicamente el miembro de la familia, no su pareja, sin perjuicio de que además pudiera no tenerla al tiempo de suscribir el protocolo[108]. En este último caso, ciertamente se está disponiendo un compromiso acerca de algo cuya existencia depende de la voluntad de otra persona, aun probablemente no identificada, pero también se está estableciendo sobre la propia responsabilidad, con exclusivas implicaciones patrimoniales, eficaz en el supuesto de incumplimiento, esto es, de que la promesa de compromiso futuro no llegara a ser atendida.

---

106 TAMAYO HAYA, SILVIA, «Artículo 1814», en *Código civil comentado* ed. Ana Cañizares Laso et al., vol. III, Cizur Menor (Navarra), Civitas-Thomson Reuters, 2011, p. 1121; con mención a la sentencia 20 noviembre 1973.

107 CUCURULL POBLET, T., *El protocolo…*, *op.cit.*, p. 219.

108 En contra, HUERTA TRÓLEZ, A., *La empresa familiar…*, *op.cit.*, p. 104; ÁLVAREZ DE LINERA GRANDA, P., *Protocolo…*, *op.cit.*, p.230

Sea como fuere, el regulador reglamentario no parece haber contemplado las obligaciones referidas en este momento bajo ningún sesgo negativo, sino todo lo contrario, en concreto para arbitrar mecanismos de tutela en materia de protección de datos. Así, el Preámbulo del RD 171/2007, cuando recoge como ejemplo de obligación personal casarse en separación de bienes:

> *Si el protocolo incluyere datos relativos a la intimidad de los otorgantes del mismo y se pretendiere una publicidad de los mismos (por ejemplo, pactos sobre el régimen personal de la familia, prohibiciones u obligaciones personales —vg. casarse en régimen de separación de bienes o que el consorte pueda o no ser socio, o bien que los hijos deban estudiar en tal o cual universidad—), supuesto en el cual, el acceso a la publicidad de la concreta cláusula debe claramente contar con el consentimiento expreso y cualificado al que se refiere la Ley Orgánica 15/1999, de 13 de diciembre, de protección de datos de carácter personal, con el alcance y efectos que dicha ley atribuye a dicho consentimiento.*

III. EFICACIA JURÍDICA ANTE LA SOCIEDAD

1. *La vocación societaria del protocolo familiar y la aplicabilidad del régimen normativo de las sociedades de capital*

En los primeros puntos del presente estudio se ha incidido en el nivel de eficacia *inter partes* del protocolo, sobre la base de su naturaleza contractual. También sobre algunos de los límites legales que le sujetan en dicho ámbito, concretamente en materia sucesoria y de derecho de familia. Ahora bien, el protocolo, en la mayor parte de los casos, no puede ser entendido sino es por la presencia de un tercero, la propia sociedad familiar, que cobra alrededor del convenio familiar un especial protagonismo. En este sentido, dicho convenio es ciertamente un instrumento llamado a determinar voluntariamente una parte de las relaciones intra familiares, más también es cierto que ese marco viene a establecerse con causa en la existencia misma de la sociedad familiar. El protocolo implica por tanto la presencia de un tercero, la sociedad, sobre cuyo desenvolvimiento, en mayor o menor medida, se quiere influir, habida cuenta que se pretende acotar la voluntad de sus socios; todo ello a partir de un interés colectivo tenido por superior[109].

---

[109] El pacto parasocial se establece para modificar o complementar el contrato social y en esta medida, por razón de su materia, afecta a las relaciones jurídico-sociales; todo ello, como es lógico con referencia a los intervinientes en él; GIRÓN TENA,

Esa misma proyección, ese mismo afán, ha determinado en muchos casos la preocupación por extender el contenido del pacto-protocolo a la sociedad, esto es, por reconocerle una eficacia corporativa[110]. Antes de entrar en el «mundo real», quizás convenga señalar de qué se está hablando y para ello cabe exponer las implicaciones de una oponibilidad sin fisuras. Entre ellas se encontrarían las siguientes:

i. La llamada «oponibilidad directa»: la sociedad puede hacer efectivos los pactos parasociales frente a los socios[111]. De aquí, a su vez, resultaría, de un lado, que los acuerdos de los órganos sociales se adoptan con arreglo al contenido del pacto, lo que en situaciones de discrepancia con los estatutos, no deja de plantear problemas; y, de otro, que la sociedad debe negar la condición de socio a aquel que adquirió acciones o participaciones contraviniendo el pacto familiar.

ii. La «oponibilidad inversa»: los socios pueden hacer efectivo el pacto frente a la sociedad. La materialización concreta de dicha eficacia se observa en la posibilidad de impugnar los acuerdos tomados por su junta o consejo contrarios a dicho pacto[112].

JOSÉ, *Derecho de sociedades,* Madrid, 1976, p. 54. Esta circunstancia ha sido descrita también en SERRA CALLEJO, J, «Validez y eficacia de los pactos parasociales: un enfoque sistemático», *Revista CEFLegal,* n.º 249, 2021, p. 11:

> Las repercusiones *de facto* del contrato son como el ruido o los humos que emite el vecino y se cuelan en nuestro fundo: son inmisiones jurídicas, en lugar de simplemente materiales. El problema se resuelve, por tanto, poniendo en la balanza el derecho del vecino a gozar de su propiedad y el nuestro a no ser perturbado, valorando cuál y en qué medida debe prevalecer… [–] Y es que, en efecto, el fundo vecino donde se verifican los efectos del pacto parasocial es la «casa societaria», la organización que ha creado el contrato social. El pacto entre socios es un contrato que se suscribe precisamente con el ánimo de influir en otro colindante, el contrato social.

110 Existen, como es sabido, diversos mecanismos para dotar de un plus de eficacia al protocolo familiar frente a la sociedad. Entre ellos se encontrarían, por su mayor virtualidad, la transposición de algunas de sus cláusulas al ámbito estatutario, así como la elevación de los compromisos del pacto/protocolo a la condición de prestación accesoria. No obstante la importancia de esta cuestión, el propósito fundamental de las líneas que siguen se ciñe a la eficacia que *in naturalibus* presenta el acuerdo familiar, en este caso en relación a la sociedad.

111 En contra, el artículo 23.1 LSC establece que «[…] *los estatutos, que han de regir el funcionamiento de las sociedades* […]».

112 Esto frente al art. 204.1 LSC: «*Son impugnables los acuerdos sociales que sean contrarios a la Ley, se opongan a los estatutos o al reglamento de la junta de la sociedad o lesionen el interés social en beneficio de uno o varios socios o de terceros*».

De cualquier manera, resulta lógico pensar que el grado de oponibilidad a la sociedad del protocolo familiar vendrá determinado en función de la sujeción de este último al régimen normativo previsto para la materia societaria. Dicho en otras palabras, si se sostiene la oponibilidad del protocolo frente a la sociedad, cosa que aún se encuentra pendiente de tratar en esta sede, es porque con carácter previo se entiende que aquel queda sujeto también al régimen normativo previsto, por ejemplo, en la LSC. Lo cierto es que difícilmente se puede entender una cosa sin la otra. Al menos así se considera en esta sede.

Sobre la cuestión de la aplicabilidad al protocolo del régimen normativo previsto para la materia societaria, existe un sector de la doctrina que, sin perjuicio de reconocer obviamente antes la virtualidad de las limitaciones puramente civiles, considera procedente dicha sujeción[113]. De este modo, la validez de los pactos recogidos en el protocolo, en materia societaria, dependerá de si sus cláusulas se desvían de forma intolerable de alguna norma imperativa o contradicen alguno de los elementos configuradores de la forma social[114]. En concreto, se tienen por tales desvíos: *i*) aquellos que lo sean de las normas imperativas relativas a la salvaguarda de los rasgos tipológicos fundamentales de la forma social; *ii*) los que trasgredan las reglas concernientes a la protección de los acreedores; *iii*) las cláusulas que atenten contra los derechos atribuidos a los terceros por el ordenamiento

---

113 Así, Pérez Millán, David, «De la posible impugnación de acuerdos sociales por infracción de pactos parasociales», en La Junta General de las sociedades de capital: cuestiones actuales, Madrid:Colegio Notarial de Madrid, 2009, 2009, p. 10; Noval Pato, Jorge, *Los pactos omnilaterales, su oponibilidad a la sociedad: diferencia y similitudes con los estatutos y los pactos parasociales,* Navarra, Civitas-Thomson Reuters, 2012, p. 131. Una exposición esquemática de las diversas posiciones se encuentra en: Serrano Acitores, Antonio, «Los pactos parasociales en la empresa familiar: el protocolo familiar», en *Acuerdos y pactos parasociales: una visión práctica de su contenido,* ed. Luis Cazorla González-Serrano y Alberto Alonso Ureba, Cizur Menor (Navarra), Thomson Reuters-Aranzadi, 2018, p. 196; Moreno Vázquez, Pedro, «Estudio práctico», en *Los pactos parasociales,* Cizur Menor (Navarra), Thomson Reuters Aranzadi, 2018, p. 22-25.

114 Vaquerizo, A, «Comentario al art.29 LSC», en *Comentario a la Ley de Sociedades de Capital,* ed. Ángel Rojo Fernández-Río, Ángel Rojo Fernández-Río, y Emilio Beltrán, Madrid, Civitas, Tomson Reuters, 2011, p. 403. La excepcionalidad de este recurso queda plasmada en ibídem, *Comentario…, op.cit.*, p.404; todo ello bajo los siguientes términos:

> […] en la mayor parte de los casos no se encuentra justificada la aplicación al ámbito de las relaciones obligatorias establecidas entre los socios de los preceptos de carácter imperativo que rigen el funcionamiento de la organización societaria.

societario; *iv*) los que supongan el incumplimiento de obligaciones establecidas a cargo del socio por el ordenamiento jurídico-societario o que deroguen de cualquier modo sus derechos individuales. La razón que determina la extensión en tales casos es la misma: la ejecución de esos acuerdos del protocolo afectaría forzosamente a la esfera de los terceros ajenos por completo a la celebración del pacto[115].

Esta misma es la línea marcada por el RD 171/2007, de 9 de febrero, regulador de la por el momento fallida pretensión de dar publicidad a los protocolos familiares. No en vano, en él se hace una afirmación del siguiente tenor:

> [...] *su contenido* [...] *será configurado por la autonomía negocial* [...] *sin más limites que los establecidos, con carácter general, en el ordenamiento civil y especifico, en el societario.*

Ahora bien, dado el valor jurídico del Preámbulo; dado que tal exigencia no se ve, ni mucho menos, respaldada por norma alguna del texto reglamentario; y dada la posición de la jurisprudencia sobre la extensión de las normas societarias de carácter imperativo a los acuerdos parasociales, no parece ser la invocación al ordenamiento societario más que un «brindis al sol».

Frente a tales planteamientos, lo cierto es que tanto la jurisprudencia como la mayoría de la doctrina, parecen inclinarse por constreñir los pactos únicamente a los límites del artículo 1255 del Código civil[116]. El fundamento de este entendimiento ya ha sido adelantado en esta sede: si los

---

115 ibídem, *Comentario…*, *op.cit.*, p.404 y 405.

116 SSTS 128/2009, de 6 de marzo; 138/2009, de 6 de marzo; 616/2012, de 23 de octubre; 300/2022, de 7 de abril. Se sostiene que una buena parte de la doctrina llega a la misma conclusión «liberal» en, MARTÍNEZ ROSADO, JAVIER, *Los pactos parasociales*, Madrid, Marcial Pons, 2017, p. 104. En relación a la misma, *vid.*, CAZORLA GONZÁLEZ-SERRANO, LUIS Y PEDRO NEIRA FERNÁNDEZ, «Pactos parasociales: una aproximación a su naturaleza y contenido básico», en *Acuerdos y pactos parasociales: una visión práctica de su contenido*, ed. Luis Cazorla González-Serrano y Alberto Alonso Ureba, Cizur Menor (Navarra), Thomson Reuters-Aranzadi, 2018, p. 32. Entre los partidarios de la tesis liberal se encuentran los siguientes autores: PAZ-ARES, CÁNDIDO, «El "enforcement" de los pactos parasociales», *Actualidad Jurídica Uría &Menéndez*, 5, 2003, p. 21; ibídem, «La validez de los pactos parasociales», *Diario La Ley*, n.º 7714, 2011, p. 3; MORALES BARCELÓ, JUDITH, «Pactos parasociales vs estatutos sociales: eficacia jurídica e impugnación de acuerdos sociales por su infracción», *Revista de derecho de sociedades*, n.º 42, 2014, p. 173; MALDONADO ORTEGA, PEDRO JOSÉ, «Pactos parasociales: naturaleza y eficacia jurídica», *Cuadernos de derecho y comercio*, n.º extraordinario, 2017, p. 271. Acerca de una lectura de la

efectos del acuerdo parasocial no sobrepasan el ámbito negocial, lo lógico es que sus fronteras no sean otras que los dimanantes del régimen normativo propio del contrato. Dicho de manera más precisa: si el pacto no resulta oponible a la sociedad tampoco a aquel le son oponibles los limites normativos dispuestos para esta última[117].

Ligada a la cuestión tratada se encuentra la concerniente a la posibilidad de depositar en el registro mercantil un protocolo que conculque efectivamente algunas normas legales de carácter societario. En este sentido, se ha sostenido, ante la imposibilidad del registrador de sustanciar una calificación de licitud en derecho de sociedades, que «se podrán/deberán depositarse y publicarse pactos parasociales cuyo contenido contradiga normas estatutarias o incluso, normas imperativas de Derecho de sociedades»[118]. El problema de la consideración transcrita no se encuentra en las disposiciones normativas del RD 171/2007, sino en el Preámbulo del mismo texto reglamentario. En él se recogen dos fragmentos de interés, habiendo sido recién trascrito el primero. El segundo tiene el siguiente tenor:

> [...]*el depósito del protocolo o parte de él, con ocasión de la presentación de las cuentas anuales, que exigirá su constancia en documento público y que en ningún caso podrá afectar a la organización de la sociedad según conste inscrita en el registro mercantil.*

Una vez más el referido RD plantea una dificultad de entendimiento, pues su Preámbulo viene a recoger importantes limitaciones para el pro-

---

tesis liberal ajustada a la tesis intermedia, *vid.*, Serra Callejo, J., *Validez...op.cit.*, p. 13-18.

117 Volviendo a los cuatro desvíos antes relacionados, que lo eran de una norma imperativa de naturaleza societaria o que se encontraban en contradicción con alguno de los elementos configuradores de la forma social, el hecho en cuestión es que, a la vista de los derroteros por los que viene discurriendo la jurisprudencia, es probable que los supuestos de transgresión expuestos, singularmente los tres últimos, puedan provocar efectivamente una consecuencia jurídica a esgrimir frente a los firmantes de un protocolo familiar; más existe una probabilidad elevada de que lo hagan en tanto se produzca una transgresión reconocible de principios esenciales del derecho civil. En todo caso, convendría no olvidar que algunas de esas normas imperativas del derecho societario no son sino aplicaciones concretas de tales reglas generales. Este extremo será objeto de desarrollo en el estudio de la STS 120/2020.

118 Fernández del Pozo, Luis, *El protocolo familiar: empresa familiar y publicidad registral*, Cizur Menor (Navarra), Thomson-Civitas, 2008, p. 246. En contra, Enciso Alonso-Muñumer, María Teresa, «El protocolo familiar», en *Tratado jurídico y fiscal de la empresa familiar* Valencia, tirant lo blanch, 2021, p. 149.

tocolo, pero estas no encuentran su reflejo en el texto reglamentario. De acuerdo con la posición de nuestro Tribunal Constitucional, es evidente que el Preámbulo no tiene valor normativo, pero también lo es que constituye un elemento a tener en cuenta en la interpretación de las disposiciones del texto del que forma parte. La cuestión radica en que en este caso tales disposiciones se concretan en el artículo 6 del RD: "[...] *el cual será objeto de depósito junto con las cuentas anuales y de calificación por el Registrador*". A partir de aquí, y dado que el precepto no fija expresamente la extensión de la calificación registral, se plantearían dos soluciones: *i*) atender a la llamada calificación atenuada, artículo 368,1 RRM, en línea del artículo 280 LSC, en materia de calificación de cuentas anuales; *ii*) considerar que se trata de una calificación ordinaria, sujeta por tanto a la extensión del artículo 6 del RRM y, por tanto, como instrumento de control pleno de la legalidad. La problemática obviamente excede al propósito del presente estudio, pero como ocurre con frecuencia tratándose del RD 171/2007, existen argumentos para las dos opciones. En todo caso, el texto trascrito del Preámbulo inclina la disyuntiva a favor de la segunda interpretación, pero dicha solución no parece acorde con el carácter de publicidad noticia que tiene el depósito.

2. *La oponibilidad del protocolo frente a la sociedad*

2.1. Régimen general

Lo cierto es que, de acuerdo con el artículo 29 de la LSC[119], el protocolo, en cuanto pacto parasocial que es, no produce efectos *ultra partes,* efectos absolutos, *erga omnes,* sino relativos, *inter partes*; con la excepción clara de los pactos de atribución, esto es, de las cláusulas del protocolo que establecen obligaciones de los socios frente a la sociedad familiar[120]. Por tanto, no obstante la constatada vocación societaria del protocolo, choca

[119] Artículo 29 LSC debe ser trascrito: «*Los pactos que se mantengan reservados entre los socios no serán oponibles a la sociedad*».

[120] Obviamente este extremo va referido al valor de las llamadas estipulaciones a favor de tercero. En aquellos casos en donde el protocolo prevé los llamados pactos de «atribución», por virtud de los cuales se establecen un conjunto de obligaciones de los socios frente a la sociedad, operaría una excepción parcial a la regla de que el protocolo a la sociedad familiar ni le beneficia ni le perjudica, *res inter alios acta tertiis nec nocet nec prodest*. Dicha excepción dimana del artículo 1257, apartado 2 del Código civil: «*Si el contrato contuviere alguna estipulación en favor de un tercero, éste podrá exigir su cumplimiento, siempre que hubiese hecho saber su aceptación al obligado antes de que haya sido aquélla revocada*»

la misma con un punto de partida desolador, la falta de eficacia que tiene el protocolo frente a la sociedad. Veamos a continuación algunos de los aspectos de la vida de la mercantil que resultan indiferentes al contenido del acuerdo.

i. Al no extenderse la eficacia del convenio a la sociedad, los pactos extraestatutarios contenidos en él permanecen fuera del ordenamiento de la persona jurídica[121].

ii. Los órganos de la sociedad, ya la junta general, ya el órgano de administración, quedan sujetos únicamente al contrato social, lo que implica que la sociedad no pueda hacer valer los pactos.

iii. Tampoco los órganos sociales podrán aplicar, contra el socio infractor del pacto-protocolo, los instrumentos de refuerzo previstos por el derecho societario, pues estos han sido dispuestos para el contrato social.

Frente a este panorama, tanto la doctrina como la jurisprudencia han venido estableciendo algunas vías de oponibilidad a la sociedad de los pactos y protocolos parasociales[122]. Es más, esta última, manteniéndose fiel a las reglas antes señaladas, entre otras, artículo 1257 del Código civil y 29 de la LSC, ha llevado a cabo en esta materia un meritorio esfuerzo sistematizador. Como consecuencia de él, la cuestión de la oponibilidad de los acuerdos parasociales se presenta bajo unos criterios jurisprudenciales establecidos con vocación de estabilidad, fijados además con un propósito evidente de dotar a la materia de una mayor claridad, con independencia de que puedan o no ser compartidos. En esta línea, han de ser situadas dos resoluciones del Tribunal Supremo, sentencias 507/2020, de 20 de febrero y 300/2022, de 7 de abril. En ambas el ponente fue el mismo, don José María Díaz Fraile, y en ambas el objeto de la litis era la eficacia en sede societaria de un protocolo familiar suscrito por todos los socios. Se incide sobre ellas en el epígrafe relativo a la oponibilidad del protocolo omnilateral.

---

121 PAZ-ARES, C., *El "enforcement"..., op.cit.*, p. 19. En consecuencia, los órganos societarios, ya la junta general, ya el órgano de administración, permanecen sujetos al contrato social. La sociedad, por tanto, no puede hacer efectivos los pactos.

122 De cualquier modo, no se pretende afirmar que tanto la doctrina como la jurisprudencia corran en esta materia por los mismos derroteros. De hecho, de acuerdo con Gimeno Bevía, es probablemente mayoritario aquel sector doctrinal que crítica la posición del TS y esto en el sentido de demandar una oponibilidad mayor del pacto/protocolo omnilateral para con la sociedad; GIMENO BEVIÁ, VICENTE, *El pacto de socios en las Startup*, Valencia, tirant lo blanch, 2024, p. 386.

2.2. La pretendida oponibilidad exclusivamente registral y extraestatutaria

El interrogante que ahora nos planteamos es el siguiente: ¿Es posible alcanzar la oponibilidad de un protocolo familiar por una vía exclusivamente registral y extraestatutaria? La pregunta deriva obviamente de la existencia de una norma reglamentaria que regula nada menos que la publicidad en dicho registro de los protocolos familiares; se trata del RD 177/2007. Más en este caso la respuesta precisa de mayores consideraciones.

El tenor literal del artículo 29 LSC debe ser trascrito de nuevo: «*Los pactos que se mantengan reservados entre los socios no serán oponibles a la sociedad*». El precepto, a diferencia de alguno de sus antecedentes[123], no precisa la circunstancia de la que deriva la condición de reservado. De cualquier modo, sólo cabrían dos posibilidades: *i*) reservado sería aquel pacto que los socios ocultan a la sociedad, sin entrar en cuestiones de intencionalidad[124]; *ii*) reservado podría ser el pacto omitido en la escritura social. La ley sigue la segunda opción, aspecto este que se puede considerar respaldado por la doctrina e indiscutido en sede jurisprudencial. Efectivamente, de acuerdo al modo en que ha venido siendo interpretada la expresión «reservados», pactos de esa naturaleza son los celebrados o suscritos entre los socios al margen del contrato social. Se trataría de un pacto extraño al orden jurídico que resulta de la escritura de la sociedad, la de constitución y sus modificaciones. Dicha línea de entendimiento se corresponde de forma plena, como así ha sido advertido, con el tenor de los antecedentes legislativos del

---

123 De acuerdo con el artículo 119, párrafo 3.º del código de comercio de 1885, "*los socios no podrán hacer pactos reservados, sino que todos deben constar en la escritura social*". Por su parte, el artículo 6 de la LSA de 1951 establecía lo siguiente: "*La sociedad se constituirá mediante escritura pública que deberá ser inscrita en el Registro Mercantil. Desde este momento tendrá personalidad jurídica. Son nulos los pactos sociales que se mantengan reservados*".

124 Dentro de esta opción, de seguirse, la condición de reservado se perdería a través de mecanismos tales como la comunicación a la sociedad, la notificación y la aceptación del pacto por la misma, así como por la publicidad registral, esta última al margen de los estatutos. La línea de la comunicación y de la aceptación ha sido la asumida por el Principado de Andorra, de acuerdo con el artículo 11 de la Ley 20/2007, de 18 de octubre, de Sociedades Anónimas y de Responsabilidad Limitada. La de la publicidad por el derecho norteamericano, *Section* 7.32 de la *Model Business Corporation Act*; así Sáez Lacave, María Isabel, «Los pactos parasociales de todos los socios en Derecho español. Una materia en manos de los jueces», *Indret: Revista para el Análisis del Derecho*, n.º 3, 2009, p. 120.

artículo 29 LSC[125]. Sentada esta idea, resulta evidente que la oponibilidad a la sociedad de un pacto parasocial no opera en el derecho español en función de la publicidad registral, obviamente con referencia a una publicidad extraestatutaria.

Como se ha señalado con anterioridad, la aparición del RD 171/2007 se podría decir que ha generado cierta confusión sobre esta materia; todo ello al sostenerse la oponibilidad de lo extraestatutario a partir del depósito del protocolo familiar en el registro mercantil[126]. No obstante, el rango reglamentario de dicha norma, hace que siga plenamente operativa la regla del artículo 29 LSC, en su recta interpretación. A mayor abundamiento, han de ser tenidos en consideración los fines del citado RD, afectos al propósito de dotar al tráfico mercantil de un mecanismo voluntario de trasparencia en materia de protocolos familiares. Son esos fines los que permiten remarcar el carácter de publicidad-noticia de los diversos instrumentos previstos en el RD.

Cuando el pacto parasocial resulta elevado a la condición de prestación accesoria tampoco la oponibilidad de aquel frente a la sociedad deriva de la circunstancia de que ese mismo pacto haya sido previamente publicado en el registro mercantil. Obviamente esta referencia lo es, de nuevo, con respecto a una publicidad extraestatutaria, por ejemplo a través del depósito del protocolo-prestación, junto a las cuentas anuales de la sociedad[127]. Esto es así en la medida en que bajo esas circunstancias dicha oponibilidad

---

125 De manera mucho más explicita que el artículo 29 LSC se manifestó el Anteproyecto de ley de Código Mercantil, de 30 de mayo de 2014, al establecer en su artículo 213-21:

> *1. Los pactos celebrados entre todos o algunos socios, o entre uno o varios socios y uno o varios administradores al margen de la escritura social o de los estatutos, estén o no depositados en el Registro Mercantil, no serán oponibles a la sociedad. Los acuerdos sociales adoptados en contra de lo previsto en los pactos serán válidos.*
> *2. Son nulos aquellos pactos parasociales por los que uno o varios administradores de la sociedad se obliguen a seguir las instrucciones de socios o de terceros en el ejercicio de su cargo.*
> *3. Quien hubiere incumplido un pacto parasocial deberá indemnizar los daños y perjuicios causados y asumir las demás consecuencias previstas en el pacto.*
> *4. Lo dispuesto en este artículo será de aplicación a los protocolos familiares, haya o no constancia registral de su existencia o contenido.*

126 La posibilidad de depositar el protocolo familiar en el registro mercantil, previa su formalización en escritura publica, aparece recogida en el artículo 6 del RD 171/2007.

127 La posibilidad de depositar el protocolo familiar en el registro mercantil, previa su formalización en escritura publica, aparece recogida en el artículo 6 del RD 171/2007.

sólo puede resultar de la tipificación estatutaria del pacto en cuanto prestación accesoria. Tal afirmación se confirma sobre la base de dos preceptos. Por un lado, el artículo 29 LSC, al establecer la regla general en materia de eficacia de los pactos parasociales. En esta línea, interpretado *a contrario sensu,* la oponibilidad del acuerdo parasocial se establece atendiendo a su expresión en la escritura social. Por otro, la regla del artículo 86,1 LSC, en materia por tanto de prestaciones accesorias. Al amparo del precepto citado el pacto extraestatutario, elevado en el modo ya descrito, se convierte en oponible en función exclusivamente de su previsión estatutaria como prestación accesoria[128]. Distinta, aun cuando lógicamente relacionada, es la cuestión de la determinación del objeto de la prestación accesoria, en esta sede el acuerdo parasocial, determinación esta quepodrá ser extraestatutaria[129].

Las consideraciones hechas en los dos últimos párrafos son relevantes en la medida en que vienen a impedir toda pretensión reglamentaria de alcanzar la oponibilidad de un pacto parasocial por una vía exclusivamente registral. Dicho de otro modo, en ese ámbito, la eficacia frente a la sociedad de un pacto parasocial pasa necesariamente por los estatutos sociales. Por añadidura, la regulación contenida en el RD 171/2007 poco podía aportar en la materia. En el caso de haber existido en él alguna pretensión de esta-

128 En rigor la oponibilidad de un pacto-prestación deriva directamente del artículo 86,1 LSC, que establece la necesidad de la constancia en sede estatutaria de la prestación accesoria. Todo ello, como es lógico, puesto en relación con los artículos 23 y 28 LSC. Cosa distinta es que el resultado esté además en línea con la previsión general del artículo 29 LSC y esto al concurrir un pacto parasocial. Esta consideración es relevante con relación a la práctica estudiada en la medida en que en ella son frecuentes las invocaciones al artículo 29 LSC, cuando en realidad el mismo tiene una incidencia secundaria, pues tratamos con una institución societaria cual es la prestación accesoria.

129 Resolución de la entonces DGRN de 26 de junio de 2018. Se hace referencia a ella en la STS 507/2020, de 20 de febrero. A los efectos del origen de la oponibilidad se encuentra en una situación análoga a la del pacto-prestación la opción de incorporar a los estatutos las cláusulas penales previstas en un protocolo familiar, medida de refuerzo de los protocolos prevista en los artículos 114 y 175 del RRM, a partir de la redacción dada por la disposición final segunda del RD 171/2007. Pues bien, de nuevo aquí debemos diferenciar entre oponibilidad y determinación del objeto de la obligación. En este sentido, la oponibilidad resultará exclusivamente de aquella incorporación estatutaria. Por el contrario, la determinación, forzosamente mediata, del contenido del protocolo, afecto a la cláusula penal estatutaria, se producirá a través del documento público que solemnizó a aquel y de su depósito en el registro mercantil. Sobre esta cuestión se índice en el punto del presente estudio relativo al RD 171/2007.

blecer medios de oponibilidad extraestatutaria, a través de los instrumentos de publicidad noticia de que dispone, la misma se vería truncada por el tenor del artículo 29 LSC y por el rango reglamentario de aquella norma[130].

2.3. La influencia del carácter omnilateral del protocolo familiar

Dentro del análisis de los efectos jurídicos que *in naturalibus* presenta el protocolo frente a la sociedad ha de ser tenida en cuenta necesariamente la circunstancia que concierne al carácter omnilateral que tiene por lo general dicho convenio familiar[131]. En este sentido, dentro de la esfera

---

[130] En materia de pactos parasociales, el panorama descrito se ha visto innecesariamente complicado a través de la ley 28/2022, de 21 de diciembre, «de fomento del ecosistema de las empresas emergentes». Concretamente, a través de su artículo 11, cuyo número 2, primer inciso, cuyo tenor es el siguiente: «*Los pactos de socios en las empresas emergentes en forma de sociedad limitada serán inscribibles y gozarán de publicidad registral si no contienen cláusulas contrarias a la ley*». Este «gran mal precepto» provoca, a salvo de mejor criterio, un sin fin de interrogantes. Por lo pronto, ante el silencio absoluto del Preámbulo, resulta extremadamente difícil conocer la razón de la medida, la inscripción en el registro mercantil del pacto de socios en una empresa emergente, puesto que: *i*) ha sido prevista la misma «en exclusiva» para lo que en realidad no es ni un nuevo tipo societario ni una forma especial de un tipo societario, la empresa emergente; *ii*) tales compañías nacen además, por voluntad del legislador, con una vocación de temporalidad en su específica condición, para lo cual, entre otros factores, no hay más que constatar la imposibilidad de repartir dividendos o los límites dispuestos al volumen de negocio; *iii*) resta, en consecuencia, la incógnita acerca del porvenir de la inscripción del pacto de socios y del propio pacto también, una vez se pierda la condición de empresa emergente; *iv*) se prescinde en ella, por añadidura, de todo el procedimiento de publicidad previsto en el RD 171/2007, lo cual, no obstante, es perfectamente comprensible. Por fortuna, en lo que al presente estudio concierne, el artículo 11 no modifica lo expuesto en él, y esto por varias razones: *i*) puesto que el pacto de socios referido por la norma afecta a aquel dispuesto entre los socios fundadores de la llamada *start-up* y los socios inversores y no, por tanto, al protocolo familiar; ii) es más, este último responde como se ha dicho a la condición de contrato atípico, pero dispone ya de un *nomen iuris*, el cual no es mencionado por el legislador. A partir de estos extremos, así como de muchos otros concernientes al precepto, surgen aún más dudas; *v.gr.*, la oponibilidad frente a la sociedad emergente del pacto social inscrito cuando su contenido choca con los estatutos de la sociedad limitada; entre otros. Y el problema deriva para el futuro, pues parece clara la tendencia; o no, esperemos, al menos con el mismo nivel en lo que a técnica legislativa se refiere.

[131] Esta nota de omnilateralidad del protocolo familiar es destacada en Nieto Carol, Ubaldo, «Algunas consideraciones respecto al protocolo familiar como pacto parasocial», en *Sobre el contrato de sociedad*, ed. María Belen González Fernández, vol.

doctrinal, no han sido pocos los argumentos que se han esgrimido a favor de reconocer la oponibilidad frente a la sociedad del llamado pacto omnilateral, esto es, aquel suscrito por los mismos socios que integran la totalidad del capital social. El razonamiento seguido, al menos en algunos de sus extremos, nos sirve para describir la influencia que la omnilateralidad provoca en el ámbito social[132]. Se desatacan los siguientes:

Primero, cuando el pacto es efectivamente suscrito por todos los socios difícilmente se puede hablar de algo ajeno a la sociedad. La sociedad no es un tercero en esos casos. Tal ajenidad sería en realidad una ficción que no se puede tolerar[133].

Segundo, el pacto omnilateral debe equipararse a la norma estatutaria, siendo irrelevante la formalización de aquel y la falta de publicidad legal, y ello habida cuenta que la identidad del sustrato asociativo lleva a una recta aplicación de la teoría del levantamiento del velo.

Tercero, no hay razón para negar su oponibilidad en tanto el interés social se identifica con el de los socios.

Cuarto, el acuerdo social adoptado con contravención del pacto omnilateral contraría a la buena fe, artículo 7.1 del Código civil; o supone un abuso de derecho, artículo 7.2, esto es, incurre en una infracción de ley.

I, Valencia, tirant lo blanch, 2024, p. 645 y 646. En aquellos supuestos en los que la sociedad esté participada también por ajenos a la familia, estaríamos ante una circunstancia distinta, en la que la omnilateralidad sólo podría ser predicada para el pacto parasocial, en su caso. En tal caso se trataría más bien de una medida de refuerzo de la eficacia del pacto.

132 Se toman los recogidos en MARTÍNEZ ROSADO, J., *Los pactos…*, *op.cit.*, p.185-188.

133 No está de más recordar el planteamiento de Carnelutti, al denunciar el paralogismo que provoca la tendencia a la deshumanización de las personas jurídicas y esto sobre la base de definirlas como un ente ideal separado, un núcleo de intereses o como una ficción del derecho. No en vano, las personas físicas son también jurídicas, al estar dotadas de personalidad jurídica; y las jurídicas, al estar compuestas de seres humanos, son también físicas. A partir de aquí, manifiesta su preferencia por las nociones de «persona simple» y «persona compleja», las cuales se muestran en correspondencia con lo siguiente, recogido en

> La terminología romana, sin duda alguna más feliz en este aspecto, que la moderna, hablaba de «*universitas personarum*», palabras que ponen bien de manifiesto el proceso de unificación en que la combinación consiste. Y basta usar de esta excelente expresión antigua para que el lector penetre la analogía, en este aspecto también, entre las personas y las cosas, pensando en la cuestión paralela de la «*universitas rerum*» [CARNELUTTI, FRANCESCO, *Teoría general del derecho*, trad., Carlos G. Posada, Madrid, Revista de Derecho Privado, 1941, p. 149 y 150].

Y quinto, no parece razonable que se permita a alguien ampararse provisionalmente en una regla para dilatar el cumplimiento de su compromiso. La no oponibilidad del pacto suscrito «repugna en cierto modo al sentido de justicia material».

Se ha advertido ya que la posición del TS sobre la eficacia *ad extra* de tales pactos omnilaterales ha sido objeto recientemente de un meritorio esfuerzo clarificador, al menos en algunos de sus extremos. Como punto de partida, se ha de aplicar la regla legal de la inoponibilidad de los pactos parasociales a la sociedad; también del protocolo familiar. Por tanto, no se admite como excepción a la referida inoponibilidad el mero hecho de estar suscrito el acuerdo por todos los socios. Ahora bien, a continuación, siempre sobre la base de la presencia de pactos omnilaterales, concretamente protocolos familiares, reconoce la Sala de lo civil la operatividad, en el ámbito de las relaciones entre los socios y la sociedad, de los principios generales del derecho contractual. De esta manera, cabe afirmar que los protocolos pueden ser oponibles a la sociedad cuando esas reglas esenciales han sido trasgredidas. El recurso expuesto, hasta la fecha, lo ha llevado a cabo el Tribunal Supremo haciendo hincapié en dos reglas fundamentales, el principio de la libertad de contratación y de disposición personal, STS 120/2020, y la buena fe, STS 300/2022. Procede verlas por separado.

Por lo que respecta a la STS 120/2020, de 2 de febrero, se trató de un protocolo familiar suscrito en el año 1983, sin mención en su clausulado al periodo de eficacia. En él se fijaron de manera permanente unos coeficientes de participación vinculantes para cada uno de los firmantes en todas las sociedades integrantes del grupo familiar. Treinta años más tarde, varios miembros procedieron a realizar diferentes negocios dispositivos, provocando la alteración de aquellos coeficientes. Al amparo de las normas estatutarias tales contratos eran eficaces. Mediante la invocación de los compromisos asumidos en el acuerdo parasocial familiar, se insta por los demás socios, aquellos que no transmitieron, la nulidad de tales negocios dispositivos, de manera que los coeficientes quedaran de nuevo en los términos del protocolo, todo ello sin perjuicio de reclamar las indemnizaciones pertinentes. En primera instancia quedó desestimada la demanda, corriendo la misma suerte el recurso de apelación interpuesto. Se recurre en casación. Tras una serie de largas consideraciones acerca de cuestiones relativas a la oponibilidad de los acuerdos parasociales, invoca el TS los principios de libertad de contratación y de disposición personal y patrimonial para desestimar el recurso. Lo hace en los términos siguientes:

> *Como se ha afirmado en tales precedentes, el principio de la autonomía de la voluntad de las partes en la contratación (arts. 1255 y 6.2 CC) permite que*

en un ámbito interno, sin que pueda tener reflejo en la sociedad en sí, varios socios puedan concretar acuerdos que sindiquen su voto o que limiten su facultad de transmisión de las acciones, sin que por ello quepa considerar vulnerado el art. 29.1 LSRL (actual art. 107 TRLSC). En este sentido se ha declarado que este precepto tiene un carácter imperativo e indisponible dentro del marco social, lo que implica que, salvo previsión estatutaria, ningún órgano o acuerdo social podrá impedir la libre transmisión de participaciones sociales entre socios. Ahora bien, si un socio voluntariamente desea limitar de forma privada esa facultad de disposición respecto de sus propias participaciones, se considera que con ello no se vulnerará el precepto expresado, en tanto no se pretenda que ese convenio o declaración de voluntad alcance un carácter general o se integre dentro de los acuerdos sociales.

Ahora bien, dicho lo anterior, lo que en este momento se dilucida no es si genéricamente un acuerdo privado de sindicación es contrario o no a tales normas, sino de forma concreta si un convenio en el que se vinculan de forma perpetua las participaciones y los derechos que de ella se derivan es válido o no. Y en este sentido no admite discusión que la vinculación permanente, real o personal, está proscrita en nuestro derecho civil, siendo uno de los principios esenciales del derecho civil codificado posterior a la Revolución francesa el dela libertad de los bienes y de las personas, en contraposición de los derechos de vinculación vigentes en el Antiguo Régimen. Por ello no cabe, como se ha dicho en los citados precedentes judiciales, convertir a los socios sindicados en socios perpetuos de la sociedad, al no poder retirarse de la misma según el pacto.

En consecuencia no puede admitirse la validez de los pactos de sindicación permanente, no por la razón de vulnerar de forma directa preceptos explícitos del régimen legal societario sobre límites legales a la transmisibilidad de las acciones (cfr. art. 123 y ss. LSC) o de participaciones (arts. 107 y ss. LSC), sino más ampliamente por vulnerar principios básicos de naturaleza jurídica de la relación social y del ordenamiento civil, singularmente el principio de libertad de la contratación y de disposición personal y patrimonial, en los términos examinados. Consideraciones que resultan extrapolables al presente caso relativo a acuerdos de distribución de porcentajes fijos de propiedad del capital entre los socios.

En el presente caso una interpretación del protocolo familiar de 1983 controvertido en el sentido de mantener indefinidamente las limitaciones a la libre transmisibilidad de las acciones y participaciones sociales, impidiendo modificar el porcentaje de participación de cada socio en el capital social, y generando una suerte de vinculación perpetua de los derechos de los socios, resultaría contraria a los límites citados, según se ha expuesto ampliamente "supra", sin que la posibilidad de denuncia o apartamiento unilateral de lo previsto en el protocolo, una vez satisfecha la finalidad principal a que respondió de asegurar una ordenada sucesión en las empresas familiares tras el fallecimiento de los fundadores, conforme a la interpretación del mismo hecha en las instancias, pueda ser tachada de contraria a la proscripción del abuso de derecho o a la buena fe contractual (art. 7.1 CC)[134]

Ahora bien, pese las muchas consideraciones que se hacen en el sentencia acerca de la cuestión de la oponibilidad del protocolo frente a la sociedad, lo cierto es que el recurso poco parece tener que ver en realidad con dicha cuestión. De hecho, la sociedad emisora no fue demandada, y el pacto sí tiene eficacia entre los socios firmantes del acuerdo, como obviamente reconoce la Sala; de aquí que se suscitara la nulidad de los contratos de venta y permuta y la correspondiente indemnización. Todo, por tanto, en línea con el planteamiento de que la transmisión ajustada a los estatutos, pero hecha con infracción de las reglas limitativas de la transmisibilidad establecidas en el protocolo, tiene una eficacia interna entre los socios del acuerdo parasocial. En esta línea, por ejemplo, Fundamento jurídico 5.4 de la STS 300/2022, de 7 de abril.

La operatividad de la buena fe, en el marco de las relaciones entre los socios firmantes y la sociedad, lleva sobre todo a la STS 300/2022. En ella el Alto Tribunal expone las razones de la operatividad de este principio general: evitar «*que la mera aplicación de ciertas reglas concretas del ordenamiento pueda llevar a un resultado que repugne al más elemental sentido jurídico*»[135]. De este modo, en la medida en que, en virtud de él, se puede llegar a provocar el resultado de la oponibilidad de ese pacto, habrá que determinar si la actuación del impugnante constituye o no una vulneración al principio de la buena fe[136]. En todo caso, la invocación con éxito de este mecanismo tiene

---

[134] Fundamento de derecho 3.2 de la STS 120/2020, de 20 de febrero. En definitiva, tras la dicha sentencia del TS parece haber adquirido una gran relevancia la cuestión de la vigencia en el tiempo de los pactos parasociales. Los riesgos que, en virtud de la posición del Alto Tribunal, provoca la omisión de un plazo de duración, conducen forzosamente a una previsión expresa en el pacto. Acerca de la importancia de fijar un plazo para la prestación accesoria se ha manifestado López Sánchez, Manuel-Ángel, «La configuración estatutaria de las prestaciones accesorias en la sociedad anónima», en *Derecho de sociedades anónimas [en homenaje al profesor José Girón Tena]*, ed. A. Alonso Ureba et al., Madrid, Civitas, 1991, p. 845.

[135] Fundamento jurídico 5.3 de la STS 300/2022. Bajo esta perspectiva, en un nivel doctrinal, se puede situar la afirmación contenida en Serra Callejo, J., *Validez… op.cit.*, p. 11:

[…] el artículo 29 de la LSC debe interpretarse como una llamada a aplicar como regla general la solución de ineficacia del pacto *ad extra*, pero esto evidentemente no deroga principios esenciales del derecho, que pueden reclamar la afectación a la sociedad […].

[136] Fundamento jurídico 4.3 de la STS 300/2022, de 7 de abril. La Sala hace hincapié en algunas de las manifestaciones de la buena fe, tales como la teoría de los actos

para la jurisprudencia un carácter excepcional, que conduce a una aplicación del mismo prudente y ponderada, considerando las circunstancias particulares del caso y su intervención subsidiaria a falta de otros remedios legales para la defensa del derecho de crédito lesionado[137].

Del contenido de la sentencia 300/2022 se desprende que el Tribunal Supremo determina efectivamente la procedencia de un análisis en la litis acerca del cumplimiento de los límites de la buena fe, análisis que nos interesa en esta sede en la medida en que, como se ha dicho, puede derivar en la oponibilidad a la sociedad del pacto omnilateral. Es más, lo hace, según parece, tanto en los casos de impugnaciones de acuerdos sociales contrarios al pacto como en aquellos otros que resultaran conformes al mismo, pero en contradicción con los estatutos. Los vemos por separado.

a. Impugnación de un acuerdo societario contrario al pacto parasocial suscrito por todos los socios[138]. En este punto el aviso a navegantes es palmario:

> *Cuando se ha pretendido impugnar un acuerdo social, adoptado por la junta de socios o por el consejo de administración, por la exclusiva razón de que es contrario a lo establecido en un pacto parasocial, esta Sala ha desestimado la impugnación*[139].

---

propios y del levantamiento del velo y la interdicción del abuso del derecho; Fundamento jurídico 5.3.

Es importante añadir que, a juicio del Alto Tribunal, la aplicación en este ámbito del principio de la buena fe no supone una inversión o derogación singular de la regla legal de la inoponibilidad, sino un criterio distinto, cual es la simple aplicación de una regla general del ordenamiento jurídico, en concreto la buena fe en las relaciones negociales. No obstante, en el Fundamento jurídico 6.5 se reconoce explícitamente lo siguiente: «[...] la regla de la inoponibilidad no carece de excepciones, fundamentalmente basadas en el principio de la buena fe [...]».

137 STS 300/2022, de 7 de abril, Fundamentos de derecho 4.3, 55, 5.3.

138 STS 1136/2008, de 10 de diciembre; 128/2009 y 138/2009, de 6 de marzo; y 131/2009, de 5 de marzo.

139 Fundamento de derecho 5.1 de la STS 300/2022, de 7 de abril. Por lo que respecta a la posición de la DGSJyFP, se encuentra la Resolución de 26 de octubre de 1989, asunto *Promociones Keops*. Tuvo por objeto un contrato de pignoración de acciones del único socio, donde: *i*) en el contrato de prenda se pacto que el derecho de voto permanecía en el deudor; *ii*) en los estatutos se recogía que pasaban al acreedor. Este último convoca una junta la cual adopta unos acuerdos lesivos para el deudor. El Registrador denegó la inscripción de tales acuerdos, por actuarse en ellos de manera abusiva y contraria a la buena fe. La entonces DGRN desestima el recurso. Se reconoce que el acreedor puede ejercitar el derecho de voto, pero no convocar la junta ni sustituir a los socios, ni designar administrado-

A continuación se viene a explicar el modo en que se entiende esa exclusividad: *i*) cuando se trata de un acuerdo que no contraría ni la ley ni los estatutos y que no causa lesión, en beneficio de uno o varios accionistas o de terceros, a los intereses de la sociedad[140]; *ii*) lo anterior debe ser considerado sin perjuicio de la intervención, cuando proceda, de las limitaciones que imponen las exigencias derivadas de la buena fe y de la interdicción del abuso del derecho[141].

b. Impugnación de un acuerdo societario conforme con el pacto parasocial suscrito por todos los socios, pero contrario a los estatutos; la llamada doctrinalmente «oponibilidad inversa»[142]. Aquí el criterio de la jurisprudencia es el de considerar dicha impugnación contraria a las exigencias de la buena fe, con abuso de derecho. Así:

> […] *quienes, junto con el demandante, fueron parte de este pacto parasocial omnilateral y constituyen el único sustrato personal de las sociedades, podían confiar legítimamente en que la conducta del demandante se ajustara a la reglamentación establecida en el pacto parasocial* [[143]].

---

res, pues ello equivaldría a un apoderamiento de la cosa dada en prenda. *Vid.*, MARTÍNEZ ROSADO, J., *Los pactos…*, *op.cit.*, p.181 y 182. La toma en consideración también DIÉZ ESTELLA, FERNANDO, «El "enforcement" de los pactos parasociales: su oponibilidad frente a la sociedad», en *Acuerdos y pactos parasociales: una visión práctica de su contenido*, ed. Luis Cazorla González-Serrano y Alberto Alonso Ureba, Cizur Menor (Navarra), Thomson Reuters-Aranzadi, 2018, p. 84.

Las críticas a la posición del TS en cuanto a la oponibilidad directa, han sido muchas; *vid.*, ibídem, El «enforcement»…, op.cit., p.100, nota 51. Todas se centran en que en tales circunstancias el acuerdo que contraviene un pacto parasocial omnilateral supone un ejercicio de derecho contrario a la buena fe, infringe los deberes fiduciarios de los socios, y es, en última instancia, lesivo contra el interés social; ibídem, *El «enforcement»…*, *op.cit.*, p.99. *Vid.*, ibídem, *El «enforcement»…*, *op. cit.*, p.103 y 106.

140 Fundamento jurídico 5.2, STS 300/2022, de 7 de abril.

141 Fundamento jurídico 5.3 de la STS 300/2022, de 7 de abril.

142 STS 103/2016, de 25 de febrero. El pacto reconocía el derecho de voto en favor del usufructuario de las participaciones, del que por tanto quedaban privados los nudos propietarios. El acuerdo se tomó bajo esas condiciones. Los estatutos al no establecer nada al respecto determinaban la aplicación de la regla del artículo 127,1 LSC.

143 Fundamento jurídico 5.5 de la STS 300/2022, de 7 de abril. En él se añade:

> *La solución se basó, por tanto, no en una inversión o derogación singular de la regla legal de la inoponibilidad de los pactos parasociales a la sociedad, sino en un criterio distinto: la aplicación de la regla general de la buena fe y, en conexión con ella, el principio de la confianza legítima (art. 7.1 CC), en relación con el incumplimiento por el impugnante de lo pactado en el acuerdo extraestatutario, acuerdo del que era parte.*

Los dos apartados anteriores permiten confirmar una idea ya expuesta: en abstracto, la Sala estima por igual la vigencia de los límites de la buena fe, tanto en los casos de impugnaciones de acuerdos sociales contrarios al pacto como en aquellos otros que resultaran conformes al mismo, más en contradicción con los estatutos. No obstante lo dicho, parece existir un elemento en contra de esta conclusión: las propias consideraciones que *obiter dicta* hace el tribunal, al advertir acerca de la necesidad de determinar si la actuación del impugnante constituye o no una vulneración al principio de la buena fe[144]. Interesa exponerlas en su literalidad:

> *La jurisprudencia de la Sala se ha enfrentado tanto a supuestos en se impugnaban acuerdos sociales por no respetar lo pactado extraestatutariamente, como a supuestos en que la acción tenía por objeto anular un acuerdo social por ser contrario a los estatutos sociales, cuando tales acuerdos se adoptaban de conformidad con los acuerdos parasociales. La solución en ambos casos es diversa en función de si la actuación del impugnante, en caso de estar vinculado por el compromiso parasocial, constituye o no una vulneración de las exigencias de la buena fe (lo que no constituye contradicción, sino respuestas diferentes para supuestos distintos).*

Más lo cierto es que sí parece existir una contradicción. Por un lado, se afirma que la buena fe es ponderada en función de la actuación del impugnante, lo que de algún modo parece plantear a la buena fe como una regla que opera por vía de excepción contra el demandante; pero, por otro, la misma Sala reconoce la posibilidad de aplicar la regla de la buena fe cuando el acuerdo contraríe el acuerdo parasocial[145]. Acerca de este último extremo convendría recordar que el impugnante actúa sobre la base de la confianza legitima que dimana del pacto, que determinó el sentido de su voto. En consecuencia, la impugnación podría encontrar su fundamento en que quienes votaron a favor del acuerdo, que por ello nunca pueden ser impugnantes, defraudaron esa confianza y, en consecuencia, conculcaron el principio de la buena fe. En definitiva, y sin perjuicio de mejor criterio, parece que el problema derivado de la doctrina de la buena fe, aplicada a la materia de los pactos parasociales omnilaterales, sigue abierto; en concreto, con relación a los acuerdos contrarios a ellos.

Por último, la doctrina ha tenido ocasión de incidir acerca de la oponibilidad del pacto omnilateral a la sociedad en aquellos casos en que esta ha sido también suscriptora de él. El objeto de este proceder es evidente, la oponibilidad. Se pretende así que, en virtud de ella, pueda la mercantil

144 Fundamento jurídico 4.3 de la STS 300/2022, de 7 de abril.

145 Fundamento jurídico 5.3 de la STS 300/2022, de 7 de abril, antes trascrito.

imponer el cumplimiento del pacto a los demás firmantes y, en su caso, soportar las consecuencias de su incumplimiento, esgrimidas por los socios discrepantes. En todo caso, las posiciones distan de ser uniformes[146]. Pues bien, frente a este panorama, lo cierto es que, sorprendentemente, la STS 300/2022, en su Fundamento de derecho 6.5, ha venido a añadir una ventana más a la cuestión de la oponibilidad, que no es otra que la suscripción por la sociedad del pacto. Lo hace en los siguientes términos, que de nuevo se reproducen en su integridad:

> *La sentencia 296/2016, de 5 de mayo, constituye un exponente más (y no una excepción) de la reiterada doctrina de esta Sala sobre la validez y eficacia inter partes de los pactos parasociales, y así lo manifiesta con toda claridad (en un supuesto de sindicación de acciones) cuando afirma que "el pacto de sindicación de acciones es un acuerdo extrasocietario o parasocial generalmente no oponible a la sociedad (art. 7.1 LSA, actual art. 29.1 LSC), pero de eficacia vinculante para quienes lo suscriben". El adverbio "generalmente" no contradice la doctrina de la Sala, sino que se adecúa en rigor a la misma, pues, como hemos visto, la regla de la inoponibilidad no carece de excepciones, fundamentalmente basadas en el principio de la buena fe, y otros conectados con éste como el de la confianza legítima o la interdicción del abuso de derecho (a lo que deben sumarse los supuestos en que la propia sociedad sea firmante de los pactos).*

No obstante, se trata de un razonamiento *obiter dicta*, lo que obliga a darle el valor que como tal le corresponde. Por lo pronto, resulta obligado determinar que en el objeto del litigio, el mismo que determinó la STS 300/2022, no es posible encontrar un acuerdo parasocial, en este caso un protocolo familiar, que hubiera sido firmado por la sociedad afectada. Esto, por sí solo, debería impedir tener a aquella afirmación, relativa a la oponibilidad del pacto suscrito por la sociedad, como un precedente judicial ante un caso donde sí concurriera uno[147]. A partir de aquí, el interés de esta mención de la Sala no se encuentra alejado de aquel que tendría citar algún trabajo publicado por el ponente de la sentencia[148].

---

146 *Vid.*, Martínez Rosado, J., *Los pactos…*, *op.cit.*, p. 170.

147 Acerca de la distinción entre jurisprudencia vinculante y precedente judicial, *vid.*, Puig Brutau, José, «Cómo ha de ser invocada la doctrina civil del Tribunal Supremo», en *Medio siglo de estudios jurídicos*, Valencia, tirant lo blanch, 1997, p. 208.

148 ibídem, *Cómo ha de ser invocada…*, *op.cit.*, p.196:

Es necesario recurrir a la experiencia judicial anterior y examinar lo resuelto por el Tribunal Supremo en otro caso igual o semejante. Lo que pudo decir no deja de tener interés como mero *obiter dictum*, pero se trata del mismo interés que tendría citar algún trabajo publicado por el ponente de la sentencia. La fuerza vinculante de la jurisprudencia, su máxima fuerza persuasiva ante el planteamiento de un

De cualquier modo, la afirmación transcrita hubiera precisado de un desarrollo argumental, que no existió, entre otras razones para establecer una relación entre la excepción a la inoponilidad del acuerdo suscrito también por la sociedad y el tenor del artículo 29 LSC. Cosa distinta pudiera ser que la ventana abierta por aquel inciso opere simplemente con el propósito sujetar a la misma sociedad suscriptora a la exigencias de la buena fe, pues ya interviene como parte del contrato. Esto dotaría de mayor sentido, no a la incompleta manifestación *obiter dicta* del Alto Tribunal, sino al hecho de la firma del acuerdo parasocial por la mercantil.

Bibliografía

ALBALADEJO GARCÍA, MANUEL: «Solo el testador puede partir su herencia», *Revista de la Facultad de Derecho de la Universidad de Oviedo*, n.º 71 (1954): p. 45-58.

ÁLVAREZ DE LINERA GRANDA, PABLO: *Protocolo familiar, naturaleza jurídica y eficacia procesal*, Madrid: Akal, 2019.

ÁLVAREZ LATA, NATALIA: *Aspectos civiles de la empresa familiar: economía familiar y sucesión hereditaria*, Oleiros (La Coruña): Netbiblo, 2011.

CÁMARA LAPUENTE, SERGIO: «Artículo 829», en *Código civil comentado*, editado por Ana Cañizares Laso, Pedro De Pablo Contreras, Francisco Javier Orduña Moreno y Rosario Valpuesta Fernández, vol. II, p. 921-929, Madrid: Thomson Reuters-Civitas, 2011.

ibídem: «Artículo 831», en *Código civil comentado*, editado por Ana Cañizares Laso, Pedro De Pablo Contreras, Francisco Javier Orduña Moreno y Rosario Valpuesta Fernández, vol. II, p. 929-945, Madrid: Thomson Reuters-Civitas 2011.

CÁMARA LAPUENTE, SERGIO «Artículo 826», en *Código civil comentado* editado por Ana Cañizares Laso, Pedro De Pablo Contreras, Francisco Javier Orduña Moreno y Rosario Valpuesta Fernández, vol. II, p. 909-916, Cizur Menor (Navarra): Civitas-Thomson Reuters, 2011.

CANO MARTÍNEZ DE VELASCO, JOSÉ IGNACIO: *La prohibición de los contratos sucesorios*, Barcelona: J. M. Bosch, 2002.

CAÑIZARES LASO, ANA: *Comunidad hereditaria y sucesión de la empresa*, Valencia: tirant lo blanch, 2019.

CARBALLO FIDALGO, MARTA: «Artículo 1056», en *Código civil comentado*, editado por Ana Cañizares Laso, Pedro De Pablo Contreras, Francisco Javier Orduña Moreno y Rosario Valpuesta Fernández, vol. II, p. 1882 p., Cizur Menor (Navarra): Civitas-Thomson Reuters, 2011.

CARNELUTTI, FRANCESCO: *Teoría general del derecho*, traducido por Carlos G. Posada, Madrid: Revista de Derecho Privado, 1941.

---

nuevo caso, hay que buscarla en lo que el Tribunal hizo y en las razones por las qué lo hizo (*ratio decidendi*)

CASTÁN VÁZQUEZ, JOSÉ MARÍA: «Notas sobre la sucesión contractual en el Derecho español», *Anuario de Derecho Civil* 17, n.º 2 (1964): p. 367-382.

CAZORLA GONZÁLEZ-SERRANO, LUIS, y PEDRO NEIRA FERNÁNDEZ: «Pactos parasociales: una aproximación a su naturaleza y contenido básico», en *Acuerdos y pactos parasociales: una visión práctica de su contenido,* editado por Luis Cazorla González-Serrano y Alberto Alonso Ureba, p. 23-74, Cizur Menor (Navarra): Thomson Reuters-Aranzadi, 2018.

CREMADES GARCÍA, PURIFICACIÓN: *Sucesión "mortis causa" de la empresa familiar: la alternativa de los pactos sucesorios,* Madrid: Dykinson,, 2014.

ibídem: *Sucesión mortis causa de la empresa familiar: la alternativa de los pactos sucesorios,* Madrid: Dykinson, 2014.

CUCURULL POBLET, TATIANA: *El protocolo familiar mortis causa,* Madrid: Dykinson, 2015.

ibídem: «La fiducia sucesoria en la empresa familiar», *Revista Crítica de Derecho Inmobiliario,* n.º 783 (2021): p. 317-348.

DIÉGUEZ OLIVA, ROCÍO: «Notas sobre algunos aspectos sucesorios de los protocolos familiares», en *Estudios de derecho de sucesiones "Liber Amicorum" Teodora F. Torres García,* editado por Andrés Domínguez Luelmo, María Paz García Rubio y Margarita Herrero Oviedo, p. 1450 p., Madrid: La Ley, 2014.

DIÉZ ESTELLA, FERNANDO: «El "enforcement" de los pactos parasociales: su oponibilidad frente a la sociedad», en *Acuerdos y pactos parasociales: una visión práctica de su contenido,* editado por Luis Cazorla González-Serrano y Alberto Alonso Ureba, p. 75-122, Cizur Menor (Navarra): Thomson Reuters-Aranzadi, 2018.

DÍEZ SOTO, CARLOS MANUEL: «La *sucesión mortis* causa en la empresa familiar», en *Tratado jurídico y fiscal de la empresa familiar,* p. 871 p., Valencia: Tirant lo Blanch, 2021.

EGEA FERNÁNDEZ, JOAN: «Protocolo familiar y pactos sucesorios», *Indret: Revista para el Análisis del Derecho,* n.º 3 (2007).

ENCISO ALONSO-MUÑUMER, MARÍA TERESA: «El protocolo familiar», en *Tratado jurídico y fiscal de la empresa familiar* p. 127-158, Valencia: tirant lo blanch, 2021.

ESPEJO LERDO DE TEJADA, M: *La sucesión contractual en el Código civil,* Sevilla: Universidad de Sevilla, 1999.

ESPEJO LERDO DE TEJADA, MANUEL: «Artículo 841», en *Código civil comentado* editado por Ana Cañizares Laso, Pedro De Pablo Contreras, Francisco Javier Orduña Moreno y Rosario Valpuesta Fernández, vol. II, p. 978-986, Cizur Menor (Navarra): Civitas-Thomson Reuters, 2011.

FERNÁNDEZ DEL POZO, LUIS: *El protocolo familiar: empresa familiar y publicidad registral,* Cizur Menor (Navarra): Thomson-Civitas, 2008.

FERNÁNDEZ-TRESGUERRES GARCÍA, ANA: *Transmisión mortis causa de la condición de socio: un estudio de la sociedad limitada familiar,* Pamplona: Aranzadi, 2008.

FREYBURGER, GÉRARD: *Fides. Étude sémantique et religieuse depuis les origines jusqu'à l'époque augustéene,* Paris: Les Belles Lettres, 1986.

GARCÍA RUBIO, MARÍA PAZ, y MARGARITA HERRERO OVIEDO: «Pactos sucesorios en el Código Civil y en la ley de derecho civil de Galicia», en *Tratado de derecho de sucesiones: código civil y normativa civil autonómica: Aragón, Baleares, Cataluña, Galicia, Navarra, País Vasco,* vol. I, p. 1259-1316: Thomson-Civitas, 2011.

GARRIDO DE PALMA, VÍCTOR MANUEL: «La sociedad anónima limitada familiar: la transmisión de acciones, de participaciones sociales y el cambio de socios en las mismas», en *Estudios de Derecho Mercantil en homenaje al profesor Manuel Broseta Pont,* vol. II, p. 1569-1602, Valencia: Tirant lo Blanch, 1995.

ibídem: «Los actuales artículos 831 y 1056-2.º del Código Civil: aplicaciones prácticas ante el sistema de legítimas», *Revista Jurídica del Notariado,* n.º 55 (2005): p. 121-136.

GIMENO BEVIÁ, VICENTE: *El pacto de socios en las Startup,* Valencia: tirant lo blanch, 2024.

GIRÓN TENA, JOSÉ: *Derecho de sociedades,* Madrid, 1976.

GOMÁ LANZÓN, FERNANDO: «Un pacto sucesorio olvidado pero potencialmente muy útil: la promesa de mejorar o no mejorar del art. 826 CC», *El notario del siglo XXI,* n.º 110 (2023).

HUERTA TRÓLEZ, ANTONIO: «La empresa familiar ante el fenómeno sucesorio», *Revista Jurídica del Notariado,* n.º 50 (2004): p. 93-138.

JUÁREZ GÓNZALEZ, JAVIER MÁXIMO: «El protocolo familiar: valor y eficacia jurídica, coordinación del protocolo familiar con los estatutos sociales y con la organización jurídica personal de sus miembros», en *El protocolo familiar: consejos prácticos para su elaboración,* p. 183-200: Sección de Empresa Familiar de laAsociación Española de Asesores Fiscales, 2019.

LACRUZ BERDEJO, JOSÉ LUIS, y FRANCISCO DE ASIS SANCHO REBULLIDA: *Derecho de Sucesiones* vol. I, 2ª ed., Barcelona: Bosch, 1976.

LÓPEZ SÁNCHEZ, MANUEL-ÁNGEL: «La configuración estatutaria de las prestaciones accesorias en la sociedad anónima», en *Derecho de sociedades anónimas [en homenaje al profesor José Girón Tena],* editado por A. Alonso Ureba, J. Domínguez, G. Esteban Velasco y R. García Villaverde, p. 835-873, Madrid: Civitas, 1991.

LORA-TAMAYO-RODRIGUEZ, ISIDORO: «Sinopsis de la obra "la partición convencional" de Manuel Espejo Lerdo de Tejada», *Revista Jurídica del Notariado,* n.º 107 (2018): p. 471-488.

MAGARIÑOS BLANCO, VICTORIO: *Libertad para ordenar la sucesión: libertad de testar*: Dykinson, 2022.

MALDONADO ORTEGA, PEDRO JOSÉ: «Pactos parasociales: naturaleza y eficacia jurídica», *Cuadernos de derecho y comercio,* n.º extraordinario (2017): p. 257-296.

MARÍN LÁZARO, RAFAEL: «La partición de la herencia hecha por actos "inter vivos"», *Revista general de legislación y jurisprudencia,* n.º 176 (1944): p. 213-238.

MARTÍNEZ ROSADO, JAVIER: *Los pactos parasociales,* Madrid: Marcial Pons, 2017.

MARTÍNEZ-GIL VICH, IGNACIO: «La importancia del título sucesorio para la continuidad de la empresa familiar», *Cuadernos de derecho y comercio,* n.º 1 [extra] (2017): p. 581-630.

MIGUEL ROSES, MARÍA ROSARIO DE: «Artículo 15: Transmisiones forzosas y "mortis causa"», *Cuadernos de derecho y comercio,* n.º 1 (2010): p. 245-252.

MORALES BARCELÓ, JUDITH: «Pactos parasociales vs estatutos sociales: eficacia jurídica e impugnación de acuerdos sociales por su infracción», *Revista de derecho de sociedades*, n.º 42 (2014): p. 169-193.

MORENO VÁZQUEZ, PEDRO: «Estudio práctico», en *Los pactos parasociales*, p. 9-44, Cizur Menor (Navarra): Thomson Reuters Aranzadi, 2018.

NAVAS NAVARRO, SUSANA: «El pacto sucesorio de atribución particular en el Código civil de Catalunya», *Indret: Revista para el Análisis del Derecho*, n.º 1-35 (2009).

NIETO CAROL, UBALDO: «Algunas consideraciones respecto al protocolo familiar como pacto parasocial», en *Sobre el contrato de sociedad*, editado por María Belen González Fernández, vol. I, p. 643-670, Valencia: tirant lo blanch, 2024.

NOVAL PATO, JORGE: *Los pactos omnilaterales, su oponibilidad a la sociedad: diferencia y similitudes con los estatutos y los pactos parasociales*, Navarra: Civitas-Thomson Reuters, 2012.

OLMEDO CASTAÑEDA, FRANCISCO JAVIER: «Prohibición de los pactos sucesorios en el Derecho común: cuestionamiento de su "ratio Legis": propuesta para su admisibilidad», *Anuario de Derecho Civil* 72, n.º 2 (2019): p. 447-483.

ORDÓÑEZ ARMÁN, F.M: «La autonomía de la voluntad y el Derecho de Sucesiones en Galicia», *Discursos Académicos de la Real Academia gallega de Jurisprudencia y Legislación* (2011). Disponible en https://ragjyl.gal/wp-content/uploads/2016/12/Libro-Francisco-Ordonez.pdf.

PAZ-ARES, CÁNDIDO: «El "enforcement" de los pactos parasociales», *Actualidad Jurídica Uría &Menéndez* 5, (2003): p. 19-43.

ibídem: «La validez de los pactos parasociales», *Diario La Ley*, n.º 7714 (2011): p. 1-6.

PÉREZ MILLÁN, DAVID: «De la posible impugnación de acuerdos sociales por infracción de pactos parasociales», en La Junta General de las sociedades de capital: cuestiones actuales, p. 427-441: Madrid:Colegio Notarial de Madrid, 2009, 2009.

PRIETO SANCHÍS, LUIS: «Política legislativa, técnica legislativa y codificación en los albores del siglo XXI», *Anuario de historia del derecho español*, n.º 82 (2012): p. 387-409.

PUIG BRUTAU, JOSÉ: «Cómo ha de ser invocada la doctrina civil del Tribunal Supremo», en *Medio siglo de estudios jurídicos*, Valencia: tirant lo blanch, 1997.

ibídem: «El testamento del empresario», en *Medio siglo de estudios jurídicos*, p. 350-371, Valencia: Tirant lo Blanch, 1997.

REQUEIXO SOUTO, XAIME MANUEL: «Pactos de atribución particular post mortem: ámbito del artículo 1271, ap. 2ª, del Código civil», *Anuario de Derecho Civil* 65, n.º 4 (2012): p. 1745-1781.

ROCA SASTRE, RAMÓN MARÍA: «La sucesión contractual en Derecho común y en las legislaciones forales», en *Estudios de derecho privado*, editado por Roca Sastre y Puig Brutau, vol. II p. 391-423, Madrid: Aranzadi, 2009.

ibídem: «Partición de herencia por actos "inter vivos"», en *Estudios de derecho privado*, editado por Ramón María Roca Sastre y José Puig Brutau, Madrid: Thomson Reuters Aranzadi, 2009.

RODRIGUEZ-ARIAS: «Efectos de la partición inter vivos», *Revista General de Legislación y Jurisprudencia* 191, (1952).

RUBIO GARRIDO, TOMÁS: *La partición de la herencia*, Navarra: Thomson Reuters Aranzadi, 2017.

RUEDA ESTEBAN, LUIS: *La delegación de la facultad de mejorar del art. 831 del Código Civil: auténtica fiducia sucesoria en derecho civil común*, Las Rozas, Madrid: La Ley, 2015.

ibídem: «La tradicional prohibición de la sucesión contractual en el derecho civil común español y panorama de la cuestión en los países de Iberoamérica», en *Homenaje a José María Castán Vázquez: liber amicorum*, p. 1433-1488, Valencia: Tirant lo Blanch, 2019.

SÁEZ LACAVE, MARÍA ISABEL: «Los pactos parasociales de todos los socios en Derecho español. Una materia en manos de los jueces», *Indret: Revista para el Análisis del Derecho*, n.º 3 (2009): p. 103-123. .

SÁNCHEZ ARISTI, RAFAEL: «Propuesta para una reforma del Código civil en materia de pactos sucesorios», en *Derecho de sucesiones: presente y futuro: XII Jornadas de la Asociación de Profesores de Derecho Civil, Santander, 9 a 11 de febrero de 2006*, p. 477-541, Murcia, 2006.

SERRA CALLEJO, J: «Validez y eficacia de los pactos parasociales: un enfoque sistemático», *Revista CEFLegal*, n.º 249 (2021): p. 5-46.

SERRANO ACITORES, ANTONIO: «Los pactos parasociales en la empresa familiar: el protocolo familiar», en *Acuerdos y pactos parasociales: una visión práctica de su contenido*, editado por Luis Cazorla González-Serrano y Alberto Alonso Ureba, p. 169-210, Cizur Menor (Navarra): Thomson Reuters-Aranzadi, 2018.

SERRANO CAÑAS, JOSÉ MANUEL: *El cambio generacional en empresas familiares*, Madrid: Marcial Pons, 2013.

TAMAYO HAYA, SILVIA: «Artículo 1814», en *Código civil comentado* editado por Ana Cañizares Laso, Pedro De Pablo Contreras, Francisco Javier Orduña Moreno y Rosario Valpuesta Fernández, vol. III, p. 1120-1123, Cizur Menor (Navarra): Civitas-Thomson Reuters, 2011.

URRUTIA BADIOLA, ANDRÉS: «La fiducia sucesoria ¿una institución con futuro?», *Legaltoday.com* (2008). Disponible en https://www.legaltoday.com/practica-juridica/derecho-civil/civil/la-fiducia-sucesoria-una-institucion-con-futuro-2008-04-01/.

VALLET DE GOYTISOLO, JUAN B.: *Apuntes de derecho sucesorio*, Madrid: Instituto Nacional de Estudios Jurídicos, 1955.

ibídem: «Contenido cualitativo de la legítima de los descendientes en el código civil», *Anuario de derecho civil* 23, n.º 1 (1970): p. 9-121.

ibídem: «Panorama de las legitimas y de su diversa naturaleza», en *Libro homenaje a la memoria de Lorenzo Herrera Mendoza*, vol. I, p. 575-595., Caracas, 1970.

ibídem: «Aclaraciones acerca de la naturaleza de la legítima», *Anuario de derecho civil* 39, n.º 3 (1986): p. 833-849.

VALMAÑA CABANES, ANTONIO: *El régimen jurídico del protocolo familiar*, Granada: Comares, 2014.

VALVERDE HUERTA, ÁNGEL: «Derechos y obligaciones de los socios», en *El protocolo familiar: consejos prácticos para su elaboración*, p. 127-168: Sección de Empresa Familiar de laAsociación Española de Asesores Fiscales, 2019.

VAQUERIZO, A: «Comentario al art.29 LSC», en *Comentario a la Ley de Sociedades de Capital*, editado por Ángel Rojo Fernández-Río, Ángel Rojo Fernández-Río y Emilio Beltrán, p. 396-405, Madrid: Civitas, Tomson Reuters, 2011.

Sección II
Cuestiones generales de contratación

La transparencia material: algunas cuestiones controvertidas[*]

LUIS MARÍA MIRANDA SERRANO
Catedrático de Derecho Mercantil de la Universidad de Córdoba

"La transparencia es fundamental para garantizar las elecciones de los consumidores en aquello cuya determinación se confía al mercado y a la competencia. Lo que está exento de control de contenido debe someterse a un control de consentimiento, y viceversa, lo que no está sometido a controles de consentimiento suficientes debe quedar sometido a control de contenido" (J. M. MIQUEL GONZÁLEZ)

SUMARIO: I. PLANTEAMIENTO Y PROPÓSITO. II. POSICIÓN DE LA JURISPRUDENCIA Y LA DOCTRINA SOBRE LA CUESTIÓN QUE SE ANALIZA. 1. La jurisprudencia. 2. La doctrina. III. MI FORMA DE ENTENDER ESTE ASUNTO EN COHERENCIA CON EL FUNDAMENTO DEL CONTROL DE TRANSPARENCIA MATERIAL. 1. Preliminar. 2. Argumento dogmático. 3. Argumento normativo. 4. Consecuencias negociales específicas para las cláusulas materialmente no transparentes. IV. A MODO DE EPÍLOGO.

[*] Este trabajo se inserta dentro de los siguientes proyectos de investigación: 1º) Proyecto financiado por el Ministerio de Ciencia e Innovación e intitulado "Modernización y mejora de la protección jurídica de los consumidores en un mercado en creciente digitalización" (referencia: PID2020-117872RB-100), del que son Investigadoras Principales el Prof. Dr. Luis María MIRANDA SERRANO y el Prof. Dr. Javier PAGADOR LÓPEZ; 2º) Proyecto UCOLIDERA financiado por el Plan Propio de Investigación de la Universidad de Córdoba e intitulado "La protección del consumidor ante los retos de la digitalización: aspectos contractuales y concurrenciales", del que es Investigador Principal el Prof. Dr. Antonio CASADO NAVARRO. Por otra parte, estas páginas son la versión escrita de la Ponencia presentada al "III Congreso nacional de Notarios y Profesores de Derecho mercantil" (celebrado en el Colegio Notarial de Valencia los días 5 y 6 de octubre de 2023) que tuvo como base mi trabajo "Consecuencias de la falta de transparencia material de las cláusulas no negociadas individualmente: a propósito de algunas experiencias en el sector financiero", publicado en la *Revista de Derecho del Sistema Financiero,* núm. 4, 2022, págs. 111 y ss. Todas las referencias a recursos electrónicos (*webgrafía*) realizadas en el trabajo tienen como fecha de última consulta el día 29 de noviembre de 2023.

I. PLANTEAMIENTO Y PROPÓSITO

Mis primeras palabras en esta majestuosa sede del ilustre Colegio Notarial de Valencia que nos acoge han de expresar un doble sentimiento de agradecimiento y satisfacción. Como es natural, el agradecimiento ha de ir dirigido a los directores de este Congreso, D. Francisco González Castilla y D. Ubaldo Nieto Carol, por haber tenido la amabilidad de cursarme invitación para participar en él. Y la satisfacción deriva de que es para mí un placer participar como ponente en este evento y poder compartir momentos académicos y personales con queridos y admirados colegas de la Universidad, así como con destacados miembros del cuerpo del Notariado.

Entrando ya en el cometido que se me ha asignado, he de partir de subrayar algo que todos ustedes conocen bien. Me refiero a la existencia de consenso en nuestra comunidad jurídica a la hora de entender que el conocido como *control de transparencia material* (para diferenciarlo del *control de transparencia formal* o *control de inclusión o de incorporación*, en terminología más clásica) constituye hoy —y desde hace ya algunos años— una institución central del Derecho de la contratación estandarizada de consumo, esto es, de la celebrada entre empresarios y consumidores (contratos B2C) a través de condiciones generales y clausulados predispuestos[1].

---

1 Alguna aclaración ha de hacerse sobre la *distinción entre los controles de transparencia formal y material* [pese a que hay quien se manifiesta partidario de no efectuar diferencias entre ambas modalidades de transparencia: NIETO CAROL, U., "El control de incorporación y transparencia en los contratos bancarios", en GONZÁLEZ CASTILLA, F. y NIETO CAROL, U. (Dirs.), *Retos de la contratación mercantil moderna*, Ed. tirant lo blanch, Valencia, 2022, págs. 304 y ss.]. Como se sabe, el sistema de economía de mercado solo puede funcionar adecuadamente cuando los consumidores conocen y comprenden de manera efectiva el contenido principal o esencial de las transacciones económicas que efectúan. Pero esta no es la misión del *control de transparencia formal o control de inclusión o incorporación*, cuya finalidad no consiste en que el consumidor conozca los contenidos de las cláusulas no negociadas individualmente, sino solo en que tenga la posibilidad de conocerlos. Tampoco al control de contenido o abusividad le incumbe esta tarea. El único control que puede garantizar el conocimiento efectivo por el consumidor del contenido esencial del contrato es el llamado *control de transparencia material*, cuya finalidad estriba en velar por la transparencia de las cláusulas contractuales que contienen los aspectos del contrato que resultan decisivos para obtener el consentimiento del consumidor. Se explica así que la transparencia material imponga al predisponente la carga de probar que las estipulaciones atinentes al objeto principal del contrato fueron efectivamente conocidas, comprendidas y consentidas por el adherente a la hora de emitir su consentimiento negocial. Bien entendido que esta carga probatoria no queda levantada con la simple demostra-

El consenso desaparece, sin embargo, a la hora de entender no pocos de los extremos configuradores de este control, al presentarse bastantes de ellos como controvertidos. Lo que, por cierto, no debe causar sorpresa ni extrañeza. Antes bien, este dato concuerda plenamente con la naturaleza de Ciencia social que es inherente al Derecho, respecto de la cual puede

---

ción del cumplimiento de las exigencias derivadas del control de transparencia formal. En otras palabras, cabría afirmar que el *control de transparencia formal* requiere comprobar que las condiciones generales son accesibles y comprensibles, con la finalidad de asegurarse de que el adherente ha tenido la oportunidad de conocerlas y comprenderlas al tiempo de la celebración del contrato. En cambio, el *control de trasparencia material* es bastante más exigente, al tratar de garantizar que el consumidor-adherente tiene un pleno y real conocimiento del producto o servicio que adquiere (*rectius,* del objeto principal del contrato y de la correspondencia entre precio y prestación), con la finalidad de poder tomar su decisión de contratar de forma auténticamente libre, esto es, teniendo la posibilidad real de comparar la oferta que se le hace con otras también presentes en el mercado. En suma, el control de transparencia material puede concebirse, en efecto, "como la exigencia de que el consumidor tenga un conocimiento real de las cargas jurídicas y económicas que le suponen las cláusulas del contrato que va a firmar", entendiéndose por cargas jurídicas "la comprensión de la exacta posición de cada parte en el contrato y de los riesgos legales que conlleva la operación", y por cargas económicas "la onerosidad o sacrificio patrimonial que puede existir para cada firmante a cambio de la prestación económica que desea obtener": DELGADO TRUYOL, A., "Un monstruo llamado transparencia material", 24 de septiembre de 2019, disponible en línea en https://www.hayderecho.com/2019/09/24/un-monstruo-llamado-transparencia/. O, si se prefiere, el control de transparencia material puede definirse como aquel control que "tiene por objeto examinar si la configuración de la reglamentación predispuesta responde a los previos y especiales deberes contractuales que el profesional tiene de facilitar la comprensibilidad material, que no formal y gramatical, de los aspectos o elementos que definan el producto o servicio ofertado, su correcto cumplimiento y los riesgos asociados al mismo. De forma que el consumidor y usuario comprenda no solo el significado general de la contratación, sino también el alcance jurídico y económico de los compromisos asumidos" (artículo 1º —de modificación del TRLGDCU mediante una nueva redacción de su artículo 90.bis apdo. 2— de la Proposición de Ley de impulso de la transparencia en la contratación predispuesta, que en 2017 presentó el Grupo Socialista y que, afortunadamente, no llegó a ser aprobada, dados los muchos errores en los que incurría, como expuse en mi trabajo "El control de transparencia de condiciones generales y cláusulas predispuestas en la contratación bancaria", *InDret,* núm. 2 de 2018, *passim.* El texto de dicha Proposición de Ley está disponible en línea en la siguiente dirección electrónica: https://www.psoe.es/media-content/congreso/171102_PPL_Impulso_de_la_transparencia_en_la_contratacixn_predispuesta.pdf).

afirmarse (en los términos sentenciados magistralmente por Karl Popper) que el saber en estado puro e incontrovertible es inaccesible[2].

Dentro de los extremos controvertidos del control de transparencia material cabría mencionar, entre otros, los siguientes: 1°) En primer lugar, la conexión del este control con el de transparencia formal, como sostienen algunos, o con el control de contenido o abusividad, como viene postulándose por un sector doctrinal con el refrendo de nuestro Tribunal Supremo (en lo sucesivo: TS)[3]. 2°) En segundo lugar, su fundamento o razón de ser, pues mientras hay quienes lo ubican en la protección del consentimiento de los adherentes, otros, en cambio, lo conciben como un genuino control de contenido de cláusulas no negociadas individualmente definitorias del objeto principal del contrato[4]. 3°) Finalmente, las consecuencias derivadas de su incumplimiento, consistentes para unos en la apertura del control de contenido o abusividad, y para otros en la ilicitud (*rectius,* nulidad) directa o automática de las estipulaciones materialmente no transparentes[5].

---

[2] POPPER, K., *La Lógica de la investigación científica* (trad. por SÁNCHEZ ZABALA), Ed. Tecnos, Madrid, 1962, *passim,* y también del mismo autor *El desarrollo del conocimiento científico. Conjeturas y refutaciones* (trad. por MÍQUEZ), Ed. Paidós, Buenos Aires, 1979, *passim.*

[3] Este extremo no carece de relevancia práctica, pues la conexión con el control de contenido o abusividad impide su aplicación a los contratos entre empresarios y/o profesionales (contratos B2B), mientras que la conexión con el control de transparencia formal se traduciría en una aplicación a dichos contratos. Así lo apunta, entre nosotros, CÁMARA LAPUENTE cuando señala que "el nuevo *control de transparencia* (sustantiva) de los contratos de consumo establecido desde la STS de 9 mayo 2013 tampoco se puede emplear en los contratos entre empresarios según la reciente STS de 3 junio 2016. Sin embargo, *para conseguir su plena aplicación a estos contratos no sería preciso un cambio legislativo,* sino que *bastaría con que el TS recalificase la naturaleza jurídica de ese control,* que él mismo equiparó a un control material o de contenido con abusividad directa de la cláusula no transparente, y lo engastase dentro del control de incorporación que sí es aplicable por efecto de la LCGC tanto a contratos en los que el adherente es un consumidor como a aquellos que es el adherente es un empresario": "Control de cláusulas predispuestas en contratos entre empresarios", 27 de junio de 2016, disponible en https://almacende derecho.org/ control-clausulas-predispuestas-contratos-empresarios

[4] A esta cuestión me referiré expresamente más adelante con cita de doctrina al respecto.

[5] Es cierto, en honor a la verdad, que las mencionadas en el texto no son todas las cuestiones controvertidas que existen en torno al control de transparencia material. A ellas cabría añadir alguna más. Así ocurre, en concreto, con la determinación del *carácter objetivo o subjetivo* de este deber de transparencia derivado de la Directiva

93/13/CEE. Al respecto, no faltan quienes se inclinan por su carácter objetivo, al poner de manifiesto que lo que a través de él se exige al predisponente es que la estipulación o cláusula en cuestión (que ha de ser relativa a los elementos esenciales del contrato o, si se prefiere, al objeto principal del contrato o a la adecuación entre precio y prestación) pueda ser conocida y comprendida por el adherente medio, dadas las circunstancias concurrentes en cada caso. De modo que, desde este punto de vista, la transparencia material no requiere que el consumidor llegue a conocer y comprender de forma efectiva la estipulación, pues de acogerse esta concepción subjetiva de la transparencia —se argumenta—, lo que se estaría evaluando es el consentimiento del adherente. Y, en opinión de esta doctrina, dicha idea ha de descartarse, dado que para tal menester el ordenamiento jurídico ya cuenta con el instrumento de la anulabilidad por los vicios del consentimiento que afectan a la libertad de saber de uno de los contratantes (error y/o dolo) [CÁMARA LAPUENTE, S., "Hacia el carácter abusivo directo de las cláusulas no transparentes", en *Revista Jurídica sobre Consumidores y Usuarios,* número relativo al I Congreso sobre el principio de transparencia en la contratación predispuesta y su proyección como valor transversal de la sociedad, disponible en línea en https://www.unirioja.es/dptos/dd/civil/docs/transparencia_camara _2021.pdf, págs. 27 y ss.]. En apoyo de esta concepción objetiva de la transparencia material se invoca la jurisprudencia del TS. No en vano —se dice—, en la mayoría de sus sentencias dicho órgano jurisdiccional no ha dudado en afirmar que el control de transparencia material supone un "parámetro abstracto de validez" de la cláusula. Aunque es cierto, al mismo tiempo, que esta doctrina advierte la existencia de resoluciones en las que para constatar el cumplimiento de la transparencia material el TS apela a que el consumidor concreto, a la vista de la información y documentación que le ha sido aportada por el predisponente, llegue a conocer y comprender de modo efectivo o real la carga jurídica y económica derivada de la cláusula controvertida sobre la que versa el litigio. Entre las SSTS en las que se aprecia una subjetivación del control de transparencia cabe citar, por ejemplo, la STS de 9 de marzo de 2017, en la que el control de transparencia se configura como un parámetro subjetivo de validez, toda vez que permite declarar la transparencia de la cláusula controvertida (una cláusula suelo) si el consumidor conoció su existencia y alcance por cualquier medio. En palabras del TS, "en cada caso pueden concurrir unas circunstancias propias cuya acreditación, en su conjunto, ponga de relieve con claridad el cumplimiento o incumplimiento de la exigencia de transparencia". En el caso enjuiciado por el TS en esta resolución se sostuvo que la cláusula era transparente porque el hecho de que los porcentajes de suelo y techo estuviesen en negrita evidenciaba que la cláusula no aparecía enmascarada ni diluía la atención de los contratantes; y porque, además, el notario autorizante advirtió expresamente a los contratantes de la existencia de la cláusula. A mi juicio, esta concepción subjetiva de la transparencia es la aceptable. La objetiva no llega a convencerme porque la convierte en una modalidad de control de transparencia formal, pero de carácter cualificado; algo así como una prolongación de los requisitos de inclusión o de incorporación, pero reforzados, al afectar a las cláusulas que fijan los elementos esenciales del contrato (esto es, a lo que el artículo 4.2 de la Directiva 93/13/CEE denomina objeto principal y adecua-

En realidad, todas estas cuestiones están estrechamente conectadas entre sí. De ahí que la respuesta que se confiera a una de ellas dependa, en gran medida, de la que se ofrezca a las demás. Por eso, aunque yo me propongo centrar aquí la atención en la tercera (es decir, en las consecuencias derivadas de la no superación del control de transparencia material), al abordarla trataré de responder también a las dos primeras. Y adelanto que mi respuesta no coincide ni con la defendida por el sector mayoritario de la doctrina privatista, ni con la tesis oficial sostenida por la jurisprudencia nacional y europea.

El propósito que persigo es claro. Se trata de abordar y argumentar si las cláusulas relativas a los elementos esenciales o parte económica del contrato (o, si se prefiere —y más fielmente a la terminología empleada por la Directiva sobre cláusulas abusivas—, a las estipulaciones atinentes al objeto principal del contrato y/o a la adecuación entre precio y prestación) que no superan el control de transparencia material han de someterse al control de contenido o abusividad o, en cambio, han de reputarse directa y automáticamente nulas de pleno Derecho.

---

ción entre precio y prestación). Sobre la subjetivación del control de transparencia, *ad ex.*, AGÜERO ORTIZ, A., "Análisis jurisprudencial de la evolución del control de transparencia de las cláusulas suelo", en *Revista CESCO de Derecho de Consumo*, núm. 36, 2020, págs. 92 y ss., quien apunta que fue a partir de la STJUE de 21 de diciembre de 2016 (que declaró que la limitación de los efectos retroactivos de la declaración de abusividad de las cláusulas suelo era contraria a la Directiva 93/13/CEE) tuvo lugar una subjetivación del control de transparencia de las cláusulas suelo en la jurisprudencia de la Sala 1ª del TS, sobre todo (apunta esta autora) "como mecanismo de mitigación de los efectos restitutorios, ahora, inevitables" (pág. 93). En todo caso, al margen de mi opinión sobre este singular asunto, lo que no parece discutible es que nos encontramos ante una cuestión controvertida de la transparencia material. Prueba de ello es el planteamiento por la Sala 1ª del TS de una cuestión prejudicial al TJUE en la que, en esencia, le formula la pregunta de si "una acción colectiva de cesación, en la que por definición debe realizarse un control abstracto, es adecuada para realizar el control de transparencia, que por su propia naturaleza requiere un examen concreto de las particulares relaciones contractuales en cuyo marco se integran las cláusulas controvertidas, especialmente en lo relativo a la información precontractual facilitada al consumidor a fin de que este tenga conciencia de la carga jurídica y económica de tales cláusulas" (más información en TAPIA HERMIDA, A., J. "Control de transparencia abstracto o concreto: Esa es la cuestión con las cláusulas suelo. Acción colectiva de cesación por una asociación de consumidores: Petición de decisión prejudicial al TJUE por la Sala 1ª de lo Civil del TS", 11 de julio de 2022, disponible en línea en https://ajtapia.com/2022/07/control-de-transparencia-abstracto-o-concreto-esa-es-la-cuestion-con-las-clausulas-suelo-accion-colectiva-de-cesacion-por-una-asociacion-de-consumidores-peticion-de-decision-prejudicial-al-tjue-por/).

II. POSICIÓN DE LA JURISPRUDENCIA Y LA DOCTRINA SOBRE LA CUESTIÓN QUE SE ANALIZA

Previamente a exponer mi forma de entender la cuestión a la que acabo de referirme, conviene realizar una aproximación a lo que sobre ella piensan tanto la jurisprudencia (*infra*, 1) como la doctrina (*infra*, 2).

1. *La jurisprudencia*

Desde 2014, el Tribunal de Justicia de la Unión Europea (en adelante: TJUE) no ha dudado en concebir el control de transparencia material como un paso previo al control de contenido o abusividad. En su opinión, cuando las cláusulas relativas al objeto principal del contrato no superan el control de transparencia (por no suministrar al adherente información clara y comprensible sobre la carga jurídica y económica que asume en el negocio), incumbe al órgano jurisdiccional competente examinar si tienen o no carácter abusivo, con vistas a determinar si contravienen o no la buena fe originando un desequilibrio importante entre los derechos y las obligaciones de las partes. A juicio del Alto Tribunal europeo, solo quedan exentas de la apreciación sobre su posible carácter abusivo aquellas estipulaciones negociales relativas a la parte económica del contrato que el tribunal competente estime que han superado exitosamente el control de transparencia material. Esta tesis del TJUE es desarrollo de lo dispuesto por el artículo 4.2 de la Directiva de cláusulas abusivas, en donde encuentra concreción normativa la transparencia material. Según el Alto Tribunal comunitario, la exigencia de redacción clara y comprensible a la que se refiere el precepto mencionado ha de interpretarse de forma extensiva, no bastando para su cumplimiento con la legibilidad física y comprensibilidad formal y gramatical de la estipulación. Antes bien, considera necesario que el contrato exponga de forma transparente las razones económicas subyacentes a la aplicación de la cláusula, su modo de funcionamiento y su relación con otras cláusulas del negocio. Todo ello con vistas a que el consumidor-adherente se encuentre en condiciones de valorar (sobre la base de criterios precisos) los riesgos que asume y las consecuencias económicas derivadas del contrato que concluye[6].

---

[6] En la dirección apuntada se inscriben, por ejemplo, la STJUE de 30 de abril de 2014 en el asunto *Kásler vs OTP Jelzálogbank ZRT,* la STJUE de 26 de febrero de 2015 en el asunto *Bogdan Matei, Ioana Ofelia Matei y SC Volksbank România SA,* y la STJUE de 26 de enero de 2017 en el asunto *Banco Primus, SA y Jesús Gutiérrez.* En la doctrina, acerca de esta jurisprudencia, pueden consultarse, entre otros: MÚR-

En lo que concierne a nuestro TS, es verdad que en un considerable número de sentencias (relativas sobre todo a cláusulas suelo) su Sala 1ª se ha decantado claramente por aplicar la tesis contraria a la del TJUE, según la cual la falta de transparencia material de una estipulación relativa a los elementos esenciales del contrato comporta *per se* su ilicitud en forma de nulidad. Sin embargo, finalmente el Alto Tribunal español ha abandonado esta dirección para adherirse a la seguida por el TJUE. Especialmente ilustrativas de esta otra forma de enfocar y resolver el asunto son la muy célebre STS de 9 de mayo de 2013 sobre cláusulas suelo (que fue precisamente el primer paso dado por nuestro Alto Tribunal en la construcción judicial del control de transparencia material, anterior incluso a la existencia de ningún pronunciamiento al respecto por parte del TJUE), así como las SSTS de 12 de noviembre de 2020 relativas a préstamos hipotecarios con tipos de interés variable referenciados al índice IRPH. En concreto, en estas últimas resoluciones el TS parte de sostener que el hecho de que una determinada cláusula "no sea transparente, no quiere decir que siempre y automáticamente sea abusiva". Y añade a continuación que, en lo que se refiere a las estipulaciones relativas al objeto principal del contrato o a la adecuación entre precio y prestación (*ex* artículo 4.2 de la Directiva 93/13/CEE), resulta aplicable la jurisprudencia del TJUE, según la cual "una vez apreciada la falta de transparencia es cuando debe hacerse el juicio de abusividad"[7].

TULA LAFUENTE, V., "La evolución de la jurisprudencia del TJUE en materia de cláusulas abusivas de intereses y su interpretación del artículo 4.2 de la Directiva 93/13/CEE", en ÁLVAREZ LATA, N. y PEÑA LÓPEZ, F. (Dirs.), *Mecanismos de protección del consumidor de productos y servicios financieros*, Ed. Aranzadi, Cizur Menor, 2021, págs. 84 y ss.

7 Junto a la mencionada STS de 9 de mayo de 2013 sobre cláusulas suelo y a las SSTS de 12 de noviembre de 2020, relativas a préstamos hipotecarios con tipo de interés variable referenciados al índice IRPH, otras SSTS que se inscriben en esta dirección y, por tanto, acogen la tesis oficial del TJUE son, *ad ex.*, las SSTS de 8 de septiembre de 2014, de 9 de marzo de 2017 y de 11 de octubre de 2019. Al respecto, entre otros muchos: ASUA GONZÁLEZ, C. I., "La falta de transparencia de las cláusulas no negociadas individualmente en la contratación con consumidores en el Derecho español", *Anuario de Derecho Privado*, núm. 1, 2019, págs. 56 y ss. (disponible en línea en la dirección electrónica https:// anuarioderechoprivado.uniandes.edu.co/images/pdfs/02-Asua.pdf); SANDE MAYO, M.J., "Las cuestiones no resueltas en torno al IRPH: transparencia, abusividad e integración", *Revista de Derecho UNED*, núm. 31, 2023, págs. 312 y ss.

2. *La doctrina*

La doctrina, por su parte, no ofrece una solución unívoca a la cuestión que se analiza. Al respecto, es posible diferenciar dos posiciones distintas que sintéticamente pueden describirse del modo en que lo hago a continuación.

Por un lado, están quienes se apartan de la tesis oficial seguida por la jurisprudencia europea y española, al entender que las estipulaciones relativas a los elementos esenciales del contrato (o, si se prefiere, al objeto principal o adecuación entre precio y prestación) no son susceptibles de ser sometidas al control de contenido o abusividad. Para ello esgrimen como principal argumento la consideración de que la referencia para juzgar la licitud o ilicitud de esta clase de estipulaciones no ha de ser el modelo legal de regulación justa derivado del Derecho dispositivo, los usos y la buena fe (artículo 1258 del Código Civil), sino el consentimiento negocial del adherente o, si se prefiere, las expectativas legítimas y razonables que éste se hizo a la hora de contratar a la vista del contexto general en el que se celebró el contrato[8].

Frente a los anteriores, es considerablemente más numeroso el grupo de privatistas partidarios de entender, en sintonía con la tesis jurisprudencial oficial, que cuando por defectos de transparencia material las estipulaciones contractuales relativas al objeto principal del contrato no pueden ser cabalmente conocidas y comprendidas por el adherente con anterioridad a la celebración del negocio, adquiere una especial importancia su sometimiento al control del contenido o abusividad. En opinión de esta otra doctrina, salvo que una disposición legal diga expresamente una cosa distinta a lo dispuesto por el artículo 4.2 de la Directiva 93/13/CEE, nuestro Derecho no puede interpretarse de forma diferente al sentido que el TJUE ha venido confiriendo a dicho precepto comunitario. Razón por la

---

[8] Entre otros, se pronuncian en esta dirección: PERTÍÑEZ VÍÑCHEZ, F., "Falta de transparencia y carácter abusivo de la cláusula suelo en los contratos de préstamo hipotecario", *InDret*, núm. 3 de 2013, págs. 1 y ss.; ÍDEM, *Las cláusulas abusivas por un defecto de transparencia*, Ed. Aranzadi, Cizur Menor, 2014, *passim*; ÍDEM, *La nulidad de las cláusulas suelo en préstamos hipotecarios*, Ed. tirant lo blanch, Valencia, 2017, *passim*; ALFARO ÁGUILA-REAL, J., " "A las cláusulas predispuestas que regulan los elementos esenciales del contrato no se le aplica el Derecho de las condiciones generales ni el derecho de las cláusulas abusivas", disponible en línea en la dirección electrónica http://derechomercantil espana.blogspot.com.es; PAGADOR LÓPEZ, J., Las cláusulas suelo en la contratación entre empresarios y profesionales. Comentario de la Sentencia del Tribunal Supremo [Sala Primera] de 3 de junio de 2016", *Revista de Derecho Mercantil*, núm. 301, 2016, págs. 405 y ss.

cual no es posible declarar el carácter abusivo (*rectius*, ilícito) de una cláusula relativa al objeto principal del contrato únicamente por su falta de transparencia. Antes bien, para llegar a dicho resultado habrá que someterla previamente al control de contenido o abusividad con la finalidad de determinar si causa o no un desequilibrio importante en los derechos y obligaciones de los sujetos contratantes[9].

III. MI FORMA DE ENTENDER ESTE ASUNTO EN COHERENCIA CON EL FUNDAMENTO DEL CONTROL DE TRANSPARENCIA MATERIAL

1. *Preliminar*

Expuestas sintéticamente las soluciones que a la cuestión abordada ofrecen tanto la jurisprudencia como la doctrina, es el momento de exponer mi opinión al respecto. Sin mayores dilaciones, he de afirmar que soy partidario de entender (tal vez equivocadamente) que la consecuencia derivada de la falta de transparencia material de una cláusula consiste en su automática ilicitud (*rectius,* nulidad). Y para ello me apoyo principalmente en dos argumentos: 1°) El primero tiene carácter dogmático (aunque soy consciente de que quizá este término no sea el más apropiado para designarlo), dada su estrecha relación con la dogmática del contrato en conexión con el que, a mi juicio, constituye el fundamento del control de transparencia material (*infra,* 2). 2°) El segundo posee naturaleza normativa y pone el acento en la existencia en nuestro Derecho de una regulación sobre el control de transparencia material introducida por la Ley Reguladora de los Contratos de Crédito Inmobiliario (en lo sucesivo: LRCCI) que (al menos, desde mi punto de vista) se separa del tenor del artículo 4.2 de la Directiva

---

9 Partidarios de esta otra solución pueden consultarse, entre otros muchos: PAZOS CASTRO, R., *El control de las cláusulas abusivas en los contratos con consumidores,* Ed. Thomson Reuters-Aranzadi, 2017, págs. 439 y ss.; CASADO NAVARRO, A., "El control de transparencia como llave del control de contenido de las cláusulas contractuales predispuestas", *La Ley Mercantil,* núm. 11, 2015, págs. 50 y ss.; NAVAS NAVARRO, S., "Cláusula sobre divisa extranjera en préstamos hipotecarios y falta de transparencia", *Revista CESCO de Derecho de Consumo,* núm. 14, 2015, págs. 149 y 150; MARTÍNEZ ESPÍN, P., *El control de transparencia de condiciones generales en los contratos de préstamo hipotecario,* Ed. Aranzadi, Cizur Menor, 2021, págs. 252 y ss. En concreto, en las referidas obras de PAZOS CASTRO y MARTÍNEZ ESPÍN se mencionan expresamente otros autores partidarios de esta misma solución. Entre ellos, están, *ad ex.*, los civilistas GONZÁLEZ PACANOWSCA y CARRASCO PERERA.

93/13/CEE y conduce a dicho resultado (*infra*, 3). A continuación, explico y desarrollo ambos argumentos.

2. *Argumento dogmático*

En cuanto al que he denominado argumento dogmático, parece conveniente comenzar señalando que, según establece la Comunicación sobre las Directrices de interpretación y aplicación de la Directiva 93/13 de cláusulas abusivas[10], las estipulaciones relativas al "objeto principal del contrato" aluden a las cláusulas que establecen las obligaciones esenciales del contrato y lo caracterizan, a diferencia de las estipulaciones simplemente "accesorias" que no forman parte del concepto de objeto principal del contrato[11]. De modo que, por ejemplo, en un contrato de préstamo bancario serían estipulaciones relativas al objeto principal del negocio las que delimitan la obligación de la entidad financiera de entregar una determinada cantidad de dinero y las que concretan la obligación del cliente-prestatario de devolver dicha cantidad en los plazos convenidos y con los correspondientes intereses que se hubiesen acordado.

Hecha la anterior aclaración, entiendo que está más que justificado conferir un diferente tratamiento jurídico a las cláusulas relativas al objeto principal del contrato frente a las accesorias. Seguidamente explico las razones que sustentan esta afirmación[12]:

a) Cuando el consumidor celebra un contrato a través de condiciones generales y/o clausulados predispuestos, centra su atención en las *estipulaciones constitutivas del objeto principal del contrato que celebra,* respecto de las cuales puede decirse que la competencia funciona, al menos en principio, de manera razonablemente eficiente. Si, por ejemplo, advierte que en el

---

[10] COMUNICACIÓN DE LA COMISIÓN: Directrices sobre la interpretación y la aplicación de la Directiva 93/13/CEE del Consejo sobre las cláusulas abusivas en los contratos celebrados con los consumidores (Texto pertinente a efectos del EEE), en DOUE C 323/4, de 27.9.2019, disponible en línea en https:// eur-lex.europa.eu/legal-content/ES/TXT/HTML/ ?uri=CELEX: 52 019XC0927(01)

[11] Apdo. 3.2.1 de la COMUNICACIÓN.

[12] Que tienen su origen en las reflexiones (a mi juicio, muy atinadas) que sobre este asunto realizan PANTALEÓN PRIETO, F., "Sobre el artículo 4.2 de la Directiva 93/13", 9 de marzo de 2020, disponible https://almacen dederecho.org/sobre-el-articulo-4-2-de-la-directiva-9313, y ALFARO ÁGUILA-REAL, J., "Cláusulas predispuestas que describen el objeto principal del contrato", 21 de marzo de 2017, disponible en https://almacen dederecho.org/clausulas-predispuestas-describen-objeto-principal-del-contrato

contrato de préstamo que le propone una determinada entidad financiera los intereses a pagar son demasiado elevados, se decantará por otra alternativa del mercado que le resulte menos onerosa. De ahí que estas cláusulas no se sometan al control de contenido o abusividad. Su no sometimiento a esta modalidad de control se explica por tratarse de estipulaciones conocidas y consentidas por el adherente en el momento de emitir su consentimiento negocial, de forma similar a las cláusulas que son incorporadas a un contrato como fruto de un proceso de negociación individual. Ahora bien, no parece en modo alguno difícil de comprender que para este tipo de cláusulas sí reviste una importancia capital el control de transparencia material, pues ha de garantizarse en todo momento al adherente un conocimiento cabal de la parte económica del contrato (*rectius*, objeto principal y adecuación entre precio y prestación), que constituye el reducto de contractualidad sobre el que ha de recaer el consentimiento de las partes[13].

---

[13] Recientemente, algún autor se manifiesta contrario a esta idea. A su juicio, el control de transparencia material no debe aplicarse a las cláusulas que constituyen por sí mismas el objeto principal del contrato (como, por ejemplo, la cláusula IRPH, la cláusula de interés remuneratorio en la "hipoteca tranquilidad", o la cláusula de interés remuneratorio en un crédito *revolving*), sino a aquellas que, teniendo carácter accesorio, alteran ese objeto principal (caso, por ejemplo, de la cláusula suelo o de la cláusula multidivisa): RUIZ ARRANZ, A., "Sobre el control de transparencia de las cláusulas predispuestas", 21 de febrero de 2023, disponible en https://almacen dederecho.org/las-clausulas-irph-el-tribunal-de-justicia-y-el-tribunal-supremo (quien, entre otras cosas, sostiene que "no es lo mismo una cláusula que es en sí misma el precio del contrato, que otra cláusula que, siendo accesoria, afecta o justifica incrementos en el precio del contrato imprevisibles para el consumidor", como ocurre, por ejemplo —añade este autor—, con las *cláusulas suelo* que, aunque "no determinan por sí mismas el objeto principal del contrato, el cual se contiene en la cláusula de interés remuneratorio, normalmente referenciado a "Euribor + diferencial", sin embargo, "sí afectan al objeto principal del contrato, cuando resultan de aplicación, es decir, si el Euribor cae por debajo del suelo, e impiden al consumidor beneficiarse de un desenvolvimiento del mercado favorable"; y lo mismo acontece con la *cláusula multidivisa* que "no establece por sí misma el interés remuneratorio del cliente, a pesar de que afecte al montante final", pero "es sin duda fundamental para el contrato", aunque "no determina el precio en sí"). Ahora bien, la cuestión está en preguntarnos si verdaderamente las *cláusulas suelo* o *multidivisa* merecen considerarse accesorias en el sentido de que no definen el objeto principal del contrato, aunque sí llegan a alterarlo. Desde mi punto de vista, esta pregunta ha de responderse negativamente. Como apunta el Profesor PANTALEÓN —con quien coincido—, defender que, por ejemplo, una cláusula multidivisa no define la prestación principal del contrato es insostenible, al menos para los préstamos denominados en moneda extranjera en sentido estricto: PANTALEÓN PRIETO, F., "Las cláusulas IRPH, el Tribunal de Justicia y

b) Sin embargo, las *cláusulas relativas a cuestiones accesorias* (no atinentes al objeto principal del contrato) no son tenidas en cuenta por el consumidor-adherente a la hora de contratar, pues las estipulaciones que las contienen no se leen ni conocen (ni, por tanto, se comprenden) con anterioridad a la celebración del negocio. Razón por la cual el control de contenido o abusividad se erige para este tipo de estipulaciones en el mecanismo idóneo dispuesto por el legislador con vistas a remediar los posibles abusos que a través de ellas puedan cometer los predisponentes en detrimento de los adherentes[14]. Es cierto que el ordenamiento garantiza la posibilidad de conocimiento de este tipo de estipulaciones a través del control de transparencia formal (o control de inclusión o de incorporación), pero ello no implica que sean verdaderamente conocidas por los adherentes a la hora de contratar. Antes bien, lo habitual y razonable en la práctica contractual contemporánea es sean desconocidas por ellos por no haberse parado ni tan siquiera a leerlas. De ahí que el control de contenido o abusividad se

---

el Tribunal Supremo", 28 de agosto de 2023, disponible en línea en la dirección https://almacendederecho.org/las-clausulas-irph-el-tribunal-de-justicia-y-el-tribunal-supremo

14 En este sentido se pronunciaba con gran claridad el Profesor MIQUEL GONZÁLEZ, hace ya algunas décadas, en "Comentario del artículo 10 bis.1, I y IV, LGDCU", en MENÉNDEZ, A., DÍEZ-PICAZO, L. (Dirs.) *Comentarios a la Ley sobre condiciones generales de la contratación,* Ed. Civitas, 2002, pág. 913. Según sus palabras, la transparencia "cumple la misión de garantizar que el cliente conozca o pueda conocer la carga económica que en conjunto el contrato supone para él y la prestación que va a obtener de la otra parte, o, si se quiere, la equivalencia de las prestaciones, siempre que el contrato se ejecute conforme a lo previsto. No hay control de equilibrio de las prestaciones, sino control de claridad para que le pueda ser imputado el conocimiento de las prestaciones que asumen las partes en el desenvolvimiento normal del contrato. Esto puede conocerlo o no, pero le es imputable su conocimiento si la condición general o la cláusula predispuesta que contiene la determinación de los elementos esenciales es transparente. *La transparencia es fundamental para garantizar las elecciones de los consumidores en aquello cuya determinación se confía al mercado y a la competencia. Lo que está exento de control de contenido debe someterse a un control de consentimiento, y viceversa, lo que no está sometido a controles de consentimiento suficientes debe quedar sometido a control de contenido. En cuanto a los elementos esenciales, la buena fe exige transparencia sobre lo que típicamente provoca la decisión del consumidor. No se controla el equilibrio objetivo de las prestaciones de las partes, pero sí la claridad de las mismas.* Naturalmente, la falta de transparencia debe entrañar algún perjuicio para el consumidor, pero este no ha de consistir en un desequilibrio económico objetivo entre las prestaciones, sino que basta que el contrato en su normal ejecución suponga para él una mayor carga económica respecto de la que razonablemente podía ser prevista, aunque esté justificada objetivamente" (cursiva propia).

presente en estos casos como un instrumento de gran relevancia ideado por el Derecho para poner coto a los posibles abusos que a través de estas cláusulas cometen los predisponentes en perjuicio de los adherentes[15].

Con la finalidad de comprender mejor lo que acabo de expresar, cabría afirmar que, en lo que concierne a las cláusulas que definen el objeto principal del contrato, el mensaje que el legislador envía al consumidor podría concretarse en el conocido eslogan "busca, compara y si encuentras algo mejor, cómpralo". En cambio, el mensaje del legislador relativo a las estipulaciones accesorias sería muy distinto y podría formularse del modo siguiente: "No malgastes tu tiempo en leer y comprender este tipo de cláusulas; te compensa mucho más confiar en que si hubiera alguna o algunas que merecieran considerarse abusivas, por contravenir las exigencias de la buena fe objetiva mediante la generación de un desequilibrio importante entre los derechos y obligaciones de las partes, dichas estipulaciones serán nulas y se tendrán, sin más, por no puestas"[16].

Aclarado lo anterior, procede ahora dilucidar si resulta o no coherente con la teoría general del contrato y, en especial, con el fundamento dogmático del control de transparencia material, someter a control de contenido o abusividad las cláusulas predispuestas relativas al objeto principal del contrato que incumplen las exigencias derivadas de la transparencia material: ¿Si una cláusula de este tipo no es materialmente transparente debe someterse al control de contenido o abusividad con vistas a determinar si comporta o no un desequilibrio importante de los derechos y obligaciones de las partes contratantes?

---

15 Por tanto, como se infiere de lo expuesto, desde mi punto de vista habría que diferenciar dos tipos de cláusulas: 1ª) las atinentes al objeto principal del contrato y a la equivalencia entre precio y prestación (no sometidas al control de contenido o abusividad, pero sí al control de transparencia formal y material), y 2ª) las accesorias (sometidas al control de transparencia formal —no al material— y al control de contenido o abusividad). Frente a esta forma de entender el asunto, otra doctrina diferencia tres categorías diversas de estipulaciones: 1ª) las cláusulas completamente accesorias (sometidas al control de transparencia formal o control de inclusión o incorporación *ex* artículo 5.1 Directiva 93/13), 2ª) las cláusulas accesorias pero afectantes al objeto principal del negocio y especialmente al precio (sujetas al control de transparencia material *ex* artículo 4.2 Directiva 93/13), y 3ª) las cláusulas que determinan el precio por completo (que quedan fuera de todo control): RUIZ ARRANZ, A., "Sobre el control de transparencia de las cláusulas predispuestas", *cit. supra.* Esta clasificación, sin duda meritoria, no llega a convencerme por lo que expongo *supra*, en la nota precedente.

16 PANTALEÓN PRIETO, F., "Sobre el artículo 4.2 de la Directiva 93/13…", *cit. supra.*

Desde mi punto de vista (quizás equivocado), la respuesta a esta pregunta ha de ser negativa. A mi juicio, dichas cláusulas no son susceptibles de control de contenido o abusividad por cuanto que, como señalé más arriba, los adherentes dirigen (o deben dirigir) su atención cuando contratan precisamente a ellas, de modo que se aproximan bastante a las estipulaciones que son resultado de un proceso de negociación individual. Esta es la razón por la que este tipo de estipulaciones han de ser materialmente transparentes, esto es, conocidas y comprendidas por los adherentes en el momento de emitir sus consentimientos negociales, pues de lo contrario merecerán reputarse abusivas e ilícitas (y, por ende, nulas de pleno derecho)[17].

En mi opinión, por tanto, el control de transparencia material se presenta como una manifestación expresa de la *protección del consentimiento negocial*, lo que posee especial relevancia para resolver la cuestión que aquí se analiza. En otros términos, cabría afirmar que a través de este control trata de garantizarse que el adherente no se encuentre con sorpresas (*rectius*, cláusulas sorprendentes o sorpresivas) relativas al objeto principal del contrato que contradigan las legítimas y razonables expectativas que se hizo a la hora de contratar en consideración al contexto general en el que se celebró el contrato y a todas las circunstancias concurrentes.

Es cierto que la aceptación de esta idea relativa a la estrecha conexión apreciable entre la transparencia material y el consentimiento contractual puede traducirse en la formulación de soluciones jurídicas diferentes. En efecto, cabe, por un lado, sostener que las cláusulas no transparentes (a las que podemos también denominar sorprendentes o sorpresivas) plantean un problema de "consentimiento viciado", que puede reconducirse bien a la figura del "error parcial" o a la del "dolo incidental". Pero también es posible ver en las estipulaciones no transparentes un problema de "au-

[17] Como se infiere de las consideraciones que sobre esta materia realiza RUIZ ARRANZ, A., "Sobre el control de transparencia de las cláusulas predispuestas", *cit. supra*, esta opinión coincide con la mantenida por la comunidad jurídica alemana, según la cual la ausencia de transparencia comporta directamente la abusividad tanto de las cláusulas puramente accesorias como de las accesorias que afectan al objeto principal del contrato. En efecto, como añade este autor (con apoyo en autores tales como JANSEN y WURMNEST), la doctrina alemana "advierte que, de lo contrario, convertir la transparencia en un requisito independiente de la abusividad —es decir, considerarla simplemente una estación de paso hacia ella— es tanto como diluirla y deshinchar el mandato de transparencia exigido para la condiciones generales; por eso, una cláusula puede ser abusiva bien por generar un desequilibrio importante entre los derechos y obligaciones de las partes, o bien por falta de transparencia".

sencia o falta de consentimiento", al considerar que dichas estipulaciones no forman parte de la oferta negocial, merced a su inclusión furtiva en el contrato por parte del predisponente[18].

Las consecuencias prácticas de seguir una u otra tesis son diferentes. Si el problema de la no transparencia material se reconduce a un caso de "consentimiento viciado" (error parcial o dolo incidental), para dejar sin efecto las estipulaciones no materialmente transparentes, el adherente tendrá que ejercitar una acción de anulabilidad en el plazo de cuatro años fijado por el Código Civil. En cambio, si la no transparencia material se concibe como un supuesto de "ausencia o falta de consentimiento" (por entender no incluida la cláusula no materialmente transparente en la ofer-

---

18 Sobre esto puede verse una exposición detallada (y con cita de doctrina al respecto) en MIRANDA SERRANO, L.M., "El control de transparencia de condiciones generales…", cit., especialmente págs. 33 a 42. Como se expone en este trabajo, inicialmente el Profesor PANTALEÓN situó el fundamento del control de transparencia material en la clásica figura del dolo incidental. Más tarde, sin embargo, cambió su opinión, al concebirlo como un genuino control de contenido o abusividad caracterizado por ser aplicado a condiciones generales o cláusulas no negociadas individualmente definitorias del objeto principal del contrato: PANTALEÓN PRIETO, F., "Sobre la transparencia material de cláusulas predispuestas de *lege lata* y de *lege ferenda*", disponible en https://almacendederecho.org/ sobre-la-transparencia-material-de-clausulas-predispuestas-de-lege-lata-y-de-lege-ferenda; ÍDEM, "Sobre el artículo 4.2 de la Directiva 93/13", *cit. supra* [entre otros, se muestra conforme con esta nueva tesis de PANTALEÓN: NIETO CAROL, U., "El control de incorporación y transparencia…", *cit.*, págs. 289 y ss.]. Como ha expresado el propio Profesor PANTALEÓN, este cambio de criterio obedece a haber constatado que su posición anterior "seguía sin ajustarse a la doctrina del TJUE y la jurisprudencia de la Sala Primera del TS"; en otras palabras (afirma este autor), "me gustaría decir que lo que me llevó a esa claudicación fue la humildad ante el superior criterio de tan Altos Tribunales. Pero, como seguramente leerán esto personas que me conocen muy bien, voy a remplazar *humildad* por *respeto* y *buen sentido práctico.* Cuando uno se enfrenta a un viento demasiado fuerte, lo prudente es no empeñarse en la estrategia del muro, sino adoptar la del junco: *Glissez, mortels, n´appuyez pas*": PANTALEÓN PRIETO, F., "8 preguntas y respuestas sobre la transparencia material de las cláusulas predispuestas", disponible en línea en la dirección electrónica https://almacendederecho.org/8-preguntas-y-respuestas-sobre-la-transparencia-material-de-las-clausulas-predispuestas. Ampliamente también, sobre las distintas tesis doctrinales acerca del fundamento del control de transparencia material: FENOY PICÓN, N., El control de transparencia (material) en la cláusula suelo: su análisis a través de la jurisprudencia del Tribunal de Justicia Europeo, de la doctrina científica española, y de la jurisprudencia del Tribunal Supremo", *Anuario de Derecho Civil,* tomo LXXI, fasc. II, 2018, especialmente págs. 889 y ss.

ta de contrato), la apreciación del carácter no transparente de las estipulaciones podrá realizarse de oficio por el juez[19].

De todos modos, en lo que aquí especialmente interesa, ambas formas de concebir la transparencia material conducen a un mismo resultado: la ilicitud (*rectius*, nulidad) automática de la cláusula no materialmente transparente, en el sentido de que bastará al juez con constatar que las estipulaciones no transparentes afectan al objeto principal del contrato para reputarlas directamente ilícitas (tanto si esa constatación se realiza a instancia de parte o bien de oficio). Así ha de ser por cuanto que la referencia para juzgar la ilicitud de estas estipulaciones no transparentes no debe consistir en el modelo legal de regulación justa derivado del Derecho dispositivo, los usos y la buena fe (artículo 1258 del Código Civil), sino en el consentimiento negocial del adherente o, si se prefiere, en las expectativas legítimas y razonables que éste se hizo a la hora de contratar, a la vista del contexto general en el que se celebró el contrato.

Además, la configuración del control de transparencia como la llave del control de contenido implica conferir a los jueces la facultad de declarar válidas y eficaces en algunos casos estipulaciones no materialmente transparentes. De hecho, esto es lo que ha ocurrido precisamente en las SSTS de 12 de noviembre de 2020 relativas al índice IRPH. En ellas, pese a declararse falta de transparencia material de algunas estipulaciones relativas al objeto principal del contrato, estas son sometidas a control de contenido o abusividad, decantándose finalmente el TS por reputarlas no abusivas y, por tanto, lícitas y vinculantes para los consumidores-adherentes.

Esta forma de argumentar del TS no llega a convencerme. A mi juicio, puede ser discutible que los índices IRPH sean o no materialmente transparentes[20]. Pero una vez declarado que no lo son, procede decretar directamente su ilicitud (nulidad). De ahí que me parezca más convincente el razonamiento esgrimido por el Excmo. Sr. D. Francisco Javier Arroyo Fiestas en su Voto Particular. En él, dicho Magistrado constata un perjuicio para el consumidor consistente en la alteración sorpresiva del acuerdo económico que creía haber alcanzado a partir de la incompleta información contractual que le suministró el predisponente, lo que le privó de la facultad de comparar dicha oferta con otras del mercado. Según sus palabras,

---

19 *Ibidem.*

20 Claro y rotundo a favor de que lo son, con una importante batería de argumentos: PANTALEÓN PRIETO, F., "Las cláusulas IRPH, el Tribunal de Justicia y el Tribunal Supremo", *cit. supra*.

"es evidente el perjuicio causado al consumidor, en cuanto que por falta de información suficiente no ha podido comparar con otras ofertas del mercado, por lo que se le privó del ejercicio de un legítimo derecho de opción, del que quedó desposeído por la falta de transparencia"[21].

Si el consumidor-adherente no ha consentido sobre algunos extremos relativos a los elementos esenciales del contrato (que conforman el reducto de contractualidad sobre el que ha de versar el consentimiento libre de las partes), por haberle sido hurtado por el predisponente su conocimiento y comprensión, dichos extremos quedan fuera o al margen del acuerdo alcanzado por los contratantes, pudiendo ser categorizados como materia *extra contractus*. Así ha de ser por cuanto que sobre los elementos esenciales del contrato siempre ha de existir un acuerdo individual entre los contratantes. De modo que de no existir dicho acuerdo, el contrato no podría considerarse válido y eficaz en lo que a ellos se refiere, al haber quedado fuera o extramuros de la negociación.

Lo anterior explica que no parezca razonable legitimar al juez para entrar a valorar las cláusulas no transparentes que conforman esa materia *extra contractus,* con vistas a dilucidar si son o no abusivas, con la posibilidad de declararlas lícitas e imponerlas al consumidor como si verdaderamente hubiesen sido consentidas por él de forma plena y libre. En cuestiones atinentes al reducto de contractualidad del contrato, el juez solo está legitimado a intervenir cuando una ley expresamente se lo permite. Este es el caso, por ejemplo, de la Ley de Represión de la Usura de 1908 (LRU)[22], de gran actualidad en los últimos años como instrumento de protección de los consumidores de créditos rotativos o revolventes, que faculta al juez a

---

[21] Conformes, entre otros: BURRERO DEL CASTILLO, D., "El juicio de abusividad subsiguiente al control de transparencia de las cláusulas IRPH", 23 de febrero de 2021, disponible en línea en la dirección https://www.revistalatoga.es/el-juicio-de-abusividad-subsiguiente-al-control-de-transparencia-de-las-clausulas-irph/; ORDUÑA MORENO, F.J, "Doctrina jurisprudencial del TJUE: claves conceptuales a propósito del IRPH", en *Revista de Derecho vLex,* 198, noviembre de 2020, págs. 1 y ss., disponible en https://www.legaltoday.com/actualidad-juridica/noticias-de-derecho/doctrina-jurisprudencial-del-tjue-claves-conceptuales-a-proposito-del-irph-2020-11-20/. Empero, valora de forma positiva la STS de 12 de noviembre de 2020: AGÜERO ORTIZ, A., "Los controles de transparencia y abusividad de las cláusulas relativas a índices de referencia", en ALVAREZ LATA y PEÑA LÓPEZ (Dirs.), *Mecanismos de protección del consumidor de productos y servicios financieros,* Ed. Aranzadi, 2021, págs. 139 y 140.

[22] Ley de 23 de julio de 1908 sobre nulidad de los contratos de préstamos usurarios, en Gaceta de Madrid núm. 206, de 24/07/1908.

declarar ilícito (por usurario) un determinado tipo de interés[23]. Y lo mismo puede decirse de la Ley de venta a plazos de bienes muebles de 1998[24] (LVBMP), cuyo artículo 11 faculta a los órganos jurisdiccionales, de forma excepcional y cuando concurren causas justificadas (paro, accidentes de trabajo, larga enfermedad, etc.), a modificar el acuerdo alcanzado por las partes en relación con los plazos de pago y las posibles cláusulas penales que se hubiesen pactado[25].

---

23 Inicialmente, en efecto, la jurisprudencia española recurrió a la LRU para resolver los problemas que plantean los créditos rotativos o revolventes. Así lo confirman las SSTS de 25 de noviembre de 2015 y de 4 de marzo de 2020. En la doctrina, sobre la primera STS: CARRASCO PERERA, A.F. y AGÜERO ORTIZ, A., "Sobre la usura en contratos de crédito al consumo. *Sygma Mediatis*: un mal precedente, una pésima doctrina, un nefasto augurio", *Revista CESCO de Derecho de Consumo,* núm. 16, 2016, págs. 73 y ss.; BERROCAL LANZAROT, A.I., *Tarjetas y créditos revolving o rotativos: la usura y el control de transparencia,* Ed. Dykinson, Madrid, 2020, págs. 183 y ss. Acerca de la segunda STS: MOLSALVE DEL CASTILLO, R. y PORTILLO CABRERA, E., "Comentario de la STS núm. 149/2020, de 4 de marzo. Usura en el interés remuneratorio aplicable a tarjetas de crédito de pago aplazado", disponible en la dirección electrónica https://www.boe.es; CASTILLO MARTÍNEZ, C., "Doctrina legal sobre el crédito revolving. Comentario a la STS, Sala 1ª, núm. 149/2020, de 4 de marzo", *Revista Boliviana de Derecho,* núm. 30, 2020, págs. 757 y ss. Ampliamente sobre ambas SSTS: SAENZ DE JUBERA HIGUERO, B, "Creditos *revolving*: usura y transparencia", en *Revista Crítica de Derecho Inmobiliario,* núm. 786, 2021, págs. 2517 y ss. Ahora bien, la antecitada STS de 4 de marzo de 2020 sembró una semilla que pronto germinó, pues apuntó (aunque a modo de *obiter dicta)* la posibilidad de analizar la validez de dichas estipulaciones a través de los controles de transparencia formal y material. Y, de hecho, el control de transparencia ha comenzado a revelarse útil como instrumento de defensa de los consumidores frente a este tipo de créditos cuando las entidades financieras han bajado los tipos de interés de estas operaciones ante la amenaza de que los tribunales terminen declarándolos nulos por su carácter usurario; al respecto, más información, entre otros muchos en: MIRANDA ANGUITA, A., "El control de transparencia como instrumento de protección del consumidor de créditos *revolving*. Análisis Jurisprudencial", *Revista de Derecho del Sistema Financiero,* núm. 5, 2023, págs. 223 y ss.; MARÍN LÓPEZ, M.J., "El control de transparencia material de la cláusula de intereses remuneratorios del crédito revolving", *Revista CESCO de Derecho de Consumo,* núm. 45, 2023, págs. 68 y ss.

24 Ley 28/1998, de 13 de julio, de Venta a Plazos de Bienes Muebles, en BOE núm. 167, de 14/07/1998.

25 Al respecto, a modo de ejemplo, GUTIÉRREZ SANTIAGO, P., "Las facultades moderadoras de jueces y tribunales en la venta a plazos de bienes muebles. El artículo 11 de la Ley 28/1998, de 13 de julio", *Revista de Derecho Privado,* núm. 84, 2000, págs. 255 y ss.

Para finalizar, conviene realizar una última precisión no carente de relevancia. Me refiero a que si lo que acabo de expresar es referido a las estipulaciones sobre el objeto principal del contrato, las mismas consideraciones (y aún con más razón si cabe) son predicables de las *cláusulas relativas a la adecuación entre precio y prestación.* En mi opinión, es absolutamente inadmisible en nuestro Derecho que este tipo de estipulaciones sean sometidas a un control de contenido o abusividad. La razón no es difícil de explicar. El juez no está facultado para enjuiciar el equilibro económico del contrato. Su cometido queda reducido únicamente al análisis del equilibrio jurídico de la relación contractual[26]. Así lo sostuvo, con gran claridad y acierto, la STS de 18 de junio de 2012[27]. También expresan de forma muy clara esta idea los redactores de los *Principios de Derecho Europeo de Contratos* (PDEC), al señalar que jueces y árbitros tienen prohibido "juzgar la relación entre el precio y el objeto principal", al tener vetada la aplicación de la doctrina del *iustum pretium* del Derecho canónico[28]. Y en la misma dirección cabe igual-

---

26 En realidad, no existen criterios jurídicos adecuados para guiar a un juez en la tarea de determinar si son o no abusivas las cláusulas predispuestas que fijan la correspondencia entre precio y prestación (en la dirección ya indicada en varios asuntos por el TJUE). Pero tampoco los hay de carácter económico, pues "no hay precios adecuados, ni correspondencias adecuadas entre precio y calidad de un bien o servicio" GÓMEZ POMAR, F., ARTIGOT GOLOBARDES, M., y GANUZA FERNÁNDEZ, J.J., "Editorial. Un mal paso", *InDret*, núm. 4 de 2021, pp. v.

27 En la que el Alto Tribunal sostuvo que el control de contenido "no permite que la valoración del carácter abusivo de la cláusula pueda extenderse ni a la definición del objeto principal del contrato, ni a la adecuación entre precio y retribución, por una parte, ni tampoco a los servicios o fines que hayan de proporcionarse como contrapartida". Para ello el TS se valió de un argumento principal: la aceptación de que el "control de contenido no permite entrar a enjuiciar la justicia y el equilibrio contraprestacional de los elementos esenciales del contrato y, por tanto, a valorar la posible *abusividad* del interés convenido". Sobre la evolución de la doctrina del TS en esta materia, hasta admitir sin ambages la incorporación del artículo 4.2 Directiva 93/13/CEE a nuestro ordenamiento: CÁMARA LAPUENTE, S., "El control de cláusulas abusivas sobre el precio: de la STJUE 3 junio 2010 (*Caja Madrid*) a la STS 9 mayo 2013 sobre cláusulas suelo. No es abusiva la cláusula que define el objeto principal del contrato, salvo por falta de transparencia", *Revista CESCO de Derecho de Consumo*, núm. 6, 2013, págs. 98 y ss.; ÍDEM, "¿De verdad puede controlarse el precio de los contratos mediante la normativa de cláusulas abusivas? De la STJUE de 3 junio 2010 (Caja de Madrid, C-484/08) y su impacto aparente y real en la jurisprudencia española a la STS (pleno) de 9 mayo 2013 sobre las cláusulas suelo", *Cuadernos de Derecho Transnacional*, octubre de 2013, vol. 5, núm. 2, *passim*.

28 Véase el "Comentario" del artículo 4:110 PDEC en BARRES BENLLOCH, M.P., EMBID IRUJO, J.M., y MARTÍNEZ SANZ, F. *Principios de Derecho Contractual Europeo*, Partes I y II, Colegios Notariales de España, Madrid, 2003, pág. 387.

mente invocar el *Marco Común de Referencia* (MCR), en cuyo "Comentario" se indica de modo expreso que un control judicial del precio es incompatible con los principios básicos de una economía de mercado[29].

3. Argumento normativo

Paso ahora a exponer el otro argumento al que antes me referí, esto es, el normativo. Como expuse *supra* al aludir a la posición de la doctrina sobre el tema que se analiza, los autores partidarios de someter a control de contenido o abusividad las estipulaciones no materialmente transparentes relativas al objeto principal del contrato y/o a la adecuación entre precio y prestación razonan del modo siguiente:

a) En primer lugar, sostienen que, pese a ser cierto que cuando se llevó a cabo la incorporación de la Directiva 93/13/CEE al ordenamiento español se originaron dudas razonables acerca de si su artículo 4.2 (en el que encuentra fundamento el control de transparencia material) había de considerarse o no vigente (dado que desapareció del Proyecto de Ley —y del texto finalmente aprobado— la previsión que recogía una norma equivalente a dicho precepto), no es menos cierto que el TS, tras alguna vacilación inicial, zanjó definitivamente esta cuestión en su sentencia de 18 de junio de 2012. De modo que a partir de este pronunciamiento judicial podría invocarse la célebre paremia latina *"Roma locuta, causa finita"*.

---

29 Véase el artículo II.-9:402(2) MCR comentado por BLANDINO GARRIDO, M.A., "Capítulo 9. Contenido y efectos de los contratos", en VAQUER ALOY, BOSCH CAPDEVILA y SÁNCHEZ GONZÁLEZ (coords.), *Derecho europeo de contratos. Libros II y IV del Marco Común de Referencia*, t. I, Ed. Atelier, Barcelona, 2012, pág. 648. En esta idea insiste (con acierto) la doctrina, al señalar que una norma que instaurara el control judicial de los precios y las prestaciones sería contraria a la libertad de empresa y a la economía de mercado consagradas en los Tratados Europeos y, en el ámbito interno, no superaría las exigencias de necesidad, idoneidad y proporcionalidad inherentes a un control de constitucionalidad de una norma que repercute de forma directa y clara en las libertades de empresa y de contratación (*ad ex*, SUÁREZ PUGA, E., "El legislador insiste en controlar el contenido esencial de los contratos", 13 de septiembre de 2021, disponible en línea en la dirección https://almacendederecho.org/op-ed-la-reincidencia-del-legislador-en-el-control-de-abusividad-de-las-clausulas-predispuestas-referentes-a-elemen tos-principales-del-contrato). Ampliamente sobre este asunto he tenido oportunidad de pronunciarme en MIRANDA SERRANO, L.M., "¿Hacia un [errático] control de abusividad de las cláusulas predispuestas relativas a los elementos esenciales de los contratos de consumo?", *La Ley Mercantil*, núm. 87, enero de 2022, *passim*.

b) Seguidamente, tras admitir que el artículo 4.2 de la Directiva 93/13/CEE rige en el ordenamiento español, sostienen que resulta exigible a nuestros tribunales no apartarse de la interpretación que de dicho precepto realiza el TJUE, según la cual (como hemos expuesto más arriba) cuando una cláusula relativa al objeto principal o a la adecuación entre precio y prestación no es materialmente transparente ha de activarse el control de contenido o abusividad, con vistas a determinar si la estipulación en cuestión comporta o no un desequilibrio importante de los derechos y obligaciones de las partes contrario al principio de la buena fe. En opinión de estos autores, así ha de ser por cuanto que nuestros órganos jurisdiccionales sólo estarían facultados para separarse de dicha interpretación si en nuestro ordenamiento rigiese una normativa diversa del referido artículo 4.2, que permitiese declarar directamente nulas de pleno derecho las estipulaciones no superadoras del control de transparencia material, sin necesidad de someterlas al control de contenido o abusividad[30].

Pues bien, desde mi punto de vista, la normativa distinta del artículo 4.2 de la Directiva 93/13/CEE a la que alude esta doctrina existe en nuestro Derecho desde la entrada en vigor de la LRCCI de 2019. En concreto, ha sido obra de las disposiciones finales 4ª y 8ª de la LRCCI, que han supuesto la modificación del artículo 5 de la Ley de Condiciones Generales de la Contratación (en adelante: LCGC) y del artículo 83 del Texto Refundido de Consumidores (en lo sucesivo: TRLGDCU), respectivamente. Como resultado de esta reforma, se ha añadido a ambos preceptos el siguiente párrafo: "Las condiciones incorporadas de modo no transparente en los contratos en perjuicio de los consumidores serán nulas de pleno derecho". A mi juicio, esta reforma legislativa exige realizar varias consideraciones:

1ª) La primera se refiere a que la alusión que los arts. 5 LCGC y 83 TRLGDCU realizan a la transparencia ha de interpretarse como comprensiva de la *transparencia material*. De hecho, si se entendiera que la norma alude solo a la transparencia en sentido formal, esta nueva regla no aportaría nada nuevo a nuestro ordenamiento. Como se sabe, desde la aprobación de la Ley General de Defensa de los Consumidores y Usuarios (LGDCU) en 1984 y de la LCCG en 1998, es claro que las estipulaciones que

---

30 Así, *ad ex.*, MARTÍNEZ ESPÍN, P., *El control de transparencia de condiciones generales…*, *cit.*, pág. 252., quien sigue expresamente a PAZOS CASTRO, R., *El control de las cláusulas abusivas…*, *cit.*, pág. 439. Bien es verdad que PAZOS CASTRO se pronunciaba en esta dirección con anterioridad a la aprobación y entrada en vigor de la Ley Reguladora de los Contratos de Crédito Inmobiliario (LRCCI), mientras que MARTÍNEZ ESPÍN lo hace una vez que la referida LRCCI ha sido aprobada.

no cumplen las exigencias derivadas del control de transparencia formal (o control de inclusión o incorporación)[31] no se incluyen o incorporan al contrato, lo que se interpreta en el sentido de que son nulas de pleno derecho[32].

2ª) Por otra parte, entiendo que la reforma de los arts. 5.5 LCGC y 83 TRLGDCU llevada a cabo por la LRCCI ha de ser interpretada en el sentido de que la falta de transparencia (material) de la cláusula predispuesta comporta de forma inevitable su *nulidad*, sin tener que someterla a un posterior examen o control de contenido o abusividad[33]. Es decir, de forma

---

31 Dichas exigencias son dos: 1ª) En primer lugar, han de cumplirse por el predisponente los requisitos de *la perceptibilidad, la comprensibilidad y la concreción en la redacción de las cláusulas.* 2ª) En segundo lugar, el predisponente ha de cumplir el requisito de *la entrega o carácter accesible de las condiciones generales.* Recientemente sobre esta materia, *ad ex.*, MIRANDA ANGUITA, A., "Remedios del regulador frente a la ilegibilidad de las cláusulas predispuestas en los contratos bancarios y financieros", *Revista de Derecho del Sistema Financiero,* núm. 3, 2022, págs. 296 y ss.

32 Sin embargo, interpretan (a mi juicio, incorrectamente) que la transparencia invocada por el artículo 83 TRLGDCU es la formal (esto es, los llamados requisitos de inclusión o de incorporación): ALONSO PÉREZ, M.T. y CALDUCH GARGALLO, M., "La aplicabilidad de la disciplina de las cláusulas abusivas a los contratos de servicios jurídicos", disponible en línea en la siguiente dirección electrónica: https:// www.icace.org/joomla/images/pdf/PremioMO2019.pdf, págs. 8 y 9.

33 Conformes, al parecer, con esta idea se muestran, entre otros, CÁMARA LAPUENTE, S., "Hacia el carácter abusivo directo...", *cit.*, pág. 39; MÚRTULA LAFUENTE, V., "La evolución de la jurisprudencia del TJUE...", *cit.*, pág. 87, nota 79; PEITEADO MARISCAL, P., "Transparencia y abusividad. La STS 538/2019, de 11 de octubre", disponible en https://adarvecorporacion.com; y AGÜERO ORTIZ, A., "Los controles de transparencia y abusividad...", *cit,* pág. 127, nota 146; SANDE MAYO, M.J., "Las cuestiones no resueltas en torno al IRPH...", *cit.*, pág. 313. Sin embargo, no comparten esta interpretación, *ad ex.*, PANTALEÓN PRIETO, F., "Sobre la transparencia material de cláusulas predispuestas...", *cit. supra;* MARTÍNEZ ESPÍN, P., "Control de abusividad sobre cualquier elemento del contrato: el fin de las conjeturas", *Revista CESCO de Derecho de Consumo,* núm. 23 de 2021, págs. 5 y 6; y MADRIÑÁN VÁZQUEZ, M. "Información precontractual y transparencia en la Ley de Contratos de Crédito Inmobiliario", *Boletín del Ministerio de Justicia,* núm. 2231, 2020, disponible en línea en la dirección https://www.mjusticia.gob.es, pág. 29. Una posición singular defiende en este asunto RUIZ ARRANZ. En su opinión el artículo 83 TRLGDCU (tras su nueva redacción obra de la LRCCI) ha de interpretarse en el sentido de que a través de él nuestro legislador ha incrementado de forma legítima (por la vía del artículo 8 Directiva 93/13) la protección del consumidor, pero con una relevante matización (en la que reside la peculiaridad de esta interpretación): que ello solo es aplicable a las cláusulas completamente accesorias o las que, siendo accesorias, afectan a los elementos esenciales del con-

similar a lo que disponía el artículo 1° de la Proposición de Ley de impulso de la transparencia en la contratación predispuesta presentada en 2017 por el Grupo Parlamentario Socialista, que afortunadamente no llegó a ver la luz, dados los muchos errores en los que incurría[34]. En concreto, así lo corrobora la redacción que dicha Proposición de Ley proponía conferir al apdo. 3 del artículo 90.bis TRLGDCU: "La infracción de estos deberes contractuales [con referencia a los deberes de transparencia material], sin necesidad de que concurra el perjuicio o lesión para el consumidor y usuario, comportará que la cláusula afectada sea declarada abusiva"[35].

A favor de esta solución interpretativa cabría invocar varios argumentos:

a) El primero de ellos es de índole jurisprudencial. Me refiero, en concreto, a la STS de 24 de febrero de 2020 relativa a un contrato de prestación de servicios jurídicos, en la que el Alto Tribunal afirma (aunque *obiter dicta*) que el párrafo 2° del artículo 83 TRLGDCU, tras la redacción que le ha sido dada por la LRCCI, parece equiparar transparencia con abusividad, haciendo innecesario un posterior control de contenido de las cláusulas no (materialmente) transparentes. Y en la misma dirección se pronuncia

---

trato, como es el precio, modificándolos: RUIZ ARRANZ, A., "Sobre el control de transparencia de las cláusulas predispuestas", *cit. supra* (al respecto, he de recordar aquí lo que ya he expresado *supra*: que no me llega a convencer la categoría de cláusulas a las que se refiere este autor, caracterizadas por ser accesorias pero afectantes a los elementos esenciales y, en especial, al precio).

34 A algunos de los cuales tuve oportunidad de referirme expresamente en "El control de transparencia de condiciones generales y cláusulas predispuestas...", cit., *passim*.

35 Texto disponible en línea en la siguiente dirección electrónica: https://www.psoe.es/media-content/congreso/171102_PPL_Impulso_de_la_transparenciaen_la_contratacixn_predispuesta.pdf. En la Exposición de Motivos de esta Proposición de Ley se justificaba esta solución de política jurídica (abusividad directa de las cláusulas no materialmente transparentes) en los siguientes términos: "la ley apuesta por la concepción más eficaz y proteccionista, de suerte que la falta de transparencia de la cláusula predispuesta determine directamente la declaración de abusividad, sin requerir del examen o ponderación de otros elementos de valoración de la relación contractual más propios del control de contenido (desequilibrio de derechos, determinación del perjuicio, etc.). Pues, al margen de la finalidad última de la Ley de elevar el nivel de protección del consumidor, la razón de esta concepción del control de transparencia radica en que la cláusula no transparente, en sí misma considerada, supone tanto una infracción directa del principio de transparencia, como una merma del nivel de calidad negocial y seguridad jurídica que requiere este importante sector del tráfico patrimonial; de ahí la conveniencia y justificación de su sanción directa, con independencia del perjuicio patrimonial que pueda causar al consumidor y usuario".

la jurisprudencia menor. A modo de ejemplo, cabe mencionar aquí la SAP de Oviedo (Sección 4ª) de 23 de marzo de 2021, relativa a una cláusula sobre intereses remuneratorios inserta en un contrato de crédito rotativo o revolvente.

No obstante lo anterior, es verdad que en la STS de 12 de noviembre de 2020 el Alto Tribunal parece alejarse del criterio seguido por la STS de 24 de febrero de 2020, al poner el acento (también *obiter dicta*) en la expresión "perjuicio de los consumidores" incluida en la redacción del artículo 83 TRLGDCU desde su reforma por la LRCCI. En concreto, porque esta precisión podría conducir a abrir la puerta a un ulterior control de contenido o abusividad de las estipulaciones no materialmente transparentes[36]. Según esta otra STS, "conviene puntualizar que en la nueva redacción del precepto [con alusión al artículo 83 TRLGDCU *ex* LRCCI] el *perjuicio de los consumidores* aparece expresamente contemplado al tratar de la nulidad de las cláusulas no transparentes"[37].

---

[36] No obstante, como se señala en GÓMEZ POMAR, F. y FERNÁNEZ CHACÓN, I., *Estudios de Derecho contractual europeo: nuevos problemas, nuevas reglas*, Ed. Aranzadi, 2022, la exigencia de perjuicio para el consumidor no puede ser equiparada al control de abusividad, pues se suprimen los requisitos de mala fe y desequilibrio importante en los derechos y obligaciones de las partes contratantes, de donde se deduce que el control de transparencia ya no puede ser entendido como llave del control de contenido o abusividad (disponible en https://books.google.es/).

[37] Por consiguiente, habrá que esperar para constatar qué línea jurisprudencial es la que finalmente prima en el TS. Entre otros, insisten en el desconcierto que puede surgir a la hora de interpretar el nuevo artículo 83 resultante de la LRCCI: GARCÍA LÓPEZ, A. y CONDE DE COSSÍO TOYOS, A., "Bancario: modificación de la LGDCU por parte de la Ley 5/2019: ¿Nulidad automática de las cláusulas no transparentes?", disponible en línea en la siguiente dirección electrónica: https://www.Alfredo garcialopez.es/. En palabras de estos autores, "el desconcierto puede surgir a la hora de interpretar si, constatada la falta de transparencia de una cláusula o condición contractual concreta, debe declararse la abusividad *eo ipso*, y por lo tanto la nulidad de la condición, sin entrar a valorar si genera un desequilibrio importante de los derechos y obligaciones de las partes que se deriven del contrato, o si vulnera cualquier otro precepto de la Ley. En caso de que se llegase a una conclusión distinta a ésta, habría que plantearse entonces cuál fue la finalidad del legislador al incluir en el artículo 83 el mencionado párrafo, una cuestión de difícil respuesta, recordando en todo momento que nos hallamos en el ámbito del Derecho de protección de los consumidores y usuarios, y por lo tanto en toda interpretación de un precepto debe tenerse en cuenta el principio *pro consumatore*, en virtud del cual la interpretación debe realizarse en el sentido más favorable para el consumidor" (pág. 4).

b) Además (y entro ya en el segundo argumento) la interpretación que aquí propongo se presenta como una solución de política legislativa plenamente conforme con los dictados de la Directiva 93/13/CEE. Así se infiere con meridiana claridad de la Comunicación relativa a las Directrices sobre la interpretación y aplicación de dicha Directiva. No en vano, en este documento se afirma que "[e]l Derecho nacional puede, por ejemplo, establecer igualmente que la falta de transparencia puede llevar directamente a la invalidez de las cláusulas del contrato sin tener que evaluar el carácter abusivo". En mi opinión, esto es precisamente lo que se ha hecho en nuestro ordenamiento a través de la LRCCI en los términos más arriba expuestos. Lo que cuenta con la cobertura legal del artículo 8 de la Directiva 93/13/CEE, que es muy claro en este sentido, cuando dispone que los Estados miembros "podrán adoptar o mantener en el ámbito regulado por la presente Directiva, disposiciones más estrictas que sean compatibles con el Tratado, con el fin de garantizar al consumidor un mayor nivel de protección".

Por otra parte, en la Comunicación a la que acabo de referirme la Comisión realiza unas interesantes consideraciones acerca de la abusividad de una cláusula predispuesta por falta de transparencia, siendo previsible que esta forma de enfocar el asunto esté presente en una futura reforma de la Directiva 93/13/CEE que antes o después habrá de acometerse. En concreto, dentro de su apartado intitulado "Pertinencia de la falta de transparencia para el carácter abusivo de las cláusulas contractuales", tras exponerse (en la dirección seguida por el TJUE) que "[l]a falta de transparencia no supone automáticamente que una cláusula contractual sea considerada abusiva en virtud del artículo 3, apdo. 1, de la Directiva 93/13/CEE", se añade, sin embargo, que "en la medida en que las cláusulas contractuales no sean claras ni comprensibles, es decir, cuando los profesionales no cumplan con la exigencia de transparencia, esta circunstancia puede contribuir a concluir que una cláusula contractual es abusiva en virtud del artículo 3, apdo. 1, o incluso puede indicar su carácter abusivo".

En la misma dirección que acabo de señalar se afirma más adelante sin ambages que, "dependiendo del contenido de la cláusula del contrato en cuestión y a la luz del efecto de la falta de transparencia, el posible carácter abusivo de una cláusula contractual puede estar estrechamente relacionado con la falta de transparencia, o incluso indicar esta un carácter abusivo". Y lo anterior se completa con la siguiente afirmación: "[e]ste puede ser el caso, por ejemplo, cuando los consumidores no pueden entender las consecuencias de una cláusula o son engañados. De hecho, cuando los consumidores se encuentran en una posición desventajosa a causa de cláusulas contractuales poco claras, ocultas o engañosas, o cuando no se proporcionan las explicaciones necesarias para comprender sus implicaciones, es poco probable que el profesional esté tratando de manera justa y equitativa al consumidor y tomando en cuenta sus legítimos intereses".

Ahora bien, lo que acabo de exponer no puede en modo alguno ocultar que la calidad técnica de la nueva regulación sobre la transparencia material resultante de la LRCCI deja mucho que desear. Desde mi punto de vista, habría sido aconsejable incorporar a nuestro Derecho una regla prohibitiva de las cláusulas sorprendentes relativas a los elementos esenciales del contrato. O, si se prefiere, una norma que decretara la nulidad de las estipulaciones no negociadas individualmente relativas al reducto de contractualidad (esto es, al objeto principal y a la adecuación entre precio y prestación *ex* Directiva 93/13/CEE) que, en contra de las expectativas legítimas y razonables del consumidor, se incorporasen al contrato de forma no transparente. De haberse procedido de este modo, la redacción actual de los arts. 5.5 LCGC y 83 TRLGDCU no suscitaría algunas de las dudas (y críticas) que genera.

4. *Consecuencias negociales específicas para las cláusulas materialmente no transparentes*

Como se sabe, para que los distintos controles específicamente aplicables a los contratos celebrados mediante condiciones generales y cláusulas predispuestas sean útiles es necesario que tengan consecuencias prácticas inmediatas, es decir, *consecuencias negociales*. Pues bien, en esta materia los regímenes de la LCGC y del TRLGCU presentan diferencias de cierta enjundia. En efecto, según una línea jurisprudencial del TJUE, no es conforme con la Directiva sobre cláusulas abusivas una norma interna que disponga que una vez declarada la invalidez de una o varias cláusulas, el juez deberá integrar el contrato y determinar la norma aplicable. Por esa razón fue modificado el TRLGCU mediante la Ley 3/2014, que dio nueva redacción a su artículo 83 (intitulado "Nulidad de las cláusulas abusivas y subsistencia del contrato"). Desde ese momento dicho precepto dispone que "(l)as cláusulas abusivas serán nulas de pleno derecho y se tendrán por no puestas. A estos efectos, el Juez, previa audiencia de las partes, declarará la nulidad de las cláusulas abusivas incluidas en el contrato, el cual, no obstante, seguirá siendo obligatorio para las partes en los mismos términos, siempre que pueda subsistir sin dichas cláusulas". La nueva redacción legal persigue el objetivo de excluir la integración judicial de las lagunas aparecidas en el contrato como consecuencia de la invalidez de las cláusulas ilícitas (por abusivas o, en su caso, por materialmente no transparentes —según la interpretación que aquí se defiende—)[38].

A nuestro juicio, la interpretación que hace el TJUE en relación con este asunto es desacertada. Sus argumentos valen y deben admitirse en cuanto pretenda someterse las cláusulas predispuestas al tratamiento negocial propio de las cláusulas genuinamente consentidas. Es decir, las cláusulas predispuestas no pueden considerarse expresión de la voluntad común de los contratantes y, por tanto, el Juez no puede utilizarlas para *integrar* o *reconstruir* el contrato ni puede limitarse a *recortarlas* en la medida en que sean abusivas y admitirlas en cuanto no lo sean. Pero el TJUE está confundiendo la integración contractual con el uso de las cláusulas declaradas abusivas como instrumento de integración contractual. Esto último es inadmisible. Aquello, sin embargo, no solo es admisible, sino imprescindible, a no ser que se quiera poner en riesgo otro de los objetivos político-legislativos perseguidos mediante el régimen jurídico especial de las condiciones generales y los clausulados predispuestos. No se olvide, en efecto, que uno de los objetivos perseguidos con este tipo de normas estriba en garantizar que el adherente no quede vinculado por las cláusulas ilícitas, pero sin tener que renunciar al contrato. Esta es la razón de que se haya formulado legalmente la regla de la *nulidad parcial coactiva del contrato* y de que ésta se haya visto complementada en el tratamiento tradicional de la materia con la igualmente imperativa *integración contractual*. Con gran frecuencia, la controversia se planteará al hilo de la determinación de la regla aplicable para resolver un determinado aspecto de la relación contractual. Si la regla contenida en la cláusula abusiva no es aplicable, habrá que buscar otra regla conforme con el ordenamiento que sí lo sea. Porque si todo queda en declarar abusiva o ilícita la cláusula predispuesta y no hay ninguna regla aplicable para resolver la controversia entre las partes, lo más probable es que sea nulo e ineficaz el contrato mismo.

Por tanto, lo que probablemente quiso decir el TJUE no es lo que hoy se infiere de la redacción del artículo 83 TRLGDCU, sino que, al objeto

---

38 Como se desprende con meridiana claridad de la supresión (*ex* Ley 3/2014 de reforma del TRLGDCU) de la siguiente regla del artículo 83 TRLGDC: "La parte del contrato afectada por la nulidad *se integrará con arreglo a lo dispuesto por el artículo 1.258 del Código Civil y al principio de buena fe objetiva*. A estos efectos, el Juez que declare la nulidad de dichas cláusulas *integrará el contrato y dispondrá de facultades moderadoras respecto de los derechos y obligaciones de las partes, cuando subsista el contrato*, y de las consecuencias de su ineficacia en caso de perjuicio apreciable para el consumidor y usuario" (la cursiva es nuestra).

de integrar el contrato, no es procedente utilizar las cláusulas declaradas ilícitas o abusivas. Es decir, que si la cláusula que establece el tipo de interés de demora es abusiva, no es lícito considerar pactado un interés de demora pero recortado hasta el límite de lo admitido legalmente, sino que ha de tratarse el asunto como si no hubiera ninguna cláusula sobre interés de demora. Y lo mismo si el problema es que existe una cláusula penal abusiva. Pero eso es una cosa y otra distinta que no se pueda integrar el contrato. Con todo, lo peor es que la LCGC no se ha visto afectada por esta doctrina jurisprudencial, de tal manera que cuando el adherente sea un empresario o profesional las lagunas aparecidas en el contrato como consecuencia de la declaración de invalidez de una o varias de sus condiciones generales deberán ser integradas por el juez (artículo 10 LCGC). Obviamente, la consecuencia de esta situación legal consiste en que el adherente no consumidor recibe de manera injustificada mejor trato legal que el adherente consumidor, ya que en el caso del primero la hipótesis de nulidad e ineficacia total del contrato mismo será considerablemente más improbable que en el caso del segundo. Se trata, a nuestro juicio, de una situación inadmisible que debería ser corregida por nuestro legislador. En todo caso, tomando en consideración las cláusulas sobre las que hasta la fecha ha girado principalmente la aplicación práctica del control de transparencia material, cabría realizar las siguientes consideraciones en lo que a las consecuencias negociales se refiere:

1ª) Si estamos ante una *cláusula suelo*, a través de la cual se establecen límites mínimos a los intereses que ha de abonar el adherente aun cuando los tipos de interés desciendan por debajo de esos límites, la estipulación se tendrá por no puesta y el contrato subsistirá como si nunca hubiese existido dicha cláusula[39]. Al respecto conviene añadir que este tipo de cláusulas siguen estando de actualidad. Muy especialmente en lo que atañe a los *acuerdos novatorios* firmados entre las entidades financieras y los consumidores con el propósito de reducir el tipo de interés por ellas fijado y, en contrapartida, renunciar al ejercicio de acciones judiciales ante las correspondientes entidades financieras. Ante estos acuerdos, el TS ha sostenido la posibilidad de que una estipulación potencialmente nula, como una cláusula suelo, pueda ser posteriormente modificada por las partes. Ahora bien, a juicio del TS, si dicha modificación no ha sido

[39] Sobre la última jurisprudencia relativa a este tipo de cláusulas: MARTÍNEZ ESPÍN, P., "¿Qué pasó con las cláusulas suelo? Análisis de las recientes sentencias del Tribunal Supremo", *Revista CESCO de Derecho de Consumo*, núm. 40, 2021, págs. 1 y ss.

negociada individualmente por los contratantes, sino predispuesta e impuesta por la entidad financiera, habrá de cumplir, entre otras exigencias, las propias de la transparencia material[40].

2ª) Cuando la cláusula pertenezca a las llamadas *estipulaciones multidivisa*, esto es, a aquellas merced a las cuales el adherente asume el riesgo de que el euro baje de valor respecto de la divisa elegida (el yen o el franco suizo, por ejemplo), en cuyo caso resulta obligado a devolver a la entidad financiera un capital muy superior al calculado en euros, el contrato de préstamo en el que se inserta dicha estipulación materialmente no trasparente (o, si se prefiere, sorpresiva o sorprendente) habrá de considerare que fue concedido en euros[41].

3ª) Si la cláusula versa sobre los *intereses de los conocidos como créditos revolventes* (o *revolving*), el contrato no podrá pervivir sin ella, por lo que la solución a aplicar consistiría en el deber de las partes de restituirse recíprocamente las prestaciones. En efecto, al ser el interés remuneratorio un elemento esencial del contrato sin el cual el mismo no puede subsistir, se habrá de decretar su nulidad y la subsiguiente condena a la entidad financiera a restituir al consumidor todas las cantidades que hubiese abonado a ésta en exceso sobre el capital prestado, con sus correspondientes intereses legales desde la fecha de cada pago indebido[42].

4ª) Por último, mención especial merecen las *estipulaciones relativas a los índices de referencia IRPH*. Como se sabe, en relación con este tipo de cláusulas el TS ha mantenido dos posiciones diferentes. Por un lado, ha declarado que son materialmente transparentes y, por tanto, lícitas y vinculantes para los adherentes[43]. Pero, por otro lado (a la vista de

---

40 En este sentido, *v.* la STS de 23 de diciembre de 2021, que sigue la línea jurisprudencial abierta por la STS de 9 de julio de 2020. Más información, entre otros muchos, en SÁENZ DE JUBERA HIGUERO, B., "Acuerdos novatorios sobre cláusulas suelo y renuncia de acciones a la luz de la última doctrina del TJUE y del TS", *Revista Crítica de Derecho Inmobiliario*, año 97, núm. 783, 2021, págs. 610 y ss.

41 Al respecto, sobre la problemática de estas estipulaciones: GONZÁLEZ ÁLVAREZ-SILOSA, V., "Deber de transparencia de la cláusula multidivisa en el préstamo hipotecario", en ATAZ LÓPEZ y GARCÍA PÉREZ, *Estudios sobre la modernización del Derecho de obligaciones y contratos,* Ed. Aranzadi, 2019, págs. 371 y ss.

42 En esta dirección, *ad ex.*, STS núm. 258/2023, de 15 de febrero.

43 STS (del Pleno) de 14 diciembre 2017: "al tratarse de índices oficiales utilizados por las diversas entidades financieras en sus ofertas comerciales, resulta fácilmen-

algún pronunciamiento relevante del TJUE sobre la materia[44]), ha sostenido que no son materialmente transparentes, lo que, sin embargo, no le ha llevado a reputarlas *per se* ilícitas (nulas), sino a someterlas al control de contenido o abusividad, llegando a la conclusión de que son válidas y vinculantes para los adherentes[45]. Como se observa con facilidad, los dos caminos seguidos por nuestro Alto Tribunal conducen a un mismo lugar: la licitud y, por tanto, validez de este tipo de estipulaciones. Siendo esto así, es evidente (al menos, desde la óptica desde la que afronta esta materia el TS) que no se plantea el problema de las consecuencias negociales relativas a este tipo de cláusulas. Ahora bien, podría ocurrir (aunque no lo veo muy probable) que el TS cambiase de parecer. Y además es un hecho constatable que cierta jurisprudencia menor sí ha declarado la ilicitud de esta clase de estipulaciones. En tales casos, como es lógico, sí se presenta el problema aquí abordado, aunque he de reconocer que no tiene fácil solución. La posibilidad de suprimir la cláusula y dejar el préstamo gratuito ha de descartarse, pues parece claro que sin contraprestación la entidad financiera no se hubiese decidido a celebrar el contrato con el adherente-consumidor. De modo que habría que buscar otras posibles alternativas. De entre ellas, tal vez la más aconsejable, aunque no exenta de dificultades tanto prácticas como dogmáticas, podría consistir en facultar al órgano jurisdiccional competente a reemplazar el índice IRPH por el Euríbor, al ser este el índice más habitual

---

te accesible para un consumidor medio, normalmente informado y razonablemente atento y perspicaz, conocer que se utilizan diferentes sistemas de cálculo del interés variable y comparar las condiciones utilizadas por los distintos prestamistas en un elemento tan esencial como el propio precio del préstamo".

44 STJUE 3 marzo 2020 (Asunto C-125/18, *Gómez del Moral* vs *Bankia*).

45 SSTS 595, 596, 597 y 598/2020, de 12 de noviembre: "Es decir, la declaración de falta de transparencia sería condición necesaria, pero no suficiente, para la apreciación de la abusividad [sentencias de esta sala 171/2017, de 9 de marzo (RJ 2017, 977); 538/2019, de 11 de octubre (RJ 2019, 3852); 121/2020, de 24 de febrero (RJ 2020, 486); y 408/2020, de 7 de julio (RJ 2020, 2298)]. Únicamente hemos asimilado falta de transparencia a la abusividad en determinadas cláusulas, como es el caso de las denominadas «cláusulas suelo», por entrañar un elemento engañoso, o de las cláusulas «multidivisa» o «multimoneda», por ocultarse graves riesgos para el consumidor. No es el caso de la utilización de uno u otro de los índices de referencia oficiales para los préstamos hipotecarios, y concretamente, del utilizado en el sistema de financiación de las viviendas de protección oficial (...)".

en la práctica hipotecaria española[46]. Empero, esta solución cuenta con un relevante obstáculo, cual es la doctrina del TJUE relativa a la prohibición de integración o moderación de las cláusulas declaradas abusivas a la que antes me referí[47]. De ahí que el ofrecimiento de una solución a este problema requiera inexorablemente flexibilizar esta doctrina del TJUE en lo que a la integración de los contratos de consumo se refiere[48].

IV. A MODO DE EPÍLOGO

Para finalizar solo me resta poner de manifiesto, en la dirección que expuse al inicio de estas páginas, que al tratar de dar respuesta a la cuestión aquí analizada (esto es, las consecuencias dimanantes de la falta de transparencia material de las cláusulas predispuestas), he procurado, al mismo tiempo, exponer mi punto de vista en relación con otras cuestiones relativas al control de transparencia material que hoy siguen siendo controvertidas. Me refiero, en especial, al *fundamento* de esta modalidad de control de la contratación de consumo estandarizada. Como se ha podido comprobar, soy de la opinión de que este reside en la *protección del consentimiento de los adherentes* y, en particular, en la *tutela de las legítimas y razonables expectativas que dichos sujetos se hicieron a la hora de celebrar los contratos*, a la vista de todas las circunstancias en ellos concurrentes. Bien entendido que corresponde en todo caso a los predisponentes demostrar que en el momento de emitir sus consentimientos negociales los adherentes tuvieron un conocimiento cabal de las cláusulas relativas al objeto principal del negocio y a la adecuación entre precio y prestación[49].

---

[46] En el sentido que apunta PERTIÑEZ VÍLCHEZ, F., "Un nuevo paradigma en la relación entre falta de transparencia y abusividad", 24 de julio de 2023, disponible en https://almacendederecho.org/un-nuevo-paradigma-en-la-relacion-entre-falta-de-transparencia-y-abusividad

[47] De la que son recientes exponentes, por ejemplo, la STJUE de 31 de marzo de 2022 (Asunto *Lombard Lízing*, C-472/20) y la STJUE de 27 de abril de 2023 (Asunto *AxFina Hungary Zrt.*, C-705/21).

[48] PERTÍÑEZ VÍLCHEZ, F., "El devenir de la cláusula IRPH tras la STJUE de 3 de marzo de 2020: transparencia, carácter abusivo e integración, *Diario La Ley*, núm. 9689, Sección Doctrina, 4 de septiembre de 2020, págs. 11 y 12; SANDE MAYO, M.J., "Las cuestiones no resueltas en torno al IRPH…", cit., pág. 319.

[49] ¿De qué medios o instrumentos podrían valerse para dicho fin? Al respecto, cabe afirmar que el dato de que una concreta cláusula contractual haya sido firmada por el cliente no implica necesariamente que sea conocida por él, pues en la mayoría de los casos la firma se produce de forma mecánica, sin que tenga lugar un

Se me podrá objetar que, al entender de este modo el fundamento de la transparencia material, estoy *privando de sentido y utilidad a la dogmática clásica de los vicios del consentimiento negocial*[50]. En rigor, sin embargo, dicha

---

verdadero conocimiento efectivo de su contenido. Y lo mismo puede decirse de la utilización de la negrita, la cursiva, el subrayado o cualquier otro procedimiento de especial resalto de una cláusula, pues con ello no se garantiza el conocimiento efectivo de dicha estipulación por parte del adherente (aunque, en consideración a otras circunstancias concurrentes, pueda ser un dato que ayude a dicha conclusión) [como trato de explicar más ampliamente, aunque en relación con el contrato de seguro, en MIRANDA SERRANO, L.M., "La necesaria distinción entre los controles de transparencia formal y material de las cláusulas limitativas de los derechos de los asegurados", *Revista Española de Seguros*, núm. 189-190, 2022, págs. 191 y ss.]. En cambio, sí pueden considerarse medios idóneos para demostrar que una determinada estipulación fue efectivamente conocida y consentida por el consumidor en el momento de contratar, la correspondencia postal o electrónica intercambiada entre las partes contratantes durante la fase de negociación contractual, o la grabación lícitamente efectuada de las conversaciones habidas entre ellas previamente a la celebración del contrato. A propósito de esto puede verse más información, *ad ex.*, en MARTÍNEZ ESPÍN, P., *El control de transparencia, cit.*, págs. 112 y ss., y en nuestro trabajo "El control de transparencia…", *cit.*, págs. 29 y ss. Sobre esta materia puede consultarse, también, MARÍN LÓPEZ, El control de transparencia material de la cláusula de intereses remuneratorios…", *cit.*, págs. 79 y ss., quien concluye que "(l)a regla general es que el empresario debe facilitar al consumidor la información necesaria para que (…) comprenda las consecuencias económicas y jurídicas de la cláusula. No hay un criterio claro acerca de si esa información puede contenerse en el propio contrato (…) o se requiere su constancia en la información precontractual (…). La diferencia parece obedecer al carácter sorpresivo de la cláusula y a si afecta subrepticiamente al precio. En efecto, si es una cláusula totalmente definitoria del objeto principal del contrato, la información exigida por el test de transparencia puede facilitarse en el propio contrato. Sin embargo, si la cláusula no configura directamente el precio, pero puede alterarlo subrepticiamente (cláusula suelo o multidivisa), la información debe facilitarse antes de la celebración del contrato. En definitiva, cuanto más sorprendente pueda resultar para un consumidor medio la inclusión de esa cláusula, con más antelación debe facilitársele esa información. Ahora bien, el suministro de esa información por el empresario no es necesaria cuando, dadas las circunstancias, ese concreto dato puede ser conocido por cualquier consumidor medio, o en particular podía ser conocido por ese concreto consumidor que celebró el contrato, a la vista de su condición de experto en la materia" (pág. 85).

50 En la dirección en la que se pronuncia, *ad. ex.*, RUIZ ARRANZ, A., "Sobre el control de transparencia de las cláusulas predispuestas", cit. *supra*, quien —en lo que aquí interesa— pone de manifiesto que la transparencia (material) "es en España un monstruo, que ha adquirido una vida propia, y que amenaza con socavar las bases del sistema de Derecho privado"; en particular, el sistema de control de los vicios de la voluntad (y, en particular, del error-vicio). Más adelante —pero en el

objeción no me parece de suficiente peso o entidad. La construcción de la teoría de los vicios de la voluntad fue pensada para un modelo de contratación liberal-individualista en el que los contratos eran fruto de un proceso de negociación individual, normalmente precedido de un período de tratos preliminares, más o menos dilatado, en el que los contratantes acercaban sus posturas con vistas a que finalmente tuviera lugar la aceptación de la oferta contractual y con ello la celebración del negocio. De ahí que no deba causar extrañeza (al menos, a mí no me la origina) la elaboración (jurisprudencial, doctrinal y legislativa) de un instrumento específico para la contratación estandarizada que posibilite al adherente tener un conocimiento real de lo que verdaderamente está contratando (objeto principal del negocio y adecuación entre precio y prestación), sin tener que alegar y probar la concurrencia de un auténtico vicio del consentimiento de los regulados en el Código Civil. Dicho instrumento es, lógicamente, la *transparencia material*, que posibilita al adherente (en la actualidad solo al que actúa en condición consumidora, aunque hay razones de peso para abarcar también a quienes lo hacen como empresarios o profesionales[51])

---

mismo sentido—, este autor concluye que "la transparencia no puede emplearse dogmáticamente como *joker* —puenteando además los estándares del sistema de los vicios del consentimiento— (…). Quien legítimamente pretenda defender que el consumidor concreto no entendió el funcionamiento del producto —o, incluso, que fue inducido a contratar un crédito por la entidad financiera que, de otro modo no habría contratado— deberá acudir al sistema de los vicios del consentimiento (error y dolo); pero deberá alejarse de conseguir este resultado por la vía del control de transparencia".

[51] Cierto es que no comúnmente compartidas, al existir opiniones a favor y en contra. En sentido negativo, *ad ex.* FERNÁNDEZ BENAVIDES, J., "El penúltimo debate sobre control de transparencia (en contratos entre empresarios)", 22 de febrero de 2018, disponible en línea en la dirección electrónica https://www.hayderecho.com/2018/02/22/penultimo-debate-control-transparencia-contratos-empresarios/ (debo precisar que aunque no coincido con este autor en su negativa a extender el control de transparencia a los contratos entre empresarios, sí estoy plenamente de acuerdo con su crítica a la Proposición de Ley de impulso de la transparencia en la contratación predispuesta, presentada por el Grupo Parlamentario Socialista el 2 de noviembre de 2017, que afortunadamente no prosperó, al menos de momento, dada su pésima calidad, como he tenido ocasión de sostener en algún trabajo anterior y he expresado *supra* en alguna ocasión). En sentido afirmativo, *ad ex.*, FERNÁNDEZ SEIJO, J.M., "Condiciones generales de la contratación y no consumidores. Obstáculos para el control de transparencia", *Actualidad Civil*, núm. 7, 2020, quien pone de manifiesto que, aunque los mecanismos de protección de los no consumidores no deben confundirse con los que se disponen para la protección de los consumidores y usuarios, no obstante, ha de

a desalojar del contrato todas aquellas estipulaciones incorporadas a él de forma subrepticia o camuflada que tienen el efecto de alterar (sin su conocimiento ni consentimiento) esa parte esencial o económica del contrato constituida por su objeto principal y por la equivalencia entre precio y prestación. ¿Las nuevas realidades no precisan de nuevas soluciones? ¿Acaso estamos obligados inexorablemente a solucionar los problemas del tráfico negocial contemporáneo con las categorías clásicas de los códigos decimonónicos?[52]

Por cierto, que en relación con este asunto se me viene a la mente un problema reciente que también ha necesitado soluciones distintas de la aplicación de las normas reguladoras de los vicios del consentimiento. Me refiero a la cuestión de determinar si la constatación de que un contrato de consumo (B2C) ha derivado de la realización de una práctica desleal contra los consumidores (engañosa o agresiva) ha de comportar consecuencias negociales específicas. Sobre todo, porque no parece razonable que la práctica de la que nace dicho contrato sea reputada ilícita desde la perspectiva de la competencia desleal y, sin embargo, el negocio de ella derivado sea inatacable

---

postularse que los no consumidores sean protegidos frente a condiciones generales que se incorporan de modo sorprendente al contrato.

52 En pronunciamientos del TS encontramos consideraciones acerca de la distinción que ha de hacerse entre el control de transparencia material, de un lado, y la disciplina de los vicios del consentimiento negocial, de otro. A modo de ejemplo, cabe citar al STS de 8 de junio de 2017 (STS 2244/2017: Ponente: D. Rafael Sarazá Jimena) en la que se afirma, entre otras cosas, lo que sigue: "No puede confundirse la evaluación de la transparencia de una condición general cuando se enjuicia una acción destinada a que se declare la nulidad de la misma con el enjuiciamiento que debe darse a la acción de anulación de un contrato por error vicio en el consentimiento. Mientras que en la primera se realiza un control más objetivo de la cláusula y del proceso de contratación, en la segunda las circunstancias personales de los contratantes son fundamentales para determinar tanto la propia existencia del error como, en caso de que exista el error, la excusabilidad del mismo, y es necesario que el error sea sustancial por recaer sobre los elementos esenciales que determinaron la decisión de contratar y la consiguiente prestación del consentimiento. Las consecuencias de uno y otro régimen legal son diferentes, pues el control de abusividad de la cláusula no negociada en un contrato celebrado con un consumidor, en el que se inserta el control de transparencia, lleva consigo la nulidad de la cláusula controvertida, la pervivencia del contrato sin esa cláusula y la restitución de lo que el predisponente haya percibido como consecuencia de la aplicación de la cláusula abusiva, mientras que la anulación por error vicio del consentimiento afecta al contrato en su totalidad y las partes deben restituirse recíprocamente todo lo percibido de la otra en virtud del contrato, con sus frutos o intereses" (FD 6º apdo. 15).

jurídicamente desde el ángulo que ofrecen las normas sobre obligaciones contratos, a no ser —como es natural— que se constate la presencia en él de un auténtico vicio del consentimiento de los regulados en el Código Civil. El carácter unitario del ordenamiento requiere no considerar lícito por el Derecho de contratos lo que es declarado ilícito por el Derecho de la competencia desleal y a la inversa. Y es que, pese a sus diversas funciones político-jurídicas y normativas, ambos sectores del ordenamiento no deben entrar en contradicciones[53]. De hecho, estas contradicciones tratan de evitarse por algunos legisladores en el Derecho comparado, al ofrecer ciertos remedios negociales frente a contratos de consumo derivados de prácticas comerciales desleales: nulidad, anulabilidad, resolución, disminución del precio a pagar, etc.[54]. También en esta misma dirección se inscribe el legislador comunitario. Así lo corrobora el actual artículo 11 bis de la Directiva 2005/29/CE (proveniente de la Directiva 2019/2161/UE), que reconoce una serie de remedios negociales a los consumidores afectados por prácticas comerciales desleales, que inciden en el proceso de permeabilización entre las normas de contratos y las represoras de la competencia desleal[55]. Lamentablemente,

---

53 Al planteamiento de esta cuestión me referí, junto con el Profesor PAGADOR, en MIRANDA SERRANO, L. y PAGADOR LÓPEZ, J., "La necesidad de establecer conexiones entre el Derecho de la competencia desleal y el Derecho de contratos", *Diario La Ley*, núm. 8464, 2015, *passim*.

54 En efecto, el análisis del Derecho comparado permite apreciar la existencia de este tipo de normas que, lejos de ser homogéneas, ofrecen soluciones diversas. En algunos casos, la opción elegida ha sido la *anulabilidad del contrato,* aunque con peculiaridades propias de cada ordenamiento: Polonia, Portugal, Luxemburgo y Países Bajos. En otros supuestos, en cambio, la solución ha consistido en *la nulidad de pleno derecho,* pero prevista solo para los contratos resultantes de la comisión de prácticas comerciales agresivas: Francia. Por otro lado, no faltan tampoco los ordenamientos que acogen soluciones peculiares que facultan al consumidor que ha contratado afectado por determinadas prácticas desleales a *solicitar el reembolso del precio* o *rechazar el pago sin obligación de devolver el bien objeto del contrato*: Bélgica. Y, junto a lo anterior, existen ordenamientos que prevén el derecho a *rescindir el contrato* o a *solicitar una reducción del precio* y, en todo caso, a instar la reclamación de los daños y perjuicios sufridos: Reino Unido. Un completo estudio de estas distintas soluciones legislativas, con atención a las luces y sombras de cada una de ellas, puede verse en CASADO NAVARRO, A., *Consecuencias negociales de las prácticas desleales contra los consumidores. Relaciones entre el Derecho contractual de consumo y el Derecho de la competencia desleal,* Ed. Marcial Pons, Madrid-Barcelona, 2023, págs. 152 y ss.; IDEM, "Consecuencias negociales de las prácticas desleales con consumidores: soluciones de Derecho comparado y recientes desarrollos normativos en la Unión Europea", *Cuadernos de Derecho Transnacional,* vol. 14, núm. 1, marzo de 2022, págs. 127 y ss.

55 El artículo 11 bis, intitulado "Reparación", impone a los Estados miembros la obligación de proporcionar a los consumidores afectados por prácticas comerciales

sin embargo, estos remedios aún no han sido incorporados al ordenamiento jurídico español[56]. Por ello, parece muy conveniente que nuestro legislador intervenga cuanto antes en este ámbito. Una posible solución podría consistir en atribuir al consumidor que es parte de un contrato derivado o influenciado por una práctica comercial desleal (engañosa o agresiva) la posibilidad de optar por su anulación, si no desea seguir vinculado por él, o por la rebaja del precio, si prefiere el mantenimiento de los efectos derivados del negocio[57]. Lógicamente, si llega a introducirse en nuestro Derecho una norma similar a la propuesta, estaremos en condiciones de afirmar que la celebración de un contrato de consumo derivado de una práctica comercial desleal conlleva efectos específicos en el plano negocial, sin necesidad de recurrir para ello a los remedios tradicionales de los vicios del consentimiento, inadecuados para ofrecer una solución satisfactoria a estas nuevas prácticas

---

desleales "medidas correctoras proporcionadas y eficaces, incluida una indemnización por los daños y perjuicios sufridos por los consumidores y, cuando proceda, una reducción del precio o la resolución del contrato".

56 Lo que merece ser censurado en los términos en que se pronuncia CASADO NAVARRO, A., "Consideraciones críticas sobre la opción del Real Decreto-ley 24/2021 de no incorporar medidas correctoras individuales frente a prácticas desleales con consumidores", *La Ley Mercantil (LLM)*, núm. 88, 2022, *passim*.

57 A juicio de algún autor, las medidas a adoptar habrían de consistir en permitir al consumidor decantarse por aquella solución que mejor satisfaga sus intereses: la *resolución del contrato*, en caso de que este no sea deseado, o la *rebaja del precio*, en el supuesto de que quisiera mantener sus efectos: CASADO NAVARRO, A., *Consecuencias negociales...*, cit., pp. 197 y 198. En mi opinión, esta propuesta de *lege ferenda* a la es meritoria y se hace acreedora de una valoración positiva. No obstante, contiene un extremo que no llega del todo a convencerme. Me refiero, en concreto, a la opción por la *acción de resolución contractual* que, como se sabe, procede en los casos de incumplimiento de las obligaciones negociales. La resolución, en efecto, presupone la validez del contrato y conforma la facultad que corresponde ejercitar al contratante cumplidor frente al incumplidor, con la finalidad de poner fin a la relación contractual. Ahora bien, en los casos a lo que aquí me refiero (celebración de contratos derivados de —o influenciados por— prácticas desleales engañosas o agresivas) no cabe hablar propiamente de incumplimiento de obligaciones, sino de la comisión de ciertas conductas de las que deriva la afectación de la *libertad de saber* (prácticas engañosas) o *de querer* (prácticas agresivas) de los clientes-consumidores. Por ello parece más apropiado conceder al sujeto afectado por este tipo de comportamientos desleales el remedio de la *anulabilidad*. Esta es la razón por la que afirmo en el texto que el consumidor que se encontrase en una situación como la aquí analizada podría optar por la anulación del contrato, en el supuesto de que no desee seguir vinculado por él, o por la rebaja del precio, en el caso de que quiera optar por el mantenimiento de los efectos derivados del negocio.

de mercado que quedaron extramuros del modelo liberal individualista de contrato al que responde nuestra codificación decimonónica de Derecho privado[58].

He de poner punto final a estas reflexiones. Y no quiero hacerlo sin manifestar que me acechan dudas razonables acerca de si con ellas he sido capaz de superar o no las exigencias derivadas de la transparencia material. Desde luego, que esto solo habría acontecido si hubiese cubierto de modo satisfactorio las legítimas y razonables expectativas que cada uno de ustedes tenía cuando decidió dar lectura a estas páginas. Con esas dudas razonables, casi siempre presentes en las Ciencias sociales (como el Derecho) en las que es sumamente difícil hablar de verdades absolutas, finalizo este trabajo. A buen seguro, no faltarán argumentos con mayor peso y calado de los aquí esgrimidos que confirmen mis dudas y hagan aflorar mis posibles equivocaciones. Como afirma el genio de la electricidad Nikola Tesla, "las teorías son perecederas. Con cada nueva verdad revelada, tenemos una mejor comprensión de la naturaleza y nuestras concepciones, y nuestros puntos de vista se modifican". En este mismo sentido se pronuncia Popper con referencia a las Ciencias sociales —a las que pertenece el Derecho—, cuando argumenta que lo relevante para que el progreso sea posible es que las verdades existentes estén siempre sujetas a críticas, esto es, expuestas a pruebas, verificaciones y retos que las confirmen o desmientan y, en este segundo caso, las reemplacen por otras más próximas a la verdad total y definitiva, aunque —en rigor— ésta se presenta como inalcanzable y seguramente inexistente[59].

Bibliografía

AGÜERO ORTIZ, A., "Los controles de transparencia y abusividad de las cláusulas relativas a índices de referencia", en ALVAREZ LATA y PEÑA LÓPEZ (Dirs.), *Mecanismos de protección del consumidor de productos y servicios financieros*, Ed. Aranzadi, 2021.

AGÜERO ORTIZ, A., "Análisis jurisprudencial de la evolución del control de transparencia de las cláusulas suelo", en *Revista CESCO de Derecho de Consumo*, núm. 36, 2020, págs. 92 y ss.

[58] Así lo sostengo en MIRANDA SERRANO, L.M., "Algunas cuestiones controvertidas de las relaciones entre la normativa contractual de consumo y la reguladora de las prácticas desleales contra los consumidores", en *La Ley Mercantil, núm. 110, febrero de 2024, pp. 1-24.*

[59] POPPER, K., *La Lógica de la investigación científica, cit., passim;* ÍDEM, *El desarrollo del conocimiento científico cit., passim.*

ALFARO ÁGUILA-REAL, J., "A las cláusulas predispuestas que regulan los elementos esenciales del contrato no se le aplica el Derecho de las condiciones generales ni el derecho de las cláusulas abusivas", disponible en http://derechomercantilespana.blogspot.com.es

ALFARO ÁGUILA-REAL, J., "Cláusulas predispuestas que describen el objeto principal del contrato", disponible en https://almacendederecho.org/clausulas-predispuestas-describen-ob jeto-principal-del-contrato

ALONSO PÉREZ, M.T. y CALDUCH GARGALLO, M., "La aplicabilidad de la disciplina de las cláusulas abusivas a los contratos de servicios jurídicos", disponible en línea en https://www.icace.org/joomla/images/ pdf/PremioMO2019.pdf

ASUA GONZÁLEZ, C. I., "La falta de transparencia de las cláusulas no negociadas individualmente en la contratación con consumidores en el Derecho español", *Anuario de Derecho Privado,* núm. 1, 2019.

BARRES BENLLOCH, M.P., EMBID IRUJO, J.M., y MARTÍNEZ SANZ, F. *Principios de Derecho Contractual Europeo,* Partes I y II, Colegios Notariales de España, Madrid, 2003.

BERROCAL LANZAROT, A.I., *Tarjetas y créditos revolving o rotativos: la usura y el control de transparencia,* Ed. Dykinson, Madrid, 2020.

BLANDINO GARRIDO, M.A., "Capítulo 9. Contenido y efectos de los contratos", en VAQUER ALOY, BOSCH CAPDEVILA y SÁNCHEZ GONZÁLEZ (coords.), *Derecho europeo de contratos. Libros II y IV del Marco Común de Referencia,* t. I, Ed. Atelier, Barcelona, 2012.

BURRERO DEL CASTILLO, D., "El juicio de abusividad subsiguiente al control de transparencia de las cláusulas IRPH", disponible en línea en https://www. revistalatoga.es/el-juicio-de-abusividad-subsiguiente-al-control-de-transparencia-de-las-clausulas-irph/

CÁMARA LAPUENTE, S., "Control de cláusulas predispuestas en contratos entre empresarios", 27 de junio de 2016, disponible en https://almacende derecho.org/control-clausulas-predispuestas-contratos-empresarios

CÁMARA LAPUENTE, S., "Hacia el carácter abusivo directo de las cláusulas no transparentes", en *Revista Jurídica sobre Consumidores y Usuarios,* número relativo al I Congreso sobre el principio de transparencia en la contratación predispuesta y su proyección como valor transversal de la sociedad, disponible en línea en https://www.unirioja.es/dptos/dd/civil/docs/ transparencia_camara_2021.pdf.

CÁMARA LAPUENTE, S., "El control de cláusulas abusivas sobre el precio: de la STJUE 3 junio 2010 (*Caja Madrid*) a la STS 9 mayo 2013 sobre cláusulas suelo. No es abusiva la cláusula que define el objeto principal del contrato, salvo por falta de transparencia", *Revista CESCO de Derecho de Consumo,* núm. 6, 2013, págs. 98 y ss.;

CÁMARA LAPUENTE, S., "¿De verdad puede controlarse el precio de los contratos mediante la normativa de cláusulas abusivas? De la STJUE de 3 junio 2010 (Caja de Madrid, C-484/08) y su impacto aparente y real en la jurisprudencia española a la STS (pleno) de 9 mayo 2013 sobre las cláusulas suelo", *Cuadernos de Derecho Transnacional,* 2013, vol. 5, núm. 2.

CARRASCO PERERA, A.F. y AGÜERO ORTIZ, A., “Sobre la usura en contratos de crédito al consumo. *Sygma Mediatis*: un mal precedente, una pésima doctrina, un nefasto augurio”, *Revista CESCO de Derecho de Consumo*, núm. 16, 2016.

CASADO NAVARRO, A., “El control de transparencia como llave del control de *contenido de las cláusulas contractuales predispuestas”, La Ley Mercantil*, núm. 11, 2015.

CASADO NAVARRO, A., *Consecuencias negociales de las prácticas desleales contra los consumidores. Relaciones entre el Derecho contractual de consumo y el Derecho de la competencia desleal*, Ed. Marcial Pons, Madrid-Barcelona, 2023.

CASADO NAVARRO, A., “Consideraciones críticas sobre la opción del Real Decreto-ley 24/2021 de no incorporar medidas correctoras individuales frente a prácticas desleales con consumidores”, *La Ley Mercantil*, núm. 88, 2022.

CASTILLO MARTÍNEZ, C., “Doctrina legal sobre el crédito *revolving*. Comentario a la STS, Sala 1ª, núm. 149/2020, de 4 de marzo”, *Revista Boliviana de Derecho*, núm. 30, 2020.

DELGADO TRUYOL, A., “Un monstruo llamado transparencia material”, 24 de septiembre de 2019, disponible en https://www.hayderecho.com/2019/09/24/un-monstruo-llamado-trans parencia/

FENOY PICÓN, N., El control de transparencia (material) en la cláusula suelo: su análisis a través de la jurisprudencia del Tribunal de Justicia Europeo, de la doctrina científica española, y de la jurisprudencia del Tribunal Supremo”, *Anuario de Derecho Civil*, tomo LXXI, fasc. II, 2018

FERNÁNDEZ BENAVIDES, J., “El penúltimo debate sobre control de transparencia (en contratos entre empresarios)”, disponible en línea en https://www.hayderecho.com/2018/02/22/penultimo-debate-control-transparencia-contratos-empresarios/

FERNÁNDEZ SEIJO, J.M., “Condiciones generales de la contratación y no consumidores. Obstáculos para el control de transparencia”, *Actualidad Civil*, núm. 7, 2020.

GARCÍA LÓPEZ, A. y CONDE DE COSSÍO TOYOS, A., “Bancario: modificación de la LGDCU por parte de la Ley 5/2019: ¿Nulidad automática de las cláusulas no transparentes?”, disponible en línea en https:// www.alfredogarcialopez.es/

GÓMEZ POMAR, F., ARTIGOT GOLOBARDES, M., y GANUZA FERNÁNDEZ, J.J., “Editorial. Un mal paso”, *InDret*, núm. 4 de 2021.

GÓMEZ POMAR, F. y FERNÁNEZ CHACÓN, I., *Estudios de Derecho contractual europeo: nuevos problemas, nuevas reglas*, Ed. Aranzadi, 2022.

GONZÁLEZ ÁLVAREZ-SILOSA, V., “Deber de transparencia de la cláusula multidivisa en el préstamo hipotecario”, en ATAZ LÓPEZ y GARCÍA PÉREZ, *Estudios sobre la modernización del Derecho de obligaciones y contratos*, Ed. Aranzadi, 2019.

GUTIÉRREZ SANTIAGO, P., “Las facultades moderadoras de jueces y tribunales en la venta a plazos de bienes muebles. El artículo 11 de la Ley 28/1998, de 13 de julio”, *Revista de Derecho Privado*, núm. 84, 2000.

MADRIÑÁN VÁZQUEZ, M. “Información precontractual y transparencia en la Ley de Contratos de Crédito Inmobiliario”, *Boletín del Ministerio de Justicia*, núm. 2231, 2020, disponible en línea en https:// www.mjusticia. gob.es

MARÍN LÓPEZ, M.J., "El control de transparencia material de la cláusula de intereses remuneratorios del crédito *revolving*", *Revista CESCO de Derecho de Consumo,* núm. 45, 2023.

MARTÍNEZ ESPÍN, P., *El control de transparencia de condiciones generales en los contratos de préstamo hipotecario,* Ed. Aranzadi, Cizur Menor, 2021.

MARTÍNEZ ESPÍN, P., "Control de abusividad sobre cualquier elemento del contrato: el fin de las conjeturas", *Revista CESCO de Derecho de Consumo,* núm. 23 de 2021

MARTÍNEZ ESPÍN, P., "¿Qué pasó con las cláusulas suelo? Análisis de las recientes sentencias del Tribunal Supremo", *Revista CESCO de Derecho de Consumo,* núm. 40, 2021.

MIRANDA ANGUITA, A., "El control de transparencia como instrumento de protección del consumidor de créditos «revolving» Análisis Jurisprudencial", *Revista de Derecho del Sistema Financiero,* núm. 5, 2023.

MIRANDA ANGUITA, A., "Remedios del regulador frente a la ilegibilidad de las cláusulas predispuestas en los contratos bancarios y financieros", *Revista de Derecho del Sistema Financiero,* núm. 3, 2022.

MIRANDA SERRANO, L.M., "El control de transparencia de condiciones generales y cláusulas predispuestas en la contratación bancaria", *InDret,* núm. 2 de 2018.

MIRANDA SERRANO, L.M., "¿Hacia un [errático] control de abusividad de las cláusulas predispuestas relativas a los elementos esenciales de los contratos de consumo?", *La Ley Mercantil,* núm. 87, enero de 2022

MIRANDA SERRANO, L.M., "La necesaria distinción entre los controles de transparencia formal y material de las cláusulas limitativas de los derechos de los asegurados", *Revista Española de Seguros,* núm. 189-190, 2022.

MIRANDA SERRANO, L.M., "Algunas cuestiones controvertidas de las relaciones entre la normativa contractual de consumo y la reguladora de las prácticas desleales contra los consumidores", *La Ley Mercantil,* núm. 101, febrero de 2024.

MIRANDA SERRANO, L. y PAGADOR LÓPEZ, J., "La necesidad de establecer conexiones entre el Derecho de la competencia desleal y el Derecho de contratos", *Diario La Ley,* núm. 8464, 2015.

MIQUEL GONZÁLEZ, J.M., en MENÉNDEZ, A., DÍEZ-PICAZO, L. (Dirs.) "Comentario del artículo 10 bis.1, I y IV, LGDCU", en *Comentarios a la Ley sobre condiciones generales de la contratación,* Ed. Civitas, 2002.

MOLSALVE DEL CASTILLO, R. y PORTILLO CABRERA, E., "Comentario de la STS núm. 149/2020, de 4 de marzo. Usura en el interés remuneratorio aplicable a tarjetas de crédito de pago aplazado", disponible en línea en https://www.boe.es

MÚRTULA LAFUENTE, V., "La evolución de la jurisprudencia del TJUE en materia de cláusulas abusivas de intereses y su interpretación del artículo 4.2 de la Directiva 93/13/CEE", en ÁLVAREZ LATA, N. y PEÑA LÓPEZ, F. (Dirs.), *Mecanismos de protección del consumidor de productos y servicios financieros,* Ed. Aranzadi, Cizur Menor, 2021.

NAVAS NAVARRO, S., "Cláusula sobre divisa extranjera en préstamos hipotecarios y falta de transparencia", *Revista CESCO de Derecho de Consumo,* núm. 14, 2015.

NIETO CAROL, U., "El control de incorporación y transparencia en los contratos bancarios", en GONZÁLEZ CASTILLA, F. y NIETO CAROL, U. (Dirs.), *Retos de la contratación mercantil moderna,* Ed. tirant lo blanch, Valencia, 2022.

ORDUÑA MORENO, F.J, "Doctrina jurisprudencial del TJUE: claves conceptuales a propósito del IRPH", en *Revista de Derecho vLex,* 198, noviembre de 2020, disponible en línea en https://www.legaltoday. com/actualidad-juridica/noticias-de-derecho/doctrina-jurisprudencial-del-tjue-claves conceptuales-a-proposito-del-irph-2020-11-20/

PAGADOR LÓPEZ, J., Las cláusulas suelo en la contratación entre empresarios y profesionales. Comentario de la Sentencia del Tribunal Supremo [Sala Primera] de 3 de junio de 2016", *Revista de Derecho Mercantil,* núm. 301, 2016.

PANTALEÓN PRIETO, F., "Sobre el artículo 4.2 de la Directiva 93/13", 9 de marzo de 2020, disponible en línea en https://almacendederecho.org/sobre-el-articulo-4-2-de-la-directiva-9313

PANTALEÓN PRIETO, F., "Las cláusulas IRPH, el Tribunal de Justicia y el Tribunal Supremo", 28 de agosto de 2023, disponible en línea en https://almacen dederecho. org/las-clausulas-irph-el-tribunal-de-justicia-y-el-tribunal-supremo

PANTALEÓN PRIETO, F., "Sobre la transparencia material de cláusulas predispuestas de *lege lata* y de *lege ferenda*", disponible en línea en https://almacendederecho. org/sobre-la-transparencia-material-de-clausulas-predispuestas-de-lege-lata-y-de-lege-ferenda

PANTALEÓN PRIETO, F., "8 preguntas y respuestas sobre la transparencia material de las cláusulas predispuestas", disponible en línea en https://almacendederecho. org/8-preguntas-y-respuestas-sobre-la-transparencia-material-de-las-clausulas-predispuestas

PAZOS CASTRO, R., *El control de las cláusulas abusivas en los contratos con consumidores,* Ed. Thomson Reuters-Aranzadi, 2017.

PEITEADO MARISCAL, P., "Transparencia y abusividad. La STS 538/2019, de 11 de octubre", disponible en línea en https://adarvecorporacion.com

PERTÍÑEZ VÍÑCHEZ, F., "Falta de transparencia y carácter abusivo de la cláusula suelo en los contratos de préstamo hipotecario", *InDret,* núm. 3 de 2013.

PERTÍÑEZ VÍÑCHEZ, F., *Las cláusulas abusivas por un defecto de transparencia,* Ed. Aranzadi, Cizur Menor, 2014.

PERTÍÑEZ VÍÑCHEZ, F., *La nulidad de las cláusulas suelo en préstamos hipotecarios,* Ed. tirant lo blanch, Valencia, 2017.

PERTÍÑEZ VÍÑCHEZ, F., "Un nuevo paradigma en la relación entre falta de transparencia y abusividad", disponible en https://almacendederecho.org/un-nuevo-paradigma-en-la-relacion-entre-falta-de-transparen cia-y-abusividad

PERTÍÑEZ VÍÑCHEZ, F., "El devenir de la cláusula IRPH tras la STJUE de 3 de marzo de 2020: transparencia, carácter abusivo e integración, *Diario La Ley,* núm. 9689, Sección Doctrina, 4 de septiembre de 2020.

POPPER, K., *La Lógica de la investigación científica* (trad. por SÁNCHEZ ZABALA), Ed. Tecnos, Madrid, 1962.

POPPER, K., *El desarrollo del conocimiento científico. Conjeturas y refutaciones* (trad. por MÍQUEZ), Ed. Paidós, Buenos Aires, 1979.

RUIZ ARRANZ, A., "Sobre el control de transparencia de las cláusulas predispuestas", 21 de febrero de 2023, disponible en línea en https://almacendederecho.org/las-clausulas-irph-el-tribunal-de-justicia-y-el-tribunal-supremo

SAENZ DE JUBERA HIGUERO, B, "Creditos *revolving*: usura y transparencia", *Revista Crítica de Derecho Inmobiliario*, núm. 786, 2021.

SÁENZ DE JUBERA HIGUERO, B., "Acuerdos novatorios sobre cláusulas suelo y renuncia de acciones a la luz de la última doctrina del TJUE y del TS", *Revista Crítica de Derecho Inmobiliario*, año 97, núm. 783, 2021.

SANDE MAYO, M.J., "Las cuestiones no resueltas en torno al IRPH: transparencia, abusividad e integración", *Revista de Derecho UNED*, núm. 31, 2023.

SUÁREZ PUGA, E., "El legislador insiste en controlar el contenido esencial de los contratos", 13 de septiembre de 2021, disponible en línea en https://almacendederecho.org/op-ed-la-reincidencia-del-legislador-en-el-control-de-abusividad-de-las-clausulas-predispuestas-referentes-a-elementos-principales-del-contrato

TAPIA HERMIDA, A., J. "Control de transparencia abstracto o concreto: Esa es la cuestión con las cláusulas suelo. Acción colectiva de cesación por una asociación de consumidores: Petición de decisión prejudicial al TJUE por la Sala 1ª de lo Civil del TS", 11 de julio de 2022, disponible en línea en https:// ajtapia.com/2022/07/control-de-transparencia-abstracto-o-concreto-esa-es-la-cuestion-con-las-clausulas-suelo-accion-colectiva-de-cesacion-por-una-asociacion-de-consumidores-peticion-de-decision-prejudicial-al-tjue-por/

El instrumento público electrónico y su reforma por la Ley 11/2023, de 8 de mayo

MANUEL GONZÁLEZ-MENESES
Notario

I. LA IRRUPCIÓN DE LA FIRMA ELECTRÓNICA BASADA EN CRIPTOGRAFÍA DE CLAVE PÚBLICA COMO INSTRUMENTO DE AUTENTICACIÓN EN EL MEDIO ELECTRÓNICO

A mediados de los años setenta del siglo XX dos jóvenes estadounidenses llamados Whitfield Diffie y Martin Hellman, uno graduado en matemáticas y el otro ingeniero eléctrico, preocupados por la preservación de la privacidad de la información y las comunicaciones en la nueva era digital y un tanto conspiranoicos, concibieron una idea absolutamente revolucionaria: la idea de la criptografía asimétrica o de doble clave o de clave pública.

Durante siglos la única forma de criptografía que se había conocido y practicado era la criptografía simétrica, en la cual la misma clave que se emplea para cifrar un mensaje es la que se debe aplicar para descifrarlo, lo que requiere que emisor y receptor compartan el secreto de esa única clave, lo que puede ser un problema para preservar la confidencialidad y la seguridad en redes abiertas y entre sujetos que no se conocen entre sí.

Pues bien, en una tarde del mes de mayo de 1975, mientras cuidaba la casa en Stanford del profesor John McCarthy, que estaba por entonces de año sabático —precisamente el mismo que dos décadas antes había acuñado el término "inteligencia artificial" como promotor de la célebre Conferencia de Dartmouth—, a Withfield Diffie, en un momento de iluminación quizá bajo los efectos de algún psicótropo, le sobrevino la siguiente idea: ¿y si se divide la clave en dos? Si mediante alguna fórmula o algoritmo matemático se consiguiesen generar dos claves matemáticamente enlazadas, de manera que lo que se encripta con una clave solo se desencripta con la otra y viceversa y de manera que el conocimiento de una de estas claves no permite averiguar la otra, entonces, cada usuario podría tener un par de estas claves, de las cuales una se podría mantener secreta, conocida solo por él, mientras que la otra tranquilamente se podría hacer pública.

Esto a su vez permitiría dos interesantes funcionalidades. En primer lugar, si el emisor encripta el mensaje con la clave pública del destinatario, solo esa persona, que es la que conoce la única clave que permite descifrar el mensaje, que es precisamente su clave privada, es la que va a poder abrirlo y leerlo. De esta manera se consigue confidencialidad sin tener que compartir la clave privada que conserva secreta cada uno. Pero Withfield Diffie se dio cuenta de que se podía dar la vuelta al protocolo, para obtener una funcionalidad no menos interesante. Si el emisor cifra el mensaje no con la clave pública del destinatario, sino con su propia clave privada, entonces no se consigue confidencialidad, porque cualquiera que conozca la clave pública del emisor, que se supone que es conocida de todos, puede leer el mensaje, pero sí algo diferente y muy importante: certeza en cuanto al origen, procedencia o autoría del mensaje, porque si un mensaje se descifra aplicando la clave pública de una persona determinada, es que ha sido cifrado necesariamente con la clave privada correlativa, que se supone que solo conoce esa persona. De esta manera, la criptografía asimétrica se podría emplear como instrumento de "firma electrónica", como forma de que el emisor de un mensaje electrónico le incorpore una marca personal, pero no como un añadido que se le adhiere accidentalmente, sino como algo que se imbrica lógicamente con todo el contenido del mensaje garantizando además su integridad, porque, al encriptarse todo el mensaje o su función resumen o hash con la clave privada del emisor, su descifrado con la correspondiente clave pública de éste, permite tener también certeza de que no ha sido alterado.

Dos años más tarde, en 1977, tres matemáticos del MIT, Ronald Rivest, Adi Shamir y Leonard Adleman, dieron con un algoritmo matemático que permitía generar un par de claves con las propiedades requeridas por la idea de Diffie y Hellman. Este algoritmo se conoce como "RSA", por las iniciales de los apellidos de sus autores, y se basa en la dificultad de factorizar el producto de dos grandes números primos. Gracias a este algoritmo se pudo llevar a la práctica y hacer realidad esa idea de la criptografía asimétrica.

Ahora bien, para que la criptografía asimétrica se pueda emplear como instrumento de firma electrónica es necesario que concurran dos circunstancias que no tienen nada que ver con las matemáticas ni con los algoritmos. La primera de dichas circunstancias es que cada uno de los usuarios efectivamente tiene que mantener secreta y reservada su clave privada, porque, si alguien conoce mi clave privada, puede hacerse pasar por mí, emitiendo un mensaje que se descifra con mi clave pública y los destinatarios pueden pensar que yo soy el autor de ese mensaje. La segunda circunstancia, tan importante como la anterior, es que el destinatario del mensaje tiene que conocer la clave pública del emisor. Es decir, es necesario tener certeza acerca de las claves públicas de los demás usuarios, para poder vincular este medio de verificación con la identidad de sujetos determinados.

Al respecto se han conocido dos sistemas diferentes. Un primer sistema, que podríamos denominar descentralizado, consiste en que cada usuario da a conocer su clave pública a sus contactos. De la misma manera que para comunicarme mediante correo electrónico con mis conocidos tengo que hacerles saber mi dirección de correo, si quiero tener con ellos comunicaciones confidenciales y firmadas, con garantía de procedencia, tenemos que comunicarnos nuestras respectivas claves públicas. A su vez, mis amigos, en cuya veracidad yo confío, me comunican las claves públicas que ellos conocen de sus contactos, generándose así una red privada de confianza. Este es el modelo que promovió el criptoactivista Phil Zimmerman en el año 1991 para su programa de correo cifrado *Pretty Good Privacy*.

El otro sistema, que es el que se ha terminado imponiendo, lo podemos denominar centralizado. Se basa en la existencia de una especie de listín o guía de teléfonos, un directorio de usuarios con sus claves públicas, a cargo de una autoridad o administrador del sistema, que se encarga de identificar a los usuarios y de emitir para cada uno de ellos una especie de DNI electrónico, una credencial electrónica en la que consta su identidad y su clave pública (que sirve para verificar la autenticidad de cualquier mensaje que aparezca como firmado por él). De esta manera, si yo quiero firmar un mensaje electrónico, lo envío a su destinatario cifrado con mi clave privada, pero le adjunto además esa credencial electrónica, ese certificado en el que constan tanto mi identidad como mi clave pública, emitido por un tercero en el que confía el destinatario.

Ahora bien, aunque se hable de "autoridad de certificación", el sujeto que lleva este directorio de claves públicas y que expide los certificados no tiene por qué ser una autoridad o funcionario público, algún tipo de agencia gubernamental. Y ello por dos motivos: primero, porque esta tecnología procede del mundo anglosajón, donde existe una tradicional resistencia a que los ciudadanos sean identificados por el poder público; y en segundo lugar, porque los inventores de esta tecnología de firma vieron en la actividad de emisión de estas credenciales un posible negocio —la venta de los certificados a cada uno de los usuarios— que les permitiría rentabilizar económicamente su invento una vez que hubiesen expirado las patentes sobre el algoritmo. De esta manera, la actividad de certificar las identidades y claves públicas de los usuarios de los medios de comunicación digitales se va a concebir como un servicio más de la sociedad de la información, propio de un ISP (*internet service provider*), que puede ser una empresa privada, en un régimen de libre mercado y competencia.

Pero poner en marcha este negocio no fue una tarea fácil. Tuvieron que pasar dos décadas de muy poco fructíferos esfuerzos por convencer a la industria de la utilidad de su invento y sobre todo de pugna con el gobierno de los Estados Unidos de América, y en especial con la NSA (*National Security Agency*), que hizo todo lo posible para impedir que una tecnología de criptografía tan potente se pusiera a disposición de los particulares y también que se exportase al extranjero, hasta que a finales del siglo pasado todo cambió. Fue entonces cuando tanto el legislador estadounidense como la Comisión de Naciones Unidas para el Derecho Mercantil Internacional y el legislador comunitario europeo hicieron suya la idea de que para el desarrollo del comercio electrónico era esencial que se reconociese a las firmas electrónicas basadas precisamente en criptografía asimétrica y respaldadas por estos certificados el mismo significado y valor jurídico vinculante que se atribuye a las firmas manuscritas en el mundo del papel.

Esta es la idea clave de toda nuestra normativa sobre firma electrónica, desde el primer Decreto-ley sobre firma electrónica de septiembre de 1999, que se anticipó en unos meses a la primera Directiva europea sobre la materia, de diciembre de ese mismo año; que por supuesto pasó a la Ley de firma electrónica del año 2003, hoy derogada; que encontramos también en el Reglamento eIDAS del año 2014, que sustituyó a la Directiva, y en la reciente Ley 6/2020, de 11 de noviembre, que desarrolla y complementa eIDAS en nuestro ámbito interno. Todas estas normas, al tiempo que reconocen esa equivalencia jurídica entre esta modalidad de firma electrónica y la firma manuscrita, se ocupan básicamente de las empresas que expiden estos certificados, sometiéndolas a un régimen en teoría cada vez más riguroso para que sus certificados merezcan la etiqueta de reconocidos o ahora "cualificados".

II. LOS DOCUMENTOS ELECTRÓNICOS PUEDEN SER PÚBLICOS O PRIVADOS. LA APARICIÓN DEL DOCUMENTO PÚBLICO ELECTRÓNICO EN NUESTRO DERECHO

Una vez que este sistema de autenticación se importa a España, por parte de algunos de nuestros mercantilistas se empieza a difundir la idea, promovida también muy interesadamente por la corporación registral, de que un documento electrónico autenticado mediante una firma electrónica apoyada en uno de estos certificados puede desempeñar una función similar a la que ha sido tradicionalmente propia de los documentos notariales en nuestro sistema.

Los promotores de esta idea parecen olvidar dos circunstancias absolutamente elementales y relevantes:

– En primer lugar, incluso si esa credencial electrónica que vincula la identidad de una persona determinada a una concreta clave pública ha sido emitida por una organización pública o semipública —como puede ser la Fábrica Nacional de Moneda y Timbre en nuestro sistema—, lo cierto es que esa organización lo único que ha hecho es, en un momento del pasado, identificar al sujeto y vincularlo a una clave pública, pero en absoluto tiene intervención alguna en el acto de aplicación de la clave privada correlativa a un archivo electrónico determinado. Esto es algo que realiza el sujeto identificado en el certificado, haciendo uso de una tarjetita y un pin o de un programa descargado en su ordenador mediante los que aplica su clave privada a un archivo, lo que tiene lugar en un entorno completamente privado, sin la más mínima intervención y control por parte de la entidad certificante acerca de si es realmente el titular de la clave pública el que está haciendo uso de esos dispositivos, si esa persona tiene capacidad o no en ese momento y si realmente se ha enterado o no de lo que está firmando (pensemos simplemente que hoy a todos en España —incluidas personas de edad avanzada— se nos ha entregado un DNI electrónico que incorpora un certificado cualificado de firma electrónica que nos permite firmar electrónicamente cualquier cosa, es decir, se nos ha dotado de un instrumento de vinculación jurídica universal consistente en una tarjetita y un pin de unos pocos dígitos).

– En segundo lugar, una cosa es reconocer como auténtico un documento, en el sentido de que consideramos que ha sido firmado por una determinada persona y no ha sido alterado, de manera que su contenido le es jurídicamente imputable, y otra cosa es equiparar ese documento en cuanto a sus efectos jurídicos a un documento público. Lo que convierte a un documento en público no es simplemente la autenticidad de su firma, sino la condición de su autor, que ha sido autorizado por un funcionario público, en el ejercicio legítimo de su competencia y observando determinadas formalidades legales, lo que es algo completamente diferente de que un documento electrónico esté firmado con una firma electrónica más o menos cualificada y certificada.

Este criterio es precisamente el que tuvo en cuenta nuestro legislador cuando muy tempranamente, ya en el año 2001, en la importante Ley 24/2001, reconoció la posibilidad del documento público electrónico, previendo además que los notarios y registradores se dotasen de firma electrónica para poder autorizar documentos en formato y soporte exclusivamente digital. Es decir, nuestro legislador entendió —y esta es una idea que se hizo aún más explícita en la LFE del año 2003— que la tradicional dicotomía que en nuestro derecho distingue los documentos jurídicos en públicos y en privados se puede trasplantar al medio electrónico, y ello por tratarse de una distinción independiente del soporte y determinada solo por la condición del autor. De manera que los documentos electrónicos en que intervienen únicamente sujetos privados son documentos privados por mucho que estén firmados electrónicamente con firmas reconocidas o cualificadas.

Comienza entonces, con la Ley 24/2001 la historia del documento o instrumento público electrónico en nuestro derecho, una historia que ha estado marcada por dos decisiones que entonces se tomaron por razones de prudencia:

– En primer lugar, aunque en el artículo 17 bis de la LN se introdujo una norma que disponía que *«Los instrumentos públicos a que se refiere el artículo 17 de esta Ley* (que se refiere no sólo a las copias y testimonios, sino también a las escrituras matrices, a las pólizas y a las actas), *no perderán dicho carácter por el sólo hecho de estar redactados en soporte electrónico con la firma electrónica avanzada del notario y, en su caso, de los otorgantes o intervinientes»*, la posibilidad de la matriz electrónica quedó suspendida sine die en una Disposición transitoria 11.ª de la LN, que dice: *«Hasta que los avances tecnológicos hagan posible que la matriz u original del documento notarial se autorice o intervenga y se conserve en soporte electrónico, la regulación del documento público electrónico contenida en este artículo se entenderá aplicable exclusivamente a las copias de las matrices de escrituras y actas así como, en su caso, a la reproducción de las pólizas intervenidas».* Por tanto, la posibilidad del documento público electrónico quedó limitada a las copias autorizadas electrónicas, de manera que todas las escrituras y actas matrices y las pólizas intervenidas se debían seguir otorgando y firmando exclusivamente en papel.

– Y en segundo lugar, la circulación de la copia autorizada electrónica va a quedar restringida a un circuito cerrado. Las copias autorizadas en este formato no se podían entregar ni remitir a los otorgantes, sino únicamente a otros notarios, a los registros o a autoridades administrativas y judiciales (artículo 17 bis. 3 LN).

Y con este sistema hemos vivido felizmente en los últimos veinte años. Un sistema que solo se puede calificar como un rotundo éxito, porque los usuarios del sistema notarial se han beneficiado de una forma de circular la información notarial —para la presentación de los documentos en los registros, para la acreditación de la existencia de una escritura de poder para actuar en otra notaría— extraordinariamente veloz y eficiente, sin que haya habido, hasta donde yo sé, el más mínimo incidente de seguridad.

III. LA INCIDENCIA DE LA DIRECTIVA DE DIGITALIZACIÓN DE LAS SOCIEDADES DEL AÑO 2019 Y LA RESPUESTA DEL LEGISLADOR ESPAÑOL EN LA LEY 11/2023

Estando así las cosas, en el mes de junio del año 2019 se promulga una Directiva 2019/1151, conocida como Directiva de digitalización de las sociedades, —por la que se modifica la Directiva de sociedades consolidada del año 2017 (la Directiva UE 2017/1132) en lo que respecta a la utilización de herramientas y procesos digitales en el ámbito del Derecho de sociedades— que exige que los estados miembros permitan que tanto la constitución de las sociedades de responsabilidad limitada como el registro de todos los actos relativos a la vida de estas sociedades se puedan llevar a cabo por un procedimiento íntegramente en línea, que no requiera la comparecencia presencial de los interesados ante alguna autoridad estatal. Un régimen similar debe instaurarse para el establecimiento de las sucursales de sociedades nacionales de algún estado miembro, así como para el registro de las incidencias posteriores de la vida de estas sucursales.

A la vista de esta norma, que debíamos transponer a nuestro derecho, había dos posibilidades: o asumíamos que la escritura pública, para la que se considera esencial e irrenunciable el elemento de la presencialidad, es incompatible con la exigencia clave de la Directiva y por tanto debía convertirse en algo meramente voluntario en el ámbito de la documentación societaria objeto de la Directiva (de manera que la autenticación del negocio de constitución de sociedades limitadas y de todos los actos societarios posteriores podía encomendarse a simples firmas electrónicas cualificadas de los interesados apoyadas en certificados emitidos por prestadores de servicios de certificación cualificados); o bien era preciso reinventar la escritura pública para que su proceso de otorgamiento, al menos en el ámbito material al que es aplicable la Directiva, fuera compatible con un proceso íntegramente online. Esta segunda alternativa supone a su vez dos cosas: posibilidad de comparecencia online de los otorgantes (y por tanto, derogación de la presencialidad entendida como inmediación física en unidad de lugar); pero también, presentación de todos los documentos precisos —entre ellos, fundamentalmente, los poderes de representación y las certificaciones de acuerdos sociales— en formato electrónico y por tanto, con medios de autenticación electrónicos, es decir, firma electrónica y no firma manuscrita.

La Ley 11/2023, de 8 de mayo, mediante la que por fin se ha transpuesto esta Directiva —y que para las cuestiones notariales ha entrado en vigor el 9 de noviembre de 2023— ha optado por la segunda alternativa, que es la que había sido considerada preferible y promocionada por el notariado español, en línea con los principales notariados europeos. La exigencia general de escritura pública para los actos societarios inscribibles en el Registro Mercantil se mantiene como antes, sin introducir ninguna nueva excepción. Pero ahora se permite que las escrituras públicas que tienen por objeto determinados actos —entre ellos todos los afectados por la Directiva 2019/1151— se puedan otorgar online mediante el instrumento técnico de la videoconferencia. Hay que tener en cuenta que, en el mientras tanto, durante el largo lapso de tiempo consumido en la transposición de la Directiva, hemos vivido la pandemia del Covid-19, que ha llevado consigo un importante cambio sociológico en todo el mundo: una crisis para la presencialidad en todos los ámbitos y un impulso para todas las actividades e interacciones telemáticas y en general para todo lo digital.

De hecho, esta importante ley no se limita en su Título IV a lo que estrictamente podríamos considerar transposición de la Directiva de digitalización de sociedades, sino que acomete una profunda reforma de nuestro sistema notarial y registral en una línea de impulso del proceso de digitalización (una reforma que es la más importante experimentada por nuestro sistema notarial y registral desde mediados del siglo XIX).

Una segunda idea básica que se obtiene de la lectura de dicho título de la ley es que no resulta en absoluto homogénea ni coordinada la reforma en cuanto afecta a las funciones notarial y registral.

Por lo que respecta a los registros, la transposición de la Directiva era algo que afectaba en exclusiva al Registro Mercantil y en absoluto al Registro de la Propiedad inmobiliaria. Sin embargo, para ambos registros y también para el de Bienes Muebles se adopta una medida radical y contundente: dejan de ser registros consistentes en libros de papel y se convierten en registros electrónicos (artículo 238.1 y Disposición adicional primera, 3 de la Ley Hipotecaria). Se abandona por completo y de forma definitiva e irreversible el soporte papel. Los libros registrales de papel hasta ahora existentes no desaparecen, por supuesto, pero ya no se practicará ningún nuevo asiento en ellos (salvo "asientos accesorios"). Además, cada vez que se practique una nueva operación registral respecto de una finca inscrita, se abrirá el "folio real en soporte electrónico" de la finca en cuestión, al cual se debe trasladar en formato digital todo el historial registral vigente de la finca.

En contraste con esto, la reforma del sistema documental notarial, la "digitalización de las actuaciones notariales" se queda, en mi opinión, a medio camino. ¿Por qué? Pues porque, aunque algunos pensábamos que la apuesta por la videoconferencia como posible forma de otorgamiento y autorización de los documentos notariales, al menos de algunos de ellos, nos llevaba de cabeza a la matriz exclusivamente electrónica y a un protocolo electrónico integrado precisamente por esas matrices electrónicas, no era esa la idea que tenían en mente e inspiraba a los redactores del texto proyectado. Parece que a los notarios nos da miedo desprendernos definitivamente del papel. Así, el otorgamiento mediante videoconferencia se concibe como algo completamente ajeno a eso que estaba ya previsto en el artículo 17 bis LN desde el año 2001, es decir, la matriz electrónica (de hecho no se menciona en parte alguna de la ley la matriz electrónica, y sólo mediante una enmienda de última hora se introduce una referencia explícita a que en esos otorgamientos el notario "autorizará el documento con su firma electrónica cualificada"); y por otra parte, el "protocolo electrónico" que, como gran novedad, crea esta ley no es un protocolo que se forma precisamente con matrices exclusivamente electrónicas, sino un "reflejo informático" de todas las matrices en papel, que siguen existiendo.

Es decir, no se crea un protocolo electrónico para sustituir al protocolo de papel, sino solo para duplicar o replicar este.

Explicaré ahora con algún detalle la reforma en cuanto afecta al documento notarial. En esencia, son tres las novedades: se crea un back-up digital con valor jurídico protocolar de todo el protocolo de papel, que se va a depositar en el Consejo General del Notariado; se libera la copia autorizada electrónica, de manera que ya no queda confinada al circuito de circulación restringida a que antes me he referido; y se permite el otorgamiento de determinados documentos notariales a distancia mediante videoconferencia.

Me detendré ahora brevemente en cada una de estas novedades.

IV. UN "PROTOCOLO ELECTRÓNICO" FORMADO POR REFLEJOS INFORMÁTICOS DE TODAS LAS MATRICES DE PAPEL

Desde hace ya muchos años los notarios confeccionamos todas nuestras matrices de papel imprimiendo archivos informáticos de texto. Una vez impreso y firmado el correspondiente documento de papel que se integrará en nuestro protocolo, el archivo informático que le ha servido de base no lo desechamos, sino que —por decisión completamente discrecional de cada notario—, después de corregir aquello que se haya podido modificar o subsanar a mano en el documento de papel en el momento de la firma y de escanear y adjuntar una imagen de todos los documentos unidos a esa matriz de papel, lo guardamos en una carpeta protegida contra sobreescritura en nuestro servidor local, porque nos sirve también como base para confeccionar todas las copias del documento en cuestión, tanto las electrónicas como las de papel, y como plantilla para la redacción de nuevos documentos.

Pues bien, la primera gran novedad de esta ley es que esto que veníamos haciendo y que ya llamábamos nosotros oficiosamente nuestro "protocolo informático", se oficializa: es algo que debemos hacer ahora no de forma espontánea sino obligatoria respecto de todas las matrices de papel —tanto de escrituras públicas y actas, como de pólizas intervenidas—, se le atribuye por la ley valor protocolar y además ya no se va a guardar en el servidor local de cada notaría, sino que se deposita en el sistema de información del Consejo General del Notariado.

Ahora bien, aunque la ley habla al respecto de "protocolo electrónico" —*«Las matrices de los instrumentos públicos tendrán igualmente reflejo informático en el correspondiente protocolo electrónico bajo la fe del notario»* (artículo 17.2 LN)—, e incluso nos dice que *«Los instrumentos incorporados al protocolo electrónico se considerarán asimismo originales o matrices»*, lo cierto es que, como no puede ser de otra forma, *«En caso de contradicción entre el contenido de la matriz en soporte papel y del protocolo electrónico prevalecerá el contenido de aquella sobre el de este»*.

¿Y para qué sirve este llamado "protocolo electrónico", que no reemplaza al protocolo de papel, sino que lo duplica? Pues no parece que para mucho. La ley contempla la posibilidad de reconstitución de matrices de papel perdidas o sustraídas partiendo del protocolo electrónico. Como últimamente estamos viviendo todo tipo de catástrofes (nevadas, inundaciones, terremotos, volcanes…), puede no estar mal que dispongamos de este back-up informático obligatorio y completo de todos los protocolos notariales de España custodiado por el CGN con todas las medidas de seguridad de que éste dispone y que superan los recursos tecnológicos de cualquier notario individual.

Aparte de esto, aunque la ley prevé que también se trasladen al protocolo electrónico todas las diligencias y notas de modificación y coordinación jurídica con otros documentos otorgados por el mismo u otro notario que se extiendan en la correspondiente matriz de papel (pensemos en una escritura de subsanación o de ratificación, o en la revocación de un poder), lo cierto es que, teniendo en cuenta la regla de secreto del protocolo notarial —que por supuesto, subsiste—, la información se deposita en el CGN, pero debe estar completamente encriptada en origen y el único que debe conocer la clave de cifrado y descifrado que permite el acceso a aquella es el notario titular del protocolo correspondiente, de manera que este protocolo resulta ad extra completamente opaco. En definitiva, aunque su existencia nos va a complicar mucho la vida a los notarios, no es algo que vaya a afectar mucho a los usuarios del servicio notarial.

V. LA LIBERACIÓN DE LA COPIA AUTORIZADA ELECTRÓNICA. LA COPIA CON CSV

La segunda gran novedad sí tiene una gran relevancia práctica y puede afectar a la vida de los usuarios de nuestro servicio: la liberación de la copia autorizada electrónica. Se suprime la restricción anterior y ahora no solo las copias simples sino también las copias autorizadas electrónicas se pueden expedir y remitir o entregar a los propios otorgantes y a cualquier otra persona que tenga derecho a copia según la legislación notarial.

Este es un cambio de gran enjundia, que tiene consecuencias prácticas importantes, que se ven condicionadas por circunstancias determinadas por la "naturaleza de las cosas" tecnológicas, de las que hemos de ser conscientes.

En primer lugar, las copias autorizadas de papel se autentican por el notario mediante su firma manuscrita al final de la copia y su rúbrica y sello en todas las hojas. Pero no basta con ello, también se extienden en un papel timbrado especial numerado y llevan adherido un sello de seguridad con unas peculiares propiedades de fragmentación. Nada de esto tiene aplicación en el medio electrónico. Aquí la autenticación del documento —para que se pueda confiar en su autenticidad e integridad— se basa, en principio, en la firma electrónica cualificada del notario apoyada en el correspondiente certificado emitido por ANCERT —la agencia notarial de certificación—, que acredita tanto la identidad del notario, como su condición de tal y la clave pública que permite verificar su firma.

Ahora bien, una vez que liberamos la copia autorizada de ese circuito donde estaba restringida su circulación —que era un circuito de seguridad, dentro de la propia plataforma corporativa notarial o mediante la conexión directa de esta con las plataformas de otras corporaciones públicas—, la comprobación de la autenticidad e integridad de una copia electrónica que obra en poder de un particular puede ser un problema: se tiene que exhibir en formato y soporte electrónico (si se imprime y presenta en papel, ya no se puede verificar la firma electrónica), el tercero ante el que se exhibe o presenta debe disponer de un dispositivo con un software específico de verificación de firma, que tiene que poder leer el certificado de ANCERT y, en su caso, verificar la vigencia de este, consultando el correspondiente certificado raíz, todo lo cual en la práctica puede ser un lío.

Por otra parte, en la práctica notarial numeramos las copias de papel que expedimos para cada una de las partes, y para determinados efectos distinguimos la primera copia de las ulteriores. En particular, tratándose de poderes, solo el poderdante tiene en principio derecho a obtener copia autorizada de la escritura de poder, de manera que es él el que entrega la copia al apoderado y cuando, en su caso, revoca el poder se la retira para que no siga circulando ese título de legitimación para actuar en su nombre en cuya vigencia podrían confiar los terceros siendo protegidos por la norma del artículo 1219 del Código Civil. También los notarios solemos exigir al vendedor de un inmueble o de unas acciones o participaciones sociales que presente la primera copia de su escritura, y anotamos en ella el correspondiente "vendí" o "rebaje" para desactivar también esa copia para lo futuro como posible título de legitimación dispositiva en el tráfico, cuando el derecho del titular ha sido consumido por un acto dispositivo. También se suelen anotar las prendas de participaciones sociales o acciones en esa primera copia que presenta el pignorante.

Pues bien, todas estas medidas de precaución devienen también completamente inútiles en el medio electrónico, simplemente porque cualquier archivo electrónico que obre en poder de un sujeto puede ser reproducido por este *n* veces. Una vez que liberamos la copia autorizada electrónica de una escritura y la ponemos en manos de un particular, como puede ser un apoderado o el comprador de un inmueble, ahora este sujeto puede generar y guardar todas las reproducciones de esa copia que tenga por conveniente, todas ellas igualmente auténticas. No hay forma de que el poderdante retire ya esa copia ni de que controle su circulación.

Estas consideraciones son las que sirven de fundamento a una novedad fundamental que acompaña a la liberación de la copia autorizada electrónica. Ahora, según el artículo 31 LN, cada vez que se expide una copia autorizada electrónica, el Notario debe insertar en ella un "código seguro de verificación". El csv es una herramienta técnica propia de un sistema de autenticación de documentos mediante el cotejo de un ejemplar que se nos presenta en soporte electrónico o impreso en papel con un ejemplar "matriz" o "auténtico" que se encuentra colgado y es accesible en una web oficial y segura de la que es titular la autoridad, institución u órgano expedidora del documento. Esto es algo propio de documentos administrativos u oficiales (por ejemplo, una licencia municipal, las certificaciones de denominaciones sociales que ahora expide en formato electrónico el Registro Mercantil Central), pero que hasta ahora no existía para las copias autorizadas electrónicas en el sistema que instauró la Ley 24/2001: sus destinatarios dentro del circuito limitado de su circulación no tenían posibilidad de cotejar la copia recibida con ningún repositorio de "copias originales" —valga la expresión—, sino que su autenticidad se basaba únicamente en la firma electrónica del notario expedidor y remitente y en la garantía que aportaba la comunicación telemática a través de las plataformas tecnológicas institucionales del notariado y de los registros y otras administraciones públicas y órganos jurisdiccionales. Ahora, en el nuevo sistema abierto de circulación de las copias autorizadas, se añade este nuevo elemento de autenticación, que no es algo anecdótico, sino que refleja un cambio de planteamiento de todo el sistema de las copias de los documentos notariales.

La norma clave al respecto es el nuevo apartado 3 del artículo 31 LN, que dice: *«El código seguro de verificación será el instrumento técnico para que el otorgante o tercero a quien aquel entregue dicho código pueda, a través de la sede electrónica notarial, acceder con carácter permanente a la verificación de la autenticidad e integridad de la copia autorizada electrónica del documento notarial, así como conocer las notas ulteriores de modificación jurídica y de coordinación con otros instrumentos públicos».*

Se trata de una norma de extraordinaria relevancia, merecedora de un estudio en profundidad, sobre la que me limitaré a hacer tres observaciones:

1. Esta norma presupone que —aparte de lo que ya he indicado sobre el nuevo protocolo electrónico— cada vez que un notario expide una copia autorizada en formato electrónico (obsérvese que de una misma matriz se pueden expedir varias copias autorizadas electrónicas a instancia de diferentes personas interesadas en el mismo documento, o de la misma persona), debe remitir un ejemplar de dicha copia al CGN, porque debe quedar colgado en un repositorio de copias en la sede electrónica notarial (en adelante, SEN) para que sea posible su consulta mediante el correspondiente csv.

Esto supone a su vez, como es evidente, un considerable incremento de la información en formato digital que debe conservarse, custodiarse y gestionarse por la corporación notarial. Pero esta nueva carga resulta aún más gravosa si reparamos en el dato de que la posibilidad de acceso a la imagen de la copia guardada en la SEN mediante el correspondiente csv debe ser "permanente". Permanente significa en cualquier momento —24/7/365—, pero también a perpetuidad. La norma no señala al respecto ningún límite temporal. Podría entenderse entonces que esa posibilidad debe mantenerse de forma indefinida en el tiempo, como la misma conservación del protocolo electrónico. Esto la verdad es que parece reclamar una limitación en el tiempo por vía reglamentaria, porque no tiene mucho sentido semejante carga indefinida en el tiempo cuando ya se conservan los reflejos informáticos "originales" de todas las matrices en el protocolo informático y cualquiera que acredite un interés legítimo en un concreto documento puede volver a obtener en cualquier momento una nueva copia electrónica para exhibírsela a quien tenga por conveniente.

2. Pero aún es más importante que nos demos cuenta de que este acceso mediante csv a una copia depositada en este repositorio no tiene nada que

ver con la tradicional legitimación para obtener copias de documentos del protocolo notarial. En los sistemas de csv el acceso a la imagen de cotejo es automático y anónimo, pues no requiere otro requisito que el acceso, se supone que libre, a una web pública y la introducción del csv correspondiente en la casilla predispuesta al efecto. En definitiva, cualquiera que conozca el csv de la copia electrónica de un documento notarial va a poder acceder al contenido de esa copia (aunque no tenga derecho a obtener copia de ese documento según la legislación notarial).

¿Y cómo se llega a conocer el csv de una concreta copia de un determinado documento? Este es un dato al que, por supuesto, tiene acceso, en principio, el solicitante y destinatario de la remisión de esa concreta copia autorizada electrónica, que, por definición, es alguien con derecho a copia de acuerdo con la legislación notarial tradicional. En cuanto a otras personas, el artículo 31.3 se refiere al *«tercero a quien aquel* (antes ha mencionado al "otorgante", pero se trata de cualquiera con derecho a solicitar una copia a quien se le haya expedido esta) *entregue dicho código».* La expresión "entregar" no resulta aquí muy afortunada, porque un csv no es un objeto material, sino más bien una información, una determinada cadena de caracteres alfanuméricos. El apartado 1 del artículo 31 LN obliga al notario que expide una copia autorizada electrónica a insertar en ella este csv. Por tanto, el conocimiento del csv de una concreta copia de un determinado documento notarial se puede obtener por un tercero no sólo si este dato le es comunicado de forma específica —"entregado"— por el titular de la copia[1], sino también y simplemente porque esa copia electrónica se le ha remitido o exhibido en soporte electrónico (se ha enviado como docu-

---

1 Aunque no parece que vaya a ser lo más frecuente, es perfectamente concebible el caso del titular legítimo de una copia electrónica que no exhibe ni remite ninguna imagen de esta a la contraparte de la relación frente a la cual interesa hacer valer la existencia y contenido de esa copia como título de legitimación, pero sí le comunica o le hace llegar el csv de esa copia. De esta manera, será la contraparte a la que se ha "entregado" el csv la que accederá a la SEN para verificar la existencia y contenido de esa copia. En este caso, la imagen accesible en la SEN no funcionará como imagen confiable para el cotejo y verificación de la autenticidad e integridad de una copia que está circulando por ahí en formato electrónico, sino como fuente de información directa sobre el contenido de la copia y por medio de esta sobre el contenido total o parcial del documento matriz. Esto supone una forma completamente nueva de exteriorización de la información contenida en el protocolo notarial. Si hasta hora la copia era un elemento que uno tiene que llevar consigo en papel o en algún dispositivo o soporte electrónico o remitir mediante traslado físico de un papel o mediante una específica comunicación telemática, ahora la información protocolar que se quiere mostrar a los terceros está también

mento adjunto a un correo electrónico, se ha permitido su visualización por el tercero en la pantalla de un dispositivo que presenta el titular —una tableta, un teléfono móvil—), o porque se le ha entregado o exhibido una impresión en papel de esa copia electrónica, precisamente porque el csv ha de constar en toda copia autorizada electrónica. En definitiva, una vez que el titular legítimo de la copia electrónica la exhibe ante cualquier otra persona, ya sea en soporte electrónico o mediante una impresión en papel, para cualquier finalidad (acreditarse como apoderado de alguien para realizar un determinado acto, como propietario de un bien sobre el que se pretende concertar algún negocio, etc.), la persona ante la que se ha exhibido esa copia puede tomar nota del csv que figura necesariamente en ella y eso le va a permitir no sólo verificar en este momento la autenticidad e integridad de esa copia accediendo a la SEN (que es de lo que en definitiva se trata), sino también acceder en cualquier momento posterior y cuantas veces lo considere conveniente a la imagen completa de esa copia.

Esto, en sí mismo, aunque parezca muy novedoso, no es tan anómalo. En el sistema vigente de las copias de papel, una vez que la persona que tiene derecho a copia la obtiene, con ella hace lo que quiere: puede ir enseñándosela a todos sus conocidos, dejar que estos la fotocopien o escaneen, así como colgar —aquél o estos— una imagen en una web pública en internet. Los límites a la circulación de esa información que contiene esa copia no vienen ya marcados por la legislación notarial, sino por las normas generales sobre el derecho a la intimidad personal y sobre protección de datos personales o por los compromisos negociales de confidencialidad que el sujeto en cuestión haya podido haber asumido. Lo mismo va a suceder ahora con este sistema de las copias electrónicas con csv. El sujeto para el cual se expidió esa concreta copia sabrá a quién se la exhibe y con qué propósito. Ahora bien, es evidente que no es lo mismo exhibir en un instante y de forma presencial una copia de papel —lo que de facto se puede limitar a sólo una parte de su contenido—, sin que la otra parte haya podido fotocopiar o escanear esa copia para conservarla a su discreción a perpetuidad, que permitir el conocimiento de un csv que habilita, como hemos visto, para un acceso discrecional y permanente al contenido completo de esa copia. Precisamente por esto, resulta muy interesante —y seguro que para lo futuro va a tener más desarrollo y aplicación— la posibilidad de solicitud y expedición de copias parciales, es decir, de copias limitadas solo a una parte del contenido del documento matriz, únicamente

en "la nube" y estos pueden acceder directamente a ella por sus propios medios técnicos siempre que se les haya dado a conocer el correspondiente csv.

aquella parte que sea necesario acreditar para una determinada actuación o finalidad.

También, en relación con esta virtualidad del sistema de csv, cabe plantear la posibilidad de que el titular legítimo de la copia expedida pudiera dar esta de baja, eliminar a partir del momento que él considere oportuno la posibilidad de acceso a la imagen de esa copia guardada en el repositorio de la SEN, y ello porque puede pensar que ese csv y por tanto el acceso al contenido completo de ese documento notarial se está difundiendo más allá del propósito para el que se solicitó esa copia (obsérvese que no se trata de una modificación del contenido o revocación del negocio documentado en la matriz, sino de eliminar la posibilidad de acceso a una determinada copia expedida de esa matriz). Por supuesto, esta es también otra cuestión de gran importancia práctica —relacionada, aunque sea de forma indirecta, con el secreto del protocolo notarial y también con la protección de datos personales— necesitada de un desarrollo reglamentario.

También se plantea un grave problema de responsabilidad para la corporación notarial en su conjunto en cuanto a la custodia no sólo de las imágenes de las copias electrónicas emitidas, sino también de todos los csv generados. Un filtrado masivo de estos csv supondría una gravísima incidencia de seguridad tanto para el secreto del protocolo como para la protección de datos personales.

En cualquier caso, el propio legislador no parece tener muy claras sus ideas al respecto del funcionamiento de este sistema del csv aplicado a las copias electrónicas de los documentos notariales. Así, el mismo artículo 31 en su apartado 4 nos dice: «*Si no se dispusiera de código seguro de verificación, el notario a cuyo cargo esté legalmente el protocolo valorará el interés legítimo del solicitante, concediendo el acceso solicitado de considerarlo suficiente. En caso contrario y de manera motivada denegará el mismo, pudiendo ser recurrida su decisión ante la Dirección General de Seguridad Jurídica y Fe Pública*».

Esto —a mi juicio— es, simplemente, no haber entendido nada. El autor de este precepto ha confundido el acceso mediante un csv a la imagen de cotejo de una copia, con el derecho a solicitar una copia de un determinado documento matriz, que son dos cosas completamente diferentes, como he tratado de explicar. Para empezar, el supuesto de hecho que contempla esta norma es un imposible. Si a partir de la entrada en vigor de esta ley en toda copia autorizada electrónica que se expida debe insertarse un csv, ¿cómo es posible que no se disponga del csv de una copia? Si alguien alega que "no dispone" del csv de una copia, será simplemente porque el titular legítimo de esa copia —aquel para quien se ha expedido y remitido por el notario a cargo del protocolo correspondiente— ni le ha dado a conocer ese dato ni le ha exhibido o presentado esa copia electrónica al sujeto en cuestión. Y ello por la razón que sea. Por supuesto, el titular de una copia electrónica —igual que sucede con la persona a la que se ha expedido una copia en papel— tiene la libre disponibilidad sobre esta. De la misma forma que el poderdante al que se le entrega la copia autorizada en papel de la escritura de apoderamiento que acaba de otorgar puede coger esa copia y guardarla bajo siete llaves en un cajón de su casa y no entregársela nunca al apoderado ni exhibirla nunca a nadie, el legítimo solicitante de una copia autorizada electrónica que ha recibido esta del notario normalmente mediante una comunicación telemática[2] puede grabar ese archivo en un disco duro, en un CD o en un pendrive y guardar también ese soporte en un cajón con llave y no remitir nunca ese archivo a nadie. Y por supuesto, nadie tiene nada que decir ni que solicitar al respecto. Simplemente, esa copia habrá devenido inútil como título probatorio o de legitimación, porque el titular no se la ha exhibido a nadie. Si es así, el titular de la copia la ha pedido sólo como recordatorio para uso personal de la existencia y contenido de un determinado documento notarial, o porque está esperando el momento oportuno para ponerla en circulación.

Así, en segundo lugar, este personaje que aparece en este precepto, un sujeto que no dispone del csv de una copia y que sin embargo solicita ese csv o el acceso directo a la copia, es también un absurdo desde el punto de vista de la normativa notarial. Se supone que los documentos notariales sirven a las partes que los han otorgado como medio de prueba privilegiado y también para conseguir determinados efectos legitimadores en el tráfico jurídico y en la vida social en general. Como los originales o matrices se guardan en el despacho del notario y no deben salir de ahí, la utilidad de las copias es ser el instrumento que permite acreditar frente a los terceros (un particular o una autoridad) la existencia y el contenido de un documento notarial, lo que a su vez —como es evidente— exige que la copia sea exhibida o presentada a ese tercero particular o a esa autoridad. Si el otorgante de la matriz que dispone de la copia correspondiente decide no exhibirla, el problema es suyo y no del tercero: simplemente no gozará de

---

[2] ¿El artículo 17 bis 3 de la LN excluye la posibilidad de que un notario grabe una copia autorizada electrónica en un CD o en un pendrive y entregue ese soporte al interesado con derecho a esa copia, sin tener que pasar por la SEN, es decir, sin tener que remitir necesariamente esa copia electrónica de forma telemática a través de la SEN? Esto en sí es independiente de que, en todo caso, el notario expedidor de la copia tenga que insertar en ella el correspondiente csv y remitir un duplicado de esa copia para que se incorpore al repositorio de cotejo de la SEN.

los efectos probatorios y legitimadores que le aporta a él la copia autorizada. Ante esto, el tercero no tiene nada que hacer ni que solicitar al notario a cargo del protocolo correspondiente; podrá limitarse a rechazar la pretensión o alegación de la persona que afirma que existe un determinado documento notarial del que no quiere exhibir copia. Es como si uno va al cine y se niega a mostrar el billete de entrada en la puerta: el portero del cine no le deja pasar y eso es todo. Si una persona se presenta en la junta general de una sociedad alegando haber recibido un poder general de representación por parte de uno de los socios, pero al mismo tiempo se niega a presentar la copia de la escritura notarial correspondiente, entonces el presidente rechaza su asistencia y no hay más que hablar. No es el presidente de la junta el que tiene que solicitarle al notario a cargo del protocolo correspondiente un acceso a la copia de esa escritura. O si el titular de la copia electrónica sí exhibe esta frente al tercero, pero de alguna manera le impide ver y tomar nota del csv (de manera que no le permite acceder a la imagen de cotejo de esa copia existente en la SEN), entonces lo que tiene que hacer ese tercero no es solicitar ese csv al notario que expidió la copia, sino desconfiar de la copia, rechazarla como título de pretendida prueba o legitimación si no se facilita esa posibilidad de cotejo que habilita el conocimiento del csv.

Siendo esto así, el acceso a un csv, como el acceso a la propia copia, no es algo que requiera acreditar interés legítimo alguno. Es algo que facilita o no, a su discreción, el titular de la copia. Y si no lo hace, nadie puede invocar un interés legítimo contra esa decisión. Por eso, cuando este precepto contempla la posibilidad de que el notario a cuyo cargo está el protocolo valore el *interés legítimo del solicitante, concediendo el acceso solicitado de considerarlo suficiente*, esto solo se puede entender como algo relativo no al acceso al csv de una copia o a una imagen de esta, sino a la posibilidad de obtener directamente una copia de una determinada matriz. Si alguien quiere tener acceso al contenido de un determinado documento notarial y no dispone del csv de una copia ya expedida para alguna de las partes o tercero interesado con derecho a copia según la tradicional normativa notarial (lo que quiere decir que ninguno de los titulares de las copias electrónicas en circulación le ha exhibido a él alguna de estas), entonces lo que tiene que hacer es solicitar una copia para él de esa matriz, lo que sólo podrá hacer si acredita un interés legítimo en el contenido de esa matriz, es decir, si tiene derecho a copia según las reglas generales que determinan quién tiene o no derecho a copia de los documentos notariales. La existencia de copias electrónicas ahora con csv no cambia nada al respecto, ni genera ninguna legitimación especial ni un nuevo tipo de interés legítimo en relación con el csv que deba ser objeto de una nueva y específica valoración por parte de los notarios. En definitiva, el suministro de información sobre el contenido de una copia electrónica siempre es automático (lo hace una máquina sin intervención alguna humana), siendo condición necesaria y suficiente el tecleado o copiado y pegado del código alfanumérico correspondiente en la casilla habilitada al efecto en la web de la SEN. Por tanto, al sujeto que es capaz de introducir ese csv no se le pide además que acredite interés legítimo alguno sobre nada, y al que desconoce ese csv no le habilita para el pretendido acceso a falta del csv ningún interés legítimo que alguien pudiera valorar.

De manera que todo lo que dice este apartado 4 del artículo 31 en su primer párrafo (incluida esa posibilidad de recurso ante la DGSJyFP) sobra, porque es fruto de una confusión de conceptos, y no hace más que perturbar el entendimiento del nuevo sistema.

3. Mi tercera observación se centra en el último inciso del artículo 31.3 LN, donde, como quien no quiere la cosa, se nos dice que el csv sirve no sólo para verificar la autenticidad e integridad de la copia electrónica que se nos ha exhibido, sino también para *conocer las notas ulteriores de modificación jurídica y de coordinación con otros instrumentos públicos*. Esto es lo que realmente viene a cambiarlo todo.

Resulta que hasta ahora teníamos un sistema en que la copia autorizada o simple de una matriz era un documento en soporte papel o electrónico que se generaba en un momento determinado, a instancia de una concreta persona, a la que se entregaba este documento, y que, como no podía ser de otra forma, reflejaba o reproducía total o parcialmente el contenido y estado de la matriz correspondiente en ese momento de expedición de la copia. Ahora se añade la novedad de que en toda copia autorizada electrónica debe insertarse un csv que permite un acceso permanente a una imagen de esa misma copia conservada en la SEN al efecto de que cualquiera ante el que ésta se exhiba pueda verificar la autenticidad e integridad de esa concreta copia (obsérvese que no estamos hablando del "protocolo informático" integrado por los reflejos informáticos de todas las matrices de papel, sino del repositorio de las individuales copias electrónicas expedidas respecto de cada documento). Pero, además, la norma nos está diciendo que este csv sirve también para que el otorgante o el tercero pueda conocer las notas ulteriores de modificación jurídica y de coordinación con otros instrumentos públicos. Y ahí queda eso, sin mayor aclaración.

Estas notas ulteriores —se entiende, ulteriores al momento en que se expidió la copia autorizada electrónica en cuestión— de modificación jurídica y de coordinación con otros instrumentos públicos son las mismas notas a que se refiere uno de los nuevos párrafos del artículo 17.2 LN, en concreto, el párrafo que dice: *«En el protocolo electrónico constarán, en cada instrumento público, el traslado de las notas y diligencias previstas en la legislación notarial de modificación jurídica y de coordinación con otros instrumentos públicos autorizados o intervenidos por el notario titular del protocolo o por otros notarios respecto de aquellas escrituras o pólizas que rectifiquen las anteriores. Las comunicaciones cursadas por otros notarios se remitirán a través de la sede electrónica notarial, debiendo incorporarse al protocolo electrónico en el mismo día o inmediato hábil posterior. Se habilita al Consejo General del Notariado para la adopción de las medidas técnicas que garanticen la realización de dichas comunicaciones.*

El notario titular del protocolo electrónico consignará en éste en el mismo día o inmediato hábil posterior las comunicaciones recibidas de las autoridades judiciales o administrativas atinentes a resoluciones, hechos o actos jurídicos que por disposición legal deban consignarse en el instrumento público de que se trate. Las comunicaciones se efectuarán electrónicamente a través del Consejo General del Notariado.»

Como este precepto habla de hacer constar en el protocolo electrónico el "traslado" de unas notas y diligencias previstas en la legislación notarial, es claro que las notas y diligencias trasladadas al protocolo electrónico son notas y diligencias extendidas primeramente en el protocolo de papel, al final o al margen del texto de la matriz correspondiente. El traslado de la nota o diligencia al protocolo informático será un acto posterior del mismo notario titular del protocolo, que deberá ser autenticado con su firma electrónica. Por eso, el legislador parece precipitarse cuando a continuación dice que las comunicaciones cursadas por otros notarios se remitirán a través de la sede electrónica notarial, *debiendo incorporarse al protocolo electrónico en el mismo día o inmediato hábil posterior* y cuando dice que el notario titular del protocolo electrónico *consignará en éste en el mismo día o inmediato hábil posterior las comunicaciones recibidas de las autoridades judiciales o administrativas.* Lo que se incorpora al protocolo electrónico o se consigna en este —siempre por el propio notario titular del protocolo, como deja claro el párrafo relativo a las comunicaciones de autoridades judiciales o administrativas, aunque luego volveré sobre esta cuestión— no son esas comunicaciones, sino más bien el traslado de la nota o diligencia que el notario ha extendido en la matriz de papel dejando constancia de la comunicación recibida y del contenido de ésta.

Pero lo que realmente me interesa ahora es que, si combinamos estos nuevos párrafos del artículo 17.2 LN con lo que dispone el último inciso del artículo 31.3 LN sobre la utilidad del csv que debe insertarse en toda copia autorizada electrónica, lo que resulta es que las notas y diligencias de modificación jurídica y de coordinación con otros instrumentos públicos también deberán trasladarse y hacerse constar en la imagen de cada copia autorizada electrónica emitida y que se encuentra accesible en la SEN mediante el correspondiente csv.

La verdad es que la norma no impone de forma explícita esta obligación en relación con el repositorio de copias electrónicas (porque solo se ocupa del protocolo electrónico, del que no forma parte este repositorio o registro de copias accesibles mediante csv). Pero, si no hubiera obligación de trasladar estas notas y diligencias al repositorio de copias, entonces el citado inciso del artículo 31.3 carecería de todo sentido.

Pero si es así —como parece claro—, entonces todo el sistema de copias ha quedado alterado. Lo que tenemos ya aquí es un nuevo sistema para las copias autorizadas electrónicas: lo que podríamos llamar un sistema de "copia actualizada" o de "copia dinámica", que no se limita a reflejar o reproducir el contenido de la matriz correspondiente en el momento de su expedición, sino que debe contener información actualizada sobre cualquier incidencia que haya afectado al contenido y vigencia del documento original o matriz.

Una novedad como esta no puede ser más que bien recibida, porque viene a tapar un agujero que siempre ha existido en la seguridad proporcionada por la documentación notarial (en especial, en cuanto a la vigencia de los poderes civiles) y porque la tecnología digital y telemática permite precisamente una funcionalidad como esta. Pero sí es de lamentar que, dada su importancia, no se haya establecido de una forma más clara y sobre todo que no se hayan tenido en cuenta las implicaciones jurídico-sustantivas que trae consigo.

En primer lugar, como ya he señalado, es criticable que la obligación de incorporar esa información a las copias electrónicas ya expedidas y accesibles mediante csv no se imponga de forma expresa, siendo esta constancia más importante que aquella que sí contempla la ley en el protocolo electrónico, porque la copia guardada en el repositorio de copias electrónicas es accesible a cualquiera que conozca el csv correspondiente —y por tanto es algo de trascendencia para los terceros ante los que se quiere hacer valer el documento—, mientras que el acceso al protocolo electrónico es mucho más restringido. De hecho, se puede pensar que la existencia de este repositorio de copias actualizadas priva de gran parte de su interés al propio protocolo electrónico que introduce esta ley. De cara a los terceros ante los cuales la información notarial se sigue exteriorizando mediante el instrumento de la copia, lo importante no es que se actualice el reflejo informático de la matriz de papel —en la medida en que ese reflejo informático no es en sí mismo accesible—, sino que se actualice la copia en atención a la cual actúa el tercero.

Por otra parte, el hecho de no regular de forma explícita esta cuestión da pie a que se suscite una duda de gran importancia práctica: ¿quién es competente para esta actualización de la información contenida en las copias existentes en el repositorio de copias?, ¿sólo el notario titular o a cargo del protocolo del que forma parte la matriz correspondiente? Dada la perentoriedad del asunto y teniendo en cuenta que esas copias están guardadas en la sede electrónica notarial, algunos están pensando que podría ser más sencillo y conveniente para la seguridad del tráfico que la constancia de la modificación o coordinación corriese a cargo del propio notario que ha autorizado el documento modificativo o revocatorio (o al menos, que este pudiera generar e incorporar ya un "aviso" o "advertencia" en la copia guardada en el repositario), sin tener que esperar a que el notario en cuyo poder se encuentra la matriz de papel modificada o revocada reciba la comunicación, extienda su nota o diligencia en esa matriz de papel, luego la traslade al protocolo electrónico depositado en el CGN y por último la traslade también a todas las copias electrónicas emitidas de esa matriz que se conservan para su cotejo en la SEN. O incluso se podría pensar en que esta tarea fuera asumida por un "administrador" del sistema de información de la SEN a la vista de las comunicaciones remitidas a esta por los notarios correspondientes.

Ahora bien, crear un archivo de información notarial independiente de los propios protocolos, donde la información procedente de distintas notarías se unifica y actualiza al margen de la actuación y el criterio del notario titular del protocolo de origen del documento principal, es algo que haría tránsito a una institución diferente, cuasi-registral, con la problemática que ello supone en cuanto a diseño institucional, responsabilidad y eficacia jurídica.

Precisamente, esto de cambiar el sistema de exteriorización de la información contenida en los protocolos notariales como si se tratase de una cuestión de detalle, de mera técnica documental —de traslado de unas notas y diligencias—, deja en la penumbra un grave problema de naturaleza jurídico-sustantiva que afecta a la posición jurídica de los terceros afectados por la existencia, contenido y vigencia de un negocio documentado notarialmente. Se trata de la siguiente cuestión: ¿cómo afecta este último inciso del artículo 31.3 LN al régimen resultante del artículo 1219 del Código civil? Este veterano precepto decía y sigue diciendo: *«Las escrituras hechas para desvirtuar otra escritura anterior entre los mismos interesados, sólo producirán efecto contra terceros cuando el contenido de aquéllas hubiese sido anotado en el registro público competente o al margen de la escritura matriz y del traslado o copia en cuya virtud hubiera procedido el tercero»*. La escritura hecha para desvirtuar otra anterior entre los mismos interesados es, por excelencia, la escritura de revocación de un poder conferido en una escritura anterior autorizada por el mismo u otro notario. Y esta norma es precisamente el precepto clave que regula la posición de los terceros ante la revocación de un poder notarial. Para que dicha revocación resulte eficaz frente un tercero (el tercero con el que contrata el apoderado invocando la existencia del poder) se requiere, una de dos, o que dicha escritura de revocación haya accedido al registro público competente (puede ser el Registro Mercantil para los poderes otorgados por sociedades mercantiles o empresarios), o que la revocación se haya hecho constar en la escritura matriz del poder *y* (conjunción copulativa) en el traslado o copia en cuya virtud hubiera procedido el tercero. Teniendo en cuenta que para los poderes civiles no existe ningún sistema de registro público, lo que resulta de esta norma es que, si la revocación del poder no consta en la misma copia autorizada que se exhibe por el apoderado al tercero, dicha revocación no se puede hacer valer frente a ese tercero (se entiende, tercero de buena fe, que no conozca ya por otros medios la revocación del poder, pero la buena fe se presume), y ello pese a que la revocación conste en una escritura pública notarial cuya fecha es fehaciente frente a terceros de conformidad con la regla general del artículo 1218 CC. Por tanto, este artículo 1219 del CC establece una regla de protección sustantiva de los terceros, una regla de inoponibilidad de un acto. De esta manera se protege la seguridad del tráfico mediante la protección de la confianza de los terceros en la apariencia que resulta de la exhibición de la copia autorizada de un poder. Y precisamente porque existe semejante regla, para conseguir la revocación plena de un poder notarial es necesario retirar de circulación todas las copias autorizadas que se hayan podido expedir de la correspondiente escritura matriz de apoderamiento y ningún apoderado puede pedir copia autorizada de la escritura de su poder si no está expresamente autorizado para ello por el poderdante (es el poderdante el que solicita y recibe la copia y se la entrega cuando tenga por conveniente al apoderado).

¿Y qué es lo que sucede cuando sustituimos las copias autorizadas de papel por copias autorizadas electrónicas?, ¿y en particular, cuando liberamos la copia autorizada electrónica y permitimos que circule libremente fuera del circuito cerrado notarios-registradores-jueces-autoridades administrativas donde había quedado confinada por la Ley 24/2001? Pues que el poderdante que revoca el poder conferido tiene un grave problema. Una copia autorizada de papel es un objeto material individual perfectamente identificado cuya restitución se puede pedir al apoderado e incluso destruir y con ello retirar completamente de la circulación, para que no subsista esa apariencia de poder que suscita una confianza en los terceros que protege la ley con la citada norma del artículo 1219 CC. Sin embargo, una copia autorizada electrónica no es un objeto material sino una entidad puramente lógica, una determinada cadena de ceros y unos que se puede registrar en una gran variedad de soportes y, sobre todo, reproducir ad infinitum. Por tanto, un apoderado al que se ha suministrado un ejemplar de una copia autorizada electrónica —que no es otra cosa que un archivo informático— puede generar todas las copias que tenga por conveniente de ese archivo informático. Y el poderdante que revoca un poder del cual se ha expedido una copia electrónica no tiene forma de saber cuántos ejemplares obran en poder del apoderado ni de conseguir que éste le restituya dicha copia para que no pueda seguir exhibiéndola frente a terceros. Y esto es así por la propia naturaleza de las cosas, en este caso, de las cosas tecnológicas.

Siendo así, en un entorno de circulación libre de copias en formato electrónico, la protección tanto del poderdante que revoca el poder como de los terceros ante los que puede pretender actuar el apoderado cuyo poder ha sido revocado pasa inevitablemente por el establecimiento de un sistema de registro ("registro", "archivo", "repositorio", o como lo queramos llamar) accesible online. Si en el medio digital el poderdante no tiene forma humana ni de controlar el número de copias del poder que se han puesto y pueden poner en circulación en cualquier momento, ni de recuperar y destruir todas esas copias, resulta injustificadamente duro para él que cualquier tercero que confíe en la vigencia del poder cuya existencia se le acredita exhibiéndole una copia electrónica en la que no consta la revocación quede protegido por la ley; como igualmente resulta duro que un tercero de buena fe se vea afectado por la revocación del poder sin haber tenido la posibilidad de conocer esa revocación.

Por eso, lo que pretende esta ley con este nuevo régimen de la copia electrónica con csv que permite el acceso en la SEN a un ejemplar de la misma copia con constancia de las notas o diligencias de modificación jurídica y coordinación no es que sea algo simplemente útil, sino que resulta imprescindible para que el sistema mantenga una mínima racionalidad. El problema al respecto no es el qué, sino el cómo: la forma en que se ha regulado esta cuestión, de una forma que casi podríamos calificar como subrepticia, lo que choca con la extraordinaria importancia práctica del asunto. Parece que por temor al boicoteo registral no se habla de "registro" ni de "archivo" de poderes, ni se menciona el artículo 1219 CC —que necesariamente debe entenderse afectado, pues en otro caso toda la reforma carecería de sentido—. Sólo contamos con ese escueto apartado 3 del artículo 31 que se refiere al csv que debe insertarse en toda copia autorizada electrónica como el instrumento técnico para que el otorgante o tercero a quien aquel "entregue" dicho código pueda, a través de la SEN, acceder con carácter permanente a la verificación de la autenticidad e integridad de la copia autorizada electrónica del documento notarial, así como *conocer las notas ulteriores de modificación jurídica y de coordinación con otros instrumentos públicos.* Todo lo relevante está aquí implícito: que el notario a cargo del protocolo correspondiente tiene la obligación de hacer constar esas notas y diligencias no sólo en el reflejo informático de la correspondiente matriz que figura incorporado al protocolo electrónico, sino también en todas y cada una de las copias autorizadas electrónicas emitidas de dicha matriz; que en la SEN debe mantenerse permanentemente accesible mediante el csv en cuestión un ejemplar actualizado de cada copia electrónica emitida con constancia de esas notas y diligencias (si no fuera sí, ni el otorgante ni el tercero podrían conocer esas notas mediante el csv); y sobre todo, que el régimen de protección de terceros del artículo 1219 ha quedado alterado o afectado por lo anterior. Lo que se echa en falta, en definitiva, es una norma que de forma explícita disponga que, una vez que se instaura este nuevo sistema en virtud del cual los terceros pueden conocer mediante csv y ejemplar actualizado de la copia en "la nube" de la SEN estas notas de modificación o coordinación, pesa sobre ellos la carga de consultar ese ejemplar colgado en la SEN, porque la información accesible de esta forma en la SEN les es en todo caso oponible. O dicho de otra forma, al poderdante que ha solicitado y puesto en circulación una copia autorizada electrónica de la escritura de poder le basta para desactivar su eficacia respecto de cualesquiera terceros con el otorgamiento de la correspondiente escritura de revocación, porque puede contar con que la correspondiente nota de revocación se hará constar en el ejemplar de cotejo con csv que de esa copia se mantiene accesible en la SEN. Si la revocación consta en la copia actualizada de la SEN y el tercero no ha consultado esa copia haciendo uso del csv, entonces el problema es del tercero, la revocación del poder le perjudica por no haber desplegado toda la diligencia que le era exigible.

Teniendo en cuenta que el artículo 1219 no ha sido retocado, como hubiera sido deseable, la coordinación de dicha norma —que es la que establece el régimen sustantivo de oponibilidad/inoponibilidad respecto de terceros de las escrituras que modifican el contenido de escrituras anteriores— con el nuevo régimen que se deriva de este artículo 31.3 LN, requiere la siguiente reinterpretación de la norma del Código: o bien cuando se refiere a la anotación del contenido de la escritura que desvirtúa otra anterior en el *registro público competente,* podemos entender por tal este repositorio de copias autorizadas electrónicas que se debe mantener accesible de forma permanente en la SEN (lo que quizá supone mucho entender); o bien debemos pensar que el enlace mediante csv a la imagen actualizada de toda copia emitida es algo equivalente en el medio digital a la anotación de la correspondiente modificación o revocación *al margen de la escritura matriz y del traslado o copia en cuya virtud hubiera procedido el tercero.* De alguna manera, lo que deberíamos empezar a pensar es que, tratándose de una copia electrónica, la concreta imagen que se nos remite telemáticamente o se nos exhibe en la pantalla de un dispositivo (por mucho que esté autorizada con la FEREN del notario que la ha expedido) no es por sí sola una copia completa y autosuficiente en la que podamos confiar: esa copia sólo ha sido realmente consultada y "bastanteada" si, haciendo uso del correspondiente csv que debe llevar inserto, se ha consultado también la versión actualizada de cotejo que figura accesible en la SEN.

Esta segunda interpretación —como algo que afecta al propio significado y entendimiento de lo que es una copia electrónica— evita o mitiga los inconvenientes que conlleva la instauración de forma implícita de un sistema de registro público de poderes.

En cualquier caso, la cuestión sustantiva sigue ahí, junto con el problema de la ausencia de una norma que de forma clara y explícita determine los efectos respecto de terceros de la copia con csv. En atención a ello, me parece conveniente lo siguiente:

i) Primero, que los notarios hagamos proselitismo del nuevo régimen: que demos a conocer a todo el mundo la existencia del csv y la posibilidad y necesidad de verificar no sólo la existencia y el contenido sino muy especialmente la vigencia de los poderes notariales accediendo a la SEN. Y muy especialmente, que nosotros mismos seamos muy diligentes en la actualización de las copias electrónicas emitidas y, por supuesto, que no admitamos nunca una copia electrónica como título de acreditación de un poder sin una previa consulta por nosotros del ejemplar de esa copia colgado en la SEN.

ii) Que el sistema de consulta mediante csv sea lo más accesible y fácil de usar. Al respecto, sería interesante que el csv constase en la copia electrónica no sólo en forma de código alfanumérico, sino también en forma de código QR. De esta manera, el apoderado exhibe la imagen de la copia de su poder en la pantalla de su tableta o de su teléfono móvil y la contraparte del negocio o el notario ante el que pretende actuar escanea ese QR con su teléfono móvil y con este accede a la web de la SEN para obtener la versión de la misma copia registrada en dicha web. Esto es importante porque cuanto más accesible sea una información más justificada resulta su oponibilidad *erga omnes*.

Por supuesto, cuestiones que quedan por resolver son: qué sucede en casos de caída del sistema de la SEN cuando no es posible el acceso mediante csv al repositorio de copias (¿si se acepta la copia electrónica exhibida, es a riesgo de la contraparte?, ¿o es en tal caso el poderdante el que no va a poder invocar la revocación del poder?); o, como vimos antes, si el apoderado que exhibe la copia no permite a la contraparte la visualización del csv (como ya anticipé, el tercero no debería aceptar un poder justificado de esta forma, porque, si lo hace, está expuesto a que le perjudique cualquier modificación o revocación del poder que conste anotada en el ejemplar de esa misma copia accesible en la SEN).

Pero, sobre todo, queda pendiente una cuestión de extrema gravedad e importancia práctica: cómo se coordina este régimen de copia electrónica actualizada en la nube con las copias autorizadas en papel que se pueden seguir emitiendo de la misma matriz. Obsérvese que de una misma escritura de poder se podrían emitir una o varias copias autorizadas en papel y una o varias copias autorizadas electrónicas. El régimen que acabo de exponer es aplicable para las copias electrónicas, pero ¿qué sucede con la posición del poderdante y de los terceros ante los que pretende actuar el apoderado en relación con las copias en papel que pueda haber en circulación en el caso de que la revocación del poder se haya hecho contar en el ejemplar de la copia electrónica que se mantiene accesible mediante csv en la SEN?

Al respecto caben dos planteamientos.

- El primero es sostener que se trata de mundos o ámbitos diferentes, cada uno con sus propias reglas y procedimientos. De manera que, aunque de esa matriz se haya expedida ya alguna copia electrónica y esté vigente para esta el sistema del artículo 31.3 LN, para las copias en papel de la misma escritura sigue vigente el régimen tradicional del artículo 1219 CC. Por tanto, si no se consigue retirar la copia que obra en poder del apoderado o anotar en ella la revocación, el tercero de buena fe que confía en la copia de papel que se le exhibe queda protegido frente a esa revocación, y ello aunque en el repositorio de copias electrónicas de la SEN ese poder figure como revocado. Y esto debe ser así en la medida en que la copia autorizada de papel no lleva inserto ningún csv que permita el acceso al ejemplar guardado en la SEN (y también puede pensarse que, tratándose de copias de papel, su control y desactivación por el poderdante resulta más fácil para éste).

- Un segundo planteamiento sería entender que, ya que hemos de poner en marcha el repositorio de copias electrónicas actualizadas en la SEN, ¿por qué no aprovechar la infraestructura creada para modernizar la operativa de las copias autorizadas de papel? La forma de hacerlo sería: siempre que se solicite una copia autorizada en papel se emite una copia electrónica con el mismo contenido y para el mismo solicitante con su correspondiente csv y ejemplar de cotejo en la SEN; el csv así generado se haría constar también en la copia de papel. De esta manera, la suerte de las dos copias quedaría vinculada y el tercero ante el que se exhibe la versión en papel de la copia podría también acceder al ejemplar actualizado guardado en la SEN. El problema de este planteamiento es que por esta vía pretendemos extender a las copias de papel un régimen de oponibilidad de posibles modificaciones o revocaciones que constan en la versión electrónica en la nube, sin ningún apoyo legal explícito para ello.

Pero no termina con este delicado tema de los poderes y su revocación la posible repercusión del nuevo régimen de la copia autorizada electrónica con csv y repositorio de copias con información actualizada en la SEN. Las copias autorizadas en papel de los títulos de propiedad de bienes inmuebles o de acciones o participaciones sociales se emplean como títulos de legitimación dispositiva en el tráfico y en atención a ello y para evitar dobles disposiciones los notarios tratamos de desactivar ese efecto legitimador mediante notas extendidas en la misma copia exhibida cuando el titular correspondiente ha dispuesto de determinado bien o derecho. Obsérvese que estas notas —el tradicional "vendí" o "rebaje"— se extienden no en la matriz de la escritura pública correspondiente y por el notario a cargo del protocolo del que esta forma parte, sino únicamente en la copia autorizada de dicha escritura que se exhibe como base para un nuevo acto y por el notario que autoriza la escritura que contiene el negocio dispositivo ahora otorgado, que no tiene por qué ser el mismo que autorizó la escritura precedente. Pues bien, una vez que las copias autorizadas electrónicas quedan liberadas del circuito restringido donde antes circulaban y pueden obrar en poder de los propios particulares titulares de los derechos que resultan de los documentos correspondientes, se introduce en el tráfico una nueva forma de legitimarse como titular para disponer. ¿Es posible limitar para estas copias electrónicas ese efecto legitimador mediante algún tipo de nota electrónica de "vendí", como forma de evitar dobles disposiciones y fraudes?

Como se desprende de todo lo que ya he ido exponiendo, tratándose de copias electrónicas, una nota añadida a la propia copia que ha presentado el disponente carece de sentido. Los archivos informáticos son reproducibles *n* veces, de manera que la persona a la que se le ha remitido o entregado una copia electrónica de una escritura puede haber generado una infinidad de ejemplares de la misma copia registrados en el mismo o en cualesquiera otros dispositivos, de manera que siempre estaría en condiciones de volver a exhibir una nueva imagen de la misma copia en la que no constase la nota de vendí que añadió un notario a otro ejemplar. Pero si el vendí no se añade al ejemplar de la copia electrónica que obra en poder del titular que ha dispuesto del bien, sino a aquella imagen de la misma copia que es accesible en la SEN para todo el que conozca el csv que se incorporó a dicha copia, entonces todo cambia, porque cualquier persona ante la que se exhibe cualquier ejemplar de la copia en cuestión tiene la posibilidad de conocer ese vendí accediendo mediante el csv de la copia al ejemplar de cotejo guardado en la SEN.

Por supuesto que un titular que quiera cometer un fraude mediante una doble disposición siempre podría solicitar la expedición de una nueva copia de la misma escritura que constituye su título de propiedad, copia que, por ser nueva (aunque su contenido sea idéntico), tendría su propio csv diferente del incorporado a la copia anterior que permitía el acceso a la versión de cotejo en la que consta el vendí. Pero en tal caso en esta nueva copia constaría que se trata de una segunda copia expedida para el mismo otorgante y ello podría hacer sospechar a la contraparte del nuevo negocio o al notario interviniente en este. Incluso se podría prever que, una vez anotado un vendí en el ejemplar de cotejo de una determinada copia colgado en la SEN, la misma nota de vendí debería trasladarse al ejemplar de cotejo de cualquier nueva copia electrónica que se expida del mismo número de protocolo.

En cualquier caso, tratándose de este tipo de notas de vendí o rebaje, no parece necesario ni conveniente que su posible incorporación a los ejemplares de cotejo de las copias autorizadas electrónicas colgados en la SEN requiera la intervención del notario a cargo del protocolo donde obra la matriz correspondiente, de la misma forma que no se requiere esa intervención para que un notario extienda este tipo de notas en las copias autorizadas de papel (no se trata de una modificación de la escritura matriz correspondiente ni de una revocación del negocio documentado en esta, sino de dejar constancia de la realización de un nuevo negocio que no contradice el anterior).

No obstante, toda esta posible e interesante funcionalidad de la copia electrónica con csv e información actualizada en la SEN (que puede servir de razonable contrapeso a la fácil reproducibilidad y circulación de las copias en formato electrónico) queda un tanto en el aire ante la parquedad de la norma legal que no regula esta cuestión con el detalle que se merece. De hecho, si las *notas ulteriores de modificación jurídica y de coordinación con otros instrumentos públicos* a que alude el último inciso del artículo 31.3 LN y que permite conocer el csv de la copia son las mismas que contempla el artículo 17.2 LN en su quinto párrafo *(las notas y diligencias previstas en la legislación notarial de modificación jurídica y de coordinación con otros instrumentos públicos autorizados o intervenidos por el notario titular del protocolo o por otros notarios respecto de aquellas escrituras o pólizas que rectifiquen las anteriores)*, entonces no está nada claro que aquí estén comprendidos ni los vendís ni los rebajes a que me estoy ahora refiriendo. De hecho, este tipo de notas que se extienden sólo en las copias que se han empleado como título de legitimación para un acto dispositivo nunca se notifican al notario a cargo del protocolo donde obra la matriz correspondiente, ni se hacen constar en esta (a diferencia de lo que sucede con la revocación de un poder, o la modificación o subsanación de una escritura por otra posterior).

VI. EL OTORGAMIENTO DE DOCUMENTOS NOTARIALES MEDIANTE VIDEOCONFERENCIA

Paso ya a la última gran novedad de la reforma: la posibilidad de que determinados documentos notariales se puedan otorgar y autorizar mediante videoconferencia.

De esta cuestión se ocupa ahora el artículo 17 ter LN, que en su apartado 1 empieza diciendo: *«Se podrá realizar el otorgamiento y autorización a través de videoconferencia como cauce para el ejercicio de la función pública notarial, en los siguientes actos o negocios jurídicos: …».*

No voy a examinar aquí el alcance objetivo de esta posibilidad, sino solo su significado y su plasmación tanto procedimental como documental.

Lo primero que tenemos que decir al respecto es que, si leemos la norma de una forma completamente desprejuiciada, esta sería susceptible de la siguiente interpretación: para el elenco de actos y negocios jurídicos que contempla, el registro de la videoconferencia podría ser la forma del otorgamiento y autorización del acto o negocio. Hay que tener en cuenta al respecto que la videoconferencia es un medio técnico de comunicación a distancia —como puede serlo la telefonía, la radio, el correo electrónico o un chat de whatsapp—, con la importante peculiaridad de que los mismos equipos o dispositivos que se emplean para codificar —en código digital— la señal, en este caso audiovisual, y para transmitirla se pueden emplear también para, de forma simultánea, registrar el contenido de esa señal en un soporte que permita su conservación duradera.

De esta forma, todo el contenido de la interacción comunicativa habida mediante la videoconferencia entre las partes del negocio y entre éstas y el notario puede quedar grabado y registrado y se le podría atribuir el significado de forma documental del acto o negocio. En este sentido, la aplicación de esta tecnología comunicativa a la negociación podría traer consigo una vuelta a la oralidad, una desintermediación respecto del propio medio de la escritura, del lenguaje escrito. La voz humana, las palabras que realmente pronunciaron las partes y no una representación o reflejo escrito de estas, es lo que las vincularía jurídicamente, precisamente porque la tecnología digital facilita ese registro completo de la propia voz e imagen.

Ni que decir tiene que esto es técnica y conceptualmente posible: que un testamento ológrafo no tuviera la forma de un texto escrito, sino de una grabación de voz e imagen del testador en la que este de palabra expresa su última voluntad. Aplicada esta idea al documento público notarial, los otorgantes realizarían sus manifestaciones y declaraciones de voluntad negocial de palabra y el notario también expresaría de forma oral todas las declaraciones que implica su autorización: su dación de fe de la fecha, del lugar —sobre esto habrá que hacer luego alguna precisión—, de la identidad de los otorgantes, su juicio de capacidad, las advertencias legales, etc. Y de todo este acto de otorgamiento y autorización solo quedaría constancia en el propio archivo informático donde ha quedado registrado todo el desarrollo de la videoconferencia. De manera que más que hablar de "escritura pública" habría que empezar a hablar de "videoconferencia negocial pública" y el "protocolo notarial" —por supuesto exclusivamente electrónico— se formaría en estos casos con esos archivos digitales que contienen las grabaciones o registros de las videoconferencias.

Esto, como digo, es perfectamente posible tanto técnica como jurídicamente. Sin embargo, entiendo que esta posible interpretación de la literalidad de la norma debe ser rechazada. Habría sido mejor que el legislador se hubiera pronunciado sobre esto de forma más explícita, pero parece claro que no debe leerse así el precepto, porque semejante entendimiento supondría un cambio muy radical de todo nuestro sistema documental, lo que requeriría un fundamento legal mucho más elocuente. Así, debemos entender la videoconferencia únicamente como un medio de interacción comunicativa entre las partes y entre éstas y el notario para el otorgamiento por las partes y la autorización por el notario de un documento negocial escrito. O dicho de otra forma, el empleo de la videoconferencia no excluye la existencia de una escritura pública o de una póliza intervenida en el sentido de texto escrito sobre el que recae el consentimiento de las partes y la autorización del notario.

Esto es así por razones de exégesis literal de la norma: el apartado 1 habla de otorgamiento y autorización a través de videoconferencia de "pólizas mercantiles" y de "texto de la póliza"; el apartado 3 dice que "el notario habrá de exhibir al compareciente el documento a través de la plataforma", de manera que sigue existiendo un documento; el apartado 5 se refiere a la denegación de la intervención o autorización "del documento" cuando no concurran los presupuestos establecidos en la Ley del Notariado; y especialmente, el documento debe ser firmado por el notario con su firma electrónica cualificada (apartado 6), y aunque la norma debía ser mucho más clara al respecto, también por los otorgantes con su propia firma electrónica.

Por tanto, en estos casos sigue habiendo, aparte de la videoconferencia, un documento que debe ser exhibido, leído, explicado y firmado. La consecuencia de ello es que debemos negar naturaleza documental a una eventual grabación o registro de la propia videoconferencia.

Y hay también razones valorativas para ello. Lo propio del documento jurídico notarial —en su manifestación más acabada que es la escritura pública— es precisamente la intervención o intermediación notarial. Las partes comunican sus intenciones al notario y este es el que redacta el documento negocial, precisamente porque su experticia jurídica es lo que le permite plasmar en lenguaje jurídico la real voluntad de las partes para que resulte válida y adaptada a la legalidad. La vuelta a la oralidad que permitirían las nuevas tecnologías de la comunicación supondría una recuperación de la espontaneidad de las partes, porque estas expresan directamente lo que quieren, pero al mismo tiempo las dejaría indefensas ante los inconvenientes de esa espontaneidad. Al respecto, es preciso que valoremos el significado jurídico del documento y que recordemos a Ihering y sus observaciones sobre la forma negocial: el formalismo protege a las partes de la improvisación, de la impremeditación. El documento jurídico por excelencia en nuestro sistema jurídico es la escritura pública, entre otras cosas, porque es un texto cerrado e indubitado. Cualesquiera que hayan sido las conversaciones previas, lo que uno dijo y el otro entendió, etcétera, al final las partes, debidamente advertidas por el notario, han convenido un determinado texto negocial, que es lo que quieren que les vincule jurídicamente con toda la fuerza que la ley atribuye al documento público: eficacia probatoria, ejecutiva, traditoria, de acceso a registros públicos, etcétera.

Sustituir la forma escrita por una manifestación oral directa de lo que cada uno dice querer en ese momento solo introduciría una gran confusión en un ámbito donde la propia forma documental escrita es el instrumento básico de seguridad. En el régimen actual, la firma de la escritura va precedida de muchas cosas que se dicen en el despacho del notario por las partes y por este, pero nada de eso queda registrado ni forma parte de la escritura pública, porque se considera irrelevante frente a la autosuficiencia e integridad de la escritura como forma negocial. Si hoy se suscitan dudas a la hora de interpretar determinadas cláusulas de una escritura pública, imaginemos lo que podría suponer tener que interpretar lo que manifestó con sus propias palabras de profano un vendedor o un comprador, pudiendo tenerse en cuenta también el mayor o menor énfasis con que las pronunció, los cambios en la inflexión de la voz, un posible gesto de duda o descontento al hablar, etcétera.

Por tanto, debemos concluir que la videoconferencia es solo un instrumento técnico de comunicación para permitir el otorgamiento y autorización a distancia de un documento negocial escrito, que siempre debe seguir existiendo.

Una cuestión distinta y de la que ahora debemos ocuparnos es que la videoconferencia como instrumento de otorgamiento y autorización de un documento notarial exige, por la propia naturaleza de las cosas, un cambio de formato documental: el documento escrito que consienten los otorgantes y autoriza el notario no puede ser un texto escrito en papel, sino que habrá de ser un texto en formato y soporte electrónico.

Esta es una cuestión absolutamente clave para el diseño y entendimiento del nuevo sistema, sobre la que desgraciadamente nuestro legislador no ha tenido las ideas claras. Hasta tal punto es así, que apenas se ha ocupado de la cuestión documental.

En este artículo 17 ter solo encontramos lo siguiente:

El apartado 2 dispone que el otorgante accederá a la aplicación abierta en la SEN utilizando los sistemas de identificación electrónica previstos en el artículo 9 de la Ley 39/2015, de 1 de octubre, del Procedimiento Administrativo Común de las Administraciones Públicas (LPAC). Dicha aplicación deberá garantizar los principios de neutralidad tecnológica e interoperabilidad para todos aquellos que accedan a su uso. Sobre esta norma es preciso hacer varias observaciones.

La videoconferencia que se puede emplear para el otorgamiento y autorización de determinados documentos notariales no es cualquier videoconferencia. No sirve un *teams*, un *zoom* o un *facetime*, ni un chat a través de cualquier otra aplicación o plataforma a disposición del público general. Tiene que realizarse precisamente haciendo uso de la aplicación que al efecto debe estar accesible en la SEN. Esto debe ser así por varios motivos: primero y fundamental, porque la gestión de esta herramienta técnica no se debe confiar a un servidor ajeno al propio notariado, a una empresa cualquiera prestadora de servicios de internet (como las *big-tech*, que son las que suministran las aplicaciones libres que habitualmente empleamos para mantener videoconferencias en entornos domésticos y empresariales); en segundo lugar, porque es la forma de controlar a través de la SEN el acceso de los otorgantes que pretenden hacer uso de esta posibilidad; y por último pero no menos importante, para ofrecer a los propios usuarios del servicio notarial la seguridad de que están interactuando precisamente con un notario español competente en ejercicio legítimo de sus funciones.

Una segunda observación es que el legislador está remitiendo aquí, para todos los actos o negocios para los que se permite esta forma de otorgamiento y autorización del documento notarial, aunque no estén comprendidos en el ámbito de aplicación de la Directiva de digitalización de las sociedades, a unos sistemas de identificación electrónica previstos en la LPAC, en concreto en su artículo 9.

Este artículo 9 de dicha ley en su apartado 2 contempla a su vez tres posibilidades:

En primer lugar, se refiere a sistemas basados en certificados electrónicos cualificados de firma electrónica expedidos por prestadores incluidos en la "lista de confianza de prestadores de servicios de certificación". Teniendo en cuenta que este precepto se reformó en octubre de 2019 para adaptarse al Reglamento eIDAS, debemos entender por tal lista de confianza la que contempla precisamente dicho Reglamento en sus artículos 6, 9 y 22. En particular, el último precepto citado del Reglamento europeo dispone que cada Estado miembro establecerá, mantendrá y publicará listas de confianza con información relativa a los prestadores cualificados de servicios de confianza respecto de los cuales sea responsable. En los artículos 6 y 9 se contempla la comunicación de esos sistemas de confianza a la Comisión y la publicación de una lista por la propia Comisión. Esto supone la admisión, por excelencia, de nuestro DNI electrónico, pero también de sistemas equivalentes de identificación electrónica reconocidos por otros Estados miembros y comunicados a la Comisión, lo que incluso podría incluir sistemas de carácter privado.

Obsérvese, en cualquier caso, que lo que se contempla este apartado a) del artículo 9.2 de nuestra LPAC es el empleo de la firma electrónica apoyada en un certificado electrónico cualificado como medio de identificación online ante una administración pública. En nuestro caso, se trataría de utilizar esa firma electrónica como medio de acceso a la SEN, lo que es una cuestión distinta del empleo de esa misma firma como instrumento de firma del propio documento otorgado y autorizado. Luego volveré sobre esta cuestión.

El apartado b del artículo 9.2 de la LPAC se refiere también al sello electrónico cualificado cómo posible medio de identificación electrónica ante una administración pública. Tratándose de documentos notariales, aunque el otorgante actúe en nombre de una persona jurídica que puede ser titular de un sello electrónico, el otorgante del documento por definición siempre es una persona física que debe ser identificada como tal por el notario. Por tanto, el acceso mediante sello debería considerarse excluido pese a esta remisión genérica del artículo 17 ter 2 LN.

Por último, el apartado c) del artículo 9.2 de la LPAC se refiere a cualquier otro sistema que las Administraciones Públicas consideren válidos en los términos y condiciones que se establezca, siempre que cuenten con un registro previo como usuario que permita garantizar su identidad y previa comunicación a la Secretaría General de Administración Digital del Ministerio de Asuntos Económicos y Transformación Digital. La remisión a este apartado c) no debe entenderse como que la corporación notarial deba admitir el acceso a la aplicación en la SEN para el otorgamiento y autorización notarial de escrituras o pólizas mediante cualquier sistema de identificación que una administración pública española cualquiera considere válido a sus propios efectos, por ejemplo, el sistema Cl@ve de la Agencia Estatal de Administración Tributaria. Se trataría más bien de admitir un sistema de identificación distinto de la firma electrónica cualificada o del sello electrónico cualificado que estableciese el propio Consejo General del Notariado para el acceso de los ciudadanos a la SEN. De hecho, la propia Directiva de digitalización de las sociedades —que aquí se supone se trata de transponer— lo que exige en su ámbito de aplicación es la admisión de medios electrónicos de identificación emitidos en otro estado miembro y reconocidos para el propósito de autenticación transfronteriza de conformidad con el Reglamento eIDAS, lo que no parece que nos obligue a reconocer cualquier medio de identificación electrónica que a cualesquiera efectos administrativos se admita tanto en España como en cualquier otro estado miembro.

En cualquier caso, la cuestión más relevante es la siguiente: una cosa es que el acceso a la plataforma requiera el empleo por el otorgante de un medio de identificación electrónica de los que prevé el artículo 9 de la LPAC y otra que semejante identificación sea ya suficiente a efectos del otorgamiento y la autorización de la escritura o la póliza cuando se emplea la videoconferencia. Al respecto hay que tener en cuenta lo siguiente: eIDAS exige que los Estados miembros admitan determinados medios de identificación electrónica para que ciudadanos de un estado puedan acceder a servicios públicos o actuaciones administrativas prestadas de forma transfronteriza por otro estado, pero el servicio notarial no es un servicio cualquiera, sino que tiene sus específicas exigencias por su propia naturaleza y función. Los documentos notariales tienen reconocida una peculiar fuerza jurídica precisamente porque, entre otras cosas, un funcionario público, un notario, se ha responsabilizado de una identificación personal del otorgante del documento y también porque se ha cerciorado de su capacidad natural para dicho tipo de documento en ese preciso momento. Si es así, un medio de identificación electrónica, por muy seguro o "cualificado" que sea, que se base simplemente en algo que uno sabe —un pin o contraseña— o tiene —una tarjeta— no satisface las exigencias propias de la identificación notarial a los efectos del otorgamiento y autorización de un documento público. En atención a ello, deberíamos pensar que los medios de identificación electrónica que contempla el Reglamento eIDAS o el artículo 9 de nuestra LPAC pueden ser suficientes para una actuación transfronteriza online cualquiera ante una administración pública española, pero no para el otorgamiento de un documento notarial con toda la eficacia jurídica de este. Y ello precisamente porque esos medios no garantizan realmente la identidad personal del sujeto que está actuando, en la medida en que es posible un uso o aplicación no personal de la clave privada (es posible que tanto el dispositivo físico como el software y la clave privada que permiten la aplicación de la firma electrónica cualificada de un determinado sujeto se suministren por este voluntariamente a un tercero o incluso que éste se apodere mediante coacción o subrepticiamente de dichos medios), así como que, tratándose de sistemas privados de certificación de claves públicas, no exista una verdadera garantía oficial de una correcta identificación del titular correspondiente cuando se emite el certificado. Precisamente, la función de la videoconferencia es permitir al notario no solo una interacción comunicativa a distancia para explicar la escritura y verificar la realidad del consentimiento de los otorgantes, sean estos quienes sean, sino también para asegurar la real identificación personal de estos. Por ello, el notario debe visualizar suficientemente a los otorgantes y cotejar su imagen con la fotografía de un documento oficial de identificación de los que admite la legislación notarial en caso de no conocerlos personalmente, exactamente igual que hacemos hoy en cualquier otorgamiento presencial (para otorgar una escritura no basta con que un sujeto se presente en la notaría con un DNI en la mano, es preciso que el Notario le vea la cara al sujeto en cuestión y que coteje su imagen con la foto que incorpora ese DNI). Por tanto —y es preciso insistir en ello—, la videoconferencia es también un medio de identificación personal del otorgante por parte del notario.

Sí esto es así, se plantean dos cuestiones absolutamente esenciales:

- Cómo tiene el notario un acceso confiable a la imagen del documento oficial de identificación con la que cotejará la imagen de la persona que visualiza en la videoconferencia, porque no parece que al respecto baste con que se muestre en la pantalla por ese compareciente online el documento de identidad o pasaporte correspondiente, porque esto se prestaría a una fácil falsificación.
- Y segundo, ¿qué pasa con los medios de identificación electrónica que admite eIDAS, y por tanto la LPAC y también el artículo 13 de la Directiva de digitalización en su ámbito de aplicación, que pueden no incorporar una fotografía del titular? ¿Exigir la presentación aunque sea telemática de un documento oficial de identidad con foto como regla general supone una vulneración del artículo 13 b) de la Directiva 2017/1132? Este problema se suscita porque la Directiva de digitalización de 2019 no se concibió pensando precisamente en una identificación notarial mediante videoconferencia, sino en formas mucho más rudimentarias y laxas de identificación online.

Continuando con el nuevo artículo 17 ter LN, la norma en su apartado 3 dispone: *«En el acto del otorgamiento mediante videoconferencia, el notario habrá de exhibir al compareciente el documento a través de la plataforma, de modo que pueda hacer uso de su derecho a leerlo, sin perjuicio de la lectura alternativa por parte del notario y del asesoramiento que debe prestar acerca de su contenido.»*

Sobre este precepto haré la siguiente observación: cuando habla de exhibir al compareciente el documento a través de la plataforma y pese a que "exhibir" puede concebirse como una acción un tanto física, no debemos entenderlo como la exhibición ante la videocámara de unas hojas de papel impresas que contienen el texto del documento. No se trata de que el notario vaya pasando unas hojas que tiene sobre su mesa para mostrarlas físicamente de manera que su texto pueda ser visualizado por el otorgante que participa en la videoconferencia. Lo que más bien se exhibe, en el sentido de hacerlo accesible a los otorgantes mediante la plataforma, debe ser el archivo informático completo que contiene el texto del documento que se pretende otorgar. Esto supone que ese archivo —en formato pdf o Word pero protegido contra escritura— debe ser subido por el notario a la plataforma para que cada uno de los otorgantes pueda visualizarlo y leerlo íntegramente en la pantalla de su ordenador o dispositivo mediante el que accede a la plataforma, con carácter previo a su firma, de manera que el otorgante tenga un acceso directo al documento y plena seguridad acerca de cuál es el texto que está consintiendo, como hoy sucede con las escrituras de papel, cuya lectura directa por el otorgante que así lo solicita debe ser siempre permitida por el notario.

El apartado siguiente, el número 4, nos dice: *«Si el otorgante no dispusiera de firma electrónica, se le podrá dotar gratuitamente de la misma, conforme a los medios previstos en el artículo 10 de la Ley 39/2015, de 1 de octubre, de Procedimiento Administrativo Común de las administraciones públicas. El sistema proporcionado deberá limitar su ámbito y vigencia al documento público objeto de autorización o intervención.»*

Este es uno de los momentos más chocantes de la nueva ley. Aquí parece que nos hemos saltado algo. Se plantea la cuestión del otorgante que no dispone de firma electrónica y se prevé la posibilidad de suministro de una firma electrónica para la ocasión por la propia plataforma. Pero en ningún sitio se nos ha dicho, ni antes ni después, que el documento exhibido —como he indicado antes, en formato informático— haya de ser firmado con su firma electrónica cualificada o no cualificada por el otorgante u otorgantes que participan en la videoconferencia.

Llama extraordinariamente la atención la omisión de algo tan importante desde el punto de vista documental. Sobre todo si se compara el tenor del artículo 17 ter LN con lo que dispone el nuevo artículo 111 bis introducido en la Ley 24/2001 por la misma Ley 11/2023, relativo a la utilización por registradores de sistemas de videoconferencia. El apartado 4 de este nuevo precepto dispone: *«Cuando una actuación realizada por videoconfe-*

rencia exija la firma de la persona interviniente por este mismo medio, requerirá, de manera general: a) La verificación previa de la información a firmar por parte de la persona interviniente.

b) La autenticación de la persona interviniente de conformidad con lo establecido en este artículo.

c) La firma se realizará por cualquiera de los medios previstos en el artículo 10 de la Ley 39/2015, de 1 de octubre, de Procedimiento Administrativo Común de las Administraciones Públicas. Si la persona interviniente no dispusiera de firma electrónica, se le podrá dotar gratuitamente de la misma, conforme a los medios previstos en el artículo 10 de la Ley 39/2015, de 1 de octubre, de Procedimiento Administrativo Común de las administraciones públicas. El sistema proporcionado deberá limitar su ámbito y vigencia a esa intervención.»

Como puede apreciarse, este último inciso —cambiando otorgante por persona interviniente y el documento público objeto de autorización o intervención por esa intervención— coincide literalmente con el tenor del apartado 4 del artículo 17 ter LN. Pero aquí sí encontramos una afirmación explícita de la necesidad de realizar una firma por cualquiera de los medios previstos en el artículo 10 de la LPAC.

¿Por qué está incompleta la norma del artículo 17 ter LN? ¿Porque en realidad se da por supuesto, como algo obvio que no necesita decirse, que la escritura exhibida en formato informático debe ser firmada electrónicamente por los otorgantes que participan en la conferencia? ¿O más bien porque el autor de la norma no se planteaba la necesidad de esa firma electrónica? De hecho, el apartado 6 del artículo, donde se hace referencia expresa a la firma electrónica del documento por el propio notario, no estaba en el texto del proyecto de ley que el Gobierno aprobó y remitió a las Cortes, sino que fue un añadido de última hora en virtud de una enmienda en sede parlamentaria. ¿Quizá es que se pensaba que el otorgamiento y autorización por videoconferencia se terminaría plasmando únicamente en un documento de papel firmado en forma manuscrita solo por el notario?

Sea como sea, el tenor final de la norma promulgada no admite otra interpretación que aquella según la cual el documento otorgado y autorizado mediante videoconferencia debe revestir forma electrónica (haya o no también versión en papel) y como tal debe ser firmado electrónicamente tanto por el notario como por todos los otorgantes.

Y esto es así tanto a la vista de la literalidad de la norma (por lo que dice el apartado 6 y porque no tiene ningún sentido contemplar la provisión de una firma electrónica para la sesión al otorgante que no dispone de firma electrónica si no fuera la aplicación de esta un requisito general de este tipo de otorgamientos), como por una razón valorativa elemental: la imputación o atribución jurídica de un documento notarial a una determinada persona en concepto de otorgante no se ha basado nunca solo en la afirmación unilateral por el notario del hecho de haber sido consentido ese documento en su presencia de forma verbal por el sujeto en cuestión. Pudiendo hacerlo, siempre se ha exigido la incorporación al propio documento de esa marca personalísima que es la firma manuscrita del otorgante, lo que funciona como garantía de autenticidad tanto en beneficio del otorgante como del propio notario ante una posible impugnación. En el entorno digital y telemático no es posible la firma manuscrita de un documento de papel, de manera que la función de autenticación que esta ha desempeñado secularmente ahora se encomienda a unos determinados expedientes técnicos propios de la tecnología digital, el más sofisticado de los cuales es la firma electrónica basada en criptografía asimétrica o de doble clave apoyada en certificados de titularidad de las correspondientes claves públicas. Si es así, resulta evidente que la videoconferencia como medio de otorgamiento y autorización de documentos notariales carece de sentido —perdería una parte muy importante de su seguridad— si no se prevé que el mismo fichero informático que contiene el documento que se ha exhibido a los otorgantes deba ser marcado por cada uno de estos mediante un signo personal de autenticación (como lo es la encriptación del *hash* del archivo mediante una clave privada que se supone que solo conoce esa persona, lo que garantiza tanto la identidad del otorgante como la integridad del documento otorgado).

Ahora bien, aunque consideremos evidente la necesidad de esa firma electrónica por los otorgantes, la parquedad de la norma al respecto plantea problemas de mucha gravedad.

En primer lugar, qué tipo de firma electrónica es exigible como regla general al otorgante. Obsérvese que el apartado 2 del artículo 17 ter, que ya hemos comentado, se refiere a unos sistemas de identificación electrónica para el acceso a la aplicación abierta en la SEN (entre los cuales, en atención a la remisión al artículo 9 de la LPAC, se contemplan, pero de forma no exclusiva, determinados sistemas de firma electrónica). Pero ahora nos planteamos una cuestión distinta: no cómo se identifica uno para el acceso a la plataforma, sino cómo firma uno electrónicamente el documento. Tratándose de la firma en concepto de otorgante de un documento público, parece que lo mínimo exigible es una firma electrónica cualificada basada en un certificado cualificado, por cuanto esta es la única que, a la vista de eIDAS y de nuestra Ley 11/2020 de 6 de noviembre, se equipara jurídicamente a la firma manuscrita. El problema es que el artículo 10 de la LPAC, al que remite el citado nuevo artículo 111 bis de la Ley 24/2001 en el ámbito registral y también nuestro artículo 17 ter 4, es más laxo, en la línea del artículo 9 de la misma LPAC al que ya me he referido.

Pero la cuestión más ardua desde el punto de vista práctico es: ¿el otorgamiento y autorización mediante videoconferencia da lugar solo a un documento en formato electrónico que se incorpora directamente al protocolo electrónico? Si lo entendemos así, ya tenemos aquí la matriz exclusivamente electrónica que estaba prevista y suspendida en el artículo 17 bis LN desde el año 2001, pero sin una afirmación explícita de la ley al respecto y sin ese desarrollo reglamentario que reclamaba el propio artículo 17 bis y que no parece prescindible a la vista de la infinidad de cuestiones que plantea la puesta en práctica de semejante medida. Por solo citar algunas: ¿las escrituras autorizadas en este formato van a generar un protocolo específico con su propia numeración correlativa, o se integran en el protocolo general siguiendo la numeración de este? (si fuera esto segundo, el protocolo de las matrices de papel tendría saltos en su numeración). ¿Es posible un otorgamiento y autorización en formato electrónico sin el uso de la videoconferencia, es decir, en presencia del notario? ¿Es posible un otorgamiento mixto: unos otorgantes están en presencia del notario en su despacho, mientras que otros otorgantes del mismo documento comparecen y otorgan mediante videoconferencia? Si esto es posible, ¿el documento se otorga por unos en formato papel y por otros en formato electrónico?, etc.

Pero antes de intentar responder estas cuestiones es importante que nos ocupemos del primer interrogante que he planteado: ¿el otorgamiento y autorización mediante videoconferencia genera únicamente una matriz electrónica, o nos encontramos aquí también con una "doble matriz" o una autorización en "doble formato"?

Tratándose de los reflejos informáticos de las matrices de papel a que se refiere el nuevo artículo 17.2 LN, el problema resulta de la pretensión de calificar como matriz un archivo informático que no ha sido como tal (en su propio formato electrónico) consentido y firmado por los otorgantes, porque estos sólo han consentido y firmado un documento de papel. Aquí el problema sería justo el inverso: ¿cómo calificar como "matriz" la versión en papel de un documento que no ha sido firmado en forma manuscrita por los otorgantes y que, por la propia naturaleza de las cosas, podría diferir del archivo informático que se ha exhibido al otorgante y que este ha firmado electrónicamente? Como es evidente, en este caso, cualquier versión en papel del documento solo podría ser firmada por el propio notario. Y esto que, en su caso, firma el notario en forma manuscrita e incorpora a su protocolo de matrices de papel sería tan solo un “reflejo” o traslado del archivo informático —la verdadera matriz en este caso— visualizada y firmada electrónicamente por los otorgantes y el propio notario. Obsérvese que, si llegamos a entender que el otorgamiento mediante videoconferencia da lugar también a una matriz de papel, nos encontraríamos con que, por aplicación de lo dispuesto en el artículo 17.2 LN, *«en caso de contradicción entre el contenido de la matriz en soporte papel y del protocolo electrónico prevalecerá el contenido de aquella sobre el de este»*, lo que no tendría ningún sentido. O incluso se podría llegar a pensar que hay hasta tres “matrices” del mismo documento: el archivo electrónico exhibido a los otorgantes mediante la plataforma y que estos han firmado electrónicamente con el notario (que no se sabe dónde va a parar), la versión en formato papel del mismo documento firmada en forma manuscrita sólo por el notario y el “reflejo informático” de esa matriz de papel que se incorporaría al protocolo electrónico de conformidad con el artículo 17.2 y que a lo sumo estaría firmada electrónicamente sólo por el notario.

Todo esto carece del más mínimo sentido. La única interpretación sensata del sistema consiste en entender que el otorgamiento mediante videoconferencia sólo da lugar a una matriz, la electrónica, aquella que incorpora las firmas electrónicas de los otorgantes y del notario, y que es esta la que debe ser incorporada directamente al protocolo electrónico que se custodia en el CGN.

Al respecto, es importante —de vital importancia— que nos demos cuenta de que una firma electrónica criptográfica —como es la firma electrónica reconocida o ahora cualificada de los notarios o debe ser la firma electrónica que empleen los otorgantes de este tipo de documentos— no es algo que se “pega” o adiciona a un archivo con una mayor o menor adherencia, sino un elemento que se imbrica lógicamente con todo el contenido del archivo (porque con la clave privada del firmante se encripta el *hash* o función resumen de todo el documento), de manera que firmar electrónicamente un documento con un instrumento de este tipo supone algo así como sellar el documento entero con un signo personal de asunción o consentimiento, que permite detectar la más mínima alteración. Siendo varios los otorgantes, no firman cada uno versiones diferentes y —por así decirlo— vírgenes del mismo archivo, sino que el segundo otorgante lo que firma es el archivo ya firmado y por tanto marcado por el primer otorgante, de manera que a lo sellado por uno se une ahora el sello personal del siguiente otorgante, y así sucesivamente hasta llegar al notario, que aplicará su propia firma, la última marca de seguridad, al mismo archivo que ha sido ya firmado por todos los otorgantes (lo que, en realidad, no difiere de lo que hoy sucede con las matrices de papel, en que es el mismo y único documento el que recibe todas las firmas).

Siendo esto así, sería un verdadero despropósito, desde el punto de vista de la seguridad y credibilidad del documento notarial, que no fuera precisamente ese mismo archivo firmado electrónicamente por las partes durante la ceremonia de la videoconferencia, el que quedase protocolizado en el protocolo electrónico depositado en el CGN, sino más bien esa "copia de copia" que sería el "reflejo informático" de la matriz de papel que reflejaría a su vez el archivo informático que se exhibió al otorgante y este firmó electrónicamente.

En definitiva, la posibilidad de una matriz exclusivamente electrónica, autenticada con la firma electrónica de los otorgantes y la del notario, es algo que no repugna a nuestro sistema notarial, pues ya está prevista legalmente desde el año 2001, y que el proceso de autorización concluye con la firma electrónica por el notario del documento en formato electrónico exhibido a los otorgantes y firmado electrónicamente por estos durante la videoconferencia, sin ningún reflejo o constancia en papel de dicho acto, es algo que se puede entender que resulta de la propia literalidad de ese apartado 6 añadido a última hora al artículo 17 ter que dice: *«Finalmente, el notario autorizará el documento con su firma electrónica cualificada»*. "Finalmente" solo puede significar que ya no hace falta más: el acto, su documentación y su autorización acaban ahí. Aunque no deja de ser decepcionante y desasosegante —dada la trascendencia del asunto si se piensa en la importancia social que tiene el documento público notarial— que la instauración legal de la verdadera matriz electrónica resulte de la presencia de un triste adverbio temporal en una escueta frase en la cola de un artículo de la ley.

Por otra parte, no puedo dejar de decir que no termino de ver la utilidad de la generación simultánea de una versión en papel del mismo documento electrónico exhibido a los otorgantes y firmado ya electrónicamente por estos y por el notario para su incorporación al protocolo de papel. ¿Añade algo a la credibilidad del documento la existencia de esa versión solo firmada por el notario? Tratándose del caso inverso, puede tener sentido que se genere para los documentos notariales de papel un back-up electrónico centralizado en el CGN y conservado con todas las medidas de seguridad de que este dispone. Pero, ¿tiene sentido generar un back-up en papel custodiado por cada notario individual respecto de un documento nacido en origen en un entorno y contexto electrónico y telemático, que ya se conserva en formato electrónico con las máximas garantías técnicas de las que dispone el CGN? ¿Nos preocupa dejar un hueco en nuestro protocolo de papel? ¿No estamos abocados, velis nolis, a lo puramente digital?

Sea como sea, la aparición de medio lado y casi por accidente de esta matriz electrónica suscita infinidad de interrogantes que no encuentran ninguna respuesta en la ley.

Algunos, que ya he anticipado, son los siguientes:

¿La posibilidad de la matriz electrónica queda restringida a los supuestos de otorgamiento y autorización mediante videoconferencia? ¿No es admisible en supuestos de comparecencia presencial para el otorgamiento de alguno de los documentos que contempla el artículo 17 ter 1? Obsérvese que este precepto, en su primer apartado, se limita a admitir la posibilidad de otorgamiento y autorización mediante el instrumento técnico de la videoconferencia para determinadas categorías de documentos, pero no hace referencia a ninguna circunstancia fáctica que justifique el uso de la videoconferencia. No exige que el otorgante se encuentre con algún problema para su desplazamiento al despacho notarial, o que resida en otra localidad, o ni siquiera que se encuentre fuera del despacho del notario. Así, el notario podría estar en una sala de su despacho y el otorgante en otra u otras diferentes, pero dentro de la misma notaría, y entablar una comunicación mediante videoconferencia accediendo a la plataforma de la SEN. Incluso, ante el tenor tan genérico de la norma, podría plantearse la posibilidad de que el que se encuentre fuera del despacho sea el propio notario y no los otorgantes. Basta con recordar al respecto la variedad de situaciones prácticas complejas que hemos vivido todos durante la pandemia del COVID. ¿Un notario confinado en su casa en cuarentena pero en perfecto estado físico y mental no podría valerse de esta posibilidad para seguir prestando servicio a sus clientes sin comprometer la salud de nadie? ¿Podría hacerlo solo si su vivienda se encuentra en territorio donde él es competente como notario?

Obsérvese que, una vez que se nos ha habilitado la posibilidad de firmar las copias autorizadas electrónicas mediante el teléfono móvil, todos estamos firmando y remitiendo esas copias fuera del despacho, en nuestra propia vivienda, o yendo de viaje fuera del territorio de nuestro distrito notarial y no parece que nos hayamos planteado si esto era posible o no. En definitiva, el medio digital, el ciberespacio, no se sabe muy bien dónde está, porque está en todas partes y en ninguna en concreto. Es un fenómeno extraterritorial, que desborda y no encaja en nuestras anteriores concepciones espaciales. Y esto es algo que no puede dejar de afectar a estos novedosos otorgamientos mediante videoconferencia. ¿Dónde se entiende otorgado el negocio?; ¿en todo caso en el despacho del notario?; ¿hay que tener en cuenta dónde se encuentran físicamente cada uno de los videoconferenciantes?; ¿se trata de una modalidad de contratación entre ausentes? No lo parece, pero, en cualquier caso, sobre todo esto tenemos una reflexión pendiente.

¿Y no es posible que, estando todos los otorgantes presentes físicamente junto con el notario en el despacho de este, se conecten todos mediante sus correspondientes dispositivos a la plataforma en la SEN para hacer un otorgamiento mediante videoconferencia que quede documentado en una matriz electrónica, incorporada como tal directamente al protocolo electrónico sin necesidad de firmar ningún papel? Esto puede parecer ahora mismo un poco alambicado, pero no lo es en absoluto el siguiente caso: alguno de los otorgantes pretende otorgar el documento a distancia recurriendo a la videoconferencia mientras que el resto de los otorgantes no tienen ningún problema para asistir a la notaría en forma presencial. ¿Es posible un otorgamiento mixto: unos a distancia, mediante videoconferencia y con formalización documental electrónica, y otros presentes físicamente ante el notario firmando el mismo documento en papel?

En el artículo 111 de la Ley 24/2001 se introdujo una norma, con la rúbrica *Formalización de negocios jurídicos a distancia*, que no ha tenido la más mínima aplicación: «*Por conducto electrónico podrán dos o más notarios remitirse, bajo su respectiva firma electrónica avanzada, el contenido de los documentos públicos autorizados por cada uno de ellos que incorporen las declaraciones de voluntad dirigidas a conformar un único negocio jurídico. Reglamentariamente se determinarán las condiciones y el procedimiento para la integración de las distintas declaraciones de voluntad en el negocio unitario, así como la plasmación del mismo en un único documento público*». El desarrollo reglamentario no llegó nunca y lo que se ha venido haciendo —en especial durante la época de la pandemia— es la autorización por un notario de una escritura de compraventa en la que una de las partes se dice que está representada por mandato verbal por la otra y de forma simultánea otro notario autoriza una escritura de ratificación donde esa parte representada ratifica el contenido de la otra escritura. En definitiva, esta forma de proceder da lugar no a un único documento público, sino a dos formalmente independientes, cada uno incorporado a un protocolo notarial distinto, aunque interrelacionados mediante las correspondientes notas.

Lo que ahora estoy planteando es algo muy diferente: no dos notarios en dos lugares diferentes ante quienes comparecen presencialmente los otorgantes correspondientes, sino un único notario ante quien comparecen todos ellos, unos de forma presencial y otros a distancia mediante videoconferencia.

Por supuesto que un caso como este podría resolverse documentalmente de forma similar a lo que hemos hecho con los otorgamientos simultáneos en dos notarías: los otorgantes presenciales firman una escritura de papel que contiene el negocio principal con su correspondiente número de protocolo (en su propio nombre y como mandatarios verbales de la otra parte), y el otorgante por videoconferencia firma electrónicamente una escritura de ratificación de la otra, que tiene a su vez su propio número de protocolo, porque se trata de un documento formalmente independiente. Pero, como es evidente, resulta mucho más interesante explorar la posibilidad de que todos —presenciales y telemáticos— otorguen un único documento. ¿Y esto cómo se hace?

La idea de doble matriz o doble formato que encontramos ahora en el artículo 17.2 LN puede llevar a pensar que en estos casos los otorgantes presenciales firman la versión en papel de la escritura y los telemáticos la versión electrónica de la misma escritura. Semejante planteamiento da lugar a una primera dificultad: parece, según hemos visto, que el otorgamiento por videoconferencia da lugar a una matriz electrónica que se debería incorporar directamente al protocolo electrónico; si en tal caso del mismo documento se genera una matriz de papel firmada por los otorgantes presenciales, de esa matriz de papel habría que incorporar su propio "reflejo informático" al protocolo electrónico, con lo cual al final se incorporarían dos versiones distintas de la misma escritura al protocolo electrónico (una sin firmas electrónicas de los otorgantes presenciales, y otra con las firmas electrónicas de los otorgantes telemáticos).

Pero la razón del rechazo de semejante planteamiento es más de fondo. Si queremos que todas las partes otorguen un único y mismo documento, este, por la propia naturaleza de las cosas, ha de tener unidad de formato. Si unos firman en papel y otros en electrónico, no están firmando lo mismo, la misma cosa. Por supuesto que sería responsabilidad del notario que el contenido de las dos versiones del documento fuera exactamente el mismo. Pero, por mucho celo que pudiera aplicar al respecto el notario, siempre existe la posibilidad fáctica de alguna diferencia entre el ejemplar que se exhibe y firma electrónicamente por los que comparecen mediante la videoconferencia y el ejemplar impreso en papel y que es firmado en forma manuscrita por los comparecientes presenciales (piénsese en el caso de operaciones negociales complejas, que dan lugar a documentos contractuales extensos cuyas cláusulas o el contenido de alguno de los documentos unidos son debatidos hasta el último momento en un tira y afloja por los abogados de las partes). Y si se produce esa discrepancia entre las dos versiones del mismo documento, alguna de ellas ha de prevalecer. ¿Cuál?, ¿la de papel o la electrónica? Pero sea cual sea la que prevalezca, ¿cómo vamos a entender que vincula jurídicamente a una parte, con toda la fuerza propia del documento público notarial, una versión del documento distinta de la que ha sido efectivamente firmada por dicha parte? Sería algo completamente absurdo.

Por tanto, en casos como estos, que podríamos llamar de "comparecencia mixta", unos otorgantes de forma presencial y otros de forma telemática por medio de la videoconferencia, el documento otorgado y autorizado sólo debería tener un formato, sobre el cual debería recaer la firma de todos los otorgantes y finalmente la del notario. Y ese formato único no puede ser otro que el electrónico. Y ello por la sencilla razón de que los otorgantes telemáticos no tienen forma de firmar de forma manuscrita en un documento de papel al que no tienen acceso físico en ese momento, mientras que los comparecientes presenciales sí podrían firmar en la notaría en forma electrónica el mismo documento electrónico que firman los comparecientes telemáticos. Por tanto, esta es la única forma de disponer de un único documento con las firmas de todos los intervinientes y del notario. De manera que en los otorgamientos mixtos —por la propia naturaleza de las cosas y por razones valorativas evidentes— ha de prevalecer la forma electrónica.

Y siendo esto así, si comparecientes físicos en la notaría han de poder firmar en electrónico el mismo documento electrónico que se exhibe a través de la plataforma y firman electrónicamente los comparecientes telemáticos, entonces no se termina de ver la razón por la cual no se podría firmar también todo en electrónico estando todos los otorgantes presentes en la notaría (que es precisamente lo que viene actualmente sucediendo en Francia para la mayor parte de los documentos notariales).

Como ha podido constatar el lector, y con esto concluyo, son muchos los interrogantes que quedan abiertos a la vista de lo que regula y de lo que no regula esta ley.

Bibliografía

ALAMILLO DOMINGO, Ignacio, *Identificación, Firma y otras Pruebas Electrónicas*, Aranzadi-Thomson Reuters, Pamplona, 2019.

CRUZ RIVERO, Diego, *Eficacia formal y probatoria de la firma electrónica*, Marcial Pons, Barcelona, 2006.

DIFFIE, Whitfield y HELLMAN, Marty, *New directions in cryptography*, IEEE Transactions on Information Theory, Vol. IT-22, n.º 6, noviembre 1976, págs. 644 a 654.

GONZÁLEZ-MENESES, Manuel, *La firma electrónica como instrumento de imputación jurídica*, Colegio Notarial de Madrid, Madrid, 2010.

ILLESCAS ORTIZ, Rafael, *Derecho de la contratación electrónica*, 2.ª edición, Aranzadi, Pamplona, 2009.

KOHNFELDER, Loren M., *Towards a Practical Public-key Cryptosystem*, 1978 (oastats.mit.edu/bitstream/handle/1721.1/15993/07113748-MIT.pdf).

LEVY, Steven, *Crypto. How the code rebels beat the Government saving privacy in the digital age*, 2001. En español, *Cripto. Cómo los informáticos libertarios vencieron al gobierno y salvaguardaron la intimidad en la era digital*, Alianza Editorial, Madrid, 2002.

LLANEZA, Paloma, *Reglamento eIDAS. Nuevos servicios de confianza, identificación electrónica, y sus prestadores*, Comares, Granada, 2018.

RODRÍGUEZ ADRADOS, Antonio, *La seguridad de la firma electrónica. Consecuencias de su uso por un tercero*, Consejo General del Notariado, Madrid, 2005.

Sección III

Contratos en particular

La conflictividad en la extición del contrato de agencia, 30 años después

Rafael Lara González
Catedrático de Derecho Mercantil
Universidad Pública de Navarra

SUMARIO: I. EXORDIO. II. LA DURACIÓN DEL CONTRATO Y LOS CONTRATOS ENCADENADOS. 1. La libertad de las partes para pactar la duración de la relación contractual. 2. La presunción de duración indefinida del contrato. 3. La conversión en indefinidos de contratos de duración determinada. 4. Los contratos encadenados o tramos temporales continuados. III. LA EXTINCIÓN DEL CONTRATO POR MUTUO ACUERDO Y LA INDEMNIZACIÓN POR CLIENTELA. 1. El mutuo disenso. 2. La indemnización por clientela. 2.1. Presupuestos. 2.2. Supuestos de inexistencia del derecho a la indemnización. 3. Causas de extinción e indemnización por clientela: el mutuo disenso. IV. LA PRESCRIPCIÓN DE LAS ACCIONES EN EL MARCO DEL CONTRATO DE AGENCIA. 1. Notas introductorias. 2. La prescripción de las acciones del agente para el cobro de su remuneración. 2.1. El plazo de prescripción. 2.2. El comienzo del plazo. 2.3. El último párrafo del artículo 1967 del Código Civil a la luz de la Jurisprudencia. 3. El ***dies a quo*** de las acciones del agente para el cobro de su remuneración. 3.1. La configuración de la remuneración del agente en su ley especial. 3.2. El comienzo del plazo de prescripción de la acción del agente para reclamar su retribución lo determina el día en que el comitente está obligado a pagar. V. LA INDEMNIZACIÓN POR CLIENTELA EN EL MARCO DEL CONTRATO DE SUBAGENCIA. 1. La Sentencia del Tribunal de Justicia de la Unión Europea (Sala Tercera) de 13 de octubre de 2022. 2. Entorno jurídico. 3. Subagencia e indemnización por clientela. VI. CALIFICACIÓN DEL CONTRATO E INDEMNIZACIÓN POR CLIENTELA. 1. Los contratos de comercialización y la autonomía negocial. 2. *Nomen iuris* y calificación de la relación contractual. 3. El cálculo de la indemnización por clientela en el contrato de distribución: los beneficios netos obtenidos por el distribuidor. 4. Equidad y moderación de la indemnización por clientela.

I. EXORDIO

El momento extintivo de cualquier relación jurídica se revela especialmente propicio para el surgimiento o la acentuación de las discrepancias latentes entre los actores que intervienen en la misma. Las relaciones contractuales no se hallan extramuros de dicha observación general y tampoco, de entre ellas, la relación en virtud de la cual una persona física o jurídica, denominada agente, se obliga frente a otra —denominada empresario, aun cuando el agente también lo es— de manera continuada o estable a cambio de una remuneración, a promover actos u operaciones de comercio por cuenta ajena, o a promoverlos y concluirlos por cuenta y en nombre ajenos, como intermediario independiente, sin asumir, salvo pacto en contrario, el riesgo y ventura de tales operaciones.

En efecto, en el marco de la finalización de la relación jurídica de agencia es donde se sustancian la casi totalidad de las controversias, estando además circunscritas estas bien a cuestiones indemnizatorias bien a aspectos relacionados con la remuneración del agente. El contrato de agencia exige permanencia o estabilidad y es un contrato de tracto sucesivo. Sin embargo, la duración no se debe confundir con el carácter indefinido de la relación, ya que tan duradero a estos efectos resulta ser un contrato de agencia por tiempo determinado como uno por tiempo indefinido. La duración de la relación jurídica de agencia se debe poner en relación directa con la potencialidad del agente para que a lo largo del espacio temporal por el que se haya estipulado el contrato promueva o concluya tantos actos u operaciones de comercio como le sean factibles.

Es decir, la característica de "contrato de duración" de la agencia no se circunscribe al mero aspecto temporal de vigencia de la relación, sino que se entronca sustancialmente con la "potencialidad" del agente para promover o promover y concluir tantas transacciones (actos u operaciones de comercio) con potenciales clientes como sean posibles en el espacio temporal en que permanezca la vinculación contractual entre empresario principal y agente comercial[1].

En este trabajo vamos a centrarnos en destacar cinco específicas cuestiones que a lo largo de los ya treinta años de vigencia de la Ley 12/1992 (en adelante, LCA) se han suscitado en el marco de la misma: por una parte, la relativa a los contratos encadenados; por otra, la relación entre extinción del contrato por mutuo acuerdo y la indemnización por clientela (Sentencia de la Audiencia Provincial de Álava —Sección 2ª— de 4 de octubre de 1997[2]); también la referente al *dies a quo* en el ejercicio de

---

1 Así, GARRIGUES, J., "Los agentes comerciales", *Revista de Derecho Mercantil,* 1962, I, pág. 22, ya puso de relieve que la serie de negocios a los que potencialmente está encaminado un contrato de agencia será normalmente indeterminada, si bien puede ser también limitada en cuanto a su número, como, por ejemplo, la venta de un determinado almacén o *stock* de mercancías.

2 Los hechos más relevantes que motivaron la sentencia fueron los siguientes: 1. Desde el 1 de enero de 1992, José C. M. y "Orbita Sociedad de Agencia de Seguros, SA", se encontraban vinculados por un contrato de agencia. 2. De manera ininterrumpida a partir de la fecha inicial, se mantuvo la relación, en virtud de

las acciones del agente para el cobro de su remuneración (Sentencia del Tribunal Supremo de 23 de noviembre de 2021[3]); asimismo la interacción subagencia e indemnización por clientela (Sentencia del Tribunal de Jus-

---

sucesivas prórrogas, documentadas en contratos de 25 de noviembre de 1993, 3 de enero de 1994 y 25 de noviembre de 1994, en los que no existe diferencia alguna respecto a la regulación de los derechos y deberes, más que en lo relativo a retribuciones económicas y modo de obtenerlas. 3. Con fecha 27 de junio de 1995, las partes deciden "de mutuo acuerdo, anular y por tanto dejar sin efecto el contrato de agencia firmado en Madrid el 25 de noviembre de 1994, así como su anexo número 1 de la misma fecha, cuya duración era de un año, a partir de la fecha del presente documento". 4. Los diferentes contratos, a que ya se ha hecho referencia, contenían en la cláusula 4.ª una expresa remisión al artículo 28 de la Ley 12/1992, de 27 mayo, reguladora del contrato de agencia, precepto que regula la indemnización por clientela.

[3] En virtud de un contrato de fecha 9 de mayo de 2006, World Plastics Olaegui, S.L. (WPO) y Sistemas y Servicios Olaegui, S.L. (en adelante, SSO) prestaron servicios de agencia para la entidad Haitián Ibérica, S.L. (en adelante, Haitián). Aquel primer contrato fue sustituido por otro de fecha 21 de enero de 2010. Esta relación contractual fue resuelta por Haitián el 15 de enero de 2015. En la demanda, WPO y SSO reclamaron a Haitián 79.771'67 euros por comisiones pendientes de pago y 18.024'40 euros de indemnización por clientela. La Sentencia de primera instancia, estimando en parte la demanda, condenó a la mercantil demandada a pagar 85.328'11 euros. De esta suma, 76.315'91 euros se correspondían con comisiones adeudadas y el resto con la indemnización por clientela. Esta resolución del primer grado jurisdiccional civil fue objeto de recurso de apelación por Haitián, quien, por lo que en estos momentos resulta de interés expositivo, impugnó la condena al pago de las comisiones correspondientes al cliente Procesos Industriales del Sur, S.L. (en adelante, Proinsur), que sumaban 26.826 euros (IVA incluido), por entender que la acción para reclamar ese crédito había prescrito con el transcurso de tres años desde la prestación de los servicios. La Audiencia Provincial acoge este motivo de recurso, al considerar que la acción para la reclamación del crédito por esas comisiones había prescrito por el transcurso de tres años desde la terminación de la prestación de los servicios. En consecuencia, descuenta de la cifra objeto de condena a Haitián la suma de 26.862 euros. La sentencia de apelación es recurrida en casación por SSO y WPO, sobre la base de un motivo que afecta sólo al pronunciamiento que estima la excepción de prescripción de la acción de reclamación de las comisiones correspondientes a Proinsur. Así, la Sentencia de la Audiencia Provincial de Sevilla (Secc. 8ª) de 12 de noviembre de 2018 —resolución recurrida en casación— había entendido que el plazo de prescripción comenzó a computarse desde que surgió el derecho a la comisión por la realización de la venta al concreto cliente (Proinsur), mientras que, por el contrario, la parte recurrente consideraba que el plazo de prescripción debía comenzar a contarse desde la terminación del contrato de agencia.

ticia de la Unión Europea —Sala Tercera— de 13 de octubre de 2022[4]), y finalmente la transcendencia de la calificación del contrato para el cálculo de la indemnización por clientela (Sentencia del Tribunal Supremo de 13 de junio de 2023[5]).

---

4 La *Cour de cassation* belga decidió plantear al Tribunal de Justicia la siguiente cuestión prejudicial: «¿Debe interpretarse el artículo 17, apartado 2, letra a), primer guion, de la Directiva [86/653/CEE] en el sentido de que, en una situación como la del litigio principal, la indemnización por clientela adeudada al agente principal, en la medida de la clientela aportada por el subagente, no es una "ventaja sustancial" de la que se beneficia el agente principal?».

5 Desde el año 2002, la sociedad Caseware Idea INC (en adelante, Caseware) y la compañía mercantil Safe Consulting Group S.L. (en adelante, Safe) mantuvieron una relación de colaboración mercantil por la que Safe comercializaría en España licencias de software de Caseware. El 1 de junio de 2009, las partes formalizaron por escrito un contrato, denominado "Memorando de entendimiento", con una duración de cinco años prorrogables. Transcurrido dicho plazo, el contrato no se prorrogó, por desavenencias entre las partes. En el documento, las partes se denominan licenciante (Caseware) y distribuidor (Safe). Safe formuló una demanda contra Caseware, en la que, al partir de que la relación jurídica entre las partes era un contrato de agencia, solicitó que se condenara a la demandada a indemnizarla conforme a lo previsto en el artículo 28 de la Ley de Contrato de Agencia (LCA), por el trasvase directo de clientes y el beneficio reportado, además de los daños y perjuicios causados por la conducta obstruccionista desplegada por la demandada en los últimos meses del contrato (corte a los accesos, eliminación de la web de su dirección como distribuidor, pérdida de ventas y de prestigio, etc.). En su virtud, solicitó que se condenara a Caseware al pago de 199.705,72€, desglosada en los siguientes conceptos: a) indemnización por clientela (162.429,72 €); b) lucro cesante (18.138 €); c) daños morales (18.138 €). Caseware se opuso a la demanda por las siguientes y resumidas alegaciones: (i) el contrato que ligaba a las partes no era de agencia, sino de distribución, porque Safe asumía un riesgo al comprar las licencias para después venderlas a los clientes, por lo que Caseware le facturaba descontando previamente el beneficio o margen comercial en concepto de comisión (...). La sentencia de primera instancia desestimó la demanda por considerar resumidamente que la relación entre las partes consistía en un contrato mixto de distribución/agencia, y que, aunque teóricamente procedieran las indemnizaciones solicitadas, no se había justificado su cuantía, aparte de que la reclamación debía haberse calculado conforme a las comisiones netas, es decir deducidos los gastos, y no sobre los importes brutos. Recurrida en apelación la sentencia la Audiencia Provincial estimó en parte el recurso de Safe. Como consecuencia de lo cual, estimó en parte la demanda y condenó a Caseware a abonar a Safe 163.429,72 €, más los intereses legales desde la interpelación judicial. La Audiencia Provincial consideró que no era preciso calificar el contrato como de distribución o de agencia, puesto que la jurisprudencia también admite la indemnización por clientela en los contratos de distribución mediante una aplicación analógica del artículo 28 LCA, y en este caso el contrato participa de ambas figu-

II. LA DURACIÓN DEL CONTRATO Y LOS CONTRATOS ENCADENADOS

1. La libertad de las partes para pactar la duración de la relación contractual

El contrato de agencia exige estabilidad. Es un contrato de duración o relación de ejecución continuada (art. 1 LCA), pudiendo calificarse dicha duración no sólo como elemento esencial del contrato, sino que la misma rezuma ciertas gotas de elemento causal. Se desprende del artículo 23 LCA que, atendiendo a su duración, existen dos clases de contrato de agencia a los que el mencionado precepto denomina "por tiempo determinado" o "indefinido", siendo tan "permanente" uno como otro (Exposición de motivos 2.4 *in fine*).

Las partes contratantes tienen plena libertad para pactar bien una relación por tiempo determinado, bien una de duración indefinida (art. 23, frase primera), atendiendo a sus intereses particulares, sus expectativas de relación, la conyuntura empresarial o económica u otros variados factores. La determinación de la duración del contrato de agencia, por consiguiente, depende únicamente de la voluntad de las partes, voluntad que, aunque formada generalmente por móviles extrajurídicos da lugar a efectos jurídicos[6].

La libertad de las partes para acordar la duración del contrato es una concreción del principio de respeto a la autonomía de las partes establecido con carácter general en el artículo 1255 del Código Civil, sin olvidar el sustrato en que descansa la relación de agencia, esto es, la confianza entre las partes, resultando ficticio el pretender determinar legalmente una du-

---

ras. Asimismo, consideró acreditado que la concedente se había aprovechado del fondo de comercio generado por la actividad de la distribuidora durante los doce años de ventas de licencias y concretamente, durante los últimos cinco años que duró su vínculo, por lo que la simple finalización del contrato tras la expiración de su duración determinada no era óbice para rechazar la pretensión, por lo que concedió la indemnización por clientela en la cuantía solicitada (la media de las comisiones de los últimos cinco años).

6 La distinción entre las modalidades de contrato de agencia —por tiempo determinado e indefinido— no se manifiesta nada más que en dos momentos de la relación, al margen de los cuales permanece únicamente latente. Aparece en el momento de la conclusión del contrato bajo la forma de una opción que se ofrece a las partes para elegir una u otra de aquella doble posibilidad, dejando de tener interés durante la ejecución del contrato y resurgiendo nuevamente con carácter fundamental en el momento extintivo de la relación contractual.

ración que supere la que esa confianza aconseje. No obstante, en la LCA se aprecia una indisimulada querencia hacia el contrato de agencia por tiempo indefinido, acusada tanto en el artículo 23 *in fine* como en el artículo 24.2. Esta querencia nos conduce a afirmar que el principio general del derecho contractual de "conservación del negocio" juega en el contrato de agencia con una intensidad especial.

2. *La presunción de duración indefinida del contrato*

El artículo 23 *in fine* LCA dispone que "si no se hubiera fijado una duración determinada, se entenderá que el contrato ha sido pactado por tiempo indefinido". Contrato de agencia de duración determinada es aquel para el que las partes niegan *ab initio* la permanencia indefinida de su relación y prevén al tiempo de contratar la ocurrencia de un hecho que pondrá fin a aquélla. En todo caso, las partes han debido concretar la duración del contrato, no siendo suficiente el pacto impreciso[7]. Cuestión distinta resulta ser la de los contratos de agencia sometidos a una condición resolutoria. La clave para resolver esta cuestión se encuentra en la propia delimitación conceptual de condición, dado que es nota esencial de ésta —a diferencia del término— la falta de certeza del hecho mismo. Por lo tanto, siendo la condición incierta no sólo en el cuándo sino también en el sí, supone la inexistencia a priori de una fijación de duración determinada, debiéndose entender que el contrato ha sido pactado por tiempo indefinido[8].

Con respecto a la forma que debe revestir la fijación del plazo determinado de duración, se estará a lo dispuesto con carácter general para la formalización del contrato de agencia en el artículo 22 LCA. Esto es, no es necesario que dicha cláusula sea plasmada por escrito a no ser que una de las partes lo exija de la otra[9].

---

[7] Una cláusula de duración del siguiente tenor: "este contrato se pacta por tiempo determinado" o similar, sin especificación alguna de plazo ni de hecho futuro que marque su determinación temporal, se entenderá por no puesta a los efectos pretendidos, presumiéndose que el contrato ha sido concluido por tiempo indefinido.

[8] A esta misma conclusión llegan, a nivel de apunte, GÓMEZ SEGADE, J. A.; TATO PLAZA, A., "La extinción del contrato de agencia", en *Libro Miscelánea de la Fundación Oriol y Urquijo en Homenaje a J. Oriol*, Madrid: F.O.U., 1993, págs. 365 y 366.

[9] No obstante, en el trámite parlamentario de aprobación de la LCA fue introducida una enmienda por el Grupo Parlamentario Catalán en el Congreso (CiU) —la núm. 58 (BOCGCD, Serie A, núm. 67-6, de 15 de febrero de 1992, págs. 30 y 31)—, a los efectos de adicionar un nuevo texto al art. 23. Así, la primera frase quedaba sin modificación alguna, mientras que la segunda se redactaba del

La influencia directa de la normativa laboral especial de los representantes de comercio se hace patente en el mencionado artículo 23. En efecto, el artículo 3.1 del RD 1438/1985 dispone que "la duración del contrato será la que se prevea en el mismo. Si no se fijara una duración determinada, se entenderá que el contrato se pacta por tiempo indefinido". Sin embargo, si bien es cierto que en la relación laboral especial de los representantes de comercio[10] las partes gozan de libertad para concertar su relación por tiempo indefinido o por tiempo determinado, si optan por esta segunda alternativa, la misma está sometida a un riguroso régimen jurídico que marca diferencias importantes entre una y otra figura jurídica[11].

Por consiguiente, la LCA presume que, de no haber fijado las partes una duración determinada, el contrato se ha celebrado por tiempo indefinido. Las consecuencias generales y presuntas extraídas por el legislador admiten prueba en contrario, excepto cuando la ley lo prohíbe expresa-

---

siguiente modo: "si no se hubiera fijado por escrito una duración determinada... (resto igual)", resultando que la justificación de dicha enmienda era la de establecer el requisito de la formalización por escrito cuando las partes pactasen la duración determinada del contrato de agencia. Posteriormente, el mismo Grupo Parlamentario —esta vez en el Senado— volvió a enmendar el artículo en idéntico sentido —enmienda núm. 44 (BOCGS, Serie II, núm. 65, de 4 de marzo de 1992, pg. 24)—. Como era de esperar, las enmiendas no prosperaron en ninguna de las dos Cámaras fundamentalmente a causa del carácter consensual que se le concede al contrato en la LCA y a la suficiencia de la norma prevista en el artículo 22.

10 *Vid.* recientemente la interesante STS —Sala de lo Social— de 10 de octubre de 2023, en la cual se resuelve acerca de la cuestión relativa a si las normas reguladoras del salario mínimo interprofesional se aplican a la relación laboral especial de las personas que intervengan en operaciones mercantiles por cuenta de uno o más empresarios sin asumir el riesgo y ventura de aquéllas y, en concreto, para el cálculo de la indemnización por despido improcedente.

11 En concreto, el artículo 3.2 del Real Decreto citado formula un régimen específico cuyas características son las siguientes: a) la duración del contrato será la que las partes acuerden, pero tales contratos de duración determinada no podrán tener una duración superior a tres años; b) si se pactan inicialmente por período inferior a tres años, pueden prorrogarse por períodos no inferiores a seis meses, pero en ningún caso la suma del período inicial, más las sucesivas prórrogas, puede ser superior a los tres años; y c) concertado el contrato por un período inferior a los tres años, si llegado su término el trabajador continuara en la prestación de servicios sin que se hubiese producido denuncia del contrato con una antelación mínima de un mes al término de su vigencia, ni existiese acuerdo expreso de prórroga, éste se entiende prorrogado hasta que concluya el período máximo de tres años contados desde el momento inicial.

mente (art. 1251 CC) y, por aplicación de esta regla general, la presunción establecida en el artículo 23 es una presunción *iuris tantum*[12].

3. La conversión en indefinidos de contratos de duración determinada

Las relaciones obligatorias sometidas a un término final pueden ser prorrogadas siempre que exista consentimiento de las partes para la prórroga; ésta, en principio, puede ser expresa, pero puede también ser tácita. Una tácita continuación en la ejecución de las prestaciones previstas puede considerarse como una prórroga tácita. La presente cuestión se nos suscita en relación con el contrato de agencia a partir de lo dispuesto en el número 2 del artículo 24 de la LCA —transcripción prácticamente literal del 14 de la Directiva 86/653[13]— según el cual "...los contratos de agencia por tiempo determinado que continúen siendo ejecutados por ambas partes después de transcurrido el plazo inicialmente previsto, se considerarán transformados en contratos de duración indefinida[14]", pudiendo, a partir de aquí,

---

[12] MARTÍ SÁNCHEZ, J.N., "El contrato de agencia", en *Contratos de gestión* (Dir. R. De Ángel), Madrid: Consejo General del Poder Judicial, 1995, págs. 210 y 211, llega a la misma conclusión, aunque con distinta fundamentación. En efecto, para el citado autor «la Ley emplea la expresión "se considerarán" transformados (art. 24.2), no "se transformarán", lo cual permite concluir que dicha continuación de la ejecución constituye una presunción iuris tantum de transformación en contrato de duración indefinida, pero cabe cualquier pacto que neutralice esa transformación, como puede ser el de señalar un nuevo plazo de duración u otro acuerdo revelador de una voluntad de las partes de no convertir el contrato en de duración indefinida». Sin embargo, esta argumentación, basada en la mera literalidad de la LCA, encuentra un argumento en contra en el mismo sentido de literalidad de la Ley dado que el art. 25.5 establece que "...los contratos por tiempo determinado que se hubieran transformado por ministerio de la ley en contratos de duración indefinida...". No obstante, el autor, conocedor de la aparente incoherencia interna, considera que ésta es la interpretación más acorde con la figura y con la regulación específica de la misma dispuesta en el artículo 24.2.

[13] Y con clara influencia del artículo 49.3 del Estatuto de los Trabajadores en su redacción originaria. Conviene recordar que, de acuerdo con el precepto mencionado, el contrato de trabajo se extinguía "por expiración del tiempo convenido o realización de la obra o servicio objeto del contrato. Si llegado el término no hubiera denuncia por alguna de las partes, el contrato se considerará prorrogado tácitamente por tiempo indefinido, salvo prueba en contrario que acredite la naturaleza temporal de la prestación".

[14] Normativa que, asimismo, ha sido incorporada por el resto de los Estados miembros de la Comunidad Europea en sus distintas normas de adaptación. Por ejemplo, §89 (3) HGB alemán; artículo 11 párrafo primero de la Ley francesa relativa a las relaciones entre los agentes comerciales y sus mandantes de 25 de junio de

abordar dos hipótesis distintas que se centrarían, por un lado, en el estudio del supuesto tipo, que obliga a plantearse la posibilidad o no de una prórroga tácita del contrato celebrado por tiempo determinado y, por otro, lo que cabría denominar "tramos temporales continuados".

En efecto, por un lado, se halla la posibilidad de que las partes hubieran acordado un contrato con una duración determinada a cuyo vencimiento del plazo, y por aplicación del precepto legal transcrito, la relación se convertirá automáticamente en indefinida, siempre y cuando ambas partes continúen ejecutando el contrato, supuesto tipo de la norma que, en principio, no plantea problema alguno, aparte de lo que deba entenderse por "continúen siendo ejecutados por ambas partes".

Por lo que a la "prórroga tácita de los contratos de agencia por tiempo determinado" se refiere, estamos haciendo alusión a los casos en los cuales las partes no han previsto mediante una declaración expresa de voluntad —escrita o verbal— la prórroga del contrato de agencia, sino que la misma se produce por lo que se denominan declaraciones tácitas de voluntad, siendo aquellas que se realizan por medio de actos concluyentes e inequívocos. Estos *facta concludentia* se concretan en este supuesto precisamente en la continuación por ambas partes en la ejecución de sus obligaciones, y con ellas del contrato; por consiguiente, no nos encontramos ante una hipótesis distinta de la contemplada por el 24.2, sino que la prórroga tácita se identifica plenamente con el supuesto tipo que prevé la transformación en indefinidos de aquellos contratos de agencia por tiempo determinado que continúen siendo ejecutados por ambas partes después de transcurrido el plazo inicialmente previsto.

4. Los contratos encadenados o tramos temporales continuados

Es sumamente probable, sin embargo, que las partes contratantes pacten la duración temporal del contrato acordando que dicha duración será prorrogada a la expiración de la primera, por tramos temporales también determinados dando lugar, asimismo, a los contratos encadenados. Pensamos que la prórroga, si se pactó, no conlleva tampoco problema alguno anexo, quedando las partes vinculadas de acuerdo con lo que expresamente hayan pactado. Sin embargo, puede suscitarse la duda de si dicho pacto

---

1991; artículo 1750 párrafo primero del *Codice civile italiano*; y artículo 27.2 del Decreto-ley 178/1986 modificado por el Decreto-ley 118/1993, por lo que al ordenamiento jurídico portugués respecta, modificación con la cual se ha dado un estilo más sobrio a la redacción del precepto que ya contenía la doctrina dispuesta en el artículo 14 de la Directiva comunitaria.

es acorde con el espíritu de la LCA, y por lo tanto con el de la propia figura jurídica o, por el contrario, no cabe la admisión de dicha prórroga o prórrogas consecutivas debiendo ser subsumidos todos estos supuestos dentro del contemplado en el 24.2.

Para la resolución del presente interrogante es conveniente recordar la amplia libertad de pacto existente en el ordenamiento jurídico español, vía que nos conduce a la conclusión de que el acuerdo de prorrogar la relación contractual de agencia por tramos temporales igualmente determinados en su duración a la expiración de los mismos, supone una cláusula perfectamente lícita y válida al no ser contraria ni a las leyes, ni a la moral, ni al orden público[15], no debiendo olvidarse tampoco que, aunque tanto la Directiva como la LCA han configurado al agente como parte contractual más débil y, por lo tanto, necesitada de protección —plasmada en los textos normativos aludidos a través de una regulación tuitiva en favor de la misma—, el contrato de agencia es un contrato mercantil informado y regido por principios civiles y mercantiles[16].

Ni siquiera la esencia de la propia institución de la agencia se ve afectada con una duración temporal continuada por tramos, ya que la relación sigue siendo tan duradera como lo puede ser la indefinida[17]. La aceptación de la tesis contraria, consistente en la transformación automática de un contrato de duración determinada en indefinido cuando se acuerdan continuamente renovaciones temporales del mismo, e incluso sin hablarse de un límite máximo, supondría una innecesaria e improcedente "laboralización" de la figura; siendo en este supuesto concreto incompatible con el

---

15 En sentido similar, LLOBREGAT HURTADO, M.L., *El contrato de agencia mercantil*, Barcelona: Bosch, 1994, págs. 203 y 204.

16 En efecto, es esencial el recordatorio de la naturaleza puramente mercantil del contrato de agencia, y no "laboralizar" innecesariamente la relación. En este sentido, la doctrina jurisprudencial de lo social se muestra muy clara: la contratación sucesiva y sin solución de continuidad de trabajadores, con carácter eventual, para atender servicios no extraordinarios, sino ordinarios y propios de la empresa que contrata, constituye abuso de derecho, en cuanto que mediante contratos calificados de eventuales se asigna indebidamente la condición de eventual a trabajador que realmente presta servicios que no tienen esa naturaleza, debiéndose, por consiguiente, atribuir a tal trabajador la condición de fijo.

17 De ahí, que en ningún momento compartamos lo sostenido por GIORDANO, G., *Il contratto di agenzia nel Codice, negli Accordi Economici Collettivi, negli usi e negli Accordi Postcorporativi*, Bari: Leonardo da Vinci, 1959, págs. 271 y 272, según el cual el contrato de agencia por tiempo determinado es una "anomalía", una "excepción" a la regla que es la indeterminación temporal de la relación.

principio de libertad de pacto consagrado para nuestro ordenamiento en el artículo 1255 del Código Civil[18].

Además, los tramos temporales continuados reflejan una temporalidad cíclica que se hace efectiva automáticamente por deseo y acuerdo de ambas partes una vez vencida la anterior, dato que distingue el supuesto objeto de análisis del regulado en el artículo 24.2[19], supuesto admitido por la doctrina española tanto anterior como posterior a la LCA[20]. En suma, nos encontramos ante una sucesión de contratos por tiempo determinado como consecuencia de declaraciones expresas de voluntad[21].

La postura contraria ha sido mantenida, además de por la Sentencia de la Audiencia Provincial de Álava que motiva estas líneas, por algún au-

---

18 En este mismo sentido, DE THEUX, A., *Le statut européen de l'agent commercial. Approche critique de droit comparé*, Bruxelles: Facultés Universitaires Saint-Louis, 1992, pg. 182, concluye que la opción de asimilar un contrato concluido por tiempo indefinido a un contrato de agencia que ha sido objeto de más de una renovación es radicalmente inoportuno.

19 En este mismo sentido, ORTEGA PRIETO, E., *Representantes de comercio y agentes comerciales. Su situación jurídica: mercantil o laboral*, Bilbao: Deusto, 1995, pág. 150.

20 Respecto a la doctrina anterior a 1992 es necesario destacar a URÍA, R., *Derecho Mercantil*, 18.ª ed., Madrid: Marcial Pons, 1991, pág. 636, quien ya apuntó que "el contrato suele estipularse por un plazo mínimo de duración, tácitamente prorrogable, salvo preaviso en contrario", y a RAGEL SÁNCHEZ, L.F., "La denuncia unilateral sin justa causa en el contrato de agencia por tiempo indeterminado", en *Anuario de Derecho Civil*, 1985, pág. 65, el cual aludía al hecho objetivo de que "la casa representada suele imponer una duración determinada, estipulándose la prórroga tácita por períodos de igual duración"; y, en cuanto a la doctrina posterior a la promulgación de la LCA cabe destacar a MONGE RECALDE, J.L., "La Ley 12/1992 sobre el contrato de agencia y la relación laboral especial del art. 2, f) del Estatuto de los Trabajadores", *Relaciones Laborales*, núm. 7, 1993, pág. 104, quien apunta con respecto al supuesto del 24.2 LCA que "la transformación en indefinido lo es a falta de prórroga".

21 Postura similar es la mantenida en reiteradas ocasiones por la *Chambre commerciale* francesa, destacando de entre sus *arret* los de 24 de abril de 1974, 5 de octubre de 1976 y 7 de marzo de 1977; si bien, la postura contraria también había sido admitida cuando se tratase de un *mandat d'intére t commun*, por ejemplo en su *arret* de 16 de febrero de 1970, tesis esta última que recoge HEMARD, J., "Contrat d'agent commercial renouvelable par tacite reconduction, sans limitation des prorrogations successives", en *Revue Trimestrielle de Droit Commercial*, 1978, págs. 170 y 171. Hoy, tras la *Loi* de 1991, la doctrina francesa se manifiesta claramente favorable a esta sucesión de contratos por tiempo determinado. En concreto, FERRIER, D., "Comentaire de la Loi du 25 juin 1991 sur l'agence commerciale", en *La Semaine Juridique*, Ed. E, 1991, págs. 34 y 35, y LELOUP, J.M., *Les agents commerciaux. Statuts juridiques. Stratégies professionnelles*, 3.ª ed., Paris: Delmas, pág. 178.

tor en nuestra doctrina, entendiendo que no cabe la prórroga automática por iguales períodos de tiempo que el inicialmente pactado, ni aunque las partes lo hubieran así expresamente estipulado, argumentando para ello que "con el establecimiento de un contrato por tiempo indefinido quedan mejor protegidos los intereses del agente[22]". Pese a la loable intención de esta tesis pretendiendo amparar a la parte contractual más vulnerable, dicha teoría adolece, no obstante, de una argumentación subsiguiente, dado que la simple indicación de que quedan mejor protegidos los intereses del agente supone una vaga petición de principio. En este sentido, pasamos a examinar si en verdad quedan mejor protegidos los intereses del agente con un contrato de duración indefinida que con un contrato de duración determinada.

El primer interrogante que se nos plantea es qué debe entenderse por "intereses" del agente. Ciñéndonos exclusivamente a la semántica y al tenor literal de la expresión en cuanto "provechos", "utilidades" o "expectativas" del agente comprobamos que se trata de un concepto indeterminado muy utilizado en el ámbito jurídico con ese preciso significado; cuestión distinta es que el agente goce de una "seguridad" en la relación como se sostiene en la citada teoría, ya que con la simple denuncia en cualquier momento de la misma, ésta quedaría extinguida, consecuencia de lo cual sus «intereses» se verían truncados, por lo que la "seguridad teórica" se convierte en una "falsa seguridad". Desechada esta posibilidad, aunque siguiendo la misma línea marcada por la anterior teoría, a continuación, vamos a analizar si los derechos del agente se encuentran efectivamente menos protegidos en un contrato por tiempo determinado que en uno por tiempo indefinido; de esta forma comprobaremos también el grado de protección de esos "intereses".

Fundamentalmente, los derechos del agente se hacen patentes en dos momentos concretos de la relación de agencia, al tiempo de la remuneración y al tiempo de la extinción. Los derechos remuneratorios no se ven en absoluto afectados por el criterio temporal tal y como se deduce de

---

22 RODRIGUEZ RUIZ DE VILLA, D., "Notas sobre la nueva Ley de Contrato de Agencia", en *Anuario de Derecho Civil*, 1993, pág. 800. Como excepción considera el autor que sí cabría la posibilidad de pactar un contrato, por ejemplo, con un plazo de duración de tres años, ampliable por prórrogas de igual duración, hasta un máximo de quince años, ya que así se podría hablar de la existencia de una duración determinada o, al menos, parcialmente determinada; por contra, si simplemente se hablase de prórrogas automáticas sin límite máximo, se consideraría que habría que acudir a la conversión automática en contrato de duración indefinida.

la normativa dispuesta al respecto en la Sección 3.ª del Capítulo II de la LCA, siendo a estos efectos indiferente que el contrato sea determinado o indefinido, por lo que el nivel de protección de los mismos no reviste diferencia alguna. Los derechos del agente que encuentran su localización en la fase extintiva del contrato se circunscriben por una parte a las causas de extinción y, por otra, al terreno de las consecuencias indemnizatorias. En cuanto a los intereses del primer bloque tampoco éstos quedan mejor protegidos en un contrato de agencia por tiempo indefinido que en uno por tiempo determinado, ya que la mayor parte de las causas de extinción son comunes a ambas modalidades de contratación, estribando su obvia diferencia únicamente en las que podríamos llamar "causas específicas" de extinción —cumplimiento del término pactado y denuncia unilateral plasmada a través de preaviso—, las cuales por esencia no suponen en absoluto distinción protectora alguna, sino natural consecuencia de la diferente tipología contractual.

La cuestión es, al menos a primera vista, más compleja en cuanto al nivel de protección de los intereses del agente por lo que a las consecuencias indemnizatorias se refiere, ya que, si bien la compensación por clientela es común a ambas modalidades contractuales, la denominada por la LCA "indemnización de daños y perjuicios" (más bien es una indemnización por inversiones) circunscribe su ámbito de aplicación exclusivamente a los contratos de agencia de duración indefinida. Esta distinción que, *prima facie,* parece favorecer más a los agentes que se encuentren vinculados al empresario mediante una relación indefinida, viene atenuada por el hecho de que el agente vinculado por un contrato por tiempo determinado, puede pedir el resarcimiento de idéntico daño a través de los artículos 1101 y siguientes del Código Civil[23].

[23] Al respecto conviene recordar la concluyente referencia realizada por MARTÍNEZ SANZ, F., *La indemnización por clientela en los contratos de agencia y concesión,* Madrid, 1995, págs. 269 y 270, acerca de los supuestos en que la "indemnización por inversión" (denominada por la LCA "indemnización de daños y perjuicios") no llega a surgir. El citado autor señala que ya de entrada, el artículo 29 LCA limita en gran medida su radio de acción, al referirse tan sólo a aquellos casos en que el empresario "denuncie unilateralmente el contrato de agencia de duración indefinida", quedando excluidas no sólo aquellas causas de extinción del contrato distintas de la denuncia (muerte del agente, por ejemplo —en contra, cfr., RODRÍGUEZ RUIZ DE VILLA, D., "Notas sobre la nueva Ley del Contrato de Agencia", cit., pág. 808), sino también la denuncia *ante tempus* que afecte a un contrato de duración determinada. Como el propio MARTINEZ SANZ apunta, esta última limitación del artículo 29 LCA ha sido objeto de crítica por parte de

Todo lo cual nos lleva a concluir que los intereses del agente quedan igualmente protegidos en ambas modalidades contractuales de agencia, si bien, el agente preferirá normalmente un contrato indefinido que le pueda "asegurar" una estabilidad en su negocio empresarial, por lo menos a corto y medio plazo; aunque debiendo tener presente en todo momento que la simple denuncia del empresario con el debido respeto a los plazos de preaviso, daría al traste con esa aparente "seguridad", sin necesidad de justificar causa alguna y, mucho menos justa causa. Así como que dicha "seguridad" no se sustenta en una distinta onerosidad —a efectos indemnizatorios— respecto de ambas modalidades de contrato de agencia, sino más bien en un efecto psicológico del agente[24].

---

nuestra doctrina al estimar esta que "no admite duda que en la extinción *ante tempus* de los contratos de agencia temporales podrán perfectamente concurrir las mismas circunstancias y presupuestos que autorizan al agente a solicitar la indemnización de daños y perjuicios al empresario que denuncia unilateralmente un contrato de agencia de duración indefinida". En este sentido, VALENZUELA GARACH, F., "La extinción del contrato de agencia en la Ley 12/1992, de 27 mayo", en *Derecho de los Negocios*, núm. 37, 1993, pág. 8, objeción asumida asimismo por PORFIRIO CARPIO, L.J., "La extinción del contrato de agencia", en *Revista de Derecho Mercantil*, núm. 210, 1993, pág. 1275 y LLOBREGAT HURTADO, M.L., *El contrato de agencia mercantil*, cit., pág. 251. No obstante, MARTÍNEZ SANZ, a nuestro parecer con acertado criterio, no comparte este reproche, argumentando que no puede olvidarse que la denuncia *ante tempus* de un contrato sujeto a término nos sitúa ante un verdadero y propio incumplimiento contractual, con la consecuencia que de ello se deriva: la posibilidad de exigir responsabilidad por daños y perjuicios con arreglo al régimen común, daños en los que puede incluirse sin dificultad la falta de amortización de unas inversiones realizadas precisamente con unas expectativas de duración contractual muy definidas. El caso del contrato de duración indefinida es muy distinto —continúa el autor—, en donde la denuncia por parte del empresario no constituye, per se, incumplimiento alguno, antes al contrario, representa el ejercicio de una facultad concedida a ambas partes (art. 25.1 LCA).

[24] En este orden de ideas, el párrafo segundo del art. 25 de la Propuesta de Directiva de 17 de diciembre de 1976 —precedente comunitario remoto del 24.2 LCA— señalaba que "salvo disposición en contrario, un contrato de duración determinada o determinable que continúe siendo ejecutado después de su término se reputará transformado en un contrato por tiempo indeterminado". En palabras de SÁNCHEZ CALERO, F., "La normativa del contrato de agencia mercantil" (Ponencia), en *I Congreso Nacional de Agentes comerciales de España, Madrid*, junio, 1985, pág. 17, la supresión de la frase —que nosotros hemos resaltado en cursiva— no parece haber transformado esa norma en derecho imperativo, al menos si se tiene en cuenta la enunciación que de ellas hace el art. 35. En concreto, este precepto de la primera Propuesta de Directiva señalaba que "es nula toda estipulación por la que las partes deroguen en detrimento del agente

En resumen, los pactos de lo que hemos denominado como "contratos encadenados" o «tramos temporales continuados» en el contrato de agencia no pueden ser calificados de contratos temporales celebrados *fraus legis*[25], dado que la LCA interpretada a la luz de nuestro ordenamiento jurídico no supone obstáculo alguno para el desarrollo completo de la autonomía contractual de las partes; lo contrario se situaría en los siempre más encorsetados límites propios de las relaciones jurídico-laborales. De hecho, antes de la citada Ley, nuestro Tribunal Supremo tuvo la ocasión de contemplar un supuesto que encaja plenamente dentro de los "tramos temporales continuados", centrándose nuestro Alto Tribunal en las cuestiones de la resolución unilateral del contrato y la indemnización de daños y perjuicios.

Por lo que a nuestras pretensiones respecta, la cláusula doce del contrato resuelto establecía la representación "por un plazo de diez años, siendo renovable automáticamente por período de cinco años si no se denuncia por una de las partes con un año de anticipación a su terminación[26]", cláusula perfectamente encuadrable dentro de los límites del artículo 1255 del Código Civil tal y como se indica en el considerando tercero de la sentencia. Teniendo esto presente, el Tribunal Supremo resuelve la cuestión acertadamente bajo el prisma de un contrato por tiempo determinado[27] y en

---

las disposiciones enumeradas a continuación: artículo 5 parágrafo 1, 8, 10 parágrafos 1 y 2, b) y c), 11, parágrafos 1 y 3, 12 parágrafo 1, 13, 14, 15, 16 parágrafo 1, 18, 19 parágrafos 1 y 2, 20 parágrafo 2, 21 parágrafos 1, 2 y 3, 23, 26, 27, 28, 29 parágrafo 2, 30, 32 y 34"; como se puede apreciar entre ellos no se incluye el artículo 25. La conclusión del profesor citado se refiere, obviamente, sólo a la Propuesta de Directiva de 1976.

25 En contra, también, VALENZUELA GARACH, F., "La extinción del contrato de agencia...", cit., pág. 2, PORFIRIO CARPIO, L.J., "La extinción del contrato de agencia", cit., págs. 1255 y 1256 y ORTEGA PRIETO, E., *El contrato de agencia. La nueva normativa aplicable a los agentes comerciales y representantes de comercio,* Bilbao: Deusto, 1993, págs. 147 y 148. La doctrina italiana ha tratado la incidencia de este posible fraude, para ello *vid.*, CATTANEO, G., "Ossevazioni in materia di contratto d'agenzia", en *Temi,* 1956, págs. 346 y sigs.; SARACINI, E., *Il contratto di agenzia,* Milano: Giuffrè, 1987, pgs. 94 y sigs., y CERVI, G., "Fraus legis nel contratto d'agenzia a termine", en *Temi,* 1961, págs. 527 y sigs.

26 Contrato privado de 3 de agosto de 1955, visto por la Sentencia del Tribunal Supremo de 21 de diciembre de 1963. *Vid.*, en un sentido similar la Sentencia del Tribunal Supremo de 11 de marzo de 1996, para un contrato de concesión en exclusiva.

27 Así, en el considerando cuarto nuestro Alto Tribunal razona que "...cuando, como en este caso sucede, se ha establecido un plazo de duración evidentemente en interés común de ambas partes contratantes, cual así lo revela la cláusula 12 del

ningún caso indefinido, como por el contrario resolvió supuestos similares la jurisprudencia italiana[28] y francesa[29].

III. LA EXTINCIÓN DEL CONTRATO POR MUTUO ACUERDO Y LA INDEMNIZACIÓN POR CLIENTELA

1. El mutuo disenso

El mutuo disenso va dirigido a resolver el vínculo preexistente, en el sentido de que lo neutraliza mediante una nueva manifestación de voluntad contractual. La eficacia del mutuo disenso opera *ex nunc*; por lo tanto, si se trata de un contrato de ejecución continuada o periódica —como lo es el contrato de agencia—, el mutuo disenso no perjudica lo que ya ha sido materia de ejecución[30]. Lo que desaparece es la posibilidad de exigencia de prestaciones, la posibilidad de exigir el cumplimiento de las obligaciones. El acuerdo de disenso impide a las partes exigirse el cumplimiento de las obligaciones del contrato previo porque han quedado neutralizadas por aquél. Cuestión bien distinta es que la voluntad de ambas partes de poner fin a la relación existente conlleve la imposibilidad de causar indemnización alguna. Una cosa es la causa de extinción y otra la potencial consecuencia indemnizatoria de la misma.

---

contrato de 3 agosto 1955, por su simple lectura, puesto que incluso se conviene que el plazo de diez años es renovable automáticamente por períodos de cinco años «si no se denuncia por una de las partes (o sea por cualquiera de ellas) con un año de anticipación a su terminación», la facultad de revocar subsiste, mas si se impone antes de la expiración del plazo, sin haberse demostrado que mediase justa causa dimanante del incumplimiento de lo pactado por parte del mandatario o comisionista, entonces el comitente debe indemnizar a aquél los daños y perjuicios que con la extemporánea revocación le ocasione, tal como esta Sala ha sostenido en su S. 6 diciembre 1924...".

28 *Vid.*, la Sentencia del Tribunal de Florencia de 31 diciembre 1982. Esta resolución judicial puede ser consultada *Giustizia civile*, 1983, I, págs. 616 y sigs., localizándose igualmente en cuanto a sus argumentos jurídicos fundamentales en BALDASSARI, A., *Il contratto di agenzia*, Milano: Giuffrè, 1992, págs. 453 y sigs.; así como una breve referencia a ella a modo de resumen *Repertorio Il Fororo Italiano*, 1983, *voce* "agencia", núm. 39.

29 Cfr., el *arret* de la *Cour de Lyon* de 25 junio 1981, así como el de la *Cour de París* de 13 de febrero de 1964, este último *Gazette du. Palais*, 1964, I, pág. 333.

30 DÍEZ-PICAZO, L., *Fundamentos del Derecho Civil Patrimonial*, 4.ª ed., Madrid: Civitas, 1993, pág. 890.

En todo caso, el mutuo disenso es un concepto de elaboración doctrinal[31] en el cual la jurisprudencia no ha contribuido a un esclarecimiento de la figura, quizá porque no ha sido preciso al no plantearse importante polémica al respecto. De hecho, si nos planteamos el *contrarius consensus* como causa de extinción del contrato de agencia no es por la causa en sí[32] ya que de ella no hace mención alguna la LCA[33] sino por si de la misma naciera la indemnización por clientela. Con respecto a la forma que debe revestir el mutuo disenso, se hace necesario recordar que estamos ante un contrato consensual que se perfecciona con el mero consentimiento de

---

[31] Así, conviene destacar la monografía de LUMINOSO, A., *Il mutuo dissenso,* Milano: Giuffrè, 1980, *passim,* y la más reciente, ya en lengua castellana, de NUÑEZ BOLUDA, M.ª D., *El mutuo disenso,* Madrid: McGraw-Hill, 1996, *passim.*

[32] Así es, a modo de ejemplo cabe citar las palabras de VALENZUELA GARACH, F., "La extinción del contrato de agencia...", cit., pág. 3, "sin un mayor comentario, por razones obvias, se sitúa como causa de extinción del contrato el mutuo disenso de los contratantes, no contemplada por la LCA dado su carácter legal genérico en materia contractual" y las de PORFIRIO CARPIO, L.J., "La extinción del contrato de agencia", cit., pág. 1264, el contrato de agencia se extinguirá por "acuerdo de las partes de poner fin a su relación jurídica. El empresario y el agente, como no podía ser de otra manera, son soberanos para dar por finalizada su relación profesional en el momento y con los requisitos que estimen convenientes, debiendo respetar el principio de buena fe y siendo la equidad elemento configurador de la decisión de extinguir el contrato". En esta misma línea DOMÍNGUEZ GARCÍA, M.A., "Los contratos de distribución: agencia mercantil y concesión comercial", en *Contratos internacionales* (Dir.: A.L. Calvo Caravaca; L. Fernández de la Gándara), Madrid: Tecnos, 1997, págs. 1314 y 1315. La Directiva 86/653 también omitió cualquier referencia a la extinción del contrato de agencia por mutuo disenso, en opinión de SÁNCHEZ CALERO, F., "La normativa del contrato de agencia mercantil", cit., pág. 18, "por considerarse implícita". No obstante, el artículo 24 de la Propuesta de la Comisión de 17 de diciembre de 1976 (DOCE núm. C 13, de 18 de enero de 1977) aludía a esta causa de extinción en el siguiente sentido "el artículo 23 se aplica mutatis mutandis cuando se pone fin al contrato de agencia de común acuerdo". Precepto que pasó sin modificación a la Propuesta de 29 de enero de 1979 (DOCE núm. C 56, de 2 de marzo de 1979), disponiendo dicho artículo 23 el derecho a la formalización del contrato.

[33] No obstante, pese a que en la LCA no se haga mención alguna al desistimiento mutuo, sí se puede encontrar en nuestra normativa sobre agentes de seguros —hoy derogada— una referencia a dicha causa de extinción. En concreto, el art. 20, a) del Texto Refundido de la Ley de Producción de Seguros Privados disponía que "el contrato de agencia se extinguirá por las causas expresamente previstas en él, y, en todo caso, por las siguientes: a) Por el mutuo acuerdo de las partes".

las partes contratantes, manifestado sin sujeción a forma, cualquiera que hubiera sido la adoptada por el contrato previo a que el mismo se refiere[34].

2. *La indemnización por clientela*

2.1. Presupuestos

La LCA en su artículo 28.1 ha establecido presupuestos para el reconocimiento de la indemnización por clientela al agente. En concreto, estos requisitos son cuatro: la extinción del contrato, la creación o el incremento sensible de la clientela, la susceptibilidad de seguir produciendo ventajas sustanciales al empresario y, por último, que su concesión resulte equitativa. El primero de ellos tiene carácter previo, poseyendo los tres restantes naturaleza material, en el sentido de que a través de ellos se determina la cuantía de la indemnización, siendo además necesario que todos concurran[35].

Esto es, la mera extinción del contrato, con independencia de su etiología, abre a favor del agente la posibilidad de reclamar la indemnización por clientela "si y en la medida" en que estén presentes los denominados presupuestos materiales, siendo asimismo indiferente, a efectos de esta indemnización, la duración del contrato, tal y como se encarga de resaltar la propia LCA en el precepto anteriormente señalado. De este principio general tan sólo han de exceptuarse aquellos supuestos expresamente recogidos en la LCA, en los que no ha lugar dicha reclamación.

2.2. Supuestos de inexistencia del derecho a la indemnización

En efecto, la LCA en su artículo 30 contempla diversas situaciones en las que, concurriendo a priori todos los presupuestos que causan derecho

---

34 Por el contrario, conviene indicar que los artículos 24 y 25 del Decreto-Lei núm. 178/1986, de 3 julio, por el que se regula el contrato de agencia en el Ordenamiento jurídico portugués hacen alusión expresa al mutuo acuerdo como causa de extinción del contrato de agencia, siendo preceptiva la constancia del acuerdo liberatorio en documento escrito (art. 25). La doctrina de ese país ha justificado este deber por razones de "seguridad". En concreto, PINTO MONTEIRO, A., *Contrato de agência,* 2.ª ed., Coimbra: Almedina, 1993, pág. 88.

35 En efecto, estos requisitos, de acuerdo con lo previsto en la Directiva 86/653, tienen carácter acumulativo. En este mismo sentido, MARTÍNEZ SANZ, F., *La indemnización por clientela en los contratos de agencia y concesión,* cit., pág. 106, y SORIA FERRANDO, J.V., *El agente de comercio,* Valencia: Tirant lo Blanch, 1996, pág. 121.

a la indemnización por clientela —y a la indemnización de daños y perjuicios—, se dan sin embargo determinados hechos obstativos que impiden su nacimiento. Así, cuando el contrato se hubiese extinguido por denuncia del empresario motivada por el incumplimiento de las obligaciones legal o contractualmente establecidas a cargo del agente [art. 30, a)]. Cuando el agente sea quien denuncia el contrato, salvo que dicha denuncia tuviera como causa circunstancias imputables al empresario, o se fundara en la edad, la invalidez o la enfermedad del agente y no pudiera exigírsele razonablemente la continuidad de sus actividades [art. 30, b)]. Y, finalmente, cuando, con el consentimiento del empresario, el agente hubiera cedido a un tercero los derechos y las obligaciones de que era titular en virtud del contrato de agencia [art. 30, c)].

Por lo tanto, este artículo 30 LCA es una norma excepcional que constituye una derogación de las reglas generales contenidas en los artículos 28 y 29. Por eso, de acuerdo con los criterios clásicos de interpretación[36], se excluye la existencia de lagunas, en cuanto que lo no expresamente integrado en la norma excepcional queda sujeto a la norma general.

3. Causas de extinción e indemnización por clientela: el mutuo disenso

De lo expuesto en los epígrafes anteriores cabe deducir que la indemnización por clientela nacería en los casos de extinción del contrato por transcurso del término pactado; por advenimiento de la condición resolutoria a la que se hubiese sometido, en su caso, el contrato; por muerte o declaración de fallecimiento del agente[37], por muerte o declaración de fallecimiento del empresario, cuando sus sucesores denuncien el contrato respetando el plazo de preaviso preceptivo; por denuncia del empresario, salvo que venga justificada por un incumplimiento previo del agente; por denuncia del agente, siempre que se apoye en circunstancias imputables al empresario o se funde en la edad, la invalidez o la enfermedad del agente

---

36 Cfr., BETTI, E., *Interpretación de la Ley y de los actos jurídicos* (Trad.: J L. De los Mozos), Madrid: Olejnik, 1975, págs. 171 y 172.

37 Supuesto, este último, contemplado de forma expresa en el art. 28.2 LCA. A nuestro parecer tal previsión es innecesaria dado que, por una parte, el art. 28.1 se muestra claro señalando una fórmula general de gran amplitud —“cuando se extinga el contrato de agencia, sea por tiempo determinado o indefinido, ...”— y, por otra, que la muerte o declaración de fallecimiento del agente no figura entre los supuestos que excluyen dicho derecho (art. 30). Así, también, MARTÍ SÁNCHEZ, J.N., “El contrato de agencia”, cit., págs. 214 y 215.

y no pudiera exigírsele razonablemente continuar prestando sus servicios y, también, por mutuo disenso[38].

La extinción del contrato de agencia por desistimiento mutuo puede hacer nacer el derecho a la indemnización por clientela con independencia de quien adopte la iniciativa de poner fin a la relación contractual[39], dado que "el *contrarius consensus* presupone la existencia de un negocio jurídico vinculante para los disidentes, de carácter sinalagmático que requiere (...) la suscripción de común acuerdo de un nuevo convenio[40]". El derecho a la indemnización por clientela, sin llegar a ser un elemento estructural de la arquitectura jurídica del contrato de agencia, constituye una pieza indisponible del mismo[41]. Esto significa que, teniendo en cuenta, por un lado, la imperatividad de los preceptos de la LCA (art. 3.1) y, por otro, sobre todo, la propia naturaleza de la indemnización por clientela, el derecho a la misma debe ser calificado como un derecho irrenunciable. La renuncia exige para su efectividad que el derecho haya nacido, porque es entonces cuando tiene un objeto y el nacimiento del derecho a la indemnización depende únicamente de que se den los requisitos establecidos en el artículo 28. Se trataría, en suma, de una simple renuncia al ejercicio del derecho y no al derecho mismo.

---

38 Cfr., MARTÍNEZ SANZ, F., *La indemnización por clientela en los contratos de agencia y concesión*, cit., págs. 110 y 111, DOMÍNGUEZ GARCÍA, M.A., "Los contratos de distribución: agencia mercantil y concesión comercial", cit., pág. 1333 y DE THEUX, A., *La fin du contrat d'agencia commerciale*, Bruxelles: Bruyllant, 1997, pág. 63.

39 *Vid.*, por todos, en la doctrina alemana BRÜGGEMANN, D., "Handelsvertreter", en *HGB Staub Großkommentar* (Dir. C.W. Herausg; W. Canaris; P. Ulmer), 4.ª ed., Berlín, 1983, págs. 182 y 183, en la doctrina italiana BALDI, R., *Il contratto di agenzia*, Milano, 1992, pág. 264, y en la doctrina belga DE THEUX, A., *Le statut europpéen de l'agent commercial*, Bruxelles, 1992, págs. 316 y 317. Sin embargo, existe cierto sector doctrinal para el cual el mutuo disenso por iniciativa del agente debe equipararse a la denuncia del contrato por voluntad de éste, con la consecuencia de la pérdida de la indemnización por clientela. En este sentido, SCHRÖDER, G., *Recht der Handelsvertreter*, 5.ª ed., Müchen, 1973, pág. 425.

40 Cfr., la STS 13 febrero 1965. El allanamiento de una parte a la resolución unilateral no es mutuo disenso. Tampoco es correcto entender que en el mutuo disenso existan dos renuncias unilaterales y desprovistas de vinculación entre sí, dado que lo que hay es una común voluntad de extinguir el anterior acuerdo bilateral. En este último sentido, NUÑEZ BOLUDA, M.ª D., *El mutuo disenso*, cit., pág. 49. A la vista del artículo 1262 del Código Civil es el concurso de la oferta y de la aceptación sobre la cosa y la causa que han de constituir el contrato. En definitiva, en el mutuo disenso es necesario el consentimiento.

41 *Sic* PAZ-ARES, C., "La indemnización por clientela en el contrato de concesión", en *La Ley*, núm. 4266, viernes, 11 de abril de 1997, pág. 5.

En consecuencia, la renuncia a la indemnización por clientela antes de la extinción del contrato de agencia será un acto nulo por el hecho de ser la indemnización indisponible y, en su caso, una vez extinguido el contrato, la renuncia debe manifestarse de forma clara, precisa e inequívoca. La renuncia tácita debe derivarse de actos concluyentes que demuestren de forma clara e indubitada la voluntad de renunciar, como, por ejemplo, dejar transcurrir el plazo de un año dispuesto en el artículo 31 LCA para la prescripción de la acción para reclamar la indemnización por clientela y, en ningún caso, la renuncia será presumible.

IV. LA PRESCRIPCIÓN DE LAS ACCIONES EN EL MARCO DEL CONTRATO DE AGENCIA

1. Notas introductorias

El Derecho no es inmune al transcurso del tiempo. En efecto, todos los Ordenamientos reconocen determinadas consecuencias al mismo combinado con la inacción del titular de un derecho subjetivo, hasta el punto de que, su falta de uso no sólo puede debilitarlo sino provocar su extinción[42].

La Ley 12/1992 contiene dos artículos dedicados al instituto de la prescripción. Por un lado, en sede de disposiciones generales, el artículo 4 que lleva por rúbrica precisamente "prescripción de acciones" dispone que: *"Salvo pacto en contrario de la presente Ley, la prescripción de las acciones derivadas del contrato de agencia se regirá por las reglas establecidas en el Código de Comercio".* Y, por otro lado, el último de los preceptos de la norma legal (art. 31), en el marco de la finalización del contrato y en referencia a las indemnizaciones propias de la relación jurídica de agencia —también con la rúbrica "prescripción"— prevé que: *"La acción para reclamar la indemnización por clientela o la indemnización de daños y perjuicios prescribirá al año a contar desde la extinción del contrato".*

[42] Como recuerda PILOÑETA ALONSO, L.M., *Contratos mercantiles,* Valencia: Tirant lo Blanch, 2020, pág. 102, la prescripción es una figura de gran trascendencia para el tráfico mercantil, máxime cuando el Ordenamiento no puede permanecer impasible frente a la falta de ejercicio de un derecho y mantener a ultranza su vigencia, permitiendo su reclamación en cualquier tiempo y lugar, afectando la prescripción mercantil fundamentalmente a los derechos de crédito derivados de los contratos celebrados por los empresarios en el ejercicio de su actividad, como es el concreto supuesto que nos ocupa en este comentario.

Así pues, el legislador español ha sido coherente con el carácter mercantil del contrato de agencia[43], remitiéndose, como regla general, en materia de prescripción de acciones a las normas del Código de Comercio contenidas en los artículos 942 y siguientes de dicho cuerpo normativo[44], e introduciendo por exigencias del Derecho comunitario[45] una regla específica al objeto de fijar el plazo anual de prescripción de las acciones para reclamar bien la indemnización por clientela bien la mal denominada indemnización de daños y perjuicios[46].

Recuérdese, sin embargo, que la regulación de la prescripción contenida en el Código de Comercio es parcial y fragmentaria[47]. Buena prueba de

---

43 La propia exposición de motivos de la Ley sobre Contrato de Agencia lo encuadra en el ámbito de la contratación mercantil, argumentando que el Código de Comercio español de 1885 no regula más contrato de colaboración que el de comisión, configurado como mandato mercantil, pero que, del tronco común de la comisión han ido surgiendo otros muchas figuras contractuales impulsadas por nuevas necesidades económicas y sociales resultantes de las transformaciones del sistema de distribución de bienes y servicios.

44 Remisión que, como se ha recordado en la doctrina, no era necesaria dado el sistema de fuentes que ha de seguirse para construir el régimen jurídico de los contratos mercantiles (*ex* arts. 5 y 50 Cco). *Sic* PALAU RAMÍREZ, F., "Artículo 4. Prescripción de acciones", en *Comentario a la Ley sobre Contrato de Agencia,* Madrid: Civitas, 2000, pág. 141.

45 Cfr. artículo 17.5 de la Directiva 86/653/CEE.

46 Se trata lisa y llanamente de una "indemnización por inversiones" y no de la general o común de daños y perjuicios *ex* artículo 1101 y siguientes del Código Civil. *Vid.* MARTÍNEZ SANZ, F., *La indemnización por clientela en los contratos de agencia y concesión,* 2ª ed., Madrid: Civitas, 1998, págs. 275 y sigs., así como MERCADAL VIDAL, F., *El contrato de agencia mercantil,* Bolonia: Publicaciones del Real Colegio de España, 1998, págs. 631 y sigs.

47 En efecto, el juego del tiempo sobre las obligaciones mercantiles y, en concreto, sobre la prescripción de las acciones que resultan de las mismas o la caducidad de los correspondientes derechos, sigue reclamando una solución específica por ser indiscutida la especialidad de la contratación mercantil. Si la prescripción encuentra en las ideas de seguridad y certidumbre en el tráfico jurídico su principal justificación, no precisa de especial razón que los plazos mercantiles de prescripción sean, por lo general, más breves que sus correlativos del Derecho civil. Plazos más breves que son coherentes con el carácter más dinámico que cabe atribuir a la contratación mercantil que justifica que cuestiones fundamentales para el cumplimiento de un contrato o la marcha de una sociedad no puedan quedar en un régimen de transitoriedad. En definitiva, el tiempo merece una ponderación singular en la celebración, ejecución y cumplimiento de los contratos mercantiles, en los que la plena satisfacción del acreedor o la responsabilidad del deudor no pueden permanecer como prolongadas situaciones inciertas. *Sic* SÁNCHEZ-CA-

ello es la remisión expresa que lleva a cabo (art. 943) al régimen civil, en relación a las *"acciones que en virtud de este Código no tengan un plazo determinado para deducirse en juicio"*.

2. La prescripción de las acciones del agente para el cobro de su remuneración

2.1. El plazo de prescripción

Así, por lo que respecta a los plazos de prescripción, se ha sostenido que, toda vez que las acciones derivadas del contrato de agencia no pueden incluirse entre los supuestos para los que los artículos 945 y siguientes del Código de Comercio prevén un plazo, ni tampoco entre los plazos específicos previstos en los artículos 1962 y siguientes del Código Civil a los que se remite expresamente el referido *ut supra* artículo 943, debe entenderse aplicable el plazo propio de las acciones personales que no tengan señalado un término especial de prescripción (*ex* art. 1164.2 CC)[48], que en estos momentos es de cinco años.

Sin embargo, también se reconocía que se planteaban dudas precisamente en relación con la prescripción de las acciones del agente para el cobro de su remuneración, supuesto que tendría cabida en el artículo 1967.1ª del Código Civil[49] y resultando que el plazo de prescripción es el de tres años[50]. En el motivo del recurso de casación que da lugar a la Sen-

LERO GUILARTE, J., "Prescripción y caducidad en el Anteproyecto de Ley del Código Mercantil", en *Hacia un Nuevo Código Mercantil* (Coord. A. Bercovitz), Cizur Menor: Aranzadi, 2014, págs. 641 y 642.

48 Cfr. MONTEAGUDO, M., *La remuneración del agente*, Madrid: Civitas, 1997, pág. 181, o PALAU RAMÍREZ, F., "Artículo 4. Prescripción de acciones", cit., pág. 142. *Vid.* asimismo la SAP de Ciudad Real (Secc. 2ª) de 21 de mayo de 2021 en la cual se señala: *"A efectos de cómputo de plazo, del artículo 4 de la LCA tenemos que remitirnos a los artículos 942 a 954 del Código de Comercio y, en concreto, desde el artículo 943 del Código de Comercio a la aplicación del plazo general de 15 años de prescripción del artículo 1.964 del Código Civil, antes de la reforma operada por la Ley 42/2015, de 5 de octubre"*.

49 Incluso se ha llegado a sostener por algún autor que la acción para reclamar la liquidación y el pago de las comisiones debidas al agente se regirá por el quinquenal del artículo 1966.3ª del Código Civil, en la medida en que los artículos 15 y 16 de la Ley sobre Contrato de Agencia exigen realizar una y otro en plazos trimestrales o, cuando así se haya pactado, en plazos más breves. Cfr. MERCADAL VIDAL, F., *El contrato de agencia mercantil*, cit., págs. 531 y 532.

50 A pesar de que esta interpretación presenta un sentido práctico evidente para el tráfico mercantil toda vez que el plazo de prescripción es el de tres años y no el de quince años —antes— y ahora cinco años que se derivaría del plazo de prescripción de las acciones personales (art. 1964), resulta ciertamente forzado incluir a

tencia objeto de esta aportación doctrinal[51] no se discute que resulte de aplicación el artículo 1967.1ª del Código Civil, sino que el cuestionamiento jurídico se centra de modo exclusivo en el *dies a quo* tomado en consideración para el cómputo de ese plazo de tres años.

De hecho, la Sentencia del Tribunal Supremo de 4 de diciembre de 2013 se muestra clara en este último sentido al haber puesto de relieve que:

> *"Con la salvedad de las acciones que tienen por objeto reclamar la indemnización por clientela o por daños y perjuicios —(...)—, las cuales prescriben al año de la extinción del contrato —artículo 31 de la Ley 12/1992—, la prescripción de todas la derivadas del contrato de agencia se rige por las normas del Código de Comercio y, al fin, dada la remisión del artículo 943 del mismo a las del derecho común, por lo dispuesto en el artículo 1967 del Código Civil, como señalaron las sentencias 12/2007, de 22 de enero, 117/2009, de 25 de febrero, y 443/2011, de 29 de junio".*

Aunque se cita la Sentencia 734/2013, de 4 de diciembre, en relación con la reclamación de comisiones surgidas en el marco de un contrato de agencia, en ese caso la cuestión controvertida no era, propiamente, qué debía entenderse por *"desde que dejaron de prestarse los respectivos servicios"*, sino si había habido una interrupción de la prescripción[52] pues no constaba y, además, habían transcurrido más de tres años desde la conclusión del con-

los agentes comerciales entre los profesionales libres (abogados, procuradores, árbitros...), y mucho menos entre aquellos que se hallan investidos de función pública (notarios, registradores...) del artículo 1967.1ª del Código Civil. Sin embargo, esta es una cuestión que a día de hoy se encuentra zanjada por el Tribunal Supremo.

51 El recurso de casación fue admitido por Auto del Tribunal Supremo de 3 de febrero de 2021 y la Sentencia de 23 de noviembre de 2021 ha sido objeto de aclaración mediante Auto de 9 de diciembre de 2021 a causa de un error material en el fallo por haber equivocado quien fueron los recurrentes.

52 En pocos aspectos ha cobrado tanta importancia la contribución jurisprudencial al régimen de la prescripción de las obligaciones mercantiles como en el relativo a las causas de interrupción de la misma. Nos hallamos en un asunto sin duda debatido en el que es conocida la contraposición entre el artículo 944 del Código de Comercio y el artículo 1973 del Código Civil en cuanto al reconocimiento de la eficacia de la reclamación extrajudicial para interrumpir el plazo de prescripción. Contraposición que no ha impedido que, conforme a una consolidada doctrina del Tribunal Supremo, se terminara reconociendo esa eficacia a cualquier reclamación extrajudicial, a pesar de la clara redacción del precepto del Código de Comercio. *Cfr.* SÁNCHEZ-CALERO GUILARTE, J., "Prescripción y caducidad en el Anteproyecto de Ley del Código Mercantil", cit., págs. 645 y 646. *Vid.* asimismo, GARCÍA-PITA Y LASTRES, J.L., *Derecho Mercantil de Obligaciones,* T. I, Barcelona: Bosch, 2010, págs. 298 y sigs.

trato de agencia. Razón por la cual este precedente no sirve de referencia por cuanto carece de interés para la específica cuestión planteada en esta ocasión ante el Tribunal Supremo.

2.2. El comienzo del plazo

La cuestión controvertida en casación quedó pues centrada en determinar el comienzo del cómputo de las acciones que corresponden al agente comercial para reclamar del empresario principal o comitente el pago de las comisiones devengadas por los servicios prestados en relación con determinados clientes[53]. Y, en concreto, la discusión jurídica gira acerca de la interpretación del último párrafo del artículo 1967 del Código Civil, según el cual: *"El tiempo para la prescripción de las acciones a que se refieren los tres párrafos anteriores se contará desde que dejaron de prestarse los respectivos servicios"*.

Así, la Sentencia de la Audiencia Provincial de Sevilla (Secc. 8ª) de 12 de noviembre de 2018 —resolución recurrida en casación— había entendido que el plazo de prescripción comenzó a computarse desde que surgió el derecho a la comisión por la realización de la venta al concreto cliente (Proinsur)[54], mientras que, por el contrario, la parte recurrente considera-

---

53 Se debe tener presente que había quedado acreditado en la instancia que el contrato de agencia comenzó el día 9 de mayo de 2006 y finalizó el día 15 de enero de 2015; así como que, en el curso de esta relación contractual, se devengó en favor del agente el derecho a una comisión por la venta a un determinado cliente (Proinsur), anterior a 2008, año en que se realizó la última reclamación.

54 Sentencia que, estimando parcialmente el recurso de apelación interpuesto contra la Sentencia dictada por el Juzgado de Primera Instancia nº 12 de Sevilla, revoca dicha resolución en el único sentido de excluir las comisiones reclamadas por operaciones con Proinsur. En efecto, al configurarse el régimen jurídico del contrato de agencia bajo el criterio de la protección del agente, además de haberse sentado como regla general la imperatividad de los preceptos de la ley (art. 3.1 LCA), se ha dispuesto una norma, con igual orientación tuitiva, acerca de la competencia territorial para conocer judicialmente de las cuestiones derivadas de dicho contrato (Disposición Adicional segunda LCA, que discurre en paralelo con el art. 24 LCS). Así, la competencia territorial para el conocimiento de las acciones derivadas del contrato de agencia corresponderá al juez del domicilio del agente, siendo nulo cualquier pacto en contrario. Sin embargo, ello no excluye el sometimiento de la controversia a arbitraje, si bien sólo a "arbitraje de derecho" habida cuenta la general imperatividad de los preceptos de la Ley de Contrato de Agencia y, muy particularmente, el de la mencionada disposición adicional, disposición que incluso obligaría a que el lugar del arbitraje sea circunscrito al propio ámbito del domicilio del agente. Desde el punto de vista de la competencia objetiva el juez natural que deberá conocer de las acciones derivadas de un contrato de agencia será el de primera instancia del orden jurisdiccional civil (art.

ba que el plazo de prescripción debía comenzar a contarse desde la terminación del contrato de agencia.

2.3. El último párrafo del artículo 1967 del Código Civil a la luz de la Jurisprudencia

Nuestro Alto Tribunal pone de manifiesto en su Sentencia que la mayoría de las veces que se ha pronunciado sobre esta cuestión e interpretado el último párrafo del artículo 1967 del Código Civil ha sido en relación con la prestación de servicios por parte de un abogado y la reclamación de los correspondientes honorarios. La resolución de referencia que, tras un exhaustivo análisis de las precedentes, compendia la Jurisprudencia es la Sentencia 266/2017, de 4 de mayo, concluye lo siguiente:

> *"En definitiva, a efectos de determinar el dies a quo del plazo de prescripción trianual de la pretensión de cobro de honorarios profesionales prevista en el art. 1967 CC, la doctrina de la sala es la de que, cuando se hayan efectuado diversas gestiones o actuaciones en relación con un mismo asunto de un cliente, el momento en que "dejaron de prestarse los respectivos servicios" es el de la terminación del asunto, de modo que no empieza a correr el plazo de prescripción hasta su finalización. En particular, cuando la intervención profesional comprende la dirección y defensa de los intereses del cliente en un litigio, el plazo de prescripción no empieza a correr hasta que no finalizan las actuaciones procesales conectadas con el asunto encomendado, salvo que por voluntad de las partes proceda fragmentar y dividir el cobro de cada una de las actuaciones del profesional, como si se tratara de encargos diferentes aunque versen sobre un mismo asunto.*
>
> *"Por el contrario, salvo que resulte otra cosa de lo acordado por las partes, cuando el profesional asume la dirección y defensa de los intereses del mismo cliente en varios asuntos, el plazo de prescripción de la pretensión de cobro de sus honorarios empieza a correr de manera independiente para cada uno de ellos desde su terminación.*
>
> *"Esta interpretación jurisprudencial resulta coherente con el fundamento de la prescripción, porque no reclamar el pago de los honorarios correspondientes a la prestación de servicios finalizados y no vinculados a otros, en aras de mantener una relación con el cliente que facilite nuevos encargos, contribuye a generar incertidumbre acerca de la subsistencia de los derechos, lo que es contrario a la seguridad jurídica. Además, la no reclamación de los honorarios correspondientes a servicios prestados por asuntos ya finalizados y no conectados con otros puede propiciar, contra la finalidad del art. 1967 CC, una acu-*

---

85 LOPJ), pues a pesar de ser el contrato de agencia un contrato mercantil (nítidamente art. 10.2 LMSyRP) no se halla éste entre las cuestiones que son competencia de los juzgados de lo mercantil (art. 86 ter LOPJ).

> *mulación indeseable de las deudas de los clientes frente a los profesionales a los que se refiere el precepto".*

El Tribunal Supremo, en una consolidada línea resolutoria, tiene determinado que la regla del último párrafo del artículo 1967 del Código Civil (*"… se contará desde que dejaron de prestarse los respectivos servicios"*) presenta la consideración de norma especial respecto de la regla general prevista en el artículo 1969 del mismo texto legal (*"… se contará desde el día en que pudieron ejercitarse"*)[55], habiendo señalado que lo que subyace a la regla especial del último párrafo del artículo 1967 del Código Civil es la concepción de que el comienzo del plazo de prescripción no puede ser anterior al nacimiento de la acción, del derecho a reclamar el cumplimiento de una obligación, que en el marco de una relación de prestaciones de servicios se suele acompasar con la prestación del concreto servicio cuya retribución se pretenda.

3. El dies a quo de las acciones del agente para el cobro de su remuneración

3.1. La configuración de la remuneración del agente en su ley especial

La remuneración del agente se halla ínsita en la delimitación conceptual del propio contrato de agencia. En efecto, es elemento esencial de la relación el carácter retribuido del agente y así se plasma ya en el precepto que apertura el articulado de la Ley sobre Contrato de Agencia[56], siendo en consecuencia una obligación del empresario principal o comitente la de *"satisfacer la remuneración pactada"* [*ex* art. 10.c) LCA]. La trascendencia de este aspecto fundamental del contenido del contrato se ve además reflejada en el hecho de que la Ley 12/1992 dedica específicamente casi un treinta por ciento de sus artículos precisamente a la *"remuneración del agente"* (Sección 3 del Capítulo II —arts. 11 a 19—).

Se ofrece a los contratantes un abanico de posibilidades respecto del sistema de remuneración, pudiendo consistir ésta en una cantidad fija[57], en una

---

55 Nuevamente se vuelve a recordar la Sentencia 734/2013, de 4 de diciembre.

56 La definición ofrecida por la Directiva 86/653/CEE no contiene una referencia precisa a este extremo, pero se deduce expresamente de ella al excluir de su ámbito a los agentes no remunerados.

57 La remuneración consistente en una cantidad fija no es objeto de atención alguna por parte de la ley más allá de su simple mención, consecuente con la escasa importancia que en la práctica del contrato de agencia representa este tipo de retribución, así como con el hecho de que la comisión resulta ser más acorde con la naturaleza de la relación empresarial intermediadora que lleva a cabo el agente y con la finalidad incentivadora de la misma. La norma legal se centra, en

comisión o en una combinación de los dos sistemas anteriores, previéndose que, en defecto de pacto, la retribución se fijará de acuerdo con los usos de comercio del lugar donde el agente ejerza su actividad, y de no existir tales usos el agente percibirá la retribución que fuera razonable teniendo en cuenta las circunstancias que hayan concurrido en la operación. Respecto del derecho a la comisión, es preciso distinguir entre la conclusión de los actos u operaciones de comercio durante la vigencia del contrato y aquellos otros que se hayan concluido con posterioridad a la extinción del contrato.

Así, por los actos y operaciones que se hayan concluido vigente el contrato, el agente tendrá derecho a la comisión, en primer lugar, cuando el acto u operación se haya concluido como consecuencia de la intervención profesional del agente, pudiéndose denominar a esta comisión como "directa" puesto que nace como efecto vinculado derechamente con la labor inmediata del agente. En segundo lugar, el agente tiene derecho a comisión cuando el acto u operación de comercio se haya concluido con una persona respecto de la cual el agente hubiera promovido y, en su caso, concluido con anterioridad un acto u operación de análoga naturaleza. En este supuesto, el negocio se lleva a cabo entre el empresario y el tercero sin intervención directa en el mismo del agente. No obstante, éste goza del derecho a la comisión que genera el acto u operación concluido puesto que, en último término, ha sido posible gracias a una intervención anterior y de análoga naturaleza del agente. Dicha comisión se puede calificar, por contraposición a la anterior, como comisión "indirecta".

El tercer y último supuesto de comisión por actos u operaciones concluidos durante la vigencia del contrato de agencia se circunscribe dentro del ámbito de exclusividad del agente; esto es, cuando el agente tenga exclusividad sobre una zona o sobre un grupo determinado de personas, y el empresario concluya un negocio con un tercero perteneciente a dicha zona o grupo, tendrá el agente derecho a la comisión y ello con independencia de que el acto u operación no haya sido promovido ni concluido por el agente. La exclusividad a la que se ha hecho referencia presupone un pacto a favor del agente y la comisión que nace del acto u operación concluido por el empresario es calificable, al igual que la anterior, de comisión "indirecta", si cabe y en sentido figurado, más indirecta todavía, puesto que ya no solo el agente no tiene que intervenir en la realización

consecuencia, en el supuesto habitual de que la remuneración consista en todo o en parte en una comisión, entendiéndose por tal cualquier elemento de la remuneración que sea variable según el volumen o el valor de los actos u operaciones promovidos, y, en su caso, concluidos por el agente.

del negocio con el tercero, sino que no exige que haya tenido relación anterior alguna con él, bastando para causar el derecho el dato objetivo de la exclusividad territorial o personal a su favor.

Por los actos u operaciones de comercio que se hayan concluido después de la terminación del contrato, el agente tendrá derecho a la comisión, en primer lugar, cuando el acto u operación se deba "principalmente" a la actividad desarrollada por el agente durante la vigencia de la relación, siempre además que se hubiera concluido dentro de los tres meses siguientes a partir de la extinción del contrato. Una segunda circunstancia que puede concurrir para que el agente cause derecho a la comisión por un negocio finada la relación de agencia es que bien el empresario bien el agente haya recibido el encargo o pedido antes de la extinción del contrato e igualmente el agente hubiera tenido derecho a percibir la comisión de haberse concluido el acto u operación vigente el contrato.

La extinción del contrato de agencia y la natural sucesión de agentes plantea de lleno un problema respecto del derecho a la comisión por negocios concluidos durante la vigencia del contrato con el segundo agente, pero que, de acuerdo con las anteriores reglas, correspondería al primero. La ley da respuesta a tal cuestión decantándose a favor éste. No obstante, ello no resulta absolutamente excluyente para con el derecho a la comisión del segundo agente, dado que cabe la posibilidad de que, en atención a las circunstancias concurrentes en el supuesto, fuese "equitativo" distribuir la comisión entre ambos intermediarios. Estas circunstancias no serán otras que las motivadas por el grado de participación de cada uno de los agentes en la gestación del acto u operación de comercio generador del derecho remuneratorio.

Del mismo modo que el nacimiento del derecho a la comisión se encuentra unido a la conclusión de los actos u operaciones de comercio, el devengo de la misma, en general, camina de la mano de la ejecución de dichos negocios. En términos de causa/efecto, cabría señalar que la conclusión del negocio es al nacimiento de la comisión lo que la ejecución del mismo es al devengo de ésta. Pues bien, la comisión se devengará en el momento en que el empresario hubiera ejecutado o hubiera debido ejecutar el acto u operación de comercio, o éste hubiera sido ejecutado total o parcialmente por el tercero.

Tres son, pues, los momentos en que la comisión se devenga. En primer lugar, cuando el empresario haya ejecutado el negocio, esto es, cuando haya realizado el servicio contratado o entregado la cosa vendida. En segundo lugar, cuando el empresario hubiera debido ejecutar el acto u operación de comercio, por lo que, en definitiva, está soportando el empresario sobre su patrimonio las consecuencias económicas de su falta de actividad o de su insuficiente diligencia al no ejecutar el negocio por su exclusiva voluntad. Y, en tercer lugar, la comisión se devengará en el momento en que el acto u operación de comercio haya sido ejecutado, total o parcialmente, por el tercero; esto es, cuando el cliente haya abonado en parte o por completo el precio del negocio y ello con independencia de la falta de ejecución de sus obligaciones por parte del empresario.

Estos tres supuestos de devengo deben ser complementados con la disposición referente a la pérdida del derecho a la comisión, por cuanto es preciso tener presente que el agente perderá el derecho a la misma si el empresario prueba que el acto u operación concluido por intermediación del agente no ha sido ejecutado por circunstancias no imputables al propio empresario. En tal caso, la comisión que hubiera percibido el agente a cuenta del acto u operación pendiente de ejecución, deberá ser restituida inmediatamente al empresario.

Generada y devengada la comisión, ésta se abonará por el empresario al agente no más tarde del último día del mes siguiente al trimestre natural en el que se hubiere devengado, salvo que se hubiere pactado pagarla en un plazo inferior. En este caso, se aplicará la normativa general sobre los contratos mercantiles, y concretamente el artículo 63.1 del Código de Comercio al tratarse de una obligación que tiene día señalado para su cumplimiento (el pactado o en su defecto el legal propio del contrato de agencia), por lo que los efectos de la morosidad en el cumplimiento del pago comenzarán al día siguiente de su vencimiento.

Precisamente, por lo que aprecio de concreto interés a los efectos de este comentario jurisprudencial, la Ley sobre Contrato de Agencia establece, dentro de esa prolija regulación referida a la remuneración del agente, una norma acerca del *"pago de la comisión"*, retribución que se abonará *"no más tarde del último día del mes siguiente al trimestre natural en el que se hubiera devengado, salvo que se hubiere pactado pagarla en un plazo inferior"*[58]. Así, las partes en un contrato

[58] Téngase presente asimismo que al agente le asiste un derecho específico de información respecto a la retribución, toda vez que el empresario le debe entregar una relación de las comisiones devengadas por cada acto u operación el último día del mes siguiente al trimestre natural en que se hubieran devengado, en defecto de pacto que establezca un plazo inferior. En dicha relación se consignarán los elementos esenciales en base a los que haya sido calculado el importe de las comisiones. Además, tampoco conviene olvidar que el agente tiene derecho a exigir la exhibición de la contabilidad del empresario principal o comitente en los particulares necesarios para verificar todo lo relativo a las comisiones que le

de agencia, dada la amplitud que les otorga el artículo 16 —referido además únicamente a la comisión como forma de retribución—, pueden fijar muy distintos módulos temporales para el abono de la remuneración devengada[59].

3.2. El comienzo del plazo de prescripción de la acción del agente para reclamar su retribución lo determina el día en que el comitente está obligado a pagar

Es decir, la norma reseñada tiene por consecuencia diferir la exigibilidad de la deuda ya devengada, por cuanto el pago se retrasa respecto a la ejecución del concreto acto u operación que principia la misma, resultando que con esta previsión el agente no resulta afectado por un excesivo o irrazonable retraso en la regular ejecución del contrato, pues imperativamente se fija un límite máximo para la determinación del momento del pago[60].

Precisamente, aunque sin hacer referencia expresa a la norma plasmada en la Ley sobre el Contrato de Agencia, el Tribunal Supremo en su Sentencia apunta de forma tangencial y velada la solución que entiendo es la ajustada a Derecho, al argumentar que:

> *"En un supuesto como el presente, en que se había convenido como sistema de remuneración el pago de comisiones, ordinariamente, el derecho a la comisión de un agente nace con la terminación del servicio correspondiente respecto de un cliente que ha demandado una prestación del comitente por medio del agente. Tiene sentido que sea así: desde que puede reclamarse el pago de la comisión[61], por haberse concluido ese servicio, comienza el plazo de prescripción. No obstante, el sentido de la norma lleva a que, por seguridad jurídica y al margen de si los servicios puedan fraccionarse o si se hubiera pactado un pago adelantado, en todo caso el plazo de prescripción comience a computarse al término de la prestación de los servicios correspondientes".*

Ahora bien, la dicción literal del reproducido razonamiento, considero, puede inducir a error, pues señalar que "*…en todo caso el plazo de prescripción comience a computarse al término de la prestación de los servicios correspondientes*", no es igual a que el inicio del plazo sea "*…desde que puede reclamarse el pago*

---

correspondan y en la forma prevenida en el Código de Comercio; e igualmente tendrá derecho a que se le proporcionen las informaciones de que disponga el empresario y que sean necesarias para verificar su cuantía.

59 *Sic* LARA GONZÁLEZ, R., *Las causas de extinción del contrato de agencia*, Madrid: Civitas, 1998, pág. 314.

60 En este último sentido, MONTEAGUDO, M., "Artículo 16. Pago de la comisión", en *Comentario a la Ley sobre Contrato de Agencia*, cit., pág. 315.

61 Repárese en esta expresión.

de la comisión…", y ambas expresiones aparecen en el devenir argumentativo de nuestro Alto Tribunal. Si se concluyese que "*…en todo caso el plazo de prescripción comienza a computarse al término de la prestación de los servicios correspondientes"*, sin lugar a dudas nos situaríamos en alguno de esos momentos que se han expuesto en los párrafos anteriores al abordar la configuración de la remuneración del agente en su ley especial, habida cuenta que el acto u operación de comercio se ha consumado generando el derecho a comisión. Sin embargo, reitero, esa realidad no es sinónima a la que desde entonces *"pueda reclamarse el pago de la comisión"*.

La Sentencia del Tribunal Supremo incide e insiste en su criterio, al señalar que:

> *"En nuestro caso, la relación surgida por el contrato de agencia entre comitente y agente es de tracto sucesivo. Como recordamos en la sentencia 505/2013, de 24 de julio, "en el contrato de tracto sucesivo las prestaciones son susceptibles de aprovechamiento independiente, en el sentido de que cada prestación singular satisface íntegramente el interés de ambas partes durante el correspondiente periodo, independientemente de las prestaciones pasadas o futuras de ese mismo contrato". Es lógico que, con los matices propios de cada relación contractual y de lo convenido en cada caso, en principio los derechos correspondientes a una de las partes por cada una de estas prestaciones singulares, en este caso los derechos del agente al cobro de las comisiones devengadas, vayan naciendo con la realización de cada una de esas prestaciones, en nuestro caso servicios de agencia, y que en estos casos el comienzo de la prescripción venga referido a ese momento, es decir a la terminación de cada uno de esos servicios"*.

Coincido plenamente con nuestro Alto Tribunal en que:

> *"no tendría mucho sentido diferir el comienzo del cómputo de un plazo de prescripción de estas características a la terminación de la relación del contrato de agencia, pues fácilmente, a nada que la relación de agencia hubiera durado muchos años, por ejemplo diez, se alargaría en exceso el plazo de prescripción en relación con el momento del nacimiento de la obligación, lo que es contrario a la ratio de la norma, que viene marcada por la seguridad jurídica"*.

Pero, sin embargo, el comienzo del plazo de prescripción de la acción del agente para reclamar su retribución no se sitúa en el momento de la terminación de cada uno de los actos u operaciones de comercio de los que se derive el derecho a comisión, sino que lo determina el día en que el comitente se encuentra obligado a pagar, y esta obligación presenta en el contrato de agencia unos perfiles específicos al estar diferida la exigibilidad de la deuda ya devengada. En definitiva, el inicio del plazo de prescripción de estas acciones del agente destinadas a exigir el cumplimiento de la obligación mercantil de remuneración que tiene frente a dicho intermediario independiente el empresario principal o comitente, entiendo, debe realizarse "desde el día en que la obligación es exigible", que no es cosa muy distinta de la expresión "desde el día en que la acción pudo ejercitarse".

V. LA INDEMNIZACIÓN POR CLIENTELA EN EL MARCO DEL CONTRATO DE SUBAGENCIA

1. *La Sentencia del Tribunal de Justicia de la Unión Europea (Sala Tercera) de 13 de octubre de 2022*

La resolución judicial de ámbito comunitario europeo que nos compele no se circunscribe a examinar la concurrencia de alguno de los requisitos que hacen surgir la indemnización por clientela, sino que el supuesto de hecho que da lugar al planteamiento de la cuestión prejudicial de la Corte de Casación de Bélgica al Tribunal de Justicia de la Unión Europea contiene un elemento singular cual es la coexistencia de una relación de subagencia, y con ello la tesitura de argumentar el derecho del subagente a la proporción de la indemnización por clientela debida al agente principal correspondiente a la clientela aportada por el subagente[62].

---

[62] Herios celebró un contrato de agencia comercial con una sociedad alemana denominada Poensgen, en virtud del cual la primera disponía del derecho exclusivo a vender en Bélgica, Francia y Luxemburgo los productos de la segunda. Por su parte, Herios y NY reconocieron haber concluido un contrato entre ellas en 2009. En el marco de su relación contractual, Herios se convirtió en empresario de NY y este pasó a ser su agente comercial, con la misión de negociar los productos de Poensgen en el territorio de dichos Estados miembros. A finales de 2015, NY, Herios y Poensgen entablaron conversaciones acerca de la continuación de las actividades de agencia comercial directamente por NY tras el cese de las actividades de Herios. Dichas conversaciones resultaron infructuosas y Poensgen notificó a Herios, el 8 de junio de 2016, la resolución del contrato que las unía. Sus relaciones contractuales finalizaron el 31 de diciembre de 2016, tras expirar un plazo de preaviso de seis meses. Mediante carta de 23 de febrero de 2017, Herios, por su parte, resolvió el contrato celebrado con NY, debido a circunstancias excepcionales que hacían que resultase definitivamente imposible cualquier colaboración profesional entre el empresario y el agente, a saber, la extinción del contrato principal celebrado entre Poensgen y Herios. Por otra parte, NY se había convertido mientras tanto en el agente comercial de Poensgen. El 22 de mayo de 2017, Herios y Poensgen acordaron, en particular, el pago de una indemnización por clientela a Herios. Al considerar que también tenía derecho a una indemnización por clientela por los nuevos clientes que había aportado a Herios y respecto de los que esta última había sido indemnizada por Poensgen, NY reclamó judicialmente a Herios el pago de una indemnización por clientela evaluada con arreglo al volumen de negocios que Herios

había generado en 2016 gracias a los nuevos clientes. La sentencia de primera instancia estimó la demanda de NY. En cambio, la *Cour d'appel* de *Liège* (Tribunal de Apelación de Lieja, Bélgica), mediante sentencia de 16 de enero de 2020, revocó dicha sentencia y consideró que no correspondía ninguna indemnización por Herios celebró un contrato de agencia comercial con una sociedad alemana denominada Poensgen, en virtud del cual la primera disponía del derecho exclusivo a vender en Bélgica, Francia y Luxemburgo los productos de la segunda. Por su parte, Herios y NY reconocieron haber concluido un contrato entre ellas en 2009. En el marco de su relación contractual, Herios se convirtió en empresario de NY y este pasó a ser su agente comercial, con la misión de negociar los productos de Poensgen en el territorio de dichos Estados miembros. A finales de 2015, NY, Herios y Poensgen entablaron conversaciones acerca de la continuación de las actividades de agencia comercial directamente por NY tras el cese de las actividades de Herios. Dichas conversaciones resultaron infructuosas y Poensgen notificó a Herios, el 8 de junio de 2016, la resolución del contrato que las unía. Sus relaciones contractuales finalizaron el 31 de diciembre de 2016, tras expirar un plazo de preaviso de seis meses. Mediante carta de 23 de febrero de 2017, Herios, por su parte, resolvió el contrato celebrado con NY, debido a circunstancias excepcionales que hacían que resultase definitivamente imposible cualquier colaboración profesional entre el empresario y el agente, a saber, la extinción del contrato principal celebrado entre Poensgen y Herios. Por otra parte, NY se había convertido mientras tanto en el agente comercial de Poensgen. El 22 de mayo de 2017, Herios y Poensgen acordaron, en particular, el pago de una indemnización por clientela a Herios. Al considerar que también tenía derecho a una indemnización por clientela por los nuevos clientes que había aportado a Herios y respecto de los que esta última había sido indemnizada por Poensgen, NY reclamó judicialmente a Herios el pago de una indemnización por clientela evaluada con arreglo al volumen de negocios que Herios había generado en 2016 gracias a los nuevos clientes. La sentencia de primera instancia estimó la demanda de NY. En cambio, la *Cour d'appel* de *Liège* (Tribunal de Apelación de Lieja, Bélgica), mediante sentencia de 16 de enero de 2020, revocó dicha sentencia y consideró que no correspondía ninguna indemnización por clientela. NY interpuso un recurso de casación contra dicha sentencia ante la *Cour de cassation* (Tribunal de Casación, Bélgica), órgano jurisdiccional remitente al Tribunal de Justicia de la Unión Europea en el caso de autos. En el marco de su recurso de casación, NY censura que en la sentencia de la *Cour d'appel* de *Liège* se le deniegue una indemnización por clientela debido a que la obtenida por Herios no constituye una «ventaja sustancial» a efectos del artículo X.18, párrafo primero, del Código de Derecho Económico, que transpone el artículo 17, apartado 2, letra a), de la Directiva 86/653. Según la *Cour d'appel* de *Liège*, no puede tratarse de ese tipo de ventaja, porque, por un lado, la indemnización percibida por Herios no constituye una ventaja futura, sino una indemnización que se adeuda en virtud de la ley. Por otro lado, NY sigue trabajando y beneficiándose de la clientela constituida con el anterior empresario principal. El órgano jurisdiccional remitente estima que el examen del motivo

Veamos ahora, en primer lugar, el marco jurídico en el que se sitúa la cuestión prejudicial —al que incluimos asimismo por razones obvias el Derecho español— para, a continuación, presentar de manera esencial los elementos configurativos tanto de la indemnización por clientela como de la relación de subagencia, siguiendo con la exposición de la respuesta que el Tribunal de Justicia de la Unión Europea da a la cuestión prejudicial planteada y finalizando compartiendo alguna idea a la que se llega después de considerar la serie de datos y circunstancias puestas de relieve previamente en consideración a la extinción del contrato de subagencia y la indemnización por clientela.

2. *Entorno jurídico*

A fin de poder tener en todo momento presente el marco normativo en el que se circunscribe el supuesto fáctico al que da respuesta el Tribunal de Justicia de la Unión Europea se transcribe tanto el Derecho de la Unión como el Derecho belga, en la línea llevada a cabo por la sentencia que motiva este comentario. Y al objeto de poder comparar dichas regulaciones con las disposiciones de la legislación interna en la materia, se incluye asimismo el Derecho español.

El artículo 1 de la Directiva 86/653/CE del Consejo, de 18 de diciembre de 1986, relativa a la coordinación de los derechos de los Estados miembros en lo referente a los agentes comerciales independientes prevé:

> *"1. Las medidas de armonización que establece la presente Directiva se aplicarán a las disposiciones legales, reglamentarias y administrativas de los Estados miembros relativas a las relaciones entre los agentes comerciales y sus poderdantes.*

---

invocado por NY en apoyo de su recurso de casación requiere interpretar el artículo 17, apartado 2, letra a), primer guión, de la Directiva 86/653 para determinar si la indemnización por clientela percibida por Herios constituye una «ventaja sustancial» a efectos de esa disposición. En caso afirmativo, NY podría reclamar a Herios, conforme a dicha disposición, el pago de una indemnización por clientela debido a la extinción del contrato de agencia comercial que les vinculaba. En estas circunstancias, la *Cour de cassation* decidió suspender el procedimiento y plantear al Tribunal de Justicia la siguiente cuestión prejudicial: «¿Debe interpretarse el artículo 17, apartado 2, letra a), primer guion, de la Directiva [86/653/CEE] en el sentido de que, en una situación como la del litigio principal, la indemnización por clientela adeudada al agente principal, en la medida de la clientela aportada por el subagente, no es una "ventaja sustancial" de la que se beneficia el agente principal?».

> *2. A efectos de la presente Directiva, se entenderá por agente comercial a toda persona que, como intermediario independiente, se encargue de manera permanente ya sea de negociar por cuenta de otra persona, denominada en lo sucesivo el "empresario", la venta o la compra de mercancías, ya sea de negociar y concluir estas operaciones en nombre y por cuenta del empresario.*
>
> *[...]".*

El capítulo IV de dicha Directiva lleva por título "Celebración y terminación del contrato de agencia". Comprendido en ese capítulo, el artículo 17 dispone lo siguiente:

> *"1. Los Estados miembros adoptarán las medidas necesarias que garanticen al agente comercial, tras la terminación del contrato, una indemnización con arreglo al apartado 2 o la reparación del perjuicio con arreglo al apartado 3.*
>
> *2. a) El agente comercial tendrá derecho a una indemnización en el supuesto y en la medida en que:*
>
> – *hubiere aportado nuevos clientes al empresario o hubiere desarrollado sensiblemente las operaciones con los clientes existentes, siempre y cuando dicha actividad pueda reportar todavía ventajas sustanciales al empresario; y*
>
> – *el pago de dicha indemnización fuere equitativo, habida cuenta de todas las circunstancias, en particular, de las comisiones que el agente comercial pierda y que resulten de las operaciones con dichos clientes. Los Estados miembros podrán prever que dichas circunstancias incluyan también la aplicación o la no aplicación de una cláusula de no competencia con arreglo al artículo 20.*
>
> *[...]".*

Finalmente, a tenor del artículo 19 de la citada Directiva:

> *"Las partes no podrán pactar, antes del vencimiento del contrato, condiciones distintas de las establecidas en los artículos 17 y 18 en perjuicio del agente comercial".*

Por su parte, el Ordenamiento jurídico belga traspuso la Directiva referida mediante Ley de 13 de abril de 1995[63]. Sin embargo, posteriormente las disposiciones relativas a los contratos de agencia comercial se introdujeron en el Código de Derecho Económico mediante el artículo 3 de la Ley, de 2 de abril de 2014, por la que se incorpora el libro X "Contratos de agencia comercial, contratos de cooperación comercial y concesiones de venta" en el Código de Derecho Económico, así como definiciones específicas del libro X en el libro 1 del Código de Derecho Económico[64].

---

63 Cfr. LARA GONZÁLEZ, R., "La trasposición de la Directiva 86/653/CE relativa a los agentes comerciales independientes: última norma", *Derecho de los Negocios*, núm. 76, enero 1997, págs. 1 y ss.

64 *Moniteur belge* de 28 de abril de 2014, pág. 35053.

Así, el artículo X.5 del Código de Derecho Económico establece lo siguiente:

> *"Salvo estipulación en contrario, el agente comercial, para la ejecución de su misión, podrá recurrir a subagentes, remunerados por él y que actuarán bajo su responsabilidad, y de los que pasará a ser el empresario".*

Y el artículo X.18 de dicho Código prevé que:

> *"Cuando se extinga el contrato de agencia comercial, el agente comercial tendrá derecho a una indemnización por clientela si hubiera aportado nuevos clientes al empresario o incrementado sensiblemente las operaciones con la clientela existente, siempre y cuando dicha actividad pueda continuar reportando ventajas sustanciales al empresario.*
>
> *Si el contrato incluyera una cláusula de no competencia, se considerará, salvo prueba en contrario, que ello reporta ventajas sustanciales al empresario.*
>
> *[…]".*

La incorporación a nuestro Ordenamiento interno del contenido normativo de la Directiva 86/653/CEE se produjo a través de la Ley 12/1992, de 27 de mayo sobre contrato de agencia, contrato que hasta entonces había permanecido además al margen del Código de Comercio en cuanto relación creada y desarrollada por la práctica.

En la sección 1 "Actuación del agente" que principia el capítulo II "Contenido del contrato", el artículo 5 rubricado "Ejercicio de la agencia", en su número 2, dispone que:

> *"La actuación por medio de subagentes requerirá autorización expresa del empresario. Cuando el agente designe la persona del subagente responderá de su gestión".*

Y en el seno del capítulo III "Extinción del contrato", el artículo 28 rubricado "Indemnización por clientela", en su número 1, prevé que:

> *Cuando se extinga el contrato de agencia, sea por tiempo determinado o indefinido, el agente que hubiese aportado nuevos clientes al empresario o incrementado sensiblemente las operaciones con la clientela preexistente, tendrá derecho a una indemnización si su actividad anterior puede continuar produciendo ventajas sustanciales al empresario y resulta equitativamente procedente por la existencia de pactos de limitación de competencia, por las comisiones que pierda o por las demás circunstancias que concurran.*

3. *Subagencia e indemnización por clientela*

La indemnización por clientela no se halla así concebida como una consecuencia absoluta para el acervo acreedor del agente una vez finado el contrato, toda vez que, si bien resulta neutro que la extinción de la relación jurídica sea bien de un contrato por tiempo determinado bien de uno indefinido, también la normativa española exige la concurrencia de una serie de requisitos. En efecto, los presupuestos que cumulativamente han de concursar para que nazca el derecho del agente a ser indemnizado por el concepto de clientela (*ex* art. 28 de la LCA) son: 1°) que el agente haya aportado nuevos clientes al empresario o, en su caso, que haya incrementado sensiblemente las operaciones comerciales con los preexistentes; 2°) que los nuevos clientes o, en su caso, el incremento sensible de las operaciones comerciales con los preexistentes, puedan continuar produciendo ventajas sustanciales al empresario tras la extinción del contrato de agencia; y 3°) que resulte equitativamente procedente por la existencia de pactos de limitación de competencia, por las comisiones que pierda o por las demás circunstancias que concurran en el supuesto de que se trate.

La resolución judicial que motiva estas líneas, se centra en los dos últimos presupuestos y a ellos, en coherencia, dedicaremos una contextualización en los siguientes epígrafes; no sin por ello dejar de advertir que el Tribunal Supremo ha precisado, de manera reiterada, que la carga de acreditar la concurrencia de este requisito corresponde a quien reclama la indemnización (por todas, STS 15 de noviembre de 2010); así como que la Sentencia del Tribunal de Justicia de la Unión Europea de 7 de abril de 2016, C-315/14, *Marchon Germany GmbH*, ha interpretado el artículo 17 de la Directiva 86/653 en el sentido de que cuando se refiere a "nuevos clientes" se ha de incluir también a los anteriores con los que el agente haya conseguido nuevas relaciones comerciales[65].

La actividad desplegada por el agente a lo largo de la vida del contrato ha de poder continuar generando ventajas sustanciales al empresario tras la extinción del negocio jurídico, presupuesto este que no es sino reflejo de la función última del agente, es decir, el establecimiento de relaciones comerciales duraderas de las cuales el empresario podrá detraer beneficios incluso tras la marcha del agente[66].

Por "ventaja" del empresario debe entenderse "todo aumento en la perspectiva de obtener una ganancia empresarial", lo que se manifiesta en la

---

65 Esta última sentencia es tomada de VICENT CHULIÁ, F., *Introducción al Derecho Mercantil*, 24ª ed., Valencia: Tirant lo Blanch, 2022, p. 2616, quien señala que, en el caso, el empresario era un mayorista de monturas de gafas que había encargado al agente promocionar monturas de unas nuevas marcas

66 Cfr. MARTÍNEZ SANZ, F., *La indemnización por clientela en los contratos de agencia y concesión*, 2ª ed., cit., págs. 163 y sigs., cuyas ideas hacemos nuestras.

posibilidad de seguir beneficiándose de las relaciones comerciales establecidas por la actuación del agente. No deja de ser por ello una probabilidad de futuro más o menos viable, y que su valoración debe anticiparse habida cuenta el plazo de prescripción de la acción que es de un año desde la extinción del contrato *ex* artículo 31 en la normativa española de agencia. Se trata pues de una esperanza sobre el futuro comportamiento de la clientela estable cuya apreciación corresponde al juzgador de instancia (confróntese, SSTS de 27 de enero y de 7 de abril de 2003). En este sentido, la jurisprudencia no exige la prueba de la perdurabilidad de las relaciones comerciales creadas en virtud de la actuación del agente, habida cuenta de la dificultad que conllevaría esta prueba, de manera que se reputa suficiente que el empresario pueda continuar disfrutando de la clientela aportada por el agente y del beneficio o provecho económico que ello le reporta[67].

Ahora bien, la peculiaridad de la Sentencia del Tribunal de Justicia de la Unión Europea que nos interpela radica precisamente en que este presupuesto no es examinado como un pronóstico en torno al comportamiento futuro de las relaciones comerciales, sino en un dato ya fijado, cual es la indemnización por clientela percibida por el agente principal, en la medida de la clientela aportada por el subagente, puede constituir para el agente principal una ventaja sustancial.

Naturalmente influenciada por consideraciones de equidad, la indemnización en concepto de clientela presenta en dicho parámetro el tercero de sus presupuestos, y además entra en juego tras verificarse la concurrencia de los anteriores requisitos, resultando ser un criterio de ponderación de aquellos datos esenciales que juegan tanto a favor como en contra de la concesión de la indemnización al objeto de poder alcanzar una solución justa. En definitiva, con la exigencia de la equidad se trataría de dar cabida a toda una serie de circunstancias que, si bien por su naturaleza no admiten una subsunción dentro de los supuestos fácticos que conforman los restantes requisitos materiales, el legislador considera que han de ser tenidos en cuenta. La normativa propia de la relación de agencia se refiere a alguna de las circunstancias que habría que considerar a la hora de valorar la presencia de este presupuesto de la equidad, en concreto, dos: la existencia de pactos de limitación de competencia y las comisiones que el agente pierda. Si bien, no se trata de *numerus clausus* pues igualmente deben ser objeto de análisis las demás "circunstancias que concurran". Y dentro esta cláusula

---

67 *Vid.* STS 30 de abril de 2004 y BUSTO LAGO, J.M. "Contrato de agencia", en *Tratado de Contratos,* T. III, 3ª ed., Valencia: Tirant lo Blanch, 2020, págs. 3956 y sigs.

general se nos pone de manifiesto ahora que el agente (*rectius* subagente) se haya convertido en el agente principal del empresario.

El artículo 5.1 de la Ley española reguladora del contrato de agencia establece expresamente la obligación del agente de realizar por sí mismo, o por medio de sus dependientes, las prestaciones que constituyen el objeto del contrato de agencia —de forma similar a la previsión correlativa que, para el contrato de comisión, se contiene en el artículo 261 del Código de Comercio—, cuales son la promoción y, en su caso, la conclusión de los actos u operaciones de comercio que se le hubieren encomendado. Esta regla supone la interdicción de la utilización de empresarios independientes en la ejecución o cumplimiento del contrato de agencia; si bien se trata de una prohibición no absoluta, en tanto que el apartado 2 del mismo precepto legal prevé la posibilidad de que el agente pueda valerse o utilizar otras personas, no dependientes o auxiliares de éste, para realizar la actividad propia de la agencia, siempre y cuando cuente con autorización expresa del empresario.

En la subagencia, en sentido propio, el agente principal designa o nombra al subagente. Si es el principal el que designa el subagente no puede hablarse de subagencia sino en un sentido impropio. El criterio de distinción, en orden a determinar cuándo se está en presencia de una subagencia en sentido propio, radica en el hecho de que el subagente actúe en nombre del agente —subagencia en sentido propio— o del principal, aun sometido, en este último caso, al control y las instrucciones de un agente general —subagencia impropia—. En el primer caso es el agente principal el que responde de la gestión del subagente y quien asume las compensaciones e indemnizaciones en el momento de la extinción del contrato, mientras que, en el segundo estas obligaciones recaen sobre el empresario principal[68].

La relación de subagencia se establece en virtud de un contrato de agencia concertado entre el agente principal y el subagente, que asume con carácter duradero, como es propio del contrato de agencia, la obligación de promover y, en su caso, preparar la conclusión de operaciones de comercio por cuenta del agente principal —esta facultad o atribución dependerá en toco caso de que el agente tenga atribuida la facultad de concertar operaciones comerciales—, cuyas instrucciones debe seguir y ante el que responde de su gestión. La obligación del pago de la remuneración pactada a

---

68 Véase respecto al Derecho alemán, MERCADAL VIDAL, F., *El contrato de agencia comercial*, cit., págs. 271 y 272

favor del subagente incumbe al agente principal, debiendo hacer frente a esta obligación con sus propios ingresos. De igual modo, las indemnizaciones y compensaciones a que el subagente tenga derecho en el momento de extinción o finalización de la relación de subagencia, efecto extintivo que, en todo caso, se produce como consecuencia de la extinción del contrato de agencia principal, por pérdida sobrevenida del objeto del contrato de subagencia. En particular, la indemnización por clientela puede ser reclamada por un subagente al agente en aquellos casos en los que se extinga la relación comercial entre ambos y concurran los presupuestos para ello.

Es preciso señalar, por último, que el legislador español —y el belga— contemplando expresamente la relación de subagencia no hace sino tomar postura en una cuestión que no se halla contemplada en la Directiva 86/653. Así como que, en la práctica internacional, ha de advertirse que el modelo de contrato de agencia internacional de la Cámara de Comercio Internacional se refiere a la posibilidad de contar con subagentes[69]. Pues bien, el supuesto de hecho de la Sentencia del Tribunal de Justicia de la Unión Europea centra, de una parte, el mismo en la subagencia "propia" y, de otra, en la terminación definitiva de las relaciones contractuales entre agente y subagente, no hallándose *a priori* razones de configuración que impidan la concesión de la indemnización por clientela en dicho supuesto, indemnización que tendrá que ser reclamada por el subagente al agente principal y nunca al empresario principal.

Por consiguiente, una vez más, la realidad nos sitúa en la apreciación y valoración respecto a la concurrencia de los presupuestos requeridos por la normativa correspondiente para que el agente-subagente resulte acreedor del empresario-agente principal en concepto de indemnización por clientela. Y, en el caso que nos ocupa, el requisito de la susceptibilidad de seguir produciendo "ventajas sustanciales" al agente principal-empresario no es examinado como un pronóstico en torno al comportamiento futuro de las relaciones comerciales, sino en un hecho ya constatado, cual es la indemnización por clientela percibida por el agente principal-empresario, en la medida de la clientela aportada por el subagente. Se evidencia así que esas "ventajas sustanciales" han de venir referidas no al empresario-principal sino al empresario-agente principal.

En caso de que sea la extinción del contrato de agencia la que ponga fin a la relación de subagencia —como el supuesto examinado— y el agente

69 Cfr. ARROYO APARICIO, A., *Contrato de agencia: principios y análisis*, Cizur Menor: Aranzadi, 2019, pág. 48).

principal perciba la indemnización por clientela, esta circunstancia por sí sola ya constituye una ventaja sustancial, abriéndose, en consecuencia, la posibilidad de reclamar la compensación por clientela por parte del subagente. Ciertamente, frente a la reclamación del subagente, el agente no podrá alegar que la actividad desarrollada por aquél en el pasado no es susceptible de seguir produciéndole, en el futuro, ventajas sustanciales, habida cuenta que la relación que le vinculaba al empresario ha finalizado. Precisamente la actividad del subagente habrá generado una clientela que le habrá sido conferida en su día al agente-principal, y a su vez, esta aportación de clientela previsiblemente habrá tenido su reflejo en la cuantificación de la indemnización otorgada al propio agente-principal. Justo es, por ello, que el subagente participe o se vea beneficiado de esa "plusvalía" en la medida que le corresponda.

Por otra parte, la resolución judicial objeto de análisis nos sitúa en el presupuesto de la "equidad", mostrándonos un alcance mucho más amplio del que se desprende de las dos circunstancias mencionadas expresamente por la normativa —existencia de pactos de limitación de competencia y pérdida de comisiones por el agente—, si bien ha de reconocerse que no siempre resulta sencillo determinar con exactitud cuál es el papel que se espera juegue la equidad. El presupuesto de la equidad se apoya, generalmente, en situaciones o hechos que se encuentran relacionados, de una u otra forma, con el momento de la vigencia del contrato, siendo ello consecuencia del principio general que informa esta materia y que tiende a limitar el círculo de circunstancias relevantes a aquellas que guarden estrecha relación con el contrato de agencia finalizado. Con todo y con eso, pueden existir determinados hechos que, acontecidos con motivo de la extinción del contrato o en un momento posterior, resultan relevantes para valorar la concurrencia del "equitativo" requisito.

Y uno de estos hechos acaecidos en momento posterior a la extinción del contrato de agencia se manifiesta cuando quien fue subagente se haya convertido en el agente comercial del empresario principal respecto de los mismos clientes y en relación con los mismos productos; poniéndose de relieve que la equidad se sobreentiende si se dan los requisitos previos para la concesión de la indemnización por clientela, siendo tan solo su ausencia, debidamente acreditada, la que confiere relevancia al presupuesto, pues habrá de tenerse en cuenta si ha existido o no consecuencia negativa de la terminación del contrato de subagencia.

Así pues, una vez más, se nos manifiesta la materia contractual como la parte más viva del Derecho. El contrato es la primera manifestación jurídica y, a la vez, el núcleo de la actividad empresarial; hasta el punto de que, si tuviéramos que resumir en una sola idea la razón de ser del Derecho mercantil, podríamos afirmar que es la preservar y garantizar el cumplimiento efectivo de los contratos; así como de las consecuencias que se deriven de su extinción. En esto reside el objetivo último de la mayor parte de sus normas y también la clave para entender la indemnización por clientela en el seno de la relación de agencia-subagencia.

VI. CALIFICACIÓN DEL CONTRATO E INDEMNIZACIÓN POR CLIENTELA

1. Los contratos de comercialización y la autonomía negocial

El contrato es la primera manifestación jurídica de la actividad de los empresarios o, si se quiere, el fundamento de la concepción jurídica de la empresa como actividad. La realidad nos enseña que la conducta mercantil de los empresarios se traduce sobre todo en la realización de transacciones económicas que, jurídicamente, adoptan forma contractual. La libertad de empresa —art. 38 CE— no se circunscribe únicamente a las fases de acceso al mercado o a las cuestiones directamente relacionadas con la competencia. En cuanto tal, debe predicarse también de otros aspectos de la actividad mercantil. La misma libertad constitucional que permite a una persona terciar en el mercado o mantenerse en él, pugnando con sus competidores, le habilita además para decidir en torno a las condiciones de sus transacciones económicas. Esta faceta de la libertad de empresa incide en los procesos de contratación y, especialmente, a la hora de fijar el contenido de las prestaciones que son objeto de tales contratos.

Los operadores en el mercado disponen así en la mayor medida posible de un instrumento —el contrato— para componer y coordinar sus respectivos intereses en la forma que más les convenga; siendo una regla de eficiencia económica ineludible en sistemas de libertad de mercado, porque la optimización de los recursos y las satisfacción de las aspiraciones privadas quedan mejor servidas si se entrega a sus protagonistas la competencia de decidir la asignación de los recursos de los que disponen[70]. Los contratantes podrán establecer los pactos, cláusulas y condiciones que tengan por conveniente, siempre que no sean contrarios a las leyes, a la moral o al orden público —art. 1255 CC—, resultando jurídicamente ineficacias

---

70 S*ic* CARRASCO PERERA, A., *Derecho de contratos,* 3ª ed., Cizur Menor: Civitas, 2021, pág. 82.

las convenciones contrarias a Derecho o ilícitas —art. 53 CCom—; aunque, desde luego, dentro de los límites constitucionales, la Ley puede regular con carácter imperativo o prohibitivo el ejercicio de la libertad de contratación vedando la inclusión de determinados tipos de cláusulas[71].

Podemos definir los contratos de comercialización como todos aquellos contratos de colaboración inter-empresarial, celebrados por un proveedor y un distribuidor, dirigidos a promover la comercialización en el mercado de determinados bienes o servicios. Ahora bien, en el marco de esta categoría general, los contratos empresariales de comercialización pueden revestir en la práctica diversas configuraciones, atendiendo a su contenido y características. Las relaciones de comercialización dan lugar preferentemente al establecimiento de vínculos de colaboración de carácter duradero entre empresarios. Más allá de esto, la principal línea divisoria es la que nos permite clasificar los contratos de comercialización empresarial en función del mayor o menor grado de implicación del distribuidor en el riesgo y ventura de las operaciones mercantiles de su principal.

Atendiendo a este criterio, existen contratos de comercialización en los que el empresario principal o proveedor es quien soporta fundamentalmente la carga del riesgo de la contratación en el mercado de sus productos o servicios y, por consiguiente, es él quien asume el buen fin de las operaciones llevadas a cabo con los destinatarios finales de los mismos. Mientras que otros contratos de comercialización permiten a ese mismo proveedor trasladar —en todo o en parte— los riesgos propios de dicha comercialización a su colaborador, a cambio también de hacerle partícipe en mayor medida del eventual beneficio de tales transacciones. Jurídicamente, la asunción por el colaborador de estos riesgos pasa muchas veces por la previa adquisición del proveedor o la contratación con este por el colaborador de los bienes o servicios que está encargado de comercializar, en las condiciones que se estipulan en el contrato[72]. En el marco de esta categoría general de contratos de comercialización se incluyen diferentes modalidades, entre las que se sitúan tanto el contrato de agencia como los contratos de distribución, que, en efecto, presentan como característica fundamental tener como causa común servir de cauce a la cooperación o colaboración entre empresarios que desarrollan actividades complementarias, de modo que unos se sirven del auxilio de los otros para poder realizar de manera más eficiente determinados negocios.

---

71 *Vid.* GARCÍA-PITA Y LASTRES, J.L., *Derecho mercantil de obligaciones*, cit., págs. 595 y sigs.

72 *Sic* PILOÑETA ALONSO, L.M., *Contratos mercantiles*, cit., págs. 36, 41, 321 y 322.

Los contratos de agencia y de distribución se originan por las técnicas de comercialización que han establecido un modelo económico, desconocido hace unas décadas, llamado de "distribución integrada", cuyo rasgo esencial reside en la inserción del comerciante-revendedor en la "red de distribución", creada y mantenida por el fabricante o proveedor para colocar sus bienes o servicios en el mercado. Este modelo alcanza una especial significación en aquellos productos distinguidos con una marca de fábrica, hacia la que su titular pretende atraer y conservar una clientela estable de consumidores y usuarios[73]. Sin embargo, la cobertura regulatoria otorgada al contrato de agencia es bien distinta a la que en nuestro Derecho han recibido —hasta el momento— los contratos de distribución, toda vez que el primero es un contrato típico —incluso normado— mientras que los segundos se hallan desprovistos de una previsión legal específica. La incorporación a nuestro Ordenamiento interno del contenido normativo de la Directiva 86/653/CEE se produjo a través de la Ley 12/1992, de 27 de mayo sobre Contrato de Agencia, contrato que hasta entonces había permanecido al margen del Código de Comercio en cuanto relación creada y desarrollada por la práctica.

Por el contrario, pese a no pocos intentos, en España no hemos sido capaces todavía de regular los contratos de distribución[74]. La elección y configuración de la relación contractual por las partes dentro de la autonomía negocial supone también una regla moral conforme a la cual cada una de ellas debe responsabilizarse de las consecuencias de su propia conducta e internalizar las vicisitudes prósperas o adversas que dicha configuración traiga consigo; siendo incluso una regla de justa distribución de riesgos y permite la previsibilidad de los costes de las decisiones. Así pues, a pesar de que desde un punto finalista la comercialización de productos de un fabricante puede llevarse a cabo mediante la intermediación de otro empresario, la configuración de la relación jurídica que le otorgue cobertura bien como contrato de agencia bien como contrato de distribución no es en absoluto una decisión ni neutra ni huera, revelándose un fiel ejemplo de ello la Sentencia del Tribunal Supremo nº 944/2023 de 13 de junio de 2023.

---

73 Cfr. *Propuesta de Código Mercantil elaborada por la Sección de Derecho Mercantil de la Comisión General de Codificación,* Madrid: Ministerio de Justicia, 2013, pág. 87.

74 *Vid.*, por todos, VICENT CHULIÁ, F., *Introducción al Derecho Mercantil,* 24ª ed., cit., págs. 2622 y sigs., BUSTO LAGO, J.M. "Contrato de agencia", en *Tratado de Contratos,* T. III, 3ª ed., cit., págs. 3956 y sigs., ALONSO ESPINOSA, F.J., *Derecho mercantil de contratos,* Cizur Menor: Civitas, 2011, págs. 79 y sigs., así como JARNE MUÑOZ, P., "Algunas consideraciones sobre la problemática regulación de los contratos de distribución comercial", *Ars Iuris Salamanticensis,* vol. 4, junio 2016, págs. 75 y sigs.

2. Nomen iuris y calificación de la relación contractual

En la resolución judicial referida se analiza la alegada infracción del artículo 1 de la Ley sobre Contrato de Agencia y de los artículos 1281 y 1282 del Código Civil, así como la oposición a la jurisprudencia de la sala primera del Tribunal Supremo contenida en las sentencias 424/1997, de 21 de mayo, 380/1984, de 13 de junio, y 1315/2002, de 31 de diciembre, por no calificar la resolución recurrida el contrato litigioso como contrato de distribución, cuando resultaba imprescindible su calificación jurídica para poder cuantificar la indemnización por clientela. En el desarrollo argumentativo, la parte recurrente aducía resumidamente que la relación comercial que mantenían las partes debe ser calificada como un contrato de distribución, porque así se deduce de la actividad comercial que desarrollaba Safe. De manera que la sentencia recurrida, al prescindir de esa calificación, se opone a la jurisprudencia que obliga a la calificación del contrato como presupuesto necesario para determinar cuál deba ser la normativa que le resulte aplicable. Tal y como ocurre en este caso, en que la calificación del contrato como de distribución o de agencia determina el modo de cálculo de la indemnización por clientela.

Conjuntamente se planteaba en sede de casación la infracción del artículo 1 de la Ley de Contrato de Agencia y la oposición a la jurisprudencia contenida en las sentencias 424/1997, de 21 de mayo, 380/1984, de 13 de junio, y 1315/2002, de 31 de diciembre, al no calificar la sentencia recurrida el contrato objeto de la *litis* como contrato de distribución, pese a ser imprescindible su calificación jurídica al efecto de cuantificar la indemnización por clientela. Y, al desarrollar este segundo motivo, la parte recurrente argumenta, sintéticamente, que, en contra de lo afirmado en la sentencia cuestionada, no es irrelevante la calificación del contrato como de agencia o de distribución, porque aunque la jurisprudencia admite que en ambas modalidades contractuales pueda ser procedente la indemnización por clientela, para su cálculo los parámetros son distintos, puesto que en el contrato de agencia rige el criterio del margen bruto, mientras que en el de distribución se aplica el criterio del margen neto.

En definitiva, habida cuenta la esencial transcendencia que la calificación de un contrato tiene para determinar el alcance de sus efectos —inclusive los que se deriven extinguido el mismo—, se revela jurídicamente imprescindible determinar la concreta relación de que se trate; sin que además en nuestro caso el "nombre" dado al contrato por las partes, "Memorando de entendimiento", nada aporte a tal determinación y debiendo estarse, por consiguiente, al contenido obligacional de la relación. Así, situándonos en el plano de los contratos de comercialización o colaboración mercantil, los términos de debate se deben principiar en si la relación jurídica que había unido a las partes era un contrato de agencia o se trataba de un contrato de distribución, o incluso si se hubiera considerado que presentaba rasgos mismos se debería de haber determinado cuáles eran más relevantes o prominentes de una u otra figura al objeto de dar respuesta a la procedencia y, en su caso, cuantificación de la compensación por clientela.

La Ley sobre Contrato de Agencia delimita con precisión los perfiles esenciales de esta figura (art. 1), de acuerdo con los cuales una persona natural o jurídica, denominada agente, se obliga frente a otra de manera continuada o estable a cambio de una remuneración, a promover actos u operaciones de comercio por cuenta ajena, o a promoverlos y concluirlos por cuenta y en nombre ajenos, como intermediario independiente, sin asumir, salvo pacto en contrario, el riesgo y ventura de tales operaciones. De esta definición legal y de su interpretación jurisprudencial, el Tribunal Supremo señala que la relación contractual de agencia es aquella en virtud del cual una persona, física o jurídica, se obliga a promover el negocio por cuenta de otra, de manera estable, continuada e independiente, a cambio de una remuneración.

Por su parte, el contrato de distribución, que como ya se ha apuntado *ut supra* carece de una regulación legal específica en nuestra legislación, puede ser definido como el contrato en virtud del cual un profesional o empresario independiente pone su estructura y red comercial a disposición de otro empresario o fabricante para distribuir sus productos, durante un plazo de tiempo, con o sin la exclusividad para revenderlos (SSTS 428/1999, de 17 de mayo, 795/2008, de 22 de julio, y las que en ellas se citan). En este sentido, además, la Propuesta de Código Mercantil elaborada por la Sección de Derecho Mercantil de la Comisión General de Codificación de 2013 discurre por los mismos parámetros al recoger la siguiente noción (art. 543-1):

> *"Por los contratos de distribución, cualquiera que sea su denominación, una de las partes, denominada distribuidor, que actúa como empresario independiente y asume el riesgo de las operaciones que realiza, se obliga a adquirir de otra denominada proveedor, bienes o servicios para comercializarlos de manera duradera y estable".*

Partiendo, pues, de tales delimitaciones contractuales nuestro Alto Tribunal, en la línea ya avanzada en su sentencia de 10 de julio de 2006, pone el acento comparativo en el hecho de que en el contrato de agencia el agente actúa en nombre del empresario promoviendo sus productos y a cambio recibe una remuneración, mientras que en el contrato de distribución, el distribuidor compra y revende los productos del fabricante o empresario y actúa en nombre propio, asumiendo el riesgo de las operaciones emprendidas. Y la calificación del contrato se demuestra crucial para determinar el alcance de sus efectos —inclusive los que se deriven extinguido el mismo—. En el caso que nos viene ocupando en esta aportación, la calificación como una u otra modalidad de contrato de colaboración mercantil o empresarial es relevante, por cuanto si bien la jurisprudencia del Tribunal Supremo considera aplicable la indemnización por clientela del artículo 28 de la Ley sobre Contrato de Agencia a los contratos de distribución, siempre y cuando se cumplan los requisitos establecidos por dicho precepto, el modo de cálculo de la indemnización no es el mismo, porque el distribuidor no percibe una remuneración —como lo hace el agente—, sino que su beneficio lo obtiene a través del margen comercial que aplica en la reventa de los productos.

En efecto, el distribuidor no percibe una remuneración, como sí lo hace el agente. Precisamente este hecho de que el distribuidor obtenga su beneficio por el margen comercial que aplica en la reventa de los productos previamente adquiridos del otro empresario o fabricante, llevó en su momento al propio Tribunal Supremo a plantearse si la indemnización por clientela en el contrato de distribución debía tomar como base el margen bruto (es decir, la diferencia entre el precio de adquisición y el de reventa), o el margen neto (esto es, el porcentaje de beneficio que le queda al distribuidor una vez descontados los gastos e impuestos). Y en tal sentido, la sentencia 317/2017, de 19 de mayo, con cita de otras previas, declaró:

> *"Ha de utilizarse como criterio orientador el establecido en el citado art. 28 LCA, pero calculado, en vez de sobre las comisiones percibidas por el agente, sobre los beneficios netos obtenidos por el distribuidor[en consonancia con la STS 296/2007, de 21 de marzo], esto es, el porcentaje de beneficio que le da al distribuidor una vez descontados los gastos y los impuestos, y no sobre el margen comercial, que es la diferencia entre el precio de adquisición de las mercancías al proveedor y el precio de venta al público [en consonancia con la STS 346/2009, de 20 de mayo]. Cuyo importe tendrá el carácter de máximo".*

¿Qué era en realidad el "Memorando de entendimiento"? En el contrato que había vinculado a las partes y que se denominaba "Memorando de entendimiento", además de que se emplea expresamente el término distribuidor para definir la intervención de la mercantil intermediaria —Safe—, se establecen unas condiciones que van más allá de la mera promoción comercial (e incluso —diría yo— de la conclusión de las operaciones por cuenta y en nombre ajenos), propia del contrato de agencia, puesto que el distribuidor se compromete a vender, facturar, aplicar los precios mínimos establecidos por el concedente y prestar asistencia post venta a los clientes; lo que, sin duda, encaja más bien en un contrato de distribución.

En definitiva, se revelaba imprescindible llevar a cabo una expresa calificación del contrato, cuestión esta que había sido soslayada por la sentencia de la segunda instancia jurisdiccional civil pues expresamente tildó el debate de "estéril", considerando que no había necesidad de indagar si el contrato objeto de la demanda era un contrato de distribución o si se trataba de un contrato de agencia, con el laxo argumento de que la jurisprudencia del Tribunal Supremo admitía la compensación por clientela al extinguirse los contratos de concesión o distribución, siempre, claro está, que se cumplan los requisitos para ello, nunca de mera automática (SAP de Barcelona —Secc. 16— de 28 de marzo de 2019); habiendo considerado la Audiencia Provincial con fundamento en la documentación aportada por la mercantil demandante (informes sobre clientes, relación de clientes activos tras la finalización de la relación y ejemplos concretos de trasvase de clientes) que, una vez finalizado el contrato litigioso, cada cliente de Safe pasó a ser cliente de Caseware, al continuar vigentes las licencias de software y/o soporte técnico, correspondiendo a Caseware el seguimiento y control de tales contratos.

No era en absoluto baladí, por ende, determinar la concreta naturaleza jurídica de la relación contractual que había vinculado a las partes, pues la calificación del contrato llevaba anudada a modo de derivada el correspondiente y específico parámetro de cálculo de la indemnización, toda vez que en el contrato de agencia rige el criterio del "margen bruto" —sobre las comisiones percibidas por el agente— mientras que en el contrato de distribución se aplica el criterio del "margen neto" —sobre los beneficios obtenidos por el distribuidor—. Ahora bien, no debemos olvidar la limitada aplicación analógica de las normas sobre extinción del contrato de agencia al contrato de distribución. La aplicación analógica de las normas sobre la finalización del contrato de agencia (causas y efectos) al contrato de distribución no es absoluta, sino que debe tener en cuenta las particularidades propias de este contrato. En este sentido, el Tribunal Supremo (sentencias 39/2010, de 22 de febrero, 404/2015, de 9 de julio, y 356/2016, de 30 de mayo)[75] ya había señalado que:

> *"[n]o pueden aplicarse automáticamente al cálculo de la indemnización por clientela las reglas que se entienden infringidas y que se centran en la deter-*

---

75 Puede consultarse igualmente la STS nº 317/2017, de 19 de mayo.

minación del sistema de remuneración del agente, contenido en el Art. 11 de la citada ley, en el que se prevé o bien una remuneración fija o bien una comisión, puesto quenada de ello concurre en el contrato de distribución. Como afirma la sentencia de 22 junio 2007, este tipo de indemnización en los contratos que ahora nos ocupan "constituye una verdadera laguna en la regulación de la extinción de las relaciones de concesión mercantil", que debe resolverse integrando la voluntad de las partes, pero que en el caso de que no exista, "el operador jurídico carece de una respuesta explícita que hade buscar en último término por medio de la analogía". Dicha sentencia viene a entender que la remuneración en el contrato de distribución vendría constituida por la diferencia del precio de compra y el precio de reventa, que retribuye la concreta operación, dejando aparte el problema del valor de la cartera de clientes que no es objeto de este recurso".

3. *El cálculo de la indemnización por clientela en el contrato de distribución: los beneficios netos obtenidos por el distribuidor*

Así también, en el recurso de casación, se denunciaba la infracción del artículo 28.3 de la Ley sobre el Contrato de Agencia, junto con la oposición a la jurisprudencia contenida en las Sentencias del Tribunal Supremo 356/2016, de 30 de mayo, 137/2017, de 1 de marzo, y 317/2017, de 19 de mayo. En el desarrollo del motivo, la mercantil recurrente adujo, resumidamente, que la resolución de la Audiencia Provincial no aplica el criterio del beneficio neto a la hora de calcular el importe de la indemnización por clientela y condena a Caseware al pago de una indemnización por clientela cuyo importe fue calculado sobre la base del margen bruto percibido por ésta, como si se tratara de un contrato de agencia y pese a haber dejado indeterminada la calificación del contrato.

La sentencia que propicia estas líneas, también acoge positivamente el mencionado motivo de casación, recordando, del mismo modo, las sentencias 356/2106, de 30 de mayo, 137/2017, de 1 de marzo y 317/2017, de 19 de mayo (que tomaron como antecedentes las sentencias 296/2007, de 21 de marzo, y 346/2009, de 20 de mayo), las cuales concluyeron que en el contrato de distribución, para establecer la cuantía de la indemnización por clientela, ha de utilizarse como criterio orientador el establecido en el artículo 28 de la Ley sobre Contrato de Agencia, pero calculado, en vez de sobre las comisiones percibidas por el agente, sobre los beneficios netos obtenidos por el distribuidor, esto es, el porcentaje de beneficio que le queda al distribuidor una vez descontados los gastos y los impuestos, y no sobre el margen comercial, que es la diferencia entre el precio de adquisición de las mercancías al proveedor y el precio de venta al público.

En conclusión, la indemnización que debe abonar la mercantil fabricante a la mercantil distribuidora no se calcula conforme a la media de los beneficios brutos de los últimos cinco años o, durante todo el período de duración del contrato, si éste hubiera sido inferior, sino sobre la media de los beneficios netos obtenidos en dicho período.

4. *Equidad y moderación de la indemnización por clientela*

La última cuestión abordada por el Tribunal Supremo se circunscribe al análisis de la existencia, o no, de infracción del artículo 28.1 de la Ley sobre el Contrato de Agencia y la oposición, o no, a la jurisprudencia contenida en las sentencias 341/2012, de 31 de mayo, 19/2003, de 27 de enero, y 506/2007, de 16 de mayo. En concreto, se denunciaba en casación que la sentencia recurrida prescinde de la aplicación del juicio de equidad para cuantificar la indemnización por clientela, limitándose a fijarla en la media de las comisiones de los últimos cinco años, pero sin tener en cuenta ningún criterio moderador, como el número de clientes que pasaron automáticamente a ser clientes de la entidad fabricante —Caseware— o la actividad de promoción de productos realizada por la empresa distribuidora —Safe—.

Nuestro Alto Tribunal fija su parecer resolutorio partiendo de su propio acervo en relación con la imperatividad de las normas sobre la indemnización por clientela en el contrato de agencia (sentencias 582/2010, de 8 de octubre, 456/2013, de 27 de junio, 226/2020, de 1 de junio, y 528/2020, de 14 de octubre); así como en lo declarado por la Sentencia del Tribunal de Justicia de la Unión Europea de 23 de marzo de 2023, en el asunto C-574/21, —apartado 57—. El Tribunal comunitario ha señalado que:

> *"los artículos 17 a 19 de la Directiva 86/653 tienen como finalidad proteger al agente comercial tras la terminación del contrato de agencia comercial y que el sistema que establece para ello esta Directiva tiene carácter imperativo. El Tribunal de Justicia ha deducido que no puede admitirse una interpretación del artículo 17 de dicha Directiva que pueda resultar en perjuicio del agente comercial (sentencia de 19 de abril de 2018, CMR, C-645/16, EU:C:2018:262, apartados 34 y 35 y jurisprudencia citada). También ha declarado, más concretamente, que el artículo 17, apartado 2, de la misma Directiva debe interpretarse en un sentido que contribuya a esa protección del agente comercial y que tenga en cuenta plenamente los méritos de este en la ejecución de las operaciones que tiene encomendadas (véase, en este sentido, la sentencia de 7 de abril de 2016, Marchon Germany, C-315/14, EU:C:2016:211, apartado 33)".*

Naturalmente influenciada por consideraciones de "equidad", la indemnización en concepto de clientela presenta en dicho parámetro el tercero de sus presupuestos (*ex* art. 28.1 LCA), y además entra en juego tras verificarse la concurrencia de los anteriores requisitos (1°. que el agente haya aportado nuevos clientes al empresario o, en su caso, que haya incrementado sensiblemente las operaciones comerciales con los preexistentes; y 2°. que los nuevos clientes o, en su caso, el incremento sensible de las operaciones comerciales con los preexistentes, puedan continuar produciendo ventajas sustanciales al empresario tras la extinción del contrato de agencia;), resultando ser un criterio de ponderación de aquellos datos esenciales que juegan tanto a favor como en contra de la concesión de la indemnización al objeto de poder alcanzar una solución justa.

Con la exigencia de la equidad se trataría de dar cabida a toda una serie de circunstancias que, si bien por su naturaleza no admiten una subsunción dentro de los supuestos fácticos que conforman los restantes requisitos materiales, el legislador considera que han de ser tenidos en cuenta. La normativa propia de la relación de agencia se refiere a alguna de las circunstancias que habría que considerar a la hora de valorar la presencia de este presupuesto de la equidad, en concreto, dos: la existencia de pactos de limitación de competencia y las comisiones que el agente pierda. Si bien, no se trata de *numerus clausus* pues igualmente deben ser objeto de análisis las demás "circunstancias que concurran".

Así, como ya se ha recordado que no cabe una traslación mimética de esta solución prevista para el contrato de agencia al contrato de distribución, debe valorarse si las circunstancias del caso aconsejan también su aplicación analógica al contrato de distribución. Y la respuesta que da el Tribunal Supremo en su sentencia ahora comentada es que, en este caso, debe ser afirmativa, en cuanto que no se ha acreditado que, cuando en 2002 se inició la relación comercial entre las partes, la mercantil fabricante —Caseware— tuviera ningún cliente (la Audiencia Provincial afirma que Safe le abrió el mercado en España), por lo que toda la clientela ha sido captada por la mercantil distribuidora, de lo que se ha aprovechado en bloque el empresario fabricante o concedente; lo que además se acentúa porque en el contrato se impuso la relación de exclusividad. Razones por las que, en este supuesto concreto, se sigue para el contrato de distribución la misma regla de improcedencia de la moderación de la indemnización prevista para el contrato de agencia.

En definitiva, lo que el Tribunal Supremo comprueba más bien es que en el supuesto examinado no se constata una ausencia de equidad como dato que serviría para reducir —moderar— el montante de la indemnización por clientela.

La intervención notarial de pólizas de seguro

Jorge Prades López
Notario

SUMARIO: I. PLANTEAMIENTO. II. EL NOTARIO Y EL MERCADO ASEGURADOR EN ESPAÑA: ESTADO DE LA CUESTIÓN. III. SEGURIDAD JURÍDICA, TRANSPARENCIA, CONTROL DE TRANSPARENCIA EN LA CONTRATACIÓN EN MASA. LA EXPERIENCIA DEL MERCADO HIPOTECARIO: DE LA SENTENCIA DEL TRIBUNAL SUPREMO DE 9 DE MAYO DE 2.013 A LA LEY 5/2019, DE 15 DE MARZO, REGULADORA DE LOS CONTRATOS DE CRÉDITO INOBILIARIO. IV. TRANSPARENCIA Y PROTECCIÓN DE LOS DERECHOS DE LOS TOMADORES, ASEGURADOS Y BENEFICIARIOS DE LOS CONTRATOS DE SEGURO: ESTADO DE LA CUESTIÓN. V. EL IMPACTO DE LA LEY 8/2.021, DE 8 DE JUNIO, POR LA QUE SE REFORMA LA LEGISLACIÓN CIVIL Y PROCESAL PARA EL APOYO A LAS PERSONAS CON DISCAPACIDAD EN EL EJERCICIO DE SU CAPACIDAD JURÍDICA, EN EL CONTRATO DE SEGURO. VI. LA DIGITALIZACIÓN DEL PROCESO CONTRACTUAL EN EL CONTRATO DE SEGURO. VII. CONCLUSIONES Y ALGUNAS PROPUESTAS.

I. PLANTEAMIENTO

La presente exposición tiene como objetivo plantear, en el nuevo entorno digital en el que estamos inmersos, una reflexión sobre la posibilidad y conveniencia de que el notario, en su condición de "*funcionario público autorizado para dar fe, conforme a las leyes, de los contratos y demás actos extrajudiciales*" —artículo 1 de la Ley Orgánica del Notariado de 1.860— contribuya de una forma mucho más intensa a la transparencia y mejor desarrollo de la actividad aseguradora en nuestro país.

Ciertamente sorprende que en un sector tan importante para la economía nacional, en el que se formalizan cada año una gran cantidad de contratos de seguro sujetos a un complejo régimen jurídico, algunos de suscripción obligatoria[1] y, muchos de ellos, de especial transcendencia en

[1] Dispone la Disposición adicional segunda de la Ley 20/2015, de 14 de julio, de Ordenación, Supervisión y Solvencia de las entidades aseguradoras y reaseguradoras —LOSSEAR— relativa a "Establecimiento e información sobre seguros obligatorios" lo siguiente: "*1. Se podrá exigir a quienes ejerzan determinadas actividades que presenten un riesgo directo y concreto para la salud o para la seguridad de las personas,*

el proyecto vital de los ciudadanos, y en el que, además, se produce una frecuente contienda judicial derivada de la situación de desigualdad de las partes en el contrato, la intervención notarial siga siendo a día de hoy meramente tangencial y accesoria de otra función principal sin entrar, salvo contadas excepciones, en el proceso negocial propiamente dicho.

Conviene recordar que la seguridad jurídica es uno de los principios fundamentales que el Estado ha de garantizar a los ciudadanos tal y como consagra el artículo 9.3 de la Constitución Española y, también, que la fe pública notarial[2] responde precisamente a la necesidad sentida por la propia sociedad de dotarse de un instrumento que dé seguridad a las relaciones jurídicas, mediante la combinación de los dos elementos que la cualifican: certeza y legalidad. Certeza de los hechos y negocios y adecuación de los mismos al ordenamiento jurídico.

Con ese objetivo vamos a tratar de dar respuesta sucesivamente a las siguientes preguntas:

¿Qué papel desempeñan a fecha de hoy los notarios en este sector tan importante para la economía nacional?

¿Por qué una mayor presencia de la función pública notarial puede coadyuvar a la necesaria transparencia que debe presidir la actividad aseguradora y, por tanto, a la mayor protección de los derechos de los tomadores,

---

incluida la seguridad financiera, la suscripción de un seguro u otra garantía equivalente que cubra los daños y perjuicios que puedan provocar y de los que sean responsables. La garantía exigida deberá ser proporcionada a la naturaleza y alcance del riesgo cubierto. 2. La obligación de suscripción de seguros deberá establecerse mediante normas con rango de Ley que deberán contar con un informe preceptivo de la Dirección General de Seguros y Fondos de Pensiones, o del órgano competente de las Comunidades Autónomas, con objeto de que puedan formular observaciones en materia de técnica aseguradora. La realización de actividades careciendo del correspondiente seguro obligatorio será constitutivo de infracción administrativa muy grave, salvo lo dispuesto en su normativa específica. Será sujeto infractor la persona física o jurídica que viniera obligada a la suscripción del seguro, pudiendo ser sancionado con multa de 1.000 a 20.000 euros. La instrucción y resolución del procedimiento sancionador corresponderá a la Administración pública competente por razón en la materia cuya regulación impone la suscripción del seguro obligatorio. 3. La Dirección General de Seguros y Fondos de Pensiones comunicará a la Comisión Europea, de acuerdo con el registro que se desarrolle reglamentariamente y que gestionará el Consorcio de Compensación de Seguros, los seguros obligatorios existentes en España, indicando las disposiciones específicas que regulan el seguro obligatorio…"

[2] PEREZ SANZ, ANTONIO: "Seguridad jurídica y Notariado" en NIHIL PRIUS FIDE. Reflexiones sobre la función notarial y su contribución a la verdad y la justicia social. Ed Fundación Notariado. Madrid 2.023. Pags 31 y ss.

asegurados y beneficiarios de los contratos de seguro? ¿cuál ha sido la experiencia en el mercado de crédito inmobiliario?

¿Por qué la intervención notarial puede contribuir a que se haga realidad uno de los mayores desafíos de nuestra sociedad como es que las personas con discapacidad pueden acceder al mercado, en este caso el de los seguros, sin discriminaciones y en igualdad de condiciones?

¿Por qué la intervención notarial puede contribuir a uno de los grandes retos del sector asegurador como es el de su necesaria transformación digital?

II. EL NOTARIO Y EL MERCADO ASEGURADOR EN ESPAÑA: ESTADO DE LA CUESTIÓN.

El último "*Informe de Seguros y Fondos de Pensiones*" publicado por la Dirección General de Seguros y Fondos de Pensiones[3] del Ministerio de Asuntos Económicos y Transformación digital, correspondiente al año 2.021, nos recuerda que "*el seguro ha sido desde sus inicios un gran impulsor de la actividad productiva y de la riqueza, ya que no solo permite a las personas físicas y jurídicas soportar pérdidas, emprender negocios y generar una dinámica económica alrededor de todos los que intervienen en el seguro (aseguradoras, mediadores, reaseguradores), sino que las propias compañías juegan un papel clave como inversor institucional en diversos sectores económicos. De ahí la importancia del sector asegurador en la economía española. Las primas devengadas brutas son uno de los datos más relevantes para medir la importancia del sector asegurador.*"

En concreto dicho informe nos indica que, en dicho año, el número de entidades operativas registradas fue de 195[4] aseguradoras "seguro directo"[5] y de 68.831 mediadores de seguro[6] mientras que el total de primas deven-

[3] Accesible en el apartado de publicaciones de dicha dirección general https://dgsfp.mineco.gob.es

[4] Además se encontraban inscritas 4 entidades reaseguradoras especializadas, 66 sucursales de entidades del Espacio Económico Europeo y 2 sucursales de terceros países. De las 199 entidades aseguradoras españolas operativas a 31 de diciembre de 2.021, 66 están autorizadas para operar en el ramo de actividad Vida (Vida / Vida+accidentes / Vida+enfermedad / Vida+accidentes+enfermedad), 101 en el ramo No vida, 28 son mixtas y 4 de reaseguro.

[5] De las 195 entidades "seguro directo" 125 adoptan la forma de sociedad anónima, 28 de mutua y las restantes 42 de mutualidad de previsión social.

[6] Por secciones, según resulta del "Registro administrativo de distribuidores de seguros y reaseguros" que obra en la D.G.S.F.P., se distribuyen en: 64.876 agentes y

gadas brutas fue de 62.000 millones de euros, de los que 23.667 millones de euros correspondieron al Ramo Vida[7] y los restantes 38.333 millones de euros a los Ramos No Vida[8]. Ese importe total supuso, para el ejercicio antes referido, un 5,2% del PIB nacional a p.m. y 1.308 euros por habitante.

Como se indicó anteriormente sorprende que, en el sector asegurador, la intervención notarial sea hoy por hoy meramente tangencial y accesoria de otra función principal sin entrar, salvo contadas excepciones, en el proceso negocial propiamente dicho.

En concreto y, sin perjuicio de la autorización de la escritura pública de constitución de las entidades aseguradoras[9] la presencia notarial en el sec-

---

operadores de banca-seguros exclusivos (53.368 agente exclusivo persona física, 11.498 agente exclusivo persona jurídica y 10 operadores banca seguros exclusivos), 300 agentes y operadores de banca-seguros vinculados (261 agentes de seguros vinculados, personas físicas y jurídicas, y 39 operadores de banca-seguros vinculados) y 3.655 corredores de seguros (1.014 personas físicas y 2.641 personas jurídicas). Además estaban registrados 79 corredores de reaseguros. En total, 68.910 distribuidores de seguros, a los que hay que añadir los 2.258 supervisados por las CC.AA.

De acuerdo con lo previsto en el artículo 133.5 del Real Decreto-ley 3/2020, de 4 de febrero, en el Punto Único de información (PUI) establecido por la D.G.S.F.P. en su web oficial http://www.dgsfp.mineco.es/gl/Distribuidores/PUI/Paginas/pui.aspx, se incluye la información procedente del Registro administrativo de distribuidores de seguros y reaseguros, y la relativa a los mediadores de seguros y de reaseguros inscritos en los registros que llevan las Comunidades Autónomas con competencias administrativas en control y supervisión de mediación de seguros y de reaseguros. La finalidad primordial del PUI es facilitar a los usuarios el acceso a los datos registrales de los mediadores de seguros que pueden intermediar en el mercado asegurador, de manera que se pueda comprobar que se trata de un mediador que cumple todas las garantías exigidas legalmente para el ejercicio de esta actividad.

7 En el Ramo Vida, es de destacar que en el ejercicio 2.021 las primas devengadas de seguros unit-linked se incrementaron notablemente mientras que el incremento de las primas devengadas del negocio tradicional fue mucho menor.

8 En los Ramos No Vida la cuota de cada uno de los diferentes seguros sobre el total de las primas brutas devengadas fue la siguiente: Autos 30,0%, Asistencia sanitaria-salud 25,6%, Multirriesgos Hogar 12,1%, Decesos 6,8%, Crédito 4,7%, Multirriesgos Industriales 3,6%, RC 2,9 %, Otros daños a los bienes 3,2%, Accidentes 2,6%, Enfermedad 2,4%, Multirriesgos Comunidades 1,5%, Asistencia 1,5%, Multirriesgos Comercio 0,7%, Pérdidas pecuniarias 0,7%, Transportes cascos 0,6%, Caución 0,5%, Transportes mercancías 0,3%, Defensa Jurídica 0,2%, Otros MR 0,1%, Incendios 0,0%, Dependencia 0,0%

9 De acuerdo con el artículo 27 de la Ley 20/2015, de 14 de julio, de Ordenación, Supervisión y Solvencia de las entidades aseguradoras y reaseguradoras, la activi-

tor asegurador es accesoria de otra principal en otros ámbitos: crediticio, inmobiliario, sucesorio o societario tal y como veremos a continuación.

Sí existe intervención notarial en el proceso negocial propiamente dicho, en concreto en la fase contractual, en aquellos casos en que los interesados someten a intervención las pólizas de caución[10] y/o las de pignoración de la póliza del contrato de seguro de vida en garantía de una obligación principal (artículos 68[11] y 99[12] Ley 50/1980, de 5 de octubre, del Contrato de Seguro —LCS—, respectivamente).

---

dad aseguradora puede ser realizada por entidades privadas que adopten la forma jurídica de sociedad anónima, mutua, cooperativa, mutualidad de previsión social, S.A. europea y cooperativa europea, disponiendo el artículo 28 de dicha norma que las entidades aseguradoras y reaseguradoras se constituirán mediante escritura pública, que deberá ser inscrita en el Registro Mercantil y que, con dicha inscripción, adquirirán su personalidad jurídica las sociedades anónimas, mutuas de seguros y mutualidades de previsión social.

10 No consta al autor que la intervención notarial del seguro de crédito —aquel en que el tomador pretende cubrir las pérdidas finales que experimente para el caso de que se produzca la insolvencia definitiva de sus deudores— sea práctica habitual en nuestro país. Tanto el seguro de crédito (por cuenta propia) como el de caución (por cuenta o en beneficio ajeno) se enmarcan como categoría propia dentro de la común de los seguros de daños bajo la denominación de "seguros de crédito en sentido amplio" si bien son objeto de regulación separada en el Título II de la LCS, en la sección VI el seguro de caución y en la sección VII el seguro de crédito. Una modalidad frecuente de factoring es el de "sin recurso" por delegación de seguro de crédito en el que el cedente se obliga a ceder al factor los créditos que de sus ventas surjan en contra y a favor de los clientes asegurados por la compañía aseguradora en virtud del seguro de crédito suscrito entre el cedente y la citada compañía aseguradora a cuyo efecto se extiende la cobertura del seguro de crédito a favor del Factor mediante el oportuno anexo de "designación de beneficiario"

11 Reza el artículo 68 LCS: "*Por el seguro de caución el asegurador se obliga, en caso de incumplimiento por el tomador del seguro de sus obligaciones legales o contractuales, a indemnizar al asegurado a título de resarcimiento o penalidad los daños patrimoniales sufridos, dentro de los límites establecidos en la Ley o en el contrato. Todo pago hecho por el asegurador deberá serle reembolsado por el tomador del seguro.*"

12 Dispone por su parte el artículo 99 LCS, ultimo de la sección 2ª del Titulo III que lleva por título "Seguro de personas": "*El tomador podrá, en cualquier momento, ceder o pignorar la póliza, siempre que no haya sido designado beneficiario con carácter irrevocable. La cesión o pignoración de la póliza implica la revocación del beneficiario. Si la póliza se emite a la orden, la cesión o pignoración se realizarán mediante endoso. El tomador deberá comunicar por escrito fehacientemente al asegurador la cesión o pignoración realizada.*"

Sin embargo no deja de ser una realidad que estas intervenciones constituyen un porcentaje mínimo del total de las que se intervienen[13] y, desde luego, ínfimo en relación al total de pólizas de seguro que se contratan cada año en nuestro país y que, incluso en estos casos, la intervención notarial viene determinada por la existencia de una obligación principal que debe ser garantizada: bien una obligación legal o contractual prevista en el clausulado de la póliza de la que el tomador del seguro es el deudor y el asegurado, normalmente una administración pública, el acreedor; bien un préstamo o crédito concedido por la entidad de crédito al tomador de la póliza de seguro de vida que la pignora en garantía del mismo.

En relación a la intervención notarial de las polizas de seguro de caución[14] que, por lo general, son de grandes riesgos[15] y por tanto con un amplio margen de maniobra de las partes en lo que a su redacción se refiere, baste ahora, a los efectos del presente trabajo, hacer unas breves reflexiones sobre su naturaleza jurídica y el procedimiento especialmente tuitivo que el legislador ha previsto para el seguro de caución a favor de las Administraciones Públicas.

Sobre su naturaleza jurídica

Aunque el seguro de caución desempeña una función de garantía similar al aval bancario —de hecho es frecuente que en el marco del contrato de seguro de caución se expidan "*certificados de seguro de caución*"/"seguro-aval" similares a aquellos— la mayoría de la doctrina y también la jurisprudencia del Tribunal Supremo, como nos recuerda PABLO GIRGADO PERANDONES[16], distinguen ambas figuras pues, en la fianza —de carácter accesorio—, el fiador cumple en caso de no hacerlo el obligado; en

---

13 Según resulta de los datos del Indice Unico Informatizado IUI del Consejo General del Notariado en el año 2.022 se intervinieron por los notarios de toda España 931.442 pólizas de las que tan solo 730 pólizas fueros de seguro.

14 Con frecuencia las entidades aseguradoras de otros estados miembros de la Unión Europea que formalizan este tipo de contratos de seguro en nuestro país tienen suscritos de contratos de apoderamiento con personas jurídicas españolas para la suscripción de riesgos en nombre y por cuenta de aquellas, son las agencias de suscripción a las que se refiere el artículo 60 LOSSEAR.

15 Se consideran contratos de seguros de grandes riesgos, entre otros, "*los de crédito y caución cuanto el tomador y el asegurado ejerzan a título profesional una actividad industrial, comercial o liberal y el riesgo se refiera a dicha actividad*" ex artículo 11 LCS.

16 GIRGADO PERANDONES, PABLO: "Los seguros de crédito y caución como instrumentos de garantía en la contratación mercantil". Monografía de la revista CUADERNOS DE DERECHO Y COMERCIO "Las garantías en el derecho mercantil: problemática actual". Ed. Fundación Notariado. Madrid 2.022. Capítulo XIX, págs. 820 y ss.

cambio, en el seguro la aseguradora solo pretende el resarcimiento de los daños y perjuicios derivados del incumplimiento del tomador. Y con ello se resalta la naturaleza estrictamente indemnizatoria del seguro de caución.

Interesa destacar con JUAN ENRIQUE COSTA NINOT[17] que frente a esta postura algunos autores se refieren al artículo 1.826 del Código Civil[18] para alegar que cuando el fiador se obliga a menos, o se garantiza el cumplimiento de una obligación "de hacer" mediante la entrega de una cantidad de dinero, el aval bancario tiene una finalidad más bien indemnizatoria. En todo caso, con independencia de cuál sea la opinión que nos merezca esta última postura, es trascendente calificar correctamente la figura frente a la cual nos encontramos ya que, de una parte, las compañías aseguradoras tienen prohibido, ex artículo 5.1.a de la Ley 20/2015, de 14 de julio, de Ordenación, Supervisión y Solvencia de las Entidades Aseguradoras y Reaseguradoras —LOSSEAR—, so pena de nulidad de pleno derecho, además de las operaciones que carezcan de base técnica actuarial, "*cualquier otra actividad comercial y la prestación de garantías distintas de las propias de la actividad aseguradora*" y, de otra parte, también se consideran nulos los contratos de seguro celebrados por entidades que no tengan la consideración de entidad aseguradora debidamente autorizada[19].

Sobre los requisitos para que el contrato de seguro de caución pueda servir como forma de garantía ante las Administraciones públicas.

Con el doble objetivo de que la Administración pública vea suficientemente garantizados sus intereses y de fomentar la competencia entre entidades de crédito y de seguro[20] el legislador establece en la D.A. decimotercera de la LOSSEAR los requisitos que debe reunir el contrato de seguro de caución para que pueda servir como forma de garantía ante las Administraciones públicas: será tomador quien deba prestar la garantía y asegurado la

---

17 COSTA NINOT, JUAN ENRIQUE: "Avales bancarios y contragarantías". Monografía de la revista CUADERNOS DE DERECHO Y COMERCIO "Las garantías en el derecho mercantil: problemática actual". Ed. Fundación Notariado. Madrid 2.022. Capítulo XVIII, págs. 772 y ss.

18 Dispone el artículo 1826 CC que "*El fiador puede obligarse a menos, pero no a más que el deudor principal, tanto en la cantidad como en lo oneroso de las condiciones. Si se hubiera obligado a más, se reducirá su obligación a los límites de la del deudor.*"

19 Dispone el artículo 24 LOSSEAR que "*Serán nulos de pleno derecho los contratos de seguro celebrados y demás operaciones sometidas a esta Ley realizados por entidad no autorizada, cuya autorización administración administrativa haya sido revocada, o que trasgredan los límites de la autorización administrativa concedida.*"

20 Así lo expresa PABLO GIRGADO PERANDONES, obra citada, pg 834.

Administración, la falta de pago de la prima no dará derecho a resolver el contrato, el asegurador no podrá oponer al asegurado las excepciones que puedan corresponderle contra el tomador y la póliza ha de ajustarse al modelo aprobado por orden del Ministro de Economía y Competitividad.

En relación a la intervención notarial de las pólizas —o anexos— de pignoración de la póliza del contrato de seguro de vida en garantía de una obligación principal baste ahora con señalar con ADOLFO AURIOLES MARTIN[21] que dicha modalidad de garantía surgió en nuestra práctica bancaria hace ya algunos años como un verdadero instrumento de crédito (*recte*, de acceso al crédito) de gran utilidad para quienes, careciendo de fuentes de ingresos distintos a los procedentes del producto de su trabajo personal, no están en condiciones de ofrecer a los acreedores bancarios otras garantías apropiadas para aminorar los riesgos de impago por razón de fallecimiento del deudor. A efectos de su intervención debe recordarse que es presupuesto esencial que el tomador no haya nombrado beneficiario del seguro con carácter irrevocable ni renunciado a la facultad de revocación que le reconoce el artículo 87.2 LCS y, también, la conveniencia de advertir expresamente que, por así exigirlo el artículo 99 del mismo texto legal, "*el tomador deberá comunicar por escrito fehacientemente al asegurador la cesión o pignoración realizada*".

Como se apuntaba anteriormente fuera de estos supuestos la función notarial en el sector asegurador es a día de hoy meramente tangencial y accesoria de otra principal en los siguientes ámbitos: crediticio, inmobiliario, sucesorio y societario.

Sin ánimo de ser exhaustivo podemos citar:

Ambito crediticio

La Ley 5/2019, de 15 de marzo, reguladora de los contratos de crédito inmobiliario, establece en su artículo 14.1.f relativo a las normas de transparencia en la comercialización de préstamos inmobiliarios que cuando el prestamista, intermediario de crédito o su representante, en su caso, requiera al prestatario la suscripción de una póliza de seguro en garantía del cumplimiento de las obligaciones del contrato de préstamo, así como la suscripción de un seguro de daños respecto del inmueble objeto de hi-

[21] AURIOLES MARTIN, ADOLFO: "La pignoración de los derechos dimanantes del seguro de vida". Tratado de Garantías en la Contratación Mercantil. Tomo II Garantías Reales. Volumen 1 Garantías Mobiliarias. Ed. Consejo General de los Colegios Oficiales de Corredores de Comercio. Capítulo VIII, págs. 923 y ss.

poteca y del resto de seguros previstos en la normativa del mercado hipotecario, deberá entregar al prestatario por escrito las condiciones de las garantías del seguro que se exige. Por su parte el artículo 17 regula con detalle esta práctica de ventas vinculadas, y también la de las ventas combinadas. A los efectos de esta exposición baste con reseñar ahora que en ocasiones la cuestión no es pacífica y por ello la labor del Notario de gran trascendencia: es el caso del seguro de vida de prima única financiado del que se ocupa la reciente Resolución de la Dirección General de Seguridad Jurídica y Fe Pública de 1 de febrero de 2.023

La Ley 2/2009, de 31 de marzo, por la que se regula la contratación con los consumidores de préstamos o créditos hipotecarios y de servicios de intermediación para la celebración de contratos de préstamo o crédito, establece en su artículo 18 que, "en su condición de funcionarios públicos y derivado de su deber genérico de control de legalidad de los actos y negocios que autorizan, los notarios denegarán la autorización del préstamo o crédito con garantía hipotecaria cuando el mismo no cumpla la legalidad vigente y, muy especialmente, los requisitos previstos en esta Ley". Aunque no se hace referencia expresa en las obligaciones que dicha norma impone al notario, debe recordarse que es un requisito de la documentación precontractual el de informar de la "*Póliza de seguro de responsabilidad civil o aval y entidad aseguradora o de crédito con la que se haya contratado.*" Más allá de lo anterior también es trascendente en estos casos la labor del notario para evitar que operaciones que deben estar sujetas a dicha norma dejen de estarlo por la simple manifestación del prestamista de que no realiza de manera profesional actividad de financiación o intermediación Así resulta de la Resolución de la Dirección General de los Registros y del Notariado de 11 de julio de 2.016

Ambito inmobiliario

Un ejemplo paradigmático es del seguro decenal: el artículo 20 de la Ley 38/1999, de 5 de noviembre, de Ordenación de la Edificación dispone que "*No se autorizarán … escrituras públicas de declaración de obra nueva de edificaciones a las que sea de aplicación esta Ley, sin que se acredite y testimonie la constitución de las garantías a que se refiere el artículo 19.*" Es a su vez la Disposición Adicional segunda de dicha norma la que establece qué garantía es exigible y cuáles son las excepciones en el caso del autopromotor[22].

22 Uno. La garantía contra daños materiales a que se refiere el apartado 1.c) del artículo 19 de esta Ley será exigible, a partir de su entrada en vigor, para edificios cuyo destino principal sea el de vivienda.

También es frecuente en las escrituras de compraventa formalizadas con promotores hacer referencia al cumplimiento por éstos últimos, sea mediante un contrato de seguro de caución, sea mediante aval bancario, de las obligaciones que les corresponden en caso de haber percibido cantidades a cuenta del precio durante la construcción, cuestión esta hoy regulada en la Disposición Adicional primera de la Ley 20/2015, de 14 de julio, de ordenación, supervisión y solvencia de las entidades aseguradoras.

Ambito sucesorio

Aunque la propia LCS prevé que en su artículo 84.2 que "la designación del beneficiario podrá hacerse en la póliza en una posterior declaración escrita comunicada al asegurador o en testamento" el hecho cierto es que, lamentablemente, es más bien excepcional incorporar en el testamento dicha previsión. Y decimos lamentablemente porque ello evitaría litigios en la determinación del beneficiario y también en el cálculo de las legítimas: sin duda una mayor intervención notarial en éste ámbito de la designación del beneficiario permitiría una ordenación más segura de todo el proceso sucesorio.

Por su parte la Ley 20/2005, de 14 de noviembre, sobre la creación del Registro de Contratos de Seguros de cobertura de fallecimiento, en su Disposición adicional quinta, dispone que "*los notarios que sean requeridos para autorizar actos de adjudicación o partición de bienes adquiridos por herencia deberán solicitar telemáticamente, por el procedimiento que reglamentariamente se establezca, salvo que los interesados lo aporten, el certificado del registro de contratos de seguros de cobertura de fallecimiento, todo ello dentro del plazo de disponibilidad a que se refiere el artículo 6 de esta Ley, incorporándolo a la escritura pública*" y añade que "*en el supuesto de que exista algún seguro con cobertura de fallecimiento, los notarios advertirán a los interesados de la trascendencia jurídica de ello*".

No obstante, esta garantía no será exigible en el supuesto del autopromotor individual de una única vivienda unifamiliar para uso propio. Sin embargo, en el caso de producirse la transmisión "inter vivos" dentro del plazo previsto en el párrafo a) del artículo 17.1, el autopromotor, salvo pacto en contrario, quedará obligado a la contratación de la garantía a que se refiere el apartado anterior por el tiempo que reste para completar los diez años. A estos efectos, no se autorizarán ni inscribirán en el Registro de la Propiedad escrituras públicas de transmisión "inter vivos" sin que se acredite y testimonie la constitución de la referida garantía, salvo que el autopromotor, que deberá acreditar haber utilizado la vivienda, fuese expresamente exonerado por el adquirente de la constitución de la misma.

Ambito societario

A modo de ejemplo puede citarse la escritura de constitución de sociedades profesionales en las por exigencia de lo previsto en el artículo 11 de la Ley 2/2007, de 15 de marzo, de sociedades profesionales, es habitual incorporar el seguro de responsabilidad civil obligatorio o al menos advertir de la obligación de que dichas sociedades estipulen ese seguro que cubra la responsabilidad en la que éstas puedan incurrir en el ejercicio de la actividad o actividades que constituyen el objeto social.

De forma similar en la escritura de constitución de sociedades auditoras de cuentas, que por exigencia de la Ley 22/2015, de 20 de julio, de Auditoría de Cuentas, están obligadas a prestar garantía financiera para responder de los daños y perjuicios que pudieran causar en el ejercicio de su actividad.

III. SEGURIDAD JURÍDICA, TRANSPARENCIA, CONTROL DE TRANSPARENCIA EN LA CONTRATACIÓN EN MASA. LA EXPERIENCIA DEL MERCADO HIPOTECARIO: DE LA SENTENCIA DEL TRIBUNAL SUPREMO DE 9 DE MAYO DE 2.013 A LA LEY 5/2019, DE 15 DE MARZO, REGULADORA DE LOS CONTRATOS DE CRÉDITO INOBILIARIO.

Una vez que hemos podido verificar que, efectivamente, la función notarial en el sector asegurador es a día de hoy meramente tangencial y accesoria de otra principal, toca preguntarse, según el itinerario propuesto, si verdaderamente una mayor presencia de la función pública notarial puede coadyuvar a la necesaria seguridad jurídica que debe presidir la actividad aseguradora y, por tanto, a la mayor protección de los derechos de los tomadores, asegurados y beneficiarios de los contratos de seguro.

La experiencia del ámbito de los servicios bancarios, en el que se ha buscado reforzar la seguridad jurídica preventiva tanto con una nueva concepción del concepto de transparencia como con nuevos mecanismos para su control que se han confiado al notariado, nos lleva a responder dicha pregunta en sentido afirmativo. Recordemos la frase de Don Joaquín Costa: "notaria abierta, juzgado cerrado".

Desde el punto de vista gramatical, el término "seguridad" denota certeza, certidumbre, pero también confianza o previsibilidad. Mientras que, en el ámbito jurídico público, la seguridad jurídica es *la cualidad del ordenamiento que implica la certeza de sus normas y, consiguientemente, la previsibilidad de su aplicación*[23], en el ámbito jurídico privado, en especial en la contratación en masa en la que el consentimiento del adherente debe ser adecuadamente valorado e interpretado, la seguridad jurídica es esa misma cualidad, en este caso, de las relaciones jurídicas, que implica la certeza y legalidad de los hechos y negocios, y, consiguientemente, la previsibilidad de sus efectos en el tiempo.

Pues bien, en los últimos años, hemos podido comprobar como el poder judicial, primero, y el poder legislativo, después, han considerado que la normativa sectorial sobre transparencia[24] era insuficiente porque no ofre-

---

23 Esta es la acepción de seguridad jurídica que podemos encontrar en el Diccionario de la Real Academia de la Lengua. En esta línea, el Fundamento Jurídico 5 de la Sentencia del Tribunal Constitucional 135/2018, de 13 de diciembre (BOE núm. 13, de 15 de enero de 2019) señala que "*si tales cualidades se proyectan sobre el ámbito de lo jurídico, podremos definir la seguridad jurídica como la certeza de la norma que hace previsibles los resultados de su aplicación. Sendos aspectos —certeza y previsibilidad— se encuentran íntimamente vinculados. Muestran las dos vertientes objetiva-subjetiva, definitorias de la seguridad jurídica, que aparecen reflejadas en la doctrina del Tribunal Constitucional, cuando afirma que la seguridad jurídica debe ser entendida desde un plano objetivo como la certeza sobre el ordenamiento jurídico aplicable y los intereses jurídicamente tutelados (STC 15/1986, de 31 de enero, FJ 1); pero además, desde una perspectiva subjetiva como la expectativa razonablemente fundada del ciudadano en cuál ha de ser la actuación del poder en la aplicación del Derecho (STC 36/1991, de 14 de febrero, FJ 5).*"

24 En el ámbito de los servicios bancarios la normativa de transparencia se ha venido desplegando en España a través del desarrollo del artículo 48.2 de la Ley 26/1988, de 29 de julio, sobre Disciplina e Intervención de las Entidades de Crédito que dotó al Ministerio de Economía y Hacienda de la facultad de dictar las normas necesarias para tutelar las relaciones entre las Entidades de Crédito y su clientela y conducirlas a la máxima transparencia. El primer desarrollo reglamentario que vino a dar contenido a la mencionada regulación fue la Orden de 12 de diciembre de 1.989, sobre tipos de interés y comisiones, normas de actuación, información a clientes y publicidad de las Entidades de Crédito, y poco después la Orden de 5 de mayo de 1994, sobre transparencia de las condiciones financieras de los préstamos hipotecarios. Desde entonces la legislación financiera de transparencia ha ido avanzando en determinadas áreas sectoriales, si bien fue la Ley 2/2011, de 4 de marzo, de Economía Sostenible, la que trató de llevar a cabo un avance sustancial en materia de transparencia bancaria. En uso y cumplimiento de la habilitación que dicha norma concedió al Ministerio de Economía y Hacienda se aprobó la vigente Orden 2899/2011, de 28 de octubre, de transparencia y protección del cliente de servicios bancarios, que actualiza en un único texto la normativa básica de transparencia, actualiza las obligaciones de transparencia y conducta de las Entidades de Crédito y desarrolla principios generales de la citada Ley de Economía Sostenible en lo que se refiere al préstamo responsable. En el capítulo II de dicha Orden "Normas relativas a los créditos y préstamos inmobiliarios regulados por la

cía, en sus dos dimensiones objetiva y subjetiva, la seguridad jurídica exigible a esta modalidad de contratación en masa: no basta la concurrencia del binomio certeza-legalidad en la información precontractual —es decir, la dimensión objetiva de la seguridad jurídica—, también es necesaria la previsibilidad —es decir, la dimensión subjetiva de la seguridad jurídica—. La primera dimensión se corresponde con el tradicional concepto de incorporación de las condiciones generales o control de transparencia formal y la segunda con el moderno concepto de transparencia material a resultas del cual es el predisponente el que debe garantizar que el consumidor tiene un adecuado conocimiento y comprensión de las obligaciones que asume en virtud del contrato que va a suscribir, pues solo así podrá adoptar una decisión informada sobre el servicio bancario y comparar ofertas similares.

Dicho de otra forma, la transparencia, tal y como hoy debemos entenderla, no es otra cosa que la concreción del principio constitucional de la seguridad jurídica en el ámbito de la contratación en masa, en la que el predisponente redacta las cláusulas a las que se ha de adherir la contraparte. Como es sabido, el régimen general de las condiciones generales se encuentra en la Ley de Condiciones Generales de la Contratación[25] y, si el adherente es consumidor o usuario, en la normativa de Defensa de los Consumidores y Usuarios[26].

Ley 5/2019, de 15 de marzo", en concreto en la sección 4, se regula detalladamente el documento contractual (artículo 29) y el acto de otorgamiento (artículo 30).

25 Encontramos la definición del concepto "condiciones generales" en el artículo 1 de la Ley 7/1998, de 13 de abril, sobre Condiciones Generales de la Contratación: "*son condiciones generales de la contratación las cláusulas predispuestas cuya incorporación al contrato sea impuesta por una de las partes, con independencia de la autoría material de las mismas, de su apariencia externa, de su extensión y de cualesquiera otras circunstancias, habiendo sido redactadas con la finalidad de ser incorporadas a una pluralidad de contratos*". Conviene recordar que dicha ley regula los requisitos para que la incorporación de una cláusula general se considere ajustada a Derecho (artículo 5 requisitos de incorporación y artículo 7 no incorporación), opta por la interpretación de las cláusulas oscuras en la forma más ventajosa para el adherente (artículo 6), sanciona con nulidad las cláusulas generales no ajustadas a la Ley (artículo 8) y determina la ineficacia por no incorporación de las cláusulas que no reúnan los requisitos exigibles (artículo 10).

26 El Real Decreto Legislativo 1/2007, de 16 de noviembre, por el que se aprueba la Ley General para la Defensa de los Consumidores y Usuarios y otras Leyes complementarias LGDCU regula en el Titulo II del Libro Segundo las condiciones generales y cláusulas abusivas, siendo de destacar en su capítulo I "cláusulas no negociadas individualmente" el artículo 80 que regula los requisitos de las cláusulas no negociadas individualmente y, en su capítulo II "cláusulas abusivas" el artículo 82 que recoge el concepto de cláusulas abusivas.

La evolución del concepto de transparencia al que nos referimos tiene su origen en la famosa y criticada sentencia del Tribunal Supremo 241/2013, de 9 de mayo, en la que, recordemos[27], en base a una demanda inicial relativa a la desproporción entre el suelo y el techo de interés pactado en un préstamo hipotecario, el Tribunal casó una razonable sentencia de la Audiencia Provincial para formular una nueva doctrina sobre la "comprensibilidad real" de las cláusulas suelo que hasta entonces no era requerida por la normativa sectorial. A resultas de esta nueva doctrina se añade a la transparencia formal (o control de inclusión o incorporación, en la terminología clásica, que tiene por objeto la posibilidad de conocimiento de las condiciones generales y cláusulas predispuestas por los adherentes[28]) la transparencia material (que va más allá al garantizar la comprensión y conocimiento efectivos por dichos sujetos de las estipulaciones no negociadas individualmente relativas a los elementos esenciales del contrato).

En efecto, dicha sentencia, tal y como recuerda JUAN PEREZ HEREZA, vino a establecer que el control de transparencia solo se entiende supera-

[27] Así se recoge en la editorial de la revista EL NOTARIO DEL SIGLO XXI, número 71, enero-febrero 2.017, bajo el ilustrativo titular "Lecciones de un caso mal llevado", que añade "*compensando el exceso cometido con una interpretación de los efectos de la nulidad contraria al Derecho vigente*". Efectivamente, como es bien sabido, el Tribunal Superior de Justicia de la Unión Europea (TJUE), en sentencia de 21 de diciembre de 2.016, consideró no ajustada al Derecho de la Unión Europea la jurisprudencia del Tribunal Supremo español que establecía el carácter no retroactivo de la nulidad de las cláusulas suelo, razón ésta por la que, a su vez, el Gobierno aprobó el Real Decreto Ley 1/2017, de 20 de enero, para favorecer la devolución a los consumidores por parte de las entidades financieras de los intereses percibidos de más, como consecuencia de la aplicación indebida de las cláusulas suelo

[28] Recogido en el artículo 5 LCGC al establecer, de una parte, en su apartado 1, que las condiciones generales pasarán a formar parte del contrato cuando se acepte por el adherente su incorporación al mismo y sea firmado por todos los contratantes, y de otra, en su apartado 5, que la redacción de las cláusulas generales deberá ajustarse a los criterios de transparencia, claridad, concreción y sencillez. Ya la redacción original de este apartado 5 hacía referencia al concepto de transparencia, pero no en el sentido y con el alcance que resulta de la nueva doctrina. Según el diccionario de la RAE "transparente" (adj) es algo *claro, evidente, que se comprende sin duda ni ambigüedad* mientras que "claro" (adj) es algo *inteligible, fácil de comprender.* Desde este punto de vista, el requisito de la transparencia es más exigente que el de la claridad, no basta con que la cláusula sea inteligible y fácil de comprender, es que no ha de dejar espacio alguno a la duda o a la ambigüedad. A los efectos del control de incorporación (transparencia formal) la cláusula ha de ser clara y transparente, en la consideración, por lo expuesto, de que toda cláusula transparente es necesariamente clara pero no toda cláusula clara es necesariamente transparente.

do cuando la entidad predisponente prueba, con suficiente consistencia, que explicó de manera comprensible todas las implicaciones jurídicas y económicas que tenían las cláusulas contractuales de tal forma que el consumidor tuvo la posibilidad de llegar a comprender cuáles serán sus efectos durante la vida del contrato. Es decir, tal y como apuntábamos antes, en el nuevo concepto de transparencia, se exige el binomio certeza-legalidad (plano objetivo) y previsibilidad (plano subjetivo): no basta con que la cláusulas se hayan incorporado por el predisponente en tiempo y forma y su redacción sea, clara, concreta, sencilla y además transparente[29] (en el sentido de que pueda comprenderse sin duda ni ambigüedad), es que el predisponente ha de garantizar que el adherente tuvo, materialmente, la posibilidad de comprender sus efectos.

Debe recordarse con dicho autor que —en aquel momento anterior a la LCCI— "*para superar el control de transparencia, según la jurisprudencia dominante, no basta (ba) (i) con que se hayan cumplido los requisitos legalmente impuestos por la legislación vigente: es decir, el cumplimiento por la entidad de crédito de su obligaciones previas y coetáneas a la formalización del contrato, (ii) que la cláusula resulte clara en su sentido gramatical y por tanto inteligible para el consumidor medio y (iii) la recta intervención de notario pues, aunque en el procedimiento haya quedado probado la lectura íntegra del documento, se considera irrelevante el posible conocimiento adquirido por el prestatario en el mismo momento del otorgamiento ubicando la intervención notarial dentro del requisito de inclusión, no del de transparencia.*"

Es por ello que algunos autores reclamaran ya en aquel entonces al legislador que evitara la previsible deriva que la nueva doctrina sobre transparencia podría generar hacia un peligroso subjetivismo por parte de los tribunales mediante la promulgación de una nueva normativa que, de una parte, simplificara la información precontractual y de otra, estableciera mecanismos para controlar el cumplimiento por las entidades de sus deberes de transparencia, defendiendo y postulando como solución ideal la entrada de un tercero en la fase precontractual, en concreto del notario, pues éste es, como hemos indicado al inicio de la exposición, el funcionario público llamado a procurar la correcta formación del consentimiento contractual en el ámbito extrajudicial. Estas nuevas funciones[30] fueron

---

29 El requisito de la transparencia es más exigente que el de la claridad, no basta con que la cláusula sea inteligible y fácil de comprender, es que no ha de dejar espacio alguno a la duda o a la ambigüedad.

30 Así nos lo recuerda el apartado II de la Circular de Obligado Cumplimiento CGN 1/2019, de 24 de mayo relativa a la Ley 5/2019, de 15 de marzo, reguladora de los Contratos de Crédito Inmobiliario.

valoradas muy positivamente por el Consejo de Estado en su Dictamen 709/2017, de 14 de septiembre, sobre el anteproyecto de la LCCI, al afirmar en la letra G) de sus consideraciones que "*el Consejo de Estado considera que la solución acogida en el anteproyecto es la más acertada para asegurar, de un modo objetivo y suficiente, que el prestatario ha tenido un adecuado conocimiento y comprensión de las obligaciones que asume en virtud del contrato que va a suscribir, habiéndose establecido el carácter obligatorio de la intervención notarial.*"

Afortunadamente la Ley 5/2019, de 15 de marzo, reguladora de los contratos de crédito inmobiliario, acogió la propuesta y es que el mejor modo de lograr la máxima transparencia en este ámbito tan sensible de la financiación para la adquisición de la vivienda que, no olvidemos constituye un derecho constitucional, es el control notarial de la fase precontractual mediante una doble función de verificación y asesoramiento. Y decimos afortunadamente porque el nuevo modelo se ha demostrado tremendamente adecuado y útil a los fines antes indicados: así lo perciben los ciudadanos, las entidades de crédito y también los notarios en los casi 1.500.000 actas de transparencia material que se han autorizado hasta la fecha en España. Interesa también destacar que las solicitudes de subsanación que realizan los notarios a las entidades se van reduciendo año a año, circunstancia ésta que explica por sí misma la importancia del control notarial.

De la Exposición de Motivos de dicha norma interesa destacar dos ideas:

- que "*las normas de transparencia y de conducta están orientadas, en particular, a la concesión responsable de financiación que afecte a inmuebles, así como a favorecer la progresiva implantación de un mercado de crédito fiable, con reglas homogéneas en el espacio europeo y con un mayor grado de confianza de los clientes en las entidades prestamistas*",
- y que "*entre los aspectos más novedosos de la Ley se establece una regulación detallada de la fase precontractual. En este sentido, se ha optado por ir más allá de la estricta transposición de la Directiva 2014/17 con el objetivo de garantizar que el prestatario tenga a su disposición la información necesaria para que pueda comprender en su integridad la carga económica y jurídica del préstamo que va a contratar y que, por lo tanto, se pueda considerar cumplido el principio de transparencia en su vertiente material. Esta medida, destinada a reforzar el equilibrio que debe existir entre las partes en toda relación jurídica contractual, se complementa atribuyendo al notario la función de asesorar imparcialmente al prestatario, aclarando todas aquellas dudas que le pudiera suscitar el contrato, y de comprobar que tanto los plazos como los demás requisitos que permiten considerar cumplido el citado principio de transparencia material, especialmente los relacionados con las cláusulas contractuales de mayor complejidad o relevancia*

en el contrato, concurren al tiempo de autorizar en escritura pública el contrato de préstamo o crédito hipotecario. De ese modo, se constituirá prueba en beneficio de ambas partes —prestamista y prestatario— de que el primero ha cumplido con su obligación de entregar en los plazos previstos dicha documentación y el segundo podrá ejercer el derecho, que presupone también la existencia de un deber, a conocer las consecuencias de aquello a lo que se obliga."

Con este mismo objetivo de avanzar en el logro de que la contratación en masa sea transparente en los términos antes expresados, la propia LCCI, en su Disposición Final Cuarta, da nueva redacción al artículo 5 de la Ley 7/1998, de 13 de abril, sobre Condiciones Generales de la Contratación para establecer que las condiciones incorporadas de modo no transparente en los contratos en perjuicio de los consumidores serán nulas de pleno derecho. Y con idéntico contenido la Disposición Final Octava añade un apartado segundo al artículo 83 del Texto Refundido de la Ley General para la Defensa de los Consumidores y Usuarios y otras leyes complementarias aprobado por el Real Decreto Legislativo 1/2007, de 16 de noviembre, que como sabemos regula la nulidad de las cláusulas abusivas. En mi opinión[31] y aunque la redacción es poco afortunada, la reforma no debe entenderse referida al ámbito de la transparencia en su dimensión formal —como requisito de incorporación— sino al de la transparencia material como requisito de comprensibilidad real. En consecuencia, una condición general, aunque esté correctamente incorporada al contrato (transparencia formal) puede ser nula de pleno derecho si no es transparente desde el punto de vista material (transparencia material), es decir, si el consumidor o usuario no ha tenido la información necesaria para que pueda comprender en su integridad las consecuencias jurídicas y económicas del contrato. *No basta con redactar cláusulas transparentes, es decir, cláusulas claras que se comprendan sin duda ni ambigüedad, y entregar la información precontractual con antelación suficiente, el predisponente debe garantizar que el consumidor tiene un adecuado conocimiento y comprensión de las obligaciones que asume en virtud del contrato que va a suscribir, pues solo así podrá adoptar una decisión informada sobre el servicio bancario y comparar ofertas similares.*

Interesa destacar a los efectos de este trabajo que el control de transparencia aplicable a las pólizas de préstamo o crédito personal sujetas a la

31 MIRANDA SERRANO, LUIS MARIA: "La necesaria distinción entre los controles de transparencia formal y material de las cláusulas limitativas de los derechos de los asegurados", Revista Española de Seguros. SEAIDA, 2.022 enero-junio, número 189/190, pags 191 y siguientes.

LCCI[32] es diverso al que se impone en el caso de las escrituras de préstamo con hipoteca u otra garantía real constituida sobre un inmueble de carácter residencial ya que en el primer caso no se exige el acta notarial de transparencia material a la que hemos venido haciendo referencia anteriormente. Este es el criterio que se ha seguido en la práctica a partir de la Instrucción de 20 de diciembre de 2019, de la Dirección General de los Registros y del Notariado, sobre la actuación notarial y registral ante diversas dudas en la aplicación de la Ley 5/2019, de 15 de marzo, reguladora de los contratos de crédito inmobiliario[33]. Si bien es cierto que los antecedentes legislativos, la literalidad de la norma y la trascendencia de la garantía hipotecaria permiten establecer esa diferencia de trato entendemos que hubiera sido más

---

[32] Es decir, aquellas cuya finalidad sea adquirir o conservar derechos de propiedad sobre terrenos o inmuebles construidos o por construir, siempre que el prestatario, el fiador o garante sea un consumidor ex artículo 2.b) de la LCCI. Una aproximación al ámbito de aplicación subjetivo y objetivo de dicha Ley para determinar qué contratos formalizados en póliza han de quedar sujetos a la LCCI puede encontrarse en "Intervención de préstamos formalizados en póliza y Ley 5/2019, de 15 de marzo, reguladora de los contratos de crédito inmobiliario", PEREZ HEREZA, JUAN y PRADES LOPEZ, JORGE, en Revista Cuadernos de Derecho y Comercio. Fundación Notariado. Número 77, enero-junio 2022.

[33] Dice literalmente la Instrucción "*Por consiguiente, cuando un préstamo personal quede bajo la aplicación de la Ley 5/2019, la entidad financiera habrá de cumplir todas las obligaciones informativas, en materia de transparencia, de limitaciones en su clausulado, análisis de solvencia, etc. que se establecen en la misma. No parece obligado en tal supuesto el otorgamiento del acta previa informativa ante el notario, según se desprende con claridad del tenor literal de la norma. El art. 15, en su segundo párrafo, dispone que todo ello se hará constar «en un acta notarial previa a la formalización del préstamo hipotecario», lo que limita el ámbito de dicho acta a las operaciones de préstamo hipotecario. Y, en la misma línea, el art. 22.2 establece que «en la contratación de préstamos regulados por esta Ley, el Notario no autorizará la escritura pública si no se hubiere otorgado el acta prevista en el artículo 15.3», sin hacer referencia alguna a la póliza de un préstamo personal, ni menos aún al préstamo personal firmado en documento privado, cualquiera que sea su formato, sin acudir a la póliza notarial. A mayor abundamiento, el art. 14.1 g) al hacer referencia a la obligación del prestatario de recibir asesoramiento personalizado y gratuito del notario se limita al supuesto en que «esté previsto que el préstamo se formalice en escritura pública» y que el asesoramiento lo preste el notario «que elija el prestatario para la autorización de la escritura pública contrato de préstamo». Y análogamente, la disposición final sexta modifica la Ley 14/2000, de 29 de diciembre, de Medidas fiscales, administrativas y del orden social, añadiendo un supuesto de infracción muy grave por los notarios entre los incluidos en su art. 43, que queda concretado en «el incumplimiento del período de información precontractual obligatorio previo a la autorización de la escritura en los préstamos y créditos hipotecarios sobre vivienda residencial y de levantar el acta previa a su formalización en los términos previstos en la Ley».*"

clarificador en este ámbito de la LCCI exigir el acta previa de transparencia material para ambas formas documentales.

De lo anterior podemos concluir que a día de hoy corresponde al notario el control de transparencia en la contratación bancaria bajo dos posibles modalidades que, por su origen, podemos clasificar en legal (control legal) o voluntario (autocontrol), este último a instancia de parte, normalmente el predisponente:

- imperativamente (ex lege) el notario ejerce un control que podemos llamar CUALIFICADO —para consumidores y no consumidores— en los préstamos o créditos hipotecarios sujetos a la LCCI en los que la función notarial debe desplegarse tanto en la fase precontractual (acta de transparencia material de obligada autorización en la que el notario realiza una labor de comprobación del cumplimiento del principio de transparencia material) como en la fase contractual (escritura de préstamo hipotecario otorgada ante el mismo notario que autorice el acta previa).
- a requerimiento de la parte predisponente (autocontrol) el notario ejerce un control que podemos llamar ORDINARIO únicamente en la fase contractual mediante la intervención de las pólizas bancarias que puede a su vez desplegarse
  - para la debida protección de consumidores tanto en las pólizas sujetas a la LCCI[34] (póliza de préstamo o crédito con garantía personal o real no inmobiliaria cuya finalidad sea adquirir o conservar derechos de propiedad sobre terrenos o inmuebles construidos o por construir) como en las pólizas de crédito o préstamo sujetas a la Ley 16/2011, de 24 de junio, de contratos de crédito al consumo LCCC[35].

---

34 Para determinar la posible aplicación de la LCCI el Notario habrá de recabar de las partes intervinientes la información pertinente para conocer si la operación concreta que se somete a su intervención, por sus circunstancias subjetivas y objetivas, está o no sujeta a dicha LCCI. Solo entonces, una vez aclarado dicho extremo y determinado por tanto el régimen jurídico aplicable a la operación, el notario podrá llevar a cabo el juicio de legalidad y el asesoramiento que le compete de forma congruente.

35 Esta Ley incorpora al ordenamiento jurídico interno la Directiva 2008/48/CE del Parlamento Europeo y del Consejo de 23 de abril de 2008, que trata de conseguir, entre otras cosas, un mercado crediticio más transparente. Se entiende por contrato de crédito al consumo, ex artículo 1 LCCC, aquel por el que *un prestamista concede o se compromete a conceder a un consumidor un crédito bajo la forma de pago aplazado, présta-*

- para la debida protección de consumidores y no consumidores, normalmente estos últimos, en el resto de pólizas bancarias (pólizas de préstamo, crédito, línea de avales, factoring, confirming, venta a plazos de bienes muebles, etc).

En la segunda modalidad, de autocontrol por la parte predisponente, en que la forma documental es la póliza, el notario interviene con el alcance previsto en el artículo 197 quater[36] del vigente Reglamento Notarial aprobado por Decreto de 2 de junio de 1944 debiendo velar ex artículo 23 de la Ley 7/1998, de 13 de abril, sobre Condiciones Generales de la Contratación[37]

---

mo, apertura de crédito o cualquier medio equivalente de financiación. Dicha norma excluye de su ámbito de aplicación, entre otros, los contratos de crédito garantizados con hipoteca inmobiliaria y aquellos cuya finalidad sea adquirir o conservar derechos de propiedad sobre terrenos o edificios construidos y por construir.

[36] El artículo 197 quater del vigente Reglamento Notarial aprobado por Decreto de 2 de junio de 1944 dispone: "Como consecuencia del artículo 17 bis de la Ley del Notariado, la expresión "CON MI INTERVENCION" implica …: a) La identificación por el notario de los contratantes …b) La reseña de las circunstancias de los otorgantes …c) El juicio de capacidad de los otorgantes para el acto o contrato intervenido y, en su caso, que los poderes relacionados son suficientes para el acto o contrato intervenido. d) Que la calificación del acto o contrato es la que figura en el mismo, con el nombre conocido que tenga en derecho o le atribuyan los usos mercantiles, salvo que no tuviera denominación especial. e) Que el contenido del negocio jurídico de que se trate se realiza de acuerdo con las declaraciones de voluntad de los intervinientes. f) Haber hecho a los otorgantes las reservas y advertencias legales en la forma exigida por las leyes o por este Reglamento. No obstante el notario podrá incluir las reservas y advertencias legales que juzgue oportunas. g) La conformidad y aprobación del contenido de la póliza tal como aparece redactada, por los otorgantes, y de haber estampado los mismos o los testigos instrumentales, en su caso, la firma ante el notario… "

[37] Aplicable ex artículo 2 de dicha Ley a los contratos que contengan condiciones generales celebrados entre un profesional —predisponente— y cualquier persona física o jurídica —adherente—, es decir a consumidores y no consumidores. Información sobre condiciones generales Dispone su "*artículo 23 Información.*

1. *Los Notarios y Registradores de la Propiedad y Mercantiles advertirán en el ámbito de sus respectivas competencias de la aplicabilidad de esta Ley, tanto en sus aspectos generales como en cada caso concreto sometido a su intervención.*

2. *Los Notarios, en el ejercicio profesional de su función pública, velarán por el cumplimiento, en los documentos que autoricen, de los requisitos de incorporación a que se refieren los artículos 5 y 7 de esta Ley. Igualmente advertirán de la obligatoriedad de la inscripción de las condiciones generales en los casos legalmente establecidos.*

3. *En todo caso, el Notario hará constar en el contrato el carácter de condiciones generales de las cláusulas que tengan esta naturaleza y que figuren previamente inscritas en el Registro de Condiciones Generales de la Contratación, o la manifestación en contrario de los contratantes.*"

por el cumplimiento de los requisitos de incorporación a que se refieren los artículos 5[38] y 7[39] de dicha Ley, tanto si el adherente es consumidor como si no lo es. En el caso de consumidores hay que estar además a lo que prevé la Ley General para la Defensa de los Consumidores y Usuarios y otras Leyes Complementarias aprobada por Real Decreto Legislativo 1/2007, de 16 de noviembre, que en su artículo 81 establece que "l*os Notarios y los Registradores de la Propiedad y Mercantiles, en el ejercicio profesional de sus respectivas funciones públicas, informarán a los consumidores y usuarios en los asuntos propios de su especialidad y competencia*" y en su artículo 84,bajo la rúbrica "Autorización e inscripción de cláusulas declaradas abusivas", prevé que "*los Notarios y los Registradores de la Propiedad y Mercantiles, en el ejercicio profesional de sus respectivas funciones públicas, no autorizarán ni inscribirán aquellos contratos o negocios jurídicos en los que se pretenda la inclusión de cláusulas declaradas nulas por abusivas en sentencia inscrita en el Registro de Condiciones Generales de la Contratación.*"

Ni en las pólizas intervenidas sujetas a la específica normativa sectorial de protección a los consumidores contenida, bien en la LCCI, bien en la LCCC, ni en aquellas sujetas a la genérica normativa sectorial conteni-

---

38 "*Artículo 5 Requisitos de incorporación.*

1. *Las condiciones generales pasarán a formar parte del contrato cuando se acepte por el adherente su incorporación al mismo y sea firmado por todos los contratantes. Todo contrato deberá hacer referencia a las condiciones generales incorporadas.*

No podrá entenderse que ha habido aceptación de la incorporación de las condiciones generales al contrato cuando el predisponente no haya informado expresamente al adherente acerca de su existencia y no le haya facilitado un ejemplar de las mismas.

2. *Los adherentes podrán exigir que el Notario autorizante no transcriba las condiciones generales de la contratación en las escrituras que otorgue y que se deje constancia de ellas en la matriz, incorporándolas como anexo. En este caso el Notario comprobará que los adherentes tienen conocimiento íntegro de su contenido y que las aceptan.*

3. *Cuando el contrato no deba formalizarse por escrito y el predisponente entregue un resguardo justificativo de la contraprestación recibida, bastará con que el predisponente anuncie las condiciones generales en un lugar visible dentro del lugar en el que se celebra el negocio, que las inserte en la documentación del contrato que acompaña su celebración; o que, de cualquier otra forma, garantice al adherente una posibilidad efectiva de conocer su existencia y contenido en el momento de la celebración.*

4. .

5. *La redacción de las cláusulas generales deberá ajustarse a los criterios de transparencia, claridad, concreción y sencillez. Las condiciones incorporadas de modo no transparente en los contratos en perjuicio de los consumidores serán nulas de pleno derecho.*"

(Apartado 5 modificado por la Ley 5/2019, de 15 de marzo, reguladora de los contratos de crédito inmobiliario).

39 "*Artículo 7 No incorporación.*

No quedarán incorporadas al contrato las siguientes condiciones generales:

da en la vigente Orden 2899/2011, de 28 de octubre, de transparencia y protección del cliente de servicios bancarios[40], es necesario que el Notario compruebe y menos aún incorpore la documentación precontractual y personalizada prevista en la Ley y mucho menos, por razones obvias, que aquel pueda dar fe de la recepción en plazo de la misma. El control de transparencia se lleva a cabo en el momento de la intervención de la póliza en los términos antes expresados.

Lo anterior no es óbice para que el notario, en su obligación de prestar el debido asesoramiento a las partes, en especial, al consumidor (no el asesoramiento específico del acta de transparencia contemplado ex lege si no el general que corresponde a cualquier póliza intervenida), y por la especialidad de la materia, recabe, en aras de lograr la mayor transparencia posible, las oportunas manifestaciones de las partes y practique, en atención al caso concreto, las actuaciones que considere pertinentes en relación a la información precontractual del contrato objeto de intervención:

i. en el caso de las pólizas sujetas a la LCCI[41] haciendo constar (i) que la entidad ha entregado y el consumidor ha recibido, respectivamente,

---

a) *Las que el adherente no haya tenido oportunidad real de conocer de manera completa al tiempo de la celebración del contrato o cuando no hayan sido firmadas, cuando sea necesario, en los términos resultantes del artículo 5.*
b) *Las que sean ilegibles, ambiguas, oscuras e incomprensibles, salvo, en cuanto a estas últimas, que hubieren sido expresamente aceptadas por escrito por el adherente y se ajusten a la normativa específica que discipline en su ámbito la necesaria transparencia de las cláusulas contenidas en el contrato.*"

40 El artículo 6 de la Orden 2899/2011 (modificada por la Orden 482/2019, de 26 de abril) bajo la rúbrica "Información precontractual" dispone que "*Las entidades de crédito deberán facilitar de forma gratuita al cliente de servicios bancarios toda la información precontractual que sea legalmente exigible para adoptar una decisión informada sobre un servicio bancario y comparar ofertas similares. Esta información deberá ser clara, oportuna y suficiente, objetiva y no engañosa y habrá de entregarse con la debida antelación en función del tipo de contrato u oferta y, en todo caso, antes de que el cliente quede vinculado por dicho contrato u oferta*". Y el artículo 11 de dicha norma bajo la rúbrica "Requisitos de forma e información resaltada" dispone que "1. *Toda la información, documentación y comunicaciones dirigidas a los clientes de servicios bancarios previstas en esta orden se realizarán en papel, formato electrónico o en otro soporte duradero, y estarán redactadas en términos fácilmente comprensibles, de manera claramente legible,…*"

41 Los artículos 29 y 30 de la citada Orden 2899/2011 (modificada por la Orden 482/2019, de 26 de abril), comprensivos de la Sección 4ª del Capítulo II "*Normas relativas a los créditos y préstamos inmobiliarios regulados por la Ley 5/2019, de 15 de marzo*" regulan tanto el contenido de los documentos contractuales y las escrituras públicas en que se formalicen los préstamos—artículo 29—, como el acto de su

con una antelación de, al menos, diez días naturales respecto al día de la intervención, toda la información precontractual y personalizada prevista en el artículo 14.1 de dicha ley, así como las oportunas explicaciones de dicha entidad; (ii) que, según resulta de dicha documentación, la FEIN se encuentra vigente, etc. Por supuesto, nada impide que se otorgue de forma voluntaria el acta de transparencia material previa a la intervención de una póliza sujeta a la LCCI; de hecho, algunas entidades de crédito así lo solicitan asumiendo, en tal caso, los costes de su autorización puesto que, recordemos, dicho acta constituye prueba en beneficio de ambas partes.

ii. En el caso de las pólizas sujetas a la LCCC haciendo constar (i) que el prestamista y, en su caso, el intermediario del crédito, han facilitado de forma gratuita al consumidor, con la debida antelación, en papel o en cualquier soporte duradero, la Información normalizada europea sobre crédito al consumo que figura en el Anexo II de dicha norma[42], (ii) que dicho prestamista y, en su caso, el intermediario del crédito, han facilitado las explicaciones adecuadas de forma individualizada en los términos del artículo 11 de dicha Ley, (iii) que el consumidor puede ejercer el derecho de desistimiento en el plazo y bajo las condiciones previstas en el artículo 28 de la citada LCCC, etc.

IV. TRANSPARENCIA Y PROTECCIÓN DE LOS DERECHOS DE LOS TOMADORES, ASEGURADOS Y BENEFICIARIOS DE LOS CONTRATOS DE SEGURO: ESTADO DE LA CUESTIÓN

Siguiendo el itinerario propuesto interesa ahora analizar si la actual regulación del contrato de seguro está logrando el objetivo de que este mercado sea transparente de forma que pueda considerarse que están debidamente protegidos los derechos de los tomadores, asegurados y beneficiarios de dichos contratos.

---

otorgamiento, con especial detalle de la obligación de información que compete al notario en su condición de funcionario público —artículo 30—.

[42] Establece el número 5 del artículo 10 "Información previa al contrato" de dicha norma la presunción de que "*se considera que el prestamista ha cumplido los requisitos de información de los apartados 1, 2 y 3 del presente artículo y de los apartados 1 y 2 del artículo 7 de la Ley 22/2007, de 1 de julio, sobre comercialización a distancia de servicios financieros destinados a los consumidores, si facilita la Información normalizada europea sobre crédito al consumo*".

Como es fácilmente imaginable la nueva doctrina sobre la transparencia de la contratación en masa ha alcanzado al sector asegurador tanto en el plano legislativo como en el judicial y en el doctrinal. Es ilustrativa la definición que a estos efectos nos ofrece FELIX BENITO OSMA[43], secretario general de la Sección Española de la Asociación Internacional del Derecho de Seguros —SEAIDA— cuando dice que "*un producto será transparente cuando responda adecuada y razonablemente a las legítimas expectativas jurídicas y económicas de sus destinatarios —sean o no consumidores— dentro del proceso de buena gobernanza en el diseño, en la comercialización y en la contratación.*" Como vemos esta definición de la transparencia en el ámbito del contrato de seguro incide en los mismos dos planos a los que hemos hecho referencia anteriormente, el subjetivo —al referirse a las expectativas— y el objetivo —al referirse al proceso de buena gobernanza no solo en la contratación, también en las etapas anteriores de diseño y comercialización del producto—.

Antes de avanzar en ese nuevo marco normativo del sector asegurador interesa traer a colación dos reflexiones, vigente ya el nuevo marco normativo objeto de este apartado que, en nuestra opinión, ayudan a entender la pertinencia de las reflexiones y propuestas objeto de este trabajo.

(i) En primer lugar, la reflexión del citado Profesor BENITO OSMA en la ponencia inaugural del congreso "El contrato de seguro: digitalización, transparencia y protección del asegurado" organizado por la SEAIDA junto con otras entidades, entre ellas la industria aseguradora representada por UNESPA, que tuvo lugar los días 21 y 22 de octubre de 2.021, quien apuntaba "*En este último aspecto de la contratación del producto puede verse que los controles de transparencia sobre las cláusulas predispuestas en las pólizas aparte de insuficientes resultan confusos*" para después añadir "*Esta última apreciación se demuestra con la constante conflictividad del contrato de seguro experimentada no simplemente sobre los deberes de información sino en gran medida sobre la errática e insegura distinción ofrecida por los jueces y tribunales entre las denominadas cláusulas limitativas y las cláusulas delimitadoras del riesgo en los contratos de seguro, con unos controles generales y especiales para este tipo de cláusula incluso aquellas calificadas como sorprendentes.*"

---

43 BENITO OSMA, FELIX: ponencia inaugural del congreso "El contrato de seguro: digitalización, transparencia y protección del asegurado" organizado por la Sección Española de la Asociación Internacional del Derecho de Seguros —SEAIDA— junto con otras entidades, entre ellas la industria aseguradora representada por UNESPA, que tuvo lugar los días 21 y 22 de octubre de 2.021. Revista Española de Seguros, número 189/199, enero-junio 2.022. Ed.SEAIDA. Pags. 13 y ss.

(ii) Por su parte el "Estudio sobre legibilidad de los seguros de automóvil" realizado en noviembre de 2.022 por el Consejo General de Mediadores de Seguros, a través del servicio de estudios CECAS, la escuela de negocios de los Colegios de Mediadores, tras analizar desde el punto de vista de legibilidad y comprensibilidad los folletos de condicionados[44] de diez de las principales aseguradoras del ramo de autos en España, concluye, entre otras cosas, que "*las pólizas de seguro son técnicamente ilegibles e incomprensibles para un lector medio, tanto por tiempo de lectura como por los índices de legibilidad*", "*se necesitan entre 3 y 4 horas para leer por completo los condicionados más largos y 30 minutos para el más breve*", "*en el mejor de los casos 9,8 millones de personas nunca podrán entender un condicionado. En el peor, casi 16 millones de personas entre 25 y 64 años tendrán enormes dificultades*", "*aunque los índices de legibilidad señalan como nivel medio de formación grado universitario, para los más difíciles es necesario contar con un grado en Derecho o similar*" y también que "*la complejidad de los textos hace imprescindible recurrir a un profesional que aclare los términos del contrato y haga de traductor e intérprete*"... Es comprensible la preocupación de los mediadores de seguros ya que debe recordarse que ex artículo 172 del Real Decreto-ley 3/2020 que se dirá, los distribuidores deben actuar siempre con honestidad, equidad y profesionalidad en beneficio de los intereses de sus clientes. Además dicho precepto obliga a que toda la información que aquellos dirijan a los clientes sea precisa, clara y no engañosa.

Interesa ahora abordar el análisis del marco normativo del contrato de seguro, cuestión de máxima actualidad puesto que, tanto la entrada en vigor del Reglamento (UE) 1286/2014 sobre los documentos de datos fundamentales relativos a los productos de inversión minorista empaquetados y los productos de inversión basados en seguros (Reglamento PRIIPs —*Packaged Retail and Insurance-based Investment Products*—) que tuvo lugar el 31 de diciembre de 2.017, como muy especialmente, la transposición de la Directiva (UE) 2016/97 del Parlamento Europeo y del Consejo, de 20 de enero de 2016, sobre la distribución de seguros (Directiva IDD —*Insurance Distribution Directive*—) operada en virtud del Real Decreto-ley 3/2020, de 4 de febrero, de medidas urgentes por el que se incorporan al ordenamiento jurídico español diversas directivas de la Unión Europea en el ámbito de la contratación pública en determinados sectores; de seguros privados; de

44 Condiciones general, particular y especial que las compañías aseguradoras ofrecen a sus clientes.

planes y fondos de pensiones; del ámbito tributario y de litigios fiscales, han introducido al sector en una nueva etapa en lo que al proceso contractual del seguro se refiere.

Es común reconocer que la Ley del Contrato de Seguro 5/1.980, de 8 de octubre (LCS) ha sido, como apunta JAVIER PAGADOR LOPEZ[45], un texto legal señero en el terreno del régimen jurídico especial aplicable a la celebración de contratos mediante clausulados predispuestos. Dicha norma, en especial su artículo 3, hizo que perdiera todo sentido el sistema de control administrativo previo de las pólizas y formularios contractuales utilizados en la actividad aseguradora que vino a establecer la Ley de 14 de mayo de 1.908 y su reglamento y que aún se mantuvo con la Ley de 16 de diciembre de 1.954 sobre Ordenación de los Seguros Privados[46].

A partir de dicho momento se separan los textos reguladores de la vertiente jurídico privada y jurídico pública del contrato de seguro, ésta última a su vez en dos diferentes ámbitos como son el de la ordenación y el de la distribución:

(i) la primera, en la LCS que debe articularse con otras dos normas de carácter general como son la Ley 7/1.998, de 13 de abril, sobre Condiciones Generales de la Contratación LCGC y el texto refundido de la Ley General para la Defensa de los Consumidores y Usuarios y otras leyes complementarias, aprobado por el Real Decreto Legislativo 1/2.007, de 16 de noviembre LGDCU, además de Ley 34/2002, de 11 de julio, de servicios de la sociedad de la información y comercio electrónico así como la Ley 22/2007, de 11 de julio, sobre comercialización a distancia de servicios financieros destinados a los consumidores

(ii) la segunda, en la Ley 20/2.015, de 14 de julio, de ordenación, supervisión y solvencia de las entidades aseguradoras y reasegurado-

---

45 PAGADOR LOPEZ, JAVIER: "La protección del asegurado en la Ley de Contrato de Seguro: el art. 3 LCS cuarenta años después", Revista Española de Seguros. SEAIDA, 2.022 enero-junio, número 189/190, pags 229 y siguientes.

46 Aunque la Exposición de Motivos de dicha norma manifestaba su propósito de "*retraer en parte la intervención del Estado y dejar a la iniciativa privada margen suficiente para que se revele el espíritu de empresa (…) pero manteniendo, sin embargo, la vigilancia*" el hecho cierto es que seguía siendo necesaria autorización administrativa para las pólizas y contratos a utilizar en sus operaciones que, sería denegada, entre otros casos, "*cuando en las pólizas o contratos figuren condiciones ilegales, ambiguas o lesivas para los asegurados*" (articulo 10 ap 4)

ras LOSSEAR[47] —junto con su reglamento de desarrollo aprobado por Real Decreto 1060/2015, de 20 de noviembre ROSSEAR— y en el Real Decreto-ley 3/2020, de 4 de febrero, de medidas urgentes por el que se incorporan al ordenamiento jurídico español diversas directivas de la Unión Europea en el ámbito de la contratación pública en determinados sectores; de seguros privados; de planes y fondos de pensiones; del ámbito tributario y de litigios fiscales. También son de aplicación diversos reglamentos comunitarios como el Reglamento de ejecución (UE) 2017/1469 de la Comisión de 11 de agosto de 2017, por el que se establece un formato de presentación normalizado para el documento de información sobre productos de seguro, el antes mencionado Reglamento (UE) 1286/2014 del Parlamento Europeo y del Consejo, de 26 de noviembre de 2014, sobre los documentos de datos fundamentales relativos a los productos de inversión minorista vinculados y los productos de inversión basados en seguros (Reglamento PRIIP´s) y el Reglamento delegado (UE) 2017/653 de la Comisión de 8 de marzo de 2017, por el que se completa el anterior[48].

Con una normativa tan profusa es fácil intuir que la regulación de la transparencia en el proceso negocial del sector asegurador es cuanto menos compleja. Desarrollamos a continuación, aunque sea de forma somera, algunos aspectos de dicha normativa a partir de los cuales trataremos de formular en la parte final de la exposición algunas conclusiones y propuestas. En concreto analizaremos, el contenido de la información precontractual, el modo de transmisión de la misma, su conservación, la forma de las pólizas, los requisitos generales y especiales de su condicionado y, finalmente, la contratación electrónica:

1. Contenido de la información precontractual en la normativa sectorial del seguro. A diferencia de lo que ocurre en el ámbito de la protección del cliente de servicios bancarios en la que se concentra en un único texto la normativa básica de transparencia, —la ya citada Orden 2899/2011, de 28 de octubre, de transparencia y protección

---

[47] La Exposición de Motivos de la LOSSEAR señala que "El papel esencial en la economía que juegan el sector financiero y, en particular, el sector asegurador, ha justificado históricamente una regulación e intervención pública mayor que en otros sectores."

[48] Estableciendo normas técnicas de regulación respecto a la presentación, el contenido, el examen y la revisión de los documentos de datos fundamentales y las condiciones para cumplir el requisito de suministro de dichos documentos.

del cliente de servicios bancarios[49]—, la protección del usuario del seguro se encuentra, a nivel interno, tanto en la LOSSEAR, y su reglamento de desarrollo, como en el Real Decreto-ley 3/2020. En concreto el artículo 96 de la LOSSEAR, ubicado en el Capítulo II "*Conductas de Mercado*" del Título III "*Ejercicio de la actividad*", bajo la rúbrica "*Deber general de información al tomador del seguro*" obliga a la entidad aseguradora, antes de celebrar un contrato, a informar por escrito al tomador (1) sobre el Estado miembro y autoridad a la que corresponde el control de la actividad de la propia entidad aseguradora, (2) sobre la legislación aplicable, (3) que el importe que se va a percibir depende de fluctuaciones en los mercados financieros —en seguros de vida que el tomador asume el riesgo de la inversión— o de la rentabilidad esperadas considerando todos los costes —en las modalidades de seguros de vida en que el tomador no asuma el riesgo de la inversión—, (4) sobre los criterios a aplicar para la renovación de la póliza y actualización de las primas en períodos sucesivos —en seguro de decesos o seguro de enfermedad, en cualquiera de sus modalidades de cobertura— y (5), durante todo el período de vigencia del contrato de seguro sobre la vida, de las modificaciones de la información inicialmente suministrada, todo ello desarrollado en los artículos 122 a 126 ROSSEAR[50]. Es

---

49 El artículo 6 de la Orden 2899/2011 (modificada por la Orden 482/2019, de 26 de abril) bajo la rúbrica "*Información precontractual*" dispone que "*Las entidades de crédito deberán facilitar de forma gratuita al cliente de servicios bancarios toda la información precontractual que sea legalmente exigible para adoptar una decisión informada sobre un servicio bancario y comparar ofertas similares. Esta información deberá ser clara, oportuna y suficiente, objetiva y no engañosa y habrá de entregarse con la debida antelación en función del tipo de contrato u oferta y, en todo caso, antes de que el cliente quede vinculado por dicho contrato u oferta*".

50 Dichos artículos bajo la rúbrica "*Deber de información*" conforman la sección 2ª del capítulo VI "*Conductas de mercado*" del Título III "*Ejercicio de la actividad*" del ROSSEAR. El primero de ellos, artículo 122, con el título "Deber general de información a facilitar a los tomadores de seguros o asegurados", dispone "1. Antes de la celebración de un contrato de seguro, distinto al contrato de seguro para grandes riesgos, la entidad aseguradora deberá informar al tomador, por escrito o en soporte electrónico, del nombre del Estado miembro en el que esté establecido el domicilio social de la entidad, de su denominación social, de su forma jurídica y de su domicilio social o, en su caso, de la dirección de la sucursal con la que se vaya a celebrar el contrato. 2. Antes de celebrar un contrato de seguro distinto al seguro de vida, si el tomador es una persona física, o en cualquier contrato de seguro de vida, la entidad aseguradora deberá informar al tomador, por escrito o en soporte electrónico, sobre los siguientes extremos: a. Sobre la legislación

de destacar que mientras la LOSSEAR exige que la información se suministre por escrito, el ROSSEAR admite (más bien aclara por lo que se dirá a continuación) que se informe por escrito o en soporte electrónico (artículo 122) / soporte electrónico duradero (artículos 124, 125 y 126). Por su parte el Real Decreto-ley 3/2020 que traspone la Directiva (UE) 2016/97 sobre la distribución de seguros (IDD por sus siglas en inglés) contiene en la Sección 6ª del Capítulo III del Título I, bajo la rúbrica "*Obligaciones de información y normas de conducta*", artículos 172 a 185, una regulación exhaustiva del deber de información al cliente de productos de seguros, detallándose la información general previa a proporcionar por la entidad aseguradora[51], la información previa que debe facilitar el mediador de seguros[52], la información y asesoramiento previos a la suscripción del contrato de seguro[53], y el documento de información previa en

---

aplicable al contrato cuando las partes no tengan libertad de elección o, en caso contrario, sobre la propuesta por el asegurador. b. Sobre las diferentes instancias de reclamación, tanto internas como externas, utilizables en caso de conflicto, así como el procedimiento a seguir. 3. Las informaciones mencionadas en los dos apartados anteriores deberán figurar en la póliza o en el documento de cobertura provisional de forma clara y precisa. 4. En los seguros colectivos o de grupo, … 5. … 6. Las disposiciones contenidas en esta sección se aplicarán sin perjuicio de lo establecido para el contrato de seguro en la legislación sobre comercialización a distancia de los servicios financieros destinados a los consumidores.7. El Ministro de Economía y Competitividad, previo informe de la Junta Consultiva de Seguros y Fondos de Pensiones, podrá dictar normas de desarrollo y establecer obligaciones adicionales de información previa y durante la vigencia del seguro." En el resto de la sección se regula: la información a suministrar en los contratos de seguro ofrecidos en régimen de derecho de establecimiento o de libre prestación de servicios —artículo 123— y el contenido concreto de la información a suministrar, por escrito o en soporte electrónico duradero, en el caso del seguro sobre la vida —artículo 124—, del seguro de decesos, en cualquiera de sus modalidades de cobertura (a prima nivelada, natural, seminatural, mixta por combinación de las anteriores, o a prima única) —artículo 125—; y del seguro de enfermedad —artículo 126—.

[51] En el artículo 174, además de su identidad, si ofrece asesoramiento, procedimientos para presentar quejas y sobre resolución extrajudicial de conflictos y naturaleza de la remuneración percibida por sus empleados en relación con el contrato.

[52] En el artículo 173. Es de destacar que el artículo anterior 172 de dicha norma establece como principio general que "*los distribuidores de seguros actuarán siempre con honestidad, equidad y profesionalidad en beneficio de los intereses de sus clientes*" y también que "*toda la información…debe ser precisa, clara y no engañosa*".

[53] En el apartado 4 del artículo 175 que prevé que "*Sin perjuicio de lo dispuesto en los artículos 122, 123, 124, 125 y 126 del Real Decreto 1060/2015, de 20 de noviembre, antes*

el contrato de seguro distinto al seguro de vida[54] (Insurance Product Information Document o IPID en sus siglas en inglés). Debe recordarse con el artículo 177 de dicha norma que no es obligatorio facilitar la información anterior cuando el distribuidor de seguros ejerza actividades de distribución en relación con los seguros de grandes riesgos. Además se prevé en dicha sección una serie de requisitos adicionales en relación con la distribución de productos de inversión basados en seguros[55] (PIBS por su siglas en español o IBIP´s por sus siglas en inglés).

2. Modos de transmisión de la Información precontractual (soporte) en la normativa sectorial del seguro. A diferencia de lo que ocurre en el ámbito de la protección del cliente de servicios bancarios en que cabe papel, formato electrónico u otro soporte duradero[56] la regulación de esta materia en el ámbito del seguro es confusa: a diferencia de la normativa de ordenación[57] que admite en plano de igualdad papel o soporte electrónico/soporte electrónico duradero, la normativa de distribución es en este punto bastante más compleja dando preferencia al soporte papel. El artículo 182 del Real Decreto-ley 3/2020 establece como regla general que la información precontractual deberá comunicarse a los clientes en papel, de forma clara y precisa, comprensible para el cliente, y de forma gratuita, y como excepción, la posibilidad de facilitar la información a través de un soporte duradero distinto al papel —si se dan dos circunstancias: (i) cuando resulte adecuado en el contex-

de la celebración del contrato, ya se ofrezca o no asesoramiento e independientemente de que el producto de seguro forme parte de un paquete con arreglo al artículo 184, el distribuidor de seguros suministrará al cliente la información pertinente sobre el producto de seguro de forma comprensible, de modo que el cliente pueda tomar una decisión fundada, y atendiendo a la complejidad del producto de seguro y al tipo de cliente."

54 El artículo 176 prevé para la distribución de productos de seguro distintos del seguro de vida la obligación de facilitar la información a que se refiere el artículo 175.4 mediante un documento de información previa, en papel o en otro soporte duradero, conforme al modelo que se establece en el Reglamento de ejecución (UE) 2017/1469 de la Comisión de 11 de agosto de 2017.

55 En concreto en la subsección 2ª, comprensiva de los artículos 178 a 181.

56 Artículo 11 de la Orden 2899/2011 bajo la rúbrica "*Requisitos de forma e información resaltada*" dispone que "1. Toda la información, documentación y comunicaciones dirigidas a los clientes de servicios bancarios previstas en esta orden se realizarán en papel, formato electrónico o en otro soporte duradero, y estarán redactadas en términos fácilmente comprensibles, de manera claramente legible,…"

57 Al menos su desarrollo reglamentario como se expuso anteriormente.

to de las operaciones que tengan lugar entre distribuidor y cliente y (ii) que el cliente haya podido optar entre recibir la información en papel o en otro soporte duradero, y que haya elegido este último soporte— o a través de un sitio web —cuando vaya dirigida personalmente al cliente o si se dan cuatro circunstancias: (i) que resulte adecuado en el contexto de las operaciones que tengan lugar entre distribuidor y cliente, (ii) que el cliente haya aceptado que esa información se facilite a través de un sitio web y (iii) que se haya notificado al cliente electrónicamente la dirección del sitio web y el lugar del sitio web en el que puede consultarse esa información y (iv) que se garantice que esa información seguirá figurando en el sitio web durante el tiempo que razonablemente necesite el cliente para consultarla.— Aunque el propio precepto establece una presunción *iuris tantum* al considerar cumplido el requisito de la adecuación si existen pruebas de que el cliente tiene acceso regular a internet, en concreto si ha comunicado una dirección de correo electrónico, el hecho cierto, es que la regla general —impuesta por la propia directiva objeto de trasposición (IDD)— es el uso obligatorio del soporte papel.

3. Conservación de la documentación precontractual (6 años desde el momento de la finalización de los efectos del contrato). En este punto la normativa de protección del cliente de servicios bancarios y la protección del usuario de seguros es coincidente en cuanto al plazo. La Disposición Adicional cuarta de la LCCI obliga a conservar la información precontractual entregada en cumplimiento de las obligaciones establecidas en dicha Ley, por tanto no solo en caso de escritura de préstamo o crédito hipotecario, también en caso de pólizas sujetas a dicha Ley, durante un plazo mínimo de seis años desde el momento de la finalización de los efectos del contrato respecto del prestatario, y extiende dicha obligación a los supuestos de productos o servicios que sean objeto de venta vinculada o combinada exigida por la correspondiente normativa sectorial. La Disposición Adicional décimo tercera del Real Decreto-ley 3/2020 obliga a los distribuidores de seguros (entidades aseguradoras, mediadores de seguro y mediadores de seguros complementarios) a conservar los documentos en los que se plasme la información precontractual entregada al cliente en cumplimiento de las obligaciones establecidas en la propia Ley y en su normativa de desarrollo, al objeto de acreditar el cumplimiento de dichas obligaciones, durante un plazo de seis años desde el momento de la finalización de los efectos del contrato.

4. Forma de las pólizas y condiciones contractuales. En cuanto a la forma de las pólizas el artículo 5 LCS prevé que "*el contrato de seguro y sus modificaciones o adiciones deberán ser formalizados por escrito*", misma referencia que encontramos a lo largo del texto de la Ley para otros supuestos como la aceptación de cláusulas limitativas de derechos[58], la oposición a la prórroga del contrato[59], la comunicación de la transmisión del objeto asegurado[60] o el consentimiento del asegurado si es una persona distinta del tomador del seguro[61]. Como destaca LAZARO CUESTA BARBERA[62], la exigencia de forma escrita no debe entenderse limitada a la documentación en papel, al menos desde la entrada en vigor de la Disposición Adicional primera de la LCS, añadida por la Ley 34/2003, de 4 de noviembre, de modificación y adaptación a la nueva normativa comunitaria de la legislación de seguros privados, que bajo la rúbrica "Soporte duradero" literalmente dispone "*siempre que esta ley exija que el contrato de seguro o cualquier otra información relacionada con el mismo conste por escrito, este requisito se entenderá cumplido si el contrato o la información se contienen en papel u otro soporte duradero que permita guardar, recuperar fácilmente y reproducir sin cambios el contrato o la información.*" En opinión de dicho autor resulta criticable, de una parte, la falta de coherencia terminológica entre esta Disposición Adicional primera de la LCS (que equipara acertadamente la validez de ambos soportes papel y cualquier otro que sea duradero) y los artículos antes referidos del ROSSEAR (que prevén que habrá de informarse al tomador por escrito o en soporte electrónico) y de otra, que a diferencia de lo que ocurre en la fase contractual, la normativa

---

58 El párrafo primero del artículo 3 LCS dispone que "*las condiciones generales, que en ningún caso podrán tener carácter lesivo para los asegurados, habrán de incluirse por el asegurador en la proposición de seguro si la hubiere y necesariamente en la póliza de contrato o en un documento complementario, que se suscribirá por el asegurado y al que se entregará copia del mismo. Las condiciones generales y particulares se redactarán de forma clara y precisa. Se destacarán de modo especial las cláusulas limitativas de los derechos de los asegurados, que deberán ser específicamente aceptadas por escrito.*"

59 El número 2 del artículo 22 LCS prevé que "*las partes pueden oponerse a la prórroga del contrato mediante una notificación escrita a la otra parte, efectuada con un plazo de, al menos, un mes de anticipación a la conclusión del período del seguro en curso cuando quien se oponga a la prórroga sea el tomador, y de dos meses cuando sea el asegurador.*"

60 Artículo 34 LCS.

61 Artículo 83 LCS.

62 CUESTA BARBERA, LAZARO: "Obstáculos a la digitalización e innovación en el seguro", Revista Española de Seguros. SEAIDA, 2.022 enero-junio, número 189/190, págs 27 y siguientes

de distribución imponga como regla general en la transmisión de la información precontractual el soporte papel.

También es objeto de crítica que el artículo 3 LCS obligue, en el supuesto de que las condiciones generales se incluyan en documento complementario a la póliza, a que éste sea suscrito por el asegurado y se entregue copia del mismo.

5. Requisitos generales del condicionado de la póliza. Como ya se anticipó con la LCS pierde todo sentido el sistema de control administrativo previo de las pólizas y formularios contractuales utilizados en la actividad aseguradora. El artículo 95 LOSSEAR así lo reconoce cuando dispone que las condiciones contractuales y modelos de póliza no estarán sujetas a autorización administrativa ni deberán ser objeto de remisión sistemática a la DGSFP, aunque ésta última siempre podrá requerir su presentación para controlar si respetan los principios actuariales, las disposiciones contenidas en la propia Ley y sus normas de desarrollo[63] y las reguladoras del contrato de seguro.

La exigencia del artículo 3 LCS de que las condiciones, no solo las generales también las particulares, se redacten de forma clara y precisa se ha visto superada por el régimen general contenido tanto en el apartado 5 del artículo 5 LCGC que, recordemos, exige que la redacción de las cláusulas generales se ajuste a los criterios de transparencia, claridad, concreción y sencillez como en el artículo 80 LGDCU que establece los requisitos de las cláusulas no negociadas individualmente en los contratos con consumidores, a saber: (a) concreción, claridad y sencillez en la redacción con posibilidad de comprensión directa (b) accesibilidad y legibilidad de forma que permita al consumidor y usuario el conocimiento previo a la cele-

---

[63] El artículo 117 ROSSEAR dispone a estos efectos que "*los modelos de pólizas de seguros, las bases técnicas y tarifas deberán estar a disposición de la Dirección General de Seguros y Fondos de Pensiones en el domicilio social de la entidad. La póliza de seguro será redactada de forma que sea de fácil comprensión. En caso de extravío de la póliza, el asegurador, a petición del tomador del seguro o, en su defecto, del asegurado o beneficiario, tendrá obligación de expedir copia o duplicado de la misma, la cual tendrá idéntica eficacia que la original. La petición se hará por escrito en el que se expliquen las circunstancias del caso, se aporten las pruebas de haberlo notificado a quienes resulten titulares de algún derecho en virtud de la póliza y el solicitante se comprometa a devolver la póliza original si apareciese y a indemnizar al asegurador de los perjuicios que le irrogue la reclamación de un tercero.*"

bración del contrato sobre su existencia y contenido[64] y (c) buena fe y justo equilibrio entre los derechos y obligaciones de las partes, lo que en todo caso excluye la utilización de cláusulas abusivas.

6. Requisitos especiales del condicionado de la póliza. Del citado artículo 3 LCS resultan, además, ciertas especialidades que no encontramos en la prestación de los servicios financieros bancarios, nos referimos, de una parte, a la prohibición específica de las cláusulas lesivas y, de otra, a la posibilidad de que existan cláusulas limitativas de los derechos de los asegurados.

   En relación a las primeras baste ahora recordar que la previsión del artículo 3 LCS de que en ningún caso las condiciones generales pueden tener carácter lesivo para los asegurados —sin distingo como es lógico entre consumidores o no consumidores— fue en su momento absolutamente novedosa y anticipo de la regulación sobre cláusulas abusivas que pocos años después se recogería en la LGDCU.

   En relación a las segundas, las limitativas de los derechos de los asegurados, para las que el artículo 3 LCS exige un especial régimen, en concreto, que se destaquen de modo especial y que sean específicamente aceptadas por escrito, se plantea una de las cuestiones más controvertidas en el ámbito de la contratación del seguro como es la distinción entre dichas cláusulas limitativas y las cláusulas delimitadoras del riesgo y su consecuente control. Mientras la cláusula delimitadora define el objeto del contrato y perfila el compromiso que asume la compañía aseguradora, de manera tal que, si el siniestro acaece fuera de dicha delimitación, positiva o negativamente explicitada en el contrato, no nace la obligación de la compañía aseguradora de hacerse cargo de su cobertura, la cláusula limitativa desempeña distinto papel, en tanto en cuanto, producido el riesgo actúan para restringir, condicionar o modificar el derecho de resarcimiento del asegurado[65].

---

64 Añade este apartado que en ningún caso se entenderá cumplido este requisito si el tamaño de la letra del contrato fuese inferior a los 2,5 milímetros, el espacio entre líneas fuese inferior a los 1,15 milímetros o el insuficiente contraste con el fondo hiciese dificultosa la lectura.

65 NdA. La reciente Sentencia del Tribunal Supremo 423/2024, de 1 de abril, aborda la distinción entre unas y otras desde una perspectiva sistemática muy esclarecedora.

Su distinción tiene gran trascendencia práctica y genera una elevada litigiosidad ya que la eficacia de las cláusulas delimitadoras del riesgo no está sujeta a los requisitos exigidos a las cláusulas limitativas[66].

En lo que se refiere el control de las cláusulas limitativas por jueces y tribunales sostiene LUIS MARIA MIRANDA SERRANO[67] que dicho régimen debe incardinarse en el control de incorporación o transparencia formal, aunque sea cualificado, y no propiamente en el de transparencia material. En consecuencia, para esta postura doctrinal, si la cláusula limitativa de los derechos del asegurado supera tanto el control de transparencia formal, por el cumplimiento objetivo de los requisitos del artículo 3 LCS, como el control de transparencia material, no debe someterse a un control de contenido o abusividad. No es esta la posición mayoritaria de los jueces y tribunales que acaban derivando la cuestión al control de contenido o abusividad, con el consiguiente grado de incertidumbre que ello implica.

7. Contratación electrónica. Como ya se anticipó Ley 34/2003, de 4 de noviembre, de modificación y adaptación a la nueva normativa comunitaria de la legislación de seguros privados[68], supuso la consagración legislativa de la contratación electrónica del seguro. Dicha norma añadió a la LCS la Disposición Adicional Tercera que literalmente dispone: "*Los contratos de seguro celebrados por vía electrónica producirán todos los efectos previstos por el ordenamiento jurídico cuando concurran el consentimiento y los demás requisitos necesarios para su validez. En cuanto a su validez, prueba de celebración y obligaciones derivadas del mismo se sujetarán a la normativa especifica del contrato de seguro y a la legislación sobre servicios de la sociedad de la información y de comercio electrónico.*"

---

66 La casuística judicial en la determinación si se cumplen en el caso concreto los requisitos del artículo 3 LCS es enorme y, por ello, buena parte de la doctrina del sector respaldó la propuesta del artículo 581-3.a del Anteproyecto de Ley de Código Mercantil de 2.014 en el sentido de que las condiciones del contrato, incluidas las limitativas, se entenderían aceptadas si transcurridos dos meses desde el pago de la prima, el tomador no hubiera manifestado su voluntad de resolver el contrato. Es esta, en nuestra opinión, una solución excesiva, muy especialmente, a la vista del nuevo concepto de transparencia que estamos comentando

67 Obra citada, pags 198 y ss.

68 Dicha norma introdujo dos nuevos artículos (el artículo 6 bis y el artículo 83 a) y tres disposiciones adicionales en la LCS.

En el caso de consumidores es necesario tener en consideración lo previsto en la Ley 22/2007, de 11 de julio, sobre comercialización a distancia de servicios financieros destinados a los consumidores[69], cuyo objeto no era otro que completar la incorporación al ordenamiento jurídico español de la Directiva 2002/65/CE, del Parlamento Europeo y del Consejo, de 23 de septiembre de 2.002, relativa a la comercialización a distancia de servicios financieros destinados a los consumidores, pues parte de ésta última ya había sido incorporada en la citada Ley 23/2003.

En concreto resultan de interés a los efectos del presente trabajo los artículos 7 a 9 de dicha Ley 22/2007 que regulan los requisitos de información previa al contrato, los requisitos adicionales de información y la comunicación de las condiciones contractuales y de la información previa, respectivamente.

V. EL IMPACTO DE LA LEY 8/2.021, DE 8 DE JUNIO, POR LA QUE SE REFORMA LA LEGISLACIÓN CIVIL Y PROCESAL PARA EL APOYO A LAS PERSONAS CON DISCAPACIDAD EN EL EJERCICIO DE SU CAPACIDAD JURÍDICA, EN EL CONTRATO DE SEGURO

Siguiendo el itinerario propuesto, antes de llegar a las conclusiones y propuestas, es relevante exponer cómo la reforma de la legislación civil y procesal para el apoyo a las personas con discapacidad en el ejercicio de su capacidad jurídica operada por la Ley 8/2021 supone un reto de gran envergadura para el sector asegurador.

No es suficiente con el principio de no discriminación por razón de discapacidad que ya aparece recogido en la Disposición Adicional Cuarta de la LCS[70] —añadida por la Ley 26/2011, de 1 de agosto, de adaptación normativa a la Convención Internacional sobre los Derechos de las Personas con Discapacidad—, que, por lo demás, y en nuestra opinión ha de

---

69 Dicha norma derogó el artículo 6 bis, el artículo 83 a parcialmente y la disposición adicional segunda de la LCS.

70 También en la LOSSEAR, en su artículo 96.6, con ocasión de la regulación del deber general de información al tomador del seguro, que dispone: "*Dicha información será accesible, facilitándose en los formatos y canales adecuados a las necesidades de las personas con discapacidad, de forma que puedan acceder efectivamente a su contenido sin discriminaciones y en igualdad de condiciones*".

ser necesariamente aplicada e interpretada a la luz de la nueva regulación, muy especialmente las excepciones que se prevén en el último inciso de la misma. Dicho inciso, sensu contrario, permite denegar el acceso a la contratación, establecer procedimientos de contratación diferentes de los habitualmente utilizados por el asegurador o imponer condiciones más onerosas, por razón de discapacidad, si dichas actuaciones se encuentran fundadas en causas justificadas, proporcionadas y razonables que se hallen documentadas previa y objetivamente.

La Ley 8/2021, de 2 de junio, supone una profunda transformación en la regulación del ejercicio de la capacidad jurídica por las personas con discapacidad y se aparta totalmente de los principios que durante siglos ha presidido esta materia[71]. Este cambio tan profundo exige un cambio de mentalidad en toda la sociedad, especialmente en aquellos sectores, como el asegurador, que deben prestar servicios de gran trascendencia para el proyecto vital de las personas con discapacidad, algunos especialmente vinculados con la propia discapacidad como es el caso del seguro de dependencia[72] o el del seguro sobre la vida[73]. Por ello aunque las situaciones que pueden presentarse pueden ser diversas y complejas[74], y ello suponga un «esfuerzo considerable», es necesario apoyar y garantizar el «desarrollo pleno de su personalidad y su desenvolvimiento jurídico en condiciones de igualdad» (art. 249 CC).

Además de lo anterior la citada ley 8/2021 introduce alguna otra modificación particular de calado. En concreto introduce en el nuevo artículo

---

71 Así se recoge literalmente en la reciente CIRCULAR INFORMATIVA 1/2023, DE 27 DE MAYO, DEL CONSEJO GENERAL DEL NOTARIADO, SOBRE LA ACTUACIÓN NOTARIAL EN LAS MEDIDAS DE APOYO VOLUNTARIO Y PARA LA DECLARACIÓN DE NOTORIEDAD DE LA GUARDA DE HECHO (LEY 8/2021)

72 Artículo 106 ter LCS: "Por el seguro de dependencia el asegurador se obliga, dentro de los límites establecidos en este título y en el contrato, para el caso de que se produzca la situación de dependencia, al cumplimiento de la prestación convenida con la finalidad de atender, total o parcialmente, directa o indirectamente, las consecuencias perjudiciales para el asegurado que deriven de dicha situación."

73 Regulado en el artículo 83 LCS, cuyo último párrafo mantiene la redacción anterior a la Ley 8/2021 de que "*no se podrá contratar un seguro para caso de muerte sobre la cabeza de menores de catorce años de edad o de incapacitados*"

74 Así lo ejemplifica TAPIA HERMIDA, ALBERTO J.: "Cuatro novelas ejemplares sobre el impacto en el seguro de la Ley 8/2.021 de apoyo a las personas con discapacidad en el ejercicio de su capacidad jurídica", Revista Española de Seguros. SEAIDA, 2.022 enero-junio, número 189/190, págs 251 y siguientes

287 del Código Civil un nuevo supuesto —el único no previsto en el anterior artículo 271 del Código Civil—, para el que, el curador que ejerza funciones de representación de la persona que precisa el apoyo, necesita autorización judicial: 9. Contratos de seguro de vida, renta vitalicia y análogos. Como pone de manifiesto CRISTINA GUILARTE MARTIN-CALERO[75] la preocupación del legislador por la celebración de contratos de seguro de vida debe valorarse muy positivamente ya que en la práctica se han detectado situaciones de abuso que la imposición de autorización judicial impedirá en el futuro.

Pues bien, esta norma atribuye al Notario un papel protagonista en la aplicación del art. 12 de la Convención, pues, como dice la Dirección General de Seguridad Jurídica y Fe Pública en la Resolución de 25 de febrero de 2021, «el Notario es quien garantiza el cumplimento del art. 12 de la Convención». El ejercicio de la capacidad jurídica en ámbitos de especial transcendencia en la vida de las personas, como es el asegurador, alcanza de lleno a la actividad notarial, pues, como dice el ya mencionado artículo 1° de la Ley del Notariado, «*el Notario es el funcionario público autorizado para dar fe, conforme a las leyes, de los contratos y demás actos extrajudiciales*». El Notario, como «apoyo para la adopción de decisiones que respete la autonomía, la voluntad y las preferencias de la persona», es un apoyo institucional en el sentido de la Convención. Se trata de una cuestión de Derechos Humanos vinculada a la dignidad de la persona, de todas las personas, con independencia de sus circunstancias y de su condición.

VI. LA DIGITALIZACIÓN DEL PROCESO CONTRACTUAL EN EL CONTRATO DE SEGURO

La transformación digital ofrece sin duda alguna nuevas oportunidades para los proveedores y también para la clientela de los productos de seguro y así expresamente lo consagra Real Decreto Ley 3/2020 (de trasposición de la IDD) cuando en su artículo 129 dedicado al ámbito objetivo de aplicación, tras definir qué se entiende por distribución, añade "*También se entenderán incluidas la aportación de información relativa a uno o varios contratos de seguro de acuerdo con los criterios elegidos por los clientes a través de un sitio web o de otros medios, y la elaboración de una clasificación de productos de seguro, incluidos precios y comparaciones de productos, o un descuento sobre el precio del*

[75] GUILARTE MARTIN-CALERO, CRISTINA: Comentarios a los artículos 287 y siguientes Ley 8/2.021. Coordinada por ASCENSION LECIÑENA. Aranz monografías.

seguro, cuando el cliente pueda celebrar el contrato de seguro directa o indirectamente utilizando un sitio web u otros medios". Como apunta FELIX BENITO OSMA[76] los mediadores de seguros pueden servirse de tales aplicaciones y plataformas en línea, colocando al cliente en el centro de su estrategia digital de distribución de seguros, desde el conocimiento del perfil o los perfiles de riesgo como de sus necesidades aseguratívas, etc.

Mención especial merece en esta línea la cooperación que a tal fin pueden prestar las empresas emergentes insurtech que usan avanzada tecnología para innovar en la industria del seguro: con inteligencia artificial y análisis de datos pueden llegar a ofrecer soluciones personalizadas y eficientes a los clientes. Es de destacar que la Ley 7/2020, de 13 de noviembre, para la Transformación Digital de Servicios Financieros, abre a estas entidades un espacio controlado de pruebas (lo que en la terminología anglosajona se denomina "regulatory sandbox") para adaptar la regulación y la supervisión a la innovación financiera de base tecnológica

Y siendo esto cierto no lo es menos que es necesario digitalizar todo el proceso, también el de la contratación, y ello de una forma transparente. Y a ello van dirigidas las propuestas que plantearemos en el próximo y último apartado de esta exposición y que no pueden entenderse sin hacer una breve referencia al proceso de transformación digital de las actuaciones notariales.

Dado que ya se ha expuesto brillantemente por mi compañero MANUEL GONZALEZ-MENESES en este mismo foro esta materia baste ahora con recordar que la Ley 11/2023, de 8 de mayo, de trasposición de Directivas de la Unión Europea en materia de accesibilidad de determinados productos y servicios, migración de personas altamente cualificadas, tributaria y digitalización de actuaciones notariales y registrales; y por la que se modifica la Ley 12/2011, de 27 de mayo, sobre responsabilidad civil por daños nucleares o producidos por materiales radiactivos, introduce a nuestros efectos dos importantes novedades.

Se da carta de naturaleza a la sede electrónica notarial en el último párrafo del artículo 17.3 de la Ley del notariado: "*La sede electrónica notarial estará integrada en el Consejo General del Notariado, siendo general y única a nivel*

---

76 BENITO OSMA, FELIX: ponencia inaugural del congreso "El contrato de seguro: digitalización, transparencia y protección del asegurado" organizado por la Sección Española de la Asociación Internacional del Derecho de Seguros —SEAIDA— junto con otras entidades, entre ellas la industria aseguradora representada por UNESPA, que tuvo lugar los días 21 y 22 de octubre de 2.021. Revista Española de Seguros, número 189/199, enero-junio 2.022. Ed.SEAIDA. Pags. 11 y ss.

nacional, y correspondiéndole al mismo su titularidad, desarrollo, gestión y administración. Sus características técnicas serán comunicadas a la Dirección General de Seguridad Jurídica y Fe Pública. Deberá ser accesible y disponible para los ciudadanos a través de redes de comunicación seguras."

Y se abre la posibilidad a la intervención de pólizas a través de videoconferencia, en el nuevo artículo 17 ter de dicho texto con la siguiente redacción: «*Artículo 17 ter. 1. Se podrá realizar el otorgamiento y autorización a través de videoconferencia como cauce para el ejercicio de la función pública notarial, en los siguientes actos o negocios jurídicos: a) Las pólizas mercantiles. En este caso, la remisión de la póliza por la entidad de crédito a la sede electrónica notarial, implicará su consentimiento al negocio documentado, salvo que en el texto de la póliza se dispusiere lo contrario...*"

VII. CONCLUSIONES Y ALGUNAS PROPUESTAS

A partir del estudio de lo acontecido en el sector bancario con motivo de las cláusulas suelo hemos visto que no cabe entender que un mercado, sea el crediticio, sea el asegurador, es fiable si no se atiende a la dimensión subjetiva de la seguridad jurídica, es decir, a la previsibilidad. Recuérdese que la seguridad jurídica es un principio que informa todo el texto constitucional —artículo 9.3 de la Carta Magna-

El elemento clave que jueces y tribunales, primero, y legislador después, han empleado en ese tránsito hacia la debida y completa seguridad jurídica de los mercados de contratación en masa ha sido el concepto de transparencia, que ahora debe entenderse no solo en el sentido formal (de incorporación) sino también material (de comprensibilidad real).

La transparencia es ahora una cuestión de cumplimiento regulatorio: no basta con redactar cláusulas transparentes, es decir, cláusulas claras que se comprendan sin duda ni ambigüedad, y entregar la información precontractual con antelación suficiente, el predisponente debe garantizar que el cliente tiene un adecuado conocimiento y comprensión de las obligaciones que asume en virtud del contrato que va a suscribir, pues solo así éste podrá adoptar una decisión informada sobre el servicio o producto y comparar ofertas similares.

También hemos visto que difícilmente podrá probar la entidad aseguradora predisponente, y en su caso el mediador, con suficiente consistencia, que explicó a la parte adherente, de manera comprensible, todas las implicaciones jurídicas y económicas que tenían las cláusulas contractuales si no se da entrada a un tercero, en concreto al notario, pues éste es, como hemos indicado al inicio de la exposición, el funcionario público llamado a procurar la correcta formación del consentimiento contractual en el ámbito extrajudicial.

A falta de una normativa específica, como la que impone el control precontractual mediante el acta de transparencia material previa al otorgamiento de la escritura de préstamo hipotecario sujeto a la LCCI, dicho control, que antes hemos llamado ordinario, se ejerce por el notario normalmente a requerimiento de la parte predisponente (autocontrol) mediante la intervención de la correspondiente póliza, siempre dentro del ámbito delimitado por el párrafo 3 del artículo 144 del Reglamento Notarial: "*Las pólizas intervenidas tienen como contenido exclusivo los actos y contratos de carácter mercantil y financiero*[77] *que sean propios del tráfico habitual y ordinario de al menos uno de sus otorgantes, quedando excluidos de su ámbito los demás actos y negocios jurídicos, y en cualquier caso todos los que tengan objeto inmobiliario; todo ello sin perjuicio, desde luego, de aquellos casos en que la Ley establezca otra cosa*"

La transformación digital de las actuaciones notariales a la que antes se hizo referencia abre nuevas posibilidades a este necesario e imparable proceso de transparencia formal y material (comprensibilidad) en la contratación de seguros, también en la de productos bancarios, y ello mediante un sencillo proceso que estaría dividido dos etapas: en la primera. el distribuidor depositaría en la SEDE ELECTRONICA NOTARIAL, a disposición del tomador, la información precontractual necesaria; en la segunda, si el tomador así lo decide, el NOTARIO de su elección intervendría la póliza, ahora de una forma mucho más ágil al permitirse la intervención mediante videoconferencia.

En la primera etapa, de "comunicación personalizada", quedaría constancia del CODIGO HASH que identifique o represente la información precontractual que con antelación a la intervención el distribuidor hubiera puesto a disposición del tomador en el Portal Notarial del Ciudadano integrado en la SEDE ELECTRONICA NOTARIAL.

En la segunda etapa, de "intervención voluntaria a requerimiento del propio tomador", el notario elegido por éste, intervendría, mediante videoconferencia, si así se desea, la oportuna póliza de seguro complemen-

---

77 La Exposición de Motivos de la LOSSEAR señala que "El papel esencial en la economía que juegan el sector financiero y, en particular, el sector asegurador, ha justificado históricamente una regulación e intervención pública mayor que en otros sectores."

tando dichos datos, HASH y fecha de la puesta a disposición de la información precontractual con las oportunas manifestaciones del tomador al respecto y realizando las comprobaciones que considere pertinentes en atención al seguro concreto de que se trate: (i) manifestación del tomador de que el distribuidor le ha facilitado la información precontractual (ii) manifestación del tomador de que el distribuidor le ha dado las explicaciones necesarias (iii) expresa aceptación de las cláusulas limitativas de derechos, (iv) etc…

En relación a la intervención mediante videoconferencia puede lograrse el mismo efecto del que gozan las polizas bancarias en las que su remisión, por la entidad bancaria, a la sede electrónica notarial, implica su consentimiento al negocio, si la correspondiente entidad aseguradora así lo establece con carácter previo en documento público, facultando, en tal caso, a sus distribuidores debidamente inscritos en la DGSP para el proceso.

Este proceso, que habría de dividirse en las dos etapas antes descritas, resulta, en nuestra opinión, de especial interés para el sector asegurador a los efectos de:

i) cumplir con la exigente normativa sectorial relativa al modo de transmisión de la información precontratual —que en todo caso y en nuestra opinión debe simplificarse— y su conservación
ii) lograr la máxima transparencia en aquellas cuestiones que generan dudas y litigiosidad como la mencionada distinción entre cláusulas limitativas de derechos y cláusulas delimitadoras del riesgo
iii) prevenir y detectar conductas fraudulentas relativas a seguros[78] y
iv) abordar su propio e inevitable proceso de transformación digital.

En relación a la nueva regulación del ejercicio de la capacidad jurídica por las personas con discapacidad el notario puede desempeñar el apoyo institucional que le es propio de diversas formas: (i) como ya se ha expresado, mediante el proceso descrito con sus dos fases, especialmente en pólizas de vida o de dependencia, ejerciendo el control ordinario al que antes hacíamos referencia y además, prestando todas las adaptaciones y los apoyos que sean necesarios y también (ii) en las escrituras de constitución

78 El artículo 100 "Lucha contra el fraude" LOSSEAR dispone "Las entidades aseguradoras deberán adoptar medidas efectivas para prevenir, impedir, identificar, detectar, informar y remediar conductas fraudulentas relativas a seguros, ya se adopten de forma individual o mediante su participación en ficheros comunes a los que se refiere el artículo 99.7"

de medidas de apoyo de naturaleza voluntaria y/o en los poderes y mandatos preventivos informando y asesorando en relación a la contratación de seguros, en especial los de vida, renta vitalicia y análogos. Y recuérdese que cabe la posibilidad de excluir en todo o en parte el régimen de la curatela lo que no deja de ser una consecuencia más de la preferencia de las medidas de apoyo sobre las judiciales.

Finalmente recordemos la reflexión sobre la conveniencia de que la designación del beneficiario del seguro de vida se incorpore a los testamentos de manera que todo el proceso sucesorio sea unitario, tanto civil como fiscalmente, evitando las frecuentes dudas sobre quiénes son los beneficiarios y sobre el criterio de cálculo de las legítimas.

Sección IV
Contratación y sector financiero

*Nueva fórmula de cooperación entre bancos y aseguradoras: la caución indirecta de segunda generación**

PEDRO PORTELLANO DÍEZ
Catedrático de Derecho Mercantil
Universidad Autónoma de Madrid

SUMARIO: I. INTRODUCCIÓN. II. SIGNIFICADO DE "CAUCIÓN INDIRECTA". 1. Génesis. Caución directa ***versus*** caución indirecta. 2. Del silencio doctrinal a ciertos ensayos hermenéuticos. III. INFLUJO DE LA TERMINOLOGÍA SOBRE GARANTÍAS BANCARIAS. IV. CAUCIÓN INDIRECTA DE PRIMERA Y DE SEGUNDA GENERACIÓN. 1. Caución indirecta "de primera generación". 2. Caución indirecta "de segunda generación". V. DE LA RIVALIDAD A LA COOPERACIÓN ENTRE BANCOS Y SEGURADORAS.

I. INTRODUCCIÓN

Nadie puede negar que el seguro de caución es un seguro conocido y que viene utilizándose en la praxis española desde hace tiempo. En teoría su utilidad es prácticamente ilimitada. Sin embargo, su desenvolvimiento ha venido estando muy ligado a incumplimientos muy concretos[1]. Su hábitat natural ha sido determinados sectores de actividad (la construcción) o para cubrir los derechos de unos acreedores muy especiales (las Administraciones Públicas)[2]. También en otros sectores o frente a otros sujetos se

---

* Este trabajo se enmarca en el Proyecto de Investigación del Ministerio de Ciencia e Innovación "Gobierno Corporativo: el papel de los socios III" (PID2022-138664NB-C21), cuyos IPs. son A. Perdices y B. Bago.

1 EMBID, "Problemas actuales del seguro de caución", en ANGULO/CAMACHO/HOYOS (dir.), *Las tendencias actuales de los contratos de garantía,* Atelier, Barcelona, 2005, p. 51.

2 En todos esos casos, sea por la naturaleza de los posibles incumplimientos o por el acreedor asegurado, la ley prevé expresamente la posibilidad de seguro de caución. Desde esta perspectiva, por lo que se refiere a la construcción, v. art. 19 y disp. ad. primera de la Ley 38/1999, de Ordenación de la Edificación; y con relación a la Administración Pública como asegurado, v. arts. 49.3, 106.3, 108.1, 109.4, 111.2 y 112.3 de la Ley 9/2017, de Contratos del Sector Público; arts. 57,

hacía uso del seguro de caución. Pero tradicionalmente su arraigo no era particularmente vigoroso. O al menos no lo era tanto como su competidor: las garantías bancarias. En efecto, a la hora de garantizar el cumplimiento de una obligación contractual, el gran rival de las aseguradoras de caución siempre han sido las entidades de crédito, particularmente desde que la garantía bancaria más demandada fuera la denominada "a primer requerimiento" o "a primera demanda"[3].

Desde una perspectiva funcional, garantías bancarias y seguro de caución cumplen la misma misión: la cobertura del interés del acreedor en el cumplimiento de la obligación del deudor. Pero, desde luego en el caso nacional, a favor de la garantía bancaria a primer requerimiento jugaba, por un lado, que —precisamente— era bancaria (dato muy importante para una sociedad tan "bancarizada" como lo ha sido tradicionalmente la española); y, por otro lado, que lo era "a primer requerimiento". No podemos detenernos ahora en las características de la garantía a primer requerimiento[4]. Baste ahora señalar que su autonomía respecto al contrato subyacente genera mucha mayor confianza en el beneficiario de la garantía que un tradicional seguro de caución en el que la aseguradora podía negar el pago si el asegurado no acreditaba el incumplimiento o el tomador alegaba que no se había producido tal circunstancia. Todo ello en un marco de recelo generalizado hacia la institución del seguro. No hace falta invocar fuente alguna para decir que —fundada o infundadamente— en nuestro país durante muchas décadas a las pólizas de seguros se les ha venido achacando gran oscuridad; y, a las aseguradoras, una sistemática renuencia a la hora hacer efectivo el pago de indemnizaciones.

La rotundidad con la que los bancos venían imponiéndose a las aseguradoras en el mercado del crédito se está últimamente suavizando. Varias circunstancias lo explican. Algunas ya arrancaron antes de la llamada Gran Recesión (es el caso, por ejemplo, de la caución a primer requerimiento),

---

58, 64 y, sobre todo, Anexo VI del Reglamento general de la Ley de Contratos de las Administraciones Públicas (aprobado por el Real Decreto 1098/2001, de 12 de octubre); y los arts. 12, 16 y 29 a 33 del Real Decreto 937/2020, de 27 de octubre, por el que se aprueba el Reglamento de la Caja General de Depósitos.

3 Con acierto así lo señaló en su momento J. SÁNCHEZ-CALERO GUILARTE, *El contrato autónomo de garantía. Las garantías a primera demanda,* Centro de documentación bancaria y bursátil, Madrid, 1995, pp. 130 y 131.

4 Del tema nos hemos ocupado recientemente en nuestro trabajo "First demand guarantees under Spanish law", en GRAF VON WESTPHALEN/ZÖCHLING-JUD (eds.), *Die Bankgarantie im internationalen Handelsverkerhr,* 5ª ed., Fachmedien Recht und Wirtschaft-dvf Mediengruppe, Frankfurt, 2023, p. 746 y ss.

aunque con motivo de la actual coyuntura económica se ha incrementado la tendencia del mercado hacia ese tipo de producto (v. *infra* A). Otras, como es un cierto estrangulamiento del mercado del crédito, son propias de las sucesivas crisis que hemos sufrido desde la Gran Recesión, en particular, por la pandemia del COVID 19, los conflictos geopolíticos, la transición hacia un nuevo modelo energético y las tensiones inflacionistas (v. *infra* B). Veámoslas.

A) El primer hito que permitió a las aseguradoras de caución ganar terreno frente a las entidades de crédito fue la generalización (aun cuando el asegurado no fuera una Administración Pública) del seguro de caución "a primer requerimiento"[5]. Su esencia, al igual que en las garantías bancarias homónimas, consiste en hacer inoponible frente al acreedor (es decir, frente al asegurado) las excepciones que pudieran surgir tanto de la relación subyacente (la existente entre, típicamente, el deudor/tomador y el acreedor/asegurado) como de la relación entre el deudor/tomador y la aseguradora[6]. Tanta es la expansión del seguro de caución a primer requerimiento, que hoy en día, salvo que el acreedor/asegurado sea muy poco sofisticado o muy tolerante, no se conformará con un seguro de caución tradicional[7].

---

[5] Sobre la plena licitud del seguro de caución "a primer requerimiento", v., entre otras, las STS 16 febrero 1983 (RJ 1983, 10379) y 13 diciembre 2000 (RJ 2000, 10438).

[6] Por citar un estudio monográfico relativamente reciente sobre el seguro de caución a primer requerimiento, v. BUSTILLO, *Sobre la atipicidad de las garantías a primera demanda y del seguro de caución*, Comares, Granada, 2014, p. 263 y ss.; y analizado desde el plano de las garantías a primer requerimiento, v. las consideraciones al seguro de caución a primer requerimiento de MARIMÓN, "La garantía independiente o a primer requerimiento", en MARQUÉS/DE LA CÁMARA ENTRENA, coord., *Las garantías en el Derecho Mercantil: problemática actual*, Fundación Notariado, 2021, p. 234 y ss.

[7] El (frustrado) Anteproyecto de Código Mercantil de 2014, en su art. 582–39, regulaba el seguro de caución; y al hacerlo, reproducía la actual dicción del art. 68 LCS. Pero añadía una novedad (v. TAPIA, "Los contratos de seguro y de mediación de seguros en la «propuesta de Código Mercantil»", *RDM*, 292, 2014, p. 41), que se arrastraba desde el Anteproyecto de Ley de Contrato de Seguro de junio de 2010 (v. CAMACHO, "Comentario al art. 63 del Anteproyecto", *RES*, 143-144, 2010, pp. 803 y 804). En efecto, el apartado 2 del proyectado art. 582–39 establecía: *"Será necesaria la autorización expresa del asegurado para resolver el contrato de seguro de caución por causas distintas al mero transcurso del plazo de duración establecido"*. Se dijo, en tono elogioso, que la finalidad del nuevo inciso era proteger al asegurado, sobre todo, frente al riesgo de que, como consecuencia del impago de la

prima por parte del tomador, el asegurador no indemnizara al asegurado porque hubiera resuelto el contrato de seguro (art. 15 LCS; art. 581-14 del Anteproyecto) (CAMACHO, *RES*, 143-144, 2010, pp. 803 y 804, que ya antes había propiciado esa solución en su obra *El seguro de Caución. Estudio crítico*, Mapfre, Madrid, 1994, pp. 106 y 107; BUSTILLO, *Atipicidad*, pp. 294 y 295). A nuestro juicio, la regulación proyectada presentaba problemas de entidad. *(i)* En primer lugar, si la preocupación del pre-legislador era el impago de la prima, existían en el panorama comparado soluciones más equilibradas. Este es el caso de la regulación portuguesa. De acuerdo con ella, salvo que se trate de una caución "a primer requerimiento" (cláusula de inoponibilidad en la terminología lusa), antes de resolver el contrato de seguro, el asegurador deberá informar del impago de la prima al asegurado para que este pueda pagar y así evitar la resolución (art. 164 del *Decreto-Lei n.º 72/2008, de 16 de Abril, de Regime Jurídico do Contrato de Seguro*). *(ii)* En segundo lugar, resultaba llamativo que en caución se fuera más allá del ramo de seguro en el que el perjudicado tiene la máxima protección: el seguro de responsabilidad civil. En este, si el tomador no paga la prima y el contrato ha quedado resuelto, el perjudicado no podrá dirigirse contra la aseguradora. *(iii)* En tercer lugar, aun cuando se hubieran admitido como tolerables las dos objeciones anteriores, la imposibilidad de resolver el contrato hubiera resultado extraordinariamente onerosa para las aseguradoras cuando el seguro de caución incluyera "*covenants* finanacieros". Nos explicamos. En efecto, el estándar de mercado en seguros de caución es que cuando la eficacia frente al asegurado del seguro de caución es superior a un año, la prima se periodifica anualmente (la explicación de este comportamiento responde a la lógica de la competencia: los bancos no cobran de una sola vez la comisión por emisión de garantías; y, por tanto, las aseguradoras de caución, para no situarse en desventaja frente a los bancos, tampoco pueden (*rectius*, quieren) cobrar la prima de una sola vez). Ello implica que las aseguradoras asuman el riesgo de que, pagada la primera anualidad, el tomador no pague alguna de las sucesivas. Pero lo relevante para la aseguradora no es tanto el pago de la prima —que, por supuesto, es su precio— como la posibilidad de ejercitar la acción de reembolso una vez pagado al asegurado; y esa acción no se perjudica por el impago de la prima; esta se puede agregar a la cantidad exigida en concepto de reembolso (así, por ejemplo, parece que sucedió en el caso que dio lugar a la Sentencia del Juzgado de lo Mercantil núm. 6 de Madrid de 18 febrero 2013, de la que da cuenta M. L. MUÑOZ PAREDES, "Seguro de caución y concurso del tomador (comentario a la sentencia del Juzgado de lo Mercantil número 6 de Madrid de 18 de febrero de 2013)", *ADCo*, 30, 2013, p. 307 y ss.). Las aseguradoras de caución incluso asumen el riesgo de que el tomador incumpla sus compromisos de anticipación de la acción de reembolso en cuanto el asegurado reclame el pago, es decir, lo que se conoce en el lenguaje del sector como "*cash cover*". Y en esos dos casos sin perjuicio de las acciones contractuales que correspondan a la aseguradora frente al tomador por sus incumplimientos. Donde verdaderamente la aseguradora corre un importantísimo riesgo financiero es cuando se dispara la probabilidad de que resulte infructuoso el ejercicio (incluso judicial) de la acción de reembolso contra el tomador. Pues bien, para (legítimamente) protegerse de

B) El segundo hecho que ha atenuado la total preponderancia de las entidades de crédito se explica por las sucesivas crisis económicas y sus efectos, que han generado, con distinta intensidad, dificultades e incluso en algún caso estrangulamiento del mercado de crédito en el más amplio sentido del término. En la práctica empresarial, la emisión de garantías por parte de los bancos se incardina a menudo en contratos de apertura de crédito. La petición de una garantía, y correspondiente emisión, supone pues consumo de la cantidad disponible por parte del acreditado. En un entorno en el que el número de empresas en dificultades financieras aumenta, la consecuencia natural es que en muchos casos las líneas de crédito estén totalmente dispuestas. En estas situaciones, el recurso al seguro de caución se muestra como una sólida alternativa, pues

---

ese riesgo las aseguradoras introducen los "*covenants* financieros". Dicho término hace referencia a los coeficientes o magnitudes relativas al estado patrimonial del tomador (*vgr.*, el *ratio* de endeudamiento sobre fondos propios, o sobre beneficio operativo o EBITDA, etc.) utilizados por las aseguradoras para asegurarse de que los tomadores operarán de manera financieramente prudente para asegurar el, en su caso, reembolso a la aseguradora. Al tiempo, permiten a las aseguradoras vigilar el riesgo asumido frente al tomador y su posible insolvencia, anticipando la misma y otorgando la posibilidad de reaccionar mediante mecanismos que sean coherentes con las posibles acciones de reintegración de la Ley Concursal. Cuando se introducen "*covenants* financieros" en una póliza es porque, para la aseguradora, constituyen un condicionante esencial de la suscripción del seguro. Sin ellos, no lo habría hecho (o lo habría hecho, pero con una prima mucho más elevada). Por tanto, cortar de raíz la posibilidad de las aseguradoras de resolver el contrato en caso de incumplimiento de dichos *"covenants"*, en caso de que el Anteproyecto de Código Mercantil hubiera llegado a puerto, no hubiera resultado acertado. *(iv)* La modificación que introducía el Anteproyecto de Código Mercantil no solo era poco feliz. Además, era innecesaria. Lo era porque en el seguro de caución el mercado funciona. Dada la pujanza de los seguros de caución a primer requerimiento y la general sofisticación de los acreedores que aceptan seguros de caución en lugar de una garantía bancaria a primer requerimiento, los acreedores, cuando lo estimen oportuno, sabrán bien cómo protegerse. Si existen sectores de la contratación donde por sus características (construcción, Administraciones Públicas) se estima que el mercado presenta disfuncionalidades o se precisa un plus de protección que exigen la intervención coactiva del Legislador, establézcase para dichos sectores la regla de la imposibilidad de resolver el contrato de seguro por causas distintas al mero transcurso del plazo de duración (así sucede de hecho: v. *supra* nota núm. 3). Pero no hubiera sido razonable convertir lo que debe ser una excepción no ya en la regla general, sino en la regla en todo caso.

evidentemente "no consume" crédito a efectos del correspondiente contrato bancario.

Y cuando la suma disponible no se ha agotado, en ocasiones se prefiere no hacerlo en previsión de futuras necesidades de financiación a cargo de la línea de crédito bancario[8]. Pero incluso siendo la suma disponible aún grande o no habiendo previsión de necesidades de financiación, un seguro de caución a primer requerimiento puede dar mayor confort a un acreedor que una garantía bancaria a primer requerimiento. Todo dependerá del emisor. Cuando la reputación (en términos de buen pagador) de la entidad de crédito o su *rating* son bajos, el acreedor sofisticado tiende a preferir un seguro de caución a primer requerimiento si la reputación o el *rating* de la aseguradora son superiores. Tampoco parece indispensable abundar en los motivos por los cuales el *rating* de muchas entidades de crédito nacionales ha disminuido (por contraposición al mantenimiento del de muchas aseguradoras, particularmente, cuando esas hallan insertas en grupos multinacionales)[9].

---

8 Además, el seguro de caución reporta una ventaja adicional ya no frente al banco con el cual se tiene la línea de crédito, sino frente a otras entidades crediticias. No figura como riesgo en la Central de Información de Riesgos del Banco de España (CIRBE), ya que las aseguradoras no tienen la consideración de entidades declarantes (v. arts. 59 y 60 de la Ley 44/2002, de 22 de noviembre, de Medidas de Reforma del Sistema Financiero; art. 1 de la Norma primera de la Circular 1/2013, de 24 de mayo, del Banco de España, sobre la Central de Información de Riesgos). Ni siquiera para el ámbito, en términos globales, relativamente marginal, del sector primario. Y ello aun cuando pudiera pensarse lo contrario, al menos, con referencia a la Sociedad Anónima Estatal de Caución Agraria (más conocida como SAECA). Esta sociedad es expresamente mencionada en aquella Circular 1/2013 como entidad declarante. SAECA es una sociedad mercantil estatal cuyos accionistas son la Sociedad Estatal de Participaciones Industriales (SEPI), con un ochenta por ciento del capital, y el Fondo Español de Garantía Agraria (FEGA), con el restante veinte por ciento del capital. A pesar de que en la denominación social se incluye el término "caución", no se trata de una entidad aseguradora y, en consecuencia, no es contraparte de seguros de caución. SAECA otorga avales y fianzas (es decir, garantías personales y no seguros de caución) para los operadores de los ámbitos agrario, pesquero y alimentario (v. Real Decreto 1548/1988, de 23 de diciembre, sobre disolución y liquidación de la Asociación de Caución para las Actividades Agrarias (ASICA) y normas de funcionamiento de la Sociedad Anónima Estatal de Caución Agraria (SAECA); y, para la consulta de sus estatutos e información sobre sus actividades, https://saeca.es).

9 En general, sobre la trascendencia de los *ratings* en los mercados financieros, v. TAPIA, *Las Agencias de Calificación Crediticia. Agencias de Rating*, Aranzadi, Cizur Menor, 2010, pp. 27-37; y, respecto a las entidades de seguro, v. nuestro trabajo *El reaseguro: nuevos pactos*, Thomsom, Cizur Menor, 2007, pp. 54 y 55.

Pero al margen de las circunstancias ya descritas, las aseguradoras de caución —según intentaremos mostrar— aún tienen margen para mejorar su posición; o, al menos, disponen de instrumentos técnico—jurídicos para lograrlo. Pero —y esto es lo que ahora queremos subrayar— esa mejora no se haría a costa de la posición de los bancos. Sería fruto de una estrategia cooperativa entre ambos tipos de entidades financieras. El vehículo de la cooperación se encontraría en una cierta variante de la modalidad del seguro de caución denominada "caución indirecta". Pero para llegar ahí, el primer paso de nuestra investigación ha de dirigirse a identificar qué es "caución indirecta" (por contraposición a "caución directa"). Daremos cuenta de su origen legal y de los intentos de la doctrina por atribuir a cada una de esas categorías un significado (v. *infra* II); aunque, a la postre, desentrañaremos el significado de la "caución indirecta" gracias a la terminología empleada por la doctrina germana en cierto ámbito (v. *infra* III). Después nos ocuparemos de las diversas variantes de "caución indirecta" (v. *infra* IV); dejando para el final aquella que permite articular aquella estrategia cooperativa a la que aludíamos (v. *infra* V).

II. SIGNIFICADO DE "CAUCIÓN INDIRECTA"

No son pocos los trabajos que nuestra doctrina ha dedicado al seguro de caución y, en correspondencia, múltiples las cuestiones analizadas[10]. Pero, salvo muy contadas excepciones, se ha soslayado sistemáticamente el desciframiento del significado de la "caución indirecta" o, si se prefiere, la diferencia entre "caución directa" y "caución indirecta". Ninguno de esos dos términos aparece en el único precepto que la LCS dedica al seguro de caución (art. 68). Donde comenzaron a emplearse, y aún hoy sigue haciéndose, es en las normas que se ocupaban —y ocupan— no de los aspectos contractuales del seguro, sino de los regulatorios.

1. Génesis. Caución directa versus caución indirecta

La primera vez que en el Derecho español se hizo uso de los términos "caución directa" y "caución indirecta" fue en la Orden de 29 de julio de

---

10 Por no cansar al lector con una extenuante enumeración de monografías, artículos y comentarios de sentencias relativas al seguro de caución, le remitimos a la recopilación bibliográfica recogida por TIRADO, "Comentario al art. 68", en F. SÁNCHEZ CALERO (dir.), *Ley de Contrato de Seguro. Comentarios a la Ley 59/1980, de 8 de octubre, y a sus modificaciones,* 4ª ed., Aranzadi, Cizur Menor, 2010, pp. 1461-1463.

1982 por la que se clasificaban los ramos de seguros. Su art. 2 señalaba que, entre los ramos de seguros distintos al de vida, se encontraba —según indicaba el epígrafe 15— el seguro de caución, y se añadía *"Comprende las siguientes modalidades: a) Caución directa. b) Caución indirecta"*. Desde entonces, dicha distinción se ha venido manteniendo de manera ininterrumpida en todas las normas que han establecido los distintos ramos del seguro distinto del de vida: Orden de 7 de septiembre de 1987 por la que se desarrollaban determinados preceptos del Reglamento de Ordenación del Seguro Privado; Ley de Ordenación y Supervisión de los Seguros Privados de 1995 ("LOSSP"); Real Decreto Legislativo 6/2004, por el que se aprobaba el Texto Refundido de la Ley de Ordenación y Supervisión de los Seguros Privados ("TRLOSSP"); y, finalmente, Ley 20/2015, de 14 de julio, de ordenación, supervisión y solvencia de las entidades aseguradoras y reaseguradoras ("LOSSEAR").

El problema de interpretación del alcance de esa distinción entre caución directa e indirecta radica en que no tiene reflejo en el art. 68 LCS. Este precepto solo suministra una definición del seguro de caución. Los pocos autores que se han ocupado de la cuestión han intentado explorar en los antecedentes legislativos y en la legislación comparada para asignar un contorno preciso a cada una de esas modalidades de seguro de caución. Sin embargo, los resultados, según se nos dice, no han sido nada gratificantes.

En efecto, a pesar de que el seguro de caución es una figura aseguratoria antigua, ni las fuentes legales ni doctrinales históricas recogen aquella distinción. En el plano del Derecho positivo, aparece por primera vez, y en este punto hay consenso, en la Directiva 73/239/CEE, relativa a las condiciones de acceso al estatuto de empresa aseguradora en los ramos no—vida. Pero esa norma comunitaria se limitaba a establecer que, como ramo independiente, el seguro de caución tenía dos modalidades: la caución directa y la indirecta. Sus "considerandos" no arrojaban luz alguna.

En las correspondientes normas de ordenación del seguro de los Estados miembros de la entonces Comunidad Económica Europea se recogió dicha distinción, pero nunca se traspasó a la regulación contractual del seguro de caución o, si se hizo, nunca se le asignó contenido[11]. Y en España sucedió exactamente lo mismo. La citada Orden de 29 de julio de 1982 fue

---

[11] Portugal es el caso paradigmático de inclusión de las referencias a la caución directa e indirecta en una regulación contractual pero sin dotarles de sustancia o contorno. Nos referimos, en concreto, al *Decreto-Lei* n.º 183/88 relativo a los segu-

dictada en pleno proceso de negociación para la adhesión a la CEE. Como en tantos otros ámbitos, también en lo concerniente a los distintos ramos de seguro el legislador nacional ya iba haciendo converger la normativa interna con la comunitaria en la previsión de una pronta incorporación a la CEE. Así se desprende claramente de las palabras previas que preceden al articulado de dicha Orden[12]. La aprobación de esa Orden y su mención a las dos modalidades de caución (directa e indirecta) no fue seguida, sin embargo, de la modificación de la LCS, que había entrado en vigor tan solo quince meses antes.

2. *Del silencio doctrinal a ciertos ensayos hermenéuticos*

Si a la falta de explicación en la Directiva 73/239/CEE sobre el sentido de la diferencia entre las dos modalidades de seguro de caución, se añade que esa Directiva no supuso una modificación de la normativa contractual del seguro de caución, la consecuencia era previsible: un clamoroso silencio en el panorama doctrinal comparado en torno a la figura de la caución indirecta[13].

Y otro tanto cabe decir de los autores españoles que se han ocupado del seguro de caución. Solo unos pocos han ensayado una interpretación sobre el sentido de la diferencia entre caución directa e indirecta. De acuerdo con cierta exégesis —si nosotros alcanzamos bien a entenderla—, la caución directa sería aquella descrita en el art. 68 LCS. Como caución indirecta encontrarían cobijo aquellos seguros, que aun cuando funcionalmente concedan garantía, no encajarían en el esquema del art. 68 LCS. El

---

ros de crédito y caución. No obstante, como veremos a su debido tiempo, doctrina y jurisprudencia lusas han realizado una encomiable labor (v. *infra* IV.2).

12 *"Con objeto de facilitar el otorgamiento de la autorización administrativa para el ejercicio de la actividad aseguradora, es conveniente concretar la clasificación de los ramos de seguros a los efectos de dicha autorización; para ello, tanto la Comunidad Económica Europea como la Organización para la Cooperación y Desarrollo Económicos, han aprobado sus respectivas clasificaciones de ramos, entre las que existen pequeñas diferencias y que deben ser tenidas en cuenta en nuestro país, acomodándonos a su terminología".*

13 Basta una ojeada a dos clásicos en materia de seguros, en dos países donde el seguro de caución se utiliza intensamente (Reino Unido y Alemania), para darse cuenta del silencio sobre la materia: COLINVAUX, *Law of insurance*, 8ª ed., Sweet & Maxwell, London, 2006, *passim*; PRÖLSS/MARTIN, *Versicherungsvertragsgesetz*, 27ª ed., Beck, München, 2004, *passim*. Como ya se ha advertido, resultan excepcionales —y no demasiado remotas en el tiempo— las voces de quienes han prestado atención a la caución indirecta. A ellas haremos alusión en su debido momento (v. *infra* IV.2).

amparo normativo de esta lectura —se dice— se encontraría en el actual art. 5 LOSSEAR (antiguo art. 4 tanto de la LOSSP como del TRLOSSP), que prohíbe a las aseguradoras (so pena de nulidad de pleno derecho), *"el ejercicio de cualquier otra actividad comercial y la prestación de garantías distintas de las propias de la actividad aseguradora"*. Por tanto, se dice, *a contrario* es posible la prestación de "otros tipos de garantías" (instrumentalizadas a través de un seguro) distintas del seguro de caución del art. 68 LCS y del seguro de crédito del art. 69 LCS. En otras palabras, se concluye, seguro de caución indirecta equivaldría a seguro de caución "atípico"[14].

En esa misma línea, se sitúan los que postulan que debería considerarse caución indirecta aquellos seguros en los que, otorgándose funcionalmente garantía por un incumplimiento, el seguro de caución no es por cuenta ajena sino por cuenta propia. Y esta visión se vería soportada por el carácter esencialmente de gran riesgo del seguro de caución (art. 44 LCS en rel. arts. 2 y 107 LCS)[15].

Estos posicionamientos vienen a allanar, en cierto modo, el camino hacia la comprensión del seguro de caución indirecta. Pero una cierta labilidad y la fundamentación jurídica esgrimida les resta —a nuestro juicio— fuerza heurística[16]. Por lo que atañe a lo primero, no se acaba de concretar —o al menos ejemplificar— los supuestos típicos de caución indirecta. En lo concerniente a lo segundo (fundamentación jurídica), ni el art. 5 LOSSEAR (antiguo art. 4 de la LOSSP y del TRLOSSP) ni el bloque formado por los arts. 44, 2 y 107 LCS permiten desentrañar la significación que haya de atribuirse a las modalidades de caución directa y caución indirecta. Todas esas normas puedan ayudar a dar cuenta de la licitud de lo que se entienda por caución indirecta. Pero no desvelan su esencia ni sus rasgos característicos.

---

14 Así BARRES, *Régimen jurídico del Seguro de Caución,* Aranzadi, Cizur Menor, 1996, pp. 123 y 219. A esta opinión se sumó EMBID (en ANGULO/CAMACHO/HOYOS, dir., *Tendencias,* p. 51); y, según parece, VEIGA ("Contrato de seguro", en BERCOVITZ, dir., *Tratado de Contratos,* V, 3ª ed., Tirant lo Blanch, Valencia, 2020, p. 7478) y BUSTILLO (*Atipicidad,* p. 266).

15 Al parecer en la misma línea, TIRADO, en F. SÁNCHEZ CALERO (dir.), *Ley de Contrato de Seguro,* 4ª ed., p. 1474.

16 Así BATALLER ("El seguro de caución en España", *RDM,* 224, 1997, pp. 879 y 880), sin finalmente asignar una significación precisa a la caución indirecta, ha insistido en la importancia de no hacer una interpretación a contrario desmesurada de ese precepto, por un lado; y, por el otro, ha considerado no aceptable de *lege lata* (si acaso de *lege ferenda*) la posibilidad de que el seguro de caución sea por cuenta propia.

En efecto, por lo que atañe al art. 5 LOSEAR, adviértase que su finalidad no es otra que la de impedir que las entidades aseguradoras actúen como garantes si la función de garantía no deriva de un contrato de seguro. En otras palabras, en la medida en que esa función se derive de un contrato de seguro, estaremos ante una actuación *"propia de la actividad aseguradora"*. En caso contrario, la actuación estará prohibida y lo realizado será nulo de pleno derecho. Se guarda así coherencia con una cuestión capital en el mundo del seguro. Una aseguradora debe dedicarse con carácter exclusivo a la práctica de operaciones de seguro o de actividades con ella relacionadas o auxiliares (además de a la inversión de su patrimonio)[17]. Por tanto, poco o nada nos dice el art. 5 LOSSEAR sobre qué deba entenderse por seguro de caución indirecta.

Y lo mismo ocurre con el bloque integrado por los arts. 44, 2 y 107 LCS. Tampoco el carácter esencialmente de gran riesgo del seguro de caución permite explicar adecuadamente el sentido de la caución indirecta. Es lógico. Baste con tener en cuenta que la aparición en el Derecho comunitario del concepto "gran riesgo" (y sus implicaciones) procede de la Directiva 88/357/CEE, quince años posterior en el tiempo a la Directiva 73/239/CEE, que es la que introdujo los términos "caución directa" y "caución indirecta". Así pues, la sucesión cronológica entre aquellas dos Directivas y su distancia temporal nos alerta de que no encontraremos en el concepto "gran riesgo" respuesta al interrogante de qué ha de entenderse por "cau-

---

[17] La doctrina ha defendido que es lícita la prestación de garantías en tanto se integre como acto complementario a la actividad aseguradora (v. MARIMÓN/BATALLER, "Las sociedades anónimas de seguros y la facultad de avalar a sus administradores (Comentario a la sentencia del Tribunal Supremo de 27 de junio de 1997)", *RDBB*, 68, 1997, p. 1375). Sin embargo, el Tribunal Supremo se muestra extraordinariamente estricto. Y así la Sentencia 19 noviembre 2008 (RJ 2009, 392) declaró nula la garantía (consistente en la pignoración de una cuenta bancaria a plazo fijo) otorgada por una aseguradora en garantía de un préstamo que un banco había otorgado a una agencia de seguros. El Alto Tribunal señaló: *"no parece dudoso que por "avales o garantías distintas de las propias de la actividad aseguradora" deban entenderse todos aquellos avales o garantías que no sean los que la entidad tiene que prestar como tal compañía de seguros, según no deja de advertir el propio tribunal sentenciador cuando se refiere al seguro de caución y al de defensa jurídica [...] Se trata, en suma, de una prohibición rigurosa que tiene por finalidad que las compañías de seguros, sometidas a un severo control público en beneficio primordialmente de los asegurados y del sector asegurador contemplado en su conjunto, no comprometan sus recursos en ninguna actividad que no sea la propiamente aseguradora"*. Sin embargo, la sentencia de apelación de la que la de casación trae causa (la de la Audiencia Provincial de Barcelona de 22 noviembre 2002; JUR 2003, 192109) consideró lícita la garantía.

ción indirecta". Donde la hallaremos en realidad será en los antecedentes para-legislativos de la Directiva 73/239/CEE. Lo comprobamos a continuación.

III. INFLUJO DE LA TERMINOLOGÍA SOBRE GARANTÍAS BANCARIAS

Como hemos indicado, la primera vez que se alude en los textos normativos a dos modalidades de seguro de caución (la directa y la indirecta) fue en la Directiva 73/239/CEE. Pero la razón de ser de esa referencia se encuentra realmente en un Informe publicado dos años antes, en 1971 (aunque al parecer fue finalizado en 1969), y quizás por su limitada difusión ha pasado prácticamente inadvertido[18]. En efecto, en esa fecha el *Max–Planck–Institut für ausländishes und internationales Privatrecht* de Hamburgo elaboró, a instancias de la Comisión de las entonces denominadas Comunidades Europeas, un estudio sobre el seguro de caución en los —por aquellos momentos— seis Estados integrantes (Alemania, Francia, Italia, Holanda, Bélgica y Luxemburgo). El Informe llevaba por título *The suretyship in the law of the Member States of the European Communities*[19].

Con el objetivo de preparar, en su caso, el terreno para una eventual armonización de las legislaciones de los Estados miembros, el Max–Planck–Institut, a lo largo de más de cien páginas, aborda las similitudes y divergencias respecto al seguro de caución en aquellos seis países[20]. Y aunque no era el objetivo único del Informe, aquella institución analiza con detenimiento cómo puede afectar al desenvolvimiento del seguro de caución que asegurado, tomador y aseguradora de caución (respectivamente *"beneficiary"*, *"principal"* y *"surety"* en la terminología anglosajona) no se encuentren localizados en el mismo país. Es en este marco de facilitación de operaciones

---

18 No parece que nuestros tratadistas hayan reparado en su existencia ni, desde luego, en su enorme trascendencia para comprender la figura de la caución indirecta.

19 Bajo la dirección de Ulrich DROBNIG, los autores del Informe fueron BERNSTORFF, WUPPERMANN, LUTHER, EINMAHL, RABELS, BRUNS, THOMAS. Apareció publicado en la colección *Competition: Approximation of legislative Series*, Brussels, núm. 14. Cinco años más tarde (en 1976) con motivo de la adhesión a la CEE del Reino Unido e Irlanda se publicó un complemento (en la misma colección, y con el número 28): *The law of suretyship and indemnity in the United Kingdom of Great Britain and North Ireland and Ireland.* Su autor fue Trevor C. HARTLEY.

20 De hecho, el Max-Planck-Institut acompañó su estudio de un borrador de propuesta (*"draft"*) de regulación comunitaria del seguro de caución, compuesto por diez artículos.

intracomunitarias (y en referencia conjunta a todo tipo de instrumentos que, en última instancia, cumplan una función de garantía, emitidos por bancos o por aseguradoras de caución), cuando el Max–Planck–Institut distingue entre garantías directas e indirectas. Por las primeras entiende aquellas en las que estando el *"beneficiary"* (de una garantía bancaria o de un seguro de caución) en un país distinto al del banco o al de la aseguradora, cualquiera de esas dos entidades emite la garantía. Pero cuando, por comodidad o desconfianza, el *"beneficiary"* quiere que quien asuma el compromiso, frente a él, esté localizado en su mismo país, entonces el banco o la aseguradora de caución se ve obligado a acudir a un corresponsal de ese último Estado que emita la garantía. En este último caso, el Informe habla de garantía "indirecta"[21].

Como se aprecia, en la asimilación funcional (no necesariamente de régimen jurídico) entre garantías bancarias y seguros de caución que hace el Informe al que nos venimos refiriendo, el Max–Planck–Institut aprovechó una terminología muy consolidada en la doctrina alemana en sede de garantías bancarias para referirse, por un lado, a la garantía *"directa"* que se emite por una entidad a petición de un deudor, y, por el otro, la emisión de la garantía *"indirecta"* que hace un corresponsal a petición de otra entidad que, a su vez, ha sido instada por un deudor[22].

---

[21] Estas son exactamente las palabras empleadas en el Informe (p. 23): *"EEC securities.— In this study this term denotes personal securities which cross the frontiers of a Member State but remain within the territory of the European Communities [...]. In the private sector banks and insurance companies very often furnish suretyships or guarantees in favour of a foreign creditor at the request of a domestic debtor [...]. International securities are given in two forms, direct and indirect. In the former, a domestic guarantor (usually at the request of a principal residing in the same country) gives the security directly to a foreign creditor. If, however the creditor will accept as security only suretyships (or guarantees) of the same nationality as himself –as is almost always the case with public agencies and very often with private creditors too– an indirect course has to be taken. The guarantor requests a correspondent in the creditor's country to furnish the security"*.

[22] El arraigo en Alemania de esta terminología se aprecia, entre muchos, en GRAF VON WESTPHALEN, "Rechtsverhältnis: Bank-Begünstigter im Fall einer "indirekten" Garantie", en GRAF VON WESTPHALEN/ZÖCHLING-JUD (eds.), 5ª ed., *Die Bankgarantie im internationalen Handelsverkerhr*, 4ª ed., Fachmedien Recht und Wirtschaft-dvf Mediengruppe, Frankfurt, 2023, p. 369 y ss. En nuestra doctrina, dicha terminología ha sido recogida, por ejemplo, por J. SÁNCHEZ-CALERO GUILARTE, *Contrato autónomo*, p. 243. En cambio, otro sector de la doctrina nacional parece referirse con el término "garantía indirecta" a la contragarantía que el banco instructor otorga a favor del segundo banco que emite la garantía a favor del beneficiario (v. BUSTO, *Las Garantías Personales Atípicas en el Ordenamiento Jurídico Español*, Aranzadi, Cizur Menor, 2006, p. 275).

La Directiva 73/239/CEE intenta reflejar esas dos realidades y, sobre todo, darles carta de naturaleza. Para ello, hace uso de la terminología empleada en aquel Informe. Y cuando una aseguradora de caución (de un determinado Estado) asume, sin intervención de otras entidades, compromiso frente al beneficiario o asegurado entonces realiza caución "directa". En cambio, cuando intervienen dos entidades, entonces se tratará de una caución "indirecta"[23]. En definitiva, será caución directa cuando la relación sea trilateral. Cuando sean cuatro los implicados entonces (dos de ellos el deudor y el acreedor de la relación subyacente) entonces será una caución indirecta[24].

Naturalmente debemos apresurarnos a advertir que la circunstancia de que una de esas dos entidades financieras involucrada en la caución indirecta sea extracomunitaria no afecta a la calificación de caución indirecta. Cuestión distinta es cómo les puede afectar el hecho de que la extracomunitaria no goce de las libertades de establecimiento y libre prestación de servicios. Pero esta es una cuestión que excede sobradamente el objeto de nuestro estudio. En lo que debemos concentrarnos a partir de ahora es en abordar los principales problemas jurídicos que presenta la caución indirecta y, sobre todo, en cómo la caución indirecta —dentro de esa idea cuatripartita— puede legítimamente seguir evolucionando.

---

[23] Precisamente solo alguno de los autores interesados por la caución con un perfil más profesional que académico (nos referimos a HOYOS, *El seguro de caución: una aproximación práctica*, Fundación Mapfre, Madrid, 2007, p. 128), habla brevemente de "*fronting*" o "garantías indirectas" (sin referencias a la LCS ni al entonces vigente TRLOSSP) para señalar que es cuando *"interviene una cuarta parte que es el banco o compañía de seguros del país local, ya que normalmente es una exigencia del beneficiario que el contrato sea garantizado por una institución local"*.

[24] Ciertamente estamos efectuando una cierta simplificación con el fin de esclarecer la materia. Somos perfectamente conscientes de que en no pocas ocasiones hay cuatro elementos personales y, sin embargo, no hay seguro de caución indirecta. Y no lo hay porque la aseguradora que recibe la petición de emitir una garantía no acude a otra entidad para que preste dicha garantía, sino que el cuarto elemento personal es precisamente el deudor, porque tomador y deudor no coinciden. Nos estamos refiriendo al supuesto de que una sociedad matriz (que asume el papel del tomador) contrata con una aseguradora un seguro de caución a fin de que esa indemnice al acreedor de una filial del tomador para el supuesto de que esa filial incumpla sus obligaciones para con su acreedor.

IV. CAUCIÓN INDIRECTA DE PRIMERA Y DE SEGUNDA GENERACIÓN

Los antecedentes históricos han evidenciado que la caución indirecta en la que pensaba el legislador comunitario (y, a partir de ahí, los de los Estados miembros) es aquella en la que, a raíz de la concertación de un seguro de caución, la aseguradora necesita (o le resulta conveniente) el auxilio de otra entidad aseguradora o de otra naturaleza jurídica. A esta variante de caución indirecta la denominaremos "de primera generación" (v. *infra* 1). Pero junto a ella, ha surgido otra variante en la que el desencadenante no es la concertación de un seguro de caución, sino que este se celebra a resultas de que una entidad, que no es una aseguradora, ha emitido una garantía. A esta variante la llamaremos "de segunda generación" (v. *infra* 2).

1. Caución indirecta "de primera generación"

Con el término caución indirecta "de primera generación" queremos referirnos a aquella variante en la que el desencadenante de la estructura de la operación es la concertación de un seguro de caución y, en la que, por determinadas razones, interviene, además, otra entidad, sea aseguradora o no. Por tanto, en el conjunto de la operación, junto al tomador y asegurado, participan en la operación otras dos entidades: una aseguradora (o instructora) y otra entidad (aseguradora o no) conocida como emisora o corresponsal. Conviene dejar claro que quienes son parte del contrato de seguro son el tomador y la primera aseguradora (o instructora). No es parte, sin embargo, la segunda entidad (o corresponsal o emisora). Lo que sucede es que la primera aseguradora instruye a la entidad corresponsal o emisora para que, frente al asegurado, asuma el compromiso de indemnizar al asegurado en caso de incumplimiento de las obligaciones del tomador para con el asegurado. La prima es pagada por el tomador a la aseguradora instructora, no a la entidad emisora.

La razón de ser de la caución indirecta de "primera generación" —según se ha indicado— suele estribar en la exigencia del asegurado de que la entidad que presta el compromiso de pagarle radique en su mismo país. Los motivos que generalmente inducen a esa exigencia son la desconfianza o inseguridad jurídica que le genera la intervención de una entidad foránea. Pero puede haber otras causas. Desde la mayor facilidad procesal que puede suponer, en caso de conflicto judicial, demandar a quien radica en el mismo Estado, hasta impedimentos a la actividad de aseguradoras extranjeras en un determinado país. En efecto, cuando la operación es extracomunitaria, las regulaciones internas puede que no permitan la actividad de aseguradoras de distinta nacionalidad. No debe olvidarse que el seguro sigue siendo una actividad fuertemente regulada.

Pero la caución indirecta de "primera generación" naturalmente no tiene que circunscribirse a operaciones extracomunitarias. También dentro del ámbito de la Unión Europea tiene cabida. Cuando una aseguradora radicada en el mismo Estado miembro que el tomador no ha cumplido los trámites para operar en otro Estado miembro habrá de acudir a un corresponsal. Normalmente cuando la aseguradora instructora forma parte de un grupo multinacional, el papel de corresponsal lo cumple otra filial del grupo de la misma nacionalidad que el asegurado.

No obstante, debemos apresurarnos a advertir que el elemento internacional no es esencial al seguro de caución indirecta de "primera generación". Tan solo es *id quod plerumque accidit.* Puede que existan razones por las cuales, aun estando el asegurado en el mismo país que la aseguradora (con la que el tomador ha contratado) no se juzgue conveniente mostrar al asegurado un compromiso de pago, y por ello, acuda a un corresponsal[25].

Esta variante de seguro de caución indirecta, nadie puede negarlo, es respetuosa con el art. 68 LCS. La tríada formada por asegurador, tomador y asegurado se corresponde con tres personas distintas. Eso sí, con la peculiaridad de que interviene un cuarto elemento. Este es fruto del desdoblamiento en dos de la posición del asegurador. Por un lado, está el asegurador instructor (que es quien contrata con el tomador); y, por el otro, la entidad emisora, que, aun no siendo parte del contrato de caución, es quien asume frente al asegurado el compromiso de pagarle llegado el caso. Vistas las cosas en términos materiales y no puramente nominales, si por asegurador entendemos el que ha de pagar al asegurado (*ex* art. 1 LCS), el que, al final, asume las obligaciones propias del asegurador es una entidad que no es parte del contrato de caución: la entidad emisora.

---

25 Supongamos que, con motivo de otro contrato (por ejemplo, un seguro de incendios), aquel asegurado y la aseguradora están manteniendo una batalla judicial porque ese asegurado considera que la aseguradora no ha honrado sus compromisos contractuales (los del seguro de incendio). En esta situación, el asegurado desconfiaría de un seguro de caución en el que la aseguradora es la misma que, respecto al seguro de incendios, le ha negado la indemnización (o es sensiblemente inferior a la que el asegurado esperaba). En este caso sería comprensible que la aseguradora decidiera acudir a otra entidad para que actuara como emisora.

El esquema cuatripartito del seguro de caución indirecta plantea diversas cuestiones. Pero muchas de ellas pueden resolverse mediante una adecuada aplicación (esto es, *mutatis mutandis*) de la doctrina que se ha ido forjando en torno a las garantías bancarias indirectas, particularmente, las garantías a primer requerimiento. Y a ella nos remitimos[26]. En cualquier caso, resulta ineludible afrontar los principales problemas que, desde la perspectiva del Derecho de seguros, se plantean: el vínculo, por un lado, entre aseguradora instructora y entidad emisora (v. *infra* A); y, por el otro, entre asegurado, aseguradora instructora y entidad emisora (v. *infra* B).

A) En lo atinente a la relación entre aseguradora instructora y entidad emisora debemos distinguir dos planos: cuando la instructora solicita a la emisora que asuma el compromiso de pagar al asegurado (v. *infra* i), y la vehiculización de la obligación de pago que la instructora tiene frente a la emisora una vez que esa última ha pagado al asegurado (v. *infra* ii).

i) La solicitud de la emisora a la instructora de que esa última asuma el compromiso de pagar al asegurado, y la correspondiente aceptación, constituyen un contrato de comisión. La aseguradora instructora asume el papel de comitente y la entidad emisora de comisionista. La comitente (aseguradora instructora) mandata a la comisionista (entidad emisora) para que esta última asuma en nombre propio la obligación de pagar al asegurado (arts. 244-246 CCo).

La calificación contractual de comisión se mantiene aun cuando la entidad emisora sea una aseguradora. No se trata de un reaseguro en el que la instructora cedería en reaseguro el seguro de caución a la aseguradora emisora. No está presente el elemento definitorio del reaseguro tal y como lo configura el art. 77 LCS. Y no se da porque —parafraseando ese precepto— el rol de la emisora no es indemnizar a la instructora por el daño que esa última pueda sufrir al tener que pagar al asegurado lo pactado en el seguro de caución. La instructora no es la que tiene que pagar al asegurado. Por el contrario, quien asume *prima facie* frente al asegurado el compromiso de indemnizarle es la emisora. Es ella, y no la instructora, la que ha de dar la cara. Ya sabemos que en eso consiste el mandato que

26 Para una primera aproximación a la materia, puede consultarse BUSTO, "Contrato de garantía a primer requerimiento", en BERCOVITZ (dir.), *Tratado de Contratos*, IV, 3ª ed., Tirant lo Blanch, Valencia, 2022, p. 5178 y ss.; CARRASCO, "Garantías a primer requerimiento", en CARRASCO/CORDERO/MARÍN, *Tratado de los Derechos de Garantía*, I, 4ª ed., Thomson, Cizur Menor, 2008, capítulo 9 (hemos consultado la versión electrónica del libro); y, con más detalle, J. SÁNCHEZ-CALERO GUILARTE, *Contrato autónomo*, p. 231 y ss.

la instructora (comitente) da a la emisora (comisionista): que asuma en nombre propio la obligación de indemnizar al asegurado[27]. Precisamente porque la aseguradora emisora no es cesionaria de un eventual reaseguro cedido por la instructora, los reaseguros por tratado que tenga la emisora con reaseguradores no cubren esa operación[28]. En otras palabras, en el supuesto de que la emisora haya de pagar al asegurado no podrá dirigirse contra su reasegurador para recuperar la cantidad abonada. Habrá de acudir a la aseguradora instructora[29].

ii) Cuando la entidad emisora no es una aseguradora, no hay duda de que, con base en el art. 278 CCo, la instructora, en su calidad de comitente, ha de reembolsar a aquella lo que pagó al asegurado. En cambio, cuando la emisora es una aseguradora, aquel fundamento legal queda desplazado por —ahora sí— un reaseguro en el que la aseguradora emisora actuará como cedente (del reaseguro) y la aseguradora instructora como cesionaria (del reaseguro). El motivo de la postergación del art. 278 CCo es la conceptualización o tintura que la normativa en materia de seguros da a la obligación de pago de una aseguradora a otra aseguradora por haber tenido, esa última, que indemnizar a un asegurado (primario). Para el Derecho de Seguros, eso es un reaseguro (art. 77 LCS). En el caso de la caución indirecta de "primera generación" con intervención de dos aseguradoras, sabemos que la aseguradora emisora es la que, frente al asegurado (de un seguro de caución), ha asumido el compromiso de indemnizarle y, llegado el caso, es quien le pagará la indemnización. Por tanto, desde la perspectiva de la Ley de Contrato de Seguro, si después la aseguradora instructora ha de compensar a la aseguradora emisora por la cantidad abonada al asegurado, la aseguradora instructora lo que está haciendo es reasegurar a la

27 A cambio, la aseguradora emisora cobra una determinada cantidad de dinero, que no es una prima (de reaseguro) sino una comisión (art. 277 CCo). Es cierto que esa comisión, en la práctica aseguradora, es conocida como *"fronting fee"*, y que a la compañía emisora también se la denomina también compañía de *fronting*. Pero ese *"fronting"* no debe confundirse con la operación de reaseguro con cesión del ciento por ciento del riesgo (v. nuestro trabajo, *Reaseguro: nuevos pactos*, p. 52 y ss.).

28 Como se sabe, se entiende por reaseguro por tratado (o tratado de reaseguro) aquel por virtud del cual el reasegurador cubre, dentro de los límites señalados por el tratado, los riesgos de nacimiento de una pluralidad de dudas que pueden gravar el patrimonio del reasegurado; y esas eventuales deudas son consecuencia de los contratos de seguro de determinadas características celebrados por el reasegurado.

29 Resulta útil la información que proporciona HOYOS, *Seguro*, p. 129.

emisora[30]. La prima que el tomador pagó a la aseguradora instructora, esta la reputará prima (recibida) de reaseguro. No obstante esa canalización de la obligación de reembolso a través del reaseguro, dado que la base de la relación entre aseguradora instructora y aseguradora emisora es el contrato de comisión, las normas reguladoras de la comisión no necesariamente han de quedar total y definitivamente expulsadas del entramado contractual. En la medida en que los acuerdos entre instructora (reaseguradora) y emisora (reasegurada) requieran ser completados, podrá acudirse, con la cautela correspondiente, a aquellas normas.

B) Para cerrar el esquema de relaciones que surge en el seguro de caución indirecta de "primera generación" es preciso dirigir ahora la mirada al asegurado. Ya hemos dicho que la obligación de pagar al asegurado corresponde a la entidad emisora (no a la aseguradora instructora). Pero ahora se trata de averiguar si, en su pretensión de cobro, el asegurado ha de dirigirse contra la emisora, contra la instructora o si puede hacerlo contra ambas.

Para despejar la cuestión, con carácter previo habremos de reexaminar la generalizada afirmación de que el seguro de caución es un seguro por cuenta ajena en el sentido del art. 7 LCS. También por su conexión, deberemos reflexionar sobre el papel que desempeña el documento que la aseguradora entrega al asegurado, y en el que manifiesta su compromiso de indemnizarle en caso de incumplimiento de su acreedor —el tomador. Ese documento tiende a denominarse por nuestros estudiosos —e incluso algunas sentencias— "aval", aunque actualmente en la praxis está mucho más difundido el término —en inglés— *"bond"*. Si este en los seguros de caución directa suele estar presente, no falta jamás en la caución indirecta "de primera generación" (ya sea la emisora una aseguradora o una entidad de crédito). Es el documento que la emisora entrega al asegurado, indicando con precisión la obligación que queda cubierta, bajo qué requisitos

30 Naturalmente no existe ningún problema en que se pacte que la instructora (que actúa como reaseguradora) pague a la emisora (reasegurada) aun antes de que esta haya abonado la indemnización al asegurado. Correlativamente, aunque el inciso final del art. 68 LCS establece que hecho el pago al asegurado, su aseguradora (en nuestro caso, la instructora) podrá ejercitar la acción de reembolso contra el tomador, perfectamente puede exigirse anticipadamente en cuanto el asegurado reclame que se le abone la indemnización (*"cash cover"*). De este modo, el juego combinado de aquellas dos posibles estipulaciones reduce el impacto de tesorería en la emisora y en la instructora gracias a que en cuanto el asegurado reclame a la emisora el pago, esta inmediatamente se lo comunicará a la instructora que, a su vez, se dirigirá contra el tomador.

se pagará y la cuantía máxima a pagar. Cuando estas dos cuestiones preliminares hayan quedado debidamente abordadas, entonces surgirá como evidente la respuesta que haya de darse a la cuestión de si, en caso de que el acreedor de la relación subyacente (tomador del contrato de seguro) incumpla sus obligaciones para con su deudor (el asegurado), este último habrá de dirigirse contra la emisora, contra la instructora o si podrá hacerlo contra ambas.

Comencemos por las cuestiones preliminares. Aunque sin existir total unanimidad, reina un amplio consenso en que el seguro de caución es un seguro por cuenta ajena[31]. De acuerdo con esta calificación, y por virtud del art. 7 LCS, los derechos derivados del contrato corresponderán al asegurado. A partir de aquí, un sector de la doctrina (y en sede de caución directa, aunque sin denominarla así) resta valor al *"bond"*, asignándole un valor meramente probatorio —o facilitador— de los derechos del asegurado. Gracias al *"bond"*, llegado el caso, el asegurado —viene a decirse— podrá probar ante los tribunales su derecho[32]. En apoyo de esta interpretación suele traerse a colación la STS 30 julio 1991 (RJ 1991, 5425), que afirmó:

> *"a) La posibilidad de que la Compañía Aseguradora asuma el riesgo frente al asegurado mediante documento separado —ya aludida— no altera los términos del contrato de seguro —la referencia al «asegurado» es muy significativa— sino que debe entenderse en el sentido de que refuerza la posición de éste, al que se provee de dicha documentación —los avales— que no tiene otra finalidad que facilitar el ejercicio de sus eventuales reclamaciones a la*

31 OLIVENCIA, "Seguros de caución, crédito, responsabilidad civil y reaseguro (artículos 68 a 72 de la Ley)", en VERDERA (dir.), *Comentarios a la Ley de Contrato de Seguro,* I, Colegio Universitario de Estudios Financieros, CUNEF, Madrid, 1982, pp. 879 y 880; EMBID, "El seguro de caución: régimen convencional y naturaleza jurídica", *La Ley,* 1986, II, p. 1064 y ss.; del mismo, "El Seguro de Caución como garantía", en ALONSO UREBA/BONARDELL/GARCÍA VILLAVERDE (coord.), *Nuevas entidades, figuras contractuales y garantías en el mercado financiero,* Consejo General de los Colegios Oficiales de Corredores de Comercio, Madrid, 1990, pp. 704 y 705; TIRADO, en F. SÁNCHEZ CALERO (dir.), *Ley de Contrato de Seguro,* 4ª ed., p. 1474; BARRES, *Régimen jurídico,* pp. 166 y 167; M. L. MUÑOZ PAREDES, *ADCo,* 30, 2013, p. 313; BUSTILLO, *Atipicidad,* pp. 266 y 267; más cauto, sin embargo, CAMACHO, *Seguro,* p. 69 y ss. La consideración del seguro de caución como seguro por cuenta ajena ha recibido el beneplácito del Tribunal Supremo, v. las STS 5 junio 1992 (RJ 1992, 5002); 6 julio 1998 (RJ 1998, 5417); 14 diciembre 2000 (RJ 2000, 9897); 17 enero 2003 (RJ 2003, 1289); y 27 mayo 2004 (RJ 2004, 4264).

32 EMBID, "Aval, fianza y seguro de caución. Comentario a la STS (Sala 1ª) de 30 de julio de 1991", *La Ley,* 1992, I, p. 515 y ss.; CAMACHO, *Seguro,* pp. 43 y 44; FERNÁNDEZ BARGUÉS, "Reconducción del seguro de caución: mi experiencia", *RES,* 123-124, 2005, p. 709.

> *aseguradora y que se produce en ejecución del contrato de seguro; b) Siendo así, la interpretación del contrato independizando del mismo los avales conduciría al absurdo de restringir los derechos del asegurado limitándoles al ámbito de la fianza, lo cual es inadmisible y pugnaría con la razón de ser de la construcción de aquéllos; y c) Resulta perfectamente explicable —y no desvirtúa lo anterior— que, en las relaciones entre la Comunidad de Propietarios asegurada y la Compañía aseguradora, aquélla se refiera a los avales sin invocar el contrato de seguro de que derivaron, pues, realmente, el fin perseguido no era otro que obtener la indemnización del daño patrimonial sufrido en su relación con la tomadora del seguro".*

Pero ese planteamiento, a nuestro modo de ver, no puede acogerse sin graves reservas (tanto en caución directa como en indirecta); y ello, por cuanto, creemos, responde a un equívoco sobre el alcance de aquella Sentencia (v. *infra* i); y a una infravaloración de la complejidad técnico-jurídica del seguro de caución (v. *infra* ii).

i) En efecto, parece haber un equívoco sobre el alcance del contenido de aquella Sentencia. Esta —que se ocupaba de un seguro de caución directa— no realiza un análisis (ni general ni del caso concreto) del *"bond"* (o como ella dice "aval"). El Supremo simplemente afronta si un tribunal inferior puede, sin incurrir en incongruencia, fundamentar su decisión en normas distintas a las invocadas por la actora. Basta leer íntegramente la Sentencia para percatarse de que lo que sucedió es que la actora (el asegurado), en su demanda, había empleado (en alusión al documento que le había remitido la aseguradora) el término "fianza", y no el de "seguro de caución". Sin embargo, la sentencia de apelación, confirmó el fallo de la sentencia de instancia pero fundamentándolo en el "seguro de caución". La aseguradora, en casación, alegó que se había producido una incongruencia extrapetita. Y el Alto Tribunal rechazó que hubiera tal incongruencia, *"dado que lo esencial de la pretensión ejercitada en la demanda —la efectividad de los avales constituidos a consecuencia de los seguros— es sobre lo que se pronuncia la sentencia"*. Y es a continuación, y según el fragmento anteriormente reproducido, cuando explica por qué aquel documento (que denomina "aval") solo adquiere sentido en el contexto de un seguro de caución. Y es desde ese ángulo como debe leerse: *"Resulta perfectamente explicable [...] que, en las relaciones entre la Comunidad de Propietarios asegurada y la Compañía aseguradora, aquélla se refiera a los avales sin invocar el contrato de seguro de que derivaron, pues, realmente, el fin perseguido no era otro que obtener la indemnización del daño patrimonial sufrido en su relación con la tomadora del seguro"*.

Cuando el Tribunal Supremo en otras sentencias, de una manera u otra, ha dicho que —lo que nosotros llamamos— un *"bond"* es un complemento al seguro de caución era exclusivamente porque las aseguradores, al socaire de que en la documentación se hablaba de "aval", intentaron zafarse de la obligación de pago invocando las normas del Código Civil relativas a la fianza; y así alegaban el beneficio de excusión (STS 26 enero 1995; RJ 1995, 172) o que el asegurado no había probado el incumplimiento cuando en el documento remitido al asegurado se indicaba que era "a primer requerimiento" (STS 13 diciembre 2000; RJ 2000, 10438)[33]. Lo que el Alto Tribunal, en definitiva, no admite es que las aseguradoras entremezclen los regímenes de la fianza y del seguro de caución, esgrimiendo uno u otro, según convenga, para cada punto concreto de la controversia judicial. Este es el análisis que el propio Tribunal Supremo hace de su jurisprudencia, tal y como expresamente se indica en la Sentencia 28 mayo 2003 (RJ 2003, 3935)[34].

ii) Por otro lado, no debería desatenderse la complejidad técnico-jurídica del seguro de caución. La posición que pueda tener el asegurado frente a la aseguradora no puede simplificarse esgrimiendo que el seguro de caución es un seguro por cuenta ajena de acuerdo con la doctrina mayoritaria. No puede ignorarse lo dispuesto en el art. 7.3 LCS cuando indica, respecto a los seguros por cuenta ajena, que los derechos que derivan del contrato corresponderán al asegurado. Fijémonos que lo que establece ese precepto es que corresponderán al asegurado los derechos que *"derivan del contrato"*. Esto significa que habrá que estar al contrato para determinar qué derechos, si es que hay alguno, corresponden al asegurado. Puede que, pese a la existencia de un seguro de caución, un determinado acreedor carezca de derecho alguno. Así sucederá cuando tomador y aseguradora pacten (expresa o tácitamente) que la cobertura se extienda al incumplimiento de las obligaciones del tomador para con los acreedores que, en su momento,

---

[33] Precisamente porque no es una fianza a primer requerimiento el "bond" en el que se haga constar que el seguro de caución lo será a primer requerimiento, no es preciso acudir, con relación al objeto social (exclusivo, *ministerio legis*) de la aseguradora, a la doctrina de los actos neutros o complementarios para afirmar rotundamente que una aseguradora puede, sin infringir y ni siquiera bordear la LOSSEAR, emitir seguros de caución a primer requerimiento (no obstante, MARIMÓN, en MARQUÉS/DE LA CÁMARA ENTRENA, coord., *Garantías*, p. 237).

[34] Así lo dice: *"[S]i bien es cierto que en casos parecidos al presente se ha considerado el documento de aval un complemento del seguro de caución, siempre se ha hecho bajo el designio de defender al asegurado frente a las trabas opuestas por la aseguradora escudándose en excepciones propias de la fianza, como el beneficio de exclusión o la falta de prueba del incumplimiento del obligado principal (SSTS 26-1-95 y 13-12-00); en definitiva, para impedir un doble juego de las aseguradoras orientado a eludir sus obligaciones frente a quien había confiado en su garantía."*

el tomador deberá ir identificando, y comunicando, a la aseguradora[35]. En tanto en cuanto el tomador no precise qué acreedor tiene la condición de asegurado, está claro que un acreedor cualquiera no podrá apelar al art. 7 LCS para que la aseguradora le indemnice[36].

De la misma manera no debe ponerse reparo alguno a que (expresa o tácitamente) se condicione la indemnización a que el asegurador remita o entregue a una determinada persona (el asegurado) un documento (*"bond"*), gracias al cual queda perfectamente identificado no solo el asegurado, sino, sobre todo, la obligación u obligaciones cubiertas, las —en su caso— condiciones a las que queda sujeta la indemnización y, por supuesto, el importe (máximo) de la indemnización[37]. En este caso, el compromiso del asegurador únicamente nace con ocasión de la emisión del *"bond"*. Y solo entonces el asegurado puede jurídicamente reclamar la correspondiente indemnización.

La interpretación aquí defendida engarza, creemos, perfectamente con la actual posición del Supremo, de acuerdo con la cual *"cuando la fianza* [o *"bond"* o "aval"] *prestada en documento aparte garantiza plenamente los derechos de quien en la póliza aparece mencionado como asegurado, esta Sala viene afirmando su autonomía, sobre todo cuando el aval es a primer requerimiento"*. Son palabras de la ya mencionada Sentencia de 28 mayo 2003 (RJ 2003, 3935)[38].

---

35 Este supuesto es muy frecuente. Respecto a sus relaciones contractuales futuras, el tomador desconoce, en el momento de la suscripción de la póliza, qué acreedores le exigirán que sus obligaciones se vean respaldadas con una garantía (incluida el seguro de caución).

36 F. SÁNCHEZ CALERO señala: "[o]*tras veces en el contrato de seguro por cuenta ajena puede considerase en otros supuestos como necesaria la determinación del asegurado o grupo de asegurados si así se ha convenido"* ("Comentario al art. 7", en F. SÁNCHEZ CALERO, dir., *Ley de Contrato de Seguro. Comentarios a la Ley 59/1980, de 8 de octubre, y a sus modificaciones,* 4ª ed., Aranzadi, Cizur Menor, 2010, p. 222).

37 Ejemplo palmario de condicionamiento tiene lugar cuando en la póliza se establece que la aseguradora no emitirá ningún *"bond"* por propia iniciativa, sino que solo podrá hacerlo a petición del tomador. Habitualmente, además, a pesar de la solicitud formulada por el tomador, la aseguradora no se compromete a emitir el *"bond"*. Tan solo a examinar la solicitud tras el examen de todas las circunstancias del caso, incluidas las relativas a la persona del deudor del tomador, a la obligación garantizada, y a la concreta situación financiera que en ese momento presente el tomador. Solo cuando la aseguradora ha aceptado expresa o tácitamente la emisión del *"bond"* solicitado, se devenga la prima a satisfacer por el tomador.

38 Aunque ya la STS 5 julio 2000 (RJ\2000\6010) había afirmado: *"El título básico del demandante para el ejercicio de la acción, es el aval a primer requerimiento, no un contrato de caución del artículo 68 de la Ley del Contrato de Seguro"*. Y aun antes, la STS 30

Resueltas las anteriores cuestiones preliminares referente al alcance de la afirmación de que el seguro de caución lo es por cuenta ajena y al valor de los *"bonds"*, queda definitivamente expedito el camino para determinar a quién ha de dirigirse el asegurado para reclamar el pago cuando hay caución indirecta de primera generación. Si, como venimos diciendo, la obligación de pago nace en cabeza de la entidad emisora (no de la instructora) y el derecho del asegurado a reclamar la indemnización solo nace cuando la emisora le hace llegar el correspondiente *"bond"*, entonces la conclusión es evidente. El asegurado no puede reclamar el pago a la aseguradora instructora. Solo puede hacerlo a la entidad emisora —esto es, a la que emite el *"bond"*—, con independencia de que se trate de una aseguradora o que sea una entidad de crédito (en cuyo caso el *"bond"* constituirá una fianza bancaria o una garantía a primer requerimiento)[39].

---

marzo 2000 (RJ\2000\2314): *"El que este aval aparezca fundado en otro contrato, de fianza o seguro de caución, que son bien distintos, no afecta al tercero, la sociedad demandante, cuyo título para el ejercicio de la acción ha sido el aval que le fue entregado y que expresa que la sociedad emisora (demandada en la instancia y recurrente en casación «Compañía Española de Seguros y Reaseguros de Crédito y Caución, SA») queda obligada... «a primer requerimiento de la "Sociedad Estatal para la Exposición Universal de Sevilla 92, SA" hoy "Sociedad de Gestión de Activos, SA". [...] El título básico del demandante para el ejercicio de la acción, es el aval a primer requerimiento, no un contrato de caución del artículo 68 de la Ley del Contrato de Seguro"*. En la misma línea, SAP Las Palmas 25 septiembre 2001 (JUR 2002, 13198). Crítico con esta doctrina jurisprudencial EMBID, en ANGULO/CAMACHO/HOYOS (dir.), *Tendencias*, pp. 55 y 56. En línea, sin embargo, con la interpretación que estamos propugnando, BERGAMÍN ("El seguro de caución y el primer requerimiento", en ANGULO/CAMACHO/HOYOS, dir., *Las tendencias actuales de los contratos de garantía*, Atelier, Barcelona, 2005, pp. 79-84).

39 La coherencia de la posición defendida se hace aún más evidente si tenemos en cuenta que, como se ha indicado, la aseguradora instructora actúa en calidad de comitente mandatando a la emisora (comisionista) para que esa última, en nombre propio, asuma frente al asegurado la obligación de pagarle en caso de que el acreedor de la relación subyacente (el tomador) incumpla sus obligaciones para con su deudor (el asegurado). En efecto, de acuerdo con el art. 246 CCo, cuando el comisionista contrate en nombre propio, quedará obligado de un modo directo, como si el negocio fuese suyo, con las personas con quienes contratare, las cuales no tendrán acción directa contra el comitente. Nuestra interpretación es asimismo consistente con la remisión que hemos hecho a las garantías bancarias indirectas. También en este campo (y con específica referencia a las garantías a primer requerimiento) J. SÁNCHEZ-CALERO GUILARTE, *Contrato autónomo*, pp. 236 y 237, ha negado que el beneficiario de la garantía bancaria pueda dirigirse contra el banco instructor. Solo lo puede hacer contra el banco emisor.

2. Caución indirecta "de segunda generación"

Según se ha indicado, la significación (inicial) de "caución indirecta" en la 73/239/CEE ha de rastrearse en el Informe *The suretyship in the law of the Member States of the European Communities*, que el Max–Planck–Institut preparó para la Comisión; y de acuerdo con aquella concepción la caución indirecta coincide con lo que hemos venido en denominar caución indirecta "de primera generación". Pero quizás por la escasa difusión de aquel documento y, en consecuencia, lo arduo de hallar nexo causal entre aquel Informe y la Directiva 73/239/CEE, lo cierto es que, en algunos Estados miembros, lleva algún tiempo abriéndose camino con firmeza una concepción distinta de la caución indirecta, a la que nosotros denominaremos en lo sucesivo caución indirecta de "segunda generación". Ya nos apresuramos a advertir que ambas variantes de la caución indirecta pueden coexistir.

Conviene comenzar indicando que si, en la de "primera generación", el desencadenante de la estructura de la operación es un contrato de seguro de caución (y a partir de ahí por necesidad o conveniencia la aseguradora acude a otra entidad —aseguradora o no—), en cambio, en la de "segunda generación", el desencadenante es un contrato de garantía (sea fianza o garantía a primer requerimiento). A partir de ahí el garante (generalmente una entidad de crédito) acude a otra entidad, que necesariamente ha de ser una aseguradora. En efecto, en la versión de "segunda generación", el seguro de caución (indirecta) es suscrito entre una aseguradora y otra entidad que no tiene tal naturaleza (generalmente es una entidad de crédito), que, a su vez ha otorgado —a petición de un obligado contractual o deudor— una garantía personal (fianza o garantía a primer requerimiento) a favor del acreedor de aquel obligado contractual. En el supuesto de que el banco finalmente haya de pagar a aquel acreedor por virtud de la garantía otorgada, se desplegarán los efectos del seguro de caución. La aseguradora pagará (generalmente) una cuota parte de la cantidad abonada por el banco al beneficiario de la garantía. Y esto visto desde la perspectiva contraria significa que el banco recuperará, gracias a la aseguradora, (generalmente) una cuota parte de la cantidad que abonó. Por otro lado, cuando el banco, en su caso, se reembolse, a costa del garantizado, la cantidad abonada al beneficiario de la garantía, una cuota parte de esa suma se la transmitirá a la aseguradora.

Debe destacarse inmediatamente que esa forma de entender el seguro de caución indirecta, hasta donde hemos podido averiguar, ha sido validada, en primer lugar, en Francia[40]. Parece que también lo ha sido en Bélgica[41]. Y su admisibilidad ha trascendido más allá de los países comunitarios francófonos[42]. También, en concreto, ha tenido lugar en Portugal, cuya

---

40 Un apunte ya puede ser apreciado en JACOB, *Les assurances*, 2ª ed., Dalloz, París, 1979, pp. 247 y 248; y más claramente en WATTINE, *Assurances et operátions de cautionnement*, Presses universtiares d'Aix-Marseille, Aix-en-Provence, 1991, p. 77 y ss.; BASTIN, *La défaillance de paiment et sa protection, l'assurance-crédit*, L.G.D.J., París, 1991 (que nosotros hemos consultado en su traducción al español *El seguro de crédito. Protección contra el incumplimiento de pago*, Mapfre, Madrid, 1993, p. 275). La verdad es que no hay consenso en el uso de la terminología. Parece que para el seguro de caución directa tiende a emplearse *"assurance-cautionnement"*, mientras que para la variante de "segunda generación" de la caución indirecta parece preferirse *"assurance-caution"*.

41 Basta con hojear el Diario de Sesiones de la Cámara de Representantes de Bélgica. Así en el año 2010 se presentó una proposición de ley tendente a equiparar el seguro de caución al seguro de crédito a efectos de no estar aquél sujeto a determinado impuesto. En la justificación de esa proposición (accesible en http://www.dekamer.be/FLWB/PDF/53/0599/53K0599001.pdf) encontramos (pp. 4 y 5) una muy clara explicación de en qué consiste el seguro de caución indirecta (en la variedad de "segunda generación" que ahora nos ocupa): *"Dans la directive européenne 73/239/CEE du 24 juillet 19731, en vertu du point A de l'annexe, l'assurance-caution tombe sous la branche 15, au sein de laquelle on différencie:*
– la caution directe (assurance-cautionnement), où l'assureur se porte directement garant solidaire pour le débiteur (preneur d'assurance) en faveur d'un tiers (créancier);
– la caution indirecte (assurance-caution), qui est une assurance en faveur de ceux qui se sont portés personnellement garants au profit de tiers (créanciers) mais qui ne sont pas eux-mêmes assureurs (ils sont dans ce cas assurés); il s'agit donc, dans ce cas, d'une manière pour les banques, les caisses de caution, et même les personnes physiques, de réduire le risque qu'elles assument; elles se déchargent d'une partie du risque sur les épaules de l'assureur et créent ainsi de la capacité pour l'octroi de cautions supplémentaires.
Cette distinction est maintenue dans la proposition de directive, dénommée "Solvency II", publiée par la Commission européenne en 2007".

42 Sin perjuicio de lo que se dirá a continuación, téngase en cuenta que el influjo francófono sobre la caución indirecta de segunda generación se ha extendido más allá de la Unión Europea, llegando a un número relevante de países africanos de la órbita francófona (más Guinea Ecuatorial). En efecto, en 1992, por virtud un tratado internacional, diversos Estados africanos constituyeron la *"Organisation Intégrée de l'Industrie des Assurances dans les Etats africains"*, siendo su organismo rector la *"Conférence Interafricaine des Marchés d'Assurances"* (CIMA). Dos años más tarde, en 1994, entró en vigor, el llamado Tratado CIMA (https://cima-afrique.org/wp-content/uploads/2019/07/Trait%C3%A9-CIMA.pdf). Entre sus objetivos estaba la unificación de las disposiciones legislativas en materia de seguro y reaseguro. A tal fin, el Tratado CIMA incluye entre sus anexos un código de seguros (disponible en https://cima-afrique.org/wp-content/uploads/2023/06/CODE-CIMA-2019.pdf), que es de aplicación a todos los Estados Parte del Tratado CIMA. Ese có-

regulación del seguro de caución es muy similar a la española[43]. En efecto, los autores lusos que en los últimos años se ha ocupado del seguro de caución hacen coincidir la figura de la caución indirecta con lo que aquí hemos venido en llamar caución indirecta "de segunda generación"[44]. Y el Tribunal Supremo portugués ha dado por buena dicha interpretación[45].

---

digo, en su art. 328, distingue entre caución directa y caución indirecta. Pues bien, los técnicos más reputados de las aseguradoras africanas y por referencia a dicho código de seguros, se expresan en los siguientes términos con relación a la caución indirecta: *"La caution indirecte qualifiée par les juristes, d'assurance-caution, est un produit d'assurance destiné à couvrir les personnes, autres que des assureurs, qui se portent caution. La cible de clientèle visée par les assureurs-caution est constituée en majorité de banques, d'établissements financiers, de caisses de cautionnement, et même de personnes physiques. Il est attribué à la caution indirecte, la nature juridique de contrat d'assurance. A ce titre, elle ne peut être pratiquée qu'exclusivement que par les compagnies d'assurance"* (ANET, "Assureurs, réassureurs, courtiers évoluant dans l'espace CIMA, comment pratiquer le métier de la caution?", 2018, https://www.mfw4a.org/fr/blog/assureurs-reassureurs-courtiers-evoluant-dans-lespace-cima-comment-pratiquer-le-metier-de-la; y más extensamente en su libro *La branche caution et sa réassurance: Théorie et Pratique: Expérience des marchés des pays membres de l'espace de la Conférence Interafricaine des Marchés d'Assurances (CIMA),* Éditions universitaires européennes, 2017.

43 El art. 162 del *Decreto-Lei n.º 72/2008, de Regime Jurídico do Contrato de Seguro* establece: *"Por efeito do seguro-caução, o segurador obriga-se a indemnizar o segurado pelos danos patrimoniais sofridos, em caso de falta de cumprimento ou de mora do tomador do seguro, em obrigações cujo cumprimento possa ser assegurado por garantia pessoal"*. Por su parte, el art. 165 indica: *"No seguro-caução, além da sub-rogação nos termos do número anterior, o contrato pode prever o direito de regresso do segurador contra o tomador do seguro, não podendo, na conjugação das duas pretensões, o segurador exigir mais do que o valor total despendido"*. Junto a la ley general, existe una norma especial que complementa a aquella: el *Decreto-Lei* n.º 183/88, de *Regime Jurídico dos Seguros dos Ramos Crédito e Caução.* Su art. 1.5 dispone: *"No seguro de caução compreende-se o seguro de caução directa e indirecta... "*, y, por su parte, el art 6.1 señala: *"O seguro de caução cobre, directa ou indirectamente, o risco de incumprimento ou atraso no cumprimento das obrigações que, por lei ou convenção, sejam susceptíveis de caução, fiança ou aval"*.

44 VASQUES, *Contrato de seguro. Bases para uma teoría geral,* Coimbra Editora, Coimbra, 1999, p. 72; JARDIM, *A Garantia Autónoma,* Almedina, Coimbra, 2002, p. 227; SIMÃO, "O contrato de seguro-caução: contributo para um estudo do seu regime legal e compreensão da sua natureza jurídica", *O Direito,* 145, III, 2013, p. 688; REGO, *Garantias bancárias e seguros de crédito e caução,* Centro de Estudos Judiciários, Lisboa, 2015, p. 219.

45 V. Acórdão do Supremo Tribunal de Justiça 12 noviembre 2001 (Processo 1083/01), apoyándose en VASQUES, *Contrato,* p. 72; Acórdão do Supremo Tribunal de Justiça 20 noviembre 2003 (Processo 03B3725); Acórdão do Supremo Tribunal de Justiça 9 febrero 2006 (Processo 06B024). La fórmula empleada es siempre la misma: *"O beneficiário da indemnização pode ser o credor da obrigação a que se*

V. DE LA RIVALIDAD A LA COOPERACIÓN ENTRE BANCOS Y SEGURADORAS

A través de la variante de "segunda generación" del seguro de caución indirecta, se hace viable transitar de la tradicional rivalidad entre aseguradoras de caución y entidades de crédito por un mismo mercado (el de los productos que funcionalmente otorguen garantía), hacia estrategias cooperativas. Varias pueden ser las razones por las cuales esa nueva estrategia resulte de interés tanto para entidades de crédito como para aseguradoras. Y todas ellas muestran que la variante de "segunda generación" puede cumplir un importante papel económico, que debería ser tenido muy en cuenta por el intérprete en su análisis jurídico. Los juristas, especialmente los iusprivatistas, estamos obligados a repensar o revisitar en términos críticos nuestra forma tradicional de entender el Derecho en general y, por lo que ahora importa, el contrato de seguro. Solo de esta manera tendremos posibilidad de no caer en el riesgo de fosilizar los contratos, tan dañino para el espíritu de innovación contractual esencial en toda economía de mercado

Para las entidades de crédito, la caución indirecta de "segunda generación" puede ser de utilidad, típicamente, en al menos tres situaciones. En primer lugar, cuando la garantía personal otorgada a favor del acreedor (el beneficiario de la garantía) no cuente con contragarantías de respaldo (sean contragarantías reales, sean contragarantías personales otorgadas por un tercero distinto del afianzado o garantizado). En segundo lugar, cuando aun habiendo contragarantías, estas no son, en términos financieros, suficientemente robustas. Y, en tercer lugar, para cubrir el desfase temporal de tesorería que media entre, por un lado, el pago derivado de la garantía otorgada por el banco y, por el otro, el cobro de lo abonado a través de la acción de reembolso o de la, en su caso, ejecución de las contragarantías de las que disfrute el banco. En cualquier de los tres casos, la

reporta o contrato de seguro, caso em que se está perante o contrato de seguro caução directa, ou a pessoa que garantir o cumprimento da referida obrigação, situação que se configura como contrato de seguro caução indirecta"; y utilizando la misma fórmula, Acórdão de Supremo Tribunal de Justiça 28 de Junio de 2007. Como no podía ser de otra manera, las instancias inferiores también se alinean con el Tribunal Supremo. Por el hecho de no invocar la autoridad de VASQUES, sino la de JARDIM, *Garantia*, p. 227, véase a título ejemplificativo Acórdão do Tribunal da Relação de Lisboa 23 septiembre 2008 (Processo 3033/2008-1). Hemos accedido a todas esas resoluciones judiciales a través de la *"Base de Dados Jurídica Almedina"*, disponible en http://bdjur.almedina.net/.

posición financiera de la entidad de crédito queda reforzada (o aún más reforzada) gracias a la caución indirecta de "segunda generación", y, por tanto, estará en mejor disposición de inyectar más dinero en el mercado del crédito.

También son variadas las ventajas para la aseguradora. En primer lugar, consigue indirectamente nuevos clientes: los "clientes bancarios". En segundo lugar, incrementa su volumen de primas recibidas gracias a la pagada por la entidad de crédito. Y, en tercer lugar, reduce sus costes de monitorización del deudor de la relación subyacente, porque esos costes los asume la entidad de crédito, pues el afianzado o garantizado es (directamente) cliente suyo[46].

Visto que militan a favor de la variante de "segunda generación" del seguro de caución indirecta tanto la admisión de la figura en diversos países (por cierto, muy próximos geográfica y jurídicamente al nuestro) como el importante papel económico que aquella puede desempeñar, ahora lo que procede es confirmar si la operación es lícita también en Derecho español. Y para ello tendremos en cuenta tanto la Ley del Contrato de Seguro y, especialmente, su art. 68 (v. *infra* A), como el Código de Comercio y, en concreto, los arts. 239 y ss. (v. *infra* B).

A) Al igual que la caución indirecta de "primera generación", a nuestro juicio, la de "segunda generación" es válida y queda cubierta por el paraguas del art. 68 LCS. Repárese en que, como la de "primera generación", también la de segunda es una operación cuatripartita: hay un deudor y un acreedor en la relación subyacente, (generalmente) una entidad de crédito y, finalmente, una aseguradora. El hecho de que el desencadenante sea el otorgamiento (generalmente por un banco) de una garantía al acreedor y, a partir de ahí, se concierte un seguro es irrelevante a efectos del art. 68 LCS. Sencillamente sería el camino inverso a una caución indirecta de "primera generación" en la que la instructora fuera una aseguradora y la emisora una entidad de crédito. Donde de cara a aquel precepto, podría aducirse que existen dificultades es en que la tríada formada por asegurador, tomador y asegurado no se corresponde con tres personas distintas, pues las figuras de tomador y asegurado recaen en una misma persona:

46 Resulta lógico que los costes de monitorización los asuma la entidad de crédito. No solo porque el deudor de la relación subyacente es cliente suyo, sino, además, porque, por su propia actividad, las entidades de crédito disfrutan de la alta especialización y de las economías de escala que generan sus departamentos de análisis de riesgo.

la entidad de crédito[47]. Pero esta primera impresión o análisis pecaría de epidérmica, esto es, no penetraría en la sustancia de la operación. Nos explicamos.

Es cierto que formalmente, además de tomador, el banco es el asegurado. Pero materialmente lo sigue siendo el acreedor de la relación subyacente (es decir, el beneficiario de la garantía bancaria). El dinero que la aseguradora habrá de hacer llegar al banco (que será una cuota parte de lo que el banco haya de pagar) tiene —solo puede tener— como destino el pago a aquel acreedor[48]. De esta manera se revela que el banco no es más que un asegurado transitorio y formal. El real y material en última instancia, aunque sea indirectamente, lo es el acreedor en la relación subyacente.

Desde esta perspectiva se aprecia que, al igual que en la variante "de primera generación", también en la de "segunda generación" hay un desdoblamiento. En efecto, según veíamos, en la de "primera generación" el papel del asegurador se desdoblaba en dos: la aseguradora instructora (que es quien contrata con el tomador) y la entidad emisora. Esta última, aun no siendo parte del contrato de caución, es quien asume frente al asegurado el compromiso de pagarle llegado el caso, y, por tanto, en términos reales, cumple la función del asegurador. En cambio, solo en términos puramente formales el asegurador es la instructora (que es quien suscribe el contrato de seguro con el tomador), dado que no será la obligada a pagar al asegurado.

En la variante de "segunda generación" sucede algo muy similar. Hay un desdoblamiento en dos de la figura del asegurado: por un lado, el asegurado formal (la entidad bancaria); y, por el otro, el asegurado material (el acreedor de la relación subyacente). Bien podría decirse que formalmente asegurado solo hay uno (el banco), pero no es el verdadero. Esta condición solo la ostenta el acreedor de la relación subyacente. La suma que le corresponda provendrá, desde luego del banco, pero también de la aseguradora.

---

47 Podría incluso continuar diciéndose que cuando tomador y asegurado coinciden estaríamos en un seguro de crédito, que tiene la cercenante limitación de que solo puede cubrir el riesgo de insolvencia definitiva del deudor (arts. 69 y 70 LCS).

48 Aunque, naturalmente, la cantidad que corresponda ser pagada por la aseguradora, esta se la entrega de manera inmediata al banco, que reducirá así los fondos que ha de disponer para la satisfacción de la garantía bancaria; y esa garantía —no lo olvidemos— tiene por objeto cubrir la obligación de otro, la obligación del deudor para con el acreedor.

Pero los paralelismos entre la variante "de primera generación" y la de "segunda generación" no acaban ahí. Así de la misma manera que en la caución indirecta "de primera generación" no hay relación directa —solo indirecta— entre la aseguradora instructora y el asegurado (el acreedor de la relación subyacente), tampoco en la de "segunda generación" hay relación directa entre la aseguradora y el asegurado real (el acreedor de la relación subyacente). La relación es indirecta. Y el riesgo que de acontecer activará ambas variantes de la caución indirecta es el mismo: que el deudor de la relación subyacente no cumpla sus obligaciones para con su deudor[49]. Únicamente variarán los circuitos contractuales. En la de "primera generación", la aseguradora emisora pagará la indemnización y recuperará lo abonado gracias a la aseguradora instructora. En la de "segunda generación", el banco pagará y recuperará parte de lo abonado gracias a la aseguradora[50].

B) Sinceramente creemos que los argumentos expuestos deben conducir a admitir que la caución indirecta de "segunda generación" queda cobijada por el art. 68 LCS. Pero aun si no se compartiera esta interpretación, aseguradoras y entidades de crédito dispondrían de un camino alternativo para articular la misma estrategia cooperativa. Nos referimos a las cuentas en participación al amparo del art. 239 CCo. Según este precepto, podrán los comerciantes interesarse los unos en las operaciones de los otros, contribuyendo para ellas con la parte del capital que convinieren, y haciéndose partícipes de sus resultados prósperos o adversos en la proporción que determinen. El gestor vendría a ser la entidad de crédito y la condición de cuentapartícipe recaería en la aseguradora. Y lo mismo que si se aceptara la canalización de la operación a través del contrato de seguro de caución,

---

49 Esta forma de entender el riesgo indirecto está perfectamente alineada con la concepción que del mismo se tiene respecto a las entidades de crédito. Al fin y al cabo, desde una perspectiva económica, aseguradoras y bancos son entidades financieras. Se considera que las entidades de crédito asumen riesgo directo cuando lo contraen con los primeros obligados al pago y, por contraposición, se entiende que hay riesgo indirecto cuando se cubre total o parcialmente el riesgo asumido por los garantes de riesgo directo (v. art. 2 de la Norma segunda.2 de la Circular 1/2013, de 24 de mayo, del Banco de España, sobre la Central de Información de Riesgos).

50 Se aprecia así con toda claridad que la caución indirecta de "segunda generación" no es un seguro de crédito. En este el riesgo es la insolvencia definitiva de los deudores del asegurado. En la caución indirecta (sea "de primera generación", sea de "segunda generación") es que el deudor de la relación subyacente no cumpla sus obligaciones para con su deudor.

desde la perspectiva de las cuentas en participación tampoco el beneficiario de la garantía bancaria tendría acción directa contra la aseguradora (*ex* art. 242 CCo). E igualmente como sucedería si nos ubicáramos en el terreno del contrato de seguro, la liquidación y la rendición de cuentas correspondería al gestor, es decir, al banco (*ex* art. 243 CCo).

Con relación a la vía que acaba de abrirse, debe recordarse que pese a la larga tradición que nuestro ordenamiento tuvo la interdicción de que las aseguradoras entraran en cuentas en participación (v. art. 3 de la Ley 33/1984, sobre ordenación del seguro privado), ni la LOSSP ni el TR-LOSSP las mencionaban entre las prohibiciones a las que estaban sometidas las aseguradoras, al igual que siguen sin mencionarla la vigente LOSSEAR. Deben, por tanto, estimarse lícitas[51].

Así pues, a través de las cuentas en participación queda definitivamente despejado el camino para que aseguradoras y entidades de crédito realicen la operación que hemos venido describiendo. En cualquier caso, estamos convencidos de que esa operación también puede instrumentarse a través de un seguro de caución. Creemos, pues, que el ordenamiento jurídico español habilita dos caminos, ambos perfectamente lícitos, para llegar al mismo fin: el seguro de caución y las cuentas en participación[52]. El tiempo dirá cuál es la senda preferida. Nosotros sim-

---

51 V., respecto a la situación pasada, TIRADO, *Ley ordenadora del seguro privado —exposición y crítica—*, Universidad de Sevilla, Sevilla, 1984, p. 55; y para la actual, ROMERO, *El reaseguro,* I, Pontificia Universidad Javeriana, Bogotá, 2001, p. 110, que señala que el cambio legislativo obedece al propósito de permitir las cuentas en participación, siempre que ese contrato no sea contrario a los fines y objeto de una aseguradora.

52 De admitirse la viabilidad de ambas fórmulas tendemos a creer que, llegado el caso, los tribunales de justicia (y los autores que en lo sucesivo se ocupen del tema) tenderán a considerar que la verdadera naturaleza de la caución indirecta de "segunda generación" es la de un contrato de seguro. Podría aducirse que al ser una de las partes del contrato una aseguradora, se despliega la, de facto, vis atractiva del contrato característico de las aseguradoras: el contrato de seguro. Bastaría con fijarse en que, en caución directa, los tribunales se han decantado por la naturaleza asegurativa del contrato frente a la fianza a pesar de que funcionalmente el seguro de caución cumple la misma misión (v., por todos, TIRADO, en F. SÁNCHEZ CALERO, dir., *Ley de Contrato de Seguro,* 4ª ed. pp. 1467-1474; PUIG, *Función y riesgo en el seguro de caución*, Eunsa, Pamplona, 2005, pp. 250-261; y de CARRASCO sugerimos la lectura de su "Comentario a la Sentencia del Tribunal Supremo de 19 de mayo de 1990", *CCJC,* 23, 1990, p. 658 y ss.; y más completo, "El seguro de caución", en CARRASCO/CORDERO/MARÍN, *Tratado de los Derechos de Garantía,* I, 4ª ed., Thomson, Cizur Menor,

plemente hemos intentado sentar las bases jurídicas que la operación requiere. Pero solo los operadores económicos estarán en condiciones de valorar si están interesados en implantar en España la caución indirecta de "segunda generación". Es turno, pues, de las fuerzas del mercado.

2022, capítulo 12.IV —hemos utilizado la versión electrónica del libro). Y por lo que se refiere a las cuentas en participación, mucho se ha escrito y debatido sobre si el contrato de reaseguro, en realidad, es un mero contrato de cuentas en participación. Aunque, a la postre, se ha acabado concluyendo que es un auténtico contrato de seguro (v., con profusión de citas, ROMERO, *Reaseguro*, I, p. 109 y ss.).

Sección V

Contratación y concurso de acreedores

El interés del concurso y la resolución de los contratos

NURIA FERNÁNDEZ PÉREZ
Catedrática Derecho Mercantil
Universidad de Alicante

I. CONSIDERACIONES GENERALES

1. La aplicación del principio "pacta sunt servanda" al Derecho Concursal

Cuando se alude al cumplimiento y resolución de los contratos, rápidamente al jurista se le viene a la mente el principio general del Derecho "*Pacta sunt servanda*" —los contratos deben ser cumplidos—, porque en definitiva el contrato, no es más que un pacto o convenio, oral o escrito, entre partes que se obligan sobre materia o cosa determinada, y a cuyo cumplimiento pueden ser compelidas, sirviéndose para ello de los instrumentos que proporcional el derecho de obligaciones y contratos, entre ellos, el paradigmático artículo 1124 CC.

¿Pero qué sucede en una situación de insolvencia? En este caso, se produce un conflicto de intereses subjetivos entre la persona deudora y todas aquellas personas que, como mínimo, han tenido alguna relación jurídico-patrimonial con la persona —física o jurídica— insolvente. Esta insolvencia, puede deberse a motivos diversos pero, en cualquier caso, se genera una situación que afecta a una colectividad que entra en conflicto[1]. Con

---

1 Como señala TIRADO MARTÍ, I., "El «interés concursal». Ensayo de construcción de una teoría sobre la finalidad del procedimiento concursal", *ADC*, 1 (200), pág.

carácter general, se puede afirmar que *la insolvencia provoca una escisión en la titularidad de cualquier patrimonio*: el deudor sigue siendo el titular formal, mientras que *los acreedores se convierten en los titulares económicos o funcionales de unos bienes, cuyo valor es insuficiente para darles satisfacción*[2].

Sin embargo, esta escisión que la insolvencia provoca en la titularidad de cualquier patrimonio aumenta la posibilidad de que se den comportamientos oportunistas que redistribuyan valor en perjuicio de los acreedores. En efecto, en estas circunstancias, el deudor puede caer en la tentación de retener la explotación del patrimonio insolvente para gestionarlo conforme a su exclusivo interés, esperando que un golpe de suerte le permita recuperar la solvencia. Es más, en esa situación, concurren en el deudor todos los incentivos para tomar decisiones acerca de la explotación que tienen *ex ante* un valor negativo (p.ej., no instar la declaración de concurso e invertir en proyectos de alto riesgo que le salven de perderlo todo).

Son lo que se conocen en el argot financiero como "huidas hacia adelante". A fin de cuentas, si el proyecto fracasa, el deudor no pierde nada —o al menos, nada más de lo ya perdido una vez que era insolvente—; serán los acreedores los que pierdan, pues verán reducido el valor disponible en el patrimonio para darles satisfacción. Por el contrario, si el proyecto prospera, los acreedores sólo podrán participar en las ganancias generadas hasta el límite del valor de sus créditos, mientras que el deudor se apropiará del resto.

92, se trata de problemas que se superponen y entran en conflicto. Desde el punto de vista subjetivo, satisfacer a unos sujetos implica perjudicar a otros (cuanto más se pague a una clase de acreedores, menos quedará para la otra); en otras ocasiones, la reorganización de los factores de producción puede beneficiar igualmente a algunos interesados en perjuicio de otros (si se mantiene la estructura empresarial en marcha para evitar la pérdida de puestos de trabajo se puede estar beneficiando a los trabajadores a costa de los acreedores en general o del deudor o de sus accionistas.

2 Como señalan BERMEJO GUTIÉRREZ, N./ RORÍGUEZ PINEAU, E., "Normas de protección de acreedores: entre el derecho de sociedades y el derecho concursal" *INdret* 387(2006), pág. 6, "*los acreedores se convierten en los destinatarios del escaso valor que pueda quedar allí y, por tal motivo, están llamados a asumir las consecuencias derivadas de su explotación: en definitiva, son ellos los que pierden o ganan —en este último caso, hasta el límite del importe de sus créditos—, cuando disminuye o aumenta el valor de dicho patrimonio. Como es sabido, el Derecho concursal entra, entonces, en juego para coordinar la actuación de los acreedores y poner en sus manos la decisión de cómo explotar el patrimonio concursal". De esta forma, podrán explotar dicho patrimonio como si fueran un único dueño*".

Nótese que el problema no está tanto en que el deudor se embarque en operaciones arriesgadas, sino en que éste puede trasladar los efectos negativos de dichas operaciones sobre los acreedores, sin que aquéllos puedan participar plenamente en los efectos positivos de las mismas.

Este conflicto adquiere unos tintes particulares cuando el deudor es una sociedad, especialmente de una sociedad de capitales. En efecto, desde que la sociedad es insolvente, los administradores deberán contemplar el interés de los acreedores —que, desde ese momento, son, junto a los socios, titulares de dicho patrimonio—, en sus decisiones relativas a la explotación de la sociedad a fin de maximizar su valor. Sin embargo, de nuevo aquí el riesgo es que los administradores opten por perseguir sus propios intereses a costa del interés de su nuevo principal embarcándose en las ya conocidas *"huidas hacia adelante"*. Nótese que, si el proyecto tiene éxito, mantendrán sus empleos y se apuntarán el tanto del éxito frente a los socios; sin embargo, si el proyecto fracasa, serán de nuevo los acreedores quienes padezcan las consecuencias del desastre, pues los gestores no perderán más de los que ya perdieron cuando la sociedad devino insolvente (*v.gr.*, su trabajo, su reputación, etc.)[3]. Además, en esta situación, cabe esperar que los administradores cuenten en su actuación con el apoyo silencioso de los otros titulares del patrimonio insolvente, los socios. Y ello porque en esta "huida hacia adelante" no habrán de sufrir quebranto alguno: si el proyecto fracasa, tampoco perderán más de lo que ya perdieron una vez que la sociedad cayó en insolvencia; pero si el proyecto sale adelante, se apropiarán de los beneficios generados en proporción a su participación en la sociedad, una vez descontado el valor correspondiente a los acreedores. De nuevo, los acreedores sólo podrán participar en dichos beneficios hasta el límite del valor de sus créditos.

Tal es, precisamente, el riesgo que el Derecho concursal ha de evitar, articulando los instrumentos necesarios para asegurar que, desde el momento en que se desencadena una situación de insolvencia —y no antes—, el deudor tome las decisiones relativas a la explotación del patrimonio contemplando el interés de sus titulares económicos, los acreedores; y, para poner en sus manos la decisión de cómo explotar el patrimonio decidiendo si lo reorganizan o lo liquidan.

---

[3] RECAMAN GRAÑAN, E., "Hacia una determinación del comportamiento, debido por los administradores en la reestructuración", *Revista de Derecho Concursal y Paraconcursal*, 32(2020). págs.134-135

Por todo ello, es necesario «jerarquizar»[4], lo cual implica tomar partido, y eso solo puede de realizarse a través del Ordenamiento jurídico, creando un Derecho de la insolvencia que tenga carácter imperativo. Estamos ante una rama jurídica cuya propia existencia se explica solo para conseguir una finalidad consistente en ofrecer una solución al problema existente por unos intereses en conflicto, cada cual protegido por su propio Derecho. En esa jerarquización, nuestro Ordenamiento— en un camino entre medias entre Ordenamientos como el alemán o inglés (que definen de forma detallada y jerarquizada la finalidad del procedimiento concursal) y el italiano— (que omite toda definición de objetivos, siendo necesario desgranar del articulado las preferencias subjetivas del legislador), opta por señalar la finalidad que debe perseguir el procedimiento, pero sin definirlo. En esa jerarquización de intereses pues, debemos atender siempre al interés del concurso, concepto jurídico indeterminado al que posteriormente me referiré.

Pues bien, aun en una situación de conflicto de intereses como se produce en un estado de insolvencia, la aplicación del Derecho Concursal no enerva la regla general anteriormente mencionada— *pacta sunt servanda*— que viene especificada en el artículo 156 del Texto Refundido de la Ley Concursal (en adelante TRLC) cuando declara que "*La declaración de concurso no es causa de resolución anticipada del contrato*". Se pone el acento en la vigencia de los contratos tras la declaración del concurso, así como en la prohibición de resolución anticipada del contrato motivada por la declaración de concurso.

Es más, el legislador blinda esa inviolabilidad de los contratos, puesto que en el actual artículo 156 TRLC se amplía la especificación de la consecuencia del principio general señalando que "*Se tendrán por no puestas las cláusulas que establezcan la facultad de la otra parte de suspender o de modificar obligaciones o los efectos del contrato, así como la facultad de resolución o la de extinción del contrato por la declaración de concurso de cualquiera de ellas o por la apertura de la fase de liquidación de la masa activa*"[5]. El fundamento de la

---

4 TIRADO MARTÍ, I., "El «interés concursal»..", op.cit., pág. 93.

5 Se ha señalado en este sentido, que esa especificación "*constituye un armado legislativo de la inviolabilidad de los contratos por el mero hecho de la declaración de concurso, que espero que cierre la puerta a las distintas experiencias de los Juzgados, en la que nos encontramos variados intentos de burlar el principio general de vigencia de los contratos*", BLANCO GARCÍA-LOMAS, L., "Efectos sobre los contratos" en AA.VV. *Derecho Concursal y Preconcursal*, Tirant lo blanch, Valencia, 2022, pág. 936. Por su parte, OTERO COBOS, Mª.T., "Artículo 156". Principio general de vigencia de los con-

inoperatividad de estas cláusulas es su eventual carácter perjudicial para los acreedores, siendo un reflejo claro de la primacía del interés colectivo de estos frente al interés individual[6].

Asimismo, el artículo 158 TRLC[7], señala que la declaración de concurso, por sí sola, no afecta a la vigencia de los contratos con obligaciones recíprocas pendientes de cumplimiento tanto a cargo de la concursada como de la otra parte, debiendo ambas partes ejecutar las prestaciones comprometidas, en el caso de la concursada, con cargo a la masa.

Hasta aquí, no hay nada que rompa con las reglas clásicas en materia de contratos y de cumplimiento contractual. Sin embargo, en este contexto, aparecen dos artículos que regulan dos situaciones de signo inverso, pero con un elemento común clave en las que se produce una alteración del régimen general. Se trata de los artículos 164 y 165 TRLC. En el primero, se regula el mantenimiento del contrato, a pesar de la existencia de una causa de resolución, por interés del concurso. En el segundo, se regula la resolución de un contrato, sin que exista causa resolutoria, por interés del concurso.

---

tratos", en AAVV *Comentario al articulado del Texto Refundido de la Ley Concursal (*dirs. Peinado Gracia/San Juan Muñoz*)*, tomo I, SEPIN, Madrid, 2020, pág.1016, indica que la supresión de expulsión de un pacto de estas características no compromete a la subsistencia de la relación jurídica, siendo innecesario acudir al auxilio judicial para prohibir esta clase de cláusulas. Ello a pesar de reconocer que es un tema que ha suscitado polémica dada la inclusión de estas clausulas en contratos internacionales. Por otra parte, defiende que el precepto no ampara la eliminación de las cláusulas cuyo cumplimiento pueda resultar oneroso para la concursada, bajo la justificación genérica de que con ello se puede satisfacer mejor los intereses afectados por el concurso.

6 Como señaló MARTÍNEZ FLÓREZ, A., Comentarios a los arts. 61 a 63 de la Ley Concursal", en AA.VV. *Comentario de la Ley Concursal* (Dirs. ROJO/BELTRÁN), Madrid, 2004, (Bib 2015/1342), los acreedores pueden sentirse afectados si se resuelve el contrato, puesto que la resolución puede afectar a la conservación de la empresa o de la masa activa, si se produjera la recuperación de la prestación por parte del acreedor *in bonis* sin tener que haberse sujetado a la concurrencia con los restantes acreedores y a la más que probable reducción de su crédito.

7 Vid. un comentario sobre el mismo en OTERO COBOS, M.ª., "Artículo 158. Efectos sobre los contratos con obligaciones recíprocas pendientes de cumplimiento por ambas partes", en AAVV *Comentario al articulado del Texto Refundido de la Ley Concursal (*dirs. Peinado Gracia/San Juan Muñoz*)*, tomo I, SEPIN, Madrid, 2020, págs. 1025-1039. Vid. también el comentario de VÁZQUEZ CUETO, J.C., "La disciplina de la resolución de los contratos por incumplimiento tras la reforma del Texto refundido de la Ley Concursal", RDM 326/2022), versión digital consultada en proview.

Aparece pues, un elemento que modula el régimen de la resolución de los contratos: el interés concursal.

2. *El interés del concurso como elemento modulador del régimen de resolución de contratos en sede concursal y preconcursal*

Como se ha señalado[8], la consecución del «interés concursal» es la finalidad de la Ley Concursal. El «interés del concurso» es un concepto jurídico complejo en el que se engloban, ordenados, todos los intereses subjetivos implicados en la insolvencia del deudor en el tráfico. La consecución del «interés concursal» no sólo debe servir para guiar la interpretación de la Ley, sino que debe servir de criterio de actuación de los órganos «funcionales» del concurso. Por órganos funcionales debe entenderse aquellos órganos a los que la Ley dota de competencias (en el sentido procesal, uno, en el sentido administrativo del término, los dos) para la plasmación en la realidad práctica de los valores que, al solucionar los conflictos, está tutelando el Derecho Concursal, y son el juez y la administración concursal.

El interés del concurso debe considerarse de forma preponderante como la posibilidad de satisfacción de los derechos de los acreedores o como la maximización del patrimonio concursal en cuanto medio para alcanzar el fin primordial de la satisfacción —esto es, del cobro— de los acreedores. La propia Exposición de Motivos de la Ley Concursal indicaba que el procedimiento concursal tiene como finalidad esencial la satisfacción de los acreedores[9].

---

[8] TIRADO MARTÍ, I. "El «interés concursal»..", op.cit,, pág. 100.

[9] Sentencias de la Audiencia Provincial de Valencia, de fecha 2 de junio de 2011 (TOL 2.212.589), 14 de marzo de 2011 (TOL 2.122.229) y 4 de abril de 2011 (TOL 2.152.874), al señalar que:"...3.—*Respecto de la resolución del contrato de compraventa en interés del concurso alegada al amparo del artículo 61.2 de la LC, tampoco podemos acoger la pretensión deducida por la recurrente, pues consta que al tiempo de la presentación de la demanda ya se había celebrado la Junta correspondiente, a la que ha seguido la aprobación del Convenio, por lo que se ha de estar a lo razonado por el magistrado "a quo" en la resolución apelada. En relación con la cuestión y en la Sentencia de esta misma sala tantas veces citada, tuvimos ocasión de argumentar que el "interés del concurso" es un concepto jurídico indeterminado que viene entendido como la mayor satisfacción de los acreedores del deudor concursado...*"

La sentencia de la Audiencia Provincial de Alicante, de fecha 12 de mayo de 2011 (TOL 2.216.901):"...*Es cierto que el concepto "interés del concurso" está jurídicamente indeterminado, aunque claramente viene referido a la protección de la masa, la activa y pasiva, en tanto la integridad y contenido patrimonial de la primera se proyecta sobre la mayor posibilidad de cobro de los integrantes de la masa pasiva, es decir, sobre el interés de*

No sé si esto cambiará de futuro. Pero hoy por hoy, el interés del concurso sigue siendo la mejor satisfacción de los acreedores. Es verdad que se promueve el convenio para fomentar la continuidad de la empresa, incluyendo eventualmente, su reorganización al objeto de mantener los puestos de trabajo; pero esa finalidad es meramente secundaria, puesto que no puede alcanzarse a costa del sacrificio de los acreedores[10].

Incluso podemos decir que esta orientación se ha reforzado con la incorporación de la Directiva (UE) 2019/1023 del Parlamento Europeo y del Consejo, de 20 de junio de 2019, sobre marcos de reestructuración preventiva, exoneración de deudas e inhabilitaciones, y sobre medidas para aumentar la eficiencia de los procedimientos de reestructuración, insolvencia y exoneración de deudas, y por la que se modifica la Directiva (UE) 2017/1132 (Directiva sobre reestructuración e insolvencia), que ha incluido en el TRLC 2022 la denominada regla "interés superior de los acreedores" que proviene del derecho norteamericano y sobre la que se incidirá más adelante. Esta regla se identifica con la cuota de liquidación que hubiera recibido el acreedor si, en lugar de someterse a un plan de reestructuración, lo hubiera hecho a un procedimiento de liquidación. En su virtud, un acreedor disidente dentro de una clase, debe recibir en la reestructuración, al menos, un trato igual o mejor que si se aplicase el orden normal de prelación en caso de liquidación, sea vendiendo de forma individualizada los activos o como empresa en funcionamiento. Se aplicará el mayor valor de ambos, de modo, que solo habrá que reestructurar la

los acreedores que no es otro que el de la satisfacción de sus créditos en su integridad o en su mayor proporción y mejor condición que es siempre la más próxima a la natural..."

La sentencia del Juzgado de lo Mercantil de Burgos, de fecha 24 de noviembre de 2014:"...*Una vez delimitada la existencia de obligaciones recíprocas pendientes de cumplimiento para ambas partes contratantes, es necesario determinar si concurre o no el interés del Concurso de Acreedores (art.61.2.2 de la Ley Concursal) en la resolución contractual. En términos generales, el interés del Concurso existirá cuando la satisfacción que obtenga la masa del concurso, la de los acreedores concursales, sea mayor que el que obtendrían de mantener el contrato en vigoren los términos estipulados..."*

La sentencia de la Audiencia Provincial de Álava, de fecha 22 de septiembre de 2010 (TOL 1.996.575):"...*En todo caso, y sin necesidad de recoger aquí las diferentes tesis que sugiere la doctrina, lo que la norma decanta como tal interés es la mayor satisfacción de los acreedores del concursado..."*

10 Así debe interpretarse la STS 660/2016, de 10 de noviembre *«el interés del concurso»* "*se refiere a lo que mejor convenga a la finalidad perseguida con el concurso de acreedores, que es la satisfacción de los créditos y la continuación de la actividad empresarial del deudor concursado. Este interés legitima que el juez autorice al concursado a que se desligue de la relación contractual"*.

sociedad deudora si conservando su titularidad, el valor de la empresa en funcionamiento es superior al de la empresa en liquidación. En resumen, se garantiza al acreedor que su "cuota de reestructuración" va a ser mejor que su cuota de liquidación.

Esto significa, por un lado, que se produce un reajuste en el concepto del interés social —es decir de los socios que integran la sociedad— y también, como vamos a ver, de terceros que contratan con la sociedad. El interés del concurso prima frente al interés de los socios y frente al interés de la parte que contrata con el sujeto concursado.

Nos encontramos, pues, con que tanto el Derecho de Sociedades, como el derecho de los contratos se ven desplazados porque una norma imperativa, la Ley Concursal, así lo establece. Tal es así, que desplaza por completo el *pacta sunt servanda.* Este es el contexto en el que debemos analizar los artículos 164 y 165 TRLC.

II. CUMPLIMIENTO FORZOSO DEL CONTRATO POR INTERÉS DEL CONCURSO.

Para que resulte aplicable el artículo 164 TRLC[11], es preciso que se cumplan una serie de presupuestos.

En primer término, tiene que haberse producido un incumplimiento de un contrato que sea causa de resolución del contrato. Tratándose de contratos de tracto sucesivo, debe tratarse de un incumplimiento anterior a la declaración de concurso. En otros casos, por incumplimiento posterior.

En segundo término, que se inste, en el seno de un procedimiento incidental, por parte de la deudora-concursada un incidente cuyo objeto sea solicitar el mantenimiento del contrato. Por tanto, el cumplimiento del

11 Art. 164. Mantenimiento del contrato por resolución del juez del concurso: "*Ejercitada la acción de resolución de un contrato de tracto sucesivo por incumplimiento anterior a la declaración de concurso o de cualquier contrato, sea o no de tracto sucesivo, por incumplimiento posterior a esa declaración, el concursado, en caso de intervención, o la administración concursal, en caso de suspensión, podrán oponerse a la resolución solicitando en interés del concurso que se mantenga en vigor el contrato incumplido. Si el incumplimiento fuera posterior a la declaración de concurso, al formular oposición deberá ofrecerse al demandante el pago con cargo a la masa, dentro de los tres meses siguientes a la fecha de la sentencia, de las cantidades adeudadas por las prestaciones realizadas. 2. El juez, oído el demandante, resolverá sobre el mantenimiento del contrato según proceda…* ".

contrato no puede instarse por la parte *in bonis*[12]. Del mismo modo, esa parte *in bonis,* no puede instar el cumplimiento del contrato cuando el incumplimiento contractual es el suyo, por cuanto que el interés en la conservación del contrato ya lo habrá valorado quien representa los intereses del concurso —administración concursal— antes de ejercitar la acción de resolución del contrato.

En tercer lugar, debe tener interés para el concurso. Puede concluirse que lo que se pretende con la facultad del juez del concurso es, no tanto un medio para llevar a efecto lo pactado en caso de incumplimiento, sino un medio para enervar los efectos derivados de la resolución del contrato motivada por un incumplimiento del mismo. Es decir, supone un sacrificio para el contratante *in bonis,* puesto que se trata de evitar que los efectos de la resolución contractual puedan comprometer los objetivos del procedimiento concursal, esto es, la maximización de la satisfacción de los créditos de los acreedores, mediante el mantenimiento de un contrato que sirva de base a la continuidad de la actividad. Como se ha indicado, debe buscarse un equilibrio de modo que el sacrificio que asumen el colectivo de los acreedores no resulte superior al final que el del propio acreedor *in bonis*[13].

Además, a pesar de que el interés del concurso se erige como punto nuclear, lo cierto que debe quedar sujeto también a límites, puesto que tal y como se ha señalado, resulta conveniente limitar la discrecionalidad judicial, así como la eventual inequidad que supone dejar a la parte *in bonis* vinculada en contra de su voluntad a un contrato del que no recibe ninguna prestación[14]. La jurisprudencia, especialmente la menor, ha contribui-

---

[12] Se zanja así la controversia doctrinal existente, por cuanto un sector doctrinal no consideraba necesario que el cumplimiento fuera solicitado por la parte frente a la que se reclama la resolución del contrato. En este sentido, MARTÍNEZ FLÓREZ, "Comentario a los artículos 61 a 63 de la Ley Concursal" (artículo 62)", en AA.VV. *Comentario de la Ley Concursal* (Dirs. ROJO/BELTRÁN), Tomo I, Madrid 2004, pág. 1167.

[13] PEINADO GRACIA, J.L. "Cooperación y pillaje en el concurso", *AdC,* 9(2006) (BIB 2006/212).

[14] OTERO COBOS, M.ª T. "Artículo 164", Cumplimiento del contrato por resolución del juez del concurso.", en AAVV *Comentario al articulado del Texto Refundido de la Ley Concursal (*dirs. Peinado Gracia/San Juan Muñoz*),* tomo I, SEPIN, Madrid, 2020, págs.1068-1069. En la misma línea, respecto al anterior artículo 62 LC, MARTÍNEZ FLORES, A. "Consideraciones en torno a la resolución de los contratos por incumplimiento en el concurso", *AdC* 13(2008) (Bib 2008/2).", pág. 1169; GONZÁLEZ NAVARRO, "Los límites del interés del concurso. ", GONZÁLEZ NA-

do a delimitar los contornos de este presupuesto[15]. En este sentido, debe tratarse de un interés digno de protección, y no una mera conveniencia de la entidad concursada del mantenimiento del contrato[16]. Además, debe resultar consustancial al ejercicio de la facultad del juez del concurso de acordar el cumplimiento del contrato, que el concursado esté en situación de garantizar el cumplimiento del citado contrato, como base del mantenimiento de la actividad. El juez, asimismo debe efectuar un juicio de ponderación acerca del perjuicio que supone para la masa activa mantener la vigencia del contrato en interés del concurso frente a la resolución del mismo[17]. Deberá, además, pagarse la deuda pendiente con cargo a la masa, como modo de compensar al acreedor *in bonis* el sacrificio de tener que continuar con la ejecución del contrato, pese a la existencia de una causa de resolución[18]. Como ha señalado el Tribunal Supremo se justifica porque se les impone un sacrificio actual, sin que, por otra parte "*como la realidad demuestra de forma tozuda y notoria, el hecho de que el crédito sea contra la masa garantice en modo alguno el cobro*"[19].

Hay cuestiones sobre las que no se ha llegado a un consenso doctrinal ni jurisprudencial. Se ha discutido en la doctrina qué ocurre en el caso de que, acordada por el juez del concurso, en "interés del concurso", el manteni-

---

VARRO, B.A., "Los límites del interés del concurso: el contrato de suministro de energía eléctrica", *AdC*, 2012, pág. 226.

15 Vid. BLANCO GARCÍA-LOMAS, L., "Efectos sobre los contratos", op.cit. págs. 982 a 987.

16 Tal y como señala la SAP ALICANTE 24 de mayo de 2023 si no fuera así, "*estaríamos configurando una suerte de financiación o recurso crédito concedido por el propietario al concursado para financiar el plan de viabilidad, su actividad, en el sentido del artículo 100-5 de la Ley Concursal sin que en realidad exista razón legal para imponerlo, y sin que quepa enmascararlo bajo el concepto jurídico indeterminado del "interés del concurso", que no puede sostener nunca una decisión arbitraria, sino justificada en tanto supone la postergación de los intereses particulares de la actora sobre los de la sociedad concursada*".

17 En este sentido, vid. la SJM 3 Pontevedra de 3 de marzo de 2022.

18 Señala FUENTES DEVESA, R., "Visión panorámica de los efectos del concurso sobre los contratos tras la Ley 16/2022, de 5 de septiembre, de modificación del Texto Refundido de la Ley Concursal" Revista Aranzadi Doctrinal, 2(2023). Versión digital

es que lo relevante es que, si el incumplimiento es anterior, las prestaciones debidas no tienen que pagarse con cargo a la masa para conseguir el mantenimiento forzoso del contrato, de modo que esos créditos, que son concursales con arreglo al art 163.2 TRLC, seguirán como tales y deberán ser satisfechos según la solución convencional o liquidatoria con sujeción a la "*par condictio creditorum*", aunque el contrato del que deriven continúe vigente contra la voluntad de la parte *in bonis.*

19 STS, Sala de lo Civil, Sec. 1ª de 21 de marzo de 2012.

miento de la vigencia del contrato, con posterioridad se sigan produciendo incumplimientos, por ejemplo, se deja de pagar la renta de un mes posterior a la declaración judicial de cumplimiento. Se plantea la problemática de si es posible que nuevamente se proceda a la enervación de los efectos derivados de la resolución contractual por el nuevo incumplimiento o no. Esta discusión doctrinal ha polarizado a los tribunales, encontrando dos posturas contrapuestas, incluso en la propia Sección de una AP. Por un lado, los partidarios de la nueva enervación consideran que la finalidad perseguida con la enervación, esto es, maximizar la satisfacción de los acreedores mediante el mantenimiento de la actividad, justifica que, pese a un incumplimiento posterior, si existe comprobación de la capacidad de cumplimiento, se pueda producir una nueva enervación de los efectos de la resolución contractual. Por otro, los partidarios de la imposibilidad de nueva enervación, que consideran que el incumplimiento posterior a la primera enervación, es una muestra de que el concursado no tiene la capacidad de cumplimiento del contrato que se exige para la enervación de la resolución contractual, lo que justifica que se declare la imposibilidad de una nueva enervación[20]. Seguramente, habrá de estarse a las circunstancias que concurren en el caso concreto para determinar si es o no posible esa enervación.

La casuística resulta muy variada. Sería el caso, por ejemplo, de un contrato de suministro de luz o gas, cuyo mantenimiento puede justificarse como medio para poder continuar la actividad y, que con esa actividad se pueden generar los euros suficientes para hacer los pagos comprometidos en la propuesta de convenio: el interés del concurso se identifica con el carácter instrumental de la vigencia del contrato para el mantenimiento de la actividad[21]. O en los

---

[20] En este sentido, la SAP Pontevedra (Sección 1ª), de 15.11.2012 matiza su anterior postura, argumentando que "*Ahora bien, en el supuesto que nos ocupa, atendiendo a los datos de hecho ya recogidos en el fundamento jurídico anterior, y que no resultan cuestionados, el impago durante más de un año no sólo de las mensualidades adeudadas en su día cuando se instó el primer incidente de resolución, sino el impago también de las cuotas devengadas con posterioridad, debe conceptuarse como un incumplimiento lo suficientemente grave para justificar la resolución que ahora se impugna*".

[21] Como ha dicho la jurisprudencia (SAP Salamanca de 22.4. 2021), en un contrato como el de suministro de combustible o energía eléctrica, resultan plenamente aplicables las reglas de la legislación concursal sobre efectos del concurso en contratos con obligaciones recíprocas pendientes de cumplimiento por ambas partes; STS 21marzo 2021, se impone a la parte *in bonis* un sacrificio actual y se le expropia de la facultad de resolver obligándole a continuar suministrando a quien incumplió resolutoriamente.

supuestos de leasing mobiliario[22], de arrendamiento de vehículo[23]. También se ha planteado en contratos de compraventa en los que el concursado es el promotor, si bien en este caso la solución depende del estado de la obra. Si la obra no está finalizada, el concurso estigmatiza la promoción y el concurso no quiere tanto la finalización de la obra, como la realización de los bienes para obtener el mayor numerario posible. Si está acabada o casi, el interés del concurso consiste en dar efectividad al contrato a los efectos de que, tras la entrega del objeto de la compraventa, se pague el precio, y así se integra en la masa activa.

III. RESOLUCIÓN JUDICIAL DEL CONTRATO EN INTERÉS DEL CONCURSO

1. Presupuestos

1.1. Contratos con obligaciones recíprocas

El artículo 165[24] plantea el supuesto inverso, en el que, si cabe de forma más patente, se aprecia como el interés del concurso es el elemento que rompe el principio "*pact sunt servanda*" por cuanto ese interés permite la resolución del contrato. Es posible hablar igualmente de la existencia de una serie de presupuestos para que este supuesto que supone una nueva excepción, pueda aplicarse.

---

22 SJM Palencia, 3.6.2009: "*Y que los bienes muebles objeto del contrato de arrendamiento financiero por su naturaleza y destino (a modo de ejemplo, útiles y herramientas para Land Rover, elevadores, maquinaria para reglaje de dirección, equilibradora de ruedas, desmontadora de neumáticos, ordenadores, centralita de teléfonos, etc.) y atendido el objeto social de la concursada (concesionario oficial de compra y venta de vehículos Land Rover) están afectos a la actividad empresarial, que continúa hasta la fecha, por lo que el interés del concurso faculta y determina en este supuesto que aunque existe impago de las cuotas de arrendamiento financiero en que sustenta la actora su pretensión y por tanto causa de resolución, sin embargo procede acordar el cumplimiento del contrato*".

23 SJM Cáceres, 5.4.22, alude al impago antes y después, pero sí hay interés porque gracias al vehículo se puede mantener la actividad, tanto si hay convenio (y de hecho había propuesta) como si se llega a liquidación, porque hasta ese momento se puede seguir generando recursos.

24 Art. 165: 1."*Aunque no exista causa de resolución, el concursado, en caso de intervención, y, la administración concursal, en caso de suspensión, podrán solicitar la resolución de cualquier contrato con obligaciones recíprocas si lo estimaran necesario o conveniente para el interés del concurso*".

En primer término, se alude en el artículo a que debe tratarse de contratos con obligaciones recíprocas —sin diferenciar entre contratos de tracto sucesivo y tracto único— pendientes de cumplimiento en el momento de la declaración del concurso (da igual que haya insolvencia actual, inminente, se trate de concurso voluntario o necesario). La parte in bonis en ningún caso podrá instar la resolución del contrato ex art. 165 TRLC[25]. La primera cuestión que se plantea es si realmente es posible aplicar este régimen a todo tipo de contratos con obligaciones recíprocas, sin especificar si se encuentran o no pendientes de cumplimiento por ambas partes.

Puede considerarse que hay dudas más que razonables[26]. El concepto de contratos con obligaciones recíprocas aparece recogido en diferentes preceptos del Código Civil, en los que no se ofrece, sin embargo, un concepto legal (artículos 1.100, 1.200 y 1.124, entre otros). Pese a ello, se vienen considerando por la doctrina y jurisprudencia como aquéllos que generan una relación jurídica en la que ambas partes son acreedor y deudor entre sí, siendo sus prestaciones contrapartida la una de la otra. Además de la presencia de obligaciones para ambas partes, se remarca su carácter correlativo[27]. Es cierto que encontramos alguna sentencia en la que se ha llegado a

---

25 Sentencia de la Audiencia Provincial de Sevilla de 20 de enero de 2013:"...*La acción ejercitada por la actora y apelante, en su demanda, es la prevista en el segundo párrafo del artículo 61.2 de la Ley Concursal, precepto que no contempla la resolución por incumplimiento, sino la resolución en interés del concurso, a instancia del concursado o, si existe intervención, de la administración concursal. Por tanto, la entidad actora carece de legitimación activa para instar la resolución del contrato en interés del concurso. La resolución por incumplimiento se regula en el artículo 62.1 de la Ley Concursal, con respecto a contratos con obligaciones recíprocas pendientes...*".

26 No las tiene, OTERO COBOS, M.ª. T. "Artículo 165 ", op.cit., págs. 1074-1075 que considera que será posible, atendiendo al tenor literal, siempre que las prestaciones recíprocas no hayan sido cumplidas con anterioridad a la declaración del concurso, dado que el cumplimiento produce la extinción automática del contrato.

27 Señala en este sentido DIEZ PICAZO, L. /GULLÓN A., Sistema de Derecho Civil, Vol II, 4ª ed. 1983, págs. 224-225 "*que, a primera vista, parece claro que son aquellas en las cuales los dos sujetos de la relación se encuentran obligados. Sin embargo, parece claro también que en la idea de obligación reciproca utilizada por el legislador no bastaría la pluralidad de deudas y de créditos, sino que es decisiva la "reciprocidad". Se trataría pues, de un fenómeno complejo en el cual dos obligaciones se insertan o se integran en una más amplia que es la "obligación recíproca*". Para continuar señalando *"que, en los contratos con obligaciones recíprocas, los deberes de prestación se encuentran entre sí ligados por un nexo de interdependencia, puesto que cada parte acepta el sacrificio que para ella supone realizar la prestación que le incumbe, con la finalidad de lograr como resultado la prestación que la otra parte debe realizar; nexo que recibe el nombre de sinalagma. Este sinalagma actúa tanto en la génesis o causa (sinalagma genético) como en el cumplimiento o función (sinalagma*

considerar la voluntad del legislador de ampliar el elenco de contratos a los que resulta de aplicación el interés del concurso como motivo de resolución de los contratos[28]. Posiblemente, como se ha señalado[29], se podría haber estado pensando en que en el artículo 165.3 LC se efectúa una alusión al arrendamiento financiero. Si el contrato a rescindir fuera de arrendamiento financiero, " *a la demanda se acompañara tasación pericial independiente del valor de los bienes cedidos que el juez podrá tener en cuenta para fijar la indemnización*". Una primera lectura del citado párrafo, podía llevar a la conclusión que, tras la reforma operada en el art. 61.2 II LC a través de la Ley 38/2011 y en la actualidad, en el último párrafo del art. 165.3 TRLC, se ha optado por considerar el arrendamiento financiero o leasing como contrato de tracto sucesivo y, por lo tanto, plenamente incardinable en dicho precepto y en la resolución contractual en interés del concurso. Esto es, que se ha querido in-

funcional), de manera que el acreedor de una obligación recíproca no puede exigir al deudor su cumplimiento sin que, a su vez, él haya cumplido o, al menos, ofrecido cumplir. Este sinalagma funcional es el determinante".

Respecto a la jurisprudencia, cabe destacar la STS nº 44/2013, de 19 de febrero, en la que se establece que *«cabe hablar de obligaciones recíprocas cuando, (1º) con causa en un mismo negocio, (2º) nazcan deberes de prestación a cargo de las dos partes, que ocupan la doble posición de acreedora y deudora de la otra, siempre que (3º) exista entre las prestaciones una interdependencia o mutua condicionalidad, de modo que puedan entenderse conectadas por un nexo causal, determinante de que cada una esté prevista inicialmente y funcione como contravalor o contraprestación de la otra. La reciprocidad no requiere equivalencia de valores, objetiva ni subjetiva, entre las dos prestaciones, pero sí que ambas tengan la condición de principales en el funcionamiento de la relación contractual de que se trate. Difícilmente cabrá advertir la condicionalidad entre una obligación principal y otra accesoria o secundaria. La reciprocidad de los deberes de prestación puede ser advertida en la fase genética de la relación, esto es, en el momento de su nacimiento, con la perfección del contrato y la consiguiente creación de la regulación negocial o "lex privata ". Pero, a los efectos del artículo 61, cuando la reciprocidad debe existir es con posterioridad, propiamente, en la se ha venido en llamar fase funcional del vínculo y, además, por expresa exigencia, después de declarado el concurso. Se entiende que las obligaciones que tuvieron inicialmente aquella condición la pierden si una de las partes hubiera cumplido su prestación antes de aquella declaración, lo que determina que el crédito contra el concursado incumplidor sea considerado concursal. La razón de ello es que, durante la tramitación del concurso, la relación funciona, de hecho, igual que las que por su estructura original no eran recíprocas»*. Un compendio de la jurisprudencia se encuentra en la STS 630/2015, de 18 de noviembre.

28 Así, en la SJM 1 Coruña 20.4.21, se alude a la posibilidad, haciéndose eco del tenor literal del artículo 165 TRLC, que también resultaría aplicable a los contratos genéticamente sinalagmáticos, pero que no funcionan como tales en la fase funcional del vínculo.

29 AZNAR, E. *La resolución judicial del contrato en interés del concurso,* Tirant lo blanch, Valencia, 2021. Versión digital (TOL8.385.071).

cluir dentro del ámbito de aplicación, considerando que existe un sinalagma genético, aunque no funcional. Sin embargo, no puede compartirse esa opinión. El contenido del art. 165.3, in fine TRLC que, por cierto, únicamente incorpora una regla cuantificadora de indemnización, solo resulta aplicable a aquellos contratos de leasing con obligaciones reciprocas que se hallaran pendientes por ambas partes[30]. Si del contrato en cuestión, especialmente de su clausulado, resulta que no existen las referidas prestaciones a cargo del arrendador, que será lo habitual, obviamente no sólo no será de aplicación el referido inciso sino tampoco el contenido del art. 165 TRLC.[31]. Entiendo que la simple referencia que efectúa el art. 165.3 TRLC ni puede ni debe afectar a la naturaleza jurídica de un contrato, ni, obviamente, convierte en contrato con prestaciones reciprocas pendientes para ambas partes a aquel que no cumpla los presupuestos[32].

1.2. Conveniencia o necesidad para el interés del concurso

La resolución del contrato tiene que ser "conveniente o necesario para el interés del concurso" sin que influya, o se pueda atender, al interés de

---

30 Señala con criterio FUENTES DEVESA, R., " Panorámica..", op.cit., habrá que atender al sinalagma funcional y no solo genético, por lo que el interés del concurso solo podría predicarse en las hipótesis en los que, al tiempo de la declaración de concurso, las pretensiones pendientes ya no resulten satisfactorias para el concurso, de modo que seguirían quedando al margen los contratos en su génesis con obligaciones recíprocas, pero ya cumplidos por el concursado, sin que se pueda instrumentalizar esta vía para recuperar la prestación realizada, si ello resultara más interesante, en lugar de exigir el cumplimiento del mismo (por ejemplo, en un contrato de permuta a cambio de obra, recuperar el concursado la finca entregada.

31 En esta línea, STS 02 de noviembre de 2016.

32 El TS ha declarado: STS nº 44/2013, de 19 de febrero: "*cuando la reciprocidad debe existir es con posterioridad, propiamente, en la se ha venido en llamar fase funcional del vínculo y, además, por expresa exigencia, después de declarado el concurso*". En este sentido el Tribunal Supremo ha rechazado que el contrato de arrendamiento financiero con opción de compra, sea generador de obligaciones recíprocas. Por su parte, la SAP de Madrid de 2.02.2018 señala: "*...Dada la caracterización de la opción de compra como un contrato unilateral (salvo que se pacte el pago de una prima), la jurisprudencia rechaza que puede resolverse por incumplimiento de conformidad con el artículo 1124 del Código Civil, que no es aplicable a la opción de, precisamente, porque no es un contrato generador de obligaciones recíprocas, o sólo puede resolverse muy excepcionalmente (sentencia de 3 de noviembre de 2010). (...) En consecuencia, no cabe resolver el contrato de opción de compra en interés del concurso porque no estamos ante un contrato en el que al tiempo de la declaración de concurso existieran obligaciones recíprocas pendientes de cumplimiento tanto a cargo del concursado como de la otra parte. No cabe confundir las obligaciones derivadas del contrato de opción con las del ulterior contrato de compraventa*".

la parte *in bonis*, ni al de un acreedor en particular o cualquier tercero. Siempre se impone el interés del concurso[33]. Además, como dije anteriormente, se trata de una resolución al margen de la prevista del art. 1124

---

[33] Así, MARTÍNEZ FLOREZ, A., "Vigencia de los contratos con obligaciones recíprocas" en AA.VV., *Comentario de la Ley concursal* (coord. por Beltrán/ Campuzano/ Alameda/Rojo) Vol. 1, 2006, pág. 1147 parte de la consideración de que el interés del concurso se identifica con el hecho de que los acreedores concursales obtengan un grado de satisfacción mayor que el que podrían obtener en caso de cumplimiento del contrato. Por su parte, VALPUESTA GASTAMINZA, E., "La vigencia de los contratos con obligaciones recíprocas (art. 61 Ley Concursal): algunos aspectos controvertidos", Revista de derecho concursal y paraconcursal: Anales de doctrina, praxis, jurisprudencia y legislación, 27(2017), identifica ese interés con el de la masa siempre y cuando no se perjudique a la parte *in bonis*; GÓMEZ MENDOZA, M. "Efectos del concurso sobre los contratos: cuestiones generales", en "Estudios sobre la Ley Concursal. Libro Homenaje a Manuel Olivencia", AA. VV, Tomo III, Madrid 2004", pág. 2812, considera que el interés del concurso consiste en la necesidad de conservar y, en su caso, potenciar, el valor de los bienes del deudor en beneficio de los acreedores implicados; y esto, implica, a su vez, deshacerse de los bienes y contratos gravosos; HERNÁNDEZ MARTÍ, J. "Efectos de la declaración del concurso", en AA.VV. *Concurso e insolvencia punible*, (coor. Hernández Martí), Valencia 2004., pág.259, sitúa el interés del concurso en un plano diferente al del "interés de la masa". El interés de un acreedor de la masa es que se reintegren a la masa activa los bienes que salieron de ella en virtud de actos que les perjudicaban, que los bienes se administren debidamente y que se enajenen obteniendo la mayor suma de dinero posible. Ese enriquecimiento colectivo es, indirectamente, un enriquecimiento de todos y cada uno de los acreedores y, en este sentido, puede hablarse de un interés común o "interés de la masa". Ahora bien, no todos los acreedores entienden del mismo modo el interés de la masa y, en ocasiones, la existencia de privilegios o meras preferencias incide en el modo de percibir lo que es bueno, en lo cual puede discrepar la administración del concurso (el deudor con actuación intervenida o la administración judicial). La acción de la administración del concurso se encamina a realizar aquello que "es conveniente" para el concurso, lo cual dependerá de la orientación del proceso (convenio o liquidación), la mejor administración de los bienes y la obtención del máximo valor (interés común al deudor y a sus acreedores). Este "interés del concurso" se realiza mediante aquellos actos que la "administración" (no los acreedores) "considera" convenientes para que el proceso cumpla sus fines, que son la satisfacción de los acreedores. Este es el concepto de "interés del concurso" que late en los arts. 135.1 TRLC, que establece el deber del deudor de colaborar en todo lo conveniente para el interés del concurso; 165 TRLC, al prever la solicitud de resolución del contrato si se estima necesario o conveniente para el interés del concurso; 164 TRLC, que faculta al Juez atendiendo al interés del concurso para acordar el cumplimiento del contrato, aun cuando exista causa de resolución; y 444.2ª TRLC, que presume el concurso culpable ante un deudor que no ha facilitado la información necesaria o conveniente para el interés del concurso.

CC, y no presupone incumplimiento por la contraparte, dado que puede deberse, sencillamente, al hecho que las obligaciones pendientes no hubieran vencido al tiempo del concurso[34]. Tampoco, la existencia de causa resolutoria[35]. No puede convertirse en un instrumento que utilice la persona concursada[36] para recuperar la prestación realizada, si ello resultara más interesante, en lugar de exigir el cumplimiento del mismo (por ejemplo, en un contrato de permuta a cambio de obra, recuperar el concursado la finca entregada)[37].No se trata de un instrumento que pueda utilizarse para obtener la resolución parcial del contrato, o la ineficacia de determinada clausula o cláusulas de aquel, seccionando del acuerdo en cuestión aquellas obligaciones o pactos que resulten gravosos u onerosos para el concursado, y manteniendo las restantes. Incluso, aunque el interés del concurso precisara tal resolución parcial o ineficacia, o el propio contrato fuere susceptible de resolución si así lo requiriese el interés del concurso[38].

---

[34] Como dice la SAP de Alicante de 30 de abril de 2015, confirmando la dictada en primera instancia, " (no) procede la resolución en interés del concurso, ya que ésta no está pensada para el caso de incumplimiento, sino para los supuestos en que al concursado le sea más oneroso satisfacer la propia obligación que beneficioso recibir la de la parte contraria.

[35] Señala OTERO COBOS, M.ª. " Artículo 165", op.cit., pág.1075, que el artículo 165 al incluir esa redacción— aunque no exista causa de resolución—, "permite que el concursado o la administración concursal, no estén comprometidos con el principio de vigencia de los contratos, pues gozan dela posibilidad, siempre excepcional y mediando los requisitos legales, de elegir entre dos opciones: el ejercicio de una acción de resolución por incumplimiento o bien, instar la resolución en interés del concurso. En el primer caso, deberá probarse la realidad del incumplimiento y en el segundo, que la resolución del contrato beneficial al concurso".

[36] La sentencia de la Audiencia Provincial de Burgos, de fecha 31 de marzo de 2015: La resolución del contrato en interés del concurso no está pensada para el caso de incumplimiento, en cuyo caso son de aplicación preferente el artículo 61.1 o el artículo 62. No es la declaración en interés del concurso una vía fácil para resolver aquellos contratos que el concursado no quiera o no pueda cumplir..."

[37] FUENTES DEVESA, "Panorámica…", op.cit.,

[38] Como declara el Tribunal Supremo (STS 26.02.2013) en relación con un supuesto en el que se pedía la ineficacia de una cláusula contractual que previa un derecho de opción de venta a favor de una de las partes cumplidas una serie de condiciones "..*La Ley Concursal no ampara la amputación de las cláusulas contractuales cuyo cumplimiento pudiera ser oneroso para la concursada, bajo la genérica justificación de que con ello se pueden satisfacer mejor los intereses afectados por el concurso. De otro modo estaríamos rompiendo el concreto equilibrio de prestaciones querido por las partes al convenir el contrato, lo que supondría un injustificado quebranto del carácter vinculante de lo convenido al amparo de la autonomía privada de la voluntad. Al margen del ejercicio de*

Hay cuestiones sobre las que no se ha llegado a un consenso doctrinal ni jurisprudencial. Es el caso, por ejemplo, de las cuotas devengadas tras la declaración de concurso. El principal problema que plantea la resolución del contrato de arrendamiento o leasing en "interés del concurso", es la relativa al tratamiento de las cuotas devengadas con posterioridad a la declaración de concurso y no satisfechas por el arrendatario. La problemática se centra respecto de si cabe o no aplicar analógicamente el anterior artículo 73.3 de la LC (actual artículo 236 del TRLC 2022), para sancionar la conducta abusiva del arrendador que ha provocado el devengo de cuotas y ve resuelto el contrato en "interés del concurso", articulando de esta forma una calificación del crédito más favorable para sus intereses. La regla general, expuesta a propósito de la doctrina general, es que se entenderán devengadas las cuotas del contrato de arrendamiento financiero o leasing hasta la misma fecha de la resolución judicial que acuerde la citada resolución, o al menos hasta la resolución judicial que contenga el acuerdo de las partes contractuales, cuotas que por devengarse con posterioridad a la masa y por contrapartida por la citada resolución, deben reconocerse como créditos contra la masa a favor de la parte in bonis. En cambio, las cuotas derivadas del contrato de arrendamiento financiero o leasing que no se han devengado antes de la resolución judicial, y que están pendientes en ese momento, no se incluirán como créditos contra la masa, y se englobarán dentro de la indemnización correspondiente, por un importe equivalente hasta que se realizó la resolución contractual. La cuestión entonces, es si se puede sancionar de alguna manera a quien ha provocado que se devenguen más cuotas. Aunque alguna sentencia dice que sí, no parece que exista identidad de razón, porque las acciones de reintegración tienen un objetivo diferente al perseguido con el mantenimiento del contrato en interés del concurso. Tampoco sirve, por falta de identidad, la aplicación analógica del artículo 287.1. relativo a la ca-

las acciones de reintegración, la Ley Concursal no prevé esta posibilidad de dejar sin efecto garantías contractuales a favor de la parte in bonis, como pudiera ser la pactada en este caso (un derecho de opción de venta) o una condición resolutoria, sin perjuicio de que su ejercicio en algún caso pudiera quedar suspendido si se cumplen los requisitos previstos en el art. 56LC".

Por su parte, la STS 650/2018, de 20 de noviembre: "*El presupuesto para el ejercicio de la facultad resolutoria regulada en el art. 61.2, párrafo 2º, LC es el interés del concurso, en tanto en cuanto el mantenimiento del contrato cuya extinción se pretende no sea suficientemente provechoso para la masa. Frente a la regla general de conservación de todas las relaciones que conforman la masa activa, se permite la exclusión de las que resulten económicamente indeseables para la misma, porque no generan activos suficientes, son excesivamente gravosas por su contenido y garantías, o sus condiciones son comparativamente peores que las de otros contratos que pudieran celebrarse en el mercado para satisfacer la misma necesidad*".

lificación de créditos subordinados derivados de contratos con obligaciones recíprocas cuando el al juez constate que el acreedor obstaculiza de forma reitera el cumplimiento del contrato en interés del concurso

1.3. Obligatoriedad en caso de necesidad o conveniencia

Un sector doctrinal ha considerado que el concursado o, en su caso, la administración concursal, gozan de autonomía para instar la resolución contractual en interés del concurso. En mi opinión no es así. Pese al tenor literal del art. 165.1 TRLC, no parece que quede a su libre albedrío la decisión de instar la resolución del contrato, pues, realmente, no cabe hablar de una facultad del deudor o, en su caso, administración concursal de resolver el contrato en interés del concurso, sino de una obligación ineludible si tal interés así lo exige. La activación del mecanismo resolutorio del art. 165 TRLC, no es un acto que haya de realizarse siempre e imperativamente, tras la declaración del concurso, sino, únicamente, cuando sea necesario o conveniente para los intereses del concurso, pero si lo fuere, debe instarse, ineludiblemente, la resolución contractual[39]. Dice podrán porque es una excepción del 158. Y porque solo si es conveniente o necesario para el interés. Si no, no parece posible.

La omisión acarrea consecuencias: para el concursado, una eventual modificación del régimen de facultades patrimoniales, pasando de la intervención en el ejercicio de facultades a la suspensión (art. 108 TRLC), así como con la calificación de su concurso como culpable en la medida en que la falta de resolución suponga una agravación del estado de insolvencia (art. 442 TRLC).; y, para la administración concursal, la exigencia de la

[39] MARTÍNEZ FLOREZ, A. "Vigencia", pg. 1149 y 1150, quien señala que "....*Diversos argumentos conducen a la conclusión de que el concursado intervenido o la administración concursal están obligados a presentar la solicitud cuando han llegado al convencimiento de que la resolución es beneficiosa para el concurso. En primer lugar, los legitimados para administrar y disponer del patrimonio concursal deben actuar en interés del concurso (art. 43) y al decidir cumplir el contrato pendiente o resolverlo están realizando actos que entran en el ámbito de la administración y de la disposición. En segundo lugar, cuando el deudor esté suspendido y, por lo tanto, corresponda a la administración concursal la presentación de la solicitud, el deudor está sometido a un deber de colaborar en todo lo conveniente para los intereses del concurso, de manera que, en virtud del mismo, estará obligado a pronunciarse a favor de la resolución solicitada por la administración concursal*". 4. En el mismo sentido, AZNAR, E., Documento: TOL8.385.070, op.cit.

oportuna responsabilidad al amparo del art. 94 y ss TRLC, y sin perjuicio de su separación del cargo ex art. 100 y siguientes TRLC[40].

Fijado cual es elemento que condiciona la resolución contractual ex art. 165 TRLC, el interés del concurso, cabe plantearse cuales son los criterios para valorar y determinar si la resolución proyectada, realmente, es de interés del concurso. Pues, ciertamente, habrán supuestos en que tal interés sea evidente y otros, la mayoría, en los que la cuestión se presente turbia y procelosa, dificultando ello la toma de decisiones Lo cierto es que los criterios a tener en cuenta son múltiples[41].

2. *Efectos de la decisión judicial de resolución del contrato "en interés del concurso"*

Los efectos vendrán determinados por el acuerdo de las partes, o la decisión del juez, en caso de discrepancia de las partes, en cuyo caso los efectos vienen determinados por el artículo 165.2 del TRLC (que consistirá en la

40 AZNAR, E., *Resolución judicial del contrato.* (Documento: TOL8.385.070), op.cit..

41 MARTÍNEZ FLOREZ, A. "Vigencia", op. cit. pág. 1147 señala, con acierto, algunos de los posibles criterios a tener en cuenta que son: – El importe del crédito y de la deuda derivados del contrato pendiente. Si el primero es superior al segundo, parece más conveniente la continuación y ejecución del contrato. Por el contrario, si la deuda fuese superior al crédito, se antoja más aconsejable la resolución contractual en interés del concurso. – Igualmente, habrá que tomar en consideración la posible afección del bien recuperado con ocasión de la resolución contractual aquí tratada, a la liquidación concursal. Si respondemos la cuestión en sentido afirmativo, considera la Autora que debe determinarse si dicha liquidación beneficia o perjudica a los acreedores.– Debe tenerse presente el contrato pendiente de ejecución y, concretamente, sus condiciones, y examinar la posibilidad de concertar uno nuevo, que tenga el mismo objeto pero en mejores condiciones. Caso afirmativo, debería procederse a la resolución del contrato al amparo del art. 165 TRLC. – Habrá que considerar si el negocio pendiente puede ser un elemento que facilite o que dificulte la mejor solución de la crisis (un convenio o la liquidación). – Por otro lado, se me antoja esencial en la toma de la decisión, valorar y tener presente la correspondiente restitución de prestaciones derivada de la resolución y, especialmente, los posibles daños y perjuicios que se irroguen a la parte *in bonis* con También tendrá influencia en la resolución el hecho de que el concursado no vaya a continuar con su actividad empresarial, cesando la misma. O que pretenda, o inste, la apertura de la liquidación concursal. En tales supuestos, se presenta procedente e, incluso, necesaria, tal resolución. Y el eventual deterioro o depreciación del valor correspondiente al bien o activo objeto del contrato, cuya resolución en interés del concurso se pretende.

declaración de resolución contractual en "interés del concurso" y, en su caso, "las restituciones que procedan" y la "indemnización de daños y perjuicios".

Estos efectos en caso de decisión judicial por discrepancia de las partes contratantes, vienen determinados legalmente, sin que pueda acogerse un efecto distinto del establecido legalmente[42].

Ahora bien, estos efectos legalmente establecidos se impondrán "en su caso", lo que, referido a la indemnización que haya de satisfacerse, es tanto como decir que es precisa la acreditación de los daños derivados de la resolución contractual en "interés del concurso", para que se acuerde como efecto la pertinente indemnización[43]. Además, debe tenerse en cuenta que es importante la cuantificación porque solo de este modo, el concursado o la administración concursal, y, durante el procedimiento, el juez del concurso, pueden llegar a valorar si la resolución es o no más gravosa para el interés del concurso que el cumplimiento del contrato[44].

---

42 Este es el fundamento de la SAP Barcelona (Sección 15ª), de 04.11.2013, en la que se señala que no resulta posible recoger en la decisión judicial que se dicta en caso de discrepancia de las partes contratantes, los efectos de la cláusula contractual pactada por las partes para el caso de desistimiento unilateral del contrato. O la indemnización a favor de la entidad concursada (SAP Madrid (Sección 28ª), de 22.11.2013: "La paradoja que entraña el planteamiento de la recurrente es que pretende aprovecharse de que la normativa concursal permite imponer a la contraparte la extinción del contrato por una razón extraña al mismo (como consecuencia derivada del régimen especial aplicable en caso de crisis concursal de un contratante e incluso como posibilidad excepcional en el seno del mismo, pues la regla general sería la subsistencia de los contratos con obligaciones recíprocas pendientes de cumplimiento), incluso en contra de los intereses de esa otra parte, para exigirle, sin embargo, que satisfaga una cuantiosísima indemnización que tendría como causa el compensar a la concursada por la finalización de la relación que ella y sus circunstancias han impuesto. La contradicción no puede resultar más flagrante").

43 SAP Alicante (Sección 8ª), de 12.05.2011: "Por tanto si la parte *in bonis* no prueba los daños a indemnizar, respecto de los que ni tan siquiera propone cuantía alguna, y justificación alguna existe de daños ni aún en abstracto, al no justificarse tan siquiera la existencia de una infraestructura empresarial puesta o generada con ocasión de la contratación que se resuelve, el derecho genérico a ser indemnizado no resulta concreto y por tanto, no se devenga pues la indemnización responde no a un efecto necesario o inevitable de la resolución contractual sino a la reparación de un daño por quien no debe soportarlo".

44 OTERO OTERO, Mª.T., "artículo 165", pág. 1078. Esta autora también apunta la valoración de la indemnización debe hacerse teniendo en cuenta el contenido del contrato, toda vez, que se consideran válidas las cláusulas que establezcan, mode-

En cuanto a la calificación del crédito derivado de la indemnización o restitución, la propia norma señala que el crédito indemnizatorio se considera un crédito concursal; y, a falta de otra clasificación, todo apunta a que debe ser ordinario. En cambio, nada se dice acerca de la calificación del crédito restitutorio. Ante este silencio, podría considerarse que se trata igualmente de un crédito concursal. No obstante, como se ha señalado con acierto[45], puede defenderse con solvencia que se trata de un crédito contra la masa. En efecto, *si tiene lugar la restitución de prestaciones por la resolución del contrato (lo que sucede en los casos de contratos de tracto único), si la masa activa se incrementa con un activo, en lógica equivalencia, lo que debe entregarse a la contraparte debe tratarse como un crédito contra la masa, sin que haya motivo para sujetarlo a la regla de la par condictio creditorum.*

En los supuestos de contrato de compraventa con cantidades entregadas a cuenta, cabe plantearse diferentes hipótesis: si se ha aprobado judicialmente el convenio, no hay interés del concurso, porque es precisamente el mantenimiento de la vigencia del contrato lo que permitirá mantener la actividad de la entidad concursada, que es lo que se tuvo en cuenta a la hora de valorar la viabilidad de la propuesta de convenio que posteriormente se aprobó; si nos encontramos en fase de liquidación, tiene más sentido valorar la resolución del contrato en interés del concurso, por cuanto el cese de la actividad y los bienes y derechos tendrían mejor realización si no van acompañados de la carga de un contrato anejo:

IV. LA QUIEBRA DEL "PACTA SUNT SERVANDA" EN EL DERECHO DE REESTRUCTURACIONES

Tal y como está diseñado en el TRLC, que incorpora la Directiva (UE) 2019/1023 sobre reestructuración e insolvencia, el Derecho preconcursal comprende un conjunto de medidas destinadas a procurar la reestructuración de empresas viables evitando o superando la insolvencia a fin de conseguir mantener la actividad empresarial, lo que, además de aportar otros beneficios a la economía, a menudo contribuye a mantener los puestos de trabajo o a reducir las pérdidas de puestos de trabajo. El presupuesto objetivo del preconcurso es más amplio que el del concurso (art. 584 TRLC). No solo comprende la insolvencia inminente y la actual, sino también la

ren o eximan de indemnización a las partes en caso de resolución contractual en tanto no sea contrario a la norma concursal (pág. 1079).

45 FUENTES DEVESA, Panorámica..., op.cit.,

probabilidad de insolvencia, que el TRLC define como aquella situación que concurre cuando sea objetivamente previsible que el deudor no podrá cumplir regularmente sus obligaciones que venzan en los próximos dos años, de no alcanzarse un plan de reestructuración (art. 584 TRLC)[46]. Un deudor que se encuentre en probabilidad de insolvencia no puede ser sujeto de un concurso de acreedores, pero puede utilizar los mecanismos que integran el derecho preconcursal. El legislador comunitario es consciente del hecho de que, en esa situación previa o inmediatamente anterior a la insolvencia, pueden producirse los mismos problemas y dificultades que en un concurso, y que vienen dadas por la tensión entre la defensa del interés de los acreedores, frente a la defensa de los intereses del concursado y del propio concurso. Por ello toma como presupuesto esa situación previa a la insolvencia actual, que en nuestro Ordenamiento denominamos como probabilidad de insolvencia[47].

El centro del sistema está constituido por el plan de reestructuración, de manera que el resto de disposiciones son meramente instrumentales para conseguir la conclusión del plan y facilitar después su ejecución. Entre ellas, la propia disciplina en materia de contratos, que viene supeditada al éxito del plan de reestructuración. El contenido de este plan de reestructuración puede consistir tanto en la reestructuración del pasivo, como la del activo, y evidentemente, ello implicará la modificación de contratos.

Es cierto que el artículo 618 TRLC expresamente contempla el principio general de vigencia de los contratos, señalando que la homologación

---

46 Esta nueva categoría se diferencia de la insolvencia inminente en la medida en que esta última exige que deudor prevea que no podrá cumplir regular y puntualmente sus obligaciones dentro de los tres meses siguientes (art. 2.3 TRLC). Probabilidad de insolvencia, insolvencia inminente e insolvencia actual son tres estados que se ordenan secuencialmente: la probabilidad de insolvencia es un estado previo a la insolvencia inminente y ésta un estado previo a la insolvencia actual. Vid. FERNANDEZ PÉREZ, N., " Los presupuestos del preconcurso" en AA.VV., *Derecho concursal y preconcursal, (*dir. E.Galleg*o)* Tirant lo blanch, Valencia, 2022, págs..2231.

47 Se trata de una Directiva de mínimos que permitía a los legisladores nacionales diferentes opciones respecto de cuestiones importantes. En todo caso, contempla supuestos de reestructuraciones negociadas con el deseo que constituyan la regla general, y supuestos de reestructuraciones forzosas tanto de los acreedores, en un intento de solucionar el tradicional problema del "*holdou*t" y "*freeriders*"; pero también para el deudor cuando la reestructuración afecta al activo y se precisa el acuerdo de los socios, introduciendo medidas de arrastre dentro de cada clase y entre clase. Vid. Al respecto, PULGAR EZQUERRA, (2019), pág. 4.

de un plan de reestructuración, por sí sola, no afectará a los contratos con obligaciones recíprocas pendientes de cumplimiento. En particular, se tendrán por no puestas las cláusulas contractuales que establezcan la facultad de la otra parte de suspender o de modificar las obligaciones o los efectos del contrato, así como la facultad de resolución o la de extinción del contrato por el mero motivo de la presentación de la solicitud de homologación o su admisión a trámite, la homologación judicial del plan o cualquier otra circunstancia análoga o directamente relacionada con las anteriores. Sin embargo, el artículo 620 TRLC faculta al deudor durante la negociación de un plan de reestructuración, a que pueda solicitar a la otra parte contratante la modificación o resolución de los contratos con obligaciones recíprocas pendientes de cumplimiento cuando esa modificación o resolución resulte necesaria para el buen fin de la reestructuración y prevenir el concurso. Con la particularidad de que, si las partes no llegasen a un acuerdo sobre los términos de la modificación o las consecuencias de la resolución, el plan de reestructuración podrá prever la resolución de esos contratos[48]. El crédito indemnizatorio derivado de la resolución también podrá quedar afectado por el plan. Además, a través de la homologación del plan se puede proceder a una resolución forzosa de cualquier contrato, siempre y cuando se considere necesaria para asegurar la viabilidad de la actividad del deudor[49].

En relación con el activo, contempla expresamente la venta de la totalidad de la empresa y de unidades productivas al disponer que las medidas de reestructuración pueden consistir no solo en ventas de activos, sino también en esas transmisiones, siempre y cuando prevean la enajenación como empresa en funcionamiento. Junto a las medidas relativas a la estructura del capital, el plan puede prever también medidas relativas a la *"estructura operativa"*[50]. Por oposición a la estructura del capital, la estructura operativa comprende el pasivo a corto plazo, esto es, el que se cobra prácticamente al contado o con mínimo aplazamiento, de modo que abarca a los acreedores operativos. Esta categoría incluye a los acreedores laborales, a los acreedores públicos y, sobre todo, a los comerciales puesto que son los que

[48] Como excepción, no obstante, la regla anterior no es aplicable a los acuerdos de compensación contractual ni a la garantía financiera sujetos al Real Decreto-ley 5/2005, de 11 de marzo, de reformas urgentes para el impulso a la productividad y para la mejora de la contratación pública (arts. 619.1 y 2, 599.1 y 2 y 603.2 TRLC).

[49] MOYA BALLESTER, J., El *contenido liquidativo de las soluciones negociales a la insolvencia,* Tirant lo blanch, 2023, pág. 205.

[50] GALLEGO SÁNCHEZ, E./FERNÁNDEZ PÉREZ, N., *Derecho Mercantil. Parte Segunda.* Tirant lo blanch, Valencia, 2024, pág. 619.

están directamente vinculados al negocio o estructura operativa, de modo que financian el capital circulante. Este comprende los bienes que no pueden utilizarse más que en un solo acto de producción (materias primas no incorporadas al proceso productivo, bienes en proceso de producción y productos terminados en almacén). Típicamente, pues, proveedores de materias primas o productos. Aunque no se descarta que puedan incluirse también en esta categoría los proveedores de instrumentos de financiación circulante a corto plazo.Cierto es que los acreedores de derecho público reciben un tratamiento privilegiado. Los restantes, por aplicación del artículo 616 TRLC podrán verse afectados por los planes de múltiples modos, ya sea en relación a su importe, intereses, vencimiento, modificación de las garantías existentes, posibilidad de capitalización, o de modificación de la posición deudora del crédito.

Sin embargo, tal y como indicaba con anterioridad, la homologación no impide la facultad de suspensión, modificación, resolución o terminación anticipada de los contratos con obligaciones recíprocas pendientes de cumplimiento por circunstancias distintas de las anteriores, salvo que se trate de contratos de suministro de bienes, servicios o energía necesarios para la continuidad de la actividad empresarial o profesional del deudor, que no podrán extinguirse anticipadamente, resolverse o terminar a menos que tales contratos se hubieran negociado en mercados organizados de modo que puedan ser sustituidos en cualquier momento por su valor de mercado (art. 619.3 TRLC). Del mismo modo, los contratos necesarios para la continuidad de la actividad empresarial o profesional del deudor no podrán suspenderse, modificarse, resolverse o terminarse anticipadamente por el mero hecho de que el plan de reestructuración conlleve un cambio de control del deudor (art. 618.2 TRLC)

En sentido inverso, igual que sucede en el concurso, es posible instar la resolución de contratos con obligaciones recíprocas pendientes de cumplimiento y la terminación o cancelación anticipada de los contratos de derivados en interés de la reestructuración (art. 620 TRLC). El deudor podrá solicitar a la otra parte contratante la modificación o resolución de los contratos con obligaciones recíprocas pendientes de cumplimiento cuando esa modificación o resolución resulte necesaria para el buen fin de la reestructuración y prevenir el concurso. Si las partes no llegasen a un acuerdo sobre los términos de la modificación o las consecuencias de la resolución o la cancelación anticipada el plan de reestructuración podrá prever la resolución y la cancelación de esos contratos y determinar que el crédito indemnizatorio derivado de la resolución y el saldo resultante de la liquidación del contrato de derivados quede afectado por el plan (art.

620.1 a 3 TRLC). La resolución o la cancelación se acordarán en el auto de homologación del plan (art. 657 TRLC).

En interés de la reestructuración, el plan podrá prever también la suspensión o extinción de los contratos con consejeros ejecutivos y con el personal de alta dirección. En caso de extinción, en defecto de acuerdo, el juez podrá moderar la indemnización que corresponda al consejero ejecutivo y al alto directivo, quedando sin efecto la que se hubiera pactado en el contrato, con el límite de la indemnización establecida en la legislación laboral para el despido colectivo, que resultará igualmente aplicable a los consejeros ejecutivos. En caso de suspensión del contrato, este se podrá extinguir por voluntad del consejero ejecutivo o del alto directivo, con preaviso de un mes, conservando el derecho a la indemnización en los términos del apartado anterior (art. 621.1 a 3 TRLC).

Se puede apreciar pues, que las posibilidades de resolución de contratos en "interés de la reestructuración" se tornan muy amplias y con unos contornos más difusos que en el caso de concurso; puesto que el concepto de "interés de la reestructuración" deberá ir perfilándose por la doctrina y la jurisprudencia, teniendo en cuenta que nos encontramos en situaciones no solo de insolvencia actual o inminente, sino de probabilidad de insolvencia, que a su vez, es un estadio previo que en algunas ocasiones puede también resultar incierto.

Además, en esta fase de reestructuración, en la que pueden resolverse los contratos entre la sociedad y los terceros, nos encontramos en que ese interés de la reestructuración determinará —con las exclusiones previstas en la ley— la aplicación de normas especiales en materia de celebración de la junta general, en particular en relación con la convocatoria, contenido del acuerdo, quórum de constitución en las sociedades anónimas, y mayorías para adopción de acuerdos e impugnación de los mismos[51]. Se trata de un magnífico ejemplo de primacía del Derecho Concursal frente al Derecho de Sociedades y también, como ha quedado de manifiesto, frente al régimen contractual existente entre a la sociedad deudora y su contraparte en los contratos vigentes en ese momento.

---

[51] Vid. JUSTE MENCÍA, J., "La junta de socios y los plantes de reestructuración en el Derecho Proyectado", *Revista General de Insolvencias&Reestructuraciones* 6 (2022), págs. 45 y ss.

V. CONSIDERACIONES RECAPITULATIVAS

Tal y como se ha evidenciado, el Derecho concursal ejerce una *vis* atractiva frente al Derecho de las obligaciones y contratos y, también frente al Derecho de Sociedades, al anteponer el interés concursal, al interés social y al interés de la otra parte contratante.

No obstante lo anterior, podemos considerar que se trata de un régimen especial que se concibe como posibilidad excepcional en el seno del concurso, por cuanto no podemos olvidar que la regla general sigue siendo la general, el cumplimiento de los contratos y la subsistencia de los contratos con obligaciones recíprocas pendientes de cumplimiento. Expresiva es la afirmación contenida en la sentencia de la Audiencia Provincial de Burgos, de fecha 31 de marzo de 2015: "*No es la declaración en interés del concurso una vía fácil para resolver aquellos contratos que el concursado no quiera o no pueda cumplir...*".

También las normas en materia de preconcurso que recoge el TRLC reflejan de forma evidente la atracción de ese Derecho de reestructuraciones frente al propio derecho de Sociedades y de obligaciones y contratos. Aunque también aquí se parte del mismo principio general de vigencia de los contratos con obligaciones recíprocas pendientes de cumplimiento, las posibilidades de excepción en interés de la reestructuración son más amplias que las que se ofrecen en sede concursal; especialmente, cuando se produce la homologación del plan que habilita de forma muy importante la modificación o suspensión de los contratos existentes. Además, esa afectación de los contratos puede producirse en un estadio previo y anterior a la insolvencia, como es la probabilidad de la insolvencia, lo que determina que resulte más complejo delimitar la aplicación del concepto genérico de interés de la reestructuración. La introducción en el TRLC de la posibilidad de llevar a cabo la reestructuración en un momento temprano ciertamente es acertada desde el punto de vista que permite reducir la pérdida de valor empresarial y el consiguiente perjuicio para los acreedores y para el propio deudor. No obstante, tampoco es posible desconocer que someter a los acreedores e incluso, como se ha señalado, a los propios socios que pueden ver mermados sus derechos, a las restricciones y limitaciones que conlleva un procedimiento de reestructuración sin que la situación del deudor esté comprometida al menos en ese estadio podría en algunas ocasiones eventualmente constituir un elemento de fraude y abuso.

Biliografía

AZNAR, E. *La resolución judicial del contrato en interés del concurso,* Tirant lo blanch, Valencia, 2021. Versión digital, Tirant lo blanch (TOL8.385.071).

BERMEJO GUTIÉRREZ, N./ RORÍGUEZ PINEAU, E., "Normas de protección de acreedores: entre el derecho de sociedades y el derecho concursal" *INdret* 387(2006).

BLANCO GARCÍA-LOMAS, L., "Efectos sobre los contratos" en AA.VV. *Derecho Concursal y Preconcursal,* Tirant lo blanch, Valencia, págs.935-1021.

DIEZ PICAZO, L. /GULLÓNA., Sistema de Derecho Civil, Vol II, 4ª ed. 1983.

FERNANDEZ PÉREZ, N., "Los presupuestos del preconcurso" en AA.VV., *Derecho concursal y preconcursal, (*dir. E.Gallego*)* Tirant lo blanch, Valencia, 2022, págs .2225-2237.

FUENTES DEVESA, R. "Visión panorámica de los efectos del concurso sobre los contratos tras la Ley 16/2022, de 5 de septiembre, de modificación del Texto Refundido de la Ley Concursal", *Revista Aranzadi Doctrinal* 2(2023).

GALLEGO SÁNCHEZ, E./FERNÁNDEZ PÉREZ, N., *Derecho Mercantil. Parte Segunda.* Tirant lo blanch, Valencia, 2024.

GÓMEZ MENDOZA, M. "Efectos del concurso sobre los contratos".: Estudios sobre la Ley concursal: libro homenaje a Manuel Olivencia / Manuel Olivencia, Vol. 3, 2005 (Efectos del concurso sobre acreedores, créditos y contratos, la tramitación del concurso: aspectos procesales), págs. 2787-2829.

GONZÁLEZ NAVARRO, B. "Los límites del interés del concurso.", GONZÁLEZ NAVARRO, B.A., "Los límites del interés del concurso: el contrato de suministro de energía eléctrica", Anuario de Derecho Concursal, 2012, págs.207-236

pág. 226.

HERNÁNDEZ MARTÍ, J. "Efectos de la declaración del concurso", en AA.VV. *Concurso e insolvencia punible,* (coor. Hernández Martí), Valencia 2004.

JUSTE MENCÍA, J., "La junta de socios y los plantes de reestructuración en el Derecho Proyectado", *Revista General de Insolvencias&Reestructuraciones* 6 (2022), págs. 45-64.

MARTÍNEZ FLÓREZ, A. "Comentario a los artícs. 61 a 63 de la Ley Concursal" (artículo 62)", en AA.VV. Comentario de la Ley Concursal (Dirs. ROJO/BELTRÁN), Tomo I, Madrid 2004, pág. 1167.

MARTÍNEZ FLOREZ, A., "Vigencia de los contratos con obligaciones recíprocas" en AA.VV., *Comentario de la Ley concursal* (coord. por Beltrán/ Campuzano/ Alameda/ Rojo) Vol. 1, 2006, págs. 1117-1161

MARTÍNEZ FLÓREZ, A., Comentarios a los arts. 61 a 63 de la Ley Concursal", en AA. VV. Comentario de la Ley Concursal (Dirs. ROJO/BELTRÁN), Madrid, 2004, (Bib 2015/1342),

MARTÍNEZ FLOREZ, A., "Consideraciones en torno a la resolución de los contratos por incumplimiento en el concurso", AdC 13(2008) (Bib 2008/2).", pág. 1169;

MOYA BALLESTER, J., El *contenido liquidativo de las soluciones negociales a la* insolvencia, Tirant l blanch, Valencia, 2023.

OTERO COBOS, M.ª., "Artículo 156". Principio general de vigencia de los contratos", en AAVV. *Comentario al articulado del Texto Refundido de la Ley Concursal (*dirs. Peinado Gracia/San Juan Muñoz*),* tomo I, SEPIN, Madrid, 2020, págs. 1013-1023.

OTERO COBOS, M.ª., "Artículo 158. Efectos sobre los contratos con obligaciones recíprocas pendientes de cumplimiento por ambas partes", en AAVV *Comentario al articulado del Texto Refundido de la Ley Concursal (*dirs. Peinado Gracia/San Juan Muñoz*),* tomo I, SEPIN, Madrid, 2020, págs.1025-1030.

OTERO COBOS, M.ª., "Artículo 164. Cumplimiento del contrato por resolución del juez del concurso.", en AAVV *Comentario al articulado del Texto Refundido de la Ley Concursal (*dirs. Peinado Gracia/San Juan Muñoz*),* tomo I, SEPIN, Madrid, 2020, págs. 1067–1071.

OTERO COBOS, M.ª., "Artículo 165. Resolución judicial del contrato en interés del concurso", en AAVV *Comentario al articulado del Texto Refundido de la Ley Concursal (*dirs. Peinado Gracia/San Juan Muñoz*),* tomo I, SEPIN, Madrid, 2020, págs. 1073–1081.

PEINADO GRACIA, J.L. "Cooperación y pillaje en el concurso", *AdC,* 9(2006) (BIB 2006/212)

RECAMAN GRAÑAN, E., "Hacia una determinación del comportamiento, debido por los administradores en la reestructuración", *Revista de Derecho Concursal y Paraconcursal,* 32(2020), págs. 127 a 143

TIRADO MARTÍ, I., "El «interés concursal». Ensayo de construcción de una teoría sobre la finalidad del procedimiento concursal", ADC, 1(2009), 89-156

VALPUESTA GASTAMINZA, E., "La vigencia de los contratos con obligaciones recíprocas (art. 61 Ley Concursal): algunos aspectos controvertidos", Revista de derecho concursal y paraconcursal: Anales de doctrina, praxis, jurisprudencia y legislación, 27 (2017), págs. 101-116.

VÁZQUEZ CUETO, J.C., "La disciplina de la resolución de los contratos por incumplimiento tras la reforma del Texto refundido de la Ley Concursal", RDM 326/2022), versión digital consultada en proview.

Actuaciones notariales en el marco de los procedimientos de insolvencia

Luis L. Bustillo Tejedor
Notario

SUMARIO: I. INTRODUCCIÓN. II. ACTUACIONES NOTARIALES ESPECÍFICAS. 1. En la fase preconcursal. Los planes de reestructuración. Concepto, finalidades, procedimiento. La intervención notarial en su formalización y en los actos de su ejecución. 2. En el concurso de acreedores. 3. En el Procedimiento Especial para Microempresas.

I. INTRODUCCIÓN

El concurso, o de una manera más amplia, los procedimientos de atención a las situaciones de insolvencia, afectan al desarrollo de la función notarial desde una doble perspectiva:

Por un lado, la legislación concursal llama a la formalización notarial de determinadas actuaciones específicamente concursales, implicando la atribución de competencias de índole colaborativa o auxiliar, sin que el Notario pueda ser de modo alguno calificado como órgano del concurso.

Por otro lado, la incursión de un deudor en insolvencia o la posible incursión del mismo en tal estado y la apertura de alguno de los procedimientos dirigidos a ordenar tal situación con mayor o menor intensidad, determinan importantes efectos en el modo normal de desarrollar la función notarial, sobre todo en lo que tiene que ver con la disposición de bienes del concursado y la ejecución extrajudicial (notarial) de garantías

El objeto del presente trabajo queda circunscrito a las actuaciones notariales específicas a las que el Notario resulta ser llamado por la legislación concursal.

Debe partirse de la tradicional afirmación de que el trabajo del notario consiste en dar fe; y ello no es incierto, siempre y cuando se entienda en su completo significado la expresión Doy Fe. La dación de fe implica no solo la constatación de hechos sino también la realización por el Notario de una serie de juicios con trascendencia jurídica relativos a la identidad, la capacidad, la legitimación, la suficiencia de la representación alegada y la legalidad o juridicidad del acto o negocio que se instrumenta. Estos juicios, estas actividades, serán la expresión la función notarial entendida en su máxima amplitud .A la hora de examinar el alcance de la intervención notarial en el ámbito concursal, estas actuaciones específicas a las que me estoy refiriendo, la tentación del notario que interpreta la Norma es la de hacer una lectura expansiva del alcance de su intervención, sobre todo en lo que se refiere al contenido de los documentos autorizados, de los actos o negocios formalizados. Sin embargo, en el contexto concursal, la actuación del notario es limitada. El control de legalidad que es inherente a la función notarial se ve limitado. No debe olvidarse que el Notario ejerce ese control en la medida en que la Ley le atribuye esa función y a los efectos que la Ley ha querido como una suerte de auxiliar del juez del concurso las tareas específicas encomendadas al notario son de recolección de manifestaciones de voluntad relativas a determinadas situaciones concursales sin que la verificación se extienda a su contenido, su ajuste a la Ley o a la reunión de los requisitos materiales exigidos por la Ley para la plena efectividad de la actuación de que se trate,

De alguna manera puede decirse que la función notarial ha dejado de ser monolítica para devenir hacia el modelo *tool box o caja de herramientas,* de la que el legislador dispone a los efectos que en cada caso necesita. Así jurisdicción voluntaria, órgano colaborador del Registro Civil, etc.

Cuando a un notario se le pide que analice determinada institución desde el punto de vista notarial, indudablemente ha de hacer un examen práctico respondiendo a la pregunta ¿qué hacer?. Es decir, el Notario, al discurrir sobre cualquier instituto problema jurídico, qué responder a preguntas tales como:

¿ Qué tipo de documento/vehículo formal es el adecuado?

¿Quién debe concurrir al otorgamiento del instrumento?

¿Qué documentos han de aportarse?

¿Qué debe decir el instrumento y que no puede decir?

II. ACTUACIONES NOTARIALES ESPECÍFICAS

1. *En la fase preconcursal. Los planes de reestructuración. Concepto, finalidades, procedimiento. La intervención notarial en su formalización y en los actos de su ejecución*

Los PLANES DE REESTRUCTURACIÓN son instrumentos preconcursales dirigidos a la reorganización del patrimonio de un deudor en situación de insolvencia actual, inminente o probable mediante la modificación de la composición, condiciones y/o estructura del activo, pasivo y fondos propios sí, cualquier cambio operativo necesario, todo ello con el objetivo de evitar el concurso y asegurar la viabilidad de la empresa en el corto y medio plazo.

Estos planes vienen a sustituir a los antiguos acuerdos de refinanciación normalmente constreñidos a medidas que afectaban al pasivo financiero, superándolos, pues incluyen ahora no solo estas últimas sino una multiplicidad de medidas que pueden implicar desde enajenaciones de activos, medidas de reestructuración operativa e incluso medidas de modificación estructural societaria que pueden llegar a implicar, como se verá, incluso la sustitución de los socios de la sociedad concursada. Pero la diferencia estriba no solo en el contenido sino, antes bien y sobre todo, en la naturaleza. Los planes no tienen necesariamente la consideración de acuerdos entre el deudor y los acreedores pudiendo, como se verá ser aprobados y judicialmente homologados, con la consiguiente ejecución de sus previsiones aún cuando no concurra la voluntad del deudor.

Estos planes sin duda constituyen la más interesante novedad de la legislación concursal desde un punto de vista teórico por la multitud de excepcionalidades que comprende respecto de los principios y modos de hacer ordinarios

La negociación para la formulación de un plan de reestructuración se desarrolla de forma privada y sin intervención del notario ni, en principio del juez, salvo para determinadas actuaciones específicas (por ejemplo, la confirmación de la formación de clases o el nombramiento del experto en reestructuraciones) Ello sin perjuicio de que las mismas puedan ser notificadas y produzca dicha notificación ciertos efectos en cuanto a la suspensión de ejecuciones o prohibición de su iniciación.

Alcanzado el acuerdo, debe formalizarse en instrumento público, de conformidad con lo dispuesto en el artículo 634 de la Ley Concursal, para después ser judicialmente homologado. De la lectura de la Ley parece deducirse la posibilidad de que existan acuerdos que no se presente a la homologación. Sin embargo, parece difícil imaginar uno que no lo vaya a hacer, en la medida en que la homologación tiene importantísimos efectos en relación con lo acordado, así:

La extensión de sus disposiciones a acreedores o clases de acreedores que no hayan votado a favor y a los socios de la persona jurídica concursada cuando no hayan aprobado el plan

La protección de los actos, negocios y operaciones realizadas con base en el mismo frente al ejercicio de las acciones rescisorias de reintegración de la masa activa

Respondiendo a las preguntas prácticas antes indicadas, el artículo 634 dice que *el plan de reestructuración deberá ser formalizado en instrumento público por quienes lo hayan suscrito.*

Plantea este precepto, si bien no responde con claridad, las dos primeras interrogantes antes indicadas

1º. En cuanto al vehículo formal adecuado, descartada el acta, siquiera la de protocolización, por no ser vehículo apto para las expresiones de voluntad que impliquen consentimiento, entiendo, en principio que es la escritura. El debate anteriormente sostenido acerca de la habilidad de la póliza para ser sede documental de un acuerdo de refinanciación, queda superado a la vista de la amplitud de las medidas que pueden adoptarse en el plan de reestructuración, eventualmente afectantes a bienes inmuebles y garantías reales o que pueden implicar la adopción de medidas de reestructuración societaria. Además el hecho de que el artículo 634.2 de la Ley Concursal remita a los honorarios propios de los documentos sin cuantía lleva también a esta conclusión por ser una categoría propia del arancel notarial y no del utilizado para la intervención de pólizas (el antiguo arancel de corredores de comercio)

2º. En cuanto a quién debe ocurrir al otorgamiento del instrumento público:

El artículo 634.1 de la Ley Concursal se limita a decir que *el plan de reestructuración deberá ser formalizado en instrumento público por quienes lo hayan suscrito.*

Procede distinguir entre la intervención del deudor la intervención de los acreedores y la intervención de los socios

2º.1. De la intervención del deudor

De los artículos 638 y siguientes de la Ley Concursal, relativos a la homologación del plan de reestructuración resulta lo siguiente:

Cuando el deudor es persona física, es imprescindible su aprobación, y en consecuencia deberá concurrir al otorgamiento del instrumento público (artículo 640.1 de la Ley Concursal). Si existen socios personalmente responsables de las deudas sociales, estos socios deberán asimismo aprobar el plan y, en consecuencia a concurrir al otorgamiento del instrumento en el que se formalice. Nótese, en cualquier caso, que se está refiriendo al consentimiento de unos socios específicos, y no al de la sociedad.

Cuando el deudor es persona jurídica no se exige la aprobación, ni, por ende, la concurrencia de la misma al acto de otorgamiento el instrumento de formalización salvo en el caso de que se trate de una pequeña empresa en los términos en los que se definen en el artículo 682 de la Ley Concursal, de lo que luego se tratará.

La no necesaria concurrencia del consentimiento del deudor constituye un sorprendente aspecto de la reforma, más aún si se tiene en cuenta la amplitud el elenco de soluciones que pueden adoptarse en el plan (que pueden llegar incluso a la desposesión de los socios de la sociedad, que están privados del Derecho de preferencia en la suscripción de nuevas acciones o asunción de nuevas participaciones en las llamadas operaciones acordeón, de acuerdo con el artículo 684.4 de la Ley Concursal).

Esa no necesidad de consentimiento de la sociedad resulta en primer término del artículo 11.2 de la directiva 2019 /1023, que permite que los Estados en la transposición de la misma puedan limitar el requisito de obtener el consentimiento del deudor a los casos en que el deudor sea una PYME; así como de la propia literalidad (*a contrario*) de los artículos 640.2 y 684 de la Ley Concursal.

Que el consentimiento del deudor no sea preciso para la homologación del plan no significa que, cuando se trate de una sociedad, pueda prescindirse de la voluntad de los socios cuando el plan contenga medidas que requieran su aprobación. En este sentido, el artículo 631.1 de la Ley Concursal dispone que *cuando el plan de reestructuración contenga medidas que requieran el acuerdo de los socios de la sociedad deudora, se estará a lo establecido para el tipo legal que corresponda,* es decir, cuando entre las medidas incluidas en el plan de reestructuración haya una o algunas que requieran de la adopción de un acuerdo en junta general, será de aplicación la normativa del tipo societario de que se trate, y ello exigirá que los socios se pronuncien respecto de esas concretas medidas mediante la adopción de un acuerdo societario. Ahora bien, el artículo 631 modifica el régimen legal de adopción de acuerdos, estableciendo un conjunto de reglas especiales entre las que destacan que, (regla 4° del apartado 1) que el acuerdo se adoptará con el quórum y por la mayoría legal ordinarios[1], cualquiera que sea su contenido, sin que resulten aplicables los quórums o las mayorías

[1] En la sociedad de responsabilidad limitada, artículo 198 de la LSC: mayoría de los votos válidamente emitidos, siempre que representen al menos un tercio de los votos correspondientes a las participaciones sociales en que se divida el capital social. No se computarán los votos en blanco. E n las sociedades anónimas, el artículo 201.1 de la LSC: mayoría simple de los votos de los accionistas presentes o representados en la junta, entendiéndose adoptado un acuerdo cuando obtenga más votos a favor que en contra del capital presente o representado.

estatutarias reforzadas que pudieran ser de aplicación a la aprobación del plan y a los actos u operaciones que deban llevarse a cabo en su ejecución.

Los acuerdos adoptados por los socios con las especialidades antes apuntadas podrán ser adoptados antes de la formalización notarial o con posterioridad. El propio artículo 631 contempla el supuesto de Juntas celebradas después de la solicitud de homologación, lo que por definición se produce después de la formalización notarial. De ello se sigue que en la autorización de la escritura el Notario no puede exigir que se le acredite mediante la expedición de la oportuna certificación basada en el Libro de Actas, la adopción de los acuerdos sociales que correspondan, sin perjuicio de las advertencias que procedan

Y más allá, una vez homologado y consecuentemente extendidas a los socios las medidas dispuestas por el Plan, estas se impondrán, disponiendo el artículo 650.2 de la Ley Concursal que *cuando el plan contuviera medidas que requirieran acuerdo de junta o asamblea de socios y esta no las hubiera acordado, los administradores de la sociedad y, si no lo hicieren, quien designe el juez a propuesta de cualquier acreedor legitimado, tendrá las facultades precisas para llevar a cabo los actos necesarios para su ejecución, así como para las modificaciones estatutarias que sean precisas. En estos casos, el auto de homologación será título suficiente para la inscripción en el Registro mercantil de las modificaciones estatuarias contenidas en el plan de reestructuración*

2º.2. De la intervención de los acreedores.

No siendo, conforme a lo dicho anteriormente, preceptiva la intervención del deudor, indudablemente habrá de concurrir acreedores al mismo, toda vez que ha de ser aprobado por éstos. Sin entrar en el examen pormenorizado de un requisito la verificación queda fuera del ámbito del control directo del notario, para ser judicialmente homologado, el plan debe haber sido aprobado por lo menos por una mayoría simple de las clases de acreedores (grupos en los que en función de diversos criterios se agrupan estos), que además cumplan determinados requisitos cualitativos (al menos una de las clases debe estar integrada por créditos que en el concurso hubiese sido calificados con privilegio especial o general o, en su defecto al menos una de ellas debe ser *in the money*, es decir, pueda razonablemente presumirse que hubiese recibido algún pago tras una valoración de la deudora como empresa en funcionamiento)

Al otorgamiento deberán entonces concurrir:

El deudor (cuando lo haya suscrito en los términos antes expuestos)

Los acreedores que hayan votado a favor del acuerdo. En el caso de créditos sindicados, de acuerdo con el artículo 630 de la Ley Concursal *se respetarán los pactos contractuales sobre procedimiento y ejercicio del derecho de voto.* En el caso de créditos con garantía personal o real de tercero, el artículo 628 atribuye el derecho del voto al acreedor principal, remitiéndose a los pactos entre acreedor y garante y en su defecto a las normas aplicables a la obligación contraída en cuanto a las relaciones entre uno y otro; de lo que se sigue que al otorgamiento del instrumento público debe concurrir solo el deudor principal y no fiadores avalistas o hipotecantes no deudores (entre otros)

¿Cómo deben concurrir?

Del artículo 634 no se desprende necesariamente la necesaria unidad de acto en el otorgamiento el instrumento por el que se eleve a público el plan de reestructuración. Es por ello que resultará aplicable, a mi juicio, lo dispuesto en el artículo 176 *in fine* del Reglamento Notarial *la adhesión a todo negocio jurídico, cuando en las escrituras matrices no aparezca la nota que las revoque o desvirtúe y la Ley no exigiere expresamente el requisito de la unidad de acto, podrán formalizarse mediante diligencia de adhesión en dichas matrices, autorizada dentro de los sesenta días naturales a contar desde la fecha de otorgamiento o en escritura independiente, sin sujeción a plazo.* Obviamente, los promotores iniciales del plan podrán establecer un plazo para concurrencia de los firmantes. No parece ser posible la adhesión de nuevos acreedores, pues el artículo 624 habla de "quienes lo hayan suscrito" Pero lo relevante es que, y es importante dado que muchos pueden ser los implicados, que el otorgamiento pueda ser sucesivo.

3º. ¿Cuál es el alcance de la intervención notarial en la formalización de los planes de reestructuración?

Desde luego, el Notario ha de emitir los juicios de identidad, capacidad y suficiencia de la representación alegada y en debida forma acreditada. Igualmente, deberá cumplir las obligaciones impuestas por la legislación de prevención del blanqueo de capitales y del fraude fiscal, exigiendo las pertinentes manifestaciones sobre la titularidad real de las entidades intervinientes y comprobando la vigencia sus Números de Identificación Fiscal

En cuanto al juicio de legitimación, el Notario debe verificar que el sujeto otorgante está incluido en el plan de reestructuración como titular de crédito afectado y verificar que concurren al otorgamiento, personalmente o debidamente representados, todos los que en plan figuran como acreedores adheridos. No corresponde, sin embargo, al Notario comprobar la correcta formación de las mayorías dentro de cada clase de acreedores y la concurrencia de la mayoría de clases legalmente exigida para la homologación sea en el aspecto cuantitativo o en el cualitativo. Tales extremos se certificarán por el experto en la reestructuración, si estuviera nombrado, y en otro caso de auditor, de acuerdo con lo que dispone el artículo 634.1 segundo inciso de la Ley Concursal, debiendo incorporarse dicho informe al instrumento.

El experto en reestructuración es un profesional nombrado por el juez a propuesta del deudor o de los acreedores en que concurran determinadas circunstancias que ha de asistir al deudor a los acreedores en las negociaciones de la elaboración del plan de reestructuración así como elaborar determinados informes exigidos por la Ley u otras que el juez considere necesario o convenientes (artículo 679 de la Ley Concursal). Su designación se realizará mediante auto, publicándose su identidad en el Registro Público Concursal artículo 672.3 de la Ley Concursal. En cuanto al auditor, en principio será el de la sociedad sin que exista actualmente previsión legal acerca de quién ha de nombrarlo en el caso de que la sociedad no esté obligada somete a sus cuentas a auditoría. En la medida en que la legislación no atribuye esta competencia al Registrador Mercantil (como si hacía en el caso de los acuerdos de refinanciación) debe entenderse que será nombrado por el Juez.

En los casos de otorgamientos sucesivos, la certificación del auditor o del experto en reestructuración no se aportará de inicio, sino al final de proceso, de manera que deberá condicionarse en todo caso la eficacia (limitada) del instrumento a que el auditor o experto certifiquen ulteriormente la concurrencia del pasivo necesario

El artículo 635 de la Ley Concursal excluye de la posibilidad de solicitar la homologación del plan los casos en que, hallándose el deudor en estado de insolvencia actual, hubiera sido admitida a trámite la solicitud de concurso necesario. En la medida en que la homologación no es un requisito de validez del plan, sino de sus efectos expansivos de la protección de los actos realizados en su ejecución, (por más que sea difícil imaginar un plan que no esté destinado a su homologación) la existencia de esa solicitud admitida a trámite no debe obstar a la autorización del instrumento, sin perjuicio de la realización por el Notario de las oportunas advertencias. De ello se sigue que el Notario deberá comprobar en el registro público concursal tal extremo.

En lo que se refiere al control de legalidad o juridicidad del contenido, el papel del Notario es más limitado, pues su intervención no implica la validación u homologación del acuerdo. En esta fase procesal se recoge lo que en realidad es una propuesta que ha de ser sometida a la consideración del Juez, que es a quien corresponde analizar si se cumplen los requisitos materiales y formales exigidos por la norma para su homologación. Es por ello, que, en cuanto al fondo, se limitará el Notario a una somera verificación de que todos los extremos que han de concurrir en el plan de acuerdo con el artículo 633 de la Ley Concursal están incluidos en el documento sin entrar a valorar su corrección y/o suficiencia

Al instrumento se incorporarán, además de la certificación de experto reestructuraciones o, en su caso del auditor, sobre la suficiencia de las mayorías al que antes se ha aludido, el informe relativo a la valoración de la deudora como empresa en funcionamiento que en su caso hubiera sido emitido, así como la sentencia dictada por el juez competente para conocer de la homologación del plan en la que se confirmen las clases formadas. Por último, y en el caso de que se pretenda que el plan de reestructuración afecta al crédito público, deberá incorporarse las certificaciones emitidas por la Agencia Estatal de la Administración tributaria y la Tesorería General de la Seguridad Social acreditativas de encontrarse al corriente la deudora del cumplimiento de las obligaciones tributarias y frente a la Seguridad Social

Para terminar el relativo a la intervención notarial en el plan de reestructuración propiamente dicho, debe hacerse notar que conforme el artículo 634.2 el instrumento tendrá la consideración de documentos sin cuantía a los efectos de determinación de los honorarios del notario que lo autorice sin restricción en cuanto al número de folios de matriz y de primeras copias.

4º. Régimen especial

Siendo este el régimen general de formalización de los planes de reestructuración, los artículos 682 y siguientes de la Ley Concursal establece un régimen especial para aquellos casos en los que el deudor sea una persona natural o jurídica que lleve a cabo una actividad empresarial o profesional en las que concurran cumulativamente dos circunstancias:

Que el número medio de trabajadores empleados durante el ejercicio anterior no sea superior a 49 personas

Que el volumen de negocio anual o balance general anual no supere los 10.000.000 de Euros

Están sin embargo excluidos de este procedimiento los deudores que tengan la condición de microempresa que están sometidos a un procedimiento especial al que luego se hará referencia

Dada la composición del tejido empresarial de nuestro país será este régimen especial el que se da con mayor frecuencia.

En este caso, y de acuerdo con el artículo 684 se presentan las siguientes especialidades respecto de lo dicho con anterioridad, en lo que se refiere a la intervención notarial:

1ª. Es necesaria la conformidad del deudor, toda vez que solo este puede solicitar la homologación del plan de reestructuración

2ª. El plan de reestructuración se podrá presentar en el modelo oficial que estará disponible por medios electrónicos en la sede judicial electrónica en las notarías u oficinas del Registro Mercantil. Puede descargarse en https://sedejudicial.justicia.es/documents/20142/31433834/Modelo+Oficial+art684.pdf/fc3ea6d2-4815-4632-681f-6f783a0a5838?t=1677061044383

En este caso, el Notario debe de limitarse a poner a disposición de los interesados el modelo oficial, sin que deba asumir ninguna responsabilidad en su redacción incorporándolo al instrumento público una vez cumplimentado por los interesados y previa a la realización de los juicios y controles anteriormente indicados. Nótese que el precepto dice que *se podrá presentar* el dicho modelo oficial, de manera que nada debe obstar a que se prescinda de él.

El último inciso del párrafo primero del artículo 684 contiene una limitación arancelaria (el *instrumento público que se formalice tendrá la consideración de documentos sin cuantía a los efectos de determinación de los honorarios del notario que lo autorice. Los folios de la matriz de las primeras copias que se expidan no devengarán cantidad alguna*). Cabe plantearse si esta limitación solo es aplicable en aquellos casos en los que se utilice el modelo oficial, o si, en cambio, la limitación se predica por razón de la especialidad del sujeto.

5º. Los actos de ejecución de las previsiones del plan de reestructuración.

Una vez homologado el plan tiene eficacia inmediata sin que sus efectos se pospongan la firmeza del auto de homologación[2] extendiéndose de manera inmediata a todos los acreedores titulares de créditos afectados, al propio deudor y a sus socios. Esta eficacia inmediata se extiende también a la publicidad registral de los actos de ejecución del plan de reestructuración, que deviene título formal hábil para la inscripción en el Registro de la Propiedad, disponiendo el artículo 650.1 de la Ley Concursal que los actos de ejecución del plan que sean inscribibles en los registros públicos se inscribirán en estos, conforme a la legislación que le sea aplicable y expresando ahora el artículo 3 de la Ley Hipotecaria reformado por la ley 16/2022, que *también podrán ser inscritos los títulos expresados en el artículo*

---

[2] La no necesidad de firmeza no está del todo clara en los autores que han venido pronunciándose sobre el particular, siendo esperable que en la práctica los Registradores, en aras a la salvaguarda de su responsabilidad realicen una interpretación conservadora (y legalmente argumentable) y sigan exigiendo la firmeza del auto.

anterior en virtud de testimonio del auto de homologación de un plan de reestructuración, del que resulte la inscripción a favor del deudor, de los acreedores o de las partes afectadas que lo hayan suscrito o a los que se les hayan extendido sus efectos. Y el artículo 82 párrafo primero de la misma Ley Hipotecaria, dice en su último inciso que *la cancelación de inscripciones o anotaciones preventivas a favor del deudor, de los acreedores o de las partes afectadas que resulte de un plan de reestructuración homologado respecto a quienes lo hubieran suscrito o a quienes se les hubieran extendido sus efectos se practicará por testimonio del auto de homologación de ese acuerdo.* Así, negocios tales como novaciones de préstamos hipotecarios, condonaciones totales o parciales, u otras como daciones en pago de deuda a uno o varios de los acreedores, se inscribirán directamente sin necesidad de otorgamiento de ulterior instrumento público.

En relación con los actos inscribibles en el Registro Mercantil, dice el artículo 650.2 de la Ley Concursal que *cuando el plan contuviera medidas que requirieran acuerdo de junta o asamblea de socios y esta no las hubiera acordado, los administradores de la sociedad y, si no lo hicieren, quien designe el juez a propuesta de cualquier acreedor legitimado, tendrán las facultades precisas para llevar a cabo los actos necesarios para su ejecución, así como para las modificaciones estatutarias que sean precisas. En estos casos, el auto de homologación será título suficiente para la inscripción en el Registro mercantil de las modificaciones estatutarias contenidas en el plan de reestructuración.* La interpretación de este precepto no es sencilla, si bien parece lo más coherente con la literalidad y con el propio funcionamiento del sistema entender que aquellas previsiones de modificaciones estatutarias contenidas en el plan podrán ser ejecutadas no obstante la falta de acuerdo de la Junta, mediante el otorgamiento de la pertinente escritura pública que se apoyará, en lugar de la certificación del acuerdo de la junta, en el auto de homologación del plan. No obstante, será inscribible directamente el auto de homologación cuando contenga medidas que no requieran acuerdo de la Junta y que estén suficientemente perfiladas en el plan.

Pueden sin embargo existir medidas en el plan de reestructuración que necesariamente impliquen actos de ejecución adicionales sin que el auto de homologación pueda por si solo servir como título inscribible, como todos aquellos casos en los que la efectiva realización de la medida exija la intervención de un tercero ajeno al plan (por ejemplo, la venta de un activo inmobiliario). El artículo 650.3 de la Ley Concursal dice que *cuando el plan contuviera medidas de reestructuración operativa, éstas deberán llevarse a cabo de acuerdo con las normas que les sean aplicables. Las controversias que se susciten en relación con las mismas se sustanciarán ante la jurisdicción competente.* Se plantea en este sentido lo que ocurre en caso de que, siendo necesaria la intervención del deudor,éste se niegue a cumplir lo estipulado en el plan homologado. Entiendo que en estos casos procederá la ejecución forzosa, sin que se haya previsto un procedimiento específico al respecto.

2. En el concurso de acreedores

1°. El poder especial para solicitar el concurso

El artículo 6.2.1.° de la Ley Concursal dispone que, entre los documentos que han de entregarse junto con la solicitud de concurso voluntario, ha de hallarse un poder especial para solicitar el concurso. Este documento podrá ser sustituido mediante la realización de apoderamiento «apud acta», o por comparecencia electrónica en la correspondiente sede judicial y deberá ser especial para solicitar el concurso.

En lo que concierne al poder otorgado ante notario, a referencia al poder especial plantea si ha de tratarse de una escritura de apoderamiento que sólo contenga esta facultad, o si basta un poder general para pleitos en que la misma se contenga. Esta última es, a mi juicio, la opción correcta, es decir, al referirse a un poder especial, la Ley está queriendo decir que no será suficiente un poder para pleitos con facultades genéricas para intervenir en toda clase de procedimientos judiciales, sino que será menester que expresamente se contenga la facultad de solicitar el concurso de acreedores en nombre del poderdante, lo que supone una excepción a la regla general de que la comparecencia en juicio por medio de procurador legalmente habilitado para actuar ante el Tribunal que conozca del juicio (artículo 23.1 LEC) puede realizarse mediante poder general para pleitos. Según ROJO, la atribución de facultades especiales para solicitar el concurso lleva aparejadas o implícitas otras que son consecuencia de lo anterior, como, por ejemplo, formular propuesta de convenio solicitar la liquidación de la masa activa, plantear incidentes, formular recursos, etc. Sin embargo, entiendo que la buena práctica notarial exige que en la escritura se expliciten estas facultades, La exigencia de poder especial, en fin, sólo está prevista en la Ley para las solicitudes de concurso que realice el deudor (cualquier deudor, sea persona física o jurídica o se trate de un concurso de herencia instado por el llamado o alguno de los llamados a ella), pero no cuando el concurso se solicita por los acreedores, supuesto éste respecto del que bastará con un poder general para pleitos.

2°. La legitimación de firmas en las propuestas de convenio

El artículo 316.3 de la Ley Concursal dispone que las firmas de la propuesta de convenio y, en su caso, la justificación de su carácter representativo deberán estar legitimadas. Esta norma, que es aplicable tanto a las propuestas de convenio presentadas por el deudor como a las presentadas por los acreedores, plantea las siguientes consideraciones desde el punto de vista de la práctica notarial: En primer lugar, dada la naturaleza negocial del convenio, debe considerarse que la propuesta de convenio contiene una declaración de voluntad de su autor o autores, sólo podrá legitimarse la firma cuando sea puesta o reconocida en presencia del notario (artículo 259, párrafo segundo, del Reglamento Notarial), no pudiendo utilizarse en este caso los otros medios previstos en el mismo artículo (conocimiento personal del notario o cotejo con otra legitimada o que obre en el Protocolo o en el Libro-Registro). Cuando la legitimación se haga por reconocimiento efectuado por el firmante, se plantea la duda de si el testimonio de legitimación puede ser puesto en el propio documento que contenga la propuesta de convenio o si es precisa el acta del artículo 207, como exigía el artículo 262 del Reglamento Notarial en la redacción anterior a la reforma de 2007. El artículo 207 sigue haciendo referencia a este artículo 262, que no alude ya por su parte a la misma. El artículo equivalente en la nueva redacción es el 259.2, que ya no hace alusión al 207. Dado que el 259, en su redacción actual, es ley posterior, debe anteponerse al 207, que queda inoperante, en cuanto a la utilización preceptiva del acta. De otro modo, será posible legitimar la firma en el propio documento, aun cuando se haga por reconocimiento en presencia del notario, mediante testimonio de legitimación estampado en el mismo documento que se suscribe. El artículo 262, párrafo primero, del Reglamento Notarial disponía, según la redacción que al mismo fue dada por la reforma de 2007, que para realizar testimonios o legitimaciones el notario deberá apreciar en los solicitantes interés legítimo en su pretensión. Igualmente deberá conocer el contenido de los documentos testimoniados a efectos de apreciar el interés legítimo y que dicho contenido no es contrario a las Leyes o al orden público. En caso contrario, o si no apreciare el interés legítimo, denegará fundadamente lo solicitado, resultando de aplicación lo previsto en el último párrafo del artículo 145 de este Reglamento. Esta norma fue, sin embargo, anulada por la sentencia del Tribunal Supremo de 30 de mayo de 2008, sobre la base de los conocidos argumentos acerca de la falta de asiento legal de la labor de control de legalidad que ha de realizar el notario. No es este lugar para la crítica de esta sentencia ni el análisis y refutación de sus argumentos. Baste decir que el suscriptor de estas líneas considera que, también en los testimonios de legitimación de firmas, el notario ha de controlar oportunamente la legalidad, en los términos adecuados a las características de la concreta intervención. Y así, en primer término, ¿qué debe entenderse por interés legítimo a estos efectos? Interés en la propuesta de convenio sólo lo tienen sus posibles autores, es decir, el deudor o los acreedores, que son los implicados en el procedimiento concursal. La duda que se plantea es si el notario ha de comprobar si, por ejemplo, el deudor está facultado para presentar propuesta de convenio, o si quien se presenta a suscribir una propuesta de convenio es un acreedor reconocido, o si representa por sí mismo el pasivo suficiente para plantearla, exigiendo el aporte de documentos obrantes en el concurso (escrito de solicitud de concurso voluntario, declaración de concurso, lista de acreedores), a fin de adquirir la certeza de que quien firma puede realmente hacerlo. Y creo que no es exigible tal investigación y diligencia. «Interés legítimo» no significa «legitimación». No es preciso que el notario compruebe si quien suscribe la propuesta está legalmente habilitado para hacerlo, sino que tiene algún vínculo o relación con el documento a testimoniar o cuya firma se va a legitimar. Será entonces suficiente para que el notario legitime que en el documento conste la autoría del firmante, que sea éste el que propone el convenio. Si está realmente habilitado para ello o no es cuestión que el juez habrá de valorar con posterioridad para admitirlo o no a trámite. El fundamento de la exigencia de la legitimación debe buscarse «en la necesidad que parece sentir el legislador de que no exista duda acerca de la autoría de la propuesta por parte del deudor o de los acreedores, evitando así que se admita a trámite una propuesta de convenio sin existir certeza acerca de la persona o de las personas que lo hubieran propuesto» 1. Y esa certeza se adquiere con la intervención notarial: ni el legislador pretende que se controle más de lo que pide ni el notario puede, en el ámbito de la actuación que se le encomienda, controlar más. En cuanto al conocimiento del contenido del documento testimoniado a efectos de apreciar que dicho contenido no es contrario a las Leyes o al orden público, a mi juicio, esto no debe interpretarse como un deber del notario de examinar los pormenores de la propuesta presentada, a fin de constatar que su contenido se ajusta a la Ley, en el sentido de que no incluya cláusulas prohibidas por ésta (por ejemplo, que no sea un convenio de liquidación). Apreciar estos extremos corresponde al juez, no al fedatario público. El artículo 316.3 de la Ley Concursal dice que deberá justificarse, en su caso, el carácter representativo de las firmas legitimadas. Es decir, cuando quien firme sea un representante o apoderado del deudor o de uno de los acreedores, el notario deberá realizar un juicio de suficiencia de las facultades representativas, lo que exigirá, obviamente, que el suscriptor del documento presente copia autorizada de la escritura de poder de la que resulten facultades bastantes al efecto. ¿Cómo se plasma ese juicio de suficiencia de la representatividad? No debe haber inconveniente o no puede considerarse mala praxis, a mi entender, que tal juicio se incluya en la diligencia de testimonio. En la misma se identificará al firmante, el concepto en que actúa, la identidad del representado y se reseñarán los datos de la escritura de la que resulten sus facultades representativas. Sin embargo, también podría utilizarse el acta de presencia del artículo 207: el hecho de que ya no sea preceptiva no significa que el artículo haya sido derogado y no pueda utilizarse este medio. ¿Cuándo se considerará suficiente el poder? Si se trata de una propuesta de convenio presentada por el deudor, según se ha dicho antes, el poder especial para solicitar el concurso llevará implícita esa facultad. Discrepo, sin embargo, de esta opinión: tanto por las importantes consecuencias que tiene el planteamiento de la presentación de convenio como por el hecho de que la ley exija facultad expresa para aceptar convenios propuestos por los acreedores, creo que el notario debe exigir, en su juicio sobre la suficiencia de la representación, que de manera expresa le hayan sido conferidas esas facultades al apoderado.

3. *En el Procedimiento Especial para Microempresas*

Se trata de un procedimiento de insolvencia especial sustitutivo del concurso, aplicable a las microempresas. A estas no les es aplicable otro procedimiento (ni el concurso ni los planes de reestructuración) de manera que se convierte o se convertirá en el procedimiento de atención a la insolvencia más frecuente en España ha habido consideración de la configuración de la estructura productiva del país.

Se consideran a efectos de la Ley microempresas las personas naturales o jurídicas que lleven a cabo una actividad empresarial o profesional y reúnan las siguientes condiciones:

1ª. Haber empleado durante el año anterior a la solicitud una media de menos de 10 trabajadores y

2ª. Su volumen de negocio sea menor de 700.000 € o su pasivo sea inferior a los 50.000 €

En el procedimiento especial para microempresas se distinguen a su vez dos sus procedimientos: el sub-procedimiento de continuación, cuya finalidad es la aprobación de un plan de continuación (cercano al convenio y a los planes de reestructuración) y el sub-procedimiento de liquidación

El presupuesto objetivo del procedimiento especial para microempresas es la insolvencia actual, inminente o probable y afectará a la totalidad de los bienes y derechos integrados en el patrimonio del deudor en la fecha de apertura del procedimiento especial y los que se reintegren en el mismo o adquiera durante el procedimiento, con excepción, en su caso, de los bienes y derechos legalmente inembargables.

La intervención directa del notario en este procedimiento está limitada a la presentación del formulario normalizado de solicitud de la apertura del mismo disponiendo el artículo 691.2 de la Ley Concursal que *el formulario normalizado se presentará y tramitará electrónicamente bien a través de la sede judicial electrónica, bien en las notarías u oficinas del registro mercantil o cámaras de comercio que hayan asumido tales funciones. En aquellos casos en los que el deudor no disponga de los medios tecnológicos necesarios para acceder a la sede judicial electrónica, las notarías, las oficinas del registro mercantil o las cámaras de comercio que hayan asumido tal función podrán prestar el servicio que resulte necesario, el cual tendrá carácter gratuito, a los efectos de facilitar la presentación electrónica del formulario. Las personas especialmente habilitadas deberán comprobar la identidad del solicitante y, en su caso, la representación que ostenten.*

El artículo 691. 1 exige que el deudor comparezca asistido por abogado. Las reglas del artículo 691 en cuanto a la forma de presentación del formulario son aplicables también a las solicitudes de apertura formuladas por acreedores u otros legitimados de acuerdo con el artículo 691 ter. 1 de la Ley Concursal. Sin embargo, la gratuidad de la función se aplica solo al procedimiento solicitado por el deudor.

El Notario, en su caso, deberá prestar el servicio necesario para facilitar la presentación electrónica del formulario, en aquellos casos en que el deudor no disponga de los medios tecnológicos necesarios para acceder a la sede judicial electrónica sin que quede claro cuál es el alcance de dicha asistencia, si se limita a facilitar los medios electrónicos para la revisión de un formulario que debe presentarse cumplimentado, o sí, adicionalmente, el Notario debe asistir al deudor en dicha cumplimentación. No dejaría de parecer extraña esta segunda opción, si se tiene en cuenta que el deudor ha de estar necesariamente asistido por un letrado. A mi juicio, el Notario debe limitarse a lo primero. Y su actuación deberá quedar documentada mediante la autorización de un acta en la que el interesado comparezca con su abogado y requiera al notario para que proceda a la presentación del formulario, manifestando que no dispone de los medios tecnológicos precisos.

No queda claro si la asistencia del notario al deudor, y en su caso a acreedores u otros legitimados, se circunscribe a la presentación de la solicitud o se extiende también a las comunicaciones que deben realizarse como por ejemplo a la Agencia Estatal de la Administración Tributaria y la Tesorería General de la Seguridad Social como ocurría en el antiguo acuerdo extrajudicial de pagos. En la medida en que la realización de dichas comunicaciones también exige de determinados medios tecnológicos (fundamentalmente, disponer de un certificado electrónico apto) entiendo que también el Notario deberá asistir al deudor en este punto.

También se prevé en comunicaciones electrónicas a los acreedores, al cónyuge del deudor y al Letrado de la Administración de Justicia (simultáneamente a las comunicaciones remitidas a todos los demás). En este caso, las comunicaciones se a particulares se realizarán mediante correos electrónicos ordinarios y entiendo que en tales casos pueden ser realizadas directamente por el deudor.

Será juez competente el que correspondería en caso de concurso de acreedores, con competencia para la resolución de cualquier incidente que se susciten en el procedimiento (artículo 691 *quater* de la Ley Concursal). La apertura del procedimiento especial se publicará en el registro público concursal y en los registros de personas y bienes conforme a las reglas generales del concurso.

Sección VI

Otros

Tecnologías de la información, mercados financieros y nuevos riesgos sistémicos: un desafío para los reguladores

TOMÁS VÁZQUEZ LÉPINETTE
Catedrático de Derecho Mercantil U.V.
Investigador de Polibienestar.
Abogado.

"*El viejo mundo se muere. El nuevo tarda en aparecer. Y en ese claroscuro surgen los monstruos*".
Antonio GRAMSCI

SUMARIO: I. INTRODUCCIÓN. II. DIGITALIZACION DEL MERCADO FINANCIERO Y NUEVAS AMENAZAS. 1. La digitalización y sus efectos sobre el mercado financiero. 2. Los riesgos de ciberseguridad como riesgo sistémico: introducción. 3. Los riesgos de ciberseguridad como riesgo sistémico: causas. III. LA REACCIÓN LEGISLATIVA: EL REGLAMENTO DORA. IV. LAS CONSECUENCIAS CONTRACTUALES SOBRE LOS PRESTADORES DE SERVICIOS TICs. 1. Introducción. 2. Carácter imperativo y "europeización" forzosa. 3. Valoración de los riesgos de subcontratación y otros. 4. Contenido imperativo mínimo. V. CONCLUSIONES.

I. INTRODUCCIÓN

1. El presente trabajo tiene su origen en una conferencia impartida el día 30 de noviembre de 2022 en el Ilustre Colegio de Abogados de Valencia, en el marco del homenaje al llorado profesor Manuel Broseta con ocasión del 30° aniversario de su asesinato por la banda terrorista ETA. El profesor Broseta se caracterizaba ser un jurista que huía de las construcciones dogmáticas innecesarias y que utilizaba "*con el más limpio estilo jurídico el doble método histórico y de atenta observación de la realidad*"[1], por lo que, en sentido homenaje a su magisterio y tras una observación de la realidad actual analizaremos en este trabajo los cambios y desafíos generados en

1 SERRANO, Manuel; recensión a "*La empresa, la unificación del Derecho de obligaciones y el Derecho Mercantil*", Revista Crítica de Derecho Inmobiliario, Núm. 453, Abril - Marzo 1966, pp. 550-553.

el mercado financiero por la digitalización y sus profundas implicaciones legales, tanto de Derecho público como de Derecho privado. Sirvan pues estas palabras en recuerdo de un maestro y de un atento observador de la realidad de su tiempo.

2. Sentado lo anterior, dedicaremos las líneas que siguen a analizar el Reglamento (UE) 2022/2554 del Parlamento Europeo y del Consejo de sobre resiliencia digital operacional para el sector financiero y de modificación de los Reglamentos (EC)1060/2009, (EU) 648/2012, (EU) 600/2014 y (EU) 909/2014), conocido abreviadamente como Reglamento DORA. El Reglamento DORA tiene interés por sí mismo y sobre todo por constituir el paradigma de un Derecho mercantil (en sentido amplio) en constante evolución, que combina normas de Derecho público de supervisión prudencial con la regulación de Derecho privado de contratos entre las entidades financieras y sus proveedores de servicios de tecnologías de la información y comunicación (TICs), que podríamos calificar de exorbitante, respondiendo todo ello a un programa legislativo claro: la prevención de los riesgos sistémicos en los mercados financieros como consecuencia del uso de las TICs.

3. El plan del trabajo es el siguiente: Explicaremos primero, si quiera sea de forma sumaria, los cambios que ha introducido en el mercado financiero la digitalización y los nuevos riesgos que lleva aparejado, en especial, los riesgos sistémicos derivados de los fallos de ciberseguridad (*sub* II). A continuación, veremos la reacción del legislador comunitario, mediante la creación de un marco de supervisión, esto es, mediante el Reglamento DORA (*sub* III) y sus consecuencias contractuales (*sub.* IV). Por último, haremos unas breves conclusiones.

II. DIGITALIZACION DEL MERCADO FINANCIERO Y NUEVAS AMENAZAS

1. La digitalización y sus efectos sobre el mercado financiero

4. En las últimas cinco décadas, el mercado financiero ha sufrido un proceso acelerado de transformación digital que incluye la (i) la digitalización y (ii) la explotación y uso masivo de datos personales ("*datificación*")[2]. En la actualidad, las transacciones financieras no sólo son el sector más glo-

[2] Según la Fundación del Español Urgente (FundEU), las voces" *datificar*" y "*datificación*", aluden a la conversión de procesos que antes eran efímeros en datos

balizado de la economía mundial, sino que, probablemente, sea también el sector más digitalizado y más "*datificado*". Este proceso tiene cuatro ejes esenciales: (i) la aparición de mercados globales de servicios financieros, (ii) el crecimiento explosivo de "*startups*" de tecnología financiera digital ("*FinTech*")[3], (iii) una transformación financiera digital sin parangón en los países en vías de desarrollo (en particular, en China) y, por último, (iv) una entrada cada vez mayor de las grandes plataformas tecnológicas ("*BigTech*") en el mundo de los servicios financieros ("*TechFin*")[4]. Este proceso de digitalización financiera implica una serie de cambios estructurales, pues las nuevas tecnologías, comúnmente conocidas bajo el acrónimo ABCD ("*Artificial Intelligence, Blockchain, Cloud & Data*") tienen un impacto directo en el mercado financiero, iniciando la era del "*FinTech*". Esta nueva era del "*FinTech*" se caracteriza, por un lado, por la velocidad del cambio tecnológico, producido por el abaratamiento y el carácter fungible de la tecnología, la inteligencia artificial y el Big Data, que supondrá la generación de toda una serie de servicios nuevos. De ahí que se hable de una "*FinTech Revolution*"[5]. Tales servicios financieros nuevos pueden agruparse en cinco categorías distintas: (i) pagos, liquidación y compensación, (ii) depósitos, préstamos y aportaciones de capital, (iii) inversión, (iv) gestión de la inversión y (v) soporte de mercado[6]. Por otro, por la aparición de nuevos entrantes en el mercado y su efecto disruptivo en las entidades financieras y en los servicios de pago existentes en la actualidad[7]. En suma,

---

que se almacenan y se pueden analizar (https://www.fundeu.es/recomendacion/datificacion-no-dataficacion/).

3 La "FinTech" es definida como "*Technology-enabled innovation in financial services that could result in new business models, applications, processes or products with an associated material effect on the provision of financial services*". Vid. FINANCIAL STABILITY BOARD (FSB), *Financial Stability Implications from Fintech: Supervisory and Regulatory Issues that Merit Authorities' Attention*, 27.6.2017, p. 33, accessible en *www.fsb.org/wpcontent/uploads/R270617.pdf*.

4 BUCKLEY, R.P./ARNER, D.W/ZETZSCHE, D.A./SELGA, E. "The Dark Side of Digital Financial Transformation: The New Risks of FinTech and the Rise of TechRisk"; EUROPEAN BANKING INSTITUTE WORKING PAPER SERIES, 2019, pp. 54 y ss., (he consultado la version electronica en https://ssrn.com/abstract=347840).

5 FINANCIAL STABILITY BOARD, *Artificial intelligence and machine learning in financial services*, 2017. Consultado en: www.fsb.org/ wp-content/uploads/P011117.pdf.

6 FSB, *Financial Stability*, cit., p. 8.

7 Sobre el efecto disruptivo, véase BASEL COMMITTEE ON BANKING SUPERVISION, *Sound Practices: implications of fintech developments for banks and bank supervisors* (19 February 2018), Bank for International Settlements (accesible en https://www.bis.org/bcbs/publ/d431.pdf>; U.S. DEPARTMENT OF THE TRE-

parece que la revolución "*FinTech*" es un paso adelante en la eliminación de las fricciones de los mercados financieros, tales como las asimetrías de información, la presencia de incentivos inadecuados[8] y las externalidades negativas[9] [10]. Por el contrario, no está claro que la irrupción de las "*FinTech*" suponga un cambio esencial en la función de intermediación en los mercados financieros o en la función económica que tales mercados realizan[11], por lo que en principio parece que las "*FinTech*" generan más un cambio cuantitativo que cualitativo.

5. Sin embargo, en lo que sí que hay un consenso es que la digitalización y la "*datificación*" ha supuesto la aparición de nuevos riesgos, relacionados en particular, con dos campos de interés: (i) protección de datos y privacidad y (ii) ciberseguridad[12].

ASURY, *A Financial System That Creates Economic Opportunities: Nonbank Financials, Fintech, and Innovation* (31 Julio 2018), accessible en https://home.treasury.gov/sites/default/files/2018-08/A-Financial-System-that-Creates-Economic-Opportunities—Nonbank-Financials-Fintech-and Innovation_0.pdf .

8 Estos incentivos inadecuados están asociados generalmente con los problemas de agencia (relación entre agente y principal, en la que sus intereses no están alineados) y con problemas de riesgo moral (de asunción por una parte de los riesgos generados por un tercero). La consecuencia es la asuncion de riesgos excesivos y/o el comportamiento gregario.

9 Esto es, la imposición de costes en partes que no participan en una transacción dada.

10 Los efectos positivos derivados de un mejor funcionamiento de los mercados financieros se expanden en direcciones totalmente insospechadas. Así, como ponen de relieve DE HAAS, R./POPOV, A., "Finance and carbon emissions", EUROPEAN CENTRAL BANK WORKING PAPER SERIES, 2318, 2019, (accesible en https://www.ecb.europa.eu/pub/pdf/scpwps/ecb.wp2318~44719344e8.en.pdf.) para un nivel dado de desarrollo económico y financiero, las economías que se financian a través de fondos propios y no a través de deuda, tienen un nivel de emisiones de CO2 per cápita más bajo que las economías financiadas a través de deuda. Los motivos, según estos autores, son los siguientes: "*stock markets reallocate funds to less polluting sectors more efficiently than banks and in addition stock markets provide incentives for carbon-intensive sectors to develop greener technologies (publishing of green patents increases as stock markets deepen)*".

11 FSB, *Financial Stability*, cit., p. 8.

12 BUCKLEY et al., "*The Dark Side* ", cit., p. 5. Es más, algunos autores como MARTÍNEZ RESANO, J. R., "Digital Resilience and Financial Stability. The Quest for policy Tools in the Financial Sector", REVISTA DE ESTABILIDAD FINANCIERA, 88, otoño 2022, pp. 59 y ss., en concr, p.61 con ulteriores referencias doctrinales, indica que la fuente de la próxima crisis financiera podría estar precisamente en los riesgos derivados de la (ausencia de) ciberseguridad.

6. Los riesgos derivados del primero de los campos indicados, a saber, de la "*datificación*", fueron advertidos de forma muy contundente por ZUBBOF[13]. Como nos indica esta autora, los modelos predictivos elaborados por las grandes plataformas (Google, Facebook, Apple) a partir de los millones de datos recogidos (en numerosas ocasiones de forma torticera[14]) suponen el fin del libre del libre albedrío en general y del libre mercado en particular, pues tales plataformas son capaces de predecir (y aún de inducir) el comportamiento de los consumidores, eliminando con ello la ignorancia (esto es, las asimetrías de información) y la incapacidad de influir en los mercados propia de la competencia funcional y generando con ello mercados oligopolísticos de nuevo cuño. Amén de limitar severamente la libertad humana y, en último extremo, su dignidad como ser humano[15].

7. Pero junto a estos peligros derivados de la "*datificación*", también ha surgido riesgos desconocidos hasta la fecha, con capacidad para desestabilizar el sistema financiero, a saber, los riesgos vinculados con la ciberseguridad. La dependencia cada vez mayor para la operativa de los mercados financieros de las tecnologías de la información y las telecomunicaciones ("TICs") y su elevada interconexión los hace sumamente vulnerables a los ciberataques y además determina que determinadas infraestructuras soporte adquieran una importancia crítica, puesto que, en ausencia de las mismas, las entidades y los mercados no pueden operar.

De ahí que para regular los riesgos derivados de esta situación no basta con adoptar una perspectiva microprudencial, sino que, a la vista de su carácter sistémico, la regulación ha de ser necesariamente macroprudencial[16].

---

13 ZUBBOF, S., "*El capitalismo de la vigilancia*", Paidós, Barcelona, 2020, *passim.*

14 Puede leerse con aprovechamiento el interesante trabajo de JAROVSKY, L., "*Dark Patterns in Personal Data Collection: Definition, Taxonomy and Lawfulness*", consultado en https://edpb.europa.eu/sites/default/files/webform/public_consultation_reply/SSRN-id4048582.pdf en el que explica con detalle los instrumentos denominados "dark patterns" ("patrones ocultos") que utilizan los diseñadores de páginas web para manipular a los usuarios y extraer de ellos datos personales de los usuarios. En palabras de esta autora, un "patrón oculto" es lo siguiente: "*A dark pattern consists of user interface design choices that manipulate the data subject's decision-making process in a way detrimental to his or her privacy and beneficial to the service provider*".

15 ZUBBOF, "*El capitalismo*", cit, *passim*

16 MARTÍNEZ RESANO, "*Digital Resilience..*", op cit, p. 64 señala acertadamente que el carácter concentrado del mercado financiero hace que en este campo desapa-

Veámoslo con un poco más de detalle a continuación.

2. *Los riesgos de ciberseguridad como riesgo sistémico: introducción*

8. Como consecuencia, bien de la delincuencia común, bien de lo que se denomina la "*amenaza híbrida*"[17], los "riesgos de ciberseguridad"[18] se han convertido en uno de los riesgos emergentes a los que se enfrentan los todos los operadores financieros[19]. Como explica HERNÁNDEZ GARCÍA, "*A pesar de los constantes esfuerzos, tanto gubernamentales como del sector privado, cada día resulta más evidente que las acciones hostiles dirigidas contra los sistemas informáticos, especialmente aquellos vinculados de alguna manera a Internet,* ***son algo más que una amenaza y se han transformado en un riesgo emergente****. Esto es más evidente cuando se vinculan al concepto de* ***infraestructuras críticas (IC)*** *en general e* ***infraestructuras críticas de la información*** *(ICI) en particular. Las TIC han coadyuvado al bienestar y progreso de las sociedades de forma que gran parte de las relaciones públicas y privadas no solo dependen de estas tecnologías, sino que ya no se conciben sin ellas. Con el tiempo y la evolución de las TIC, han aparecido riesgos que hacen necesario gestionar de una forma lo más eficientemente posible su seguridad*" [20].

---

rezca la distinción tradicional entre microregulación y macroregulacion, pues por el efecto contagio un fallo de ciberseguridad puede extenderse muy rápidamente a todo el mercado financiero.

17 El término "amenaza híbrida", es definido por el glosario de terminología del Estado Mayor de la Defensa como: "*Aquella que emplea todo tipo de instrumentos de poder, procedimientos convencionales, junto a tácticas irregulares y a actividades terroristas, crimen organizado, nuevas tecnologías, ataques en el ciberespacio, presión política y múltiples tipos de herramientas de información y desinformación incluyendo las noticias falsas y la mentira en sí misma*". Cf. SANTAMARÍA VILLASCUERNA, M.Á., "*Presentación*", en AA.VV., "*Amenaza híbrida La guerra Imprevisible*", Cátedra Miguel de Cervantes de la Academia General Militar – Universidad de Zaragoza, 2019, p. 13.

18 Se entiende por "Riesgo de ciberseguridad" los riesgos consecuencia de la ausencia de ciberseguridad en la ejecución de las operaciones digitales, es decir, los riesgos derivados de la ausencia de confidencialidad, integridad y disponibilidad de información o de los sistemas de información. Se denomina esta cuestión la triada de la ciberseguridad o CIA ("*Confidentiality, Integrity, Availability*").

19 Los ciberataques se incrementan a ritmo de un 15% anual y las primas de los seguros que cubren estas incidencias se han multiplicado por 5 entre 2014 y 2019. Cf. BUCKLEY et al., "*The Dark Side* ", cit., p. 7.

20 HERNÁNDEZ GARCÍA, L. F., "*Ciberterrorismo y hackivismo, subversión y desestabilización en el Siglo XXI*", en AA.VV., "*Amenaza híbrida La guerra Imprevisible*", Cátedra Miguel de Cervantes de la Academia General Militar – Universidad de Zaragoza, 2019, pp. 78 y ss., en concr., pp. 80-81 (subrayado en el original).

9. Los riesgos de ciberseguridad y, en particular, los ciberataques al sector financiero, si bien no son, a priori, "riesgos catastróficos"[21], sí que son (o pueden ser) "riesgos sistémicos"[22]. En efecto, el elevado grado de interconexión entre las entidades financieras, mercados financieros e infraestructura soporte de tales mercados, así como las interdependencias de sus sistemas TIC, puede constituir un riesgo sistémico en cuanto que un ciber-incidente puede expandirse muy rápidamente por las aproximadamente 22.000 entidades financieras existentes en la Unión Europea[23]. Pero el problema no afecta sólo a las entidades consideradas individualmente, sino que puede afectar potencialmente a la estabilidad de propio sistema financiero, creando choques de liquidez y generando desconfianza en los usuarios de los servicios financieros. En efecto, un ciber-incidente puede generar una serie de disfunciones técnicas y de negocio en una entidad ("fase de choque"), que luego se transmite al resto de las entidades con la que está conectada la primera ("fase amplificación") y cuando estos incidentes generan unas distorsiones que pueden ser absorbidas por el sistema financiero, es cuando se ha convertido en un incidente sistémico ("fase sistémica")[24]. Como explica MARTINEZ RESANO haciéndose eco de AKERLOFF, en ausencia de reglas claras sobre los riesgos y en un contexto de asimetría de información entre comprador y vendedor la presencia de un ciber-riesgo puede potencialmente producir un cierre de mercado[25]. La razón es sencilla: como consecuencia del miedo al contagio no se intercambiarían datos entre empresas del mercado financiero, lo que llevaría al cese

---

[21] Los riesgos catastróficos son aquellos que ponen en peligro la supervivencia de la humanidad. Cf. MACASKILL, W., "The Beginning of History. -Surviving the Era of Catastrophic Risk", FOREIGN AFFAIRS, septiembre-octubre 2022, pp. 10 y ss., en concr., p. 10: "*From climate change to nuclear war, engineered pandemics, uncontrolled artificial intelligence (AI), and other destructive technologies not yet foreseen, a worrying number of risks conspire to threaten the end of humanity*".

[22] EUROPEAN SYSTEMIC RISK BOARD (ESRB), "*Systemic Cyber-risk*", febrero 2020, localizable en https://www.esrb.europa.eu/pub/pdf/reports/esrb.report200219_systemiccyberrisk~101a09685e.en.pdf

[23] Según datos de 2017, (European Supervisory Authorities -SWD- 2017), en la UE hay 5665 entidades de crédito, 5934 sociedades de capital riesgo, 2666 empresas de seguros, 1573 gestoras de planes y fondos de pensiones, 2500 empresas de gestión de inversiones, 350 empresas de infraestructuras de mercados (bolsas, organismos de compensación, etc…), 2500 entidades de dinero electrónico. Todo ello sin contar con otro tipo de compañías que intervienen en el mercado financiero (startups Fintech, etc…).

[24] ESRB, "*Systemic Cyber-risk*", cit., p. 26.

[25] MARTÍNEZ RESANO, "*Digital Resilience..*", op cit, p. 67.

de la negociación. De ahí que la prevención del riesgo sistémico se haya convertido en el núcleo de la regulación financiera, definiéndose a estos efectos el riesgo sistémico financiero como, "[…] *el riesgo de la producción de un hecho que sea el detonante de una pérdida de valor económico o de confianza y un correlativo aumento de incertidumbre que afecta a una parte sustancial del sistema financiero que es lo suficiente serio para que muy probablemente tenga un efecto negativo en la economía real*"[26].

3. Los riesgos de ciberseguridad como riesgo sistémico: causas

10. Los riesgos de ciberseguridad que afectan (potencialmente) a la estabilidad de los mercados financieros son, como indican BUCKLEY y otros, básicamente los relacionados con tres factores, a saber, (i) el rápido crecimiento de las TIC y su adopción por el mundo financiero (FinTech), (ii) los retrasos y carencias en la regulación de la gobernanza de las FinTech, y (iii) la estrecha interrelación entre seguridad nacional y estabilidad financiera[27].

11. El primer factor de ciber-riesgo, como hemos mencionado, tiene como causa la generalización utilización de las TICs en el mundo financiero. El uso creciente de infraestructuras en la nube crea puntos nodales con poca variedad de software y que requiere mayores medidas de seguridad. Pero, además, estos riesgos se agravan si se tiene en cuenta que los actores del mercado financiero dependen de terceros proveedores (gestores de la nube) y que (i) los servidores en la nube son generalmente compartidos con otros usuarios y (ii) los accesos a la información por parte de los empleados y clientes se hace por vía de teléfono móvil o de otros sistemas similares, con lo que las vulnerabilidades se multiplican (y la imputación de responsabilidades a los distintos intervinientes se complica[28]). Las cadenas tienen siempre como máximo de resistencia la de su eslabón más débil[29].

---

[26] Group of Ten, Report on Consolidation in the Financial Sector (25 January 2001) International Monetary Fund, 126 < https://www.imf.org/external/np/g10/2001/01/eng/pdf/file3.pdf >. La traducción es nuestra.

[27] Seguimos aquí las enseñanzas de BUCKLEY et al, "*The Dark Side* ", cit., passim.

[28] MARTÍNEZ RESANO, "*Digital Resilience..*", op cit, p. 64.

[29] Buena prueba de la inquietud que suscitan estas actuaciones es que las entidades financieras informan a sus clientes cómo protegerse de los ciber-robos. https://www.bancosantander.es/particulares/banca-online/seguridad-online/aprende-ciberseguridad/estafas-criptomonedas-como-protegerse

12. El segundo factor de ciber-riesgo se origina por el distinto tratamiento que le dan los reguladores nacionales a este fenómeno. Frente a un mundo virtual sin límites geográficos, la regulación está fragmentada entre múltiples jurisdicciones, con lagunas y, en ocasiones, con regulaciones contradictorias. Todo ello genera incoherencias y abre el portillo a soluciones divergentes y, por ende, poco eficaces frente a un fenómeno global.

13. Por último, el tercer factor es la creciente interrelación entre seguridad nacional y estabilidad financiera. En efecto, tradicionalmente, la ciberseguridad formaba parte de las competencias propias de los organismos de seguridad de los distintos Estados[30], pero su vinculación con la estabilidad financiera genera una nueva serie de dificultades, de difícil solución. En efecto, puede presentar problemas de índole constitucional (por ejemplo, ¿en qué medida pueden intervenir fuera de un estado de guerra las fuerzas armadas en perseguir la estabilidad financiera?), así como problemas prácticos (por ejemplo, ¿tiene sentido difundir las mejores prácticas para combatir los ciberataques sin con ello se está dando una información que puede ser valiosa para los adversarios?). Todo ello hace que existan reticencias para trasladar la información de los organismos reguladores a los potenciales afectados y de éstos entre sí y respecto de los reguladores, con lo que la eficacia de las medidas adoptadas se ve severamente limitada[31].

---

[30] En España se creó recientemente en el Estado Mayor de la Defensa el mando del ciberespacio, cuya función es ser "[...] *el órgano responsable del planeamiento, dirección, coordinación, control y ejecución de las acciones conducentes a asegurar la libertad de acción de las FAS en el ámbito ciberespacial. Para cumplir su misión, planeará, dirigirá, coordinará, controlará y ejecutará las operaciones militares en el ciberespacio, de acuerdo con los planes operativos en vigor.* ***En el ámbito de estas operaciones, realizará las acciones necesarias para garantizar la supervivencia de los elementos físicos, lógicos y virtuales críticos para la Defensa y las FAS.*** *[...] y será responsable de los equipos de cifra y las claves cripto asignadas*". https://emad.defensa.gob.es/unidades/mcce/ . El subrayado es nuestro.

[31] La comunicación es enormemente importante, tanto a efectos preventivos como a efectos de diseñar soluciones normativas eficientes. En efecto, y aunque es una cuestión aplicable a la regulación de las FinTech en general y no sólo al aspecto específico que tratamos en este trabajo vinculado con los riesgos sistémicos derivados de la TICs, lo cierto es que los reguladores son conscientes de que, dada la velocidad a la que evoluciona el sector financiero, cualquier normativa que promulguen puede tener unos efectos no deseados importantes. De ahí que, en aplicación de los principios de "prueba y error" propios del método científico, se están generalizando en este campo las llamadas "*regulatory sandboxes*". En España, la reciente Ley 28/2022, de Fomento de las Empresas Emergentes regula los en-

III. LA REACCIÓN LEGISLATIVA: EL REGLAMENTO DORA

14. El legislador comunitario no ha permanecido indiferente ante esta situación, introduciendo instrumentos legislativos para hacer frente a los nuevos riesgos sistémicos derivados de los fallos de ciberseguridad. Después de la gran crisis de 2008, en la que los esfuerzos del legislador comunitario estuvieron dedicados a garantizar la estabilidad de los mercados financieros desde una perspectiva económica y macroprudencial, el foco se ha desplazado hacia asegurar la estabilidad del sistema financiero desde la óptica de la resiliencia digital operativa[32]. Es decir, si las enseñanzas de la crisis de 2008 fueron que, frente a la regulación tradicional que se centraba en la solvencia individual de las entidades financieras (supervisión microprudencial, con requisitos de capital, etc…) había que tener en cuenta también el riesgo sistémico del sistema financiero (regulación macroprudencial, con mecanismos de rescate de las entidades sistémicas)[33], ahora se añade una capa adicional a la regulación, cuya intención es evitar o limitar los efectos sistémicos derivados de los riesgos tecnológicos vinculados con las TICs[34]. Los frutos de estos esfuerzos han conducido a la elaboración del reglamento comunitario DORA, cuyas líneas principales examinaremos seguidamente.

15. La finalidad de DORA es asegurar la resiliencia digital operativa[35] de las redes y sistemas de información que sirven de soporte al funcionamien-

---

tornos controlados de prueba (*regulatory sandbox*") en la terminología anglosajona. La finalidad de estos espacios es exceptuar la normativa general, bajo la supervisión de un organismo o entidad reguladora, para evaluar la utilidad, viabilidad y el impacto de innovaciones tecnológicas en los diferentes sectores de actividad productiva. Sobre esta cuestión, cf. PÉREZ TROYA, A., "*Digital Transformation of the Financial System and European Regulatory Sandboxes. The Spanish Sandbox*", en VENTURA/PALMIERI/PAVONI/MILANI (dirs.), "*Boosting European Security Law and Policy*", Edizioni Scientifiche Italiane, Nápoles, 2021, pp. 379 y ss.

32 Comunicación de la Comisión "*FinTech Action plan: For a more competitive and innovative European financial sector*", COM/2018/0109 final, https://ec.europa.eu/info/publications/180308-action-plan-fintech_en.

33 El paradigma fue a partir de ese momento TBTF/TCTF, es decir, "too big to fail/to connected to fail".

34 FSB, *Financial Stability*, cit., p. 30.

35 Cf. art. 3.1 DORA: "*«resiliencia operativa digital»: la capacidad de una entidad financiera para construir, asegurar y revisar su integridad y fiabilidad operativas asegurando, directa o indirectamente mediante el uso de servicios prestados por proveedores terceros de servicios de TIC, toda la gama de capacidades relacionadas con las TIC necesarias para preservar la*

to de las entidades financieras para lo que establece unos requisitos uniformes de seguridad a lo largo y ancho de toda la UE. Con ello se pretende establecer una regulación homogénea basada en estándares comunes que asegure la seguridad jurídica, evitando así los efectos anticompetitivos que pudieran suponer las diferencias legislativas entre los distintos Estados miembros.

16. El ámbito subjetivo de DORA es muy amplio. El Reglamento se aplica a todas las entidades financieras definidas de forma extensiva como todas aquellas entidades que actúan en los mercados financieros (entidades de crédito, entidades de pago, entidades de dinero electrónico, centrales de compensación, empresas de seguros, etc...excluyendo a las administraciones públicas), con independencia de su tamaño, con la sola excepción de las microempresas (art. 2 DORA)[36]. Eso sí, el legislador comunitario recalca la vigencia del principio de proporcionalidad (art. 3 DORA) y libera de las obligaciones más constringentes a las entidades financieras de pequeño o mediano tamaño (art. 4, apartados 1 y 2 DORA). Pero, por cuanto a nosotros interesa, cabe señalar coherentemente con su finalidad de prevenir y/o limitar los fallos sistémicos de naturaleza operativa que puedan afectar a los mercados financieros, DORA no sólo se aplica a las entidades que operan de algún modo en tales mercados financieros, sino también a los a los proveedores de servicios TICs que sirven de soporte al funcionamiento de las entidades financieras (art. 1, letra u DORA).

17. En concreto, DORA impone que las entidades financieras (en el sentido amplísimo antes indicado, que incluye a los proveedores de servicios TICs) adopten medidas de gestión de crisis en relación con los riesgos derivados de las tecnologías de la información y las telecomunicaciones ("*ITC Risk Management*")[37]. Estas medidas de gestión de crisis implican la adopción por parte de las entidades financieras de un marco ("*framework*" dice en la versión inglesa) de gestión de riesgos TICs, que contemple las

seguridad de las redes y los sistemas de información que utiliza una entidad financiera y que sustentan la prestación continuada de servicios financieros y su calidad, incluso en caso de perturbaciones".

36 Parece razonable excluir a las microempresas, toda que difícilmente puede decirse que tengan carácter sistémico.

37 Tales riesgos son definidos en el art. 3.5 DORA como "*cualquier circunstancia razonablemente identificable en relación con el uso de redes y sistemas de información que, si se materializa, puede comprometer la seguridad de las redes y sistemas de información, de cualquier herramienta o proceso dependiente de la tecnología, de las operaciones y los procesos o de la prestación de servicios, al provocar efectos adversos en el entorno digital o físico*".

estrategias, políticas, procedimientos e instrumentos aptos para minimizar los riesgos TICs (art. 5.3 DORA). Este marco que contendrá necesariamente una estrategia para asegurar la resiliencia digital operativa deberá ser actualizado y auditado anualmente (art. 6.6 DORA). Por lo demás, el contenido del plan de gestión de riesgos TICs está muy detallado en el Reglamento DORA y deberán identificarse en el mismo los riesgos TICs (art. 7), establecer medidas de protección, prevención y así como de detección de tales riesgos (arts. 8 y 9), prever medidas de mantenimiento de la actividad en caso de materialización de un riesgo TIC (arts. 10 y 11) y, además, revisar periódicamente sus políticas con arreglo a lo que hayan aprendido de los incidentes que se han producidos (art. 12)[38] y, por último, contener un plan de comunicación dirigido a los reguladores, empleados y terceros afectados (art. 14).

Además, como forma de asegurarse del cumplimiento de estas normas, se hace personalmente responsables al órgano de dirección de las entidades financieras de la adopción de marco de gobernanza y control que asegure un control y una gestión prudente de todos los riesgos TICs, con la finalidad de asegurar la resiliencia operativa (art. 5.2, letra a DORA). Esta responsabilidad personal, además de civil es administrativa, en cuanto que el art. 50.5 DORA faculta a las autoridades de supervisión (en España, Banco de España) a imponer sanciones a los miembros del órgano de dirección de las entidades financieras "*y a cualesquiera personas físicas responsables de la infracción*"[39].

18. Como complemento de lo anterior y dado que es muy frecuente que los operadores del mercado financiero subcontraten todos o parte de sus necesidades en materia de TICs con terceros (en particular, mediante la subcontratación de las infraestructuras relativas al almacenamiento de datos en la nube[40]), el Reglamento DORA recalca que los responsables

---

38 El parecido con los "*after action reports*" utilizados en todos los ejércitos mundiales no es casual. De hecho, jocosamente se suele decir que el primer AAR es el "*Comentario a la guerra de las Galias*" de Julio César.

39 En puridad, en su versión inglesa, la propuesta de Reglamento habla de "management body", lo que parece incluir también a la alta dirección de la empresa.

40 Los servicios de TIC, son definidos por el art. 5.21 DORA como "*los servicios digitales y de datos prestados a través de los sistemas de TIC a uno o varios usuarios internos o externos de forma continua, incluidos el hardware como servicio y los servicios de hardware que incluyen la prestación de asistencia técnica a través de actualizaciones de software o firmware por parte del proveedor de hardware y excluidos los servicios telefónicos analógicos tradicionales*".

principales de la prevención de los riesgos operativos son siempre las entidades financieras. Dice así el art. 28.1 DORA:

> *"Las entidades financieras gestionarán el riesgo relacionado con las TIC derivado de terceros como un elemento integrante del riesgo relacionado con las TIC dentro de su marco de gestión del riesgo relacionado con las TIC a que se refiere el artículo 6, apartado 1, y de conformidad con los principios siguientes:*
>
> *a) las entidades financieras que tengan acuerdos contractuales en vigor para utilizar servicios de TIC en el funcionamiento de sus operaciones comerciales serán, en todo momento, plenamente responsables del cumplimiento y observancia de todas las obligaciones con arreglo al presente Reglamento y al Derecho aplicable en materia de servicios financieros;*
>
> *b) las entidades financieras gestionarán el riesgo relacionado con las TIC derivado de terceros con arreglo al principio de proporcionalidad, teniendo en cuenta:*
>
> *i) la naturaleza, la escala, la complejidad y la importancia de las dependencias con respecto a las TIC,*
>
> *ii) los riesgos derivados de los acuerdos contractuales sobre el uso de servicios de TIC celebrados con proveedores terceros de servicios de TIC, teniendo en cuenta el carácter esencial o la importancia del servicio, el proceso o la función de que se trate, y la repercusión potencial en la continuidad y la disponibilidad de las actividades y los servicios financieros, a escala particular y de grupo."*

19. A tal efecto, en el "debe" por así decir, el legislador comunitario imputa a la alta dirección de las entidades financieras la responsabilidad por las eventuales deficiencias que pudieran producirse en este marco, obligando a las entidades financieras que no sean microempresas a crear un cargo para el seguimiento de los acuerdos celebrados con proveedores terceros de servicios de TIC o designarán a un miembro de la alta dirección como responsable de supervisar la exposición al riesgo correspondiente y la documentación pertinente (art. 5.3 DORA).

20. Pero, en el "haber", el legislador comunitario dota a las entidades financieras de mecanismos eficaces de control respecto de sus terceros subcontratistas en materia de TICs esenciales, obligando los contratos entre entidades financieras y tales proveedores de servicios de TIC tengan un contenido contractual determinado que se regula de modo exhaustivo (contratos normados). Y, por si fuera poco, culmina el edificio legislativo estableciendo mecanismos de control administrativo que afectan tanto a las entidades financieras como a sus proveedores de servicios de TICs, siempre que tengan la condición de "proveedores terceros esenciales" (cf. art. 1, 44 y 45 DORA). Tal condición de "proveedores terceros esenciales" será efectuado por la Autoridades Europeas de Supervisión,

quienes designarán como supervisor principal a la Autoridad nacional de supervisión que corresponda en función de dónde tienen la parte principal de sus activos por volumen las entidades financieras a la que tal proveedor esencial presta sus servicios. A modo de ejemplo, el supervisor del proveedor esencial de servicios de computación en la nube de Banco Santander será la Autoridad de Supervisión Española (i.e., el Banco de España).

IV. LAS CONSECUENCIAS CONTRACTUALES SOBRE LOS PRESTADORES DE SERVICIOS TICs

1. Introducción

21. Ya hemos visto que el Reglamento DORA impone a las entidades financieras (en el sentido ampliado indicado en DORA) numerosas obligaciones orientadas a garantizar la resiliencia digital operativa, pero desde la perspectiva iusprivatista lo realmente novedoso es que extiende su campo de acción también a los prestadores de servicios TICs en materia contractual imponiendo un contenido mínimo que podríamos calificar de exorbitante por las capacidades de control que da a los contratantes principales respecto de los proveedores de servicios TICs, que tengan la consideración de "esenciales". Veámoslo.

2. Carácter imperativo y "europeización" forzosa

22. La primera nota destacable es que el contenido contractual previsto en el Reglamento DORA es imperativo, lo que no es sorprendente teniendo en cuenta que el mercado de provisión de servicios en la nube está muy concentrado y que los usuarios de tales servicios tienen poca capacidad de negociación[41]. El carácter imperativo de la norma es un instrumento clásico del legislador para restablecer el equilibrio contractual entre las partes y, en concreto en el caso que nos ocupa, es el mecanismo para imponer a los proveedores de servicios críticos unas obligaciones de servicio ("SLA") de exigencia elevada.

23. Más llamativo es que el Reglamento DORA sea oponible "erga omnes", esto es, sea aplicable tanto a los proveedores con sede en la Unión Europea, como con sede fuera de la UE. Con respecto a estos últimos, siempre

---

41 MARTÍNEZ RESANO, "*Digital Resilience..*", op cit, pp. 70-71.

que sean considerados "esenciales", se adopta una medida extraordinariamente llamativa para asegurar el cumplimiento de DORA. Como el control que pudieran ejercer las Autoridades de Supervisión podría verse afectada por el hecho de que los proveedores de servicios TICs esenciales no tengan su sede en un Estado Miembro, el Reglamento DORA obliga a que para continuar prestando servicios de TIC a las entidades financieras en la Unión, un proveedor tercero de servicios de TIC establecido en un tercer país designado como esencial debe tomar, en un plazo de doce meses a partir de dicha designación, todas las medidas necesarias para garantizar su constitución como sociedad en la Unión mediante el establecimiento de una empresa filial[42].

3. *Valoración de los riesgos de subcontratación y otros*

24. La segunda nota llamativa desde la perspectiva contractual es que el art. 29 DORA obliga a las entidades financieras a realizar unas valoraciones precontractuales respecto de (i) el grado de concentración de sus proveedores en materia TICs y (ii) de los efectos de la posible subcontratación en materia de proveedores TICs. Entendemos lógicamente que estas valoraciones deberán quedar reflejadas en análisis que guarde la entidad financiera con la finalidad de poder exhibirlos ante las Autoridades de Supervisión si éstas lo requieran, constituyendo de este modo una suerte de prueba preconstituida. Entendemos, aunque no se dice por ningún lado, que para juzgar el cumplimiento (o no) de esta obligación de ponderación, habría que estar al estándar de la "*business judgement rule*" (discrecionalidad empresarial) recogido en el art. 226.1 LSC.

25. En concreto, respecto de la primera de las cuestiones apuntadas, el grado de concentración en materia de proveedores TICs, las entidades financieras ponderarán si el proveedor (o grupo de proveedores estrechamente vinculados) que sustente funciones esenciales es o no fácilmente sustituible así los beneficios y los costes de soluciones alternativas, como el recurso a distintos proveedores terceros de servicios de TIC, considerando si las soluciones contempladas se ajustan a las necesidades y objetivos empresariales establecidos en su estrategia de resiliencia digital y de qué manera.

42 Todo ello sin perjuicio de los acuerdos de cooperación administrativa que pudieran firmarse entre las Autoridades de Supervisión Europeas y las de terceros países.

26. Por otro lado, el Reglamento DORA también obliga a las entidades financieras a ponderar los riesgos en materia de subcontratación. Así cuando el acuerdo contractual sobre el uso de servicios de TIC que sustenten funciones esenciales o importantes incluya la posibilidad de que un proveedor tercero de servicios de TIC subcontrate a su vez servicios de TIC que sustenten una función esencial o importante a otros proveedores terceros de servicios de TIC, las entidades financieras ponderarán los beneficios y los riesgos que puedan derivarse de esa posible subcontratación, en particular cuando se trate de un subcontratista de TIC establecido en un tercer país. Igualmente, las entidades financieras ponderarán debidamente las disposiciones legislativas en materia de insolvencia que se aplicarían en caso de quiebra del proveedor tercero de servicios de TIC, así como cualquier restricción que pueda surgir y que afecte a la recuperación urgente de los datos de la entidad financiera, así como el cumplimiento de la normativa en materia de protección de datos de la Unión y la aplicación efectiva del Derecho (¡¡!!) en ese país tercero. Por último, cuando el acuerdo contractual sobre el uso de servicios de TIC que sustenten funciones esenciales o importantes contemple la subcontratación, las entidades financieras evaluarán si las cadenas de subcontratación potencialmente largas o complejas pueden afectar a su capacidad para efectuar un seguimiento completo de las funciones contratadas y a la capacidad de la autoridad competente para supervisar efectivamente a la entidad financiera a este respecto, y de qué manera.

4. *Contenido imperativo mínimo*

27. Las normas imperativas empiezan por regular la forma de los contratos. Los derechos y obligaciones de la entidad financiera y del proveedor tercero de servicios de TIC estarán claramente asignados y establecidos por escrito, entendemos que a los meros efectos probatorios. El contrato completo incluirá los acuerdos de nivel de servicio y se formalizará en un documento escrito que estará a disposición de las partes en papel, o en un documento en otro formato descargable, duradero y accesible.

28. El art. 30 DORA es el que aborda la cuestión del contenido contractual propiamente dicho con una enumeración prolija de las cláusulas que se han de incluir en el contrato, todas ellas con una clara función de asegurar el control de las entidades financieras sobre sus proveedores de servicios TICs y que éstos sean quiénes soporten el peso de adoptar las medidas necesarias para asegurar la resiliencia operativa. El reglamento DORA impone por tanto un reequilibrio contractual en favor de las enti-

dades financieras frente a sus proveedores de servicios TICs, atendiendo a la defensa de los intereses generales. Es importante destacar que este reequilibrio contractual es especialmente intenso en cuanto que no se limita a regular muy detalladamente la relación entre la entidad financiera y el proveedor de servicios TICs, sino que se extiende también a la relación entre este último y sus subcontratistas.

29. En concreto, los acuerdos contractuales sobre el uso de servicios de TIC incluirán, como mínimo las cuestiones siguientes:

a) una descripción clara y completa de todas las funciones y los servicios de TIC que deba prestar el proveedor tercero de servicios de TIC en la que se indique si está permitida la subcontratación de un servicio de TIC que sustente una función esencial o importante, o partes sustanciales de ellas, y, en caso afirmativo, las condiciones aplicables a dicha subcontratación;

b) los lugares, en concreto, las regiones o países, en los que deberán proporcionarse las funciones y los servicios de TIC contratados o subcontratados y en los que deberán tratarse los datos, incluido el lugar de almacenamiento, y el requisito de que el proveedor tercero de servicios de TIC notifique por adelantado a la entidad financiera cualquier cambio previsto de dichos lugares;

c) disposiciones sobre disponibilidad, autenticidad, integridad y confidencialidad en relación con la protección de los datos, incluidos los datos personales;

d) disposiciones sobre las garantías de la entidad financiera de poder acceder a los datos personales y no personales tratados y de poder recuperarlos y que le sean devueltos en un formato fácilmente accesible en caso de insolvencia, resolución o interrupción de las operaciones comerciales del proveedor tercero de servicios de TIC o en caso de terminación de los acuerdos contractuales;

e) descripciones del nivel de servicio, incluidas sus actualizaciones y revisiones;

f) la obligación del proveedor tercero de servicios de TIC de prestar asistencia a la entidad financiera sin coste adicional, o a un coste determinado con anterioridad, cuando se produzca un incidente de TIC relacionado con el servicio de TIC prestado a la entidad financiera;

g) la obligación del proveedor tercero de servicios de TIC de cooperar plenamente con las autoridades competentes y las autoridades de resolución de la entidad financiera, incluidas las personas nombradas por ellas;

h) los derechos de terminación y los correspondientes plazos mínimos de notificación para la terminación de los acuerdos contractuales, conforme a las expectativas de las autoridades competentes y las autoridades de resolución;

i) las condiciones para la participación de proveedores terceros de servicios de TIC en los programas de sensibilización en materia de seguridad de las TIC y en las actividades de formación sobre resiliencia operativa digital de las entidades financieras.

Además de los elementos anteriores, si los acuerdos contractuales sobre el uso de servicios de TIC sirven de soporte a funciones esenciales o importantes incluirán por lo menos lo siguiente:

a) descripciones completas del nivel de servicio, incluidas sus actualizaciones y revisiones, con objetivos precisos de rendimiento cuantitativos y cualitativos dentro de los niveles de servicio acordados, de modo que la entidad financiera pueda realizar un seguimiento efectivo de los servicios de TIC y que se puedan adoptar sin demora indebida las medidas correctoras adecuadas cuando no se alcancen los niveles de servicio acordados;

b) plazos de notificación y obligaciones de información del proveedor tercero de servicios de TIC a la entidad financiera, incluida la notificación de cualquier hecho que pueda afectar considerablemente a la capacidad del proveedor tercero de servicios de TIC para prestar de forma efectiva los servicios de TIC que sustentan funciones esenciales o importantes de conformidad con los niveles de servicio acordados;

c) requisitos para que el proveedor tercero de servicios de TIC aplique y someta apruebe los planes de contingencia empresarial y disponga de medidas, herramientas y políticas de seguridad de las TIC que proporcionen un nivel adecuado de seguridad para la prestación de servicios por parte de la entidad financiera en consonancia con su marco regulador;

d) la obligación de que el proveedor tercero de servicios de TIC participe y coopere plenamente en las pruebas de penetración basadas en amenazas de la entidad financiera;

e) el derecho a realizar un seguimiento continuo de la actuación del proveedor tercero de servicios de TIC, lo que implica lo siguiente:

i) derechos ilimitados de acceso, inspección y auditoría por la entidad financiera o un tercero designado, y por la autoridad competente, y el derecho a hacer copias de la documentación pertinente *in situ* si son esenciales para las operaciones del proveedor tercero de servicios de TIC, cuyo ejercicio efectivo no se vea obstaculizado o limitado por otros acuerdos contractuales o políticas de aplicación,

ii) el derecho a pactar niveles de garantía alternativos si se ven afectados los derechos de otros clientes,

iii) la obligación de que el proveedor tercero de servicios de TIC coopere plenamente durante las inspecciones y las auditorías *in situ* realizadas por las autoridades competentes, el supervisor principal, la entidad financiera o un tercero designado, y

iv) la obligación de proporcionar detalles sobre el alcance, los procedimientos que deben seguirse y la frecuencia de tales inspecciones y auditorías;

f) estrategias de salida, en particular el establecimiento de un período transitorio suficiente obligatorio:

i) durante el cual el proveedor tercero de servicios de TIC seguirá proporcionando las funciones o los servicios de TIC de que se trate con el fin de reducir el riesgo de perturbación en la entidad financiera o de garantizar su resolución y reestructuración efectivas,

ii) que permita a la entidad financiera migrar a otro proveedor tercero de servicios de TIC o adoptar soluciones internas coherentes con la complejidad del servicio prestado.

30. Por último, para facilitar la tarea a las entidades financieras y los proveedores terceros de servicios de TIC, las autoridades competentes elaborarán cláusulas contractuales tipo para servicios específicos.

V. CONCLUSIONES

31. El Reglamento DORA es una pieza esencial en la regulación de los efectos sistémicos sobre los mercados financieros de los riesgos derivados

de las tecnologías de la información. Se trata de una normativa de carácter macroprudencial que busca asegurar la estabilidad de los mercados financieros mediante el establecimiento de un marco común en la Unión Europea que impone a las entidades financieras y a sus proveedores de servicios de tecnologías de la información (así como a los subcontratistas de éstos) obligaciones contractuales. Tales obligaciones contractuales están diseñadas para, básicamente, determinar quién tiene la responsabilidad de adoptar las medidas de prevención y de recuperación tecnológica de los efectos producidos por un ciberataque. Sin embargo, el Reglamento DORA omite la parte financiera, esto es, la regulación puramente financiera de los efectos que pudieran tener los ciberataques en los mercados (por ejemplo, estableciendo "interruptores", es decir limitando con carácter excepcional la negociación o la retirada de fondos para evitar la extensión del pánico).

Bibliografía

BASEL COMMITTEE ON BANKING SUPERVISION, *Sound Practices: implications of fintech developments for banks and bank supervisors* (19 February 2018), Bank for International Settlements (accesible en https://www.bis.org/bcbs/publ/d431.pdf>;

U.S. DEPARTMENT OF THE TREASURY, *A Financial System That Creates Economic Opportunities: Nonbank Financials, Fintech, and Innovation* (31 Julio 2018), accessible en https://home.treasury.gov/sites/default/files/2018-08/A-Financial-System-that-Creates-Economic-Opportunities—Nonbank-Financials-Fintech-and Innovation_0.pdf .

BUCKLEY, R. P./ARNER, D.W/ ZETZSCHE, D.A./SELGA, E. "The Dark Side of Digital Financial Transformation: The New Risks of FinTech and the Rise of TechRisk"; EUROPEAN BANKING INSTITUTE WORKING PAPER SERIES, 2019, pp. 54 y ss., (he consultado la version electronica en https://ssrn.com/abstract=347840).

COMUNICACIÓN DE LA COMISIÓN "*FinTech Action plan: For a more competitive and innovative European financial sector*", COM/2018/0109 final, https://ec.europa.eu/info/publications/180308-action-plan-fintech_en.

DE HAAS, R./ POPOV, A., "Finance and carbon emissions", EUROPEAN CENTRAL BANK WORKING PAPER SERIES, No 2318, 2019, (https://www.ecb.europa.eu/pub/pdf/scpwps/ecb.wp2318~44719344e8.en.pdf.).

EUROPEAN SYSTEMIC RISK BOARD (ESRB), "*Systemic Cyber-risk*", febrero 2020, localizable en https://www.esrb.europa.eu/pub/pdf/reports/esrb.report200219_systemiccyberrisk~101a09685e.en.pdf

FINANCIAL STABILITY BOARD (FSB), *Financial Stability Implications from Fintech: Supervisory and Regulatory Issues that Merit Authorities' Attention*, 27.6.2017, p. 33, (accesible en www.fsb.org/wpcontent/uploads/R270617.pdf.).

FINANCIAL STABILITY BOARD, *Artificial intelligence and machine learning in financial services*, 2017. (Consultado en: www.fsb.org/ wp-content/uploads/P011117.pdf.).

INTERNATIONAL MONETARY FUND, "*Report on Consolidation in the Financial Sector*" (25 January 2001 126 (accesible en https://www.imf.org/external/np/g10/2001/01/eng/pdf/file3.pdf)

HERNÁNDEZ GARCÍA, L. F., "*Ciberterrorismo y hackivismo, subversión y desestabilización en el Siglo XXI*", en AA.VV., "*Amenaza híbrida La guerra Imprevisible*", Cátedra Miguel de Cervantes de la Academia General Militar – Universidad de Zaragoza, 2019, pp. 78 y ss.

JAROVSKY, Luiza, "*Dark Patterns in Personal Data Collection: Definition, Taxonomy and Lawfulness*", (consultado en https://edpb.europa.eu/sites/default/files/webform/public_consultation_reply/SSRN-id4048582.pdf)

MACASKILL, W., "The Beginning of History. -Surviving the Era of Catastrophic Risk", FOREIGN AFFAIRS, septiembre-octubre 2022, pp. 10 y ss.

MARTÍNEZ RESANO, J. R., "Digital Resilience and Financial Stability. The Quest for policy Tools in the Financial Sector", REVISTA DE ESTABILIDAD FINANCIERA, 88, otoño 2022, pp. 59 y ss.

PÉREZ TROYA, A., "*Digital Transformation of the Financial System and European Regulatory Sandboxes. The Spanish Sandbox*", en VENTURA/PALMIERI/PAVONI/MILANI (dirs.), "*Boosting European Security Law and Policy*", Edizioni Scientifiche Italiane, Nápoles, 2021 pp. 379 y ss.

SANTAMARÍA VILLASCUERNA, M. Á., "*Presentación*", en AA.VV., "*Amenaza híbrida La guerra Imprevisible*", Cátedra Miguel de Cervantes de la Academia General Militar – Universidad de Zaragoza, 2019, p. 13.

ZUBBOF, S., "*El capitalismo de la vigilancia*", Paidós, Barcelona, 2020.

PARTE II
ESTUDIOS

Sección I

Teoría general y contratos en particular

*Problemática de la integración publicitaria del contrato en clausulados predispuestos e individualmente negociados**

Ana Miranda Anguita
Contratada Predoctoral FPU adscrita al área de Derecho Mercantil de la Universidad de Córdoba

I. CONSIDERACIONES PRELIMINARES, PROPÓSITO Y PLANTEAMIENTO DE LA CUESTIÓN A ABORDAR

1. Consideraciones preliminares

Previamente a delimitar y abordar la cuestión de la que vamos a ocuparnos en este trabajo, parece conveniente exponer brevemente algunas con-

---

* Este trabajo se inserta dentro de dos proyectos de investigación: 1) el Proyecto nacional (financiado por el Ministerio de Ciencia e Innovación) intitulado "Modernización y mejora de la protección jurídica de los consumidores en un mercado en creciente digitalización" (referencia: PID2020-117872RB-100) del que son Investigadoras Principales los Profs. Drs. Luis María MIRANDA SERRANO y Javier PAGADOR LÓPEZ; y 2) el Proyecto UCOLIDERA del Plan Propio de Investigación de la Universidad de Córdoba intitulado "La protección del consumidor ante los retos de la digitalización: aspectos contractuales y concurrenciales", del que es Investigador Principal el Prof. Dr. Antonio CASADO NAVARRO.

sideraciones generales relativas al principio de la integración publicitaria del contrato. En concreto, nos vamos a referir a cómo formula el legislador español este principio en el Derecho vigente. Como se verá, ello nos exige diferenciar la existencia de una formulación general de otras especiales o sectoriales. Aunque es cierto que todas ellas se contienen en normas pertenecientes al ámbito específico de lo que se conoce como Derecho de los consumidores o del consumo, con referencia a aquel sector del ordenamiento que regula las relaciones jurídicas B2C, esto es, entabladas entre empresarios y/o profesionales, por un lado, y consumidores y/o usuarios, por otro.

En lo que se refiere a la noción de consumidor y usuario, basta señalar para nuestros fines que actúa en el mercado en condición consumidora aquel sujeto que adquiere un bien o contrata un servicio al margen de una actividad empresarial o profesional o, si se prefiere, sin finalidad de integrarlo en procesos de mercado de carácter industrial, comercial o profesional[1]. A estos efectos, por sujeto ha de entenderse en nuestro Derecho no solo la persona física sino también la jurídica, así como otras entidades carentes de personalidad. No obstante, para que ocurra esto último es necesario el cumplimiento de dos requisitos: 1°) que la persona jurídica o el ente sin personalidad actúen al margen de una actividad empresarial o profesional (lo que comporta la privación de la condición consumidora a la totalidad de las sociedades mercantiles, a las sociedades civiles cuyo objeto consista el desempeño de una actividad empresarial, a las fundaciones que llevan a cabo una actividad de esta misma naturaleza y a las asociaciones de empresarios o profesionales); y 2°) que no persigan ánimo de lucro en su actuación (lo que, como ha puesto de manifiesto la doctrina, constituye un requisito prescindible, porque, al no ser necesaria su presencia en un sujeto para que pueda ser calificado como empresario, carece de sentido que lo sea para adquirir la condición de consumidor o usuario, y porque, además, verificado el dato de que la persona jurídica o el ente sin personalidad no está realizando una actividad empresarial en el mercado, no hay razón para que la presencia de ánimo de lucro en su actuación le prive de la protección que ofrecen las normas sobre consumidores y usuarios)[2].

---

1 CÁMARA LAPUENTE, S., "Comentario al artículo 3 TRLGDCU", en CÁMARA LAPUENTE (dir.): *Comentarios a las normas de protección de los consumidores,* Ed. Colex, Madrid, 2011, pp. 102 y ss.

2 FERNÁNDEZ FERNÁNDEZ, E., "Las personas jurídicas consumidoras. El caso de las cooperativas de consumidores y usuarios", *Deusto Estudios Cooperativos,* núm. 11, 2018, especialmente pp. 62-68; MARÍN LÓPEZ, M.J., "El nuevo concepto de

Como es natural, frente al consumidor o usuario ha de existir un empresario. A los efectos de esta normativa, dicho término comprende todo aquel sujeto (ya sea persona física o jurídica) que actúa con un propósito relacionado con su actividad comercial, empresarial o profesional[3]. Bien entendido que para esta normativa el concepto de empresario ha de entenderse en sentido amplio, en la medida en que no solo incluye a los empresarios mercantiles (individuales y sociales), sino también a los civiles (como los agricultores, artesanos y ganaderos, que por razones históricas han venido siendo excluidos tradicionalmente de la normativa mercantil y sometidos a la normativa civil), así como a los profesionales liberales (como los abogados, economistas, arquitectos, médicos, ingenieros, etc., que no son considerados empresarios por la relevancia que en todos ellos tiene su cualificación y titulación profesional)[4].

1.1. La formulación legal general de la integración publicitaria del contrato en el Derecho español

Como se sabe, el llamado principio de la integración publicitaria del contrato fue regulado por vez primera en nuestro Derecho por el artículo 8 de la Ley General de Defensa de los Consumidores y Usuarios (LGDCU)[5]. Posteriormente, cuando en 2007 el legislador español consideró

---

consumidor y empresario tras la Ley 3/2014, de reforma del TRLGDCU", *Revista CESCO de Derecho de consumo,* núm. 9, 2014, en especial, pp. 13 y ss.

3 CÁMARA LAPUENTE, S., "Comentario al artículo 4 TRLGDCU", en CÁMARA LAPUENTE (dir.), *Comentarios a las normas de protección de los consumidores,* Ed. Colex, Madrid, 2011, pp. 154 y ss.

4 *Ibidem,* quien concluye que el concepto legal del empresario "es lo suficientemente amplio para incluir a cualesquiera operadores económicos u operadores del mercado" (p. 163).

5 Entre la doctrina que analiza el artículo 8 de la LGDCU cabe citar, entre otros, a FONT GALÁN, J.I., "El tratamiento jurídico de la publicidad en la Ley General para la defensa de los consumidores y usuarios", en FONT GALÁN y LÓPEZ MENUDO (dirs.), *Curso sobre el nuevo Derecho del consumidor,* Madrid: Instituto Nacional de Consumo, 1990, pp. 57 y ss.; PASQUAU LIAÑO, M., "Comentario al artículo 8 LGDCU", en BERCOVITZ RODRÍGUEZ-CANO, SALAS HERNÁNDEZ y BERCOVITZ RODRÍGUEZ-CANO (dirs.), *Comentarios a la Ley General para la Defensa de los Consumidores y Usuarios,* Madrid: Civitas, 1992, pp. 139 y ss.; MORALES MORENO, A.M., "Información publicitaria y protección del consumidor", en AA.VV., *Estudios en homenaje a Juan Berchmans Vallet de Goytisolo,* Vol. 8, Consejo General del Notariado, 1988, pp. 667 y ss.; CUESTA GARCÍA DE LEONARDO, A., "El artículo 8 LCU en la Jurisprudencia", en *Aranzadi Civil: revista quincenal,* n.º 2, 1996, pp. 129 y ss.; REYES LÓPEZ, M.J., "El carácter vinculante de la oferta y de la

conveniente llevar a cabo la refundición de gran parte de las normas protectoras de los consumidores en un único texto legal, el contenido del referido artículo 8 LGDCU pasó al artículo 61 del Texto Refundido de la Ley General de Defensa de los Consumidores y usuarios (TRLGDCU)[6]. Por tanto, este último precepto es la norma principal que formula actualmente en el Derecho español el principio al que aquí nos referimos[7].

Si leemos atentamente el artículo 61 del TRLGDCU no parece difícil constatar que en él conviven varias reglas distintas. Se trata de las tres siguientes: 1ª) La primera establece que "la oferta, promoción y publicidad de los bienes y servicios se ajustarán a su naturaleza, características, utilidad o finalidad y a las condiciones jurídicas y económicas de la contratación". 2ª) La segunda dispone que "el contenido de la oferta, promoción o publicidad, las prestaciones propias de cada bien o servicio, las condiciones jurídicas o económicas y garantías ofrecidas serán exigibles por los consumidores y usuarios, aun cuando no figuren expresamente en el contrato celebrado o en el documento o comprobante recibido y deberán tenerse en cuenta en la determinación del principio de conformidad con el contrato". 3ª) La tercera y última pone de manifiesto que "no obstante lo

---

publicidad en el artículo 8 de la Ley General para la Defensa de los Consumidores y Usuarios", en *Estudios sobre Consumo,* n.º 43, 1997, pp. 63 y ss.; INFANTE RUIZ, F.J., "La integración del contrato con el contenido de la publicidad: Comentario a la STS de 23 mayo 2003 (RJ 2003, 5215)", en *Revista Aranzadi de Derecho Patrimonial,* n.º 12, 2004, pp. 195 y ss.; MARTÍN GARCÍA, M.L., *La publicidad: su incidencia en la contratación,* Ed. Dykinson, 2002.

6 Real Decreto Legislativo 1/2007, de 16 de noviembre, por el que se aprueba el texto refundido de la Ley General para la Defensa de los Consumidores y Usuarios y otras leyes complementarias: BOE n.º 287, de 30 de noviembre de 2007.

7 Sobre el artículo 61 TRLGDCU, entre otros: CÁMARA LAPUENTE, S., "Comentario del artículo 61 TRLGDCU", en CÁMARA LAPUENTE (dir.), *Comentario a las normas de protección de los consumidores,* Ed. Colex, 2011, pp. 510 y ss.; GARCÍA VICENTE, J.R., "Comentario del artículo 61 TRLGDCU", en BERCOVITZ RODRÍGUEZ-CANO (dir.), *Comentario del Texto refundido de la Ley general para la defensa de los consumidores y usuarios y otras leyes complementarias (Real Decreto Legislativo 1/2007),* Cizur Menor (Navarra): Aranzadi, 2009, pp. 779 y ss.; FONT GALÁN, J.I., "Publicidad comercial y contrato con consumidores. Conexiones funcionales y normativas: sustantivación obligacional e integración contractual de las ofertas promocionales y publicitarias", en REBOLLO PUIG e IZQUIERDO CARRASCO (dirs.), *La Defensa de los consumidores y usuarios (Comentario sistemático del Texto Refundido aprobado por el Real Decreto 1/2007): adaptado a las reformas introducidas por las Leyes 25/2009 y 29/2009,* Iustel, 2011, pp. 1132 y ss.; CAMACHO PEREIRA, C., *La protección del consumidor frente al mensaje publicitario: integración de la publicidad en el contrato,* Thomson Reuters Aranzadi, 2012.

dispuesto en el apartado anterior, si el contrato celebrado contuviese cláusulas más beneficiosas, estas prevalecerán sobre el contenido de la oferta, promoción o publicidad".

En rigor, de estas tres reglas solo dos de ellas se refieren verdaderamente a la integración publicitaria del contrato: la segunda y la tercera. De ambas se desprende que las condiciones anunciadas en la actividad publicitaria y promocional forman parte del contenido del contrato y pueden ser exigidas por los consumidores y usuarios aun cuando no se aluda a ellas en los documentos contractuales, a no ser que estos contengan cláusulas que establezcan condiciones más beneficiosas que aquellas, en cuyo caso prevalece el contenido contractual sobre el de la publicidad. Por consiguiente, cabe concluir que, a través de estas dos reglas, el legislador opta por dotar de relevancia negocial o contractual a la publicidad. Una idea que, desde nuestro punto de vista, merece una valoración muy positiva por adecuarse plenamente a la realidad. Y es que, en la actualidad y desde hace ya algún tiempo, la conexión entre publicidad y contrato es un hecho incuestionable. En palabras del hoy Magistrado de la Sala 1ª de Tribunal Supremo, el Excmo. Sr. D. Rafael Sarazá Jimena, dicha conexión se expresa en los siguientes términos: "la publicidad ha sustituido a los tratos previos de los que se ocupa el Derecho civil clásico, y ha alterado profundamente el proceso de formación del contrato. Del contacto personal e individualizado se ha pasado al contacto social mecanizado y anónimo de los mensajes publicitarios. De ahí que se reivindique que el Derecho se ajuste a la realidad económica y reconozca relevancia jurídica a la dimensión negocial de la publicidad"[8].

Realmente, la primera regla del artículo 61 TRLGDCU consagra un principio distinto al de la integración publicitaria del contrato. Se trata del llamado principio de veracidad de la actividad publicitaria, también formulado por las cláusulas especiales de deslealtad relativas a los actos de engaño que se contienen en la Ley de Competencia Desleal (LCD)[9]; en especial, en sus artículos 5 y 7, que regulan las prácticas engañosas por acción y por omisión respectivamente. En concreto, de conformidad con el artículo 5 LCD, se considera engañosa cualquier conducta que contenga información falsa o información que, aun siendo veraz, por su contenido o presentación induzca o pueda inducir a error a los destinatarios, siendo susceptible de alterar su comportamiento económico, siempre que incida

8 Sentencia del Juzgado de Primera Instancia de Sevilla núm. 10, de 19 de diciembre de 2001.

9 Ley 3/1991, de 10 de enero, de Competencia Desleal: BOE n.º 10, de 11 de enero de 1991.

sobre algún aspecto relevante como, por ejemplo, la existencia o la naturaleza del bien o servicio o sus características principales. Por su parte, el artículo 7 LCD, reputa publicidad engañosa por omisión la ocultación de la información necesaria para que el destinatario adopte o pueda adoptar una decisión relativa a su comportamiento económico con el debido conocimiento de causa[10].

Como señala la doctrina, este otro principio de veracidad no solo protege la verdad del contenido publicitario, sino que ampara al consumidor a fin de que no pueda ser inducido a error a través de una publicidad engañosa y deformada que le lleve a contratar sin saber verdaderamente qué es lo que está contratando. Por tanto, cabe afirmar que la exigencia de veracidad "se proyecta sobre la publicidad en sí misma", en el sentido de que "la falta de veracidad la convierte en ilícita". Y dicha declaración de ilicitud tiene en cuenta "tanto el interés de los consumidores de no ser inducidos a error en sus decisiones de consumo, como el de los oferentes consistente en evitar actos de competencia desleal". Esto explica que el régimen de la publicidad engañosa esté regulado por la LCD, que es una ley encaminada a proteger los intereses de todos los participantes en el mercado (consumidores y usuarios, por un lado, y empresarios y profesionales, por otro)[11].

Ahora bien, junto al referido artículo 61 TRLGDCU, que es sin duda el precepto fundamental en materia de integración publicitaria del contrato en el ámbito del Derecho del consumo, se ha de tener también en cuenta el artículo 115 *ter*, letra d), TRLGDCU, que permite al consumidor alegar falta de conformidad del bien con el contrato cuando el bien o el servicio o los contenidos digitales contratados no ofrecen la cantidad, las cualidades y otras características (en especial, en relación con la durabilidad del bien, la accesibilidad y la continuidad del contenido o servicio digital, la funcionalidad, la compatibilidad y la seguridad) que presentan normalmente los bienes y los contenidos o servicios digitales del mismo tipo que el consumidor y usuario pueda fundadamente esperar, a la vista no solo de la natura-

---

10 Más información, entre otros muchos, en LEMA DEVESA, C., "Los actos de engaño en la Ley de Competencia Desleal", en GÓMEZ SEGADE y GARCÍA VIDAL (dirs.), *El derecho mercantil en el umbral del siglo XXI: libro homenaje al Prof. Dr. Carlos Fernández-Novoa con motivo de su octogésimo cumpleaños,* Marcial Pons, 2010, pp. 355 y ss.; PATIÑO ALVES, B., "El engaño en la publicidad", disponible en https://www.beatrizpatino.com/wp-content/uploads/2015/05/EL-ENGAÑO-EN-LA-PUBLICIDAD.pdf (fecha de última consulta: 13/12/2023).

11 MORALES MORENO, A.M., "Concreción jurisprudencial de la regla general de integración del contrato mediante la publicidad, fundada en el principio de buena fe", en *Anuario de Derecho Civil,* tomo LXXIII, 2020, fasc. III, p. 1003.

leza de los bienes, servicios o contenidos, sino también, en su caso, de las "declaraciones públicas" realizadas por el empresario, o en su nombre, o por otras personas en fases previas de la cadena de transacciones, incluido el productor; especialmente de las llevadas a cabo a través de la publicidad o el etiquetado[12].

Al igual que puede afirmarse respecto del artículo 61 TRLGDCU, el fundamento de la regla contenida en el artículo 115 *ter*, letra d), TRLGDCU estriba también en la protección de las razonables y legítimas expectativas suscitadas en los adquirentes por las declaraciones públicas provenientes de los empresarios o profesionales, lo cual constituye una exigencia derivada del principio de la buena fe objetiva de los artículos 1258 del Código Civil y 57 del Código de Comercio[13]. Por ello cabría afirmar que, al igual que acontece con el artículo 61 TRLGDCU, es la protección de la confianza del consumidor o usuario la que justifica una regla como la contenida en el artículo 115 *ter*, letra d), TRLGDCU. Así lo señala la mejor doctrina, cuando expresa que el motivo que explica la vinculación contractual por las declaraciones precontractuales públicas reside en "la confianza que provocan en el consumidor y usuario"; añadiendo que dichas declaraciones vinculan

---

[12] En concreto, esta norma (cuyo antecedente es el artículo 116.1 d del TRLGDCU) dispone lo siguiente: "1. Además de cumplir cualesquiera requisitos subjetivos para la conformidad, los bienes y los contenidos o servicios digitales deberán cumplir todos los siguientes requisitos: (…) d) Presentar la cantidad y poseer las cualidades y otras características, en particular respecto de la durabilidad del bien, la accesibilidad y continuidad del contenido o servicio digital y la funcionalidad, compatibilidad y seguridad que presentan normalmente los bienes y los contenidos o servicios digitales del mismo tipo y que el consumidor o usuario pueda razonablemente esperar, dada la naturaleza de los mismos y teniendo en cuenta cualquier declaración pública realizada por el empresario, o en su nombre, o por otras personas en fases previas de la cadena de transacciones, incluido el productor, especialmente en la publicidad o el etiquetado". Su redacción ha sido obra del Real Decreto-ley 7/2021, de 27 de abril, de transposición de directivas de la Unión Europea en las materias de competencia, prevención del blanqueo de capitales, entidades de crédito, telecomunicaciones, medidas tributarias, prevención y reparación de daños medioambientales, desplazamiento de trabajadores en la prestación de servicios transnacionales y defensa de los consumidores: BOE n.º 101, de 28 de abril de 2021.

[13] *V., ad ex.,* DÍAZ GÓMEZ, M.A., "Ámbito objetivo y subjetivo de la integración publicitaria prevista en el art.61 del Texto Refundido de la Ley General para la Defensa de los Consumidores y Usuarios", *Revista de derecho de la competencia y la distribución*, n.º 2, 2008, p. 84; CAMACHO PEREIRA, *La protección del consumidor frente al mensaje…, cit.*, p. 309.

al vendedor "por lo que el consumidor pueda fundadamente esperar"[14]. Por eso el artículo 115 *ter*, letra d), TRLGDCU recoge algunas excepciones a la regla de la vinculación de las declaraciones públicas realizadas por el empresario (o un tercero) que se explican, precisamente, por tratarse de supuestos que no provocan confianza en el consumidor[15]: 1º) por un lado, los casos en los que en el momento de celebrar el contrato "la declaración pública había sido corregida del mismo o similar modo en el que había sido realizada"; 2º) por otro lado, los supuestos en los que "la declaración pública no pudo influir en la decisión de adquirir el bien o el contenido o servicio digital"[16].

En suma, tras lo expuesto, podemos formular algunas conclusiones: 1ª) Por un lado, que la formulación general del principio de la integración publicitaria del contrato en el ordenamiento jurídico español se encuentra actualmente en el artículo 61 TRLGDCU, que es, sin duda, la norma fundamental en la materia, al que ha de añadirse también el artículo 115 *ter*, letra d), TRLGDCU, en los términos ya vistos. 2ª) Por otro lado, que ambas disposiciones (artículos 61 y 115 *ter*) se explican por la necesidad de proteger la confianza de los consumidores y usuarios o, si se prefiere, las

---

14 Aunque en relación con el artículo 116 TRLGDCU (que es el precedente del actual artículo 115 *ter* TRLGDCU), se manifiesta expresamente en este sentido: MORALES MORENO, A., "Concreción jurisprudencial de la regla general…", *cit.*, pág. 996, quien añade que "la protección de la confianza se objetiva al tomar en cuenta no al consumidor o usuario concreto sino al de tipo medio"; en términos sustancialmente idénticos: TORRELLES TORREA, E., "Comentario del artículo 116 TRLGDCU" en CÁMARA LAPUENTE (dir.), *Comentarios a las normas de protección de los consumidores: Texto refundido (RDL 1/2007) y otras leyes y reglamentos vigentes en España y en la Unión Europea*, COLEX: Constitución y Leyes, 2011, p. 1076: "Lo que determina la vinculación del vendedor no es tanto la existencia de declaraciones públicas cuanto la confianza justificada que las mismas puedan provocar en el comprador, es decir, lo que el consumidor puede fundadamente esperar".

15 GARCÍA VICENTE, J.R., "Comentario del artículo 61 TRLGDCU", *cit.*, p. 779.

16 Conviene realizar algunas precisiones sobre ambos supuestos: 1º) En relación con el primero, parece claro que la corrección de la declaración pública puede tener lugar en el contrato que se concluye con cada consumidor o a través de declaraciones públicas, siempre que estas sean aptas para destruir la confianza creada por la declaración inicial. 2.º) En relación con el segundo, se trata de casos en los que las declaraciones públicas no son susceptibles de influir en la decisión del consumidor, como ocurre, por ejemplo, cuando el cliente, en el momento de celebrar el contrato, sabe que las características atribuidas al producto o servicio en las declaraciones públicas son incorrectas, o cuando adquiere el bien, pero para una finalidad diferente de la contemplada en las declaraciones públicas (MORALES MORENO, A., "Concreción jurisprudencial de la regla general…", *cit.*, p. 996).

legítimas y razonables expectativas que dichos sujetos poseen a la hora de celebrar un contrato, a la vista del contenido de las declaraciones publicitarias y promocionales realizadas por los empresarios y/o profesionales en la fase o etapa precontractual.

Ahora bien, dado que las legítimas y razonables expectativas a las que acabamos de referirnos constituyen una plasmación concreta o específica del gran principio de la buena fe en sentido objetivo (artículos 1258 del Código Civil y 57 del Código de Comercio), de enorme trascendencia en el ámbito del Derecho privado, no es desacertado deducir que el fundamento último de la integración publicitaria del contrato reside en la buena fe, que impone a los contratantes el deber de comportarse lealmente los unos con los otros. Y es que se estará de acuerdo en admitir que no parece leal ni, por tanto, conforme con las exigencias de la buena fe, no incluir deliberadamente en los documentos contractuales determinadas prestaciones o características de bienes y/o servicios que se habían publicitado previamente y que, por esta razón, habían creado en los consumidores y usuarios las expectativas razonables y legítimas de que estarían cubiertas por los contratos en el caso de que estos llegasen a celebrarse (por ejemplo, se anuncia por vía publicitaria que los pisos ofertados cuentan con suelo radiante y, sin embargo, en los contratos efectivamente concluidos con los consumidores no se incluye nada al respecto o se afirma expresamente que el suelo no tiene esa naturaleza sino otra muy diferente).

1.2. Otras formulaciones legales de carácter sectorial de la integración publicitaria del contrato en nuestro ordenamiento

Aunque, como acabamos de exponer, el precepto en el que se formula con carácter general el principio de la integración publicitaria del contrato es el artículo 61 TRLGDCU, debidamente completado con el artículo 115 *ter*, letra d), TRLGDCU, hemos de tener en cuenta que dicho principio aparece también formulado en nuestro Derecho en otras normas sectoriales relativas a los viajes combinados y a la compra y el arrendamiento de viviendas. Se trata de las dos siguientes:

1ª) Por un lado, en el ámbito de los viajes combinados, se ha de mencionar el artículo 154 TRLGDCU, según el cual "1. La información facilitada al viajero con arreglo a las letras a), c), d), e) y g) del artículo 153.1, formará parte integrante de viaje combinado y no se modificará salvo que las partes contratantes acuerden expresamente lo contrario. El organizador y, en su caso, el minorista, antes de la celebración del contrato de viaje combinado, comunicarán al viajero, de forma clara, comprensible y destacada, todos los cambios de la información precontractual. 2. Si antes de la celebración del contrato el organizador y, en su caso, el minorista no cumple con los requisitos de información sobre comisiones, recargos u costes adicionales que establece el artículo 153.1.c), el viajero no tendrá que soportarlos"[17]. No es difícil constatar que esta norma confiere carácter vinculante a la información precontractual suministrada por el empresario en relación con determinados extremos (como son, en concreto, las principales características de los servicios de viajes, el precio total y las modalidades de pago, el número mínimo de personas para que sea realizable el viaje, y el derecho del consumidor a resolver el contrato previo abono de una determinada penalización). Y, al mismo tiempo, sienta la regla relativa a que dichos extremos solo pueden ser alterados en el caso de que exista un acuerdo expreso al respecto por ambas partes contratantes, lo que, en nuestra opinión, es una medida legal razonable y, como tal, merecedora de una valoración positiva, pues la aceptación de una modificación unilateral por el empresario atentaría contra los intereses del consumidor (en concreto, contra sus legítimas y razonables expectativas en consideración al contenido de la información precontractual que le ha sido suministrada)[18].

2ª) Por otro lado, en el sector de la adquisición y el alquiler de viviendas, se ha de tener en cuenta el artículo 3 del RD 515/1989, de 21 de abril, sobre protección de los consumidores en cuanto a la información a suministrar en la compra y arrendamiento de viviendas, que reza así: "1. La oferta, promoción y publicidad dirigida a la venta o arrendamiento de viviendas se hará de manera que no

[17] Este precepto tiene su origen en una norma anterior. En concreto, en el artículo 3.2 de la Ley 21/1995, de 6 de julio, reguladora de los viajes combinados (BOE núm. 161, de 7 de julio de 1995), hoy derogada y refundida junto con la Ley 26/1984 (LGDCU) y otras normas de nuestro ordenamiento, en el TRLGDCU.

[18] Sobre esta materia, entre otros, LASARTE ÁLVAREZ, C., "Protección al consumidor y carácter vinculante del folleto informativo en los viajes combinados", en *Revista Crítica de Derecho Inmobiliario*, n.º 643, 1997, pp. 2197 y ss.; CAMACHO PEREIRA, C., "La información precontractual en el ámbito de los viajes combinados tras la Directiva (UE) 2015/2302 del Parlamento Europeo y del Consejo, de 25 de noviembre de 2015, relativa a los viajes combinados y a los servicios de viajes vinculados", en *RDUNED, Revista de Derecho de la UNED*, n.º 19, 2016, pp. 581 y ss.; y más recientemente PÉREZ MORIONES, A., *Viajes combinados y servicios de viaje vinculados: la protección del viajero*, Thomson Reuters Aranzadi, 2022, pp. 100 y ss.

induzca ni pueda inducir a error a sus destinatarios, de modo tal que afecte a su comportamiento económico, y no silenciará datos fundamentales de los objetos de la misma. 2. Los datos, características y condiciones relativas a la construcción de la vivienda, a su ubicación, servicios e instalaciones, adquisición, utilización y pago que se incluyan en la oferta, promoción y publicidad serán exigibles aun cuando no figuren expresamente en el contrato celebrado"[19]. Con gran facilidad se aprecia que esta segunda norma es un mero reflejo de lo dispuesto en el artículo 61 TRLGDCU[20]. Por tanto, al igual que este último precepto, contiene en sus dos apartados los dos principios formulados por el artículo 61 TRLGDCU a los que más arriba tuvimos oportunidad de referirnos: el de veracidad de la actividad publicitaria, prohibitivo de la publicidad engañosa (en los términos que la misma es regulada y definida por la LCD) [apdo. 1], y el de integración publicitaria del contrato, que permite al comprador exigir el cumplimiento de las características y condiciones relativas a la construcción de la vivienda tal y como fueron expresadas en la publicidad, aun cuando no se haga referencia a ellas en el contrato finalmente celebrado por las partes [apdo. 2]. Solo resta precisar que los extremos esenciales sobre los que pone atención el legislador con la finalidad de que el empresario no se separe de ellos en el contrato respecto de lo declarado en la publicidad son los relativos a la construcción de la vivienda, a su ubicación, a los servicios e instalaciones, así como a la adquisición, utilización y pago[21].

---

19 Real Decreto 515/1989, de 21 de abril, sobre protección de los consumidores en cuanto a la información a suministrar en la compraventa y arrendamiento de viviendas: BOE, n.º 117, de 17 de mayo de 1989.

20 Así lo señala, aunque con referencia al entonces vigente artículo 8 de la LGDCU (precedente del actual artículo 61 del TRLGDCU): CAVANILLAS MÚGICA, S., "La protección de los consumidores en la compraventa y arrendamiento de viviendas: el Real Decreto 515/1989, de 21 de abril", en *Derecho privado y Constitución*, n.º 6, 1995 (Ejemplar dedicado a: Monográfico sobre vivienda), p. 66.

21 Más información al respecto, junto a CAVANILLAS (*vid.* nota anterior), en CAMACHO PEREIRA, C. "Delimitación del contenido obligacional del contrato de compraventa de vivienda con consumidores, en caso de discrepancia entre documentación precontractual y contractual: Comentario a la Sentencia del Tribunal Supremo, Sala 1ª, de 15 de abril de 2010 (Ar. 2347; MP: Sr. José Antonio Seijas Quintana)", en *InDret: Revista para el Análisis del Derecho*, n.º 2, 2011, pp. 1 y ss.

2. *Propósito y planteamiento de la cuestión a analizar*

Hechas las aclaraciones precedentes a modo de consideraciones preliminares, interesa aclarar el propósito que aquí perseguimos. Este reside básicamente en tratar de responder a la pregunta de si la integración publicitaria del contrato solo es posible cuando existe una laguna contractual, es decir, en los supuestos en que no hay estipulaciones insertas en el contrato que contradigan los contenidos publicitarios o promocionales, o, en cambio, también es factible cuando existen cláusulas contractuales expresas que contravienen dichos contenidos. Para responder adecuadamente a esta cuestión es necesario diferenciar dos tipos de clausulados negociales: los que son predispuestos por el empresario e impuestos al consumidor-adherente y los individualmente negociados por las partes contratantes (predisponente y adherente).

Con mayor exactitud, siguiendo a los autores que han estudiado este asunto con cierta profundidad, podemos afirmar que, en virtud del principio de la integración publicitaria del contrato, el contenido de la publicidad prevalece siempre sobre el contenido del contrato, salvo en los dos supuestos siguientes[22]: 1º) cuando el contenido del contrato es más favorable que el contenido de la publicidad, pues así lo establece de manera expresa la tercera regla del artículo 61 TRLGDCU al disponer que "si el contrato celebrado contuviese cláusulas más beneficiosas, estas prevalecerán sobre el contenido de la oferta, promoción o publicidad"; y 2º) cuando el contenido del contrato es expresamente negociado por las partes contratantes, pues si existe negociación entre quienes contratan (esto es, cláusulas individualmente negociadas por ellos), el consumidor tiene conocimiento, en el momento de concluir el contrato, de la divergencia existente entre el contenido contractual y el contenido de la publicidad.

En lo que se refiere al primero de estos supuestos, poco tenemos que añadir a lo ya expresado, pues el artículo 61 TRLGDCU es muy claro al conferir primacía al contenido del contrato cuando este sea más favorable que el contenido de los mensajes publicitarios y promocionales utilizados por el empresario y/o profesional en la fase previa a la contratación. En realidad, dicha regla supone un reconocimiento de la autonomía de la

---

22 MIRANDA SERRANO, L.M. y SERRANO CAÑAS, J.M., "Relevancia negocial de la publicidad en los contratos entre empresarios o profesionales: Alegato a favor de la integración publicitaria del contrato más allá de las relaciones de consumo", *Revista de derecho de la competencia y la distribución*, n.º 18, 2016, pp. 2 y ss.; MORALES MORENO, A., "Concreción jurisprudencial de la regla general…", *cit.* pp. 993 y ss.

voluntad en aquellos supuestos en los que no existe duda alguna de que las cláusulas contractuales son más favorables para el consumidor que el contenido de la publicidad[23].

El segundo supuesto, por el contrario, no aparece formulado en el artículo 61 TRLGDCU. Sin embargo, sí se refiere a él la doctrina estudiosa de la figura de la integración publicitaria del contrato. Así, por ejemplo, el Profesor Cámara Lapuente sostiene que para que prevalezca una cláusula contractual frente al contenido de la publicidad dicha cláusula "ha de haber sido objeto de auténtica negociación, lo que no se entiende producido en las cláusulas no negociadas individualmente"[24]. Y en la misma dirección se manifiesta la Profesora Zubero Quintanilla, al afirmar que "si bien es cierto que el carácter imperativo reconocido a disposiciones normativas como el 1258 CC, el 8 LGDCU, o los 61 y 65 TRLGDCU, supone que los contratantes no pueden suprimir los derechos reconocidos a los consumidores, la imperatividad de la norma no prohíbe la validez de los pactos y negociaciones que hayan podido llevar a cabo las partes, siempre que exista un consentimiento informado y, por tanto, no se vea limitada la voluntad ni defraudada la confianza del consumidor. De otro modo, no sería entendible, en un ordenamiento jurídico como el nuestro en el que prima la autonomía de la voluntad de las partes, excluir los acuerdos llevados a cabo entre ellas que han derivado en un contrato perfeccionado por su voluntad informada y concurrente"[25].

Es cierto que sobre este asunto no cabe hablar de unanimidad doctrinal, pues no faltan autores partidarios de entender que el contenido de la publicidad prevalece incluso frente al contenido del contrato cuando este haya sido resultado de una negociación individual entre los contratantes. Este es el caso, por ejemplo, del Profesor Font Galán, quien interpreta el (entonces vigente) artículo 8 LGDCU (en la actualidad, artículo 61 TRLGDCU) en el sentido de que "no es solo que el contenido de la publicidad se

---

23 MORALES MORENO, A., "Concreción jurisprudencial de la regla general...", *cit.*, p. 993.

24 CÁMARA LAPUENTE, S., "Comentario del artículo 61 TRLGDCU", *cit.*, p. 523.

25 ZUBERO QUINTANILLA, S., "La interpretación del valor del contenido de las declaraciones publicitarias en la jurisprudencia española y francesa", *Revista Doctrinal Aranzadi Civil-Mercantil*, n.º 6, 2016, p. 11. Más información sobre la doctrina que se pronuncia en esta dirección puede consultarse en CAMACHO PEREIRA, C., "Comparativa de la regulación de la integración de la publicidad en el contrato con consumidores, en el TRLGDCU y en la Propuesta de Reglamento del Parlamento Europeo y del Consejo, relativo a una normativa común de compraventa europea", *InDret: Revista para el Análisis del Derecho*, n.º 4, 2012, pp. 11 y ss.

traiga al contrato para rellenar un vacío sobre su contenido obligacional, sino para conformar, en cualquier caso, el contenido mismo y definitivo del contrato, remodelando o eclipsando incluso las cláusulas contractuales expresas a favor de las declaraciones publicitarias más beneficiosas para los consumidores"[26]. Más tarde este mismo autor vuelve a estudiar esta materia e insiste en aceptar esta misma solución, aunque dotándola de un mayor desarrollo y argumentación. Con tal fin sostiene literalmente que "el contenido informativo de la oferta, publicidad y promoción se sustantiva obligacionalmente con la naturaleza de oferta o promesa al público, como justificación dogmática del reconocimiento legal de su exigibilidad por los consumidores en el proceso de negociación del contrato, y, por tanto, de su integración contractual". Y sobre la base de lo anterior concluye que "el contenido negocial u obligacional de tales declaraciones públicas de ofertas publicitarias o promocionales resulta indisponible e irrevocable para el comerciante contratante responsable de las mismas"[27].

---

[26] FONT GALÁN, J.I., "El tratamiento jurídico de la publicidad…", *cit.*, pp. 55 y ss.

[27] FONT GALÁN, J.I., "Publicidad comercial y contrato con consumidores…", *cit.*, págs. 1171 y ss. Aunque la tesis de FONT GALÁN a la que acabamos de referirnos es calificada de brillante por MORALES MORENO, finalmente no le llega a convencer por plantear la cuestión de si se adapta o no a la regulación del derecho positivo. Asunto al que responde en sentido negativo en los siguientes términos: "Aunque se tomen en consideración las conexiones funcionales y normativas entre publicidad y contrato, no es posible convertir en verdaderas ofertas de contrato las declaraciones publicitarias y hacerlas vinculantes en un doble sentido: en cuanto a imponer el deber de celebrar el contrato y en cuanto a celebrarlo conforme al contenido anunciado. Debemos distinguir entre lo que es una verdadera oferta de venta o la exposición de artículos en establecimientos comerciales» (equiparada por ley a la oferta de venta), supuesto del artículo 9 Ley 7/1996, y lo que solo son declaraciones públicas sobre las características de los productos hechas por el vendedor el productor o su representante (…) en la publicidad o en el etiquetado», contempladas en el artículo 116.1 RDL 1/2007. Las declaraciones públicas (realizadas a través de la publicidad o el etiquetado del producto) no son, por sí mismas, una oferta pública de contrato. Vinculan a través del contrato celebrado confiando en ellas, pero, en el plano del Derecho privado, no otorgan un derecho, a todo el que las conozca, a exigir al empresario la celebración de un contrato en las condiciones de las mismas. A diferencia de la oferta pública de venta, a la que se refiere el artículo 9 Ley 7/1996, no son una verdadera oferta de contrato de compraventa, sino manifestaciones informativas acerca de un determinado bien, producto o servicio que se halla en el mercado ("Concreción jurisprudencial de la regla general…", *cit.*, pp. 1012 y ss.). Más información sobre la doctrina que sigue una interpretación semejante al Profesor FONT GALÁN, en el sentido de admitir que el contenido de la publicidad prevalece sobre los pactos contrarios a él que se hayan fijado en el contrato: CAMACHO PEREIRA,

En un sentido similar al que acaba de indicarse se pronuncia también, por ejemplo, la Profesora Camacho Pereira. A su juicio, la publicidad heterointegra el contenido del contrato, de modo que puede superponerse a lo pactado por las partes contratantes cuando favorece al sujeto que celebra el contrato en condición consumidora. Ahora bien, esta autora es consciente de que esta solución, interpretada de forma estricta, puede conducir a la comisión de algunos abusos por parte del consumidor o usuario (y en detrimento del empresario o profesional). Así ocurriría, por ejemplo, cuando lo pactado en el contrato en contravención del contenido de la publicidad se debiera a que el empresario se compromete a conceder al consumidor un beneficio adicional: por ejemplo, una rebaja en el precio de bien adquirido. Pues bien, a juicio de esta autora, la forma de evitar estos abusos no debe consistir en hacer decir al artículo 61 TRLGDCU lo que, según ella, no dice, sino en acudir a determinados instrumentos jurídicos que permiten al juez luchar válidamente contra estas conductas abusivas, tales como la doctrina de los propios actos, la buena fe en el ejercicio de los derechos (artículo 7.1 Código civil) y el abuso del derecho (artículo 7.2 Código civil)[28].

Desde nuestro punto de vista, esta última forma de entender y solucionar la cuestión que analizamos (favorable a sostener la prevalencia del contenido de la publicidad sobre lo pactado en el contrato como resultado de un proceso de negociación individual), pese a ser muy elaborada y meritoria, no parece aceptable. Sobre todo, porque no confiere al principio de la autonomía de la voluntad el papel y lugar que le corresponde en el Derecho de contratos. Por tanto, creemos que acierta la doctrina que sostiene que el artículo 61 TRLGDCU no impide reputar eficaces y válidas aquellas estipulaciones contractuales que contienen condiciones menos favorables que las fijadas por la publicidad, siempre que exista en el consumidor "verdadera voluntad de aceptarlas"[29]. E idéntica valoración positiva nos merece la jurisprudencia del TS favorable a sostener (sobre todo en el ámbito específico de la compraventa de viviendas) que cuando existe discrepancia entre el contenido de la publicidad y lo pactado finalmente por las partes en el contrato, se ha de dar preferencia a lo expresamente pactado, en

---

C., "Comparativa de la regulación de la integración de la publicidad en el contrato…", *cit.*, pp. 9 a 11.

28 CAMACHO PEREIRA, C., Comparativa de la regulación de la integración de la publicidad en el contrato…", *cit.*, p. 14.

29 MORALES MORENO, A.M., "Concreción jurisprudencial de la regla general...", *cit.*, pp. 994 y 995.

aplicación del principio de la autonomía de la voluntad, admitiéndose la renuncia del consumidor a lo publicitado siempre que se haga de forma expresa y concreta[30]. Por último, entendemos que también acierta el legislador de la normativa sectorial sobre integración publicitaria del contrato. En concreto, de la relativa a los viajes combinados. Así lo prueba el artículo 154 TRLGDCU cuando dispone que la información precontractual facilitada al viajero "formará parte integrante del viaje combinado y no se modificará *salvo que las partes contratantes acuerden expresamente lo contrario*" [31].

De todos modos, al margen de las posibles discrepancias doctrinales existentes sobre esta cuestión, lo cierto es que en relación con ella surge un problema práctico importante. Este consiste en verificar en qué casos el consumidor ha aceptado verdaderamente, de forma consciente y voluntaria, que el contenido del contrato difiera del contenido de la publicidad y, por tanto, es posible hablar de verdadera o auténtica negociación individual entre las partes contratantes. Al respecto, es necesario efectuar algunas consideraciones, cuya formulación tiene muy en cuenta el análisis que la doctrina viene realizando de este importante asunto, de relevancia no sólo dogmática sino también práctica[32]. A continuación, exponemos estas consideraciones, diferenciando dos supuestos distintos de conclusión del contrato: 1°) el que tiene lugar a través de la técnica de las condiciones generales y las cláusulas predispuestas, que suele ser lo normal en el tráfico negocial contemporáneo dados sus beneficios para las empresas en términos de eficiencia, y 2°) el que se lleva a cabo mediante un proceso de negociación individual, menos frecuente pero también posible si así lo deciden ambas partes contratantes.

---

30 Al respecto, más información en CAMACHO PEREIRA, C., "Comparativa de la regulación de la integración de la publicidad en el contrato…", *cit.*, pp. 7 y ss. Sirva de ejemplo la STS de 15 de marzo de 2010. En ella, el Alto Tribunal sostiene que cuando, por ejemplo, las partes contratantes se ponen de acuerdo en modificar en sentido perjudicial para el adquirente-consumidor las calidades iniciales que fueron publicitadas en el Proyecto mediante la elaboración de unas Memorias incorporadas como anexo a la escritura pública de adquisición de la vivienda, ha de prevalecer la voluntad de las partes expresada en dicha Memorias, merced al principio de la autonomía de la voluntad, pues —afirma expresamente el TS— "una cosa es que en ausencia de esta Memoria, los Proyectos hubieran integrado necesariamente la oferta, haciendo exigible el acuerdo alcanzado, y otra distinta que el contrato haya expresado los cambios introducidos respecto al Proyecto, y que estos cambios fueran aceptados por los compradores con conocimiento de lo que compraban, integrándolo normativamente en el mismo".

31 La cursiva es nuestra.

32 MIRANDA SERRANO, L.M. y SERRANO CAÑAS, J.M., "Relevancia negocial de la publicidad en los contratos entre empresarios o profesionales…", *cit.*, pp. 2 y ss.

II. LA PROBLEMÁTICA DE LA INTEGRACIÓN PUBLICITARIA DEL CONTRATO EN CLAUSULADOS PREDISPUESTOS

1. La regla general en la materia

Es claro que no es posible entender que existe aceptación del consumidor o cliente y, por tanto, verdadera negociación cuando este se limita a firmar un clausulado de condiciones generales y/o cláusulas predispuestas. Como puede fácilmente comprenderse, en estos casos el adherente no participa en absoluto en la fijación del contenido del contrato que le viene ya dado (es decir, predispuesto e impuesto), al ser redactado de forma exclusiva y unilateral por el predisponente.

Precisamente, la técnica de contratar a través de condiciones generales y clausulados predispuestos, merced a los elementos de la predisposición y la imposición en ella presentes, se caracteriza por privar al adherente de la facultad de participar en la fijación del contenido del contrato. Su función en estos casos queda reducida simplemente a decidir si quiere o no contratar, adhiriéndose en caso afirmativo al clausulado contractual que le presenta el predisponente[33].

A esta relevante peculiaridad de la contratación estandarizada se refiere expresa y recientemente, aunque en el ámbito específico del contrato de seguro, el Tribunal Supremo en los siguientes términos: "La contratación en masa explica la utilización de las condiciones generales de contratación cuidadosamente redactadas por parte de las compañías de seguro. La celeridad exigible en el tráfico jurídico legitima la utilización de dicha técnica contractual, aunque suponga pagar el peaje de la restricción que implica al principio de la libre autonomía de la voluntad de los contratantes proclamado por el artículo 1255 del CC. El escenario descrito genera una situación disímil, en tanto en cuanto supone que una gran compañía impone sus condiciones contractuales a un asegurado cuyo ámbito de actuación se limita a aceptarlas o rechazarlas. Esta asimetría convencional determina la

---

[33] En palabras de PAGADOR LÓPEZ, J., "Título II. Condiciones generales y cláusulas abusivas", en REBOLLO PUIG e IZQUIERDO CARRASCO (dirs.), *La Defensa de los consumidores y usuarios (Comentario sistemático del Texto Refundido aprobado por el Real Decreto 1/2007): adaptado a las reformas introducidas por las Leyes 25/2009 y 29/2009*, Iustel, Madrid, 2011, pp. 1308 y ss., la técnica de contratar a través de condiciones generales y cláusulas predispuestas supone que el principio de autonomía de la voluntad se exagera para el predisponente en detrimento del adherente, produciéndose una *hipertrofia* de dicho principio para uno de los sujetos contratantes (p. 1308).

necesidad de establecer resortes para garantizar el justo equilibrio en los derechos y obligaciones de las partes contratantes"[34].

2. La excepción a la regla general

Es verdad, no obstante, que lo anterior cuenta con una excepción relevante que ha de ser tenida en cuenta. Nos referimos a que la divergencia entre el contenido de la publicidad y el contenido del contrato se refiera a los elementos esenciales del contrato o, si se prefiere, al objeto principal y a la adecuación entre precio y prestación, según los términos utilizados por el legislador europeo en el artículo 4.2 de la Directiva 93/13/CEE sobre cláusulas abusivas[35]. Esta excepción obedece a que en estos supuestos las diferencias entre publicidad y contrato difícilmente podrían pasar inadvertidas para el consumidor, ya que este, al contratar, centra su atención precisamente en dichos elementos esenciales (precio y prestación)[36].

En realidad, las estipulaciones contractuales sobre los elementos esenciales del contrato divergentes de la publicidad únicamente podrían considerarse ilícitas cuando consistan en las denominadas cláusulas "sorprendentes", "sorpresivas" o "no transparentes" (en sentido material), que son aquellas estipulaciones que, pese a ir referidas a los elementos esenciales (o parte económica) del contrato, se encuentran camufladas, al ser incluidas de modo furtivo por el predisponente dentro del conjunto de condiciones generales y cláusulas predispuestas, lo que hace que pasen inadvertidas por el consumidor a la hora de contratar y, por tanto, que sea sorprendido

---

[34] Sentencia del Tribunal Supremo, Sala 1ª (Civil), de 27 de septiembre de 2023, ROJ: STS 3993/2023, ECLI:ES:TS:2023:3993; Fundamento de Derecho 3º (3.1).

[35] Directiva 93/13/CEE del Consejo, de 5 de abril de 1993, sobre las cláusulas abusivas en los contratos celebrados con consumidores: DOCE n.º 95, de 21 de abril de 1993.

[36] En este sentido, señala la doctrina que cuando el consumidor celebra un contrato a través de condiciones generales y/o clausulados predispuestos, centra su atención en las estipulaciones constitutivas del objeto principal del contrato que celebra, por lo que puede decirse que respecto de dichas cláusulas la competencia funciona, al menos en principio, de manera razonablemente eficiente: ALFARO ÁGUILA-REAL, J., "Cláusulas predispuestas que describen el objeto principal del contrato", 21 de marzo de 2017, disponible en línea en https://almacendederecho.org/clausulas-predispuestas-describen-objeto-principal-del-contrato (fecha de última consulta: 13/12/2023); PANTALEÓN PRIETO, F., "Sobre el artículo 4.2 de la Directiva 93/13", 9 de marzo de 2020, disponible en línea en https://almacendederecho.org/sobre-el-articulo-4-2-de-la-directiva-9313 (fecha de última consulta: 13/12/2023).

(y decepcionado) cuando advierta su presencia en el documento contractual[37].

Por tanto, en virtud del artículo 61 TRLGDCU, el contenido de la publicidad (que genera en el adherente unas expectativas razonables y legítimas y, por tanto, dignas de protección jurídica) expulsará del contrato todas aquellas cláusulas sobre elementos esenciales que lo contradigan, siempre que no hayan sido conocidas y consentidas por el adherente en el momento de contratar (las llamadas cláusulas sorprendentes, sorpresivas o no transparentes en sentido material), pues si el predisponente puede probar dicho conocimiento, estaremos naturalmente ante cláusulas que no podrán calificarse de sorprendentes ni sorpresivas y, por tanto, habrán de considerarse plenamente válidas y eficaces, al haber superado el control de transparencia material[38].

---

[37] Sobre la noción de cláusula sorprendente o sorpresiva: MIRANDA SERRANO, L.M., "El control de transparencia de condiciones generales y cláusulas predispuestas en la contratación bancaria", en *InDret: Revista para el Análisis del Derecho*, n.º 2, 2018, pp. 15 y ss.; y de este mismo autor: "Cláusulas limitativas y sorprendentes en contratos de seguro: protección de las expectativas y el consentimiento de los asegurados", en *Revista Crítica de Derecho Inmobiliario*, n.º 761, 2017, pp. 1151 y ss. En palabras (bastante acertadas) del TS: "Por tanto, que las cláusulas en los contratos concertados con consumidores que definen el objeto principal del contrato y la adecuación entre precio y retribución, por una parte, y los servicios o bienes que hayan de proporcionarse como contrapartida, por otra, se redacten de manera clara y comprensible no implica solamente que deban posibilitar el conocimiento de su contenido mediante la utilización de caracteres tipográficos legibles y una redacción comprensible, objeto del control de inclusión o incorporación (arts. 5.5 y 7.b de la Ley española de Condiciones Generales de la Contratación). Supone, además, que no pueden utilizarse cláusulas que, pese a que gramaticalmente sean comprensibles y estén redactadas en caracteres legibles, impliquen subrepticiamente una alteración del objeto del contrato o del equilibrio económico sobre el precio y la prestación, que pueda pasar inadvertida al adherente medio. No basta, por tanto, con que las condiciones generales puedan considerarse incorporadas al contrato por cumplir los requisitos previstos en el art. 5.5 de la Ley de Condiciones Generales de la Contratación. Es preciso que, además, sean transparentes, en el sentido de que el consumidor pueda hacerse una idea cabal de las consecuencias económicas y jurídicas que la inclusión de tal cláusula le supondrá".

[38] MIRANDA SERRANO, L.M., "El control de transparencia de condiciones generales...", *cit.*, p. 41.

3. La noción de contenido de la publicidad a estos efectos

Ahora bien, por contenido de la publicidad a estos efectos hemos de entender solamente el mensaje publicitado con caracteres tipográficos adecuados para ser debidamente percibido por el destinatario. No aquel que está redactado en caracteres tan diminutos que se convierte en ilegible. De modo que, si el empresario utiliza una letra diminuta para establecer restricciones o limitaciones al mensaje principal destacado en la publicidad, el consumidor (en aplicación del artículo 61 TRLGDCU) está facultado para exigir que solo forme parte del contrato el contenido de la publicidad que aparece en caracteres destacados y sobre el cual centró su atención el destinatario cuando contempló el anuncio publicitario que le incitó a contratar[39].

La solución anterior nos parece razonable y defendible porque el contenido en letra pequeña de la publicidad no fue convenientemente advertido por el cliente, por lo que sus expectativas (legítimas y razonables) a la hora de celebrar el contrato se redujeron solo a lo que aparecía publicitado en caracteres tipográficos destacados. Por eso, con base en el artículo 61 TRLGDCU, puede sostenerse que en estos casos el adherente tiene derecho a solicitar la expulsión del contrato de aquellas cláusulas negociales que recogen mensajes publicitados en letra pequeña e ilegible. En realidad, dichas cláusulas se han de considerar sorpresivas o sorprendentes por cumplir los requisitos propios de esta clase de estipulaciones[40].

4. La doble dimensión (positiva y negativa) de la integración publicitaria

De lo expuesto se comprende que es posible atribuir al principio de la integración publicitaria del contrato una doble dimensión. Por un lado, tiene una dimensión *positiva,* que faculta al adherente a exigir al predisponente que formen parte del contrato todos aquellos contenidos que en su momento fueron publicitados o promocionados pero que finalmente no llegaron a incluirse dentro del clausulado contractual. Pero, por otro lado, posee una dimensión *negativa,* que faculta al adherente a exigir al predisponente que sean expulsadas del documento contractual aquellas condiciones generales o cláusulas predispuestas relativas al objeto principal

---

39 Más ampliamente, así lo exponemos y desarrollamos en nuestro trabajo "El principio de la integración publicitaria y la letra pequeña de la publicidad", en *La Ley Mercantil,* n.º 83, septiembre de 2001, pp. 1 y ss.

40 *Ibidem.*

del contrato (o a la adecuación entre precio y prestación) que no fueron conocidas ni consentidas por él en el momento de contratar, y cuya incorporación al clausulado contractual supone una violación de las legítimas y razonables expectativas que le había suscitado el contrato a la vista de los mensajes publicitarios y promocionales que le incitaron a concluirlo[41].

III. LA PROBLEMÁTICA DE LA INTEGRACIÓN PUBLICITARIA DEL CONTRATO EN CLAUSULADOS INDIVIDUALMENTE NEGOCIADOS

1. La regla general en la materia

Cuando no estemos ante contratos (o estipulaciones contractuales) celebrados a través de condiciones generales o cláusulas predispuestas, sino expresamente negociados por las partes (esto es, fruto de un proceso de negociación individual), ha de prevalecer siempre el contenido del contrato sobre el contenido de la publicidad. De lo contrario, estaríamos privando injustificadamente al principio de la autonomía de la voluntad de la muy relevante función que le corresponde en el Derecho de contratos, al permitir a los particulares regir y ordenar sus relaciones a través de sus propias normas, sin depender de nadie ni ser obligados a ello por ningún impulso de carácter externo.

En este sentido, afirma el Profesor Morales Moreno que el artículo 61 TRLGDCU no impide "la eficacia de las cláusulas del contrato (o documento contractual) menos favorables que lo anunciado [en la publicidad], si existe en el consumidor verdadera voluntad de aceptarlas"[42]. Y a la misma conclusión llega otra doctrina cuando advierte que, aunque hayan de considerarse ineficaces las cláusulas por las que el empresario de forma unilateral "confiere prevalencia a lo establecido en el contrato frente a lo publicitado", sin embargo, "otra cosa acontecerá en los casos en los que el consumidor acepte expresamente la alteración de las condiciones, sabiendo *ex ante* que tiene derecho a exigirlas"[43].

---

41 MIRANDA SERRANO, L.M., "El control de transparencia de condiciones generales...", *cit.*, p. 56.

42 MORALES MORENO, A.M., "Concreción jurisprudencial de la regla general...", *cit.*, p. 994.

43 ÁLVAREZ LATA, N., "Información al consumidor, prácticas comerciales y publicidad", en BUSTO LAGO, ÁLVAREZ LATA y PEÑA LÓPEZ (dirs.), *Reclamaciones de*

2. La carga de la prueba de la existencia de negociación: sujeto sobre el que recae y medios a utilizar con dicho fin

Ahora bien, en estos casos a los que ahora nos referimos ha de ser el empresario y/o profesional quien demuestre que el consumidor conoció y consintió expresamente que el contrato tuviese un contenido diverso del anunciado en la publicidad. De modo que pesa sobre él la carga de una prueba de difícil ejecución, puesto que debe demostrar que el consumidor tuvo la verdadera voluntad de aceptar las estipulaciones contractuales que presentan contradicciones o divergencias con los contenidos publicitarios y promocionales[44].

Sobre el modo o forma en que el empresario y/o profesional puede probar el conocimiento expreso del consumidor de la cláusula que contradice el contenido de la publicidad, entendemos que podrían ser de utilidad las conclusiones a las que ha llegado la doctrina y la jurisprudencia para acreditar que una cláusula aparentemente sorprendente o sorpresiva y, en suma, no transparente (en sentido material), no tiene esa condición por haber sido conocida y consentida de forma expresa por el consumidor en el momento de contratar. En concreto, pese a que no existe unanimidad sobre esta materia, nos parecen razonables las siguientes reglas generales que, en todo caso, habrán de ser aplicadas caso por caso en atención a todas las circunstancias concurrentes[45]:

1ª) Pueden ser medios adecuados para probar que la cláusula o cláusulas en cuestión fueron efectivamente conocidas y consentidas por el consumidor en el momento de contratar, la correspondencia postal

---

consumo: materiales para la construcción de un Tratado de Derecho de consumo, Thomson Reuters Aranzadi, 2020, p. 204.

44 CÁMARA LAPUENTE, S., "Comentario del artículo 61...", *cit.*, pp. 522 y ss.; MIRANDA SERRANO, L.M. y SERRANO CAÑAS, J.M., "Relevancia negocial de la publicidad en los contratos entre empresarios…", *cit.*, pp. 1 y ss.

45 En general, sobre este tema MARTÍNEZ ESPÍN, P., *El control de transparencia de condiciones generales en los contratos de préstamo hipotecario,* Aranzadi, 2020, pp. 112 y ss.; MIRANDA SERRANO, L.M., "El control de transparencia de condiciones generales…", *cit.*, pp. 29 y ss. Como señala PAGADOR LÓPEZ, J., "Título II. Condiciones generales y cláusulas abusivas", *cit.*, p. 1370, aunque puede decirse que para hablar de conocimiento efectivo no basta con el cumplimiento de los clásicos requisitos de inclusión, pues estos solo garantizan una posibilidad de conocimiento, sí puede bastar, sin embargo, con "una posibilidad de conocimiento cualificada (*qualifizierte Kenntnisnahmemöglich keit*), en función de la importancia objetiva de la cláusula y de su relevancia en cuanto a la decisión de contratar del cliente".

o electrónica intercambiada entre las partes contratantes durante la fase de negociación contractual o la grabación lícitamente efectuada de las conversaciones habidas entre ellas previamente a la celebración del contrato[46].

2ª) El hecho de que una concreta cláusula contractual haya sido firmada por el cliente no implica necesariamente que sea conocida por él, pues en la mayoría de los casos la firma se produce de manera mecánica, sin que tenga lugar un verdadero conocimiento efectivo de su contenido. En otros términos: la firma de la estipulación contractual, en conexión con otras circunstancias concurrentes, puede conducir a hablar de la existencia de conocimiento de la estipulación contractual por parte del consumidor-adherente, pero por sí sola no es un dato que necesariamente conduzca a dicha conclusión[47].

3ª) Prácticamente lo mismo que acabamos de sostener en relación con la firma de una estipulación contractual podemos trasladarlo a la utilización de la negrita, la cursiva, el subrayado o cualquier otro procedimiento para resaltar una determinada cláusula dentro del contrato, pues ello no garantiza *per se*, en muchos casos, el conocimiento efectivo de dicha cláusula por parte del adherente-consumidor (sin perjuicio de que, a la vista de otras circunstancias concurrentes, pueda ser un dato que coadyuve a dicha conclusión)[48].

---

[46] En relación con la correspondencia electrónica, las Sentencias del Tribunal Supremo, Sala 1ª (Civil), de 4 de marzo de 2019, ROJ: 619/2019, ECLI:ES:TS:2019:619 y ROJ: 620/2019, ECLI:ES:TS:2019:620 (ambas citadas por MARTÍNEZ ESPÍN, P., *El control de transparencia de condiciones generales...*", *cit.*, pp. 143 y 144), entienden que no se han cumplido las exigencias derivadas del control de transparencia a través de varios correos electrónicos intercambiados por las partes previamente a la celebración del contrato por darse en ellos un tratamiento secundario a la cláusula controvertida que en este caso era una cláusula suelo.

[47] Recientemente así, en relación con el contrato de seguro: PEÑAS MOYANO, M.J., "Desafíos del legislador en la reforma del régimen del contrato de seguro", en MIRANDA SERRANO y PAGADOR LÓPEZ (dirs.), *Desafíos del regulador mercantil en materia de contratación y competencia empresarial,* Marcial Pons, 2021, p. 147.

[48] En este sentido, puede servir de ejemplo la Sentencia de la Audiencia Provincial de Asturias (Sección 1ª), de 11 de mayo de 2015, ROJ: SAP O 1270/2015, ECLI:ES:APO:2015:1270, que estimó el recurso de apelación interpuesto por una entidad bancaria con el argumento de que la estipulación controvertida (una cláusula suelo) se encontraba en un apartado individualizado del documento contractual, que su rúbrica estaba resaltada en negrita y que el término "mínimo" aparecía subrayado, lo que, según la entidad financiera, llevaba a entender que el consumidor la conocía cuando celebró el contrato. El TS, sin embargo, revocó

4ª) La existencia de un amplio conocimiento social de la inclusión de una determinada estipulación en un tipo concreto de contrato es un factor que, en líneas generales, juega en favor del predisponente y en contra del adherente a la hora de determinar si la cláusula es o no materialmente transparente[49].

Ante la pregunta de cuándo caber afirmar que una cláusula ha sido negociada individualmente, la doctrina contesta que el hecho de que el predisponente la haya negociado en algún caso y con algún cliente no implica que dicha estipulación deje de ser predispuesta e impuesta en los demás casos. Si ha existido negociación en relación con la cláusula, no habrá duda de que se trata de una cláusula negociada individualmente. Y lo mismo ocurre si el predisponente la ha modificado en comparación con otros contratos idénticos[50].

Ahora bien, como apunta esta misma doctrina, el problema se plantea cuando la estipulación no ha sido modificada en su tenor literal respecto del texto prerredactado, en cuyo caso la carga de probar el carácter negociado de la cláusula recae sobre el predisponente (como hemos señalado *supra*). En estos supuestos cabe hablar de la existencia de dos criterios para sostener que la cláusula puede ser considerada individualmente negociada por las partes: 1º) probar que el adherente ha podido influir en su contenido y 2º) demostrar que el adherente la ha tenido en cuenta al tomar su decisión de contratar[51].

---

esta resolución por entender que se habían cumplido las exigencias del control de transparencia formal (o control de inclusión o de incorporación) pero no las derivadas del control de transparencia material. *V.* una referencia a esta y otras sentencias similares (relativas a cláusulas resaltadas en negrita) en MARTÍNEZ ESPÍN, P., *El control de transparencia…*, *cit.*, pp. 112 y ss.

49 A modo de ejemplo, cabe citar en esta dirección el voto particular del Magistrado del TS, el Excmo. Sr. SANCHO GARGALLO, en la Sentencia del Tribunal Supremo, Sala 1ª (Civil), de 8 de septiembre de 2014, ROJ: STS 3903/2014, ECLI:ES:TS:2014:3903, relativa a cláusulas suelo (a la que alude MARTÍNEZ ESPÍN, P., "*El control de transparencia…*", *cit.*, p. 138).

50 ALFARO ÁGUILA-REAL, J., "Cláusulas negociadas individualmente vs condiciones generales o predispuestas", disponible en línea en https://derechomercantilespana.blogspot.com/2012/11/ clausulas-negociadas-individualmente-vs.html, 26 de noviembre de 2012 (Fecha de última consulta: 14/12/2023).

51 *Ibidem*; añade este autor que "(e)n todo caso, el segundo criterio (individualmente negociada = tenida en cuenta por el adherente al contratar) es preferible, aunque no hay por qué considerarlos contradictorios. Puede entenderse la *posibilidad de influir en el contenido de la cláusula* como una forma de incluir, entre otros, el caso de la segunda opción, esto es, que el adherente ha tenido en cuenta el contenido

Por otra parte, han de tenerse en cuenta en relación con este asunto algunas sentencias del TS, en la medida en que permiten comprender mejor en qué casos se considera que prevalece el contenido del contrato sobre el de la publicidad y en qué otros supuestos no ocurre así[52]:

1ª) En primer lugar, cabe mencionar la STS de 16 de febrero de 1993[53], que admite que los pactos contractuales modificativos de las condiciones publicitarias anunciadas prevalecen sobre estas. En concreto, en este asunto los folletos publicitarios contenían condiciones expresadas "de forma genérica y escueta". Por ello el TS sostuvo que, frente a dichas condiciones, habían de prevalecer "las que de modo singular y en extremo detallado convinieron los distintos accionantes, al tiempo de contratar con la promotora demandada".

2ª) En segundo lugar, también reviste interés la STS de 23 de mayo de 2003[54], que no considera suficiente, para que exista renuncia a la cancha de tenis anunciada en la publicidad, la manifestación de los compradores de que conocían los estatutos de la comunidad de propietarios (en lo que no se incluía dicha cancha), hecha en la escritura pública de compraventa, ya que los compradores no tenían conocimiento de la renuncia que realizaban. En concreto, en este asunto, el TS aplica su doctrina sobre la renuncia de derechos, indicando que la misma "debe ser expresa y concreta, y de aplicación restrictiva", pues si no cumple estas exigencias carecerá de eficacia.

3ª) En tercer lugar, es también ilustrativa en relación con la cuestión que analizamos la STS de 17 de octubre de 2005[55], en la medida en

de la cláusula al decidirse a contratar porque si la ha tenido en cuenta y ha contratado es porque habría podido influir sobre la cláusula en el sentido de que podría haber optado —le era razonablemente exigible— haber renunciado a contratar y haberse dirigido a un competidor del predisponente para obtener la misma prestación. La ventaja de la segunda opción consiste en que hace coherente la noción de cláusula negociada individualmente con el control de transparencia —que no de contenido— al que deben someterse las cláusulas predispuestas que regulan los elementos esenciales del contrato".

52 A estas SSTS alude expresamente MORALES MORENO, A.M., "Concreción jurisprudencial de la regla general...", *cit.*, pp. 1021 y ss.

53 Sentencia del Tribunal Supremo, Sala 1ª (Civil), de 16 de febrero de 1993, ROJ: STS 672/1993, ECLI:ES:TS:1993:672.

54 Sentencia del Tribunal Supremo, Sala 1ª (Civil), de 23 de mayo de 2003, ROJ: STS 3485/2003, ECLI:ES:TS:2003:3485.

55 Sentencia del Tribunal Supremo, Sala 1ª (Civil), de 17 de octubre de 2005, ROJ: STS 6228/2005, ECLI:ES:TS:2005:6228.

que en ella el TS no admite que una cláusula inserta en la escritura pública en la que se dice que la parte compradora toma posesión de la finca tras examinarla y prestar su conformidad, sirva para modificar en el contrato lo anunciado en la publicidad. Según el TS, esa manifestación de conformidad expresada en la escritura carece de eficacia, por falta de conocimiento de que los pisos, en lo que se refiere a la altura de sus techos, no son conformes a lo que se había anunciado a través de la publicidad en la fase precontractual.

De esta jurisprudencia pueden extraerse dos ideas principales. La primera es que el TS admite que la autonomía de la voluntad de las partes (a través de cláusulas expresas incluidas dentro del documento contractual) es susceptible de excluir o modificar las condiciones establecidas en la publicidad, aun cuando el principio de la buena fe puede limitar la eficacia de este tipo de estipulaciones. La segunda es que este mismo Tribunal confiere a dichas estipulaciones la naturaleza de actos de renuncia, por lo que les aplica las reglas propias de tales actos. En consecuencia, la cláusula que la contenga ha de poner de manifiesto la voluntad de renunciar a algo concreto, no siendo válidas cláusulas demasiado genéricas o ambiguas (como la concesión a la otra parte contratante de una facultad genérica de introducir variaciones en lo anunciado por vía publicitaria, o manifestaciones genéricas de conformidad con lo recibido)[56].

Finalmente, reviste también interés la STS de 29 de abril de 2015[57] que, al analizar con cierto detenimiento las exigencias que han de cumplirse para que nos encontremos ante una condición general y una cláusula no negociada individualmente, ofrece luz sobre en qué casos cabe hablar de estipulaciones fruto de un proceso de negociación individual. En palabras del TS "para que se acepte que las cláusulas de los contratos celebrados con los consumidores (…) no tienen el carácter de condiciones generales, o de cláusulas no negociadas (…), no basta con incluir en el contrato predispuesto un epígrafe de «condiciones particulares» o menciones estereotipadas y predispuestas que afirmen su carácter negociado (sobre la ineficacia de este tipo de menciones predispuestas por el predisponente, vacías de contenido real al resultar contradichas por los hechos, nos hemos pronunciado en las sentencias núm. 244/2013, de 18 abril, y 769/2014, de 12 de enero de 2015) ni con afirmar sin más en el litigio que la cláusula

---

56 MORALES MORENO, A.M., "Concreción jurisprudencial de la regla general…", *cit.*, p. 1022.

57 Sentencia del Tribunal Supremo, Sala 1ª (Civil), de 29 de abril de 2015, ROJ: STS 2207/2015, ECLI:ES:TS:2015:2207.

fue negociada individualmente. Para que se considere que la cláusula fue negociada *es preciso que el profesional o empresario explique y justifique las razones excepcionales que llevaron a que la cláusula fuera negociada individualmente con ese concreto consumidor*, en contra de lo que, de modo notorio, es habitual en estos sectores de la contratación y responde a la lógica de la contratación en masa, *y que se pruebe cumplidamente la existencia de tal negociación y las contrapartidas que ese concreto consumidor obtuvo por la inserción de cláusulas que favorecen la posición del profesional o empresario*. Si tales circunstancias no son expuestas y probadas, carece de sentido suscitar la cuestión del carácter negociado de la cláusula, como se ha hecho en este caso, y como se hace con frecuencia en este tipo de litigios, porque carece manifiestamente de fundamento, y está justificado que en estos casos el órgano judicial rechace la alegación sin necesidad de argumentaciones extensas, como ha hecho en este caso la Audiencia Provincial"[58].

IV. CONCLUSIONES

Las consideraciones precedentes en relación con el asunto analizado nos permiten fijar una serie de conclusiones:

1ª) El principio de la integración publicitaria del contrato está formulado con carácter general en nuestro Derecho en los artículos 61 (norma fundamental en la materia) y 115 *ter* TRLGDCU, y consiste en conferir relevancia negocial o contractual a los contenidos publicitarios y promocionales. En concreto, de él se desprende que el contenido de la publicidad prevalece siempre sobre el contenido del contrato, salvo en los dos supuestos siguientes: a) cuando el contenido del contrato es más favorable que el contenido de la publicidad; y b) cuando el contenido del contrato es expresamente negociado por las partes contratantes, pues si existe negociación entre los contratantes, el consumidor conoce y consiente la divergencia existente entre el contenido del contrato y el contenido de la publicidad. Ahora bien, habrá de ser el empresario o profesional quien pruebe en estos supuestos que hubo una verdadera negociación entre los sujetos contratantes.

2ª) Parece claro que no es posible entender que existe auténtica negociación cuando el consumidor se limita a firmar un clausulado de condiciones generales o cláusulas predispuestas. Esto solo cuenta

---

58 La cursiva es nuestra.

con una excepción que no debe olvidarse. Nos referimos a que la alteración entre la publicidad y el contrato verse sobre los elementos esenciales o la parte económica del contrato (o, si se prefiere, sobre el "objeto principal del contrato" o "la adecuación entre precio y prestación", en los términos utilizados por la Directiva de cláusulas abusivas), pues en estos supuestos las divergencias entre publicidad y contrato difícilmente podrían pasar desapercibidas para el consumidor, a no ser que se trate de cláusulas sorprendentes, sorpresivas o materialmente no transparentes, camufladas dentro del conjunto de condiciones generales y cláusulas predispuestas. Por supuesto que, si están presentes en el documento contractual este tipo de cláusulas no transparentes, el consumidor tiene derecho a expulsarlas del contrato y a que se le aplique el contenido de la publicidad.

3ª) Cuando estemos ante estipulaciones contractuales expresamente negociadas por las partes (esto es, resultado de un verdadero proceso de negociación individual), ha de prevalecer siempre el contenido del contrato sobre el contenido de la publicidad. De lo contrario, privaríamos injustificadamente al principio de la autonomía de la voluntad de la relevante función que le corresponde en el Derecho de obligaciones y contratos. Ahora bien, en estos casos ha de ser el empresario y/o profesional quien demuestre que el consumidor conoció y consintió expresamente que el contrato tuviese un contenido diverso del anunciado en la publicidad. Y para ello podrían serle de utilidad las conclusiones a las que ha llegado la doctrina y la jurisprudencia para acreditar que una cláusula aparentemente no transparente (por ser sorprendente o sorpresiva), no tiene esa condición por haber sido conocida y consentida de forma expresa por el consumidor en el momento de contratar.

4ª) La anterior conclusión es refrendada por la jurisprudencia del TS. A juicio del Alto Tribunal, la autonomía de la voluntad de los sujetos contratantes es apta para excluir o modificar el contenido de la publicidad a través de la fijación en el contrato de ciertas estipulaciones cuya naturaleza se corresponde con la propia de los actos de renuncia. Razón por la cual resultan aplicables a dichas cláusulas negociales las reglas propias de tales actos. Por ello, dichas estipulaciones han de poner de manifiesto la voluntad negocial de renunciar a algo concreto, no siendo válidas aquellas que poseen un contenido demasiado genérico o ambiguo, como, por ejemplo, la cesión al otro sujeto contratante de una facultad genérica de incorporar variaciones en lo anunciado en la publicidad.

En definitiva, cabe concluir, en palabras de nuestro TS, que, en virtud del llamado principio de la integración publicitaria del contrato (artículo 61 TRLGDCU), el contenido de la actividad publicitaria desplegada por la parte empresarial o profesional en la fase o etapa previa a la contratación ha de "integrar los contratos, pues para que no fuese así tenía que excluirse expresamente de los mismos el contenido de los folletos [publicitarios y promocionales]"[59]. Bien entendido que dicha exclusión ha de ser fruto de un proceso de negociación individual, en los términos que hemos tratado de explicar y desarrollar en este trabajo, que tiene su origen en la Comunicación presentada al III Congreso nacional de Notarios y Profesores de Derecho Mercantil celebrado en el Colegio Notarial de Valencia los días 5 y 6 de octubre de 2023.

---

59 Sentencia del Tribunal Supremo, Sala 1ª (Civil), de 8 de noviembre de 1996, ROJ: STS 6179/1996, ECLI:ES:TS:1996:6179.

La cláusula penal y el derecho de desistimiento en el sector gastronómico: respuestas ante los no-shows y las cancelaciones

PABLO MURUAGA HERRERO
Investigador predoctoral (FPU)
en Derecho Civil de la Universitat de València

SUMARIO: I. DE LA MESA A LOS JUZGADOS. 1. Breves notas previas. 2. La cláusula que lo desencadenó todo. 3. La existencia de un contrato de arrendamiento de servicios de hostelería. 4. Florilegio de cláusulas jurídico-culinarias: Lo que aceptamos por ir a comer a ciertos restaurantes. II. LA CLÁUSULA PENAL "GASTRONÓMICA". 1. Cuestiones previas —y generales— sobre las cláusulas penales. 2. Ideas sobre su construcción para garantizar la legalidad de la cláusula penal en el sector gastronómico. IV. EL DERECHO DE DESISTIMIENTO "GASTRONÓMICO". V. REFLEXIONES FINALES.

I. DE LA MESA A LOS JUZGADOS

1. *Breves notas previas*

El Derecho y la gastronomía generalmente no se estudian de manera conjunta, salvo excepciones, a pesar de que la primera de las dos artes mencionadas impregna prácticamente todo recoveco de la segunda: desde las indicaciones geográficas protegidas hasta los espinosos asuntos de la autoría de las recetas, pasando por variedades vegetales, las relaciones con los competidores, la distribución alimentaria, asuntos laborales, fiscales o contractuales[1]. De este modo, a pesar de presentar una estrecha relación, cuando en el sector gastronómico aparece alguna cuestión estrictamente jurídica, la prensa especializada acude inmediatamente a su estudio, copando sus titulares, comentarios y análisis; y esto es lo que sucedió en abril de 2023.

---

[1] Entre la obra existente, por su amplio carácter y alcance, *vid.*: PALAU RAMÍREZ, F. y MARTÍ MIRAVALLS, J. (dirs.), *Retos en el sector agroalimentario: Regulación, competencia y propiedad industrial,* Tirant lo Blanch, 2022, *passim.*

Efectivamente, a mediados del cuarto mes del año 2023, la prensa —gastronómica, jurídica y generalista— amaneció con los siguientes titulares: «Un juez da la razón a un restaurante de San Sebastián que cobró 510 euros a tres comensales por no presentarse el día de la reserva», «¿Adiós al 'no show'? Un juez avala a un restaurante de San Sebastián por cobrar 510 euros por no ir a cenar», «510 euros por no ir a cenar»…[2]; los cuales se hacían eco de la sentencia del Juzgado de Primera Instancia número 2 de San Sebastián de 1 de marzo de 2023[3]. Este pronunciamiento judicial, el primero que ha analizado este tipo de cláusulas en este concreto sector —o, al menos, la primera de la que nos hemos hecho eco—, resolvió una cuestión en apariencia —y en realidad— sencilla, pero que jamás había llegado a los tribunales, situación que, a la postre, creaba recelos y preocupaciones tanto en el sector culinario como entre los clientes. Así, con este pronunciamiento judicial se daba respuesta a la pregunta que los primeros se hacían de manera constante, «¿Será legal lo que hago?», mientras que a los segundos se les respondía a otra reiterada cuestión, «¿Puede establecer esa cláusula el restaurante al que deseo ir?».

2. *La cláusula que lo desencadenó todo*

El caso que hemos utilizado como socolor para tratar la cuestión en profundidad era el siguiente: D. Rafael, notario de profesión, decidió realizar un viaje a San Sebastián, hospedándose en el Hotel Villa Favorita y reservando para cenar en el restaurante Amelia, con dos estrellas Michelin, del chef Paulo Airaudo, el cual estaba situado en los bajos de dicho establecimiento hotelero, aunque sin relación alguna entre los dos negocios, más allá de la puramente locativa. A la hora de realizar la reserva para la cena, aparecía en la página web del restaurante el siguiente mensaje: «antes de realizar la reserva de una mesa para comer o cenar le solicitaremos que

---

2 PONCINI CARDONA, H., «Un juez da la razón a un restaurante de San Sebastián que cobró 510 euros a tres comensales por no presentarse el día de la reserva», *El País,* 17 de abril de 2023. Disponible en: https://www.elpais.com [Ú.C.: 10 noviembre 2023]; FUCHS FRUTOS, L., «¿Adiós al 'no show'? Un juez avala a un restaurante de San Sebastián por cobrar 510 euros por no ir a cenar», *Directo al paladar,* 17 de abril de 2023. Disponible en: https://www.directoalpaladar.com [Ú.C.: 10 noviembre 2023]; ORTIZ DE GUINEA, O., «510 euros por no ir a cenar», *El Diario Vasco,* 15 de abril de 2023. Disponible en: https://www.diariovasco.com [Ú.C.: 10 noviembre 2023].

3 Sentencia 60/2023, de 1 de marzo de 2023, del Juzgado de Primera Instancia n.º 2 de San Sebastián (La Ley 55694/2023).

deje los datos de su tarjeta de crédito para completar su reserva. En caso de no presentarse o una cancelación fuera de nuestra política de cancelación, Amelia Restaurante cobrará 198 euros por comensal»; señalándose expresamente que era necesario aceptar la política de cancelación para poder efectuar la reserva.

En concreto, en el apartado relativo a dicha política, disponible en la página web del establecimiento, se señalaba que «[a]ceptamos cancelaciones o modificaciones sin cargo hasta 72 horas antes del día de su reserva, cualquier cancelación, modificación después de este tiempo o no presentarse el día de la reserva estará sujeto a una tarifa de 170 euros por persona». De esta suerte, el cliente aceptó las condiciones que se establecían y efectuó la reserva para degustar el menú del mencionado restaurante. Finalmente, el cliente retrasó un día su llegada a Donostia, avisando al hotel, pero no al restaurante, por lo que, al no presentarse a la cena, se le hizo un cargo de 510 € —170 € por comensal— en la tarjeta que había facilitado al hacer la reserva.

A grandes rasgos, estos son los hechos que ocurrieron y ante dicha situación el cliente interpuso una demanda contra el restaurante Amelia alegando la nulidad del contrato por abusividad de la cláusula que establecía la política de cancelación por tres motivos: i. porque no había sido negociada individualmente, ni consentida expresamente, ii. porque había una «falta de reciprocidad en el contrato» y iii. porque existía una «desproporción entre el daño supuestamente causado y la penalización impuesta por el empresario». La demanda fue contestada por el restaurante afirmándose, en primer lugar, que si no se aceptaba expresamente la política de cancelación el sistema no permitía continuar con la reserva y que, además, por el sistema utilizado se requería que el cliente preautorizara el cargo a través de su entidad bancaria; en segundo lugar, que estamos ante una cláusula penal válida conforme al artículo 1152 CC; y, finalmente, que la penalización establecida era «razonable y proporcionada», siendo los daños y perjuicios causados superiores a la suma cargada, pues el ticket medio por persona en el restaurante ese día fue de 287.77 €.

Finalmente, el juez entendió que no podía ser considerada como abusiva la cláusula, puesto que «estaba prevista precisamente para atemperar las consecuencias lesivas para el negocio de una incomparecencia no prevenida por el consumidor, y cuya previa aceptación había sido *conditio sine que non* para efectuar la propia reserva, quedando definida en el propio portal web del restaurante, y de la cual quedaba constancia además tanto en la confirmación, como en el recordatorio que se le remitió al cliente a su correo. En consecuencia, los cargos que se efectuaron la noche del 16-7-2021 se adecuaron a tal penalidad sustitutoria contemplada, por lo que las partes deben estar a lo pactado —*pacta sunt servanda*-».

De esta suerte, partiendo de los pronunciamientos contenidos en esta resolución judicial —o utilizándolos como un pretexto—, procederemos a analizar las cuestiones principales que nos presenta esta materia jurídica en el sector gastronómico, sin perjuicio de que previamente analicemos brevemente otros temas que deben llamar nuestra atención o que requieren que nos centremos en ellos, aunque sean simples aderezos, condimentos o salsamentos.

3. La existencia de un contrato de arrendamiento de servicios de hostelería

No obstante, con carácter previo y aunque en mi opinión no debiera hacer falta, entiendo que puede ser conveniente recordar que desde el momento mismo en que hacemos una reserva para acudir a comer a un restaurante o simplemente desde el instante en que pedimos un café en la barra de un bar, nace un contrato de arrendamiento de servicios hosteleros en virtud del cual el restaurador, a cambio de un precio cierto, se ofrece a prestar un servicio de hostelería, ya consista este en preparar un café, ya consista en la realización de un menú degustación completo[4].

Mediante el contrato de arrendamiento de servicios, una de las partes se compromete a realizar una actividad, aunque no se comprometa al logro del resultado, a cambio de un precio cierto[5]. Ahora bien, la regulación que de ellos se contiene —en general, del contrato de arrendamiento de servicios— en el Código Civil no solo es que sea paupérrima, sino que, además, está anticuada, presentando dichos preceptos un escaso interés teórico-práctico por lo que su regulación dependerá en gran medida de lo que las partes hayan pactado.

Por otro lado, conviene destacar que la gran mayoría de los contratos de arrendamientos de servicios hosteleros estarán sujetos a la regulación del Real Decreto Legislativo 1/2007, de 16 de noviembre, por el que se aprueba el texto refundido de la Ley General para la Defensa de los Consumido-

---

4 Así se desprende de manera clara, por ejemplo, de la Sentencia 60/2023, de 1 de marzo de 2023, del Juzgado de Primera Instancia n.º 2 de San Sebastián (La Ley 55694/2023).

5 DÍEZ-PICAZO Y PONCE DE LEÓN, L., *Fundamentos del Derecho Civil Patrimonial. T. IV. Las particulares relaciones obligatorias,* Civitas, 2010, e-book.

res y Usuarios y otras leyes complementarias —en adelante, TRLGDCU—, ya que, sin adentrarnos en su justificación pormenorizada, en primer lugar, la prestación del servicio de hostelería es un acto de consumo en la medida en que mediante su realización se satisface una necesidad personal o familiar[6], conforme al artículo 1 TRLGDCU; en segundo lugar, el comensal, salvo excepciones, reúne los requisitos establecidos en el artículo 3 TRLGDCU; y, en tercer lugar, el restaurador tiene la condición de empresario a efectos de esta norma conforme a su artículo 4 TRLGDCU. Por lo tanto, se trata, por lo general, de un contrato que debe cumplir todos los requisitos, condiciones y exigencias que en este cuerpo normativo se contienen.

No obstante, además, nos encontramos ante un contrato que nace en la mayoría de los casos a través de internet o, en general, mediante medios telemáticos, por lo que se deberá tener en cuenta que estamos ante un contrato celebrado a distancia, siéndole de aplicación el título III del Libro II del TRLGDCU y las especificidades que en él se contienen respecto de estos contratos.

Así, con todo, para entender que el contrato existe entre las partes es necesario que ambas presten su consentimiento, como elemento esencial, conforme a los artículos 1261 y 1262 CC, sobre la causa y la cosa del contrato en cuestión. En el caso que se ha traído a colación, es precisamente la falta de consentimiento expreso uno de los argumentos utilizados por el cliente para justificar que la cláusula penal no debería ser aplicada. Empero en el juicio se demostró que efectivamente había sido consentida, pues «era un requisito *sine qua non* para efectuar la reserva» y, además, «antes de mandar la solicitud de reserva se deb[ía] reconocer por parte del cliente, clicando en la casilla especialmente habilitada, lo siguiente: "Estoy de acuerdo con la política de cancelación"», lo cual demuestra, sobradamente, su conocimiento y aceptación expresa. Sobre esta cuestión, no obstante, se volverá posteriormente al tratar con carácter general la cláusula penal en el sector gastronómico y su correcta construcción para evitar que pueda ser atacada.

Empero hemos de tener en cuenta lo siguiente: como se ha señalado, el contrato de arrendamiento de servicios hosteleros nace desde el momento mismo en que hacemos la reserva del restaurante para una fecha concreta.

---

6 Se recuerda aquí la definición que del acto de consumo realizó CALAIS-AULOY: «el acto jurídico que permite obtener un bien o un servicio para satisfacer una necesidad personal o familiar»: CALAIS-AULOY, J., *Droit de la consommation*, Dalloz, 1980, p. 1 [Traducción propia].

En ese instante, nacen las obligaciones, derechos y deberes de ambas partes y, aunque no esté determinado el precio del servicio en gran cantidad de ocasiones, se trata de un precio determinable en el momento de la ejecución de la prestación e incluso con anterioridad accediendo a la carta del restaurante en cuestión —y presuponiendo lo que se va a pedir, pues se indican todos los precios—. Tiene un objeto que variará según las apetencias últimas del comensal, pero ese contrato, que finaliza en el momento en que se satisface la cuenta, nació en el instante en que hicimos la reserva y, por tanto, el comensal, como parte del contrato, debe asumir su posición en él y las consecuencias de sus actos en relación con sus futuras actuaciones. Es decir, si se cancela de una manera no ajustada a las condiciones del contrato o se decide no acudir al restaurante se está incumpliendo un contrato y, por lo tanto, deberemos asumir la responsabilidad contractual que nazca de nuestra actuación o deberemos asumir la pena que aceptamos al hacer la reserva o, incluso, que nos acaloñen en su doble acepción.

4. *Florilegio de cláusulas jurídico-culinarias: Lo que aceptamos por ir a comer a ciertos restaurantes*

A pesar de lo dicho hasta aquí y, aunque cada vez sea más habitual que a la hora de reservar en los restaurantes nos encontremos con cláusulas de este tipo, lo cierto es que no todas son idénticas. Por un lado, encontramos algunas que establecen una penalidad en caso de no acudir o acudir menos personas al restaurante, frente, por otro lado, a aquellas otras que establecen que no se tendrá derecho de desistimiento, es decir, posibilidad de cancelar la reserva que se había realizado —o, si se prefiere, posibilidad de devolver el ticket o entrada que se hubiera comprado—. Así, a continuación se expondrán algunas de estas cláusulas de diversos restaurantes españoles para que se pueda comprobar la situación actual del sector, sistematizadas en tres grupos según sus características o contenido.

En primer lugar, podemos destacar aquellas en las que se establece una fecha límite en la que se podrá cancelar la reserva y que, pasado dicho plazo, en caso de cancelarse o de no presentarse o de ser menos comensales, se deberá asumir la pena impuesta en el clausulado aceptado. Un ejemplo de estas podría ser la política de cancelación del restaurante El Celler de Can Roca, en Girona, con tres estrellas Michelin, en la que se establece que «[l]a reducción del número de comensales podrá significar la anulación de la reserva si no hubiera mesas disponibles para el nuevo número de personas. Se puede reducir el número de comensales o anular la reserva completamente sin gastos hasta 10 días antes de la fecha de la reserva. Contactar con menos de 10 días de la fecha de la reserva los gastos por reducción o por anulación serán de 100,00 € (cien euros) por persona que se cobrarán de la tarjeta facilitada. En caso de que los comensales no se presentaran, no existiera aviso por su parte o no cancelen 10 días antes de la reserva, a la hora reservada, se procedería a cobrar el importe correspondiente por persona»[7]. En esta cláusula, como se puede observar, se contiene una cláusula penal para el caso de no presentarse al restaurante, y además se otorga un derecho de desistimiento contractual con una regulación particular.

Un segundo grupo de cláusulas serían aquellas en las que se establece que ha de satisfacerse previamente la totalidad de la comida —como si fuera la entrada de un espectáculo—, con restricciones en cuanto a los cambios y con la posibilidad de cancelación. Esta es la forma en la que se establece, por ejemplo, en el también triestrellado DiverXO, en Madrid, en cuyo clausulado se dispone que «[p]ara poder reservar en DiverXO es necesario comprar un ticket. El precio del ticket es de 365€ (IVA incluido) por persona, que corresponde al precio total del Menú (bebidas excluidas), y será descontado de la factura final el día de vuestra experiencia. Estos tickets son transferibles a un tercero en caso de no poder asistir. No admitimos cambios en la fecha de la reserva, pero si cancelas con dos semanas de antelación, te reintegramos el importe de los tickets. Es importante que el número de comensales sea el mismo que el de los tickets comprados a la hora de hacer la reserva, ya que, si sois menos, la cuenta incluirá el menú completo del número de personas que incluyera la reserva»[8].

---

7 Disponible en: https://cellercanroca.com/informacion-sobre-la-reserva-y-politica-de-cancelacion/ [Ú.C.: 20 de noviembre de 2023]. En un sentido similar, la actual política de cancelación del restaurante Amelia ha variado respecto de la que disponía en el momento en el que ocurrieron los hechos de la sentencia que se han comentado brevemente. Así, en la actualidad la cláusula dispone que: «Dadas las dimensiones de nuestro pequeño restaurante, aceptamos cancelaciones o modificaciones del número de comensales sin cargo hasta 7 días antes del día de su reserva; para reservas de 10 o más personas aceptamos cancelaciones o modificaciones del número de comensales sin cargo hasta 20 días antes del día de su reserva. Cualquier cancelación u/o modificación después de este tiempo o no presentarse el día de la reserva estará sujeto a una tarifa de €308 por persona». Disponible en: https://www.ameliarestaurant.com/booking/ [Ú.C.: 20 de noviembre de 2023]. También la de otros restaurantes como Cocina Hermanos Torres, Quique Dacosta, Disfrutar, Lasarte…

8 Disponible en: https://diverxo.com/reservas/ [Ú.C.: 20 de noviembre de 2023]. En un sentido similar, también,

Finalmente, podemos destacar aquellos supuestos en los que la cláusula restringe totalmente la posibilidad de cancelar la reserva, aunque sí que se permita, por ejemplo, la modificación de la fecha. Un ejemplo de ellas sería la del restaurante Mugaritz, en una localidad cercana a San Sebastián, con dos estrellas Michelin, en la que se establece que «[p]ara poder confirmar tu reserva es necesario el abono de 115€ de los 253€ por comensal (Iva incl.) que cuesta el menú sin bebidas. Este importe se descontará de la factura final. En caso de no poder asistir, se podrá modificar la fecha o transferir la reserva a un tercero. Este depósito no es reembolsable, salvo causa de fuerza mayor debidamente acreditada»[9].

No obstante, no se trata de un fenómeno exclusivo de la alta gastronomía —aunque este término no sea del todo correcto—, ni de nuestro país. Todo lo contrario. La utilización de estas cláusulas, se siga un modelo u otro, está cada vez más extendida en todo el mundo y en todo el sector gastronómico, erigiéndose en la práctica habitual en gran multitud de restaurantes[10] car vienen a dar respuesta a una preocupación común como es

---

[9] Disponible en: https://reservas.mugaritz.com/reservas-detalles/nueva-reserva/es#collapseTwo [Ú.C.: 20 de noviembre de 2023].

[10] A modo de ejemplo, esta es la cláusula que utiliza la cadena de hamburgueserías Hundred, con sedes en Valencia y Madrid: «No se te cobra nada en ningún caso salvo que no te presentes y no avises, en cuyo caso se penaliza con 10€ por comensal. Recuerda que la penalización no es por no venir, sino por avisar o cancelar tu reserva» [Disponible en: https://www.hundredburgers.com/contacto/ (Ú.C.: 20 de noviembre de 2023)]. Aunque, como comentábamos, no es una cuestión exclusivo de los restaurantes españoles. Por ejemplo, en la conocida Trattoria Trippa de Milán se establece que: «*Per confermare la prenotazione è necessario inserire i dati di una Carta di Credito a garanzia. Le prenotazioni effettuate con Carte Prepagate o Carte di Debito verranno verificate il giorno stesso prelevando un deposito di 10€ a persona o cancellate in assenza di fondi. Non sarà effettuato, invece, alcun addebito sulla carta di credito al momento della prenotazione. Verranno applicate le seguenti penalità in caso di cancellazione o riduzione del numero di coperti lo stesso giorno della prenotazione: 10€ a coperto fino a 30 minuti prima dell'orario di prenotazione; 50€ a coperto a meno di 30 minuti dall'orario di prenotazione e No Show (un ritardo non comunicato di oltre 15 minuti verrà considerato No Show). E' possibile cancellare la prenotazione con le seguenti modalità: Dal pulsante nell'email di conferma o in quella di promemoria ricevuta 24 ore prima*» [Disponible en: https://www.trippamilano.it/prenota-un-tavolo (Ú.C.: 20 de noviembre de 2023)]; mientras que en la del archiconocido Noma en Copenague se dispone que: «*Cancellations must be notified 14 days before the date of your reservation, after which point, the prepayment is non-refundable. If a reduction in party size takes place prior to the reservation date, we are unable to issue a refund for the deducted guest(s), unless we can place you at a smaller table. This option will be subject to availability. Reductions on the day of reservation will not be refunded. In the event of a cancellation, please note that the 2.5%*

la falta de compromiso a la hora de hacer una reserva de un restaurante sin tener en cuenta las consecuencias económicas que la no presentación puede tener para el restaurador.

II. LA CLÁUSULA PENAL "GASTRONÓMICA"

1. Cuestiones previas —y generales— sobre las cláusulas penales

Como se ha podido observar en los ejemplos del subapartado anterior o en el de la cláusula de la sentencia que se ha traído a colación, una de las posibilidades que utilizan los restaurantes frente a las cancelaciones y los *no show* es el establecimiento de una cláusula penal como remedio o como garantía frente al incumplimiento del comensal[11], que, aunque denominemos «cláusula penal gastronómica», solo presenta como especialidad su vinculación con el concreto sector, pues su estructura, contenido y demás elementos y características son los mismos que los de la cláusula penal como categoría general.

Su inclusión y utilización permite al restaurador «fijar una indemnización de daños y perjuicios en previsión de un incumplimiento del contrato, típicamente el pago de una cantidad de dinero, sustrayendo a los tribuna-

---

administration fee is non-refundable. It is our policy that reservations cannot be sold, or offered for sale to any third parties, at a higher price than what was originally paid. They also cannot be used for any promotional or commercial purposes, including but not limited to any sort of travel– or concierge services/companies, dining groups or booking platforms. Kindly note that any bookings in breach of the above policy may be cancelled at the discretion of the restaurant» [Disponible en: https://noma.dk/reservations (Ú.C.: 20 de noviembre de 2023)], aunque en este caso se compra un ticket de manera obligatoria para poder hacer la reserve y una vez en el restaurante únicamente se pagan las bebidas.

11 Aunque haya numerosas diferencias entre los remedios y las garantías, frente a la tradicional posición de que la cláusula penal es una de estas últimas, pues los primeros se centran en el análisis *ex post* [*vid. v.gr.* MONTÉS PENADÉS, V., "Las garantías del crédito", en VALPUESTA FERNÁNDEZ, M.R. y VERDERA SERVER, R. (coords.): *Derecho Civil. Derecho de obligaciones y contratos,* Tirant lo Blanch, 2001, pp. 169 y ss.], lo cierto es que algunos autores más recientemente han estudiado la cláusula penal en sede de los remedios contractuales debido a la función que puede cumplir —o que efectivamente cumple— pues, como indica MARÍN GARCÍA, «todos los remedios frente al incumplimiento de un contrato son vías de acción al alcance del acreedor perjudicado porque el deudor se ha desviado del programa contractual» (MARÍN GARCÍA, I., *La liquidación anticipada del daño. Análisis económico de la cláusula penal,* BOE, 2017, p. 24).

les la valoración del daño con arreglo a los estándares legales o jurisprudenciales aplicables en lo relativo a la irrogación y cuantía del perjuicio»[12], admitiéndose en nuestro ordenamiento que la cuantía pueda ser superior a la que se podría alcanzar a través de la indemnización por el incumplimiento[13], aunque con matices como luego se comentará brevemente.

La regulación de la cláusula penal se contiene en los artículos 1152 a 1155 CC, si bien ninguno de ellos da un concepto expreso de ella. De esta suerte, CARRASCO PERERA la ha definido como una «determinación accesoria de un negocio jurídico, en virtud de la cual la conducta del deudor contraria a la obligación "asegurada" comporta que se cumpla una condición suspensiva que obliga al incumplidor o a un tercero al pago de una deuda de dinero u otro sacrificio preestipulados a favor del acreedor, obligación distinta de la obligación primaria nacida del contrato»[14]. Así, como se puede observar, los ejemplos de cláusulas gastronómicas que se han traído a colación en su correspondiente apartado encajan a la perfección en la definición señalada, pues consisten precisamente en el pago de una cierta cantidad de dinero para el caso de que se incumpla la obligación asegurada, es decir, la asistencia al restaurante en la fecha convenida o la cancelación de la reserva en una fecha posterior a la que se permitía.

El artículo 1152 CC señala que, como regla general, la pena que establece la cláusula «sustituirá a la indemnización de daños y el abono de intereses en caso de falta de cumplimiento, si otra cosa no se hubiere pactado», dejando, por lo tanto, *abierta la puerta* a que, como se sabe, pueda pactarse una pena no solo con carácter sustitutorio o liquidatario del daño, sino, también, conforme al artículo 1153 CC, con carácter agravatorio —exi-

---

12 MARÍN GARCÍA, I., *La liquidación anticipada del daño…*, *cit.*, p. 37.

13 MONTÉS PENADÉS, V., "Las garantías del crédito…, *cit.*, p. 169.

14 CARRASCO PERERA, Á., "Artículo 1152", en BERCOVITZ RODRÍGUEZ-CANO, R. (coord.): *Comentarios al Código Civil, t. I*, Tirant lo Blanch, 2013, p. 8451. En esta definición se observan de manera clara los influjos de autores anteriores como ROCA SASTRE, PUIG BRUTAU o DÍEZ-PICAZO Y PONCE DE LEÓN. Los dos primeros definieron la cláusula penal como «una convección accesoria, por la que el deudor, si no cumple su obligación principal, queda obligado a dar alguna cosa al acreedor para compensarle de la falta de ejecución del contrato», mientras que el tercero la definió como «aquella prestación que el deudor se compromete a satisfacer al acreedor para el caso de incumplimiento o de cumplimiento defectuoso o retrasado de la obligación principal»: ROCA SASTRE, R.M. y PUIG BRUTAU, J., *Estudios de Derecho Privado,* Aranzadi, 2009, p. 333; DÍEZ-PICAZO Y PONCE DE LEÓN, L., *Fundamentos del Derecho Civil Patrimonial. T. II. Las relaciones obligatorias,* Civitas, 2012, e-book.

gencia conjunta de la pena y del cumplimiento de la obligación— o facultativo —pudiéndose eximir el deudor del cumplimiento de la obligación pagando la pena—[15]. No obstante, en principio, la pena será sustitutoria de la indemnización de daños y perjuicios, salvo que se hubiera pactado otra cosa. Por lo que llegado el momento será conveniente cuestionarse qué papel se pretende que juegue esta cláusula en el sector gastronómico.

Con todo, mediante estas cláusulas lo que se pretende es evitar «la incertidumbre de la cuantía en que se cifrará la indemnización de daños y perjuicios, y el riesgo de no poder demostrar la existencia de estos o la relación de causalidad con el incumplimiento»[16]. Precisamente, en este sentido, GÓMEZ POMAR define la cláusula penal como «una indemnización de daños y perjuicios que no se determina *ex post* por los Tribunales, sino que viene fijada por las partes *ex ante* en previsión de un incumplimiento del contrato»[17]. Así, su establecimiento presenta una gran ventaja para el damnificado por el incumplimiento del contrato, pues este no deberá probar ninguno de los extremos relativos a la indemnización de daños y perjuicios.

No obstante, un inconveniente que puede plantear su establecimiento es precisamente la determinación de la cuantía que constituirá la pena. En principio, nada impide que se pacte una cuya cuantía sea superior a la que correspondería mediante la indemnización de daños y perjuicios —si bien, en este caso, estaríamos ante una cláusula que cumpliría una doble función sustitutoria y sancionadora[18]—, aunque, si se opta por dicha opción, no se debería perder de vista que el Tribunal Supremo, al analizar esas concretas cláusulas, ha considerado que si la cuantía establecida excede notablemente de la que correspondería a los daños y perjuicios causados, estaríamos probablemente ante una cláusula que podría ser contraria a la moral o al orden público, tal y como se pronunció, citando jurisprudencia consolidada sobre este punto, en su sentencia de 20 de abril de 2022[19].

---

15 Autores como MARÍN GARCÍA indican, además, un cuarto tipo de cláusula penal, la moratoria, si bien entiendo que se trata, en realidad, de un subtipo de la sustitutoria o de la agravatoria según los casos. *Vid.*: MARÍN GARCÍA, I., *La liquidación anticipada del daño…*, *cit.*, pp. 92 y ss.

16 MONTÉS PENADÉS, V., "Las garantías del crédito…, *cit.*, p. 169.

17 GÓMEZ POMAR, F., "El incumplimiento contractual en Derecho español", *InDret*, n.º 3, 2007, p. 27.

18 MONFORT FERRERO, M.J., "Circunstancias y garantías de la relación obligatoria", en VERDA Y BEAMONTE, J.R. DE (coord.): *Derecho Civil II. Obligaciones y contratos*, Tirant lo Blanch, 2021, p. 69.

19 STS, civil, de 20 de abril de 2022 (ECLI:ES:TS:2022:1552). Ponente: M.Á. PARRA LUCÁN (FJ 7º).

Ahora bien, ¿cuándo una cuantía en un restaurante puede ser contraria a la moral o al orden público? ¿Si se estableciera teniendo en cuenta el precio medio del cubierto? ¿Con bebidas o sin bebidas? Y ¿qué sucedería si el daño es superior a la cuantía establecida en la pena? Entiendo que se podría acudir a la indemnización de daños y perjuicios, a pesar de la existencia de la cláusula penal, si el daño fuera mayor y el incumplimiento fuere doloso[20]; o cuando la cuantía establecida hiciera pensar que la cláusula penal no cumple ninguna de las funciones que se presuponen a las cláusulas penales, puesto que si la cuantía establecida no permite cumplir ninguna de aquellas, no podemos entender que estemos ante una verdadera cláusula penal[21].

En último lugar, es necesario tener en cuenta que, *ex* artículo 1153.II CC, «solo podrá hacerse efectiva la pena cuando esta fuere exigible conforme a las disposiciones del presente Código». Por tanto, no será posible exigir su cumplimiento si la ausencia o la reducción de comensales es consecuencia de un caso fortuito o de fuerza mayor, salvo que se hubiera pactado lo contrario[22]. No obstante, no resulta del todo aconsejable que se incluya en el sector gastronómico una cláusula de este tipo, es decir, que incluya el caso fortuito o la causa de fuerza mayor, pues podría, aunque escape nuestro objeto de estudio, desincentivar el acudir a restaurantes, ya que la imposibilidad repentina de una enfermedad el día de la reserva supondría un doble castigo para el comensal.

Con todo, he de recordar nuevamente un hecho que debe ser revelador para cualquier cliente: el contrato con el restaurante nació en el momento en que se hizo la reserva y, por lo tanto, cancelarla tardíamente o no presentarse supone un incumplimiento contractual.

2. *Ideas sobre su construcción para garantizar la legalidad de la cláusula penal en el sector gastronómico*

En el caso que se ha traído a colación, el cliente alegaba que la cláusula penal era abusiva por tres razones: «desconocimiento de la cláusula en cuestión, falta de reciprocidad en el contrato y desproporción entre el daño causado y la penalización fijada».

---

20 CARRASCO PERERA, Á., "Artículo 1152..., *cit.*, p. 8455.

21 STS, civil, de 22 de octubre de 1990 (ECLI:ES:TS:1990:7471). Ponente: A. FERNÁNDEZ RODRÍGUEZ (FJ 4º).

22 MONFORT FERRERO, M.J., "Circunstancias y garantías de la relación..., *cit.*, p. 71.

La primera de las cuestiones es puramente casuística, si bien todo asunto relativo a cláusulas contractuales lo es. La cláusula se conoce o no se conoce, pues no se pueden entrar en juegos de filosofastro que olviden el principio de no contradicción, básico en la lógica y, consecuentemente, básico en el mundo jurídico, salvo que nos adentremos en la mecánica cuántica y el famoso gato de Schrödinger.

Lo cierto es que de los clausulados analizados, de la información accesible en las páginas webs de los restaurantes y de sus procesos de reserva[23] difícilmente se podrá esgrimir una falta de conocimiento de la cláusula penal y de la política de cancelación cuando se exige que esta sea aceptada expresamente —generalmente, con obligación de clicar en una casilla en la que se señala tal aceptación—, apareciendo en la mayoría de los supuestos diversos avisos o recordatorios tanto de manera simultánea al proceso de reserva como con posterioridad en los correos electrónicos de confirmación de la reserva realizada. Además, en la gran mayoría de los procesos esta información aparece en negrita o con caracteres de mayor tamaño para que sea fácil su identificación. Por tanto, el futuro comensal difícilmente podrá justificar que la cláusula le es desconocida.

En todo caso, podría intentar alegar, por otro lado, que la celeridad con la que se ha de reservar en alguno de estos restaurantes impide que se pueda conocer completamente el contenido del clausulado. Es cierto, por ejemplo, que el proceso para reservar en El Celler de Can Roca, el cual se abre cada día 1 de mes a las 00:00 para poder reservar con 11 meses de antelación, cierra en aproximadamente 20 segundos. No obstante, aquí es necesario tener en cuenta el perfil del cliente y que se trata de una decisión no tomada de manera espontánea, sino consensuada y premeditada. Esta antelación en los procesos de reserva exige —o, mejor dicho, hace prácticamente indispensable— que previamente se haya accedido a la página web en cuestión del restaurante y que se haya podido comprobar cuál es su política de cancelación o, al menos, existe una gran probabilidad de que ello se haya realizado. La contratación por internet permite que el procedimiento de adquisición de un bien o servicio sea rapidísimo, empero no podrá ser utilizada esa celeridad para alegar el desconocimiento de la cláusula cuando se disponía de todos los medios para conocerla.

El segundo de los argumentos utilizados por el comensal —la falta de reciprocidad— se fundamentaba en el hecho de que, por una parte, el res-

---

23 Para realizar este trabajo se ha procedido a simular la realización de reservas, para conocer sus clausulados, en más de 100 restaurantes de toda España.

taurante podía resolver unilateralmente el contrato, cosa que él no podía realizar dada la política de cancelación, y que, por otra, el restaurador no debía probar los daños y perjuicios sufridos, mientras que si él sufría un daño como consecuencia del incumplimiento del restaurante debía probarlo. Esta argumentación olvida precisamente qué es una cláusula penal y cuál es una de sus funciones: facilitar la indemnización de daños y perjuicios al sustituir el proceso *ex post* de determinación de la cuantía por su establecimiento *ex ante*.

No es cierto, tampoco, que el restaurante pueda resolver unilateralmente el contrato de arrendamiento de servicios y que el comensal no pueda. El artículo 1124 CC es claro al respecto. Si hay incumplimiento de una de las partes, nada impide que sea resuelto el contrato unilateralmente por la otra, teniendo en cuenta, además, el segundo inciso del artículo 1152 CC o el hecho de que la pena establecida en una cláusula penal, salvo previsión en contrario —y con dudas—, no pueda ser exigida en caso de que concurra causa de fuerza mayor o caso fortuito. Más aún[24]. La Sala de lo Civil del Tribunal Supremo en su sentencia de 18 de noviembre de 2014[25] señaló que en los contratos de arrendamientos de servicios con duración determinada —como es la reserva para acudir a un restaurante— la resolución unilateral del contrato por una de las partes llevará aparejada la indemnización de daños y perjuicios causados si no medió justa causa. Por tanto, el cliente sí que puede resolver unilateralmente el contrato de arrendamiento de servicios hosteleros —igual que el restaurante—, pero asumiendo las consecuencias de sus actos[26].

Finalmente, el tercer argumento que utiliza el comensal para impugnar la cláusula penal es el relativo a la «desproporción entre el daño causado y la penalización fijada», el cual debe ser resuelto nuevamente a través de la casuística, siendo inhacedero establecer una regla general para con este cometido. En el caso que se comenta, la pena era de 170 euros por co-

---

24 Sobre estas cuestiones, aunque no sobre el contrato de arrendamiento de servicios hosteleros, pero con comentarios igualmente ilustrativos, *vid.*: ALBARRUCHE DÍAZ-FLORES, M., "La resolución del contrato de arrendamiento por desistimiento unilateral. La cláusula penal", *Actualidad Civil,* n.º 5, 2014.

25 STS, civil, de 18 de noviembre de 2014 (ECLI:ES:TS:2014:4613). Ponente: X. O'CALLAGHAN MUÑOZ (FFJJ 1º y 2º).

26 Cosa distinta es que, por ejemplo, cuando un restaurante cancela la reserva a un cliente por el motivo que sea —desde justificados hasta totalmente arbitrarios—, el comensal rara vez decida reclamar una indemnización de daños y perjuicios si la cancelación le supone alguno —*v.gr.* iba a ser el sitio de una reunión de negocios o se iba a realizar un viaje a propósito para conocer el lugar—.

mensal, siendo el precio medio por cubierto el día en que los comensales no asistieron al restaurante de 287,77 euros y justificándose en el juicio que el margen del beneficio que dejaban la mayoría de los productos para confeccionar el menú que se iba a degustar era tan solo de un 3 o un 4 %. En este caso, está más que demostrado que la pena que se establecía no eran en ningún caso desproporcionada y así lo señaló el Juzgado de Primera Instancia al indicar que «tampoco se objetiva una desproporción entre la cláusula penal y el precio del cubierto». Es más: posiblemente, con la cuantía establecida no se llegó a cubrir todos los daños y perjuicios que se causaron al restaurante, dadas sus características particulares[27]. Aunque, ¿cómo acuantiamos para no excedernos?

La Sala de lo Civil del Tribunal Supremo[28] para determinar si es desproporcionada la cuantía de la cláusula penal realiza una comparación entre la pena establecida y los daños que se hayan causado, sin utilizar como término comparativo los daños que se hubieran podido prever en el momento de realizar la contratación[29]. Por tanto, es de suma importancia que los restaurantes a la hora de redactar estos clausulados tengan en cuenta que se relacionan con consumidores y que, llegado el caso, podrá realizarse dicha comparación.

Esto puede suponer un auténtico problema en la práctica. Si la relación no se diera con consumidores, sería posible moderar la cuantía establecida en la cláusula penal conforme al artículo 1154 CC. No obstante, en este caso,

---

27 En la sentencia se señala que «[e]l hecho de no acudir o no avisar previamente de la incomparecencia —aunque fuera por olvido y por tanto de buena fe— no deja de suponer un perjuicio económico para el negocio que se arriesga a contratar previamente personal, alimentos, bebidas, espacio y todos los gastos propios para llevar a cabo su actividad profesional». Pues hay que añadir sueldos de camareros, pincernas, cocineros, chefs…, impuestos, tributaciones a la Seguridad Social… ¿Es descabellado pensar que los 170 euros de pena son inferiores a todos los gastos que puede tener un restaurante como este? En mi opinión, en absoluto, a pesar de que ni sea quiromante ni conozca los escandallos concretos del lugar. A todo esto habría que añadir otra circunstancia como es que una mesa (de siete que hay en total) se quede vacía y como esa circunstancia puede provocar un cierto descrédito para la fama del restaurante, la cual no se tiene en cuenta a la hora de establecer esta pena. ¿Deberíamos incluir, también, el desdoro causado en la cuantificación de la penal? Rotundamente sí.

28 Entre otras: STS, civil, de 15 de abril de 2014 (ECLI:ES:TS:2014:2388). Ponente: R. SARAZA JIMENA.

29 Sobre esta cuestión, *vid.*: CAFFARENA LAPORTA, J., "Disposición adicional 1ª", en MENÉNDEZ MENÉNDEZ, A. y DÍEZ-PICAZO Y PONCE DE LEÓN, L. (dirs.): *Comentarios a la Ley sobre Condiciones Generales de la Contratación,* Civitas, 2002, pp. 1028 y ss.; MARÍN GARCÍA, I., *La liquidación anticipada del daño…, cit.*, p. 180.

al ser el comensal un cliente-consumidor, si la cuantía es desproporcionada la cláusula será abusiva, consecuentemente, nula y se tendrá por no puesta conforme al artículo 83 TRLGDCU, debiendo, en tal caso, probar el restaurante los daños causados y con una cláusula penal totalmente inservible[30].

Ahora bien, ¿qué función cumple realmente la cláusula penal en los restaurantes? En la sentencia que se ha comentado, el magistrado señaló que estamos ante una que cumple la función tradicional de garantía, conforme al artículo 1552 CC, pues con ella se trata «de evitar el perjuicio directo que la incomparecencia de sus comensales le puede ocasionar en su desempeño».

No obstante, aunque en el caso sea clara cuál es la función que cumple la cláusula penal, cabría señalar que nada impide que la misma sea configurada como facultativa conforme al artículo 1153 CC, el cual, como se sabe, dispone que «[e]l deudor no podrá eximirse de cumplir la obligación pagando la pena, sino en el caso de que expresamente le hubiese sido reservado este derecho». En el siguiente epígrafe se comentará —aunque ya se avance— que, en principio, los clientes de los restaurantes no tienen derecho de desistimiento, por lo que una posible configuración de la cláusula penal sería que mediante esta se facultara al comensal a eximirse de su obligación pagándola incluso antes de tiempo —lo cual, por otro lado, permitiría al restaurante abrir la reserva de las plazas que se ocupaban—. De facto, aunque no *de iure*, es lo que ocurre con la cláusula penal de garantía en la gastronomía: el cliente, ante la imposibilidad de desistir, termina pagando la pena.

Por otro lado, debemos plantearnos la posibilidad de que se establezca una pena cumulativa. La práctica totalidad de la doctrina ha considera-

---

30 Es cierto que algunos tribunales han optado por moderar las cláusulas penales desproporcionadas, pero de manera mayoritaria tanto la doctrina como la Sala de lo Civil del Tribunal Supremo han proclamado la nulidad de la cláusula y la imposibilidad de su moderación. Así, verbigracia, CARRASCO PERERA ha señalado que «[l]a moderación del art. 1154 CC no proviene de la «dureza» o desequilibrio intrínseco de la cláusula penal, sino de que la circunstancia sobrevenida de un cumplimiento parcial del contrato hace desproporcionada la penalización prevista inicialmente. En el art. 1154 CC existe un ajuste de la cláusula a un nuevo supuesto de hecho, pero no un juicio de desvalor sobre el contenido de la cláusula. Por eso, cuando la penalización fuere excesiva por una razón distinta de la de haber existido un cumplimiento parcial, la cláusula caería directamente bajo la aplicación de la LGDCU, y la sanción debería ser la anulación de la penalización en toda su cuantía»: CARRASCO PERERA, Á., *Derecho de contratos,* Aranzadi, 2021, e-book.

do que estas penas en la contratación con consumidores son abusivas[31] por implicar una desproporción conforme al artículo 85.6 TRLGDCU. Sin adentrarme en esta cuestión, entiendo, como ya señalé, que, aunque el comensal sea un consumidor, hay dos supuestos en los que sí que debería admitirse esta concreta clase de pena. En primer lugar, cuando el daño efectivamente fuera mayor que la pena y el incumplimiento del cliente hubiera sido doloso[32]; pues si admitimos la agravación general del dolo frente a la culpa en materia de daños, ¿por qué se va a dejar una parcela de impunidad por el hecho de ser consumidor, igualando al comensal doloso con el despistado? En segundo lugar, cuando la cuantía establecida en la pena fuera tan baja que impidiera que cumpliese cualquiera de sus funciones. Imagínense que en Amelia la cláusula estableciera la cifra de 5 euros como pena por no acudir a la reserva: ¿es eso una auténtica cláusula penal, aunque lo dijeran las partes?

Por otro lado, en un restaurante como Amelia y con una cláusula como las señaladas, ¿qué sucedería si el comensal acude a la reserva pero decide no consumir el menú que se le ofrece y sin hacer gasto alguno en el restaurante se marcha? ¿Sería aplicable la cláusula penal cuando en esta se establecía que se cobraría una cierta cantidad si no se presentara a la reserva o si la cancelara en un determinado plazo? ¿O qué sucedería en caso de que el comensal llegase tarde a la reserva? ¿A partir de qué retraso podría entenderse incumplido el contrato? ¿Y si uno de los comensales llega puntual, pero no los otros?

Más allá de estas cuestiones, estas cláusulas, en general, superan notablemente los controles de incorporación y transparencia que exigen el TRLGCU. Su redacción es clara y concisa y se requiere que sean aceptadas expresamente para poder realizar la reserva. Así, no tengo ninguna duda de que su redacción —siempre puede haber alguna excepción en el clausulado de algún restaurante, aunque lo desconozca— salva estos controles

[31] CAFFARENA LAPORTA, J., "Disposición adicional 1ª…, *cit.*, p. 1025; MARÍN GARCÍA, I., *La liquidación anticipada del daño…*, *cit.*, p. 179. En este sentido, GONZÁLEZ PACANOWSKA señala que «[l]a letra del precepto no excluye la función tradicional coercitiva de las cláusulas o arras penales, por cuanto el abuso se encuentra en fijar una indemnización desproporcionada. Esto conduce a rechazar, en cualquier caso, la pena cumulativa»: GONZÁLEZ PACANOWSKA, I., "Artículo 85", en BERCOVITZ RODRÍGUEZ-CANO, R. (coord.): *Comentarios del Texto Refundido de la Ley General para la Defensa de los Consumidores y Usuarios y otras leyes complementarias,* Aranzadi, 2015, e-book.

[32] Con carácter general, sin entrar en las particularidades de los consumidores: CARRASCO PERERA, Á., "Artículo 1152…, *cit.*, p. 8455.

y su validez y legalidad debe ser resaltada[33], sin que, en principio, se pueda alegar que su nulidad por abusividad.

Con todo, ante la incertidumbre que plantea una cláusula penal agravatoria, considero que la opción que salva de una manera más efectiva los intereses de los restaurantes es la cláusula penal liquidatoria del daño. Ahora bien, en cuanto a la cuantía que se debe establecer en ella, entiendo que sería aconsejable que alcanzase al precio total del menú degustación cuando lo hubiera o al precio medio del restaurante. De ese modo, se podrá intentar que la cláusula penal se aproxime lo más posible a los daños efectivamente causados, salvando de ese modo la desproporcionalidad que señala el TRLGDCU y su posible consideración como cláusula abusiva y nula. Aunque, quizá, la opción que más garantías presenta para el comensal sea, como veremos a continuación, la situación como la compra de un ticket y no como una cláusula penal.

IV. EL DERECHO DE DESISTIMIENTO "GASTRONÓMICO"

Habitualmente, cuando se reserva en un restaurante, el comensal asume o da por hecho que es titular de un derecho de desistimiento[34] y si en determinado momento quiere unilateralmente cancelar su reserva puede hacerlo sin mayores inconvenientes. La práctica demuestra que esta ha sido la tónica continua entre posibles clientes y restauradores. Ahora bien, esto es una ilusión óptica. En la mayoría de los supuestos, el restaurador reconoce

---

[33] Esta fue la conclusión de la sentencia del Juzgado de Primera Instancia n.º 2 de San Sebastián cuando afirmó que «[p]or todo ello, no puede reputarse como abusiva una cláusula que estaba prevista precisamente para atemperar las consecuencias lesivas para el negocio de una incomparecencia no prevenida por el consumidor, y cuya previa aceptación había sido *conditio sine qua non* para efectuar la propia reserva, quedando definida en el propio portal web del restaurante, y de la cual quedaba constancia además tanto en la confirmación, como en el recordatorio que se le remitió al cliente a su correo».

[34] DÍEZ-PICAZO Y PONCE DE LEÓN lo definió como «una facultad de cualquiera de las partes de poner fin a la relación obligatoria mediante un acto enteramente libre y voluntario, y que no tiene que fundarse en ninguna causa especial». Si bien, en la actualidad, en sede de consumidores, el artículo 68.1 TRLGDCU lo define más concretamente como « la facultad del consumidor y usuario de dejar sin efecto el contrato celebrado, notificándoselo así a la otra parte contratante en el plazo establecido para el ejercicio de ese derecho, sin necesidad de justificar su decisión y sin penalización de ninguna clase»: DÍEZ-PICAZO Y PONCE DE LEÓN, L., *Fundamentos del Derecho Civil Patrimonial. T. II…, cit.*

en el momento de la cancelación de la reserva un derecho que nunca había nacido hasta ese mismo instante[35], puesto que en la contratación de un arrendamiento de servicios hosteleros con fecha fija realizado, por ejemplo, mediante internet no se reconoce el derecho de desistimiento legal. Y si en el momento de realizar la contratación no se otorgó uno de carácter contractual, el cliente o comensal no tiene derecho de desistimiento alguno.

El artículo 103.1 TRLGDCU es terminante al respecto al disponer que «[e]l derecho de desistimiento no será aplicable a los contratos que se refieran a: […] l) El suministro de servicios de alojamiento para fines distintos del de servir de vivienda, transporte de bienes, alquiler de vehículos, comida o servicios relacionados con actividades de esparcimiento, si los contratos prevén una fecha o un periodo de ejecución específicos». El contrato de arrendamiento de servicios hosteleros es uno de los supuestos en los que legalmente no se reconoce el derecho de desistimiento a los consumidores. Una excepción que no se puede obviar.

Ahora bien, las cláusulas que se han analizado, en su gran mayoría, sí que otorgan este derecho a los consumidores-comensales, estando ante un derecho de desistimiento contractual que tendrá que acomodarse a lo establecido en el artículo 79 TRLGDCU[36]. No obstante, si se decide otorgar este derecho a los consumidores es necesario que se realice tal concesión de manera correcta. Es decir, deberá especificarse de un modo claro, en particular en estos casos, el plazo de ejercicio y la forma en que debe ejercitarse.

Aunque no se debe olvidar que, al estar ante un derecho de desistimiento contractual, el empresario que lo otorga tiene total libertad para establecer las condiciones de su ejercicio, siempre que se respeten, no obstante, una serie de normas de carácter prohibitivo o tuitivo que se reco-

---

35 Como señala LARROSA AMANTE, es necesario que este derecho sea reconocido expresamente, aunque se denominase de otro modo, pero lo cierto es que tradicionalmente cuando se hace una reserva por teléfono —como se hacía hasta la irrupción de internet— nunca el empresario-restaurador señalaba este derecho del consumidor. *Vid.*: LARROSA AMANTE, M.Á., *El derecho de desistimiento en la contratación de consumo,* Tirant lo Blanch, 2017, p. 399.

36 El artículo, aunque no se encuentre en sede del Título III del Libro II del TRLGDCU, resulta igualmente aplicable, pues, como señala ARNAU RAVENTÓS, «[esta] posibilidad alcanza a todo contrato celebrado con un consumidor o usuario, con independencia de cuál sea la manera de contratar y del objeto o servicio sobre el que se contrata»: ARNAU RAVENTÓS, L., "El plazo para desistir en los contratos con consumidores", *Anuario de Derecho Civil,* t. LXIV, 2011, pp. 165-166.

gen en el TRLGDCU[37]. Se trata de un derecho otorgado unilateralmente[38] por el restaurador y es este quien decide sus plazos, las condiciones de su ejercicio… sin ningún tipo de consenso con el cliente, pues este si quiere acceder al servicio de restauración debe aceptar sus condiciones, asumir sus consecuencias y sus efectos[39].

A la vista de las cláusulas que se han ido comentando, en cada una de ellas se regula de un modo distinto de qué modo se puede ejercitar este derecho, con plazos más o menos largos. El artículo 79 TRLGDCU guarda silencio sobre si debiera existir un plazo mínimo en caso de otorgarse. Así, entiendo que no lo hay y que libremente el empresario lo dará con el plazo que estime más oportuno[40]. En la gran mayoría de casos, el plazo que se otorga es sustancialmente superior al del derecho de desistimiento legal. Piénsese, por ejemplo, que en el caso de El Celler de Can Roca, donde las reservas se hacen a 11 meses vista, se tiene derecho a desistir hasta 10 días antes de que se acuda al restaurante. Al mismo tiempo, en otros supuestos este plazo es más reducido e incluso inexistente según las características de la concreta reserva. Así, si atendemos al actual clausulado del restaurante Amelia, verbigracia, si realizamos una reserva con menos de 7 días de antelación, no se tendría derecho de desistimiento. En definitiva, los plazos que se establecen deben no solo ser un aliciente para el comensal, sino que deben permitir que el restaurante tenga un plazo para reaccionar e intentar

---

37 Dispone el artículo 79 TRLGDCU en sus párrafos segundo y tercero que «[e]l consumidor y usuario que ejercite el derecho de desistimiento contractualmente reconocido no tendrá en ningún caso obligación de indemnizar por el desgaste o deterioro del bien o por el uso del servicio debido exclusivamente a su prueba para tomar una decisión sobre su adquisición definitiva. En ningún caso podrá el empresario exigir anticipo de pago o prestación de garantías, incluso la aceptación de efectos que garanticen un eventual resarcimiento en su favor para el caso de que se ejercite el derecho de desistimiento».

38 Precisamente, MESA SÁNCHEZ DE CAPUCHINO señala que «el derecho de desistimiento unilateral se establece por voluntad del empresario en contratos en los que inicialmente no se reconoce este derecho al consumidor por disposición legal o reglamentaria alguna. Es un acto del empresario unilateral»: MESA SÁNCHEZ DE CAPUCHINO, Á., "Consumidores y usuarios. Revocación de contratos realizados fuera de establecimiento mercantil", *Práctica de Tribunales,* n.º 111, 2014, electrónica.

39 LARROSA AMANTE, M.Á., *El derecho de desistimiento…,* p. 399.

40 Esta misma opinión es defendida, entre otros, por GARCÍA VICENTE y MINERO ALEJANDRE: GARCÍA VICENTE, J.R. y MINERO ALEJANDRE, G., "Artículo 79", en BERCOVITZ RODRÍGUEZ-CANO, R. (coord.): *Comentarios del Texto Refundido de la Ley General para la Defensa de los Consumidores y Usuarios y otras leyes complementarias,* Aranzadi, 2015, e-book.

que la pérdida de un cliente para un día en concreto pueda ser subsanada de algún modo. En cuanto a la forma de ejercitarlo, en la mayoría de los supuestos se señala que deberá ejercitarse o mediante correo electrónico o mediante una llamada telefónica, indicándose siempre cuáles son cada uno de ellos.

Con todo, a la vista de los ejemplos traídos constantemente a colación, está claro que en el sector, aunque con condicionantes en cuanto a su ejercicio, se sigue apostando de manera mayoritaria por conceder este derecho a los comensales, aunque se empiezan a atisbar en el horizonte alguna que otra excepción que puede marcar el rumbo y devenir del sector o de una parte importante de él como es la de los restaurantes de alta cocina.

En la panoplia de cláusulas jurídico-gastronómicas se señalaron dos ejemplos que se alejaban de las típicas cláusulas penales a las que ya nos hemos acostumbrado en el mundo gastronómico. En concreto, en el caso de DiverXO la cláusula establecía que era obligatoria la compra de un ticket de 365 €, aunque reembolsable si se cancelaba al menos 15 días antes de la fecha reservada, mientras que en el caso de Mugaritz se establecía como obligatorio el pago de 115 € —a descontar de los 253 € que costaba el menú completo— no era reembolsable en ningún caso, salvo causa de fuerza mayor —hasta cierto punto como si fuera un ticket parcial—.

Cada vez es más una realidad que se conciba el acudir a un restaurante como la compra de una entrada[41] y el desembolso se haga en el momento de realizar la reserva. Ahora bien, en la mayoría de los casos todavía se permite realizar la devolución del ticket y recuperar el rembolso, pues aún no se ha llegado a la situación de ver exactamente el acudir al restaurante como acudir al teatro, a la ópera o a un partido de fútbol, donde la devolución de las entradas es algo impensable e inimaginable.

Precisamente, esta realidad llegó primero a otro sector dedicado también a los servicios, pero con una «s» menos: los servicios hoteleros —aunque la misma situación se da también respecto de los servicios de transpor-

---

[41] Precisamente en un reciente artículo periodístico se afrontaba esta realidad: «El principal argumento del sector es que si los clientes compran entradas para un concierto de Rosalía no se les ocurre no ir, y que cuando reservan en un hotel no se les olvida llegar. El pago por adelantado hace que la gente se comprometa con la reserva, tal y como ocurre en el teatro o en el cine»: FRANCO, L., "700 restaurantes en España ya te cobran por reservar y no presentarte a comer", *El Confidencial*, 3 de julio de 2023. Disponible en: https://www.elconfidencial.com/espana/2023-07-03/pagar-restaurante-por-reservar-y-no-ir_3684489/ [Última consulta: 30 de noviembre de 2023].

te de cualquier clase—. Desde hace un tiempo es cada vez más habitual encontrar y contratar tarifas no reembolsables al hospedarte en un hotel —generalmente con una reducción del precio—. En este sector se ha asumido sin problemas por parte de la sociedad qué es una tarifa no reembolsable y asume el riesgo de su contratación. Es más, desde la perspectiva jurídica no hay ninguna duda respecto de la legalidad y validez de este tipo de tarifas o respecto de las concretas cláusulas que establecen que no se puede cancelar el viaje o la estancia o que no se puede devolver la entrada para el concierto o espectáculo[42]. En cambio, esta variación no se ha producido todavía respecto de los restaurantes, cuando, sin ningún lugar a dudas es posiblemente el método más efectivo para minimizar la incertidumbre de los posibles daños y para asegurarse de que con la tarifa cobrada —idéntica al precio del menú, aunque sin bebidas— el restaurante no sufrirá perjuicio alguno.

No obstante, se ha de recordar algo que es esencial: con estas concretas cláusulas o con el prepago total los restaurantes no buscan un lucro sin realizar su trabajo confiando en que el cliente no acudirá. Todo lo contrario. Buscan precisamente un compromiso del cliente-comensal-consumidor con su trabajo para que, bajo el paraguas de una cláusula de contenido jurídico, sean conscientes del desvelo y ahínco que exige una empresa, en su doble acepción, como es un restaurante.

V. REFLEXIONES FINALES

Se atribuye al gastrónomo Grimod de La Reynière, aunque jurista de profesión, aquella cita en la que se afirma que «el postre tiene que ser espectacular porque llega cuando el gourmet ya no tiene hambre». Siento defraudarles con estas últimas reflexiones, puesto que el hastío que haya podido causar hasta este punto no va a decrecer con estas notas, sino que, probablemente, va a acrecer.

La validez de las cláusulas penales en las relaciones contractuales con los consumidores, aunque sea una cuestión puramente casuística, está, por lo general, admitida. Con ellas se viene a contrarrestar aquella frase que

42 Véanse, por ejemplo, las consideraciones sobre este tipo de tarifas no reembolsables de MARTÍNEZ ESPÍN: MARTÍNEZ ESPÍN, P., "Cancelación o modificación de reserva hotelera con tarifa no reembolsable", *Publicaciones jurídicas. Centro de Estudios de Consumo*, 2017, pp. 1-12. Disponible en: https://www.centrodeestudiosdeconsumo.com/ [Última consulta: 28 de noviembre de 2023].

tanto peligro puede presentar para el empresario: «*The customer is always right*». No. El cliente no siempre tiene la razón, aunque se haya pensado que sí. En ocasiones, es necesario juridificar y ornamentar con una pena algo tan sencillo como hacer una reserva en un restaurante para dotar de una cierta seguridad jurídica al restaurador ante una actitud que, sin ser ilegal, es totalmente inmoral, cuando lo que hay detrás de uno de esos proyectos que tanta felicidad nos aportan es, como diría Churchill, «*blood, toil, tears and sweat*». No se puede olvidar, además, que en estos casos no existe un derecho de desistimiento legal y si el empresario no lo otorga expresamente y señalando todas las circunstancias de su ejercicio, este derecho no será ejercitable, pues el consumidor no será titular de aquel.

Entre las diversas opciones, y centrándome en los restaurantes que de manera más usual utilizan estas cláusulas —los de alta cocina—, entiendo que la opción que consigue garantizar de una manera más eficiente sus intereses no es la tradicional cláusula penal, sino la compra obligatoria de un ticket por el precio total del menú, como si se tratase de adquirir la entrada de un espectáculo, ahorrándose, además, de este modo la posible discusión sobre si la cantidad establecida en la cláusula penal es desproporcionada o no lo es.

No obstante, puedo llegar a entender que por un cierto temor —pues estos restaurantes reciben gran cantidad de comensales extranjeros o de otras localizaciones— establezcan un plazo durante el cual será posible la devolución y reembolso del precio pagado, pero sin perder de vista que el restaurante, como negocio, debe no solo hacer feliz al comensal, sino procurar su viabilidad económica, por lo que el plazo que decida establecer debería ser lo suficientemente amplio como para permitirle reaccionar y que la pérdida de una reserva no se traduzca en una pérdida económica. Se trata, al final, de amarrar de manera previa los posibles daños que por una no asistencia se le puedan causar.

Con todo, he de reconocer que es mirífico el trabajo jurídico-legal que se ha realizado en el sector gastronómico para construir las cláusulas analizadas en las que, por ahora, no he encontrado resquicio alguno que haga ver un posible halo de abusividad. Lo cual, a la vista de los numerosos ejemplos en otros sectores, es un escible hecho, pues demuestra que el amor por el servicio que se da en la restauración se encuentra, también, reflejado en la forma de protegerse ante inclemencias diversas que no olvidan su vocación por el comensal.

Excepciones al deber de mitigar: la infracompensación[*]

JULIO ESPLUGUES GARCÍA
Personal Investigador en Formación en la Universidad de Valencia
Becario del Real Colegio de España en Bolonia

SUMARIO: I. PRELIMINAR. II. INCUMPLIMIENTO, DAÑO Y DEBER DE MITIGAR EL DAÑO. II. ALGUNAS MANERAS DE MITIGAR EL DAÑO. IV. LA EXCEPCIÓN AL DEBER DE MITIGAR EL DAÑO: LA INFRACOMPENSACIÓN.

I. PRELIMINAR

Tras un incumplimiento contractual, el contratante no incumplidor tiene ante sí diversos remedios que le permiten actuar de distintas maneras frente al otro contratante. Así, el contratante no incumplidor puede acudir a remedios de naturaleza satisfactiva — cumplimiento forzoso —, remedios de naturaleza sinalagmática — resolución del contrato, reducción del precio y *exceptio inadimpleti contractus* —, remedios indemnizatorios — responsabilidad del deudor e indemnización de los gastos del contrato — y la pretensión restitutoria del enriquecimiento injustificado[1]. El acreedor

---

[*] Una versión más extensa de este trabajo está publicada en el número 63 de la Revista Aranzadi de Derecho Patrimonial.

[1] PANTALEÓN PRIETO, Á.F.: "Las nuevas bases de la responsabilidad contractual", *Anuario de Derecho Civil,* Vol. 6, nº 4, 1993, pp. 1727–1728.
La inclusión de la restitución del enriquecimiento injustificado del deudor se propone por PANTALEÓN PRIETO, pero no es clara su admisibilidad dentro del sistema de remedios frente al incumplimiento en España.
DÍEZ–PICAZO GIMÉNEZ, G.: "Artículo 1186", en CAÑIZARES LASO, A., DE PABLO CONTERAS, P., ORDUÑA MORENO, F.J. y VALPUESTA FERNÁNDEZ, R.: *Código Civil Comentado. Volumen III. Libro IV – De las obligaciones y contratos. Teoría general de la obligación y el contrato (arts. 1088 a 1444),* 2ª Ed., Aranzadi, 2016, Versión electrónica; DÍEZ–PICAZO Y PONCE DE LEÓN, L.: "Commodum ex negotiatione", *Anuario de Derecho Civil,* Vol. 60, nº 4, 2007, pp. 1609–1610; ESPEJO LERDO DE TEJADA, M.: "Art. 1186", en BERCOVITZ RODRÍGUEZ–CANO, R. (dir.): *Comentarios al Código Civil Tomo VI (Arts. 1043 a 1264),* Tirant lo Blanch, 2013, pp. 8745–8747.

afectado por el incumplimiento puede acudir a estas opciones de manera aislada o conjunta, es decir, puede solicitar solamente la activación de uno de estos remedios, como el cumplimiento forzoso, o puede combinar varios de ellos entre sí. De este modo, puede exigir el cumplimiento forzoso junto a la indemnización de daños o la resolución del contrato y a la vez la indemnización de daños (art. 1124 CC). Todo ello, supone que la indemnización de daños sea el principal remedio frente al incumplimiento, puesto que puede acudirse a ella individualmente o junto con otros remedios.

La indemnización tiene como finalidad compensar al contratante afectado por el incumplimiento y situarlo en la posición en la que estaría de haberse cumplido el contrato —tutela del interés de cumplimiento— o colocarlo en la posición en la que se encontraría de no haber celebrado el contrato —tutela del interés de confianza—[2].

Sin embargo, CLEMENTE MEORO coincide con PANTALEÓN PRIETO y considera que sí forma parte del abanico de remedios de los que dispone el acreedor en la compraventa de cosa determinada. CLEMENTE MEORO, M.E.: *El acreedor de dominio,* Tirant lo Blanch, 2000, pp. 169-178.

2 CARRASCO PERERA, Á.: *Derecho de contratos,* 3ª Ed., Aranzadi, 2021, Cap. 23, §23; DÍEZ–PICAZO Y PONCE DE LEÓN, L.: *Fundamentos del Derecho Civil Patrimonial. Tomo 1. Introducción teoría del contrato,* 6ª Ed., Aranzadi, 2007, Cap. XIII.18; y GÓMEZ POMAR, F.: "El incumplimiento contractual en Derecho español", *InDret,* nº 3, 2007, p. 23.

Doctrinalmente, se discute si la indemnización por el interés de confianza tiene como límite la indemnización por el interés de cumplimiento, de modo que el contratante afectado por el incumplimiento no pueda situarse en una posición mejor en caso de incumplimiento que la que tendría de haberse cumplido el contrato. De este modo, el contratante incumplidor no asumiría el riesgo de que el contratante no incumplidor hubiera celebrado un contrato en peores condiciones que las de mercado o que le ocasionara pérdidas.

A favor de esta tesis: ASÚA GONZÁLEZ, C.: "Artículo 1106", en BERCOVITZ RODRÍGUEZ–CANO, R. (dir.): *Comentarios al Código Civil Tomo VI (Arts. 1043 a 1264),* Tirant lo Blanch, 2013, p. 8107; CARRASCO PERERA, Á.: "Artículo 1107", en ALBALADEJO GARCÍA, M. y DÍAZ ALABART, S. (coords.): *Comentarios al Código Civil y compilaciones* forales, Vol. XV, Edersa, 1991, V, Versión electrónica; MANZANARES SECADES, A.: "La responsabilidad precontractual en la hipótesis de ruptura injustificada de las negociaciones preliminares", *Anuario de Derecho Civil,* Vol. 37, nº 3, 1984, p. 740; y PANTALEÓN PRIETO, Á.F.: "Resolución por incumplimiento e indemnización", *Anuario de Derecho Civil,* Vol. 42, nº 4, 1989, pp. 1166–1167.

En contra, al considerar que en nuestro ordenamiento no se encuentra recogida la limitación: GARCÍA RUBIO, M.P.: *La responsabilidad precontractual en el derecho español,* Tecnos, 1991, p. 191.

En un punto intermedio, se sitúa CLEMENTE MEORO que considera que no existe un límite a la medida del resarcimiento del interés negativo y que debe ser calcu-

De esta manera, el contratante afectado por el incumplimiento tiene derecho a que se le indemnicen todos los daños que resulten del incumplimiento y estén causalmente conectados a este[3]. Sin embargo, esta afirmación debe matizarse en tanto que no tendrá derecho a que se le compense el daño imprevisible al momento de contratar siempre que el deudor fuera de buena fe[4] ni el daño que hubiera podido mitigar.

---

lado conforme las normas correspondientes. Sin embargo, matiza esta opinión al considerar que el deudor de buena fe ve limitada su responsabilidad a los daños previsibles al momento de contratar y que el hecho de que el acreedor celebrara un negocio que le supone una pérdida o que resultaba menos ventajoso que el realizado no era un daño previsible. CLEMENTE MEORO, M.E.: *La facultad de resolver los contratos por incumplimiento,* Tirant lo Blanch, 1998, p. 593.

3 El contratante afectado por el incumplimiento no dispone de este remedio cuando el deudor puede exonerarse de la obligación de indemnizar. Esta posibilidad se da cuando el incumplimiento se debe a un suceso imprevisible al momento de contratar y que queda fuera del ámbito de control del deudor. En este caso, salvo pacto en contrario, el daño no le será imputable al deudor y quedará liberado de la obligación de indemnizar el daño.
ASÚA GONZÁLEZ, C.: "Artículo 1105", en BERCOVITZ RODRÍGUEZ–CANO, R. (dir.): *Comentarios al Código Civil Tomo VI (Arts. 1043 a 1264),* Tirant lo Blanch, 2013, p. 8097; CARRASCO PERERA, Á.: *Derecho de contratos, cit.,* Cap. 20, §14; DÍEZ–PICAZO GIMÉNEZ, G.: "Artículo 1105", en CAÑIZARES LASO, A., DE PABLO CONTERAS, P., ORDUÑA MORENO, F.J. y VALPUESTA FERNÁNDEZ, R.: *Código Civil Comentado. Volumen III. Libro IV – De las obligaciones y contratos. Teoría general de la obligación y el contrato (arts. 1088 a 1444),* 2ª Ed., Aranzadi, 2016, Versión electrónica; DÍEZ–PICAZO Y PONCE DE LEÓN, L.: *Fundamentos del Derecho Civil Patrimonial. Tomo 2. Las relaciones obligatorias,* 6ª Ed., Aranzadi, 2008, Cap. XXIII. 13; PANTALEÓN PRIETO. Á. F.: "El sistema de responsabilidad contractual (materiales para un debate)", *Anuario de Derecho Civil,* Vol. 44, nº 3, 1991, pp. 1064–1067.
Una visión crítica con este posicionamiento: RODRÍGUEZ–ROSADO MARTÍNEZ–ECHEVERRÍA, B.: "Los sistemas de responsabilidad contractual: entre la responsabilidad por culpa y la *strict liability*", *Revista de Derecho Civil,* Vol. I, nº 4, 2014, pp. 155–187.

4 En el Código Civil se establece un régimen diferenciado de responsabilidad en cuanto a la extensión del daño según sea el deudor de buena o mala fe. Así, en el caso de deudor de buena fe, su responsabilidad alcanza a los daños «previstos o que se han podido prever al tiempo de constituirse la obligación y que sean consecuencia necesaria de su falta de cumplimiento». En cambio, el deudor responde en caso de dolo de «todos [los daños] que conocidamente se deriven de la falta de cumplimiento de la obligación».
Este agravamiento de la responsabilidad, se da cuando el deudor actúe en caso de dolo que no se define en el texto legal. Doctrinalmente, se discute quién es deudor doloso. Un sector considera que deudor doloso es aquel que «es consciente de que su comportamiento provoca o puede provocar un daño y no adopta las medidas exigidas por la buena fe para evitarlo». DÍEZ–PICAZO Y PONCE DE

II. INCUMPLIMIENTO, DAÑO Y DEBER DE MITIGAR EL DAÑO

El deber de mitigar el daño derivado del incumplimiento es una de las limitaciones que se imponen a la indemnización. En nuestro ordenamiento solo aparece recogido en algunos preceptos, pero no se formula expresamente de manera general como uno de los elementos que configuran la indemnización de daños. Concretamente, el deber de mitigar el daño se encuentra tipificado en el artículo 17 de la Ley de Contrato de Seguro[5],

---

LEÓN, L.: *Fundamentos del Derecho Civil Patrimonial. Tomo 2. …, cit.*, Cap. XXIII. 47.
De un modo similar, Pantaleón Prieto al caracterizar el incumplimiento doloso como aquel en el que el deudor incumple consciente y voluntariamente. PANTALEÓN PRIETO. Á. F.: "El sistema …", *cit.*, p. 1034.
Por el contrario, Carrasco Perera define el incumplimiento doloso con base en los antecedentes del Código Civil como aquel en el que el deudor conocía que iba a incumplir, por tanto, estaríamos ante un supuesto de *dolo in contrahendo.* CARRASCO PERERA, Á.: "Artículo 1107", *cit.*, VI, Versión electrónica.
Con motivos diferentes, al otorgar un mayor papel a la función preventiva de la regla: GÓMEZ POMAR, F.: *Previsión de daños, incumplimiento e indemnización*, Civitas, 2002, pp. 201–203.
En la jurisprudencia, solo se encuentran dos sentencias recientes en las que se agrave la responsabilidad del deudor doloso. Concretamente, son las Sentencias del Tribunal Supremo de 23 de julio de 2021 (ECLI:ES:TS:2021:3068) y de 15 de junio de 2010 (ECLI:ES:TS:2010:4384). En el primer caso, se analizan las consecuencias indemnizatorias en el denominado caso Volkswagen —en el que se engañó sobre las emisiones de NOX—. En el segundo de ellos, en la venta de la totalidad de las participaciones sociales de una sociedad que explotaba unos cursos de inglés, los compradores no mencionaron la situación próxima a la insolvencia de la sociedad y los adquirentes tuvieron que hacerle frente. En ambos casos, el vendedor engañó sobre las características de lo transmitido y el Tribunal Supremo se sirve del art. 1107 II CC para agravar su responsabilidad. Concretamente, en ambos casos impone una condena por daño moral por la aplicación de este precepto. Es decir, se sirve de la agravación de la responsabilidad que se impone al deudor doloso al eliminar el requisito de la previsibilidad para imputarle un daño moral.

5 Artículo diecisiete.
El asegurado o el tomador del seguro deberán emplear los medios a su alcance para aminorar las consecuencias del siniestro. El incumplimiento de este deber dará derecho al asegurador a reducir su prestación en la proporción oportuna, teniendo en cuenta la importancia de los daños derivados del mismo y el grado de culpa del asegurado.
Si este incumplimiento se produjera con la manifiesta intención de perjudicar o engañar al asegurador, éste quedará liberado de toda prestación derivada del siniestro.
Los gastos que se originen por el cumplimiento de la citada obligación, siempre que no sean inoportunos o desproporcionados a los bienes salvados serán de cuenta del asegurador hasta el límite fijado en el contrato, incluso si tales gastos no han tenido resultados efectivos o

el artículo 427 de la Ley de Navegación Marítima[6] y el artículo 77 de la Convención de Viena sobre Compraventa Internacional de Mercaderías[7]. Sin embargo, doctrinalmente, se reconoce una existencia general de este deber para todo tipo de relaciones contractuales[8] y también se establece en los nuevos textos sobre materia contractual[9].

De este modo, una vez el deudor ha incumplido su obligación, el acreedor debe adoptar las medidas necesarias para minorar el daño, evitar su incremento o que surja un daño adicional[10]. Así, no se indemnizará el daño

---

positivos. En defecto de pacto se indemnizarán los gastos efectivamente originados. Tal indemnización no podrá exceder de la suma asegurada.
El asegurador que en virtud del contrato sólo deba indemnizar una parte del daño causado por el siniestro, deberá reembolsar la parte proporcional de los gastos de salvamento, a menos que el asegurado o el tomador del seguro hayan actuado siguiendo las instrucciones del asegurador.

6 Artículo 427. Deber de evitar o aminorar el daño.
1. El tomador del seguro o el asegurado y sus dependientes deben emplear todas las medidas razonables a su alcance para salvar o recobrar los efectos asegurados y, en general, para evitar o disminuir el daño consecuencia del siniestro.
2. El asegurador podrá intervenir en la decisión y adopción de tales medidas, sin que su conducta prejuzgue, en ningún caso, la aceptación de responsabilidad por el siniestro.
3. El asegurador responde, en los términos fijados en el contrato, de los gastos realizados razonablemente por el tomador del seguro, el asegurado y sus dependientes en cumplimiento del deber establecido en el primer apartado de este precepto, así como de los daños causados al objeto asegurado.

7 Artículo 77.
La parte que invoque el incumplimiento del contrato deberá adoptar las medidas que sean razonables, atendidas las circunstancias, para reducir la pérdida, incluido el lucro cesante, resultante del incumplimiento. Si no adopta tales medidas, la otra parte podrá pedir que se reduzca la indemnización de los daños y perjuicios en la cuantía en que debía haberse reducido la pérdida.

8 ASÚA GONZÁLEZ, C.: "Artículo 1107", en BERCOVITZ RODRÍGUEZ–CANO, R. (dir.): *Comentarios al Código Civil Tomo VI (Arts. 1043 a 1264)*, Tirant lo Blanch, 2013, p. 8125; CARRASCO PERERA, Á.: *Derecho de contratos, cit.*, Cap. 24, §§26–31; DÍEZ–PICAZO Y PONCE DE LEÓN, L. y GULLÓN BALLESTEROS, A.: *Sistema de Derecho Civil. El contrato en general. La relación obligatoria*, Vol. 2, Tomo 1, 11ª Ed., Tecnos, 2016, p. 218.; GÓMEZ POMAR, F.: "El incumplimiento…", *cit.*, p. 23; MORALES MORENO, A.M.: *Incumplimiento del contrato y lucro cesante*, Civitas, 2010, p. 180; PÉREZ VELÁZQUEZ, J.P.: "La carga de evitar o mitigar el daño derivado del incumplimiento del contrato", *InDret*, nº 1, 2015, p. 21.

9 Art. 9:505 PECL, art. 7.4.8 Principios Unidroit 2016 o art. III.–3:705 DCFR, art. 1212 Propuesta de Modernización del Código Civil en materia de obligaciones y contratos, art. 1192 Revisión de la Propuesta de Modernización del Código Civil en materia de obligaciones y contratos y art. 658 Propuesta de Código Civil de la Asociación de Profesores de Derecho Civil.

10 Así, SOLER PRESAS explica que «el deber de mitigar exige al acreedor del resarcimiento la adopción de todas aquellas medidas que, atendidas las circunstancias del

que hubiera podido ser mitigado y, por tanto, el acreedor no obtendrá una compensación por todo aquel daño que sufre y que pudo evitar bien en su gravedad bien en su existencia.

Se trata de una de las cargas o deberes que tiene como acreedor de la indemnización, puesto que no adoptar las medidas mitigadoras implica que su daño no se vea compensado. El deudor de la indemnización carece de acción para exigir que el acreedor mitigue el daño, pero podrá demostrar que el daño pudo ser menor de haberse adoptado las medidas oportunas. Todo ello, implica que tenga naturaleza de deber o carga y no de obligación[11].

El deber de mitigar implica, por tanto, que se indemnizará el daño no mitigable y no se indemnizará el daño mitigable[12]. Junto a esto, se incluirá

---

caso, se estimen razonables para evitar o paliar la propagación de las consecuencias del daño causado». SOLER PRESAS, A.: "El deber de mitigar el daño (A propósito de la STS 1ª. de 15–11–94)", *Anuario de Derecho Civil*, Vol. 48, nº 2, 1995, p. 960.

Al respecto, añade MORALES MORENO que el deber de mitigar también tiene como función evitar que el daño llegue a producirse. MORALES MORENO, A.M.: *Incumplimiento del contrato…, cit.* p. 180.

En la misma línea: PÉREZ VELÁZQUEZ, J.P.: "La carga de …", *cit.*, pp. 20–21; DÍEZ–PICAZO Y PONCE DE LEÓN, L.: *Fundamentos del Derecho Civil Patrimonial. Tomo 2. Las relaciones obligatorias, cit*, Cap. XXIII. 15; PANTALEÓN PRIETO, Á.F.: "Artículo 1902", en PAZ–ARES RODRÍGUEZ, C., BERCOVITZ RODRÍGUEZ–CANO, R., DÍEZ–PICAZO Y PONCE DE LEÓN, L. y SALVADOR CODERCH, P. (dirs.): *Comentario del Código Civil*, Tomo 2, Ministerio de Justicia, 1991, p. 1993.

En contra de esta teoría, al considerar que el deber de mitigar el daño solo comprende la adopción de medidas que reduzcan el perjuicio ya ocasionado y no tiendan a evitarlo: EXTREMERA FERNÁNDEZ, B.: *La carga de mitigar el daño*, Dykinson, 2022, pp. 104–105. Sin embargo, la autora aclara que se debe a una diferencia terminológica entre lo que entiende que es mitigar como hacer menos intensa una cosa y evitar como apartar un daño o peligro para evitar que suceda.

11 DÍEZ–PICAZO Y PONCE DE LEÓN define la obligación como «el enlace entre un derecho un deber» y explica que «es un derecho que […] permite [al acreedor] exigir o reclamar un comportamiento de otra persona (deudor) que soporta el deber jurídico de realizar a favor de aquél un determinado comportamiento (deber de prestación)». Así, «la obligación no sólo es el deber jurídico, sino también un derecho subjetivo». Frente a esto, el deber jurídico es «aquello que hay que hacer y la razón por la cual hay que hacerlo», pero no comporta la adquisición de derechos. DÍEZ–PICAZO Y PONCE DE LEÓN, L.: *Fundamentos del Derecho Civil Patrimonial. Tomo 2. Las relaciones obligatorias, cit*, Cap. I, 3.

12 CARRASCO PERERA, Á.: "Artículo 1107", *cit.*, IV, Versión electrónica; MORALES MORENO, A.M.: *Incumplimiento del contrato…, cit.* pp. 180–181; PÉREZ VELÁZQUEZ, J.P.: "La carga de …", *cit.*, pp. 22–23.

en la indemnización el abono de los gastos de la mitigación siempre que sean razonables[13], incluso cuando no ha sido exitosa.

En el caso de que no se hubieran adoptado las medidas de mitigación o que por la forma de realizarlas no merezcan tal calificación —una medida irrazonable— el acreedor tendrá derecho a una indemnización consistente en el daño no mitigable y el coste de las medidas de mitigación que razonablemente se hubieran podido adoptar[14]. Dicho de otro modo, en caso de no mitigar el daño, el acreedor no podrá obtener una compensación que le sitúe en una posición mejor que aquella en la que estaría de haber adoptado las medidas.

El fundamento de la inclusión del coste de las medidas que se hubieran podido adoptar consiste en considerar que el deudor de la indemnización experimentaría un enriquecimiento injusto, puesto que no soportaría los daños mitigables ni el coste que supone que ese sea el daño[15]. Sin embargo, este razonamiento no explica los motivos por los que el acreedor tiene derecho a obtener una compensación por unos gastos que no ha tenido al no haber actuado como se esperaba de él. Además, tampoco se explica qué ocurre en los supuestos de liquidación del daño mediante la regla del precio de mercado[16] —cálculo de la indemnización mediante la diferencia entre el precio fijado en el contrato y el precio de mercado en el día y lugar de cumplimiento—.

III. ALGUNAS MANERAS DE MITIGAR EL DAÑO

Las formas que pueden adoptar las medidas de mitigación son diversas y dependen en gran medida de las circunstancias propias del caso y no puede establecerse con carácter general una forma única o concreta de mitigar, sino que deberá estarse a cómo se desarrollan los sucesos.

---

13 EXTREMERA FERNÁNDEZ, B.: *La carga de mitigar el daño, cit*, p. 261–264; PÉREZ VELÁZQUEZ, J.P.: "La carga de …", *cit.*, p. 49; SOLER PRESAS, A.: *La valoración del daño en el contrato de compraventa,* Aranzadi, 1998, p. 72.

14 EXTREMERA FERNÁNDEZ, B.: *La carga de mitigar el daño, cit*, p. 261–264; PÉREZ VELÁZQUEZ, J.P.: "La carga de …", *cit.*, p. 49; SOLER PRESAS, A.: *La valoración del daño …, cit.*, p. 72.

15 EXTREMERA FERNÁNDEZ, B.: *La carga de mitigar el daño, cit*, p. 262–263; SOLER PRESAS, A.: "La indemnización por resolución del contrato en los PECL/DCFR", *InDret*, nº2, 2009, p. 14.

16 Esta regla se encuentra recogida en el art. 76 de la Convención de Viena sobre compraventa internacional de mercaderías, el art. 9:507 PECL, art. III.–3:707 DCFR o art. 7.4.6 Principios Unidroit 2016.

EXTREMERA FERNÁNDEZ clasifica las medidas de mitigación en diversas categorías que permiten agruparlas según la acción que se realiza y la finalidad que tiene[17]. Esta categorización tiene como fin una mejor exposición sobre las formas que pueden adoptar, por lo que no tiene como finalidad agrupar las medidas según su régimen jurídico, sus consecuencias o las normas a aplicar. Esto no significa que algunas de ellas no tengan reglas especiales en cuanto al cálculo del daño. Destacamos en este punto, las medidas conservativas, reparativas, curativas, sustitutivas o la aceptación de una prestación defectuosa

Las medidas conservativas tienen como finalidad evitar un incremento del daño. Así, la medida va destinada a evitar un agravamiento de la situación y, por tanto, un mayor daño. Un ejemplo de ello, sería tapar los bienes de una vivienda en caso de que existieran filtraciones de agua[18], de tal modo, que al no mojarse no se dañen.

Las medidas reparativas suponen la realización de ciertos gastos que evitan un daño mayor. De este modo, el acreedor deberá desembolsar una cantidad de dinero que le permita corregir el problema que le causa un daño. Por ejemplo, si el coche que emplea el taxista para trabajar tiene un problema de motor, la reparación del defecto permite que el coche pueda circular, por lo que el taxista puede volver a obtener ingresos. Si no realizara esta corrección al coche, no obtendría ingresos como taxista en un momento posterior.

Las medidas curativas son un tipo específico de medida reparativa y consisten en la corrección de daños morales o corporales que afectan la integridad física o moral de la víctima del daño. De este modo, se entenderá que se mitiga el daño cuando se siga un tratamiento que tenga como fin la

---

17 EXTREMERA FERNÁNDEZ, B.: *La carga de mitigar el daño, cit*, pp. 195–232.

18 Otro ejemplo de ello, aparece recogido como Ejemplo 3 al §350 del *Second Restatement of Contracts.* En él se menciona que A vende a B petróleo y los barriles en los que lo entrega tienen fugas. B puede mitigar el daño si cambia el contenido de los barriles con fugas a barriles que no las tengan, de modo que su pérdida no se incrementa.
El *Second Restatement of Contracts* es una compilación a modo de código en la que se recogen las soluciones adoptadas por los tribunales en materia contractual. Se elabora por el *American Legal Institute,* una institución creada en 1923 en la que diferentes operadores jurídicos de gran prestigio en la que elaboran los diversos textos. El texto no tiene carácter vinculante ni es obligatorio para los operadores jurídicos, pero es gran interés al recoger las opiniones que son seguidas por los tribunales. Los preceptos del *Second Restatement* tienen la siguiente estructura: se enuncia la norma, se comenta la misma y se proporcionan ejemplos concretos.

sanación o mejora del estado físico o psicológico del afectado. Un ejemplo de ello sería el siguiente: Juan sufre una rotura del cúbito por un defecto del producto adquirido; debido a la rotura no puede trabajar lo que le ocasiona una pérdida de cien euros diarios, pero si se somete a un tratamiento médico, sanará el hueso y podrá volver al trabajo. Así, de seguir el tratamiento, puede conseguir una recuperación y volver a trabajar, de modo que no se agrava la pérdida de modo indefinido, sino hasta la sanación.

Las medidas sustitutivas consisten en la búsqueda de un reemplazo para el contrato incumplido. De esta manera, el contratante afectado por el incumplimiento acude al mercado a proveerse del objeto del contrato original o a ofertarlo[19]. Así, la indemnización[20] consistirá en la diferencia de precios entre el fijado en el contrato original y el precio que resulte del reemplazo y los costes del reemplazo y otros daños. Esta modalidad de mitigación es una de las principales maneras de mitigar el daño y se encuentra recogida como forma de cálculo del daño en diversos textos[21]. Esta importancia deriva tanto de su funcionamiento como de la posibilidad que

---

19 La operación de reemplazo pueden realizarla tanto el encargado de la prestación principal del contrato como el que paga el precio por ella. Así, el vendedor de una mercancía que es rechazada injustificadamente por el comprador puede ofrecerla en el mercado y su indemnización será la diferencia entre el precio del contrato y el adquirido, los costes de realizar esta operación y otros daños adicionales. En el caso de que fuera el comprador el afectado por el incumplimiento, podrá acudir al mercado a conseguir el bien que era objeto del contrato originario y su indemnización será la diferencia entre los precios, los costes del reemplazo y otros daños.

20 En este punto, encuadramos la operación de reemplazo dentro del remedio indemnizatorio, puesto que es donde se regula en los diversos textos en los que se recoge y también coincide con su ubicación en los ordenamientos del *common law*, donde se encuentra más desarrollada.

Sin embargo, conocemos que existe divergencia sobre la naturaleza jurídica de la operación de reemplazo y también se la ubica como un remedio de naturaleza de cumplimiento forzoso. ALCAIDE SILVA, J.: *Incumplimiento y reemplazo. Bases para una teoría general de reemplazo en el derecho español*, Tesis doctoral, Universidad de Valencia, 2013.

Por el contrario, de acuerdo con la naturaleza indemnizatorio de la operación de reemplazo, VARGAS BRAND, I.N.: *Interés en el cumplimiento del contrato y operación de reemplazo (La influencia del modelo angloamericano)*, Tesis doctoral, Universidad Autónoma de Madrid, 2019, pp. 272–276

21 En el caso español, se regula en los artículos 75 y 76 de la Convención de Viena sobre compraventa internacional de mercaderías. Además, se recoge en las diversas propuestas de *soft law* en materia contractual como los PECL (arts. 9:506 y 9:507), el DCFR (arts. III.–3:706 y III.–3:707) o los Principios Unidroit 2016 (arts. 7.4.5 y 7.4.6.).

permite de evitar un mayor daño. Un ejemplo de ello es el siguiente: Belén adquiere a Antonio cien unidades del producto X a 3€ cada una y tiene intención de revenderlas por 10€ cada una. El día del cumplimiento, Antonio no realiza la entrega y Belén adquiere las cien unidades de este producto a 4€ cada una y el coste de realizar el reemplazo es de 10€. Por tanto, Belén puede exigir de Antonio 100€ por la diferencia entre los precios y 10€ adicionales por el coste, por tanto, 110€. Si Belén no hubiera realizado este reemplazo, su pérdida sería de 700€, lo que deja de obtener por cada unidad —7€— multiplicado por el número de unidades. Claramente, se observa como la realización de negocios de reemplazo permite la mitigación del daño[22].

La última modalidad de medidas mitigadoras consistiría en aceptar una prestación incompleta para evitar un mayor daño. De este modo, el acreedor debería aceptar que no se cumpliera con el contrato y reclamar la diferencia, puesto que, de rechazar el cumplimiento, el daño sería mayor. Como ejemplo de ello, se cita la Sentencia del Tribunal Supremo de 6 de mayo de 1960[23]. En este caso, el demandante había contratado con RENFE el transporte de los materiales necesarios para la instalación del «Circo Maravillas» en Valencia para la temporada correspondiente a la Navidad. Cuando llegó a retirar los enseres, la compañía le solicitó un mayor precio que el pagado y el demandante no lo abonó. Solicitaba que se le abonara el perjuicio sufrido por no haber instalado el circo en la temporada. Sin

---

22 Existen supuestos en las que no pueden realizarse negocios de reemplazo, puesto que el contratante afectado por el incumplimiento —normalmente el encargado del abono del precio— no realizar un reemplazo, sino que experimenta una pérdida de volumen de ventas. El incumplimiento de su vendedor, le impide cumplir un negocio de reventa y pese a adquirir un sustituto no realiza reemplazo alguno, sino que podría haber cumplido tanto el negocio original como uno adicional. De este modo, el incumplimiento le impide atender dos contratos y obtener, por tanto, el beneficio de ambos.

Al respecto: CISG AC: *Opinion No. 6 Damages. Calculation of Damages under CISG Article 74,* CISG Advisory Council, 2006. Disponible en: https://cisgac.com/wp-content/uploads/2023/02/CISG-AC-Opinion-No-6-Web.pdf; DJORDJEVIĆ, M.: "CISG Art. 74", en KRÖLL, S., MISTELIS, L. y PERALES VISCASILLAS, M.P.: *UN Convention on Contracts for the International Sales of Goods (CISG),* 2ª Ed., Nomos Verlag, 2018, §§74–75.

En la doctrina española: CARRASCO PERERA, Á.: *Derecho de contratos, cit.*, Cap. 23, §§62; RAMOS MUÑOZ, D.: "La pérdida de volumen de ventas como daño indemnizable", *CEFLegal: Revista práctica de derecho. Comentarios y casos prácticos,* nº 74, 2007, pp. 57–108.

23 ECLI:ES:TS:1960:194.

embargo, no se le concede la indemnización al sostenerse que no está probada, aunque doctrinalmente se ha planteado si la conducta del afectado por el incumplimiento debiera tener una repercusión en la indemnización[24]. Así, de haber pagado el sobreprecio exigido, realizar las actuaciones circenses y accionar para recuperar el sobreprecio, su daño hubiera sido menor que el que habría tenido por su conducta.

IV. LA EXCEPCIÓN AL DEBER DE MITIGAR EL DAÑO: LA INFRACOMPENSACIÓN

Una de las cuestiones más relevantes del deber de mitigación es determinar su alcance. De este modo, debe analizarse si es un deber que siempre se tiene en cuenta para calcular el daño o si, por el contrario, existen supuestos en los que no resulta de aplicación. En este punto, resaltamos la infracompensación como límite al deber de mitigar. Así, cuando la realización de acciones de mitigación conlleve que el contratante afectado por el incumplimiento vea insuficientemente compensado su daño, no deberá llevarlas a cabo.

Ejemplo de ello es la Sentencia del Tribunal Supremo de 4 de marzo de 2015[25]. Los hechos que dan lugar al caso son los siguientes: Hidroeléctrica del Cantábrico[26] era una sociedad que se dedicaba a la actividad de producción eléctrica, distribución y suministro de electricidad principalmente en la cornisa cantábrica y decidió expandir su actividad a la Comunidad Valenciana. Por ello, celebró como diversas empresas industriales y promotoras de polígonos industriales la construcción y explotación de redes de distribución eléctrica y el suministro como distribuidor de electricidad. Para ello realizó diez contratos, obtuvo las licencias administrativas y realizó las obras e insta-

---

24 Díez-Picazo y Ponce de León plantea esta posibilidad y se pregunta qué trascendencia hubiera tenido la conducta del demandante. DÍEZ-PICAZO Y PONCE DE LEÓN, L.: *Estudios sobre la jurisprudencia civil*, 2ª Ed., Tecnos, 1973, p. 297. Con referencia a este análisis, Pérez Velázquez y Extremera Fernández mencionan que el caso sirve para ilustrar una manera de mitigar que consiste en aceptar una prestación defectuosa y reclamar por el daño sufrido. PÉREZ VELÁZQUEZ, J.P.: "La carga de …", *cit.*, p. 8; EXTREMERA FERNÁNDEZ, B.: *La carga de mitigar el daño, cit*, p. 222; Soler Presas, A.: "El deber de mitigar …", *cit.*, p. 967.

25 ECLI:ES:TS:2015:669 (Pte. Saraza Jimena).

26 Hacemos mención a Hidroeléctrica del Cantábrico para simplificar el relato fáctico, aunque son diversas sociedades las que intervienen en los hechos. Ellas forman parte del grupo Hidroeléctrica del Cantábrico que está liderado por Hidroeléctrica del Cantábrico, S.A. que es titular de la totalidad de las acciones de Hidrocantábrico Distribución Eléctrica, S.A.

laciones necesarias. En estos contratos se preveían cláusulas penales de gran importe para el caso de incumplimiento de Hidroeléctrica del Cantábrico, aunque no se especifica su importe.

Conforme fue terminando las instalaciones necesarias para poder cumplir, Hidroeléctrica del Cantábrico solicitó a Iberdrola, S.A. acceso a su red de distribución, al ser la titular de las instalaciones que permitían el suministro a los lugares donde Hidroeléctrica del Cantábrico debía proporcionar la electricidad. Iberdrola rechazó esta solicitud y, a continuación, Hidroeléctrica del Cantábrico impugnó ante la Comisión Nacional de la Energía esta negativa, donde se estimaron sus decisiones. Iberdrola recurrió ante la Audiencia Nacional la resolución de este organismo, donde se rechazaron y, en casación la sentencia ante el Tribunal Supremo, donde también se desestimó tras plantear una cuestión prejudicial al Tribunal de Justicia de la Unión Europea que declaró el derecho de acceso a las redes de distribución. Esta última sentencia es de 8 de octubre de 2008[27]. Es decir, Iberdrola incumplió su obligación legal de permitir el acceso a Hidroeléctrica del Cantábrico el acceso a su red y se declaró esta vulneración de manera definitiva en 2008.

Mientras tanto, Iberdrola ofreció a través de la Generalitat Valenciana a los clientes de Hidroeléctrica del Cantábrico el suministro de electricidad directamente, de modo que no sería Hidroeléctrica del Cantábrico quien la suministrara y esta posibilidad la rechazó Hidroeléctrica del Cantábrico.

En marzo de 2003, Iberdrola vendió su red a otra empresa y la nueva propietaria sí permitió el acceso a Hidroeléctrica del Cantábrico, por lo que estuvo en 2001 y 2002 sin tener la posibilidad de emplear la red de suministro. Por ello, en este tiempo, instaló grupo electrógenos externos alimentado por gasoil que le permitieron cumplir con los contratos celebrado. Esta forma de suministro y producción tuvo un coste muy superior al que habría tenido de poder emplear la red de suministro, concretamente 17.242.954€.

Hidroeléctrica del Cantábrico interpuso demanda el 14 de junio de 2010 contra Iberdrola, S.A. en la que solicitaba una indemnización de 20.674.301€, el sobrecoste incrementado por el Índice de Precios al Consumo (IPC). En Instancia se estimó la demanda, pero con rechazo a la revalorización conforme al IPC, lo que fue confirmado en apelación.

El Tribunal Supremo al analizar el recurso de casación interpuesto por Iberdrola[28] considera que la introducción de Hidroeléctrica del Cantábrico en el negocio de suministro de electricidad en la Comunidad Valenciana y la celebración de contratos entre esta compañía y sus clientes no constituye una aventura empresarial irracional, sino que actuaba de manera lícita y conforme a las posibilidades que la legislación le ofrecía. Resalta que Hidroeléctrica del

---

[27] Sentencia del Tribunal Supremo (Sala 3ª) de 8 de octubre de 2008, ECLI:ES:TS:2008:5213 (Pte. Bandrés Sánchez-Cruzat).

[28] Existen más motivos de casación interpuestos por Iberdrola, pero en este punto no son relevantes. También recurre Iberdrola por infracción procesal —totalmente desestimado— e Hidroeléctrica del Cantábrico en casación. Uno de los motivos de Hidroeléctrica del Cantábrico es estimado, concretamente, la actualización de la deuda conforme el IPC y se incrementa en la cuantía solicitada —4.236.238€—.

Cantábrico actuó de manera correcta al iniciar la actividad empresarial, que no se entra a juzgar si era pertinente o no, y que tenía derecho a comenzar. Además, señala que el daño fue causado por Iberdrola, S.A. al negar ilegalmente el acceso a las redes de distribución y que Hidroeléctrica del Cantábrico tenía una expectativa razonable de que se le diera acceso a la red, puesto que la Comisión Nacional de la Energía había estimado su petición[29].

En cuanto al deber de mitigar el daño, considera que debe probar el causante del daño que no se ha mitigado y no ser el afectado quien deba probar una conducta diligente para que se le compense la pérdida padecida por el hecho dañoso en cuestión.[30] Asimismo, señala el Tribunal Supremo que el deber de mitigar el daño no implica el sacrificio de derechos e intereses propios, de tal modo que Hidroeléctrica del Cantábrico no estaba obligada a dejar de suministrar la electricidad contratada por sus clientes y permitir que fuera Iberdrola, S.A. quien lo hiciera. De ser así, resalta que Hidroeléctrica del Cantábrico podría haber sufrido un daño adicional consistente en una pérdida de reputación que sería difícilmente valorable e imputable a Iberdrola, S.A.[31].

---

29 *[C]uando lo que se reclama es exclusivamente el aumento de coste en el cumplimiento de las obligaciones contractuales contraídas con sus clientes que supuso la ilícita negativa de Iberdrola a permitirle el acceso a sus redes de distribución eléctrica, la cuestión de si la decisión empresarial de introducirse en la Comunidad Valenciana fue o no acertada se revela indiferente, y nada tiene que ver con la obligación de actuar de buena fe, pues el mayor o menor acierto de tal decisión empresarial de Hidrocantábrico no supone un incremento injustificado de la magnitud del quebranto patrimonial causado por la conducta antijurídica de Iberdrola. La única causa de este incremento fue la negativa de Iberdrola a permitirle el acceso a sus redes, no amparada por el ordenamiento jurídico.*

Por otra parte, la perjudicada podía esperar razonablemente que las demandadas abandonaran en un breve plazo su negativa a permitirle el acceso a su red eléctrica, tanto más cuando la Comisión Nacional de la Energía había dado la razón a la demandante, por lo que estaba justificado acudir a esta solución de carácter provisional.

30 *[E]sta regla, consecuencia ineludible del principio de buena fe y entroncada con el principio de causalidad, no puede desenfocar el tratamiento que debe darse a las acciones de indemnización por daños y convertir lo que debiera ser el análisis de la ilicitud de la conducta, la existencia y cuantificación de los daños y la relación de causalidad entre una y otra, en un escrutinio de las habilidades de la víctima para eludir o reducir el daño que injustamente se le ha causado, haciendo recaer sobre el perjudicado la carga de probar que actuó racionalmente e hizo todo lo posible para evitar o reducir el daño, de modo que una prueba insuficiente sobre este aspecto supusiera la desestimación de su acción.*

Tampoco puede dar lugar a la exigencia al perjudicado de comportamientos heroicos o de aceptación de la actuación ilícita del tercero como si de una fatalidad se tratara, para evitar al infractor la obligación de indemnizarle, porque exceden de la conducta razonable que es exigible al perjudicado en la evitación o minoración del daño.

31 *[D]e aceptar las tesis del recurso [aceptar que Iberdola, S.A. suministrara la electricidad o incumplir los contratos y pagar las cláusulas penales acordadadas], se podría haber causado otro quebranto patrimonial para el perjudicado (la pérdida de prestigio empresarial, que resultaría seriamente dañado por el incumplimiento de los primeros contratos concertados en un nuevo mercado, la renuncia a introducirse en ese mercado, el pago de elevadas penali-*

El caso anterior permite ilustrar de manera clara como la infracompensación actúa como límite del deber de mitigar el daño. Así, no debe mitigarse cuando por ello pueda resultar un daño que no puede compensarse adecuadamente bien por problemas de imputación bien por problemas de prueba. En el caso expuesto, se trataría de la pérdida de reputación que sufre Hidroeléctrica del Cantábrico al aparecer como una compañía que no cumple los contratos o que se embarca en ellos de forma temeraria. No se trata de un daño moral, sino de una partida de daño patrimonial[32] —el

---

zaciones) que no solo podría haber sido de una importancia considerable, sino que además podían presentar problemas en la imputación objetiva a la conducta de las demandadas, y, en ciertas partidas, en su cuantificación, con los consecuentes perjuicios para quien fue víctima de una conducta ilícita de un grupo empresarial competidor por la dificultad de exigir su resarcimiento.

Por tanto, no puede considerarse que la conducta que se pretende exigir a la demandante para mitigar los daños causados por la conducta ilícita de las demandadas se ajuste a las exigencias de razonabilidad y proporción. La sentencia de la Audiencia tampoco incurre en la infracción legal denunciada.

[32] Art. 9:501 (2) PECL, art. 7.4.2 (2) Principios Unidroit o art. III.-3:701 (2) y (3) DCFR. Respecto a la Convención de Viena, el Comité Asesor entiende que sí es procedente la indemnización por pérdida de reputación con base en el art. 74. CISG AC: *Opinion No. 6…, cit.*

Se trata de diferenciar qué es lo indemnizado y puede considerarse un daño patrimonial cuando afecta al valor del negocio. Esto se dará cuando se pierdan ingresos o se pierdan oportunidades de negocio por la menor consideración que se tiene del negocio en sí.

DJORDJEVIĆ, M.: "CISG Art. 74", *cit.*, §§84-85; MANKOWSKI, P.: "CISG Art. 74 [Grundsätzliche Bemessesung des Schadenersatzes], en GRUNEWALD, B. (coord.): *Münchener Kommentar zum HGB*, Tomo 5, 5ª Ed., Beck, 2021, §§55-58.

Un ejemplo de esto lo encontramos en la Sentencia del Tribunal Regional de Darmstadt de 9 de mayo de 2000 (ECLI:DE:LGDARMS:2000:0509.10O72.00.0A). En este caso, la vendedora alemana fabricaba productos electrónicos y la compradora suiza los adquiría en su condición de mayoristas. Ambas tenían una relación de cooperación a largo plazo, de modo que el vendedor se comprometía a suministrar productos a precio competitivo, el margen que esperaba el comprador era del 12% y confiaba lo suficiente como para realizar inversiones en publicidad.

Concretamente, se juzga la entrega de 8000 reproductores de vídeo defectuosos. El comprador había reducido el precio a pagar y alega que sufre daños adicionales consistentes en un menor beneficio de la reventa al tener que bajar el precio, pérdida de utilidad de la inversión en publicidad y una menor reputación que cifra en al menos 500.000 CHF. Se trata de un caso sujeto a la Convención de Viena sobre Compraventa Internacional de Mercaderías.

El Tribunal considera que no queda acreditada la pérdida por la inversión en publicidad. Además, sostiene que el comprador no ha demostrado cuál es su pérdida de beneficios y que no es suficiente la alegación de haber esperado unos

valor de la imagen de compañía—. No podemos determinar de manera clara cuál es el alcance de este daño, puesto que resulta incierto o al menos es altamente complejo de valorar. Esto implicaría una desestimación de la demanda de resarcimiento de esta pérdida o la concesión de una indemnización inferior a la real al no ser posible definir cuál es el alcance del daño. Así, estaríamos ante un caso de infracompensación del daño, puesto que al menos una parte quedaría sin compensar.

Si se aceptara la defensa de Iberdrola, S.A., el daño seguramente resultante sería menor en términos globales. De este modo, estaríamos ante un daño compuesto por las consecuencias sufridas por Hidroeléctrica del Cantábrico al incumplir —el coste de abonar las cláusulas penales pactadas— y la pérdida de reputación de la compañía. Este daño, según parece por la estimación de Iberdrola, S.A. sería inferior a los casi 17 millones que exige Hidroeléctrica del Cantábrico. Dicho de otro modo, de haber aceptado Hidroeléctrica del Cantábrico la propuesta de Iberdrola, S.A. de que fuera la última la suministradora de electricidad, la pérdida sería inferior a la sufrida.

Sin embargo, esto implicaría una infracompensación para Hidroeléctrica del Cantábrico, puesto que no todo el daño que sufre se vería indemnizado por la incerteza acerca del mismo.

Así, se aprecia como la infracompensación actúa como límite al deber de mitigar el daño. En este punto, se permite que haya una pérdida mayor que la que ocurriría de haberse mitigado el daño para evitar que la parte que sufre el daño se vea infraindemnizada[33]. Es decir, el ordenamiento

---

márgenes de beneficio. En cuanto a la pérdida de reputación, el Tribunal afirma que no es posible obtener una indemnización por la pérdida de beneficios que le ocasiona el incumplimiento y simultáneamente sostener que se sufre una pérdida de imagen que reduce las ventas puesto que habría una sobrecompensación. De todos modos, considera que no está suficientemente acreditada la pérdida por lo que tampoco otorga indemnización por ello.

[33] A este respecto, GERGEN afirma:

A party may withhold performance in response to a clear breach, and may refuse non-conforming performance, to avoid suffering a loss that may not be adequately compensated by damages, even if withholding or refusing performance inflicts a disproportionate loss on the defaulter. The power to withhold performance in response to breach and the power to refuse non-conforming performance sometimes are limited to avoid forfeiture and unjust enrichment, but are not limited to avoid what has come to be called economic waste. There is no need to discuss conditions; it is well known that the law may excuse default of a condition to avoid forfeiture but that the law does not excuse default on the ground that fulfilling a condition imposes an unreasonable burden.

otorga una tutela al afectado que le permite exonerarse del deber de mitigar el daño para que su situación llegue a ser equivalente a la que tendría de no haberse producido el hecho dañoso.

Otro ejemplo para ilustrar este punto lo constituye el caso resuelto por la Corte Suprema de California conocido como *Parker v. 20th Century Fox*[34].

> Shirley Maclaine Parker era una actriz estadounidense a la que la productora 20th Century Fox contrató para filmar como protagonista el musical *«Bloomer Girl»*. Por ello, le iba a abonar semanalmente como mínimo 53.571,42$ y el período previsto de grabación era de catorce semanas, lo que hacía una cantidad de 750.000$. Antes de empezar a filmar, la productora decidió que ya no iba a realizar esta película, pero le ofreció a la actriz un papel de protagonista en el western *«Big Country, Big Man»*, con la misma remuneración, pero se grabaría en Australia y no en California.
>
> Ella rechazó esta oferta y demandó a la compañía por la remuneración pactada. La productora sostuvo que la actriz no había mitigado el daño y, por tanto, no tenía derecho a cantidad alguna.
>
> La Corte sostiene que la norma general obliga a mitigar el daño y en este caso sería mediante la aceptación de otro papel. Sin embargo, debido a la diferencia entre ambas películas el hecho de rechazar la segunda no supuso ninguna vulneración de la norma de mitigación, puesto que se trataba de un papel inferior y diferente. Por ello, la actriz no hubiera podido mostrar sus dotes como cantante y bailarina, sino solo como actriz. Por todo lo anterior se estima la demanda de la actriz.

Mediante este caso se observa que de haber aceptado la actriz el papel alternativo en el *western*, habría tenido una consideración por el público diferente a la que resultaría del musical. Esta diferencia sería indemnizable en el supuesto de que fuera menor su valoración y, por tanto, sufriera un daño. Sin embargo, este daño no podría valorarse, puesto que no se dispone de una medida que permita establecer su cuantía y no se compensaría. Por tanto, la actriz hubiera quedado en una situación peor de haber aceptado realizar el *western* porque habría una pérdida —la diferente percepción que se tiene de ella— que no podría haber visto indemnizada.

Este caso nos permite observar como el ordenamiento amparó que ella cobrara por una película que no llegó a realizar, por tanto, cobró pese a no realizar la prestación, para evitar que su situación fuera peor. El daño solo hubiera podido ser menor con su actuación si se considera que la pérdida

---

GERGEN, M.P.: "A theory of self-help remedies in contract", *Boston University Law Review*, Vol. 89, 2009, p. 1409.

34 3 Cal. 3d 176, 89 Cal. Rptr. 737, 474 P.2d 689 (1970).

de imagen que sufre es mayor que los 750.000$ que recibe. Dicho de otro modo, solo cuando el daño a la percepción que se tiene de ella fuera superior a la remuneración que recibe pese a no trabajar, estaríamos ante un supuesto en el que el bienestar conjunto es mayor que el que resultaría de haber aceptado ella el papel alternativo.

La sucesión de la empresa familiar y los search funds

CARMEN PÉREZ GUERRA
Doctora en Derecho
Profesora asociada de Derecho Mercantil de la Universidad Rey Juan Carlos (Profesor Contratado Doctor Acreditado).
Abogada Sacristán&Rivas S.L.P.

SUMARIO: I. INTRODUCCIÓN. II. CONCEPTO Y FUNCIONAMIENTO DE LOS SEARCH FUNDS. III. ORIGEN DE LA FIGURA DE LOS SEARCH FUNDS Y SU PANORAMA ACTUAL A NIVEL INTERNACIONAL Y NACIONAL. IV. LAS DUE DILIGENCE PARA LA ADQUISICIÓN DE UNA EMPRESA FAMILIAR CON LA INTERVENCIÓN DE UN SEARCH FUND. 4.1. Elementos diferenciadores de las due diligence en el marco de los Search Fund. 4.2. Las fases de los procesos de due diligence en el marco de los Search Fund. 4.3. Los ocho pilares fundamentales en las diligencias confirmatorias. V. CONSIDERACIONES FINALES.

I. INTRODUCCIÓN

La empresa familiar representa el 89% del tejido empresarial según datos del Instituto de Empresa Familiar[1]. El citado organismo pone de relevancia que este tipo de negocio se enfrenta y al problema de la sucesión, evidenciando que el 80% de las empresas familiares no llega a la tercera generación. El estándar de empresa familiar en España consiste en una empresa no demasiado grande, básicamente Pymes o medianas empresa. Como apuntábamos al inicio de este párrafo, entre los motivos que provocan el alto grado de mortalidad de la empresa familiar, se encuentra el traspaso generacional[2].

Atendiendo a la anterior necesidad, los *Search Fund se* postulan como una posible herramienta para resolver el problema de la sucesión en las empresas familiares[3]. Los *Search Funds* son vehículos de inversión de capital

---

1 Instituto de Empresa Familiar. Cifras. Puede consultarse en: Cifras empresa familiar – Instituto de la Empresa Familiar (iefamiliar.com)

2 PUIG CASTÁN, A.: "Empresa familiar: Proceso de sucesión y plan de sucesión" en *Cuadernos Prácticos de Empresa Familiar, nº 4, 2016*, pág. 64

3 MOLINA H. e HITA,E.: "'Search funds' el nuevo 'asset class' para invertir en pymes" en Cinco Días 5 de marzo de 2023. Puede consultarse en: 'Search funds' el nuevo 'asset class' para invertir en pymes (elconfidencial.com)

privado que tienen como objetivo buscar financiación para adquirir una empresa con potencial crecimiento. Por consiguiente, nos encontramos ante un proceso, a través del cual uno o varios emprendedores recibe capital de un grupo de inversores para adquirir una compañía.[4] Debemos recalcar que los *Search Funds* buscan empresas que sean rentables, con márgenes de doble dígito, no intensivas en capex, sin deuda y preferiblemente no muy complejas (no es habitual la adquisición de fábricas). Además, el emprendedor que acude a los *Search Fund* o fondos de búsqueda tiene una formación muy elevada pero no tiene experiencia en la dirección de una compañía, por lo que el *expertise* en este campo lo suele aportar el "nuevo" consejo de administración de la empresa adquirida, formado por los inversores, así que es vital la asunción de cierto margen de error en la etapa inicial. Los fondos de búsqueda generalmente se estructuran como sociedades de responsabilidad limitada o sociedades de capital riesgo. La apuesta de los financiadores es el quién y no el qué.

La instrumentalización jurídica de estos contratos pasa por la constitución de una sociedad limitada o sociedades de capital riesgo, posteriormente, se dota de capital al *Searcher* (el jóven emprededor) para que comience la búsqueda y, una vez identificado el objetivo, se realiza una *due diligence* de la empresa objeto de adquisición, consistente en la investigación y recopilación de la información legal, financiera, sus activos y pasivos, contratos, su estructura organizativa, valorización de sus activos, etc., para minimizar los riesgos asumidos por los nuevos accionistas, a la par se determina un valor patrimonial que puede usarse para el establecimiento del valor de la transacción, formalizándose, posteriormente, la compraventa de la empresa. En el presente trabajo nos vamos a ocupar de conocer qué son y cómo funcionan los *Search Fund*, así como de explicar las especialidades de las *due diligences* en el marco de una operación de adquisición de empresas en las que interviene un fondo de búsqueda.

II. CONCEPTO Y FUNCIONAMIENTO DE LOS SEARCH FUNDS

Antes de comenzar el análisis y la evolución de la figura debemos partir de una conceptualización de la misma. Así las cosas, los *Search Funds* son

---

4 GALISTEO, A., "Search Fund: un instrumento para emprendedores que buscan pyme". Expansión, 3 de julio de 2018. Disponible en http://www.expansion.com/pymes/2018/07/03/5b3b628922601d9d538b4651.html

vehículos de inversión de capital privado que tienen como objetivo buscar financiación para adquirir una empresa con potencial crecimiento. Por consiguiente, nos encontramos ante un proceso, a través del cual uno o varios emprendedores recibe capital de un grupo de inversores.[5] Debemos recalcar que los *Search Funds* buscan empresas que sean rentables, con márgenes de doble dígito, no intensivas en capex (*capital expenditure),* sin deuda y preferiblemente no muy complejas (no es habitual la adquisición de fábricas)[6]. Además, el emprendedor que acude a los fondos de búsqueda no tiene experiencia en la dirección de una compañía, por lo que el *expertise* en este campo lo suele aportar el "nuevo" consejo de la empresa, formado por los inversores, así que es vital la asunción de cierto margen de error en la etapa inicial.

Los fondos de búsqueda generalmente se estructuran como sociedades de responsabilidad limitada. Si bien es cierto que el perfil típico del cliente que acude a un buscador de fondos es un graduado de MBA, relativamente joven, que no tiene una experiencia previa en la gestión general de una compañía. Antes de realizar algún tipo de movimiento a la hora de buscar financiación para poder poner en práctica su proyecto, el emprendedor debe realizar un plan de negocio donde se describa lo que espera adquirir, enfatizando en el proceso de adquisición y los criterios para su realización. Este documento se utiliza para atraer el capital de un grupo de inversores privados que no sólo van a financiar el proyecto, sino que también van a proporcionar asesoramiento y asistencia en la dirección de la compañía[7]. Esta recepción de capital se efectúa en dos grandes fases:

> En la primera fase se recibe un capital inicial con el fin de poder buscar una empresa, para ser objeto de adquisición, durante un plazo de 18 a 24 meses.
>
> En la segunda, se obtiene el capital necesario para financiar la adquisición de la empresa seleccionada durante el proceso de búsqueda. De esta manera, una vez se ha completado la adquisición, el emprendedor se convierte en CEO de la empresa adquirida, y comienza a poner en marcha su plan de crecimiento, con el objetivo de incrementar sustancialmente el valor de la compañía.

Llegados a este punto la pregunta brota espontánea, ¿qué obtienen los inversores? Este incremento de valor de la compañía les va a generar re-

---

5 *Ob cit. GALISTEO, A.,* " … ".

6 Capex: Consiste en la inversión en capital o inmovilizado fijo que realiza una empresa para adquirir, mantener o mejorar su activo no corriente. Economipedia. CAPEX – Qué es, definición y concepto | 2023 | Economipedia

7 Stanford graduate school of business "SEARCH FUNDS—2003: What has changed since 2001?". Case number: E-162. June 24, 2003

tornos atractivos, por lo que, en resumen, podemos señalar que el ciclo de vida de un *Search Fund* se divide en cuatro etapas[8]:

1. Captación del capital inicial para comenzar la búsqueda de la empresa objeto de adquisición.
2. La fase de búsqueda y adquisición. En este período el emprendedor identifica industrias y compañías atractivas de entre 20 a 50 empleados que tengan una facturación entre 5 y 30 millones[9] y que puedan tener un problema de sucesión en los próximos años, y comienza a negociar la compra de la empresa seleccionada, recibiendo de los inversores el capital necesario para la compra.
3. La fase de gestión y crecimiento. En este caso, el emprendedor se convierte en el CEO de la empresa y, junto con la experiencia y respaldo de los inversores, pone en marcha un plan de crecimiento. En ocasiones, se incorporan algunos inversores al consejo de dirección.
4. La fase final de salida de la compañía. Por último, una vez cumplido los objetivos del plan de crecimiento, el emprendedor busca una salida para los inversores vía venta a un *private equity*, su salida a bolsa, o bien, recompra de las acciones a los inversores por la propia empresa.

Veamos un cuadro ilustrativo de las etapas de funcionamiento de los Search Funds:

FIGURE A | THE SEARCH FUND LIFE CYCLE

A detailed explanation of the search fund model is included in the first part of the Appendix, "What Is a Search Fund?," beginning on page 30. Also, Stanford GSB's *Search Fund Primer*[3] more deeply examines the formation, search, and acquisition stages.

Fuente: Pág. 3 del Search Fund Study Selected Observations. Graduate School of Stanford Business.

---

8 Página web: *https://www.searchfundspain.com/definicion*

9 OTTO, C. "El 'cazador' español de empresas: "Tengo 300.000 euros y tres años para comprar una" ".Disponible en El Confidencial, 19 de julio de 2018: https://www.elconfidencial.com/tecnologia/2016-07-19/search-funds-emprendimiento-inversion-capital-riesgo_1232004/

En definitiva, los *Search Funds* ofrecen a los jóvenes empresarios con un alto grado de formación la oportunidad de entrar en negocios consolidados y comenzar a gestionarlos con el objetivo de formarse como CEO de una compañía y conseguir generar rendimientos y la solución a los problemas de sucesión empresarial existentes en nuestro país. Por su parte, los inversores adelantan capital con el objetivo de poder obtener una buena rentabilidad, no solo por el desembolso realizado, sino también por las labores de asesoramiento en la gestión de la compañía[10].

III. ORIGEN DE LA FIGURA DE LOS SEARCH FUNDS Y SU PANORAMA ACTUAL A NIVEL INTERNACIONAL Y NACIONAL

El origen de la figura de los S*earch Funds* o fondos de búsqueda lo encontramos en la década de los 80 en los EE. UU, cuando algunos estudiantes de MBA de las universidades de Stanford y Harvard se dieron cuenta de las dificultades que encontraban a la hora de montar su propia empresa, puesto que, para captar la atención de un fondo de capital riesgo tenían que someterse a una regulación muy estricta, de ritmos lentos. Si, optaban por la opción de la *start up* con recursos propios, tardaban unos 15 años en recuperar la inversión y empezar a ganar dinero[11].

El IESE en colaboración con Stanford Graduate School of Business, el IESE ha publicado su informe bienal sobre fondos de búsqueda (*search funds*) internacionales 2022[12], que abarca los fondos de todo el mundo (con excepción de Estados Unidos y Canadá). La sexta edición de este informe internacional señala que el modelo de fondos de búsqueda está madurando en Europa y América Latina, mientras se abre camino en África y Asia, siendo los resultados extraídos a escala internacional similares a los ocurridos en el lugar de origen de este modelo a lo largo de los años, según indica otro informe de Stanford que rastrea 526 fondos creados en Estados Unidos y Canadá desde 1984[13]. El documento analiza 211 fondos

10 PÉREZ GUERRA, C.: "Los "Search Funds" como un nuevo modelo de captación de capital privado" en *Anuario Capital Riesgo*, 2018, págs. 273-293.

11 Página web Stanford University: https://www.gsb.stanford.edu/faculty-research/case-studies/2018-search-fund-study-selected-observations

12 Página web IESE: España, México, Brasil y Reino Unido lideran los 'search funds' fuera de Estados Unidos y Canadá | IESE Insight

13 Página web Standford University: https://www.gsb.stanford.edu/faculty-research/case-studies/2022-search-fund-study-selected-observations

de búsqueda internacionales existentes a diciembre de 2021, en sus diferentes etapas de ciclo vital, acompañamos cuadro ilustrativo de los datos:

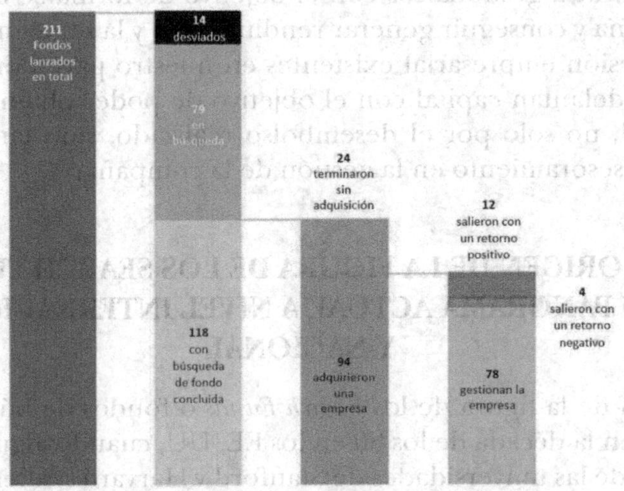

Fuente: Nota de prensa IESE España, México, Brasil y Reino Unido lideran los 'search funds' fuera de Estados Unidos y Canadá | IESE Insight

Como se desprende del gráfico, hasta el momento solo se han producido 16 salidas más allá de las fronteras de Estados Unidos y Canadá, obteniendo 12 de ellas, con un retorno positivo y 4 con retorno negativo. Según el Informe, el reducido número de salidas se debe, parcialmente, a la novedad del modelo fuera de EE.UU y Canadá; produciéndose tras un período de 5 a 10 años.

El informe refleja que al igual que en el mercado estadounidense, los fondos de búsqueda internacionales han ido cobrando impulso y alcanzando máximos nunca vistos. Así las cosas, en 2021, se batió el récord de 44 fondos de búsqueda internacionales de nueva creación, algunos de ellos, constituyen la primera presencia documentada del modelo en nueve países: Bélgica, República Checa, Egipto, Costa de Marfil, Letonia, Paraguay, Rusia, Corea del Sur y Suecia. Otra cifra récord del año pasado fueron las 23 nuevas adquisiciones de empresas por parte de los buscadores, un signo de que el modelo se está consolidando y se produjeron dos nuevas salidas, como indica el siguiente gráfico. Acompañamos cuadro ilustrativo de los anteriores datos:

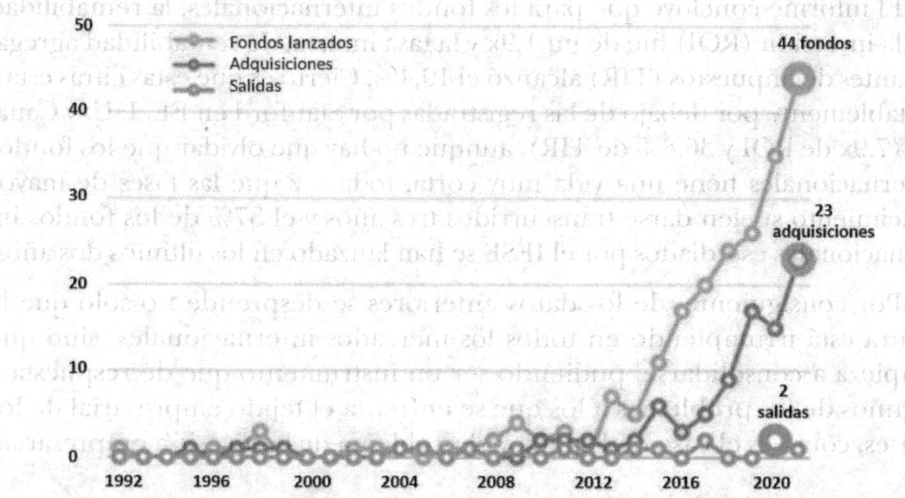

Fuente: Nota de prensa IESE España, México, Brasil y Reino Unido lideran los 'search funds' fuera de Estados Unidos y Canadá | IESE Insight

A nivel nacional, el documento destaca que el modelo internacional se ha lanzado con mayor frecuencia en España (con 42 fondos primerizos emprendidos a lo largo de los años analizados) y México (con 37). Les siguen Brasil y Reino Unido (ambas con 24 fondos), como se puede observar en el mapa inferior. Acompañamos mapa ilustrativo de el número de fondos internacionales a diciembre de 2021:

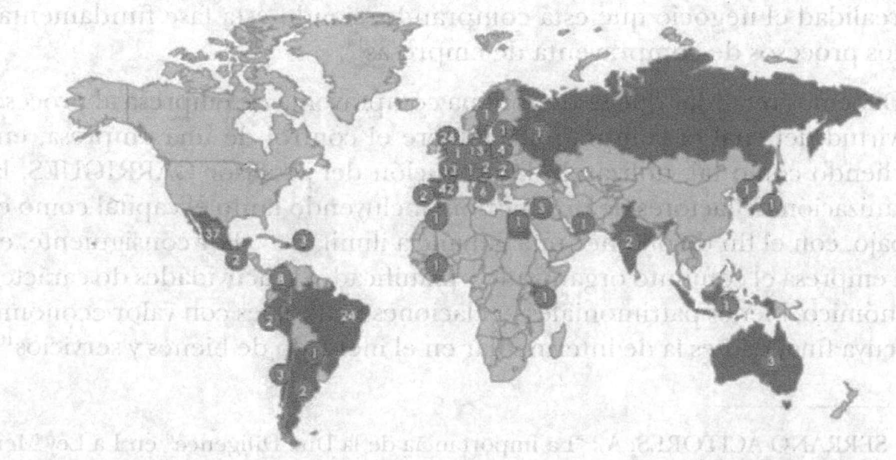

Fuente: Nota de prensa IESE España, México, Brasil y Reino Unido lideran los 'search funds' fuera de Estados Unidos y Canadá | IESE Insight

El informe concluye que para los fondos internacionales, la rentabilidad de la inversión (ROI) fue de un 1,9x y la tasa interna de rentabilidad agregada antes de impuestos (TIR) alcanzó el 19,4%. Cierto es que estas cifras están notablemente por debajo de las registradas por Stanford en EE. UU. y Canadá (7.9x de ROI y 36,8% de TIR), aunque no hay que olvidar que los fondos internacionales tiene una vida muy corta, toda vez que las fases de mayor crecimiento suelen darse transcurridos tres años y el 37% de los fondos internacionales estudiados por el IESE se han lanzado en los últimos dos años.

Por consiguiente, de los datos anteriores se desprende no sólo que la figura está irrumpiendo en todos los mercados internacionales, sino que empieza a consolidarse, pudiendo ser un instrumento que dé respuesta a algunos de los problemas a los que se enfrenta el tejido empresarial de los países, como es el caso de España y el problema de la sucesión empresarial.

IV. LAS DUE DILIGENCE PARA LA ADQUISICIÓN DE UNA EMPRESA FAMILIAR CON LA INTERVENCIÓN DE UN SEARCH FUND

Una vez que el aspirante a CEO (*Searcher*) de la compañía objeto de adquisición a través del fondo de búsqueda, identifica con éxito un objetivo viable, debe acometer un proceso de *due diligence*, esto es, tiene que someter esa empresa a un proceso de evaluación detallado, con el fin de determinar si el negocio que el emprendedor cree que está comprando es en realidad el negocio que está comprando, siendo esta fase fundamental en los procesos de compraventa de empresas[14].

Debemos recordar que se denomina compraventa de empresa al proceso en virtud del cual el comprador adquiere el control de una empresa, entendiendo como tal, utilizando la definición del profesor GARRIGUES, la organización de factores de producción, incluyendo tanto el capital como el trabajo, con el fin de obtener una ganancia ilimitada[15]. Por consiguiente, es una empresa el conjunto organizado y planificado de actividades de carácter económico, bienes patrimoniales y relaciones materiales con valor económico, cuya finalidad es la de intermediar en el mercado de bienes y servicios[16].

---

14 SERRANO ACITORES, A.: "La importancia de la Due Diligence" en La Ley Mercantil, nº 36, mayo de 2017, pág. 3.

15 GARRIGUES, J., *«Curso de derecho mercantil»*, Imprenta Aguirre, Madrid, 1976.

16 LUCEÑO OLIVA, J.L.: "Las manifestaciones y garantías en la compraventa de empresa. El seguro de manifestaciones y garantías", en *Diario La Ley, nº 9614, Sección Tribuna,* 16 de abril de 2020, pág. 1.

La operación de compraventa de empresa debe permitir a la parte compradora tomar el control de la empresa, esto es, poseer, tras la compraventa, la mayoría de los derechos de voto o designar o destituir a la mayoría de los miembros del órgano de administración, tal y como señala el art. 42 C.c. Dicho proceso puede revestir en el tráfico jurídico dos formas, principales: i) la adquisición o compraventa de los activos de la empresa *(asset deal)* y ii) la adquisición o compraventa de las participaciones o acciones de la sociedad de capital titular de los citados activos *(share deal)*, y siempre que, a través de la operación se adquiera el control de la empresa, porque, de lo contrario, estaríamos ante una mera compraventa de activos o compraventa de participaciones sociales o acciones y no ante una compraventa de empresa[17]. En el primer caso la parte vendedora es la propia empresa, el objeto de la compraventa son los activos de la misma y la vendedora responde por los vicios ocultos de los activos transmitidos conforme establece nuestro Código Civil, de ahí la importancia de realizar una *due diligence* exhaustiva. Por su parte, en el proceso de compraventa de las participaciones o acciones, la parte vendedora son los socios y la parte compradora adquiere la titularidad de la empresa mediante la compra directamente de las participaciones sociales o acciones, sin que se modifiquen las relaciones jurídicas que ésta mantiene con terceros, por lo que tratándose de un contrato atípico, suele ser habitual la asunción de responsabilidades y el otorgamiento de garantías por la parte vendedora a la parte compradora a través de la incorporación al contrato de compraventa de las denominadas «manifestaciones y garantías»[18].

A continuación, analizaremos cómo se desarrolla el proceso de *due diligence* en el ámbito de las operaciones efectuadas a través de un *Search Fund*, teniendo en cuenta que el ámbito de riesgo de la empresa no es solamente aquél que generan sus productos y servicios, sino también de poder y hacerse cargo de sus clientes o socios de negocio como fuentes de peligro[19].

4.1. Elementos diferenciadores de las due diligence *en el marco de los Search Fund*

El enfoque y el contenido de las *due diligence* en el marco de los *Search Fund* es distinto a los de cualquier adquisición o fusión empresarial tradicional, porque los activos de los fondos de búsqueda son sustancialmente

---

17 *Ob. cit. LUCEÑO OLIVA, J.L.: "…", pág. 1.*

18 *Ob. cit. LUCEÑO OLIVA, J.L.: "…", pág. 1.*

19 DE CARLOS OLIVEIRA, A.C.: "The legal nature of due diligence obligations vis-à vis customers and business partners" en *La Ley compliance Legal, nº 12, Sección Estudios*, Primer Trimestre de 2023, pág. 1

más pequeños y los proyectos tienden a tener presupuestos financieros y de tiempo limitados. Entendemos que hay tres factores distintivos importantes en este tipo de operaciones en las que intervienen fondos de búsqueda: presupuestos bajos, información de baja calidad y vendedores poco sofisticados[20].

En cuanto al primer factor relativo a los presupuestos bajos (*low budget*) debemos señalar que la mayoría de las grandes empresas y entornos de capital privado se definen por grandes presupuestos, listas de verificación integrales y extensos materiales para revisar. En los *Search Fund* la *due diligence* se caracteriza por una escasez de recursos, lo que requiere que los *Searcher* hagan distinciones entre lo que, realmente, se necesita saber del negocio. Así las cosas, en lugar de gastar dinero en cada solución potencial, los emprendedores de fondos de búsqueda priorizan las preguntas para encontrar formas inteligentes, rápidas y eficientes para responderlas. A pesar de no contar con muchos recursos, se ha de tener en cuenta que los emprendedores del fondo de búsqueda cuentan con muchos expertos dispuestos a ofrecer asesoramiento gratuito, normalmente los propios inversores, permitiéndoles la obtención de ayuda a coste cero[21].

En relación con el segundo factor relativo a la información de baja calidad (*low-quality information*) debemos partir de la base que los procesos tradicionales son procesos integrales que requieren muchos recursos y que incluyen la intermediación bancaria, abogados experimentados, plazos de gestión de proyectos estrictos y multitud de profesionales de ambas partes que agregan documentos financieros, legales y comerciales, generándose información de alta calidad y confianza sobre la empresa objetivo de adquisición. Esto no ocurre en los procesos de d*ue diligenc*e de los *Search Fund*, toda vez que es frecuente que el *Searcher* se encuentre con información desorganizada o incompleta, como por ejemplo la proporción de un número limitado de contratos de clientes. Además, los *Searchers* tienen sus propias restricciones, teniendo en cuenta que, normalmente, es la primera vez que se enfrentan a este proceso, sin intermediarios experimentados que representen a compradores o vendedores.

En tercer y último lugar, sobre los vendedores poco sofisticados (*unsophisticated sellers*), cabe destacar que los *Searcher* se van a encontrar con pro-

[20] HOWSON, P.: *Due Diligence: The Critical Stage in Mergers and Acquisitions.* London; New York, Routledge, Taylor Et Francis Group, 2017, págs. 77–104.

[21] SETH JACOBS, A. y WASSERSTEIN, A.J.: "On the Nature of Due Diligence in a Search Fund Acquisition" en *Yale Case,* 6 de mayo de 2022, pág. 3.

pietarios que venden un negocio por primera vez, por lo que éstos, no van a emplear altos niveles de tiempo, información, esfuerzo y negociación, como ocurre en los procesos de diligencia y venta tradicionales, pudiéndose incluso sentir incómodos ante preguntas más incisivas sobre su negocio, aumentando los niveles de fatiga a medida que pasan los días del proceso de *due diligence.* Por consiguiente, los *Searcher* se enfrentan a una enorme responsabilidad a la hora de establecer las expectativas de los vendedores, comunicarse con ellos de forma frecuente y transparente y cultivar la confianza del vendedor a través de una amplia gestión de las relaciones. El objetivo de la diligencia con respecto al vendedor no es simplemente proponer un trato justo y convencerlo de cerrarlo, sino más bien, asegurar una transferencia fluida del "capital de esfuerzo", la propiedad intelectual de la empresa y el ingrediente secreto que genera valor. Una relación sólida entre comprador y vendedor es el mayor factor de confianza para los inversores, en relación con la transferencia, sin problemas, de los activos y el éxito después de la adquisición[22].

4.2. Las fases de los procesos de due diligence *en el marco de los Search Fund*

Las dos formas de *due diligence* que realizará un *Searcher* consistirá en una diligencia preliminar antes de emitir una carta de intenciones (en adelante LOI, por sus siglas en inglés) y la diligencia confirmatoria después de que el vendedor y el comprador del fondo de búsqueda hayan firmado una LOI. La diligencia preliminar abarca todas las investigaciones y pruebas realizadas antes de que la oferta de compra (la carta de intenciones), se comparta con el vendedor. Por el contrario, la diligencia confirmatoria incluye toda la diligencia realizada durante el período de exclusividad de 90 días (o más) que proporciona la carta de intenciones, por lo que la mentalidad y los objetivos del *Searcher* difieren en estos dos pasos.

La diligencia preliminar se realiza en las últimas etapas del proceso de búsqueda de acuerdos, cuando el *Searcher* ha identificado una empresa objetivo que se ajusta a sus criterios, se ha puesto en contacto con el vendedor y está elaborando una carta de intenciones. En este momento, los puntos de decisión se centran en si se debe presentar una carta de intenciones y, de ser así, qué precio no vinculante se ha de ofrecer. En caso de presentarse, se ha de tener en cuenta que en la misma se ha de demostrar conocimientos sobre el negocio y redactarse con buenas intenciones; puesto que, de lo contrario, es posible que los vendedores no consideren la oferta. Si

22 *Ob cit. SETH JACOBS, A. y WASSERSTEIN, A.J.: "…", pág. 4.*

bien es cierto que en esta fase se invierten pocos recursos en el asesoramiento legal, se ha de tener en cuenta todas las cuestiones que podrían influir en la decisión de la carta de intenciones, como por ejemplo, derechos de propiedad intelectual, categorización de trabajadores, cuestiones sobre privacidad tecnológica, temas regulatorios e intervención gubernamental, entre otras, por lo que entendemos que, en esta fase, conveniente contar con asesoramiento legal, toda vez que, esta fase es de vital importancia, pues de no realizarse adecuadamente, podría provocar una pérdida de tiempo y dinero en el futuro. Se ha de tener en cuenta que tomar una decisión acertada depende, en gran medida, de la precisión de los criterios de búsqueda del *Searcher*[23].

En cuanto al precio contenido en la carta de intenciones, los *Searchers,* en esta fase, suelen utilizar un modelo de valoración simple, utilizando fuentes primarias, normalmente, la información financiera suministrada directamente vendedor. También pueden utilizar bases de datos y herramientas secundarias, como por ejemplo, *S&P Capital IQ, Yahoo! Finance y Pitchbook,* con el objetivo de comprobar los promedios de desempeño y múltiplos comerciales de negocios comparables[24].

Además de lo anterior, este proceso sirve al *Searcher* para evaluar el carácter y la motivación del vendedor, debiéndose utilizar esta fase como el comienzo de la construcción de una relación con el vendedor, comprendiendo cómo los vendedores se han preparado para vender, con el fin de verificar la disposición real del vendedor. Esta fase es de vital importancia, pero es la más difícil de gestionar, porque los vendedores no suelen entregar la información comercial completa hasta que no hay una oferta en firme, por lo que los *Searcher,* frecuentemente, cuentan con datos incipientes y señales descifradas de conversaciones con el propietario, lo que supone que hay menos barreras de seguridad en forma de comentarios de asesores externos, que rara vez participan en este paso. Se ha de tener en cuenta que la diligencia preliminar no está sujeta al reloj de un período de exclusividad de 90 días, lo que genera grandes riesgos intangibles en forma de costes de oportunidad[25].

---

23 MAZUMBER, V., WASSWETEING, A.J.M AGNEW, M., O´CONNOR, B.: "On the Nature of Economic Characteristics. Selection criteria to consider when acquiring a business", *en Yale Case,* 25 de junio de 2025, págs. 2 y ss.

24 *Ob cit. SETH JACOBS, A. y WASSERSTEIN, A.J.: "…", pág. 5.*

25 *Ob cit. SETH JACOBS, A. y WASSERSTEIN, A.J.: "…", pág. 5.*

Después la firma por las partes de la carta de intenciones, comienza la diligencia confirmatoria. Mientras que la diligencia preliminar a menudo se centra en preguntas más amplias relacionadas con la industria o las operaciones comerciales, la diligencia confirmatoria permite a los investigadores profundizar en áreas de contenido específicas, siendo éstas las siguientes:

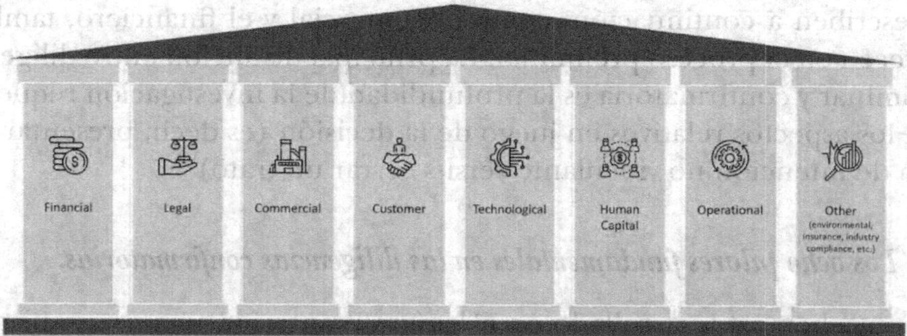

Fuente: SETH JACOBS, A. y WASSERSTEIN, A.J.: "On the Nature of Due Diligence in a Search Fund Acquisition" en *Yale Case*, 6 de mayo de 2022, pág. 2.

Acompañamos cuadro ilustrativo del calendario de la *due diligence*, teniendo en cuenta todas las fases del proceso:

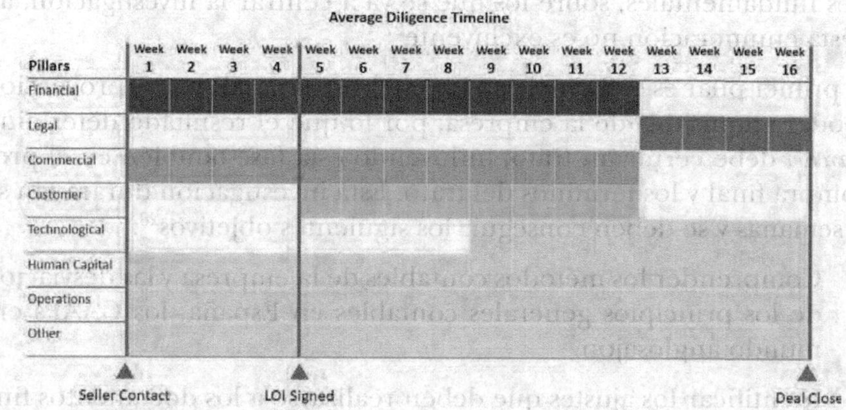

Fuente: SETH JACOBS, A. y WASSERSTEIN, A.J.: "On the Nature of Due Diligence in a Search Fund Acquisition" en *Yale Case*, 6 de mayo de 2022, pág. 17.

Principalmente, el resultado de esta diligencia sirve para tomar la decisión de cerrar el trato o no. En esta fase, el trabajo será más sólido que en la diligencia preliminar, replanteando las perspectivas e intentando descubrir cualquier señal de alerta, todo mientras se construye una relación sólida con el vendedor. Además, el *Searcher* comenzará a contratar expertos funcionales e incurrirá en gastos con asesores financieros, legales y otros asesores externos. Lo anterior, no significa que el *Searcher* pase a un segundo plano, más al contrario, puesto que dará los primeros pasos dentro de cada pilar de análisis, dando sentido a los informes de los diferentes asesores, gestionando la relación con el vendedor, entre otras. Las tareas que intervienen en la diligencia preliminar y confirmatoria no son mutuamente excluyentes. Algunos de los ocho pilares de la diligencia confirmatoria que se describen a continuación, como el comercial y el financiero, también aparecen en el proceso preliminar. La principal distinción entre diligencia preliminar y confirmatoria es la profundidad de la investigación requerida para los aspectos relativos en juego de la decisión (es decir, presentar una carta de intención no vinculante versus cerrar un trato)[26].

4.3. Los ocho pilares fundamentales en las diligencias confirmatorias.

Como hemos desarrollado en el epígrafe anterior, una vez se firma la carta de intenciones, comienza la fase de las diligencias confirmatorias, contando el *Searcher* con infinidad de herramientas (asesores externos), para llevar a cabo una investigación integral de la empresa y tomar la decisión final, es decir, si se procede a la adquisición de la misma por ser una buena inversión o si se retira. Con este conjunto de herramientas, hay ocho pilares fundamentales, sobre los que se va a centrar la investigación, aunque esta enumeración no es excluyente[27].

El primer pilar es el financiero. En este caso se analizan las proyecciones del poder adquisitivo de la empresa, por lo que el resultado determina si el *Searcher* debe cerrar un trato, influyendo esta fase también en el precio de compra final y los términos del trato. Esta investigación durará tan solo unas semanas y se deben conseguir los siguientes objetivos[28]:

- Comprender los métodos contables de la empresa y las desviaciones de los principios generales contables en España, los GAAPs en el mundo anglosajón.
- Identificar los ajustes que deben realizarse a los documentos financieros existentes.

---

26 *Ob cit. SETH JACOBS, A. y WASSERSTEIN, A.J.: "…", págs. 5 y 6.*

27 FOREST, L.: "From Searcher to CEO: Analyzing and Mitigating Acquisition Transaction Risk", en *Live Oak Bank,* 2021.

28 *Ob cit. SETH JACOBS, A. y WASSERSTEIN, A.J.: "…", pág. 1.*

- Traducir hipótesis cualitativas sobre el crecimiento empresarial en pronósticos cuantitativos.

Esta investigación no la lleva a cabo simplemente el *Searcher*, sino que cuenta con asesores externos expertos en este tipo de diligencias financieras, que participan, activamente, en esta labor. Téngase en cuenta que estos expertos no asumen ninguna responsabilidad, no siendo su labor la realización de una recomendación general sobre si adquirir el negocio, porque esa decisión recae en el *Searcher*, que es el principal responsable de elaborar la narrativa financiera, mediar entre las partes y tomar decisiones informadas, basadas en los hallazgos de los expertos independientes[29].

Los dos primeros pasos de la diligencia financiera son la prueba de efectivo y la calidad de las ganancias (*Quality of earnings, QofE*). La prueba de efectivo es un indicador de la capacidad de un negocio para hacer frente a sus obligaciones a corto plazo (menos de un año) y mide la facilidad con la que un activo puede ser convertido en dinero para pagar sus deudas, algo muy necesario para el correcto funcionamiento de una empresa. Los datos obtenidos en esta prueba añaden credibilidad al negocio y confirma que se está intercambiando dinero. Por ejemplo, si una empresa afirma tener €5 millones en ingresos, la prueba de análisis de efectivo esperar ver y verificar €5 millones de depósitos en efectivo en la cuenta bancaria. Además, si los gastos suman €4 millones, la expectativa es que €4 millones también se reflejen en el número de desembolsos[30].

En cuanto a la calidad de las ganancias, se tiene que analizar tanto el futuro como el pasado, esto es, normalizando las ganancias pasadas y utilizándolas para pronosticar las futuras. Para realizar este ejercicio, se utilizaran documentos históricos, primero se ajustarán las partidas para obtener el EBITDA normalizado. Los motivos de realización de estos ajustes de normalización podrían incluir las siguientes cuestiones: i) convertir la contabilidad de efectivo a contabilidad de acumulación, ii) eliminar o distribuir uniformemente gastos o ingresos únicos, iii) arreglar partidas fuera del período, iv) ajustar la compensación no monetaria y v) resolver los métodos de depreciación y amortización[31]. Con estos datos, se puede configurar o confirmar una tesis financiera de cómo será el negocio en el futuro. Estos pronósticos denominados EBITDA normalizado proforma,

---

29 *Ob cit. SETH JACOBS, A. y WASSERSTEIN, A.J: (…), pág. 3.*

30 Due Diligence Checklist. Brainyard | NetSuite. https://www.netsuite.com/portal/assets/pdf/brainyard-due-diligence-checklist.pdf.

31 *Ob cit. SETH JACOBS, A. y WASSERSTEIN, A.J.: "….", pág. 2.*

incluyen el ajuste histórico y las sinergias y cambios operativos esperados[32].

Después de comprobar el efectivo y la calidad de las ganancias, los *Searchers* deben asegurarse de tener en cuenta las cuestiones fiscales. Si bien la mayoría de las empresas pequeñas son entidades de flujo continuo, lo que significa que las obligaciones tributarias en un año determinado normalmente pasan a un propietario en ese año, también es cierto que un nuevo propietario podría ser responsable de un impago o un pago insuficiente de las obligaciones fiscales de la empresa, por lo que esta cuestión ha de ser tenida en cuenta[33].

La vinculación del capital de trabajo es el paso final de la diligencia financiera. El capital de trabajo es el flujo de efectivo requerido para hacer frente a la operación del día a día (para pago a proveedores, para pago de nómina, para enfrentar gastos fijos). También se le conoce como fondo de maniobra, refiriéndose al conjunto de decisiones de operación, inversión y financiamiento que se aplican en un período determinado y su adecuada vinculación con los objetivos de corto plazo del negocio, con impacto en el largo plazo. La combinación de este tipo de decisiones debe estar orientada a la maximización del valor de la empresa y debe ser congruente con la misión, visión y metas de la empresa y deben estar sumamente interrelacionadas. Esta se considera una de las áreas más complejas del proceso de negociación. Para evitar pagar de más por una empresa, el *Searcher* y su equipo deben tener una comprensión granular de las partidas del balance que tienen un impacto en la valoración económica del acuerdo (categorías como cuentas por cobrar, cuentas por pagar e inventario) hasta la fecha exacta prevista del cierre del acuerdo[34].

En este tipo de investigaciones, los *Searcher* deben estar atentos a las facturas que pueden no ser transacciones de buena fe y pueden haberse emitido sólo para amplificar los ingresos y las ganancias como parte de un plan de fachada en anticipación de una venta. También deben examinar de cerca las reservas y los gastos de deudas incobrables para garantizar que existan supuestos contables razonables. La subestimación de las deudas incobrables da como resultado una exageración de las ganancias. Otra

---

32 THRESH, G.: *Five key due diligence issues that can derail a search fund transaction.* Puede consultarse en: Five key due diligence issues that can derail a search fund transaction (buzzacott.co.uk)

33 RUBACK, R. S. y ROYCE Y.: *HBR Guide to Buying a Small Business.* Boston, Harvard Business School Publishing, 2017, págs. 161–173 y págs. 209–229.

34 *Ob cit. SETH JACOBS, A. y WASSERSTEIN, A.J.: "…", pág. 7.*

cuestión relevante, es descubrir si algún cliente está a punto de terminar su relación con la empresa objetivo de adquisición. Finalmente, el *Searcher* debe confirmar que el vendedor no ha hecho ninguna promesa, antes de vender, como por ejemplo, alguna compensación de los empleados para períodos futuros, pudiendo ser un pasivo contingente no registrado que recae financieramente en el comprador[35].

El segundo pilar es el legal. El objetivo de la diligencia es comprender las promesas y acuerdos pasados de una empresa y la legitimidad de la entidad y sus directores. Dependiendo de la información descubierta en esta fase, es posible que se solicite a los abogados del comprador o del vendedor que creen documentos legales para aclarar cualquier problema de propiedad, título y transferencia que no esté claro. Nos encontramos ante una fase fundamental puesto que el resultado de la misma mitiga las preocupaciones de los inversores, protegiendo al que va a ser el nuevo CEO de la compañía contra las acciones legales de terceros y facilitando el funcionamiento fluido y continuo del negocio. La diligencia legal comienza tras la firma de la carta de intenciones. Los asesores legales proporcionarán al *Searcher* unas listas de verificación generales de los contratos y documentos que han de revisarse. En esta tarea, para establecer la prioridad con respecto a la revisión de los documentos, los buscadores habrán de centrarse en sus supuestos legales destacados para operar el negocio y generar valor, esto es, ¿qué activos, personas, clientes, proveedores, etc., necesita retener el *Searcher* para seguir manteniendo la confianza en la operación? Obviamente, lo primero que habrá de revisarse es la estructura de propiedad de la empresa, verificando que esté al día con todas sus obligaciones fiscales y legales, así como confirmando su identidad y capacidad para participar en una transacción del negocio en el momento y ubicación actuales[36]. El cotejo de estas circunstancias lo llevan a cabo los asesores legales mediante pruebas de cumplimiento de las regulaciones comerciales (a menudo un *Certificate of Good standing*) y verificaciones de antecedentes de pago[37].

Los siguientes pasos dependen de a qué se dedique la empresa objetivo de adquisición. Por ejemplo, los arrendamientos de bienes raíces pueden tener poca importancia para una empresa de *software* que puede operar en cualquier lugar, mientras que garantizar la operación continua en la misma ubicación es crucial para un negocio de centro de datos que alberga servidores voluminosos. Además, si ciertos empleados aportan talentos o

---

35 Ob. cit. THRESH, G.: *(…)*

36 *Ob. cit. THRESH, G.: (…)*

37 What is Good Standing & Why Businesses Need It | Wolters Kluwer

experiencia que son vitales para el éxito del *Searcher,* éste debe priorizar sus contratos laborales y buscar cualquier base potencial para las renuncias.

Al revisar documentos legales preexistentes a la operación, los *Searcher* se van a enfrentar a dudas sobre consentimiento y autorización, esto es, se pueden encontrar con cláusulas contractuales en las que se establezcan que terceros pueden necesitar dar su consentimiento para el cambio de control de la compañía para que la relación comercial permanezca vigente. Esto no quiere decir que los clientes de la empresa pueden bloquear una transacción, pero en su contrato se puede requerir la aprobación del cambio de control para que la relación contractual siga estando vigente. Otra cuestión que ha de tener en cuenta el *Searcher* consiste en verificar si los activos de la empresa objeto de adquisición, están gravados o están gravados sólo en la medida declarada[38]. La última etapa de esta fase consiste en averiguar la existencia de demandas o posibles demandas para valorar los posibles riesgos a los que se pueden enfrentar ante una demanda desestimatoria.

El tercer pilar es el comercial. La diligencia comercial se encarga de comprobar cuáles son las perspectivas del negocio en dos categorías: dinámica de la industria y posición competitiva. A través de un análisis tanto cuantitativo como cualitativo, el *Searcher* medirá la profundidad del foso que protege el negocio y, así, poder minimizar el riesgo operativo. En este sentido, se tendrá que confirmar la existencia de señales cuantitativas favorables, como tamaños de mercado, cuotas de mercado, márgenes y tasas de crecimiento[39]. A continuación, estos números se pueden recortar y analizar por factores como geografías y subindustrias para obtener una visión más detallada del espacio competitivo específico de la empresa objetivo. Tras esto, los *Searcher* pueden adoptar una perspectiva cualitativa, investigando la presión de la rivalidad de los competidores, los clientes y los proveedores, ejercen sobre la generación potencial de ganancias del objetivo objeto de adquisición. Así las cosas, se trata de que los *Searcher* comprendan temas como el alcance completo de los productos y servicios que la industria proporciona y de los que depende, dónde encaja la industria en una compleja cadena de valor para los clientes finales, los principales competidores del objetivo, cómo son los clientes y cómo están segmentados por diferentes actores y normas y estrategias de fijación de precios[40].

---

38 *Ob. cit. THRESH, G.: (…)*

39 *Ob. cit. THRESH, G.: (…)*

40 HOWSON, P.: *Commercial Due Diligence the Key to Understanding Value in an Acquisition.* Routledge, 2006, pág. 50.

El cuarto pilar, el cliente. No podemos olvidar que los clientes son el alma de la compañía y un tema central a examinar. Su rigidez y sus relaciones con la empresa objetivo de adquisición son una de las dinámicas esenciales para que un *Searcher* comprenda si podrá hacer crecer la empresa de forma orgánica y aumentar los múltiplos. Hay que tener en cuenta que las preocupaciones sobre los clientes y las ventas ponen en peligro el modelo de negocio y el negocio. En este pilar, los investigadores deben intentar comprender las necesidades actuales de los clientes y el valor que la empresa ofrece en respuesta, cómo los clientes ven a la empresa en relación con los competidores, las tasas de deserción de clientes y el tamaño de los costes de cambio de clientes[41].

El quinto pilar es el tecnológico. La diligencia tecnológica se está volviendo cada vez más importante a medida que las empresas se vuelven más digitales. Los *Searcher* que adquieran cualquier tipo de empresa deberán hacer un balance del panorama tecnológico, o bien porque se utilice tecnología propia o porque se recurra a sistemas de correo electrónico y bases de datos contables de terceros. Las capacidades, escalabilidad y limitaciones de cualquier tecnología definirán parcialmente la probabilidad de éxito del negocio. El *Searcher* puede heredar importantes responsabilidades de inversión si la infraestructura tecnológica es inadecuada (a esto a veces se le llama deuda tecnológica)[42].

El sexto pilar fundamental en este tipo de *due diligence* es el capital humano. Este pilar incluye tres elementos principales a evaluar: propietario, empleados y cultura. Dado que la política de transición e integración posventa resultará desafiante para un director ejecutivo joven, inexperto y primerizo, debe existir buena voluntad en las relaciones en toda la empresa, porque esto tendrá un impacto tangible en el éxito operativo posterior a la adquisición y en el valor a largo plazo de la compañía[43].

En el marco de estas diligencias, en primer lugar, los *Searcher* deben evaluar la integridad, las motivaciones y el compromiso del propietario con respecto a su negocio, puesto que la desconfianza o el conflicto del vendedor pueden frustrar las operaciones. Las consultas sobre los intentos anteriores de venta de los propietarios, las preguntas sobre los planes de sucesión anteriores, así como las respuestas del vendedor a las solicitudes de documentos durante todo el proceso de diligencia, son herramientas

---

41 *Ob cit. SETH JACOBS, A. y WASSERSTEIN, A.J.: "…", pág. 11.*

42 *Ob cit. SETH JACOBS, A. y WASSERSTEIN, A.J.: "…", pág. 13.*

43 HARDING, D.: "Human Due Diligence." en *HBR Magazine*, abril 2007, pág. 30.

fundamentales para esta evaluación. En segundo lugar, los empleados de la empresa serán esenciales para transmitir el conocimiento institucional y liderar la creación de valor, por lo que es fundamental entender su motivación[44]. Los *Searcher* deben comenzar primero en un nivel alto y cualitativo examinando un mapa organizacional para comprender las funciones, relaciones, responsabilidades y empleados específicos de los departamentos. También deben examinar documentos como contratos y manuales de empleados. Tras esto se debe analizar cuantitativamente la experiencia de los empleados, solicitando datos de recursos humanos sobre salarios, beneficios, deserción y datos demográficos. Estos datos deben analizarse por departamento, nivel salarial o nivel de antigüedad para obtener los mejores conocimientos[45]. Estas cifras ayudarán a los aspirantes a empresarios a comprender desde el principio si existen problemas de retención, homogeneización o incentivos. Los *Searcher* también deben tener en cuenta que algunos beneficios pueden no ser revelados y deben preguntar al vendedor si ofrecen incentivos ocasionales a los miembros de su equipo. Finalmente, los investigadores deben esforzarse por evaluar la cultura de la empresa. ¿Cómo son las oficinas e instalaciones de la empresa? ¿El propietario se regodea con el servicio al cliente o habla burlonamente de los clientes molestos? Esta información es esencial para conocer la cultura de la empresa.

El séptimo pilar es el operacional. En este pilar, el *Searcher* desarrollará una comprensión detallada de cómo se mueve el pedido de un cliente a través de la empresa. A veces esto se denomina cadena de valor o ciclo de operaciones. El proceso incluye elementos materiales, laborales y tecnológicos y afectará a todos los departamentos de una organización. El objetivo es evaluar la velocidad, precisión, escalabilidad y rentabilidad de la entrega de productos o servicios a los clientes y los riesgos que un objetivo puede enfrentar si alguno de estos criterios es deficiente[46].

En octavo y último lugar, nos encontraríamos con cajón de sastre: el pilar otros. Los pilares de diligencia que hemos examinado no son exhaustivos. Algunas industrias o negocios son tan específicos que incluso las áreas y herramientas que hemos cubierto no son suficientes para abordar todos los desafíos de diligencia pendientes. Por ejemplo, la diligencia ambiental puede aplicarse a empresas industriales o aquellas con grandes propiedades inmobiliarias, toda vez que la salud y la seguridad de los materiales y la fabricación podrían afectar directamente el valor empresarial, la reputa-

---

44 Ob. cit. THRESH, G.: *(…)*

45 *Ob cit. SETH JACOBS, A. y WASSERSTEIN, A.J.: "…", pág. 14.*

46 *Ob cit. SETH JACOBS, A. y WASSERSTEIN, A.J.: "…", pág. 15.*

ción y la exposición al riesgo legal. Otro ejemplo, consiste en la necesidad de contratar a un experto en seguros porque la empresa, por su actividad, requiere, con frecuencia, mucha cobertura o contratos con proveedores de seguros en la cadena de valor[47].

V. CONSIDERACIONES FINALES

Los datos extraídos en el presente trabajo extraen una destrucción de una parte del tejido empresarial como consecuencia de la ausencia de sucesión empresarial. Se trata de promover el crecimiento de nuestro tejido empresarial y, cuando menos, de no destruirlo, por lo que es necesario que las sociedades establezcan mecanismos de gobierno corporativo que propicien canales de información con los potenciales inversores, así como los empresarios deben dejar de lado el miedo a perder el control de la sociedad. En definitiva, se trata de que los empresarios puedan contar con instrumentos, no solo que les faciliten la obtención de financiación, como fuente para la obtención de liquidez o como un instrumento para reforzar su solvencia, con el fin proporcionarles una estructura financiera eficiente que les ayude a fortalecer sus balances para que en épocas de crisis poder evitar situaciones de preconcurso, sino también de garantizar la sucesión del negocio. En definitiva, se trata de aportar a los empresarios herramientas que mejoren su gestión permitiéndoles tener una actitud proactiva y no reactiva, Esto no solo favorece a los empresarios, sino también al tejido empresarial y a nuestra coyuntura económica.

En este sentido, hemos apreciado que los *Search Fund* pueden ser una herramienta de gran utilidad para dar respuesta a los problemas de sucesión de la empresa familiar española contribuyendo, por un lado, a la no destrucción del tejido empresarial y, por el otro, a la incorporación de jóvenes con una excelente preparación a puestos directivos, afrontando los problemas de paro juvenil a los que también se enfrenta nuestro país.

Ahora bien, entendemos que este tipo de operaciones son de gran complejidad, siendo de vital importancia que las *due diligence* se hagan con precisión para evitar controversias futuras, no solo entre el vendedor y el comprador o entre el comprador y terceros posibles afectados por la operación (conflictos habituales en las compraventas de empresa), sino entre el comprador (*Searcher*) y los inversores que a través del *Search Fund* le proveen de capital para que puedan realizar la adquisición. Por esta razón, resulta

47 *Ob cit. SETH JACOBS, A. y WASSERSTEIN, A.J.: "…", pág. 16.*

esencial en este tipo de procesos contar con expertos en las distintas fases de análisis que entendemos que no siempre tienen que ser externos, puesto que, el *Searcher* cuenta con el *Know how* y el *expertise* de los inversores que no solo apoyan al emprendedor con capital, sino también con su propia experiencia y contactos, permitiéndole el ahorro de costes. Además de lo anterior, en las relaciones contractuales que dimanan de las operaciones en las que intervienen los *Search Fund,* resulta esencial la configuración de instrumentos contractuales de protección para todas las partes intervinientes en el proceso, teniendo en cuenta que la figura no está regulada, por lo que entendemos que se han de evitar contratos de adhesión o contratos tipo, por la particularidad de cada una de las operaciones y con el fin de evitar controversias futuras, aunque, esta última cuestión, excede del objeto del presente trabajo.

*La intervención forzosa de terceros en el arbitraje comercial desde una perspectiva contractual**

Eduardo Herrero Urtueta
Investigador
Universidad de País Vasco/Euskal Herriko Unibersitatea

I. INTRODUCCIÓN

El arbitraje es un mecanismo alternativo a la resolución de disputas o ADR, atendiendo a las siglas en inglés, lo que supone una alternativa a la vía jurisdiccional clásica para la resolución de los conflictos entre los particulares. En este sentido, al margen de las cuestiones relativas a la arbitrabilidad de una materia, cuestión muy trabajada por el Derecho Procesal, uno de los pilares fundamentales en torno al que gira el arbitraje es la voluntad de las partes.

En tanto en cuanto, la voluntad libremente manifestada por las partes es el fundamento que permite resolver un conflicto al margen del monopolio de la justicia estatal. Por consiguiente, es necesario analizar esta cuestión y la vía que mejor permite encauzar dicha manifestación de voluntad. En el caso del arbitraje, la respuesta ha sido clara, puesto que la posibilidad de acudir a este mecanismo en lugar de la jurisdicción ordinaria ha debido ser

* Este trabajo se inscribe en el marco del Proyecto de Investigación "El transporte ante el desarrollo tecnológico y la globalización: nuevos desafíos jurídicos del sector marítimo y portuario", financiado por el Ministerio de Ciencia e Innovación (PID2019-107204GB-C32).

elegida mediante la suscripción de un convenio arbitral en que las partes eligen esta vía para resolver sus diferencias.

Como consecuencia de lo anterior, se debe pasar a estudiar el convenio arbitral que, habitualmente, suele incluirse como una cláusula incardinada en un contrato que vincula a las partes, de tal modo que, en el mismo documento que plasma la relación jurídica que une a las partes suscriptoras del mismo, se incorpora el mecanismo que eligen para resolver sus diferencias en relación al citado vínculo jurídico. Pese a ello, la doctrina, de forma generalizada, considera que el convenio arbitral es un contrato independiente y que, por consiguiente goza de autonomía.

Con esta premisa, hay que ser conscientes del mundo empresarial y su, cada vez mayor complejidad, lo que genera la necesidad de que las empresas aúnen esfuerzos para acometer proyectos de mayor envergadura. En este contexto, es habitual que existan diferentes empresas vinculadas entre sí mediante diferentes contratos cuyo nexo común es la ejecución de un proyecto común. Sin embargo, pese al fundamento común de los contratos, es posible que no todos ellos incorporen convenios arbitrales, de tal manera que la incorporación del arbitraje como medio alternativo de resolución de disputas en dicho proyecto quedaría algo impedido, en tanto en cuanto, hay contratos que incorporan convenios arbitrales y contratos que no, aún cuando, es clara la voluntad de los intervinientes de acudir al arbitraje.

Con esta situación, la solución más común sería atender al tenor literal del convenio arbitral. No obstante, en la medida en que el convenio arbitral no deja de ser un contrato, es posible tratar de buscar diferentes posicionamientos desde la teoría general de contratos que permitan flexibilizar un criterio tan simplista, en aras de favorecer el arbitraje. Así, para ello, es preciso estudiar si existen algunas posiciones doctrinales que avalen esta cuestión y cómo la interpretación de los contratos podría actuar.

II. EL ARBITRAJE COMERCIAL

1. El arbitraje como ADR

La resolución de las controversias ha sido, de forma tradicional, un monopolio estatal. Así, en el caso de tener que resolver un problema entre los particulares, éstos debían acudir a la jurisdicción estatal para poder dirimir la disputa.

Sin embargo, en las últimas décadas este monopolio estatal se ha venido diluyendo con ocasión del retraso en la justicia, lo que ha propiciado que se busquen alternativas a la jurisdicción nacional y al monopolio estatal para resolver las controversias[1]. De este modo surgen los métodos alternativos de resolución de disputas, conocidos como ADR por sus siglas en inglés (Alternative Dispute Resolution).

Los métodos alternativos de resolución de disputas que se configuran como una opción diferente a la jurisdicción nacional, pueden clasificarse atendiendo a si serán las partes las que decidan o si, por el contrario, la controversia la resuelve un tercero[2]. Así, aquellos ADR que no requieran de la intervención de tercero, son los conocidos como sistemas autocompositivos de los que los más representativos son la mediación, la negociación y la conciliación. La nota más característica de los métodos autocompositivos es que son las partes las que asumen un papel protagonista al decidir ellas mismas sobre su controversia alcanzando una solución. No obstante, pese a esta nota común, hay pequeñas diferencias entre los diferentes ADR autocompositivos.

Así, la negociación como método alternativo de resolución de controversias más simple, consiste en que las partes traten de alcanzar un acuerdo intentando acercar posturas que parten de intereses contrapuestos[3]. De tal modo que, para alcanzar una solución ambas partes deben ceder en alguna de sus pretensiones. Este ADR es bastante utilizado de manera habitual por los abogados en su ejercicio con el objetivo de evitar acudir al litigo en la jurisdicción nacional.

Otro de los métodos autocompositivos es la mediación. En este sistema autocompositivo son las partes las que alcanzan un acuerdo, aunque requiere de la colaboración de un tercero: el mediador. La mediación se caracteriza por contar con la intervención de un tercero con una labor

---

[1] LÓPEZ YAGÜES, V., "La mediación y otros MASC", en ESTANCONA PÉREZ, A.A. (coord.), VÁZQUEZ DE CASTRO, E. (dir.) y GARCÍA VILLALUENGA, L. (dir.), Habilidades y procedimientos en la mediación: de la teoría a la práctica de los MASC, Aranzadi, 2022, pp. 139-224, p. 141.

[2] De ahí surge la clasificación entre métodos autocompositivos y heterocompositivos. LÓPEZ YAGÜES, V., "La mediación y otros MASC", en ESTANCONA PÉREZ, A.A. (coord.), VÁZQUEZ DE CASTRO, E. (dir.) y GARCÍA VILLALUENGA, L. (dir.), Habilidades y procedimientos en la mediación: de la teoría a la práctica de los MASC, Aranzadi, 2022, pp. 139-224, p. 160.

[3] LÓPEZ YAGÜES, V., "La mediación y otros MASC", en ESTANCONA PÉREZ, A.A. (coord.), VÁZQUEZ DE CASTRO, E. (dir.) y GARCÍA VILLALUENGA, L. (dir.), Habilidades y procedimientos en la mediación: de la teoría a la práctica de los MASC, Aranzadi, 2022, pp. 139-224, p. 166.

meramente de apoyo y auxilio, de manera que mantenga la situación de acercamiento de posturas, no teniendo papel alguno en el acuerdo[4].

Un método alternativo a la resolución de disputas que se encuentra íntimamente ligado a la huida de la jurisdicción ordinaria es la conciliación. Esto es así, por cuanto en algunos procedimientos, se establece una fase de conciliación de las partes con el objetivo de que alcancen un acuerdo y se evite la intervención de la jurisdicción ordinaria. No obstante, es un ADR que suele realizarse en sede jurisdiccional, por lo que se trata de un ADR promovido por la jurisdicción estatal para evitar el colapso de los Tribunales[5].

Una vez vistos los sistemas de resolución de controversias autocompositivos, es preciso pasar a analizar los heterocompositivos. En esta categoría se incardinan aquellos sistemas en que se precisa de la intervención de tercero, puesto que se delega la decisión de la controversia a dicho tercero imparcial. En esta categoría se incardina el arbitraje, puesto que las partes nombran a uno o varios terceros, los árbitros, para que resuelvan la controversia, debiendo acatar su decisión[6]. Sin embargo, en la medida en que se delega la decisión a un tercero evadiendo el monopolio estatal, una de las cuestiones capitales del arbitraje es que la materia sea arbitrable, esto es, que sea disponible por las partes[7]. Por este motivo, es en el ámbito del Derecho Privado en general y en el campo comercial en particular, donde el arbitraje cobra especial relevancia.

Así, el arbitraje comercial se define como un proceso mediante el cual las partes en una disputa comercial eligen resolver sus diferencias a través de un tercero imparcial, el árbitro, en lugar de recurrir a los tribunales

---

4 PULIDO BEGINES, J.L., "La mediación y el Derecho Mercantil", en ÁLVAREZ ALARCÓN, A y GARCÍA MOLINA, P, Mediación y Derecho, Aranzadi, 2020, pp. 365-380, p. 367.

5 La denominada conciliación intrajudicial. LÓPEZ YAGÜES, V., "La mediación y otros MASC", en ESTANCONA PÉREZ, A.A. (coord.), VÁZQUEZ DE CASTRO, E. (dir.) y GARCÍA VILLALUENGA, L. (dir.), Habilidades y procedimientos en la mediación: de la teoría a la práctica de los MASC, Aranzadi, 2022, pp. 139-224, p. 168.

6 LÓPEZ YAGÜES, V., "La mediación y otros MASC", en ESTANCONA PÉREZ, A.A. (coord.), VÁZQUEZ DE CASTRO, E. (dir.) y GARCÍA VILLALUENGA, L. (dir.), Habilidades y procedimientos en la mediación: de la teoría a la práctica de los MASC, Aranzadi, 2022, pp. 139-224, p. 161.

7 FERNÁNDEZ-ARMESTO Y FERNÁNDEZ-ESPAÑA, J., "El arbitraje internacional en la nueva ley de arbitraje española", Revista de Derecho Mercantil, nº 258, 2005, pp. 1469-1532, p. 1509.

tradicionales[8]. Esta elección se basa en un acuerdo previo entre las partes, reflejado comúnmente en una cláusula de arbitraje incluida en un contrato comercial. El árbitro o tribunal arbitral tiene la autoridad para emitir un laudo vinculante que resuelve la disputa, brindando una alternativa efectiva y eficiente a la litigación judicial.

Dada la relevancia que el arbitraje ha adquirido en los últimos tiempos de cara a facilitar la rápida resolución de litigios en el ámbito mercantil, es imprescindible traer a colación sus principales características.

Una de las primeras características y que es común a los ADR es la autonomía de las partes[9]. En el arbitraje comercial, las partes tienen la capacidad de determinar las reglas y procedimientos que regirán el proceso arbitral. Este principio de autonomía permite una adaptabilidad significativa, ya que las partes pueden personalizar el proceso según sus necesidades específicas y la naturaleza de la disputa[10]. Desde la elección de árbitros hasta la definición de los términos de procedimiento, la autonomía de las partes es una característica central del arbitraje comercial.

Otra característica es la confidencialidad, aspecto relevante en el arbitraje comercial. A diferencia de los procedimientos judiciales, las audiencias arbitrales y los documentos relacionados se manejan de manera más discreta. Esta confidencialidad es valiosa para las empresas que desean proteger información sensible o mantener la privacidad en torno a disputas comerciales. Sin embargo, es importante señalar que la extensión de la confidencialidad puede variar según las leyes locales y los acuerdos específicos entre las partes.

Además, son las partes las que eligen a los árbitros, normalmente atendiendo a criterios de especialidad en la materia. Esta especialización tan

---

8 El arbitraje es una manifestación de la voluntad de las partes que libremente deciden acudir a este procedimiento en lugar de las jurisdicción nacional. FERNÁNDEZ-ARMESTO Y FERNÁNDEZ-ESPAÑA, J., "El arbitraje internacional en la nueva ley de arbitraje española", Revista de Derecho Mercantil, nº 258, 2005, pp. 1469-1532, p. 1473.

9 STIRNIMANN FUENTES, F. y GRANÉ RIERA, P., "El soft law en el arbitraje internacional. Problemas, debates y aporte de análisis económico", Arbitraje: revista de arbitraje comercial y de inversiones, nº 1, 2021, pp. 123-150, p. 126.

10 Uno de los motivos del éxito del arbitraje es su capacidad para solucionar conflictos de forma eficaz eludiendo la lentitud y complicación de la jurisdicción estatal. FERNÁNDEZ-ARMESTO Y FERNÁNDEZ-ESPAÑA, J., "El arbitraje internacional en la nueva ley de arbitraje española", Revista de Derecho Mercantil, nº 258, 2005, pp. 1469-1532, p. 1472.

elevada de los árbitros contribuye a una mejor calidad de las decisiones adoptadas por un tribunal arbitral con respecto de las resoluciones de los tribunales de justicia. Todo ello redunda en la extensión del arbitraje y en que las partes se muestren más conformes con la solución aportada.

Otra característica del arbitraje comercial y que, a su vez, implica una ventaja con respecto a la jurisdicción nacional es la rapidez y eficiencia del procedimiento arbitral. En comparación con los procedimientos judiciales, que a menudo pueden llevar años, el arbitraje tiende a ser más rápido y flexible. La capacidad de adaptar los plazos y el proceso a las necesidades específicas de las partes contribuye a una resolución más eficiente de las disputas comerciales.

El arbitraje no deja de ser un ADR y, como consecuencia de ello, no dispone de la potestad ejecutiva para hacer valer su resolución, pues no puede contar con el respaldo del Estado. Sin embargo, las diferentes normativas nacionales e internacionales han propiciado que los laudos arbitrales sean ejecutables, algo imprescindible, pues de lo contrario el arbitraje devendría inútil. Así, los laudos arbitrales emitidos en un país pueden ser reconocidos y ejecutados en otros países mediante convenciones y tratados internacionales. Esto hace que el arbitraje comercial sea especialmente atractivo en transacciones internacionales, donde la ejecución rápida y efectiva de decisiones es crucial. La Convención de Nueva York sobre el Reconocimiento y Ejecución de Laudos Arbitrales Extranjeros es un ejemplo clave que facilita este proceso[11].

2. *Marco internacional del arbitraje comercial: las Leyes Modelo de la CNUDMI*

Tras establecer el concepto del arbitraje, es necesario determinar el marco internacional que se utiliza en la actualidad para encauzar el arbitraje comercial internacional. Así, en el seno de la Comisión de las Naciones Unidas para el Derecho Mercantil Internacional, también conocida como CNUDMI (UNCITRAL en inglés), se promulgaron las conocidas como Leyes Modelo sobre arbitraje comercial internacional[12].

---

11 Ello junto al procedimiento y Derecho adaptado a los operadores económicos justifica el crecimiento del arbitraje comercial y su relevancia. FERNÁNDEZ ROZAS, J.C., "Internacionalismo versus mercatorismo en la especialización del arbitraje internacional", Arbitraje: revista de arbitraje comercial y de inversiones, nº 1, 2012, pp. 37-90, p. 46.

12 Además de estas normas de marcada referencia en el ámbito del Derecho Uniforme, el arbitraje comercial internacional se ve afectado por una gran proliferación

Este marco jurídico tiene por objetivo superar las barreras jurídicas y facilitar la implantación del arbitraje comercial como ADR de referencia para la resolución de disputas internacionales. El desarrollo de estas leyes modelo fue influenciado por diversos factores, entre ellos, la creciente complejidad de las transacciones comerciales internacionales, la necesidad de una resolución de disputas eficiente y la diversidad de enfoques legales en diferentes jurisdicciones. La CNUDMI/UNCITRAL se propuso crear un marco legal que pudiera ser adoptado y adaptado por los estados miembros, proporcionando así una base común para la práctica del arbitraje internacional.

Las Leyes modelo de la CNUDMI constan de tres partes principales: el texto de la Ley modelo en sí, un comentario explicativo y una guía legislativa para la implementación. El texto de la Ley modelo aborda aspectos fundamentales del arbitraje internacional, incluyendo la definición del acuerdo de arbitraje, la composición del tribunal arbitral, el procedimiento arbitral, la forma y efecto del laudo arbitral, entre otros.

Un aspecto distintivo de las Leyes modelo es su enfoque en el respeto a la autonomía de las partes[13]. El principio de autonomía permite que las partes definan las reglas aplicables al procedimiento arbitral y seleccionen el lugar de arbitraje, el idioma y la ley aplicable al fondo del litigio. Esta flexibilidad promueve la adaptabilidad del arbitraje a las necesidades específicas de las partes y contribuye a la eficiencia del proceso.

Además, las Leyes modelo establecen normas claras para la constitución del tribunal arbitral, asegurando la imparcialidad e independencia de los árbitros. También abordan la cuestión de la competencia del tribunal para decidir sobre su propia jurisdicción, permitiendo que las partes recurran a los tribunales judiciales para resolver disputas preliminares sobre la existencia o validez del acuerdo de arbitraje.

La influencia de las Leyes modelo de la CNUDMI se refleja en su amplia adopción a nivel internacional. Así, una pluralidad de países han incorporado este marco normativo, total o parcialmente, en sus sistemas jurídicos nacionales, entre ellos España. Esta tendencia hacia la adopción de un

---

normativa con la categoría de soft law. STIRNIMANN FUENTES, F. y GRANÉ RIERA, P., "El soft law en el arbitraje internacional. Problemas, debates y aporte de análisis económico", Arbitraje: revista de arbitraje comercial y de inversiones, nº 1, 2021, pp. 123-150, p. 133.

13 STIRNIMANN FUENTES, F. y GRANÉ RIERA, P., "El soft law en el arbitraje internacional. Problemas, debates y aporte de análisis económico", Arbitraje: revista de arbitraje comercial y de inversiones, nº 1, 2021, pp. 123-150. p. 127.

marco legal uniforme para el arbitraje comercial internacional ha contribuido a la creación de un entorno más predecible y coherente para las partes involucradas en transacciones comerciales globales. Así, han tenido un impacto significativo en el panorama global de la resolución de disputas comerciales al proporcionar un marco legal coherente que promueve la eficiencia y la predictibilidad. Su adopción ha contribuido a la reducción de obstáculos para el comercio internacional, al tiempo que ha mejorado la confianza de las partes en la resolución de disputas a través del arbitraje. Una de las contribuciones más destacadas de las Leyes modelo es la promoción de la arbitrabilidad de las disputas comerciales. Al establecer un estándar claro para la validez y el alcance del acuerdo de arbitraje, estas leyes han facilitado la resolución de disputas que de otra manera podrían haber quedado atrapadas en procedimientos judiciales prolongados y costosos.

Las Leyes modelo de la CNUDMI fueron elaboradas en 1985 con una revisión y actualización en 2006. Una de las cuestiones más destacadas de la revisión de 2006 es la introducción de un artículo 7 que permite a los Estados que suscriben la Ley modelo optar por una de las dos redacciones que tiene dicho precepto. Este artículo versa sobre el acuerdo de arbitraje.

3. Marco nacional de arbitraje

El arbitraje es un ADR que ha venido gozando de una notable expansión como consecuencia de sus notorias ventajas con respecto a la jurisdicción nacional. Sin embargo, la correcta implantación de esta figura no puede abstraerse del marco jurídico que permite su implantación. Así, una buena normativa, permite la extensión del arbitraje. Por este motivo, es preciso mencionar el marco jurídico nacional plasmado en la Ley 60/2003 de arbitraje[14].

Esta norma jurídica determina que el arbitraje es un medio de resolución de conflictos mediante el cual las partes acuerdan someterse a la decisión de uno o más árbitros. Esta definición amplia abarca tanto el arbitraje doméstico como el internacional. La ley se aplica cuando al menos una de las partes tiene su domicilio en España o cuando existe algún otro tipo de vinculación con el país[15].

Uno de los pilares fundamentales del arbitraje es el respeto a la autonomía de la voluntad de las partes, puesto que el arbitraje es libertad. Esto

---

14 VIRGÓS SORIANO, M., "El convenio arbitral en el arbitraje internacional", Actualidad jurídica Uría Menéndez, nº 14, 2006, pp. 13-28, p. 14.

15 Art. 1 Ley 60/2003

significa que las partes tienen la libertad de acordar las reglas del procedimiento arbitral, siempre que no contravengan normas imperativas de la ley[16]. Así, las partes pueden determinar el número de árbitros, el lugar del arbitraje, el idioma del procedimiento y otros aspectos procedimentales.

En relación con la libertad de las partes y el respeto a la autonomía de su voluntad, hay que tener en cuenta que el arbitraje no resulta adecuado para resolver todas las controversias. Como consecuencia de ello, se desarrolla el interrogante de la arbitrabilidad de la materia. Al respecto, el principio general parte de que son arbitrables aquellas materias sobre las que las partes pueden disponer libremente. Por este motivo, el arbitraje se circunscribe al campo del Derecho privado. A mayor abundamiento, se pueden establecer ciertas limitaciones justificadas en lo que sería el respeto al orden público.

La arbitrabilidad de la materia es una cuestión de capital importancia, pues de su incumplimiento puede venir la nulidad del laudo o numerosas dificultades para su reconocimiento y ejecución.

Continuando con el marco normativo nacional, la Ley 60/2003 regula, además, las normas básicas para el procedimiento arbitral, pero al mismo tiempo otorga a las partes una flexibilidad significativa para adaptar el procedimiento a sus necesidades específicas. Los árbitros tienen la facultad de decidir sobre su propia competencia, lo que significa que pueden resolver disputas relacionadas con la existencia o la validez del acuerdo de arbitraje.

La designación de los árbitros es un aspecto crucial del arbitraje. Las partes pueden designar a los árbitros de común acuerdo, y si no pueden ponerse de acuerdo, la ley establece un procedimiento para el nombramiento[17]. La imparcialidad e independencia de los árbitros son requisitos fundamentales, y los árbitros deben aceptar su designación de conformidad con la ley.

Además, en la medida en que la normativa hace un recorrido por el procedimiento arbitral, éste concluye con el laudo, el cual debe cumplir con los requisitos establecidos por la ley.

4. *El Convenio de Nueva York de 1958*

A lo largo del presente texto se ha mencionado la importancia del respecto a la autonomía de la voluntad de las partes como pilar del arbitraje.

---

16 Art. 2 Ley 60/2003

17 Art. 15 Ley 60/2003

Además, se ha recalcado la importancia de que el laudo que se pronuncie como consecuencia de un procedimiento arbitral puede tener fuerza ejecutiva a diferentes niveles, pues si no goza de reconocimiento internacional, supondría un grave obstáculo para la expansión y consolidación del arbitraje comercial internacional. Ante esta situación, es preciso hacer un breve análisis acerca de un texto internacional de vital importancia para el arbitraje comercial internacional, esto es, el Convenio de Nueva York de 1958 sobre reconocimiento y ejecución de sentencias arbitrales extranjeras. Este texto creado en el seno de la Conferencia de las Naciones Unidas sobre Arbitraje Comercial Internacional, tiene como objetivo facilitar el reconocimiento y la ejecución de laudos arbitrales extranjeros, contribuyendo así a la eficacia y la uniformidad en la aplicación de acuerdos de arbitraje internacional[18].

Una de los aspectos que le confieren gran relevancia en el campo del arbitraje a este texto internacional, es que ha tenido una enorme adhesión, convirtiéndolo, en un texto de aplicación universal, lo que permite la unificación del arbitraje comercial internacional[19].

Uno de los principios fundamentales del Convenio es la obligación de los Estados firmantes de reconocer y ejecutar los laudos arbitrales extranjeros. Este principio opera como un gran respaldo en el sistema de arbitraje internacional como medio eficiente y alternativo para resolver disputas comerciales. Sin embargo, el reconocimiento y ejecución no opera de forma automática, en la medida en que se exigen una serie de requisitos que debe cumplir el laudo para su reconocimiento y ejecución. Así, el Artículo V enumera las circunstancias en las cuales un Estado puede negarse a reconocer o ejecutar un laudo. Estas circunstancias incluyen la incapacidad de las partes para celebrar el acuerdo de arbitraje, la falta de notificación adecuada y la naturaleza no arbitrable del conflicto.

Por otro lado, el Artículo III del Convenio establece que el reconocimiento y ejecución de los laudos se realizará de acuerdo con los procedimientos y reglas de los tribunales de cada Estado parte. Este artículo destaca la importancia de la cooperación entre los sistemas judiciales nacionales

---

18 STIRNIMANN FUENTES, F. y GRANÉ RIERA, P., "El soft law en el arbitraje internacional. Problemas, debates y aporte de análisis económico", Arbitraje: revista de arbitraje comercial y de inversiones, nº 1, 2021, pp. 123-150, p. 126.

19 FERNÁNDEZ-ARMESTO Y FERNÁNDEZ-ESPAÑA, J., "El arbitraje internacional en la nueva ley de arbitraje española", Revista de Derecho Mercantil, nº 258, 2005, pp. 1469-1532, p. 1484.

y el respeto a los procedimientos locales para garantizar la efectividad del Convenio.

En la medida en que el arbitraje, tal y como se ha venido exponiendo, conlleva la renuncia al monopolio estatal de la justicia, la voluntad de las partes debe ser patente y clara. Así, el Convenio de Nueva York hace mención al convenio arbitral como cauce que permite respetar la autonomía de la voluntad de las partes, con la necesidad de recoger la efectiva renuncia a la jurisdicción nacional. En este sentido, el Artículo II del Convenio destaca la importancia de la autonomía de la cláusula de arbitraje. Establece que un acuerdo de arbitraje debe ser reconocido como válido, y cualquier tribunal al que se presente un asunto sujeto a arbitraje debe remitir las partes al arbitraje según los términos del acuerdo. Esta posición de reconocimiento del convenio arbitral evita que en aras de las garantía de la tutela judicial efectiva, se perjudique la voluntad de las partes que han decidido acudir al arbitraje, estableciendo procedimientos judiciales que analicen y resuelvan acerca de la validez del convenio arbitral. Por ello, el Convenio de Nueva York es un texto facilitador del arbitraje, en tanto en cuanto evita trabas innecesarias fomentando la expansión de este ADR[20].

Así, volviendo a sacar a colación el artículo V, únicamente podrá denegarse el reconocimiento de los laudos por una serie de motivos tasados. Entre ellos, cabe destacar, las dudas que pueda haber ante la voluntad de las partes. Por ello, un laudo sería susceptible de no lograr reconocimiento si se constatara que no hay un convenio arbitral válido o que el arbitraje excede la materia consignada en dicha cláusula compromisoria. Esta cuestión, resulta sumamente relevante a la luz de la cuestión abordada por el presente trabajo y hace necesario un estudio del convenio arbitral.

III. EL CONVENIO ARBITRAL

Tras exponer el marco normativo del arbitraje comercial y recalcar en numerosas ocasiones que el arbitraje se perfila como un ADR y, por consiguiente, es una renuncia a la jurisdicción nacional. Así, en la medida en que las partes al decidir resolver sus controversias por un medio diferente

---

20 Al fin y al cabo en el reconocimiento y ejecución del laudo no puede examinarse el laudo respecto del fondo, limitándose el Tribunal a determinar la autenticidad del mismo.FERNÁNDEZ ROZAS, J.C., "Internacionalismo versus mercatorismo en la especialización del arbitraje internacional", Arbitraje: revista de arbitraje comercial y de inversiones, nº 1, 2012, pp. 37-90, p. 84.

al monopolio estatal de la justicia, deben acreditar y consignar su voluntad expresa de dicha renuncia a la jurisdicción nacional.

Con esta premisa de partida, se debe establecer que la vía que deben seguir las partes para resolver sus disputas en un arbitraje, es la suscripción de un convenio arbitral[21]. Así, se puede definir al convenio arbitral como el acuerdo por el cual dos o mas partes deciden someter a arbitraje la resolución de sus controversias[22]. Este acuerdo puede referirse a una controversia actual o futura y adoptar la forma de una cláusula incluida en un contrato o de un pacto independiente. En el caso de que se incluya como una cláusula dentro de un contrato, el convenio arbitral suele denominarse como cláusula compromisoria. Sin embargo, pese a la forma que pueda revestir, no hay que obviar que se trata de un acuerdo entre las partes sobre una materia disponible por ambas, por lo que, en principio, sería un contrato[23].

En relación al contenido del convenio arbitral, es preciso tener en consideración que a la hora de analizar un documento, se tiene como referencia un ordenamiento jurídico en el que desplegará efectos. Sin embargo, en el arbitraje comercial, esta situación revierte una especial complejidad al tratarse de un contrato cuyos efectos pueden ser desplegados en diferentes Estados con diferentes ordenamientos jurídicos[24].

Así, el convenio arbitral conlleva el compromiso de las partes para renunciar a la jurisdicción nacional competente, lo que implica que dicha renuncia debería ser aceptada por el ordenamiento jurídico del Estado en que debería dirimirse la controversia en ausencia de cláusula compromisoria.

A mayor abundamiento, en la medida en que el laudo arbitral que ponga fin al procedimiento arbitral es susceptible de acciones de nulidad, el convenio arbitral será analizado y tomará contacto con el ordenamiento jurídico de la sede del arbitraje. Al fin y al cabo, en la medida en que la válida prestación del consentimiento es el fundamento del arbitraje y dicho

---

21 LÓPEZ YAGÜES, V., "La mediación y otros MASC", en ESTANCONA PÉREZ, A.A. (coord.), VÁZQUEZ DE CASTRO, E. (dir.) y GARCÍA VILLALUENGA, L. (dir.), Habilidades y procedimientos en la mediación: de la teoría a la práctica de los MASC, Aranzadi, 2022, pp. 139-224, p. 162.

22 VIRGÓS SORIANO, M., "El convenio arbitral en el arbitraje internacional", Actualidad jurídica Uría Menéndez, nº 14, 2006, pp. 13-28, p. 13.

23 La naturaleza del convenio arbitral es la de un contrato. VIRGÓS SORIANO, M., "El convenio arbitral en el arbitraje internacional", Actualidad jurídica Uría Menéndez, nº 14, 2006, pp. 13-28, p. 14.

24 VIRGÓS SORIANO, M., "El convenio arbitral en el arbitraje internacional", Actualidad jurídica Uría Menéndez, nº 14, 2006, pp. 13-28, p. 14.

consentimiento se consigna en el convenio arbitral, su estudio será uno de los puntos clave que fundamente una acción de nulidad de laudo arbitral.

Por si lo anterior no fuera suficiente, el supuesto planteado es el del arbitraje comercial internacional, por tanto, el laudo debe poder desplegar efectos en terceros países. En este punto entraría en escena el Convenio de Nueva York de 1958 y el Estado en el que se pretenda la ejecución del laudo arbitral.

Respecto de la validez del convenio arbitral, hay que tener presente un doble análisis, por un lado, de fondo y, por otro, de forma. En cuanto a los requisitos de fondo, el estudio se centra, principalmente, en la arbitrabilidad de la materia, esto es, si la controversia se incardina en las categorías que pueden acudir al arbitraje.

Así, la cuestión de la arbitrabilidad de la materia es de suma relevancia en el campo del arbitraje, pues es un pilar fundamental acerca de la propia validez del arbitraje. Por este motivo, la redacción del convenio arbitral consignando una materia susceptible de ser sometida a arbitraje, resulta capital. En esta línea, puesto que no es objeto del presente trabajo el desarrollar la arbitrabilidad de la materia, el principal criterio es el de la disponibilidad de la materia. Así, como principio general, las materias que traten acerca de derechos disponibles por las partes, podrán ser sometidas a arbitraje, lo que genera, obviamente, que el arbitraje se encuentre presente en el campo del Derecho privado.

En cuanto al requisito de forma, podría existir cierta controversia al respecto, puesto que de un primer vistazo al marco normativo, parece que se exija un requisito específico como la forma escrita. Así, en la conceptualización del convenio arbitral es necesario tener presentes diferentes opciones, pues la Ley Modelo de la CNUDMI en la redacción de 2006 establece en su artículo 7 dos redacciones diferentes por las que pueden optar los diferentes estados a la hora de ratificarla.

Así, la opción I del artículo 7 establece una serie de requisitos que debe cumplir el convenio arbitral, entre ellos, que sea escrito. No obstante, también se matiza que se entenderá que el convenio ha sido escrito cuando quede constancia de su existencia por cualquier medio, ya sea escrita, verbal o por los propios actos de los suscriptores.

La opción II del artículo 7 no establece requisitos, pues se limita a elaborar una definición de convenio arbitral[25].

---

25 Se trata de una evolución del concepto más conservador de exigencia de la forma escrita para el convenio arbitral, encaminándose hacia una ruptura y acercándose

Por lo que afecta al marco normativo español, la Ley de arbitraje de 2003 determina en su artículo 9 la forma y contenido del convenio arbitral. Al respecto, la redacción es sumamente parecida a la de la Ley modelo de la CNUDMI, aunque exige la forma escrita. Sin embargo, también introduce cierta flexibilidad respecto al citado requisito en tanto en cuanto, se puede entender por escrito mediante intercambio de documentos o cualquier otro medio de comunicación[26].

En resumidas cuentas, el convenio arbitral debe ser escrito, aunque el concepto de escrito como forma de plasmar el acuerdo por el que las partes se vinculan al arbitraje, es amplio en la medida en que se acepta cualquier medio que deje constancia del convenio, incluso una suscripción verbal. Toda esta discusión acerca de la forma escrita o no escrita, parte de la propia naturaleza del convenio arbitral, pues ha sido catalogado de forma genérica como un contrato, y el Derecho de contratos ha consignado la libertad de forma como uno de sus principios básicos. Sin embargo, se trata de un contrato especial, pues se trata de ejercer la posibilidad del rechazo a la jurisdicción nacional mediante un contrato privado, lo que podría afectar a derechos indisponibles como la tutela judicial efectiva. Por ello, es necesario que la voluntad de las partes sea clara e inequívoca, siendo este el motivo por el que se parte del requisito de forma escrita para, después, focalizar en lo realmente relevante de un contrato: la fehaciente manifestación del consentimiento de las partes que lo suscriben.

IV. LA INTERVENCIÓN DE TERCEROS EN EL ARBITRAJE COMERCIAL

1. *El panorama normativo actual frente a la intervención de terceros*

A lo largo del presente texto se ha partido de la premisa de que el arbitraje es un ADR y, por tanto, es una opción voluntaria que eligen las partes. De este modo, al procedimiento arbitral acudirán las partes signatarias de un convenio arbitral, pues son quienes han elegido, dentro del margen que les concede la cuestión de la arbitrabilidad de la materia, renunciar a la jurisdicción estatal para resolver sus controversias.

---

a la libertad de forma. PERALES VISCASILLAS, P., "¿Forma escrita del convenio arbitral? Nuevas disposiciones de la CNUDMI/UNCITRAL", Derecho y Tecnología: revista arbitrada de Derecho y Nuevas Tecnologías, nº 9, 2007, pp. 27-49, p. 33.

26 Art. 9.3 Ley 60/2003

En la medida en que dicha renuncia al monopolio estatal de la justicia se lleva a cabo mediante la suscripción de un contrato denominado convenio arbitral, éste tendrá efectos *inter partes*, esto es, vinculará al arbitraje únicamente a las partes del citado convenio.

De esta manera brevemente expuesta se orquestaría el arbitraje comercial, no obstante, la realidad resulta mucho más compleja y cabe cuestionarse acerca de la intervención de terceros en el arbitraje. Al fin y al cabo, en un proyecto o empresa de cierto calada, con mayor motivo si existe cierta nota de internacionalidad, las relaciones jurídico-contractuales que subyacen en un procedimiento arbitral son más numerosas de las que un convenio arbitral permite anticipar.

Así, no resulta raro que un proyecto que vaya a ser ejecutado por varias empresas vinculadas por un contrato con la debida cláusula compromisoria, se vea complementado por toda una red de contratos mediante los cuales las diferentes partes incorporan, de una manera informal, otras empresas al negocio principal, encargándoles la ejecución parcial de alguna de sus obligaciones. En este tipo de situaciones, no resultaría raro encontrar que las partes han elegido inequívocamente resolver sus controversias a través del arbitraje pero, ante toda una pléyade de contratos interrelacionados, no es raro que la cláusula compromisoria se encuentre en el contrato marco o contrato principal. Ante esta situación, cabe recordar que el convenio arbitral no deja de ser un contrato y que, por ende, se debería poder interpretar atendiendo a los principios generales del ámbito contractual.

Con esta premisa, se suscita el interrogante acerca de la intervención de terceros no signatarios a un procedimiento arbitral. Al fin y al cabo, en la situación expuesta, si no fuera posible atraer al resto de empresas coejecutantes del contrato, el procedimiento arbitral quedaría vacío en tanto en cuanto, habría partes que devendrían irresponsables en ese procedimiento al no estar presentes o que, desde otra perspectiva, no podrían alegar sus derechos de forma efectiva.

Al respecto, la intervención de terceros en el arbitraje se puede catalogar con dos términos diferenciados[27]. El primer tipo de intervención de terceros es el denominado *joinder* que consiste en la participación de un tercero en el arbitraje a instancia de una de las partes del mismo. El

---

27 SÁNCHEZ POS, MV, "La entrada e intervención de terceros en el arbitraje comercial internacional", Cuadernos de Derechos Transnacional, nº 1, 2020, pp. 365-385, p. 367.

segundo tipo de atracción de terceros al procedimiento arbitral es la denominada *intervention*. La principal diferencia entre estas dos figuras es quién se encuentra interesado en la incorporación de un tercero. Ya se ha comentado que en el *joinder* es una de las partes la interesada en atraer al tercero, mientras que en la *intervention*, es el propio tercero el que solicita su admisión al arbitraje.

Así, en la medida en que el arbitraje se configura como una opción alternativa a la jurisdicción nacional, pudiera resultar conflictivo el plantear imponer una intervención forzosa en el procedimiento arbitral. De tal modo que, sería necesario hacer un recorrido por la evolución de la normativa respecto de la intervención de terceros en el arbitraje.

Respecto de la normativa que permite la intervención de terceros en el procedimiento arbitral, es preciso comenzar mencionando el Reglamento de la Corte de Arbitraje Internacional de Londres que fue reformado en 1998 con objeto de incluir la posibilidad de incorporación de terceros. Así, se establece que una parte podrá instar la intervención de un tercero siempre que el tercero acepte o muestre su conformidad al respecto. De lo establecido en el Reglamento de la Corte de Arbitraje Internacional de Londres se puede detectar que realiza una combinación de las figuras del *joinder* e *intervention*. De manera que una parte puede instar la participación de un tercero, pero con el consentimiento de éste[28].

La Cámara de Comercio e Industria de Suiza determinó, en su reforma de 2004 de su Reglamento para el arbitraje internacional, la posibilidad de intervención de terceros en un procedimiento arbitral. Sin embargo, la configuración que de esta figura hacen las Reglas de Suiza es diferente a lo establecido en el Reglamento previamente expuesto. Las Reglas de Suiza establecen que un tercero podrá participar a instancia de una parte o del propio tercero, hasta aquí, resulta sumamente similar. La diferencia radica en que la decisión acerca de la incorporación del tercero depende únicamente del Tribunal Arbitral, quién oídas las partes decidirá sobre su procedencia o no. De tal modo que la aceptación de dicho Tribunal Arbitral, conllevaría una sumisión tácita a las Reglas de Suiza[29].

---

28 SÁNCHEZ POS, MV, "La entrada e intervención de terceros en el arbitraje comercial internacional", Cuadernos de Derechos Transnacional, nº 1, 2020, pp. 365-385, p. 372.

29 SÁNCHEZ POS, MV, "La entrada e intervención de terceros en el arbitraje comercial internacional", Cuadernos de Derechos Transnacional, nº 1, 2020, pp. 365-385, p. 373.

Continuando con la actualización de los diferentes reglamentos de arbitraje comercial, en 2010 se revisaron las Reglas de la UNCITRAL/CNUDMI. Así, en esta versión se trataron las cuestiones de arbitrajes con pluralidad de partes y la posibilidad de incorporar nuevas partes. En este nuevo reglamento, la incorporación se permite a otras partes signatarias de un convenio arbitral en el acto de la contestación a la demanda de arbitraje. Por tanto, no habría ninguna postura revolucionaria en relación a la intervención de terceros, puesto que otra vía para incorporar a terceros viene de la mano del Tribunal Arbitral, siempre que dicho tercero sea parte del convenio arbitral[30].

Además, la Corte de Arbitraje de la Cámara de Comercio Internacional elaboró una actualización para su reglamento en el año 2012. En esta normativa,, se permitía la entrada de nuevas partes en el procedimiento arbitral. En este sentido, cabe destacar que únicamente una de las partes puede instar la incorporación de un tercero, teniendo cualquier parte ajena al procedimiento vetada la posibilidad de solicitar su intervención en el mismo. A mayor abundamiento, del reglamento se desprende que para que dicho tercero sea parte del arbitraje deberá ser parte del convenio arbitral que fundamenta el mismo[31].

Otra institución que ha venido actualizando sus reglas con objeto de tratar la intervención de terceros en el arbitraje es el Centro de Arbitraje Internacional de la Cámara Económica Federal de Austria. Este reglamento en su versión 2013 establecía la posibilidad de incorporar a un tercero al procedimiento arbitral, bien a través de la solicitud de alguna de las partes, bien a través de la solicitud de ese tercero[32]. Asimismo, se entiende que la parte ajena al procedimiento arbitral deberá ser parte del convenio arbitral.

Por lo que respecta al Centro de Arbitraje Internacional de Hong Kong, también en 2013 modificó sus reglas para tratar la cuestión de la participación de terceros en el procedimiento arbitral. Así, este texto permite la

---

30 SÁNCHEZ POS, MV, "La entrada e intervención de terceros en el arbitraje comercial internacional", Cuadernos de Derechos Transnacional, nº 1, 2020, pp. 365-385, p. 376.

31 SÁNCHEZ POS, MV, "La entrada e intervención de terceros en el arbitraje comercial internacional", Cuadernos de Derechos Transnacional, nº 1, 2020, pp. 365-385, p. 378.

32 SÁNCHEZ POS, MV, "La entrada e intervención de terceros en el arbitraje comercial internacional", Cuadernos de Derechos Transnacional, nº 1, 2020, pp. 365-385, p. 380.

intervención de terceros en el procedimiento arbitral tanto a instancia de una de las partes como del propio tercero. Sin embargo, el aspecto más relevante es que dicho tercero no necesita ser una parte suscriptora del convenio arbitral, puesto que se permite tener en consideración la construcción de un arbitraje multiparte con fundamento en diversos contratos. Con lo que, siempre que se desprenda que el tercero ha aceptado someterse al arbitraje, no es preciso que sea parte signataria del convenio arbitral[33].

Una institución cuyo reglamento ha sido actualizado recientemente es el Centro Internacional de Arbitraje de Madrid, pues su nuevo reglamento datado en 2020 trata acerca de la intervención de terceros. Así, se permite la intervención de terceros antes de la constitución del Tribunal Arbitral, tanto a petición de las partes como del tercero. En este punto no se menciona que el tercero deba ser parte del convenio arbitral, aunque se hace referencia al consentimiento de todas las partes o que el tribunal decidirá atendiendo a la vinculación con el procedimiento. Al respecto, cabría cuestionarse si en una situación de múltiples contratos vinculados entre sí, cabría esperar que el tribunal estimara suficiente vinculación con el procedimiento arbitral. Asimismo, se trata la intervención de terceros tras la constitución del Tribunal Arbitral, a petición de las partes o de los terceros, siempre que haya un consentimiento generalizado, cuestión entendible dado que el tercero renunciaría a participar en el nombramiento de los árbitros.

En definitiva, de lo expuesto, se puede observar que los diferentes reglamentos de las diferentes instituciones arbitrales han sido objeto de actualización para permitir la intervención de terceros. No obstante, la intervención forzosa ante un supuesto de contratos multiparte o pluralidad de contratos estrechamente vinculados se encuentra en una fase mucho más primitiva, en tanto en cuanto, únicamente algún reglamento aislado podría, tal vez, autorizarlo.

2. *Las teorías doctrinales que permiten la intervención forzosa de terceros en el arbitraje*

Se acaba de exponer la situación relativa a la intervención de terceros en el procedimiento arbitral. Así, se ha podido ver que, en los últimos

---

33 SÁNCHEZ POS, MV, "La entrada e intervención de terceros en el arbitraje comercial internacional", Cuadernos de Derechos Transnacional, nº 1, 2020, pp. 365-385, p. 382.

tiempos, los diferentes reglamentos de instituciones arbitrales han ido actualizándose para hacerse eco de la realidad e incorporar esta posibilidad. No obstante, al objeto del presente trabajo, resulta más trascendente la posibilidad de atraer al procedimiento arbitral a un sujeto que, en principio no es signatario del convenio arbitral en sentido estricto, pero que habría aceptado, en cierto modo, acudir a arbitraje al formar parte de un marco contractual conformado por una pluralidad de contratos interrelacionados. Así, en el caso de que las partes hayan aceptado someter sus controversias a arbitraje, cabría preguntarse si es necesario que se incorpore un convenio arbitral en cada uno de los contratos y que todas las partes suscriban todos los contratos, exigencia que volvería inoperativo el procedimiento arbitral en este caso.

Así las cosas, una vez establecida la conformidad de todas las partes para el arbitraje, debería ser suficiente, en aras de adaptar esta institución a la realidad económica. Con esta premisa, surgen diferentes posicionamientos doctrinales que tratan de justificar esta atracción de un tercero no signatario a un procedimiento arbitral. Estas posiciones suelen resumirse en dos: teoría de grupo de sociedades y conexidad de contratos.

En relación a la teoría del grupo de sociedades[34], este posicionamiento doctrinal parte de la premisa general que se ha expuesto hace un instante en la que diversas empresas se encuentran presentes, de un modo u otro, en un contrato y se cuestiona acerca de la posibilidad de atraer a un procedimiento arbitral a una de ellas, pese a que, *stricto sensu,* no haya suscrito el convenio arbitral. La peculiaridad de esta posición doctrinal es que la vinculación se centra en la estrecha interdependencia de las empresas, en lugar de los contratos.

En la realidad económica es muy habitual que intervengan diversas empresas que tengan estrechos vínculos entre sí, pese a ser, nominalmente, independientes. Así, no resulta extraño que pese a que, formalmente, únicamente, una de ellas haya suscrito el contrato y el convenio arbitral, todas las demás, bien por ser, empresas matrices, filiales o similares, participen de la ejecución del mismo.

Antes esta situación, cada vez más común, en la realidad contractual y empresarial, surge la teoría del grupo de sociedades que determinar que las empresas estrechamente interrelacionadas con las partes firmantes pue-

---

[34] El caso Dow Chemical v. Isover Saint Gobain, resulta de gran interés en la materia pues introduce el concepto de grupo de sociedades como mecanismo para atraer al arbitraje a partes no signatarias del mismo.

den ser atraídas al procedimiento, pues no dejan de ser partes del mismo, aunque no sean partes signatarias en sentido formal.

No obstante, hay que recordar que el arbitraje es sinónimo de libertad, pues es una opción que ostentan las partes para apartarse del monopolio estatal de la justicia. Por esta razón, el consentimiento hacia el arbitraje ha de quedar claro, aunque pueda entenderse prestado de muy diversas formas. Como consecuencia de ello, para la aplicación de esta doctrina, deben concurrir una serie de requisitos que pueden entenderse íntimamente relacionados con la prestación del consentimiento.

Así, la parte no signataria del convenio arbitral que se pretenda atraer al procedimiento de arbitraje deberá tener conocimiento del convenio arbitral, cuestión común en un presupuesto de diversas sociedades interrelacionadas, pues no sería raro que incluso mercantiles no signatarias pero ejecutantes del contrato participen activamente en las negociaciones del mismo.

A mayor abundamiento, en relación con lo anterior, este tercero deberá haber participado en la negociación y ejecución del contrato.

De tal modo que, si el tercero tenía conocimiento de que las controversias derivadas de un contrato iban a ser dirimidas en sede arbitral y participó en la negociación del contrato, como parte ejecutante del mismo, por la propia doctrina de los actos propios no puede considerar que no prestó una suerte de consentimiento vinculatorio al arbitraje. Como consecuencia de ello, podría estimarse la extensión del arbitraje[35].

Continuando con las posibilidad de atraer a un tercero no signatario a un procedimiento arbitral, otro de los posicionamientos doctrinales es el de los contratos conexos. En esta doctrina, a diferencia de la anterior, el foco se pone en los contratos interrelacionados, en lugar de analizar si existe interdependencia entre las empresas signatarias.

En este supuesto, se trata de empresas puramente independientes que realizan con el objetivo de alcanzar unos resultados diferentes contratos que vinculan a unas partes con otras, siempre con la finalidad de lograr el objetivo final. En este sentido, podría establecerse dicho objetivo final me-

35 La extensión del arbitraje haciendo una interpretación del convenio arbitral puede incardinarse dentro del principio general de conservación del contrato. GOENECHEA PERMISÁN, G., "La interpretación del contrato de arbitraje o convenio arbitral", La Ley. Mediación y arbitraje, nº 16, 2023, p. 12.

diante un acuerdo marco o, por otro lado, podría inferirse dicho resultado del objeto de los diferentes contratos.

Como consecuencia de lo anterior, las empresas se encontrarían vinculadas, formalmente, con aquellas con las que se suscribió un contrato y, fácticamente, con todas las que participan del proyecto. De ahí que para la aplicación de este posicionamiento doctrinal se establezca como requisito ineludible la construcción de un nexo funcional entre los diversos contratos. De este modo, los diferentes contratos pueden servir de ejecución parcial de una realidad económica superior. Asimismo, el hecho de que las diferentes partes signatarias actúen, en cierto modo, como ejecutantes parciales de otros contratos, generará que exista cierta identidad de partes.

En definitiva, se trata de esclarecer que las partes no signatarias del convenio arbitral que fundamente un arbitraje, prestaron su consentimiento al arbitraje en el seno de los contratos de los que son parte estricta dentro del conglomerado contractual que articula esa realidad económica común. Así, de este modo, habrían tenido conocimiento del convenio y no podrían desdecirse, pudiendo ser atraídos al procedimiento arbitral.

V. LA TEORÍA GENERAL DE CONTRATOS COMO VÍA DE DESARROLLO DE LA INTERVENCIÓN DE TERCEROS

A lo largo del presente trabajo se ha mencionado la premisa acerca de la consideración del convenio arbitral como un contrato. Ello trae causa de la aparente incongruencia que, en ocasiones, existe en el tratamiento que se realiza respecto del convenio arbitral.

Así, no existiendo debate alguno que cuestione la naturaleza de contrato del convenio arbitral, surge el interrogante acerca de por que no usar diferentes sistemas de interpretación e integración de los contratos en el convenio arbitral[36]. Al fin y a la postre, se limita la posibilidad de interpretar un contrato, como es la cláusula compromisoria, en la medida en que debe garantizarse la inequívoca voluntad de las partes de renunciar al monopolio estatal.

En tanto en cuanto, la voluntad de las partes es la que sirve como fundamento del arbitraje y construye su alternativa a la jurisdicción nacional;

[36] Al tratarse de un contrato debe regirse por las reglas sobre contratos. VIRGÓS SORIANO, M., "El convenio arbitral en el arbitraje internacional", Actualidad jurídica Uría Menéndez, nº 14, 2006, pp. 13-28, p. 14.

ésta debe ser clara y no debe albergar dudas[37]. Sin embargo, en un contrato, el consentimiento de las partes también debe ser claro, pues los contratos deben ser cumplidos y se está adquiriendo una obligación. Por este motivo, se pretende aclarar que recurso de herramientas interpretativas e integradoras de los contratos en el tratamiento de un convenio arbitral no pervierte la libertad de las partes, que debe ser la base del arbitraje[38].

Una vez establecida la premisa anterior y dado que, en una realidad económica compleja con proyectos que engloban una pluralidad de contratos, se ha visto que es preciso utilizar determinados mecanismos integradores para determinar las partes "reales" que se vincularon mediante un convenio arbitral, más allá de las meras signatarias. En este sentido, se han elaborado diversas posiciones doctrinales que tratan de aplicar cierta flexibilización en la interpretación del convenio arbitral, motivo por el que se hace necesario tratar los diversos mecanismos que puedan resultar de mayor aplicación.

Al respecto, las posiciones doctrinales siempre tratan de analizar los actos de las partes no signatarias para tratar de establecer la voluntad de las mismas. Por este motivo, cabría destacar la interpretación de los contratos atendiendo a la voluntad de las partes y la doctrina de los actos propios[39].

En cuanto a los criterios y herramientas de interpretación, en el ámbito nacional, el Código de Comercio hace una referencia a los criterios contenidos en el Código Civil. No obstante, atendiendo a la relevancia de la materia, a la presencia internacional del arbitraje y a que la propia jurisprudencia española ha citado los Principios Unidroit; se tratarán los criterios de interpretación desde la perspectiva uniforme[40].

Así, resulta destacable el principio de libertad de forma como pilar fundamental del Derecho de la contratación. De este modo, en la contrata-

---

37 GOENECHEA PERMISÁN, G., "La interpretación del contrato de arbitraje o convenio arbitral", La Ley. Mediación y arbitraje, nº 16, 2023, p. 11.

38 De hecho, la jurisprudencia nacional se muestra proclive a la necesidad de que el convenio arbitral deba ser interpretado. GOENECHEA PERMISÁN, G., "La interpretación del contrato de arbitraje o convenio arbitral", La Ley. Mediación y arbitraje, nº 16, 2023, p. 1.

39 El convenio arbitral es un contrato y, por ende, puede ser interpretado según los principios generales de interpretación de los contratos. CÉSAR BETANCOURT, J., El contrato de arbitraje internacional, Tirant lo Blanch, 2018.

40 MORÁN BOVIO, D. "Incumplimiento", en MORÁN BOVIO, D. (coord.), Comentario a los Principios Unidroit para los Contratos del Comercio Internacional, Aranzadi, 2003, pp.323-384, p. 329.

ción mercantil no se puede exigir la formalización del contrato de una determinada manera como requisito de validez. Como consecuencia de ello, un convenio arbitral no tiene la necesidad de ser escrito, pudiendo adoptar las formas que sean estimadas oportunas por las partes[41]. Si a ello se le suma el principio de que la aceptación de un contrato, necesario para consignar la voluntad y el consentimiento de las partes a obligarse, puede revertir cualquier forma, siendo posible mediante cualquier declaración o acto.

Los actos como vía para expresar y acreditar la voluntad de las partes se relaciona íntimamente con la institución nacional del *venire contra factum propium* que, en el ámbito uniforme, se ha venido a denominar como *estoppel*.

El *estoppel* consiste en un principio que se utiliza en diversos sistemas jurídicos para prevenir que una parte contractual contradiga una declaración previa o se comporte de manera inconsistente con esa declaración, especialmente cuando la otra parte ha confiado razonablemente en esa declaración[42]. La doctrina entiende que hay varios tipos de *estoppel*, el *estoppel* por actos previos y el *estoppel* por silencio. En el primero de ellos, una parte hace una promesa o manifiesta de forma inequívoca su voluntad de obligarse a hacer algo, generando unas legítimas expectativas en la contraparte. El segundo de ellos, consiste en que una persona no corrigió o evitó una situación, lo que conllevó un asentimiento implícito del que no puede desdecirse.

Dentro de los Principios Unidroit, el *estoppel* se encuentra en el art. 1.8 al establecer la prohibición de actuar contra los actos propios. Así, se pone el foco en la reacción que de los actos de una parte se ha generado en la contraparte que haya actuado con buena fe contractual con base en los citados actos.

De tal modo que el uso de herramientas interpretativas e integradoras de los contratos no alteran ni vician la voluntad de las partes, únicamente

---

41 La nueva redacción de las Leyes Modelo de la CNUDMI junto con las recomendaciones de reinterpretación del Convenio de Nueva York, genera que el requisito de forma escrita no pueda aplicarse de forma escrita. PERALES VISCASILLAS, P., "¿Forma escrita del convenio arbitral? Nuevas disposiciones de la CNUDMI/UNCITRAL", Derecho y Tecnología: revista arbitrada de Derecho y Nuevas Tecnologías, nº 9, 2007, pp. 27-49, p. 34.

42 Así, el consentimiento al convenio arbitral puede interpretarse mediante los actos propios. GÓMEZ JENE, M., "El convenio arbitral: statu quo", Cuadernos de Derecho Transnacional, nº 2, 2017, pp. 7-38, p. 10.

permiten determinar la verdadera intención de las partes a obligarse ante una realidad negocial que dificulta la idea más formalista de suscribir un contrato, todo ello, con la finalidad de evitar que alguna de las partes de un convenio arbitral trate de abstraerse utilizando como vía el no haber sido parte signataria, cuando de sus propios actos queda establecida su voluntad inequívoca de vincularse al arbitraje[43].

VI. CONCLUSIONES

A lo largo del presente trabajo se ha puesto de manifiesto la enorme relevancia que tiene el arbitraje comercial como mecanismo alternativo de resolución de disputas. Al fin y al cabo, se trata del ADR por antonomasia del ámbito de los negocios, pues goza de numerosas ventajas respecto de las jurisdicción nacional.

Sin embargo, la renuncia al monopolio estatal de la justicia, con la finalidad de acudir al arbitraje, debe realizarse con una serie de garantías, pues siempre se requiere un consentimiento expreso consignado en un contrato que se ha venido en denominar convenio arbitral. La falta de un consentimiento válido para acudir al arbitraje tiene su traslación en el marco normativo relativo al reconocimiento y ejecución de los laudos arbitrales, pues debe garantizarse que "verdaderamente" las partes han elegido el arbitraje como mecanismo para dirimir sus disputas.

No obstante, esta práctica tan garantista esta perdiendo la conexión con las necesidades de la realidad contractual y económica actual. Así, la imagen más clásica de dos empresas que suscriben un contrato con una cláusula compromisoria se va difuminando para dar paso a situaciones en que para la consecución de un objetivo de gran calado se unen diferentes empresas vinculadas por diferentes contratos. Como consecuencia de ello, resulta inviable que todas y cada una de las empresas tengan un contrato y una cláusula compromisoria con el resto de los miembros del proyecto. Pese a ello, la unidad económica que engloba esa red de contratos y vínculos jurídico-económicos genera, por el propio actuar de las partes, que se encuentren vinculadas de facto.

Como consecuencia de ello, surge la figura de la intervención de terceros, cuestión que, progresivamente, se va incorporando a diferentes nor-

---

[43] Al fin y al cabo, el convenio arbitral no deja de ser un contrato. CÉSAR RIVERA, J., "El derecho aplicable a la existencia y validez sustantiva del convenio arbitral", Arbitraje: revista de arbitraje comercial y de inversiones, nº 1, 2021, pp. 55-78, p. 57.

mativas reguladoras del arbitraje comercial. Dentro de la intervención de terceros existe una cuestión más controvertida y poco pacífica como la intervención forzosa. En este sentido, se trata de evitar que una parte de facto se abstraiga de responder por los daños que pueda ocasionar partiendo de la premisa que no es parte signataria del convenio arbitral.

Frente a esta situación, existen diferentes posicionamientos que parten de la necesidad de aplicar con coherencia los mecanismos de interpretación e integración contractual habituales al convenio arbitral, pues éste no deja de ser un contrato. Así, lo que debe resultar sumamente relevante y donde se debe poner el foco garantista del arbitraje es en la necesidad de que las partes hayan consentido vincularse al procedimiento arbitral, no en la forma en que lo hayan hecho. De esta manera, en el ámbito contractual impera la libertad de forma y mediante diversos mecanismos de interpretación e integración contractual se puede dilucidar la verdadera voluntad de las partes, con el objetivo de establecer su vinculación o no a un contrato[44].

En definitiva, del mismo modo que en el ámbito contractual impera la libertad de forma y, en ocasiones, se puede inferir la voluntad y el consentimiento de las partes utilizando diversas herramientas; siendo el convenio arbitral un contrato, es posible hacer lo mismo. De lo contrario, ante la creciente complejidad de las relaciones comerciales, negar la flexibilidad del Derecho contractual en la interpretación de los convenios arbitrales con la posibilidad de la intervención de terceros, supondría un handicap en la utilidad del arbitraje como ADR en un mundo negocial cada vez más complejo.

---

44 Nótese que se permite la elección tácita de la ley aplicable al fondo en ausencia de pronunciamiento expreso de las partes. CÉSAR RIVERA, J., "El derecho aplicable a la existencia y validez sustantiva del convenio arbitral", Arbitraje: revista de arbitraje comercial y de inversiones, nº 1, 2021, pp. 55-78, p. 66.

La adaptación de los contratos de compraventa vitivinícola a la nueva Ley de la Cadena Alimentaria[*]

FRANCISCA RAMÓN FERNÁNDEZ
Catedrática de Derecho civil
Universitat Politècnica de València

SUMARIO: I. INTRODUCCIÓN. II. LA LEY DE LA CADENA: ALGUNAS CONSIDERACIONES. III. LA ADAPTACIÓN CONTRACTUAL DE LOS CONTRATOS DE COMPRAVENTA VITIVINÍCOLA A LA LEY DE LA CADENA ALIMENTARIA. 1. Homologación del contrato-tipo de compraventa de uva con destino a su transformación en vino que regirá durante tres campañas vitivinícolas. 2. Homologación del contrato-tipo de compraventa de vino que regirá durante tres campañas vitivinícolas. IV. CONCLUSIONES.

I. INTRODUCCIÓN

En el presente estudio vamos a analizar la reciente adaptación de los contratos vitivinícola a la normativa referente al funcionamiento de la cadena alimentaria destacando los aspectos principales de esa adaptación contractual en el ámbito del sector del vino.

El ámbito contractual del vino ha sido tratado ampliamente por la doctrina especializada[1], y su aplicación tiene especial relevancia para la economía local, dada la importancia de las denominaciones de origen protegidas.

---

* Trabajo realizado en el marco del Grupo de Investigación de Excelencia Generalitat Valenciana (Proyecto Prometeu 2021/009, 2021-2024), y Proyecto de I+D+i 2023-2025 (PID2022-136439OB-I00) financiado por MCIN/AEI/10.13039/501100011033/ FEDER, UE.

1 Véase, sin ánimo exhaustivo: FERNÁNDEZ OLMOS, M., “El rol de los contratos en viticultura”, *Management Letters/Cuadernos de Gestión*, vol. 8, nº. 2, 2008, pp. 47 y sigs. Disponible en: https://addi.ehu.es/bitstream/handle/10810/7602/CdG_823.pdf?sequence=1&isAllowed=y (Consultado el 02 de julio de 2023); FERRER LORENZO, J. R., *Factores de competitividad del sector vitivinícola español*, Universidad de Zaragoza, Zaragoza, 2018. Disponible en: https://zaguan.unizar.es/record/101148/files/TESIS-2021-120.pdf (Consultado el 02 de julio de 2023); GARRIDO HERRERO, S. P., “El fruto de la inseguridad: vino, eficiencia, contratos y derechos de pro-

El Plan Estratégico 22-27 menciona la visión, misión y ambición para los próximos años destacando las siguientes propuestas[2]:

a) Defender, promover y asegurar el conocimiento, la imagen y la calidad del producto vitivinícola español para el consumidor nacional e internacional.

b) Generar valor y rentabilidad, principalmente en los mercados internacionales, apalancándose en los atributos diferenciales, y asegurar su reparto equitativo y sostenible a lo largo de la cadena.

c) Posicionar a España como referente vitivinícola mundial en sostenibilidad en todos sus ámbitos: medioambiental, social, económico, histórico, cultural y paisajístico.

d) Potenciar la conciencia de la sociedad y el consumidor sobre el vino español como nexo territorial, social y de desarrollo económico, así como parte indisoluble de nuestra historia, de la cultura mediterránea, de un estilo de vida saludable y de un consumo moderado y responsable.

e) Facilitar el desarrollo y la transmisión de la innovación y la digitalización, atrayendo y reteniendo al mejor talento para asegurar el futuro del sector.

Como vemos, se destaca la generación de valor y rentabilidad, así como un reparto equitativo y sostenible a lo largo de toda la cadena alimentaria. Resulta fundamental establecer las medidas oportunas para evitar una pérdida de valor del producto durante toda la cadena, desde la primera fase hasta la última, con la adquisición del producto por parte del consumidor.

---

piedad en Cataluña (1898-1935)", *Documentos de trabajo de la Asociación Española de Historia Económica*, nº. 17, 2017, pp. 1 y sigs. Disponible en: https://www.aehe.es/wp-content/uploads/2017/01/dt-aehe-1701.pdf (Consultado el 02 de julio de 2023); "El fruto de la inseguridad: Vino, contrato óptimo y derechos de propiedad en Cataluña (1898-1935)", *Revista de Historia Económica, Journal of Iberian and Latin American Economic History*, nº. 3, 2017, pp. 415 y sigs. Disponible en: https://www.cambridge.org/core/journals/revista-de-historia-economica-journal-of-iberian-and-latin-american-economic-history/article/el-fruto-de-la-inseguridad-vino-contrato-optimo-y-derechos-de-propiedad-en-cataluna-18981935/351816740DADEF74B90D58AD6CEE2A4B (Consultado el 02 de julio de 2023).

2 ESTRATEGIA DEL SECTOR VITIVINÍCOLA ESPAÑOL 2022-2027 Resumen ejecutivo — 15 de Febrero de 2023. Disponible en: https://www.interprofesionaldelvino.es/extensi%C3%B3n-de-norma/documentaci%C3%B3n/ (Consultado el 02 de julio de 2023).

En el ámbito del vino, hay que tener en cuenta la aplicación de distinta normativa en relación a varios aspectos relacionados con la comercialización:

- Real Decreto 705/1997, de 16 de mayo, por el que se aprueba el Reglamento de la Ley 38/1994, de 30 de diciembre, reguladora de las Organizaciones Interprofesionales Agroalimentarias, modificada por la Ley 13/1996, de 30 de diciembre, de Medidas Fiscales, Administrativas y del Orden Social.[3]
- Orden de 28 de septiembre de 2000 por la que se reconoce a la Organización Interprofesional Agroalimentaria de los Mostos y Zumos de Uva INTERMOSTO, como Organización Interprofesional Agroalimentaria, conforme a lo dispuesto en la Ley 38/1994, de 30 de diciembre, reguladora de las Organizaciones Interprofesionales Agroalimentarias.[4]
- Orden de 28 de septiembre de 2000 por la que se reconoce a la Organización Interprofesional Agroalimentaria del Vino de Mesa, incluido el Vino de Mesa con Indicación Geográfica de la Tierra y el Vino de Mesa con Indicación Geográfica, IVIM, como Organización Interprofesional Agroalimentaria, conforme a lo dispuesto en la Ley 38/1994, de 30 de diciembre, reguladora de las Organizaciones Interprofesionales Agroalimentarias.[5]
- Real Decreto 1660/2000, de 29 de septiembre, por el que se modifica el Reglamento de la Ley 38/1994, de 30 de diciembre, reguladora de las Organizaciones Interprofesionales Agroalimentarias, aprobado por el Real Decreto 705/1997, de 16 de mayo.[6]
- Orden APA/611/2004, de 5 de marzo, por la que se reconoce a la Organización Interprofesional del Vino de Rioja, OIPVR, como Organización Interprofesional Agroalimentaria, conforme a lo dispuesto en la Ley 38/1994, de 30 de diciembre, reguladora de las Organizaciones Interprofesionales Agroalimentarias.[7]
- Real Decreto 1668/2009, de 6 de noviembre, por el que se modifica el Reglamento de la Ley 38/1994, de 30 de diciembre, reguladora

---

3 BOE nº. 132, de 3 de junio de 1997.
4 BOE nº. 258, de 27 de octubre de 2000.
5 BOE nº. 258, de 27 de octubre de 2000.
6 BOE nº. 235, de 30 de septiembre de 2000.
7 BOE nº. 59, de 9 de marzo de 2004.

de las organizaciones interprofesionales agroalimentarias, aprobado por el Real Decreto 705/1997, de 16 de mayo.[8]

- Real Decreto 64/2015, de 6 de febrero, por el que se desarrolla parcialmente la Ley 12/2013, de 2 de agosto, de medidas para mejorar el funcionamiento de la cadena alimentaria, y se modifica el Reglamento de la Ley 38/1994, de 30 de diciembre, reguladora de las organizaciones interprofesionales agroalimentarias, aprobado por Real Decreto 705/1997, de 16 de mayo.[9]

- Real Decreto 66/2015, de 6 de febrero, por el que se regula el régimen de controles a aplicar por la Agencia de Información y Control Alimentarios, previstos en la Ley 12/2013, de 2 de agosto, de medidas para mejorar el funcionamiento de la cadena alimentaria.[10]

- Real Decreto 267/2017, de 17 de marzo, por el que se desarrolla la Ley 6/2015, de 12 de mayo, de Denominaciones de Origen e Indicaciones Geográficas Protegidas de ámbito territorial supraautonómico, y por el que se desarrolla la Ley 12/2013, de 2 de agosto, de medidas para mejorar el funcionamiento de la cadena alimentaria.[11]

- Real Decreto 1363/2018, de 2 de noviembre, para la aplicación de las medidas del programa de apoyo 2019-2023 al sector vitivinícola español.[12]

- Orden APA/806/2019, de 25 de julio, por la que se extiende el Acuerdo de la Organización Interprofesional del Vino de España, al conjunto del sector y se fija la aportación económica obligatoria, para realizar actividades de promoción e información del sector vitivinícola y sus productos, inteligencia económica, vertebración sectorial, investigación, desarrollo, innovación tecnológica y estudios, durante las campañas 2019/2020, 2020/2021, 2021/2022, 2022/2023 y 2023/2024.[13]

- Real Decreto 112/2022, de 8 de febrero, por el que se modifica el Real Decreto 1363/2018, de 2 de noviembre, para la aplicación de

8 BOE nº. 269, de 7 de noviembre de 2009.

9 BOE nº. 33, de 7 de febrero de 2015.

10 BOE nº. 33, de 07 de febrero de 2015.

11 BOE nº. 66, de 18 de marzo de 2017.

12 BOE nº. 266, de 3 de noviembre de 2018.

13 BOE nº. 179, de 27 de julio de 2019.

las medidas del programa de apoyo 2019-2023 al sector vitivinícola español.[14]

– Real Decreto 905/2022, de 25 de octubre, por el que se regula la Intervención Sectorial Vitivinícola en el marco del Plan Estratégico de la Política Agraria Común.[15]

– Resolución de 10 de febrero de 2023 de la Dirección General de Producciones y Mercados Agrarios, por la que se fija, para el año 2023, el presupuesto para la puesta en marcha de la cosecha en verde en el Programa de Apoyo al Sector Vitivinícola.[16]

– Real Decreto 368/2023, de 16 de mayo, por el que se modifica el Estatuto de la Agencia de Información y Control Alimentarios, O. A., aprobado mediante el Real Decreto 227/2014, de 4 de abril; y el Real Decreto 66/2015, de 6 de febrero, por el que se regula el régimen de controles a aplicar por la Agencia de Información y Control Alimentarios, previstos en la Ley 12/2013, de 2 de agosto, de medidas para mejorar el funcionamiento de la cadena alimentaria.[17] .

– Real Decreto 812/2023, de 8 de noviembre, por el que se modifica el Real Decreto 905/2022, de 25 de octubre, por el que se regula la Intervención Sectorial Vitivinícola en el marco del Plan Estratégico de la Política Agrícola Común.[18]

Para analizar la adaptación contractual que hemos indicado que será objeto de análisis, nos detendremos en la legislación, así como en la doctrina que se ha pronunciado sobre la cadena alimentaria, con la finalidad de obtener unas conclusiones válidas que resulten de interés para la comunidad científica internacional.

Y en el caso de la venta a pérdidas, resulta de interés mencionar en el ámbito de la Comunitat Valenciana, la Ley 3/2013, de 26 de julio, de los contratos y otras relaciones jurídicas agrarias[19], y la Ley 2/2019, de 6 de febrero, de reforma de la Ley 3/2013, de 26 de julio, de los contratos y otras relaciones jurídicas agrarias, para exigencia de la forma escrita y para la creación del Registro de Operadores, Contratos y Relaciones Jurídicas Agrarias.[20]

14 BOE nº. 34, de 9 de febrero de 2022.
15 BOE nº. 257, de 26 de octubre de 2022.
16 BOE nº. 38, de 14 de febrero de 2023.
17 BOE nº. 117, de 17 de mayo de 2023.
18 BOE nº. 268, de 9 de noviembre de 2023.
19 BOE nº 222, de 16 de septiembre de 2013.
20 BOE nº. 51, de 28 de febrero de 2019.

II. LA LEY DE LA CADENA: ALGUNAS CONSIDERACIONES

Ley 12/2013, de 2 de agosto, de medidas para mejorar el funcionamiento de la cadena alimentaria[21], modificada por la Ley 16/2021, de 14 de diciembre[22], y que fue desarrollada por el Real Decreto 64/2015, de 6 de febrero, por el que se desarrolla parcialmente la Ley 12/2013, de 2 de agosto, de medidas para mejorar el funcionamiento de la cadena alimentaria, y se modifica el Reglamento de la Ley 38/1994, de 30 de diciembre, reguladora de las organizaciones interprofesionales agroalimentarias, aprobado por Real Decreto 705/1997, de 16 de mayo[23] es el cuerpo normativo aplicable a la cadena alimentaria. Los diversos motivos de modificación de la normativa han sido la necesidad de estabilización del mercado agroalimentario, y también la lucha contra la venta a resultas y la venta a pérdidas.[24]

---

21 BOE nº. 185, de 03 de agosto de 2013.

22 BOE nº. 299, de 15 de diciembre de 2021.

23 BOE nº. 33, de 07 de febrero de 2015.

24 Sobre este aspecto, se puede consultar: AA.VV., *Ley de la Cadena Alimentaria, cooperativas y otras entidades asociativas agrarias: soluciones y propuestas tras su reforma por la Ley 26/2021*, en JULIÁ IGUAL, J. F., MELIÁ MARTÍ, E., PALAU RAMÍREZ, F. y VARGAS VASSEROT, C., (dir.), Tirant lo Blanch, Valencia, 2022. CAÑETE PÉREZ, J. A.: *Política agraria comunitaria: desarrollo rural en Andalucía*, Universidad de Granada, Granada, 2017. Disponible en: https://digibug.ugr.es/handle/10481/48860 (Consultado el 02 de julio de 2023); RAMÓN FERNÁNDEZ, F., "Objetivos de Desarrollo Sostenible (ODS) y gestión del patrimonio cultural de la Huerta de València: la importancia del comercio de proximidad y la puesta en valor de sus bienes y recursos. La tira de contar y la Agromuseu de Vera, Valencia", *Revista jurídica valenciana. Associació de Juristes Valencians (anteriormente Revista Internauta de Práctica Jurídica)*, nº. 36, 2020, pp. 1 y ss. Disponible en: https://www.revistajuridicavalenciana.org/wp-content/uploads/0036_0007_01.pdf (Consultado el 02 de julio de 2023); TORRALBA MENDIOLA, E. C., "La aplicación de las leyes de policía contenidas en directivas de la Unión Europea. El ejemplo de la regulación de la cadena alimentaria", *Revista española de derecho internacional*, vol. 75, nº. 1, 2021, pp. 137 y ss. Disponible en: https://www.revista-redi.es/redi/article/view/69/71 (Consultado el 02 de julio de 2023); RAMÓN FERNÁNDEZ, F., "Prácticas comerciales desleales en el ámbito de los contratos de productos agrarios", *Anales Facultad Ciencias Jurídicas y Sociales. Universidad Nacional de La Plata*, nº. 52, 2022, pp. 42 y ss. Disponible en: https://revistas.unlp.edu.ar/RevistaAnalesJursoc/article/view/13241/13715 (Consultado el 02 de julio de 2023); "Los contratos agrarios valencianos, la soberanía alimentaria y la pandemia", *Derecho y Realidad*, vol. 20, nº. 39, 2022, pp. 119 y ss. Disponible en: https://revistas.uptc.edu.co/index.php/derecho_realidad/article/view/13282/12086 (Consultado el 02 de julio de 2023); "Huerta y productos de proximidad. La Tira de Contar como forma de venta en el ámbito de la competencia", en *Retos en el sector agroalimentario: regulación, competencia y propiedad industrial*, Tirant lo Blanch, Valencia, 2022, pp. 479-491; "Medidas legislativas para

El propósito, como indica el artículo 1 de la Ley 12/2013 es alcanzar los fines indicados en el artículo 3 de la Ley 12/2013, que son los siguientes:

«a) Aumentar la eficacia y la competitividad del sector alimentario globalmente considerado, así como fomentar la creación o la mejora del empleo, dada su importancia para el conjunto de la sociedad, el medio rural y la economía nacional.

b) Mejorar el funcionamiento y la vertebración de la cadena alimentaria, en beneficio de los operadores que intervienen en la misma, garantizando a la vez una distribución sostenible del valor añadido, a lo largo de los sectores que la integran.

c) Favorecer la introducción de la innovación y las tecnologías de la información y comunicación en la cadena y el desarrollo de nuevos canales de distribución de los productos alimentarios.

d) Conseguir un mayor equilibrio y transparencia en las relaciones comerciales entre los diferentes operadores, mejorando el acceso a la información y trazabilidad de la cadena alimentaria, regulando las prácticas comerciales y promoviendo códigos de buenas prácticas comerciales entre los operadores.

e) Fortalecer el sector productor y potenciar las actividades de las organizaciones interprofesionales alimentarias.

f) Mejorar la competitividad, eficiencia y capacidad de innovación de la producción agraria, la industria y la transformación alimentaria.

g) Favorecer el desarrollo de las tareas que corresponden a las empresas de la distribución, en un marco de competitividad y de respeto a las normas de competencia.

h) Contribuir a garantizar los derechos del consumidor en lo que respecta a la mejora de una información completa y eficaz sobre los alimentos y su calidad, a la transparencia en el funcionamiento de la cadena de suministro, así como a la disponibilidad de alimentos suficientes y de calidad.

i) Garantizar la unidad de mercado para la mejora de la competitividad de la cadena alimentaria.

---

evitar la venta a pérdidas en la contratación agraria", *Revista Iberoamericana de Derecho Agrario*, nº. 17, 2023, pp. 1 y ss. Disponible en: https://latam.ijeditores.com/pop.php?option=articulo&Hash=8b6d478348de0661674db5936862bc35 (Consultado el 02 de julio de 2023); TRIGUERO CANO, A., "La industria agroalimentaria: la apuesta por la calidad, la innovación y la sostenibilidad", *Economistas*, nº. 181, 2023, pp. 220 y ss. Disponible en: https://privado.cemad.es/revistas/online/Revistas/Economistas-Extra-181.pdf/197 (Consultado el 02 de julio de 2023); VARGAS VASSEROT, C., "Defensa y condiciones para la no aplicación de la ley de la cadena alimentaria a las entregas de productos de socios a las cooperativas (de primer y segundo grado): a otras entidades asociativas y a las realizadas en virtud de acuerdos intercooperativos", *REVESCO: revista de estudios cooperativos*, nº. 143, 2023, pp. 51 y ss. Disponible en: https://eprints.ucm.es/id/eprint/77675/1/2023-143(e85558).pdf (Consultado el 02 de julio de 2023).

j) Favorecer la generalización de la cultura de la sostenibilidad en la cadena alimentaria como factor de compromiso social empresarial, de incremento de la competitividad y de contribución a la mejora de la calidad de la producción agroalimentaria».

III. LA ADAPTACIÓN CONTRACTUAL DE LOS CONTRATOS DE COMPRAVENTA VITIVINÍCOLA A LA LEY DE LA CADENA ALIMENTARIA

Se han modificado los contratos-tipo homologados de compraventa de uva con destino a su transformación en vino, y de compraventa de vino, para que sean adaptados a las modificaciones que se han introducido en la Ley de la cadena alimentaria[25].

Esta homologación de los contratos que se aplican a todo el territorio español ha sido a propuesta de la Organización Interprofesional del Vino de España (OIVE)[26], y el objetivo es mejorar el funcionamiento, la estabilidad y la transparencia de la cadena de valor vitivinícola.

Los contratos-tipo de compraventa de uva con destino a su transformación en vino y el contrato-tipo de compraventa de vino se homologaron de acuerdo a lo indicado en la Ley 2/2000, de 7 de enero, reguladora de los contratos tipo de productos agroalimentarios[27] y el Real Decreto 686/2000, de 12 de mayo, por el que se aprueba el Reglamento de la Ley 2/2000, de 7 de enero, reguladora de los contratos tipo de productos agroalimentarios,[28] además de cumplir las características que indica la Ley 12/2013, en su artículo 9, respecto a las condiciones contractuales[29]:

---

[25] MINISTERIO DE AGRICULTURA, PESCA Y ALIMENTACIÓN, El Ministerio de Agricultura, Pesca y Alimentación aprueba la modificación de dos contratos de compraventa vitivinícola para adaptarlos a nueva Ley de la cadena alimentaria, 27 de julio de 2022. Disponible en: https://www.mapa.gob.es/es/prensa/ultimas-noticias/el-ministerio-de-agricultura-pesca-y-alimentaci%C3%B3n-aprueba-la-modificaci%C3%B3n-de-dos-contratos-de-compraventa-vitivin%C3%ADcola-para-adaptarlos-a-nueva-l/tcm:30-624292 (Consultado el 4 de julio de 2023).

[26] Disponible en: https://www.interprofesionaldelvino.es/ (Consultado el 02 de julio de 2023).

[27] BOE nº. 8, de 10 de enero de 2000. Véase: RAMÓN FERNÁNDEZ, F., "Los contratos tipo agroalimentarios", *A lei agrária nova,* vol. IV, Juruá Editora, Curitiba, Brasil, 2014, pp. 269 y sigs.

[28] BOE nº. 148, de 21 de junio de 2000.

[29] Modificado por Ley 8/2020, de 16 de diciembre, por la que se adoptan determinadas medidas urgentes en materia de agricultura y alimentación (BOE nº. 328,

«1. Los contratos alimentarios regulados en este Capítulo, contendrán como mínimo los siguientes extremos:

a) Identificación de las partes contratantes.

b) Objeto del contrato, indicando, en su caso, las categorías y referencias contratadas. Los contratos alimentarios podrán prever la posibilidad de que las categorías o referencias objeto de adquisición se concreten con la orden de pedido.

c) Precio del contrato alimentario, con expresa indicación de todos los pagos, incluidos los descuentos aplicables, que se determinará en cuantía fija y/o variable, en función únicamente de factores objetivos, verificables, no manipulables y expresamente establecidos en el contrato, que en ningún caso puedan ser manipulables por el propio operador u otros operadores del sector o hacer referencia a precios participados.

El precio del contrato alimentario que tenga que percibir un productor primario o una agrupación de estos deberá ser, en todo caso, superior al total de costes asumidos por el productor o coste efectivo de producción, que incluirá todos los costes asumidos para desarrollar su actividad, entre otros, el coste de semillas y plantas de vivero, fertilizantes, fitosanitarios, pesticidas, combustibles y energía, maquinaria, reparaciones, costes de riego, alimentos para los animales, gastos veterinarios, amortizaciones, intereses de los préstamos y productos financieros, trabajos contratados y mano de obra asalariada o aportada por el propio productor o por miembros de su unidad familiar.

La determinación del coste efectivo habrá de realizarse tomando como referencia el conjunto de la producción comercializada para la totalidad o parte del ciclo económico o productivo, que se imputará en la forma en que el proveedor considere que mejor se ajusta a la calidad y características de los productos objeto de cada contrato.

d) Condiciones de pago, que en todo caso deberán ajustarse a los plazos de pago en las operaciones comerciales de productos alimentarios o alimenticios, conforme a lo establecido en la disposición adicional primera de la Ley 15/2010, de 5 de julio, sin perjuicio del régimen específico de aplicación al comercio minorista regulado en el artículo 17 de la Ley 7/1996, de 15 de enero, de Ordenación del Comercio Minorista, en relación con lo dispuesto en su disposición adicional sexta. En particular, el deudor no podrá recibir ningún tipo de compensación, ventaja o descuento por cumplir lo dispuesto en el contrato o la normativa aplicable, ni establecer condicionalidad alguna en el pago.

e) Condiciones de entrega y puesta a disposición de los productos.

f) Derechos y obligaciones de las partes contratantes.

g) Información que deben suministrarse las partes, de acuerdo con lo dispuesto en el artículo 13 de esta Ley.

---

de 17 de diciembre de 2020) y por Real Decreto-ley 5/2020, de 25 de febrero, por el que se adoptan determinadas medidas urgentes en materia de agricultura y alimentación (BOE nº. 49, de 26 de febrero de 2020), actualmente derogado.

h) Duración del contrato, con expresa indicación de la fecha de su entrada en vigor, así como las condiciones de renovación y modificación del mismo.

i) Causas, formalización y efectos de la extinción del contrato.

j) (Suprimida).

k) Conciliación y resolución de conflictos, con expresa mención en el contrato del procedimiento que las partes utilizarán para resolver las diferencias que pudieran existir entre ellas en la interpretación o ejecución del contrato, debiendo indicarse o bien la corte de arbitraje, o bien los tribunales ante los que se someterían las posibles controversias.

Penalizaciones contractuales por no conformidades, incidencias o cualquier otra circunstancia debidamente documentada, que habrán de ser proporcionadas y equilibradas para ambas partes.

l) Excepciones por causa mayor, conforme lo dispuesto en la Comunicación C (88) 1696 de la Comisión relativa a la "fuerza mayor" en el derecho agrario europeo, y en el artículo 1105 del Código Civil.

2. El contenido y alcance de los términos y condiciones del contrato serán libremente pactados por las partes, teniendo en cuenta los principios rectores recogidos en el artículo 4 de la presente Ley.

3. Serán nulas las cláusulas y estipulaciones que incumplan lo señalado en el artículo 9.1.c), por lo que sin perjuicio de las sanciones administrativas que procedan, el productor primario podrá exigir resarcimiento por daños y perjuicios en sede judicial».

La reforma de la Ley 12/2013 por Ley 16/2021 ha hecho que se tengan que adaptar el contenido de los contratos-tipo homologados para los próximos años, en concreto, para las dos próximas campañas, abarcando el periodo desde el 1 de agosto de 2022 hasta el 31 de julio de 2024.

La Ley 38/1994, de 30 de diciembre, reguladora de las organizaciones interprofesionales agroalimentarias[30], en su artículo 8, indica que adoptado un acuerdo en el seno de una organización interprofesional alimentaria relativo a las actividades relacionadas con las finalidades definidas en el artículo 3, y que cuenten con un determinado nivel de respaldo, podrán extenderse al conjunto de productores y operadores del sector o producto.

Este artículo 3 indica cuáles son las finalidades de las organizaciones interprofesionales agroalimentarias, ya que estas se constituirán con todas o algunas de las siguientes:

«a) Velar por el adecuado funcionamiento de la cadena alimentaria y favorecer unas buenas prácticas en las relaciones entre sus socios en tanto que son partícipes de la cadena de valor.

---

30 BOE nº. 313, de 31 de diciembre de 1994.

b) Llevar a cabo actuaciones que permitan mejorar el conocimiento, la eficiencia y la transparencia de los mercados, en especial mediante la puesta en común de información y estudios que resulten de interés para sus socios.

c) Desarrollar métodos e instrumentos para mejorar la calidad de los productos en todas las fases de la producción, la transformación, la comercialización y la distribución.

d) Promover programas de investigación y desarrollo que impulsen los procesos de innovación en su sector y que mejoren la incorporación de la tecnología, tanto a los procesos productivos como a la competitividad de los sectores implicados.

e) Contribuir a mejorar la coordinación de los diferentes operadores implicados en los procesos de puesta en el mercado de nuevos productos, en particular, mediante la realización de trabajos de investigación y estudios de mercado.

f) Realizar campañas para difundir y promocionar las producciones alimentarias, así como llevar a cabo actuaciones para facilitar una información adecuada a los consumidores sobre las mismas.

g) Proporcionar información y llevar a cabo los estudios y acciones necesarias para racionalizar, mejorar y orientar la producción agroalimentaria a las necesidades del mercado y las demandas de los consumidores.

h) Proteger y promover la agricultura ecológica, la producción integrada y cualquier otro método de producción respetuoso con el medio ambiente, así como las denominaciones de origen, las indicaciones geográficas protegidas y cualquier otra forma de protección de calidad diferenciada.

i) Elaboración de contratos tipo agroalimentarios compatibles con la normativa de competencia nacional y comunitaria.

j) Promover la adopción de medidas para regular la oferta, de acuerdo con lo previsto en la normativa de competencia nacional y comunitaria.

k) La negociación colectiva de precios cuando existan contratos obligatorios en los términos previstos en la normativa comunitaria.

l) Desarrollar métodos para controlar y racionalizar el uso de productos veterinarios y fitosanitarios y otros factores de producción, para garantizar la calidad de los productos y la protección del medio ambiente.

m) Realizar actuaciones que tengan por objeto una mejor defensa del medio ambiente.

n) Promover la eficiencia en los diferentes eslabones de la cadena alimentaria mediante acciones que tengan por objetivo mejorar la eficiencia energética, reducir el impacto ambiental, gestionar de forma responsable los residuos y subproductos o reducir las pérdidas de alimentos a lo largo de la cadena.

ñ) Diseño y realización de acciones de formación de todos los integrantes de la cadena para garantizar la competitividad de las explotaciones agrarias, empresas y trabajadores, así como la incorporación a la cadena de jóvenes cualificados.

o) La realización de estudios sobre los métodos de producción sostenible y la evolución del mercado, incluyendo índices de precios y costes objetivos, transparentes, verificables y no manipulables, que puedan ser usados de referencia en la fijación del precio libremente pactado en los contratos, siempre teniendo en cuenta lo establecido al respecto por la normativa sectorial comunitaria.

p) Desarrollar e implementar la formación necesaria para la mejora de la cualificación profesional y empleabilidad de los profesionales de los sectores agroalimentarios.

q) Cualquier otra que le atribuya la normativa comunitaria».

1. Homologación del contrato-tipo de compraventa de uva con destino a su transformación en vino que regirá durante tres campañas vitivinícolas

Orden APA/708/2022, de 19 de julio, por la que se modifica el Anexo de la Orden APA/804/2021, de 16 de julio, por la que se homologa el contrato-tipo de compraventa de uva con destino a su transformación en vino que regirá durante tres campañas vitivinícolas[31] establece los ajustes para adecuar el contrato-tipo al contenido de la Ley 12/2013.

La redacción del contrato-tipo de compraventa de uva con destino a su transformación en vino se inicia con los datos personales del vendedor y del comprador, y su reconocimiento mutuo de la capacidad legal necesaria para formalizar dicho documento. Hay que tener en cuenta lo indicado en la Ley 8/2021, de 2 de junio, por la que se reforma la legislación civil y procesal para el apoyo a las personas con discapacidad en el ejercicio de su capacidad jurídica[32] y la Ley 6/2022, de 31 de marzo, de modificación del Texto Refundido de la Ley General de derechos de las personas con discapacidad y de su inclusión social, aprobado por el Real Decreto Legislativo 1/2013, de 29 de noviembre, para establecer y regular la accesibilidad cognitiva y sus condiciones de exigencia y aplicación[33]

A continuación, se indica que el vendedor es propietario de la uva de vinificación de las variedades que correspondan, con destino a su transformación en vino, con procedencia de las fincas que se indican. Se debe indicar los siguientes extremos: variedad, figura calidad, término/municipio/provincia, paraje, polígono, parcela, recinto, hectáreas y kilos aproximados. La identificación exacta de las parcelas se realizará preferentemente con indicación de su referencia SIG-PAC.

También se expresa que el comprador está interesado en la adquisición de los productos indicados, y que ambas partes, se reconocen la capacidad

---

[31] BOE nº. 179, de 27 de julio de 2022.

[32] BOE nº. 132, de 3 de junio de 2021.

[33] BOE nº. 78, de 1 de abril de 2022.

y legitimación suficientes, y formalizan el contrato tipo de compraventa de uva con destino a su transformación en vino, homologado por la Orden correspondiente, y que regirá durante las campañas determinadas.

Respecto a las estipulaciones contractuales:

a) Objeto. El vendedor se compromete a entregar y a vender y el comprador se compromete a recibir y a comprar, de conformidad con las cláusulas contractuales, por el periodo establecido, la uva de vinificación con destino a transformarse en vino procedente de las parcelas señaladas, que asciende a las cantidades que se indican precisando la variedad, kilos y tolerancia, siempre que reúna las condiciones de calidad mínimas expresadas en esa cláusula.

Las uvas entregadas a la industria deberán presentar las condiciones de calidad mínimas diferenciando cada variedad e indicando el grado alcohólico e intervalo (12,5-13,0), y la acidez máxima (gr/l de ácido tartárico)

Si la uva entregada no reúne alguna de las condiciones expuestas anteriormente, el Comprador no estará obligado a comprarla, sin que el vendedor tenga derecho a indemnización. La mercancía podrá ser rechazada si, de acuerdo con las especificaciones técnicas de calidad, no es un producto válido para la transformación.

En caso de rechazo total, los gastos en los que incurra el Comprador serán abonados por el Vendedor.

b) Precio. El precio aplicable en este contrato para uva que cumpla las especificaciones señaladas será el resultado de aplicar el precio libremente pactado entre las partes, las primas o descuentos que procedan, siendo superior al coste efectivo de producción de la uva, de acuerdo con los criterios o parámetros de calidad que se establecen. El coste efectivo de producción de uva incluirá todos los costes asumidos por el productor para desarrollar su actividad, entre los que se encuentran, las plantas de vivero, fertilizantes, fitosanitarios, combustibles y energía, maquinaria, reparaciones, costes de riego, amortizaciones, intereses de los préstamos y productos financieros, trabajos contratados, y mano de obra asalariada o aportada por el propio viticultor o por miembros de su unidad familiar.

El precio que se indica no incluye el IVA o cualquier otro tributo equivalente.

Solamente para las figuras de calidad que tengan incorporado un sistema de «validación de la cosecha», realizado por el órgano de control, siempre y cuando de dicha verificación resultare un precio superior al inicialmente pactado, se podrá establecer un importe adicional al precio pactado que podrá ser determinado, o determinable. La validación de la cosecha es una certificación realizada por el organismo de control de aquellas figuras de calidad que así lo tengan recogido en sus normas o procedimientos, a la luz de los criterios establecidos en el pliego de condiciones, mediante la que se asevera que la uva cumple los requisitos exigidos en el contrato.

El resultado de dicha validación debe ser comunicado, de forma fehaciente, tanto a la bodega como al viticultor a través del correspondiente informe de validación de cosecha.

A diferencia de la validación de cosecha que es una certificación que pueden realizar, si establecen el procedimiento para hacerlo, los organismos de control de una figura de calidad, la declaración de cosecha parte del propio viticultor, que declara los datos de su producción, y es obligatoria para todos los viticultores según viene regulado en el Real Decreto 739/2015, de 31 de julio, sobre declaraciones obligatorias en el sector vitivinícola[34], modificado por Real Decreto 1054/2022, de 27 de diciembre, por el que se establece y regula el Sistema de información de explotaciones agrícolas y ganaderas y de la producción agraria, así como el Registro autonómico de explotaciones agrícolas y el Cuaderno digital de explotación agrícola[35] dispone en su artículo 3, relativo a la declaración de cosecha lo siguiente:

> «1. Todos los cosecheros deberán presentar anualmente una declaración de cosecha que deberá cumplimentarse en los soportes informáticos que dispongan al efecto las respectivas comunidades autónomas, los cuales contendrán, al menos, los datos que figuran en el anexo I, partes a y b. Quedan exentos en la presentación de la declaración de cosecha aquellos cosecheros que cumplan alguna de las siguientes condiciones:
>
> a) Su producción total de uva se destine al consumo en estado natural, a la pasificación o a la transformación directa en zumo de uva.
>
> b) La explotación tenga menos de 0,1 hectáreas de viña en producción, siempre que no comercialicen parte alguna de su cosecha o que entregue

---

34 BOE nº. 183, de 1 de agosto de 2015. Modificado por Real Decreto 313/2016, de 29 de julio, por el que se modifican el Real Decreto 739/2015, de 31 de julio, sobre declaraciones obligatorias en el sector vitivinícola, y el Real Decreto 740/2015, de 31 de julio, por el que se regula el potencial de producción vitícola, y se modifica el Real Decreto 1079/2014, de 19 de diciembre, para la aplicación de las medidas del programa de apoyo 2014-2018 al sector vitivinícola (BOE nº. 183, de 30 de julio de 2016).

35 BOE nº. 312, de 29 de diciembre de 2022.

> la totalidad de su cosecha a una bodega cooperativa o a una agrupación de la que sean socios o miembros.
>
> 2. La declaración de cosecha se presentará hasta el 10 de diciembre de cada año, en los soportes informáticos previstos al efecto por las comunidades autónomas. En todo caso, la inclusión de los datos permitirá su interconexión con el REA creado y regulado en el Real Decreto 1054/2022, de 27 de diciembre, por el que se establece y regula el Sistema de información de explotaciones agrícolas y ganaderas y de la producción agraria, así como el Registro autonómico de explotaciones agrícolas y el Cuaderno digital de explotación agrícola. Para ello, deberán utilizarse, por parte de las comunidades autónomas, las herramientas electrónicas adecuadas para ello.
>
> 3. Aquellas comunidades autónomas que dispongan de medios informáticos que permitan vincular a los cosecheros que deben presentar anualmente la declaración con la producción declarada y con las parcelas de viñedo de las que provienen esas producciones, podrán excluir a sus cosecheros de la prestación de la parte b del anexo I».

El vendedor declara no haber suscrito y se compromete a no suscribir ningún otro contrato relativo a las producciones objeto de este contrato.

El peso válido a los efectos de la transacción y pago será el de la báscula del comprador. En todo caso, la báscula deberá estar verificada y ajustada conforme a la legislación vigente.

c) Forma de pago y facturación. El pago se realizará en la forma que las partes libremente establezcan dentro de los límites marcados por la normativa aplicable. De forma general, quedarán prohibidas aquellas modalidades de pago que supongan un aplazamiento del pago. Se especificará la cantidad de entrega a cuenta, en euros.

El vendedor está obligado a entregar factura al comprador antes de que transcurran quince días desde la recepción efectiva de la mercancía, considerándose esta fecha de recepción efectiva el último día de la entrega, con el IVA correspondiente y en la que figurará la cantidad de uva y el precio pactado. En el caso de que el vendedor esté acogido al régimen especial de la agricultura, ganadería y pesca será el adquirente el que expida el correspondiente recibo agrario de acuerdo con la normativa vigente aplicable.

Se fijará el periodo del pago del precio contado desde la fecha de finalización de la entrega de la uva, y siempre dentro de los treinta días siguientes a esa fecha.

En el caso de que se trate de una Denominación de Origen, Indicación Geográfica Protegida u otras figuras de calidad en las que se haya establecido un sistema de «validación de la cosecha», si de dicha validación resulta un precio superior, el día inicial del plazo de pago de la diferencia hasta dicho precio es el de la comunicación fehaciente por parte del organismo de control de la figura de calidad al comprador y al vendedor del resultado de la verificación.

d) Las condiciones de entrega, recepción y control. El pago de la mercancía responderá a las cantidades entregadas al comprador. La cantidad de uva correspondiente a dicho contrato se entregará en su totalidad en la bodega o en alguno de los puntos de recepción más próximas a las parcelas del vendedor, instalados al efecto por el comprador.

e) Recolección y transporte. La recolección, carga y su pago es por cuenta de lo que indiquen las partes. Al igual que el transporte y su pago hasta la bodega o punto de recepción, que se determinará si es por cuenta del vendedor o del comprador.

Se deberán observar las condiciones higiénico-sanitarias adecuadas (remolques, cubas, o cajas limpias, son presencia de hojas, piedras, maderas y resto de cuerpos extraños).

Se indicará la fecha aproximada del inicio de la recolección y de su finalización.

En el supuesto de que el contrato se extienda durante varias campañas, las fechas aproximadas de inicio y finalización serán aplicables a las diversas campañas; salvo que las partes, por mutuo acuerdo, las modifiquen al inicio de la campaña. El control de la calidad y peso del fruto se efectuará en el momento de la entrada en la bodega a o punto de recepción. Podrá estar presente a efectos de dicho control, una persona habilitada al efecto por el vendedor. En el supuesto de discrepancia entre las partes sobre las condiciones de calidad del producto que se establezcan en el contrato, se acudirá a un técnico designado por los interesados. Se tomarán tres muestras acondicionadas y de forma aleatoria de cada lote, quedando la segunda y tercera en recipiente que garantice su integridad, convenientemente etiquetado.

Las muestras se custodiarán por el vendedor y comprador en un lugar adecuado para su conservación. La tercera muestra se acordará en poder de quien se queda. Se acordará también el tiempo de conservación de las muestras para cada lote.

Los gastos ocasionados por el análisis contradictorio serán a cargo de la parte que estuviera errada en su apreciación. La mercancía se considerará entregada al ser recibida por el comprador, que firmará un albarán de conformidad. En el mismo se reseñarán las posibles incidencias detectadas en relación con el estado o transporte de la mercancía. El vendedor facilitará al comprador copia del registro vitícola y declarará la parcela de procedencia de la uva a efectos de su trazabilidad y control.

Se establecen las indicaciones relativas a la duración, modificación y requisitos de forma. También respecto a los tratamientos fitosanitarios, y el régimen de incumplimiento y la indemnización correspondiente, con las excepciones respeto a la causa de incumplimiento del contrato.

Se contempla la extinción por mutuo acuerdo de las partes, o en los casos de cese de actividad, insolvencia, entre otros. Cualquiera de las partes podrá resolver el contrato, sin necesidad de requerimiento alguno, en los casos de que no resultaran ciertas las declaraciones de los mismos y particularmente en los causas de impago, incumplimiento de los calendarios de entrega y/o recepción, así como un incumplimiento reiterado de los parámetros de calidad, siempre que haya sido comunicado por la parte afectada a la causante y a la Comisión de Seguimiento.

2. *Homologación del contrato-tipo de compraventa de vino que regirá durante tres campañas vitivinícolas*

En este caso es de aplicación la Orden APA/709/2022, de 19 de julio, por la que se modifica el Anexo de la Orden APA/805/2021, de 16 de julio, por la que se homologa el contrato-tipo de compraventa de vino que regirá durante tres campañas vitivinícolas.[36]

Los términos que contiene el contrato de compraventa de vino diferencia entre vino, vino de licor, vino espumoso, vino espumoso de calidad, vino espumoso aromático de calidad, vino de aguja, vino de aguja gasificado, vino de uvas pasificadas, vino de uvas sobremaduradas y vino ecológico. Se fijará la duración del contrato, y una vez vencido el periodo expuesto el contrato se entenderá extinguido sin posibilidad de prórroga.

Se establecerá el precio total por la cantidad de vino acordada y se indicará los costes de entrega y transporte a cargo de quien serán asumidos.

Se indicará el calendario de entregas de tal forma que la cantidad contratada será puesta a disposición del comprador en el lugar que se pacte. Cuando comprenda varias entregas, las partes confirmarán, de forma fehaciente, siete días antes de la fecha prevista, la entrega/retirada del producto.

---

36 BOE nº. 179, de 27 de julio de 2022.

Cuando el contrato esté vigente durante varias campañas, se entenderá que los periodos de entrega son los inicialmente previstos modificándose únicamente el año; salvo que las partes, por mutuo acuerdo, los modifiquen al inicio de la campaña correspondiente.

En el momento de la retirada de la mercancía, se obtendrán tres muestras acondicionadas, precintadas, lacradas, etiquetadas y con las firmas de los intervinientes estampadas sobre cada ejemplar, quedando una en poder de cada parte y la tercera, como dirimente, en poder de lo que estimen las partes, bien el comprador, o bien el vendedor.

Las muestras se guardarán en envases tapados de vidrio, limpios y secos, de una capacidad no inferior a un cuarto ni superior a un litro, llenos con el mínimo espacio de cabeza.

Las condiciones de conservación de las muestras serán las normales en una bodega, es decir, en oscuridad, a temperatura constante y no superior a los 20 grados centígrados, alejadas de vibraciones, y campos electromagnéticos.

Las partes acordarán el tiempo de conservación de las muestras para cada lote. Las muestras deben ser precintadas con un capuchón de plástico que se adapte por el calor a la cabeza de la botella tapada, ocluyendo las referencias visibles.

En el caso de discrepancia en relación a la calidad y características definidas en el contrato, las partes se someterán a los análisis de la Estación Enológica que fijen.

Se establecerá por las partes las condiciones de pago de las mercancías dentro de los límites que se fijen por la normativa aplicable.

El vendedor se obliga a la entrega al comprador de la factura antes del día 16 del mes siguiente a aquel en el que se haya producido la entrega o expedición de la mercancía.

El precio que se haya establecido se pagará aplicando los plazos indicados en la Ley 3/2004, de 29 de diciembre, por la que se establecen medidas de lucha contra la morosidad en las operaciones comerciales[37], y lo indicado en la disposición adicional primera de la Ley 15/2020, de 5 de julio, de modificación de la Ley 3/2004.[38]

Se contempla el establecimiento de una cantidad que deba entregar el comprador a la firma del contrato, que tendrá carácter de señal en garan-

---

37 BOE nº. 314, de 30 de diciembre de 2004.

38 BOE nº. 163, de 6 de julio de 2010.

tía del cumplimiento del mismo, estableciéndose como cláusula penal la pérdida de dicho importe por el comprador, en el caso de que éste incumpla las obligaciones derivadas del contrato, y la obligación del vendedor de devolverlas duplicadas, en el caso de que incumpla las que le corresponde.

En el caso de incumplimiento de la obligación de entrega, o de retirada o recepción del vino, por parte del vendedor o comprador, conforme al calendario pacto por las partes, la otra parte podrá optar, mediante comunicación fehaciente por lo siguiente: exigir el cumplimiento de lo que se haya pactado, estableciéndose una responsabilidad por incumplimiento consistente en que los daños y perjuicios que se causen a partir del vencimiento del plazo fijado sin retirada serán de cuenta de quien los ocasiones, o bien optar por la resolución del contrato estableciéndose como indemnización un porcentaje del valor del vino contratado, que deberá ser abonada en el plazo de quince días naturales desde su requerimiento.

Se podrá establecer un nuevo plazo para la entrega y recogida del producto, transcurrido el cual sin realizar la entrega se entenderá en todo caso resuelto el contrato. En este caso de prórroga del plazo de retirada, serán de cuenta de la parte que haya incumplido todos los gastos y la realización de las labores necesarias para el mantenimiento y conservación del vino contratado.

Se establece una compensación de un porcentaje del valor por día hasta la completa entrega y retirada del vino contratado.

La indemnización se abonará en el plazo de quince días naturales a partir del requerimiento realizado al efecto y, en todo caso, antes de que transcurran treinta días naturales desde la fecha del incumplimiento.

El vendedor queda expresamente facultado para no autorizar la carga de la mercancía mientras el comprador no le haya entregado los documentos originales de pago y/o de garantía que hayan sido pactados entre las partes; a su vez, el comprador queda expresamente facultado para no continuar la retirada si existieran dudas respecto de la calidad del vino contratado, y hasta que no se resuelva conforme a lo indicado en la normativa.

No se considera causa de incumplimiento del contrato la de fuerza mayor demostrada, derivada de huelgas, siniestros, catástrofes o adversidades climatológicas, enfermedades y/o plagas imposibles de prever o que, siendo previsibles, fueran imposibles de evitar por cualquiera de las partes contratantes. Si se produjera alguna de estas causas, serán comunicadas dentro de las setenta y dos horas siguientes a su producción.

También se contempla las causas de extinción contractual por mutuo acuerdo de las partes, y también los casos en que cualquiera de las partes lo podrá resolver, sin necesidad de requerimiento alguno en los casos de impago, incumplimiento de los calendarios de entrega y/o recepción, así como por un incumplimiento reiterado de los parámetros de calidad.

IV. CONCLUSIONES

La adaptación de los contratos vitivinícolas a la nueva Ley de la cadena alimentaria resulta de vital interés para la trazabilidad y seguridad alimentaria, y para la protección del consumidor. Los contratos-tipo de compraventa de uva con destino a su transformación en vino y el contrato-tipo de compraventa de vino se homologaron de acuerdo a lo indicado en la Ley 2/2000 y el Real Decreto 686/2000, además de cumplir las características que indica la Ley 12/2013.

La reforma de la Ley 12/2013 por Ley 16/2021 ha hecho que se tengan que adaptar el contenido de los contratos-tipo homologados para los próximos años, en concreto, para las dos próximas campañas, abarcando el periodo desde el 1 de agosto de 2022 hasta el 31 de julio de 2024. Esta adaptación ha venido a través de la Orden APA/708/2022 por la que se modifica el Anexo de la Orden APA/804/2021, por la que se homologa el contrato-tipo de compraventa de uva con destino a su transformación en vino que regirá durante tres campañas vitivinícolas establece los ajustes para adecuar el contrato-tipo al contenido de la Ley 12/2013, y la Orden APA/709/2022, por la que se modifica el Anexo de la Orden APA/805/2021, por la que se homologa el contrato-tipo de compraventa de vino que regirá durante tres campañas vitivinícolas.

En ambas Órdenes se establecen los requisitos de adaptación teniendo en cuenta el principio de autonomía de la voluntad de las partes y con la finalidad de observar lo indicado en la Ley de la cadena alimentaria.

El siniestro del buque asegurado y sus efectos sobre los contratos de arrendamiento y fletamento*

ALBANO GILABERT GASCÓN
Investigador posdoctoral
Instituto Universitario de Derecho del Transporte
Universitat Jaume I de Castellón

I. INTRODUCCIÓN

El buque se erige en un elemento esencial para el ejercicio de la navegación marítima. Cuando se utiliza con fines comerciales, su propietario puede optar entre explotarlo directamente, para lo que recurrirá a figura del fletamento; o a través de terceros, mediante el arrendamiento del buque[1]. En este contexto, la utilización del buque lleva aparejada la aparición

---

* El presente trabajo se ha realizado en el marco de una ayuda predoctoral para la formación de personal investigador (Ref. PRE2020-095663), financiada por MCIN/ AEI/10.13039/501100011033 y FSE (POP). Se enmarca en el proyecto de I+D+i "El transporte ante el desarrollo tecnológico y la globalización: nuevas soluciones en materia de responsabilidad y competencia" (Ref. PID2019-107204GB-C33), financiado por MCIN/ AEI/10.13039/501100011033/. Investigadores principales: M.ª V. Petit Lavall y A. Puetz.

[1] En este sentido, véase GARCÍA-PITA Y LASTRES, J. L., *Arrendamientos de buques y Derecho Marítimo (con especial referencia al "Derecho de formularios")*, Tirant lo Blanch, 2006, pp. 64-70; MARTÍNEZ JIMÉNEZ, M.ª I., *Los contratos de explotación del buque.*

de ciertos riesgos inherentes al ejercicio de la navegación marítima. En particular, el buque está expuesto a sufrir daños y también es susceptible de causar daños a terceros. Por ello, con independencia de quién explote económicamente el buque, resulta esencial proteger los distintos intereses existentes frente a los riesgos de la navegación[2]. En este sentido, en la práctica es habitual que se contraten, al menos, dos tipos de seguro: el seguro de cascos y el seguro de protección e indemnización[3].

Dejando al margen las cuestiones sobre quién ha de aparecer como asegurado en cada una de estas pólizas y quién es la parte obligada a contratar estos seguros en el marco de los contratos de utilización del buque, lo cierto es que las consecuencias derivadas del cumplimiento de esta obligación (es decir, de la efectiva estipulación de un contrato de seguro) son de gran relevancia, especialmente cuando se produce un siniestro que ocasiona la pérdida parcial o total del buque, pues sus consecuencias no se limitan estrictamente al plano aseguraticio, sino que, tanto el siniestro en sí mismo como su liquidación, también proyectan sus efectos sobre el contrato subyacente.

Por ello, a continuación se analizarán las consecuencias del cumplimiento de la obligación de contratar un seguro de cascos y maquinaria en el marco de los contratos de utilización del buque cuando se produce un siniestro sobre el buque (*sub* II), es decir, la obligación de la aseguradora de indemnizar el daño sufrido por el asegurado (*sub* 1), los tipos de siniestro que puede sufrir el buque (*sub* 2), la liquidación de este (*sub* 3) y sus consecuencias (*sub* 4). Posteriormente, se examinarán los efectos que el siniestro del buque y su liquidación producen sobre la vigencia de los contratos de utilización del buque (*sub* III), para lo que es necesario diferenciar según el siniestro produzca la pérdida parcial (*sub* 1) o total (*sub* 2) del buque.

Especial referencia al fletamento por tiempo, J. M. Bosch, 1991, pp. 41-43; RUBIO, J., *El fletamento en el Derecho español*, Revista de Derecho Privado, 1953, pp. 92-93.

2 Es más, tal como afirman RUIZ SOROA, J. M.ª, ZABALETA, S. y GONZÁLEZ, M., *Manual de Derecho del seguro marítimo*, HAEE/IVAP, p. 17, ello no es sólo recomendable, sino inherente al ejercicio de la navegación marítima, pues "sin la existencia del contrato de seguro sería imposible la moderna explotación de la navegación marítima en régimen de iniciativa privada".

3 A modo de ejemplo, véase la cláusula 17(b)(i) y (b)(c) BARECON 2017, para los supuestos de arrendamiento de buque; la cláusula 20 GENTIME para los de *time charter*; o la cláusula 1(ii) y (iii) BIMCHEMVOY 2008 para los de *voyage charter*.

II. EL SINIESTRO DEL BUQUE ARRENDADO O FLETADO Y SUS CONSECUENCIAS EN EL PLANO ASEGURATICIO

1. La obligación indemnizatoria del asegurador

La contratación de los seguros de cascos y maquinaria y de P&I produce un efecto fundamental: la obligación del asegurador de resarcir los daños sufridos por el titular del interés asegurado en caso de que se ocasione un siniestro. En efecto, en estos seguros, al igual que en cualquier otro seguro de daños, la obligación principal de la aseguradora es la de indemnizar al asegurado por los daños sufridos como consecuencia de la materialización de un riesgo cubierto por la póliza[4].

[4] ARROYO MARTÍNEZ, I. y RUEDA MARTÍNEZ, J. A., "Artículo 429. Obligación de indemnizar", en I. Arroyo Martínez y J. A. Rueda Martínez (dirs.), *Comentarios a la Ley 14/2014, de 24 de julio, de Navegación Marítima,* Thomson Reuters, 2016, pp. 1337-1338; FERRARINI, S., *Le assicurazioni marittime,* Giuffrè Editore, 1991, p. 387; GABALDÓN GARCÍA, J. L., *Curso de Derecho Marítimo Internacional. Derecho marítimo internacional público y privado y contratos marítimos internacionales,* Marcial Pons, 2012. p. 859; ID. y RUIZ SOROA, J. M.ª, *Manual de Derecho de la Navegación Marítima,* Marcial Pons, 2006, p. 894; GARCÍA-PITA Y LASTRES, J. L., "El régimen del seguro marítimo en la propuesta de anteproyecto de Ley General de Navegación Marítima", *RES,* n.º 125, 2006, p. 118; GARRIGUES DÍAZ-CAÑABATE, J., *Curso de Derecho mercantil,* Tomo II, 1983, p. 763; GIRGADO PERANDONES, P., "Contrato de seguro marítimo: disposiciones generales y disposiciones comunes a los distintos tipos de seguro marítimo", en A. Emparanza Sobejano y J. M. Martín Osante (dirs.), *Comentarios a Ley de Navegación Marítima,* Marcial Pons, 2015, pp. 644-645; ID., "Los seguros marítimos y aéreos", en F. Martínez Sanz (dir.), *Manual de Derecho del transporte,* Marcial Pons, 2010, p. 567; LEFEBVRE D'OVIDIO, A., PESCATORE, G. y TULLIO, L., *Manuale di Diritto della Navigazione,* Giuffrè, 2019, p. 743; MARTÍN OSANTE, J. M., "Disposiciones generales y comunes del seguro marítimo en el anteproyecto de 2004", *Revista de Derecho Mercantil,* n.º 259, 2006, pp. 159-160; ID., "Obligaciones y deberes de las partes en el contrato de seguro marítimo y su reforma", en J. L. García-Pita y Lastres (dir.), *Estudios de Derecho marítimo,* Aranzadi Thomson Reuters, 2012, p. 1037; URÍA GONZÁLEZ, R., *El seguro marítimo,* Bosch, 1940, p. 157. Sobre esta obligación en los seguros de daños en general, véase, entre otros, BOQUERA MATARREDONA, J., *El contrato de seguro de transporte de mercancías por carretera,* Tirant lo Blanch, 2002, p. 166; DONATI, A., *Trattato del Diritto delle assicurazioni private,* Vol. III, *La disciplina delle singole specie (rami) di assicurazione,* Giuffrè, 1956, pp. 68-69; GARRIGUES DÍAZ-CAÑABATE, J., *Contrato de seguro terrestre,* 1982, pp. 160-161. Ahora bien, se ha de tener en cuenta que, para que nazca esta obligación, las partes del contrato subyacente, en su condición de tomadores o asegurados, deberán, con carácter previo, comunicar a la compañía aseguradora el acaecimiento del siniestro. En caso contrario, el asegurado podría perder el derecho a ser indemnizado (art. 426 LNM).

2. *El siniestro del buque: la pérdida total y la pérdida parcial*

En función de la entidad de los daños sufridos por el buque, el siniestro se encuadrará en la categoría de "siniestros mayores", en los que se encuentran los supuestos de pérdida total, o de "siniestros menores", donde se ubican los casos de simples daños o de pérdida parcial[5]. Por lo que respecta a la pérdida parcial, esta se define de un modo negativo: quedarán comprendidos en este concepto todos los daños que no puedan ser calificados de pérdida total[6]. Por tanto, la diferencia entre uno y otro tipo de pérdida vendrá dada por el concepto y el alcance de la pérdida total. Y esta, a su vez, se puede subdividir en: pérdida total real, pérdida total económica y pérdida total presunta.

En primer lugar, la pérdida total presunta tiene lugar cuando, en el plazo de noventa días a contar desde el último en que se tuvieron noticias[7],

---

[5] DONATI, A., *Trattato del Diritto delle assicurazioni private,* Vol. III…, cit., p. 69, distingue entre siniestros "mayores" y "menores", mientras que otros autores, como BENNETT, H., *The Law of Marine Insurance,* Oxford University Press, 2006, p. 643; o RUIZ SOROA, J. M.ª, ZABALETA, S. y GONZÁLEZ, M., *Manual de Derecho del seguro marítimo,* cit., p. 148, se limitan a diferenciar entre los supuestos de pérdida parcial y pérdida total. Por su parte, TESTA, *Le inchieste sui sinistri della navigazione,* Giuffrè, 1958, pp. 21 y ss., menciona varios criterios. Por un lado, en función de su naturaleza, clasifica los siniestros como *nominati* o *innominati,* según tengan o no un nombre técnico específico. Por otro lado, también diferencia entre siniestros *semplici* y *complessi,* dependiendo de si el daño se ha producido como consecuencia de un único acontecimiento o de varios acontecimientos relacionados entre sí. En fin, en relación con los factores causales del suceso, también diferencia entre siniestros *fortuiti,* que son aquellos producidos por un caso fortuito o por supuestos de fuerza mayor, e *imputabili,* cuando se han producido por dolo o culpa del causante.

[6] En el ordenamiento inglés, el artículo 56.1 de la MIA 1906 señala que "[a]ny loss other than a total loss, as hereinafter defined, is a partial loss"; cfr. BENNETT, H., *The Law of Marine Insurance,* cit., p. 661; GILMAN, J., TEMPLEMAN, M., BLANCHARD, C., HOPKINS, P. y HART, N., *Arnould: Law of Marine Insurance and Average,* Thomson Reuters, 2018, p. 1452. Por el contrario, la LNM, al igual que el régimen precedente, se limita a enumerar los distintos tipos de pérdida, por lo que ha sido la doctrina la que se ha preocupado por delimitar ambas figuras. Sobre el concepto de "pérdida parcial", véase GABALDÓN GARCÍA, J. L., *Curso de Derecho…,* cit., p. 863; En fin, lo mismo sucede bajo el Derecho italiano: cfr. DONATI, A., *Trattato del Diritto delle assicurazioni private,* Vol. III…, cit., p. 69.

[7] ARROYO MARTÍNEZ, I., *Curso de Derecho marítimo (Ley 14/2014, de Navegación Marítima),* 3.ª ed., Aranzadi, 2015, p. 834; HERNÁNDEZ MARTÍ, J., "El abandono del buque a los aseguradores", *RJC,* Vol. 81, n.º 1, 1982, p. 71; PUY FERNÁNDEZ, G. y GIMÉNEZ VILLANUEVA, T., "El abandono del buque", en J. L. García-Pita

el buque desaparece y no se vuelve a saber de él [art. 449 d) LNM][8]. En segundo lugar, la pérdida total real —o *actual total loss*[9]— se produce cuando el buque queda total y definitivamente destruido [art. 449 a) LNM][10], cuando queda inhabilitado definitivamente para navegar o cuando su re-

---

y Lastres, M.ª R. Quintáns-Eiras y A. Díaz de la Rosa (dirs.), *El Derecho marítimo de los nuevos tiempos*, Thomson Reuters, 2018, p. 1202. También en el ordenamiento italiano el *dies a quo* se fija en el último día en que se tuvieron noticias del buque desaparecido. *Vid.* DONATI, A., *Trattato del Diritto delle assicurazioni private*, Vol. III…, cit., p. 81; GRIGOLI, M., *L'abbandono all'assicuratore*, CEDAM, 1963, p. 59.

8 Cfr. ARROYO MARTÍNEZ, I., "Artículo 450. Plazo de abandono", en I. Arroyo Martínez y J. A. Rueda Martínez, *Comentarios…*, cit., p. 1371; GONZÁLEZ PELLICER, J. M., "La pérdida total presunta de buques por desaparición sin noticias (missing ships)", *Diario la Ley*, n.º 8314, 2014, pp. 1-10 (versión electrónica); MARTÍN OSANTE, J. M., "El seguro de buques en la Ley de Navegación Marítima", en J. L. García-Pita y Lastres, M.ª R. Quintáns Eiras, A. Díaz de la Rosa (dirs.), *El Derecho…*, cit., p. 1160; PUY FERNÁNDEZ, G. y GIMÉNEZ VILLANUEVA, T., "El abandono del buque", cit., p. 1202; SALINAS ADELANTADO, C., "El seguro de buques en la Ley de Navegación Marítima", en AA.VV., *Comentarios a la Ley de Navegación Marítima*, Dykinson, 2015, p. 394. Con anterioridad a la LNM, el artículo 798 Cco establecía un plazo de un año para los viajes ordinarios, y de dos para los viajes largos. En el ordenamiento italiano, el artículo 162 del *Codice della Navigazione* también exige el transcurso de un determinado plazo, si bien, en este caso, es de cuatro meses para los buques propulsados mecánicamente y de ocho para el resto. Cfr. FERRARINI, S., *Le assicurazioni…*, cit., p. 473. Por el contrario, en el ordenamiento inglés, la MIA 1906 no establece ningún plazo para considerar el buque perdido, sino que en su artículo 58 señala que, "[w]here the ship concerned in the adventure is missing, and after the lapse of a reasonable time no news of her has been received, an actual total loss may be presumed". Por ello, a diferencia de lo que sucede en los ordenamientos español e italiano, para considerar que se ha producido una pérdida total presunta del buque, habrá que estar a las circunstancias de cada caso. Al respecto, *vide* IVAMY, E. R. H., *Marine Insurance*, Butterworths Law, 1985, p. 349; O'MAY, D. y HILL, J., *O' May on Marine Insurance*, Sweet & Maxwell, 1993, p. 412.

9 Este es el término empleado bajo el Derecho inglés, que señala que, "[w]here the subject matter insured is destroyed, or so damaged as to cease to be a thing of the kind insured, or where the assured is irretrievably deprived thereof, there is an actual total loss" (art. 57.1 MIA 1906).

10 Cfr. ARROYO MARTÍNEZ, I., "Artículo 450. Plazo de abandono", cit., p. 1370; MARTÍN OSANTE, J. M., "El seguro de buques...", cit., p. 1159; PUY FERNÁNDEZ, G. y GIMÉNEZ VILLANUEVA, T., "El abandono del buque", cit., p. 1201; SALINAS ADELANTADO, C., "El seguro de buques...", cit., pp. 392-393. Con respecto a este tipo de pérdida en la doctrina inglesa, *vide* BENNETT, H., *The Law of Marine Insurance*, cit., p. 643; GILMAN, J., TEMPLEMAN, M., BLANCHARD, C., HOPKINS, P. y HART, N., *Arnould: Law of Marine…*, cit., pp. 1508-1509; GÜRSES, Ö., *Marine Insurance Law*, Routledge, 2016, pp. 195-205. Y en la italiana, véase

paración resulta imposible [art. 449 b) LNM][11]. Por ello, se ha incluido en este tipo de pérdida los supuestos de naufragio del buque[12], abordaje y varada[13], o privación (o *deprivation*)[14].

DONATI, A., *Trattato del Diritto delle assicurazioni private,* Vol. III…, cit., p. 69; GRIGOLI, M., *L'abbandono all'assicuratore…*, cit., pp. 56-57.

11 Cfr. ARROYO MARTÍNEZ, I., *Curso de Derecho marítimo…*, cit., p. 834; MARTÍN OSANTE, J. M., "El seguro de buques...", cit., pp. 1159-1160. Con respecto al régimen anterior, *vide* GARRIGUES DÍAZ-CAÑABATE, J., *Curso de Derecho…*, cit., pp. 774-775; RUIZ SOROA, J. M.ª, ZABALETA, S. y GONZÁLEZ, M., *Manual de Derecho del seguro marítimo,* cit., p. 151; URÍA GONZÁLEZ, R., *El seguro marítimo,* cit., pp. 180-181. Lo mismo sucede en el Derecho inglés; cfr. BENNETT, H., *The Law of Marine Insurance,* cit., pp. 644-646; GÜRSES, Ö., *Marine Insurance Law,* cit., pp. 197-199. En la doctrina italiana, este segundo supuesto es conocido como "perdita funzionale". En este sentido, DONATI, A., *Trattato del Diritto delle assicurazioni private,* Vol. III…, cit., pp. 81-82; GRIGOLI, M., *L'abbandono all'assicuratore…*, cit., pp. 59-60.

12 En este sentido, ARROYO MARTÍNEZ, I. y MORRAL SOLDEVILA, R., "Artículo 436. Efectos del abandono", cit., p. 1348. Ahora bien, tal como señala LÓPEZ QUIROGA, J., "El seguro marítimo de buques", en A. Emparanza Sobejano y J. M. Martín Osante (dirs.), *Comentarios sobre la Ley de Navegación Marítima,* Marcial Pons, 2015, p. 667, no se estará ante un supuesto de pérdida total real si el buque puede ser reflotado y reparado. También GABALDÓN GARCÍA, J. L. y RUIZ SOROA, J. M.ª, *Manual de Derecho…*, cit., p. 895, si bien con respecto al régimen previgente, parecían seguir este criterio, por cuanto señalaban que el entonces artículo 789.1.1º Cco, relativo al naufragio, debía ser interpretado "en un sentido estricto, equivalente a la destrucción del buque ("*navis fractio*")". Al respecto, véase también GARRIGUES DÍAZ-CAÑABATE, J., *Curso de Derecho…*, cit., p. 774; RUIZ SOROA, J. M.ª, ZABALETA, S. y GONZÁLEZ, M., *Manual de Derecho del seguro marítimo,* cit., p. 150; URÍA GONZÁLEZ, R., *El seguro marítimo,* cit., pp. 178-180. También se ha considerado un supuesto de *actual total loss* aquel en que no se produce el naufragio completo del buque, pero es vendido inmediatamente "in order to maximise the benefit of salvage". En este sentido, GILMAN, J., TEMPLEMAN, M., BLANCHARD, C., HOPKINS, P. y HART, N., *Arnould: Law of Marine...*, cit., pp. 1510-1512. Igualmente, véase FERRARINI, S., *Le assicurazioni…*, cit., p. 472.

13 ARROYO MARTÍNEZ, I., *Curso de Derecho marítimo…*, cit., p. 834; ID. y MORRAL SOLDEVILA, R., "Artículo 436. Efectos del abandono", en I. Arroyo Martínez y J. A. Rueda Martínez (dirs.), *Comentarios…*, cit., p. 1348.

14 Por tanto, pese a que, a diferencia de lo que sucedía bajo el régimen previgente, la LNM no menciona expresamente los casos de apresamiento, embargo o detención del buque por orden del gobierno (art. 792 Cco), parece razonable pensar que continúan siendo supuestos de pérdida total real. Ahora bien, tal como ha sostenido la jurisprudencia inglesa, para ello debe existir la certeza de que el buque no va a ser devuelto. En caso contrario, no habrá pérdida total real, sin perjuicio de que pueda constituir un supuesto de pérdida total económica. Cfr. sentencia de la *Queen's Bench Division* de 11 de octubre de 1996, *Fraser Shipping Ltd*

En fin, con respecto a la pérdida total económica —o *constructive total loss*[15]—, en el régimen previgente se incluían los daños cuyo coste de reparación superase las tres cuartas partes del valor del buque (art. 773 CCo). Tras la entrada en vigor de la LNM, lo anterior cambia. Por un lado, se opta por seguir la estela de las pólizas-tipo y se toma como referencia la suma asegurada y no el valor del buque. En efecto, la cláusula "Total Loss" de las AIHC 2009, al igual que su predecesora, señala que, "[i]n ascertaining whether the Vessel is a constructive total loss, the insured value shall be taken as the repaired value and nothing in respect of the damaged or break-up value of the Vessel or wreck shall be taken into account". Y lo mismo establecen las cláusulas 19.1 ITCH 1995 y 21.1 IHC 2003[16].

---

v Colton and Ors, [1997] 1 Lloyd's Rep. 586, pp. 590-592; sentencia de la *Court of Appeal* de 16 de mayo de 2003, *Murray Arnold Campbell Scott v The Copenhagen Reinsurance Company (UK) Ltd,* [2003] EWCA Civ 688; sentencia de la *Court of Appeal* de 26 de enero de 2011, *Masefield AG v Amlin Corporate Member Ltd (The "Bunga Melati Dua"),* [2011] EWCA Civ 24. En la doctrina, BENNETT, H., *The Law of Marine Insurance,* cit., pp. 646-649; GARRIGUES DÍAZ-CAÑABATE, J., *Curso de Derecho...,* cit., p. 775; GILMAN, J., TEMPLEMAN, M., BLANCHARD, C., HOPKINS, P. y HART, N., *Arnould: Law of Marine...,* cit., pp. 1502-1508; GÜRSES, Ö., *Marine Insurance Law,* cit., pp. 200-205; MERKIN, R., *Marine Insurance Legislation,* 5.ª ed., Lloyd's List Group, 2014, p. 102; RUIZ SOROA, J. M.ª, ZABALETA, S. y GONZÁLEZ, M., *Manual de Derecho del seguro marítimo,* cit., p. 151. Igualmente, con respecto al seguro de mercancías, DUNT, J., *Marine Cargo Insurance,* Informa Law, 2016, pp. 318-319; THOMAS, R., "Piratical Capture Actual Total Loss?", *JIML,* n.º 17, 2011, pp. 80-82; FAKHRY, A., *Frustration of Contracts of Affreightment in the Event of Capture of Merchant Ships by Pirates in Waters off Somalia,* University of Southampton, 2013, pp. 204-228 (tesis doctoral).

15 Así la denomina el artículo 60 MIA 1906, que la define en su apartado 1 al establecer que, "[s]ubject to any express provision in the policy, there is a constructive total loss where the subject-matter insured is reasonably abandoned on account of its actual total loss appearing to be unavoidable, or because it could not be preserved from actual total loss without an expenditure which would exceed its value when the expenditure had been incurred".

16 En la doctrina, *vide* GABALDÓN GARCÍA, J. L. y RUIZ SOROA, J. M.ª, *Manual de Derecho...,* cit., p. 897; SALINAS ADELANTADO, C., "El seguro de buques...", cit., p. 393; RUIZ SOROA, J. M.ª, ZABALETA, S. y GONZÁLEZ, M., *Manual de Derecho del seguro marítimo,* cit., p. 153. Por el contrario, en el Derecho inglés se toma como valor de referencia el del buque. Al respecto, *vid.* GÜRSES, Ö., *Marine Insurance Law,* cit., pp. 214-215; HUDSON, G. N., MADGE, T. y STURGES, K., *Marine Insurance Clauses,* Informa Law, 2012, p. 154; MERKIN, R., *Marine Insurance Legislation,* cit., pp. 105-107; ID., *Compendium of Insurance* Law, Informa Law, 2007, p. 770; THOMAS, R., "Constructive Total Loss in Marine Insurance and Notices of Aban-

Además, el importe de las reparaciones deberá ser igual o superior al valor asegurado, tal como ya ocurría en el Derecho inglés (art. 60.1 MIA 1906) o en algunas pólizas internacionales (cl. 19 ITCH 1995)[17], y junto al importe de las reparaciones del buque, se tomarán en consideración los correspondientes a la contribución a la avería gruesa a cargo del buque y la remuneración por salvamento[18]. En definitiva, bajo el ordenamiento

donment", *JIML*, Vol. 24, n.º 4, 2018, p. 269; ID., "Economic Constructive Total Loss", *JIML*, Vol. 25, n.º 3, 2019, p. 184. En cambio, en el ordenamiento italiano, de la misma forma que en el español, se toma como referencia el valor asegurable [art. 540 c) *Codice della Navigazione*]; cfr. también *Enciclopedia del Diritto*, Vol. III, Giuffrè, 1958, p. 504; FERRARINI, S., *Le assicurazioni…*, cit., p. 474; GRIGOLI, M., *L'abbandono all'assicuratore…*, cit., pp. 59-63.

17 ARROYO MARTÍNEZ, I., "Artículo 450. Plazo de abandono", cit., p. 1371; MARTÍN OSANTE, J. M., "El seguro de buques...", cit., p. 1160. Con todo, la cuestión no ha recibido un tratamiento uniforme en todos los casos, pues existen ordenamientos y pólizas-tipo que siguen un modelo idéntico al previsto anteriormente en el artículo 773 Cco. En este sentido, el artículo 540 del *Codice della Navigazione* italiano señala, en su letra c), que el asegurado podrá abandonar el buque "quando l'ammontare totale delle spese per la riparazione dei danni materiali subiti dalla nave raggiunge i tre quarti del suo valore assicurabile". Igualmente, la cláusula 21.2 de las *International Hull Clauses* 2003 (IHC 2003) establece que "[n]o claim for constructive total loss of the vessel based upon the cost of recovery and/or repair of the vessel shall be recoverable hereunder unless such cost would exceed 80% of the insured value of the vessel. In making this determination, only the cost relating to a single accident or sequence of damages arising from the same accident shall be taken into account".

18 De forma similar, el artículo 60.2.ii) MIA 1906 establece que, "[i]n estimating the cost of repairs, no deduction is to be made in respect of general average contributions to those repairs payable by other interests, but account is to be taken of the expense of future salvage operations and of any future general average contributions to which the ship would be liable if repaired". Cfr. GÜRSES, Ö., *Marine Insurance Law*, cit., pp. 210-211; HODGES, S., *Law of Marine Insurance*, Cavendish, 2013, pp. 383-384. Por el contrario, en Italia, pese a que su ordenamiento no establece nada al respecto, la doctrina ha considerado que, a los efectos de determinar si se ha producido o no la pérdida total constructiva del buque, no pueden ser computados los gastos de recuperación, salvamento o traslado del buque al lugar de reparación. En este sentido, GRIGOLI, M., *L'abbandono all'assicuratore…*, cit., p. 63. También en España hay quien ha criticado la inclusión de estos importes para el cálculo de la pérdida total constructiva. En este sentido, PUY FERNÁNDEZ, G. y GIMÉNEZ VILLANUEVA, T., "El abandono del buque", cit., p. 1201, consideran que "[l]a adición de estas dos últimas cantidades puede determinar el abandono del buque cuando la suma de sus respectivos importes sea superior a la cuantía de la cifra cubierta por la póliza, lo que resulta muy cuestionable especialmente en aquellos casos en los que los daños sufridos por el buque no justifican por sí mis-

español quedan comprendidos en el concepto de pérdida total económica aquellos siniestros en los que el valor de las reparaciones, la contribución a la avería gruesa a cargo del buque y la remuneración por salvamento sean iguales o superiores a la suma asegurada [art. 449 c) LNM].

3. *La liquidación del siniestro*

3.1. Aspectos generales

En el ámbito de los seguros marítimos, y centrándonos en el seguro de cascos, existen dos procedimientos para la liquidación del siniestro: la acción de abandono, que es un proceso genuino del seguro marítimo, que sólo puede ejercitarse en los supuestos tasados por la ley[19], y la acción de

---

mos su pérdida". En el mismo sentido, LÓPEZ QUIROGA, J., "El seguro marítimo de buques", cit., p. 667. *Contra*, ARROYO MARTÍNEZ, I., "Artículo 450. Plazo de abandono", cit., p. 1371, quien señala que "[l]a norma es del todo lógica y responde al principio de justicia distributiva. Tanto en la contribución a la avería gruesa como en los gastos de salvamento el naviero debe hacer frente a unos costes complementarios derivados de accidentes de mar e impuestos legalmente. En ambos casos el naviero incurrió en esos gastos cumpliendo el deber elemental de salvar la expedición, y fueron producidos por accidentes de mar, riesgos cubiertos por el seguro marítimo. Por tanto, los importes respectivos deben tenerse en cuenta como si fueron daños directos necesarios para reparar el buque tras el siniestro marítimo". La inclusión de estos costes también ha sido defendida por SALINAS ADELANTADO, C., "El seguro de buques...", cit., p. 394.

19 ARROYO MARTÍNEZ, I., *Curso de Derecho marítimo*…, cit., pp. 832-833; ID. y MORRAL SOLDEVILA, R., "Artículo 436. Efectos del abandono", cit., p. 1345; ID. y RUEDA MARTÍNEZ, J. A., "Artículo 437. Liquidación del siniestro y pago de la indemnización", en I. Arroyo Martínez y J. A. Rueda Martínez (dirs.), *Comentarios*…, cit., pp. 1351-1353; GABALDÓN GARCÍA, J. L., *Curso de Derecho*…, cit., p. 861; ID. y RUIZ SOROA, J. M.ª, *Manual de Derecho*…, cit., pp. 894-895; GARCÍA-PITA Y LASTRES, J. L., "El régimen del seguro marítimo…", cit., pp. 118-119; GARRIGUES DÍAZ-CAÑABATE, J., *Curso de Derecho*…, cit., pp. 763-764; GIRGADO PERANDONES, P., "Contrato de seguro marítimo...", en A. Emparanza Sobejano y J. M. Martín Osante (dirs.), *Ley de Navegación Marítima: balance de su aplicación práctica*, Marcial Pons, 2019, p. 611; MARTÍN OSANTE, J. M., "El seguro de buques...", cit., p. 1159; PULIDO BEGINES, J. L., *Curso de Derecho de la navegación marítima*, Tecnos, 2015, p. 493; RUIZ SOROA, J. M.ª, ZABALETA, S. y GONZÁLEZ, M., *Manual de Derecho del seguro marítimo*, cit., p. 164; SALINAS ADELANTADO, C., "Contrato de seguro marítimo: disposiciones generales, disposiciones comunes y seguro de responsabilidad [Título VIII. Del contrato de Seguro Marítimo. Capítulos I, II y III (Sección 3ª)]", en A. Emparanza Sobejano y J. M. Martín Osante (coords.), *Estudio sistemático de la propuesta de Anteproyecto de Ley General de la Navegación Marítima*,

avería, que se corresponde con el método ordinario de liquidación existente en cualquier seguro de daños, y que cabe en todo tipo de siniestro[20].

En caso de que se den los presupuestos para ejercitar la acción de abandono, el asegurado podrá optar entre uno u otro procedimiento[21]. Igualmente, con independencia del método elegido, es el asegurado quien ha

---

Servicio Central de Publicaciones del Gobierno Vasco, 2006, p. 658; SÁNCHEZ CALERO, F. y SÁNCHEZ-CALERO GUILARTE, J., *Instituciones de Derecho mercantil,* Vol. II, 37.ª ed., Thomson Reuters Aranzadi, 2015, p. 779; URÍA GONZÁLEZ, R., *El seguro marítimo,* cit., p. 157. De forma similar, respecto al Derecho italiano, *vid.* FERRARINI, S., *Le assicurazioni…*, cit., p. 467. Con todo, pese a que la normativa no lo prevé, nada impide que el régimen del abandono se aplique a los seguros terrestres. En este sentido, véase BOQUERA MATARREDONA, J., *El contrato de seguro...,* cit., pp. 263-267; DONATI, A., *Trattato del Diritto delle assicurazioni private,* Vol. III…, cit., p. 70.

20 La liquidación por avería es el método más utilizado en la práctica. Al respecto, GARCÍA-PITA Y LASTRES, J. L., "El régimen del seguro marítimo…", cit., p. 118; RUIZ SOROA, J. M.ª, ZABALETA, S. y GONZÁLEZ, M., *Manual de Derecho del seguro marítimo,* cit., p. 164; SALINAS ADELANTADO, C., *Manual de Derecho marítimo,* Tirant lo Blanch, 2021, p. 735; URÍA GONZÁLEZ, R., *El seguro marítimo,* cit., p. 157.

21 ARROYO MARTÍNEZ, I., *Curso de Derecho marítimo…*, cit., p. 834; ID. y MORRAL SOLDEVILA, R., "Artículo 436. Efectos del abandono", cit., p. 1346; CRISTOFFANINI, "Legittimazione e rappresentanza nella dichiarazione di abbandono all'assicuratore", *Assicurazioni,* n.º 1, 1951, p. 298; DONATI, A., *Trattato del Diritto delle assicurazioni private,* Vol. III…, cit., p. 82; GABALDÓN GARCÍA, J. L., *Curso de Derecho…*, cit., p. 861; ID. y RUIZ SOROA, J. M.ª, *Manual de Derecho…*, cit., p. 895; GRIGOLI, M., *L'abbandono all'assicuratore…*, cit., pp. 66-67; MARTÍN OSANTE, J. M., "Disposiciones generales...", cit., p. 161; ID., "Obligaciones…", cit., p. 1037; SALINAS ADELANTADO, C., "Contrato de seguro marítimo…", cit., p. 658; ID., "El seguro de buques...", cit., p. 394; SÁNCHEZ CALERO, F. y SÁNCHEZ-CALERO GUILARTE, J., *Instituciones…*, cit., p. 779; URÍA GONZÁLEZ, R., *El seguro marítimo,* cit., p. 187. En el ordenamiento inglés, la posibilidad de elegir entre uno u otro procedimiento sólo cabrá en los supuestos de *constructive total loss.* En efecto, el artículo 61 MIA 1906 señala que, "[w]here there is a constructive total loss the assured may either treat the loss as a partial loss, or abandon the subject-matter insured to the insurer and treat the loss as if it were an actual total loss". Al respecto, véase DOVER, V., *A Handbook to Marine Insurance,* H. F. & G. Witherby Ltd, 1957, pp. 407-408; GILMAN, J., TEMPLEMAN, M., BLANCHARD, C., HOPKINS, P. y HART, N., *Arnould: Law of Marine...,* cit., p. 1487; IVAMY, E. R. H., *Marine Insurance,* cit., p. 375; NOUSSIA, K., *The Principle of Indemnity in Marine Insurance Contracts. A Comparative Approach,* Springer, 2007, p. 105; O'MAY, D. y HILL, J., *O' May on Marine Insurance,* cit., p. 417. Ello resulta en buena medida lógico, pues, en el resto de supuestos —es decir, en los de pérdida total real y pérdida total presunta—, si el buque se ha destruido completamente o se ha perdido, el importe de la indemnización se correspondería con el de la suma asegurada. Por ello, en estos

de probar la concurrencia de los presupuestos exigidos y el alcance del daño sufrido[22]. Además, en ambos procedimientos la liquidación del siniestro deberá realizarse en el plazo estipulado en el contrato de seguro, que no podrá ser superior a un mes desde la aceptación del abandono o la declaración judicial de su validez, o de la aceptación del siniestro por el asegurador en los casos de liquidación por avería, salvo que sea necesario un plazo más amplio para la averiguación de las causas del siniestro o sea necesaria la aportación de documentación adicional por parte del asegurado (art. 437.1 LNM)[23].

3.2. El procedimiento de liquidación del siniestro

3.2.1. La acción de avería

Mediante la acción de avería, que, como se ha avanzado, cabe en cualquier tipo de siniestro, el asegurador debe indemnizar al asegurado por el daño real causado[24]. Ahora bien, a diferencia de lo que ocurre en el

---

supuestos carecería de sentido liquidar el siniestro por medio del procedimiento de avería.

22 MARTÍN OSANTE, J. M., "Disposiciones generales y comunes…", cit., pp. 141-142; ID., "Obligaciones…", cit., p. 1049. En la actualidad, a diferencia de lo que sucedía en el régimen anterior, en el que el artículo 769 Cco establecía los documentos que debía aportar el asegurado, la LNM no prevé nada. Por ello, SALINAS ADELANTADO, C., *Manual…*, cit., p. 732, señala que parece razonable acudir a lo establecido por el artículo 38 LCS. Es decir, el asegurado habrá de demostrar la preexistencia de los objetos siniestrados, los objetos salvados y la entidad del daño. Con respecto al régimen anterior, véase ARROYO MARTÍNEZ, I. y RUEDA MARTÍNEZ, J. A., "Artículo 429. Obligación de indemnizar", cit., pp. 1337-1338; BASTERRETXEA IRIBAR, I., *Práctica del seguro de buques,* Servicio Central de Publicaciones del Gobierno Vasco, 2010, pp. 173-174; GARRIGUES DÍAZ-CAÑABATE, J., *Curso de Derecho…*, cit., p. 771; RUIZ SOROA, J. M.ª, ZABALETA, S. y GONZÁLEZ, M., *Manual de Derecho del seguro marítimo,* cit., p. 164. Igualmente, en la doctrina italiana, FERRARINI, S., *Le assicurazioni…*, cit., pp. 385-387.

23 Al respecto, véase ARROYO MARTÍNEZ, I. y RUEDA MARTÍNEZ, J. A., "Artículo 437. Liquidación del siniestro y pago de la indemnización", cit., p. 1352; MARTÍN OSANTE, J. M., "Disposiciones generales...", cit., p. 161.

24 ARROYO MARTÍNEZ, I. y MORRAL SOLDEVILA, R., "Artículo 436. Efectos del abandono", cit., p. 1345; DONATI, A., *Trattato del Diritto delle assicurazioni private,* Vol. III…, cit., p. 71; FERRARINI, S., *Le assicurazioni…*, cit., p. 467; GABALDÓN GARCÍA, J. L., *Curso de Derecho…*, cit., pp. 859-863; ID. y RUIZ SOROA, J. M.ª, *Manual de Derecho…*, cit., p. 895; GARCÍA-PITA Y LASTRES, J. L., "El régimen del seguro...", cit., p. 118; GARRIGUES DÍAZ-CAÑABATE, J., *Curso de Derecho…*, cit., p. 764; GIRGADO PERANDONES, P., "Los seguros marítimos y aéreos", cit., pp.

régimen general de responsabilidad por daños y perjuicios, donde rige el principio de reparación integral del daño o *restitutio in integrum* (art. 1902 CC)[25], en el ámbito de los seguros ello no necesariamente es así. En efecto, el importe a recibir por el asegurado no siempre se corresponde con el daño real sufrido. Y ello por cuanto se halla limitado, por un lado, por el propio contrato de seguro, y más concretamente, por la suma asegurada[26]; y, por otro, por el principio indemnizatorio, en cuya virtud la indemnización derivada del seguro no podrá suponer un lucro para el asegurado, de tal manera que la suma a percibir por este tendrá su límite en el importe real del daño[27].

568-569; HERNÁNDEZ MARTÍ, J., *Contrato de seguro marítimo: la póliza de buques,* 1982, p. 222; MARTÍN OSANTE, J. M., "Obligaciones…", cit., p. 1037; PULIDO BEGINES, J. L., *Curso de Derecho…*, cit., p. 493; RODRÍGUEZ CARRIÓN, J. L., "Los seguros marítimos y aéreos", en M. Olivencia, C. Fernández-Nóvoa y R. Jiménez de Parga (dirs.), *Tratado de Derecho mercantil,* Vol. 5, Marcial Pons, 2003, p. 96; RUIZ SOROA, J. M.ª, ZABALETA, S. y GONZÁLEZ, M., *Manual de Derecho del seguro marítimo,* cit., p. 165; SALINAS ADELANTADO, C., *Manual…*, cit., p. 734; URÍA GONZÁLEZ, R., *El seguro marítimo,* cit., p. 157.

25 Como es notorio, el artículo 1902 CC señala que "[e]l que por acción u omisión causa daño a otro, interviniendo culpa o negligencia, está obligado a reparar el daño causado".

26 ARROYO MARTÍNEZ, I. y RUEDA MARTÍNEZ, J. A., "Artículo 430. Cuantía de la indemnización", en I. Arroyo Martínez y J. A. Rueda Martínez, *Comentarios…*, cit., p. 1340; DONATI, A., *Trattato del Diritto delle assicurazioni private,* Vol. III…, cit., pp. 71-72; GABALDÓN GARCÍA, J. L. y RUIZ SOROA, J. M.ª, *Manual de Derecho…*, cit., p. 904; ID. y RUIZ SOROA, J. M.ª, *Manual de Derecho…*, cit., p. 863; GARRIGUES DÍAZ-CAÑABATE, J., *Curso de Derecho…*, cit., p. 764; GÜRSES, Ö., *Marine Insurance Law,* cit., pp. 229-230; MERKIN, R., *Compendium of Insurance Law,* cit., p. 777; SALINAS ADELANTADO, C., *Manual…*, cit., p. 732; SÁNCHEZ CALERO, F. y SÁNCHEZ-CALERO GUILARTE, J., *Instituciones…*, cit., pp. 521-522; URÍA GONZÁLEZ, R., *El seguro marítimo,* cit., p. 161. Con respecto a la liquidación del siniestro en el seguro de daños en general, véase BATALLER GRAU, J., *La liquidación del siniestro en los seguros de daños,* Tirant lo Blanch, 1997, p. 91; BOQUERA MATARREDONA, J., *El contrato de seguro...*, cit., p. 246. Lo mismo sucede bajo el Derecho inglés, donde el artículo 81 MIA 1906 establece que, "[w]here the assured is insured for an amount less than the insurable value or, in the case of a valued policy, for an amount less than the policy valuation, he is deemed to be his own insurer in respect of the uninsured balance" (art. 81 MIA 1906). En la doctrina, véase BENNETT, H., *The Law of Marine Insurance,* cit., p. 745; BIRDS, J., "Insurable Contract Law in England", *Zeitschrift für die gesamte Versicherungswissenschaft,* n.º 73,1984, p. 108.

27 Así lo señalan, con respecto al seguro marítimo, GIRGADO PERANDONES, P., "Los seguros marítimos y aéreos", cit., p. 567; RUIZ SOROA, J. M.ª, "Fundamento de la subrogación legal del asegurador", *ADM,* n.º 1, 1982, p. 70. Sobre el seguro

Por ello, a la hora de resarcir a los interesados del daño sufrido por la pérdida total o parcial del buque, habrá que observar el valor del interés asegurado (que, en el caso del propietario, se corresponderá, como regla general, con el valor del propio buque) y la suma asegurada en la póliza. Además, las consecuencias también variarán en función de si el siniestro ha provocado la pérdida total o parcial del buque. En los supuestos de seguro pleno, es decir, cuando la suma asegurada se corresponda con el valor del interés asegurado, en principio, no habrá problemas, pues, tanto si la pérdida es total como si es parcial, el asegurado será resarcido por el exacto importe del daño sufrido[28].

En cambio, si la suma asegurada supera el valor del interés asegurado, el asegurado no tendrá derecho a recibir una suma superior a esta última[29]. En aquellos casos, en fin, en los que la suma cubierta por la póliza es inferior a la del interés asegurado, y el buque se destruye por completo, el asegurado sólo podrá recibir el importe de la suma asegurada. Por el contrario, si el siniestro ocasiona una pérdida solo parcial del buque, se aplicará la regla proporcional, es decir, el asegurado indemnizará al propietario en la misma proporción en la que la suma asegurada cubre el valor del interés asegurado[30].

de daños en general, puede verse BATALLER GRAU, J., *La liquidación...*, cit., pp. 89-90; BOQUERA MATARREDONA, J., *El contrato de seguro...*, cit., p. 167; GIRGADO PERANDONES, P., *El principio indemnizatorio en los seguros de daños: una aproximación a su significado*, Comares, 2005, pp. 73-74.

28 BENNETT, H., *The Law of Marine Insurance*, cit., p. 745; GARRIGUES DÍAZ-CAÑABATE, J., *Curso de Derecho...*, cit., pp. 765 y 768; URÍA GONZÁLEZ, R., *El seguro marítimo*, cit., pp. 162-163.

29 ARROYO MARTÍNEZ, I. y RUEDA MARTÍNEZ, J. A., "Artículo 430. Cuantía de la indemnización", cit., p. 1340; RODRÍGUEZ CARRIÓN, J. L., "Los seguros marítimos y aéreos", cit., p. 99.

30 ARROYO MARTÍNEZ, I. y RUEDA MARTÍNEZ, J. A., "Artículo 430. Cuantía de la indemnización", cit., pp. 1341-1342; GARRIGUES DÍAZ-CAÑABATE, J., *Curso de Derecho...*, cit., p. 768; ID., *Contrato de seguro...*, cit., pp. 186-188; MARTÍN OSANTE, J. M., "Disposiciones generales...", cit., p. 160; RODRÍGUEZ CARRIÓN, J. L., "Los seguros marítimos y aéreos", cit., p. 99; SÁNCHEZ CALERO, F. y SÁNCHEZ-CALERO GUILARTE, J., *Instituciones...*, cit., p. 522; URÍA GONZÁLEZ, R., *El seguro marítimo*, cit., pp. 163-164. En el ámbito terrestre, ello aparece reconocido expresamente por el artículo 30 LCS. También en Italia se ha considerado aplicable esta regla en virtud de lo dispuesto en el artículo 1907 de su *Codice civile*. Al respecto, véase la sentencia de la *Corte di Cassazione* de 21 de julio de 1962, n. 1989, *Soc. La Pace c. Ditta Pelliconi*. Y, en la doctrina, DONATI, A., *Trattato del Diritto delle assicurazioni private*, Vol. III..., cit., p. 71; LEFEBVRE D'OVIDIO, A., PESCATORE, G. y TULLIO, L., *Manuale di Diritto...*, cit., p. 744.

En cuanto al modo de determinar el importe real del daño, en el supuesto de pérdida total real, su cálculo no habría de plantear grandes problemas, pues, como regla general, se identificará con el valor del buque. En cambio, si el daño es parcial, habrá que estar al hecho de si el naviero decide o no reparar el buque. En caso de que efectúe las reparaciones necesarias, el importe de los daños se corresponderá con su coste razonable[31]. Ahora bien, sería igualmente posible que, cuando los daños no afectaran a la navegabilidad del buque, el asegurado optara por no repararlo. En este caso, la determinación del importe exacto de la indemnización debería realizarse mediante la intervención de peritos[32], en atención a la pérdida de valor del buque a causa del siniestro.

En la actualidad, el ordenamiento español, a diferencia de lo que ocurría bajo la vigencia del régimen anterior, no contempla expresamente esta posibilidad[33]. Con todo, ello no significa que no pueda seguirse este proce-

---

31 RUIZ SOROA, J. M.ª, ZABALETA, S. y GONZÁLEZ, M., *Manual de Derecho del seguro marítimo,* cit., p. 267, han definido el concepto de "coste razonable" como "el que estaría dispuesto a asumir y soportar en la reparación de su buque un prudente armador que no estuviera asegurado". En el mismo sentido, BASTERRETXEA IRIBAR, I., *Práctica del seguro de buques,* cit., p. 145. Igualmente, en el ordenamiento inglés, el artículo 69.1 MIA 1906 señala que, en caso de que el buque sea reparado, el importe de la indemnización será "the reasonable cost of the repairs". En la doctrina, *vid.* GILMAN, J., TEMPLEMAN, M., BLANCHARD, C., HOPKINS, P. y HART, N., *Arnould: Law of Marine...*, cit., pp. 1465-1466; GÜRSES, Ö., *Marine Insurance Law,* cit., p. 230; MERKIN, R., *Marine Insurance Legislation,* cit., pp. 119-120; ID., *Compendium of Insurance* Law, cit., p. 778. En fin, en la práctica las pólizas suelen contener un régimen más amplio, en el que se regulan cuestiones tales como la elección del taller de reparación del buque y el derecho de veto, o la posibilidad de exigir la solicitud de varios presupuestos. En este sentido, *vid.* la cláusula "Claims (General Provisions)" AIHC 2009; la cláusula 44 IHC 2003 o la cláusula 13 ITCH 1995 (equivalente a la anterior cláusula 10 ITCH 1983). En la doctrina, véase ampliamente BASTERRETXEA IRIBAR, I., op. y loc. cit., p. 145; BENNETT, H., *The Law of Marine Insurance,* cit., p. 733; CORNAH, R., "Reasonable Cost of Repairs under Hull and Machinery Policies", *JIML,* n.º 11, 2005, pp. 288-297; FERRARINI, S., *Le assicurazioni...*, cit., pp. 393-394; GABALDÓN GARCÍA, J. L., *Curso de Derecho...*, cit., pp. 865-866; RUIZ SOROA, J. M.ª, ZABALETA, S. y GONZÁLEZ, M., *Manual de Derecho del seguro marítimo,* cit., pp. 263-266.

32 BASTERRETXEA IRIBAR, I., *Práctica del seguro de buques,* cit., pp. 175-184; FERRARINI, S., *Le assicurazioni...*, cit., pp. 396-397; GABALDÓN GARCÍA, J. L., *Curso de Derecho...*, cit., p. 868; GARRIGUES DÍAZ-CAÑABATE, J., *Curso de Derecho...*, cit., p. 765; MATILLA ALEGRE, R., "Introducción al estudio del seguro marítimo", *Estudios de Deusto,* Vol. XXXI, fasc. 71, 1983, p. 501.

33 En el Código de comercio, la posibilidad de que el asegurado no reparase el buque estaba prevista por el artículo 771, que establecía, de un lado, que, "[s]i el

dimiento[34]. Es más, en la práctica, ello parece ser pacífico. La cláusula 18.1 ITCH 1995 establece que "[t]he measure of indemnity in respect of claims for unrepaired damages shall be the reasonable depreciation in the market value of the vessel at the time this insurance terminates arising from such unrepaired damage but not exceeding the reasonable cost of repairs". En idéntico sentido se expresa la cláusula 20.1 IHC 2003[35]. Por tanto, cuando el propietario opte por no reparar el buque, la compañía aseguradora le abonará el menor importe entre el coste razonable de las reparaciones o el de la depreciación sufrida por el buque como consecuencia de las averías no reparadas[36].

Junto al valor real del daño, la aseguradora también deberá indemnizar al asegurado por una serie de gastos complementarios, correspondientes al importe de la contribución a la avería gruesa[37], los gastos de sal-

---

buque sufriere daño por accidente de mar, el asegurador pagará únicamente las dos terceras partes de los gastos de reparación *hágase o no*" (énfasis añadido) y, de otro, que, en caso de que el asegurado no llevase a cabo las reparaciones necesarias, el importe de los daños debería apreciarse por peritos. Sobre este régimen, véase GABALDÓN GARCÍA, J. L., *Curso de Derecho...*, cit., p. 863; ID. y RUIZ SOROA, J. M.ª, *Manual de Derecho...*, cit., p. 905; MATILLA ALEGRE, R., "Introducción al estudio del seguro marítimo", cit., pp. 500-501; URÍA GONZÁLEZ, R., *El seguro marítimo*, cit., pp. 158-159.

34 En efecto, pese a que en la actualidad la LNM ha omitido toda referencia al cálculo de la indemnización, todo parece indicar que, en la práctica, seguirá aplicándose este régimen. En este sentido, *vide* ARROYO MARTÍNEZ, I. y RUEDA MARTÍNEZ, J. A., "Artículo 430. Cuantía de la indemnización", cit., p. 1346.

35 Por su parte, el artículo 69.3 MIA 1906 señala que, "[w]here the ship has not been repaired, and has not been sold in her damaged state during the risk, the assured is entitled to be indemnified for the reasonable depreciation arising from the unrepaired damage". Para un análisis más extenso sobre este extremo en el Derecho inglés, véase, entre otros, DOVER, V., *A Handbook to Marine Insurance*, cit., pp. 422-426; IVAMY, E. R. H., *Marine Insurance*, cit., pp. 419-426; O'MAY, D. y HILL, J., *O' May on Marine Insurance*, cit., pp. 438-450.

36 Al respecto, *vide* BENNETT, H., *The Law of Marine Insurance*, cit., pp. 735-738; FERRARINI, S., *Le assicurazioni...*, cit., pp. 402-403; GABALDÓN GARCÍA, J. L. y RUIZ SOROA, J. M.ª, *Manual de Derecho...*, cit., p. 905; GILMAN, J., TEMPLEMAN, M., BLANCHARD, C., HOPKINS, P. y HART, N., *Arnould: Law of Marine...*, cit., pp. 1469-1470.

37 RUIZ SOROA, J. M.ª, ZABALETA, S. y GONZÁLEZ, M., *Manual de Derecho del seguro marítimo*, cit., pp. 156-158; URÍA GONZÁLEZ, R., *El seguro marítimo*, cit., pp. 161-162. Lo mismo establece el artículo 536 del *Codice della Navigazione* italiano. Al respecto, véase LEFEBVRE D'OVIDIO, A., PESCATORE, G. y TULLIO, L., *Manuale di Diritto...*, cit., pp. 746-747.

vamento[38] y aquellos en los que, de forma razonable, hayan incurrido el tomador, el asegurado y sus dependientes para aminorar el daño[39]. Estas sumas se consideran como coberturas complementarias, de tal forma que se les aplicará un nuevo límite distinto al que rige para el resarcimiento de los daños sufridos por el buque[40].

Por el contrario, quedarán excluidos de la indemnización los daños indirectos, y más concretamente, los debidos a retrasos, demoras, paralizaciones, pérdidas de mercado, diferencias de cambio y lucro cesante (art. 432 LNM)[41]. Ahora bien, la enumeración realizada por la ley no constituye un *numerus clausus.* Por ello, también quedará excluido cualquier otro daño que se considere indirecto o colateral al sufrido por el buque[42]. Además, como principal novedad, el artículo 448 LNM excluye de la indemnización del seguro la deducción de nuevo a viejo, siguiendo, en este aspecto, la práctica aseguradora internacional[43]. En fin, si bien la LNM no lo contem-

---

38 ARROYO MARTÍNEZ, I. y RUEDA MARTÍNEZ, J. A., "Artículo 430. Cuantía de la indemnización", cit., p. 1341; RUIZ SOROA, J. M.ª, ZABALETA, S. y GONZÁLEZ, M., *Manual de Derecho del seguro marítimo,* cit., p. 159.

39 ARROYO MARTÍNEZ, I. y RUEDA MARTÍNEZ, J. A., "Artículo 430. Cuantía de la indemnización", cit., p. 1341.

40 En este sentido, GIRGADO PERANDONES, P., "Contrato de seguro marítimo…", en A. Emparanza Sobejano y J. M. Martín Osante (dirs.), *Comentarios…*, cit., p. 645; MARTÍN OSANTE, J. M., "Disposiciones generales y comunes...", cit., p. 160; SALINAS ADELANTADO, C., *Manual…*, cit., pp. 732-733. Por el contrario, en el régimen anterior el límite se establecía por viaje o por periodo de cobertura (art. 775 Cco).

41 Al respecto, ARROYO MARTÍNEZ, I., "Artículo 432. Daños y perjuicios excluidos", cit., p. 1344, señala que ello es consecuencia lógica del principio indemnizatorio que rige en materia de seguros.

42 ARROYO MARTÍNEZ, I., "Artículo 432. Daños y perjuicios excluidos", cit., p. 1344; MARTÍN OSANTE, J. M., "Disposiciones generales...", cit., pp. 160-161.

43 Y es que, con anterioridad, estos gastos ya estaban excluidos de las pólizas de seguros más utilizadas en la práctica. Así, la cláusula 16 IHC 2003 señala que "[c]laims recoverable under this insurance shall be payable without deduction on the basis of new for old". En el mismo sentido, véase la cláusula 14 ITCH 95 o la cláusula "Claims (General Provisions)" AIHC 2009. En la doctrina, BENNETT, H., *The Law of Marine Insurance,* cit., p. 734; GABALDÓN GARCÍA, J. L. y RUIZ SOROA, J. M.ª, *Manual de Derecho…*, cit., pp. 905-906; GILMAN, J., TEMPLEMAN, M., BLANCHARD, C., HOPKINS, P. y HART, N., *Arnould: Law of Marine...,* cit., pp. 1470-1472; GIRGADO PERANDONES, P., "Los seguros marítimos y aéreos", cit., p. 567; GÜRSES, Ö., *Marine Insurance Law,* cit., p. 231; LÓPEZ QUIROGA, J., "El seguro marítimo de buques", cit., pp. 668-669. Con respecto a la deducción de nuevo a viejo en el régimen anterior, véase, entre otros, GARRIGUES DÍAZ-CAÑABATE, J., *Curso de Derecho…*, cit., p. 765; RUIZ SOROA, J. M.ª, ZABALETA, S. y GONZÁ-

pla, del importe de los daños sufridos por el asegurado deberán deducirse, en su caso, las franquicias correspondientes[44].

3.2.2. La acción de abandono

Mediante la acción de abandono[45], a diferencia de lo que ocurre con la de avería, la prestación indemnizatoria no se corresponde necesariamente con el importe real del daño, pues, en cualquier caso, el asegurado va a recibir el importe correspondiente a la suma asegurada[46]. Como se ha avanzado, el

---

LEZ, M., *Manual de Derecho del seguro marítimo*, cit., p. 165; URÍA GONZÁLEZ, R., *El seguro marítimo*, cit., pp. 159-160. Contrasta con el ordenamiento español y con la práctica aseguraticia el régimen previsto en el *Codice della Navigazione* italiano, que sí permite practicar esta deducción (art. 535). Cfr. LEFEBVRE D'OVIDIO, A., PESCATORE, G. y TULLIO, L., *Manuale di Diritto...*, cit., p. 746.

44 Pese a que el ordenamiento español no lo prevé expresamente, tal como señala GIRGADO PERANDONES, P., "Contrato de seguro marítimo...", en A. Emparanza Sobejano y J. M. Martín Osante (dirs.), *Comentarios...*, cit., p. 646, el silencio del legislador "no supone, en modo alguno, que sea inadmisible su incorporación mediante cláusulas específicas a la póliza de seguro, sino que, ante la inexistencia de normativa especial, se ha de recurrir al régimen supletorio previsto. Lo relevante es que se prescinde de una regulación que ha generado más controversias y confusiones que claridad en la resolución de conflictos". De hecho, en la práctica aseguraticia es habitual que las pólizas más utilizadas en la práctica prevean varias franquicias; cfr. cláusula 15 IHC 2003, cláusula "Deductible" AIHC 2009 y cláusula 12 ITCH 95. Con respecto al régimen de las franquicias en el Código de comercio, *vide* GABALDÓN GARCÍA, J. L., *Curso de Derecho...*, cit., pp. 866-867; GARRIGUES DÍAZ-CAÑABATE, J., *Curso de Derecho...*, cit., pp. 768-770; URÍA GONZÁLEZ, R., *El seguro marítimo*, cit., pp. 164-165.

45 En el ordenamiento español, la acción se regula por primera vez en el Código de comercio de 1829 (Título III, Sección III, Párrafo 5.º). Con todo, en las Ordenanzas de Barcelona de 1435, en las del Consulado de Burgos de 1538 y en las de Bilbao de 1737 ya se contemplaba esta figura, aunque bajo la denominación de "dejación". En la actualidad, el abandono del buque se regula en la Sección 5.ª del Capítulo I del Título VIII (arts. 433 a 437) y en la Sección 1.ª del Capítulo III del Título VIII (arts. 449 y 450) de la LNM. Sobre los orígenes y la evolución de esta institución, véase ARROYO MARTÍNEZ, I., *Curso de Derecho marítimo...*, cit., p. 833; DONATI, A., *Trattato del diritto delle assicurazioni private*, Vol. III..., cit., pp. 74-75; FERRARINI, S., *Le assicurazioni...*, cit., p. 468; GABALDÓN GARCÍA, J. L. y RUIZ SOROA, J. M.ª, *Manual de Derecho...*, cit., p. 898; HERNÁNDEZ MARTÍ, J., "El abandono...", cit., pp. 59-60; URÍA GONZÁLEZ, R., *El seguro...*, cit., p. 173.

46 ARROYO MARTÍNEZ, I., *Curso de Derecho marítimo...*, cit., p. 833; FERRARINI, S., *Le assicurazioni...*, cit., p. 469; GABALDÓN GARCÍA, J. L., *Curso de Derecho...*, cit., p. 861; ID. y RUIZ SOROA, J. M.ª, *Manual de Derecho...*, cit., p. 898; GÜRSES, Ö., *Marine Insurance Law*, cit., p. 222; MARTÍN OSANTE, J. M., "El seguro de

abandono únicamente cabe en los denominados "siniestros mayores"[47], que se identifican con los supuestos de pérdida total, y que en el ordenamiento español aparecen enumerados en el artículo 449 LNM. Además, en caso de que el asegurado optara por liquidar el siniestro mediante este procedimiento[48], deberá comunicar a la aseguradora su decisión mediante la conocida como "declaración de abandono" (artículo 434 LNM)[49].

Esta debe efectuarse en un plazo de noventa días a contar desde que tuviera lugar el siniestro, en los supuestos de pérdida total real o pérdida total constructiva, o desde que transcurrieran los noventa días exigidos para considerar el buque como desaparecido, en los de pérdida total presunta (art. 450 LNM)[50]. En caso contrario, precluirá la posibilidad de liquidar el

---

buques...", cit., p. 1159; PULIDO BEGINES, J. L., *Curso de Derecho...*, cit., p. 493; PUY FERNÁNDEZ, G. y GIMÉNEZ VILLANUEVA, T., "El abandono del buque", cit., pp. 1199-1200; ROSE, F. D., *Marine Insurance...*, cit., pp. 495-496; SÁNCHEZ CALERO, F. y SÁNCHEZ-CALERO GUILARTE, J., *Instituciones...*, cit., p. 779; TULLIO, L., *Breviario di Diritto della navigazione,* Giuffrè, 2016, pp. 300-301; URÍA GONZÁLEZ, R., *El seguro marítimo,* cit., p. 171.

47 ARROYO MARTÍNEZ, I. y MORRAL SOLDEVILA, R., "Artículo 436. Efectos del abandono", cit., p. 1346; URÍA GONZÁLEZ, R., *El seguro marítimo,* cit., p. 174. *Vid.* también SAP Baleares (Sección 5.ª) núm. 154/2016, de 6 de junio (ECLI:ES:APIB:2016:865).

48 Recuérdese que ello es una opción potestativa del asegurado.

49 También el artículo 543 del *Codice della Navigazione* italiano prevé la obligación de efectuar la declaración de abandono. Al respecto, *vide* la sentencia de la *Corte di Cassazione* de 7 de septiembre de 1998, n. 8848, *International Commerce Srl in liq. c. Ras SPA.* Y en la doctrina, DONATI, A., *Trattato del Diritto delle assicurazioni private,* Vol. III..., cit., p. 84. Por el contrario, en el ordenamiento inglés no será preceptiva esta declaración en todo caso. Antes al contrario, el artículo 57 MIA 1906 señala que no será necesaria en los supuestos de *actual total loss* (apdo. 2), cuando, en el momento en que el asegurado recibiera noticias del siniestro, no hubiese posibilidad de beneficio para el asegurador si se le comunicara (apdo. 7), ni cuando el asegurador haya reasegurado su riesgo (apdo. 9). Al respecto, véase, entre otras, la sentencia de la *Court of Appeal* de 10 de marzo de 2004, *Kastor Navigation Co Ltd & Another v Axa Global Risks (UK) Ltd & Others,* [2004] EWCA Civ 277; o la sentencia de la *High Court* de 26 de marzo de 2012, *Clothing Management Technology Ltd v Beazley Solutions Ltd (t/a Beazley Marine UK),* [2012] EWHC 727 (QB).

50 ARROYO MARTÍNEZ, I. y MORRAL SOLDEVILA, R., "Artículo 436. Efectos del abandono", cit., p. 1348; MARTÍN OSANTE, J. M., "El seguro de buques...", cit., pp. 1160-1161; PUY FERNÁNDEZ, G. y GIMÉNEZ VILLANUEVA, T., "El abandono del buque", cit., p. 1206. El plazo varía en otros ordenamientos jurídicos. Así, en el italiano se establece un plazo de dos meses como regla general, y de cuatro meses para los siniestros que tengan lugar fuera de Europa o del Mar Mediterráneo (art. 543 *Codice della Navigazione*). Por su parte, la MIA 1906 no señala

siniestro por medio de la acción de abandono y únicamente cabrá la de avería (art. 450.2 LNM)[51]. Igualmente, la declaración de abandono, salvo que el interés asegurado no comprenda la totalidad del buque[52], no puede ser parcial, ni condicionada, habida cuenta de que el artículo 435.1 LNM exige que el abandono debe comprender la totalidad del buque[53], además de realizarse por escrito y sujetarse al resto de formalidades exigidas por la póliza[54].

---

un plazo concreto, sino que exige que el abandono sea notificado con razonable diligencia tras tener conocimiento de la pérdida (art. 62.3). Por tanto, ello dependerá de las circunstancias del caso. Cfr. IVAMY, E. R. H., *Marine Insurance*, cit., pp. 387-389; ROSE, F. D., *Marine Insurance…*, cit., pp. 501-502; THOMAS, R., "Constructive Total Loss…", cit., pp. 268-269.

51 Idénticas consecuencia prevén la MIA 1906 inglesa en su artículo 62.1 (cfr. DOVER, V., *A Handbook to Marine Insurance*, cit., p. 410; ROSE, F. D., *Marine Insurance…*, cit., pp. 500-502; THOMAS, R., "Economic Constructive Total Loss", cit., p. 185) y el Derecho italiano (*vid.* DONATI, A., *Trattato del Diritto delle assicurazioni private*, Vol. III…, cit., p. 87; GRIGOLI, M., *L'abbandono all'assicuratore…*, cit., p. 114; LEFEBVRE D'OVIDIO, A., PESCATORE, G. y TULLIO, L., *Manuale di Diritto…*, cit., p. 750).

52 En estos supuestos sí que se admite el abandono parcial respecto a la cuota de copropiedad. Al respecto, DONATI, A., *Trattato del Diritto delle assicurazioni private*, Vol. III…, cit., pp. 84-85; DOMINEDÒ, F. M., "Dell'abbandono all'assicuratore", *Assicurazioni*, n.º 1, 1982, p. 501; GABALDÓN GARCÍA, J. L. y RUIZ SOROA, J. M.ª, *Manual de Derecho…*, cit., p. 899; GILMAN, J., TEMPLEMAN, M., BLANCHARD, C., HOPKINS, P. y HART, N., *Arnould: Law of Marine…*, cit., pp. 1631-1632; LEFEBVRE D'OVIDIO, A., PESCATORE, G. y TULLIO, L., *Manuale di Diritto…*, cit., p. 749; PUY FERNÁNDEZ, G. y GIMÉNEZ VILLANUEVA, T., "El abandono del buque", cit., p. 1205; URÍA GONZÁLEZ, R., *El seguro marítimo*, cit., p. 188. *Contra*, FERRARINI, S., *Le assicurazioni…*, cit., p. 490, quien señala que, para que el abandono sea válido, es necesario que todos los copropietarios opten por este procedimiento de liquidación.

53 GABALDÓN GARCÍA, J. L., *Compendio de Derecho…*, cit., p. 239; ID. y RUIZ SOROA, J. M.ª, *Manual de Derecho…*, cit., p. 899; HERNÁNDEZ MARTÍ, J., "El abandono del buque a los aseguradores", cit., p. 69; PUY FERNÁNDEZ, G. y GIMÉNEZ VILLANUEVA, T., "El abandono del buque", cit., p. 1205; RODRÍGUEZ CARRIÓN, J. L., "Los seguros marítimos y aéreos", cit., pp. 101-102; URÍA GONZÁLEZ, R., *El seguro marítimo*, cit., pp. 187-188. Lo mismo sucede bajo el Derecho italiano: DONATI, A., *Trattato del diritto delle assicurazioni private*, Vol. III…, cit., pp. 84-85; FERRARINI, S., *Le assicurazioni…*, cit., p. 490; LEFEBVRE D'OVIDIO, A., PESCATORE, G. y TULLIO, L., *Manuale di Diritto…*, cit., pp. 748-749; y en el inglés: GILMAN, J., TEMPLEMAN, M., BLANCHARD, C., HOPKINS, P. y HART, N., *Arnould: Law of Marine…*, cit., pp. 1627-1628; ROSE, F. D., *Marine Insurance…*, cit., pp. 498-499; THOMAS, R., "Constructive Total Loss...", cit., p. 269.

54 PUY FERNÁNDEZ, G. y GIMÉNEZ VILLANUEVA, T., "El abandono del buque", cit., p. 1206. Igualmente, con respecto al régimen del abandono en el Cco, véase, por todos, GABALDÓN GARCÍA, J. L., *Curso de Derecho…*, cit., p. 861.

Además, el asegurado deberá manifestar la existencia de cualquier otro seguro o derecho real existente sobre el buque (art. 434.1 LNM). En caso contrario, el asegurador podrá "suspender el pago de la indemnización hasta que le sean comunicadas por el asegurado" (art. 434.2 LNM)[55]. Tras la declaración del abandono, la aseguradora analizará si el siniestro reúne los presupuestos necesarios, las causas del siniestro, el cumplimiento por parte del asegurado de sus obligaciones y la observancia de la diligencia debida[56]. Si no se observa impedimento alguno, aceptará el abandono. Igualmente, si en el plazo de un mes a contar desde la declaración de abandono, la aseguradora no lo rechaza, se entiende que lo ha aceptado tácitamente (art. 435.2 *i.f.* LNM)[57].

Ahora bien, podría suceder que, una vez examinadas las circunstancias del siniestro, la aseguradora se opusiera a la acción de abandono por consi-

---

55 Ello no invalida el procedimiento de abandono, sino que afecta únicamente "a la exigibilidad de sus efectos obligacionales"; cfr. ARROYO MARTÍNEZ, I., "Artículo 450. Plazo de abandono", cit., p. 1372; GABALDÓN GARCÍA, J. L. y RUIZ SOROA, J. M.ª, *Manual de Derecho…*, cit., p. 900; URÍA GONZÁLEZ, R., *El seguro marítimo,* cit., p. 188. También el artículo 544 del *Codice della Navigazione* italiano sanciona con la suspensión de la obligación de pago la falta de comunicación de los extremos mencionados. Cfr. DONATI, A., *Trattato del Diritto delle assicurazioni private,* Vol. III…, cit., p. 85; GRIGOLI, M., *L'abbandono all'assicuratore…*, cit., p. 115. En cambio, el artículo 62 de la MIA 1906 inglesa, que regula la "notice of abandonment", no establece nada al respecto, lo cual parece lógico, habida cuenta de que no exige formalidad alguna.

56 Ello se realizará, como regla general, por medio de un liquidador de averías. En este sentido, *vide* PUY FERNÁNDEZ, G. y GIMÉNEZ VILLANUEVA, T., "El abandono del buque", cit., pp. 1206-1207.

57 Y es que, de conformidad con el citado artículo, "[l]a aceptación del abandono puede ser expresa o presunta". Ahora bien, tal como señalan ARROYO MARTÍNEZ, I. y MORRAL SOLDEVILA, R., "Artículo 436. Efectos del abandono", cit., p. 1353, este plazo se podrá ampliar si es necesario para esclarecer los hechos o para aportar documentación complementaria. También el *Codice della Navigazione* prevé esta consecuencia para el caso de que la aseguradora no se pronuncie en un plazo de 30 días (art. 546). Al respecto, véase DONATI, A., *Trattato del Diritto delle assicurazioni private,* Vol. III…, cit., p. 89; DOMINEDÒ, F. M., "Dell'abbandono all'assicuratore", cit., p. 505; FERRARINI, S., *Le assicurazioni…*, cit., p. 771; LEFEBVRE D'OVIDIO, A., PESCATORE, G. y TULLIO, L., *Manuale di Diritto…*, cit., p. 751; LOFFREDA, G., "Sull'efficacia della dichiarazione di abbandono all'assicuratore irregolare: effetti reali ed effetti obbligatori", *Diritto dei trasporti,* n.º 1, 2000, p. 129. En fin, en el mismo sentido, el artículo 62.5 MIA 1906 señala que "[t]he acceptance of an abandonment may be either express or implied from the conduct of the insurer", aunque, en el Derecho inglés, no se admite la aceptación tácita de la acción por el silencio del asegurador. En este sentido, ROSE, F. D., *Marine Insurance…*, cit., pp. 505-506.

derar que no se dan los presupuestos necesarios para liquidarlo por medio de este procedimiento. En este caso, será necesaria una resolución judicial que resuelva sobre estos extremos[58]. Si el órgano jurisdiccional competente entiende que no se cumplen los presupuestos exigidos, el siniestro deberá liquidarse por medio del procedimiento de avería. Por el contrario, si estima las pretensiones del asegurado, se producirán los efectos propios del abandono, que deberán retrotraerse al momento en que el asegurado comunicó al asegurador la decisión de liquidar el siniestro por medio de este procedimiento (art. 436.1 LNM)[59].

4. Las consecuencias de la liquidación del siniestro

4.1. El pago de la indemnización

Tras la liquidación del siniestro, ya sea a través de acuerdo entre las partes o de resolución judicial firme, el asegurador deberá abonar al asegurado la indemnización. En caso de que el siniestro se haya liquidado por medio de la acción de avería, esta será la correspondiente al importe real del daño. En cambio, si el asegurado ejercitó la acción de abandono, el asegurador deberá abonarle el total de la suma asegurada, con independencia de que el valor real de los daños se corresponda o no con tal cuantía[60]. En cualquier caso, el pago deberá efectuarse en el plazo de quince días a contar desde el momento en que el asegurado manifieste su conformidad con la liquidación practicada (art. 437.2 LNM)[61]. Si transcurrido el plazo

---

58 PULIDO BEGINES, J. L., *Curso de Derecho…*, cit., p. 494; PUY FERNÁNDEZ, G. y GIMÉNEZ VILLANUEVA, T., "El abandono del buque", cit., p. 1207; URÍA GONZÁLEZ, R., *El seguro marítimo*, cit., p. 191.

59 ARROYO MARTÍNEZ, I., *Curso de Derecho marítimo…*, cit., p. 835; PUY FERNÁNDEZ, G. y GIMÉNEZ VILLANUEVA, T., "El abandono del buque", cit., p. 1207.

60 SAP Las Palmas (Sección 4.ª) núm. 254/2004, de 19 de abril (ECLI:ES:APGC:2004:1226); ARROYO MARTÍNEZ, I. y MORRAL SOLDEVILA, R., "Artículo 436. Efectos del abandono", cit., p. 1349; FERRARINI, S., *Le assicurazioni…*, cit., p. 496; GABALDÓN GARCÍA, J. L., *Curso de Derecho…*, cit., p. 862; ID., *Compendio de Derecho…*, cit., p. 239; GRIGOLI, M., *L'abbandono all'assicuratore…*, cit., pp. 119-120; MARTÍN OSANTE, J. M., "El seguro de buques...", cit., p. 1161; RODRÍGUEZ CARRIÓN, J. L., "Los seguros marítimos y aéreos", cit., p. 103; ROSE, F. D., *Marine Insurance…*, cit., p. 504; TULLIO, L., *Breviario…*, cit., p. 302.

61 En el Código de comercio, el plazo era de sesenta días (art. 805). Por su parte, la LNM se limita a recoger el supuesto del pago por aceptación, y únicamente señala que, "en caso de divergencia entre el asegurador y el asegurado sobre la cuantía de la indemnización, el asegurado tendrá derecho a la entrega, en el plazo de quince días desde que el asegurado manifieste su falta de conformidad, de la

la aseguradora no ha indemnizado al asegurado, deberá abonar "los intereses legales calculados sobre el importe de la indemnización a partir del momento en que el asegurador manifestó su rechazo al abandono"[62].

4.2. Los derechos reales derivados de la liquidación por medio de la acción de abandono: la transmisión de la propiedad del buque

En caso de que el siniestro se liquide por medio del procedimiento de abandono, la aceptación del asegurador, o la declaración judicial de su validez, "transmite al asegurador la propiedad de las cosas aseguradas" (art. 436.1 LNM). Pese al tenor aparentemente inequívoco del precepto (y, ya antes, del art. 805 Cco), hay quien ha sostenido que el abandono no necesariamente produce la transmisión de la propiedad del objeto asegurado, sino que lo que se transmite es el interés que el asegurado poseía sobre el objeto asegurado[63]. Así, y como no puede ser de otra manera, la propiedad

---

cantidad fijada por el asegurador" (art. 473.2 LNM). Sin embargo, es razonable pensar que, en caso de que la cuantía sea fijada mediante resolución judicial, el asegurador estará obligado a indemnizar al asegurado en un plazo de quince días a contar desde la fecha en que se dictó.

62 A diferencia de lo que ocurría en el régimen anterior, la LNM establece un régimen específico sobre la mora del asegurador marítimo, por lo que ya no será de aplicación el régimen previsto con carácter general por el artículo 20 LCS. Al respecto, LA CASA GARCÍA, R., "La mora del asegurador: estado de la cuestión, puntos críticos y problemas aún pendientes", *Cuestiones de Interés Jurídico,* 2017, pp. 8-11.

63 En este sentido, URÍA GONZÁLEZ, R., *El seguro marítimo,* cit., p. 192, señalaba que "[l]a forma de expresarse de la ley es incorrecta. El abandono no siempre opera una transmisión de propiedad, porque no siempre el asegurado es titular de un derecho de propiedad sobre los objetos que se abandonan". También GABALDÓN GARCÍA, J. L. y RUIZ SOROA, J. M.ª, *Manual de Derecho…*, cit., p. 900, han defendido que mediante la acción de abandono se transmite la titularidad jurídica del interés y no del bien asegurado. Véase también IGLESIAS PRADA, J. L., "La subrogación del asegurador en el seguro marítimo", *RES,* 1981, p. 37, quien aboga por una diferenciación entre el abandono y la subrogación, al señalar que, "[e]n el primer caso […] la posición del asegurador resulta de la adquisición de la titularidad de derechos sobre las cosas abandonadas, que se corresponde con el abandono que de ella hace el asegurado y, eventualmente, de la propiedad de esas cosas si concurría en el asegurado la condición de propietario de las mismas. En el segundo, esa titularidad continúa atribuida al asegurado, y éste únicamente se ve privado del ejercicio de unas acciones que le correspondían frente al causante del daño y por el importe del daño efectivamente indemnizado. Frente al típico acto traslativo de derechos, con todas sus consecuencias y efectos, que caracteriza al abandono, la subrogación del asegurador produce así una sustitución en la titularidad de unos derechos, limitada a la recuperación de la pérdida patrimonial

sólo se transferirá si el asegurado es el titular de ese derecho. Cuestión distinta —en la que no es necesario entrar aquí— es que, en el seguro de cascos y maquinaria, pueda declarar el abandono una persona distinta de su propietario[64].

Otro de los aspectos que no puede perderse de vista es que el buque es un bien mueble compuesto de partes integrantes y pertenencias (art. 60.1 LNM). Además, el artículo 62.1 LNM señala que "[l]os negocios jurídicos relativos al buque, la propiedad y los demás derechos que recaigan sobre él comprenderán sus partes integrantes y sus pertenencias pero no sus accesorios, salvo pacto en contrario"[65]. Por ello, habida cuenta de que la ley no señala nada al respecto, cabe entender que la transmisión de la propiedad del buque abandonado comprenderá, siguiendo la regla general expuesta, sus partes integrantes y sus pertenencias[66].

De la misma forma, la transmisión del buque producirá también la de los derechos y obligaciones inherentes a la propiedad[67]..Ello comporta que

---

que le ocasiona el cumplimiento de la obligación de indemnizar". Después de la entrada en vigor de la LNM, han mantenido esta postura PUY FERNÁNDEZ, G. y GIMÉNEZ VILLANUEVA, T., "El abandono del buque", cit., p. 1212.

64 Con carácter general, niega esta posibilidad y requiere que el asegurado sea el propietario del objeto abandonado (en este caso, de las mercancías transportadas), la STS (Sala de lo Civil) núm. 340/1968, de 3 de mayo (EDJ 1968/348). En la doctrina, véanse LÓPEZ QUIROGA, J., "El seguro marítimo de buques", cit., pp. 665-666; DONATI, A., *Trattato del Diritto delle assicurazioni private*, Vol. III…, cit., p. 83; FERRARINI, S., *Le assicurazioni…*, cit., pp. 482-483; SÁNCHEZ CALERO, F. y SÁNCHEZ-CALERO GUILARTE, J., *Instituciones…*, cit., p. 779; TATO PLAZA, A., *La subrogación del asegurador en la Ley de contrato de seguro*, Tirant lo Blanch, 2002, p. 82.

65 Sobre los negocios jurídicos en torno al buque en la doctrina, *vide*, por todos, CLAVERO TERNERO, M., "Concepto, registro y documentación de los buques y embarcaciones marítimas", en A. Emparanza Sobejano y J. M. Martín Osante (dirs.), *Ley…*, cit., pp. 67-68.

66 HERNÁNDEZ MARTÍ, J., "El abandono del buque a los aseguradores", cit., pp. 67-68.

67 En este sentido, PUY FERNÁNDEZ, G. y GIMÉNEZ VILLANUEVA, T., "El abandono del buque", cit., p. 1211, señalan que el asegurador "pasa a ser propietario de los restos y de todas sus partes y pertenencias, que tienen un valor patrimonial en el mercado. También se transmiten los derechos accesorios o conexos, y aquí pueden surgir situaciones diversas, como por ejemplo aquellos supuestos en que la Administración subvenciona las bajas de tonelaje, en ciertos sectores o aquéllas relacionadas con la transmisión de las licencias vinculadas al buque, que tendrán que ser analizadas caso por caso a la luz de la normativa administrativa que los regule". De forma similar, GABALDÓN GARCÍA, J. L. y RUIZ SOROA, J. M.ª, *Manual de Derecho…*, cit., p. 903, afirman que, "al igual que los derechos,

la aseguradora podría verse obligada a hacer frente al pago de los gastos derivados de las actividades de remoción o reflotamiento, de salvamento del buque, o que incluso debería soportar una eventual responsabilidad derivada de los daños por contaminación ocasionados por este[68]. Ello ha llevado a que, a diferencia de lo que sucedía bajo el régimen anterior[69], el artículo 436.1 *in fine* LNM reconozca la posibilidad de que el asegurador renuncie a la transmisión del buque[70]. Con todo, más allá de la positivización de esta facultad del asegurador en nuestro ordenamiento, la previsión introducida por la nueva norma no parece implicar una gran novedad, pues la posibilidad de que la aseguradora rechazara adquirir los restos del buque abandonado ya era una realidad en la práctica[71].

---

el asegurador asume también las responsabilidades que puedan derivarse de la propiedad de los restos a partir del momento del abandono". Igualmente, GILMAN, J., TEMPLEMAN, M., BLANCHARD, C., HOPKINS, P. y HART, N., *Arnould: Law of Marine…*, cit., p. 1656, exponen que "[t]he effect of abandonment, once accepted by the underwriter, is not only to entitle him, on payment for a total loss, to the remains of the abandoned property, but also to clothe him from the moment of the loss with all the rights and all the responsibility of ownership, entitling him to prosecute all claims which belonged to the assured as owner of the thing insured, and rendering him liable for all just demands that might have been made against the assured in the same capacity". Véase también FERRARINI, S., *Le assicurazioni…*, cit., p. 496; GABALDÓN GARCÍA, J. L., *Curso de Derecho…*, cit., p. 862; ID., *Compendio de Derecho…*, cit., p. 239; ID. y RUIZ SOROA, J. M.ª, *Manual de Derecho…*, cit., p. 902; GÜRSES, Ö., *Marine Insurance Law*, cit., p. 222; IVAMY, E. R. H., *Marine Insurance*, cit., pp. 392-394; MACDONALD EGGERS, P., "The Place of Subrogation in Insurance Law. The Deceptive Depths of a Difficult Doctrine", en R. Thomas (ed.), *The Modern Law of Marine Insurance*, Vol. 4, Informa Law, 2016, p. 212; MARTÍN OSANTE, J. M., "El seguro de buques...", cit., p. 1161; ROSE, F. D., *Marine Insurance…*, cit., p. 518; URÍA GONZÁLEZ, R., *El seguro marítimo*, cit., p. 192.

68 GABALDÓN GARCÍA, J. L., *Curso de Derecho…*, cit., p. 862; ID. y RUIZ SOROA, J. M.ª, *Manual de Derecho…*, cit., p. 902; LEFEBVRE D'OVIDIO, A., PESCATORE, G. y TULLIO, L., *Manuale di Diritto…*, cit., p. 752; PULIDO BEGINES, J. L., *Curso de Derecho…*, cit., p. 493; PUY FERNÁNDEZ, G. y GIMÉNEZ VILLANUEVA, T., "El abandono del buque", cit., p. 1211; TULLIO, L., *Breviario…*, cit., p. 303.

69 GABALDÓN GARCÍA, J. L. y RUIZ SOROA, J. M.ª, *Manual de Derecho…*, cit., p. 902.

70 GIRGADO PERANDONES, P., "Contrato de seguro marítimo...", en A. Emparanza Sobejano y J. M. Martín Osante (dirs.), *Comentarios…*, cit., p. 647; MARTÍN OSANTE, J. M., "El seguro de buques...", cit., p. 1161; ID., "Disposiciones generales y comunes...", cit., p. 115; PULIDO BEGINES, J. L., *Curso de Derecho…*, cit., p. 494; PUY FERNÁNDEZ, G. y GIMÉNEZ VILLANUEVA, T., "El abandono del buque", cit., p. 1211; ROSE, F. D., *Marine Insurance…*, cit., p. 511.

71 Así, RODRÍGUEZ CARRIÓN, J. L., "Los seguros marítimos y aéreos", cit., p. 103.

Otra de las cuestiones que conviene destacar es la relativa al momento en que el efecto real del abandono surte efectos, es decir, cuándo se transmite la propiedad de los restos del buque abandonado del asegurado al asegurador, en caso de aceptarla. Pues bien, en el Derecho español, como hemos visto, el artículo 436.1 LNM establece que la transmisión de la propiedad del buque se produce con la aceptación del abandono por parte del asegurador, o de la declaración judicial de su validez, lo cual parece ser una consecuencia lógica del carácter unilateral de esta acción[72]. Además, tal como establece el propio precepto, sus efectos se retrotraen "al momento en que el asegurador recibió la declaración de abandono"[73].

---

72 Pese a que en el régimen previgente no se recogía expresamente, la doctrina ya seguía la postura que la LNM ha acabado por positivizar. Al respecto, véase GABALDÓN GARCÍA, J. L. y RUIZ SOROA, J. M.ª, *Manual de Derecho…*, cit., p. 902; URÍA GONZÁLEZ, R., *El seguro…*, cit., p. 193. Idéntica solución se prevé en el ordenamiento italiano. *Vid.* DONATI, A., *Trattato del Diritto delle assicurazioni private,* Vol. III…, cit., pp. 76 y 88; FERRARINI, S., *Le assicurazioni…*, cit., pp. 498-499; LEFEBVRE D'OVIDIO, A., PESCATORE, G. y TULLIO, L., *Manuale di Diritto…*, cit., pp. 320 y 751; SCAFIDI, G., "L'effetto traslativo della dichiarazione di abbandono", *Achivo di Ricerche Giuridiche,* n.º 1, 1959, pp. 103-115. En cambio, en el ordenamiento inglés, la aceptación del abandono no transmite automáticamente la propiedad del bien a la aseguradora, sino que, para ello, será necesario que realice el pago. Mientras tanto, lo que esta ostentará es un derecho *(lien)* sobre el buque. En este sentido, en la sentencia de la *Court of Appeal* de 10 de marzo de 2004, cit., se sostuvo que la mera aceptación del abandono "[…] does not effect abandonment, even if it is valid. It is essentially an offer to cede, a formal or even informal recognition that, if the insurer so elects, he will, upon payment, be entitled to a complete interest in the thing insured or what remains of it as from the time of the casualty". En el mismo sentido, sentencia de la *High Court* de 29 de abril de 2009, *Dornoch Ltd and Others v Wstminister International BV and Others (The "WD Fairway"),* [2009] EWHC 889 (Admlty). En la doctrina, véase GILMAN, J., TEMPLEMAN, M., BLANCHARD, C., HOPKINS, P. y HART, N., *Arnould: Law of Marine…*, cit., p. 1629; GÜRSES, Ö., *Marine Insurance Law*, cit., pp. 222-223.

73 Aunque con respecto al régimen previgente, ello también ha sido confirmado por el Tribunal Supremo en la STS (Sala de lo Civil) núm. 310/2008, de 8 de mayo (ECLI:ES:TS:2008:1711). De la misma forma, el artículo 546.2 del *Codice della Navigazione* italiano señala que "[l]a proprietà delle cose abbandonate ed i diritti indicati nell'articolo precedente si trasferiscono all'assicuratore dal giorno in cui gli è stata portata a conoscenza la dichiarazione di abbandono". En la doctrina, *vide* DONATI, A., *Trattato del Diritto delle assicurazioni private,* Vol. III…, cit., p. 88; LOFFREDA, G., "Sull'efficacia della dichiarazione di abbandono all'assicuratore irregolare...", cit., p. 129; SCAFIDI, G., "L'effetto traslativo della dichiarazione di abbandono", cit., p. 120. En cambio, con respecto al ordenamiento inglés, GILMAN, J., TEMPLEMAN, M., BLANCHARD, C., HOPKINS, P. y HART, N., *Arnould: Law of Marine…*, cit., p. 1656, señalan que "[t]he right of the underwriters is retrospective, operating from the moment of the casualty that gave the right to

III. LOS EFECTOS DEL SINIESTRO Y SU LIQUIDACIÓN SOBRE LOS CONTRATOS DE UTILIZACIÓN DEL BUQUE

Íntimamente relacionado con el siniestro y la indemnización por parte de la aseguradora está la cuestión del mantenimiento o no de la vigencia del contrato de utilización del buque. En efecto, la respuesta que se dé a esta cuestión no depende solamente de la gravedad del siniestro, sino también del procedimiento de liquidación elegido por el asegurado. Por ello, a la hora de determinar los efectos que el siniestro produce sobre los contratos de utilización del buque, es necesario diferenciar entre los supuestos de pérdida parcial y los de pérdida total.

1. *Los efectos en los supuestos de pérdida parcial*

Como ya se ha tenido la oportunidad de exponer, en los supuestos de pérdida parcial del buque, el asegurado únicamente puede optar por la acción de avería, cuyas consecuencias se limitan al pago de la indemnización correspondiente y a la cesión a la aseguradora por vía de subrogación de los derechos que tuviera el asegurado frente al causante del siniestro, sin que se transmita la titularidad del buque siniestrado. Por ello, el siniestro y su liquidación no producirán, en principio, ningún tipo de efecto sobre el contrato de utilización del buque. Ahora bien, tanto en el contrato de arrendamiento como en el de fletamento, es posible que el siniestro sea imputable al arrendatario o fletador. Igualmente, en los fletamentos, el propietario del buque también queda expuesto a responsabilidad frente al fletador por la falta de navegabilidad del buque[74]. Por ello, si el daño fuera ocasionado como consecuencia de un incumplimiento grave y esencial del contrato, el siniestro del buque, aunque por sí mismo no provocaría la extinción del contrato, sí que facultaría a la parte no incumplidora a resolverlo. Y lo mismo sucedería, previsiblemente, si la destrucción parcial del buque frustrara las legítimas expectativas del *charterer* por no poder utilizarlo durante su reparación.

---

abandon, from which time they are entitled to become complete owners of the abandoned property so far as it is covered by the insurance". Al respecto, véase la sentencia de la *Court of Appeal* de 10 de marzo de 2004, cit., párrafo 76; y la sentencia de la *High Court* de 29 de abril de 2009, cit., párrafos 38-39.

74 Al respecto, véase ARROYO MARTÍNEZ, I., *Curso de Derecho marítimo...*, cit., pp. 526 y ss.; ID. y RUEDA MARTÍNEZ, J. A., "Artículo 212. Navegabilidad del buque", en I. Arroyo Martínez y J. A. Rueda Martínez (dirs.), *Comentarios...*, cit., pp. 715-716; GABALDÓN GARCÍA, J. L., *Curso de Derecho...*, cit., p. 550.

2. Los efectos en los supuestos de pérdida total

Cuando el siniestro provoque la pérdida total del buque, también se produce —con más razón— la frustración del contrato de arrendamiento o de fletamento. Y es que, en la medida en que el buque, que es el elemento en torno al cual giran estos contratos, queda completamente destruido o desaparece, en principio ya no puede ser utilizado. Con todo, las consecuencias no son idénticas en uno u otro supuesto, sino que estas dependerán de si el contrato es de arrendamiento de buque o de fletamento. Asimismo, cuando la pérdida total sea constructiva, es decir, el valor de las reparaciones del buque sea igual o superior al valor asegurado, las consecuencias dependerán de la decisión que adopte el asegurado.

2.1. La pérdida total en los contratos de arrendamiento de buque

El objeto de los contratos de arrendamiento de buque es el propio buque, que se considera un elemento esencial del contrato. En efecto, tal como señala el artículo 188 LNM, "el arrendador se obliga, a cambio de un precio cierto, a entregar *un buque determinado*" (énfasis añadido). Por ello, su destrucción o desaparición provocará la finalización del arrendamiento. La LNM, al regular el contrato de arrendamiento de buque, no prevé las causas de extinción del contrato y, por tanto, no contempla la pérdida del buque como motivo de resolución del contrato. De ahí que, para alcanzar esta conclusión, sea preciso remitirse a lo previsto en el Derecho común.

En los contratos de arrendamiento, la posesión del buque se cede al arrendatario, quien ostenta la condición de armador (y de naviero si lo explota comercialmente). Ello comporta que el riesgo por los daños que pueda sufrir el buque arrendado los soporte el arrendatario[75]. Así, habida cuenta de que el arrendador se desvincula completamente de su gestión, resulta poco verosímil que, durante la vigencia del contrato, el buque se destruya por causas imputables a su propietario. Antes al contrario, de producirse la pérdida total del buque, lo habitual será que esta se deba a culpa del arrendatario o de un tercero ajeno al contrato.

Cuando la pérdida del buque sea imputable a un tercero ajeno al contrato de arrendamiento, todo indica que la destrucción del buque producirá

[75] Sobre el contrato de arrendamiento de buque, véase ampliamente GILABERT GASCÓN, A., "El contrato de arrendamiento de buque, con especial referencia a las cláusulas sobre seguro: a propósito del nuevo 'BARECON 2017'", *Rdt*, n.º 25, 2020, pp. 313-347.

la extinción del contrato por imposibilidad sobrevenida de la prestación. Y es que, pese a que el régimen del arrendamiento de buque previsto en la LNM no aborda la cuestión, esta doctrina parece plenamente aplicable, por cuanto el artículo 1568 CC, aplicable al contrato de arrendamiento de cosas, señala que, "[s]i se pierde la cosa arrendada o alguno de los contratantes falta al cumplimiento de lo estipulado, se observará respectivamente lo dispuesto en los artículos 1182 y 1183 [...]"[76]. Y el artículo 1182 CC indica que "[q]uedará extinguida la obligación que consista en entregar una cosa determinada cuando ésta se perdiere o destruyere sin culpa del deudor y antes de haberse éste constituido en mora"[77]. En estos casos, la extinción del contrato no hará nacer en cabeza del arrendador ninguna obligación indemnizatoria frente al arrendatario. Ahora bien, "[e]xtinguida la obligación por la pérdida de la cosa, corresponderán al acreedor todas las acciones que el deudor tuviere contra terceros por razón de ésta" (art. 1186 CC).

Por el contrario, cuando la pérdida del buque se debiera a una actuación imputable al arrendatario, todo parece indicar que, aunque no fuera de aplicación la doctrina sobre la pérdida sobrevenida de la cosa arrendada, el arrendador estaría facultado para resolver el contrato, pues se habría producido un incumplimiento esencial de la obligación de mantener el buque en estado de navegabilidad durante la vigencia del contrato.

Además, lo dispuesto por el artículo 1182 CC parece ser también aplicable cuando la pérdida del buque sea imputable a un tercero. En efecto, aunque en el marco de un arrendamiento de un inmueble para uso distinto al de vivienda, la Audiencia Provincial de Palma de Mallorca ha reconocido la legitimación del arrendatario para resolver el contrato en los supuestos de destrucción del objeto, al señalar que "[l]a causa resolutoria concurre con independencia de la causa del deterioro, ya obedezca a causa fortuita o a culpa o negligencia [...], configurándose como una causa esencialmente objetiva (salvo en aquellos supuestos en que pudiéramos encontrarnos ante un supuesto de ejercicio abusivo del propio derecho), sin perjuicio en este caso de la acción del arrendatario para obtener la reparación de daños

---

76 Véanse las SsAP Barcelona (Sección 1.ª) núm. 108/2019, de 27 de febrero (ECLI:ES:APB:2019:1406); y Vitoria (Sección 1.ª) núm. 330/2013, 12 de septiembre (ECLI:ES:APVI:2013:641).

77 Sobre el régimen de la imposibilidad sobrevenida de la prestación, *vide* ampliamente DÍEZ-PICAZO, L., *Fundamentos del Derecho civil patrimonial*, Vol. II, *Las relaciones obligatorias*, 6.ª ed., Thomson Civitas, 2007, pp. 688-691.

y perjuicios derivados del incumplimiento por parte del arrendador de sus obligaciones contractuales"[78].

En fin, en la práctica de los formularios también se prevé la finalización del contrato en los supuestos de pérdida total del buque. Así, la cláusula 31 (c) del BARECON 2017 establece que "[t]his Charter Party shall be deemed to be terminated, without prejudice to any accrued rights or obligations, if the Vessel becomes lost either when it has become an actual total loss or agreement has been reached with the Vessel's underwriters in respect of its constructive total loss or if such agreement with the Vessel's underwriters is not reached it is adjudged by a competent tribunal that a constructive loss of the Vessel has occurred, or has been declared missing".

Ahora bien, habida cuenta de que, tal como se ha expuesto, la elección del abandono es potestativa para el asegurado cuando se produzca un supuesto de pérdida total económica, la decisión quedará en manos del asegurado titular del interés jurídico de que se trate (en este caso, el propietario del buque). Así, si el arrendador opta por liquidar el siniestro mediante la acción de abandono, el contrato de utilización del buque quedará verosímilmente terminado[79], mientras que si opta por la acción de avería y repara el buque, el contrato permanecerá vigente[80].

2.2. La pérdida total en los contratos de fletamento

En los contratos de fletamento, ya sea por tiempo o por viaje, el objeto del contrato es la obligación de realizar los viajes que el fletador encomiende al porteador[81], de tal forma que, en principio, el buque no se

---

78 SAP Palma de Mallorca (Sección 3.ª) núm. 243/2012, de 16 de mayo (ECLI:ES:APIB:2012:1064). Ello parece del todo punto razonable, pues en la medida en que el buque ha quedado inhábil, ya no puede utilizarse por parte del arrendatario, lo que lógicamente provoca la frustración de las legítimas expectativas del arrendatario, que no son otras que las de disfrutar del uso y goce pacífico del buque durante la vigencia del contrato.

79 Cfr. cláusula 31 (c) BARECON 2017.

80 Al respecto, véase la sentencia de la *Court of Appeal* de 30 de julio de 1951, *Blane Steamships Ltd v Minister of Transport*, [1951] 2 Lloyd's Rep. 155. El criterio ha sido reiterado con posterioridad en la sentencia de la *High Court* de 10 de diciembre de 2012, *Bunge SA v Kyla Shipping Co Ltd*, [2012] EWHC 3522 (Comm), párrafo 13. En la doctrina, véase también COOKE, J., TIMOTHY, Y., ANDREW, T., KIMBALL, J. D., MATOWSKI, D. y LAMBERT, L., *Voyage Charters*, Informa Law, 2007, p. 651; WEALE, J., "Frustration and Constructive Total Loss", *LMCLQ*, n.º 2, 2013, p. 260.

81 Véase, en lugar de muchos, ARROYO MARTÍNEZ, I., *Curso de Derecho marítimo...*, cit., pp. 519-520.

erige en elemento esencial del contrato, sino que bastaría cualquiera que fuese idóneo para satisfacer las pretensiones del fletador. Ahora bien, puede ocurrir, en efecto, que las partes no identifiquen el buque con el que realizar los viajes en el contrato, pero también que nombren uno o varios buques determinados. Asimismo, puede suceder que las partes nombren un buque concreto, pero reconozcan la posibilidad de sustituirlo por otro[82]. Por tanto, las consecuencias que la pérdida total del buque produzca sobre el contrato de fletamento dependerán de si se permite o no su sustitución.

En caso de que las partes hayan nombrado un único buque y no prevean la posibilidad de sustituirlo, parece razonable pensar que, como sucede en el contrato de arrendamiento de buque, la destrucción total del buque o su desaparición producirá la frustración del contrato[83]. De hecho, el artículo 1184 CC extiende la aplicación de la doctrina sobre la imposibilidad sobrevenida de la prestación a las obligaciones de hacer. Ahora bien, en el contrato de fletamento, a diferencia de lo que sucede en el de arrendamiento, la posesión del buque y, en consecuencia, la gestión náutica, queda en manos del porteador[84].

Por tanto, lo más probable es que, durante la vigencia del contrato, la destrucción del buque se produzca por causas imputables a un tercero o al propio fletante[85]. En el primer caso, no parece haber duda de que entrará en juego lo dispuesto por el artículo 1182 CC, de forma idéntica a lo expuesto para el arrendamiento de buque. En cambio, si la pérdida del bu-

---

82 ARROYO MARTÍNEZ, I., *Curso de Derecho marítimo…*, cit., p. 552; EMPARANZA SOBEJANO, A. y MARTÍN OSANTE, J. M., "El transporte marítimo (I). Contratos de arrendamiento de buque y de fletamento", en F. Martínez Sanz (dir.), *Manual de Derecho…*, cit., p. 95; SÁENZ GARCÍA DE ALBIZU, J. C., "El contenido del contrato de fletamento", en A. Emparanza Sobejano y J. M. Martín Osante (dirs.), *Comentarios…*, cit., pp. 296-297.

83 En este sentido, SARLL, R., "Discharge of Contractual Obligations", en AA.VV., *Carver on Charterparties,* Thomson Reuters, 2017 p. 967; COOKE, J., TIMOTHY, Y., ANDREW, T., KIMBALL, J. D., MATOWSKI, D. y LAMBERT, L., *Voyage Charters,* cit., p. 651.

84 STS (Sala de lo Civil) núm. 278/1995, de 1 de abril (ECLI:ES:TS:1995:1947); y STS (Sala de lo Contencioso-Administrativo) de 26 de marzo de 2012 (ECLI:ES:TS:2012:1968). En la doctrina, véase, entre otros, ARROYO MARTÍNEZ, I., *Curso de Derecho marítimo…*, cit., p. 520; PULIDO BEGINES, J. L., *Curso de Derecho…*, cit., p. 250.

85 Es más, de conformidad con el artículo 1183 CC, "[s]iempre que la cosa se hubiese perdido en poder del deudor, se presumirá que la pérdida ocurrió por su culpa y no por caso fortuito, salvo prueba en contrario […]".

que se produce como consecuencia de una actuación negligente o dolosa del porteador o de sus dependientes, no será de aplicación dicho precepto, pues para ello se exige la ausencia de culpa del deudor (en este caso, del porteador)[86]. Ahora bien, lo anterior no quiere decir que en estos supuestos no se pueda producir la resolución del contrato. Antes al contrario, la pérdida total del buque por culpa del porteador provocará la frustración de las legítimas expectativas del fletador, que no son otras que la realización de los viajes solicitados con el buque determinado en el contrato, y por tanto, le facultará para resolverlo[87].

Por el contrario, si las partes admiten la sustitución del buque y/o en el contrato hubieran nombrado varios, la pérdida del buque no produce, en principio, la frustración del contrato. Ahora bien, podría suceder que todos los buques nombrados en el contrato hubieran quedado destruidos, o que el fletante no pudiera cumplir el contrato sin tener que incumplir otros celebrados con terceros. En estos casos, la pérdida sí que ocasionaría la terminación del contrato[88]. Igualmente, si en el contrato se hubiesen nombrado varios buques, pero, tras la destrucción del que se estuviera utilizando, no fuera sustituido por alguno de los demás, también se produciría la frustración del contrato[89]. En fin, podría ocurrir que el siniestro produjera en sí mismo la frustración del contrato (sería, por ejemplo, el caso de que el fletamento tuviera por objeto el transporte de las mercan-

---

86 En este sentido, DÍEZ-PICAZO, L., *Fundamentos…*, Vol. II, cit., p. 694, señala que, "[d]e acuerdo con el tenor literal de los arts. 1182 y 1184, si la pérdida o la imposibilidad sobrevenida le son imputables al deudor, no se produce el efecto de extinción o de liberación del deudor".

87 Es lo que el propio DÍEZ-PICAZO, L., *Fundamentos…*, Vol. II, cit., p. 695, denomina *periculum obligationis*, es decir, "la repercusión de la imposibilidad del cumplimiento de una obligación en la obligación recíproca cuando ambas se encuentran enlazadas sintagmáticamente". Al respecto, señala, de un lado, que, en la medida en que "[l]as dos obligaciones, en el sinalagma, se encuentran enlazadas casualmente", es posible hablar de una desaparición sobrevenida de la causa. De otro lado, el hecho de que el artículo 1124 CC "otorga la facultad resolutoria por el puro hecho objetivo del incumplimiento, que se produce también cuando la prestación es imposible", le lleva a sostener que en este precepto se encuentra comprendida la figura de la resolución por imposibilidad sobrevenida, que permite a la parte que la sufre resolver el contrato.

88 SARLL, R., "Discharge of Contractual Obligations", cit., pp. 967-968; COOKE, J., TIMOTHY, Y., ANDREW, T., KIMBALL, J. D., MATOWSKI, D. y LAMBERT, L., *Voyage Charters*, cit., p. 651.

89 COOKE, J., TIMOTHY, Y., ANDREW, T., KIMBALL, J. D., MATOWSKI, D. y LAMBERT, L., *Voyage Charters*, cit., p. 651.

cías que eran transportadas mediante el buque siniestrado)[90]. Por último, conviene mencionar que en los contratos de fletamento también será de aplicación lo señalado con respecto al arrendamiento en los casos de pérdida total económica, de tal manera que esta sólo producirá la extinción del contrato si el asegurado opta por liquidar el siniestro mediante la acción de abandono.

IV. CONCLUSIONES

Cuando la parte obligada a contratar y mantener el seguro en el marco de un contrato de utilización del buque cumpla con su obligación y se produzca un siniestro como consecuencia de la materialización de un riesgo asegurado, son dos las principales consecuencias. Por un lado, el acaecimiento del siniestro hará nacer en cabeza de la aseguradora una obligación de indemnizar por los daños asegurados. Para su liquidación, el asegurado tendrá a su disposición, en todo caso, la acción de avería, que comporta la indemnización del daño real sufrido. Además, cuando el siniestro provoque la pérdida total del buque, el asegurado también podrá optar por abandonarlo. En este supuesto, el asegurado recibirá el importe correspondiente a la suma asegurada. A cambio, y salvo que renuncie a ello, la aseguradora adquirirá la propiedad del buque siniestrado, así como los derechos y obligaciones inherentes a esta. Asimismo, con independencia del procedimiento de liquidación seguido, tras indemnizar a su asegurado, la aseguradora se subrogará en los derechos de aquel y podrá dirigirse contra el causante del siniestro en reclamación de los daños ocasionados, hasta el límite de la suma asegurada.

Por otro lado, el acaecimiento del siniestro y el sistema de liquidación elegido también proyectarán sus efectos sobre el contrato de utilización del buque. En el caso de que la pérdida del buque sea parcial, salvo que el siniestro haya sido ocasionado como consecuencia de un incumplimiento esencial del contrato, el arrendamiento o el fletamento permanecerá vigente. Cuando, por el contrario, el siniestro provoque la pérdida total del buque, hay que distinguir. En los supuestos de arrendamiento de buque, a menos que se esté ante un supuesto de pérdida total económica y el arrendatario opte por la acción de avería, reparando el buque, el siniestro

---

[90] En este sentido, COGHLIN, T., BAKER A., KENNY, J. y KIMBALL, J., *Time Charters*, cit., p. 479, señalan que, "[w]here the loss of the chartered ship brings the charter to an end, then, generally, a clause permitting the substitution of another ship will be of no effect".

provocará la finalización del contrato, habida cuenta de que el buque se erige en un elemento esencial del contrato.

En los contratos de fletamento, donde el buque no tiene carácter esencial, las consecuencias de la pérdida total del buque dependerán de lo previsto por las partes en el contrato. Si estas han nombrado un único buque y no prevén su sustitución, las consecuencias serán idénticas a las del arrendamiento. En cambio, si las partes hubieran previsto la sustitución del buque o hubieran nombrado varios que pudieran realizar la prestación objeto de este contrato, la destrucción del buque no producirá la frustración del contrato ni, en consecuencia, su resolución, excepto cuando todos los buques nombrados en el contrato hubieran quedado destruidos, el fletante no pudiera cumplir el contrato sin tener que incumplir otros celebrados con terceros, no se procediera a la efectiva sustitución del buque siniestrado o, estando ante una pérdida total económica, el asegurado optara por la acción de avería.

Ejercicio abusivo del derecho de información en las sociedades mercantiles capitalistas[*]

JUDITH MORALES BARCELÓ
Profesora agregada de Derecho Mercantil
Universitat de Barcelona

SUMARIO: I. INTRODUCCIÓN. II. BREVE REFERENCIA A LOS LÍMITES DEL DERECHO DE INFORMACIÓN PREVISTOS EN LA LEY DE SOCIEDADES DE CAPITAL. III. EJERCICIO ABUSIVO Y BUENA FE. IV. CONCLUSIONES.

I. INTRODUCCIÓN

El derecho de información, reconocido en el artículo 93 de la LSC, permite al socio poder participar en la vida social de forma consciente, pues mediante su ejercicio puede solicitar información sobre asuntos relativos a la sociedad y votar en consecuencia en el seno de la junta, así como llevar un control de la labor de los administradores. Como es bien sabido, el ejercicio de este derecho está ligado a la celebración de una junta, el socio no tiene derecho a solicitar información sobre cualquier asunto que afecte a la sociedad ni en cualquier momento, sino tan sólo sobre aquellos incluidos en el orden del día de una junta.

A pesar de que el derecho de información es un derecho inderogable e irrenunciable, su ejercicio está sujeto a ciertos requisitos como el momento en que se solicita la información o bien sobre el objeto, además no es un derecho absoluto sino que está sometido a unos límites. Algunos de estos

* El presente trabajo se ha elaborado en el marco del Proyecto "Resolución y prevención de conflictos societarios: buen gobierno, pactos de socios, eficiencia procesal, medios alternativos a la litigación y justicia predictiva" (PID2022-140943NB-I00), dentro del Programa Estatal para Impulsar la Investigación Científico-Técnica y su Transferencia, del Plan Estatal de Investigación Científica, Técnica y de Innovación 2021-2023, del que es investigador principal el Dr. Daniel Vázquez Albert, financiado por el Ministerio de Ciencia e Innovación, la Agencia Estatal de Investigación y Fondos FEDER.

límites, están previstos en la Ley de Sociedades de Capital (en adelante LSC), son límites concretos aplicables tan sólo al derecho de información. De forma difícil de justificar la Ley distingue, tal y como veremos, según el derecho se ejercite en una sociedad anónima o bien una sociedad de responsabilidad (artículos 197.3 y 196.2 LSC, respectivamente)[1]. Pero además, debemos tener en cuenta otro límite que tiene un carácter general, previsto en el artículo 7 del Código Civil, por el que los derechos deben ejercitarse conforme a la buena fe y la Ley no ampara el abuso de derecho o el ejercicio antisocial del mismo. En el caso concreto del derecho de información, nuestros tribunales han determinado que, como cualquier otro derecho, no se puede ejercitar de forma abusiva objetiva y subjetivamente y que el socio debe actuar de buena fe.

El objetivo de este breve estudio es analizar el ejercicio abusivo del derecho de información. Para alcanzarlo, realizaremos un análisis de las resoluciones más destacables del Tribunal Supremo, así como las más recientes de las Audiencias Provinciales. Este análisis nos permitirá determinar qué condiciones se deben cumplir para tener esa calificación y en qué supuestos nuestros tribunales han considerado que estamos ante un ejercicio abusivo del derecho.

II. BREVE REFERENCIA A LOS LÍMITES DEL DERECHO DE INFORMACIÓN PREVISTOS EN LA LEY DE SOCIEDADES DE CAPITAL

El derecho de información debe ser interpretado de un modo amplio. Sin embargo, no es absoluto, porque está sometido a ciertos límites. En primer lugar, este derecho reconoce al socio la posibilidad de solicitar informaciones o aclaraciones sobre asuntos que estén comprendidos en el orden del día de una junta, cuestión que debe ser examinada por los administradores, pero sin que su decisión pueda ser arbitraria y suponer un abuso de poder[2]. En segundo lugar, el derecho de información se debe ejercitar en la forma prevista en la Ley de Sociedades de Capital, es decir,

---

1 Tal y como analiza de forma detallada Guasch Martorell. *Vid.* GUASCH MARTORELL, R., "La difícil comprensibilidad y justificación de la regulación dualista del derecho de información del socio en las sociedades de capital no cotizadas", *Revista de Derecho Mercantil,* nº 315, 2020, versión digital.

2 Sobre esta cuestión nos pronunciamos a favor de una interpretación flexible, en el sentido de que no era necesaria una conexión directa entre la información solicitada y el orden del día, sino que era suficiente que hubiese alguna conexión.

de forma escrita, con antelación a la celebración de la junta o bien de forma verbal, durante su celebración. Además habrá que atender a los plazos previstos en la Ley, que son diferentes según la sociedad sea anónima o de responsabilidad limitada. En el caso de las sociedades de responsabilidad limitada, los socios podrán solicitar por escrito, con anterioridad a la celebración de la junta, aquella información que consideren precisas en relación a los asuntos comprendidos en el orden del día. Así mismo, podrán solicitar esa información, de forma verbal, durante la misma (artículo 196.1 LSC). En el caso de las sociedades anónimas, los socios podrán solicitar por escrito, hasta el séptimo día anterior al previsto para la celebración de la junta, las informaciones o aclaraciones que estimen precisas acerca de los asuntos comprendidos en el orden del día. De igual forma que en las sociedades de responsabilidad limitada, los socios de las sociedades anónimas podrán solicitar verbalmente, durante la celebración de la junta, esa información (artículo 197.1 y 2 LSC).

Además de esos límites, que son los requisitos para el ejercicio del derecho de información, la LSC establece supuestos concretos que permitirán a los administradores denegar la información solicitada. Sin ánimo de extendernos sobre este aspecto, que no es objeto del presente trabajo, tan sólo los señalaremos con la intención de poner de manifiesto que son diferentes según la sociedad sea anónima o de responsabilidad limitada, cuestión que nos parece totalmente criticable. En el caso de las sociedades de responsabilidad limitada, los administradores no estarán obligados a proporcionar la información solicitada si consideran que su publicidad perjudica el interés social (artículo 196.2 LSC). En el caso de las sociedades anónimas, los administradores no estarán obligados a proporcionar la información solicitada si consideran que la información es innecesaria para la tutela de los derechos del socio, existen razones objetivas para considerar que se podría utilizar para fines extrasociales o su publicidad perjudicaría a la sociedad o a sociedades vinculadas (artículo 197.3 LSC). Tanto en el caso de las sociedades de responsabilidad limitada como en el de las sociedades anónimas, la información no se podrá denegar si la solicitud está apoyada por socios titulares de, al menos, el 25% del capital social, porcentaje que podrá ser inferior en las sociedades anónimas cuando los estatutos lo rebajen, siempre que sea superior al 5% (artículo 196.3 y 197.4 LSC).

Vid. MORALES BARCELÓ, J., *El derecho de información en las sociedades mercantiles capitalistas,* J.M. Bosch, 2019, pp. 57 y 58.

III. EJERCIO ABUSIVO Y BUENA FE

Tal y como hemos señalado en la introducción de este trabajo, además de las causas de denegación concretas, previstas en los artículos 196.2 y 197.3 LSC, otro de los motivos por el que los administradores pueden denegar la información solicitada por los socios es cuando el derecho de información se ejercita de forma abusiva, en aplicación del artículo 7 del Código Civil, supuesto habitual en los casos en los que exista conflictos en el seno de la sociedad[3]. Este precepto prevé que: "1. Los derechos deberán ejercitarse conforme a las exigencias de la buena fe. 2. La Ley no ampara el abuso del derecho o el ejercicio antisocial del mismo. Todo acto u omisión que por la intención de su autor, por su objeto o por las circunstancias en que se realice sobrepase manifiestamente los límites normales del ejercicio de un derecho, con daño para tercero, dará lugar a la correspondiente indemnización y a la adopción de las medidas judiciales o administrativas que impidan la persistencia en el abuso".

La apreciación del abuso de derecho implica constatar la concurrencia de determinados requisitos, tal y como han declarado nuestros tribunales[4]: en primer lugar, el uso formal o externamente correcto de un derecho; en segundo lugar, que cause un daño a un interés no protegido por una específica prerrogativa jurídica; en tercer lugar, la inmoralidad o antisocialidad de la conducta, manifestada de forma subjetiva (ejercicio del derecho con intención de dañar o sin verdadero interés en ejercitarlo) o en forma objetiva (ejercicio anormal del derecho, de modo contrario a los fines económico-sociales del mismo). Es una conducta que aparentemente o formalmente es correcta, pues está amparada en la ley, pero que, por las circunstancias que concurren, suponen una extralimitación que la ley no ampara[5].

---

3 *Vid.* BOQUERA MATARREDONA, J., "El ejercicio abusivo del derecho de información por parte del socio en la jurisprudencia del Tribunal Supremo", en BLASCO GASCÓ et al. (coord.): *Estudios Jurídicos en Homenaje a Vicente L. Montés Penadés,* Tomo I, Tirant lo Blanch, 2011, p. 376.

4 Entre otras, sentencia del Tribunal Supremo núm. 73/2018, de 14 de febrero, que cita a las sentencias del mismo Tribunal, núm. 422/2011, de 7 de junio; núm. 567/2012, de 26 de septiembre; núm. 159/2014, de 3 de abril; núm. 58/2017, de 30 de enero.

5 En concreto, la sentencia del Tribunal Supremo núm. 1169/2000, de 21 de diciembre de 2000 establece que: "con el abuso del derecho, mejor dicho con el principio que lo prohíbe, se trató de frustrar el éxito del ejercicio de derechos nominalmente reconocidos por el ordenamiento, lesionadores de intereses no cubiertos por una estricta legalidad, pero sí por normas éticas o principios socia-

Con anterioridad, hemos avanzado que nuestros tribunales han afirmado que el derecho de información, como cualquier otro derecho, no se puede ejercitar de forma abusiva objetiva y subjetivamente y que el socio debe actuar de buena fe[6]. La determinación de la situación de abuso de derecho no es sencilla, se debe analizar cada supuesto de hecho y en atención a sus circunstancias establecer si es posible encontrarnos ante esta figura jurídica[7]. Por esta razón, resulta interesante analizar las resoluciones de nuestros tribunales en los que se han pronunciado sobre cuándo existe este ejercicio abusivo, lo que nos permitirá establecer las condiciones que se deben dar.

Nuestros tribunales han afirmado que para determinar la existencia del ejercicio abusivo del derecho de información se deben analizar diferentes parámetros: las características de la sociedad, la distribución de su capital, el volumen y la forma de la información solicitada (tal y como cita la sentencia del Tribunal Supremo núm. 24/2019, de 16 de enero y que están desarrolladas en la sentencia del Tribunal Supremo núm. 531/2013, de 19 de septiembre[8]), a las que cabría añadir la existencia de indicios de mala gestión por parte de los administradores.

En primer lugar, en cuanto al primer parámetro, las características de la sociedad, el Tribunal Supremo ha declarado que es relevante tener en consideración tanto las características fácticas como las jurídicas. Respecto

---

les, como se viene a proclamar en el art. 7.2 del C.c., al disponer que la Ley no ampara el abuso del derecho o el ejercicio antisocial del mismo, detectando como acto abusivo todo acto u omisión que por la intención de su autor, por su objeto o por las circunstancias en que se realice sobrepase manifiestamente los límites normales del ejercicio de un derecho, con daño para tercero".

6 Entre otras, sentencia del Tribunal Supremo núm. 670/2021, de 5 de octubre; núm. 24/2019, de 16 de enero; núm. 500/2014, de 6 de octubre; núm. 531/2013, de 19 de septiembre; núm. 986/2011, de 16 de enero.

7 Nuestros tribunales han considerado que la apreciación de la existencia o no de esta situación es una cuestión de hecho y de libre apreciación por parte del juzgado de instancia, a pesar de que se refiere a un concepto jurídico que implica una valoración de una conducta deducida de unos hechos cuya apreciación jurídica puede estar sometida a revisión (Sentencia del Tribunal Supremo núm. 910/2006, de 19 de septiembre que cita la sentencia núm. 1217/2011, de 18 de diciembre).

8 Un comentario de esta sentencia se encuentra en la obra de MARTÍNEZ-GIJÓN MACHUCA, P., "El derecho de información del accionista de una sociedad anónima de carácter familiar (a propósito de la sentencia del Tribunal Supremo, Sala de lo Civil de 19 de septiembre de 2013)", *Revista de derecho mercantil*, nº 291, 2014, pp. 621 a 634.

a las primeras se debe tener en cuenta el número de socios, esto es, si el número de socios es escaso o elevado así como el carácter familiar o no de la sociedad. Respecto a las segundas, cabe citar las cláusulas que restringen la transmisión de acciones y participaciones, que otorgan a la sociedad un carácter más o menos cerrado[9]. En nuestra opinión, el análisis de este primer parámetro está ligado al análisis del segundo, esto es, la distribución del capital de la sociedad.

En cuanto a las características de la sociedad, se ha afirmado que en aquellas sociedades de carácter cerrado, donde hay dificultades en la transmisión de la participación en el capital de la sociedad, está más justificado un derecho de información más intenso que en aquellas donde la transmisión y, por tanto, la desinversión sea más fácil[10]. Esta información permitirá al socio conocer cómo se está gestionando y administrando la sociedad y, de este modo, adoptar las decisiones pertinentes en relación, entre otras cuestiones, a la exigencia de responsabilidad y a la transmisión de las acciones o participaciones (Sentencia del Tribunal Supremo núm. 531/2013, de 19 de septiembre).

Una mención especial merecen los socios minoritarios, que no participan en la gestión de la sociedad, por tanto, la información que reciban de la sociedad permitirá tener un mayor control de la actuación de los administradores. En este sentido se ha afirmado que una de las cuestiones a tener en consideración es si el socio que solicita la información ha ejercido de administrador durante el período sobre el que está solicitándola, porque se considera abusivo solicitar una información a la que se ha tenido acceso por razón del cargo (Sentencia del Tribunal Supremo núm. 24/2019, de 16 de enero)[11].

---

9 Cabe decir que la sentencia del Tribunal Supremo núm. 531/2013, de 19 de septiembre se refiere a las sociedades anónimas y, por tanto, a la transmisión de acciones pero consideramos que es trasladable a las sociedades de responsabilidad limitada.

10 En este sentido se pronunció el Tribunal Supremo en la sentencia núm. 986/2011, de 16 enero, en la que afirmó que, debido al carácter cerrado, se debe potenciar la transparencia y el control, a través del derecho de información del socio.
Teniendo en cuenta esta característica, podemos destacar la sentencia de la Audiencia Provincial de Sevilla núm. 131/2019, de 19 de febrero. En esta sentencia, la Audiencia determina la amplitud del derecho de información sobre la base del carácter cerrado de la sociedad, en la que todos los socios son familia, a pesar de que enfrentados en dos bandos. En este supuesto el socio está pidiendo información relativa a los acreedores de la sociedad y al gasto de personal detallado.

11 En esta sentencia se afirma que hay un ejercicio abusivo del derecho de información cuando el socio que solicita la información tenía una posición privilegiada para conocer los datos que solicita, por su condición de presidente del consejo de

Finalmente, en cuanto a las características de la sociedad, el Tribunal Supremo ha afirmado que el grado de participación en el capital afecta al derecho de información. En este sentido, tal y como hemos mencionado, cuando hemos desarrollado los límites del derecho de información previstos en la Ley de Sociedades de Capital, los administradores podrán denegar la información solicitada cuando consideren que su publicidad perjudica el interés social, en el caso de las sociedades de responsabilidad limitada (artículo 196.2 LSC) o bien cuando consideren que esa información es innecesaria para la tutela de los derechos del socio, que existan razones objetivas para considerar que podría utilizarse para fines extrasociales o su publicidad perjudique a la sociedad o a las sociedades vinculadas, en el caso de las sociedades anónimas (artículo 197.3 LSC). A pesar de ello, en todos estos supuestos, no es posible denegar la información solicitada si el socio es titular de, al menos, el 25% del capital social. Ante esta situación cabría plantearse si se le podría denegar la información solicitada a aquel socio titular de ese porcentaje de capital por considerar que ha actuado con abuso de derecho. En nuestra opinión, la respuesta debe ser positiva, pues un socio no puede quedar amparado por la titularidad de un porcentaje de capital cuando haya un ejercicio abusivo del derecho de información[12].

Y en cuanto a los siguientes parámetros, como es bien sabido, el derecho de información tan sólo puede ser ejercitado respecto a los asuntos comprendidos en el orden del día de la junta, pero es que además se debe determinar si la información solicitada y su volumen son adecuados (Sentencia del Tribunal Supremo núm. 531/2013, de 19 de septiembre[13]). Respecto a si la información solicitada es adecuada, se debe ponderar la naturaleza de los documentos que se solicitan y cuestiones relevantes o controvertidas relativas a la sociedad. Para realizar esta ponderación se pueden tener en

---

administración durante el ejercicio al que se refieren las cuentas cuya aprobación se sometían a su consideración.

12 Este aspecto lo desarrollamos en una obra anterior. *Vid.* MORALES BARCELÓ, J., *El derecho de información…, cit.*, pp. 70 a 72. Otros autores son de la misma opinión, entre otros, BENAVIDES VELASCO, P., "El derecho de información de los socios en las sociedades de capital", *Revista de derecho mercantil*, nº 302, 2016, p. 232. También lo ha defendido nuestro Tribunal Supremo, ejemplo de ello es la sentencia núm. 846/2011, de 21 de noviembre.

13 En esta sentencia, el Tribunal afirma que no hay un ejercicio abusivo del derecho de información y para ello tiene en cuenta el carácter familiar de sociedad, el número escaso de socios y que, aunque hubo un volumen amplio de información solicitada, se hizo de una forma ordenada y lógica, por tanto, sin ánimo de obstaculizar la vida de la sociedad.

cuenta diversos factores: si las cuentas de la sociedad son o no abreviadas, pues en caso afirmativo, su contenido es más reducido; si hay indicios razonables de que los administradores actúan de forma irregular o hacen una mala gestión. Pero también, debemos tener en cuenta, si el volumen de la información es adecuado. Para determinar este aspecto, se puede valorar si la información solicitada perturba el desarrollo de la actividad del órgano de administración y su estructura organizativa, aunque cabe decir que esta perturbación también la puede ocasionar el tipo de información solicitada, en atención a su complejidad, pues no será posible denegar toda la información solicitada por considerar que es excesiva, sino que se deberá entrar a determinar y distinguir la que merece ese calificativo y la que no (Sentencia de la Audiencia Provincial de Barcelona núm. 2687/2020, de 11 de diciembre)[14]. Es necesario lograr un adecuado equilibrio entre el derecho de información del socio y el normal funcionamiento de la sociedad, pues por un lado la solicitud de un volumen o información inadecuado puede paralizar la sociedad pero, por otro, que no se facilite la información puede llevar a una falta de transparencia y a un abuso de poder por parte del órgano de administración. En este sentido, la solicitud desproporcionada de información con la intención de que no sea atendida y alegar una vulneración del derecho de información es abusivo. A pesar de ello, debemos tener en cuenta una serie de factores para valorar si el volumen de la información solicitado es adecuado o no, como la existencia de supuestas irregularidades en la sociedad (Sentencia del Tribunal Supremo núm. 2014/2011, de 21 de marzo)[15]. Respecto a la forma de solicitud de la información, en la sentencia de la Audiencia Provincial de Barcelona núm. 176/2018, de 20 de marzo, se consideró abusivo que durante la celebración de una de las juntas (pues esta sentencia se refiere a dos juntas) el socio plantease 30 preguntas, número que se considera excesivo, salvo que haya razones que lo justifiquen, y que la información solicitada no se podía contestar inmediatamente, por tanto, se considera acreditada la intención del socio de entorpecer el desarrollo de la junta, a lo que se le añade que no utilizó la posibilidad de realizar un examen de los documentos contables asistido de una experto. En esta misma sentencia, respecto a la otra junta sobre la que se resuelve, se considera que la

[14] En esta sentencia se considera que, a pesar de que alguna de la información solicitada, con ocasión de la aprobación de las cuentas anuales, era excesiva, otra no lo era y, por ello, no era posible denegar toda la información solicitada.

[15] En esta sentencia se apreció que no hubo un ejercicio abusivo del derecho de información, a pesar del gran volumen de la información requerida y del nivel de detalle solicitado, porque se considera que se estaban produciendo algunas irregularidades sociedad y el tamaño de la misma era considerable.

solicitud de información por parte del socio mediante un burofax no resulta extraña ni se puede considerar abusiva, por tanto, los administradores no se pueden amparar en una recogida tardía de ese burofax para no facilitar la información y que el socio debería haber utilizado otros medios más ágiles y que hubieran asegurado un conocimiento más tempestivo.

En algún supuesto también se ha tenido en cuenta el momento de ejercitar el derecho de información en relación con la fecha de la convocatoria. Es aquel supuesto en el que el socio espera a los días próximos a la celebración de la junta para solicitar una gran cantidad de información. En concreto, sobre esto se pronuncia la sentencia de la Audiencia Provincial de Alicante núm. 261/2023, de 12 de mayo. En este caso, el socio retrasa de forma maliciosa la recepción formal de la convocatoria de la junta y el día anterior a la celebración de la misma solicita todos los documentos relativos a las cuentas anuales, incluyendo el informe de auditoría, y formulando una petición indiscriminada de información, además de extraordinaria dificultad o imposible cumplimiento, con la finalidad de impedir la celebración de la junta o bien disponer de un motivo para impugnar los acuerdos sociales.

Uno de los asuntos que más controversia genera en el seno del ejercicio del derecho de información en relación al tipo de información y su volumen es el que surge con ocasión de la aprobación de las cuentas anuales. En atención a lo previsto en el artículo 272.2 LSC, en relación a la aprobación de las cuentas anuales, a partir del momento de la convocatoria de la junta, cualquier socio podrá obtener, de forma inmediata y gratuita, los documentos que han de ser sometidos a la aprobación de la junta, así como, en su caso, el informe de gestión y el del auditor de cuentas (como es bien sabido, en el caso de las sociedades de responsabilidad limitada, salvo disposición contraria de los estatutos, los socios titulares de, al menos, el 5% del capital, podrán examinar, por sí mismos o con un experto contable, los documentos que sirvan de soporte y antecedente de las cuentas, tal y como prevé el artículo 272.3 LSC). En relación a esta información, nuestros tribunales han afirmado que no queda limitada exclusivamente a los datos relacionados directamente con "los números de la contabilidad", sino que incluye aquella información conexa, necesaria para controlar la gestión de los administradores (Sentencia del Tribunal Supremo núm. 741/2012, de 13 de diciembre y núm. 531/2013, de 19 de septiembre) o bien aquellos documentos que sirven de base y que son el soporte de las cuentas (Sentencia del Tribunal Supremo núm. 500/2014, de 6 de octubre)[16]. Por tanto,

[16] En este sentido cabe citar la sentencia de la Audiencia Provincial de Las Palmas núm. 656/2018, de 11 de octubre en la que se afirma que no es abusiva la solicitud

es posible afirmar que el derecho de información en relación a la aprobación de las cuentas anuales es amplio, pues faculta al socio a pedir información sobre los datos que han servido de soporte para la elaboración de las cuentas, el detalle de las partidas contables, así como documentación bancaria y fiscal en el caso de la aprobación de la gestión social (Sentencias del Tribunal Supremo núm. 531/2013, de 19 de septiembre y núm. 500/2014, de 6 de octubre[17]). A pesar de ello, no es un derecho ilimitado, en cuanto a tipo de información y volumen, depende de las circunstancias concretas de cada caso, pues no puede suponer realizar una investigación de la contabilidad de la sociedad y de sus antecedentes (Sentencias del Tribunal Supremo núm. 149/2006, de 17 de febrero y núm. 1141/2003, de 3 de diciembre). Para el ejercicio de este derecho de información, el socio debe concretar qué documentación está solicitando, no siendo admisible una petición indiferenciada de todos los posibles soportes de la contabilidad, sino que debe estar ceñida a partidas concretas de las cuentas o a operaciones determinadas, como en el caso de la sentencia de la Audiencia Provincial de Madrid núm. 22/2022, de 17 de enero en la que se consideró que la solicitud de copia de todas las facturas y de todos los movimientos bancarios de una anualidad, era un ejercicio abusivo del derecho de información y contrario a las exigencias de la buena fe.

La entrega de la información solicitada debe ser inmediata, siendo los administradores los encargados de escoger el medio adecuado para lograrlo. En este sentido y en la línea que hemos comentado con anterioridad, en atención a la naturaleza de la documentación solicitada, se ha negado la existencia de un ejercicio abusivo del derecho de información cuando haya indicios de una mala gestión por parte del órgano de administración. Este es el caso que se resuelve en la sentencia de la Audiencia Provincial de Jaén núm. 1274/2021 de 2 de diciembre. En esta sentencia se establece que la principal finalidad de la petición de cierta información es conocer el destino de una cantidad de dinero que había desaparecido y la realidad de unas deudas que la sociedad tenía contraídas con sus socios mayoritarios. Por estas razones, se considera que teniendo en cuenta la naturaleza

de la entrega de una copia del libro mayor y que el ofrecimiento de su exhibición no cumple suficientemente con el derecho de información.

17 También la sentencia de la Audiencia Provincial de Madrid núm. 316/2020, de 3 de julio en la que se cita la sentencia del Tribunal Supremo núm. 531/2013, de 19 de septiembre. En esta sentencia se expone que es admisible la exigencia de copia de justificantes de gastos, ingresos y movimientos bancarios y de tarjeta de crédito. La razón es que el socio puede necesitar conocer ciertos detalles contables sin los que no podría valorar la corrección de los datos globales recogidos en las cuentas.

de la información solicitada y los indicios de mala gestión, no hubo un ejercicio abusivo del derecho de información. De la misma forma, en la sentencia de la Audiencia Provincial de Madrid, núm. 316/2020, de 3 de julio, a pesar de que se considera que la solicitud de información tiene cierta amplitud, alcanzando a justificantes de ingresos y gastos, está justificada no sólo porque en esa junta se proponía aprobar las cuentas de cuatro ejercicios sino también porque había pruebas de que en la sociedad se estaban produciendo ingresos que no se declaraban y que eran objeto de reparto como dinero que tampoco se declaraba.

Tal y como hemos mencionado al inicio de este trabajo, la determinación de la existencia de un ejercicio abusivo es muy casuístico y dependerá de las circunstancias concretas de cada caso. En este sentido, querríamos señalar un caso en el que se consideró que la solicitud de información era abusiva y desproporcionada porque no era esencial para el ejercicio razonable del derecho de voto por un socio medio. Es el caso resuelto por la Audiencia Provincial de Alicante núm. 745/2019, de 10 de junio, en la que se plantea el supuesto de un socio que solicita información individualizada de los salarios de tres trabajadores para adoptar el acuerdo de aprobación de las cuentas anuales. Sin embargo, en la sentencia de la Audiencia Provincial de Sevilla núm. 131/2019, de 19 de febrero se consideró que no era abusiva la solicitud de un socio, que además era titular de más del 25% del capital social, que quería saber quiénes eran los acreedores de la sociedad y el gasto de personal, no como partida englobada sino detallada, porque se entendió que esa información tenía especial incidencia en la cuenta de resultados y que se podría estar aumentando de forma injustificada la masa salarial, para reducir la existencia de beneficios, al ser algunos de los socios también trabajadores de la sociedad. Y de igual modo en la sentencia de la Audiencia Provincial de Madrid núm. 563/2018, de 19 de octubre en la que no se considera abusiva la solicitud de información de las cantidades cobradas y/o pagadas por la sociedad a otra sociedad, que era titular de un porcentaje de capital, así como las cantidades pagadas por la sociedad al resto de socios, con expresión de fechas, cuantías, conceptos, facturas y sistemas de pagos utilizados, no siendo suficiente la remisión a la memoria, sobre la base del especial interés del socio en conocer esos datos por las sospechas sobre ocultación de dividendos encubiertos y desgajamiento de ramas de actividad en favor de otras sociedades. En la misma línea, la sentencia de la Audiencia Provincial de Burgos núm. 400/2021, de 30 de julio considera que no es abusivo ni supone actuar de mala fe cuando un socio, acompañado de su asesor, acude al domicilio social para examinar las cuentas de la sociedad, en ejercicio del derecho de información previsto en el artículo 272.3 LSC, el mismo día de la celebración de la junta, pues se considera que esa documentación debía estar preparada y sin que sea preceptivo exigir que el socio solicitase formalmente la documentación que iba a consultar, así como que indicase fecha y hora en el que haría el examen en el domicilio social.

Otra sentencia que querríamos mencionar hace referencia a la información relativa a sociedades filiales. En concreto, en la sentencia de la Audiencia Provincial de Madrid núm. 381/2019, de 19 de julio no se considera abusiva la solicitud de una información relativa a una sociedad filial porque era la única forma que el socio tenía para controlar si los administradores, aprovechándose de su condición, estaban repartiendo una mayor cifra de negocios a los centros gestores que a los que estaban vinculados. Por el contrario, en esta misma sentencia se consideró abusiva la solicitud por parte de un socio de una copia de una adenda de un contrato durante la celebración de una junta cuando con anterioridad se había hecho ofrecimiento de esa información y se había rechazado. En cuanto a la información relativa al resto de sociedades del grupo, cabe decir que un socio puede obtener la información relativa a la sociedad a la que pertenece así como a las cuentas anuales consolidadas y el informe de gestión consolidados pero no la relativa a otras sociedades del grupo, salvo que sea necesaria para adoptar un acuerdo en el seno de la sociedad de la que es socio[18].

Un límite diferente al del abuso del derecho es el de la buena fe, pues en algunas ocasiones el ejercicio del derecho no se considera abusivo pero si contrario a las exigencias de la buena fe, entendido como "el estándar de comportamiento que cabe legítimamente esperar en una vida societaria caracterizada por la lealtad y la corrección" (Sentencia del Tribunal Supremo núm. 531/2013, de 19 de septiembre). El ejercicio de buena fe está ligado a la intención que tenga el socio, que no puede estar protegida ni por el ordenamiento jurídico ni por los tribunales[19].

En este sentido, resulta relevante la exposición que hace la sentencia de la Audiencia Provincial de Jaén núm. 1274/2021, de 2 de diciembre, de-

---

[18] *Vid.* MARTÍNEZ-GIJÓN MACHUCA, P., "Algunas cuestiones sobre el derecho de información del socio tras las reformas introducidas por la Ley 31/2014, de 3 de diciembre", *Revista de Derecho de Sociedades*, nº 47, 2016, versión digital.
Entre otras, las sentencias del Tribunal Supremo núm. 324/2012, de 21 de mayo y la núm. 406/2015, de 15 de julio. Así mismo la sentencia de la Audiencia Provincial de Madrid núm. 381/2019, de 19 de julio.

[19] *Vid.* MARTÍNEZ-GIJÓN MACHUCA, P., "Algunas cuestiones sobre el derecho de información…", cit., versión digital.

terminando en qué supuestos se puede apreciar un ejercicio del derecho contrario a la buena fe[20]. A pesar de ello, debemos decir que en ocasiones nuestros tribunales no han hecho esta diferencia y han considerado que hay un ejercicio abusivo del derecho de información o bien que se ha ejercitado de forma contraria a la buena fe, indistintamente[21].

En primer lugar, se cita el supuesto en el que un socio que no está satisfecho con la información que ha recibido antes de la celebración de la junta y que, a pesar de ello, no solicita más información, cuando hubiese margen temporal para hacerlo, ni durante la celebración de la junta, con la única finalidad de impugnar los acuerdos sociales adoptados alegando una vulneración del derecho de información. En segundo lugar, cuando el socio, consciente de que hay alguna infracción legal relativa al derecho de información en la convocatoria de la junta, no la manifiesta para que se pueda corregir. En tercer lugar, aquel socio que es consciente de la vulneración de su derecho de información pero que no lo comunica a la sociedad, a pesar de que podría subsanarse fácilmente. En cuarto lugar, aquel socio que ha no obtenido una información con anterioridad a la celebración de la junta pero durante la misma no pide una aclaración o complemento, a pesar de que se podría satisfacer en ese momento. En quinto lugar, aquel socio que con anterioridad a la celebración de la junta no consultó la información facilitada por el órgano de administración pero que durante la celebración de la misma plantea un listado de preguntas que se podrían haber resuelto consultando la información que tenía a su

---

20 También, aunque de forma menos detallada, la sentencia de la Audiencia Provincial de Cádiz núm. 726/2018, de 28 de diciembre.

21 *Vid.* Sentencia núm. 670/2021, de 5 de octubre. En esta sentencia el Tribunal Supremo afirma que se han considerado abusivos los supuestos en los que el socio, consciente de la existencia de alguna infracción legal en la convocatoria de la junta o en la constitución no lo pone de manifestó para que pueda ser subsanada. En el caso concreto, el comportamiento de los actores no se considera abusivo porque en cuanto conocieron que la documentación estaba en la notaría, levantaron acta notarial para dejar constancia, por tanto, no permanecieron pasivos ni pretendieron ocultar la irregularidad para aprovecharse de ella.
Sentencia de la Audiencia Provincial de Barcelona núm. 302/2017, de 4 de julio. En esta sentencia la Audiencia considera que no se ha vulnerado el derecho de información, porque la socia lo ha ejercitado con evidente mala fe y abuso de derecho, al haber solicitado información sabiendo que no se iba poder entregar y siendo conocedora de esa información (las facturas de los suministros de varios inmuebles, titularidad de la demandada) y con poco margen de tiempo, para poder justificar la falta de información, su no asistencia a la junta y una impugnación de los acuerdos sociales que se adoptasen en esa junta.

disposición. En sexto lugar, aquel socio que no había solicitado un informe de auditoría y, a pesar de ello, impugna del acuerdo de aprobación de las cuentas porque no se le ha facilitado ese informe. En séptimo lugar, en el seno de una sociedad anónima, cuando un socio no ve satisfecho su derecho de información durante la celebración de la junta y acude a los tribunales sin antes solicitar al órgano de administración que lo haga (pues según el artículo 197.2 LSC, si los administradores no pueden satisfacer el derecho de información durante la celebración de la junta, deben hacerlo, por escrito, dentro de los siete días siguientes a la terminación de la misma). Y finalmente, aquel socio que solicita una información de la que tenía conocimiento, con independencia del cauce por el que la había obtenido.

En la citada sentencia de la Audiencia Provincial de Jaén, se considera que el socio ha actuado de mala fe, pues a pesar de que se le comunica que tiene la información solicitada a su disposición, no asiste para obtenerla ni solicita a la sociedad ni a los administradores que esa información esté disponible en el domicilio social, además no acudió a la junta para denunciar las irregularidades en relación al derecho de información. Ante esta situación, la Sala considera que el socio no obtuvo la información por falta de su colaboración. De igual forma ocurre en la sentencia de Audiencia Provincial de Madrid núm. 465/2018, de 3 de septiembre, en la que se afirma que existió un ofrecimiento expreso al socio de ampliación de la información, guardó silencio y se esperó a la propia junta, casi un mes después, para efectuar objeciones. A pesar de ello, no han faltado resoluciones en las que algunas de estas situaciones se habían calificado como un ejercicio abusivo del derecho[22]. En la misma línea, en la sentencia de la Audiencia Provincial de La Coruña núm. 362/2021, de 25 de octubre, se considera que el socio no ha actuado de buena fe y bajo una estrategia para hacer inefectivo su derecho de información, pues se presentó en las oficinas de la sociedad para ejercitar el derecho de información previsto en el artículo 272.3 LSC, sin previo aviso y con menos de una hora de antelación al cierre de las mismas, con una solicitud documental que exigía horas de búsqueda y preparación, acudir otro día a las oficinas a primera hora de la mañana sin previo aviso y abandonarlas sin esperar a que llegasen los administradores o la directora financiera y no comunicar que no podía acudir a las oficinas otro día que con posterioridad se concertó, a pesar de que la do-

[22] Este es el caso de la sentencia del Tribunal Supremo núm. 482/2010, de 23 de julio. En este supuesto el socio presentó, durante la celebración de la junta, una larga serie de preguntas sin que hubiese acudido con anterioridad al domicilio social para consultar todos los documentos originales que pudieran interesarle.

cumentación solicitada estaba preparada y a su disposición y la directora financiera modificó su agenda para estar disponible y poder atender las posibles dudas que pudieran surgir.

IV. CONCLUSIONES

El derecho de información es uno de los derechos más relevantes del socio, debido a las decisiones que puede tomar teniendo conocimiento de cierta información relativa a la sociedad. A pesar de que nuestros tribunales han reconocido que es un derecho amplio, está sometido a una serie de límites: los límites concretos, aplicables al derecho de información, previstos en la LSC; y el límite general del abuso de derecho y el de la buena fe.

El derecho de información no se puede ejercitar, de igual forma que el resto de derechos, de forma abusiva, pues en este caso, el órgano de administración podrá denegar la información solicitada. El principal problema que encontramos es la determinación de si existe esta situación, pues dependerá de las circunstancias concretas de cada caso. Por ello, el análisis de diversas resoluciones tanto del Tribunal Supremo como de la Audiencia Provincial nos ha permitido establecer, con carácter general, cuáles son las circunstancias que se deben analizar para determinar la existencia de un ejercicio abusivo del derecho. Estas circunstancias son: las características de la sociedad, la distribución de su capital, el volumen y forma de la información solicitada y la existencia de indicios de una mala gestión por parte del órgano de administración. En aquellas sociedades cerradas con un escaso número de socios, está justificado el reconocimiento de un derecho de información amplio. De igual forma, en aquellas sociedades en las que hay indicios de que el órgano de administración no está realizando una buena gestión. También dependen de las circunstancias de cada caso el volumen y el tipo de información solicitada, pues no es posible afirmar que solicitar un elevado volumen de información es *per se* abusivo.

La mayor parte de ocasiones en los que nuestros tribunales han resuelto sobre el ejercicio del derecho de información ha sido con ocasión de la aprobación de las cuentas anuales. Suelen ser supuestos en los que el socio solicita información más allá de la simple contabilidad de la sociedad, como pueden ser datos bancarios, fiscales o incluso relacionados con gastos laborales. Con carácter general podemos decir que nuestros tribunales han admitido, la solicitud de una gran cantidad información, aunque concreta y delimitada, en supuestos en los que había indicios de una mala gestión por parte del órgano de administración. Si bien cabe decir que es relevante valorar la actitud del socio, quien debe colaborar para que el órgano de administración pueda satisfacer ese derecho de información, pues, tal y como hemos tenido ocasión de analizar, no es admisible el comportamiento de aquel socio que pudiendo tener acceso a la información se espera a la celebración de la junta para solicitarla o bien en ese momento plantea un largo listado de preguntas.

Sobre el futuro proceso de las acciones colectivas de cesación frente a las prácticas ilícitas en la contratación mercantil

REBECA CASTRILLO SANTAMARÍA
Profesora Contratada Doctora Universidad del Atlántico Medio (UNAM)

SUMARIO: I. INTRODUCCIÓN. II. ASPECTOS PROCESALES RELEVANTES DE LAS ACCIONES DE REPRESENTACIÓN DE CESACIÓN EN EL PLOESJAC. 1. Cuestiones generales. 2. Reclamación previa al empresario o profesional. 3. Tramitación. 3.1. Determinación de los consumidores y usuarios que habrán de verse afectados por la acción de representación. 3.2. Plazo para contestar la demanda. 3.3. Celebración de vista. 4. Preferencia. 5. Recurso de casación «en todo caso». 6. Medidas cautelares. 7. Ejecución y multas coercitivas. III. CONCLUSIONES.

I. INTRODUCCIÓN

El día 25 de diciembre de 2022, todos los ordenamientos jurídicos de los Estados miembros de la Unión Europea deberían haber transpuesto a sus respectivos ordenamientos nacionales la *Directiva (UE) 2020/1828, de 25 de noviembre, relativa a las acciones de representación para la protección de los intereses colectivos de los consumidores* (en adelante, Directiva 2020/2018), permitiendo que las entidades habilitadas que representen tales intereses ejerciten las referidas acciones frente a los empresarios infractores de las disposiciones que se recogen en su Anexo I y que perjudiquen o puedan perjudicar los citados intereses colectivos de los consumidores (art. 2.1).

España, pese a contar con el *Anteproyecto de Ley de acciones de representación para la protección de los intereses colectivos de los consumidores* (en adelante, APLAR)[1], no transpuso la citada Directiva en el plazo indicado; lo que no impide la aplicación de sus disposiciones desde el pasado mes de junio de

[1] Aprobado en el Consejo de Ministros del día 20 de diciembre de 2022, acordándose su tramitación urgente, de conformidad con el art. 27.1.a) de la *Ley 50/1997, de 27 de noviembre, del Gobierno.*

2023 (art. 22.1 Directiva 2020/1828). De ahí que la transposición de la referida norma comunitaria sea una cuestión imperiosa y necesaria para el legislador nacional, que la ha retomado con el *Proyecto de Ley Orgánica de medidas en materia de eficiencia del Servicio Público de Justicia y de acciones colectivas para la protección y defensa de los derechos e intereses de los consumidores y usuarios* (en adelante, PLOESJAC)[2], sobre la base del anteproyecto reseñado.

Partiendo de lo anterior, el objetivo general de este trabajo es realizar un estudio de la regulación proyectada, si bien limitado al ámbito del proceso de las acciones colectivas de cesación frente a las prácticas ilícitas en la contratación mercantil. Un proceso cuya tramitación se proyecta bajo la fórmula de un juicio verbal especial, que no parece ser el «traje» más adecuado para dilucidar una controversia de la naturaleza advertida y que, en pro de la tutela del consumidor, incorpora determinadas posibilidades procesales, como la posibilidad de recurrir en casación «en todo caso», que no dejan de ser extraordinariamente llamativas.

II. ASPECTOS PROCESALES RELEVANTES DE LAS ACCIONES DE REPRESENTACIÓN DE CESACIÓN EN EL PLOESJAC

La Directiva 2020/1828 no diseña un procedimiento colectivo por el que deban sustanciarse las acciones «de representación» a las que se refiere; ni siquiera articula las fases de una estructura procedimental, correspondiendo a los Estados miembros la configuración por entero del procedimiento para el ejercicio de estas acciones, en sus dos modalidades —cesación y resarcitorias—, de conformidad con el principio de autonomía procesal (considerando 12 Directiva 2020/1828)[3].

---

[2] Publicado en el Boletín Oficial de las Cortes Generales —Congreso de los Diputados—, de 22 de marzo de 2024, Núm. 16-1.

[3] Al respecto, expresa la STJUE de 17 de mayo de 2022: «A falta de regulación en el Derecho de la Unión, corresponde a cada Estado miembros, en virtud del principio de autonomía procesal, establecer en su ordenamiento jurídico interno los procedimientos destinados a garantizar la salvaguardia de los derechos que ese Derecho confiere a los justiciables. No obstante, dichos procedimientos no deben ser menos favorables que los aplicables a situaciones similares de carácter interno (principio de equivalencia) ni estar concebidos de modo que hagan en la práctica imposible o excesivamente difícil el ejercicio de los derechos que confiere el ordenamiento jurídico de la Unión (principio de efectividad) (STJUE de 26 de junio de 2018, Addiko Bank, C-407-18, apartado 46 y jurisprudencia citada)».

Además, la Directiva respeta las tradiciones jurídicas de los Estados miembros en materia de tutela de los derechos en el ámbito de consumo admitiendo que el ejercicio de las acciones colectivas pueda tener lugar ante órganos jurisdiccionales o autoridades administrativas. Esta última posibilidad no afecta al ordenamiento jurídico español, que siempre ha apostado por limitar la tutela colectiva de los consumidores y usuarios a la propia de los juzgados y tribunales del orden jurisdiccional civil.

No obstante, la transposición de la Directiva 2020/2018 hace necesaria tanto la modificación de la normativa procesal civil como la regulación de las entidades habilitadas que pueden ejercer las acciones colectivas para la protección de los intereses colectivos de los consumidores[4].

1. *Cuestiones generales*

En el ámbito puramente procesal, la regulación proyectada aprovecha la necesidad de transposición de la Directiva 2020/1828 para perfeccionar la regulación procesal actual de la tutela colectiva de los consumidores[5]. A tal efecto, dentro del Libro IV de la *Ley 1/2000, de 7 de enero, de Enjuiciamiento Civil* (en adelante, LEC), dedicado a los procesos especiales, mediante la adición de un nuevo Título IV, rubricado «De los procesos para el ejercicio de acciones colectivas para la protección y defensa de los derechos e intereses de los consumidores y usuarios», se pretende introducir un procedimiento especial que contiene toda la regulación procesal de las acciones referidas, agrupada en tres capítulos (arts. 828 a 885)[6] dedicados,

---

4 Téngase en cuenta que el principal objetivo de la Directiva 2020/2018 es garantizar que los consumidores dispongan de un mecanismo procesal capaz de proteger eficazmente sus intereses colectivos; sin desconocer la necesidad de dotar de seguridad a los empresarios, que deben quedar protegidos de los posibles abusos de una regulación extraordinariamente flexible en el ejercicio de acciones colectivas, el «*letimotiv* recurrente: evitar abusos», en palabras de GASCÓN INCHAUSTI, F, “Hacia un nuevo régimen de acciones colectivas en Derecho español: retos en la transposición de la Directiva 2020/1828”, en ROMERO PRADAS (dir.): *Hacia una tutela efectiva de consumidores y usuarios.* Tirant lo Blanch, 2022, p. 865.

5 El ordenamiento interno español ya dispone de la regulación de las acciones de representación de cesación y resarcitorias que contempla la Directiva (arts. 11 y 221.4 LEC, 53 y 54 TRLGDCU, junto con las disposiciones contenidas en leyes sectoriales), siendo su cauce procedimental el del juicio verbal o el procedimiento correspondiente por razón de la cuantía (normalmente, el juicio ordinario).

6 Sin embargo, tal y como explica BARBERO GONZÁLEZ, M.V., “Los derechos e intereses supraindividuales: una oportunidad perdida en el Anteproyecto de Ley de acciones de representación”, *Diario LA LEY*, nº 10345, 2023, p. 1, el legislador

respectivamente, a las «Disposiciones Comunes», las «Disposiciones aplicables a las acciones colectivas de cesación» y las «Disposiciones aplicables a las acciones colectivas resarcitorias». Este último no será objeto de estudio en este trabajo.

Como su propia rúbrica indica («Disposiciones comunes»), el Capítulo I se ocupa de las disposiciones comunes a las acciones de representación, señalando que las disposiciones del Título IV —proyectado— serán de aplicación a los procesos en los que se ejerciten acciones colectivas frente a conductas de empresarios o profesionales que infrinjan los derechos e intereses de los consumidores y usuarios, incluido, en materia de cláusulas abusivas, la recomendación de su utilización (art. 828 PLOESJAC)[7].

A continuación, la norma se ocupa de identificar las acciones colectivas, considerando como tales aquellas a través de las que las entidades habilitadas[8], para la tutela de los derechos e intereses de los consumidores

---

de la LEC (2000) optó por no introducir un procedimiento especial, realizando una serie de previsiones «en los lugares oportunos».

7 Téngase en cuenta que mientras el artículo 828.1 PLOESJAC se refiere a los «derechos e intereses de los consumidores y usuarios», el mismo apartado y artículo del APLAR se refería a «los derechos e intereses "colectivos" de los consumidores y usuarios». Ahora bien, esta diferencia no puede entenderse significativa sino fruto de la necesidad de evitar la reiteración que se produce al referirse el artículo 828.1 PLOESJAC a las «acciones colectivas», mientras que el mismo apartado y artículo del APLAR se refería a las «acciones de representación». De ahí que en el artículo 828.1 PLOESJAC pueda entenderse implícita la referencia a los «derechos e "intereses colectivos" de los consumidores», que no define la norma, planteándose la doctrina la posibilidad de que los «intereses colectivos» acojan tanto el interés supraindividual —de los consumidores como colectivo de personas— como el interés pluriindividual homogéneo —el que dimana de cada persona que pueda ser considerada individualmente consumidora o usuaria. En dicho sentido, BARBERO GONZÁLEZ, M.V., Los derechos e intereses supraindividuales…, cit., p. 5. Reforzando dicho planteamiento, LÓPEZ SÁNCHEZ, J., "La desvinculación en las acciones de representación (opto ut) y el derecho a la tutela judicial efectiva", *Diario LA LEY*, nº 10282, 2023, p. 2, señala que no debe tomarse un concepto de «interés colectivo» en sentido estricto, de forma tal que las acciones de representación no sólo están previstas «[…] para el logro de la tutela de un verdadero interés colectivo, de titularidad común e indivisible […] sino también para reparar con medidas resarcitorias el daño causado a una pluralidad de consumidores, por más que la actuación lesiva con una proyección variada se haya traduciendo en una multiplicidad de lesiones y no exista un interés propiamente común, sino concurrente, en lograr la tutela de situaciones homogéneas».

8 Concretamente, las referidas en el artículo 835 PLOESJAC, es decir, las habilitadas con arreglo a lo dispuesto en el texto refundido de la Ley General de Defensa

y usuarios, pretendan la obtención de medidas de cesación o de medidas resarcitorias frente a las conductas de empresarios o profesionales que perjudiquen o puedan perjudicar los intereses colectivos de los consumidores y usuarios, en los términos establecidos en el referido Título IV (art. 829 PLOESJAC)[9].

La delimitación evidencia el amplio ámbito de aplicación de la normativa, con la finalidad de dar cobertura al ejercicio de acciones frente a todo tipo de actos empresariales vulneradores de los derechos del consumidor y no sólo frente a aquellos que infrinjan las disposiciones del Derecho de la Unión recogidas en el Anexo I de la Directiva 2020/2018.

Partiendo de lo anterior, el PLOESJAC distingue entre las acciones de representación de cesación (art. 830 PLOESJAC), acogiendo la posibilidad de ejercer acciones de alcance meramente declarativo que, a efectos procesales, se conceptúan como acciones de colectivas de cesación (art. 830.2 PLOESJAC), y las resarcitorias (art. 831 PLOESJAC)[10].

Asimismo, y a diferencia de lo que sucede en la actualidad, se opta por excluir la intervención a título individual de consumidores y usuarios en procesos colectivos (art. 830.4 y 831.3 PLOESJAC), para una gestión más eficaz del proceso[11]. Ahora bien, se reconoce el efecto interruptivo de la

de los Consumidores y Usuarios y las designadas en otros Estados miembros de la Unión Europea para el ejercicio de acciones de representación transfronterizas, con carácter previo a la realización de la conducta infractora y que figuren en la lista que publica la Comisión Europea Téngase en cuenta que los Estados miembros publican en sus respectivos sitios web nacionales las listas de entidades habilitadas para ejercitar acciones de representación a nivel nacional.

9 Se observa una definición paralela a la contenida en el artículo 3.5º de la Directiva 2020/2018 como «toda acción para la protección de los intereses colectivos de los consumidores ejercitada por una entidad habilitada como parte demandante en nombre de los consumidores por la que se solicite una medida de cesación o una medida resarcitoria, o ambas».

10 En relación con esta cuestión, la doctrina acusa una «forzada reducción» de las acciones aparentemente ejercitables a las denominadas acciones de «cesación y resarcitorias, con un tratamiento procesal diferenciado, sin impedir la posibilidad de ejercitar otras pretensiones como las declarativas, constitutivas o de condena (de hacer, de no hacer, las de entrega de una cantidad de dinero o a emitir una declaración de voluntad). En dicho sentido, HORTELANO ANGUITA, M.A., "Comentarios al Anteproyecto de Ley de acciones de representación para los intereses colectivos de los consumidores", *Actualidad Civil*, nº 2, 2023, p. 3.

11 Sin que ello suponga una limitación del derecho a la tutela judicial efectiva que le corresponde a cada consumidor pues, tal y como pone de manifiesto LÓPEZ SÁNCHEZ, J., "La desvinculación en las acciones de representación (opto ut) y el

prescripción que las acciones de representación producen respecto de la potencial interposición de acciones individuales (art. 832 PLOESJAC).

La competencia objetiva y territorial para el conocimiento de los procesos en que se ejerciten acciones colectivas para la protección y defensa de los derechos e intereses de los consumidores y usuarios se atribuye, con independencia de la materia sobre la que versen, a los Juzgados de Primera Instancia del lugar en el que el demandado tenga su domicilio; a falta de este, del lugar donde tenga un establecimiento; y, si careciere de domicilio y de establecimiento en territorio español, el del lugar donde se haya realizado o haya producido o pudiera producir sus efectos la conducta infractora de los derechos de los consumidores usuarios (art. 834 PLOESJAC). Llama la atención como el PLOESJAC impone al Consejo General del Poder Judicial («acordará»), lo que es una facultad de dicho órgano constitucional, a tenor del artículo 98.2 de la *Ley Orgánica 6/1985, de 1 de julio, del Poder Judicial*, es decir, acordar que uno o varios Juzgados de Primera Instancia de la misma provincia asuman el exclusivo conocimiento de los procesos en que se ejerciten acciones colectivas para la protección y defensa de los derechos e intereses de los consumidores y usuarios[12].

Considera el PLOESJAC que una pieza clave del nuevo sistema es el ahora renombrado Registro de Condiciones Generales de la Contratación y de Acciones Colectivas, cuya gestión encomienda al Colegio Oficial de Registradores de la Propiedad, Mercantiles y Bienes Muebles de España, con el objetivo de fomentar la transparencia y el conocimiento de las acciones colectivas en marcha, tanto en general, como por sus posibles beneficiarios[13].

derecho a la tutela judicial efectiva", *Diario LA LEY*, nº 10282, 2023, p. 3, el consumidor conserva la posibilidad del ejercicio individual de su acción.

12 Con esta imposición, parece que el legislador busca poner remedio a la situación creada en los últimos años con la multitud de litigios sobre condiciones generales de la contratación que han sobrecargado los tribunales nacionales dando lugar a sentencias con criterios absolutamente dispares que afectaban a consumidores que se encontraban en la misma situación, poniendo en riesgo los principios de seguridad jurídica e igualdad y la confianza de los ciudadanos en la justicia. Así lo pone de manifiesto ARIZA COLMENAREJO, M.J., "Efectos de las resoluciones dictadas en procesos colectivos y el llamado proceso testigo", en ROMERO PRADAS (dir.): *Hacia una tutela efectiva de consumidores y usuarios.* Tirant lo Blanch, 2022, p. 758.

13 A diferencia del PLOESJAC, el APLAR preveía la creación de un nuevo registro público, el Registro Público de Acciones de Representación, criticado por la doctrina científica. En dicho sentido, ORDUÑA MORENO, F., "El Anteproyecto de

Dicho Registro de Condiciones Generales de la Contratación y de Acciones Colectivas es concebido por el PLOESJAC como una herramienta imprescindible para la adecuada coordinación entre órganos judiciales ante los que pudieran estar pendientes procesos colectivos con objetos idénticos o conexos (art. 837 PLOESJAC).

Por último, en el ámbito de las disposiciones generales, promoviendo la superación de situaciones de asimetría informativa y probatoria y atendiendo a las exigencias del artículo 18 de la Directiva 2020/1828, el artículo 838 PLOESJAC establece un mecanismo de acceso a información y fuentes de prueba en poder de la parte contraria o de terceros, inspirado en la regulación introducida por el *Real Decreto-ley 9/2017, de 26 de mayo, por el que se transponen directivas de la Unión Europea en los ámbitos financiero, mercantil y sanitario, y sobre el desplazamiento de trabajadores en materia de acciones de daños derivadas de infracción a las normas de defensa de la competencia*[14].

El Capítulo II del proyectado Título IV contiene las disposiciones específicamente aplicables a los procesos en que se ejerciten acciones colectivas de cesación[15]. En este punto, se parte de la previa transposición a nuestro ordenamiento de las anteriores directivas sobre acciones de cesación[16], introduciéndose algunas peculiaridades que a continuación examinaremos.

Ley de acciones de representación para la protección de los intereses colectivos de los consumidores: la innecesariedad de la creación de un nuevo registro público", *Diario LA LEY*, nº 10250, 2023, que se pronuncia sobre la disfunción operativa y técnica que comportaría el Registro Público de Acciones de Representación, frente al actual Registro de Condiciones Generales de la Contratación.

14 Al respecto, véase CASTRILLO SANTAMARÍA, R., "La «exhibición de pruebas» del artículo 18 de la Directiva (UE) 2020/1828, relativa a las acciones de representación para la protección de los intereses colectivos de los consumidores", en ROMERO PRADAS (dir.): *Hacia una tutela efectiva de consumidores y usuarios*. Tirant lo Blanch, 2022, pp. 785-799.

15 Que, siguiendo a PÉREZ-SERRABONA GONZÁLEZ, F.J., "Indefinición de un nuevo modelo de tutela colectiva para consumidores (Directiva 2020/1828): la vigente class action europea", *LA LEY mercantil*, 81, 2021, p. 6, «[…] pueden identificarse con aquellas que se dirigen a poner fin a las infracciones perjudiciales para los intereses colectivos de los consumidores […]».

16 *La Directiva 98/27/CE del Parlamento Europeo y del Consejo de 19 de mayo de 1998 relativa a las acciones de cesación en materia de protección de los intereses de los consumidores* y la *Directiva 2009/22/CE del Parlamento Europeo y del Consejo, de 23 de abril de 2009, relativa a las acciones de cesación en materia de protección de los intereses de los consumidores.*

2. *Reclamación previa al empresario o profesional*

La regulación proyectada (art. 840 PLOESJAC) establece como presupuesto de procedibilidad la previa solicitud al demandado del cese en el desarrollo de la conducta ilícita con una antelación de, al menos, un mes, disponiendo que:

> «Solo será admisible la demanda en ejercicio de la acción de representación que pretenda que el empresario o profesional demandado cese en el desarrollo de una conducta que estuviera realizando si se acredita que la entidad demandante ha solicitado dicha cesación con una antelación de al menos un mes. La solicitud se hará en forma que permita tener constancia fehaciente de su fecha, recepción y de su contenido».

Por tanto, como requisito de procedibilidad, se supedita la admisión de la demanda a la acreditación por parte de la entidad demandante de haber solicitado la cesación de la supuesta conducta infractora con una antelación de, al menos, un mes.

Este requisito de procedibilidad no es una innovación del legislador nacional, sino una posibilidad contemplada en el artículo 8.4 de la Directiva 2020/2018 que pretende ser transpuesta al ordenamiento jurídico español en unos términos que no son coherentes con la previsión comunitaria, que en su traducción al español presenta una errata que parece que el legislador nacional no ha sabido interpretar. En efecto, el artículo 8.4 de la Directiva 2020/2018 prevé la posibilidad de que los Estados miembros puedan introducir o mantener disposiciones de Derecho nacional por las que sólo se permita a una entidad habilitada solicitar las medidas de cesación definitivas, previa consulta al empresario de que se trate, para que este cese la infracción. Disponiendo a tal efecto que:

> «Si el empresario no cesa la infracción en un plazo de dos semanas (sic) la fecha de recepción de una solicitud de consulta, la entidad habilitada podrá ejercitar de inmediato una acción de representación para solicitar una medida de cesación».

La consulta de la versión original de la Directiva 2020/18 permite corroborar que la voluntad del legislador comunitario es la de conceder al empresario un plazo de dos semanas, «desde» la recepción de la solicitud de consulta, para cesar en la conducta infractora, plazo a partir del cual, de no haberse cesado en la misma, la entidad habilitada podría interponer una acción de cesación[17].

---

[17] En su version original, el artículo 8.4 de la Directiva 2020/1828 expresa: «*If the trader does not cease the infringement within two weels of receiving a request for consultation, the qualified entity may immediately bring a representative action for an injuctive measure*».

Sin embargo, el legislador nacional sujeta la admisión de la demanda a la acreditación del hecho de haber solicitado la cesación la entidad demandante «con una antelación de al menos un mes». La observación que a continuación debe realizarse es a qué momento debe venir referido tal plazo de antelación. Según el *Informe Sobre el Anteproyecto de Ley de Acciones de Representación para la Protección de los Intereses Colectivos de los Consumidores,* emitido por el Consejo General del Poder Judicial en relación con el APLAR[18], tal plazo de antelación –entonces de quince días– debe venir referido a la interposición de la demanda.

Sin embargo, a la vista de la redacción original de la Directiva 2020/2018, no parece que este punto oscuro de la norma proyectada haya sido correctamente interpretado por el referido órgano, debiendo prevalecer el sentido de la norma comunitaria originaria, más coherente con la necesidad de hacer efectiva la posibilidad de que el empresario pueda cesar en la conducta infractora. Especialmente, si de lo que se trata es de articular y fomentar mecanismos alternativos de resolución de litigios, cual parece ser la finalidad de la norma, en cuyo caso, la supeditación de la admisión de la demanda a la mera acreditación de haber solicitado la cesación con una antelación a la interposición de la demanda, al menos un mes, no contribuye a ello. Y no sólo porque el plazo de un mes pueda parecer exiguo, que también, especialmente ante conductas empresariales con impacto masivo en el mercado, sino porque no se trata de la acreditación de la mera realización de un requerimiento de cese en un plazo determinado sino de verificar que, con carácter previo a la interposición de la demanda, el empresario tuvo la oportunidad de cesar en la conducta infractora, durante un plazo de un mes, por haber sido requerido a tal efecto por la entidad habilitada. A partir de este momento, una vez requerido el empresario y una vez transcurrido el plazo de un mes previsto para el cese de la conducta infractora, si no ha cesado en ella, la entidad habilitada podrá ejercitar de inmediato la acción colectiva solicitando la medida de cesación.

3. Tramitación

Nos dice la regulación proyectada (art. 841 PLOESJAC) que cuando el objeto lo constituya una o varias acciones de representación de cesación las

---

[18] Informe emitido a los efectos del artículo 561.1 de la Ley Orgánica 6/1985, de 1 de julio, del Poder Judicial, siendo ponente del mismo la vocal María del Mar Cabrejas Guijarro.

actuaciones seguirán el cauce del juicio verbal, con las especialidades que a continuación se detallarán.

El legislador ha elegido la fórmula de un juicio verbal «especial» y preferente que, al menos desde el punto de vista procesal, no parece ser el «traje» más adecuado para dilucidar un tipo de controversias que, *a priori*, no parecen desprovistas de complejidad[19]. Refugiándose en los esquemas clásicos, parece que el legislador identifica la fórmula del juicio verbal con un cauce procesal de menor dilación que el juicio ordinario, lo que resulta especialmente llamativo cuando, como es el caso, ese juicio verbal «especial» se acaba convirtiendo en un cuasi ordinario.

3.1. Determinación de los consumidores y usuarios que habrán de verse afectados por la acción de representación

Señala el apartado 2º del artículo 841 PLOESJAC que:

> «La entidad demandante habrá de establecer en la demanda los consumidores y usuarios que habrán de verse afectados por la acción de representación. Cuando no sea posible una identificación individualizada, se especificarán del modo más preciso posible las características y los requisitos que deban concurrir en los consumidores para considerarse afectados por la sentencia estimatoria que pudiere dictarse [...]».

A *priori*, y teniendo en cuenta que la norma no identifica en qué supuestos se considera que los consumidores afectados son individualizables, dos cuestiones evoca la previsión transcrita.

La primera, que pese al deber de la entidad habilitada de establecer o identificar los consumidores y usuarios que habrían de verse afectados por la acción de representación, ante la dificultad de proceder a dicha identificación y para superar tal exigencia, se advierte extremadamente posible una recurrente manifestación sobre la imposibilidad de identificación individualizada de los consumidores, limitándose la demanda a la unilateral especificación por la demandante de las características y requisitos que deban concurrir en los consumidores para considerarse afectados por la sentencia estimatoria que pudiera dictarse.

---

19 Sobre la insuficiencia de los esquemas procedimentales tradicionales (juicio verbal/ordinario) y la necesidad de acudir a estructuras procedimentales no previstas en la LEC, más adecuadas para la gestión de los procesos colectivos, véase GASCÓN INCHAUSTI, F., Hacia un nuevo régimen…., cit., pp. 715-719.

La segunda, la posibilidad de acudir al mecanismo de las diligencias preliminares, más concretamente, a la diligencia preliminar del artículo 256.1.6ª LEC, para la identificación individualizada de los consumidores y usuarios que habrían de verse afectados por la sentencia estimatoria que pudiera dictarse. A tenor de la regulación proyectada, esta posibilidad debe descartarse, dado que la misma acuerda la supresión del numeral 6º del apartado 1 del artículo 256 LEC (artículo Veintiséis PLOESJAC —Modificación de Ley 1/2000, de 7 de enero, de Enjuiciamiento Civil—).

La supresión de tal concreto numeral no se puede entender sin la previsión del artículo 838 PLOESJAC, al que también alude la Exposición de Motivos del PLOESJAC como mecanismo de acceso a información y fuentes de prueba en poder de la parte contraria o de terceros «que supera el marco estrecho de las actuales diligencias preliminares»

La crítica que merece tal supresión es la cuestionable eliminación de un mecanismo procesal especialmente previsto para la identificación del grupo de consumidores afectados cuyos intereses colectivos hayan podido ser vulnerados, bajo la hipótesis de que el sistema procesal de acceso a información y fuentes de prueba que proyecta el artículo 838 PLOESJAC resultará más idóneo. Hipótesis esta que, de forma evidente, se asienta en la confusión sobre la diferente naturaleza jurídica de la institución de las diligencias preliminares y el acceso a las fuentes de prueba. Es claro que el artículo 838 PLOESJAC se refiere a las fuentes de la prueba y, también, que la necesaria identificación de los consumidores que podrían considerarse afectados por la sentencia estimatoria que pudiera dictarse no tiene naturaleza probatoria sino preparatoria del proceso[20].

3.2. Plazo para contestar la demanda

Otra de las especialidades previstas para el proyectado proceso para el ejercicio de las acciones colectivas de cesación es el plazo para contestar la demanda, que no es de diez días, como se prevé en la regulación ordinaria del juicio verbal, sino de un mes.

---

[20] Al respecto, cabe traer a colación el ATS de 11 de noviembre de 2002, que apuntó el concepto de diligencias preliminares señalando que «[...] pueden considerarse las diligencias preliminares como el conjunto de actuaciones de carácter jurisdiccional por las que se pide al Juzgado de Primera Instancia competente la práctica de concretas actuaciones para resolver los datos indispensables para que el futuro juicio pueda tener eficacia [...]».

No se trata de algo novedoso en nuestro orden jurisdiccional civil puesto que, también, y por ejemplo, la tramitación de los procesos de medidas judiciales de apoyo a las personas con discapacidad, filiación, matrimonio y menores sigue los trámites del juicio verbal, con contestación escrita por un plazo mayor, de veinte días (art. 753 LEC). Incluso, resulta una especialidad razonablemente justificada en un proceso que, como es evidente, la materia que constituye su objeto reviste complejidad y la contestación de la demanda puede exigir mayor elaboración que la propia de un juicio verbal tradicional. Se evidencia aquí la materialización de la necesidad de conceder seguridad a los empresarios, quedando debidamente protegidos de los posibles abusos de una regulación extraordinariamente flexible (quizá, la propia del juicio verbal) en el ejercicio de acciones colectivas.

Ahora bien, esto resulta contradictorio con la opción del juicio verbal como fórmula de tramitación de estas acciones, al parecer, elegida para colmar las aspiraciones de logar un procedimiento judicial ágil y efectivo para la defensa de los intereses colectivos de los consumidores, pues si bien la fórmula del juicio verbal puede llegar a identificarse con un cauce procesal de menor dilación que la del juicio ordinario, no es tal cuando ese juicio verbal se acaba convirtiendo en un cuasi ordinario, al prescindirse, únicamente, de la tan importante fase de la audiencia previa propia del juicio ordinario, cuyo objeto, comprimido, se asume en la fase inicial de la vista del juicio verbal.

Además, debe tenerse en cuenta que el juicio ordinario, por sus mayores posibilidades de alegación, se configura como un procedimiento de mayores garantías para ambas partes; mayores garantías que, en todo caso, se advierten como necesarias en un proceso de tal especial naturaleza como es la tutela colectiva de los consumidores. Los mayores tiempos del juicio ordinario y la correcta ordenación y, al tiempo, compartimentación de las fases del procedimiento que, en comparación con las propias del juicio verbal, hace la norma procesal civil, también constituye una mayor garantía para ambas partes.

3.3. Celebración de vista

Mayor confusión causa que, en atención a esa aspiración de logar un procedimiento judicial ágil y efectivo para la defensa de los intereses colectivos de los consumidores, mientras que la legislación procesal actual tiende a la eliminación de actos procesales que puedan resultar innecesarios, cual es el caso de la vista del juicio verbal cuando ninguna de las partes procesales lo solicite y el tribunal no lo considere procedente (art. 438 LEC), se imponga la celebración de la vista.

Con la anterior afirmación no se pretende apuntar a la improcedente opción del legislador de imponer la celebración de la vista, en todo caso. No es así. De hecho, la celebración de la vista del juicio verbal refuerza las posibilidades de alegación de las partes, por ejemplo, a través de las aclaraciones y fijación de hechos sobre los que exista contradicción (art. 443.3 LEC) y formulación de conclusiones orales (art. 447.1 LEC). Lo que se pretende apuntar es la crítica de la innecesaria imposición de celebración de la vista que, como otras muchas cuestiones en el PLOESJAC, no se encuentra justificada. Especialmente, cuando la naturaleza de la tutela perseguida con las acciones de representación de cesación no parece apuntar a la excesiva práctica de pruebas de carácter personal, que son las que vienen a justificar la pertinencia de la celebración de la vista oral.

4. Preferencia

Otra de las características del proceso proyectado para el ejercicio de las acciones a norma, incluso en vía de recurso —de apelación y casación— lo que según la doctrina científica se identifica con la prioridad de su tramitación, alterando el régimen del orden de reparto y turnado de asuntos, anteponiéndose a aquellos que incluso hayan ingresado con antelación en el tiempo[21].

No se trata de una opción desconocida en nuestro ordenamiento jurídico que, actualmente, contempla la tramitación preferente de procesos tales como los de medidas judiciales de apoyo a las personas con discapacidad, filiación, matrimonio y menores (art. 753.3 LEC) o los que pretendan la tutela judicial civil de derechos fundamentales en los términos del artículo 249.1.2ª LEC[22].

---

[21] VILLAVERDE MENÉNDEZ, I., "Los otros procesos del amparo judicial ordinario. Procesos específicos y genéricos", en MURILLO DE LA CUEVA y CARMONA CUENCA (coords.): *La Tutela Jurisdiccional de los Derechos Fundamentales por los Tribunales Ordinarios.* Tirant lo Blanch, 2008, pp. 285-289. En el mismo sentido, DÍEZ-PICAZO, L.M, *Sistema de Derechos Fundamentales,* Tirant lo Blanch, 2021, pp. 75-76. También, la STC 81/1992, de 28 de mayo.

[22] Al margen de la preferencia declarada por la LEC, téngase en cuenta, además, en el ámbito competencial de la Sala Primera del Tribunal Supremo, el Acuerdo del Presidente de dicha Sala, de 29 de noviembre de 2019, en el que se establece el catálogo de asuntos de tramitación preferente por la Sala de Admisión, entre las que se contempla, además de los procesos ya señalados, los procesos de la Ley

Ahora bien, no parece que en los procesos de tutela colectiva de los derechos e intereses de consumidores y usuarios concurra un interés equiparable al que subyace en los procesos antes referidos y que justifique su tramitación preferente. De hecho, la tutela colectiva de los intereses de consumidores y usuarios no es algo novedoso para nuestro ordenamiento jurídico que, actualmente, no contempla su tramitación preferente.

Por tanto, la cuestión que aquí se plantea es la ausencia absoluta de justificación de la necesidad de otorgar a este tipo de procedimientos una tramitación de carácter preferente; sin que sea aconsejable seguir saturando el sistema de justicia a través de la preferente tramitación de determinados procedimientos, confundiendo así la necesaria agilidad de todo proceso con la tramitación preferente. Como pone de manifiesto la doctrina, si a la sobrecarga de los órganos jurisdiccionales civiles se suma la proliferación incontrolada de asuntos de tramitación preferente se acaba por postergar, más aún, los procesos no prioritarios y se ralentizan los urgentes[23].

Por último, curioso resulta que se mantenga la referencia al recurso extraordinario por infracción procesal, eliminado definitivamente de nuestro sistema de recursos mediante el *Real Decreto-ley 6/2023, de 19 de diciembre, por el que se aprueban medidas urgentes para la ejecución del Plan de Recuperación, Transformación y Resiliencia en materia de servicio público de justicia, función pública, régimen local y mecenazgo*[24].

5. Recurso de casación «en todo caso»

En materia de recursos, y sin la más mínima justificación, la regulación proyectada introduce una especialidad singularísima como es que la sen-

---

Orgánica 2/1984, de 26 de marzo, reguladora del Derecho de Rectificación, los procesos sumarios sobre tutela de la posesión (art. 250.1.4º LEC), suspensión de obra nueva (art. 250.1.5ª LEC), demolición o derribo de elementos en estado de ruina (art. 250.1.6º LEC) e incumplimiento de los contratos previstos en los apartados 10º y 11º del artículo 250.1 LEC, los desahucios por falta de pago, por precario y por expiración del plazo legal o contractual del arrendamiento, los recursos de queja y los recursos en los que se acuerde su tramitación prioritaria por providencia motivada.

23 BLAZQUEZ MARTÍN, R., "Litigios relativos a la inclusión en ficheros de morosos. Jurisprudencia actual, en *Contratación y litigación en masa, revolving y micropréstamos,* Consejo General del Poder Judicial, nº 2, 2023, s/p.

24 Publicado en el Boletín Oficial del Estado del día 20 de diciembre de 2023, Núm. 303.

tencia que resuelva el recurso de apelación se considerará, «en todo caso», recurrible en casación[25].

Al respecto, cabe comenzar precisando que el recurso de casación se caracteriza por ser un recurso extraordinario, que no cabe sino contra determinadas resoluciones, por motivos estrictamente tasados y que, además, observa un importante rigor formal[26]. No constituye una tercera instancia, ni una segunda apelación porque, de un lado, el órgano de la casación no enjuicia las pretensiones de las partes, sino el error padecido por los tribunales de instancia que en el recurso se denuncia; de otro lado, por la imposibilidad de introducir hechos nuevos en ese momento procesal.

En la casación el tribunal cumple una función meramente revisora de la aplicación de la Ley que han hecho los tribunales de instancia. De ahí que el artículo 477.5 LEC disponga que: «La valoración de la prueba y la fijación de hechos no podrán ser objeto de casación, salvo error de hecho, patente e inmediatamente verificable a partir de las propias actuaciones».

En cuanto a su naturaleza, tradicionalmente, se ha venido atribuyendo al recurso de casación una finalidad eminentemente defensora del ordenamiento jurídico, a través de dos vías: la función nomofiláctica, de protección o salvaguarda de la norma, y la función uniformadora de la jurisprudencia en la interpretación y aplicación del Derecho, para lograr la unidad del ordenamiento jurídico.

Partiendo de lo anterior, y en relación con la afirmación contenida en el PLOESJAC, en cuanto establece que la sentencia que resuelva el recurso de apelación sea recurrible en casación, «en todo caso», lo que se plantea es si la norma proyectada pretendía (y en el futuro debe perseguirse) la creación de una nueva vía de acceso al recurso de casación —exclusiva para los

---

[25] Téngase en cuenta que esta previsión no sólo se da para en los supuestos de ejercicio de acciones de representación de cesación (art. 841.6 PLOESJAC) sino también resarcitorias (art. 860.7, 863.2 y 4 PLOESJAC).

[26] Que evidencian tanto el Acuerdo del Pleno No Jurisdiccional de la Sala de lo Civil del Tribunal Supremo de 27 de enero de 2017, sobre criterios de admisión de los recursos de casación y extraordinario por infracción procesal (dado bajo el anterior régimen de los recursos de casación y extraordinario por infracción procesal, pero aplicable en numerosos extremos al sistema actual instaurado por el RDL 5/2023), como el Acuerdo de 14 de septiembre de 2023, de la Comisión Permanente del Consejo General del Poder Judicial, por el que se publica el Acuerdo de 8 de septiembre de 2023, de la Sala de Gobierno del Tribunal Supremo, sobre la extensión y otras condiciones extrínsecas de los escritos de recurso de casación y de oposición civiles (BOE núm. 226, de 21 de septiembre de 2023).

asuntos que versen sobre la materia que nos ocupa— y que, alejándose de su tradicional consideración como un recurso extraordinario, prescindiera de la exigencia de concurrencia del interés casacional (antiguo art. 477 LEC) y, por ende, de cualquier otra justificación.

Para intentar comprender el dictado de la norma actualmente proyectada, debe tenerse en cuenta que la misma trae causa del APLAR y que, al tiempo de su aprobación, en Consejo de Ministros del día 20 de diciembre de 2022, tres eran las vías de acceso al recurso de casación: la tutela judicial civil de derechos fundamentales, el interés casacional y la cuantía mayor de 600.000 euros (casación por *summa gravaminis*).

No obstante, en aquel momento el legislador preveía una importante reforma de la regulación de los recursos extraordinarios en el orden jurisdiccional civil que pretendía acometer a través del *Proyecto de Ley de Medidas de Eficiencia Procesal del Servicio Público de Justicia*[27], que caducó como consecuencia de la finalización anticipada de la XIV Legislatura por la convocatoria de elecciones generales, celebradas el día 23 de julio de 2023[28]. Sin embargo, ello no impidió que los términos de esa importante reforma, finalmente, se implantaran, con la crítica prácticamente unánime de la doctrina[29] que siempre la anheló. En efecto, mediante el Real Decreto-ley

---

[27] Publicado en el Boletín Oficial de las Cortes Generales (Congreso de los Diputados), el 8 de junio de 2023.

[28] *Real Decreto 400/2023, de 29 de mayo, de disolución del Congreso de los Diputados y del Senado y de convocatoria de elecciones.*

[29] En dicho sentido, MUÑOZ GARCÍA-LIÑAN, M., "Valoración crítica de la regulación del nuevo recurso de casación civil," *Diario LA LEY,* nº 10381, 2023; PICÓ i JUNOY, J., "Reflexiones críticas de urgencia sobre la reciente reforma de la casación civil", *Diario LA LEY,* nº 10325, 2023; ENRICH GUILLÉN, D., "La reforma del recurso de casación civil: las prisas no son buenas", *Diario LA LEY,* nº 10370, 2023; GARCÍA VICENTE, J.R., "La nueva casación civil: dudas y certezas", *Diario LA LEY,* nº 10344, 2023; GONZÁLEZ GRANDA, P., "El quid pro quo de la reforma de los recursos extraordinarios civiles: breve apunte", *Diario LA LEY,* nº 10365, 2023; PEREA GONZÁLEZ, A., BLANCO SARALEGUI, J.M., TEMPRANO VÁZQUEZ, C., RAMOS ROMEU, F., ILLESCAS ROJAS, R., y PIÑAR GUZMÁN, B., "Diálogos para el futuro judicial LXIX. El nuevo recurso de casación civil", *Diario LA LEY,* nº 10360, 2023; LÓPEZ GARCÍA, P., "Cuestiones controvertidas (y algunos errores) en la regulación del recurso de casación civil tras la reforma del Real Decreto-ley 5/2023", *Actualidad Civil,* nº 9, 2023; NIEVA FENOLL, J., "Reformando la casación —civil y penal— por Real Decreto-Ley: ¿el espíritu de una época?", *Actualidad Civil,* nº 7, 2023.

5/2023, de 28 de junio[30], se procedió a dar una nueva regulación al recurso de casación civil. Con ocasión de dicha reforma, y a grandes rasgos, no sólo se procede a la supresión del recurso extraordinario por infracción procesal sino, también, de la antigua vía de acceso al recurso de casación por cuantía mayor de 600.000 euros. Así las cosas, con la nueva regulación del recurso de casación sólo permanecen dos vías de acceso: el interés casacional y la vulneración de la tutela judicial civil de derechos fundamentales susceptibles de recurso de amparo, en este segundo caso, incluso aunque no concurra interés casacional (art. 477.2 LEC).

Por tanto, no pudiendo obviar que al tiempo de la elaboración del APLAR ya se preveía una nueva regulación del recurso de casación que mantenía dos de las tres vías «tradicionales» de acceso al recurso de casación, no puede más que concluirse que, en el caso de los asuntos que versaran sobre la materia que nos ocupa, el autor del APLAR se planteó la eliminación de toda vía de acceso al recurso de casación, lo que no ha sido revisado PLOESJAC. Ahora bien, no parece que tal planteamiento sea fruto de una reflexión jurídica profunda. Y, de hecho, tanto la Exposición de Motivos del APLAR como la del PLOESJAC nada justifican al respecto. Por ello, parece oportuno que la previsión del recurso de casación «en todo caso» sea revisada.

6. Medidas cautelares

De conformidad con el artículo 842 PLOESJAC, con arreglo a lo dispuesto en el Título VI del Libro III LEC —en la versión proyectada con las modificaciones del PLOESJAC —, podrá solicitarse la cesación provisional de la conducta infractora, cuya tramitación tendrá carácter preferente. De esta manera, el PLOESJAC no incorpora una novedad sino que viene a reconocer, de forma expresa, la posibilidad de solicitar una concreta medida cautelar —cesación provisional de la conducta infractora—. Algo que, sin dicha previsión, también podría ampararse con la regulación actual de las medidas cautelares en los artículos 721 y ss. LEC, dado que la enumeración de medidas cautelares que contempla el artículo 727 no es una lista *nu-*

---

[30] *Real Decreto-ley 5/2023, de 28 de junio, por el que se adoptan y prorrogan determinadas medidas de respuesta a las consecuencias económicas y sociales de la Guerra de Ucrania, de apoyo a la reconstrucción de la isla de La Palma y a otras situaciones de vulnerabilidad; de transposición de Directivas de la Unión Europea en materia de modificaciones estructurales de sociedades mercantiles y conciliación de la vida familiar y la vida profesional de los progenitores y los cuidadores; y de ejecución y cumplimiento del Derecho de la Unión Europea.*

merus clausus (y así lo confirma el enunciado de dicho precepto legal cuando dispone que «podrán» acordarse, «entre otras», las medidas cautelares que enumera) y, además, la cesación provisional de la conducta infractora bien podría encajar en la orden judicial de cesar, provisionalmente, en un actividad (art. 727.7ª LEC) o en la de las medidas que se estimen necesarias para asegurar la efectividad de la tutela judicial que pudiere otorgarse en la sentencia estimatoria que recayere en el juicio (art. 727.11ª LEC).

Por tanto, nos encontramos ante una previsión de la que, en la futura regulación, bien pudiera prescindirse, siendo sustituida por la oportuna remisión a la regulación de los artículos 727 y ss. LEC.

Ahora bien, resulta que el propio apartado 1º del artículo 842.1 PLOESJAC, «A los efectos de lo establecido en el párrafo 1º del apartado 2 del artículo 730», es decir, para el caso de solicitarse medidas cautelares antes de la demanda, supuesto en el que quien las pida debe alegar y acreditar razones de urgencia o necesidad, se entenderá que estas concurren «si se acredita la actualidad de la conducta infractora». Se confunde así la urgencia con la actualidad, obviando el legislador que si la conducta infractora no es actual, es decir, no se está desarrollando en la actualidad, la medida cautelar, tanto anterior como coetánea y posterior a la demanda, carece de sentido.

También prevé el artículo 842, apartado 2º, PLOESJAC, la posibilidad de que el tribunal dispense a la entidad habilitada que solicite la medida cautelar del deber de prestar caución, atendidas las circunstancias del caso, así como la entidad económica y la repercusión social de los distintos intereses afectados. Esta previsión no es más que una reproducción, casi literal, del actual artículo 728.3, *in fine*, LEC, y, por tanto, al igual que otras anteriores, innecesaria, por duplicidad.

Por lo expuesto, parece que el PLOESJAC incorpora una regulación en materia de medidas cautelares absolutamente prescindible y sustituible por la remisión al régimen general previsto, y debidamente regulado, en los artículos 721 y ss. LEC.

7. *Ejecución y multas coercitivas*

El artículo 843 PLOESJAC hace referencia a la ejecución de la sentencia y multas coercitivas determinando que la sentencia estimatoria de una acción de representación de cesación impondrá una multa que oscilará entre seiscientos y sesenta mil euros, por día de retraso en la ejecución de la resolución judicial en el plazo señalado en la sentencia, según la naturaleza e importancia de la infracción de sus consecuencias, así como de la capacidad económica del condenado.

Así, más allá de dictado una sentencia condenando a cesar en la práctica ilícita, con la previsión analizada se adelantan al tiempo del dictado de la sentencia cuestiones propias del proceso de ejecución, como el sistema de multas que para muy diversos supuestos de incumplimiento del fallo de la sentencia prevé la norma procesal civil (arts. 589-591-676-699-709-710-711-776 LEC); además, se obliga al tribunal a decidir sobre una cuantía de multa que aparece desconectada de la buena o mala fe procesal y que debe valorarse al tiempo de la ejecución y del cumplimiento del fallo de la sentencia y no antes.

III. CONCLUSIONES

PRIMERA. Una vez más, el legislador español no ha llegado a tiempo de la transposición de la norma comunitaria. La Directiva 2020/2018 y el APLAR, aprobado por el Consejo de Ministros el día 20 de diciembre de 2022, es decir, tres días antes del vencimiento del plazo de trasposición, es uno de los ejemplos más recientes. No obstante, el legislador español ha retomado las labores de transposición de la Directiva 2020/1828 a través del PLOESJAC.

SEGUNDA. Para el ejercicio de las acciones colectivas de cesación, el PLOESJAC configura un proceso de juicio verbal especial (cuasi ordinario) y preferente, que no parece ser el «traje» más adecuado para dilucidar las controversias propias de dichas acciones. Pese a los empujes doctrinales, parece que el legislador no se atreve a dar el salto que, procesalmente, exige la materia que nos ocupa, abordando la configuración de un proceso alejado de los esquemas tradicionales.

TERCERA. Para el ejercicio de las acciones colectivas de cesación, el PLOESJAC desnaturaliza la fórmula del juicio verbal introduciendo, sin justificación alguna, un plazo de contestación a la demanda que no es propio de dicho proceso, de un mes, y, además, en contra de la tendencia actual, se impone la celebración de la vista del juicio. Asimismo, la admisión de la demanda se supedita a la acreditación de la previa solicitud a la parte demandada del cese en el desarrollo de la conducta ilícita con una antelación de, al menos, un mes, pero no se indica desde cuándo.

CUARTA. De la misma manera, el PLOESJAC no proporciona garantías para una adecuada identificación de los consumidores y usuarios que habrían de verse afectados por la acción de representación y, pese a ello, opta por eliminar la posibilidad procesal de hacerlo mediante la derogación del numeral 6º del apartado 1 del artículo 256 LEC. Además, el régimen propio de medidas cautelares es reiterativo del general y, por tanto, innecesario, y las previsiones de ejecución anticipadas al tiempo procesal propio de dicha fase. En el ámbito de los recursos, la posibilidad de recurrir la sentencia de apelación «en todo caso» parece apuntar a la consideración de una «vía libre» de acceso al recurso de casación, que no se justifica y que no se compadece ni el sistema actual, muy reciente, ni con el tradicional.

Aproximación a la naturaleza jurídica y eficacia de las cartas de patrocinio (comfort letters)

María-Cruz Lascorz Collada
Acred. Contratada Doctora
PDI. Universidad San Jorge (Zaragoza)

SUMARIO: I. INTRODUCCIÓN. II. APROXIMACIÓN A LAS CARTAS DE PATROCINIO. 1. Sobre la naturaleza jurídica. 1.1. Acerca de las cartas fuertes. 1.2. Y sobre las cartas débiles. III. SOBRE LA EFICACIA DE LAS COMFORT LETTERS. 1. A vueltas con los criterios de interpretación. 2. ¿Resuelven dudas las propuestas de regulación? IV. CONCLUSIONES.

I. INTRODUCCIÓN

Con independencia de su denominación[1], las cartas de patrocinio, también conocidas como *"letters of comfort"* o "*comfort letters"*, resultan un instrumento fundamental en las transacciones comerciales actuales en la medida que facilitan acceso al crédito bancario de las empresas en el marco de una economía globalizada. Como es sabido, las cartas de patrocinio son una figura jurídica de origen anglosajón, procedente del Derecho estadounidense[2] que, en la mayor parte de los casos[3], establece una fórmula de

[1] Las cartas de patrocinio, también denominadas indistintamente por la jurisprudencia como "cartas de conformidad", "cartas de representación", "cartas de apoyo", "cartas de garantía", se han introducido en nuestro ordenamiento jurídico procedentes de una figura jurídica de carácter anglosajón, denominada como "*Comfort letters"*. Entre otras denominaciones se encuentran también las siguientes: "*letter of responsibility"*, *"letter of support"*, *"letter de patronage"*, *"letter of intention"*.

[2] Es de la misma opinión, PÉREZ VAQUERO, C., "Origen, clases y requisitos de las cartas de patrocinio", *Iustopia, Anécdotas y curiosidades jurídicas,* 26 de junio de 2015 (disponible en http://archivodeinalbis.blogspot.com.es/2015/06/origen-clases-y-requisitos-de-las-html; consultado el 06.04.2023) http://archivodeinalbis.blogspot.com/2015/06/origen-clases-y-requisitos-de-las.html

[3] En este sentido, y siguiendo el pronunciamiento jurisprudencial dictado por las Sentencias de la Sala 1ª, en particular las SSTS, núm. 540/2015, de 28 de julio, (ECLI: TS: 2015: 4276) y núm. 424/2016, de 27 de junio, (ECLI: TS: 2016: 3055),

crédito financiero muy favorable para el apoyo económico en los grupos empresariales mediante el respaldo o confianza de sus matrices a sus sociedades filiales.

Si bien su puesta en práctica se remonta a la década de los sesenta del pasado siglo, su consolidación, tanto en los sistemas jurídicos del *Common Law* como en nuestro entorno[4], se produjo en durante los años setenta. Particularmente, destaca en nuestro ordenamiento el primer pronunciamiento al respecto en la Sentencia de la Sala Primera del Tribunal Supremo núm. 774/1985, de 16 diciembre, (ECLI:ES: TS: 1985: 1643) que aborda el estudio de las cartas de confort *o comfort letters,* distinguiéndolo del contrato de fianza. Con todo, a día de hoy, el alcance y la verdadera naturaleza jurídica de las cartas de patrocinio adolecen de ambigüedad al tiempo que su utilización como estrategia financiera por las empresas, no está exenta de incertidumbre en el tráfico jurídico mercantil. Por tales motivos, y ante seguridad jurídica que requieren los inversores, surge el presente planteamiento acerca de la eficacia de las cartas de patrocinio.

II. APROXIMACIÓN A LAS CARTAS DE PATROCINIO

Las cartas de patrocinio o cartas de confort tienen como punto de partida la declaración unilateral de voluntad del patrocinador que opera como una garantía de carácter personal respecto de su patrocinado frente al acreedor o un destinatario variable[5]. Como es sabido, nuestro ordenamiento jurídico

no es requisito ineludible que la empresa patrocinada pertenezca al grupo empresarial de la matriz y patrocinadora. Esto es, cabe admitir cualquier marco relacional que justifique la validez de la "*causa credendi*" que sustenta el compromiso obligacional. Para ampliar, ESPIGARES HUETE, J.C., "La evolución doctrinal y jurisprudencial de las cartas de patrocinio", en CAMACHO DE LOS RÍOS, F.J., ESPIGARES HUETE, J.C. y VELASCO FABRA, G.J., (Dirs.), *Análisis crítico de los derechos de garantía en el tráfico mercantil,* Aranzadi Thomson-Reuters, 2021, p. 275.

4 Las cartas de patrocinio, conocidas como las "*Patronatserklärung*" en el Derecho alemán o como las "*lettre de confort*" en el Derecho francés, comenzaron a operar en el Derecho crediticio a mediados de los años sesenta. Siguiendo a ELLINGER, E.P., "Reflections on letters of comfort", *Singapore Journal of Legal Studies,* National University of Singapore (Faculty of Law), July 1991, pp. 2-3, (disponible en Stable URL: https://www.jstor.org/stable/24865705; consultado el 06.04.2023),

5 En la mayor parte de supuestos, las cartas van dirigidas a los acreedores o entidades bancarias, si bien, no es infrecuente en la práctica que las cartas de confort sean simplemente un documento con declaraciones de contenido variable que no esté siquiera dirigido a un destinatario concreto. En este sentido, DIAGO DIAGO,

no contempla las cartas de patrocinio que, como ya advirtió el primer pronunciamiento jurisprudencial de nuestro Alto Tribunal al respecto[6], difieren del contrato de fianza. La atipicidad de estos instrumentos jurídicos, junto a una doctrina jurisprudencial disconforme al respecto[7], contribuyen irremediablemente a la necesidad de abordar este tema por la inseguridad jurídica que genera para los contratantes.

La respuesta al interrogante planteado al inicio pasa por la determinación de si la carta de patrocinio es un negocio jurídico cuya declaración unilateral de voluntad tiene por objeto la creación de una relación obligatoria de garantía personal; que recibe el nombre de carta fuerte. O si, por el contrario, se trata de una recomendación cuya finalidad no es la de alcanzar dicha esfera de vinculación contractual. Por lo que sus efectos pueden traducirse en un pacto no vinculante; también denominada carta débil. Con todo, lo que resulta evidente es que, tanto ante ambas posibilidades la emisión de una carta de patrocinio viene a disminuir el riesgo que conlleva la concesión de la financiación en favor de cualquier empresa[8]. Una vez advertida tal apreciación y con el fin de responder a la cuestión formulada se procederá al desarrollo de este estudio conforme a la siguiente estructura:

En un primer momento, se abordará el estudio de la naturaleza de las cartas de patrocinio considerando los pronunciamientos jurisprudenciales más significativos. Para esta labor, se examinarán las diferencias esgrimidas por la jurisprudencia del Tribunal Supremo entre las cartas fuertes y débiles, y se determinará si éstas presentan un carácter vinculante. Por último, se expondrá el alcance de las distintas propuestas de regulación de las cartas de patrocinio además de emitir algunas reflexiones finales sobre la situación actual de esta figura jurídica.

1. *Sobre la naturaleza jurídica*

El objetivo de este estudio es analizar si las cartas de patrocinio podrían resultar vinculantes para el patrocinador en caso de impago del patrocinado

M.P., *Las cartas de patrocinio en los negocios internacionales. Estudio jurídico.* Thomson s Reuters-Aranzadi, 2012, Navarra, p. 25.

6 Para profundizar vid, Sentencia núm. 774/1985, de 16 diciembre, (ECLI:ES: TS: 1985: 1643).

7 Por todos, ESPIGARES HUETE, J.C., "La evolución doctrinal y jurisprudencial…", *cit.*, p. 252.

8 Es de la misma opinión, DIAGO DIAGO, M.P., *Las cartas de patrocinio…*, *cit.*, p. 34.

a la entidad bancaria acreedora. Especialmente, cuando no existe una línea jurisprudencial uniforme, nuestro ordenamiento jurídico no las contempla en su articulado, y, su eficacia vinculante o finalidad de crear un vínculo obligacional para el patrocinador puede variar según su tipología y la casuística.

Dicho lo anterior, las cartas de patrocinio se caracterizan por tres elementos que, a mi parecer, son claves para determinar su naturaleza jurídica y también, su eficacia jurídica y alcance.

a) De un lado, es destacable la atipicidad de las cartas de confort, pese a los reiterados intentos del legislador[9] que ha tratado de introducirlas tanto en el Anteproyecto de Ley de Código Mercantil (en adelante, ALCM) del año 2014 como en la Propuesta de Anteproyecto de Ley de Código Mercantil (en adelante, PALCM) de 2018. Del mismo modo, habida cuenta el origen anglosajón de las cartas, podría decirse que éstas adolecen de encaje en una categoría jurídica general y propia de nuestro ordenamiento. Por lo que generan incertidumbre y se plantean múltiples escenarios posibles. De hecho, hay tantos como las partes determinen en virtud del principio de autonomía de la voluntad establecido en el art. 1255 CC, que preside la libertad contractual, por lo que los contratantes pueden pactar lo que estimen por conveniente con las limitaciones recogidas en tal precepto.

b) En segundo término, la flexibilidad de las cartas, propia también de una institución de origen en el *Common Law,* ha fomentado su adaptación a cualquier tipo de entorno económico y financiero cambiante, propiciado tanto por etapas de expansión como de recesión. Por lo que no resulta infrecuente que las empresas acudan a su utilización para acceder al crédito. Máxime, cuando su eficacia, —y, en parte, su seguridad[10]—, podría depender no sólo de su contenido sino del prestigio de la entidad que las emite.

c) Por último, las cartas de patrocinio presentan carencia de forma, de modo que no están sujetas a condiciones formales. Y, nuevamente,

---

9 El Anteproyecto de Ley de Código Mercantil, (en adelante, ALCM) de 30 de mayo de 2014, contempló las cartas de patrocinio en su artículo 578-6, mientras que la Propuesta de Código Mercantil (en adelante, PCM), de 17 de junio de 2013, procedió a hacerlo en su art. 578-11 PCM (2013), respectivamente. Si bien la ubicación de las cartas de patrocinio fue sistemáticamente la misma en ambos proyectos, su redacción resultó ser muy distinta puesto que, en el PCM, las cartas de patrocinio no fueron consideradas, como regla general, una fianza.

10 En este sentido, DIAGO DIAGO, M.P., *Las cartas de patrocinio…, cit.*,p. 31

deberá acudirse al estudio individual y pormenorizado de las mismas para proceder a la determinación de su eficacia jurídica y alcance.

Estos tres matices determinan, en mi opinión, la naturaleza jurídica de las cartas de patrocinio, que resultan una garantía personal atípica, flexible y carente de forma para quién las recibe respecto del cumplimiento de otra obligación[11], principalmente de carácter crediticio. Como se ha advertido, las cartas resultan de utilidad para quienes necesitan acceso a financiación porque que, de no ser por el ofrecimiento a los acreedores con garantías para asegurar su crédito, podrían verse privados del mismo. Con todo, más allá de las ventajas que las cartas de patrocinio pueden comportar al patrocinado[12], la verdadera cuestión relevante de este tema se concentra en torno a sus efectos entre acreedor y patrocinador. Por tal motivo, conviene traer a colación el alcance realizado por los tribunales para proceder al conocimiento de este instrumento, que identifica las claves existentes y su alcance en el trágico jurídico, distinguiendo entre cartas "fuertes" y "débiles".

1.1. Acerca de las cartas fuertes

No es cuestión debatida la eficacia de las cartas fuertes sobre el patrocinador frente al acreedor ante el impago del patrocinado. Sin embargo, no resulta tan evidente en qué supuestos las cartas de patrocinio o *comfort letters* resultan una práctica habitual vinculante con efectos para las partes, más allá de una simple recomendación. Así, inicialmente, en Europa, las garantías de carácter personal con alcance vinculante resultaban de la fianza. De hecho, a modo de ejemplo, resulta ilustrativo como, en un primer momento, nuestro Alto Tribunal proporciona a la carta de patrocinio, una garantía personal semejante a la fianza al sostener que no hay obstáculo alguno en la eficacia de las cláusulas de apoyo financiero. Y esto es así porque, en virtud del principio de autonomía de la voluntad del art. 1255 CC, se puede reconocer la fuerza vinculante a dichas cláusulas de apoyo[13].

---

11 Por todos, FUENTES NAHARRO, M., "Las cartas de patrocinio y la cuestionada juridicidad de las cartas "débiles", en FLORES DOÑA, M.S. y GIL RAGA, J.T., (Dirs.), *El préstamo hipotecario y mercado del crédito en la Unión Europea,* Dykinson, 2016, pp. 265-275.

12 Entre otras, no es infrecuente que las cartas de patrocinio aporten al patrocinado ventajas fiscales, de normativa contable, de control de cambios. En este sentido, vid. el Fundamento de Derecho Segundo de la SAP Sevilla, de 11 mayo de 2017 (ECLI:ES: APSE:2017:1049).

13 Es de la misma opinión, ESPIGARES HUETE, J.C., "La evolución doctrinal y jurisprudencial de las cartas…", *cit.*, p. 257.

A modo ilustrativo, resulta interesante la apreciación de la STS núm. 529/2005, de 30 de junio, (ECLI: ES:TS:2005:4375), en la que, tres décadas después del primer pronunciamiento jurisprudencial en España, se identifica en qué supuestos se entiende que el documento firmado como una carta de patrocinio puede calificarse como *carta fuerte*. En este sentido, la carta de confort queda identificada con un negocio jurídico unilateral con transferencia obligacional que, mediante una declaración unilateral de voluntad y de carácter no formal, genera efectos para la empresa patrocinadora.

En particular, en el Fundamento de Derecho Primero de la meritada resolución se especifica que las cartas de patrocinio: "*pueden entenderse como contrato atípico de garantía personal con un encuadramiento específico en alguna de las firmas negociales o categorías contractuales tipificadas en el ordenamiento jurídico como contrato de garantía, o como contrato a favor de terceros, o como promesa de crédito, criterio seguido por nuestro Tribunal Supremo en la sentencia ya apuntada de 16 de Diciembre de 1985, que lo refiere al contrato de fianza*".

Así, el citado extremo sirvió inicialmente de inspiración al legislador para la incorporación de las cartas de patrocinio entre los contratos de garantía de las propuestas de regulación del Código mercantil, sea en el ALCM (2014) como en la PALCM (2018). Con todo, y a diferencia de lo establecido en ambas propuestas de regulación, la jurisprudencia puso, acertadamente de manifiesto la naturaleza jurídica propia de las cartas frente al contrato de fianza, al indicar que, por el contrario de lo contemplado en la STS núm. 774/1985, de 16 de diciembre, (ECLI:ES: TS: 1985: 1643), no debe equipararse con la misma puesto que: "*la carta de patrocinio no embebe ni supone la constitución de una fianza, sino que son contratos atípicos con personalidad propia y que no pueden confundirse*[14]".

No obstante, conviene precisar que, considerando su naturaleza jurídica, —propia de un negocio jurídico unilateral—, la eficacia obligacional de las cartas de patrocinio no se produce de modo automático. En este sentido, la jurisprudencia ha identificado una serie de condicionantes. A modo de ejemplo, la STS, núm. 540/2015, de 28 de julio (ECLI: ES: TS: 2015: 4276) en su Fundamento de Derecho Tercero, concreta los requisitos siguientes:

---

14 La doctrina jurisprudencial del Tribunal Supremo no se había pronunciado de forma categórica al respecto hasta la STS, núm. 529/2005, de 30 de junio. De hecho, no era infrecuente que, en virtud del art. 1255 CC, las cartas de patrocinio contuvieran cláusulas de apoyo financiero debiendo responder la patrocinadora ante el incumplimiento de su patrocinada.

a) En primer lugar, con el objeto de anticiparse a posibles problemas de interpretación, —y, de incertidumbre— se requiere que la carta contemple el compromiso obligacional del patrocinador de forma clara e inequívoca de modo que pueda identificarse con una carta fuerte. Esto es, la STS núm. 540/2015, de 28 de julio, (ECLI: ES: TS: 2015: 4276), trae a colación la incorporación de las afirmaciones siguientes: *"Nos comprometemos frente a Ustedes…con inclusión de apoyo financiero a la entidad patrocinada…y tal compromiso permanecerá en vigor en tanto subsistan las responsabilidades derivadas de la operación de descuento…con objeto de que ustedes no tengan ningún perjuicio"*. Por lo que, como se ha advertido en la citada Sentencia, el compromiso obligacional se concreta en su contenido frente al acreedor y se prolonga durante la ejecución de este[15].

b) En segundo término, se requiere el carácter recepticio de la declaración unilateral de voluntad. O, lo que es lo mismo, que el compromiso del patrocinador sea aceptado por el acreedor, incluso de forma tácita o presunta porque, como se ha manifestado, las cartas no requieren de carácter formal o expreso. De lo contrario, y, en caso de caso de incumplimiento del patrocinado, las cartas no generarían efectos obligacionales.

1.2. Y sobre las cartas débiles

Ciertamente, no es cuestión debatida que, inicialmente las cartas de patrocinio tenían por fundamento otorgar cierta seguridad a su receptor en lo relativo a la solvencia de su patrocinado sin necesidad de constituir una fianza. Por lo que, generalmente dichas cartas podrían considerarse, en la totalidad de los casos, como cartas débiles.

No obstante, siguiendo la distinción realizada por la jurisprudencia, las cartas patrocinio son débiles cuando se trate de un mero pacto entre caballeros *(gentlemen's agreements)*. Así, a modo de ejemplo, es destacable como, según advierte el Tribunal Supremo en la STS núm. 96/2007, de 13 de febrero, (ECLI: ES:TS:2020:1026) las cartas no constituyen una garantía personal solidaria ni tienen de fuerza vinculante porque son declaraciones meramente enunciativas. O como también sostiene la STS núm. 540/2015, de 28 de julio, (ECLI: ES: TS: 2015: 4276), se trata de recomendaciones o

15 Para profundizar, Fundamento de Derecho Tercero de la STS, núm. 529/2005, de 30 de junio. (ECLI: ES: TS: 2015: 4276).

complacencia sin voluntad de resultar vinculantes, y, por tanto, carecen de obligatoriedad. Incluso en aquellos supuestos en los que se invoca la utilización del principio de buena fe contractual, reconocida en los arts. 57 del Código de Comercio y art. 1258 del Código Civil respectivamente.

La jurisprudencia ha reconocido las ventajas que las cartas de patrocinio débiles aportan a las partes de esta relación triangular en el tráfico mercantil más allá de la celebración de los contratos de crédito. Entre otras, como se expone en el Fundamento de Derecho Tercero de la STS, núm. 96/2007, de 13 de febrero, (ECLI: ES:TS:2020:1026), *"son destacables los beneficios fiscales, de normativa contable, de control de cambios, además de otros elementos jurídicos subsiguientes al acto de emisión de la carta que, a su vez, permite la movilización del crédito"*. Con todo, los pros aumentan en el caso de las cartas débiles porque, tanto para la empresa patrocinadora como para la patrocinada, no existen inconvenientes. Especialmente, si la primera es matriz de la segunda, toda vez que aquella observa la consolidación de la filial en el mercado sin tener que financiar sus operaciones sin condicionar su capacidad de endeudamiento ante posibles operaciones que la matriz pueda necesitar. Por su parte, la entidad bancaria también resulta favorecida mediante la realización de operaciones financieras con el grupo en la medida que, en muchos supuestos, la patrocinadora ya es cliente de la acreedora. El verdadero inconveniente se plantea cuando la recomendación puede ser tan ambigua que la entidad crediticia pueda llegar a exigir el pago del crédito de la entidad patrocinadora. Y, como es sabido, las dudas acerca de la vinculación de una carta de patrocinio no resultan una cuestión menor. Con todo, hay quienes confían en la propia carta considerando intangibles como la reputación de la empresa matriz, que es también, patrocinadora hasta el punto de resolver la tensión de negociación con la misma.

En nuestro ordenamiento jurídico, la doctrina mayoritaria es partidaria de no desplegar efectos para las cartas débiles. Con todo, un sector doctrinal minoritario advierte que, aunque no tenga la obligación de responder por el patrocinado, el hecho de recomendar a una empresa podría implicar el establecimiento de una relación contractual de colaboración o una especie de pacto colaborativo.

Por el contrario, cuestión diferente es que el patrocinador no actúe de buena fe, o lo haga contrariamente a lo que se esperaba, de manera opuesta a lo que entiende como la doctrina de los actos propios. Por ejemplo, en el caso que nos ocupa, si una sociedad matriz deja de tener el control de una sociedad filial y, habiéndose comprometido con la entidad bancaria mediante una carta de patrocinio, no ponga en conocimiento de la acreedora el cambio de la titularidad a la que, en su día, se comprometió. En este sentido, los efectos de podrían ser, principalmente, los de solicitar una indemnización por daños y perjuicios propios de la responsabilidad extracontractual propia del art. 1902 CC. Y, el texto por el que se originan las consecuencias de no ir en contra de los actos propios y, por el que la patrocinadora tendría la obligación de comunicar a la acreedora el control de la empresa patrocinada, a modo ilustrativo, bien podría ser el siguiente:

> *"Quiero dejar constancia del conocimiento por mi parte del otorgamiento de un préstamo a la empresa (nombre), por un importe de (tanta cuantía) por parte de esa entidad bancaria, formalizado con fecha (por ejemplo, fecha de 2023), ante el agente de Cambio y Bolsa (nombre). (Nombre empresa) SA es una compañía en donde yo mismo y mi grupo empresarial ostentamos una posición de mayoría absoluta en el capital de la misma y tenemos interés de que la citada operación se resuelva con toda normalidad. En el caso de que contempláramos la posibilidad de desprendernos de nuestra posición mayoritaria en (empresa patrocinada), SA, nos comprometemos a informarles y a estudiar con ustedes las medidas pertinentes para que dicha operación crediticia pudiera llegar a feliz término. Y, en cualquier caso, pondremos por nuestra parte todos los medios y medidas necesarias para que la operación tenga buen fin[16]".*

De las palabras de este texto, no se aprecian declaraciones que nos lleven a pensar que se trate de un ejemplo de declaración fuerte porque nada dice al respecto. Si bien, si se trata de una carta débil y carente de eficacia obligacional, sí que podría contemplarse, ocasionalmente, un supuesto de obligaciones de medios de los que se deriva la referida responsabilidad extracontractual[17]. Y ello es así porque al advertir la empresa patrocinadora que dispone de la mayoría del capital de la patrocinada, automáticamente genera confianza en la acreedora entidad bancaria para la concesión del crédito, que, no de existir el documento, no se contaría. Por tanto, si posteriormente a la emisión de la carta se producen actos posteriores de

---

16 Si bien este modelo de redacción ha sido extraído de la STS., núm. 96/2007, de 13 de febrero, (ECLI: ES:TS:2020:1026), la citada resolución no aborda un conflicto como consecuencia de un comportamiento por parte de la patrocinadora de ir en contra de los actos propios respecto de su propia patrocinada. Tan sólo se ha tratado de utilizar un modelo de carta como ilustración para incidir sobre el alcance de un posible comportamiento en contra de la doctrina de la buena fe. Se ha escogido esta Sentencia por el estudio realizado por el Alto Tribunal respecto de las cartas de patrocinio y su alcance sobre las partes de la relación triangular de las mismas.

17 Es de la misma opinión, SÁNCHEZ-CALERO GUILARTE, J., "Garantías bancarias: las cartas de patrocinio y las garantías a primera demanda", en AA.VV., *Los contratos bancarios,* Civitas, 1992. p.726.

la patrocinadora que pudieren resultar contrarios a los esperados por tal declaración, se podría incurrir en supuestos de responsabilidad civil extracontractual desde la perspectiva de la buena fe y confianza vulnerada.

III. SOBRE LA EFICACIA DE LAS *COMFORT LETTERS*

Ante la atipicidad de las cartas de patrocinio y la clasificación articulada por la jurisprudencia, el alcance parece claro. Serán vinculantes las cartas de confort que sean fuertes mientras que no generarán efecto alguno más allá de la recomendación las que resulten débiles.

Sin embargo, ante la diversidad de supuestos que presenta el tráfico mercantil, no es infrecuente que la concreción de consecuencias resulte labor compleja. Tanto por los intereses individuales de cada una de las partes de dicha relación triangular, como de los problemas de interpretación que se desprenden del contenido de las cartas. Y, nuevamente, ante la conflictividad entre las partes implicadas, surge la litigiosidad como consecuencia de dos cuestiones que van a ser objeto de análisis en el presente epígrafe. Esto es, los diferentes criterios de interpretación por el hecho de generar efectos distintos para declaraciones idénticas[18], como el alcance de la ambigüedad sobre el propio contenido de la carta.

1. A vueltas con los criterios de interpretación:

- El primero de los aspectos que debe tenerse en consideración es el de solucionar los problemas de interpretación que pueden presentar las cartas de patrocinio o, *comfort letters*. Especialmente, porque la atipicidad de las cartas puede generar dudas para el patrocinador, que debe realizar un análisis minucioso de las declaraciones expresadas en la carta[19]. Tanto porque, ante la carencia de una normativa

[18] ESPIGARES HUETE, J.C., "El Anteproyecto de Código Mercantil en sus previsiones sobre las cartas de patrocinio", *Revista Lex Mercatoria,* nº 2, 2016, pp. 43-49.

[19] Sobre este extremo se profundizará más adelante cuando se detalle el alcance de expresiones como las utilizadas en la STS núm. 540/2015, de 28 de julio, (ECLI: ES: TS: 2015: 4276), cuya carta de patrocinio examinada por el Alto Tribunal en casación contenía las expresiones siguientes: "*Muy Señores nuestros: Por la presente, confirmamos que tenemos conocimiento de la operación de descuento que por importe de … Les confirmamos que somos accionistas de esta sociedad y somos conocedores de que la citada operación se ha concedido en base a nuestra participación en la misma…Así mismo, les confirmamos que, en base a las relaciones que mantenemos con dicha compañía, nos comprome-*

que regule las cartas de patrocinio[20], los conflictos surgidos en torno a la interpretación de estas deben resolverse, en gran parte de los supuestos, por los tribunales. Como porque, en menor medida, según advierte la jurisprudencia,-(entre otras, son destacables las SSTS núm. 774/1985, de 16 diciembre, (ECLI:ES: TS: 1985: 1643), la núm. 529/2005, de 30 de junio, (ECLI: ES:TS:2005:4375), y, más recientemente, las de la STS núm. 540/2015, de 28 de julio, (ECLI: ES: TS: 2015: 4276) y núm. 424/2016, de 27 de junio, (ECLI: TS: 2016: 3055) respectivamente), no cabe la aplicación analógica del contrato de fianza ni tampoco de otras figuras afines como son los avales de primer requerimiento[21] habida cuenta que, entre ellas, no se aprecia la necesaria identidad de razón propia del art. 4.1 del Código Civil.

– Asimismo, es debatido que "las cartas de patrocinio plantean siempre, en casación, un problema de interpretación contractual"[22]. En este sentido, la peculiaridad del tratamiento jurisprudencial reside, también, en este aspecto que, por otra parte, corresponde a los tribunales de instancia. Con todo, más allá de estas cuestiones procesales, cabe traer a colación que, ante problemas de interpretación por la propia ambigüedad del contenido o redacción de las cartas de patrocinio, se debe acudir a dos preceptos de nuestro Código Civil.

a) Desde una perspectiva general, el primero de los preceptos indicados es el artículo 3 del Código Civil que establece los diferentes medios, métodos o procedimientos de interpretación del Derecho, en general y de las normas, en particular[23]. Ante un supuesto atípico como es el de las cartas de patrocinio, po-

---

temos frente a ustedes a realizar nuestros mejores esfuerzos, incluido el apoyo financiero para que (el nombre de la compañía) cumpla en todo momentos sus compromisos con ustedes…".

20 En el ALCM (2014), las cartas de patrocinio se incardinan en el Libro Quinto, Capítulo VIII, que lleva por título "Del contrato de Fianza y aval", Sección 1ª, a su vez, titulada "Del contrato de fianza o aval".

21 Para profundizar, ORDUÑA MORENO, F.J., Comentario sobre la jurisprudencia de la Sala 1ª del Tribunal Supremo de las Cartas de patrocinio. https://webcastlive.es/aranzadi/actualizacion-profesional/2016.htm?id=TS-440-2015_28-07-2016_424-2016_27-06-2016 (consultado el 29.09.2023)

22 Siguiendo a SÁNCHEZ CALERO, "De nuevo, el valor de las cartas de patrocinio", *RDBB*, núm. 106, Abril-Junio 2007, pp. 179-180, y ESPIGARES HUETE, J.C., "El Anteproyecto de Código Mercantil…", *cit.*, pp. 43-49.

23 En particular, el art. 3 del Código Civil dispone que: *"Las normas se interpretarán según el sentido propio de sus palabras, en relación con el contexto, los antecedentes históricos*

dría resultar de utilidad la máxima establecida en el art. 1091 del Código Civil, en tanto en cuanto, las cartas de confort o *comfort letters* se rigen por la teoría general de obligaciones y contratos. Y, por consiguiente, "*las obligaciones que nacen de los contratos tienen fuerza de ley entre las partes contratantes y deben cumplirse al tenor de los mismos*". El debate surge en el momento que se desconoce cuál es la verdadera intencionalidad de las partes. Con todo, parece acertado recurrir al primero de los preceptos referenciados que, bien podría resolver el conflicto atendiendo a las declaraciones expresadas por la empresa patrocinadora hacia la entidad bancaria acreedora con anterioridad a la concesión del crédito. Dicho esto, partiendo de la exégesis, el criterio gramatical "*atiende al sentido propio de sus palabras*". Y, en este contexto, de producirse un litigio, el intérprete judicial[24] ha de indagar el verdadero significado de éstas, atendiendo a su propio sentido y a las reglas gramaticales, dentro del conjunto de del instrumento jurídico que es la carta de patrocinio. Sin entrar en mayores precisiones, conviene subrayar que, para la doctrina, este criterio debe ser entendido en sentido amplio[25]. Con todo, la literalidad de las declaraciones realizadas por el emisor puede resultar insuficiente, y, considerando los mecanismos de interpretación enunciados en el art. 3 del Código Civil, podría también incorporarse el criterio sistemático. Esto es, ateniendo al contexto y a las relaciones de las partes por la que se constituye la garantía propia de la carta de patrocinio.

b) Mientras que, de otro, la ambigüedad con la que las partes redactan las cartas de patrocinio no es un factor menor. Especialmente, si, en muchos de los supuestos tal ambigüedad parte de la voluntad de quiénes las redactan porque les conviene porque

---

y legislativos y la realidad social del tiempo en que han de ser aplicadas, atendiendo fundamentalmente al espíritu y finalidad de aquellas.

24 En este sentido, la interpretación judicial realizada por jueces y tribunales en el ejercicio de su función jurisdiccional para la resolución de los casos o controversias que deban conocer debe ir precedida de una interpretación en abstracto. La singularidad especial de esta interpretación es que, forma parte del propio Derecho. Como es sabido, aunque el fallo es vinculante y obligatorio sólo para las partes que han intervenido en el proceso también puede dotar efectos más generales.

25 CALVO GARCÍA, M., *Teoría del Derecho,* 2º ed. Revisada y aumentada, Tecnos, 2000, p. 180.

no les interesa vincularse ni asumir tal obligación. Es más, algunos litigios como, por ejemplo, en la STS, núm. 424/2016, de 27 de junio, (ECLI: TS: 2016: 3055) se da el supuesto que la empresa patrocinadora no se firmó la carta hasta que el banco les manifestó que no era un aval, habida cuenta que, la patrocinadora no era tampoco matriz de la empresa filial deudora. Sin embargo, descifrar el contenido de la carta no es labor sencilla, y la variedad de significados que caracteriza a la ambigüedad debe determinarse según el contexto lingüístico. Como posible solución al respecto, se podría acudir a lo dispuesto en el art. 1282 del Código, que pone de manifiesto la necesidad de atender a los actos que los contratantes realicen, tanto de forma coetánea como en un momento posterior a la celebración del contrato para juzgar, la verdadera voluntad o intención de los partes.

2. *¿Resuelven dudas las propuestas de regulación?*

Más allá de lo pactado por las partes, se esperaba que las propuestas de regulación que habían contemplado la regulación de las cartas de patrocinio resolvieran la ambigüedad que adolecen estas figuras jurídicas.

Sin embargo, paradójicamente a las expectativas generadas, las propuestas de regulación de las cartas de patrocinio se alejan de lo dictado por la posición jurisprudencial del Tribunal Supremo. Por lo que, se incrementa, incluso más, la incertidumbre en torno a la verdadera eficacia de las cartas de patrocinio.

Por una parte, tanto el Anteproyecto (ALCM, 2014) como el PALCM (2018), han tomado la dirección opuesta a las resoluciones del Alto Tribunal[26], toda vez que su artículo 578-6 pone de manifiesto que el emisor de las manifestaciones *"asumirá iguales obligaciones que un fiador cuando la vinculación obligacional la hubiese asumido de modo claro o indubitado[27]"*. Por lo tanto, difiere del primer pronunciamiento jurisprudencial sobre la materia. Esto

---

[26] En este sentido, ESPIGARES HUETE, J.C., "El Anteproyecto de Código Mercantil en sus previsiones …", *cit.*, p. 44.

[27] El artículo 578-6 ALCM (2014) se consolidó en el texto de la PALCM (2018), y establece que, en las cartas de patrocinio que: *"El emisor de manifestaciones de patrocinio, de conformidad o de garantía, asumirá iguales obligaciones que un fiador por dicha manifestación cuando la vinculación obligacional la hubiese asumido de modo claro o indubitado, con expresiones vertidas que sean determinantes para la conclusión de la operación*

es, la STS núm. 774/1985, de 16 de diciembre, (ECLI:ES: TS: 1985: 1643), que dispone que "*la carta de patrocinio no embebe ni supone la constitución de una fianza, sino que son contratos atípicos con personalidad propia y que no pueden confundirse*[28]".Otro elemento distorsionador es la propia ubicación escogida por el legislador para incardinar dicha tipificación legal de las cartas de confort, —en la Sección 1° del Capítulo VII del Libro V, que lleva por rúbrica: *"Del contrato de fianza o aval"*, en los "contratos de garantía" justo después de la fianza mercantil. Por lo tanto, no es baladí mencionar que las cartas de patrocinio podrían confundirse con la propia esencia de las obligaciones asumidas por y en el contrato fianza. Lo que, a mi parecer, resulta una involución en la consolidación de esta declaración unilateral de garantía en nuestro ordenamiento por las siguientes razones. De un lado, porque se aleja del verdadero origen de las cartas de patrocinio tal y como se configuró en los sistemas del *Common Law* o derecho anglosajón en los que la propia ambigüedad reflejaba la posibilidad de recomendar a una empresa patrocinada, sin más efectos que los que se desprenden de lo que en nuestra jurisprudencia se ha denominado una "carta débil"; entendiendo, como tal, las como declaraciones de contenido puramente moral sin otro alcance o efecto jurídico. Y, de otro, porque al tratarse de un único precepto o precepto único, el ALCM (2014) no ha contemplado en su articulado la posibilidad de adoptar una carta débil. Por lo que, de adoptarse, podría resultar un texto del todo incompleto para la materia que nos ocupa.

En segundo término, resultaría razonable que, en aras de compartir la doctrina jurisprudencial elaborada por los tribunales, el legislador hubiese mantenido el texto del art. 578-11 de la PCM de 2013, que regulaba las cartas de patrocinio. En este sentido, se advertía que, el emisor de las manifestaciones de patrocinio, en términos simples, "*no contrae obligación como fiador por dicha mera manifestación, salvo que la hubiese asumido de modo claro e indubitado*"[29]. Con todo, como es sabido, las propuestas de regulación de

---

o actividad garantizada y con la intención de obligarse a prestar apoyo financiero o contraer deberes positivos de cooperación".

[28] No es esta resolución el único pronunciamiento judicial al respecto en diferenciar las cartas de patrocinio del contrato de fianza. Todas las resoluciones indicadas en el presente trabajo establecen sus diferencias más relevantes. Si bien, como se ha advertido con anterioridad, la STS, núm. 774/1985, de 16 diciembre, (ECLI:ES: TS: 1985: 1643) supone un referente jurisprudencial en tanto en cuanto fe la primera de las resoluciones que el Tribunal Supremo abordó sobre las cartas de patrocinio o *comfort letters*.

[29] A este respecto, no es una cuestión menor que, en menos de un año desde la elaboración de la PCM, el propio legislador se inclinara por un posicionamiento tan

las cartas de patrocinio no son directamente exigibles porque, al tratarse de textos jurídicos de Derecho blando *(soft law)*, su contenido es un simple código de conducta y no resulta vinculante para las partes. Por tal motivo, resulta necesario acudir a la propia carta para determinar cuál es el verdadero alcance de estas conforme al contenido y declaraciones escogidas por el emisor o empresa patrocinadora.

IV. CONCLUSIONES

A la vista de lo que antecede, conviene precisar que la determinación del alcance de las cartas de patrocinio no resulta labor sencilla. Especialmente, en aquellos supuestos de las denominadas cartas "fuertes". En este sentido, y recapitulando brevemente:

1) Resulta conveniente identificar el alcance de la carta de patrocinio emitida desde el origen, anticipando las soluciones que ofrece su contenido. Por lo que se requiere una redacción clara y no vinculante de la carta de patrocinio por parte de la patrocinadora.

2) En segundo término, no es desdeñable el esfuerzo del legislador para incorporar las cartas de patrocinio en las propuestas de regulación del Código Mercantil (PCM, 2013, ALCM 2014 y PALCM 2018). Con todo, dichas opciones no resuelven los conflictos porque son textos *soft law* que no desprenden vinculación obligacional alguna al tiempo que se alejan de los pronunciamientos jurisprudenciales del Tribunal Supremo. Y, por consiguiente, dichos preceptos no deberían suponer un retroceso para el propio desarrollo de las cartas de patrocinio ni incrementar el nivel de incertidumbre que ya, de por sí, se genera en la propia casuística ante de la diversidad de cartas emitidas.

3) El alcance de las cartas de patrocinio resulta una cuestión capital habida cuenta su frecuencia en la práctica mercantil. La inseguridad

---

opuesto en el contenido de las cartas de patrocinio. Especialmente, porque, a diferencia del ALCM (2014) la PCM (2013) en su artículo 578-11, la regla general apunta hacia el verdadero origen de la carta de patrocinio, identificada como "carta débil" que tan sólo reconocen una obligación moral, salvo que el emisor proceda a contraer "una obligación como fiador" por haberla asumido de modo claro e indubitado. De hecho, las propuestas han contemplado la incorporación de las cartas de patrocinio en figuras semejantes como la fianza. Con todo, a diferencia de la fianza, la responsabilidad de la patrocinadora en las cartas de patrocinio no es el cumplimiento de una obligación idéntica sino el de una prestación sustitutiva.

jurídica en torno a la eficacia vinculante de las cartas de patrocinio plantea la dicotomía de optar por la libertad contractual de las partes para adoptar una carta de confort frente al posible encorsetamiento legal de un texto que contemple dicha figura.

4) De proceder a la regulación de las cartas de patrocinio o *comfort letters,* la propuesta debería contar tanto con una definición como con una clasificación que distinga las cartas fuertes de las débiles, tal y como ha propuesto la jurisprudencia, al tiempo de incorporar un contenido obligacional mínimo correspondiente a dicha diferenciación.

5) En ausencia de norma, se debería volver al origen de las cartas de patrocinio convirtiéndolas únicamente en una figura flexible o carta débil, propia del derecho anglosajón cuyo objeto final sea un pacto colaborativo no vinculante entre todas las partes implicadas.

Sección II

Contratación y digitalización

El reglamento de servicios digitales y la resolución extrajudicial de litigios relacionados con las plataformas en línea

Rosa Pla Almendros
Estudiante del Máster Universitario en Derecho, Empresa y Justicia, y Becaria de colaboración en el Departamento de Derecho Internacional "Adolfo Miaja de la Muela"

SUMARIO: I. INTRODUCCIÓN AL REGLAMENTO DE SERVICIOS DIGITALES. II. CONTEXTO DE LA RESOLUCIÓN EXTRAJUDICIAL DE LITIGIOS. III. DECISIÓN OBJETO DE IMPUGNACIÓN. 1. Contenido ilícito o contrario a las condiciones generales. 2. Formas de adquirir consciencia o conocimiento efectivo del contenido ilícito. 3. Decisión impugnable adoptada por el prestador de la plataforma en línea. IV. RESOLUCIÓN EXTRAJUDICIAL DE LITIGIOS. 1. Obligaciones para el prestador de la plataforma en línea. 2. El órgano de resolución extrajudicial y su certificación. 3. Procedimiento. 4. Consideraciones adicionales. V. CONCLUSIONES.

I. INTRODUCCIÓN AL REGLAMENTO DE SERVICIOS DIGITALES

Desde que la Directiva 2000/31/CE[1], de comercio electrónico regulara hace más de veinte años —por primera vez en el contexto europeo— el comercio electrónico y los servicios de la sociedad de la información, la sociedad ha asistido a una transformación digital que ha traído consigo nuevos modos de prestar esos servicios, a través, por ejemplo, de las redes sociales o las plataformas en línea. Estos, además de comportar beneficios —como son las nuevas formas de comunicarse o de transaccionar—, entrañan significativos riesgos y desafíos para la sociedad en general y para sus destinatarios en particular.

---

[1] Directiva 2000/31/CE del Parlamento Europeo y del Consejo, de 8 de junio de 2000, relativa a determinados aspectos jurídicos de los servicios de la sociedad de la información, en particular el comercio electrónico en el mercado interior (Directiva sobre el comercio electrónico).

Ante este ecosistema en línea cada vez más complejo, el marco jurídico se ha mantenido prácticamente intacto[2] desde la citada Directiva, hasta el pasado noviembre de 2022, cuando la UE promulgó, en el contexto de su Estrategia Digital[3], el Reglamento de Servicios Digitales[4] (en adelante, "RSD"). Aunque este instrumento no entrará en vigor hasta febrero de 2024, se le augura tal importancia práctica que ha sido calificado como una "Constitución Digital para Europa"[5], que brilla en todo el ordenamiento jurídico comunitario dado su carácter horizontal[6].

En particular, además de contribuir al correcto funcionamiento del mercado interior, el objetivo principal del RSD es crear un entorno en línea seguro y fiable que proteja los Derechos Fundamentales de la Carta (art. 1), en consonancia con el llamado "constitucionalismo digital"[7]. En concreto, el RSD pretende reforzar los derechos de los destinatarios de los servicios digitales[8] y garantizarles una mayor seguridad y control

---

2 RODRÍGUEZ DE LAS HERAS BALLELL, T. "The background of the Digital Services Act: looking towards a platform economy", *ERA Forum*, 22, 2021, pp. 75-86, p. 75, (https://doi.org/10.1007/s12027-021-00654-w).

3 La Comisión Europea, con el objetivo de lograr la adaptación de la UE a la transformación digital y hacer de esta década una "Década Digital", está trabajando desde febrero de 2020 en aspectos tan variados como el Reglamento de Servicios Digitales, el Reglamento de Mercados Digitales, o las propuestas de Reglamento de Inteligencia Artificial y de Reglamento de Datos. El conjunto de estas leyes ha sido bautizado como "leyes digitales europeas".

4 Reglamento (UE) 2022/2065 del Parlamento Europeo y del Consejo de 19 de octubre de 2022 relativo a un mercado único de servicios digitales y por el que se modifica la Directiva 2000/31/CE (Reglamento de Servicios Digitales). *DO* n. L 277, de 27 de octubre de 2022.

5 VAN HOBOKEN, J., QUINTAIS, J. P., APPELMAN, N., FAHY, R., BURI, I., y STRAUB, M., Putting the DSA into practice: Enforcement, Access to Justice and Global Implications, *Amsterdam Law School Research Paper*, 13, 2023, *Institute for Information Law Research Paper*, 3, 2023, Verfassungsbooks, prólogo, (https://doi.org/10.17176/20230208-093135-0).

6 HUSOVEC, M., "Rising above liability: the Digital Services Act as a Blueprint for the Second Generation of Global Internet Rules", *Berkeley Technology Law Journal*, 38, 2023, pp. 101-137, p. 104, (DOI: https://doi.org/10.15779/Z38M902431).

7 GENTILE, G. "Between online and offline due process: the Digital Services Act", en ENGEL, A., y GROUSSOT, X. (Eds.), *New Directions in Digitalisation: Perspectives from EU Competition Law and the Charter of Fundamental Rights* (forthcoming), 2023, p. 2, (https://ssrn.com/abstract=4550655).

8 El destinatario del servicio es toda persona física o jurídica que utilice un servicio intermediario, en particular para buscar información o para hacerla accesible (art. 3.b)). Este destinatario pueden ser tanto un consumidor o usuario como un usuario profesional que utilice el servicio para promover sus productos (cdo. 2).

respecto a los productos, servicios y contenidos a los que puedan acceder online.

Para lograr dichas metas, el RSD actualiza y amplía la regulación contenida en la Directiva de comercio electrónico en lo referido a los servicios intermediarios[9] (mera transmisión, memoria caché y alojamiento de datos), introduciendo tres novedades (aquí) destacables.

En primer lugar, ha optado por la aprobación de un Reglamento —en vez de una Directiva[10]— con carácter horizontal, para evitar una indeseable fragmentación jurídica que impida consolidar el mercado único digital (cdos. 2 y 4)[11].

En segundo lugar, se ha modificado su ámbito de aplicación, sustituyendo el criterio de origen —utilizado en la Directiva— por el de destino. Así, el Reglamento resulta de aplicación a todos aquellos servicios intermediarios ofrecidos a destinatarios del servicio que tengan su lugar de establecimiento o estén situados en la UE, con independencia de donde esté establecido el prestador del servicio[12] (art. 2)[13]. Esta relevancia del instrumento tanto *ad intra* como *ad extra* de la UE, hace probable que el RSD genere un "efecto Bruselas"[14], en línea de lo ya ocurrido con el Reglamento (UE) 2016/679 General de Protección de Datos.

---

[9] Los servicios intermediarios son aquellos servicios de la sociedad de la información que establecen y facilitan la arquitectura lógica subyacente y el correcto funcionamiento de Internet (cdo. 28). Al final, estos servicios se encargan de ofrecer una transmisión de información rápida, segura y protegida, y garantizan la comodidad de todos los participantes del ecosistema en línea (cdo. 29).

[10] RODRÍGUEZ DE LAS HERAS BALLELL, T. "The background of the Digital Services Act… ", cit., p. 80.

[11] PONCE DEL CASTILLO, A. "The Digital Services Act package: reflections on the EU Comission's policy options", *European Economic, Employment and Social Policy*, 12, 2020, p. 2.

[12] Se entiende que los servicios intermediarios ofrecen sus servicios en la UE cuando (i) hagan posible que las personas físicas o jurídicas de uno o varios Estados Miembros utilicen sus servicios y, cumulativamente, (ii) tenga una conexión sustancial con la UE (art. 3.d)), conexión que existirá cuando el prestador de servicios tenga un establecimiento en la UE, en su defecto, cuando el número de destinatarios del servicio en uno o varios Estados Miembros sea significativo en relación con su población o, en su defecto, cuando se orienten actividades hacia uno o más Estados Miembros (art. 3.e) y cdos. 7 y 8).

[13] En consecuencia, plataformas archiconocidas como TikTok (asiática) o Instagram (estadounidense) también quedarán bajo el ámbito de aplicación del RSD cuando dirijan sus servicios a los usuarios establecidos en la UE.

[14] El "efecto Bruselas" se manifestará si los prestadores de servicios digitales cumplen con los estándares comunitarios del RSD no solo cuando se dirijan a los destinata-

En tercer lugar, el RSD ha introducido un conjunto de obligaciones de diligencia debida a los prestadores de servicios intermediarios que estén bajo su ámbito de aplicación. Estas obligaciones son distintas en función del tipo, tamaño y naturaleza de los prestadores de los servicios intermediarios (cdo. 41) y por ello se organizan en cinco secciones, dirigidas, respectivamente, a todos los prestadores de servicios intermediarios (sección 1), a los prestadores de servicios de alojamiento de datos (sección 2), a los prestadores de plataformas en línea (sección 3), a los prestadores de plataformas en línea que permitan a los consumidores celebrar contratos a distancia con comerciantes (sección 4), y a los prestadores de plataformas en línea de muy gran tamaño y de motores de búsqueda en línea de muy gran tamaño (sección 5).

Conviene resaltar que estas obligaciones son de carácter cumulativo o adicional, de manera que cada prestador de servicio intermediario deberá cumplir con las obligaciones comprendidas en cada una de las categorías a las que pertenezca (cdo. 41). Siguiendo ese criterio, los que afrontarán más obligaciones serán los prestadores de plataformas en línea —especialmente, los de muy gran tamaño—, que son un tipo de prestadores de servicios de alojamiento de datos (art. 3.g))[15] que almacenan información proporcionada por los destinatarios del servicio y a petición de estos, y la difunden a un número potencialmente ilimitado de personas (arts. 3.i) y k)). Algunos ejemplos de prestadores de plataformas en línea son redes sociales (*Facebook, Twitter, Instagram*) u otras plataformas que permiten la comercialización de bienes o servicios (*Amazon, Ebay*).

Sentado lo anterior, el objetivo del presente trabajo es estudiar tan solo una de las obligaciones de diligencia debida que se impone a las plataformas en línea: la resolución extrajudicial de litigios del art. 21 RSD.

---

rios establecidos en la UE, sino también cuando se dirijan a destinatarios situados en el resto de las jurisdicciones. En ese caso, se afirma que el RSD podrá convertirse, de facto, en una regulación global (y no solo comunitaria). Para más información, *vid.*, CHANDER, A., "When the Digital Services Act Goes Global", *Georgetown University Law Center*, 2023, (https://scholarship.law.georgetown.edu/facpub/2548).

15 Algunos ejemplos de servicios de alojamiento de datos son los servicios de computación en nube, de alojamiento web o servicios que permiten compartir información y contenidos en línea, incluido el almacenamiento y el intercambio de archivos (cdo. 29).

II. CONTEXTO DE LA RESOLUCIÓN EXTRAJUDICIAL DE LITIGIOS

La digitalización actual está suponiendo un "catalizador de conflictos (transfronterizos)"[16], especialmente gracias a servicios digitales como las plataformas en línea, que permiten difundir contenido ilícito al público en general[17].

Aunque la responsabilidad sobre el contenido ilícito siga recayendo sobre aquellos que lo proveen, lo cierto es que las plataformas en línea también pueden ser responsables por difundirlos (es la llamada responsabilidad secundaria). En este contexto, cobra significativa importancia el régimen de exención de responsabilidad de los prestadores de servicios digitales[18] que introduce el RSD en sus arts. 4 a 6 y 8, reproduciendo en términos prácticamente idénticos lo establecido en los arts. 12 a 15 de la Directiva de comercio electrónico[19].

En este sentido, cuando el prestador de la plataforma en línea adquiera —por sí mismo o a través de tercero— consciencia o conocimiento efectivo de la presencia en su servicio de contenidos ilícitos proporcionados por sus destinatarios, deberá tomar una decisión (unilateral) relacionada con el contenido ilícito con prontitud —p.ej. retirándolo o bloqueándolo—, so pena de no poder eximirse de responsabilidad por ese contenido (art. 6.1.b))[20]. Dicho de otro modo, el privilegio de exención de responsabili-

---

16 ORTOLANI, P. "The resolution of content moderation disputes under the Digital Services Act", *Giustizia Consensuale*, 2022, pp. 533-573, p. 534.

17 CASTELLÓ PASTOR, J.J., "Mediación en los conflictos derivados de los servicios digitales en la Unión Europea", en BARONA VILAR, S. (Ed.), Meditaciones sobre mediación (MED+), Tirant Lo Blanch, Valencia, 2022, pp. 357-380, p. 372.

18 Es destacable que el RSD solo incluye un régimen de exención de responsabilidad, pero no determina cuándo los prestadores de servicios intermediarios son responsables. Esta cuestión deberá ser determinada por el derecho de la UE o nacional que resulte aplicable (cdo. 17). En consecuencia, ello limita la capacidad de la UE para crear un único "level playing field", favoreciendo así la fragmentación del mercado interior. En este sentido, vid. TURILLAZZI, A., TADDEO, M., FLORIDI, L., y CASOLARI, F. "The digital services act: an analysis of its ethical, legal and social implications", *Law, innovation and technology*, 15, 2023, pp. 83-106, p. 98, (DOI: 10.1080/17579961.2023.2184136).

19 Nótese así que este régimen de exención no es una novedad del RSD, sino que reproduce lo que antes recogía la Directiva de comercio electrónico.

20 Es necesario recordar que este régimen de exención de responsabilidad es totalmente independiente de las obligaciones de diligencia debida que el RSD incluye como novedad (cdo. 41 in fine). Y de hecho, con esta diferencia el RSD consigue eliminar el sistema "binario" que hasta ahora prevalecía. Es decir, hasta ahora los tribunales po-

dad (art. 6) prevalecerá cuando las plataformas no tengan conocimiento sobre el contenido ilícito[21].

A pesar de que ese tipo de decisiones puede favorecer el entorno en línea seguro y fiable, lo cierto es que también puede vulnerar derechos fundamentales, como la libertad de expresión de aquel que proporcionó el contenido ilícito que ahora se ve restringido.

En este contexto, para alcanzar un entorno en línea seguro y libre de contenidos ilícitos sin dejar de lado la protección de los derechos fundamentales de la Carta (art. 1), el RSD crea y pone a disposición del afectado por la decisión del prestador de la plataforma relacionada con el contenido ilícito dos medios de impugnación de conflictos. Estos dos medios —los cuales configuran una suerte de sistema dual[22] que favorece el acceso a la justicia[23]— son el sistema interno de gestión de reclamaciones (art. 20) y el método de resolución extrajudicial de litigios (art. 21).

Como ya se ha avanzado, de estos dos mecanismos de ADR (*Alternative Dispute Resolution*) —o, mejor dicho, de ODR (*Online Dispute Resolution*)[24]—, tan solo se profundizará en el segundo. Para ello, lo primero de todo es estudiar las decisiones impugnables a través del mismo.

III. DECISIÓN OBJETO DE IMPUGNACIÓN

Las decisiones impugnables a través del art. 21 son *grosso modo* aquellas que dicta la plataforma en línea en relación con un contenido —por

---

dían decidir tan solo si imponer o no la responsabilidad. Sin embargo, el RSD permite que, aun quedando la plataforma en línea exenta de responsabilidad, esta pueda responder por el incumplimiento de las obligaciones de diligencia debida del Capítulo 3. Con ello, el objetivo es mantener la responsabilidad limitada de las plataformas en línea, mientras se incrementa la obligación de que rindan cuentas. Este fenómeno es denominado por Husovec como el principio de "accountability-but-not-liability". Vid. HUSOVEC, M. "Rising above liability: the Digital Services Act…", cit. p. 127.

21 HELDT, A., "EU Digital Services Act: The White Hope of Intermediary Regulation", en FLEW, T., y MARTIN, F. R., *Digital Platform Regulation. Global Perspectives on Internet Governance,* Editorial Palgrave Macmillan, 2022, pp. 69-84, p. 78, (https://doi.org/10.1007/978-3-030-95220-4).

22 CASTELLÓ PASTOR J.J., Mediación en los conflictos derivados de los servicios digitales… cit., p. 364.

23 ORTOLANI, P. "The resolution of content moderation disputes…", cit., p. 2.

24 Debido al carácter enteramente en línea de estos procedimientos, parte de la doctrina se ha referido a ellos como un "digital due process". Así, GENTILE, G. "Between online and offline due process…", cit., p. 4.

ella difundido—, el cual cuenta con un carácter ilícito o contrario a sus condiciones generales. De esta manera, resulta imprescindible comenzar definiendo el concepto de contenido ilícito (1) y analizando cómo el prestador de servicios puede detectarlo (2), para más tarde profundizar en las decisiones impugnables (3).

1. *Contenido ilícito o contrario a las condiciones generales*

Las decisiones impugnables dictadas por el prestador de la plataforma en línea no solo pueden estar relacionadas con un contenido ilícito, sino también incompatible con sus condiciones generales (art. 21.1 en relación con art. 20.1), el cual suele consistir en contenido lícito, pero dañino[25]. No obstante, estas son distintas para cada una de las plataformas, de modo que van a quedar fuera del objeto aquí estudiado.

En relación con el contenido ilícito, art. 3.h) RSD establece que será contenido ilícito "*toda información que, por sí sola o en relación con una actividad (…) incumpla el Derecho de la UE o el Derecho de cualquier Estado Miembro (…)*". Dicho de otro modo, el RSD parte del principio "what is ilegal offline should be illegal online"[26] (cdo. 12), de manera que, no es el RSD sino el derecho comunitario o nacional de los Estados Miembros de la UE los que definen el contenido ilícito. En la medida en que las normas nacionales de contenido ilícito no están armonizadas, puede ocurrir que ciertos contenidos sean ilícitos en un país, pero lícitos (aunque dañinos) en otro[27].

Sin duda, la dificultad de conocer la ley aplicable que regulará la moderación de contenidos[28] incrementa las (indeseables) fragmentación[29] e in-

---

25 ORTOLANI, P. "The resolution of content moderation disputes…", cit., p. 5.

26 Consejo de Europa (25 de noviembre de 2021). Press Release: What is illegal offline should be illegal online: Council agrees position on the Digital Services Act. (https://www.consilium.europa.eu/en/press/press-releases/2021/11/25/what-is-illegal-offline-should-be-illegal-online-council-agrees-on-position-on-the-digital-services-act/).

27 TURILLAZZI, A., TADDEO, M., FLORIDI, L., y CASOLARI, F. "The digital services act…", cit., p. 94.

28 En palabras de ORTOLANI, la moderación de contenidos constituye un "epifenómeno" de un conflicto bilateral entre la plataforma y un usuario, que tiene por objeto decidir si este último ha violado las condiciones generales de aquella o si ha publicado contenido ilegal. ORTOLANI, P. "The resolution of content moderation disputes…", cit., p. 2.

29 HUSOVEC, M. y ROCHE LAGUNA, I. "Digital Services Act: A Short Primer", en HUSOVEC, M. y ROCHE LAGUNA, I., *Principles of the Digital Services Act* (forthco-

seguridad jurídicas. En esta situación, parte de la doctrina considera que la falta de predictibilidad en la moderación de contenidos se está intentando compensar con la creación de medios de solución de controversias (arts. 20 y 21), y por esta razón consideran que el RSD ha adoptado —al menos parcialmente— un enfoque de "procedimiento antes que de fondo"[30].

2. *Formas de adquirir consciencia o conocimiento efectivo del contenido ilícito*

Aunque el RSD pretenda combatir los contenidos ilícitos accesibles en línea, no impone a los prestadores de las plataformas en línea una obligación de buscar activamente hechos o circunstancias que indiquen la existencia de actividades o contenidos ilícitos llevadas a cabo o difundidos por terceros destinatarios a través de sus servicios (art. 8 y cdo. 30)[31]. Esta prohibición de monitorización es imprescindible para evitar prácticas arbitrarias de censura[32] que puedan lesionar los derechos fundamentales.

Ahora bien, lo anterior no implica que el RSD no promueva la detección de contenidos ilícitos almacenados y difundidos a través de las plataformas en línea. En este sentido, este instrumento favorece tres vías distintas[33] para que la plataforma en línea los detecte.

La primera se define por la posibilidad de que el prestador de la plataforma en línea lleve a cabo investigaciones voluntarias y por iniciativa propia para detectar contenidos ilícitos (art. 7). Con el objetivo de fomentar estas investigaciones —que se suelen llevar a cabo mediante sistemas de moderación de contenidos (art. 3.t)—, el RSD recoge la denominada

---

ming), Oxford University Press, Oxford, 2023, pp. 1-12, p. 11.

30 ORTOLANI, P. "The resolution of content moderation disputes…", cit., p. 7.

31 Se ha considerado que esta prohibición general de monitorización del art. 8 constituye una expresión del principio de la responsabilidad compartida o *share burden*. Para más información, *vid.*, HUSOVEC, M. "Rising above liability: the Digital Services Act…", cit., p. 131.

32 SANTISTEBAN GALARZA, M., "Garantías frente a la moderación de contenidos en la Propuesta de Reglamento Único de Servicios Digitales", *Revista CESCO de Derecho de Consumo,* 41, 2022, pp. 159-179, p. 161, (https://doi.org/10.18239/RCDC_2022.41.3103).

33 En este contexto hay que aclarar que no cabe considerar que esa consciencia o conocimiento efectivo se obtengan por el mero hecho de que el prestador de la plataforma en línea sea consciente de forma general de que su servicio se utiliza también para almacenar contenidos ilícitos, ni por el hecho de que disponga una función de búsqueda o recomiende información basándose en los perfiles o preferencias de los destinatarios del servicio (cdo. 22).

"cláusula del buen samaritano"[34], estableciendo que llevarlas a cabo (de buena fe y con diligencia) no influye en la posibilidad de que el prestador de la plataforma pueda acogerse a la exención de responsabilidad del art. 6. Además, las investigaciones voluntarias tampoco permiten presumir que el prestador conoce el contenido ilícito que se aloje en su servicio (cdo. 26).

A pesar de ser investigaciones voluntarias, hay quien opina[35] que si se trata de servicios de alojamiento de datos con riesgo de difusión de contenidos ilícitos —como ocurre en el caso de las plataformas en línea—, la adopción de este tipo de mecanismos debería considerarse obligatoria para que se pueda considerar que actúan de forma diligente y poder eximirle de responsabilidad.

La segunda vía que permite a las plataformas en línea conocer un contenido ilícito es el mecanismo de notificación y acción del art. 16. Se trata de una obligación impuesta al conjunto de prestadores de servicios de alojamiento de datos, por la que deben establecer mecanismos electrónicos para que cualquier persona o entidad —incluyendo a los alertadores fiables o "trusted flaggers"[36]— pueda notificarles que en su servicio se alojan elementos de información que, a su juicio, son ilícitos[37]. Tras la notificación que realice la persona o entidad[38], el prestador deberá adoptar una

---

34 BULTEN, M. C., "The Digital Services Act: From Intermediary Liability to Platform Regulation", *JIPITEC*, 12. 2021, pp. 361-380, p. 373.

35 DE MIGUEL ASENSIO, P. A., *Manual de Derecho de las nuevas tecnologías. Derecho digital*, Pamplona, Aranzadi Thomson Reuters, 2023, p. 77.

36 Los *trusted fluggers* o alertadores fiables son entidades públicas, privadas o no gubernamentales que, tras solicitar y haber recibido esta condición por cumplir un conjunto de requisitos (art. 22), se dedican a informar a las plataformas en línea de la existencia en sus servicios de contenidos ilícitos, sobre los que tienen conocimientos especializados Para más información, *vid.* CASTELLÓ PASTOR, J.J., "Nuevo régimen de responsabilidad de los servicios digitales que actúan como intermediarios a la luz de la propuesta de Reglamento relativo a un mercado único de servicios digitales", en CASTELLÓ PASTOR, J.J. (Dir.), *Desafíos jurídicos ante la integración digital: aspectos europeos e internacionales*, Pamplona, Aranzadi Thomson Reuters, 2021, pp. 37-76, p. 64.

37 A diferencia de las investigaciones voluntarias, que permiten al prestador del servicio conocer la existencia de contenidos ilícitos o incompatibles con las condiciones generales, el mecanismo de notificación y acción solo permite comunicar la existencia de elementos de contenidos ilícitos, pero no incompatibles con las condiciones generales.

38 Existen distintos supuestos en los que terceros pueden estar interesados en la remoción de un contenido ilícito. Por ejemplo, cuando el titular de una marca

decisión al respecto[39] "en tiempo oportuno y de manera diligente" (art. 16). Más allá de ello, no se concreta el plazo de resolución, señalándose tan solo que dependerá del contenido ilícito que se notifica y la urgencia de tomar medidas, y del sujeto notificante (cdo. 52 y art. 22).

Sea quien sea quien comunique una notificación del art. 16, se considera que la misma proporciona al prestador de la plataforma en línea un conocimiento efectivo del contenido ilícito cuando le permita determinar, sin un examen jurídico detallado, que la información o la actividad pertinentes son ilícitas (art. 16.3). Esta presunción, sin embargo, es criticada porque incentiva a la plataforma en línea a eliminar —incluso injustificadamente— el contenido notificado para evitar el riesgo de no poderse eximir de responsabilidad en virtud del art. 6.1.b)[40].

En tercer y último lugar, los prestadores de plataformas en línea también pueden conocer la existencia de un contenido ilícito almacenado en sus servicios cuando reciban una orden de actuación contra elementos concretos de contenido ilícito emitida por una autoridad judicial o administrativa nacional competente (art. 9). No obstante, en este supuesto, el prestador de la plataforma en línea, en lugar de adoptar una decisión contra el contenido ilícito, se limita a acatar lo dispuesto en la orden y en el art. 9. En consecuencia, este supuesto queda al margen del análisis del presente texto.

3. *Decisión impugnable adoptada por el prestador de la plataforma en línea*

Cuando por sí mismo o por tercero (dejando de lado la orden del art. 9), el prestador de la plataforma en línea detecte el contenido ilícito o presuntamente ilícito, actuará adoptando una decisión relativa a ese contenido, la cual podrá ser impugnada, entre otras opciones, a través de la resolución extrajudicial de litigios del art. 21. En concreto, este mecanismo de resolución puede ser empleado para resolver litigios relativos a (art. 21.1):

i. las decisiones tomadas por el prestador de la plataforma en línea cuando, tras recibir una notificación del art. 16, decide o no atacar el contenido presuntamente ilícito,

---

quiera que se elimine un contenido que infringe su derecho exclusivo de marca.

39 La no contestación por parte del prestador de la plataforma en línea constituye un incumplimiento de una obligación de diligencia debida (art. 16.4), de modo que el notificante le podrá exigir una indemnización por daños y perjuicios (art. 54).

40 BARCZENTEWICZ, M., "The Digital Services Act: Assessment and Recommendations", 2021, p. 14, (http://dx.doi.org/10.2139/ssrn.3874961).

ii. las decisiones tomadas por el prestador de la plataforma en línea sobre la base de que la información proporcionada por los destinatarios del servicio constituye un contenido ilícito o incompatible con sus condiciones generales —cuando haya tenido conocimiento de esta información por una vía distinta a la de la notificación—, y

iii. las reclamaciones que no se hayan resuelto a través del sistema interno de tramitación de reclamaciones del art. 20, que incluyen, tanto aquellas respecto de las cuales el destinatario del servicio no haya obtenido una respuesta por parte de la plataforma, como aquellas respecto de las que cuales sí haya obtenido respuesta, pero en un sentido distinto al que había solicitado (cdo. 59)[41].

Al final, lo anterior se reduce a que pueden acudir a la resolución extrajudicial de litigios, habiendo previamente o no acudido al sistema interno de gestión de reclamaciones, los destinatarios del servicio o notificantes que se vean afectados negativamente por la decisión que la plataforma haya dictado en relación con los contenidos ilícitos o presuntamente ilícitos proporcionados por el primero —esto es, por el destinatario del servicio[42]—. Que quien impugne sea el destinatario o el notificante —si hay— depende del sentido de la decisión.

a) Si el prestador de la plataforma en línea conoce el contenido efectivamente ilícito almacenado y difundido por un destinatario a través de su plataforma gracias a sus propias investigaciones, o considera ilícito el contenido que a través de una notificación le facilita un tercero, el prestador debe adoptar una decisión actuando contra ese contenido para eximirse de responsabilidad (art. 6.1)[43]. Esta decisión puede consistir en cuatro medidas distintas (art. 20.1, por remisión del 21.1), de entre las que destacan

41 LLOPIS NADAL, P., "Plataformas en línea y decisiones sobre contenidos...", cit., p. 166.

42 En definitiva, la moderación de contenidos, al decidir sobre la visibilidad o restricción de los mismos, está constituyendo una forma de resolución "de facto" contra la que los afectados deben poder contar con medios de impugnación a su alcance. En este sentido, vid. ORTOLANI, P. "The resolution of content moderation disputes...", cit., p. 3.

43 Si el prestador de la plataforma adquiere consciencia o conocimiento efectivo del contenido ilícito y no actúa con prontitud contra él tomando alguna de las medidas anteriormente mencionadas, no podrá eximirse de responsabilidad (art. 6.1.b)). Sin embargo, ello no comporta que la plataforma sea responsable, puesto que este extremo lo tendrá que determinar el derecho de la UE o nacional que resulte aplicable (cdo. 17).

la restricción de la visibilidad del contenido o su eliminación, la desmonetización o la suspensión o incluso supresión de la cuenta del destinatario del servicio.

Sea cual sea la medida elegida, el prestador deberá comunicar la decisión al destinatario que ha proporcionado el contenido por ella atacado (art. 17[44] y cdo. 54) y, en caso de que lo haya, al notificante (art. 16.5). En este caso, el destinatario del servicio que ha proporcionado el contenido ilícito es el que puede entender afectados algunos de sus derechos fundamentales como la libertad de expresión o información, y por tanto quien tendrá interés en impugnar la decisión.

b) Si el prestador de la plataforma en línea recibe una notificación de un tercero sobre contenidos presuntamente ilícitos (art. 16) y considera que a su juicio no son ilícitos, adoptará una decisión con medidas las contrarias a las del supuesto anterior: no restringirá la visibilidad del contenido, ni suspenderá la cuenta del destinatario.

Esta decisión se comunicará al notificante (art. 16.5), pero no al destinatario que ha proporcionado el contenido —no se ve afectado—. En esa línea, en esta ocasión será la persona o entidad que ha enviado la notificación la que vea vulnerados sus intereses —ya que no se han atendido sus pretensiones de atacar un contenido presuntamente ilícito— y tenga intención de acudir a la resolución extrajudicial de litigios.

IV. RESOLUCIÓN EXTRAJUDICIAL DE LITIGIOS

Una vez el prestador de la plataforma en línea ha dictado la decisión impugnable, el destinatario —o notificante—puede exigir al prestador de la plataforma en línea, o bien directamente, o bien tras acudir al sistema interno de gestión de reclamaciones (art. 21.1 y cdo, 59), que se someta a un órgano de resolución extrajudicial certificado, que deberá resolver en un plazo de 90 días a través de una resolución no vinculante.

El método de resolución extrajudicial de litigios del art. 21 se va a exponer siguiendo la siguiente estructura: obligaciones para el prestador de la

---

44 Según el art. 17, la plataforma debe comunicar al afectado las razones que explican su decisión. Esta obligación de transparencia ha sido enormemente bienvenida por la doctrina, si bien ha criticado que no se imponga cuando la decisión se toma a raíz de una notificación del art. 16. Entre otros, *vid.* ORTOLANI, P. "The resolution of content moderation disputes…", cit., p. 10.

plataforma en línea (1), órgano de resolución extrajudicial y su certificación (2) y procedimiento (3).

1. Obligaciones para el prestador de la plataforma en línea

En correlación al derecho del destinatario o notificante de acudir a la resolución extrajudicial de litigios, el RSD impone al prestador de la plataforma en línea un conjunto de obligaciones, que se pueden sintetizar en tres.

En primer lugar, el prestador de la plataforma en línea queda obligado a someterse a un órgano de resolución extrajudicial de litigios certificado elegido unilateralmente por el destinatario del servicio cuando este lo decida.

En segundo lugar, el prestador debe asegurarse de que el destinatario del servicio puede acceder a la resolución extrajudicial de litigios de forma fácil, clara y sencilla a través de su interfaz en línea, y está informado de ello[45].

Por último, el prestador está obligado a colaborar de buena fe con el órgano de resolución extrajudicial, y tan solo puede negarse a ello cuando el mismo litigio —en especial, misma información y motivos de ilegalidad— esté pendiente de resolver o haya sido resuelto por un órgano jurisdiccional competente o por otro órgano de resolución extrajudicial de litigios competente certificado (art. 21.2 y cdo. 59). En consecuencia, no se puede negar a colaborar cuando quien ha resuelto con anterioridad ha sido el sistema interno de gestión de reclamaciones.

2. El órgano de resolución extrajudicial y su certificación

Aunque el legitimado activo puede decidir el órgano de resolución extrajudicial ante el que quiere iniciar el litigio, no tiene libertad plena para designarlo, sino que está condicionada a que el órgano esté certificado según las disposiciones del Reglamento.

Si bien este órgano puede contar con una naturaleza privada, pública o mixta (art. 21.6 y cdo. 59), en este caso la atención se va a centrar en el primero. Así, el organismo privado que quiera actuar como tal tendrá que solicitar su certificación al coordinador de servicios digitales del Estado

---

45 Este deber de información constituye una novedad bien recibida con respecto a la Propuesta de Reglamento. BARCELÓ COMPTE, R., "Las plataformas online y la resolución extrajudicial de litigios: cuestiones críticas", en ROMERO PRADAS, M. I., (Ed.) *Hacia una nueva tutela efectiva de consumidores y usuarios.* Valencia, Tirant lo Blanch, 2022, pp. 617-630, p. 621.

Miembro en el que esté establecido[46]. Tras ello, este deberá comprobar que aquel cumple con el conjunto de requisitos establecidos en el art. 21.3. Entre ellos, destacan la imparcialidad, independencia, eficiencia y eficacia al resolver, o la necesidad de que sea accesible a través de tecnologías de comunicación electrónica[47].

Una vez el coordinador de servicios digitales comprueba el cumplimiento de todas esas condiciones[48], debe emitir un documento (certificado) que certifique a la entidad por un periodo máximo de cinco años —renovable— y debe comunicárselo a la Comisión Europea para que lo incluya en una lista pública de órganos certificados de resolución extrajudicial de litigios.

La certificación expedida por el coordinador de servicios digitales del lugar de establecimiento del órgano de resolución debe tener validez en todos los Estados Miembros (cdo. 59), de manera que los órganos de resolución extrajudicial pueden resolver conflictos en cualquier Estado Miembro.

3. Procedimiento

Una vez el legitimado activo haya elegido el órgano de resolución extrajudicial, comienza el procedimiento, sobre el cual el RSD regula los siguientes aspectos.

En primer lugar, la legitimación activa les corresponde a "los destinatarios del servicio, incluidas las personas físicas o entidades que hayan enviado notificaciones, a quienes vayan destinadas las decisiones" (art. 21.1). De aquí se desprende, tal y como se ha dejado entrever más arriba, que los

---

46 El coordinador de servicios digitales, según el art. 49.2 RSD, es el "responsable de todas las materias relacionadas con la supervisión y garantía del cumplimiento del presente Reglamento". Cada Estado Miembro debe designar a un coordinador de servicios digitales para que efectúe esa función en su territorio (art. 49.2 RSD). Sin embargo, ciertas voces doctrinales consideran que sería mejor haber optado por un único coordinador de servicios digitales para la totalidad de Estados Miembros, en pro del mercado único. En concreto, *vid.*, CASTELLÓ PASTOR J.J., Mediación en los conflictos derivados de los servicios digitales…, cit., p. 378.

47 Este requisito convierte a este mecanismo de resolución extrajudicial de litigios en un mecanismo ODR —*online dispute resolution*—, creando un medio de solución de controversias en línea que permita resolver las controversias surgidas de esta misma manera, esto es, online.

48 En el momento en que dejen de cumplirse, el coordinador de servicios digitales deberá, previa audiencia, revocar la certificación (art. 21.7), y también comunicarla a la Comisión Europea (art. 21.8).

legitimados activos son tan solo el destinatario que ha proporcionado el contenido ilícito o presuntamente ilícito, y el notificante del art. 16 (incluyendo al alertador fiable), siempre y cuando sean destinatarios directos de las decisiones del prestador de la plataforma en línea[49].

De una interpretación *sensu contrario* se infiere que la legitimación activa se le niega a dos grupos de sujetos. El primero de ellos son los prestadores de las plataformas en línea, para los cuales, sin embargo, sería útil poder acudir a estos órganos especializados cuando han de decidir acerca del carácter ilícito o incompatible del contenido[50]. El segundo grupo de sujetos a los que se niega la legitimación está formado por aquellos que han sido afectados por la decisión, pero no de forma directa porque no son destinatarios de la misma, sino indirecta (p.ej. son víctimas de conductas vulneradoras de dignidad humana, propiedad intelectual o discriminación). Ahora bien, la protección otorgada a los afectados indirectamente es mayor que la de los prestadores de las plataformas en línea, pues estos solo tienen abierta la vía de los órganos jurisdiccionales, mientras que aquellos cuentan con legitimación activa en el sistema interno de reclamaciones (art. 20).

El segundo de los extremos que regula el RSD sobre el procedimiento es el relativo al plazo de resolución. Este debe ser razonable y como mucho de 90 días naturales desde que el órgano recibe la reclamación, salvo en litigios de gran complejidad, en cuyo caso el órgano discrecionalmente puede incrementar el plazo por otros 90 días (art. 21.4).

En tercer lugar, y distanciándose de lo que estipulaba la propuesta de Reglamento de diciembre de 2020, la resolución del órgano certificado no es vinculante para ninguna de las partes (art. 21.2). Este aspecto convierte en voluntaria la solución impuesta por el tercero imparcial, tanto para el que impugna como para la plataforma en línea[51]. A cambio, el carácter no vinculante permite a cualquiera de las partes —impugnante o platafor-

---

49 Nótese que puede ser que no sean destinatarios al mismo tiempo. Ello ocurre, además de en los supuestos de ausencia de notificación del art. 16, en aquellos en los que, habiendo notificación, el prestador de la plataforma en línea haya considerado que el contenido comunicado no tiene carácter ilícito, en cuyo caso solo será destinatario de la decisión el notificante, pero no el destinatario que ha proporcionado el contenido controvertido.

50 LLOPIS NADAL, P., "Plataformas en línea y decisiones sobre contenidos...", cit., p. 163.

51 Que la resolución la imponga un tercero imparcial con carácter no vinculante impide que la resolución extrajudicial del art. 21 se pueda equiparar a la conciliación (donde el tercero puede proponer, pero no imponer), a la mediación

ma— acudir a los órganos jurisdiccionales incluso una vez resuelto el litigio (cdo. 59).

Si ello ocurre, esto es, si una vez resuelto el litigio por el órgano certificado cualquiera de las partes acude al procedimiento judicial, se cuestiona cuál sería el valor en él de la decisión del órgano certificado. A este respecto, LLOPIS NADAL propone que, dado el conocimiento especializado de los órganos que resuelven, se trate como un informe elaborado por expertos, sin perjuicio de que se cite a declarar en calidad de peritos a las personas del órgano certificado que han resuelto el litigio[52].

Por último, el RSD también regula el pago de costas y honorarios (art. 21.5). Respecto a la cuantía de los honorarios, es distinta para la plataforma y para el destinatario. Los que se cobren a la plataforma deben ser razonables y nunca superiores a los costes en que haya incurrido el órgano de resolución, mientras que, para los destinatarios, los honorarios serán gratuitos o poco costosos —salvo cuando actúen de mala fe— (cdo. 59).

En cuanto a quién está obligado a pagar los honorarios y el resto de los gastos derivados del litigio, hay que diferenciar dos situaciones. Si el litigio se resuelve a favor del destinatario del servicio o de la persona o entidad notificante, el prestador de la plataforma será quien deberá pagar, además de todos los honorarios que cobre el órgano de resolución —tanto los correspondientes a la plataforma como al destinatario—, los gastos que el destinatario haya abonado en relación con la resolución del litigio. Por otra parte, si el litigio se resuelve a favor de la plataforma, en este caso, el destinatario deberá pagar al órgano solo los honorarios y los gastos que le correspondan a él, mientras que la plataforma deberá sufragar la parte de los honorarios que le corresponda. En este caso, por tanto, cada uno se hace cargo de sus gastos, salvo que el órgano demuestre que el destinatario actuó "manifiestamente de mala fe".

Expuesto el sistema de costas y honorarios, la doctrina lo critica en un doble sentido. De un lado, es discutible que los prestadores de plataformas en línea no puedan cubrir sus costes, ni siquiera cuando la resolución les favorezca. Por este motivo, un sector doctrinal exige que se elimine esta obligación o bien que se aplique tan solo a las plataformas en línea de muy gran tamaño[53].

(donde el mediador ni siquiera propone) o al arbitraje (que desemboca en una resolución vinculante).

52 LLOPIS NADAL, P., "Plataformas en línea y decisiones sobre contenidos…", cit., p. 172.

53 BARCZENTEWICZ, M., "The Digital Services Act…", cit., p. 15.

De otro lado, se suscita un problema en cuanto a la financiación de los órganos de resolución extrajudicial. En teoría, las partes deberían satisfacerles los honorarios según las reglas más arriba expuestas —que, como mucho permitirían cubrir el coste del procedimiento—, si bien el carácter no vinculante de la resolución (ni del pronunciamiento sobre las costas y honorarios) hace posible y lícito que ninguna de las partes satisfaga el pago. Sin duda, ello puede desincentivar a los organismos privados en la solicitud de la certificación para resolver extrajudicialmente los litigios, hecho que desembocará en que sean los Estados Miembros los que, no obligados por el RSD (cdo. 59) pero sí por las circunstancias, acaben estableciendo tales órganos de resolución extrajudicial.

Nada más dice el RSD en cuanto al procedimiento —ni siquiera regula un plazo mínimo para impugnar la decisión—[54], tan solo exigiéndose que este sea claro, justo, accesible y conforme al derecho aplicable (art. 21.3.f)). Dicho de otro modo, el resto de los elementos del procedimiento deberán ser regulados por el órgano de resolución extrajudicial, en consonancia con la ley aplicable[55].

4. Consideraciones adicionales

Para acabar, se presentan algunas consideraciones relativas a la posibilidad de acudir al mecanismo de resolución extrajudicial del art. 21.

En primer lugar, no podrá utilizarse —tampoco el mecanismo interno del art. 20— cuando la decisión sea adoptada por una plataforma en línea calificada como microempresa o pequeña empresa, o que lo haya sido durante los doce meses anteriores, a salvo de que haya sido designada como plataforma en línea de muy gran tamaño en virtud del art. 33[56], cuya mayor

---

54 HUSOVEC, M., "Certification of Out-of-Court Dispute Settlement Bodies under the Digital Services Act", *London School of Economics.* Londres, 2023, pp. 1-12, p. 3, (https://papers.ssrn.com/sol3/papers.cfm?abstract_id=4501726).

55 Este amplio margen de libertad otorgado para la configuración de los procedimientos de resolución puede acarrear una disminución de su calidad. En este sentido, vid. WIMMERS, J., "The out-of-court dispute settlement mechanism in the digital services act. A disservice to its own goals", *Journal of intellectual property, information technology and electronic commerce law,* 12, 2021, pp. 381-401, p. 382.

56 Las plataformas en línea de muy gran tamaño son aquellas que, teniendo un promedio mensual de destinatarios del servicio activos en la UE igual o superior a 45 millones, sea designada como tal por la Comisión Europea (art. 33). Como el criterio para determinar cuándo una plataforma es de muy gran tamaño es distinto al criterio para determinar si se trata de una empresa pequeña o microempresa,

influencia sobre los destinatarios del servicio justifica que no quede incluida en la excepción[57]. Tal y como apunta la Recomendación 2003/361/CE[58], las microempresas son aquellas que cuentan con menos de diez trabajadores y un volumen de negocios anual o balance general inferior a 2 millones de euros, mientras que las empresas pequeñas cuentan con menos de cincuenta asalariados y un volumen de negocios anual o balance general inferior a 10 millones de euros[59].

En estos casos, el único remedio para impugnar la decisión adoptada por la plataforma en línea será el recurso a los órganos judiciales, salvo que aquella voluntariamente decida someterse a estos u otros mecanismos alternativos de resolución de conflictos en sus condiciones generales (cdo. 57). En esta situación, la mayoría de los destinatarios —ya sean consumidores o usuarios profesionales (cdo. 2)— preferirán no impugnar la decisión para evitar un procedimiento transfronterizo judicial caro, lento y burocrático, y desproporcionado en comparación con el escaso valor económico de la controversia[60].

---

es posible que coincidan, esto es, que una empresa pequeña o microempresa sea de muy gran tamaño por contar con más de 45 millones de destinatarios activos. Sin embargo, la probabilidad de que ello ocurra es pequeña. De hecho, el pasado 25 de abril de 2023 la Comisión Europea designó las primeras plataformas de muy gran tamaño (fueron 15), y entre ellas no figura ninguna empresa pequeña o microempresa (son algunas como Facebook, Booking.com, Zalando, TikTok, Twitter, Wikipedia o Youtube).

57 De hecho, a estas se les ha calificado como "cuasi-estados" dadas sus dimensiones y su poder. En este sentido, vid. COROADO, S., "Leviathan vs Goliath or States vs. Big Tech and what the digital services act can do about it", *Forum transregionale Studien*, 2023, p. 15.

58 Recomendación de la Comisión de 6 de mayo de 2003, sobre la definición de microempresas, pequeñas y medianas empresas [notificada con el número C(2003) 1422].

59 Aunque la exclusión, en función del tamaño, de las plataformas en línea más pequeñas busca evitar cargas desproporcionadas para estas (art. 19 y cdo. 57), se critica el criterio de exclusión sea el tamaño y no la evaluación del riesgo, en la medida en que empresas excluidas por tamaño pueden aun así facilitar la difusión de contenidos ilícitos en línea, y frente a estos no se puede acudir al mecanismo del art. 21. En este sentido, vid. SAGAR, S., y HOFFMAN, T., "Intermediary liability in the EU Digital Common Market – from the E-Commerce Directive to the Digital Services Act", *IDP: Revista d'internet, dret y política,* 34, editorial UOC, 2021, pp. 1-12, p. 8, (https://doi.org/10.7238/IDP.V0I34.387691).

60 NAVA GONZÁLEZ, W., "Los mecanismos extrajudiciales de resolución de conflictos en línea: su problemática en el derecho internacional privado", *Anuario Colombiano de Derecho Internacional,* 13. 2019, pp. 187-208, p. 193, (DOI: 10.12804/revistas.urosario.edu.co/acdi/a.7524).

En segundo lugar, tampoco se puede acudir a ninguno de los mecanismos de los arts. 20 o 21 —reduciendo las posibilidades de impugnación a los tribunales— cuando la decisión sea dictada por cualquier otro prestador de un servicio de alojamiento de datos distinto de los prestadores de plataformas en línea.

En tercer lugar, el sistema interno de gestión de reclamaciones (art. 20) y la resolución extrajudicial de litigios (art. 21) se relacionan de forma alternativa y subsidiaria al mismo tiempo. De esta manera, los legitimados activos pueden elegir para impugnar entre el mecanismo interno de reclamación o la resolución extrajudicial de litigios y, además, si deciden acudir primero al sistema interno de gestión de reclamaciones, también podrán optar, subsidiariamente, por la resolución extrajudicial de conflictos —incluso aun cuando el sistema interno no haya resuelto—. Además, en cualquier momento podrán acudir a los órganos judiciales, a los cuales siempre es posible recurrir[61] para conservar el derecho a la tutela judicial efectiva de un órgano jurisdiccional conforme con el Derecho nacional (cdo. 55).

En cuarto y último lugar, teniendo en cuenta que la decisión impugnable es normalmente dictada por medios exclusivamente automatizados (cdo. 54) —esto es, a través de la Inteligencia Artificial—, hay que aplaudir que se exija que la revisión de la decisión la realice un humano en cualquiera de los métodos de impugnación (arts. 20 y 21). De esta manera, se evita que la IA tenga que determinar si un contenido es contrario al ordenamiento jurídico, dadas sus limitaciones para comprender el contexto o la finalidad del autor[62].

V. CONCLUSIONES

El RSD, siguiendo su objetivo de proteger los derechos fundamentales de los destinatarios del servicio, ha incluido un mecanismo de resolución extrajudicial de litigios que les permita impugnar las decisiones adoptadas

---

61 Es preciso aclarar que acudir a los órganos judiciales después de haberlo hecho a cualquiera de los mecanismos de los arts. 20 o 21, en ningún caso implica que se esté "recurriendo" la resolución en sentido procesal, sino que se está conociendo —por los tribunales— por primera vez. DE MIGUEL ASENSIO, P., "Reglamento de Servicios Digitales (IV): obligaciones de todas las plataformas en línea", *Pedro de Miguel Asensio.* 21 de noviembre de 2022, https://pedrodemiguelasensio.blogspot.com/2022/11/reglamento-de-servicios-digitales-iv.html

62 SANTISTEBAN GALARZA, M., Garantías frente a la moderación de contenidos...", cit., p. 73.

por los prestadores de las plataformas en línea en relación con el contenido por ellos compartido[63].

La finalidad es brindarles un medio de impugnación rápido, flexible, económico y alternativo a los órganos judiciales, los cuales no siempre se erigen como la mejor forma de resolver los conflictos surgidos en un entorno en línea por varios motivos: sus procedimientos son lentos y costosos[64], conllevan un elevado coste en comparación con el valor económico de la controversia —que suele ser escaso—, son complejos —especialmente si se tiene en cuenta que estas controversias suelen contar con un carácter transfronterizo[65]—, y, además, resultaría demasiado ambicioso pensar que los jueces van a poder revisar las cuantiosísimas decisiones de moderación de contenidos que cada día realizan las distintas plataformas en línea[66].

De lo anterior se desprende que la resolución extrajudicial de conflictos constituye una buena iniciativa del RSD para favorecer a los destinatarios el acceso a la justicia, fomentar su confianza en el entorno en línea[67] y promover la consolidación del mercado único. Sin embargo, lo cierto es que este mecanismo no constituye una alternativa plena a los órganos judiciales, como mínimo por tres motivos.

En primer lugar, la decisión del tercero imparcial que resuelve no es vinculante, de manera que, dictada la resolución, cualquiera de las dos

---

63 En contra, también existe la opinión de aquellos que consideran que la protección de los derechos fundamentales debería atajarse mejorando el acceso a los procedimientos judiciales, en vez de fomentar la resolución extrajudicial de litigios, los cuales es posible que no protejan tanto los derechos como los tribunales. Véase CAUFFMAN, C. y GOANTA, C., "A new order: the Digital Services Act and Consumer Protection", *European Journal of Risk Regulation*, 2021, pp. 758-774, (DOI: 10.1017/err.2021.8). También RÜHL G., "Alternative and Online Dispute Resolution for (Cross-Border) Consumer Contracts: a Critical Evaluation of the European's Legislature's Recent Efforts to promote Competitiveness and Growth in the Internal Market", *Journal of Consumer Policy*, 38, 2015, pp. 1-36, p. 17.

64 VINYAMATA CAMP, E., "Justícia cívica", en VINYAMATA CAMP, E., FERNÁNDEZ SEIJO, J.M., y FERRAN, E., (Eds.), *Justícia ciutadana*. Barcelona, Editorial UOC, 2013, pp. 7-10, p. 7.

65 CARRETERO MORALES, E., "Comentarios al anteproyecto de ley de mediación en asuntos civiles y mercantiles", *Revista internacional de Estudios de Derecho Procesal y Arbitraje*, 1, 2011, pp. 1-62, p. 6.

66 ORTOLANI, P. "The resolution of content moderation disputes…", cit., p. 3.

67 PALAO MORENO, G., "Mercado único digital y arbitraje de consumo internacional en España", en PÉREZ VERA, E. (Ed. Lit) et al., *El derecho internacional privado entre la tradición y la innovación: libro homenaje al profesor doctor José María Espinar Vicente*. Madrid, Iprolex, 2020, pp. 477-495, p. 480.

partes —incluido el prestador de la plataforma en línea— puede solicitar resolver el mismo litigio ante los tribunales, con todas las desventajas que ello conlleva.

En segundo lugar, el ámbito de aplicación material de la resolución extrajudicial de litigios del RSD tan solo abarca litigios relacionados con los contenidos ilícitos —o incompatible con las condiciones generales—, pero no permite acudir a ellos por ningún otro motivo relacionado con el Reglamento (p. ej. indemnización de daños y perjuicios por incumplimiento del art. 54 en caso de que el prestador de la plataforma incumpla sus obligaciones)[68], en cuyo caso los tribunales constituirían la única vía de impugnación.

Por último, el desconocimiento general de los medios de solución alternativa de controversias por parte de los usuarios impide mejorar su frecuencia de uso y, por extensión, la salvaguarda de sus derechos[69].

En definitiva, la resolución extrajudicial de litigios no es suficiente para evitar que los afectados se vean obligados a litigar ante los órganos jurisdiccionales en algunos supuestos. En la práctica, ello podría implicar una denegación de la justicia. Una solución parcial sería, siguiendo la propuesta de Reglamento, instaurar una resolución vinculante que, además de dejar de lado la posibilidad de acudir a los órganos judiciales una vez dictada, podría catapultar el desarrollo de los ODR en la UE[70].

---

68 DE MIGUEL ASENSIO, P.M., "Obligaciones de diligencia debida y responsabilidad de los intermediarios: el Reglamento (UE) de servicios digitales", *La Ley Unión Europea,* 109, 2022, pp. 1-47, p. 30.

69 RODRÍGUEZ GARCÍA, N, "Novedades en la protección de consumidores y usuarios a escala europea en la Digital Services Act", *Anuales de la Facultad de Derecho*, 39, 2022, pp. 29-47, p. 47, (DOI: https://doi.org/10.25145/j.anfade.2022.39.02).

70 ORTOLANI, P. "The resolution of content moderation disputes...", cit., p. 17.

Regulación sobre activos digitales. Los principios Unidroit

ANTONIO ÁNGEL PRIEGO QUESADA
Abogado. Profesor asociado Departamento Derecho Mercantil Manuel Broseta Pont. Universitat de Valencia.

I. INTRODUCCIÓN

La finalidad del presente trabajo es realizar un análisis de "los Principios Unidroit sobre activos digitales y Derecho Privado"[1]. Por las características de este trabajo no es posible desarrollar un estudio detallado de todas las cuestiones que intenta abarcar el Texto[2]. Por ello, intentaremos sintetizar los aspectos que entendemos como más relevantes.

En primer lugar, debemos recordar que el Instituto Internacional para la Unificación del Derecho Privado (UNIDROIT) es una organización independiente e intergubernamental cuyo propósito es estudiar las necesidades y los métodos para modernizar, armonizar y coordinar la normativa mercantil entre estados y formular normas, principios y reglas para alcanzar dichos objetivos.

---

[1] Todas las referencias realizadas en el presente trabajo a los "Principios de Unidroit sobe activos digitales y Derecho Privado" se realizan teniendo en cuenta la versión inglesa publicada por dicha Organización en su página web bajo el título "UNIDROIT PRINCIPLES ON DIGITAL ASSETS AND PRIVATE LAW", al no disponer de una edición oficial en español y han sido traducidas por el autor del trabajo. Se puede ver en https://www.unidroit.org/instruments/digital-assets-and-private-law/.

[2] Hacemos referencia a los Principios Unidroit bajo el término de el Texto o los Principios para facilitar el enunciado durante el presente trabajo.

Es desde este punto de vista, el de la naturaleza de la organización, desde el que tenemos que atender el contenido del Texto y el alcance que puede tener el mismo, tal y como establece dicho Texto en su introducción, no como una norma de aplicación directa si no como un elemento de armonización para las distintas normativas existentes, o que se puedan desarrollar en el futuro, con el fin de que las operaciones en las que se intervenga mediante estos tipos de activos sean lo más seguras posibles y se realicen dentro de un ámbito de confianza para los intervinientes.

El contenido del Texto es resultado de la labor realizada por el Grupo de Trabajo sobre Activos Digitales y Derecho Privado y el Comité Directivo desde el año 2020 hasta el 2023, que estuvo trabajando sobre el Proyecto de Principios hasta que el texto definitivo fue aprobado en el 102º periodo de sesiones del Consejo de Gobierno de Unidroit (10-12 de mayo de 2023).

En los últimos tiempos es evidente que hemos asistido a una constante evolución del comercio que ha influido en la manera de relacionarse y en la utilización de elementos que antes no existían o no estaban tan evolucionados como actualmente. Términos como criptoactivos, blockchain, DLT, criptomonedas, etc., se van asentando en nuestro día a día y teniendo cada vez más importancia tanto en las transacciones comerciales como en los estudios y regulaciones a nivel nacional e internacional. Además, el desarrollo cada vez mayor de transacciones internacionales en las que se recurre a la utilización de medios electrónicos y, como consecuencia directa, al empleo de activos digitales, hace que sea necesaria una regulación de ámbito internacional para aportar la mayor seguridad jurídica posible a los intervinientes en dichas transacciones, que en muchas ocasiones van a estar establecidos en distintos estados con distinta normativa o, al menos, la creación de unas normas orientadoras para que puedan ser utilizadas por los distintos estados en la creación de una regulación lo más armonizada posible.

En este trabajo, como cuestión previa, vamos a realizar un primer análisis de las razones por las que el Texto establece los principios que buscan armonizar la materia relacionada con los activos digitales y cuál es el alcance que persigue, así como qué entiende el Texto por activos digitales, diferenciándolo de otros términos actuales para evitar posibles confusiones y para poder entender de una forma clara la intención y el alcance perseguido por el documento analizado para, posteriormente, entrar en el estudio propiamente dicho de los Principios Unidroit.

1. *Razones y alcance de los Principios Unidroit*

Como avanzábamos, los principios que incluye el Texto buscan facilitar las transacciones con activos digitales, los cuales se utilizan de forma habitual en el comercio, con el fin de que dichas transacciones tengan la máxima eficiencia. Para alcanzar esta eficiencia se entiende que se deben buscar unos resultados predecibles en dichas transacciones para que desaparezcan o se minimicen, al menos, las ineficiencias inherentes a esos resultados impredecibles, reduciéndose, a su vez, los costes de dichas transacciones y aumentando el valor de las mismas en el comercio. Además, esta previsibilidad aumentará también si la legislación de los distintos Estados está armonizada con estos principios.

El objetivo buscado por el Texto es también reducir la incertidumbre legal que puedan tener los profesionales que intervengan en este tipo de transacciones comerciales (jueces, abogados, legisladores, participantes del mercado, etc.) al tratar con los activos digitales. Se establecen los principios como criterios orientadores para estos profesionales.

En el texto de los Principios y con su contenido se persigue un enfoque práctico y funcional que se ve reflejado en la neutralidad establecida en cuanto a la tecnología y el modelo de negocio al que se pueden aplicar los principios. Los principios se aplican a todos los activos digitales que, como veremos después, se incluyen de una manera amplia en la definición que el Texto recoge de los mismos. Pese a los ejemplos que el propio Texto incluye, estos no son limitantes para la aplicación de los principios establecidos. Los principios son neutrales también con respecto a la jurisdicción a la que se pueden aplicar, estando destinados a ser introducidos en cualquier sistema legal o cultura. Buscan facilitar el tratamiento legal de los activos digitales en todas las jurisdicciones y en todos los sistemas de derecho, sean éstos de derecho consuetudinario o de derecho civil.

La intención perseguida por los principios que recoge el Texto es que se cubran sólo cuestiones de derecho privado relacionadas con los activos digitales y, en particular, los derechos de propiedad, cuando los activos sean objeto de enajenaciones y adquisiciones y cuando los intereses en estos activos deban hacerse valer frente a terceros. No se pretende incidir en todas las áreas del Derecho sino en algunas específicas. Por ejemplo, no se tratan temas relacionados con la propiedad intelectual o la protección de los consumidores.

Teniendo en cuenta la naturaleza intangible de los activos digitales y que muchas transacciones se producen sin una ubicación física y con el fin de tener certeza al determinar la ley aplicable, los principios otorgan un efecto significativo a la autonomía de las partes en este aspecto, tal y como veremos al analizar el principio 5, relacionado con la aplicación del Derecho Internacional Privado.

2. *Definición de activos digitales y otras figuras*

Debemos identificar qué entendemos por activos digitales, que es la figura sobre la que se desarrolla el contenido de los Principios Unidroit, y su diferenciación con otros conceptos muy utilizados en la actualidad para entender exactamente el alcance buscado por este documento.

El activo digital es un registro electrónico que puede ser sujeto a control[3]. Y un registro electrónico, según el Texto, es la información que se almacena en un medio electrónico y que se puede recuperar. Por lo tanto, los activos digitales son un subconjunto dentro de los registros electrónicos. En cuanto al medio electrónico en el cual se almacenan estos activos digitales debe ser entendido en un sentido amplio, incluyendo cualquier tipo de tecnología digital como pudiera ser un disco duro o un DVD.

Como podemos ver, el registro electrónico engloba a los activos digitales y, dentro de éstos, nos encontramos con distintos tipos de activos que vienen incluidos en la regulación del Texto siempre y cuando contengan el resto de características enunciadas, es decir, que se pueda almacenar en un medio electrónico, que se pueda recuperar y que sea capaz de ser sujeto a control.

En este punto nos parece interesante realizar un somero acercamiento a otras figuras electrónicas de uso actual para evitar posibles confusiones sobre su inclusión como activos digitales o no.

Los criptoactivos[4] están definidos como ‹‹un tipo de valor reflejado en el mundo financiero creado a través de la verificación del traspaso de fondos con la tecnología […], son activos digitales que utilizan técnicas criptográficas para generar un medio de intercambio de transacciones financieras›› y ‹‹son activos totalmente digitales e intangibles››[5].

---

3 Así lo define el Texto en el Principio 2, que recoge diversas definiciones.

4 Sobre criptoactivos podemos acudir, entre otros, a BARRIO ANDRÉS, M., "Concepto y clases de criptoactivos" en BARRIO ANDRÉS (dir.), *Criptoactivos. Retos y desafíos normativos,* Wolters Kluwer, 2021, p. 50 y ss, o IBÁÑEZ JIMÉNEZ, J., "Emisión, representación y gestión de criptoactios" en BARRIO ANDRÉS (dir.), *Criptoactivos. Retos y desafíos normativos,* Wolters Kluwer, 2021, p. 211 y ss.

5 GUDÍN RODRÍGUEZ-MAGARIÑOS, F., *Criptoactivos: de la paralegalidad a la paulatina legalización,* Sepin, 2022, p. 26.

Como podemos observar, en la propia definición de criptoactivo viene incluida su categorización como activo digital, por lo que los criptoactivos tendrían esa consideración y estarían amparados por la normativa que regulase los activos digitales.

Del mismo modo ocurre con las criptomonedas. Las criptomonedas son un medio telemático de intercambio de valores *peer to peer* que permite pagos en línea directamente de una parte a otra sin el intermediario de una entidad financiera. Son un tipo de criptoactivos, existiendo entre ambos una relación de especie a género[6]. La misma consideración, como tipo de criptoactivo, tienen las monedas de utilidad o los tokens de seguridad.

Las criptomonedas funcionan mediante un registro digital contable compartido o blockchain. Una blockchain es un tipo de DLT. Sería como ‹‹un libro mayor compartido e inmutable que facilita el proceso de registro de transacciones y de seguimiento de activos en una red de negocios››[7].

Una blockchain[8], por lo tanto, incluye activos digitales, pero en sí misma no tiene dicha consideración. El protocolo subyacente para la blockchain en sí misma no puede estar sujeta a control como se define en el principio 6.

Una página de redes sociales con contraseña, por ejemplo, tampoco tendría la consideración de activo digital, porque pese a poseer una contraseña, esto no permite al usuario adquirir la propiedad de la página ni tener el "control" de la misma a los efectos establecidos en el Texto.

Realizada esta introducción sobre el tema que estamos tratando y, una vez analizados los objetivos perseguidos y el alcance buscado por el Texto entramos a analizar el contenido de los principios establecidos por el mismo.

---

6 En este sentido GUDÍN RODRÍGUEZ-MAGARIÑOS, F., *Criptoactivos…*, cit., p. 26.

7 Así define el término blockchain GUDÍN RODRÍGUEZ-MAGARIÑOS, F., *Criptoactivos…*, cit., p. 30, que con respecto a el DLT señala que ‹‹es una tecnología de registro distribuido […]. Es una base de datos que gestionan varios participantes y no está centralizada››.

8 Sobre blockchain podemos acudir también a HERENCIA ANTÓN, J., "Fundamentos tecnológicos de los criptoactivos" en BARRIO ANDRÉS (dir.), *Criptoactivos. Retos y desafíos normativos,* Wolters Kluwer, 2021, p. 67 y ss, o a FONTICIELLA HERNÁNDEZ, B., "*Blockchain* como sustituto de los registros, ¿mito o realidad?" en BELANDO GARÍN y MARIMÓN DURÁ (dir.), *Retos del mercado financiero digital,* Aranzadi, 2020, p. 411 y ss.

II. ESTRUCTURA DE LOS PRINCIPIOS UNIDROIT

Los Principios de Unidroit sobre Activos Digitales y Derecho Privado se estructura en siete secciones y diecinueve principios, precedidos por una introducción, que buscan, como hemos comentado anteriormente, fijar una regulación mínima o establecer unas pautas que sirvan para la regulación o armonización de las distintas regulaciones estatales sobre las transacciones que se realizan con activos digitales.

En la Sección I, que incluye los cuatro primeros principios, se establecen el alcance del Texto y las definiciones que nos servirán de guía en el desarrollo del mismo, con el fin de clarificar qué entendemos por activo digital a efectos del Texto, registro electrónico, transferencia del activo, etc.

Del mismo modo se establecen cuáles son los principios generales para la aplicación de las normas contenidas en el Texto y se realiza una mención sobre los activos vinculados.

La Sección II, que incluye el quinto principio, trata sobre el Derecho Internacional Privado que rige las transacciones con activos digitales y su aplicación en caso de conflicto de leyes, estableciendo diversas opciones para la aplicación de las mismas en forma de "cascada".

En la Sección III, que incluye los principios sexto al noveno, se recogen las normas relativas a la definición del control de los activos digitales como característica específica de los mismos, los requisitos que debemos observar para entender que existe dicho control sobre los activos, cuándo se produce un cambio en el control de los mismos, cómo identificamos la persona que tiene dicho control o cuales son los derechos que asisten a un cesionario.

En la Sección IV se incluyen del principio diez al trece y en ella se tratan todos los aspectos relativos a la custodia de los activos digitales, incluyendo las obligaciones del custodio de los activos para con su cliente, situaciones de insolvencia del custodio en relación con los activos digitales que se están custodiando, etc.

La Sección V incluye los principios catorce al diecisiete y se encarga de tratar el tema relacionado con las transacciones garantizadas, incluyendo aspectos como el control de los activos digitales como método de oponibilidad ante terceros, la prelación de las garantías reales sobre los activos digitales o la ejecución de dichas garantías y las consecuencias derivadas de dicha ejecución sobre la titularidad de los activos. Entra también a tratar aspectos relacionados con la ejecución extrajudicial de las garantías sobre los activos digitales.

La Sección VI, que incluye únicamente el principio dieciocho, se encarga de establecer que, con respecto a las cuestiones de procedimiento relacionadas con activos digitales, incluida la ejecución de los mismos, no se aplica el Texto si no la ley procedimental de cada Estado.

Por último, la Sección VII y su principio número diecinueve nos habla de la insolvencia del titular de los activos digitales y los efectos de la misma sobre los derechos de propiedad del mismo sobre dichos activos.

Una vez planteada la estructura del Texto y señalado el contenido esencial de los principios establecidos en el mismo, vamos a entrar en el análisis de los que consideramos más importantes, teniendo en cuenta que el mismo no podrá ser excesivamente exhaustivo debido a la finalidad del presente trabajo.

III. NORMATIVA APLICABLE A LOS ACTIVOS DIGITALES

El Texto establece la prioridad de la aplicación de los principios que recoge sobre otras leyes en el supuesto de que éstas entren en conflicto cuando estemos hablando de derecho de propiedad sobre los activos digitales, entendiendo estos "derechos de propiedad" de una manera amplia, incluyéndose tanto los derechos como los intereses sobre la propiedad de los activos digitales.

Señala que se aplicará, no obstante, la ley que corresponda en otros supuestos, de los cuales recoge un listado a modo de ejemplo[9]. En estos casos hace referencia a cuestiones de derecho de propiedad pero también a cuestiones de derecho contractual. Los principios tratan de cubrir un área específica del derecho privado, pero hay muchas cuestiones que no se abordan por los mismos, por ejemplo, las normas relacionadas con la propiedad intelectual, con la protección del consumidor o temas relacionados con el derecho público.

---

[9] El Texto, en su principio 3 enumera, entre otros, aspectos como cuando un derecho de propiedad sobre un activo digital se ha transferido válidamente a otra persona, si se ha constituido una garantía real sobre un activo digital, los derechos entre un cedente y un cesionario de un activo digital, los derechos entre el otorgante de una garantía real sobre un activo digital y el acreedor garantizado a quien se otorga la garantía, las consecuencias jurídicas de la oponibilidad a terceros de una transferencia de un activo digital, etc.

El Texto establece distintas posibilidades para concluir qué ley debemos aplicar en el caso de conflicto entre diversas normas. Se parte de entender que los factores de conexión habituales para las reglas de elección de la ley aplicable no tienen un papel demasiado útil en el contexto de los activos digitales y las cuestiones relacionadas con la propiedad de los mismos, debido a la intangibilidad de éstos y debido a que las transacciones en las que los activos se presentan no suelen tener un lugar físico único. El enfoque del principio es brindar un incentivo para que aquellos que crean un activo digital especifiquen la ley aplicable en atención al propio activo, dando prioridad a la autonomía de las partes[10].

En base a esta intención, se crea una "cascada" de factores para la determinación de la ley aplicable. En primer lugar se aplicaría, como hemos mencionado, la ley del estado especificado en el propio activo digital. Si esto no es de aplicación, se recurriría a la ley del estado de la plataforma o sistema en el que se registra el activo[11].

En ausencia de una especificación realizada por las partes en el activo o la plataforma se proporciona a los estados un grado considerable de libertad para elegir las reglas apropiadas, pudiéndose optar por dos opciones. La primera sería aplicar leyes que ya se ocupen específicamente de cuestiones relacionadas con la propiedad de los activos digitales. En defecto de éstas se puede acudir a la aplicación de los principios que fija el Proyecto, estableciéndose como tercer escalón la aplicación de normas de Derecho Internacional. La segunda de las opciones sería la aplicación directa de los principios sin ninguna referencia a las leyes internas, en supuestos en los que el estado en cuestión no ha adoptado leyes que aborden específicamente los temas relacionados con la propiedad de activos digitales.

El Texto deja una flexibilidad considerable para que un estado elabore reglas de elección de la ley aplicable que se ajusten a sus juicios de política y sean compatibles con sus leyes internas.

---

10 Tal y como establece el principio 5, esta confianza en la autonomía de las partes es consistente con el artículo 3 de los Principios de la Conferencia de La Haya sobre la Elección de la Ley aplicable a los Contratos Comerciales Internacionales.

11 El principio 5 establece unas normas para la interpretación y aplicación de esta elección por parte del creador del activo como, por ejemplo, que las cuestiones de propiedad con respecto a los activos digitales son siempre una cuestión de derecho o que cuando existe una transferencia o adquisición de un activo digital la persona siempre acepta la ley aplicable elegida y que se aplica otra ley para la oponibilidad a terceros de una garantía real sobre un activo o para determinar la prelación entre garantías reales en conflicto que se hayan hecho oponibles a terceros por un método distinto del control.

IV. TRANSFERENCIA Y CONTROL DE LOS ACTIVOS DIGITALES

Como hemos indicado, los principios están diseñados para facilitar las transacciones con activos digitales, cubriendo el conjunto de transacciones más importantes en el comercio, que son denominadas por el Texto como transferencias y transacciones garantizadas.

El principio 2 indica que la transferencia de un activo digital supone el cambio de un derecho de propiedad sobre el activo digital de una persona a otra. Así, el término transferencia incluye también la adquisición de un derecho de propiedad sobre un activo digital resultante, aún cuando éste no sea el mismo que fue transferido por el cedente[12], y también el otorgamiento de una garantía real a favor de un acreedor garantizado, si bien, este uso del término transferencia tiene únicamente fines definitorios en el ámbito del Texto, no significando, de conformidad con los principios, que la concesión de una garantía real deba identificarse con una transferencia de propiedad o de cualquier otro derecho de propiedad de conformidad con las leyes aplicables.

Una transferencia, tal y como se define en el Texto, es decir un cambio de un derecho de propiedad sobre un activo digital, debe distinguirse de un cambio de control, puesto que un cambio de control puede o no estar asociado con una transferencia de derechos de propiedad[13].

Como establecimos al indicar qué debemos entender por activo digital vimos que el mismo debía estar sujeto a control. Y como estamos viendo el control y la posibilidad de transferir el activo no tienen porqué estar unidos siempre. Habrá ocasiones en las que el titular del activo pueda realizar la transferencia del mismo sin tener el control y, en cambio, habrá otras ocasiones en las que la persona que tenga el control del activo no sea la que tiene la titularidad del mismo.

---

12 Esto puede suceder, por ejemplo, en el supuesto de una salida de transacción no gastada generada por una transacción en Bitcoin o cuando se producen los ajustes en los saldos de las cuentas resultantes de las transacciones en ether (en la plataforma Ethereum), en cuanto a que el activo digital que se enajena y el activo digital que se adquiere son activos fungibles y no necesariamente el mismo activo. En el mismo sentido veremos, cuando tratemos a continuación del control de los activos, que un cambio de control (tal y como establece el principio 6) incluye el reemplazo, la modificación, la destrucción, la cancelación o la eliminación de un activo digital, y la creación derivada resultante de un nuevo activo (activo digital resultante).

13 Un custodio, por ejemplo, podría obtener el control del activo para un cliente pero, por lo general, no adquirirá la propiedad del activo, que seguirá en la esfera del cliente.

El principio 6 nos indica cuando una persona tiene el control de un activo digital. Esto sucede en los casos en los que el activo confiera a la persona la capacidad exclusiva de evitar que otros obtengan sustancialmente todos los beneficios del activo, la capacidad de obtener sustancialmente todos los beneficios del activo y la capacidad exclusiva de transferir las capacidades anteriores a otra persona. Además, el activo debe permitir que esa persona se identifique como poseedora de las capacidades mencionadas.

Estos requisitos determinados por la capacidad de la persona establecen el "control" como un rol funcionalmente equivalente al de "posesión" de los bienes muebles, aunque en este contexto la posesión es una cuestión fáctica y no un concepto legal. Esta equivalencia involucra solo el dominio y poder sobre un activo digital pero no la dimensión física aplicable a la posesión de bienes muebles, debido a que el activo digital es intangible. La existencia del "control" es, por tanto, una cuestión de hecho y no depende de una conclusión jurídica, aunque la presencia de control si que dé lugar a consecuencias jurídicas.

El concepto de control nos sirve como criterio necesario, aunque no suficiente, para calificar la protección como adquirente de buena fe de un activo digital y como método de oponibilidad a terceros y una base de prelación de los derechos de garantía sobre un activo digital.

Como señalábamos anteriormente, el cambio de control de una persona a otra debe distinguirse de una transferencia de un activo digital. Un custodio, por ejemplo, puede obtener el control de un activo digital para un cliente, pero normalmente no adquirirá la propiedad del mismo. Y una transferencia de derechos de una propiedad puede ir acompañada o no de un cambio de control.

Aunque en un principio las capacidades que se exigen las debe ostentar una persona de manera exclusiva, el principio permite que dichas capacidades puedan ser compartidas si así se desea por motivos de conveniencia, seguridad u otros. Esto sucedería, por ejemplo, en un acuerdo de múltiples firmas.

En los supuestos en los que exista la necesidad de probar quién tiene el control sobre determinados activos el principio 7 establece que será suficiente que la persona que tiene las capacidades establecidas en el principio anterior (capacidad de obtener todos los beneficios del activo, capacidad de evitar que otros obtengan los beneficios y capacidad de transferir) se pueda identificar como poseedora de las mismas. Esta identificación, continúa el principio, puede ser por un medio razonable, incluyendo un medio de identificación, una clave criptográfica, un número de cuenta, etc. La persona que tiene el control no necesita probar que nadie más tiene las capacidades para probar que tiene el control.

Dicho esto debemos señalar que, en la práctica, hay pocas posibilidades de que otra persona comparezca en un procedimiento para afirmar que tiene las habilidades relevantes, debido a que la experiencia ha demostrado que en situaciones en las que las habilidades pertinentes se han obtenido de forma ilícita (un pirata informático, por ejemplo) las mismas se han ejercido de manera rápida y los activos se han retirado del control de la persona de control original, siendo éste uno de los riesgos inherentes a los activos digitales.

V. REGLAS SOBRE LA CUSTODIA DE LOS ACTIVOS DIGITALES

El Texto fija las bases que se establecen en la relación de custodia de activos digitales entre un cliente y el custodio o subcustodio, en el caso de que éste exista.

En el principio 10 define qué podemos entender por custodio, subcustodio y cliente y cuándo nos encontramos ante un acuerdo de custodia de activo a los efectos de poder aplicar los Principios Unidroit.

Así, estaremos ante un acuerdo de custodia de activos digitales cuando nos encontremos ante un acuerdo de servicios a un cliente si el servicio se proporciona en el curso ordinario del negocio del proveedor del servicio[14], si el proveedor de servicios está obligado a obtener y mantener el activo digital para el cliente[15] y si el cliente no tiene la capacidad exclusiva de

---

14 Para que nos encontremos ante un acuerdo de custodia, tal y como establece el principio 10, la persona que presta los servicios de custodia lo debe hacer en el curso ordinario de sus negocios. Cuando el Texto se refiere a persona para designar al custodio o subcustodio no diferencia entre persona física o jurídica, teniendo cabida ambas dentro de la definición.

15 En este punto el Texto establece el deber central de un custodio. El mismo abarca tres situaciones. La primera cuando el custodio, habiendo celebrado un acuerdo de custodia con el cliente, no controla el activo digital objeto del acuerdo (por ejemplo, si el cliente aún no ha transferido el activo al custodio). El custodio está obligado a obtener el activo digital objeto del contrato y si éste se considera fungible, la obligación será obtener un activo digital del tipo especificado en el acuerdo. La segunda es cuando el custodio controla el activo, en cuyo caso el custodio está obligado a continuar controlando ese activo hasta que el cliente le indique lo contrario. La tercera es cuando el custodio es el destinatario de los servicios de custodia.

cambiar el control del activo digital tal y como se establece en el principio 6 y vimos con anterioridad[16].

El custodio será la persona que presta servicios a un cliente de conformidad al acuerdo de custodia en los términos planteados. Y cliente es la persona a quien un custodio proporciona dichos servicios. Por lo tanto, el cliente puede ser la persona que es titular inicial de los derechos sobre el activo digital o el custodio, cuando nos encontramos con la intervención de un subcustodio que presta servicios para el custodio.

Como hemos indicado el custodio debe mantener el activo digital para el cliente, lo cual se producirá cuando el custodio controle el activo o cuando el custodio celebre un contrato de custodia con un subcustodio. Al introducir el término "mantener" el Texto tiene como propósito darle un alcance mayor que al término "control" ya visto. En este caso se engloban dos situaciones; la primera es cuando el custodio controla un activo en el sentido del principio de control y la segunda es cuando un custodio es el destinatario de los servicios de custodia, es decir, cuando nos encontramos ante un acuerdo de subcustodia. Cuando nos encontramos con un subcustodio, ambos, custodio y subcustodio, mantienen el activo.

El principio 11 establece los deberes del custodio para con su cliente diferenciando los mismos en dos categorías. Establece deberes que el custodio tiene que cumplir de forma obligatoria y otros que se pueden incluir en el contrato de servicios. Dentro del primer grupo se encuentran los siguiente:

- el custodio no está autorizado a transferir el activo digital o usarlo para su propio beneficio, excepto en la medida permitida por el cliente o alguna norma.
- el custodio está obligado a cumplir con cualquier instrucción dada por el cliente para transferir el activo digital.
- el custodio está obligado a salvaguardar el activo digital.

Dentro de los deberes que se pueden incluir en el acuerdo de custodia estarían los siguientes:

- el deber de llevar un registro de los activos digitales que mantiene para cada cliente.

---

[16] En el caso de que el cliente mantuviese la capacidad exclusiva de cambiar el control del activo digital en los términos que establece el principio 6, no estaríamos ante un acuerdo de custodia.

- el deber de mantener de manera segura y efectiva los activos digitales de acuerdo con los registros que mantiene para sus clientes.
- el deber de adquirir activos con prontitud si esto es necesario para cumplir con el deber anterior.
- el deber de mantener los activos de los clientes separados de los activos mantenidos por cuenta propia.
- el deber de transferir los beneficios derivados de los activos digitales al cliente.

El principio 11, además de los deberes del custodio también realiza dos aclaraciones sobre la actividad del custodio. La primera es que, si no se prohíbe en el acuerdo de custodia o por alguna ley, un custodio puede mantener activos digitales fungibles de dos o más clientes en un grupo indiviso[17]. La segunda es que el activo mantenido por un custodio puede estar sujeto a un derecho de garantía otorgado a ese custodio por el cliente, a favor de ese custodio por aplicación de una ley o concedido a un tercero por el cliente.

El Texto se encarga de asegurar la titularidad de los activos de los clientes en los casos en los que el custodio o subcustodio entra en un procedimiento de insolvencia. Así, el principio 13 establece que si un custodio entra en un procedimiento de insolvencia, el activo digital que mantiene para un cliente en virtud de un acuerdo de custodia no forma parte del patrimonio del custodio, por lo que el representante o administrador de la insolvencia deberá adoptar medidas razonables para que el control de los activos digitales mantenidos para el cliente pase al control de ese cliente o de un nuevo custodio. Tampoco formarán parte de la masa de la insolvencia del custodio los derechos que éste tenga contra un subcustodio con respecto a los activos mantenidos para sus clientes.

En el caso de que el procedimiento de insolvencia sea sobre el subcustodio, el custodio debe intentar obtener el control del activo digital

---

[17] Esta situación se podría dar cuando un proveedor de servicios, como una bolsa, mantiene un conjunto indiviso de activos para sus clientes. En una cuenta agrupada el custodio controla una cantidad de activos digitales fungibles, pero no se identifican específicamente activos ni claves privadas relacionadas con un cliente en particular. En cambio, la cantidad de activos que el custodio mantiene para cada cliente se registra en los libros del custodio. Una de las razones para esta situación es que un intercambio ejecute transferencias de activos entre sus clientes mediante anotaciones en cuenta en lugar de cambiar el control de los activos digitales.

del representante de la insolvencia o mantener el activo digital con otro subcustodio.

El objetivo del Texto es establecer una orientación sobre las reglas que podrían aplicarse con respecto a los activos digitales si un custodio o subcustodio entra en un procedimiento de insolvencia, pero dichas reglas no son exhaustivas y la ley de insolvencia aplicable en cada estado regirá todas las demás cuestiones que puedan surgir en supuestos de este tipo.

VI. LOS DERECHOS DE GARANTÍA SOBRE LOS ACTIVOS DIGITALES

La Sección V de los Principios se aplica a las transacciones en virtud de las cuales se otorga una garantía real sobre un activo digital a un acreedor garantizado para garantizar el cumplimiento de cualquier obligación. Al poder ser objeto los activos digitales de derechos de propiedad y tener la consideración los derechos de garantía de derechos de propiedad, se entiende que los activos digitales pueden ser objeto de derechos de garantía.

De este modo, el principio 14 refleja el principio general de que los regímenes de operaciones garantizadas deben permitir el uso de cualquier tipo de bien mueble como garantía. Este enfoque permite a los posibles acreedores garantizados decidir por sí mismos cuales de los activos digitales pueden tener valor.

Los principios recogidos en esta Sección, como el propio Texto señala, no pretenden interferir con la concepción del derecho de garantía de cada estado, excepto en la medida en que la norma deba cambiarse para tratar específicamente con la seguridad sobre activos digitales. Los principios presuponen la existencia de algunas reglas, como la existencia de métodos distintos del control para hacer que una garantía real sea oponible a terceros o el requisito de notificar al otorgante y a terceros antes de la enajenación de una garantía real. Además, el tipo de transacciones que se encuentren dentro de la categoría de "transacciones garantizadas" y los tipos de derechos que se entiendan como "derecho de garantía" dependerá de la ley nacional aplicable. Si un estado adopta estos principios puede necesitar modificar su legislación existente sobre transacciones garantizadas al incluir reglas especiales para activos digitales. Si lo hace, deberá definir el activo al que se aplican estas reglas especiales.

El principio 15, por su parte, establece el control de los activos digitales como un método para lograr la oponibilidad frente a terceros, señalando que, además de cualquier otro método de oponibilidad que se aplique a una garantía real sobre un activo digital en virtud de la normativa existente, un estado debería reconocer que una garantía real sobre un activo digital puede hacerse oponible a terceros mediante control.

La oponibilidad a terceros suele requerir que un acreedor garantizado dé un paso para hacer pública su garantía real, lo que puede incluir la entrega de la posesión, la notificación del deudor, el registro, etc. Si bien en muchos estados el registro haría que una garantía real sobre la mayoría de los bienes sea oponible a terceros, los registros no se efectúan comúnmente en el cripto mercado de préstamos, dejando algo de riesgo crediticio en la transacción. Los participantes de estos mercados normalmente toman algunas medidas para evitar que el prestatario acceda al activo digital gravado, como pueden ser la transferencia de la billetera de un prestatario a otra bajo el control del acreedor, pero bajo leyes que no reconozcan tales pasos la falta de registro de un activo puede suponer consecuencias negativas para el acreedor garantizado.

Cuando las leyes ya reconozcan alguna forma de control sobre determinados tipos de bienes muebles, las garantías reales sobre bienes digitales que entrarían dentro de este tipo de bienes muebles podrían hacerse oponibles a terceros mediante esa forma de control. No obstante, un estado debería incluir la definición de control que se recoge en el principio 6 del Texto en su normativa de operaciones garantizadas para lograr la oponibilidad a terceros de una garantía real sobre un activo digital. Este reconocimiento del control en una ley de operaciones garantizadas podría dar lugar a una situación en la que la ley aplicable prevea múltiples métodos de oponibilidad a terceros.

Para que la garantía real sea oponible a terceros mediante el control se debe de cumplir uno de los requisitos establecidos en el principio 15: que el acreedor garantizado controle el activo digital o que un custodio mantenga el activo digital para el acreedor. El control por parte del acreedor puede realizarse de forma exclusiva o mediante un control compartido con otras partes.

El principio 16 establece la prelación de la garantía sobre un activo digital cuando se hace oponible a terceros mediante el control sobre la que no se hace oponible mediante control, aunque sea mediante registro, incluso en los supuestos en los que la oposición de la segunda es anterior. Esto contrasta con la regla general según la cual la prelación entre garantías reales concurrentes sobre el mismo bien se determina sobre la base del orden temporal en que la garantía real se hizo oponible a terceros.

Este enfoque se justifica por varios motivos. En primer lugar, con la prelación no temporal se reconoce que el acreedor garantizado que tomó las medidas adicionales dependía en mayor medida del bien gravado. En segundo lugar, el acreedor garantizado que hiciera oponible a terceros su garantía real mediante el control no necesitaría consultar el registro. En tercer lugar, este enfoque de prioridad también refleja la práctica crediticia donde los acreedores pueden otorgar crédito a sus clientes para permitirles adquirir un activo digital con respecto al cual esperan tener prioridad sobre un registro anterior. En cuarto lugar, alinea la posición de prelación con la posición de incumplimiento, cuando el acreedor garantizado que ejerce el control está en mejores condiciones para hacer valer la garantía real y ofrece un incentivo para que los acreedores garantizados se coloquen en esta posición favorable. Al dar al acreedor garantizado la capacidad de hacer esto, la regla contribuye a la certidumbre del mercado[18].

El control, además, facilita la ejecución en caso de incumplimiento, ya que si la garantía real se hace oponible mediante el control es probable que la ejecución por parte del acreedor sea razonablemente sencilla. Sin embargo, en caso de no disponer del control puede resultar difícil para el acreedor ejecutar la garantía sin la cooperación del otorgante, ya que éste mantiene el control del activo y si se niega a transmitirlo el acreedor podrá necesitar obtener una orden judicial.

Por último, debemos señalar que en los supuestos en los que más de un acreedor garantizado pueda obtener el control sobre los activos digitales[19] la prioridad puede venir establecida en un acuerdo entre los acreedores. En ausencia de dicho acuerdo el conflicto se resolvería sobre la base de la regla de prelación general contenida en la ley aplicable, que suele ser, en este caso sí, la de primero en el tiempo.

El Texto dedica el principio 17 a la ejecución de las garantías reales sobre los activos digitales. No prescribe en este caso métodos particulares de ejecución, aplicándose los métodos previstos para la ejecución en las normas de cada estado. Todas las acciones de ejecución deben ser disponibles en relación con las garantías reales sobre activos digitales.

---

18 Este enfoque, además, es consistente con las reglas de transacciones garantizadas en instrumentos internacionales como la Ley Modelo de la CNUDMI y las disposiciones relevantes de la Convención de Valores de Ginebra, que dan prioridad a los acreedores garantizados que adquirieron algún tipo de control sobre la garantía.

19 Esto podría suceder en los supuestos en los que, por ejemplo, el activo digital está en manos de un custodio que acepta controlar el activo digital para múltiples acreedores garantizados.

Si el custodio mantiene el activo digital para el otorgante, la ejecución extrajudicial implicará la acción de ese custodio siguiendo las instrucciones del acreedor garantizado. Ahora bien, si la garantía se ha hecho oponible mediante el control, el custodio tendrá algunas obligaciones para con el acreedor, incluido cambiar el control de los activos digitales. Por el contrario, si la garantía se ha hecho efectiva por un método distinto, como puede ser la inscripción, el custodio no tendrá ninguna obligación con respecto a este acreedor, debiendo obtener éste una orden judicial si el custodio no acepta seguir las instrucciones.

VII. CONCLUSIONES

Como se ha intentado exponer en este análisis de los Principios Unidroit sobre activos digitales y Derecho Privado, el contenido de los mismos debe de realizarse teniendo en cuenta la naturaleza de la Organización de la que emana el documento y la finalidad con la que se crea el mismo. No nos encontramos ante una norma de aplicación directa, sino ante un conjunto de principios que buscan la armonización de las normativas de los distintos estados, sean estas existentes o de forma previa a su creación y con el fin de que las operaciones en las que se intervenga mediante activos digitales sean lo más seguras posibles o, al menos, se genere una mayor confianza al buscarse unos resultados más predecibles al disminuirse las ineficiencias inherentes a esos resultados impredecibles y los costes de dichas transacciones.

Nos encontramos en un entorno mercantil en el que se evoluciona de una manera rápida y constante y, mediante la elaboración de textos de este tipo, se busca la adaptación de las transacciones al mercado actual y futuro, teniendo en cuenta, además, la intangibilidad de los activos digitales y la falta de ubicación física en la realización de las transacciones.

Con este texto no se ha buscado incidir en todas las áreas del Derecho sino sólo en algunas de ellas, dejando libertad a la autonomía de las partes en algunos aspectos y a la de los estados para la aplicación de los principios y la adaptación a los mismos de las normas ya existentes.

El Texto, buscando la armonización deseada, establece la prioridad de la aplicación de los principios en el supuesto de que éstos entren en conflicto con alguna ley para los supuestos en los que tratemos sobre derechos de propiedad sobre activos digitales, dejando esa prioridad para las normas estatales en otros supuestos en los que no entra (como puede ser la materia sobre consumidores) o directamente da preferencia a la ley estatal (como pueden ser los temas de ejecución).

Los Principios establecen distintas posibilidades para concluir qué ley debemos aplicar en caso de conflicto de normas, partiendo de que los factores de conexión habituales no tienen un papel demasiado útil en el contexto de los activos digitales debido a la intangibilidad de los mismos y la falta de lugar físico único. Buscando el incentivo para mejorar la confianza en este tipo de transacciones se establece que el creador del activo especifique en el mismo cuál será la ley aplicable.

Se establece la existencia del control sobre el activo digital como una cuestión fáctica equivalente a la posesión de los bienes muebles. Este control nos servirá para calificar el activo digital dentro del ámbito de aplicación de los principios (puesto que un activo digital para que se apliquen los principios debe poder estar sujeto a control), como criterio necesario para calificar la protección como adquirente de buena fe y como método de oponibilidad a terceros, entre otras cosas.

Con respecto a la figura del custodio el Texto establece las condiciones necesarias para que podamos entender que nos encontramos ante esta figura y los deberes que el mismo mantiene para con el cliente, estableciendo unos deberes obligatorios y un listado de deberes que se podrán incluir en el acuerdo de custodia o en la normativa de los estados. Además, los Principios se encargan de asegurar la titularidad de los activos digitales de los clientes en los casos en los que el custodio entra en un procedimiento de insolvencia, buscando generar de nuevo esa confianza y seguridad en este tipo de transacciones.

El Texto establece la preferencia de las garantías sobre el activo digital cuando se hace oponible a terceros mediante el control. De este modo vuelve a dar la máxima importancia al control de los activos digitales, imponiendo el mismo a los supuestos en los que la oposición sin control se hubiera ejercitado antes en el tiempo y justificando este enfoque en motivos como la no necesidad de consulta del registro, la práctica del otorgamiento de créditos para adquirir un activo digital sobre el que el acreedor espera tener prioridad, etc. Con esta decisión se busca contribuir a la certidumbre del mercado.

Una aproximación a la responsabilidad civil por algoritmos automáticos desde la teoría de la pérdida de la oportunidad

Carlos Alcolea Domingo
Jurista

"The King can do wrong, but He does not know how"

SUMARIO: I. ALGORITMOS: SITUACIÓN ACTUAL Y RIESGOS JURÍDICOS ASOCIADOS. 1. La potencial problemática jurídica del uso de los algoritmos. II. LA RESPONSABILIDAD CIVIL DERIVADA DEL USO DE ALGORITMOS DESDE LA TEORÍA DE LA PÉRDIDA DE LA OPORTUNIDAD. 1. Planteamiento general de la institución. 2. Algoritmos automáticos y pérdida de la oportunidad. III. CONCLUSIONES.

I. ALGORITMOS: SITUACIÓN ACTUAL Y RIESGOS JURÍDICOS ASOCIADOS

Vivimos en una época de cambio. La inteligencia artificial ha llegado para renovar cómo trabajamos, cómo nos comunicamos y cómo interactuamos con otras personas. Los algoritmos, la inteligencia artificial, y el *Big Data,* son los grandes protagonistas de este proceso.

Tal y como en el pasado más reciente los seres humanos tomábamos *personalmente* todas las decisiones, los algoritmos empiezan ser quienes las toman, sin precisar intervención humana alguna. Así, un préstamo puede ser ahora concedido según el parecer de un programa automatizado, o un acuerdo de un Consejo de Administración puede ser adoptado, sin que el mismo empleado o los consejeros sepan explicar por qué se ha tomado dicha decisión[1]. No sólo esto, sino que hoy en día estamos conectados a las redes en todo momento, dejando un rastro de datos que las empresas pueden usar para personalizar qué productos nos venden. Eso sí, sabiendo, de antemano, cuáles compraremos[2].

---

[1] Muñoz Pérez, Ana Felicitas, *Las Daos y el reto de controlar al algoritmo,* Aranzadi, Navarra, 2023, p. 376 y ss.

[2] Castellanos-Claramunt, Jorge, *La democracia algorítmica: inteligencia artificial, democracia y participación algorítmica.* Revista General de Derecho administrativo, Núm. 50, 2019, p. 8.

Así, con los cambios en la forma en que nos relacionamos con el mundo y con las alteraciones en cómo las empresas y los ciudadanos interactúan, el Derecho debe hacer frente a estas nuevas realidades. Entre ellos, la responsabilidad civil que pueda derivarse de la utilización de algoritmos. Cuando un ser humano toma una decisión o impone un criterio, podemos exigir explicaciones. Sin embargo, cuando el resultado del proceso de razonamiento ha sido determinado por un algoritmo, inquirir sus motivos resulta bastante más complicado. De un lado, porque no podemos estar seguros de si efectivamente ha habido un daño; de otro, porque no podemos estar plenamente seguros de que sea imputable al ente que haya tomado la decisión.

Por ello, este trabajo intenta aproximarse a la responsabilidad que éstos puedan provocar e intenta, asimismo, explicar por qué los esquemas tradicionales de la responsabilidad civil pueden ser insuficientes para entender y abordar sus riesgos.

Qué es un algoritmo:

Conceptualización y origen:

Por algoritmo podemos entender una serie de instrucciones dirigidas a la resolución de un problema paso a paso Es relevante ahora destacar tres características de los algoritmos que se desglosarán más adelante: su universalidad, su opacidad y el impacto en la vida de las personas[3].

La universalidad supone que su aplicación es ilimitada, esto es, pueden aplicarse prácticamente a cualquier sector de actividad (profesional o no) imaginable. La opacidad (que se desarrollará con más detalle *infra*) supone que, por su naturaleza o cuestiones de organización o directamente jurídicas, son instrumentos de extremadamente difícil compresión. Finalmente, el impacto en la vida de las personas significa que, así como son aplicables en cualquier contexto, la capacidad para afectar la esfera jurídica de los ciudadanos también es considerable.

Tipos de algoritmos:

Algoritmos estáticos y dinámicos:

Bajo el apelativo de estático debe entenderse aquel algoritmo cuyos criterios decisorios son programados por los diseñadores, sin capacidad para tomar de forma independiente las decisiones; mientras que entre los dinámicos se encuentran aquéllos conocidos como autónomos (se abordan

[3] O'Neil, Cathy, *Weapons of math destruction*, Crown Books, Londres, 2017. p. 40 y ss.

infra), con la capacidad para recoger y dirimir sus propios criterios y decidirse por ellos mismos[4].

Algoritmos mecánicos:

Por algoritmo se pretende describir este tipo de programas informáticos de uso absolutamente extendido, que precisan de la intervención de un ser humano para su correcto funcionamiento. Sirva como ejemplo un programa una calculadora eléctrica, dependiente de la introducción de cálculos por parte del usuario.

Algoritmos automáticos y autónomos:

Por algoritmo automático (y autónomo), y por contraposición a los mecánicos, se entienden en este trabajo 'aquéllos que no precisan de intervención humana para realizar las tareas que tienen encargadas[5]'. Téngase en mente la diferencia entre algoritmos automáticos y autónomos: mientras los primeros pueden precisar la intervención de seres humanos para renovar la información y actualizarse (no aprenden por sí solos), los segundos funcionan de forma independiente, sin necesidad que los diseñadores humanos tomen parte en ninguno de sus procesos.

Se refiere, esencialmente, a aquellos algoritmos que aprenden autónomamente, a partir del análisis de datos con un modelo matemático complejo[6].

Machine learning:

Como ya se ha indicado, el concepto de algoritmo no es realmente nuevo, sino que su novedad consiste en la posibilidad de realizar análisis masivos de datos que permiten que el propio programa informático aprenda de forma autónoma sin intervención humana. COTINO HUESO recogió las particularidades que señalan la independencia de estos programas respecto de los seres humanos: 1) qué resulte del uso de los algoritmos no depende de qué dispusieran los diseñadores; 2) la naturaleza de '*caja negra*' de los algoritmos, esto es, la dificultad para explicar por qué se ha arribado a estas conclusiones; y 3) son procesos rápidos y automáticos[7].

---

4 Ponce Solé, Juli, *Inteligencia artificial, Derecho administrativo y reserva de humanidad: algoritmos predictivos y procedimiento administrativo debido,* Revista General de Derecho administrativo, Núm. 50, 2019, p. 3.

5 O'Neil, Cathy, *op. cit.*

6 Huergo Lora, Alejandro, *La regulación de los algoritmos.* Aranzadi, Madrid, 2020, p. 27.

7 Cotino Hueso, Lorenzo, *Riesgos e impactos del Big Data, la inteligencia artificial y la robótica. Enfoques, modelos y principios de la respuesta del Derecho,* Revista General de Derecho Administrativo, Núm. 50, 2019, p. 2.

Redes neuronales o *deep learning:*

A medida que ha ido creciendo la capacidad de computación, recolección y almacenamiento de datos, lo propio ha hecho la complejidad de los algoritmos que la procesan. Tanto es esto, que por la cantidad de datos que almacenan, empiezan a recibir el nombre de '*redes neuronales*' porque su representación y apariencia recuerdan a la de nuestras neuronas y sus conexiones.

A efectos aclaratorios, y antes de continuar con el presente estudio, debe hacerse una precisión: a lo largo de este estudio, y salvo mención específica, el término algoritmo se hará en relación a aquéllos que emplean datos para el análisis, la predicción de conductas futuras y la toma de decisiones automatizadas.

Relación con la IA y el Big Data:

Por su parte, el sintagma '*inteligencia artificial*' se reserva a '*los sistemas que manifiestan un comportamiento inteligente, pues son capaces de analizar su entorno y pasar a la acción-con cierto grado de autonomía-con el fin de alcanzar objetivos específicos*[8].

Además, la propuesta de Reglamento por el que se establecen normas armonizadas en materia de inteligencia artificial (ley de inteligencia artificial)[9], define los sistemas de inteligencia en su artículo 3 indicando que se entiende por "sistema de inteligencia artificial"

> "El software que se desarrolla empleando uno o varias de las técnicas y estrategias que figuran en el anexo I[10] y que puede, para un conjunto determinado de objetivos definidos por seres humanos, generar información de salida como contenidos, predicciones, recomendaciones o decisiones que influyan en los entornos con los que interactúa".

---

8 Comunicación de la Comisión al Parlamento Europeo, al Consejo Europeo, al Consejo, al Comité Económico y Social Europeo y al Comité de las Regiones, *IA para Europa*, Bruselas, 2018.

9 Propuesta de reglamento del Parlamento Europeo y del Consejo por el que se establecen normas armonizadas en materia de inteligencia artificial (ley de inteligencia artificial) y se modifican determinados actos legislativos de la unión.

10 Siendo éstas:
"*Estrategias de aprendizaje automático, incluidos el aprendizaje supervisado, el no supervisado y el realizado por refuerzo, que emplean una amplia variedad de métodos, entre ellos el aprendizaje profundo.*
Estrategias basadas en la lógica y el conocimiento, especialmente la representación del conocimiento, la programación (lógica) inductiva, las bases de conocimiento, los motores de inferencia y deducción, los sistemas expertos y de razonamiento (simbólico).
Estrategias estadísticas, estimación bayesiana, métodos de búsqueda y optimización".

La IA pretende elaborar sistemas que puedan resolver problemas y realizar tareas normalmente reservadas a los humanos[11]. Un problema claro de ésta es la carencia de una definición común y uniforme. Pese a carecer de un concepto omnicomprensivo, sí disponemos de documentos internacionales que realizan propuestas al respecto, como la Resolución del Parlamento Europeo de 16 de febrero de 2017, que propone que se tengan en cuenta, a la hora de explicitar qué se debe entender universalmente por IA, las siguientes características:

> *La capacidad de adquirir autonomía mediante sensores y/o mediante el intercambio de datos con su entorno (interconectividad) y el intercambio de dichos datos.*
> *La capacidad de autoaprendizaje a partir de la experiencia y la interacción.*
> *La capacidad de adaptar su comportamiento y acciones al entorno.*
> *Inexistencia de vida en sentido biológico.*

Las posibilidades que se abren con el uso del *Big Data*, que permite establecer relaciones antes consideradas imposibles y acceder a otras muchas fuentes, están planteando una gran controversia, por cuanto si bien puede comportar grandísimos beneficios, también puede tener terribles consecuencias. No son pocos los autores que ya han sostenido que la ética ha de ser el cimiento sobre el que se edifique nuestra relación con estas tecnologías[12].

El avance de estos fenómenos, extraños a la tradicional capacidad del legislador de regularlo todo (o intentarlo), ha conducido a la '*legislación motorizada*' a que se refería García de Enterría). Esta evolución ha producido una alteración del concepto tradicional de ley como norma suprema, para ser ahora una forma más de regulación[13]. Es también ciertamente relevante la comprensión tradicional del fenómeno jurídico por parte de los legisladores nacionales y supranacionales, que puede suponer una colisión frontal con la ciencia de datos[14]. Ello, en cuanto la pretensión racionalizadora tradicional del Derecho puede encontrarse con una crisis en sus bases (por poner un ejemplo, en muchos ámbitos tradicionales del Derecho el

---

11 Merchán Murillo, Antonio, *Inteligencia artificial y blockchain: retos jurídicos en paralelo,* Revista General de Derecho Administrativo, Núm. 50, 2019, p. 3.

12 Cotino Hueso, Lorenzo, *ibídem,* p. 134.

13 Boix Palop, Andrés, *op. cit.*, p. 3 y ss.

14 Martínez Ricard, Ricardo *Cuestiones de ética jurídica al abordar los proyectos de Big Data. El contexto general del Reglamento de protección de datos,* Dileamata, Núm. 24, 2017, p. 155 y ss.

concepto de causalidad es clave, mientras que la IA y el *Big Data* funcionan bajo la premisa de la correlación)[15].

1. La potencial problemática jurídica del uso de los algoritmos:

(i) Opacidad en la toma de decisiones (las llamadas 'cajas negras'):

Ésta puede deberse a varias razones, sean técnicas, jurídicas u organizativas[16]:

> La complejidad técnica de los algoritmos se debe su la dificultad de explicar la toma de decisiones y al carácter dinámico que puedan tener. Como ya se ha dicho, éstos manejan cantidades ingentes de información mediante complicadas operaciones, lo que dificulta, en ocasiones, aclarar por qué la decisión ha sido una u otra. Además, su carácter dinámico implica que el criterio empleado en una ocasión concreta pueda ser diferente al usado en la siguiente.
>
> Jurídicamente hablando, la opacidad puede deberse a cuestiones de propiedad intelectual, propiedad industrial o directamente a cláusulas contractuales firmadas para proteger el código fuente del programa. Un problema claro que esto plantea es el descrédito a que se pueden exponer las Administraciones y el sector privado por desconocer por qué se ha decidido una u otra cosa y sin poder explicar el porqué [17].
>
> En sentido organizativo, puede ser directamente por la ignorancia del funcionamiento del algoritmo, no ya porque se carezca de forma de conocerlo, sino porque directamente no se posea el código fuente.

Probablemente, la forma más sencilla de paliar estos efectos sea poner a disposición del ciudadano el programa o explicarle comprensiblemente el razonamiento seguido y los parámetros empleados[18].

Discriminación algorítmica y estupidez artificial:

Es preciso volver a traer una idea ya reiterada en estas hojas: los algoritmos los diseñan seres humanos. Ello lleva de sí que los diseñadores pueden inocularles sus prejuicios y esquemas personales; y, por ende, perpetuar

---

15 Boix Palop, Andrés, *op. cit.*, págs. 5 y 6.

16 Cerrillo i Martínez, Agustín, *Com obrir les caixes negres de les administracions publiques? Transparència i rendició de comptes en l'ús dels algoritmes,* Revista Catalana de Dret Públic, Núm. 58, 2019, p. 17 y 18.

17 Soriano Arnanz, Alba, *Decisiones automatizadas y discriminación,* Revista General de Derecho administrativo, 2021, p. 5 y 6.

18 Cerrillo i Martínez, Agustín, *El impacto de la inteligencia artificial en el Derecho administrativo, ¿nuevos conceptos para nuevas realidades técnicas?,* Revista General de Derecho administrativo, Núm. 50, 2019, p. 10 y ss.

prejuicios y/o patrones culturales. Tampoco es despreciable la idea de que, simple y llanamente, los datos usados sean de baja calidad, lo que llevará indefectiblemente a que las conclusiones sean sesgadas y erróneas, deviniendo los programas en máquinas de *'estupidez artificial'*[19].

Según SORIANO ARNANZ, la discriminación algorítmica debe afrontarse desde una doble vertiente: una primera, enfocando su existencia como hecho vulnerador del principio de igualdad y los derechos a la igualdad y no discriminación; y otra como uno de los múltiples daños derivados del uso de estas tecnologías y el tratamiento de datos[20]. En el contexto de este trabajo se seguirá la metodología planteada por la citada autora, dividiendo la eventual discriminación algorítmica en directa e indirecta:

Por lo referido a la directa, debe entenderse la que tiene lugar cuando se trata a una persona de forma diferente en función de su pertenencia a una de las categorías sospechosas de discriminación. Un ejemplo de ella bien podría ser la valoración de forma negativa de estos rasgos o características. Como indica la autora, en estos casos también deberían incluirse los casos en que consciente o inconscientemente se aprende la pertenencia al grupo una vez empieza a funcionar el programa[21].

La discriminación en estos casos no plantea tanto conflicto en cuanto a la prueba, porque se emplean factores que son directamente determinantes relacionados con estas categorías. Tal es esto, que quizá no fuera ni necesario acceder al propio programa.

El otro supuesto es la discriminación algorítmica indirecta, siendo ésta la ocasionada por el empleo de criterios aparentemente neutros que producen consecuencias más perjudiciales para el grupo que para el otro. En este caso, el criterio puede ser un valor específico del algoritmo o éste como un todo considerado[22].

Por otro lado, y es un asunto ciertamente relevante, los algoritmos pueden llegar a discriminar en base a los datos de que no disponen, por inferencias con base en los patrones que han podido realizar de los datos. La cuestión de relevancia en este tema se encuentra en que ciertos criterios permean los datos, se incluyan o no. Ello implica que, se quiera o conscientemente no se añadan, están (si bien la raza no se incluye por considerarse

---

19 Cotino Hueso, Lorenzo, *op. cit.*, 2019, p. 7 y 8.
20 Soriano Arnanz, Alba, *op. cit.*, 2021, p. 5.
21 Soriano Arnanz, Alba, *ibídem*, p. 19.
22 Soriano Arnanz, Alba, *op. cit., 2018*, p. 19.

discriminatoria, se suele acudir a la zona de residencia, que tiende a dar una información similar).

Por ello, antes que obviar información que pueda ser de relevancia, parece más apropiado introducirla y entrenar con ello al algoritmo para que sepa qué relevancia tiene efectivamente, con miras a evitar la *discriminación estadística*[23].Así, este término pretende ilustrar un criterio de toma de decisiones (humanas o informáticas) cuyo baremo es la experiencia acumulada con personas que compartían determinadas características[24]. El ejemplo frecuentemente usado es el de un empleador con carencia de información sobre un potencial empleado. Aquél, prevenido de las implicaciones que puede tener la contratación de la persona errónea, juzga en base a lo que sabe de candidatos previos (y sus prejuicios personales, claro), lo que puede conducir a despreciar a algunos por razones que poco tengan que ver con su desempeño.

Las soluciones propuestas varían entre los distintos autores, desde auditorías realizadas a los algoritmos[25] a la remoción de preguntas parciales en test estandarizados[26]. Otros autores apuntan a que este riesgo de discriminación no es extraño a cualquier tecnología que puedan aplicar los operadores económicos; y que, no obstante, sí pueden introducir nuevos baremos donde antes no existían-susceptibles de ser fiscalizados—. De hecho, se apunta a, exactamente, lo contrario, puesto que evitan la más rayana arbitrariedad o el uso de otros criterios preparados expresamente para el asunto concreto[27].

Principio de precaución algorítmica:

El principio de precaución, cuyo origen se encuentra en el Derecho internacional ambiental[28] postula esencialmente que, si una medida legislativa o similar puede causar un daño irreparable y la comunidad carece de consenso, debe abandonarse —sin poder ampararse posteriormente en

---

23 Shmargad, Yotam *et al.*, *How algorithms discriminate based on the Data they lack: challenges, solution and policy implications*, Penn State University Press, 2018, p. 91.

24 Shmargad, Yotam et. al. *ibidem.*

25 Boix Palop, Andrés, *Los algoritmos son Reglamentos: la necesidad de extender las garantías propias de las normas reglamentarias a los programas empleados por la Administración para la adopción de decisiones*, Revista de Derecho público: teoría y método, Núm. 1, 2020, p. 250 y ss.

26 Shmargad, Yotam *et. al.*, *op. cit.*, 2018, p. 99.

27 Huergo Lora, Alejandro, *op. cit.*, 2020, p. 84 y 85.

28 De Cózar Escalante, Manuel, *Principio de precaución y medio ambiente*, Revista española de salud pública, vol. 79, núm. 2, 2005, p. 134 y ss.

que el estado de la técnica no podía conocer las consecuencias de lo que se realizó—. Pues bien, son varios los autores que defienden la aplicación de este principio en el ámbito tecnológico, por cuanto este tiene también un importante potencial dañino para la humanidad en su conjunto, para convertirlo en un principio de *precaución social*[29].

El objetivo, al final, es controlar las consecuencias no previstas por el uso de estas tecnologías, en orden a que no causen un daño irreparable e impredecible, sin un posible retorno.

Tampoco debe dejar de mencionarse el genérico principio de responsabilidad, de forma que el proceder humano permita la permanencia de la propia especie y las otras (tanto presentes como venideras).

II. LA RESPONSABILIDAD CIVIL DERIVADA DEL USO DE ALGORITMOS DESDE LA TEORÍA DE LA PÉRDIDA DE LA OPORTUNIDAD

1. *Planteamiento general de la institución*

No provocar daños a terceros, y, de causarlos, responder por ellos, es probablemente uno de los elementos del Derecho más antiguos. Tanto, que esta responsabilidad está recogida en el famosísimo brocardo de Ulpiano sobre qué es el Derecho: *honeste vivere, alterum non laedere, suum cuique tribuere.*

En muy resumidas líneas, los elementos estructurales de la responsabilidad por daños son los siguientes: el daño resarcible, el nexo de causalidad y un título de imputación.

La primera cuestión que debe abordarse es el daño. No cualquiera es resarcible. El daño, para ser digno de ser reparado, debe ser antijurídico. Qué se entienda por antijurídico ha variado con el paso de los siglos, desde una concepción de la antijuridicidad como infracción de normas jurídicas de forma negligente o culposa hasta una cimentada sobre la inexistencia del deber de soportar el daño por parte de la víctima. Ello se expone a continuación:

La visión tradicional de la antijuridicidad, como se ha comentado, llevaba de sí la infracción de normas jurídicas, normalmente relativas a los

---

29 Ponce Solé, Juli, *op. cit.*, p. 15.

considerados derechos subjetivos absolutos (por ejemplo, el parágrafo 823 del Código Civil alemán —*Bürgerliches Gesetzbuch* o BGB). A las regulaciones que preveían de forma concreta qué derechos son resarcibles se las considera doctrinalmente típicas (nuestra regulación era similar hasta la promulgación del Código Civil)[30]. En este campo, la regulación de la responsabilidad tenía, además, una clara vertiente represiva, buscando evitar la comisión actos que pudiesen ser lesivos para estos derechos absolutos.

No obstante, posteriormente los sistemas de responsabilidad civil pasaron de una regulación típica a una atípica, es decir, devinieron resarcibles cualesquiera daños sufridos en el patrimonio. Ello sucedió con la traslación del foco de la responsabilidad civil al resarcimiento de los perjudicados (de ahí que hoy en día esta rama del ordenamiento sea llamada *Derechos de daños*). La finalidad represiva cedió en pos de una resarcitoria, es decir, en orden a restaurar a quienes se viesen dañados y devolverlos al estado previo con independencia de qué se hubiese visto afectado[31]. Esta modificación del concepto de daño fue de la mano de una análoga variación de la concepción tradicional de otro de los elementos estructurales de la responsabilidad: los criterios de imputación.

Tradicionalmente, el criterio esencial de imputación del daño ha sido el obrar negligente o culposo. Esto implica que, para que naciera el deber de responder, debía haber existido alguna infracción del deber de cuidado exigible (el deber de diligencia del buen padre de familia del Código Civil o el del ordenado comerciante del Código de Comercio). Este criterio responde a la visión individualista del Estado liberal y del capitalismo temprano. Tan fuerte era la visión de la culpa como criterio de imputación *individual*, que el contrato de seguro (absolutamente común hoy en día) era considerado inmoral[32].

Sin embargo, con el desarrollo industrial y los riesgos asociados a la producción (en los que no necesariamente había de existir negligencia por parte del titular de la fábrica o explotación), se comenzó a percibir como injusto que fuesen las propias víctimas quienes sufriesen ese daño por no existir esa necesaria culpa[33]. Por ello, se empezaron a aprobar criterios de responsabilidad dependientes del beneficio económico percibido por el

---

30 Medina Alcoz, Luis, *La responsabilidad patrimonial por acto administrativo,* Aranzadi, Navarra, 2020, p. 130.

31 Medina Alcoz, Luis, *ibídem,* p. 134 y ss.

32 Reglero Campos Fernando, *Los sistemas de responsabilidad civil,* en Reglero Campos, *Tratado de responsabilidad civil,* Aranzadi, Navarra, 2002, p. 166.

33 Reglero Campos, Fernando, *ibídem,* p. 168.

empresario o por el riesgo generado. A raíz de esto se empezaron a articular sistemas de responsabilidad objetivos, es decir, separados de la idea de culpa o negligencia. Cabe mencionar que, pese a ser un criterio ciertamente olvidado, la idea de responsabilidad objetiva también procede del Derecho romano, aunque fuese desplazada por la idea de la responsabilidad por culpa. La primera Ley moderna que nos pueda servir de ejemplo de ello es la Ley Prusiana de Ferrocarriles de 1838[34], que implantó un sistema de responsabilidad objetiva en el transporte.

Con estos cambios, es decir, con el paso de una visión de la responsabilidad cuya antijuricidad se basaba en la infracción de normas jurídicas negligentemente a una centrada en el daño sufrido, con independencia de la culpa o negligencia, se arriba a la visión hoy regente de la responsabilidad por daños. Ésta se centra en el resarcimiento de la víctima y la restauración de su esfera jurídica, sin focalizarse exclusivamente en la conducta del agente.

Finalmente, el nexo de causalidad es el elemento que sirve de puente entre el daño causado y el título de imputación. Es la vía que se emplea para constatar que uno u otro daño ha sido causado por una u otra persona. Las teorías empleadas para enlazar el daño a una persona han sido diversas y variadas, desde la teoría de la equivalencia de las condiciones, esto es, toda acción interviniente es causa a la actualmente empleada, es decir, la de la causa eficiente.

La teoría de la equivalencia de las condiciones presupone una retracción mental para comprobar cuál o cuáles son las acciones dentro del curso causal que han producido el daño, o, en otras palabras, cuáles son *conditiones sine quibus non*, para su producción. La cuestión más conflictiva de esta teoría es, comprensiblemente, que el campo de responsabilidad se extiende entonces hasta lo impensable[35].

En atención a la imposibilidad de concretar quién es o no partícipe en un curso causal, se desarrolló la teoría de la causa eficiente; es decir, es causa de un daño aquella que, de forma normal y previsible, lo pudo ocasionar. La cuestión, *a priori* teóricamente sencilla, se ve sometida a una patulea de complicaciones ante el hecho de que en muchas ocasiones los perjudicados han sufrido el perjuicio por una conjunción de causas difícilmente deslindables. Ello podría provocar que, en muchas ocasiones,

---

34 Reglero Campos, Fernando, *ibídem*, p. 163 y ss.

35 García de Enterría, Eduardo *et. al.*, *Curso de Derecho administrativo*, volumen II, Civitas, Navarra, 2020, p. 426.

una aplicación estricta de la teoría de la causalidad adecuada condujese a resultados abiertamente injustos.

Sin embargo, conforme a la fórmula recogida en nuestro Código Civil (*que sean consecuencia necesaria del incumplimiento,* en el art. 1107) y la jurisprudencia, la teoría aceptada en España es la de la causalidad adecuada[36].

2. *Algoritmos automáticos y pérdida de la oportunidad*

El esquema esbozado en las páginas anteriores resulta de aplicación a los moldes tradicionales de la responsabilidad civil. No obstante, con los algoritmos automáticos, el problema es doble:

De un lado, puede no estar claro que se haya causado un daño. Es decir, una decisión erróneamente tomada por un algoritmo no tiene por qué significar que la correcta fuera favorable para el damnificado. En otras palabras, nos movemos forzadamente en el terreno de lo hipotético. De otro lado, la imputación subjetiva u objetiva del daño del que acabamos de hablar resulta tremendamente complicada cuando hablamos de un algoritmo automático. Pongamos un ejemplo:

Si una entidad bancaria optara por introducir un algoritmo tendente a catalogar a los interesados en obtener un préstamo bancario, y este algoritmo fuera automático, tal y como lo hemos definido antes, controlar sus decisiones supondría un reto enorme.

Por una parte, si un tribunal decidiera que, efectivamente, el algoritmo empleó un criterio ilegal para denegar el préstamo, no podemos saber si el banco habría concedido dicho préstamo utilizando parámetros legales. No debe perderse de vista que, como reconoce el Tribunal Constitucional, los particulares no se encuentran directamente afectados por el principio de igualdad y no tienen por qué tratar igual a los iguales (por todos, el Auto del Tribunal Constitucional de 30 de septiembre de 1987[37]). Así, salvo que la decisión de no contratar con una persona por

---

36 García de Enterría, Eduardo *et. al., ibídem,* p. 427.

37 Indica el Tribunal que

"*Es posible entender que algunos derechos fundamentales producen un cierto grado de eficacia en las relaciones jurídica entre particulares y que, en tal caso, se encuentra el derecho a no ser discriminado que establece el art. 14 de la Constitución, cuando se trata de discriminaciones típicas —por razón de nacimiento, raza, sexo, religión, opinión o condición social—. No puede decirse lo mismo cuando se trata del ejercicio de derechos y de acciones en el que no es posible encontrar discriminación. Ningún precepto, ni constitucional ni ordinario (salvo,*

una causa discriminatoria de las reconocidas por la normativa ordinaria o constitucional, y siempre dentro de las buenas prácticas de competencia, la libertad contractual prevalecería. Más aún, cuando el principio de "caja negra" de los algoritmos impide, en la mayoría de casos, determinar cuál habría sido la decisión.

Por otro lado, resta igualmente irresoluble el nexo de causalidad. ¿Debe imputarse al creador del algoritmo, al desarrollador, a su usuario, o a quién?

Frente a estos interrogantes encontramos la teoría de la pérdida de la oportunidad; una teoría perteneciente al campo del Derecho de daños, de origen fundamentalmente dogmático, pero que ha obtenido peso doctrinal y jurisprudencial en las últimas décadas. Medina Alcoz indica que

> *"El sintagma de "pérdida de oportunidad" (también "pérdida de una oportunidad", "pérdida de oportunidades", "oportunidad perdida") es la expresión española que se emplea usualmente en el ámbito de la responsabilidad civil para hacer referencia al daño que sufre quien ve comprometida una responsabilidad real de obtener un beneficio o evitar un menoscabo*[38]".

Esta figura del Derecho de daños tuvo un origen simultáneo en los países de *Common Law* (Inglaterra) y de Derecho civil (Francia)[39]. De hecho, esta teoría ha tenido dos aproximaciones diferentes, en función de la cultura jurídica en que fue de aplicación:

> En los países de *Common Law*, la teoría de la pérdida de la oportunidad ha sido ubicada en el campo de las teorías de la causalidad. Así, en los casos en que la incertidumbre causal es muy acusada, se ha recurrido a este expediente técnico para obtener un cierto umbral de seguridad[40]. Por ende, se recurre a la teoría de la pérdida de la oportunidad cuando *"sólo es posible efectuar*

en ocasiones, el principio de buena fe del art. 7 del Código Civil y la regla de comportamiento coherente en él establecida [...]), obliga a una persona a ejercitar sus derechos subjetivos o sus acciones en forma idéntica frente a sujetos pasivos diferentes, sin que, fuera de los mencionados casos de buena o abuso del derecho, se puedan medir los móviles que a tal actuación impulse (FJ1) ".

38 Medina Alcoz, Luis: *La teoría de la pérdida de la oportunidad. Estudio doctrinal y jurisprudencial de derecho de daños público y privado.* Thomsom-Reuters, Cizur Menor (Navarra), 2007, p. 55.

39 Vicandi Martínez, Arantzazu: *La pérdida de oportunidad en la responsabilidad civil sanitaria, ¿se puede cuantificar lo incuantificable?* Estudio de la Universidad de Deusto, volumen 25, Núm. 2, 2015, p. 12.

40 Oyarzún Vargas, Felipe: *Aproximaciones doctrinales a la teoría de la pérdida de la oportunidad. Análisis y reflexiones del caso español,* Revista jurídica de la Universidad Autónoma de Madrid, Núm. 43, 2021, p. 125.

una estimación de la probabilidad de que el daño se deba a un hecho por el cual el demandado sería responsable[41]".

Por su parte, el enfoque en los países de Derecho civil se corresponde con el daño. Para los defensores de esta tesis, la oportunidad perdida implica que el menoscabo de la ocasión de acceder a una ventaja, más que la ventaja en sí misma[42]. Esta perspectiva considera que la propia pérdida de la oportunidad supone en sí misma un daño diferente, autónomo del que supone la ventaja o ausencia de daño en sí mismos considerados. En pocas palabras, para quien sostiene esta tesis, la oportunidad perdida es, en sí misma, un menoscabo sufrido por una persona, a consecuencia de un evento determinado en sus bienes vitales o naturales[43].

Por nuestra parte, entendemos que la teoría de la pérdida de la oportunidad responde realmente ambos enfoques. Sobre todo, en lo tocante a la responsabilidad civil que se pueda derivar del uso de algoritmos automáticos.

De un lado, porque el daño que se pueda originar por su uso necesariamente se corresponde con la privación de una posibilidad. Así, y ya lo indica la doctrina, la pérdida de la oportunidad necesariamente supone que la ocasión esté definitivamente perdida y no sea un mero *desiderátum*[44] Nos remitimos, a título ejemplificativo a la sentencia del caso Loomis, de 13 de julio de 2016, acerca de la utilización de un algoritmo para determinar la probabilidad de reincidencia de un condenado[45].

De otro lado, permite resolver de forma más sencilla la cuestión del nexo de causalidad, por cuanto aligera sustancialmente la carga de la prueba en estos casos[46].

Entendemos que recurrir a la teoría de la oportunidad perdida terminará siendo un imperativo de justicia material, por cuanto la naturaleza de

---

41 Barros, Bourie, E., *Tratado de responsabilidad extracontractual,* Santiago (editorial jurídica de Chile), 2006, p. 378.

42 Medina Alcoz, Luis, *op. cit.,* p. 349.

43 Larenz, Karl, *Derecho de obligaciones,* Tomo 1, traducido por Jaime Santos Briz, Madrid: Revista de Derecho privado, 1958, p. 193.

44 Gallardo Castillo, María Jesús, *Causalidad probabilística, incertidumbre causal y responsabilidad sanitaria: la doctrina de la pérdida de la oportunidad,* Revista Aragonesa de Administración Pública, Núm. 45-46, 2015, p. 39.

45 *State v. Loomis, Wisconsin Supreme Court Requires Warning before Use of Algorithmic Risk Assessments in Sentencing,* Harvard Law Review, 130, 2016.

46 Gallardo Castillo, María Jesús, *op. cit.,* p. 36.

los algoritmos automáticos probablemente no permita otra cosa. Máxime, dado que los daños que puedan generar las decisiones tomadas por algoritmos automáticos reúnen las condiciones de indemnizabilidad idóneas, destacadas por la doctrina:

Una situación ventajosa para el damnificado.

Con un componente de aleatoriedad.

Desaparecida por un hecho u omisión del causante del daño.

El damnificado pierde las opciones que tenía de mantener la situación beneficiosa.[47]

Abunda en este sentido que la propuesta de Resolución del Parlamento Europeo, de 20 de octubre de 2020, con recomendaciones destinadas a la Comisión sobre un régimen de responsabilidad civil en materia de inteligencia artificial[48], no contiene respuestas del todo satisfactorias respecto de la responsabilidad civil.

Dicha Resolución contiene una propuesta de Reglamento "*relativo a la responsabilidad civil por el funcionamiento de los sistemas de inteligencia artificial*". Éste diferencia entre la responsabilidad sistemas de inteligencia artificial[49] de alto riesgo[50] y los restantes[51]. A los efectos que nos interesan, es relevante el sistema de responsabilidad previsto para los algoritmos de alto riesgo, teniendo éste un carácter objetivo. Indica pues el artículo 4 de la propuesta de Reglamento que

> *"El operador de un sistema de IA de alto riesgo será objetivamente responsable de cualquier daño o perjuicio causado por una actividad física o virtual, un dispositivo o un proceso gobernado por dicho sistema de IA".*

---

[47] Müller, Christoph, *La perte d'une chance. Étude comparative en vue de son indemnisation en droit suisse, notamment dans la responsabilité médicale*, Stämpfli, Bern, 2002, p.48.

[48] https://www.europarl.europa.eu/doceo/document/TA-9-2020-0276_ES.html.

[49] Es sistema de inteligencia artificial a los efectos del Reglamento
"*Todo sistema basado en programas informáticos o incorporado en dispositivos físicos que muestra un comportamiento que simula la inteligencia, entre otras cosas, mediante la recopilación y el tratamiento de datos, el análisis y la interpretación de su entorno y la actuación, con cierto grado de autonomía, para lograr objetivos específicos*".

[50] Significa alto riesgo
"*El potencial significativo en un sistema de IA que funciona de forma autónoma de causar daños o perjuicios a una o más personas de manera aleatoria y que excede lo que cabe esperar razonablemente; la magnitud del potencial depende de la relación entre la gravedad del posible daño o perjuicio, el grado de autonomía de la toma de decisiones, la probabilidad de que el riesgo se materialice y el modo y el contexto en que se utiliza le sistema de IA*".

[51] Abad Esteban, Rafael Remigio, *Derecho de daños europeo e inteligencia artificial*, Universidad Comillas, Madrid, 2022, págs. 19 y ss.

Como se observa de una lectura atenta del precepto, este régimen no difiere en exceso de cualquiera que pueda existir en un sistema de responsabilidad civil ya existente. La única diferencia sustantiva es el acotamiento de los sujetos responsables al “operador”, tal y como viene definido en la propia propuesta[52].

En todos los casos, la condición de operador viene asignada por el “grado de control” que pueda ejercerse sobre el propio sistema de IA y el “beneficio” que se obtenga de la misma. En otras palabras, se reconduce al hecho de que la responsabilidad viene atribuida por la generación de un riesgo, rasgo común a la evolución y nacimiento de los sistemas de responsabilidad objetiva[53].

No obstante, debemos insistir: por la naturaleza de los algoritmos automáticos, el criterio del riesgo no termina de dilucidar el problema de “caja negra” de los algoritmos en su toma de decisiones. Por ende, antes que determinar la responsabilidad con base en el grado de control que se tenga sobre el algoritmo, entendemos que resulta más sencillo atribuir la responsabilidad a quien tenga efectivo uso sobre el mismo. En otras palabas, abogamos por una extensión del concepto de “*culpa in eligendo*” o “*culpa in vigilando*” para la persona que se beneficia en última instancia del mismo.

Y, en cualquier caso, el daño causado por el algoritmo probablemente sólo pueda ser medido, en sede de Derecho privado, mediante la teoría de la pérdida de la oportunidad.

III. CONCLUSIONES

En estas páginas se ha expuesto qué es un algoritmo y qué retos supone para el futuro. Ahora interesa destacar los siguientes puntos:

---

52 Es operador “*tanto el operador final como el inicial, siempre que la responsabilidad civil de este último no esté ya cubierta por la Directiva 85/374/CEE*”.
Es operador inicial “*toda persona física o jurídica que define, de forma continuada, las características de la tecnología y proporciona datos y un servicio de apoyo final de base esencial y, por tanto ejerce también grado de control sobre un riesgo asociado a la operación y el funcionamiento del sistema de IA*”.
Es operador final “*toda persona física o jurídica que ejerce un grado de control sobre un riesgo asociado a la operación y funcionamiento del sistema de IA y se beneficia de su funcionamiento*”.

53 Reglero Campos, Fernando, *Tratado de responsabilidad civil*, Aranzadi, Pamplona, 2002, p. 164.

i) Los algoritmos automáticos van a modificar inevitablemente muchos de los moldes tradicionales del Derecho.

ii) Los juristas estamos condicionados por una legislación pensada fundamentalmente en términos analógicos. Dentro de que permite extender muchos conceptos más allá de lo inicialmente previsto, instituciones nuevas deberán ser creadas para satisfacer las nuevas necesidades[54].

iii) La responsabilidad civil, especialmente, se verá afectada por esta cuestión. La toma de decisiones a través de algoritmos automáticos supone, sin lugar a dudas, un avance importantísimo para la productividad de las empresas, poderes públicos y ciudadanos. No obstante, también puede causar daños difícilmente cuantificables y cuya imputación resulta cuando menos dudosa.

Así, aunque el balance que realizamos es positivo, no debe perderse de vista que vamos dirigidos a una nueva versión de la "sociedad del riesgo", esta vez caracterizada porque intuiremos que hay un problema, pero sin poder determinar ni su tamaño ni su responsable.

---

[54] Vázquez Lépinette, Tomás, *La digitalización del Derecho de sociedades y el resurgimiento de la sociedad colectiva,* en *La digitalización del Derecho de sociedades,* Dir. Ubaldo Nieto Carol, Tirant lo Blanch, Valencia, 2023, p.302.

El uso del Blockchain para la transparencia y confidencialidad de los contratos públicos

ALEJANDRO MANZORRO REYES*

I. INTRODUCCIÓN

La contratación pública es uno de los sectores donde gran parte de los países del mundo están optando por herramientas tecnológicas como estrategias a favor de un proceso eficiente y responsable. No es un secreto, que este es el sector en donde la lucha por el descontrol del gasto público, el fraude y la corrupción cada día se ven más marcados a pesar de la rigurosidad que emplean algunos países para regular este proceso.

En este contexto, la *blockchain* se establece como una alternativa que permite mejorar la auditabilidad y transparencia de la actividad administrativa, garantizando eficacia e inmutabilidad en los procedimientos, pero que ofrece también un empoderamiento al ciudadano para decidir qué nivel de protección otorga a su información. La dificultad de garantizar una efectiva regulación legal de la cuestión deriva no sólo de la falta de legislación sistemática o armonizada, sino también de las características objetivas de Internet, que hacen posible que cualquier persona actúe de forma anónima en línea. Ante la perspectiva descrita, es necesario garantizar una tutela eficaz, capaz de generar confianza y seguridad, clave para el desarrollo digital en un entorno de buenas prácticas ante el paradigma de la economía global y digital.

* JUEZ de los Juzgados de Ibiza, Doctorando en Derecho en la Universidad de Sevilla y en Estudios Interdisciplinarios de Género en la Universidad de las Islas Baleares.

La tecnología *blockchain* —«cadena de bloques» en su traducción al castellano[1]— no constituye un fenómeno de reciente creación. En el año 2008, en un artículo titulado 'Bitcoin: a Peer-to-peer Electronic Cash System'[2], Satoshi Nakamoto, seudónimo utilizado por el informático o grupo de informáticos, presentaron una solución técnica basada en la red de *blockchain* para la realización de transacciones con la moneda virtual bitcoin, prescindiendo de la intervención de una entidad compensadora o validadora. Satoshi Nakamoto propuso el uso del *blockchain* como el componente central del bitcoin para resolver el problema del doble gasto en las transacciones de monedas digitales, sin necesidad de una entidad central de confianza, como un banco o un Gobierno. Así, con la tecnología *blockchain*, como *distributed ledger techonology* o DLT (tecnología de red o de registro distribuido), mediante un protocolo informático de código abierto la llevanza y custodia de los libros se realiza por los miembros de la red sin la necesidad de contar con un intermediario de confianza que actúe de garante e intermediario en las transacciones. GONZÁLEZ MENESES[3] señala que *blockchain* es «un registro de transacciones único pero llevado de forma descentralizada o distribuida; un libro de contabilidad, un libro mayor, un *ledger*—en inglés—, que no lleva un solo sujeto, sino a la vez todos los usuarios del sistema. Es como si la contabilidad de todos los bancos en cuyas cuentas se refleja todo nuestro dinero y todas las transferencias dinerarias que vamos haciendo la llevásemos directamente todos los clientes de los bancos mediante nuestros propios ordenadores».

Por supuesto que la *blockchain* es un sistema más complicado que la imagen que acaba de ofrecerse, en el que los algoritmos de consenso, la criptografía de clave asimétrica y los algoritmos de destilación tienen un papel destacado, pero lo aquí expuesto sirve para ilustrar que con esta tecnología cada miembro o nodo de la red posee la cadena de bloques que compone el historial de transacciones y participa en la incorporación de nuevas cadenas.

---

1 El término «blockchain» es ampliamente aceptado y se ha convertido en la denominación común para describir la tecnología de registros digitales encadenados de manera segura. Aunque la expresión más literal en español sería «cadena de bloques», el término «blockchain» se ha popularizado y es reconocido en la comunidad tecnológica, financiera y legal de habla hispana.

2 NAKAMOTO, S., *Bitcoin: a Peer-to-Peer Electronic Cash System*, 2008. Disponible en: https://bitcoin.org/ bitcoin.pdf

3 GONZÁLEZ MENESES-GARCÍA-VALDECASAS, M., *Enteder blockchain. Una introducción a la tecnología de registro distribuido*, Thomson Reuters-Arazandi, ed. Cizur Menor (Navarra), 2017.

La identidad real de Satoshi Nakamoto[4] sigue siendo desconocida hasta la fecha. Se cree que se trata de un individuo o un grupo de desarrolladores altamente habilidosos en criptografía, programación y teoría económica. De este modo, en 2009 nació la moneda bitcoin y se estableció la primera infraestructura de *blockchain*, y es por ello por lo que la *blockchain* es una tecnología subyacente a bitcoin y otras criptomonedas que actúa como un libro de contabilidad digital descentralizado y seguro. Proporciona un registro público inmutable de todas las transacciones realizadas en la red que se actualiza de manera constante y compuesto por bloques de transacciones enlazados de forma cronológica y segura mediante criptografía. Habitualmente se recurre a la comparación con los libros de contabilidad para explicar *blockchain* de manera sencilla. Cada bloque contiene un conjunto de transacciones y un hash (resumen criptográfico) del bloque anterior, creando así una cadena de bloques. En el presente, el concepto de *blockchain* se ha extendido más allá de las criptomonedas y observamos una proliferación constante de proyectos e iniciativas que buscan aprovechar esta tecnología en diversos campos, con especial énfasis en el ámbito financiero y de las entidades aseguradoras. Esta tecnología, identificada metafóricamente como «la revolución industrial de internet» para subrayar su carácter disruptivo, ha sido reveladoramente definida por *The Economist* como «La Máquina de la Confianza»[5].

No obstante, se ha de tomar en especial consideración lo afirmado por BERNAL BLAY[6], según el cual, los casos de uso de la *blockchain* deben ir precedidos de una revisión de los trámites que se evacúan en los procedimientos sobre los que operan, de una reflexión sobre su necesidad, y valorar las posibilidades de su simplificación. No se trata de llevar a una *block-*

---

4 LAITA, I., «¿Quién es Satoshi Nakamoto? El misterio detrás del creador de las criptomonedas», en *Laita Digital*, el 6 de agosto de 2023. Disponible en: https://laitadigital.com/noticias/quien-es-satoshi-nakamoto-el-misterio-detras-del-creador-de-las-criptomonedas/

5 Vid, LEADERS., «The promise of the *blockchain*», en *The Economist*, 31 de octubre de 2015. Disponible en: https://www.economist.com/leaders/2015/10/31/the-trust-machine . Incidiendo en esa idea Bertrand Maltaverne, en su artículo «*Blockchain*: what are the opportunities for Procurement?» la ha definido acertadamente como una forma de «Confianza digital». Disponible en: https://medium.com/procurement-tidbits/blockchain-what-are-the-opportunities-for-procurement-d38cfd5446fa

6 BERNAL BLAY, M.A., *Blockchain, Administración y contratación pública*, 2018. Disponible en: http://www.obcp.es/index.php/mod.opiniones/mem.detalle/id.418/relcategoria.208/chk.5d7064a2b9f6eb58024d2d1 d4706c591

chain todos los datos y documentos que forman parte de los expedientes, ya que el que piense que se trata de eso no ha entendido cómo funciona *blockchain*.

La comunidad jurídica también evidencia un interés creciente en esta tecnología, particularmente en lo que respecta a su función de autenticación y validación. Asimismo, las entidades gubernamentales no pueden, ni deben, quedarse rezagadas en lo que concierne a este fenómeno. Es estimulante considerar cómo evolucionarán las relaciones administrativas con la implementación de tecnologías como *blockchain*, robótica, Internet de las Cosas (IoT) y la inteligencia artificial. Si bien aún no podemos determinar con precisión el impacto definitivo de estas tecnologías, ello no debe obstaculizar la adopción de un enfoque serio en el debate, siempre prudente y reflexivo.

II. CARACTERÍSTICAS DEL *BLOCKCHAIN* E INTRODUCCIÓN A LOS *SMART CONTRACTS*

La *blockchain*, como decíamos anteriormente, es una estructura matemática que se utiliza para almacenar datos de forma que es imposible de falsificar. Cada registro digital se denomina bloque (de ahí el nombre de *blockchain* o cadena de bloques) y se permite que un número abierto o controlado de usuarios participe en el libro electrónico. Por ello, es una tecnología que aumenta la seguridad en las transacciones de criptomonedas. La *blockchain* utiliza una red *peer-to-peer*, o entre iguales de nodos informáticos para verificar transacciones. Por tanto, la *blockchain* es un medio de registro confiable y resistente a la manipulación. La *blockchain* tiene una característica que supone que pueda ser un medio de prueba fiable: su inalterabilidad. La información que contiene la *blockchain* acredita un hecho, una fecha y hora, y, además, no se puede modificar o alterar.

En este campo, una de las pioneras en España en la investigación de esta cuestión es YOLANDA RÍOS[7], magistrada del Juzgado de lo Mercantil número 1 de Barcelona. RÍOS es directora del grupo de investigación sobre *blockchain* y contratos inteligentes (*smart contracts*), del Consejo General del Poder Judicial e impulsora del pionero Protocolo de Protección del

---

7 RÍOS LOPEZ, Y., «*Blockchain, smart contracts* y administración de justicia», en *Blockchain Intelligence*, enero de 2021. Disponible en: https://blockchainintelligence.es/wp-content/uploads/2021/02/BLOCKCHAIN-SMART-CONTRACTS-Y-ADMINISTRACION-DE-JUSTICIA_YOLANDA-RIOS.pdf

Secreto Empresarial de los Juzgados Mercantiles de Barcelona, aprobado en noviembre de 2019, en el que, entre otras cosas, se acepta la utilización de la *blockchain* para preservar la confidencialidad de la información o documentación aportada a un proceso, tan importante en este tipo de casos.

Precisamente la inmutabilidad y la trazabilidad de las operaciones que se anotan en la cadena, al estar vinculadas sucesivamente, facilita el seguimiento de cada una de las operaciones de la cadena registrada desde su origen, por lo que cualquiera puede comprobar la integridad de la cadena de bloques de información, lo que unido al hecho de que cada nodo de la red posea toda la información del registro de operaciones, añade también la transparencia como cualidad principal de la *blockchain*.

Un «smart contract[8]» puede ser definido en términos generales como un protocolo de códigos informáticos, escrito en un lenguaje codificado, que permite que un dispositivo tecnológico ejecute de forma automatizada las secuencias previamente programadas, prescindiendo así de cualquier intervención humana[9]. Se dice, por tanto, que en el *smart contract* el «có-

---

8 La expresión «smart contracts» es el término ampliamente aceptado y utilizado en la comunidad de blockhain y tecnología. La palabra «contracts» se mantiene en ingés debido a que es una característica específica de la terminología relacionada con la *blockchain* y la tecnología, por lo que no se suele traducir al español.

9 Son muy diversas las definiciones que se han realizado sobre los «smart contracts», en función de la perspectiva civil-mercantil, matemática o informática que se tome en consideración. Tratamos de sistematizar las siguientes:
El creador del término, NICK SZABO, en la obra *Smart Contract, Building Blocks for Digital Markets*, 1996, concibió el *smart contract* como *«a set of promises, specified in digital form, including protocols within which the parties perform on these promises»*, inspirándose en el sencillo ejemplo de la máquina expendedora que, de forma automática, y sin la intervención del hombre, ejecuta la prestación consistente en la entrega del producto adquirido al comprador previa comprobación de la inserción de una moneda de curso legal por el precio convenido.
El mismo autor, en el *White Paper* llamado «Smart Contracts: 12 Uses Cases for Business and beyond. A technology, legal and Regulatory Introduction», from the *Smart Contracts Alliance, Chamber of Digital Commerce*, december 2016, p.8, (traducción propia de la autora) añade que los principales rasgos característicos son: a) Un conjunto de obligaciones, que pueden tener naturaleza contractual o extracontractual. b) Las obligaciones adquieren un formato digital a través del *softawe* que las transforma en código. c) Un Protocolo informático con forma de algoritmo constituye el conjunto de reglas por el que cada parte debería procesar los datos respecto al *smart contract*. d) Se puede ejecutar automáticamente y es irrevocable, por cuanto no es posible detener el cumplimiento del código.
De especial interés es la defininción otorgada por la *Chamber of Digital Commerce de USA*, que en la página web www.digitalchamber.org señala que «smart contracts

digo es la ley», pues cada una de las cláusulas negociales redactada según el paradigma «if X, then Y» ejecutará inexorablemente lo programado, lo que incrementará la seguridad jurídica y permitirá prescindir de cualquier tercero intermediario. En resumen, un contrato inteligente es un acuerdo que puede hacerse cumplir a través de una cadena de bloques, de tal manera que el cumplimiento del mismo no queda al albur de la mera voluntad de cualquiera de las partes, sino que se ejecuta automáticamente. Realmente los contratos inteligentes no son más que unas líneas de programación en las que se prevé una acción ante la verificación de un hecho cierto. En definitiva, los contratos inteligentes son aplicaciones que se ejecutan exactamente como se programaron sin posibilidad de suspensión, censura, fraude o interferencia de terceros.

Partiendo de la regulación que los artículos 1089, 1091, 1261 y 1278 del Código Civil español efectúan de los contratos, será posible categorizar al *smart contract* como negocio jurídico fruto de una libre autonomía de la voluntad de las partes siempre que exista un previo consentimiento por parte de aquéllas acerca de las prestaciones que constituyan su objeto, y la causa del mismo sea válida[10]. Usando contratos inteligentes es posible simplificar y automatizar todo tipo de procedimiento, por ejemplo, los procedimientos de emisión de documentos, de verificación de la identidad *online*, de evaluación de ofertas, etcétera.

Mirando hacia el inmediato futuro, los *smart contracts* se podrán integrar dentro de los contratos que de ordinario manejan los abogados, incluidos los contratos públicos, funcionando como un mecanismo automático de garantía del cumplimiento de los términos del mismo, de tal manera que verificada de forma objetiva y automática la concurrencia de un hecho cierto se desencadenen sus consecuencias. Por ejemplo, un *smart contract* permitiría crear una nueva herramienta de diligencia debida y rastreo que

---

are computer code progammed to execute transactions based on pre-defined conditions. These can be dimple, automated bill pay arrangements, for exemple».

10 En este sentido, conviene traer a colación la distinción que efectúa TUR FAÚNDEZ, C.E., *Smart Contracts. Análisis jurídico,* Ed. Reus, Madrid, 2018, pp. 139 a 141 entre dos categorías; «la de mero *smart contract* carente de cualquier valor jurídico, que define como «secuencias de códigos y datos que se almacenan en una determinada dirección de una concreta cadena de bloques», y la de «contratos legales inteligentes», como contratos electrónicos celebrados a través de una página web accesible para las partes (o una aplicación móvil) cuya forma está constituida por la interfaz de usuario de la aplicación externa y uno o varios programas autoejecutables (*smart contracts*) residentes en la cadena de bloques con capacidad para inteactuar recíprocamente y con dicha interfaz».

permita determinar rápidamente el origen de un producto, lo que ayudaría a aumentar la visibilidad, el control, la gestión de riesgos en la cadena de suministro y lograr el cumplimiento de las obligaciones de los suministradores y los requisitos legales y reglamentarios a los que estén sujetos esos productos.

Pero se ha de tener en cuenta a su vez, que las características de los *smart contracts* de inalterabilidad y automaticidad son a su vez sus mayores desventajas. Por esa razón, las partes deben ser perfectamente conscientes de que una vez puesto en marcha, dada la inmutabilidad *blockchain*, el que se desaten las consecuencias previstas en el *smart contract* es imparable. Igualmente, por ello, en la «redacción» de los *smart contract* hay que verificar muy cuidadosamente la inexistencia de errores o fallas que hagan que puedan desencadenarse consecuencias no previstas.

Pero, ahora bien, el *smart contract* no es más que un programa autoejecutable[11], así estos son tan solo una parte de los contratos propiamente dichos en los que deberán en todo caso concurrir consentimiento, objeto y causa (artículo 1261 del Código Civil). De tal modo que en la doctrina hay consenso acerca de que no estamos ante un nuevo tipo de contratos sino ante una nueva forma de instrumentarlo, que permite la ejecución de un acuerdo de voluntades, que se traduce a un código informático, en una red de *blockchain*, y se ejecuta de manera automática.

Para hacernos una idea, podemos acudir a un ejemplo real: un contrato de compra de cualquier materia prima que será transportada en barco, se programa este acuerdo sobre *blockchain*, configurando como una cláusula autoejecutable que una vez que el barco alcance una determinada localización se realice el pago por la mercancía. Así, una vez se constata informáticamente la localización vía GPS del barco, se realiza automáticamente el pago sin la intervención ni de las partes ni de un tercero. Dadas las características de inmutabilidad e inalterabilidad de *blockchain*, una vez programado el *smart contract* las partes tienen absoluta certeza del cumplimiento del acuerdo sin que deban prestarse más garantías ni hacer necesaria la intervención de terceros. Asimismo, como señala LEGERÉN-MOLINA[12] «*en ellos la ejecución no depende de la voluntad de las partes, sino que, gracias a los comandos programados, tiene lugar de manera "automática", una vez se dan las condiciones preestablecidas por aquéllas*».

[11] PORXAS, N. y CONEJERO, M., «Tecnología *blockchain*: Funcionamiento, aplicaciones y retos jurídicos relacionados», *Actualidad Jurídica Uría Menéndez*, 2018.

[12] LEGERÉN-MOLINA, A., «Retos jurídicos que plantea la cadena de bloques», en *Revista de Derecho Civil. Vol. 6, núm. 2*, 2019.

En cuanto a su potencial, coincido con MUÑOZ CARMONA[13] el automatismo y autonomía de la ejecución de los contratos inteligentes aporta una serie de beneficios al tráfico jurídico, en tanto que dan certidumbre. Cumplido el contrato y verificada, de manera objetiva y previamente definida, la realización de la prestación, mediante el uso del llamado IoT, se autoejecuta el *smart contrat.*

Además, las aplicaciones de los *smart contracts* aumentan con el uso de la robótica o el denominado internet de las cosas (IoT)[14] en la que objetos, utensilios y máquinas están conectados a internet y poseen sensores capaces de recopilar y transmitir gran cantidad de información. Este gran volumen de datos, *Big Data*, puede ser tratado y analizado con inteligencia artificial y contribuir a que las máquinas aprendan y mejoren por sí mismas a través del *machine learning*. Así, todas estas innovaciones y desarrollos tecnológicos harán que los supuestos de aplicación de los *smart contracts* se eleven de manera exponencial.

No obstante, lo anterior, actualmente los *smart contracts* padecen serias limitaciones. Pueden implementarse sin problemas a transacciones simples, fácilmente parametrizables y, por consiguiente, traducibles a fórmulas matemáticas y a un código informático. Sin embargo, resulta extremadamente difícil que puedan darse *smart contracts* en aquellos acuerdos de voluntades en los que intervengan un número elevado de contingencias, sea necesario un juicio de valor o en su definición esté presente un concepto jurídico indeterminado por las dificultades que ofrece su conversión a un lenguaje matemático o de programación informática.

Además, teniendo en cuenta que la cualidad inherente al *smart contract* consistente en el automatismo en la ejecución de las prestaciones previa-

---

13 MUÑOZ CARMONA, A., Implicaciones jurídicas del uso de *blockchain* en la Administración pública, Trabajo Fin de Master, Universidad de Murcia, 2018. Disponible en: https://digitum.um.es/xmlui/handle/10201/61679

14 Téngase en cuenta que los *smart contracts* son denominados por algún autor como contratos programados. De acuerdo con GARCÍA GIL, pueden ser definidos como aquellos capaces de combinar la ejecución automatizada de sus prestaciones y su plena interoperabilidad a través del Internet de las Cosas gracias a la detección, por parte de sistemas dotados de inteligencia artificial insertos en su código, de un complejo estado del mundo cuya evolución permita el paulatino ajuste de las reciprocas obligaciones de las partes que se irían reconfigurando en lo necesario para obtener en cada momento el equitativo reparto del excedente contractual en los términos y proporción que hubiere sido acordado GARCÍA GIL, V. J., «De qué hablamos cuando hablamos de *smart contracts*», en *El Confidencial*, 2016. Disponible en: https://blogs.elconfidencial.com/espana/blog-fide/2018-04-26/smart-contracts_1555216/

mente programadas, ello exige un esfuerzo adicional para resolver cómo es posible resarcir al contratante que observa cómo el dispositivo tecnológico ejecuta la prestación en estricto cumplimiento de las secuencias codificadas a pesar de que se ha producido alguna infracción relevante que produce, bien su nulidad por falta de consentimiento, objeto y causa, bien su incumplimiento, por error imputable al programador.

Lo anterior determina que, nos encontramos, con dificultades para la aplicación de los *smart contracts* en el ámbito de la contratación administrativa donde existen muchas vicisitudes, criterios de valoración sometidos a juicio de valor o tramites procedimentales que no se pueden obviar.

III. BREVE REFERENCIA A LA *BLOCKCHAIN* EN CONEXIÓN CON LA IDENTIDAD DIGITAL

La aprobación del Real Decreto-Ley 14/2019, de 31 de octubre, por el que se adoptan medidas urgentes por razones de seguridad jurídica en materia de administración digital, contratación del sector público y telecomunicaciones, ha alterado radicalmente la situación, en lo que respecta a la admisión de la identidad soberana sobre *blockchain* como forma de identificación y firma en la administración pública[15]. Esta norma, criticada con razón, pretende basarse en la competencia estatal sobre seguridad nacional para condicionar el despliegue de nuevas tecnologías y las redes que le sirven de soporte, basándose en la existencia de amenazas (desinformación, manipulación política, espionaje), pero, sobre todo, en «los recientes y graves acontecimientos acaecidos en parte del territorio español», refiriéndose a lo ocurrido en Cataluña como justificación[16].

Regula el documento nacional de identidad como único documento con suficiente valor por sí solo para la acreditación, a todos los efectos,

---

[15] Vid. BERNAL BLAY, M.A., «Medidas digitales urgentes por razones de seguridad pública. Breve comentario al Real Decreto-Ley 14/2019, de 31 de octubre», artículo publicado online en *Boletic 85* en diciembre de 2019. Disponible en: https://bit.ly/3ayo2uO

[16] En realidad, la norma estatal parece más una reacción a lo que se dio en llamar «República digital catalana», basada en la promoción del uso de *blockchain* mediante el Acuerdo GOV/65/2018, de 24 de julio, por el que se impulsa la implementación de la tecnología *blockchain* en la actividad de las administraciones públicas catalanas, desarrollada mediante la *Estratègia Blockchain de Catalunya*, de junio de 2019, elaborada por la Secretaría de Políticas Digitales del Departamento de Políticas Digitales y Administración Pública dela Generalitat.

de la identidad y los datos personales de su titular[17], modifica las leyes de procedimiento administrativo común y régimen jurídico del sector público sometiendo a autorización previa el uso de sistemas de identificación o firma alternativos, condiciona la ubicación de servidores y datos en función del tipo de estos, establece el régimen de intervención de redes y servicios de comunicaciones en supuestos excepcionales que puedan afectar al orden público, la seguridad pública y la seguridad nacional, modifica la normativa de contratación pública en relación con la protección de datos de carácter personal y, especialmente, establece una moratoria expresa respecto de sistemas de identificación basados en tecnologías de registro de distribuido y los sistemas de firma basados en los anteriores, en tanto sean objeto de regulación específica por el Estado en el marco del Derecho de la Unión Europea, imponiendo, además, a la Administración general del Estado como autoridad intermedia. De este modo, en la práctica, el citado Real Decreto-ley 14/2019 bloquea la tecnología *blockchain* para identificación digital ante las administraciones públicas españolas e impide desarrollar casos de uso basados o conectados con la misma, por un lado, y condiciona el negocio *cloud* al vincular ubicación de servidores y datos, por otro. Paradójicamente, desde el Observatorio y Foro sobre *Blockchain* de la Unión Europea[18] no sólo no se desautoriza el uso de la identidad soberana, o identidad digital descentralizada, sino que se promueve manifestando explícitamente «*as we have seen, digital identity is a key pre-requisite for the digital single market and hence should be a priority of policy makers. We have advocated for a decentralised identity framework in Europe. In our opinion, a decentralised identity framework in Europe could be supported in the following way*s».

En ese marco, el Observatorio propone potenciar el papel de los Gobiernos como emisores de credenciales, clarificar la relación entre *blockchain* y las regulaciones de servicios de confianza, autenticación e identificación, protección de datos u otras, continuar trabajando para construir un marco europeo de identidad auto-soberana sobre la base del EBSI (*«European Blockchain Services Infraestructure»*) y apoyar el uso de la identidad digital en las ciudades. No resulta coherente, habida cuenta del impulso que la Unión parece pretender dar a la identidad soberana, la congelación a la que el Gobierno de España la ha sometido en el sector público, paralizando el desarrollo de casos de uso ya en marcha.

---

17 Y se potencia, dentro del Plan Nacional de Recuperación, Transformación y Resiliencia, mediante la inversión 2 del componente 11, al incluir la evolución del DNI digital para poder utilizarlo desde teléfonos móviles.

18 OBSERVATORIO Y FORO SOBRE *BLOCKCHAIN* DE LA UNIÓN EUROPEA, *Blockchain and digital identity*, 2 de mayo de 2019, p. 22.

IV. *BLOCKCHAIN* Y *SMART CONTRACTS* EN LA CONTRATACIÓN PÚBLICA

Las contrataciones públicas constituyen una de las principales actividades administrativas y económicas del sector público. Se refieren al proceso mediante el cual se adquieren u obtienen (idealmente, de modo puntual, económico y eficiente) los bienes, servicios y obras necesarios para el cumplimiento de las funciones de las entidades públicas.

En este contexto, la *blockchain* es una tecnología disruptiva con potencial para transformar la práctica de la contratación pública en función de hacerla digital, transparente e íntegra. Ha sido identificada como una de las grandes innovaciones incorporadas a la gestión pública en las últimas dos décadas. Sin embargo, OSZLAK (2021), asegura que su implementación efectiva depende de una combinación favorable de condiciones de orden político, económico, social, tecnológico, administrativo y jurídico. En otras palabras, la tecnología *blockchain* resulta una herramienta técnicamente relevante con impactos en la eficiencia de la contratación pública. Para ello requiere que se produzca una gobernanza digital efectiva de la contratación pública, articulada a una sociedad cada vez más digitalizada, que avanza y se consolida al articularse con reformas institucionales y regulatorias coherentes y consistentes, dando como resultado un menor nivel de corrupción. Para la implementación de estos procesos se requiere que el marco jurídico esté ajustado con los lineamientos de este tipo de tecnología.

Para la gestión dentro del derecho uno de los puntos más atractivos son los denominados *Smart contracts.* Como se indicó anteriormente, se trata de contratos con capacidad de auto ejecutarse sin intermediarios, cuyas características es que son inalterables, transparentes, seguros y transparentes es decir todos los tradicionales tipos contractuales, sean mercantiles civiles, laborales, societarios etc. Tendrían que adecuarse a dicha tecnología y los abogados deberán formarse en el diseño de estos contratos inteligentes. Para ejemplificar: Las aseguradoras podrían trabajar, tácitamente ante cualquier percance, si pasajero tiene un billete de avión con seguro de reembolso y finalmente no embarca en su vuelo, recibirá directamente la cantidad acordada en el contrato con su aseguradora porque existe un contrato inteligente.

Este sistema reduce costes, acelera el procedimiento y genera una experiencia de usuario totalmente satisfactoria. Otro caso en los seguros de automóviles, si un conductor quiere asegurar su vehículo gracias al *blockchain*, pudiera transmitir de forma anónima su historial de siniestros. Incluso, si su coche estuviera conectado, podría enviar un informe sobre sus hábitos de conducción. Una vez analizada esta información, la aseguradora podría mandarle un *Smart contract* adaptado a su perfil, y con un coste y coberturas completamente personalizados. El conductor demostraría ser el propietario, ingresaría el dinero y recibiría el certificado. Todo gracias a la red de verificación, codificación, seguridad y transparencia que ofrece *blockchain*. Esta misma idea puede ser aplicada a sectores como el de las operadoras de teléfono, alquiler de coches y muchos otros servicios.

En cuanto a la posibilidad de automatización de decisiones administrativas, tiene cobertura legislativa en el artículo 41 de la Ley 40/2015, de 1 de octubre, de Régimen Jurídico del Sector Público[19] (en adelante, LRJSP) que, por tanto, en principio, ampararía, con los límites señalados, la posibilidad de uso de los *smart contracts*. Como ya se ha indicado, las instituciones públicas no son especialmente permeables a los avances tecnológicos, no obstante, las dos leyes que constituyen la clave de bóveda del ordenamiento administrativo, la Ley 39/2015, de 1 de octubre, del Procedimiento Administrativo Común de las Administraciones Públicas y la LRJSP, apuestan por la relación electrónica entre los administrados y las administraciones, reconociendo la tramitación electrónica como modo habitual de la tramitación administrativa. Así, la utilización de *blockchain* puede aportar ventajas en: (i) dotar de integridad (inmutabilidad) a los registros públicos; (ii) aumentar la transparencia en las actuaciones administrativas; (iii) aportar un modo seguro y certero de identificación de los ciudadanos en sus relaciones con las Administraciones públicas; (iv) simplificar determinados procedimientos mediante la distribución y descentralización; y, (v) contribuir a la automatización de la actividad administrativa[20].

---

19 El artículo 41 de la LRJSP dispone que: «1. Se entiende por actuación administrativa automatizada, cualquier acto o actuación realizada íntegramente a través de medios electrónicos por una Administración Pública en el marco de un procedimiento administrativo y en la que no haya intervenido de forma directa un empleado público. 2. En caso de actuación administrativa automatizada deberá establecerse previamente el órgano u órganos competentes, según los casos, para la definición de las especificaciones, programación, mantenimiento, supervisión y control de calidad y, en su caso, auditoría del sistema de información y de su código fuente. Asimismo, se indicará el órgano que debe ser considerado responsable a efectos de impugnación».

20 PEREIRO CÁRCELES, M., «La utilización de *blockchain* en los procedimientos de concurrencia competitiva», *Revista General de Derecho Administrativo, núm. 50*, enero 2019; señala como posibles usos de *blockchain* en la Administración pública los siguientes: (i) como sistema de identificación; (ii) inmutabilidad de los documentos registrados; (iii) eficacia de los procedimientos: (iv) como mecanismo de

Consecuentemente, la introducción de la innovación tecnológica, por ende, también *blockchain*, en el ámbito de la contratación pública está siendo un objetivo de los países de la Unión Europea para que estas herramientas doten de mayor eficiencia y eficacia a las compras públicas y permitan que exista una mayor transparencia e integridad para luchar contra la corrupción en un campo especialmente abonado para esta. Al igual que se considera la compra pública como mecanismo estratégico para la consecución de objetivos de las políticas sociales y medioambientales, puede usarse la misma como palanca para la implementación de estas innovaciones en el sector público.

La contratación pública es un campo especialmente azotado por los efectos adversos de la corrupción, alterando la competencia en las licitaciones, reduciendo la eficiencia de las compras públicas y aumentando el gasto público. GIMENO FELIÚ[21] destaca que: «la importancia económica y social de los contratos públicos aconseja reforzar la visión de compra pública desde la integridad, en tanto la realidad nos presenta como en este escenario concurren numerosos casos de corrupción y de prácticas clientelares, de las que derivan evidentes ineficiencias económicas y, por supuesto, pérdida de legitimación democrática de las instituciones administrativas y políticas».

En este contexto, es evidente que no puede desdeñarse el potencial de la *blockchain* como instrumento acreditativo, como registro inmutable y transparente, para lograr que los licitadores, o cualquier ciudadano, controlen los procedimientos de licitación, dotando, por ejemplo, de transparencia e inmutabilidad a la presentación de ofertas, o contribuyendo a la valoración automática de las ofertas —siempre que responda a criterios fácilmente traducibles a fórmulas matemáticas que permitan su programación en la red de *blockchain*—, o la ejecución automática de determinadas clausulas —también siempre que respondan a criterios fácilmente programables—.

El fundamental límite al uso de tecnología de registro distribuido y *smart contracts* en combinación con la inteligencia artificial es el fundamental límite general de esta, su subordinación a la inteligencia humana y, en

transparencia y trazabilidad; y, (v) como mecanismo favorecedor de la interoperabilidad entre administraciones.

21 GIMENO FELIÚ, J.M., «Decálogo de Reglas para prevenir la corrupción en los Contratos Públicos», *Observatorio de la Contratación Pública,* 2014. Disponible en: http://www.obcp.es/opiniones/decalogo-de-reglas-para-preve-nir-la-corrupcion-en-los-contratos-publicos

particular, la «reserva de humanidad», en palabras de PONCE SOLÉ[22], que implica la imposibilidad de decisiones totalmente automatizadas, basadas en inteligencia artificial, en el ámbito de las potestades discrecionales, de modo que la decisión final deberá seguir correspondiendo a un humano, que podrá, eso sí, servirse de inteligencia artificial en el curso del procedimiento para dotarse de elementos adecuados para su toma de decisión. La opacidad en el uso de la inteligencia artificial en cualquier fase de un procedimiento puede suponer una nueva forma de huida del Derecho por lo que «debe haber una clara trazabilidad y transparencia del uso de sistemas algorítmicos en cualquier fase y tipo de actuación administrativa —formal o informal— que, entre otras cosas, permita determinar el grado real de intervención humana en la toma de decisiones», y precisamente esto puede aportarlo la *blockchain*.

V. INICIATIVAS PARA LA UTILIZACIÓN DEL *BLOCKCHAIN* EN LA CONTRATACIÓN DEL SECTOR PÚBLICO ESPAÑOL

La contratación pública es una materia compleja y sujeta a mucha casuística. Así, debemos ser cautelosos en la pretendida aplicación de la cadena de bloques. Tenemos ante nosotros una potente solución tecnológica y estamos ávidos de encontrar problemas a los que la misma pueda aplicarse, pero no es este un campo en el que realizar experimentos. Además, la introducción de soluciones basadas en la *blockchain* va a requerir de cambios legislativos, máxime cuando aún carecemos de una regulación de la cadena de bloques que dé cobertura normativa a su implementación. Como propuestas e iniciativas técnico jurídicas relevantes relacionadas con la implementación de *blockchain* en la contratación del sector público en España podemos destacar las siguientes:

- *Smart contracts* y automatización de procesos:

En la contratación pública permitiría la ejecución automática de los términos y condiciones predefinidos cuando se cumplen las condiciones especificadas. La eliminación de intermediarios y la automatización de la ejecución son características clave que pueden acelerar los engorrosos y dilatados procedimientos administrativos, reducir objetivamente los costes y

---

22 PONCE SOLÉ, J., *Inteligencia artificial, derecho administrativo*, pp. 28-34, sintonizando con planteamientos recogidos en el punto 11 de las Conclusiones de Toledo y 4 de la Declaración de Valencia.

mitigar errores humanos. Además, dado que los *smart contracts* pueden ser codificados, cumplirían estrictamente con los requisitos legales establecidos en la Ley 9/2017, de 8 de noviembre, de Contratos del Sector Público, por la que se transponen al ordenamiento jurídico español las Directivas del Parlamento Europeo y del Consejo 2014/23/UE y 2014/24/UE, de 26 de febrero de 2014.

- Registro de licitadores y certificación de contratos en *blockchain*

La *blockchain* se presenta como una solución prometedora para el registro de licitadores y la certificación de contratos públicos. La inmutabilidad de los registros en *blockchain* asegura que los acuerdos sean transparentes, confiables y resistentes a la manipulación (inmutables). Los registros inalterables pueden servir como evidencia sólida en casos legales, lo que es esencial para garantizar la integridad y la trazabilidad de los contratos públicos. En consecuencia, el actual Registro Oficial de Licitadores y Empresas Clasificadas del Sector Público terminará por usar *blockchain* y ser, por tanto, un registro distribuido. Además, si se incorporan a este registro *smart contracts* —programas autoejecutables—, se podrá de una forma rápida y automatizada comprobar la capacidad de los licitadores, produciéndose la exclusión de aquellos que no poseen la exigida en los pliegos de manera inmediata.

Actualmente, dada la modificación introducida por el RD-Ley 14/2019, no se admite en nuestro ordenamiento este tipo de registro hasta que no sean objeto de regulación específica por el Estado en el marco del Derecho de la Unión Europea. Tendremos, por tanto, que esperar a que se produzca una regulación *ad hoc* de los registros distribuidos en el ámbito de las Administraciones públicas o se levante la prohibición impuesta para que esta propuesta pueda ser una realidad.

- Transparencia y rendición de cuentas

La incorporación de *blockchain* en la contratación pública en España promueve la transparencia y la rendición de cuentas. El registro público de transacciones en *blockchain* permite a las partes interesadas, incluidos los ciudadanos, acceder y verificar los datos de manera confiable. Esto reduce el riesgo de corrupción y mejora la confianza de los ciudadanos y profesionales en los procedimientos de contratación pública.

- Licitaciones y subastas en *blockchain*

La utilización de *blockchain* en el proceso de licitación y subasta puede mejorar la seguridad y la eficiencia de estos procedimientos. Se estaría garantizando la equidad y la transparencia en la selección de contratistas al proporcionar un registro inmutable de ofertas y transacciones. Además, la seguridad criptográfica ayudaría a prevenir el fraude y la manipulación de datos en este tipo de procesos. Así, se eliminaría la posibilidad de cambiar los pliegos de condiciones después de su publicación. Toda modificación habría de hacerse mediante adendas, ya que cualquier intento de modificación sería inmediatamente marcado por el sistema como una señal de alerta.

Por otro lado, los proponentes en las subastas y ofertas de licitación presentarían sus propuestas encriptadas, que serían guardadas en un sistema de almacenamiento descentralizado para que, en caso de que estas sean modificadas o manipuladas, exista un registro de lo que cada uno de los proponentes presentó, modificó o intentó manipular. Ninguna propuesta podría ser presentada con posterioridad al cierre del proceso de selección, y este plazo no podrá ser modificado o alterado después de vencido por ninguna de las partes involucradas en el proceso.

- Interoperabilidad y consideraciones jurisdiccionales

La interoperabilidad de sistemas *blockchain* con otras entidades y jurisdicciones es una consideración clave en la contratación pública. Esto facilita la colaboración en entornos transfronterizos y asegura la coherencia y la confiabilidad de los registros a nivel nacional e internacional. Las regulaciones y estándares internacionales desempeñan un papel crucial en la implementación de *blockchain* en la contratación pública y requieren una atención especial.

- Pruebas piloto y proyectos de investigación

Estos proyectos permiten evaluar la viabilidad, identificar desafíos y oportunidades, y perfeccionar soluciones antes de una adopción a gran escala. Además, colaboraciones con el sector privado y la academia pueden impulsar la innovación y proporcionar la experiencia técnica necesaria. En el ámbito autonómico, en concreto en Aragón[23], se puso en marcha en

[23] Esta comunidad autónoma es la que más ha avanzado en la aplicación de *blockchain* en la contratación pública en nuestro país, e incluso me atrevería decir que a nivel europeo. Además, el Gobierno Aragón aprobó en 2018 el Anteproyecto de Ley de uso estratégico de la contratación pública en Aragón, que decaería al disolverse las Cortes por el final de la legislatura, cuya disposición adicional tercera permitiría la implementación de la tecnología *blockchain* como medio, por un lado, para asegurar la integridad de los datos y documentos de cualquier

2018, encontrándose actualmente en pleno funcionamiento, un registro distribuido de ofertas de contratos públicos del Gobierno de Aragón. Este es un sistema de presentación de ofertas en el que se usa la tecnología *blockchain* como mecanismo para garantizar la integridad de las ofertas y su inmutabilidad, que como hemos visto son dos de las funcionalidades de la cadena de bloques[24].

La *blockchain* es una tecnología con un enorme potencial cuya introducción en la contratación del sector público en España ofrece un potencial significativo para mejorar no solo la eficiencia, sino también la eficacia, la efectividad y la integridad de la contratación pública, conforme al artículo 103 de la Constitución Española, no obstante, debido a la legislación existente y la escasa maduración de la tecnología, se encuentran importantes límites a su aplicación. Por ello se requiere abordar cuestiones relacionadas con la autenticación, la protección de datos, la privacidad y la seguridad en un marco legal regulatorio claro y sólido. Es crucial establecer directrices claras y los mencanismos actuantes en caso de dirimirse algún tipo de responsabilidad. Además, esta tecnología puede revolucionar muchas de las tareas en el ámbito jurídico al prescindir de intermediarios y evitar el control individual centralizado del sistema o que el poder de la autenticidad y el valor de las transacciones (incluidas las económicas) estén en unas pocas manos. Dichas tareas pueden ser sustituidas por algoritmos automatizados o *smart contracts* que garanticen el valor o los efectos de una determinada transacción, según las normas y acciones programadas.

En la actualidad, dadas las peculiaridades de los actuales procedimientos administrativos, se ha de destacar que el uso del *blockchain* sería perfecto para procedimientos abiertos simplificados abreviados o para el diseño de sistemas de presentación de ofertas. En el futuro, está claro que oiremos hablar mucho de esta innovación en el ámbito de la contratación pública ya que, con un enfoque adecuado en cuestiones técnicas y jurídicas, *blockchain* puede desempeñar un papel fundamental en la transformación de la contratación pública en España, pero para ello reiterar que se necesitarán cambios normativos y una profunda regulación jurídica del mismo.

---

expediente, procedimiento o registro de contratación pública y, por otro, para automatizar la tramitación de los citados procedimientos.

24 Este proyecto es citado en el documento «*Blockchain for Government And Public Services*» elaborado por *The European Union Blockchain Observatory & Forum*, diciembre 2018. Disponible en: https://www.eublockchainforum.eu/sites/default/files/reports/eu_observatory_blockchain_in_government_services_v1_2018-12-07.pdf

Sección III

Contratación y contratos de colaboración

Agencia comercial internacional vs. Distribución comercial internacional y sus riesgos en el comercio internacional

ALFONSO ORTEGA GIMÉNEZ
Profesor Titular de Derecho internacional privado
de la Universidad Miguel Hernández de Elche (Alicante)
alfonso.ortega@umh.es
ORCID: 0000-0002-8313-2070

I. INTRODUCCIÓN

La necesidad de materializar las transacciones comerciales internacionales en un documento —el contrato internacional—, a modo de recordatorio de los derechos y obligaciones de las partes contratantes, ha colocado a la contratación internacional en un lugar privilegiado en el nuevo escenario de la globalización y la internacionalización empresarial.

La contratación mercantil internacional está adquiriendo cada día mayor incremento y los vínculos entre los operadores comerciales internacionales son cada vez más complejos, ya que implica la negociación y formalización de acuerdos entre empresas de diferentes países, que pueden abarcar desde las compras y venta de bienes y servicios, acuerdos de distribución, contratos de licencia, joint-ventures, fusiones y adquisiciones, entre otros. Tanto es así que además de las dificultades que puedan derivar estas acciones, se agravan más a razón de la regulación contractual a través de medios tecnológicos y la complejidad financiera del mundo de las divisas. Es más, esta internacionalización de las operaciones empresariales, conlleva una serie de riesgos jurídicos que las empresas deben tener en cuenta para evitar conflictos legales.

En su origen, los contratos nacen desde el momento en que la sociedad alcanza tal nivel de desarrollo que los individuos necesitan: a) por un lado, prever los problemas buscando soluciones *a priori*; y, b) por otro lado, dejar constancia de su compromiso.

En este contexto, podemos entender por *contrato* "todo acuerdo de voluntades suscrito entre las partes que tiene como finalidad la realización de una transacción comercial"; y un contrato merecerá el calificativo de *internacional* cuando "no sea doméstico", esto es, cuando la relación jurídica que se deriva de él exceda de los límites del tráfico jurídico privado interno, se encuentre conectada con más de un ordenamiento jurídico estatal; por tanto, cuando en esa relación jurídica esté presente algún elemento de los llamados de "extranjería", ya sea objetivo (p. ej. la firma del contrato en un país extranjero) o subjetivo (p. ej. la nacionalidad, el domicilio o la residencia habitual en un país extranjero de cualquiera de las partes contratantes), podemos hablar de un *contrato internacional*.

En definitiva, el *contrato internacional* no es un "pacto entre caballeros", esto es, una fuente de obligaciones allí recogidas entre las partes contratantes, —que pueden ser bien una persona física, o bien una persona jurídica—; ya que un contrato liga a las partes y a quienes traen causa de ellas, y los derechos y obligaciones son tan sólo de ellos y de nadie más; en principio, y salvo, por ejemplo. Lo previsto en la legislación fiscal, ningún tercero puede invocar ese contrato en su beneficio o en contra de una de las partes contratantes.

El prototipo de todo acto de comercio internacional es el contrato de compraventa internacional de mercaderías; no obstante, existe una larga lista de contratos internacionales, que podemos clasificar atendiendo a dos criterios básicos: a) las partes contratantes; y, b) el objeto del mismo.

a) Las partes contratantes. Se pueden diferenciar los *contratos públicos* —cuando una de las partes contratantes, o bien, las dos son organismos públicos—, de los *contratos privados* —cuando las partes contratantes, ya sean personas físicas o jurídicas, son privadas—. Cuando nos referimos a contratos privados —o si se quiere, relaciones privadas— estamos planteando la exclusión de todos aquellos sectores del ordenamiento jurídico en los que predomina su vertiente pública, aunque es cierto que la calificación de una situación de internacional como "privada" o "pública", no depende de la naturaleza de los sujetos que la configuran sino de la posición jurídica que éstos ocupan en la relación; por tanto, nos referimos a contratos privados o relaciones jurídicas privadas cuando el sujeto es o una "persona de Derecho Privado" o una "persona de Derecho Público que actúa con carácter privado" —es decir, que está actuando *iure gestionis,* y no cuando esa persona actúa ejercitando su poder de autoridad, esto es, cuando está actuando *iure imperii*—.

b) El objeto del mismo. Aquí las posibilidades son infinitas, aunque algunas de las figuras contractuales más "habituales" serían: a) *el contrato de compraventa internacional de mercaderías* —cuando una de las partes se compromete a entregar una cosa, y la otra un precio cierto en dinero o signo que lo represente—; b) *el contrato de agencia comercial internacional*— aquel contrato en virtud del cual una de las partes, denominada "agente", ya sea una persona física o jurídica, se obliga frente a otra, llamada "principal", de manera continuada o estable y a cambio de una remuneración, a promover en un determinado territorio actos y operaciones de comercio por cuenta ajena, o a promoverlos y concluirlos por cuenta y en nombre ajenos, como intermediario independiente, sin asumir el riesgo y ventura de tales operaciones—; c) *el contrato internacional de transferencia tecnológica* —aquel contrato por el que una persona física o jurídica proporciona a otra acceso a una tecnología o *know-how*, a cambio de una remuneración en forma de importe global, o *royalties* periódicos, o una participación accionarial—; d) *el contrato de concesión o distribución exclusiva internacional* —a través del contrato de distribución una empresa, denominada "concedente", se compromete a vender sus productos en exclusiva a otra empresa, denominada "concesionario", en un determinado territorio y con fines de reventa de los mismos—; e) *el contrato de franquicia internacional* —aquella relación jurídica por medio de la cual un empresario, denominado "franquiciador" o "franquiciante", pone a disposición de otro empresario independiente, denominado "franquiciado", la posibilidad de explotar en un determinado territorio una "concepción global de empresa", con el objeto de producir y/o comercializar los productos o servicios del primero, recibiendo a cambio una contraprestación económica—; o, f) *el contrato de joint-venture internacional* —aquel contrato por el que dos o más socios convienen, prosiguiendo su actividad, crear una empresa común para una actividad determinada, estable o provisional, dotándola de apoyo técnico, financiero o comercial de sus propias empresas—, etc.

La redacción de un contrato internacional reviste una gran complejidad técnica, por varios motivos: a) un contrato internacional suele ser más complicado que un contrato nacional, b) en los contratos nacionales se cuenta con el hecho de que la normativa nacional puede suplir lo no previsto por las partes en el propio contrato.

Existen dos grandes técnicas de negociación y redacción de un contrato internacional: por un lado, la que consiste en diseñar un contrato internacional de forma muy detallada (= contrato complejo y exhaustivo); o, por otro lado, redactar un contrato que contenga exclusivamente sus elementos esenciales: identificación de las partes y de las obligaciones mínimas que los mismos asumen (= contrato de mínimos).

Es más, a la hora de negociar un contrato internacional podemos optar por seguir una de las dos posturas que aquí señalamos: 1ª) Estandarizar los contratos de una empresa, de forma que todos los contratos internacionales que firme esa empresa tengan las mismas cláusulas o cláusulas muy similares, de forma que todas las cláusulas sean objeto de una misma interpretación y no haya que negociar los contratos uno por uno; o 2ª) Optar por contratos *ad hoc*. Se preparan, redactan y negocian para una concreta situación o transacción comercial internacional. Se recurre a ellos cuando se trata de contratos que la empresa no realiza habitualmente, sino de forma muy esporádica y/o en el caso de contratos muy complejos, de difícil redacción y negociación y que no responden a un esquema de contrato internacional-tipo.

Ante este panorama, es necesario abordar el tema con el objeto de analizar no solo los aspectos jurídicos que condicionan los contratos mercantiles internacionales, sino también entender los aspectos principales a tener en cuenta a la hora de establecer un contrato internacional, y conocer las particularidades y "riesgos" jurídicos derivados de esta práctica empresarial. Y es por ello, que a lo largo de este trabajo de investigación, se explorarán los riesgos más comunes en la contratación internacional que puedan surgir debido a las diferentes legislaciones, la aplicación de Tratados Internacionales, las barreras culturales y lingüísticas, así como la incertidumbre política y económica de los países involucrados, además de las contingencias que presentan las principales modalidades de contratación internacional, tales como el contrato de compraventa internacional de mercaderías, el contrato de agencia comercial internacional y el contrato de concesión o distribución comercial internacional.

Es evidente que el contrato de compraventa internacional de mercaderías —como herramienta contractual transmisora de la confianza entre las partes— es el que más claramente y mejor refleja la función del tráfico mercantil internacional: comerciar es por antonomasia, comprar y revender con ánimo de lucro. La importancia de esta modalidad contractual se aprecia en el hecho de que, desde siempre, se ha presentado tradicionalmente como una guía jurídica para el desarrollo de la actividad profesional internacional de los comerciantes.

Su complejidad se ve acrecentada por la existencia, a efectos de su regulación, de una pluralidad de ordenamientos jurídicos nacionales, que pueden incorporar soluciones diferenciadas respecto de muchos de los aspectos del contrato[1].

El contrato de compraventa internacional de mercaderías no suele darse en el comercio internacional de un modo químicamente puro, sino que suele acompañarse de otros contratos satélite, que facilitan y potencian su eficacia. En este contexto, una de las modalidades contractuales más utilizadas, en el ámbito internacional, en estos momentos, por todo tipo de empresas, y en concreto por empresas españolas, para la difusión de sus productos en el mercado internacional, es el contrato de agencia comercial internacional. La opción del agente comercial internacional es la forma de entrada en mercados exteriores más interesante en relación coste-beneficio para aquellas empresas que quieren introducirse en nuevos mercados, y, en un futuro, establecer sus propias redes de distribución.

Ahora bien, la selección de un buen agente comercial internacional, la negociación con él y la firma del oportuno contrato entre empresa y agente comercial internacional, no es tan sencilla como parece; nos encontramos, ante una modalidad contractual minuciosamente regulada, en el ámbito comunitario, que limita, en cierto modo, el juego del principio de la autonomía de la voluntad.

En cuanto a la elección del canal de implantación en los mercados internacionales es una cuestión capital para la empresa que pretende competir en una economía compleja, abierta y global. Una de las posibles opciones para concurrir en mercados alejados del ámbito geográfico o sectorial original de la empresa consiste en recurrir a la intermediación comercial, es decir a la colaboración con sujetos dedicados profesionalmente a la promoción y/o estipulación de contratos por cuenta ajena o propia.

---

1 *Vid.* STS Contencioso Administrativo, de 4 marzo de 2021. Recurso de casación, Núm. 2021/755. El Tribunal Supremo en la Sala Tercera de lo Contencioso-administrativo argumenta en la sentencia dictada sobre un litigio relativo, a la legislación aplicable a un contrato comercial internacional que los intereses implicados en la contratación internacional, tanto públicos como privados, son de gran complejidad, y requieren una solución ajustada, un equilibrio difícil. Por ejemplo, los particulares pueden preferir la aplicación de la Ley inglesa al contrato de compraventa de un cuadro de Picasso que implica su exportación desde España a los Estados Unidos de América, pero el Estado español puede exigir la aplicación a dicho contrato de su propia legislación, que impide la salida de España de la obra de arte y que penaliza al que trata de exportar el cuadro sin la pertinente y obligatoria autorización de la Administración.

II. ANÁLISIS DE LOS PRINCIPALES RIESGOS JURÍDICOS DERIVADOS DE UN CONTRATO DE AGENCIA COMERCIAL INTERNACIONAL

1. Concepto de contrato de agencia comercial internacional

En virtud del contrato de agencia comercial internacional una persona física o jurídica —denominada, *agente*— se obliga, frente a otra —denominada, *mandante* o *principal*— de manera continuada o estable, a cambio de una remuneración, a promover actos u operaciones de comercio por cuenta ajena, o a promoverlos y concluirlos por cuenta y en nombre ajenos, como intermediario independiente, sin asumir, salvo pacto en contrario, el riesgo y ventura de tales operaciones[2].

La utilización de los servicios de un agente comercial tiene dos grandes ventajas para el mandante: a) reducción de costes: al margen de los gastos en la selección del agente, a éste, habitualmente, sólo se le remunera con una comisión sobre las ventas realizadas. La utilización de sus servicios es una opción notablemente más barata que la venta a través de vendedores propios ("representantes de comercio") que tengan que desplazarse al extranjero o que la apertura de una delegación o filial comercial en el exterior; y, b) reducción de riesgos: a través del agente, las ventas se diversifican entre diferentes clientes, mientras que, en el caso, por ejemplo, del distribuidor, se concentra todo el riesgo en una sola empresa. El agente, conocedor de su mercado, deberá facilitar información financiera y de solvencia sobre las operaciones que vaya realizando.[3]

2. Régimen jurídico aplicable al contrato de agencia comercial internacional

En nuestro ordenamiento jurídico, desde una perspectiva conflictual, las relaciones entre las partes contratantes —principal y agente— entran dentro del ámbito de aplicación del Reglamento (CE) Nº 593/2008 del Parlamento Europeo y del Consejo, de 17 de junio de 2000, relativo a la

---

2 Esta modalidad contractual internacional se presenta como una de las técnicas de distribución de bienes y servicios más eficaces desde el punto de vista coste-beneficio, ya que las empresas no pueden establecerse en cada uno de los países donde exporta sus productos, por lo que la opción de contratar a un experto conocedor del sector y del mercado de destino es lo más idóneo.

3 *Vid.* ORTEGA GIMÉNEZ, Alfonso, *Contratación internacional práctica. Cómo evitar los "riesgos contractuales" en el comercio internacional,* ICEX España Exportación e Inversiones, 2013, p. 127.

ley aplicable a las obligaciones contractuales (en lo sucesivo, Reglamento "Roma I"); pero, las relaciones externas (principal y/o agente con el tercero) se rigen por el apartado 11 del art. 10 del CC.

Desde una perspectiva material, el contrato de agencia está regulado por la Ley 12/1992, de 27 de marzo, sobre Contrato de Agencia —que tiene carácter imperativo y no es de aplicación a los agentes que actúen en mercados secundarios oficiales o reglamentados de valores— (en lo sucesivo, Ley 12/1992); ésta supone la adaptación del Derecho español a la Directiva 86/653/CE del Consejo, de 18 de diciembre de 1986, relativa a la coordinación de los derechos de los estados miembros en lo referente a los agentes comerciales independientes (en adelante, Directiva 86/653/CE); subsidiariamente, son de aplicación las normas del Código de Comercio en materia de comisión mercantil, regulado en los artículos 244 a 302 del Código de Comercio, y de forma residual por las normas del mandato del Código Civil.

La correcta elección del canal de implantación en los mercados exteriores se ha convertido en el caballo de batalla de toda empresa que quiere subirse en el tren de la internacionalización. En este sentido, cobra especial relevancia la colaboración comercial, siendo el contrato de agencia comercial internacional el camino de baldosas amarillas por donde llegar al éxito empresarial internacional.

El contrato de agencia comercial internacional es el acuerdo de colaboración más frecuente entre empresarios de diferentes países. En virtud del contrato de agencia, el agente se compromete de una forma duradera a la prospección y visita de la clientela, a negociar y eventualmente concluir contratos de venta en nombre y por cuenta de la empresa. Pero en la práctica el término "agente" es, a veces, utilizado inadecuadamente y se denomina erróneamente agente a quien, por su cuenta y riesgo, adquiere los bienes que revende a sus propios clientes, esto es, al correctamente denominado "distribuidor".

También hay que distinguir el concepto de agente comercial del de representante de comercio, vinculado a la empresa con un contrato de trabajo. Las legislaciones de los distintos países presentan diferencias en lo que se refiere al régimen jurídico de la agencia comercial. Por este motivo, es importante asegurarse de que el contrato pactado no incluye ninguna cláusula incompatible con normas imperativas de la ley elegida libremente por las partes contratantes.

Existen diferencias a nivel internacional en el tratamiento de la figura del agente comercial; así, mientras en algunos países de Oriente Medio y en Argelia está prohibido que el intermediario sea extranjero, en países bajo la influencia de la extinta URSS —p. ej. Cuba—, se reservaba a organismos y empresas públicas esta actividad comercial; en el ámbito de la UE el tratamiento de esta figura —o, al menos, las cuestiones referentes a qué se entiende por agente, el derecho a remuneración por su intermediación y el derecho a ser indemnizado, así como el preaviso en caso de extinción del contrato de agencia por tiempo indefinido—, esta figura contractual se encuentra armonizada gracias a la mencionada Directiva 86/653/CE. De hecho, la Ley 12/1992 supone la adaptación al Derecho español de la misma. Ahora bien, el hecho de que la Ley derive de una Directiva comunitaria implica que el contrato de agencia tenga una regulación "prácticamente uniforme" en todos los países comunitarios, aunque, como hemos podido apreciar, existen algunas diferencias. Eso sí, la elección de la ley española como ley rectora de un contrato de agencia comercial internacional implicará, en la práctica, la aplicación de la mencionada Ley 12/1992.

Finalmente, en el ámbito de la *Lex Mercatoria*, destaca el "Modelo de la Cámara de Comercio Internacional (CCI) de Contrato de Agencia Comercial", de 1991, estandarización de las principales cláusulas que deben figurar en los contratos de agencia circunscritos a la venta —no a la compra— de mercaderías.

La incorporación al Derecho español del contenido normativo de la Directiva 86/653/CEE planteó, en su día, dos problemas fundamentales: el primero, de técnica legislativa, hace referencia a si esa incorporación debe realizarse mediante la reforma del Código de Comercio o, por el contrario, mediante una ley especial; el segundo, de política legislativa, es el relativo al contenido de la norma de transposición[4].

El segundo problema aludido, el de política legislativa, se planteó también como consecuencia de la ya señalada falta de tipificación legal de la agencia. Así, la incorporación de las soluciones comunitarias no implicó la armonización de normas legales inexistentes, sino que, en realidad, se optó por una regulación *ex novo* del contrato de agencia, y no limitar el contenido de la ley especial a la Directiva 86/653/CEE.

---

4 La opción entre la reforma del Código de Comercio y la aprobación de una ley especial se resolvió a favor de la primera. La inclusión del régimen de la agencia dentro del Código de Comercio de 1885 no parecía conveniente, en la medida en que, en los últimos años, la muy importante reforma de la legislación mercantil llevada a cabo se ha desarrollado, fundamentalmente, a través de la aprobación de leyes separadas y no mediante la modificación del articulado de la primera ley mercantil.

3. Rasgos característicos del contrato de agencia comercial internacional

Las empresas que buscan introducirse en un nuevo mercado recurren, generalmente, a alguna forma de intermediación comercial, entre las cuales la figura del agente y la del distribuidor son las más utilizadas[5]. El contrato de agencia comercial internacional es único y diferente frente a otras modalidades de colaboración comercial internacional; y, lo es porque presenta los siguientes rasgos diferenciadores:

1º) Duración: se trata de un contrato de duración, en cuanto origina una relación jurídica duradera entre las partes, ya que el agente se obliga frente al principal, de manera continuada o estable.

El contrato de agencia exige permanencia o estabilidad: es un contrato de duración. Eso sí, tan "permanente" es una agencia por tiempo indeterminado, como una agencia por un año o por varios.

2º) Independencia del agente: el agente es un empresario independiente, de forma que pueda organizarse su actividad profesional conforme a sus propios criterios.

La diferencia fundamental entre el representante de comercio y el agente comercial radica precisamente en esa independencia o autonomía, que falta en el primero. El agente puede ser un mero negociador, esto es, una persona dedicada a promover actos y operaciones de comercio, o asumir también la función de concluir los promovidos por él[6].

3º) Carácter retribuido del agente: el contrato de agencia es un contrato bilateral oneroso, en cuanto que la actividad del agente ha de ser remunerada. Por otra parte, la ausencia de estipulación expresa en el contrato sobre este punto, no significa que sea gratuito, sino que la remuneración tiene que fijarse conforme a los usos.

---

5 *Vid.* ORTEGA GIMÉNEZ, Alfonso, *Contratación internacional práctica. Cómo evitar los "riesgos contractuales" en el comercio internacional*, cit., p. 135.

6 Se presumirá que existe dependencia cuando quien se dedique a promover actos u operaciones de comercio por cuenta ajena, o a promoverlos y concluirlos por cuenta y en nombre ajenos, no pueda organizar su actividad profesional ni el tiempo dedicado a la misma conforme a sus propios criterios. Así, no se considerarán agentes los representantes y viajantes de comercio dependientes ni, en general, las personas que se encuentren vinculadas por una relación laboral, sea común o especial, con el empresario por cuya cuenta actúan.

4º) Promoción y/o conclusión de actos de comercio: el agente se obliga frente al principal a promover actos u operaciones de comercio por cuenta ajena, o a promoverlos y concluirlos por cuenta y en nombre ajenos. El agente comercial no actúa por cuenta propia, sino ajena, sea por cuenta de uno o de varios empresarios: no se incluye la exclusiva como rasgo definidor, y cuando concluye actos y operaciones de comercio debe hacerlo en nombre del principal.

5º) Riesgo y ventura de las operaciones: el agente no asume el riesgo de las operaciones que promueve o contrata por cuenta ajena.

6º) Contrato escrito: cada una de las partes contratantes podrá exigir de la otra, en cualquier momento, la formalización por escrito del contrato de agencia, en el que se harán constar las modificaciones que, en su caso, se hubieran introducido en el mismo.

4. *Formalización del contrato*[7]

Cada una de las partes podrá exigir de la otra, en cualquier momento, la formalización por escrito del contrato de agencia, en el que se harán constar las modificaciones que, en su caso, se hubieran introducido en el mismo.

5. *Terminación del contrato*

La Ley 12/1992 es clara al señalar que el contrato de agencia podrá pactarse por tiempo determinado o indefinido. Si no se hubiera fijado una duración determinada, se entenderá que el contrato ha sido pactado por tiempo indefinido.

La extinción del contrato de agencia se puede producir por diversos motivos, además del transcurso del tiempo para los de duración determinada[8].

---

7 *Vid.* ORTEGA GIMÉNEZ, Alfonso, *Contratación internacional práctica. Cómo evitar los "riesgos contractuales" en el comercio internacional*, cit., p. 143.

8 Así, p. ej., por voluntad de los contratantes, la denuncia unilateral por parte de cualquiera de los contratantes, por iniciativa de cualquiera de los contratantes siempre y cuando la otra parte haya incumplido de forma total o parcial sus obligaciones, cuando se produzca la quiebra o concurso de acreedores, suspensión de pagos o concurso voluntario, o cualquier otro tipo de insolvencia patrimonial de cualquiera de los contratantes, cuando uno de los contratantes es una persona jurídica y se procede a su disolución, o por fallecimiento, jubilación, invalidez o por enfermedad total e irreversible del agente.

En definitiva, se articulan tres formas de extinción del contrato de agencia comercial internacional: a) extinción del contrato por tiempo determinado; b) extinción del contrato de agencia por tiempo indefinido; y, c) extinción por causa de muerte.

6. Indemnizaciones

El contrato de agencia comercial internacional genera el derecho a una triple indemnización a favor del agente:

1ª) Indemnización por clientela[9]. Cuando se extinga el contrato de agencia, sea por tiempo determinado o indefinido, el agente que hubiese aportado nuevos clientes al empresario o incrementado sensiblemente las operaciones con la clientela preexistente, tendrá derecho a una indemnización si su actividad anterior puede continuar produciendo ventajas sustanciales al empresario y resulta equitativamente procedente por la existencia de pactos de limitación de competencia, por las comisiones que pierda o por las demás circunstancias que concurran[10].

2ª) Indemnización de daños y perjuicios. El empresario que denuncie unilateralmente el contrato de agencia de duración indefinida, vendrá obligado a indemnizar los daños y perjuicios que, en su caso, la extinción anticipada haya causado al agente, siempre que la misma no permita la amortización de los gastos que el agente, instruido por el empresario, haya realizado para la ejecución del contrato.

---

9 *Vid.* STJUE (Sala Quinta) de 9 de noviembre de 2000, decide sobre el derecho de indemnización por clientela en un asunto relativo a un contrato de agencia comercial internacional. Es importante destacar que cuando el agente tenga su domicilio en un Estado miembro de la UE, entran en juego las disposiciones de carácter imperativo de la Directiva 86/653/CEE relativa a los agentes comerciales independientes y, en consecuencia, las correspondientes normas nacionales de transposición, relacionadas con el derecho post-contractual de los agentes a la indemnización por clientela. Como consecuencia, si el agente tiene su domicilio en un estado miembro, al agente se le reconocerá su derecho a esa indemnización (si se cumplen los requisitos legales para ello), incluso si el principal está situado fuera de la UE y la ley aplicable elegida por las partes es la del domicilio del principal.

10 El derecho a la indemnización por clientela, que existe también en el caso de que el contrato se extinga por muerte o declaración de fallecimiento del agente, no podrá exceder, en ningún caso, del importe medio anual de las remuneraciones percibidas por el agente durante los últimos cinco años o, durante todo el período de duración del contrato, si éste fuese inferior.

No obstante, el agente no tendrá derecho a la indemnización por clientela o de daños y perjuicios:

a) Cuando el empresario hubiese extinguido el contrato por causa de incumplimiento de las obligaciones legal o contractualmente establecidas a cargo del agente.

b) Cuando el agente hubiese denunciado el contrato, salvo que la denuncia tuviera como causa circunstancias imputables al empresario, o se fundara en la edad, la invalidez o la enfermedad del agente y no pudiera exigírsele razonablemente la continuidad de sus actividades.

c) Cuando, con el consentimiento del empresario, el agente hubiese cedido a un tercero los derechos y las obligaciones de que era titular en virtud del contrato de agencia.

La acción para reclamar la indemnización por clientela o la indemnización de daños y perjuicios prescribirá al año a contar desde la extinción del contrato.

3ª) Indemnización por prohibición de competencia. Entre las estipulaciones del contrato de agencia, las partes podrán incluir una restricción o limitación de las actividades profesionales a desarrollar por el agente una vez extinguido dicho contrato, a cambio de la oportuna indemnización a favor del agente.

El pacto de limitación de la competencia no podrá tener una duración superior a dos años a contar desde la extinción del contrato de agencia. Si el contrato de agencia se hubiere pactado por un tiempo menor, el pacto de limitación de la competencia no podrá tener una duración superior a un año[11].

7. El contrato de agencia comercial internacional: jurisdicción competente y determinación de la ley aplicable[12].

A) Jurisdicción competente: La Disposición Adicional de la Ley 12/1992 de contrato de agencia contiene un foro imperativo en fa-

[11] El pacto de limitación de la competencia, que deberá formalizarse por escrito para su validez, sólo podrá extenderse a la zona geográfica o a ésta y al grupo de personas confiados al agente y sólo podrá afectar a la clase de bienes o de servicios objeto de los actos u operaciones promovidos o concluidos por el agente.

[12] *Vid.* ORTEGA GIMÉNEZ, Alfonso, *Contratación internacional práctica. Cómo evitar los "riesgos contractuales" en el comercio internacional*, cit., p. 148.

vor de los tribunales del "domicilio del agente". Pero, mucho cuidado, porque la Disposición Adicional de la Ley 12/1992 contiene un mero foro de "competencia territorial", y no un foro de "competencia judicial internacional". El foro recogido en la Ley 12/1992 sólo opera una vez que está claro que los tribunales españoles son internacionalmente competentes con arreglo al Reglamento 4/2001. En consecuencia, en los supuestos internacionales de contrato de agencia internacionales, las partes pueden someterse a los tribunales estatales que prefieran sin que sea obligatorio litigar ante los tribunales correspondientes del domicilio del agente.

B) Determinación de la ley aplicable[13]: El contrato se regirá por la ley elegida por las partes. Esta elección deberá manifestarse expresamente o resultar de manera inequívoca de los términos del contrato o de las circunstancias del caso. Por esta elección, las partes podrán designar la ley aplicable a la totalidad o solamente a una parte del contrato (artículo 3.1 del Reglamento "Roma I"). A falta de elección el contrato se regirá por la ley del país donde el agente comercial tenga su residencia habitual (artículo 4.1.b) del Reglamento "Roma I").

III. ANÁLISIS DE LOS PRINCIPALES RIESGOS JURÍDICOS DERIVADOS DE UN CONTRATO DE CONCESIÓN O DISTRIBUCIÓN COMERCIAL INTERNACIONAL

1. *Concepto de contrato de concesión o distribución comercial internacional*[14]

Un contrato de concesión o distribución comercial internacional es aquel en virtud del cual el fabricante de un producto determinado establece un vínculo de colaboración estable y duradera con otra empresa comercial por el que esta última se compromete, por tiempo determinado o

---

13 *Vid.* STJUE (Sala Tercera) de 17 de octubre de 2013, dicta sobre la competencia jurídica internacional en un litigio relativo a un contrato de agencia comercial internacional. La ley elegida por las partes en un contrato de agencia internacional podrá dejar de ser aplicada por un tribunal europeo que conoce del asunto si esa ley solo garantiza la protección mínima prescrita en la Directiva. En ese caso, el tribunal podrá aplicar en su lugar la *lex fori* (la ley del estado donde se ubica el tribunal, que normalmente coincide con el domicilio del agente) basándose a tal efecto en su carácter imperativo y siempre y cuando conceda al agente una protección más amplia que la protección prevista en la citada Directiva.

14 *Vid.* ORTEGA GIMÉNEZ, Alfonso, *Contratación internacional práctica. Cómo evitar los "riesgos contractuales" en el comercio internacional*, cit., p. 180.

indefinido, a adquirir en firme dichos productos y a llevar a cabo su venta posterior en una zona o área geográfica, bien en exclusiva, bien en concurrencia con otros distribuidores, asumiendo en todo caso el riesgo de las operaciones.

2. *Requisitos del contrato de concesión o distribución comercial internacional*

Son varios los requisitos a determinar para poder hablar de un contrato de concesión o distribución comercial internacional:

1. Realización de una actividad en nombre y por cuenta propia.

   El concesionario debe realizar la actividad en nombre y por cuenta propia, lo cual implica, no ya en su relación con el concedente, sino en la proyección externa de su actividad, el deber de actuar en su propio nombre en las operaciones de reventa que efectúe con los terceros. De este modo, vemos como el concesionario no está autorizado a contratar en nombre del concedente.

2. Exclusividad.

   La exclusiva de venta concedida por el concedente al concesionario es uno de los elementos que caracterizan y definen de modo singular a este contrato. El concedente deberá garantizar al concesionario la exclusiva de venta, obligándose mientras dure el contrato a no celebrar determinadas clases de contratos con personas distintas al concesionario.

3. Deber de lealtad y buena fe.

   Se trata esta de una obligación que subyace de todo negocio jurídico celebrado en nuestro ordenamiento jurídico, ya que la relación que surge de todo contrato, implica para las partes unos deberes de lealtad y buena fe.

   En particular, este deber de lealtad y buena fe se manifiesta en:

   a) Deber del concesionario de asumir las consecuencias de los contratos celebrados con terceros, y en especial las responsabilidades derivadas de los productos que vende;

   b) Deber del concesionario de poner atención en la evolución del mercado y gustos de los consumidores, llevando a cabo actividades tendentes a la promoción de dichos productos en su territorio; y, manteniendo siempre informado al concedente.

c) Fluidez en la comunicación con el concedente, debiendo informarle puntualmente de sus actividades, sin que ello suponga menoscabo alguno de su independencia como empresario.

d) No llevar a cabo actividades con relación a productos concurrentes.

4. Volumen mínimo de compras.

Una de las cláusulas que suelen incluirse en todo contrato de concesión o distribución internacional es la que fija un volumen mínimo de adquisiciones por el distribuidor. Generalmente lo que suelen fijar las partes es un mínimo para el primer año, que se irá revisando al alza para los años posteriores[15].

5. Reventa de un producto.

En ocasiones el concedente puede incluir en el contrato de concesión o distribución internacional condiciones generales para la reventa de sus productos. Ahora bien, estas condiciones obligan al concesionario frente al concedente, pero éste no está obligado a incorporarlas a los contratos celebrados con terceros[16].

6. Promoción.

Se trata de otra de las obligaciones principales del concesionario: llevar a cabo actividades tendentes a promover los productos contractuales con el fin de lograr el mayor número de ventas posibles y lo explicado en el párrafo anterior. Como se ha dicho con anterioridad, uno de los objetivos primordiales que busca el concedente, a la hora de conceder la distribución exclusiva a un distribuidor o concesionario, es el de lograr introducir su producto o gama de productos en un mercado determinado con un claro objetivo de permanencia. Lo que busca, en definitiva, no es tanto el lograr aumentar su facturación con pedidos esporádicos, sino lograr la consolidación de su negocio en el territorio en cuestión.

---

15 Se trata con ello de lograr que el concesionario se implique en la necesidad de introducir y afianzar el producto en el territorio del concesionario; con la idea última de que, si el concesionario no llega a ese volumen mínimo de compras, el concedente podrá optar por la resolución del contrato.

16 De este modo, si el concesionario cambia o no incorpora determinadas condiciones de venta al contrato celebrado con terceros, no habrá infracción por parte del concesionario, y ello no generará, por tanto, obligación al concedente frente a los terceros.

7. Prohibición de competencia.

   El contrato fijará de forma expresa el deber del concesionario de no realizar actividades comerciales con bienes de análoga naturaleza o aquellos con los que se pueda lograr un resultado semejante, que concurran o puedan competir dentro del mismo sector del concedente.

3. *Normativa aplicable al contrato de concesión o distribución comercial internacional en la Unión Europea*[17]

El aquietamiento puede suponer la aceptación de una cláusula de sumisión incluida en las condiciones generales de un documento unilateral[18].

Es necesario tener en cuenta la inexistencia de un conjunto de normas uniformes aceptadas universalmente a la que los operadores internacionales puedan remitirse en la formulación de sus pactos, así como la pluralidad de leyes nacionales, usos y costumbres, y las diferentes culturas jurídicas existentes. Sin embargo, podemos dibujar el siguiente mapa normativo aplicable al contrato de distribución comercial internacional en el ámbito

---

17 *Vid.* AAP de Oviedo de 25 de mayo de 2020. La Audiencia Provincial de Oviedo decide sobre la competencia judicial internacional y la competencia territorial en un litigio relativo a un contrato de distribución que debía ejecutarse en España. El juzgado de primera instancia se había declarado incompetente al haber entendido aplicable el art. 51 LEC por remisión del Reglamento "Roma I". La Audiencia Provincial identifica la cuestión de Derecho Internacional Privado en la competencia judicial internacional y para resolver si el juzgado de Castropol es competente se plantea, en primer lugar, el ámbito de aplicación material del Reglamento "Bruselas I bis". En segundo lugar, se califican los hechos para decidir sobre la aplicación al caso del art. 7.1, letra b RB I bis acudiendo a la interpretación realizada TJUE.

18 *Vid.* Sentencia del TJUE, Sala 7ª, de 8 de marzo de 2018, dictada en el asunto *Saey Home & Garden* (C-64/17), que tenía por objeto un contrato de concesión mercantil que «se celebró verbalmente, sin posterior confirmación escrita, y que las condiciones generales que contienen la cláusula atributiva de competencia solo se mencionaban en facturas emitidas por la parte demandada en el litigio principal». Sobre esta base, el TJUE ha apuntado que, con carácter general, no puede considerarse válida la cláusula de sumisión que, en el marco de un contrato verbal, se incluía en las condiciones generales que acompañaban las facturas que una parte emitía sin que constase la firma de la contraria. Esta afirmación del TJUE se hace con el *caveat* de que, junto al requisito de aceptación por escrito, una «cláusula atributiva de competencia puede también acordarse, respectivamente, en una forma que se ajuste a los hábitos que las partes tengan establecidos entre ellas o en una forma conforme a los usos que las partes conozcan o deban conocer».

de la Unión Europea, donde esta modalidad contractual está regulada por la siguiente norma: el Reglamento (UE) Nº 2022/720 de la Comisión, de 10 de mayo de 2022, relativo a la aplicación del artículo 101, apartado 3, del Tratado de Funcionamiento de la Unión Europea a determinadas categorías de acuerdos verticales y prácticas concertadas[19].

No obstante, hemos de hacer referencia expresa a la Disposición adicional decimosexta de la Ley 2/2011, de 4 de marzo, de Economía Sostenible (*BOE* **núm. 55, de Sábado 5 de marzo de 2011) por la que** se modifica la Ley 12/1992, de 27 de mayo, sobre Contrato de Agencia, de forma que: 1) Hasta la aprobación de una Ley reguladora de los contratos de distribución, el régimen jurídico del contrato de agencia previsto en la Ley 12/1992 se aplicará a los contratos de distribución de vehículos automóviles e industriales, por los que una persona natural o jurídica, denominada distribuidor, se obliga frente a otra, el proveedor, de manera continuada o estable y a cambio de una remuneración, a promover actos u operaciones de comercio de estos productos por cuenta y en nombre de su principal, como comerciante independiente, asumiendo el riesgo y ventura de tales operaciones; 2) En defecto de Ley expresamente aplicable, las distintas modalidades de contratos de distribución de vehículos automóviles e industriales, cualquiera que sea su denominación, se regirán por lo dispuesto en la presente Ley, cuyos preceptos tienen carácter imperativo; 3) Será nulo todo pacto en contrario por el que el proveedor se reserve la facultad de modificar unilateralmente el contenido esencial de estos contratos y, en particular, la gama completa de productos y servicios contractuales, el plan de negocio del distribuidor, las inversiones y plazo de amortización, la remuneración fija y variable, los precios de los productos y servicios, las condiciones generales de venta y garantía posventa, las directrices comerciales y los criterios de selección de los distribuidores; 4) El distribuidor únicamente vendrá obligado a realizar las inversiones específicas que sean necesarias para la ejecución del contrato que figuren expresamente relacionadas, de forma individualizada, en el contrato o sus modificacio-

---

19 Este Reglamento sustituye al Reglamento 330/2010, el cual permitía que acuerdos de distribución que pudieran contener restricciones de competencia contrarias al artículo 101.1 TFUE pudieran quedar exentos de prohibición al cumplir los criterios que establecía el propio Reglamento y las Directrices que lo acompañaban. En la actualidad y hasta el 31 de mayo de 2034 el Reglamento clave para verificar si un contrato de distribución cumple con las normas del Derecho de la competencia europeo será el citado Reglamento (UE) 2022/720. El objetivo de este trabajo es el estudio de las novedades que presenta el Reglamento 2022/720 frente a su antecesor el Reglamento 330/2010.

nes, y únicamente en el caso de que se establezca para cada una de ellas el período en el que se considere que quedarán amortizadas; 5) Cuando el proveedor exija al distribuidor una compra mínima de productos contractuales para disponer de un stock calculado en función de los objetivos comerciales, el distribuidor podrá devolverle los productos suministrados y no pedidos por clientes una vez transcurran sesenta días desde su adquisición. En este caso, el proveedor estará obligado a recomprar al distribuidor los productos devueltos en las mismas condiciones en que se compraron; 6) En caso de extinción del contrato, ya sea por vencimiento de su plazo o por cualquier otra causa, el distribuidor tendrá derecho a percibir las siguientes cantidades en concepto de compensación o indemnización por los conceptos que se indican: a) El importe correspondiente al valor de las inversiones especificas pendiente de amortización en el momento de la extinción del contrato. b) Una indemnización por clientela que en ningún caso podrá ser inferior al importe medio anual de las ventas efectuadas por el proveedor al distribuidor durante los últimos cinco años de vigencia del contrato, o durante todo el período de vigencia del contrato si éste hubiese sido inferior. c) Las indemnizaciones del personal laboral del que haya tenido que prescindir el distribuidor por la extinción del contrato. d) Asimismo, en cualquier caso de extinción del contrato, el proveedor vendrá obligado a adquirir del distribuidor todas aquellas mercancías que se hallen en poder de este último, al mismo precio por el que hubieren sido vendidas; 7) El proveedor no podrá negar su consentimiento a la cesión total o parcial del contrato de distribución de vehículos automóviles e industriales si la empresa cesionaria se compromete por escrito a mantener la organización, estructura y recursos que el empresario cedente mantenía afectos a la actividad de distribución; y, 8) La competencia para el conocimiento de las acciones derivadas del contrato de distribución comercial de vehículos automóviles e industriales corresponderá al Juez del domicilio del distribuidor, siendo nulo cualquier pacto en sentido distinto.

Y, en otros países, ¿cómo quedan regulados los contratos de distribución comercial?

Estados Unidos

Naturalmente, el contenido del contrato de distribución dependerá de la capacidad negociadora de cada parte. En muchos casos, el americano impondrá sus condiciones ocurriendo esto más frecuentemente en el caso de las grandes empresas americanas que disponen de buenos equipos jurídicos y mucha capacidad de compra y de negociación. En otros casos, el español tendrá una mayor capacidad negociadora si dispone de algún producto exclusivo o especialmente deseado por el americano.

Teniendo en cuenta las prácticas americanas según las cuales los contratantes recurren frecuentemente a los tribunales, un contrato redactado correctamente y que proteja los intereses del español es esencial. Los juristas estadounidenses utilizan esencialmente los contratos tipo como marcos que deben ser imperativamente completados o modificados en función de los datos concretos del asunto a tratar. Así, el abogado estadounidense consultará en una primera fase los formularios (*check-lists*) que permiten hacer una enumeración de las características de la venta, así como los contratos tipos de los que se dispone.

En los Estados Unidos, los contratos son siempre más detallados que en España, siendo el ambiente muy legalista y de tendencia al litigio. De hecho, el sistema jurídico americano, que se deriva de la *Common Law*, se funda en la jurisprudencia y los precedentes, por lo que tiene una cierta tendencia hacia la casuística. El español debe ser consciente de esta situación y elaborar un contrato de distribución conforme al Derecho, a la práctica y a las condiciones habituales en los Estados Unidos y desconfiar, por tanto, de los contratos tipo.

Según el principio de autonomía de la voluntad adoptado por España y Estados Unidos, las partes en el contrato de venta pueden escoger la ley a aplicar en el contrato. Esta ley regirá, las relaciones comerciales de las partes (obligaciones respectivas, litigios, etc.). El problema de la elección del Derecho aplicable está ligado a la cuestión de la jurisdicción competente en caso de litigio. En muchos casos, las partes se ven envueltas en la discusión sobre la ley aplicable. Ninguna de las partes quiere estar en desventaja respecto a la otra, así que, en ocasiones, la normativa internacional es la elegida. En la práctica, el resultado de las negociaciones depende del peso de una parte respecto a la otra y de los intereses comerciales de cada una de ellas en la transacción.

China

En las dos últimas décadas China ha desarrollado un cuerpo completo de normas que regulan las inversiones y las transacciones comerciales. A pesar de ello aún permanecen lagunas y en muchos casos las normas resultan vagas o confusas.

El chino es buen cumplidor de los contratos, y el hecho de que en China no exista un marco legal completo y que los chinos no estén muy familiarizados con las prácticas comerciales internacionales, hace que sea necesario redactar un contrato exhaustivo, amplio y concreto. Por otro lado, es importante traducirlo rigurosamente, para evitar futuros problemas o divergencias entre la versión china y extranjera.

Para evitar futuros enfrentamientos o conflictos, es importante certificar que el socio no sólo entiende la letra del contrato, sino también el sentido y finalidad que hay tras ella.

Existen tres procedimientos para resolver discrepancias con los socios chinos:

Procedimiento administrativo: en algunos casos existen procedimientos administrativos para resolver conflictos, por ejemplo, en el área de propiedad industrial. Suele ser un medio rápido y efectivo.

Procedimiento judicial: éste es el procedimiento más largo y más complicado, debido sobre todo a los vacíos legales existentes en todo el sistema legal y a la falta de experiencia e imparcialidad de los jueces locales, lo que crea una gran incertidumbre durante todo el proceso.

Arbitraje: los inversores extranjeros pueden elegir varios procedimientos. Comisiones locales de arbitraje, la Comisión Internacional de arbitraje económica y comercial de China (CIETAC) o un tribunal de arbitraje extranjero (las opciones más frecuentes son: Estocolmo, Hong Kong, Singapur y Londres).

La verdadera causa de la fragilidad del sistema legal se encuentra en el cuerpo judicial.

Muchos tribunales están presididos por jueces sin formación legal, experiencia ni imparcialidad. La mayoría de ellos nombrados debido a su lealtad al partido. Esta situación va cambiando a medida que se hacen progresos en la mejora de la educación legal en las universidades y especialmente con la nueva normativa que exige que los nuevos jueces sean de carrera profesional y con formación adecuada. Sin embargo, en la actualidad la mayoría de los jueces son sobornados por los gobiernos locales.

Como resultado de esta situación, los acuerdos firmados pierden su valor ya que los litigantes no pueden confiar en los Tribunales chinos que no son parciales en sus decisiones y están lejos de aplicar principios legales.

Japón

La regulación del mercado japonés de distribución ha seguido mejorando y liberalizándose hasta el momento, con lo cual las barreras legales existentes a día de hoy son mínimas para que el capital extranjero entre en la distribución japonesa. Aun así, existen ciertas medidas en la Ley sobre Medidas a Tomar por los Distribuidores de Gran Tamaño para Preservar la Calidad de Vida, que obligan a las empresas que quieran abrir centros de más de 1.000 m2 a realizar costosas simulaciones de tráfico y contaminación atmosférica y sonora.

En el caso de Japón es importante entrar en el país con un socio local que tenga un buen conocimiento del mercado, teniendo en cuenta que debe mostrar una posición suficientemente importante frente a sus proveedores; pero con cuidado, porque un socio también puede suponer ciertas restricciones a la expansión en Japón, dependiendo de su área de influencia, etc.

América Latina (Argentina, Brasil y Méjico)

Argentina

En Argentina el intermediario preponderante es el distribuidor tradicional que compra los productos asumiendo el riesgo de la operación y los revende en el mercado, con o sin derechos exclusivos de comercialización en determinados territorios.

La figura del representante también es muy utilizada, especialmente para productos industriales y de consumo de precio elevado o fabricados a pedido. No existe una Ley de Contrato de Agencia ni un Colegio de Agentes Comerciales como en España. La actividad del agente está contemplada en la normativa mercantil general. Una figura semejante es la del viajante de comercio, aunque éste trabaja normalmente en régimen de dependencia.

Además, la legislación argentina establece que los acuerdos de colaboración para la distribución comercial deben materializarse en un contrato celebrado entre las partes respectivas. Dichos contratos deben inscribirse en el Registro Público de Comercio.

Brasil

En Brasil existen dos clases de contratos de distribución: los contratos de "distribución comercial" y los contratos de "distribución ordinaria".

Los contratos de "distribución comercial" están regulados por la Ley nº 6729, de 28 de noviembre de 1979 (modificada por la Ley nº 8132, de 26 de diciembre de 1990). Dicha Ley es de obligado cumplimiento y está restringida únicamente al sector de la automoción, concretamente a las relaciones entre las montadoras de vehículos y sus distribuidoras. De acuerdo con su artículo 2, esta Ley tan sólo es aplicable a los vehículos automóviles, camiones, autobuses, tractores agrícolas y motocicletas.

El resto de contratos de distribución entrarían en la categoría de contratos de "distribución ordinaria", que no se rigen por ninguna Ley específica, sino por las disposiciones generales del Código de Comercio y del Código Civil. De esta forma, las partes contratantes tienen libertad para fijar lo que estimen conveniente en el contrato de distribución. Ahora bien, si en el contrato únicamente se estipula una relación de intermediación de productos por parte del distribuidor, en nombre de la empresa contratante de sus servicios, y no se menciona la obligación del distribuidor de comprar los productos para su venta posterior, sin importar la denominación atribuida en el contrato, dicha relación se considerará de "representación comercial", siendo regulados por las Leyes nº 4886 y 8420, referidas al régimen jurídico aplicable a los representantes comerciales.

Méjico

La base legal de la distribución comercial la podemos encontrar en el Código Civil, el Código de Comercio y la legislación mercantil. No obstante, no todos los contratos están regulados.

Los contratos típicos son aquellos que se encuentran regulados en la legislación, en cuanto a sus características y contenido obligacional, en tanto que los atípicos son aquellos que carecen de alguna regulación o disciplina en la legislación. La actividad comercial ha originado que estos contratos atípicos se empleen por los comerciantes dando lugar a la existencia de contratos de distribución, suministro, agencia, etc. Al no tener una regulación específica sus características provienen de otros contratos típicos, pues se pueden hacer referencias a la compraventa mercantil, tratándose de la distribución o suministro y a la comisión mercantil tratándose de la agencia, por dar algunos ejemplos.

En la práctica, en Méjico se utilizan estos contratos con base en los usos y prácticas mercantiles habituales, sin descuidar particularidades de otros contratos típicos, incorporándoles obligaciones contractuales expresamente reguladas en la ley. La ventaja de estos contratos es que, al no existir una regulación legislativa, permite la libertad contractual entre las partes, la cual principalmente en contratos comerciales no se encuentra limitada por la ley, respetando la voluntad de contratar de las partes.

4. *Riesgos derivados de un contrato de concesión o distribución comercial internacional*

Explicar de un modo sistemático los riesgos derivados de la extinción de un contrato internacional de concesión o distribución comercial resulta una labor casi imposible, por varias razones: la ausencia de una regulación expresa, la ausencia de una jurisprudencia unánime y el alto nivel de litigiosidad que presenta esta modalidad contractual. Los riesgos derivados de esta modalidad contractual se plantean en dos fases contractuales: una vez celebrado el contrato y a la extinción del mismo. En el primer caso, vienen de la mano de la libre competencia y la competencia desleal.

1. Restricciones a la libre competencia.

En el caso de los contratos de distribución la limitación del ámbito de actuación del distribuidor al territorio de un concreto estado comunitario provoca la compartimentación del mercado común (interior) contraria, por este sólo hecho, al Derecho de Defensa de la Competencia. La especialización no puede llevar a restringir o limitar las importaciones paralelas (esto es, que otros distribuidores puedan tener acceso al territorio del estado en el que el distribuidor vende sus productos), ni las exportaciones paralelas (esto es, que el distribuidor suministre sus productos en el territorio de un estado distinto)[20].

No obstante, es posible limitar el espacio de actuación del distribuidor, (territorio contractual) siempre que no coincida con el de un estado miembro. Además, es posible limitar las ventas activas del citado comprador (esto es, la captación de clientes fuera del territorio contractual) siempre que concurran las siguientes condiciones: a) la prohibición de venta de los productos fuera del espacio contractual no puede alcanzar a los clientes del comprador (distribuidor). Por tanto, no puede impedirse que tales clientes (revendedores), vendan los productos en cualquier lugar; b) sólo es posible limitar el territorio contractual del comprador (distribuidor) cuando el propio proveedor se haya reservado dicho territorio o lo haya atribuido con carácter exclusivo a otro distribuidor[21].

El Reglamento 330/2010 antes mencionado establece las restricciones a la competencia que puedan/no puedan figurar en un acuerdo de distribución exclusiva que despliegue sus efectos en el territorio comunitario. De esta forma, en general, SÍ se podrán incorporar al contrato las siguientes cláusulas (= artículo 4 Reglamento 330/2020):

---

[20] En una cláusula de este tipo: *"queda prohibido al distribuidor la captación de clientes fuera del territorio de un determinado estado"* (ventas activas), recogida en un contrato de distribución, es contraria a la normativa comunitaria.

[21] *Vid.* ORTEGA GIMÉNEZ, Alfonso, *Contratación internacional práctica. Cómo evitar los "riesgos contractuales" en el comercio internacional,* cit., p. 191.

a) La restricción de la facultad del comprador-distribuidor de determinar el precio de venta, sin perjuicio de que el proveedor pueda imponer precios de venta máximos o recomendar un precio de venta, siempre y cuando éstos no equivalgan a un precio de venta fijo o mínimo como resultado de presiones o incentivos procedentes de cualquiera de las partes;

b) La restricción del territorio en el que, o de la clientela a la que, el comprador-distribuidor parte del acuerdo, sin perjuicio de una restricción sobre su lugar de establecimiento, pueda vender los bienes o servicios contractuales, excepto:

- la restricción de ventas activas en el territorio o al grupo de clientes reservados en exclusiva al proveedor o asignados en exclusiva por el proveedor a otro comprador, cuando tal prohibición no limite las ventas de los clientes del comprador,
- la restricción de ventas a usuarios finales por un comprador que opere a nivel del comercio al por mayor,
- la restricción de ventas por los miembros de un sistema de distribución selectiva a distribuidores no autorizados en el territorio en el que el proveedor ha decidido aplicar ese sistema, y
- la restricción de la facultad del comprador de vender componentes suministrados con el fin de su incorporación a un producto, a clientes que tengan intención de usarlos para fabricar el mismo tipo de productos que el proveedor;

c) La restricción de las ventas activas o pasivas a los usuarios finales por parte de los miembros de un sistema de distribución selectiva que operen al nivel de comercio minorista al por menor, sin perjuicio de la posibilidad de prohibir a un miembro del sistema que opere fuera de un lugar de establecimiento no autorizado;

d) La restricción de los suministros cruzados entre distribuidores dentro de un sistema de distribución selectiva, inclusive entre distribuidores que operen a distintos niveles de actividad comercial;

e) La restricción acordada entre un proveedor de componentes y un comprador-distribuidor que los incorpora a otros productos que limite la capacidad del proveedor de vender esos componentes como piezas sueltas a usuarios finales o a talleres de reparación o proveedores de otros servicios a los que el comprador-distribuidor no haya encomendado la reparación o mantenimiento de sus productos.

Y, NO se podrán incorporar al contrato las siguientes cláusulas (= artículo 5 Reglamento 330/2020):

a) Cualquier cláusula, directa o indirecta, de no competencia cuya duración sea indefinida o exceda de cinco años.

b) Cualquier obligación directa o indirecta que prohíba al comprador, tras la expiración del acuerdo, fabricar, comprar, vender o revender bienes o servicios.

c) Cualquier obligación directa o indirecta que prohíba a los miembros de un sistema de distribución selectiva vender las marcas de determinados proveedores competidores.

2. Competencia desleal [22].

¿Qué pasa si el distribuidor A vende sus productos en una zona determinada, que no tenía asignada de forma exclusiva el proveedor a otro comprador (distribuidor B) en el momento de la celebración del primer contrato de distribución? Según lo que se haya indicado en el contrato. Si el distribuidor A tenía delimitado su territorio contractual, no es posible que éste impida al proveedor contar con otro distribuidor B para el suministro de bienes en dicha zona, a pesar de haber generado un volumen significativo de ventas activas en este lugar. El distribuidor A podría exigir al proveedor, en todo caso, una indemnización por la actividad de promoción y de publicidad de sus productos (captación de clientela), que ha estado llevando a cabo en dicho territorio, que el proveedor asigna al distribuidor B.

Si el distribuidor A no tenía delimitada su actividad a una concreta zona, en la que realiza ventas activas, podrá alegar la existencia de un acto o práctica de competencia desleal si el proveedor contrata con otro comprador el suministro exclusivo de los bienes en ese territorio, durante la vigencia del contrato con A. Estos actos están sancionados por la Ley sobre Competencia Desleal, que recoge el criterio de la aplicación de la *lex mercatus protectionis*, esto es, la utilización de la ley del mercado afectado por los actos de competencia desleal que tienen lugar en su territorio para reprimir tales comportamientos[23].

---

[22] *Vid.* ORTEGA GIMÉNEZ, Alfonso, *Contratación internacional práctica. Cómo evitar los "riesgos contractuales" en el comercio internacional*, cit., pp. 193-194.

[23] Los acuerdos, en los que se ha insertado una cláusula que prohíbe ventas activas en determinado territorio reservado por el proveedor, no pueden suponer que el proveedor alcance una cuota de mercado superior al 30%, entendiendo por

3. Extinción del contrato[24].

La Ley del Contrato de Agencia resulta aplicable analógicamente en los contratos de distribución comercial por cuanto se trata de figuras afines. Dicha aplicación analógica debe realizarse con cierta cautela, pues nos encontramos ante figuras jurídicas distintas. A pesar de la facultad de las partes para extinguir libremente el contrato de concesión o distribución comercial internacional cuando quiera, quien la ejercita se enfrenta al deber de indemnizar por clientela y por daños y perjuicios si ha hecho uso de su facultad sin justa causa o con abuso de derecho.

No obstante, si en el contrato se ha pactado que cualquiera de las partes puede unilateralmente y por su libre voluntad finalizar las relaciones, estableciéndose además que no ha lugar a indemnizar por concepto alguno; dicha cláusula es totalmente válida y debe respetarse, a menos que la parte adversa acredite la existencia de una conducta de concesión o distribución comercial internacional.

IV. REFLEXIONES FINALES

PRIMERA. —**Expansión internacional y acceso a los mercados exteriores = contrato de agencia comercial internacional.** En virtud del contrato de agencia comercial una persona física o jurídica —el agente— se obliga, como intermediario independiente, de manera continuada y a cambio de una remuneración, a promover (agente negociador) y/o a contratar (agente contratante) operaciones de comercio por cuenta y en nombre de otra -el principal- sin asumir, salvo pacto en contrario, el riesgo y ventura de tales operaciones.Desde una perspectiva material, el contrato de agencia está regulado por la Ley 12/1992, de 27 de marzo, sobre Contrato de Agencia que adapta el Derecho español a la Directiva 86/653/CEE del Consejo, de 18 de diciembre de 1986, relativa a la coordinación de los derechos de los estados miembros en lo referente a los agentes comerciales independientes (en adelante Directiva 86/653/CEE). En el ámbito de la unificación internacional, destaca el Contrato Modelo de Agencia Comercial Internacional publicado por la CCI en 1991; instrumento que opera —muy en línea con la Directiva 86/653/CEE— una estandarización de las principales cláusulas que deben figurar en los contratos de agencia

tal, no sólo un concreto espacio geográfico sino material (esto es, por sector de actividad).

[24] *Vid.* ORTEGA GIMÉNEZ, Alfonso, *Contratación internacional práctica. Cómo evitar los "riesgos contractuales" en el comercio internacional*, cit., p. 194.

circunscritos a la venta -no a la compra- de mercaderías.En este sentido, cabe definir el contrato de agencia comercial internacional como aquel contrato en virtud del cual una de las partes, denominada "agente" (persona física o jurídica), se obliga frente a otra, llamada "principal", de manera continuada o estable y a cambio de una remuneración, a promover en un determinado territorio actos y operaciones de comercio por cuenta ajena, o a promoverlos y concluirlos por cuenta y en nombre ajenos, como intermediario independiente, sin asumir el riesgo y ventura de tales operaciones. El fundamento de esta modalidad contractual es que se presenta como una de las técnicas de distribución de bienes y servicios más eficaces desde el punto de vista coste-beneficio, ya que las empresas no pueden establecer sedes en cada uno de los países donde exportan sus productos.

La correcta elección del canal de implantación en los mercados exteriores se ha convertido en el caballo de batalla de toda empresa que quiere subirse en el tren de la internacionalización. En este sentido, cobra especial relevancia la colaboración comercial, siendo el contrato de agencia comercial internacional el camino de baldosas amarillas por donde llegar al éxito empresarial internacional. En cualquier caso, la empresa responsable de atraer a estos agentes necesita utilizar mecanismos que reduzcan la posibilidad de contratar a personas sin experiencia o con un bajo número de clientes, ya que, si la selección se realiza de forma errónea, será difícil distribuir los productos o prestar servicios en un mercado determinado.

El contrato de agencia comercial internacional es el acuerdo de colaboración más frecuente entre empresarios de diferentes países. En virtud del contrato de agencia, el agente se compromete de una forma duradera a la prospección y visita de la clientela, a negociar y eventualmente concluir contratos de venta en nombre y por cuenta de la empresa[25].

Básicamente, para que el contrato de agencia funcione de forma eficaz, es necesario establecer una relación jurídica con un agente que trabaje de forma continuada o estable, a cambio de una remuneración, promoviendo actos u operaciones comerciales por cuenta ajena, como intermediario independiente, no asumiendo, salvo pacto en contrario, el riesgo y los beneficios de tales operaciones. La mayoría de las empresas que buscan introducirse en un nuevo mercado, habitualmente, optan por un sistema de remuneración basado en el devengo de comisión en función de las ventas promovidas por el agente.

---

[25] En la práctica el término de "agente" es a veces utilizado inadecuadamente y se denomina erróneamente "agente" a quien por su cuenta y riesgo adquiere los bienes que revende a sus propios clientes, esto es, al distribuidor.

Sin embargo, al formalizar el contrato, la empresa debe estipular cláusulas que vayan más allá de la duración del mismo, como, por ejemplo, establecer cláusulas de rescisión y de prohibición de competencia. Una vez que pueden producirse incumplimientos derivados del contrato que afecten a la buena marcha de la internacionalización de la empresa, dichas cláusulas son utilizadas con el fin de salvaguardar su negocio.

Además, siempre que firmar un contrato en este ámbito, es imprescindible prestar atención sobre el derecho a la indemnización a favor del agente, llevando en consideración la jurisdicción competente y la determinación de la ley aplicable.

SEGUNDA.—**Contrato distribución comercial internacional = producto + territorio + exclusividad.** En el plano del Derecho Comparado, a salvo excepciones como la ley belga de 27 de julio de 1961, el contrato de concesión mercantil no suele estar regulado. Lo mismo ocurre en el derecho español, en el cual el contrato es atípico, salvo a efectos de la normativa comunitaria en materia de defensa de la competencia. Dicha circunstancia genera no pocas confusiones con otras figuras cercanas -franquicia, agencia- máxime si tenemos en cuenta, por un lado, las posibilidades innovadoras de la autonomía de la voluntad y, por otro, la multiplicidad de significados que se pueden atribuir a la expresión concesión.

En efecto, el término contrato de concesión hace referencia a una figura contractual mercantil que es conocida también con otras denominaciones como contrato de distribución exclusiva, contrato de suministro en exclusiva, etc. La expresión "distribución" suele utilizarse en dos sentidos. En una primera acepción, amplia, se refiere a los acuerdos orientados a la articulación de una red que cubra el camino existente entre fabricantes y consumidores de un producto determinado. En un segundo sentido, estricto, se designa con el *nomen iuris* contrato de distribución al contrato de concesión de venta en exclusiva.

Dicha multiplicidad de significados produce serias dificultades y divergencias a la hora de determinar cuál es la naturaleza jurídica del contrato, lo que plantea serias interrogantes acerca de su disciplina jurídica. La concesión participa de las notas características del contrato de compraventa, del suministro de mercaderías, del mandato cualificado, etc. En realidad, se trata de una operación compleja *sui generis* que integra prestaciones propias de otras figuras contractuales típicas o atípicas, por lo que hay que tener en especial consideración lo dispuesto por las partes a la hora de regular sus relaciones.

La estructura subjetiva del contrato es bilateral. De una parte, el concedente, fabricante o suministrador; de otra, el concesionario o distribuidor.

El concedente suele ser un fabricante de productos amparados por signos distintivos de prestigio, cuya obligación básica es suministrar al concesionario los productos objeto de distribución que este último le solicite; si bien es frecuente pactar un mínimo de compra.

El concesionario es un empresario que actúa por cuenta y nombre propio y que asume el riesgo de lograr comercializar los productos objeto del contrato. No obstante, su independencia, en la práctica existe una situación de clara subordinación de los distribuidores respecto del concedente.

El contrato es una fórmula de cooperación interempresarial duradera o estable, que no se agota en cada pedido. La relación se configura *intuitu personae*, por cuanto su finalidad es garantizar la comercialización de determinados productos a través de una empresa o persona también determinada, elegida en función de su implantación, conocimientos y capacidades respecto de un mercado concreto. Ello se traduce en un pacto de exclusividad bidireccional: el concedente se obliga a no servir sus productos a otro distribuidor, dentro de un territorio determinado, mientras el concesionario se compromete a concentrar su actividad tan sólo en la venta del producto contractual.

La definición del territorio y del producto contractual es de vital importancia en los contratos de concesión internacional.

Es un tipo de contrato de extraordinario auge en el tráfico comercial internacional, en virtud del cual las grandes empresas fraccionan su mercado en pequeñas zonas asignadas a sus concesionarios o distribuidores. A través del contrato de concesión (o distribución en sentido estricto) una empresa (fabricante o concedente) se compromete a vender sus productos en exclusiva a otra empresa (distribuidor o concesionario) en un determinado territorio y con fines de reventa (venta de los bienes sin transformar) de los mismos.

Se entiende por concesión mercantil "un acuerdo de voluntades donde un empresario, denominado concesionario, pone el establecimiento del que es titular a disposición de otro empresario o comerciante, llamado concedente para comercializar (vender) por un tiempo indefinido o limitado en una zona geográfica determinada y bajo las directrices y supervisión del concedente, aunque en nombre y por cuenta propia, una serie de productos cuya exclusiva reventa se le otorga en unas condiciones que están predeterminadas".

La utilidad de este contrato en el tráfico mercantil internacional es indiscutible por el efecto económico que provoca: al concedente se le permite la fabricación de una serie de productos al por mayor sin necesidad de preocuparse del régimen de distribución al por menor de los mismos y sin asumir el riesgo de venta final de esos productos, riesgo que asume el concesionario.

El aspecto esencial de este contrato es la EXCLUSIVIDAD, ya que sin pacto de exclusiva es imposible que el concesionario pueda desempeñar el negocio en términos aceptables. La exclusividad consiste en limitar la capacidad del concedente para distribuir los bienes objeto de la concesión en el área geográfica determinada por el contrato de concesión.

La diferencia principal entre el contrato de concesión mercantil y el de agencia es el tipo de relación existente en uno y otro caso entre el empresario principal y el distribuidor. En el caso del concesionario, éste actúa en su nombre y por cuenta propia, mientras que el agente lo hace en nombre y por cuenta del principal. A través del contrato de concesión se asegura al empresario principal una correcta distribución de sus productos sin que corra riesgos o asuma las responsabilidades propias de quien utiliza la intermediación de distribuidores menos independientes que el concesionario (como el agente).

De otra parte, los contratos de franquicia se diferencian de los de concesión mercantil —a pesar de que en los supuestos de franquicia de distribución existe notable proximidad— por establecer una integración más intensa entre las partes, así como la particular relevancia que reviste en la franquicia el suministro de asistencia técnica y la transmisión de los derechos de propiedad industrial y *know-how*, para hacer posible la explotación de una concepción empresarial en su conjunto.

El contrato de distribución comercial internacional es una modalidad de extraordinario auge en el tráfico comercial internacional, en virtud del cual las grandes empresas fraccionan su mercado en pequeñas zonas asignadas a sus concesionarios o distribuidores. A través del contrato de distribución comercial internacional una empresa (fabricante o concedente) se compromete a vender sus productos en exclusiva a otra empresa (distribuidor o concesionario) en un determinado territorio y con fines de reventa (venta de los bienes sin transformar) de los mismos.

La utilidad de este contrato en el tráfico mercantil internacional es indiscutible por el efecto económico que plantea: al concedente se le permite la fabricación de una serie de productos al por mayor sin necesidad de preocuparse del régimen de distribución al por menor de los mismos y sin asumir el riesgo de venta final de esos productos, riesgo que asume el concesionario.

En la construcción de un contrato de distribución comercial internacional son tres los aspectos esenciales a tener en cuenta: primero, el producto contractual; segundo, la definición del territorio o área geográfica determinada dada al distribuidor para la reventa de los productos del concedente; y, tercero, la exclusividad ya que sin pacto de exclusiva es imposible que el concesionario pueda desempeñar el negocio en términos aceptables.

Las empresas que desean ampliar sus mercados a través de dichos contratos deben tener en cuenta sus requisitos y también los riesgos derivados de los mismos. Son muchas las variables que una empresa debe "prever" antes de firmar la contratación, pero, en razón de una ausencia de un conjunto de normas reguladoras uniformes aceptadas universalmente y el alto nivel de litigiosidad que presenta esta modalidad contractual, es fundamental prestar atención a las restricciones a la competencia que pueden o no figurar en un acuerdo de distribución. Además, se reitera que, al formalizar el contrato, cuantos más factores sean estructurados durante la formalización del contrato, menor es el riesgo de presencia de problemas durante la internacionalización de la empresa. En otras palabras, la empresa debe establecer cláusulas que cubran el producto que va a ser distribuido, el territorio de comercialización y también la exclusividad sobre las ventas. Para que eso ocurra de manera fluida, el conocimiento de la normativa aplicable al contrato de concesión o distribución comercial internacional en la Unión Europea es una figura clave para la aplicación de las restricciones a la competencia que vayan o no figurar en un acuerdo de distribución exclusiva que despliegue sus efectos en el territorio comunitario.

El impacto del mercado online en los distribuidores indirectos intregrados

Javier Badenas Boldó
Profesor Asociado del Departamento de Derecho Privado.
Universidad Jaume I.
badenasj@uji.es

I. INTRODUCCIÓN ACERCA DE LOS DISTINTOS MODELOS DE DISTRIBUCIÓN COMERCIAL EN LA RED

Podemos encontrar distintas formas o modelos de distribución de productos o servicios en la red, en base a clasificaciones usuales en el mercado. En primer lugar, nos encontramos con el modelo de distribución directa, que es aquél mediante el cual los fabricantes o prestadores distribuyen directamente sus productos o servicios a los consumidores o a otros profesionales. En segundo lugar, podemos hablar del modelo de distribución indirecta simple, por el que los fabricantes o prestadores acuden a intermediarios independientes para que, por su cuenta y riesgo, comercialicen los productos o servicios en el mercado. En último lugar, podemos situar el modelo de distribución indirecta integrada, por el que los proveedores de bienes o servicios crean una red de distribuidores autorizados que se comprometen a promover la reventa de las mercancías del proveedor en su propio nombre e interés, debiéndose ajustar a las políticas del mismo, a cambio de obtener una compensación por la reventa de los productos o servicios de la marca del proveedor con carácter exclusivo o preferente.

Internet se ha presentado desde sus orígenes como un instrumento o mecanismo de desintermediación, que puede reducir en gran medida, e incluso hacer desaparecer, el modelo o sistema clásico de distribución integrada, facilitando así la distribución directa de proveedores de bienes y servicios. No obstante, esta red conlleva un enorme despliegue de todos los operadores económicos, incluidos los distribuidores tradicionales establecidos en el mercado físico o en los mercados presenciales, que no renuncian a utilizar este nuevo canal para sus actividades comerciales. Igualmente, este nuevo medio favorece la aparición de nuevos modelos de negocio fundamentados en la distribución *online* de bienes digitalizados.[1]

La integración del proceso distributivo en la estructura empresarial del fabricante sólo puede ser soportada por empresas con un gran volumen de demanda y una sólida y saneada estructura financiera, pero incluso la distribución directa por el fabricante resulta prácticamente imposible cuando se potencia la internacionalización del comercio y, después, cuando se entra de lleno en la globalización económica.[2]

Solo con el apoyo de una empresa con una alta demanda y una sólida estructura financiera se puede integrar el proceso de distribución en la estructura comercial del fabricante. Sin embargo, cuando arranca la internacionalización del comercio y se pretende desarrollar la globalización económica, es casi imposible que los proveedores sean capaces de distribuir directamente sin la ayuda de distribuidores externos. Por esta razón, los fabricantes de bienes y proveedores de servicios recurren gradualmente a terceros intermediarios responsables de entregar bienes y servicios del proveedor a los consumidores finales. Por otro lado, dado que este proceso de venta indirecta claramente hace ineficiente el proceso global de comercialización del producto, a medida que aumentan los costos y por tanto se reducen las ganancias debido a la intervención de múltiples operadores en la distribución del producto, los proveedores optan por crear una red de distribuidores integrados que colaboran estrechamente con ellos para generar demanda, vender sus productos a clientes potenciales y brindar soporte técnico antes y después de la venta. De ese modo se benefician

---

1 Asimismo, en mediación o intermediación contractual, como los sitios de subastas electrónicas o de mediación en línea.

2 Es por ello por lo que CARBAJO CASCÓN, F.,"La distribución en internet", en *La contratación en el sector de la distribución comercial* (HERRERO GARCÍA, Mª.J., GARCÍA VICENTE, J.R., VAQUERO PINTO, Mª.J., (coords.)), Thomson Reuters Aranzadi, 2010. p. 168; expone que la distribución realizada por empresarios independientes que colaboran con el proveedor de bienes y servicios en la colocación de éstos en el mercado surgen por razones de racionalidad económica.

ambos de la colaboración realizada, el proveedor porque controla todo el proceso estableciendo sus políticas y el distribuidor aprovechándose de la clientela que atrae la marca del proveedor.[3]

Se entiende, por tanto, que la aparición de un medio de comunicación universal que permita al fabricante o prestador de servicios entrar en contacto directo y negociar con consumidores y usuarios, compromete indirectamente la supervivencia a medio plazo de los sistemas o modelos tradicionales tanto de distribución simple, como indirecta e integrada. Los fabricantes o proveedores tienden a canalizar la venta de sus productos o la prestación de sus servicios a través de la negociación directa con los consumidores y posteriormente subcontratan el almacenamiento y la entrega a domicilio, provocando la paulatina desaparición de los distribuidores. Este proceso de acelera mucho más cuando hablamos de bienes y servicios aptos de digitalizarse y con la capacidad de poner a disposición del usuario a través una transmisión en línea mediante la red, en estos casos la desaparición de distribuidores tradicionales es prácticamente absoluta.[4]

Sin embargo, la desaparición del intermediario en la distribución no va a ser tan radical. Si bien la distribución directa de proveedores a consumidores ha crecido, los sistemas de distribución indirecta (especialmente los modelos integrados de distribución indirecta) perdurarán en el tiempo debido a que se basan en una estrategia competitiva postindustrial, que se asienta en el prestigio de la marca y en las ventajas de los establecimientos abiertos al público, la asistencia posventa y las minuciosas condiciones comerciales de atención al cliente. Pero, asimismo, es lógico que los distribuidores integrados como empresarios independientes quieran ingresar al mercado de Internet de la misma manera que los proveedores, con la finalidad de expandir sus expectativas comerciales, a veces entrando en conflicto con ellos, que pretenden reservar este canal con exclusividad. La distribución en Internet, de esta forma, y aunque el número de intermediarios disminuya gradualmente, también se incorporará a la distribución presencial o tradicional de los distribuidores integrados en la red empresarial creada por los proveedores y la distribución *online* de los propios proveedores y distribuidores integrados.[5] Este fenómeno, en el cual se combi-

---

3 ALFONSO SÁNCHEZ, R., *Retos jurídicos de la economía colaborativa en el contexto digital*, Thomson Reuters, 2017, p. 237.

4 GONZÁLEZ LÓPEZ, O.R., *Comercio electrónico*, Ediciones Anaya Multimedia, Madrid 2010, p .146 y ss.

5 Sin embargo, lo que está claro es que poco a poco, unido a la disminución del número de intermediarios, puede producirse un descenso de la contratación de

na la distribución directa a través del proveedor y la distribución indirecta a través de distribuidores independientes, es conocido como "distribución dual".

Otra cuestión importante a tener en cuenta es que la reducción gradual de distribuidores tradicionales puede contrastar con el surgimiento de nuevos modos de intermediación y circulación de bienes y servicios como los sitios en línea (*marketplaces,* plataformas etc.). Los sitios en línea actúan como agregadores a gran escala de oferta y demanda, y aunque no son estrictamente distribuidores, contribuyen a la distribución de bienes y servicios en Internet. De hecho, los proveedores y distribuidores los utilizan a menudo para promocionar sus productos y prestar sus servicios a otros distribuidores y consumidores[6].

Por último, debemos destacar que Internet es un terreno abonado para el desarrollo de mercados negros y grises[7]. También es particularmente propicio para el comercio paralelo, es decir, el comercio que consiste en la reventa de productos de marca originales al margen de las redes de distribuidores integrados, que son creadas por los titulares de las marcas para tener un mayor control del proceso de distribución de sus productos y servicios. Internet proporciona acceso a muchos distribuidores independientes que ofrecen productos originales a precios más bajos que productos comparables en el mercado físico tradicional y sitios en línea de proveedores y distribuidores autorizados.

El fenómeno de las transacciones paralelas en la red daña ostensiblemente la red de distribución selectiva o autorizada de productos de prestigio, puesto que una de sus principales características es la prohibición de los proveedores a los distribuidores autorizados de vender productos a otros distribuidores que no estén integrados en la misma red según el contrato.[8] Principalmente para estos sistemas de distribución, es especial-

distribuidores tradicionales, como sostiene CARBAJO CASCÓN, F., "La distribución ...", cit., p. 169.

6 CAMACHO CLAVIJO, S. "Régimen jurídico de los prestadores de servicios en la sociedad de la información" en NAVAS NAVARRO, S., Y CAMACHO CLAVIJO, S., *Mercado digital. Principios y reglas jurídicas.* Tirant lo Blanc 2016, p. 114.

7 El mercado negro se ocupa de los artículos prohibidos, falsificados o robados que se venden en el mercado ilegalmente. El mercado gris generalmente trata con los bienes genuinos que se venden y compran a través del canal de distribución no autorizado. https://es.spot-the-difference.info/difference-between-black-market.

8 Son los llamados *"free ryders"* o polizones, no integrados en la red de distribución autorizada. *Vid.* CARBAJO CASCÓN F., *La distribución selectiva y el comercio paralelo*

mente peligroso la oferta de grandes cantidades de productos de marca originales (además de productos falsificados) a través de intermediarios en línea que sirven únicamente como puntos de encuentro (p. ej. *eBay*).[9]

II. LA DISTRIBUCIÓN EN INTERNET A TRAVÉS DE PROVEEDORES Y DISTRIBUIDORES NO INTEGRADOS

1. *La distribución directa realizada por fabricantes*

Como se mencionó anteriormente, los fabricantes y/o proveedores de servicios pueden utilizar Internet para negociar directamente con los clientes, ya sean otros empresarios, profesionales o consumidores, lo que elimina intermediarios.

De esta forma, la utilización de Internet supondrá reemplazar gradualmente las ventas tradicionales de productos y la prestación de determinados servicios por parte de los comerciantes en establecimientos de acceso público de los mismos productos y servicios, por el comercio electrónico y de sitios en línea gestionados por sus propios fabricantes o proveedores[10]. Nos encontramos ante un proceso de comercio electrónico indirecto, en el que la contratación se realiza a distancia y de forma electrónica, pero los bienes o servicios que son objeto del contrato son entregados o están disponibles para el adquirente de forma convencional mediante recursos o canales físicos o tradicionales[11].

---

de productos de lujo, Ibáñez. De Palma-Universidad Javeriana, Bogotá 2009, pp. 209 y ss.

9 *Vid.* acerca de este fenómeno y los problemas que se plantean FUENTES NAVARRO, M., "La distribución selectiva y el formato de comercialización: la distribución *on line* y la infracción por demérito de la marca", en AA.VV. (dirs. VIEIRA GONZÁLEZ, J., ECHEVARRÍA SÁENZ, M.) *Distribución comercial y Derecho de la competencia,* La Ley 2011, p. 381 y ss.

10 Mediante la clásica fórmula *"invitatio ad offerendum"*.

11 *Vid.* LLANEZA GONZÁLEZ, P. *Aplicación práctica de la LSSI-CE: Ley 34/2002, de 11 de julio, de servicios de la sociedad de la información y comercio electrónico,* Editorial Bosch, 2003, Serán de aplicación las normas sobre contratación electrónica previstas en el Título IV de la Ley 34/202, de 11 de julio, de servicios de la sociedad de la información y del comercio electrónico (arts. 23-29) y el Real Decreto 109/1999 de 17 de diciembre, por el que se regula la contratación telefónica o electrónica con condiciones generales. Será de aplicación asimismo la normativa sobre protección de los consumidores en las ventas a distancia previstas en la ley 7/1996, de 15 de enero, de Ordenación del Comercio Minorista (arts. 38-47). Y si la contratación se produce con consumidores, se aplicarán las reglas sobre

2. *La distribución indirecta a través de los distribuidores independientes*

El control del proveedor sobre el proceso del contrato (ventas y prestación de servicios) produce cambios en el proceso de distribución (en el sentido de entrega o provisión) de bienes y servicios. Los fabricantes ya no necesitarán a los distribuidores para proporcionar productos a los clientes, a menos que el proveedor opere en el extranjero y lleve a cabo una gran cantidad de operaciones con clientes de otro país y necesite un almacenista.[12]

Sin embargo, la capacidad del comercio electrónico para la distribución directa por parte de los fabricantes no dará como resultado la eliminación completa de intermediarios o distribuidores. Seguramente se eliminarán los mayoristas y minoristas más débiles, pero en cambio, surgirán otros intermediarios también desarrollarán su negocio exclusivamente a través de Internet. Este será el caso de los minoristas que compren los productos de marca para la reventa a los consumidores y usuarios, que podrán desarrollar sus actividades de reventa a través del mercado virtual. Y ello es debido a que Internet favorece este fenómeno de comercio paralelo, basado en el principio de agotamiento de los derechos de propiedad industrial e intelectual en el Espacio Económico Europeo.

Por lo tanto, será posible encontrar fabricantes que vendan y distribuyan sus productos junto a distribuidores independientes de productos originales de marca en la red. Al ser proveedores de servicios de la sociedad de la información[13] deben de ajustar su actuación en lo referente las obligaciones de información precontractual y postcontractual y otras obligaciones[14]

---

contratación a distancia en general establecidas en el Texto Refundido de la Ley General para la Defensa de Consumidores y Usuarios, aprobado por Real Decreto Legislativo 1/2007, de 16 de noviembre (art. 92-106).

12 MORO ALMARÁZ, M. J., "Servicios de la sociedad de la información y sujetos intervinientes" en *Autores, consumidores y comercio electrónico* (dir. MORO ALMARÁZ, Mª. J.) Colex Madrid 2004, pp. 107 y ss.

13 *Vid.* CLEMENTE MEORO, M.E., "Responsabilidad de los prestadores de servicios en la sociedad de la información" en *Autores, consumidores y comercio electrónico* (dir. MORO ALMARÁZ, Mª. J.) Colex Madrid 2004, pp. 251 y ss.

14 BUSTO LAGO, J.M., "La responsabilidad civil de los prestadores de servicios de intermediación en la sociedad de la información", *Actualidad Jurídica Aranzadi*, nº 542, 2002, pp. 1-6; y más recientemente, del mismo autor BUSTO LAGO, J.M., "La responsabilidad civil de los prestadores de servicios de la sociedad de la información (ISOs)" en *Tratado de responsabilidad civil* (Coord. REGLERO CAMPOS, L. y BUSTO LAGO, J.M.,) Vol. 2 Thomson Reuters Aranzadi, 5ª ed. 2014, pp. 598-747.

establecidas al efecto por la Ley 34/2002 de Servicios de la Sociedad de la Información y Comercio Electrónico y por la Ley 22/2007, de 11 de julio, de Comercialización a Distancia de Servicios Financieros para Prestación de Clientes y las Obligaciones de Información Contractual.[15]

III. LA UTILIZACIÓN DE INTERNET POR DISTRIBUIDORES INDIRECTOS INTEGRADOS

1. Exposición del problema

Como se ha expuesto anteriormente, el modelo de distribución indirecta integrada supone una integración comercial descendente, o en otras palabras, un acuerdo vertical entre un fabricante o proveedor y los distintos distribuidores miembros de la misma red, que afectará la capacidad de la empresa para compraventa o revender bienes o servicios. Se trata de un acuerdo entre empresarios en diferentes niveles del proceso económico. Por un lado, el proveedor se compromete a proporcionar los medios materiales e inmateriales necesarios para revender sus bienes, por otro lado, el distribuidor realiza la reventa de acuerdo con las directrices del proveedor, quien a su vez supervisará y controlará las operaciones comerciales de los distribuidores, creando así una decisión unificada y económica sobre los aspectos básicos del negocio de distribución. Esta integración vertical entre proveedores y distribuidores previamente seleccionados en base a criterios cuantitativos y cualitativos supone la existencia de restricciones o limitaciones a la libre competencia en la distribución de productos o servicios objeto de dichos contratos.[16]

Sin embargo, tradicionalmente se cree que estos acuerdos ayudan a mejorar la producción y distribución de ciertos productos y servicios, trayendo con ello grandes beneficios a los consumidores, por ello se acogen al sistema de exención de prohibiciones establecido en el art. 101.3 TUE y 1.3 LCD. En particular, los acuerdos verticales entre empresas para la distribución exclusiva o selectiva de productos o la prestación de servicios con exclusividad o prioridad, no se incluyen en la lista de arts. 101.1 TUE y 1.1 LDC, siempre que no superen ciertos límites, que se establecen a través del

---

15 LLANEZA GONZÁLEZ, P. *op. cit.*, p. 21. *Vid.* asimismo BARRAL VIÑALS, I., *La regulación del comercio electrónico.* Dickynson, 2003.

16 Por lo tanto, en principio quedarían sujetos a la prohibición de acuerdos colusorios del art. 101 Tratado Unión Europea y del art.1.1 de la Ley 15/2007 de Defensa de Competencia.

nuevo Reglamento 2022/720 de Exención por Categorías para Acuerdos Verticales,[17] así como de unas nuevas Directrices Verticales[18], que han sustituido al Reglamento UE nº 330/2010 de la Comisión, de 20 de abril de 2010, relativo a determinadas categorías de acuerdos verticales y prácticas concertadas.

Ante la apertura de un nuevo canal de distribución en Internet para revender productos o brindar servicios, los distribuidores esperan utilizar este nuevo canal para expandir sus actividades. No obstante, algunos proveedores de bienes y servicios intentan proteger y bloquear sus canales de distribución tradicionales impidiendo el acceso a la red de sus distribuidores autorizados a través de contratos electrónicos de venta y servicios remotos, por lo que se pueden retener los canales de comunicación, lo que supondrá que se adueñen por completo del mercado en cuanto a promoción y comercialización de productos o servicios.[19]

De un modo lógico, los proveedores buscan aprovechar el potencial de Internet para distribuir directamente sus bienes y servicios, reduciendo así el coste de utilizar intermediarios y distribuidores en distintos territorios[20]. En cambio, los distribuidores, pretenden ampliar su base de clientes recurriendo a herramientas competitivas como lo es el mercado en línea. La implementación de sitios de comercio electrónico brinda a los operadores económicos la posibilidad de ofrecer mejores condiciones económicas que los tradicionales mercados presenciales, lo que obviamente significa menores costes,[21] lo que supone un incentivo para la puesta en marcha de políticas de ventas *online* tanto por parte de los distribuidores como del propio proveedor.

---

17 Reglamento (UE) 2022/720 de la Comisión de 10 de mayo de 2022 relativo a la aplicación del artículo 101, apartado 3, del Tratado de Funcionamiento de la Unión Europea a determinadas categorías de acuerdos verticales y prácticas concertadas. Publicado en: «DOUE» núm. 134, de 11 de mayo de 2022, DOUE-L-2022-80724.

18 Directrices relativas a las restricciones verticales. Publicado en: «DOUE» núm. 248, de 30 de junio de 2022, DOUE-Z-2022-70045.

19 *Vid.* CARBAJO CASCÓN, F., y MORALEJO MENÉNDEZ, I., “Distribución y dominios en el mercado virtual”, *Revista de la Contratación Electrónica*. nº 35, febrero 2003, pp. 3 y ss.

20 Debe tenerse en cuenta que, la ejecución de un negocio online tanto por el proveedor principal como por cualquiera de los distribuidores puede alterar trascendentalmente las condiciones pactadas en el contrato de distribución o sus elementos esenciales de naturaleza y afectar significativamente el equilibrio de intereses entre todos los miembros de la red.

21 Costes relativos a personal, material de promoción, costes de transacción, etc.

En cuanto a la posibilidad de mantener un sistema integrado de distribución indirecta como la concesión, la franquicia y la distribución selectiva en el mercado *online*, aquí surgen dos cuestiones principales. En primer lugar, se plantea la legalidad de la prohibición de acceso al mercado de Internet impuesta por los proveedores de bienes y servicios a los distribuidores integrados en la red comercial. Y, en segundo lugar, se cuestiona si el comportamiento propio de la red es compatible con la estructura típica de estos sistemas integrados de distribución indirecta, ya que algunos de ellos se basan en términos geográficos exclusivos, otros en el uso de modelos de negocio específicos y otros en la distribución no exclusiva de productos de prestigio, los cuales mantienen la imagen de marca y brindan asistencia preventa y posventa de forma profesional al cliente.

La cuestión principal es que cualquier restricción al desarrollo de los distribuidores integrados en el mercado de Internet electrónico para realizar sus propias actividades de distribución de productos o servicios puede constituir restricciones intolerables a la libre competencia, ya que estaría limitando el derecho constitucional a la libertad de empresa regulado en nuestra constitución en su art. 38.

Por tanto, si bien, en principio, es imposible imponer restricciones al acceso de los distribuidores a los mercados virtuales y al comercio electrónico, dependiendo de las circunstancias, estas restricciones o limitaciones pueden ser admisibles si el uso que los distribuidores hacen de Internet es incompatible con el modelo de distribución del que forman parte y perjudican tanto proveedor como al resto de los miembros la red. En otras palabras, desde la perspectiva de la ley "antitrust", el acuerdo de distribución por Internet que el proveedor impone al distribuidor, estableciendo restricciones a su libertad de actuación no es necesariamente nulo o ineficaz.[22]

En aras a solucionar dicho problema, es importante comprobar la calificación que se debe atribuir a las operaciones que realizan en Internet en cada caso por los distribuidores integrados en la red comercial del proveedor, por lo que es aconsejable distinguir entre sistemas de distribución exclusiva, y sistema de distribución selectiva. Lo cierto es que el ingreso de cualquier miembro de la red en el mercado electrónico, sin el consentimiento del empresario principal, puede suponer un gran cambio en la relación contractual entre ellos y en la estructura de toda la red de distribución. En diferentes territorios con derechos exclusivos simples o reforza-

---

[22] *Vid.* GÓRRIZ LOPEZ, C., "Distribución por Intenet y Derecho de Defensa de la Competencia", *Anuario de la Competencia,* 2002, p. 473 y ss.

dos, como en los contratos de concesión o franquicia, se debe exigir el respeto mutuo, por el contrario, en los contratos de distribución selectiva, los productos con prestigio se entregan y venden bajo ciertas condiciones.[23]

En concreto, el acceso a Internet por parte de distribuidores exclusivos como concesionarios o franquiciados puede asegurar la expansión de las áreas de influencia especificadas en el contrato, y la comercialización exclusiva de estos productos o servicios en zonas o regiones específicas, perturbando el equilibrio de intereses mantenido con los proveedores y otros miembros de la red en el mercado presencial. Del mismo modo, el uso de mercados virtuales por parte de los proveedores para promocionar y brindar productos o servicios a cualquier cliente interesado de cualquier parte del mundo, puede en realidad llevar a restricciones en las áreas exclusivas pactadas con sus respectivos distribuidores, a menos que se llegue a un acuerdo en contrario. También puede significar una violación de deber genérico de abstención de la comercialización activa en estos territorios. Por otro lado, la expansión de los distribuidores autorizados al mercado *online* distorsionará las condiciones de venta selectivas, que se basan en la imagen de prestigio de la marca y en el servicio al cliente pre y post venta.

2. *El nuevo Reglamento de Exención por Categorías para Acuerdos Verticales (RECAV 2022)*

La Comisión Europea ha aprobado el esperado nuevo Reglamento de Exención por Categorías para Acuerdos Verticales (RECAV 2022), antes mencionado, que entró en vigor el 1 de junio de 2022. El texto actualiza el tratamiento de los acuerdos verticales en Derecho de la Competencia a la realidad actual de los mercados[24].

Asimismo, se han aprobado unas nuevas Directrices Verticales, que aparecen publicadas en el DOUE el 30 de junio de 2022[25]. Con la publicación de las presentes Directrices, la Comisión pretende ayudar a las empresas a realizar su propia evaluación de los acuerdos verticales con arreglo a las normas de competencia de la Unión y facilitar la aplicación del artículo 101 del

---

23 CARBAJO CASCÓN, F., “La distribución…”, cit. p. 190.

24 Reglamento (UE) 2022/720 de la Comisión de 10 de mayo de 2022 relativo a la aplicación del artículo 101, apartado 3, del Tratado de Funcionamiento de la Unión Europea a determinadas categorías de acuerdos verticales y prácticas concertadas. Publicado en: «DOUE» núm. 134, de 11 de mayo de 2022, DOUE-L-2022-80724, antes mencionado.

25 Directrices relativas a las restricciones verticales. Publicado en: «DOUE» núm. 248, de 30 de junio de 2022, DOUE-Z-2022-70045, antes mencionadas.

TFUE. La aprobación de este nuevo RECAV y las nuevas Directrices Verticales es el resultado del proceso de revisión del Reglamento 330/2010, cuya vigencia finalizó el 31 de mayo de 2022. El nuevo RECAV, como antes hemos indicado, entró en vigor el 1 de junio de 2022, pero se concedió un período transitorio entre esta fecha y el 31 de mayo de 2023 para que pudieran adaptarse al nuevo régimen aquellos acuerdos verticales vigentes a 31 de mayo de 2022 que, no cumpliendo los requisitos para la exención establecidos en el nuevo RECAV, sí cumplieran los requisitos establecidos en el Reglamento 330/2010. Al igual que este, el nuevo RECAV es también aplicable *mutatis mutandi* a los acuerdos verticales que, por tener efectos exclusivamente dentro del mercado español, se deban evaluar con arreglo a lo previsto en el artículo 1 de la Ley 15/2007, de 3 de julio, de Defensa de la Competencia (LDC).[26]

2.1. El nuevo RECAV 2022: régimen de exenciones

El Reglamento 330/2010 (RECAV 2010) anterior establecía lo siguiente: los acuerdos verticales (esto es, los acuerdos entre empresas que operan en distintos niveles de la cadena de producción o distribución) están exentos de la prohibición de acuerdos entre empresas restrictivos de la competencia contenida en el artículo 101.1 del TFUE siempre que cumplan ciertas condiciones. Así, aquellos que cumplan los requisitos para la exención no se considerarán restrictivos de la competencia y, por tanto, no estarán prohibidos por el artículo 101.1 del TFUE, en la medida en que se presume que generan eficiencias económicas en la cadena de producción y distribución de los bienes y servicios en cuestión y estarían, en su caso, justificados desde la perspectiva del artículo 101.3 del TFUE. Por tanto, esta exención proporciona una salvaguardia de la aplicación de la prohibición general de acuerdos colusorios contenida en el artículo 101 del TFUE a los acuerdos de distribución de bienes y servicios.

El nuevo RECAV 2022 actualiza esta exención, a la vista de la evolución de los mercados y, especialmente, del crecimiento del comercio electrónico y el papel cada vez más relevante de las plataformas *online* en la distribución de bienes y servicios.

---

26 La publicación y entrada en vigor del RECAV ha sido objeto de noticia en numerosos blogs jurídicos, ej.: https://www.ga-p.com/blog/nuevo-reglamento-europeo-de-exencion-por-categorias-para-los-acuerdos-verticales-restrictivos-de-la competencia/.;https://www.todanelo.com/sites/default/files/common/nuevo_reg_de_exencion_por_categorias_para_acuerdos_verticales_y_nuevas_directrices.pdf;https://www.garrigues.com/es_ES/noticia/nuevo-reglamento-exencion-categorias-acuerdos-verticales-adapta-auge-comercio-electronico

Se mantiene, además, la exención general para aquellos acuerdos verticales en los que las cuotas de mercado de proveedor y distribuidor no superen el 30% en sus respectivos mercados, con las particularidades ya previstas en el Reglamento 330/2010 en relación con los acuerdos verticales entre una asociación de empresas y un miembro o un proveedor individual, y los acuerdos verticales que contengan cláusulas relativas a la cesión o explotación de derechos de propiedad intelectual. En cambio, el nuevo RECAV reduce el alcance de la exención en relación con los acuerdos de distribución dual, esto es, los acuerdos verticales entre un proveedor y un distribuidor en supuestos en los que el proveedor compite con el distribuidor en la distribución de los productos y servicios en cuestión.

Por otra parte, el nuevo RECAV 2022 mantiene la consideración como restricciones especialmente graves, que implican la retirada de la exención y la presunción de la existencia de una restricción a la competencia prohibida por el artículo 101.1 del TFUE, de aquellas cláusulas que supongan: a) una restricción a la libertad del distribuidor de fijar el precio de reventa de los productos o servicios, permitiéndose que el proveedor establezca precios máximos o recomendados; b) una restricción del territorio o los clientes a los que el distribuidor puede vender activa o pasivamente los bienes o servicios, con diversas excepciones en función de la utilización de un sistema de distribución exclusivo, selectivo u otros; o c) en un acuerdo entre un proveedor de componentes y un comprador que incorpore dichos componentes a otros productos, una restricción a la capacidad del proveedor de componentes de venderlos como recambios a usuarios finales o a talleres de reparación, mayoristas u otros proveedores de servicios distintos a aquellos al que el comprador haya encomendado la reparación de sus productos.

2.2. Comercialización de productos a través de la red

Adicionalmente, reconociendo la importancia del comercio electrónico en la distribución de bienes y servicios, el nuevo RECAV 2022 considera también como restricciones especialmente graves, y por tanto prohibidas por el artículo 101.1 del TFUE, aquellas cláusulas que tengan por objeto impedir al distribuidor el uso de Internet para la venta de los bienes o servicios, o impedir, de forma directa o indirecta, el uso de un determinado canal de publicidad *online* (como los servicios de comparación de precios o la publicidad en motores de búsqueda).

En todo caso, las nuevas Directrices Verticales 2022 precisan que el proveedor podrá establecer determinados requisitos para la venta o publicidad *online* de sus productos. En particular, en lo que respecta a las ventas por Internet, el proveedor podrá establecer requisitos de calidad o apariencia de la página *web* del distribuidor, así como requisitos mínimos relacionados con la forma en que se deberán visualizar los bienes o productos, o la marca del proveedor, en la *web* del distribuidor. Asimismo, el proveedor podrá prohibir la utilización de plataformas o *marketplaces* para la distribución de sus bienes en determinados supuestos, o exigir al distribuidor que disponga de un establecimiento físico de venta, además del canal *online*, y que realice un volumen mínimo de ventas a través de dicho establecimiento físico. En este sentido, las nuevas Directrices Verticales también permiten, de forma novedosa, que el proveedor pueda fijar un precio al por mayor diferente para un mismo producto en función de si es distribuido *online* o en establecimiento físico, siempre que esta práctica no tenga como objetivo impedir el uso de Internet para la distribución del producto.

En lo relativo a la publicidad *online*, el proveedor podrá igualmente exigir el cumplimiento de unos requisitos de calidad o la inclusión de cierta información en los anuncios, así como que no se utilicen los servicios de publicidad *online* de determinados proveedores que no reúnan unos requisitos mínimos de calidad, o que no se utilice la marca del proveedor en el dominio web del distribuidor.[27]

Por último, el RECAV 2022 mantiene, asimismo, la consideración de determinadas cláusulas de no competencia como restricciones excluidas de la aplicación de la exención, sin que esta calificación implique necesariamente que dichas obligaciones sean restrictivas de la competencia. Adicionalmente, de forma novedosa, considera también como restricciones excluidas de la aplicación de la exención a las cláusulas de nación más favorecida amplias entre un proveedor y una plataforma de intermediación *online*, esto es, aquellas cláusulas que obligan al usuario de servicios de intermediación *online* a no ofrecer o vender sus bienes y servicios en condiciones más favorables en otras plataformas de intermediación online.

3. La distribución exclusiva y el posible acceso a internet de los distribuidores

El sistema de distribución exclusiva se basa en cláusulas territoriales reforzadas, que pueden evitar que los distribuidores vendan activamente productos o servicios por contrato fuera de su ámbito de influencia, aunque sí están autorizados a vender pasivamente a sujetos que provengan de la zona delimitada, siempre y cuando no se haya realizado una labor de captación

---

27 La doctrina ha tratado ya desde hace años el tema de la publicidad *online*, por todos. TATO PLAZA, A., "La publicidad en Internet" en *Autores, consumidores y comercio electrónico* (dir. MORO ALMARÁZ, M.J.) Colex Madrid 2004, pp. 141 y ss.

de clientes.[28] La pregunta clave es si las ventas realizadas por distribuidores exclusivos a través de Internet deben clasificarse como ventas activas, por lo que los proveedores pueden prohibir estas ventas bajo contrato, lo que evitará que los distribuidores expandan virtualmente su negocio.

Nos encontramos ante una cuestión de difícil solución, ya que, desde el momento en que la información sobre bienes o servicios se coloca en la *web* y cualquiera puede acceder a ella en cualquier momento y lugar, los medios electrónicos relativizan la distinción entre ventas activas y pasivas.[29]

En general, las promociones o ventas realizadas por los distribuidores a través de Internet no se consideran formas de ventas activas en regiones distintas del área especialmente asignada, dado que se trata de un modo razonable de llegar a todos los clientes.

El uso de Internet puede tener consecuencias fuera del territorio o grupo de clientes propio es debido a la tecnología, ya se puede acceder fácilmente desde cualquier lugar al sitio en línea del distribuidor. Por lo tanto, la tecnología es la principal responsable de las posibles quiebras en la estructura o en el sistema formado de distribución integrada, pero el simple uso de la tecnología no debería prejuzgar el comportamiento del distribuidor.

En ese caso, el proveedor no puede utilizar la promesa de no utilizar Internet para desarrollar sus actividades como criterio de selección de su distribuidor exclusivo, puesto que este criterio contradeciría la prohibición legal de impedir las ventas pasivas definida por la Comisión Europea.

Sin embargo, la tecnología de la información permite definir a los destinatarios de la información, personalizar la información para cada usuario, conocer sus gustos a través de las conocidas "*Cookies*" y utilizar un idioma para dirigirse a grupos de usuarios específicos. Todos estos factores permiten a los proveedores de servicios de la sociedad de la información selec-

---

28 CALAVIA MOLINERO, J.M., "El contrato de distribución exclusiva", *en Los contratos de distribución comercial: Novedades legislativas y jurisprudenciales* (VÁZQUEZ ALBERT, D., dir.), Tirant lo Blanch, Valencia, 2010, pp. 69-83; TORRUBIA CHALMETA, B.," El contrato de concesión o de distribución exclusiva" *Revista de derecho privado,* Año nº 94, Mes 6, 2010, pp. 63-87, BONET NAVARRO, A., Contrato de distribución y venta exclusiva, *Cuadernos Civitas de jurisprudencia civil,* Nº 10, 1986, pp. 3487-3500.

29 VÁZQUEZ ALBERT D., "El contrato de distribución exclusiva" *Contratos de distribución: agencia, distribución, concesión, franquicia, suministro y estimatorio* / RUIZ PERIS, J.I., MARTÍ MIRAVALLS, J. (dirs.), 2018, pp. 109-158

cionar y promover clientes fuera de su ámbito de influencia, para realizar ventas activas, lo cual está prohibido[30].

La Comisión Europea, a través de sus Directrices de restricciones verticales, estipula que, si un sitio *web* no está dirigido específicamente para llegar en primer lugar a clientes ubicados originalmente en una región o un grupo de clientes asignados concretamente a otro distribuidor, no se considerará venta activa. Por contra, si una promoción en línea del producto o servicio de un distribuidor está dirigida a un destinatario específico fuera de su ámbito de influencia, se considerará una venta activa.[31]

De esta forma, la Comunidad Europea no descartará la legalidad de las cláusulas contractuales, por las que los proveedores prohíben a los distribuidores integrados realizar determinados usos específicos en Internet que impliquen políticas de venta activas. La clave reside en determinar qué usos de Internet se pueden considerar como ventas o actividades promocionales según los criterios establecidos en las normas de la Comisión Europea.[32]

La cuestión se ha clarificado mucho a raíz de la entrada en vigor del nuevo RECAV 2022. Por un lado, en él se definen las ventas activas en el contexto de los sistemas de distribución exclusiva como aquellas que consisten en: "*Dirigirse activamente a clientes mediante, visitas, cartas, correos electrónicos, llamadas u otros medios de comunicación directa o a través de publicidad y promoción personalizadas, fuera de línea o en línea, por ejemplo mediante medios de comunicación impresos o digitales, incluidos los medios en línea, servicios de comparación de precios o publicidad en motores de búsqueda dirigidos a clientes de determinados territorios o grupos de clientes, operar un sitio web con un dominio de primer nivel correspondiente a territorios concretos u ofrecer en un sitio web lenguas de uso común en determinados territorios, cuando dichas lenguas sean diferentes de las utilizadas habitualmente en el territorio en el que esté establecido el comprador*"[33].

Por otro lado, se contemplan las ventas pasivas como: "*Ventas en respuesta a peticiones no solicitadas de clientes individuales, incluida la entrega de bienes o servicios al cliente, siempre y cuando no se haya iniciado la venta mediante publici-*

---

30 GÓRRIZ LÓPEZ, C., cit., p. 476.

31 *Vid.* Apartado 212) de las Directrices 2022.

32 GONZÁLEZ ESTRADA, E., "Distribución exclusiva y competencia", *El trimestre económico*, Nº. 326, 2015, pp. 403-431

33 Definición establecida en el art. 1.1. l) del Reglamento (UE) 2022/720 de 10 de mayo de 2022, relativo a la aplicación del artículo 101, apartado 3, del TFUE a determinadas categorías de acuerdos verticales y prácticas concertadas.

*dad activa dirigida al cliente, grupo de clientes o territorio concreto, e incluyendo las ventas resultantes de la participación en procedimientos de contratación pública o que respondan a invitaciones privadas de licitació*n"[34].

Por lo tanto, en el caso de las ventas a clientes en un territorio exclusivo o a un grupo de clientes asignados en exclusiva, las ventas a clientes a los que el vendedor no se ha dirigido de forma activa son ventas pasivas. Por ejemplo, la creación de una tienda en línea es una forma de venta pasiva, ya que es un medio para que los clientes potenciales lleguen al vendedor. El funcionamiento de una tienda en línea puede tener efectos que se extiendan más allá de la zona comercial física asignada al vendedor, en particular permitiendo las compras en línea por parte de clientes situados en otros territorios o grupos de clientes. No obstante, estas compras (incluida la entrega de los productos) son ventas pasivas, siempre que el vendedor no se dirija de forma activa al cliente específico o al territorio o grupo de clientes específico al que pertenece el cliente. Esto mismo es aplicable cuando un cliente opta por que el distribuidor lo mantenga informado de forma automática y esta información conduce a una venta. Del mismo modo, el uso de la optimización del motor de búsqueda, a saber, herramientas o técnicas destinadas a mejorar la visibilidad o el posicionamiento de la tienda en línea en los resultados de los motores de búsqueda, u ofrecer una aplicación en una tienda de aplicaciones, son, en principio, medios para permitir que los clientes potenciales lleguen al vendedor y, por tanto, son formas de venta pasiva.

Por el contrario, el RECAV 2022 establece que, en el caso de las ventas a clientes en un territorio o grupo de clientes asignado en exclusiva, la oferta de una opción lingüística en una tienda en línea distinta de las lenguas utilizadas habitualmente en el territorio en el que el vendedor está establecido indica generalmente que el vendedor tiene como objetivo el territorio en el que se utiliza habitualmente la lengua y, por tanto, equivale a una venta activa. Sin embargo, ofrecer una opción en lengua inglesa en una tienda en línea no indica en sí que el vendedor tenga como objetivo territorios de habla inglesa, ya que el inglés se entiende y utiliza ampliamente en toda la Unión. Del mismo modo, el establecimiento de un sitio *web* o de una tienda en línea propios con un dominio de primer nivel correspondiente a un territorio distinto de aquel en el que está establecido el vendedor es una forma de venta activa en dicho territorio, mientras que ofrecer una tienda

[34] Definición establecida en el art. 1.1. m) del Reglamento (UE) 2022/720 de 10 de mayo de 2022, relativo a la aplicación del artículo 101, apartado 3, del TFUE a determinadas categorías de acuerdos verticales y prácticas concertadas.

en línea con un nombre de dominio genérico y no específico del país se considera una forma de venta pasiva.[35]

Así pues, como describe la norma transcrita, se entienden como ventas activas las resultantes de dirigirse activamente a clientes mediante visitas, cartas, correos electrónicos, llamadas u otros medios de comunicación directa. La publicidad o las promociones en línea personalizadas son, asimismo, una forma de venta activa. No obstante, cuando el vendedor dirige publicidad en línea a clientes situados en su propio territorio o grupo de clientes y no es posible impedir que dicha publicidad sea vista por clientes situados en otros territorios o grupos de clientes, se trata de una forma de venta pasiva. Ejemplos de este tipo de publicidad general incluyen los contenidos patrocinados en un sitio *web* de un periódico local o nacional a los que puede acceder cualquier visitante de dicho sitio *web*, o el uso de servicios de comparación de precios con nombres de dominio genéricos y no específicos de un país. De otro modo, como ya se ha expuesto, si esta publicidad general se realiza en lenguas que no se utilizan habitualmente en el territorio del vendedor o en sitios *web* con un dominio de primer nivel[36] correspondientes a territorios situados fuera del territorio del vendedor, esto equivale a una venta activa en esos otros territorios.

En resumen, la Comisión Europea ha establecido una nueva normativa en la materia, con definiciones de ventas activas y pasivas y casos específicos y ejemplos recogidos en las directrices de desarrollo del nuevo RECAV 2022 que suponen una concreción de supuestos permitidos y prohibidos, algo que clarifica de forma definitiva las antiguas dudas y problemas generados por el Reglamento y Directrices anteriores (2010) que implicaban una solución extremadamente laxa basada en la liberación económica, y en los principios de la libre empresa y la libre competencia. Esto se reflejaba en la libertad de ingresar al mercado virtual mundial para la prestación de servicios de la sociedad de la información, entre ellos, el del comercio

---

[35] Acerca del régimen jurídico de los dominios de Internet *vid.* entre otros: ORTEGA RUEDA, J.D., "Régimen jurídico de los dominios en Internet (I): introducción, funcionamiento y naturaleza" *Revista Lex Mercatoria,* Nº. 4, 2016, pp. 91-95 MAESTRE RODRÍGUEZ, J.A., "El régimen jurídico de los nombres de dominio" *Iuris: Actualidad y práctica del derecho,* Nº 28, 1999, pp. 40-50

[36] Sobre dominios *web* asimismo, *vid.* ERDOZAIN LÓPEZ, J.C., "Nombres de Dominio", en *Autores, consumidores y comercio electrónico* (dir. MORO ALMARÁZ, M. J.) Colex Madrid 2004, pp. 25 y ss. CARBAJO CASCÓN, F., "Nombres de dominio" *Derecho y nuevas tecnologías de la información y la comunicación* / coord. por PLAZA PENADÉS, J., VÁZQUEZ DE CASTRO, E., GUILLÉN CATALÁN, R., CARBAJO CASCÓN, F, 2013, pp. 919-1016

electrónico. Sin embargo, desde la perspectiva de la seguridad jurídica, esta solución anterior entrañaba evidentes desventajas. La definición de comportamientos específicos que puedan clasificarse como ventas activas o ventas pasivas, facilitada por el nuevo RECAV 2022 y sus Directrices, brinda a los proveedores y distribuidores una mayor seguridad en cuanto al alcance de sus acuerdos contractuales.

La Comisión parte del principio de que todo distribuidor debe poder utilizar Internet para vender sus productos, considerando que en general, la posesión de información previa en páginas *web* debe ser considerada como una forma de venta pasiva, porque constituye una forma razonable para que los clientes lleguen a los distribuidores. El uso de Internet puede tener un impacto en áreas fuera de la zona del emisor o de su propia base de clientes, debido íntegramente a la influencia de la tecnología, que facilita el acceso al sitio *web* desde cualquier lugar. De ese modo, se considera que existe una venta pasiva si un cliente visita la página *web* de un distribuidor, se pone en contacto con él y este contacto acaba en venta, incluyendo la entrega del producto, y también si un cliente opta porque el distribuidor le mantenga informado mediante medios digitales, y ello acaba en una venta, sin darle importancia para tales fines las opciones del lenguaje utilizado en la página *web* o en la comunicación con él.

Específicamente, la Comisión Europea proporciona en el art. 4 apartado b) del RECAV 2022 una serie de ejemplos de comportamientos, que entiende que son restricciones especialmente graves en las ventas activas o pasivas, siempre que puedan limitar a los distribuidores el acceso a una variedad cada vez más amplia de clientes.

En primer lugar, el mencionado artículo [37] permite que el proveedor restrinja las ventas activas del distribuidor exclusivo en un territorio exclusivo o a un grupo de clientes asignados en exclusiva a un máximo de cinco compradores, o que se los reserve el proveedor. Para preservar sus incentivos de inversión, el proveedor debe proteger a sus distribuidores exclusivos de las ventas activas, incluida la publicidad en línea personalizada, en su territorio exclusivo o a su grupo de clientes exclusivo por parte de todos los demás compradores del proveedor[38]. Asimismo, también permite al proveedor exigir a sus demás compradores que restrinjan a sus clientes directos la venta activa en territorios o a grupos de clientes que el proveedor

[37] Art. 4 RECAV apartado b) inciso i).

[38] Apartado 219) de las Directrices relativas a las restricciones verticales (2022/C 248/01).

haya asignado en exclusiva a otros distribuidores o que se haya reservado para él. Sin embargo, el proveedor no puede exigir a estos otros compradores que trasladen las restricciones de las ventas activas a los clientes situados más abajo en la cadena de distribución.

En segundo lugar,[39] se admite que un proveedor que aplica un sistema de distribución exclusiva en un determinado territorio y un sistema de distribución selectiva en otro territorio restrinja a sus distribuidores exclusivos la venta activa o pasiva a distribuidores no autorizados situados en el territorio en el que el proveedor ya aplica un sistema de distribución selectiva o que ha reservado para la aplicación de dicho sistema. El proveedor también podrá exigir a sus distribuidores exclusivos que restrinjan de manera similar a sus clientes la realización de ventas activas y pasivas a distribuidores no autorizados en territorios en los que el proveedor aplica un sistema de distribución selectiva o que haya reservado a tal fin. La capacidad de trasladar las restricciones de las ventas activas y pasivas más abajo en la cadena de distribución en este supuesto tiene el objetivo de proteger el carácter estanco de los sistemas de distribución selectiva[40].

En tercer lugar,[41] se autoriza a que el proveedor restrinja el lugar de establecimiento del comprador al que se le asigna un territorio o un grupo de clientes exclusivo («cláusula de establecimiento»). Esto significa que el proveedor puede exigir al comprador que restrinja sus establecimientos de distribución y almacenes a una dirección, lugar o territorio concretos. Por lo que se refiere a los establecimientos de distribución móviles, el acuerdo podrá especificar una zona fuera de la cual no pueda explotarse el punto de venta. Sin embargo, el establecimiento y la utilización de una tienda en línea por el distribuidor no equivale a la apertura de un establecimiento físico y, por tanto, no puede restringirse[42].

En cuarto lugar,[43] se permite que un proveedor restrinja las ventas activas y pasivas de un mayorista exclusivo a los usuarios finales, permitiendo así al proveedor mantener separados los niveles de comercio al por mayor y al por menor. Esta excepción incluye la posibilidad de permitir que el mayorista

---

39 Art. 4 RECAV letra b), inciso ii).

40 Apartado 223) de las Directrices relativas a las restricciones verticales (2022/C 248/01).

41 Art. 4 RECAV b) inciso iii.

42 Apartado 214) de las Directrices relativas a las restricciones verticales (2022/C 248/01). Véase también en este sentido, el asunto C439/09, *Pierre Fabre Dermo Cosmétique*, apartados 56 y 57.

43 Art. 4 RECAV, letra b), apartado iv).

venda a determinados usuarios finales (por ejemplo, a unos pocos usuarios grandes), mientras prohíbe las ventas a todos los demás usuarios finales.

Por último,[44] se tolera que un proveedor restrinja la facultad del distribuidor exclusivo de vender activa o pasivamente componentes suministrados con el fin de su incorporación a un producto, a competidores del proveedor que los usarían para fabricar el mismo tipo de productos que los fabricados por el proveedor. El término «componente» se refiere a todo producto intermedio, mientras que «incorporación» hace referencia a la utilización de cualquier insumo para la fabricación de productos[45].

4. *La distribución selectiva en el ámbito digital*

Para los distribuidores autorizados, la distribución selectiva conlleva ciertos problemas de diferente índole, dado que estos se basan en mantener la reputación de la marca y el servicio al cliente de forma personalizada, tanto antes de la venta como en la postventa.

La característica principal del sistema de distribución selectiva es que el proveedor selecciona previamente a los distribuidores mayoristas y minoristas en función de diferentes criterios objetivos (como la cualificación de los empleados, el tamaño y la imagen del local, etc.). Para que los distribuidores asuman sus propios riesgos y gastos en marketing en sus instituciones, deben seguir las órdenes comerciales establecidas por los proveedores y utilizar los productos o servicios de la marca objeto del contrato en régimen de no exclusividad, brindando servicios de asistencia tanto en preventa —principalmente, la información— como en postventa —reclamaciones, mantenimiento, etc.— a los clientes. Del mismo modo se comprometen a no revender los productos o servicios del proveedor a otros distribuidores que no estén integrados en la red de distribución no autorizada[46].

Al revender productos a distribuidores específicos, los fabricantes pueden asegurarse de que sus productos lleguen a los consumidores en condiciones de suministro y asistencia al cliente muy concretas, logrando así una imagen unificada y ayudando a mantener el concepto de prestigio en

44 Art. 4 RECAV, letra b), apartado v).

45 Apartado 226) de las Directrices relativas a las restricciones verticales (2022/C 248/01).

46 *Vid.* VAQUERO PINTO, M. J., "Contrato de distribución autorizada o selectiva", en BERCOVITZ RODRIGUEZ-CANO, R. (dir.) *Tratado de contratos,* Vol. III, Tirant Lo Blanc, Valencia 2009, pp. 3190 y ss.

el mercado. Por lo tanto, es el mismo modelo o estructura típica de reputación de marca y sistema basado en la atención personalizada al cliente el que puede poner en riesgo a los distribuidores autorizados al ingresar al mercado virtual de Internet.

De acuerdo con la estructura típica del sistema de distribución selectiva, los artículos de lujo, o productos con la complejidad técnica de la marca del proveedor, solo se podrán adquirir en tiendas autorizadas, en las que los productos del fabricante se exhibirán de manera cuidadosa y distinguida, y donde se debe prestar atención preventa y postventa conforme las características del producto.

Sin embargo, la aparición de Internet y la aparición de mercados virtuales globales han provocado importantes quiebras en esta estructura tradicional. El distribuidor es un empresario independiente que puede organizar libremente las actividades comerciales de la manera que mejor se adapte a sus propios intereses, por lo que bloquear o restringir el acceso a Internet de los distribuidores autorizados puede violar directamente el principio constitucional de libertad de empresa estipulado en su art. 38 y la libertad básica del mercado interior de la Comunidad Europea. Por otro lado, los distribuidores autorizados, al acceder a Internet de forma indiscriminada sin prestar atención a la introducción en el sitio *web*, especialmente al tratamiento de productos que son objeto de contratos de distribución selectiva, pueden debilitar la reputación de la marca y dañar al conjunto del engranaje de distribución. Además, dependiendo de los casos, es posible que determinados productos, que por su naturaleza no estén indicados para ser vendidos en Internet.

Por tanto, como señala la doctrina,[47] no debe considerarse incompatible con el art. 81.1 TCE y 101.1 TFUE, la exclusión de los distribuidores que utilizan Internet para promover bienes o servicios en un sistema de distribución selectivo, siempre y cuando la naturaleza o las características de estos distribuidores determinen que Internet no es adecuado como medio de venta o que el sitio *web* del distribuidor no cumple con los requisitos requeridos, al igual que la utilización de métodos de exhibición apropiados para transmitir un sentido de calidad y reputación, o la posibilidad de brindar un asesoramiento continuo[48]. Sin embargo, las limitaciones de acceso de los dis-

---

[47] VAQUERO PINTO, M.J. “Contrato de distribución ...” cit., p. 3199.

[48] *Vid.* asimismo BUESO GUILLÉN, P.J., “Distribución a través de internet y acuerdos verticales”, en (dirs. VIEIRA, ECHEVARRÍA, M. y RUIZ PERIS, J.I.) *La reforma de los contratos de distribución comercial,* La Ley 2013, pp. 783 y ss.

tribuidores autorizados deben explicarse en un sentido restrictivo, porque, a diferencia de la venta por catálogo, Internet brinda mayores posibilidades para la exhibición y promoción total de los productos, además de transmitir un sentido de credibilidad a los usuarios a través de imágenes, sonidos, textos, videos, etc. Asimismo, gracias a la interactividad que existe con el usuario, le permiten recibir un asesoramiento en tiempo real.

De igual forma, las ventas de los distribuidores a través de Internet no significan la apertura de nuevos puntos o locales de venta, sino que implican canales alternativos para la comercialización de productos de marca en establecimientos autorizados, por lo que las restricciones a los puntos de venta consideradas lícitas por el art. 4 c) inciso iii) del RECAV 2022[49], no afectaría a las ventas de los distribuidores autorizados en Internet, siempre que cumplan con el resto de requisitos de estos sistemas, como el respeto a la imagen comercial y la asistencia preventa y postventa.

Por lo tanto, el proveedor no puede evitar que los distribuidores autorizados integrados en su red utilicen Internet para llevar a cabo sus actividades de comercialización, y si lo hace, debe considerarse una prohibición inválida dado que está incluida en el listado de excepciones del antes mencionado art. 4 c) RECAV 2022, puesto que es una restricción de las ventas activas y pasivas a consumidores finales por parte de los miembros de un sistema de distribución selectiva que opere al nivel del comercio minorista. En el mismo sentido, el proveedor no puede obligar al distribuidor candidato a incorporarse a no utilizar Internet como criterio de selección, pues ello constituirá una restricción indirecta prohibida en las cláusulas anteriores, sin considerar exentos a los distribuidores autorizados de las restricciones de ventas activas o pasivas.

Por tanto, una vez conocidas las posibilidades que ofrece Internet, a los distribuidores autorizados les resulta difícil demostrar la racionalidad del contrato que prohíbe la entrada al mercado virtual, salvo que la naturaleza y características de los bienes puedan ser exigidas en circunstancias muy especiales. Es decir, establece en ese sentido el apartado 150 de las Directrices Verticales 2022 que "*puede considerarse proporcionado que un proveedor de productos de lujo prohíba a sus distribuidores autorizados utilizar mercados en línea, siempre que ello no impida de forma indirecta el uso efectivo de internet por parte del distribuidor autorizado…*"[50].

---

49 En el citado artículo 4 c) apartado iii) del RECAV 2022 se hace referencia a la restricción del lugar de establecimiento de los miembros del sistema de distribución selectiva, cumpliéndose de ese modo la excepción por acuerdo vertical.

50 Así se menciona en las Directrices relativas a las restricciones verticales (2022/C 248/01) en su apartado 150).

La Comisión espera brindar una mayor seguridad jurídica con respecto a posibles restricciones o exclusiones del acceso a la red en la distribución selectiva. Por lo tanto, como aparece plasmado en las Directrices 2022[51],en algunos casos, el proveedor puede necesitar cumplir con requisitos mínimos de calidad al usar el sitio *web,* por lo que puede exigir a sus distribuidores autorizados que tengan una tienda física o sala de exposición antes de abrir un sitio *web* y poder distribuir a través de Internet o catálogos[52].

Los cambios posteriores a tales condiciones también se pueden realizar al amparo de la exención por categorías, a menos que dichos cambios estén destinados a restringir directa o indirectamente las ventas en línea de los distribuidores. Del mismo modo, el proveedor podrá exigir a sus distribuidores que utilicen plataformas de terceros para distribuir los productos objeto del contrato, solamente de conformidad con las normas y condiciones acordadas entre éste y sus distribuidores para el uso de Internet por parte de los mismos. Por ejemplo, en el caso de que el sitio *web* del distribuidor esté ubicado en una plataforma de terceros, el proveedor puede solicitar al cliente que no ingrese al sitio *web* con el nombre o logotipo de la plataforma de la tercera parte.[53]

Sin embargo, el hecho de que los distribuidores puedan acceder a Internet no impide a los proveedores incluir restricciones accesorias en los contratos de distribución selectiva, exigiendo a los distribuidores autorizados que diseñen y proporcionen sitios *web* adecuados a sus directrices, además de otorgar la visibilidad del producto objeto del contrato con el prestigio conveniente y un servicio eficiente de atención al cliente en línea.[54]

En este sentido, la Comisión Europea abre la puerta al control de proveedores o empresarios principales, ya que reconoce que los proveedores pueden imponer a los distribuidores requisitos relativos a la forma en que los bienes o servicios contractuales deben venderse en línea, del mismo modo que, la imposición de normas de calidad para las ventas *online.*

---

51 Directrices relativas a las restricciones verticales (2022/C 248/01) en su apartado 208).

52 Las Directrices Verticales en su apartado 208) nos introduce distintos ejemplos de requisitos relativos a las ventas en línea que puede acogerse a la exención por categorías del RECAV, entre ellas destacamos: "*a) Requisitos destinados a garantizar la calidad o la apariencia particular de la tienda en línea del comprador; b) requisitos relativos a la presentación de bienes o servicios contractuales en la tienda en línea;*".

53 CARBAJO CASCÓN, F., "La distribución…", *cit.*, p. 200.

54 El autor, GORRIZ C., *cit.* p. 484; sugiere que deben ser exigencias dirigidas a preservar la imagen en la red de distribución y promoción de los productos, que no vayan más allá de lo estrictamente necesario para conseguir esa finalidad.

En cualquier caso, se deberá diferenciar cada cuestión concreta y las situaciones que el proveedor incluya en el contrato meras restricciones accesorias justificadas por el peculiar sistema de venta que caracteriza la distribución selectiva, de aquellas otras situaciones en que esas restricciones sean de tal entidad que encubran en realidad una estrategia del proveedor para impedir el acceso de los distribuidores al mercado en línea.

Por ejemplo, para evitar ventas a distribuidores no autorizados, el proveedor puede exigir a los distribuidores seleccionados que no vendan a un solo usuario final más del número específico de productos objeto del contrato[55]. Si a los distribuidores no autorizados les resulta más fácil o más difícil obtener estos productos a través de Internet que comprarlos en una tienda física, los requisitos para la venta *online* pueden ser más o menos estrictos. Asimismo, se señala que, para asegurar la entrega puntual de los productos objeto del contrato, en las ventas no *online,* los proveedores pueden exigir la entrega inmediata de los mismos. Si bien no puede imponerse el mismo requisito para la venta *online*, si se podrá especificar el tiempo de entrega factible por parte del proveedor para este tipo de ventas. En definitiva, se indica que es posible que tengan que expresarse requisitos específicos para un servicio de ayuda postventa *online* a fin de cubrir los costes de los clientes que devuelven el producto y para aplicar sistemas de pago seguro.[56]

IV. CONCLUSIONES

La aparición de un nuevo medio de comunicación universal como es internet, que permite al fabricante o prestador de servicios entrar en contacto directo y negociar con el consumidor, compromete indirectamente la supervivencia a medio plazo de los sistemas o modelos tradicionales tanto de distribución simple como indirecta e integrada. Los fabricantes o proveedores tienden a canalizar la venta de sus productos o la prestación de sus servicios a través de la negociación directa con los consumidores y posteriormente subcontratan el almacenamiento y la entrega a domicilio, provocando la paulatina desaparición de los distribuidores. No obstante, en nuestra opinión, la desaparición del intermediario en la distribución no va a ser tan radical. Si bien la distribución directa de proveedores a consumidores ha crecido, los sistemas de distribución indirecta (especialmente

---

55 Apartado 208) e) de las Directrices verticales.

56 CARBAJO CASCÓN, F., "La distribución..." *cit.*, p. 202.

los modelos integrados de distribución indirecta) perdurarán en el tiempo debido a que se basan en una estrategia competitiva postindustrial, que se asienta en el prestigio de la marca y en las ventajas de los establecimientos abiertos al público, la asistencia postventa y las minuciosas condiciones comerciales de atención al cliente. Sin embargo, también es cierto que, los distribuidores integrados como empresarios independientes quieran ingresar en el mercado *online*, como es lógico, con la finalidad expandir sus expectativas comerciales.

Por lo tanto, el impacto del comercio electrónico en la distribución directa no conlleva la eliminación total de intermediarios. Aunque se prevé la desaparición de mayoristas y minoristas débiles, emergen nuevos intermediarios enfocados en el comercio electrónico. Esto incluye minoristas que adquieren productos para la reventa en el mercado virtual, gracias a la facilitación de este fenómeno por Internet y el agotamiento de derechos en el Espacio Económico Europeo. Sin embargo, aunque imponer restricciones a distribuidores en línea parece inicialmente inviable, en circunstancias específicas puede ser admisible. Habida cuenta que, la entrada de cualquier miembro de la red en el mercado *online* sin consentimiento puede alterar drásticamente la dinámica contractual y estructura de la misma. Tras la entrada en vigor del RECAV 2022 se otorga al proveedor el poder de establecer requisitos para la venta en línea, incluyendo calidad de la página *web* del distribuidor, visualización de productos y servicios, y la posibilidad de prohibir el uso de plataformas específicas. También permite fijar precios al por mayor distintos según se distribuyan en línea o en establecimientos físicos. Sin embargo, se plantean incógnitas sobre la fijación dual de precios mayoristas.

Por una parte, como hemos visto, el sistema de distribución exclusiva se apoya en cláusulas territoriales, limitando las ventas activas fuera del ámbito de influencia pero permitiendo ventas pasivas. La cuestión crucial es si las ventas realizadas por distribuidores exclusivos a través de Internet deben considerarse activas. En consecuencia, el RECAV 2022 clarifica las definiciones y ejemplos, resolviendo dudas generadas por reglamentos anteriores.

Por otra parte, la distribución selectiva, diseñada para productos de lujo, enfrenta desafíos con la irrupción de Internet y mercados virtuales. Aunque los proveedores no pueden impedir a distribuidores autorizados usar la red, si pueden imponer restricciones accesorias en contratos como, por ejemplo, exigiendo sitios *web* adecuados y servicios de atención al cliente en línea para mantener la imagen de prestigio de los productos y servicios.

En definitiva, el nuevo Reglamento de exención por categorías 2022 adapta el tratamiento de los acuerdos verticales a la realidad actual de los mercados, y en especial, al auge del comercio electrónico, resolviendo varias cuestiones que se habían planteado a lo largo de la vigencia del Reglamento de exención por categorías anterior, a la vista de la evolución de la economía digital. En todo caso, este nuevo RECAV plantea nuevos interrogantes que resolverá la jurisprudencia, en particular en lo relativo a la fijación de precios dual a nivel mayorista en función de si el producto es distribuido *online* o en establecimiento físico, a la distribución dual, o a las cláusulas de nación más favorecida.

Bibliografía

ACUM MALDONADO, C., "La responsabilidad civil de los prestadores de servicios en la sociedad de la información" *Revista de la Contratación Electrónica*, núm. 115, 2011.

ALFONSO SÁNCHEZ, R., *Retos jurídicos de la economía colaborativa en el contexto digital*, Thomson Reuters, 2017.

BARRAL VIÑALS, I., *La regulación del comercio electrónico*. Dickynson, 2003.

BONET NAVARRO, A., Contrato de distribución y venta exclusiva, *Cuadernos Civitas de jurisprudencia civil*, Nº 10, 1986.

BUESO GUILLÉN, P.J., "Distribución a través de internet y acuerdos verticales", en (dirs. VIEIRA GONZÁLEZ, J., ECHEVARRÍA SÁENZ, M. y RUIZ PERIS, J.I.) *La reforma de los contratos de distribución comercial*, La Ley 2013.

BUSTO LAGO, J.M., "La responsabilidad civil de los prestadores de servicios de intermediación en la sociedad de la información", *Actualidad Jurídica Aranzadi*, nº 542, 2002.

BUSTO LAGO, J.M., "La responsabilidad civil de los prestadores de servicios de la sociedad de la información (ISOs)" en *Tratado de responsabilidad civil* (coords. REGLERO CAMPOS, L. Y BUSTO LAGO, J.M.,) Vol. 2 Thomson Reuters Aranzadi, 5ª ed. 2014.

CALAVIA MOLINERO, J.M., "El contrato de distribución exclusiva", *en Los contratos de distribución comercial: Novedades legislativas y jurisprudenciales* (VÁZQUEZ ALBERT, D., dir.), Tirant lo Blanch, Valencia, 2010.

CAMACHO CLAVIJO, S., "Régimen jurídico de los prestadores de servicios en la sociedad de la información" en NAVAS NAVARRO, S., CAMACHO CLAVIJO, S. (dirs.), *Mercado digital. Principios y reglas jurídicas*. Tirant lo Blanc 2016.

CARBAJO CASCÓN F., *La distribución selectiva y el comercio paralelo de productos de lujo*, Ibáñez. De Palma-Universidad Javeriana, Bogotá 2009.

CARBAJO CASCÓN, F., "Nombres de dominio" *Derecho y nuevas tecnologías de la información y la comunicación* / coord. por PLAZA PENADÉS, J., VÁZQUEZ DE CASTRO, E., GUILLÉN CATALÁN, R., CARBAJO CASCÓN, F, 2013.

CARBAJO CASCÓN, F., y MORALEJO MENÉNDEZ, I., "Distribución y dominios en el mercado virtual", *Revista de la Contratación Electrónica*. nº 35, febrero 2003.

CARBAJO CASCÓN, F., "La distribución en internet", en *La contratación en el sector de la distribución comercial* (HERRERO GARCÍA, Mª. J., GARCÍA VICENTE, J.R., VAQUERO PINTO, Mª.J., (coords.)), Thomson Reuters Aranzadi, 2010.

CLEMENTE MEORO, M.E., "Responsabilidad de los prestadores de servicios en la sociedad de la información" en *Autores, consumidores y comercio electrónico* (dir. MORO ALMARÁZ, M. J.) Colex Madrid 2004.

ERDOZAIN LÓPEZ, J.C., "Nombres de Dominio", en *Autores, consumidores y comercio electrónico* (dir. MORO ALMARÁZ, Mª. J.) Colex Madrid 2004.

FUENTES NAVARRO, M., "La distribución selectiva y el formato de comercialización: la distribución *on line* y la infracción por demérito de la marca", en AAVV (dirs. VIEIRA GONZÁLEZ, J., ECHEVARRÍA SÁENZ, M.) *Distribución comercial y Derecho de la competencia,* La Ley 2011.

GONZÁLEZ ESTRADA, E., "Distribución exclusiva y competencia", *El trimestre económico,* Nº. 326, 2015.

GONZÁLEZ LÓPEZ, O.R., *Comercio electrónico,* Ediciones Anaya Multimedia, Madrid 2010.

GÓRRIZ LOPEZ, C., "Distribución por Intenet y Derecho de Defensa de la Competencia", *Anuario de la Competencia* 2002.

LLANEZA GONZÁLEZ, P. *Aplicación práctica de la LSSI-CE: Ley 34/2002, de 11 de julio, de servicios de la sociedad de la información y comercio electrónico,* Editorial Bosch, 2003.

MAESTRE RODRÍGUEZ, J.A., "El régimen jurídico de los nombres de dominio" *Iuris: Actualidad y práctica del derecho,* Nº 28, 1999.

MARTINEZ ROJAS, A., "El deber de diligencia de los prestadores de servicios de intermediación en la sociedad de la información, *Revista Aranzadi de Derecho y Nuevas Tecnologías,* nº26 2001.

MORO ALMARÁZ, M. J., "Servicios de la sociedad de la información y sujetos intervinientes" en *Autores, consumidores y comercio electrónico* (dir. MORO ALMARÁZ) Colex Madrid 2004.

ORTEGA RUEDA, J.D., "Régimen jurídico de los dominios en Internet (I): introducción, funcionamiento y naturaleza" *Revista Lex Mercatoria,* Nº. 4, 2016.

TATO PLAZA, A., "La publicidad en Internet" en *Autores, consumidores y comercio electrónico* (dir. MORO ALMARÁZ, M.J.) Colex Madrid 2004.

TORRUBIA CHALMETA, B.," El contrato de concesión o de distribución exclusiva" *Revista de derecho privado,* Año nº 94, Mes 6, 2010.

VAQUERO PINTO, M. J. "Contrato de distribución autorizada o selectiva", en BERCOVITZ RODRIGUEZ-CANO, R. (dir.) *Tratado de contratos,* Vol. III, Tirant lo Blanc, Valencia 2009.

VÁZQUEZ ALBERT D., "El contrato de distribución exclusiva" *Contratos de distribución: agencia, distribución, concesión, franquicia, suministro y estimatorio* / RUIZ PERIS, J.I., MARTÍ MIRAVALLS, J. (dirs.), 2018.

Figuras afines al contrato de licencia

EDUARDO MIRANDA RIBERA
Personal investigador post-doctoral[1]
CEGEA. Universitat Politècnica de València

SUMARIO: I. INTRODUCCIÓN. II. ACUERDOS DE EXPLOTACIÓN. 1. Delimitación contractual: las antiguas licencias de cultivo. 2. Análisis antitrust. III. CONTRATO DE LICENCIA Y COMPRAVENTA DE SEMILLAS. 1. Delimitación entre contrato de licencia y compraventa de semillas. 2. Restricciones y problemas derivados de la utilización de contratos de compraventa de semillas. IV. ARRENDAMIENTO.

I. INTRODUCCIÓN

El contrato de licencia se ha presentado tradicionalmente como la herramienta adecuada para asegurar la transferencia y explotación de un derecho de propiedad industrial[2]. De hecho, en la práctica, el supuesto más importante de transferencia de derechos de propiedad industrial, en general, y derechos de obtención vegetal, en particular, es la concesión de licencias[3]. Alguna de las causas que justifican esta circunstancia reside

---

1 Personal Investigador post-doctoral (POP) de la Universitat Politècnica de València. Ayudas para contratos predoctorales para la formación de doctores 2019 del Ministerio de Ciencia e Innovación, esta ayuda está contemplada en el Subprograma Estatal de Formación del Programa Estatal de Promoción del Talento y su Empleabilidad en I+D+i, en el marco de la convocatoria de ayudas del Plan Estatal de Investigación Científica y Técnica y de Innovación 2017-2020, publicada en BOE el día 8 de octubre de 2019 perteneciente al Programa Estatal de Promoción del Talento y su Empleabilidad en I+D+i, resuelta el 31 de julio 2020.

2 Así se ha manifestado en la doctrina alemana, como es de ver en GROβ, M., *Der Lizenzvertrag,* 12ª Edición, Fachmedien Recht und Wirtschaft, Deutschland, 2020, p. 1. En el mismo sentido, en la doctrina francesa, véase BURST, J. J., *Breveté et Licencié. Leurs rapports juridiques dans le contrat de licence,* Librairies Techniques, Paris, 1970, p. 11. Así también se ha considerado en la doctrina italiana en MANGINI, V., *La Licenza di Brevetto,* CEDAM – Casa editrice Dott. Antonio Milano, Verona, 1970, p. 8; VANZETTI, A., DI CATALDO, V., SPOLIDORO, M., *Manuale di Diritto Industriale,* 9ª edición, Giuffrè Francis Lefebvre, Milán, 2021, p. 467.

3 Así lo ha considerado la doctrina alemana, como es de ver en LEβMANN, H., WÜRTENBERGER, G., *Deutsches und europäisches Sortenschutzrecht Handbuch,* 2ª Edición, Nomos, Baden-Baden, 2009, pp. 120-121.

en que el titular de un derecho de obtención vegetal no dispone de los recursos que le permiten aprovechar todas las posibilidades económicas que el derecho le brinda[4]. La explotación indirecta de esta modalidad de propiedad industrial mediante el contrato de licencia también permite a su titular reemplazar el riesgo derivado de la explotación por la obtención del precio pactado[5]. Asimismo, la licencia habilita a la persona autorizada contractualmente a la utilización de unos recursos protegidos[6] y se convierte en el «brazo extendido» del titular del derecho de obtención vegetal para agotar las posibilidades de explotación. Por su parte, el obtentor puede aprovecharse de la posición de mercado de otras empresas y prevenir su abuso mediante la fijación de determinadas cláusulas contractuales[7].

Esta importancia e idoneidad del contrato de licencia para explotar un derecho de propiedad industrial se ha visto ligeramente afectada en los derechos de obtención vegetal. Esto es debido a que el alcance de esta modalidad de propiedad industrial ha sufrido una importante reinterpretación al hilo de la sentencia del Tribunal de Justicia de la Unión Europea de 19 de diciembre de 2019, asunto C-176/18, «*Club de Variedades Vegetales Protegidas y Adolfo Juan Martínez Sanchis*»[8]. La sentencia surge con motivo de la contestación a tres cuestiones prejudiciales[9] planteadas por nuestro Tribunal Supremo sobre la interpretación del artículo 13 del Reglamento (CE) N.º 2100/94 del Consejo, de 27 de julio de 1994, relativo a la protección comunitaria de las obtenciones vegetales (en adelante ROV o Reglamento 2100/94), a raíz del litigio entre el Club de Variedades Vegetales

---

4 En este sentido, véase, en la doctrina alemana, METZGER, A., ZECH, H., *Sortenschutzrecht. SortG, GSortV, PatG, EPÜ Kommentar,* 1ª edición, C. H. Beck, Múnich, 2016, p. 273; SEITZ, C., KOCK, M., "Wettbewerbsrechtliche Aspekte von Sortenschutz- und Patentlizenzen im Saatgutbereich, Schutzrechtslizenzen zwischen sortenschutzrechtlichen, patentrechtlichen und kartellrechtlichen Vorgaben", *GRUR Int.*, 2012, p. 714.

5 Así lo ha considerado la doctrina italiana en MASTRELIA, D., *Gli accordi di trasferimento di tecnologia,* G. Giappichelli Editore, Turín, 2010, p. 25.

6 Así lo ha considerado la doctrina alemana, como es de ver en GROβ, M., *Der Lizenzvertrag…, op. cit.,* pp. 3-4. Así también lo ha considerado la doctrina francesa en BURST, J. J., *Breveté…, op. cit.,* p. 15.

7 LEβMANN, H., WÜRTENBERGER, G., *Deutsches..., op. cit.,* p. 121.

8 ECLI:EU:C:2019:1131.

9 ASENSI MERÁS, A., "Alcance de la protección del titular de una protección comunitaria de obtención vegetal: sistema de protección en cascada [Comentario de la sentencia del Tribunal de Justicia de la Unión Europea (Sala Séptima) de 19 de diciembre de 2019 (C-176/18)], *Actas de derecho industrial y derecho de autor,* N.º 40, 2019-2020, pp. 404-405.

Protegidas como representante del licenciatario exclusivo del titular de la variedad vegetal Nadorcott y el Sr. Martínez Sanchis como consecuencia de la utilización de la mencionada variedad vegetal por este último, adquirida en un vivero abierto al público, durante el período que versa desde la solicitud del título hasta su concesión[10].

En este sentido, el TJUE consideró que los actos de multiplicación realizados por un vivero y la ulterior venta de dichos componentes de la variedad a un agricultor, durante el período que versa desde la solicitud hasta la concesión del título, no puede considerarse como un empleo no autorizado del material vegetal, debido a que durante ese período el TJUE considera que el titular no puede prohibir la realización de esas actuaciones, dado que su título aún no es definitivo y no dispone de *ius prohibendi* (apartados 44 y 45 STJUE 19 diciembre de 2019). Esta interpretación del TJUE supone un importante cambio de paradigma en el sector obtentor, por cuanto vacía de contenido la protección en cascada del derecho de obtención vegetal[11].

La reducción del alcance del derecho de obtención vegetal como consecuencia de la citada sentencia ha provocado que muchos obtentores y operadores del mercado estén utilizando otra clase de contratos típicos, distintos del de licencia, para poder explotar el material vegetal. Estos contratos no pueden calificarse como verdaderas licencias, por cuanto no integran en su objeto actuaciones incluidas en el *strictu sensu* del alcance del derecho de obtención vegetal. Sin embargo, la falta de clasificación como verdaderos contratos de licencia, no entorpece su efectividad para, además de permitir el cultivo, poder controlar la comercialización del material vegetal y evitar su explotación sin autorización de su titular. Estos acuerdos son válidos desde el punto de vista del derecho de obligaciones, por estar amparados por el principio de la autonomía de voluntad, pero pueden plantear problemas en materia *antitrust*.

Con todo, la presente contribución pretende ahondar en las características y problemas que plantean las principales figuras afines que han surgido en la práctica del sector obtentor para poder explotar un determinado material vegetal, al margen del contrato de licencia. De todas las

10 CORBERÁ MARTÍNEZ, J., "El alcance de los derechos del obtentor. (Comentario de la sentencia del Tribunal Supremo [1ª], de 11 de junio de 2020), *Revista de derecho mercantil,* N.º 319, 2021, p. 296; GARCÍA VIDAL, A., "¿En qué casos infringe el derecho de obtención vegetal la plantación de árboles y la cosecha de sus frutos?, *Análisis GA-P,* enero 2020, p. 1.

11 CORBERÁ MARTÍNEZ, J., "El alcance…", *op. cit.,* pp. 307-308.

posibilidades existentes, el presente trabajo se centrará en el análisis de los simples acuerdos de explotación (antiguas licencias de cultivo), los contratos de compraventa de semillas y el contrato de arrendamiento de tierras o árboles.

II. ACUERDOS DE EXPLOTACIÓN

1. *Delimitación contractual: las antiguas licencias de cultivo*

La práctica en el sector obtentor se caracteriza, entre otras cuestiones, por formalizar contratos en los que se autoriza a un agricultor para que cultive un determinado material vegetal y lo entregue al titular del derecho para que se encargue de su comercialización. La clasificación de estos contratos de cultivo como verdaderas licencias ha sido tradicionalmente muy discutida, al no estar claro su encaje en el ámbito de protección del derecho de obtención vegetal[12]. La adecuada clasificación de un contrato como licencia exige principalmente que el licenciante autorice al licenciatario a realizar actuaciones que queden encuadradas dentro de su *ius prohibendi* y para las que sea necesaria su autorización. De forma que no habrá licencia cuando se autorice a un tercero para realizar una actuación en la que no sea necesaria su autorización[13].

La reinterpretación realizada por el Tribunal de Justicia de la Unión Europea, en la sentencia de diciembre de 2019, consideró que la actuación consistente en la plantación de una variedad vegetal para obtener su cosecha, no puede considerarse un acto de producción o reproducción (multiplicación), por lo que se deberá considerar como la producción del material cosechado, ubicándose, en consecuencia, en el segundo nivel de protección (art. 13.3 ROV), en el que se requerirá la autorización del titular del material vegetal para su utilización, en caso de que dicho material vegetal se haya obtenido mediante el empleo no autorizado de sus componentes y el titular no haya tenido oportunidad razonable de ejercitar sus derechos (apartado 29 STJUE 19 diciembre de 2019)[14]. La consecuencia

---

12 GARCÍA VIDAL, A., "La licencia contractual de explotación de una variedad protegida con un título de obtención vegetal", en GARCÍA VIDAL, A., *Derecho de las obtenciones vegetales,* Tirant lo Blanch, Valencia, 2017, p. 833.

13 Ibid., p. 825.

14 MARTÍN ARESTI, P., "La protección comunitaria de las obtenciones vegetales. Aplicación del derecho nacional y jurisprudencia del TJUE", en CARBAJO CASCÓN, F. (Dir.), JIMÉNEZ SERRANÍA, V. (Coord.), *Competencia, propiedad intelectual*

directa de esta situación se traduce en que las denominadas licencias de cultivo no puedan considerarse como verdaderas licencias, por cuanto el objeto del contrato se materializa respecto de una actuación sobre la que no es necesaria exhibir la autorización del titular del derecho. La incidencia de la comentada sentencia del Tribunal de Justicia va más allá de su afectación al derecho de obtención vegetal y altera igualmente la causa de estos contratos.

Los antiguamente denominados contratos de licencia de cultivo carecen de la causa del contrato de licencia al no ser necesaria la autorización del titular del derecho para explotar el material vegetal. De ello se infiere que, por ejemplo, los agricultores puedan cultivar el material vegetal sin necesidad de la autorización del obtentor, siempre que el producto de la cosecha obtenido no se comercialice[15]. Esta situación ha auspiciado que está clase de contratos se articule de una forma diferente para garantizar que los obtentores puedan autorizar la multiplicación de su variedad protegida de forma segura y sin riesgo de sufrir infracciones. Ante todo, no debe olvidarse que, a pesar de no ser necesaria la autorización del titular del derecho para realizar el cultivo, el material vegetal seguirá estando protegido por un derecho de obtención vegetal y quedará protegido cuando este se haya obtenido mediante el empleo no autorizado de sus componentes y el titular no haya tenido oportunidad razonable de ejercitar sus derechos.

El contexto actual provoca que las antiguas licencias de cultivo ahora se formalicen mediante simples acuerdos de explotación en los que el titular del derecho permite el cultivo de un determinado material vegetal para así luego recuperarlo y poder comercializarlo directamente o a través de distribuidores[16]. Los contratos para cultivar una determinada variedad vegetal solamente encuentran amparo en el principio de la autonomía de la voluntad de las partes, por cuanto no será necesaria la autorización del titular del derecho para realizar esta clase de actuaciones. Sin embargo, a pesar de que no será necesaria la autorización del obtentor para realizar el cultivo, los agricultores (o cualquier tercero especializado) estarán interesados en formalizar esta clase de contratos de explotación, debido a que solamente el titular del derecho dispondrá del material vegetal. Ello justifi-

y tutela de consumidores en el sector agroalimentario, Tirant lo Blanch, Valencia, 2022, p. 59.

15 CAMPO CANDELAS, J., *La protección civil del obtentor,* Tirant lo Blanch, Valencia, 2022, p. 100.

16 GARCÍA VIDAL, A., "¿En…", *op. cit.,* pp. 4-5.

ca que estos contratos sigan formalizándose debido a la necesaria relación entre el titular del derecho y el agricultor para que el titular siga suministrando material vegetal y el agricultor cultivándolo.

El alcance de estos acuerdos de explotación se limita a la autorización para poder cultivar el material vegetal impidiéndole al agricultor su comercialización. De esta manera, el titular del derecho puede controlar la producción del material vegetal y cuando adquiere el producto de la cosecha valora su comercialización directa o indirecta mediante la formalización de una licencia de distribución con un tercero. Los límites a la configuración de estos acuerdos se reducen al ámbito del Derecho de la competencia, al ser contratos válidos conforme al principio de la autonomía de la voluntad y quedar excluidos del ámbito de aplicación del Derecho de obtención vegetal, como consecuencia de la sentencia del Tribunal de Justicia de la Unión Europea de 19 de diciembre de 2019.

2. *Análisis antitrust*

Para el análisis *antitrust* de esta clase de contratos no podrá recurrirse ni al Reglamento (UE) N.º 316/2014 de la Comisión de 21 de marzo de 2014 relativo a la aplicación del artículo 101, apartado 3, del Tratado de Funcionamiento de la Unión Europea a determinadas categorías de acuerdos de transferencia de tecnología (en adelante RECATT o Reglamento 316/2014) ni al Reglamento (UE) 2022/720 de la Comisión de 10 de mayo de 2022 relativo a la aplicación del artículo 101, apartado 3, del Tratado de Funcionamiento de la Unión Europea a determinadas categorías de acuerdos verticales y prácticas concertadas (en adelante RECAV). Por un lado, se descarta la aplicación del primero al no existir transferencia de tecnología con la formalización del contrato, por cuanto el objeto del contrato queda fuera del alcance del derecho de obtención vegetal. Por otro lado, también se descarta la aplicación del segundo al no existir un acuerdo vertical de comercialización, toda vez que la autorización otorgada al agricultor reside en la multiplicación del material vegetal para obtener (cultivar) el producto de la cosecha y entregarlo al obtentor.

Ello limita el análisis *antitrust* a un estudio tradicional en el que se analicen las cláusulas contractuales conforme a las disposiciones de los artículos 101 y 102 del Tratado de Funcionamiento de la Unión Europea (en adelante TFUE) y los artículos 1 y 2 de la Ley 15/2007, de 3 de julio, de Defensa de la Competencia (en adelante LDC). Respecto del abuso de posición dominante, es necesaria la verificación de una posición de dominio y la ventaja derivada del abuso de esa posición preferente sin descartar el control de deslealtad en casos de poder de mercado de licenciante sin llegar a tener posición dominante. Para la comprobación de la existencia de una posición de dominio, se deberá determinar el mercado de referencia que, en esta sede, serán las variedades vegetales del mismo rango taxonómico ubicadas en una zona geográfica determinada, así como los productos sustitutivos más próximos, aunque no corresponda a la misma especie de la variedad en cuestión[17].

En este sentido, la Comisión Nacional de los Mercados y la Competencia, en el asunto Arándanos (Expte. S/0022/19) ha determinado que, en el sector de las variedades vegetales, una cuota de mercado en torno al 10% no representa una posición de dominio; siendo el valor relevante para enjuiciar esta posición el nivel de reemplazo o sustitución que subyace sobre la variedad vegetal enjuiciada[18]. Esta interpretación deriva de las características del mercado agroalimentario diferenciado por la existencia de determinados desequilibrios estructurales que dificultan el normal funcionamiento de la competencia.

El sector productor/agrícola se distingue por estar atomizado, fragmentado, disperso y con escaso poder de negociación frente a la industria y la distribución. Las elevadas asimetrías informativas dificultan la adecuada formación de los precios[19]. La oferta del mercado de las obtenciones vegetales está limitada al número de licencias otorgadas, y sus productos se

---

17 DE LA VEGA GARCÍA, F., "Conductas prohibidas en la distribución de productos derivados de variedades vegetales que contengan derechos de propiedad intelectual", en PALAU RAMÍREZ, F., MARTÍ MIRAVALLS, J., *Retos en el sector agroalimentario: regulación, competencia y propiedad industrial,* Tirant lo Blanch, Valencia, 2022, pp. 80-82.

18 DE LA VEGA GARCÍA, F., "El derecho de obtención vegetal ante el derecho *Antitrust"*, en CARBAJO CASCÓN, F. (Dir.), JIMÉNEZ SERRANÍA, V. (Coord.), *Competencia, propiedad intelectual y tutela de consumidores en el sector agroalimentario,* Tirant lo Blanch, Valencia, 2022, p. 1086; DE LA VEGA GARCÍA, F., "Conductas…", *op. cit.,* p. 82.

19 HERNÁNDEZ RODRÍGUEZ, F., "La problemática de los intercambios de información en la cadena alimentaria desde el punto de vista del derecho de la competencia" en GONZÁLEZ CASTILLA, F., RUIZ PERIS, J. I., *Estudios sobre el régimen jurídico de la cadena de distribución agroalimentaria,* Marcial Pons, Madrid, 2016, p. 142; COSTAS COMESAÑA, J., "La aplicación del Derecho de la competencia en los mercados agroalimentarios" en CACHAFEIRO GARCÍA, F., GARCÍA PÉREZ, R., LÓPEZ SUÁREZ, M. A., *Derecho de la Competencia y Gran Distribución,* Aranzadi, Cizur Menor, 2016, p. 225. En el mismo sentido, en la doctrina alemana, véase METZGER, A., ZECH, H., *Sortenschutzrecht…, op. cit.,* p. 310; SEITZ, C., KOCK, M., "Wettbewerbsrechtliche…", *op. cit.,* p. 720; SEITZ, C., KOCK, M., "Wettbewerbsrechtliche Aspekte von Sortenschutz– und Patentlizenzen im Saatgutbereich, Aus-

caracterizan por ser perecederos con tendencia a debilitar aún más la posición de los productores, provocando que sistemáticamente sea más sencilla la coordinación entre competidores en aras de obtener un resultado colusorio[20]. Por ello, el criterio para determinar la posición de dominio deberá centrarse en el nivel de reemplazo o sustitución que subyace sobre la variedad vegetal enjuiciada[21]. El abuso de posición de dominio deriva de la dificultad de negociación de los terceros y la imposición de, por ejemplo, precios o restricciones a la comercialización[22]. Ante esta situación, podría enjuiciarse si el titular está prevaliéndose de su derecho de obtención vegetal, al estar limitando su explotación mediante estos contratos y generando un contexto de dependencia respecto de los contratantes.

Asimismo, también es importante la delimitación del ámbito geográfico del mercado tecnológico de referencia. En este sentido, la CNMC en su resolución de 22 de mayo de 2008 (Expediente. C-0065/08, Monsanto/DRS) consideró que, en el sector de las semillas, se deberá considerar exclusivamente el ámbito nacional, a pesar de la realización de transacciones internacionales, debido a que su demanda se centra en especies que se adapten a las condiciones climáticas nacionales y que estén registradas en el Catálogo Nacional de Variedades (con la superación de los respectivos controles fitosanitarios); sin perjuicio de que en el futuro, como consecuencia de la adaptación de los mercados a los Catálogos Europeos, se amplie el espectro del ámbito geográfico de referencia[23].

III. CONTRATO DE LICENCIA Y COMPRAVENTA DE SEMILLAS

1. Delimitación entre contrato de licencia y compraventa de semillas

En la práctica estadounidense, es habitual la utilización de las denominadas *seed wrap* o *bag-tag licenses.* Estos contratos se materializan mediante

---

gestaltung, Beschränkung und rechtliche Vorgaben für Schutzrechtslizenzen im Bereich des Patent– und Sortenschutzes", *GRUR Int.*, 2012, pp. 870 y ss.

20 Véase en este sentido la resolución de la Comisión Nacional de la Competencia de 4 de julio de 2013, *Carpa Dorada y Club de Variedades Vegetales Protegidas,* Exp. S/0312/10.

21 DE LA VEGA GARCÍA, F., "El…", *op. cit.*, p. 1086.

22 DE LA VEGA GARCÍA, F., "Conductas…", *op. cit.*, p. 83.

23 DE LA VEGA GARCÍA, F., *Variedades vegetales y defensa de la competencia. Innovación, producción y comercialización del material de reproducción de las variedades vegetales y/o de su producto cosechado,* Aranzadi, Cizur Menor, 2022, p. 135.

la entrega de una bolsa en la que se depositan un determinado número de semillas a las que se les incluye una etiqueta con determinadas limitaciones y condiciones que los adquirentes deben respetar y cumplir si la abren. La utilización de estos contratos se produce en el ámbito de las semillas híbridas con el objetivo de evitar la realización de actos de ingeniería inversa y así impedir la identificación de las líneas parentales de la variedad.

En estos contratos se indica que la persona que abra o utilice la bolsa de semillas confirma su compromiso de cumplir con las restricciones preestablecidas y no aplicar técnicas que habiliten el descubrimiento de las líneas parentales. La necesidad de estos contratos surge como respuesta al riesgo que sufren los titulares de variedades híbridas que, como consecuencia de los avances tecnológicos, pueden perder el secreto de sus líneas parentales al poder identificarse su huella genética mediante la ingeniería inversa. Con estos contratos, se impide esta posibilidad, por lo que solamente será necesario proteger la variedad híbrida mediante un derecho de obtención vegetal, al estar garantizado el secreto de las líneas parentales fruto de la configuración de estas licencias[24].

Vinculado a estas licencias *bag-tag* se encuentran en nuestro país los conocidos contratos de compraventa de bolsas o sacos de semillas, en los que los viveros directamente se encargan de suministrar el material vegetal a un tercero interesado para que se encargue de multiplicarlo y comercializarlo (*ad ex.* estos contratos se dan en cereales, tomates o sandías).

En este sentido, es necesario plantearse si estos contratos realmente son contratos de licencia o simples contratos de compraventa de material vegetal. Es evidente que, al hilo del contrato de licencia, el licenciatario necesita adquirir el material vegetal mediante la formalización de un contrato de compraventa con un vivero. Pero ese contrato se integra como prestación o parte del propio contrato de licencia que autoriza la realización de actua-

---

24 GARCÍA VIDAL, A., "La licencia…", *op. cit.*, p. 834. Véase, en el mismo sentido, en la doctrina francesa VERGÈS, E., *Contrats…, op. cit.*, pp. 598-599; GIRARD, F., NOIVILLE, C., *Biotechnologies végétales et propriété industrielle,* La Documentation Française, Paris, 2014, pp. 31-34 y 124-127. Del mismo modo, en la doctrina alemana, véase METZGER, A., ZECH, H., *Sortenschutzrecht…, op. cit.*, pp. 296-297. Igualmente, en la doctrina comparada, véase KESAN, J. P., "Licensing restrictions and appropriating market benefits from plant innovation", *Fordham Intellectual Property, Media & Entertainment Law Journal,* N. º 16, 2006, pp. 1081-1092; HEIMES, R. S., "Post-sale restrictions on patented seeds: Which Law governs", *Wake Forest Intellectual Property Law Journal,* N. º 10, 2010, pp. 111-118.

ciones incluidas en el *ius prohibendi* del derecho de obtención vegetal del titular-licenciante; a diferencia de la compraventa en la que se transmite la titularidad del material vegetal[25]. Por el contrario, si las semillas incluidas en las bolsas no están o no se puede saber con certeza si están protegidas por un derecho de obtención vegetal, considero que se estará ante un contrato de compraventa de semillas. Pues bien, estamos ante contratos distintos, debido a que en las licencias *bag-tag*, la causa del contrato es la autorización para utilizar un derecho de obtención vegetal existente; sin embargo, en la compraventa de semillas, la causa del contrato es la transmisión del material vegetal (semilla) que, en la mayoría de los casos, no está protegida por ningún derecho de propiedad industrial y que el titular destinará al fin que considere oportuno[26].

2. *Restricciones y problemas derivados de la utilización de contratos de compraventa de semillas*

La particularidad de esta clase de contratos de compraventa de bolsas o sacos de semillas reside en las restricciones explicitas e implícitas que se imponen al comprador. De carácter implícito, el vendedor acondiciona el material vegetal de tal forma que el comprador solamente obtendrá el resultado esperado en la primera multiplicación. La preparación del material vegetal, su naturaleza y la reproducción sexual provocan que las multiplicaciones sucesivas de las semillas vendidas generen variedades muy distintas a las obtenidas en la primera generación. Por ello, si un comprador desea comercializar la misma variedad de tomate o sandía de la misma generación, deberá adquirir nuevamente las mismas semillas cada campaña.

Entre las restricciones de carácter explícito se incluyen aquellas que impiden realizar ingeniería inversa para identificar los parentales de las semillas o la prohibición de la multiplicación más allá de la primera generación, como también sucede en algunos contratos de licencia *bag-tag*. Asimismo, debe destacarse que el contrato de compraventa se formaliza sin redactarse ningún documento por escrito. Al igual que las licencias *bag-tag*, el vendedor entrega al comprador una bolsa o saco con las semillas solicitadas y en esta se incluye una etiqueta con información y exigencias a las que

---

25 RONCERO SÁNCHEZ, A., "Objeto del contrato de licencia de títulos de obtención vegetal y delimitación frente a otros negocios sobre variedades vegetales protegidas", en PALAU RAMÍREZ, F., DE LA VEGA GARCÍA, F., (Dirs.), *Claves del derecho sobre variedades vegetales*, Tirant lo Blanch, Valencia, 2022, pp. 199-205.

26 Ibid., pp. 208-210.

el comprador queda obligado por el simple hecho de abrir la bolsa. De los diferentes problemas que puede plantear la utilización de estos contratos destaca su consideración como un contrato alimentario.

Esta calificación implica que estos contratos queden igualmente sometidos a las disposiciones de la Ley 12/2013, de 2 de agosto, de medidas para mejorar el funcionamiento de la cadena alimentaria; al tratarse la compraventa de semillas de una relación comercial entre operadores establecidos en España que intervienen en la cadena alimentaria (art. 2 LCA). En este sentido, y debido a que el análisis de esta Ley excedería del objeto del presente trabajo, basta decir que al configurar el precio de compra del material vegetal el vendedor deberá manifestar que el precio pactado es superior a su coste efectivo de producción (art. 9 LCA)[27].

IV. ARRENDAMIENTO

Ulteriormente y como alternativa a los acuerdos de explotación y los contratos de compraventa de semillas, se están utilizando igualmente en el sector obtentor contratos de arrendamiento para poder explotar una determinada variedad vegetal. Estos contratos, formalizados con el propósito de cultivar una determinada variedad vegetal, pueden adoptar dos formas diferentes: en primer lugar, el contrato de arrendamiento puede realizarse sobre tierras, parcelas o árboles de un tercero que se los alquila al titular del derecho o a su licenciatario exclusivo para que cultive directamente el material vegetal en las explotaciones arrendadas; en segundo lugar, el contrato de arrendamiento puede formalizarse sobre el propio material vegetal, esto es, se arrienda a un tercero (productor) un determinado material vegetal para que lo explote en sus tierras y obtenga una determinada variedad para entregársela a su arrendador (obtentor o licenciatario).

En el primer supuesto, en caso de formalizar el contrato de arrendamiento sobre las tierras o parcelas de un tercero, el obtentor o el licenciatario exclusivo deberá explotar directamente su material vegetal. Dependiendo del tipo de variedad vegetal, el interés del obtentor o licenciatario estará

---

27 Sobre esta cuestión, véase PALAU RAMÍREZ, F., "*Íter* legislativo de la Ley para mejorar el funcionamiento de la cadena alimentaria, excepcionalidad de su régimen en Derecho Comparado y referencia a la prohibición de la venta bajo coste en la Unión Europea", en JULIÁ IGUAL, J. F., MELIÁ MARTÍ, E., PALAU RAMÍREZ, F., VARGAS VASSEROT, C., *Ley de la cadena alimentaria, cooperativas y otras entidades asociativas agrarias. Soluciones y propuestas tras su reforma por la Ley 26/2021*, Tirant lo Blanch, Valencia, 2022, pp. 31-48.

en que le arrienden un número determinado de tierras o directamente formalizar el contrato sobre los árboles del arrendador. Estos contratos también se han formalizado mediante contratos de *renting*[28]. En cualquier caso, cuando el titular del derecho o licenciatario obtiene el producto de la cosecha, se encargará, posteriormente, de su comercialización de forma directa o indirecta. Al ser el objeto del contrato tan limitado (arrendamiento de tierras al obtentor o licenciatario) y no autorizar ninguna actuación comprendida en el alcance del derecho de obtención vegetal, no es necesaria la configuración de un contrato de licencia. Sin embargo, el riesgo de estos contratos reside en la posibilidad de que el arrendador de las tierras pueda, con posterioridad a la finalización del contrato, utilizar el material vegetal sin autorización del obtentor. Para evitarlo, el obtentor-arrendatario deberá prohibir su explotación contractualmente mediante, por ejemplo, la obligación post-contractual de arranque o destrucción del material vegetal[29].

En el segundo supuesto en el que el contrato de arrendamiento se formaliza sobre el material vegetal, la situación cambia completamente. En este caso, el objeto del arrendamiento no se formaliza sobre unas tierras de un tercero, sino sobre el material vegetal del obtentor o licenciatario. Ello implica que, a diferencia del caso anterior, en esta clase de contratos sea el arrendatario-productor el encargado de cultivar el material vegetal arrendado. Debido a la actual situación del sector, el arrendador-obtentor/licenciatario deberá limitar contractualmente las facultades concedidas al arrendatario. Lo habitual es que el alcance de las facultades otorgadas al arrendatario-productor se limiten a cultivar y entregar directamente el material vegetal obtenido a un tercero determinado. En ocasiones, suele autorizarse al productor para que pueda arrendar (subarrendar) el material vegetal a terceros para que lo cultiven. Sin embargo, el arrendatario-productor solamente estará facultado para el cultivo del material vegetal propiedad del arrendador-obtentor/licenciatario (de forma directa o indirecta). De esta forma el obtentor o licenciatario pretenden evitar que el material vegetal se explote sin su autorización ante la compleja situación del sector después de la citada sentencia del Tribunal de Justicia de la Unión Europea de 19 de diciembre de 2019.

---

28 VILLARROEL, A., "Sesión II: experiencias de obtentores: la función de los contratos en el ejercicio de los derechos de obtentor", *Simposio sobre contratos relativos al derecho de obtentor de la Unión Internacional para la protección de las obtenciones vegetales,* Documento UPOV/SYM/GE/08/5, 23 de octubre de 2008, p. 10.

29 CAMPO CANDELAS, J., *La protección…*, *op. cit.*, pp. 100-101.

Estos contratos de arrendamiento presentan, como novedad y distintivo respecto del contrato de licencia, una cláusula contractual que regula las implicaciones del cambio de titularidad de las tierras del arrendatario-productor. Debido a que el contrato es de arrendamiento de material vegetal y no de licencia, la facultad otorgada al arrendatario-productor se limita a un material vegetal concreto sobre unas tierras o árboles determinados. De ahí que la vigencia del contrato vaya vinculada al mantenimiento de la titularidad de las tierras sobre las que se cultiva el material vegetal arrendado. En el contrato se exige que el nuevo propietario de las tierras o parcelas asuma los derechos y obligaciones derivados del contrato de arrendamiento formalizado con carácter previo al cambio de titularidad. En caso de que el nuevo propietario se negara a la continuación del contrato, se exige al productor que, antes de transmitir las tierras, arranque los árboles que incluyan el material vegetal arrendado y, asimismo, justifique debidamente que lo ha realizado. De ello se deriva que el arrendatario-productor podrá transmitir las tierras o parcelas siempre y cuando se le habilite a ello contractualmente y respete las salvaguardias pactadas.

Sección IV

Contratación y concurso de acreedores

Aspectos laborales del procedimiento especial para la insolvencia de las microempresas

EDUARDO E. TALÉNS VISCONTI
Profesor Titular, Universidad de Valencia.

SUMARIO: I. BREVE REFERENCIA SOBRE EL ÁMBITO SUBJETIVO Y LA TRAMITACIÓN DEL PROCEDIMIENTO. II. EL TRATAMIENTO DE LOS CRÉDITOS LABORALES EN EL PROCEDIMIENTO ESPECIAL PARA MICROEMPRESAS. III. LA ADOPCIÓN DE MEDIDAS LABORALES EN EL SENO DEL PROCEDIMIENTO ESPECIAL PARA MICROEMPRESAS: COMPETENCIA JUDICIAL Y PROCEDIMIENTO APLICABLE. IV. LA TRANSMISIÓN DE EMPRESA: COMPETENCIA JUDICIAL Y EFECTOS LABORALES.

I. BREVE REFERENCIA SOBRE EL ÁMBITO SUBJETIVO Y LA TRAMITACIÓN DEL PROCEDIMIENTO

La Ley 16/2022, de 5 de septiembre, ha introducido intensos cambios en muchos aspectos, señaladamente a la hora de regular, *ex novo*, una serie de procedimientos o fases singulares. Una de las novedades más destacadas ha sido, sin lugar a duda, la creación, por primera vez en España, de un nuevo procedimiento especial para canalizar los procesos concursales que afecten a las microempresas[1]. Pese a que la aprobación de la Ley 16/2022 vino auspiciada, como sabemos, para cumplir con la transposición de la Directiva 2019/1023, de la lectura de la misma no se deduce que los estados miembros tengan que ordenar un proceso especial para tramitar los concursos de las empresas de menor tamaño. Dicho de otro modo, que el procedimiento especial para microempresas, al contrario de lo que sucede

[1] La Disposición final decimonovena de la Ley 16/2022, de 5 de septiembre, relegó su entrada en vigor para un momento posterior: "*La presente ley entrará en vigor a los veinte días de su publicación en el "Boletín Oficial del Estado", con excepción del libro tercero del texto refundido de la Ley Concursal, que entrará en vigor el 1 de enero de 2023*" (salvo el apartado 2 del artículo 689, que se refiere al nombramiento de administrador concursal de acuerdo con el Libro I y al reglamento que sobre dicha figura se debe de aprobar).

con otros novedosos procesos, no responde directamente a una transposición de la citada Directiva[2].

De acuerdo con lo dispuesto por la EM de la Ley 16/2022, las microempresas constituyen un sector con una "*alta volatilidad y una enorme rotación*", por lo que la reforma pretende con el nuevo procedimiento incrementar las posibilidades de continuidad de aquellas empresas viables, así como, en sentido contrario, ofrecer un instrumento eficaz y eficiente para la salida del mercado de aquellas otras que no tengan valor añadido. La reforma pretende alcanzar un marco regulatorio que ofrezca una respuesta eficaz para el tratamiento de las singularidades jurídico-patrimoniales propias de la insolvencia de este tipo de empresas, evitando esta situación y, en todo caso, preservando la continuidad de la actividad empresarial, pues el concurso en el supuesto de las microempresas ha sido, hasta la, un derecho eminentemente liquidativo, única opción posible de actuación para con el deudor tardío, con frecuencia, en escenarios de insuficiencia de masa activa[3]. Por su parte, tal y como ha sido destacado doctrinalmente, el concurso de acreedores no resultó ser una herramienta eficaz para que las microempresas superaran la crisis, fundamentalmente por tres motivos[4]. En primer lugar, porque solían acceder al procedimiento concursal con una situación financiera muy deteriorada y con escaso valor, por lo que la solución habitual en la práctica era la liquidación. En segundo lugar, el concurso de acreedores suponía para este tipo de empresas unos costes fijos bastante elevados (por la propia configuración de proceso "clásico"). Incluso, en determinados casos el propio proceso concursal generaba más costes que el valor residual de la empresa insolvente. En tercer lugar, la mayoría de los titulares de microempresas carecen de conocimientos, medios y recursos para contratar asesores externos que pudieran sanear la empresa, de ahí que se haya optado por la creación de un sistema único y simplificado.

Para evitar estas contrariedades marcadas por un proceso rígido y costoso que no ayudaba a la supervivencia de las empresas de reducida dimen-

---

2 MARTÍNEZ BOUZAS, M. "Procedimiento especial para microempresas con plan de continuación", *La Ley Insolvencia*, núm. 17, 2023, p. 1 (del ejemplar consultado a través de SMARTECA).

3 GÓMEZ ASENSIO, C. "La efectividad del plan de continuación para microempresas", *Revista General de Insolvencias & Reestructuraciones*, núm. 8, 2022, p. 143.

4 Los siguientes motivos o explicaciones han sido extraídos del capítulo escrito por: SÁNCHEZ PAREDES, M.L. y FLORES SEGURA, M. "Lección 59. El procedimiento especial para microempresas", *Lecciones de Derecho Mercantil* (Menéndez, A. y Rojo. Á. Dirs.), Ed. Civitas (20ª edición), 2022 (consultada en su versión desde la aplicación de ProView).

sión, el legislador ha pretendido diseñar un procedimiento que reduzca notablemente los costes fijos del propio sistema concursal. Para conseguir esta finalidad se ha optado por eliminar bastantes trámites y se ha reducido la participación obligatoria de profesionales e instituciones simplemente para aquellos supuestos imprescindibles o cuyo coste sea voluntariamente asumido por las partes (de hecho, el proceso especial para microempresas no cuenta con el nombramiento necesario de una administración concursal, que solamente podrá participar en algunos incidentes a solicitud de parte interesada). Por su parte, la intervención del Juez del Concurso solo se producirá para adoptar las decisiones más relevantes del procedimiento o cuando exista una cuestión litigiosa que las partes eleven al juzgado. Por lo demás, el procedimiento se evacuará a través de una serie de formularios normalizados, de forma telemática y sin coste alguno para los interesados.

Este nuevo proceso conjetura un sistema único y simplificado, de carácter modular, es decir, que es único para este tipo de deudores, ya que las microempresas no tienen acceso al concurso en los términos previstos en el Libro I del TRLC, pero tampoco al "preconcurso" según lo que se establece en su Libro II. En esa línea de flotación, el procedimiento especial para microempresas tiene un presupuesto objetivo amplio: insolvencia probable ("preconcurso") e insolvencia inminente o insolvencia actual (concurso de acreedores)[5]. De hecho, artículo 686 TRLC señala que "*el procedimiento especial será aplicable a aquellas microempresas que se encuentren en probabilidad de insolvencia, en estado de insolvencia inminente o en insolvencia actual*". En este sentido, se aúna en un mismo procedimiento las instituciones "preconcursales" y las concursales, con la finalidad de arbitrar un sistema flexible, tratando de combinar aquellos aspectos de las señaladas instituciones que mejor se adaptan a las microempresas[6].

Dentro de este procedimiento universal, la norma permite transitarlo a través de dos fases distintas que pueden darse de forma aislada o cumulativa. La primera de ellas es el denominado plan o proceso de continuación que supone, como su propio nombre indica, la continuidad de la actividad empresarial. Es posible que con esta fase se consiga mantener la actividad empresarial y se logre superar la situación de insolvencia, en cuyo caso puede que no se llegue a abrir la liquidación. En este sentido, tal y como se ha

---

5 CAMPUZANO LAGUILLO, A. B. "Los estados de insolvencia", *Anuario de Derecho Concursal*, núm. 58, 2022. p. 16 (BIB 2022\3633).

6 SANJUÁN Y MUÑOZ, E. *Reestructuración y liquidación de microempresas en crisis. El procedimiento especial para microempresas y su régimen transitorio*, Ed. Tirant lo Blanch, 2022 (consultado en la versión online: *Tol 9286808*).

destacado doctrinalmente, el procedimiento de continuación supone que el deudor y sus acreedores puedan llegar a alcanzar una solución acordada sobre la insolvencia, con independencia de la situación patrimonial del deudor (esto es, siendo irrelevante que este último se encuentre en situación de insolvencia actual, inminente o en probabilidad de insolvencia)[7].

La segunda vía es la liquidación, que como es de esperar supone el cese de la actividad y la venta de los haberes empresariales, con la correspondiente ordenación de los créditos para su correspondiente satisfacción. No obstante, la posibilidad de elección de uno de estos dos itinerarios no es absoluta (pues, por ejemplo, el deudor no puede acudir al plan de continuación si el ochenta y cinco por ciento del pasivo viene conformado por deuda pública[8]). Parece tratarse de otro intento del legislador por crear incentivos para que el deudor pague los créditos públicos antes que el resto de los créditos[9]. Por su parte, la conversión del procedimiento en uno de liquidación puede venir por varias vías: ya sea por el transcurso de diez días hábiles desde la declaración de apertura del procedimiento especial sin presentar plan de continuación, ya sea por el incumplimiento del plan de continuación, por la solicitud de determinados acreedores, por no estar al corriente del pago de deudas tributarias o de Seguridad Social o por otra serie de incumplimientos tasados.

Por su parte, cuando el concursado sea un autónomo (persona física o natural) podrá acceder igualmente al mecanismo de "segunda oportunidad" o de exoneración del pasivo insatisfecho, tanto si se opta por el plan de pagos como por la liquidación.

Con todo, para que se pueda declarar el concurso por esta vía y se tramite por las reglas propias del Libro III TRLC es necesario que estemos ante lo que el legislador ha entendido por "microempresa" a estos efectos, puesto que, en caso contrario se tendrá abrir el proceso concursal "genérico" o "común". La EM de la Ley 16/2022 nos anticipa que en la definición de

---

7 SÁNCHEZ PAREDES, M.L. y FLORES SEGURA, M. "Lección 59. El procedimiento especial para microempresas"… cit., (consultada en su versión desde la aplicación de ProView).

8 MARTÍNEZ BOUZAS, M. "Procedimiento especial para microempresas con plan de continuación"…cit., p. 2 (del ejemplar consultado a través de SMARTECA). La norma ha sido ligeramente suavizada, pues la versión del ALC situaba el porcentaje al 75%.

9 TIRADO MARTÍ, I. "El procedimiento especial para micropymes en el Texto Refundido: ¿Una oportunidad perdida?", *Revista General de Insolvencias & Reestructuraciones,* núm. 7, 2022, p. 244.

microempresas se ha tenido en cuenta el artículo 3 de la Directiva 2013/34 UE del Parlamento Europeo y del Consejo, de 26 de junio de 2013, sobre los estados financieros anuales, los estados financieros consolidados y otros informes afines de ciertos tipos de empresas. De esta tarea se ocupa el artículo 685 TRLC que dispone que este proceso especial se aplicará a aquellas empresas que reúnan dos requisitos acumulativos:

a) Que hayan empleado durante el año anterior a la solicitud de inicio del procedimiento especial una media de menos diez trabajadores

b) Que, además, tengan un volumen de negocio anual inferior a setecientos mil euros o un pasivo inferior a trescientos cincuenta mil euros según las últimas cuentas cerradas en el ejercicio anterior a la presentación de la solicitud.

De la lectura del precepto podemos deducir que se tienen que dar ambos requerimientos, es decir, tratarse de una empresa con menos de diez trabajadores y que, de manera conjunta, tenga una cifra de negocios o un pasivo inferior a las cifras fijadas por la propia norma, puesto que si se incumple con uno de ellos el proceso concursal se tramitará por la vía "ordinaria" o "común". Se trata, es suma, de requisitos acumulativos y no alternativos. Este criterio también se aplicará para el caso los grupos de empresa, puesto que el artículo 685.2 TRLC establece que "*si la entidad formase parte de un grupo, los criterios fijados en el apartado anterior se computarán en base consolidada*". En este sentido, una empresa que aisladamente pueda tramitar su concurso por la vía de las microempresas va a pasar por la senda común cuando forme parte de un grupo empresarial que supere los anteriores requisitos.

El control del número de trabajadores se tiene que hacer, razonablemente, *ab initio.* De hecho, el artículo 691 TRLC, destinado a la solicitud de apertura del procedimiento especial por el deudor, contempla entre la documentación a entregar la siguiente: "*9.º Si el deudor fuera empleador, el número de trabajadores con expresión del centro de trabajo al que estuvieran afectados, y la identidad de los integrantes del órgano de representación de los mismos si los hubiera, con expresión de la dirección electrónica de cada uno de ellos*". Considero que hubiera sido conveniente que en este ordinal se hubiera establecido que resulta necesario entregar, no solo el número de trabajadores existente en ese momento, sino también el volumen de la plantilla durante el último año, pues este es el criterio que el artículo 685 TRLC nos expresa que hay que tener en cuenta para desarrollar los trámites del procedimiento especial para microempresas. Seguramente sea un olvido del legislador o, quizás, que haya copiado la documentación que cabe aportar en el proceso concursal común, sin llegar a deparar que aquí resulta necesario observar el volumen de la plantilla desde un espectro temporal más amplio, dado que la elección del procedimiento aplicable es una cuestión no queda en manos del deudor, siendo un criterio imperativo de *lege data.*

Desde el punto de vista laboral, las cuestiones que intentaré resolver a lo largo de las siguientes páginas van a ser, principalmente, el tratamiento de los créditos laborales y cuál es el modo de llevar a cabo medidas de ajuste sobre las condiciones de trabajo y de reestructuración, tanto interna como externa, en el seno de este procedimiento.

II. EL TRATAMIENTO DE LOS CRÉDITOS LABORALES EN EL PROCEDIMIENTO ESPECIAL PARA MICROEMPRESAS

Por lo que se refiere al tratamiento de los créditos laborales, debemos de diferenciar de forma clara que el régimen jurídico aplicable será distinto en función de si estamos ante un plan de continuación o si, por el contrario, se abre la liquidación.

En el primero de los casos, es decir, en el plan de continuación, hay que tener en cuenta que se trata de un intento de salvaguardar la actividad empresarial y este podrá ser presentado junto con la solicitud de apertura del procedimiento especial o bien en los diez días hábiles siguientes a la declaración de apertura del concurso. En resumidas cuentas, el procedimiento de continuación consiste, básicamente, en establecer un plan de pagos que pueda contener quitas o esperas sobre los créditos y en el que la empresa también va a tener que explicar los mecanismos con los que pretende cumplir con la propuesta presentada. En dicho plan de pagos podrán quedar afectados, en principio, cualquier tipo de créditos, por lo que existe una primera regla general de carácter omnicomprensivo. Ahora bien, se contienen algunas excepciones, en el sentido de que otra serie de créditos no van a poder quedar sujetos el régimen de pagos propio del plan de continuación, entre ellos: "*los créditos derivados de relaciones laborales distintas de las del personal de alta dirección*" (tal y como prevé expresamente el artículo 698.3 TRLC). Como se podrá apreciar, el legislador utiliza una terminología amplísima ("*créditos derivados de las relaciones laborales*"), con lo que aquí tenemos que incluir necesariamente la totalidad de deudas mantenidas con los trabajadores, sean del tipo que sean, siempre, claro está, que traigan causa en el contrato de trabajo. Esto significa que los créditos laborales no pueden sufrir quitas o esperas y que, en principio, se deben de satisfacer en sus estrictos términos pactados.

En resumidas cuentas, el legislador ha intentado proteger a los trabajadores para que estos no puedan quedar afectados con quitas o esperas, ni puedan participar de otro tipo de acuerdos pactados en este plan de continuación, ni verse arrastrados por las consecuencias jurídicas del mismo.

Esto no quiere decir, ni mucho menos, que los créditos laborales no puedan quedar afectados cuando el empresario es insolvente y está pasando por una crisis económica. Pero, para ello, el deudor deberá de acudir a la legislación laboral para poder hacer frente a los problemas que puedan tener respecto de las deudas laborales vencidas o bien para tratar de aligerar masa salarial de cara al futuro. Por lo que respecta a las deudas mantenidas con el personal de alta dirección, cabe aclarar que sus créditos sí que pueden quedar afectados por el plan de pagos negociado y aprobado en el contexto de un procedimiento especial para microempresas (pues el artículo 698.3 TRLC deja fuera de esta dinámica a las relaciones "*distintas de las del personal de alta dirección*"). Por lo tanto, cuando la microempresa tenga suscrito un contrato de alta dirección las deudas mantenidas con esta persona se sujetarán a las reglas concursales comunes para la generalidad de los acreedores.

También quedan fuera del plan de continuación, por expreso mandato legal "*las cuotas de la seguridad social cuyo abono corresponda a la empresa por contingencias comunes y contingencias profesionales ni los porcentajes de la cuota del trabajador que se refieran a contingencias comunes o accidentes de trabajo y enfermedad profesional*" (artículo 698.3 TRLC). Se trata de una limitación absoluta referida simplemente a las cuotas por contingencias comunes y profesionales que deben de satisfacer tanto la empresa como el trabajador. En cualquier caso, aunque parezca algo bastante limitado, en realidad, se trata del grupo de los conceptos de cotización que representa la práctica totalidad de la cotización a cargo del empresario por cada trabajador contratado laboralmente. Se dejan fuera otra serie de conceptos, tales como la cotización por desempleo, a FOGASA, formación profesional o, en su caso, por horas extraordinarias (conceptos todos ellos con un porcentaje de cotización inferior). Tampoco quedarán sometidos a los planes de pagos concursales los créditos de la propia TGSS, ahora bien, en la parte que deba calificarse como privilegiada. En este sentido, son créditos privilegiados, si recordamos lo analizado en su momento, de acuerdo con el artículo 280 TRLC, tanto las retenciones practicas por las cotizaciones, así como el importe que representa el cincuenta por ciento del importe de los respectivos créditos. Por lo tanto, las cuotas por contingencias comunes y profesionales (tanto las que son a cargo del empresario como de los trabajadores), las retenciones a cuenta de las cotizaciones, así como el cincuenta por ciento de las restantes, quedarán fuera del plan de continuación. Por su parte, los créditos a favor de la Seguridad Social que no entren en estos conceptos, sí que podrán someterse a los criterios propios del plan de continuación.

En cualquier caso, pese a que existan una serie de deudas a favor de la TGSS que sí que pueden quedar afectadas por el plan de pagos, de acuerdo con lo dispuesto por el artículo 691 *bis* TRLC, si el deudor no le comunica su situación concursal en el plazo de setenta y dos horas, los créditos de la TGSS ya no podrán sufrir quitas o esperas. Junto con ello, cuando se puedan aplicar quitas o esperas, la normativa vigente no permite que se afecte a los porcentajes de las cuotas de la Seguridad Social por contingencias comunes y contingencias profesionales correspondientes tanto a la empresa como al trabajador (en las reducidas cuantías que puedan entrar en el plan de pagos). Por lo demás, si durante el plan de continuación se devengan nuevas obligaciones frente a la Seguridad Social, cualquier empresa que no se encuentre al corriente en el cumplimiento de las mismas dará por terminado su plan de continuación y se abrirá la fase de liquidación (artículo 699 *quater* TRLC).

El hecho de que todos los créditos de los trabajadores (a excepción del personal laboral de alta dirección) y gran parte de los Seguridad Social no puedan quedar afectados por el plan de continuación nos da la respuesta a otro interrogante de enorme interés. Concretamente, cabe concluir que la ejecución laboral separada de estos créditos no queda paralizada con la entrada en concurso a través del procedimiento especial que transita por un plan de continuación. En este sentido, el artículo 694.4 TRLC expresa que la apertura del procedimiento especial supondrá la paralización de las ejecuciones judiciales o extrajudiciales sobre los bienes y derechos del deudor, pero también señala que esta no alcanzará a las ejecuciones de los créditos que no se vean afectados por el plan de continuación. En definitiva, cabe afirmar que el procedimiento especial para microempresas no paraliza las ejecuciones laborales, por lo que estas podrán seguir su curso dentro de la jurisdicción social (excepto si el crédito discutido es el de una persona con contrato especial de alta dirección, en cuyo caso, no se podrán aceptar ejecuciones laborales separadas y las que se encuentren tramitándose se deberán de suspender una vez declarado el concurso). Los trabajadores podrán demandar dentro de la jurisdicción social y, en su caso, siempre y cuando siga abierto el plan de continuación, también podrán ejecutar el crédito fuera de la jurisdicción civil, es decir, fuera del proceso concursal, con independencia de que el crédito sea anterior o posterior a la declaración del concurso. Debemos de entender que la regla especial de este procedimiento para microempresas debe de prevalecer sobre los criterios mantenidos en relación con el proceso concursal "común" o "general". Del mismo modo, la TGSS podrá ejercer su autotutela a la hora de recuperar sus créditos, pudiendo dictar embargos, siempre, claro está, por la parte del crédito que no se tiene que someter al plan de continuación. Así lo reconoce expresamente el artículo 690.4 TRLC al establecer que en el caso de los créditos públicos, "*no se suspenderá la ejecución de los créditos que tengan la calificación de privilegiados de acuerdo con las reglas generales ni, en todo caso, de los porcentajes de las cuotas de la seguridad social cuyo abono corresponda a la empresa por contingencias comunes y contingencias profesionales ni a los porcentajes de la cuota del trabajador que se refieran a contingencias comunes o accidentes de trabajo y enfermedad profesional*". Esta solución referida a la posibilidad de que puedan iniciarse o continuarse ejecuciones o embargos administrativos ha sido criticada por parte de la doctrina[10]. En sentido contrario, para el caso particular del crédito del personal laboral de alta dirección y de la parte de la deuda mantenida con la Seguridad Social que sí que deba de entrar en el plan de continuación, tanto el uno como el otro acreedor no podrán llevar a cabo ejecuciones separadas para hacer efectivo su pago.

La posibilidad de ejecutar las sentencias que hayan reconocido la existencia de un crédito laboral es, desde luego, una posible vía para poder cobrar eventuales prestaciones por parte del FOGASA, dado que parece poco probable que puedan obtenerse en el caso de un procedimiento de microempresas de continuación. En estos casos, el legislador concursal no ha establecido de forma expresa la obligación de citar al FOGASA, algo contrario de lo que sucede con la AEAT y la TGSS en los artículos 687.7 y 691 *bis* TRLC. Desde mi punto de vista, hubiera sido conveniente que se ordenara la citación del FOGASA, pues de lo contrario, si no se lleva a cabo esta vicisitud, el organismo podría llegar a resolver en el expediente que no se hace cargo de las prestaciones. En cualquier caso, para salvar esta cuestión podemos acudir al artículo 514 TRLC, que predica con carácter general la obligatoriedad de citar al FOGASA cuando existan créditos laborales que entren dentro de su responsabilidad, por ende, entiendo que se le tendrá que dar traslado de la apertura de este procedimiento especial para microempresas.

Con todo, dentro del plan de continuación, en principio, no se nombra a ningún administrador concursal que emita un informe y elabore una lista

---

10 Véase, por ejemplo, TIRADO, que ha opinado que resultado "*deja indefenso el patrimonio concursal desde el inicio del procedimiento, amenaza la continuación de la actividad empresarial y puede acabar causando un enorme daño al resto de los acreedores*": TIRADO MARTÍ, I. "El procedimiento especial para micropymes en el Texto Refundido: ¿Una oportunidad perdida?"... cit., p. 258.

de acreedores, ni tampoco que certifique el crédito. Además, el crédito de los trabajadores no entra dentro del plan de continuación, por lo que no se podrá certificar por ningún órgano concursal, razón por la cual no parece que por esta vía se puedan conseguir las prestaciones del FOGASA. En definitiva, en el itinerario de continuación parece que FOGASA no puede abonar sus prestaciones, por lo menos con la única base de la apertura de un procedimiento concursal. Es cierto que el artículo 703 TRLC permite que los acreedores que representen el veinte por ciento o más del pasivo puedan solicitar la limitación de las facultades de administración y disposición del deudor que se encuentre en situación de insolvencia actual, pero no reconoce la posibilidad de nombrar administrador concursal. Por su parte, el artículo 704 TRLC permite que se pueda llegar a nombrar una persona experta en reestructuraciones, pero parece que entre sus facultades no puede estar la de incluir los créditos en un informe que deba de elaborar previamente ni tampoco que los pueda certificar. Por este motivo, el trabajador se verá abocado a buscar la declaración de insolvencia dentro de la jurisdicción social, extremo que es perfectamente posible toda vez que la tutela ejecutiva no ha quedado paralizada. Cabe esperar que en este contexto la declaración de la insolvencia por parte del Juez de lo Social puede llegar a ser más o menos automática, habida cuenta de la existencia de un concurso de acreedores abierto en el correspondiente Juzgado de lo Mercantil. Por lo tanto, por esta vía entiendo que el trabajador sí que podría recibir la prestación de FOGASA, es decir, reivindicándolo en el marco de la jurisdicción social.

Mayores dificultades podemos encontrar en relación con el personal laboral de alta dirección, cuya tutela ejecutiva sí que ha quedado en suspenso por su afectación por el plan de pagos dentro del proceso concursal, por lo que seguramente haya que esperar y pasar por lo que se acuerde en el plan de continuación y, en caso de que se frustre el mismo, acudir al FOGASA ya dentro de un itinerario de liquidación.

Si nos situamos en el contexto de un itinerario de liquidación, con carácter general, el artículo 692 *bis* TRL dispone que el deudor debe de notificar a los acreedores la apertura del procedimiento especial (aunque simplemente a los incluidos en su solicitud de cuya dirección electrónica tenga constancia, permitiéndoles el acceso a toda la documentación presentada en el juzgado). Por lo tanto, si se han presentado en el pasivo deudas laborales, los trabajadores recibirán dicha comunicación. Cuando el procedimiento de liquidación se hubiera abierto tras haberse iniciado un plan de continuación, el artículo 705.3 TRLC también ordena una comunicación a los acreedores que, igualmente, será sometida a la misma publicidad registral. En este sentido, tanto si la liquidación se abre directamente, como si deriva de la frustración del procedimiento de continuación, los trabajadores deberán de ser notificados cuando sean acreedores de la empresa. En caso contrario, toda vez que la notificación se le exige al deudor y en estos casos no existe administrador concursal pueda llevar a cabo esta tarea, la ausencia de comunicación deberá de ser suplida por la existencia de la lista de acreedores en el correspondiente registro público. En este sentido, en el procedimiento especial de microempresas los trabajadores deberán de estar más pendientes del proceso.

A partir de la apertura de la liquidación y siguiendo lo dispuesto por el artículo 706.1 TRLC, cualquier acreedor (entre ellos los trabajadores o la TGSS) dispondrá de veinte días hábiles desde dicha apertura para formular alegaciones en relación con la cuantía, características y naturaleza de su crédito, o respecto del inventario de la masa activa, que deberán de presentar por medios electrónicos y a través de formulario normalizado. Para ello, si la norma habla de hacer alegaciones, parece conveniente pensar que el pasivo de la empresa ya debería de contener una especie de lista de acreedores con la cuantía, fecha de vencimiento y calificación propuesta de cada crédito. Solo de esta manera el acreedor podrá discutir todos estos extremos. En el caso de que un crédito laboral no aparezca reflejado, en dichas alegaciones tendrá que comunicar la existencia del mismo, con la respectiva cuantía, fecha de vencimiento y calificación propuesta[11].

Como he anticipado anteriormente, en este procedimiento especial los trabajadores deben de estar más pendientes que en el proceso ordinario, porque aquí no hay un administrador concursal que de oficio tenga que reconocer y calificar los créditos laborales. Así, tal y como se ha señalado doctrinalmente, una de las grandes novedades del procedimiento especial de microempresas consiste en la facultad que se concede al deudor de proceder directamente a la liquidación de su activo, lo que, obviamente, implica el mantenimiento de las facultades de administración. Se trata de un importante cambio en el sistema concursal español, que sigue de cerca el ejemplo de otras jurisdicciones con modelos concursales desarrollados[12].

---

[11] El artículo 706.2 del TRLC, que regula la solicitud de inclusión de créditos, establece expresamente: "*la solicitud incluirá la identificación del acreedor, con la aportación de una dirección de correo electrónico, así como todos los datos relevantes relativos al crédito, incluyendo su concepto, cuantía, fechas de adquisición y vencimiento, características y clasificación que se pretenda*".

[12] TIRADO MARTÍ, I. "El procedimiento especial para micropymes en el Texto Refundido: ¿Una oportunidad perdida?"...cit., página 255.

Por este motivo, la diligencia a la hora de revisar la cuantía y características de los créditos tiene que ser mayor.

Una vez transcurrido dicho plazo, tanto para los créditos sobre los que no se hayan realizado alegaciones, como sobre las partidas del inventario no impugnadas, la normativa los considera como definitivos[13]. El artículo 706.4 TRLC prevé la celebración de una vista para determinar la inclusión o no del crédito debatido y la calificación que merezca otorgarle. La calificación de los créditos no tiene un listado especial ni específico, por lo que cabe aplicar el sistema previsto para el proceso ordinario, por lo que el crédito laboral será contra la masa o concursal de acuerdo con las reglas comunes. Podemos considerar que aquí entra en juego la previsión del artículo 689.1 TRLC que expresa que "*se aplicará supletoriamente al procedimiento especial para microempresas lo establecido en los libros primero y segundo, con las adaptaciones que resulten precisas para acomodar los principios que presiden este procedimiento especial y las reglas que integran este libro tercero*". Por lo tanto, dado que el procedimiento especial para microempresas no establece una clasificación de créditos específica para ordenar los pagos en el proceso de liquidación, la calificación del crédito laboral se tendrá que llevar a cabo de acuerdo con las reglas comunes que han sido analizadas ampliamente en el correspondiente Capítulo de este mismo Tratado.

Durante este procedimiento liquidador entiendo los trabajadores sí que van a poder llegar a cobrar toda o parte de su deuda de manos del FOGASA. A partir de aquí, con carácter previo, cabe recordar que la responsabilidad de FOGASA exige que dicho organismo haya sido citado al proceso[14]:

a) De este modo, en primer lugar, si el FOGASA ya es acreedor de la empresa cuando se inicia el procedimiento especial de microempresas, de acuerdo con lo dispuesto por el artículo 692 *bis* del TRLC, al igual que ocurre con el resto de los acreedores *"el deudor dirigirá comunicación electrónica de apertura del procedimiento especial a los acreedores incluidos en su solicitud de cuya dirección electrónica tenga constancia, permitiéndoles el acceso a toda la documentación presentada en el juzgado*" (entre ellos, el propio FOGASA). La diferencia escriba en que el FOGASA no cuenta con una dirección de correo electró-

[13] SÁNCHEZ PAREDES, M.L. y FLORES SEGURA, M. "Lección 59. El procedimiento especial para microempresas"…cit., (consultada en su versión desde la aplicación de ProView).

[14] Véase sobre el particular la Circular 3/2023 de la Secretaría General del FOGASA: "Actuaciones del Fondo de Garantía Salarial en los procedimientos especiales de microempresas".

nico para tales efectos, por lo que esta notificación se tendrá que llevar a cabo a través de la sede electrónica del organismo. Quizás se pueda aplicar subsidiariamente lo dispuesto por el artículo 627.2 TRLC que, aunque referido a los planes de reestructuración, señala lo siguiente: "*en el caso de los acreedores públicos, la comunicación se realizará, en todo caso, mediante el servicio establecido en la sede electrónica de cada entidad, y a través del cual se podrá aportar la información del correspondiente formulario normalizado*". Por lo tanto, cuando el FOGASA ya sea acreedor dentro del procedimiento porque ya hubiera satisfecho una determinada cantidad a uno o varios trabajadores con anterioridad al concurso por dictarse una insolvencia en ejecución de sentencia laboral, el deudor le tendrá que notificar los aspectos relacionados con el procedimiento de microempresas a través de la sede electrónica del organismo público.

b) Por su parte, cuando el FOGASA no sea acreedor de la empresa cuando se inicie el procedimiento especial para microempresas, podemos aplicar supletoriamente lo previsto por en el artículo 514 del TRLC, que, con carácter general establece que "*el Fondo de Garantía Salarial será parte del procedimiento siempre que deba abonar salarios concursales*". La anterior previsión supone que desde los juzgados que están tramitando el proceso se debe de dar traslado del mismo al FOGASA, con la finalidad de que dicho organismo puede alegar lo que a su derecho convenga y pueda pagar las prestaciones de garantía salarial.

Sobre la necesidad de que el crédito esté incluido en el proceso concursal (artículo 33.3 ET), la respuesta puede depender en función de si ha solicitado el nombramiento de un administrador concursal o no. En este sentido, el artículo 713.2 TRLC indica que, en el caso en el que se haya nombrado un administrador concursal en el contexto de un procedimiento especial de liquidación, este "*podrá realizar aquellas funciones que le son expresamente reconocidas en este libro*"[15] Por su parte, el artículo 706.3 TRLC, indica dentro del proceso de alegaciones en relación con la lista de

[15] Señala el artículo 715.1 TRLC que "*en cualquier momento del procedimiento especial de liquidación, el deudor o los acreedores cuyos créditos representen al menos el veinte por ciento del pasivo total podrán solicitar el nombramiento de un administrador concursal que sustituya al deudor en sus facultades de administración y disposición. El porcentaje anterior quedará reducido al diez por ciento en caso de paralización de la actividad empresarial o profesional del deudor*". Además, esta administración concursal "*recaerá en la persona inscrita en el Registro público concursal que elijan, de mutuo acuerdo, el deudor y acreedores*

créditos que "*el deudor y, en su caso, la administración concursal, podrán presentar alegaciones sobre modificación de crédito o del inventario o sobre insinuación de nuevo crédito mediante formulario normalizado dentro del plazo de cinco días*". Por este motivo, atendiendo a su participación en el proceso de elaboración del pasivo de la empresa, en lo que se refiere a la inclusión de créditos, su cuantía y su clasificación, considero que sí que va a poder certificar la existencia y cuantía de un crédito laboral cuando sea solicitada por cualquier trabajador interesado (y con este certificado sí que se puede acudir a FOGSA a solicitar su prestación)[16]. Así, desde mi punto de vista, cuando se haya nombrado un administrador concursal, el trabajador podrá dirigirse a este para que le expida el oportuno certificado que entiendo que el FOGASA debería de admitir como válido.

Para el caso contrario, es decir, cuando no exista administración concursal nombrada, entiendo que el trabajador lo que debe de hacer es intentar discutir el crédito a través del incidente concursal en busca de un pronunciamiento judicial que considero que también puede de servir perfectamente para que el FOGASA asuma su responsabilidad (por la vía del artículo 706.4 TRLC). Por su parte, esta garantía estará más complicada cuando no exista administrador concursal y ningún organismo pueda acreditar la existencia y realidad del crédito, puesto que, por más que esta "lista" sea "definitiva", sobre la inclusión del pasivo por parte del propio deudor no se habrá ejercido ningún tipo de control.

III. LA ADOPCIÓN DE MEDIDAS LABORALES EN EL SENO DEL PROCEDIMIENTO ESPECIAL PARA MICROEMPRESAS: COMPETENCIA JUDICIAL Y PROCEDIMIENTO APLICABLE

En el contexto de este proceso especial para microempresas, las principales dudas que se suscitan en relación con la adopción de las medidas laborales consisten en intentar determinar cómo se tienen que tramitar las mismas. Para dar respuesta al mencionado interrogante solamente contamos con un único precepto que se refiere directamente a la cuestión. En

---

cuyos créditos representen más del cincuenta por ciento del pasivo total". Sólo en caso de no existir acuerdo se aplicarán las reglas comunes.

16 En sentido contrario, la Circular 2/2023 emitida por la Secretaría General de FOGASA, acudiendo a los artículos 706 y 709 TRLC considera que los certificados de la administración concursal no tienen validez, porque no confecciona la lista ni decide su carácter definitivo. Por su parte, sí que concluye que se pueden certificar por el administrador concursal los créditos contra la masa pendientes.

este sentido, el artículo 707.4 TRLC, referido a la tramitación del plan de liquidación, señala expresamente que en el caso de que el plan "*contuviera previsiones sobre la modificación sustancial de las condiciones de trabajo o el despido colectivo de trabajadores, se estará a lo establecido en el libro primero en materia de contratos de trabajo*". Varias son las conclusiones que, a mi modo de ver, podemos extraer del precepto acabado de transcribir:

a) La primera de ellas es que, en principio, dentro del procedimiento especial para microempresas no se alteran las reglas generales sobre la competencia objetiva para llevar a cabo las medidas de ajuste de plantilla, puesto que la norma efectúa una remisión expresa hacia el libro primero y que debemos de entender dirigida hacia los artículos 53 TRLC y 169 y ss. TRLC (que también debemos de completar con las previsiones del artículo 86 *ter* LOPJ). No hace falta que acudamos a la regulación supletoria que con carácter general establece el artículo 689.2 TRLC, dado que en materia laboral contamos con una regla de remisión en bloque específicamente ordenada por el indicado artículo 707.4 TRLC.

b) La segunda de ellas consiste en que el artículo 704.4 TRLC lleva por título "tramitación del plan de liquidación", ubicado sistemáticamente dentro del Título III del propio Libro III denominado "procedimiento de liquidación". En consecuencia, se trata de una norma aplicable exclusivamente a las medidas laborales que deben de implementarse en el contexto del plan de liquidación, por lo que para el plan de continuación deberemos de observar otro tipo de preceptos que de una manera indirecta nos podrían dar la solución jurídica más adecuada.

En consecuencia, a la luz de lo dispuesto por el artículo 704.4 TRLC, cuando el procedimiento especial para microempresas transita por la senda de la liquidación, tenemos que acudir al régimen jurídico en materia de competencia judicial aplicable previsto en el artículo 53 TRLC (y el artículo 86 *ter* LOPJ). En este sentido, si las operaciones de liquidación suponen la modificación sustancial de las condiciones de trabajo, el traslado, las suspensión o reducción de jornada o la extinción colectiva de los contratos de trabajo la competencia residirá en el Juez del Concurso y la tramitación de las medidas se llevará a cabo de acuerdo con lo dispuesto en los artículos 169 y ss. TRLC. En el caso contrario, si la medida afecta a menos trabajadores de los umbrales marcados por cada una de las medidas en el ET, se tendrán que evacuar según lo dispuesto por la normativa laboral.

En el primer caso, la medida vendrá autorizada (o no) por parte del Juez del Concurso y el sistema de recursos será el previsto en la propia Ley Concursal (artículos 541 y 551 TRLC). Por su parte, la eventual impugnación de los despidos objetivos, cuando sea esta la medida comunicada a las personas afectadas tendrá que interponerse ante los órganos de la jurisdicción social.

De acuerdo con los parámetros manejados por la norma, lo más habitual en la práctica será que dentro del plan de liquidación del procedimiento especial para microempresas no se tenga que tramitar un ERE Concursal, siendo esta situación más probable para el caso la extinción de los contratos de trabajo y los traslados que para las MSCT y las suspensiones/reducciones de jornada, donde será muy residual. Para llegar a esta conclusión solo debemos tener en cuenta dos aspectos básicos: a) de un lado, que las empresas que transiten por este procedimiento especial normalmente no tendrán más de diez trabajadores (artículo 685 TRLC); b) de otro lado, los umbrales previstos en los diferentes preceptos estatutarios. De esta forma, en el caso de MSCT del artículo 41 ET y suspensiones y reducciones de jornada del artículo 47 ET debemos de tener en cuenta los umbrales del primero de los preceptos citados[17]. En este sentido, lo más común será que las MSCT se llevarán a cabo de acuerdo con la modalidad individual o plural establecida en el artículo 41 ET, dónde, básicamente, cabrá alegar una causa que seguramente concurra en un escenario de insolvencia dentro del plan de liquidación, que deberá de ser notificada por el empresario al trabajador o trabajadores afectados con una antelación mínima de quince días a la fecha de su efectividad. Esta comunicación también se tiene que hacer a los representantes legales, aunque con total probabilidad no existirán, por lo que dicho trámite se entendería amortizado. En el caso de las suspensiones contractuales y reducciones de jornada la tramitación de la medida seguirá lo dispuesto por el artículo 47 ET que, dado que no establece umbrales, se tendrá que negociar, sí o sí, con los representantes legales de los trabajadores o, en su defecto, por una comisión *ad hoc*. Se tendrá que abrir necesariamente un periodo de consultas que, dado el volumen de la plantilla, será simplemente de siete días (artículo 47.3 ET).

---

[17] Cabe recordar en este punto que el artículo 53.2 TRLC señala que "*la suspensión de contratos y la reducción de jornada tendrán carácter colectivo cuando afecten al número de trabajadores establecido en la legislación laboral para la modificación sustancial de las condiciones de trabajo de carácter colectivo*". Idéntica redacción presenta el artículo 86 *ter* LOPJ.

En cualquier caso, si la empresa cuenta con más de diez trabajadores, por ejemplo, porque tiene varios contratos a tiempo parcial, y cualquiera de estas dos medidas afecta a todos ellos, entiendo que se tendrá que desarrollar a través de los trámites del ERE Concursal. Desde mi punto de vista, la idea del procedimiento especial para microempresas, con escasa participación judicial y, en principio, sin administración concursal y con una tramitación esencialmente telemática, no encaja demasiado bien con el desarrollo del expediente judicial de regulación de empleo. Por esto motivo, considero que el ERE Concursal se tendrá que desarrollar de la forma clásica, siguiendo fielmente lo dispuesto por los artículos 169 y ss. TRLC. Considero, asimismo, que el deudor deberá de solicitar el nombramiento de un administrador concursal para que negocie durante las consultas y pueda firmar, en su caso, el acuerdo alcanzado con los representantes. Como estamos en el plan de liquidación, el artículo 713 TRLC permite al deudor solicitar el nombramiento de una administración concursal. También podrían llegar a solicitarlo los propios trabajadores, pero se les exige que sus créditos representen al menos el veinte por ciento del pasivo, lo que puede ser algo bastante improbable. Este porcentaje se rebaja al diez por ciento si la actividad empresarial está paralizada. Si estas medidas las adopta el Juez del Concurso, razonablemente, el sistema de recursos será el propio de la legislación concursal, básicamente, cabrá interponer recurso de suplicación por la vía del artículo 551 TRLC o plantear un ICO-Laboral regulado en el artículo 541 ET cuando el sujeto accionante sea un trabajador individual.

Será bastante más probable que se desarrollen a través del ERE Concursal los traslados y los despidos y ello porque, pese a que los artículos 40 y 51 ET también establezcan los umbrales genéricos vistos con anterioridad, prevén que la medida se tramite por la vía colectiva cuando afecte a la totalidad de la plantilla y el número de afectados sea superior a cinco trabajadores[18]. Por este motivo, pese a que la empresa pueda tener en ese momento menos de diez trabajadores, solo con que afecte a más de cinco

---

[18] El artículo 40.1 ET establece lo siguiente: "*El traslado a que se refiere el apartado anterior deberá ir precedido de un periodo de consultas con los representantes legales de los trabajadores de una duración no superior a quince días, cuando afecte a la totalidad del centro de trabajo, siempre que este ocupe a más de cinco trabajadores, o cuando, sin afectar a la totalidad del centro de trabajo, en un periodo de noventa días comprenda a un número de trabajadores*".

Por su parte, el artículo 51.1 ET señala: "*Se entenderá igualmente como despido colectivo la extinción de los contratos de trabajo que afecten a la totalidad de la plantilla de la empresa, siempre que el número de trabajadores afectados sea superior a cinco, cuando aquel*

cuando la medida venga proyectada sobre la totalidad de la plantilla, esta será colectiva. Dicho de otro modo, se tendrá que tramitar por la vía del ERE Concursal, debiendo de ser aprobada por el Juez de lo Mercantil. Podemos pensar que cuando la empresa está en liquidación, lo más normal es que cese en su actividad, siendo bastante razonable que tenga que extinguir todos los contratos de trabajo o, en su caso, trasladar a toda la plantilla a otro centro de trabajo o empresa del grupo, si la hubiera y sea esta medida la que se decide implementar. Cuando se produzca cualquiera de estas circunstancias y la medida es de naturaleza colectiva, la tramitación se tendrá que realizar de acuerdo con lo previsto por los artículos 169 y ss. TRLC.

En el caso de que existan demandas dentro del orden jurisdiccional social planteadas por los trabajadores solicitando la extinción indemnizada del contrato por la vía del artículo 50 ET, considero que también operará dentro de este procedimiento especial para microempresas lo previsto por el artículo 185 TRLC. En este sentido, es posible que si la demanda está basada en una causa relacionada con la insolvencia (por ejemplo, el impago del salario), este proceso social se tenga que suspender si se admite a trámite un ERE Concursal de naturaleza extintiva.

Mayor complejidad se desprende sobre la interpretación que cabe ofrecer cuando la empresa insolvente está dentro del plan de continuación del procedimiento especial para microempresas. Las dudas interpretativas derivan, básicamente, porque el legislador no ha contemplado ninguna previsión expresa sobre el particular. Dentro de los preceptos que regulan el plan de continuación no existe un apartado como el previsto por el artículo 704.4 TRLC. A mi modo de ver, dada la dificultad de encontrar un precepto que directamente resuelva la cuestión, se pueden proponer dos posibles interpretaciones o tesis:

a) La primera de ellas consiste en colmar esta laguna con una lectura sistemática del TRLC. Para sostener esta tesis podemos acudir, principalmente, a lo dispuesto por el artículo 689 TRLC que, con carácter general para todo el procedimiento especial, establece que cabrá aplicar supletoriamente "*lo establecido en los libros primero y segundo, con las adaptaciones que resulten precisas para acomodar los principios que presiden este procedimiento*". Luego, a falta de regulación específica, se puede acudir supletoriamente a la regulación de los

se produzca como consecuencia de la cesación total de su actividad empresarial fundada en las mismas causas anteriormente señaladas".

artículos 53 y 169 y ss. TRLC (y artículo 86 *ter* LOPJ) y los umbrales en ellos previstos para determinar el modo de tramitar las medidas de ajuste sobre la plantilla de trabajadores. Además, como hemos visto con anterioridad, el artículo 707.4 TRLC, centrado en la fase de liquidación, sí que establece una remisión expresa al libro primero a la hora de ordenar la tramitación de las medidas laborales.

b) La segunda de ellas puede pasar por entender comprendidas las medidas laborales dentro de la dicción del artículo 697 *ter* TRLC, apartado segundo. El indicado precepto regula el contenido del plan de continuación que, desde luego, puede contener aspectos relacionados con los contratos de trabajo, debiéndose de adoptar las medidas de información y consulta con los trabajadores, de conformidad con la "*ley aplicable*" (artículo 697.1 10º *ter* TRLC). En lo que aquí más me interesa, el apartado segundo indica textualmente lo siguiente: "*cuando el plan contuviera medidas de reestructuración operativa, éstas deberán llevarse a cabo de acuerdo con las normas que les sean aplicables. Las controversias que se susciten en relación con las mismas se sustanciarán ante la jurisdicción competente*". Podemos inferir que dentro del amplísimo concepto "*medidas de reestructuración operativa*" entran las relativas a los contratos de trabajo (cierre de locales, reducciones de jornada, modificación de horarios, rebaja de salarios, amortización de puestos, etc.). Por su parte, si esto es así, las controversias que se susciten en relación con estas medidas "*se sustanciarán ante la jurisdicción competente*", es decir, ante los órganos de la jurisdicción social.

A mi modo de ver, creo que el legislador parte de la premisa de que durante el plan de continuación no se van a superar los umbrales que obligan a tener que tramitar una medida con carácter colectivo y, en parte, creo que tendría razón. Durante el plan de continuación la actividad productiva sigue en funcionamiento, lo que no quita para que se puedan adoptar, evidentemente, decisiones que afecten a los contratos de trabajo. No parece prudente pensar, por ende, que se pueda llegar despedir a toda la plantilla, ni trasladar a todos los trabajadores a otro centro de trabajo, por lo que la regla de que la colectividad de la medida se consiga con más de cinco personas afectadas parece difícil que pueda llegar a producirse. En consecuencia, en mi opinión, dentro del plan de continuación, sea cual sea el número de trabajadores afectados por una concreta medida laboral, la tramitación se tendrá que llevar a cabo de acuerdo con lo dispuesto en la legislación laboral y su eventual impugnación se tendrá que dirigir a los órganos de la jurisdicción social. Por lo tanto, los

Jueces de lo Mercantil no asumirán la competencia para adoptar ninguna de las anteriores medidas laborales. Además, dado que durante el plan de continuación en ningún caso se nombrará a la administración concursal, pues como mucho, en su caso, se podrá nombrar un experto en reestructuraciones, cualquier decisión laboral la podrá adoptar directamente el empresario deudor (pues ni siquiera, en principio, tendrá limitadas sus facultades empresariales[19]). Junto con ello, como no habrá ningún ERE Concursal extintivo, durante el plan de continuación no será posible que se suspendan las eventuales demandas tramitadas dentro del orden jurisdiccional social en las que los trabajadores insten la resolución indemnizada de su contrato por la vía del artículo 50 ET.

IV. LA TRANSMISIÓN DE EMPRESA: COMPETENCIA JUDICIAL Y EFECTOS LABORALES

Dentro de este procedimiento especial la transmisión de la empresa puede venir por varias vías y producirse en momentos distintos. La primera de ellas puede tener lugar, incluso, con la propia presentación de la solicitud de apertura de un procedimiento especial para microempresas, debiendo de entender que resulta el de liquidación, puesto que está contemplado en el artículo 710.2 TRLC. Señala el anterior precepto que "*también podrá presentarse una oferta de adquisición de empresa o de unidad productiva con la solicitud de procedimiento especial de liquidación de acuerdo con las reglas de los artículos 224 bis a 224 quater*". Estos últimos preceptos se refieren al denominado "pre-pack", que consiste, *grosso modo*, en la posibilidad de que la empresa solicite la declaración de concurso con una oferta de adquisición de una o varias unidades productivas previamente pactada. En estos casos, la microempresa solicitará el procedimiento especial con una oferta de adquisición de la unidad productiva, razón por la cual se abrirá la fase de liquidación y dentro de la misma se tendrán que evacuar los trámites pertinentes para llevar a cabo, en su caso, la mencionada transmisión. El artículo 710.2 TRLC nos remite expresamente a los artículos 224 *bis* a 224 *quater* TRLC. En este sentido, de acuerdo con lo dispuesto por el apartado octavo del artículo 224 *bis* TRLC: "*la transmisión de la unidad productiva o de las unidades productivas al adjudicatario estará sometida a las demás reglas establecidas*

---

19 De acuerdo con el artículo 694.1 TRLC, en principio, el empresario mantendrá sus facultades de administración y disposición sobre su patrimonio y "*podrá realizar aquellos actos de disposición que tengan por objeto la continuación de la actividad empresarial o profesional, siempre que se ajusten a las condiciones normales de mercado*".

en esta ley para esta clase de transmisiones". Por lo tanto, en el caso en el que la solicitud de concurso venga acompañada de una oferta de adquisición se aplicarán las mismas reglas comunes, incluyendo, como no puede ser de otro modo, la relativa a la competencia judicial para declarar la existencia de sucesión de empresa, así como para determinar los elementos que la integran, incluyendo los trabajadores y sus respectivos créditos. En este punto no podemos dejar pasar por alto que la STJUE de 28 de abril de 2022[20], en líneas generales, consideró que los procedimientos de "pre-pack" y de quiebra, considerados conjuntamente, tienen por objeto la liquidación de la empresa en el sentido del artículo 5, apartado 1, de la Directiva 2011/23, siempre que el "pre-pack" se rija por disposiciones legales o reglamentarias con el fin de cumplir el requisito de seguridad jurídica. En nuestro ordenamiento jurídico interno la transmisión preparada durante el procedimiento de "pre-pack" se ejecuta una vez iniciado el proceso concursal y está controlada por el Juez de lo Mercantil. Por esta razón, entiendo que se cumple con el requisito del artículo 5.1 de la Directiva 2001/23/CE que se refiere a los casos en los que el cedente es objeto de un procedimiento de insolvencia abierto con vistas a la liquidación de los bienes (recordemos que se prevé en el artículo 710.2 TRLC, es decir, que del proceso concursal se pasa a la fase de liquidación) y que está bajo la supervisión de una autoridad pública (en nuestro caso el Juez de lo Mercantil). Esto significa que los Jueces de lo Mercantil pueden actuar de acuerdo con la legislación concursal en el sentido de delimitar el perímetro de la sucesión de empresa, tanto en el número de trabajadores en los que se subroga la adquirente como en los créditos que esta último deberá de asumir.

Idéntica conclusión cabe extraer cuando la transmisión de la empresa en concurso se pacte en el procedimiento de continuación o ya, directamente, en la liquidación. En este sentido, el artículo 707.3 TRLC contiene una especie de "regla del conjunto", puesto que indica que "*siempre que sea posible, deberá preverse la enajenación unitaria del establecimiento o del conjunto de unidades productivas de la masa activa*". A partir de aquí, es el artículo 710 TRLC el que regula una serie de especialidades en materia de sucesión de empresa, pero comienza disponiendo que "*la transmisión de empresa o de sus unidades productivas se llevará a cabo con sujeción a las reglas del libro primero de esta ley*".

En este sentido, las únicas reglas especiales que regula el artículo 710 TRLC son en relación con las condiciones de la venta. El resto de las vicisi-

---

[20] STJUE de 28 de abril de 2022 (C-237/20).

tudes que se pueden dar en relación con los contratos de trabajo seguirán lo dispuesto por el Libro I del TRLC. De este modo, en líneas generales, cuando las operaciones de enajenación impliquen la MSCT, el traslado, el despido, la suspensión de contrato o la reducción de jornada, se estará a lo dispuesto por la propio TRLC en materia de contratos de trabajo (artículo 220.2 TRLC). Por lo tanto, lo primero que me gustaría destacar sobre dicha previsión es que, dentro del proceso concursal, concretamente en el procedimiento especial para microempresas, va a ser posible que el empresario pueda llevar a cabo medidas laborales tendentes a modificar condiciones de trabajo o aligerar plantilla para poder llevar a cabo la transmisión de la empresa. La empresa adquirente se tendrá que hacer cargo de las deudas laborales y de Seguridad Social anteriores a la transmisión. Se exceptúa de esta responsabilidad solidaria la parte del crédito que entre de la responsabilidad del FOGASA. En este sentido, ya vimos que en el plan de continuación es menos probable que FOGASA se haga cargo de garantizar los créditos laborales. Por su parte, dentro la liquidación también existe algunas singularidades que pueden hacer decaer su responsabilidad. En cualquiera de estos itinerarios (continuación y liquidación), FOGASA tiene que ser citado al proceso, pues de lo contrario no asumirá su garantía. Por consiguiente, si FOGASA no asume la garantía la empresa adquirente tendrá más deuda que asumir. Sin embargo, el órgano adquirente solamente será responsable solidario de los créditos laborales y de Seguridad Social correspondientes a los trabajadores de la unidad productiva en cuyos contratos quede subrogado (artículo 224.1 3º TRLC). En definitiva, esta situación puede derivar en que el empresario concursado, en connivencia con la empresa adquirente, puedan tener cierto interés en aligerar la plantilla de trabajadores o modificar sus condiciones. Por esta razón, insisto en la necesidad de que las autoridades implicadas en este proceso (ITSS, FOGASA y, desde luego, el Juez del Concurso) puedan controlar que las medidas laborales adoptadas sean razonables y proporcionadas. Junto con ello, creo que también puede ser interesante que, ante la ausencia más que probable de representación legal de los trabajadores, la plantilla inicie los trámites para nombrar aunque sea un delegado de personal que pueda estar presente en este tipo de procedimientos y ser oído por el Juez del Concurso tal y como prevén expresamente los artículos 220.2 TRLC y 710.1 5º TRLC (ya sea para dar cuenta de la empresa compradora que satisface mejor sus intereses —en el caso de que haya más de una oferta—, o bien para alertar al órgano judicial de posibles decisiones adoptadas por parte del deudor).

Medidas de protección para el acreedor del crédito exonerado en el concurso de acreedores

MARTÍN GONZÁLEZ-ORÚS CHARRO
Profesor Ayudante Doctor de Derecho Mercantil
Universidad de Salamanca
martingorus@usal.es

SUMARIO: I. INTRODUCCIÓN. II. LA EXONERACIÓN DEL PASIVO: CONSIDERACIONES BREVES SOBRE SU NATURALEZA Y ALCANCE. III. VÍAS ALTERNATIVAS DE COBRO PARA EL ACREEDOR EXONERADO: EL ART. 492.1 TRLC. 1. Vías previas al concurso. 1.1. La constitución de garantías personales sobre el crédito. 1.2. El asunto de las obligaciones plurales. 1.3. El aseguramiento del crédito. 1.4, La hipoteca establecida sobre un bien de titularidad ajena al deudor. 2. Vías posteriores al concurso. 2.1. La protección del acreedor ante su potencial insolvencia. 2.2. La revocación de la exoneración. 2.3. El desembolso voluntario del crédito por el deudor o un tercero.

I. INTRODUCCIÓN

Desde el año 2013, nuestra normativa concursal establece un sistema para la protección del concursado persona física de buena fe. Con el objeto de liberarle del pago de determinados créditos, el legislador decide facilitarle una segunda oportunidad. En la actualidad, la denominada "exoneración del pasivo insatisfecho" goza de una regulación desarrollada y adaptada —con sus más y sus menos —a los criterios establecidos por la Directiva 1023/2019 sobre insolvencias. No obstante, la liberación de deudas —con el correspondiente efecto positivo para el deudor— presenta una cara b, un sacrificio que soporta el acreedor del crédito exonerado.

El objeto del presente análisis es ofrecer una visión opuesta de la exoneración, no desde la perspectiva del deudor exonerado, sino del acreedor cuyo crédito deviene extinto. Como bien es sabido, la liberación de deudas no implica una merma absoluta de todo mecanismo jurídico de cobro, simplemente el deudor resulta inmune frente a cualquier requerimiento de pago una vez ha obtenido la exoneración. Ello no implica que el acreedor carezca de alternativas para obtener la satisfacción de su crédito; así, analizaremos las diversas opciones que le ofrece la ley. Dejaremos de lado los denominados "créditos no exonerables", puesto que no se ven afectados por la exoneración, sin perjuicio de efectuar alguna referencia puntual en torno a ellos.

Al efecto de realizar una exposición ordenada y clara de nuestras ideas, abordaremos esas vías alternativas de cobro clasificándolas en dos grupos . En primer lugar, expondremos los mecanismos formalizados antes del concurso —generalmente constituidos al tiempo de perfeccionar la relación obligatoria; nos referiremos a las garantías personales, al aseguramiento del crédito o a la incorporación de ciertas garantías reales (la constituida por un hipotecante no deudor). En segundo lugar, valoraremos las opciones del acreedor tras la concesión de la exoneración; examinaremos la figura de la revocación, la inhibición del efecto de la exoneración ante la potencial insolvencia del acreedor, o el pago voluntario del crédito por el deudor o un tercero, una opción posible aunque de escasa producción práctica.

Esta exposición tiene por objeto ofrecer una perspectiva poco usual de le exoneración e inspirar ideas para los profesionales del derecho concursal cuyos clientes sean acreedores afectados por dicha institución. De esta manera, podrán proporcionar un adecuado asesoramiento y combatir, o anticiparse —en la medida de lo posible— el efecto liberador de la exoneración para lograr la satisfacción total o parcial del crédito.

II. LA EXONERACIÓN DEL PASIVO: CONSIDERACIONES BREVES SOBRE SU NATURALEZA Y ALCANCE

Con la Ley 14/2013, de 27 de septiembre, de apoyo a los emprendedores y su internacionalización se introdujo en nuestro ordenamiento jurídico, a través de su art. 21.5, la figura de la "remisión de las deudas insatisfechas", con el objeto de liberar al deudor de su pasivo y concederle una segunda oportunidad (*fresh start*). Este régimen fue desarrollado por el Real Decreto-ley 1/2015 y la Ley 25/2015 de mecanismo de segunda oportunidad, reducción de carga financiera y otras medidas de orden social, que incorporaron el art. 178 bis a nuestra ya derogada Ley 22/2003, de 9 de julio, Concursal (LC).

El vigente Real Decreto Legislativo 1/2020, de 5 de mayo, por el que se aprueba el texto refundido de la Ley Concursal (TRLC) adaptó aquél extenso precepto (art. 178 bis LC) y fragmentó su contenido en diversos artículos, regulando la institución en cuatro secciones: 1) ámbito de aplicación (art. 486 TRLC); 2) el régimen general (arts. 487-492 TRLC); 3) el régimen especial (arts. 493-499 TRLC); y 4) efectos comunes (arts. 500-502 TRLC). Poco después, la Ley 16/2022, de 5 de septiembre, reformó en profundidad el TRLC al objeto de adaptar su contenido a la Directiva (UE) 2019/1023 del Parlamento Europeo y del Consejo, de 20 de junio de 2019, sobre marcos de reestructuración preventiva, exoneración de deudas e inhabilitaciones, determinando así el régimen vigente de la exoneración del pasivo, traspuesto a nuestra normativa interna mediante la Ley 16/2022 de reforma del Texto Refundido de la Ley Concursal. Así, pasó a sustanciarse de un mero beneficio a un verdadero derecho del concursado persona natural de buena fe. No obstante, el panorama actual parece tener fecha de caducidad, pues el pasado 7 de diciembre de 2022, la Comisión Europea publicó la nueva Propuesta de Directiva de armonización de ciertos aspectos de derecho de insolvencia, que afectarán a la exoneración del pasivo[1].

La exoneración del pasivo insatisfecho es, hoy día, un derecho del concursado persona natural que puede ejercitarlo bajo ciertas condiciones (buena fe) y le permite la liberación de algunas de sus deudas. Sobre la naturaleza de la figura, la doctrina se ha mostrado dividida: una pluralidad de autores defienden el efecto extintivo de la exoneración sobre los créditos[2]; en cambio, otro sector valora la aplicación de un criterio menos "radical" y aboga por considerar la figura como un mecanismo de inhibición o inexigibilidad objetiva del crédito, aplicable sólo frente al deudor exonerado[3]. En todo caso, la exoneración trae como principal efecto la

---

1 Concretamente, el art. 56 de la propuesta de directiva determina unas medidas para la plena exoneración de las deudas de los empresarios, fundadores, propietarios o miembros de una microempresa deudora de responsabilidad ilimitada que sean personalmente responsables de las obligaciones contraídas por la microempresa.

2 CUENA CASAS, M.; y FERNÁNDEZ SEIJO, J. M., *La exoneración del pasivo insatisfecho en el concurso de acreedores de persona física*, Aranzadi, Cizur Menor, 2022, pp. 138-139; MARÍN HITA, L., "Comentario a los arts. 500-502", cit., p. 783; VAZQUEZ LÉPINETTE, T., "Estudio de la remisión legal de la deuda en sede concursal", en MORILLAS JARILLO, M. J. y otros (Dir.), *Estudios sobre el futuro código mercantil: Libro homenaje al profesor Rafael Illescas Ortiz*, ed. Universidad Carlos III, Madrid, 2015, pp. 312-326, pp. 313 y 320; RUBIO VICENTE, P. J., "La exoneración del pasivo, entre la realidad judicial y el mito legislativo. A propósito del auto del Juzgado Mercantil núm. 3 de Barcelona, de 26 de Octubre de 2010, sobre conclusión y extinción de deudas. Asunto 671/2007-C 4 (concurso sección 1a)", *Revista de Derecho Concursal y Paraconcursal*, n.º 14, 2011, pp. 229-250, p. 230

3 FACHAL NOGUER, N., "¿Cuáles son los efectos que proyecta la exoneración de pasivo insatisfecho sobre los terceros garantes?", *La Ley Insolvencia: Revista profesional de Derecho Concursal y Paraconcursal*, n.º 11, 2022 (Ejemplar dedicado a:

imposibilidad de ejercitar acciones frente el deudor para su cobro, salvo la de solicitar la revocación de la exoneración (art. 490 I TRLC). De esta manera, el concursado que no incurra en alguna de las circunstancias contempladas en el art. 487 TRLC[4], podrá ejercer su derecho a la exoneración

Esperando la reforma concursal); y SENDRA ALBIÑANA, Á., "El beneficio de exoneración del pasivo insatisfecho como limitación cuantitativa al principio de responsabilidad patrimonial universal", *Revista CESCO de Derecho de Consumo*, n.º 17, 2016, pp. 146-158, pp. 148-149.

4 El art. 487 TRLC dispone una serie de conductas que excepcionan el acceso a la exoneración del pasivo por ausencia de buena fe del deudor: "*1. No podrá obtener la exoneración del pasivo insatisfecho el deudor que se encuentre en alguna de las circunstancias siguientes: 1.º Cuando, en los diez años anteriores a la solicitud de la exoneración, hubiera sido condenado en sentencia firme a penas privativas de libertad, aun suspendidas o sustituidas, por delitos contra el patrimonio y contra el orden socioeconómico, de falsedad documental, contra la Hacienda Pública y la Seguridad Social o contra los derechos de los trabajadores, todos ellos siempre que la pena máxima señalada al delito sea igual o superior a tres años, salvo que en la fecha de presentación de la solicitud de exoneración se hubiera extinguido la responsabilidad criminal y se hubiesen satisfecho las responsabilidades pecuniarias derivadas del delito. 2.º Cuando, en los diez años anteriores a la solicitud de la exoneración, hubiera sido sancionado por resolución administrativa firme por infracciones tributarias muy graves, de seguridad social o del orden social, o cuando en el mismo plazo se hubiera dictado acuerdo firme de derivación de responsabilidad, salvo que en la fecha de presentación de la solicitud de exoneración hubiera satisfecho íntegramente su responsabilidad. En el caso de infracciones graves, no podrán obtener la exoneración aquellos deudores que hubiesen sido sancionados por un importe que exceda del cincuenta por ciento de la cuantía susceptible de exoneración por la Agencia Estatal de Administración Tributaria a la que se refiere el artículo 489.1.5.º, salvo que en la fecha de presentación de la solicitud de exoneración hubieran satisfecho íntegramente su responsabilidad. 3.º Cuando el concurso haya sido declarado culpable. No obstante, si el concurso hubiera sido declarado culpable exclusivamente por haber incumplido el deudor el deber de solicitar oportunamente la declaración de concurso, el juez podrá atender a las circunstancias en que se hubiera producido el retraso. 4.º Cuando, en los diez años anteriores a la solicitud de la exoneración, haya sido declarado persona afectada en la sentencia de calificación del concurso de un tercero calificado como culpable, salvo que en la fecha de presentación de la solicitud de exoneración hubiera satisfecho íntegramente su responsabilidad. 5.º Cuando haya incumplido los deberes de colaboración y de información respecto del juez del concurso y de la administración concursal. 6.º Cuando haya proporcionado información falsa o engañosa o se haya comportado de forma temeraria o negligente al tiempo de contraer endeudamiento o de evacuar sus obligaciones, incluso sin que ello haya merecido sentencia de calificación del concurso como culpable. Para determinar la concurrencia de esta circunstancia el juez deberá valorar: a) La información patrimonial suministrada por el deudor al acreedor antes de la concesión del préstamo a los efectos de la evaluación de la solvencia patrimonial. b) El nivel social y profesional del deudor. c) Las circunstancias personales del sobreendeudamiento. d) En caso de empresarios, si el deudor utilizó herramientas de alerta temprana puestas a su disposición por las Administraciones Públicas. 2. En los casos a que se refieren los números 3.º y 4.º del*

y salvaguardar su patrimonio presente o futuro de las obligaciones impagadas, constituyendo una fórmula excepcional a lo establecido en el art. 1911 CC. La exoneración puede alcanzarse por dos vías: 1) la exoneración sin liquidación de la masa activa, que permite al deudor obtener la liberación de su pasivo sin quedar despojado de sus bienes y derechos patrimoniales, haciendo frente al pasivo mínimo (y a la parte del pasivo exonerable cuyo pago se negocie) a través de un plan de pagos a tres años (o cinco de forma excepcional: art. 497.2 TRLC); la segunda modalidad, en cambio, es la exoneración tras la liquidación de la masa en los supuestos contemplados en el art. 502 TRLC.

El acreedor afectado por la exoneración, por tanto, afronta con cierta resignación la insatisfacción de su crédito, sin muchas expectativas de cobrarlo. Un riesgo que el legislador considera asumible en favor de un deudor que, habiendo obrado de buena fe, precisa de una tutela al objeto de obtener su recuperación económica y volver a empezar sin su lastre de pasivo. Respecto del sistema de exoneración que contempla nuestra normativa, cabe indicar que no permite una liberación absoluta de las deudas, pues existen algunas que, irremediablemente, el concursado habrá de afrontar. Por ejemplo: las deudas por responsabilidad civil extracontractual, por muerte o daños personales, responsabilidad civil derivada del delito, alimentos o deudas aseguradas con garantía real (art. 489 TRLC); así, los acreedores titulares de estos créditos no se ven afectados por la exoneración: *"Los acreedores por créditos no exonerables mantendrán sus acciones contra el deudor y podrán promover la ejecución judicial o extrajudicial de aquellos"* (art. 490 II TRLC). Respecto de los acreedores que sí asumen sus efectos, la normativa concursal dispone algunas vías para exigir el cumplimiento, aunque no sobre el deudor, y son las que examinaremos a continuación.

III. VÍAS ALTERNATIVAS DE COBRO PARA EL ACREEDOR EXONERADO: EL ART. 492.1 TRLC

La imposibilidad de exigir el crédito al deudor no deja plenamente desamparado al acreedor. El art. 492.1 TRLC establece que: *"1. La exoneración no afectará a los derechos de los acreedores frente a los obligados solidariamente con*

---

apartado anterior, si la calificación no fuera aún firme, el juez suspenderá la decisión sobre la exoneración del pasivo insatisfecho hasta la firmeza de la calificación. En relación con el supuesto contemplado en el número 6.º del apartado anterior, corresponderá al juez del concurso la apreciación de las circunstancias concurrentes respecto de la aplicación o no de la excepción, sin perjuicio de la prejudicialidad civil o penal".

el deudor y frente a sus fiadores, avalistas, aseguradores, hipotecante no deudor o quienes, por disposición legal o contractual, tengan obligación de satisfacer todo o parte de la deuda exonerada, quienes no podrán invocar la exoneración del pasivo insatisfecho obtenido por el deudor (...)". Por tanto, una suerte de inmunidad o no afección, fundada en el propio objeto de la exoneración: la estricta protección patrimonial del deudor exonerado. La exoneración no puede suponer, en ningún caso, la privación absoluta para el acreedor de ejercitar acciones frene a otros posibles obligados, pues no quedaría justificado, salvo que aquéllos (el resto de obligados a afrontar el crédito), claro está, obtengan la liberación de sus deudas en su oportuno procedimiento concursal.

1. Vías previas al concurso

1.1. La constitución de garantías personales sobre el crédito

En aras del art. 492.1 TRLC, el acreedor mantiene la facultad de obtener el cobro frente a los fiadores o avalistas del deudor en aquellos casos en que resulte garantizada la obligación. Como regla general, la constitución de esta garantía debe formalizarse por pacto expreso (art. 1827 I CC) y en cada caso por el deudor, salvo que se haya establecido por vía legal o judicial (art. 1823 I CC); en supuestos de afianzamiento de obligaciones mercantiles, la garantía habrá de constar por escrito, porque en caso contrario no desplegaría valor ni efecto jurídico alguno (art. 440 CCom). Hecha esta consideración, procede indicar que la fianza es una opción interesante para el acreedor en supuestos de escasa o dudosa solvencia del deudor; sobre todo como vía para salvar las consecuencias de la exoneración ante un eventual concurso de aquél. Sin embargo, en la práctica no siempre resulta fácil exigirla, pues depende mucho del importe de la deuda a garantizar (especialmente si es escaso), de modo que en estos casos —en ausencia de la garantía— la probabilidad de cobro deberá ser valorarla o intuida por el acreedor; es un riesgo que debe asumir.

En caso de establecer una fianza, la probabilidad de cobro depende de varias circunstancias: entre ellas, del contenido pactado en la garantía, pues es posible que se haya formalizado en forma parcial —por parte del importe de la deuda principal—, en cuyo caso y en la mejor de las situaciones —en caso de exoneración—, el acreedor sólo recuperará la cantidad garantizada (art. 1826 CC). Por otra parte, esta medida puede llevar un coste adicional para éste último cuando la fianza se constituye de forma onerosa, debiendo —si así se ha estipulado— afrontar una suma u otra prestación frente en favor del fiador por asumir la condición de garante (art. 1823 I CC); en todo caso, la falta de pago de la suma pactada no libera al fiador de su obligación de afrontar subsidiariamente la deuda[5]. Una vez satisfecho todo o parte del crédito, el fiador no podrá repetir frente al deudor exonerado, salvo que su crédito de repetición ostente garantía real (art. 492.2 TRLC).

Respecto del aval cambiario, el art. 492.1 TRLC predica la misma suerte que en la fianza y el acreedor mantendrá activa esta opción pese a la exoneración. No obstante, considerando la naturaleza del aval, su intenso grado de autonomía ha llevado la legislador a recordar que —a diferencia de la fianza— el avalista responde frente al tenedor de la letra de igual manera que el librado[6], pues genera una obligación solidaria para quien asume el aval[7]. Además, procede recordar otro inciso importante: el aval conserva su existencia y validez *"aunque la obligación garantizada fuese nula por cualquier causa que no sea la de vicio de forma"* (art. 37.1 LCCH)[8]; consecuencia, sin duda, anudada a la abstracción inmanente de los títulos cambiarios.

1.2. El asunto de las obligaciones plurales

En caso de obligaciones plurales (con diversidad de deudores) de naturaleza solidaria, aflora un panorama más esperanzador para el acreedor/es en caso de exoneración respecto de aquellas otras que tienen un mero carácter individual. El art. 492.1 TRLC nos recuerda que la exoneración de un codeudor solidario no afecta a la facultad del acreedor para exigir el íntegro cumplimiento de la obligación a los otros codeudores. Dada la naturaleza de la obligación solidaria, este efecto es resultado de su propia esencia, ya que, conforme a lo establecido por el art. 1145 III CC, la falta de cumplimiento

---

5 DÍEZ-PICAZO Y PONCE DE LEÓN, L., *Fundamentos de derecho civil patrimonial*, vol. 2, Civitas, Madrid, 2008, p. 497.

6 Vid.: CAMPUZANO LAGUILLO, A. B., "Efectos de la nulidad de la letra de cambio sobre el aval cambiario (Comentario a la sentencia del Tribunal Supremo de 28 de marzo de 2003)", *Actualidad Civil*, n.º 36, 2003 (Consultado en La Ley, n.º de referencia: 1503/2003).

7 STS de 5 febrero de 1999 (RJ 1999\534).

8 La desaparición de la garantía se predicaría, por ejemplo, por nulidad de la letra avalada ante la falta de mención del tomador e insuficiencia del timbre. Fue un supuesto examinado en la STS de 28 marzo de 2003 (RJ 2003\3039). El Alto Tribunal concluyó que no cabía exigir del avalista responsabilidad cambiaria porque la obligación de garantía se había extinguido por la nulidad de la obligación cambiaria plasmada en la letra de cambio.

por insolvencia de un codeudor (exonerado) *"(…) será suplida por sus codeudores, a prorrata de la deuda de cada uno"*. En tal sentido, señala la doctrina los requisitos necesarios para activar esta cobertura de cumplimiento auxiliar[9]: en primer término, que la insolvencia del codeudor resulte oficialmente acreditada, lo cual es sencillo si se exhibe el auto de declaración de concurso; y, en segundo lugar, que en la vía de regreso ha resultado infructuosa la ejecución (puesto que ya no puede reclamar a deudor insolvente si ha alcanzado la exoneración), aspecto demostrable a través del auto que concede la liberación de las deudas. El acreedor en tal situación ostenta una ventaja o cierta garantía de cobro, pues puede dirigirse contra el resto de deudores para obtener el pago íntegro del crédito[10]. Su interés, de alguna manera, queda protegido; no obstante, sin olvidar que el resto de codeudores pueden acogerse a la exoneración en caso de concurso.

Queda otra cuestión por tratar respecto de esta vía. La relación solidaria pasiva interna despliega sus propios efectos; así, recuerda el art, 1145 II CC que el codeudor que realice el pago podrá *"(…) reclamar de sus codeudores la parte que a cada uno corresponda, con los intereses del anticipo"*. El pago satisfecho por el codeudor activa en su favor y de manera *ex novo* un derecho de crédito frente a los codeudores beneficiados por aquél (la parte del importe que correspondiera abonar a cada uno en virtud de la obligación contraía); sin embargo, la exoneración de un codeudor hace inmune este derecho de regreso contra el codeudor exonerado ex art. 491.2 TRLC. Procede plantearse entonces qué ocurre en el seno de esa solidaridad pasiva de ámbito interno: ¿deben los codeudores beneficiados abonar el importe íntegro al codeudor que afrontó el pago, incluida la parte del compañero exonerado?, ¿o sólo la parte que inicialmente les correspondía pagar a cada uno, sin añadirle la porción del deudor liberado? La solución que procede aplicar es la primera, por la siguiente razón: si el codeudor regresante ha afrontado toda deuda y sólo exige al resto su parte individual, sin añadirle la que deja de pagar el deudor exonerado (frente a quien ya no puede dirigirse —art. 491.2 TRLC—), el resultado sería injusto. El regresante pagaría dos porciones de la deuda (la suya y la del exonerado), mientras que el resto de codeudores quedarían inmunes frente a la insolvencia de su compañero, y esta no es la solución que marca el CC. La insolvencia de un codeudor debe ser suplida a prorrata por el resto (art. 1145 III CC), de

---

9 DÍEZ-PICAZO Y PONCE DE LEÓN, L., *Fundamentos de derecho civil patrimonial*, vol. 2, cit., p. 243.

10 LACRUZ BERDEJO, J. L., y otros, *Elementos de derecho civil*, Tomo II, Vol. I, *Derecho de obligaciones*, Bosch, Barcelona, 1977, p. 68.

manera que en vía de regreso cada codeudor beneficiado deberá abonar al regresante su cuota más una porción de la que deja de pagar el deudor exonerado[11]; de este modo, todos los codeudores afrontan la insolvencia experimentada en el seno de la relación plural.

Respecto de las obligaciones mancomunadas, el art. 491 TRLC no efectúa mención alguna y, habida cuenta del contexto legal que disciplina la teoría general de obligaciones, no parece necesario. El principio de mancomunidad contemplado en el CC se traduce en ausencia de responsabilidad de los codeudores por la insolvencia de alguno de ellos. Si la obligación presenta una naturaleza divisible, se presumirá dividida en tantas partes iguales como deudores haya, reputándose deudas distintas unas de otras (art. 1138 CC); en cambio, si aquélla fuera indivisible, no estarán los demás obligados a suplir la falta ocasionada por el deudor insolvente (art. 1139 CC). En estos casos, la exoneración de un deudor es un riesgo que soporta el acreedor, quien ya no podrá obtener el cobro íntegro del crédito, sino únicamente las porciones de los codeudores solventes y no exonerados.

1.3. El aseguramiento del crédito

En tiempo de constitución de la obligación, el acreedor puede salvaguardar su interés en el cumplimiento recurriendo al mercado asegurador. En este plano, la clásica Ley 50/1980, de 8 de octubre, de Contrato de Seguro (LCS) ofrece distintas posibilidades para garantizar la cobertura del crédito, pues la prestación del asegurador en favor del acreedor igualmente queda a salvo de la exoneración concedida al amparo del art. 492.1 TRLC. Cabe indicar que la inclusión de los aseguradores en el citado precepto constituye una novedad de la Ley 16/2022, pues la LC de 2003, así como el originario art. 502 TRLC, no efectuaban precisión alguna en torno a ellos. Ahora bien, aunque la contratación de estos seguros no tiene la misma incidencia en todos los sectores, constituye un potente arma para la tutela y aseguramiento del crédito frente a la exoneración.

En torno a las deudas por responsabilidad civil derivada del delito, extracontractual por muerte o daños personales, o prestaciones laborales (indemnizaciones) por accidente de trabajo y enfermedad profesional, la eventual cobertura aseguradora del deudor constituiría una efectiva garantía para su cobro; sin embargo, el art. 492.1 TRLC no opera aquí, pues tales

---

[11] DÍEZ-PICAZO Y PONCE DE LEÓN, L., *Fundamentos de derecho civil patrimonial*, vol. 2, cit., p. 248.

créditos no se ven afectados por la exoneración al tener la consideración de pasivo no exonerable (art. 489 1.º y 2.º TRLC).

Respecto de la eventual responsabilidad civil contractual, la indemnización sí puede ser exonerada[12]. A tal efecto, cobran una especial importancia algunos seguros típicos de la LCS para salvaguardar el pago en favor del perjudicado (el acreedor); concretamente, los denominados seguros de crédito y caución. En torno al seguro de crédito, constituye una vía regulada muy en consonancia con la propia normativa concursal. Su tipificación aparece contemplada en los arts. 69-72 LCS, y es un seguro mediante el cual *"(...) el asegurador se obliga, dentro de los límites establecidos en la Ley y en el contrato a indemnizar al asegurado las pérdidas finales que experimente a consecuencia de la insolvencia definitiva de sus deudores"* (art. 69 LCS). Un mecanismo pensado para un acreedor que busca asegurar su interés económico frente a deudores poco fiables. La aseguradora analiza el grado de solvencia de cada uno de ellos en aras a determinar los porcentajes máximos de cobertura. De este modo, el seguro de crédito ofrece al acreedor una vía específica para garantizar parte del cobro del crédito ante una eventual exoneración de alguno de sus deudores[13]; pero también ante eventos de impago más generales y tempranos, como la insolvencia de hecho o declarada judicialmente.

Sobre el concepto de insolvencia definitiva, dista mucho del que aborda el art. 2 TRLC. El art. 70 LCS menciona cuatro supuestos: el primero, cuando haya sido declarado en quiebra mediante resolución judicial firme (art. 70 I LCS), aspecto que debe ser interpretado según lo que estableció la Disposición Adicional Primera 2 de la LC 2003: *"Todas las referencias a la quiebra o al concurso de acreedores contenidas en preceptos legales que no hayan sido expresamente modificados por esta ley se entenderán realizadas al concurso en el que se haya producido la apertura de la fase de liquidación"*[14]. En los concursos de deudores personas físicas, el acreedor puede solicitar el cobro de todo o parte del

---

12 Sobre este extremo, apuntan CUENA CASAS, M.; y FERNÁNDEZ SEIJO, J. M., (*La exoneración del pasivo insatisfecho en el concurso de acreedores de persona física*, cit., pp. 142-143) que la exoneración en estos caso procede, incluso, aunque el daño derivado de la responsabilidad contractual haya sido originado de manera dolosa. Alegan los autores que si la exoneración le es oponible al asegurador que ejercita la acción en vía de regreso frente al asegurado, estamos asegurando la conducta dolosa en contra del art. 19 LCS; y, para evitar este perverso resultado, resulta conveniente acudir al art. 487.1 6.º TRLC y alegar la mala fe del deudor por actuar de forma temeraria al tiempo de contraer el endeudamiento.

13 STS de 3 de junio de 2008 (RJ 2008\4171).

14 STS de 22 febrero de 2019 (JUR 2019/72108).

crédito una vez abierta la liquidación de conformidad a lo establecido en los arts. 406-410 TRLC, sin esperar a que el deudor presente solicitud de exoneración de su pasivo dentro del plazo de audiencia concedido a las partes —computado desde la puesta de manifiesto del informe final en la oficina judicial— para formular oposición a la solicitud de conclusión del concurso (arts. 469.1 y 501.2 TRLC). No obstante, conviene informar al asegurador de la declaración de concurso del deudor, pues es posible que opte por pagar el porcentaje del crédito o créditos asegurados durante la fase común, al objeto de integrarse, así, en la masa pasiva mediante por el importe pagado (art. 263.2 TRLC), ya que es obligación básica del acreedor en este seguro la cesión del crédito que tenga contra el deudor una vez resulte satisfecha la indemnización (art. 72 III LCS).

Otro supuesto de insolvencia definitiva lo constituye el convenio que establece una quita en el importe de los créditos (art. 70 II LCS); opción que queda circunscrita a lo establecido en la normativa concursal (art. 317.1 TRLC) y que permite al acreedor obtener el cobro del asegurador de una parte de la quita que ha experimentado el crédito a raíz del convenio. En tercer lugar, también se considera producido el siniestro en el seguro de crédito cuando se haya despachado mandamiento de ejecución o apremio, sin que del embargo resulten bienes libres bastantes para el pago (art. 70 III LCS), aspecto sobre el que no realizaremos consideraciones específicas. Y, en último lugar, el asegurador viene obligado a cumplir la prestación cuando el asegurado y el asegurador, de común acuerdo, consideren que el crédito resulta incobrable (art. 7 IV LCS). Aquí, el legislador ha querido dejar en manos de la autonomía de la voluntad de las partes la designación de otros supuestos que conformen el siniestro y no estén recogidos en los tres apartados anteriores; por ejemplo, es posible pactar la existencia de insolvencia definitiva ante un retraso de un mes en el impago del crédito, ante un convenio concursal que, sin establecer quita, determine esperas[15], o por la mera declaración de concurso del deudor[16].

Por otra parte, la LCS ofrece otro seguro muy conectado al que acabamos de examinar: el seguro de caución. A deferencia de la modalidad anterior, este seguro no lo formaliza el acreedor como tomador, sino el deudor para garantizar frente a terceros el impago de créditos futuros. Dis-

---

15 MARIMÓN DURÁ, R., "El seguro de crédito", en BERCOVITZ RODRÍGUEZ-CANO, A. (Dir.), *Contratos mercantiles*, Tomo II, Aranzadi, Cizur Menor, 2009, pp. 753-783, p. 766.

16 Esta opción la ofrecen algunas compañías aseguradoras, como, por ejemplo, Mapfre: https://www.mapfre.es/empresas/seguros-de-credito/

pone el art. 68 LCS: *"Por el seguro de caución el asegurador se obliga, en caso de incumplimiento por el tomador del seguro de sus obligaciones legales o contractuales, a indemnizar al asegurado a título de resarcimiento o penalidad los daños patrimoniales sufridos dentro de los límites establecidos en la Ley o en el contrato. Todo pago hecho por el asegurador deberá serle reembolsado por el tomador del seguro"*. En realidad, este seguro no está dirigido a dar una cobertura total o parcial del crédito impagado —exonerado—, pues el asegurador se obliga, no a cumplir por el deudor principal, sino a resarcir al acreedor de los daños y perjuicios que el incumplimiento le hubiera producido[17]. De este modo, el seguro de caución ofrece cierta cobertura económica para créditos ante una eventual exoneración; el acreedor afectado (asegurado) obtendrá un resarcimiento por el perjuicio ocasionado del impago, constituyéndose así como un seguro en nombre ajeno[18].

1.4, La hipoteca establecida sobre un bien de titularidad ajena al deudor

Otra vía para el cobro del crédito exonerado, y que ha reconocido la Ley 16/2022 como novedad, es su reforzamiento mediante hipoteca con un bien propiedad de un tercero no deudor. El hipotecante no deudor es un sujeto ajeno al obligado, no afecto al pago de la obligación; sólo está vinculado a ella un bien de su patrimonio, susceptible de emplearse en la satisfacción del crédito (ajeno). Naturalmente, tal circunstancia no lo convierte en deudor y, consecuentemente, tampoco como un garante análogo al fiador[19]; no es obligado del crédito principal, pero sí responsable —mediante el inmueble gravado— de aquél. Considerando este planteamiento, fue objeto de discusión —durante la vigencia de la LC 2003— la posición que asumía el hipotecante no deudor respecto de la obligación exonerada: si cabía la aplicación analógica del art. 178 bis 5 LC, que deja a salvo de la

---

17 Entre otras: STS de 26 de enero de 1995 (RJ 1995/172); de 22 de septiembre de 1997 (RJ 1997/6410); de 30 de enero (RJ 1998/353); de 24 de julio (RJ 1998/6140); de 30 de diciembre de 1998 (RJ 1998/ 9983); de 20 de diciembre de 1999 (RJ 1999/8983); y de 26 de febrero de 2000 (RJ 2000/1020).

18 Indica MUÑOZ PAREDES, M. L., ["Seguro de caución y concurso del tomador (Comentario a la sentencia del Juzgado de lo Mercantil número 6 de Madrid de 18 de febrero de 2013)", *Anuario de Derecho Concursal*, n.º 30, 2013 (consultado en Aranzadi Instituciones: BIB 2013\1725)] que el seguro de caución es de cuenta ajena, pues el tomador no asegura un interés propio, sino ajeno: el que tiene el asegurado en ser resarcido por el asegurador de los daños derivados del incumplimiento de una obligación que el tomador ha contraído con él.

19 SSTS de 3 de febrero de 2009 (RJ 2009/1361) y de 6 de octubre de 1995 (RJ 1995/7022); entre otras.

exoneración los derechos de los acreedores frente a los obligados solidariamente con el concursado y frente a sus fiadores o avalistas.

El asunto fue resuelto por la RDGRN de 20 de septiembre de 2019[20], que vino a afirmar la posibilidad del acreedor para dirigirse contra el hipotecante no deudor en la ejecución de la garantía que pesa sobre el bien que la soporta, ante la imposibilidad de obtener el cobro del crédito exonerado. Poco después, esta solución se materializó en la norma concursal con la nueva redacción del art. 492.1 TRLC. No debemos olvidar que el crédito garantizado mediante hipoteca sobre patrimonio ajeno es exonerable. Conforme dispone el art. 492.1 TRLC, es posible deducir que los arts. 270 1.º y 489.1 8.º TRLC declaran el privilegio especial y la imposibilidad de exoneración únicamente para los créditos con garantía real cuando el titular del bien gravado es el deudor y no un tercero, pues el bien garavado no se integra en la masa activa (art. 192.1 TRLC).

Así, el acreedor que haya logrado obtener una garantía de su crédito en estos términos —caso no muy frecuente—, podrá instar la ejecución del bien y sortear la exoneración concedida al deudor.

2. *Vías posteriores al concurso*

2.1. La protección del acreedor ante su potencial insolvencia

La Ley 16/2022 de reforma concursal, que dio una nueva redacción al art. 489 TRLC, vino a introducir una medida tutelar para el potencial acreedor exonerado: *"Excepcionalmente, el juez podrá declarar que no son total o parcialmente exonerables deudas no relacionadas en el apartado anterior cuando sea necesario para evitar la insolvencia del acreedor afectado por la extinción del derecho de crédito"* (art. 489.2 TRLC). Respecto de este contenido, cabe efectuar algunas consideraciones. En primer término, el art. 489.2 TRLC concede una facultad, no un deber; considerando esta redacción (*"excepcionalmente, el juez podrá..."*), todo parece indicar que una futura crisis económica de acreedor no necesariamente ha de impedir la exoneración —de créditos que, por su propia naturaleza, tienen la consideración de exonerables—. A mi juicio, el legislador debía haber sido más rotundo y establecer un mandato imperativo, dejando fuera de toda duda que la exoneración, en ningún caso, debe arrojar este efecto consecutivo, pues la tutela patrimo-

---

20 RDGRN de 20 de septiembre de 2019 (RJ 2019\4541).

nial del deudor exonerado no justifica, como efecto rebote, la insolvencia del acreedor afectado.

En segundo lugar, esta posibilidad de limitar los créditos que serán objeto de la exoneración (aquéllos cuya incobrabilidad pone en peligro la subsistencia económica del acreedor afectado), presenta otra carencia. La norma no precisa en detalle las condiciones objetivas que deben proceder para activar la protección establecida; no menciona el tipo de insolvencia. Parece obvio que el legislador se refiere, al menos, a un estado de insolvencia actual, de modo que la exoneración acarrea de manera inmediata una falta de cumplimiento regular de las obligaciones exigibles del acreedor. Una circunstancia que el legislador deja a la libre discrecionalidad del juez[21] y que, en mi opinión, debería haber sido objeto de mayor concreción. Habría resultado aconsejable indicar la modalidad, señalando que *"el juez podrá declarar no exonerables las deudas no relacionadas en el apartado anterior cuando sea necesario para evitar la insolvencia actual o inminente del acreedor afectado por la exoneración"*. Entiendo razonable incluir la insolvencia inminente, pues aún existiendo un margen de tres meses (art. 2.3 TRLC), la exoneración se convierte en causa necesaria del declive económico del acreedor afectado. Así, corresponde a éste ejercitar la oportuna oposición a la exoneración alegando un peligro para su subsistencia en el mercado, habida cuenta del "agujero" que aquélla ocasionaría en su situación financiera, aspecto que no siempre resultará sencillo de demostrar[22].

2.2. La revocación de la exoneración

La opción más esperanzadora para el acreedor es frustrar la exoneración logrando revocarla. Una medida destinada a revertir sus efecto y recuperar las acciones de cobro que resultaron inhibidas por efecto de aquélla. La Ley 16/2022 ha incorporado una serie de cambios en la regulación de este instrumento, aunque en términos generales, mantiene una línea muy similar a la que contemplaba el TRLC en su versión originaria. Procede indicar que la revocación practicada sobre la exoneración es una facultad eminentemente causal y ejercitable exclusivamente por quien dispone de legitimación para invocarla. Por otra parte, la normativa concursal dispone

---

21 FERNÁNDEZ PÉREZ, N., "La exoneración del pasivo insatisfecho tras la Ley 16/2022 de 5 de septiembre", *Anuario de Derecho Concursal*, n.º 58, 2023, pp. 49-84, p. 66.

22 TOMÁS TOMÁS, S., "La exoneración del pasivo insatisfecho tras la Ley 16/2022, de 5 de septiembre", *Anuario de Derecho Concursal*, n.º 58, 2023, pp. 85-140, p. 133.

un único régimen para el ejercicio de la revocación, a la que se añaden algunas especialidades si el concursado opta por la vía de la exoneración con plan de pagos[23].

En primer término, la legitimación para el ejercicio de la revocación corresponde únicamente al acreedor del crédito exonerado: *"Cualquier acreedor afectado por la exoneración estará legitimado para solicitar del juez del concurso la revocación de la exoneración del pasivo insatisfecho"* (art. 493.1 TRLC). Se trata de una mejora incorporada respecto del régimen anterior (originario art. 492.1 TRLC y 178 bis 7.º LC), que legitimaba a cualquier acreedor concursal para promoverla. Esta previsión carecía de sentido porque, a mi juicio, el verdadero interesado en ejercitar la revocación es el titular del crédito exonerado (sujeto directamente perjudicado) y no otro[24]. Esta legitimación tan concreta se aplica sólo para formular el trámite de solicitud de revocación, pero una vez se le dé curso, el resto de acreedores —no afectados por la exoneración— podrán personarse para defender su estimación (art. 493 bis 2.º TRLC); por ejemplo, aportando pruebas que acrediten la existencia de la causa alegada, como una posible ocultación de activo por parte del deudor para eludir el abono de los créditos y lograr su exoneración.

Seguidamente, el art. 493.1 TRLC recoge el elenco de causas que permiten solicitar la revocación: *"1. Cualquier acreedor afectado por la exoneración estará legitimado para solicitar del juez del concurso la revocación de la exoneración del pasivo insatisfecho en los siguientes casos: 1.º Si se acreditara que el deudor ha ocultado la existencia de bienes, derechos o ingresos. 2.º Si, durante los tres años siguientes a la exoneración con liquidación de la masa activa, o a la exoneración provisional, en caso de plan de pagos, mejorase sustancialmente la situación económica del deudor por causa de herencia, legado o donación, o por juego de suerte, envite o azar, de manera que pudiera pagar la totalidad o al menos una parte de los créditos exonerados. En caso de que la posibilidad de pago fuera parcial, la revocación de la exoneración solo afectará a esa parte. 3.º Si en el momento de la solicitud estuviera en tramitación un procedimiento penal o administrativo de los previstos en los ordinales 1.º y 2.º del apartado 1 del artículo 487, y dentro de los*

---

23 En sentido técnico no hablaríamos de una revocación puesto que en vía de plan de pagos —y en tanto éste se halle en fase de cumplimiento— la exoneración resulta concedida en forma provisional y no todavía definitiva.

24 De la misma opinión: CUENA CASAS, M.; y FERNÁNDEZ SEIJO, J.M., *La exoneración del pasivo insatisfecho en el concurso de acreedores de persona física*, cit., p. 221; y TOMÁS TOMÁS, S., "La exoneración del pasivo insatisfecho tras la Ley 16/2022, de 5 de septiembre", cit., p. 131.

tres años siguientes a la exoneración en caso de inexistencia o liquidación de la masa activa, o a la exoneración provisional en caso de plan de pagos, recayera sentencia condenatoria firme o resolución administrativa firme (…)"[25]. En torno al primer supuesto, la ocultación intencionada de recurso económicos por parte del deudor, bien sea de bienes, derechos o ingresos, parece una razón obvia para la revocación. La exoneración tiene por objeto la tutela del deudor de buena fe, y distraer el activo para evitar sujetarlo al cumplimiento de las obligaciones contraídas, no sólo perjudica a la buena marcha del concurso, sino que, además, manifiesta una conducta malintencionada y sancionable con la calificación culpable del concurso (art. 443 TRLC: inexactitud grave por omisión de bienes en el inventario, aunque también el art. 443 1.º TRLC[26]), motivo que impide de base obtener la exoneración (art. 487.1 3.º TRLC)[27]. Por esta razón, en caso de estimar la revocación por este motivo, se procederá a la reapertura del concurso de acreedores con simultánea reapertura de la sección de calificación (art. 493 ter 1 TRLC).

En caso de mejora sustancial de la situación económica del deudor durante los tres años siguientes a la exoneración con liquidación de la masa activa, o a la exoneración provisional (mediante plan de pagos), también procederá la revocación, que será plena si el activo sobrevenido fuera suficiente para abonar la totalidad de las deudas, o parcial si éste sólo permitiera la satisfacción de una parte de ellas (arts. 493.1 y 493 ter 2 TRLC). En este último supuesto, el acreedor podrá obtener el cobro de su crédito si éste es excluido de la exoneración, y será pagado con cargo a ese patri-

---

[25] Por su parte, la Directiva 1023/2019, en su art. 23.2, ofrecía al legislador nacional una lista abierta de motivos de revocación: "*(..) a) cuando el empresario insolvente haya vulnerado sustancialmente las obligaciones asumidas en virtud de un plan de pagos o cualquier otra obligación jurídica orientada a salvaguardar los intereses de los acreedores, incluida la obligación de maximizar los rendimientos para los acreedores; b) cuando el empresario insolvente haya incumplido sus obligaciones en materia de información o cooperación con arreglo al Derecho de la Unión y nacional; c) en caso de solicitudes abusivas de exoneración de deudas; d) en caso de presentación de una nueva solicitud de exoneración dentro de un determinado plazo a partir del momento en que el empresario insolvente haya obtenido la plena exoneración de deudas o del momento en que se le haya denegado la plena exoneración de deudas debido a una vulneración grave de sus obligaciones de información o cooperación; e) cuando no esté cubierto el coste del procedimiento conducente a la exoneración de deudas, o f) cuando sea necesaria una excepción para garantizar el equilibrio entre los derechos del deudor y los derechos de uno o varios acreedores*".

[26] Vid.: STS de 27 de marzo de 2014 (RJ 2014/2147).

[27] Una sustracción patrimonial clandestina que, en los casos más graves, también puede implicar un delito de alzamiento de bienes (art. 257 CP) o de insolvencia punible (art. 259.1 1.º CP).

monio sobrevenido, recuperando su acción de cobro a la conclusión del concurso (art. 493 ter II TRLC). La tercera y última causa de revocación es la eventual condena firme y futura en proceso administrativo o penal en trámite al amparo del art. 487.1 1.º y 2.º TRLC (art. 493.1 TRLC). Actualmente no es preciso suspender la obtención de la exoneración en estos casos, pues si finalmente el proceso desemboca en condena por delito o infracción administrativa que impida el acceso a la exoneración (art. 487.1 1.º y 2.º TRLC), el art. 493.1 3.º TRLC ordena revocarla si la sentencia o resolución administrativa firme recayera en los tres años siguientes a la exoneración por inexistencia o liquidación de la masa activa, o a la exoneración provisional. En último lugar, para el caso del plan de pagos, procederá la revocación por incumplimiento de aquél cuando resulte imputable al deudor (art. 499 ter TRLC).

En conclusión, la revocación sirve al acreedor, no como vía alternativa para la satisfacción de su crédito, sino como instrumento rehabilitador de sus acciones de cobro, porque constituye una reversión en el derecho ejercitado por el deudor y que ahora resulta carente de todo efecto. En todo caso, la revocación no es una opción controlada por el acreedor, pues sólo procede por el advenimiento de las causas tasadas en la ley, lo que escapa al control del acreedor.

2.3. El desembolso voluntario del crédito por el deudor o un tercero

Otra opción posible, aunque de producción escasa, es el pago voluntario del crédito exonerado por el deudor o un tercero. Este hecho puede ocurrir por dos razones esenciales: la primera, por la buena fe del deudor, quien, tras su recuperación económica, reconoce el sacrificio patrimonial que ha sufrido el acreedor y desea limar las asperezas que afloraron durante la insolvencia. El otro motivo, más ajustado a la realidad, reside en un interés comercial: si el deudor recupera su actividad económica tras el concurso, necesitará restaurar sus relaciones comerciales con los terceros, por ejemplo, con sus proveedores anteriores. Considerando la exoneración que experimentaron, es posible que rechacen atender los nuevos pedidos ante una razonable desconfianza en su solvencia, o bien se muestren dispuestos a llevar a término la contratación bajo mayores garantías o cargas para asegurar el pago de las obligaciones.

Como ya no procede el ejercicio las acciones de cobro por las deudas exoneradas, no es extraño que acreedor y deudor lleguen a un acuerdo verbal basado en la estricta confianza para disciplinar la eventual devolución del importe del crédito insatisfecho. Naturalmente, este pacto no puede tener fuerza jurídica vinculante, ya que, en caso contrario, restaría eficacia a la exoneración, dando lugar a fórmulas perversas (presión de los acreedores para firmar un nuevo contrato de asunción de las deudas exoneradas, o formalizando *ex novo* garantías para obtener su cobro). Generalmente, en la escasez de ocasiones en que el deudor acceda a abonar algún crédito exonerado, el pago no será total: asumirá una parte de aquél. Además, la devolución puede proceder de múltiples modos: por ejemplo: mediante un pago único o diferida a través de varias modalidades, como la asunción de un suplemento o porcentaje del valor sobre cada factura que corresponda a pedidos ulteriores que realice, hasta completar toda la cuantía acordada.

En otros casos, un tercero cercando al deudor puede, a petición de éste, abonar alguno crédito exonerado. Generalmente, se recurre a esta vía cuando el propio deudor no dispone de patrimonio suficiente, de modo que puede resultar beneficiario de un acto de buena fe que realiza el tercero en su favor, abonando el importe del crédito sin que ello le suponga un coste (acto de liberalidad); o bien, la satisfacción puede producirse de forma onerosa, pactando una devolución total o parcial de la cuantía que pague el tercero benefactor, obligación que tendrá fuerza jurídica en todos su términos, salvo los límites previstos en el art. 1255 CC.

Las costas procesales en el concurso de acreedores tras la transposición de la Directiva Europea 2019/1023 de Reestructuración e Insolvencia

SONIA UCEDA MARTÍNEZ
Magistrada Suplente en la Audiencia Provincial de Valencia
smaruce@gmail.com

I. INTRODUCCIÓN

En la presente comunicación se analizan las principales novedades introducidas en el Real Decreto Legislativo 1/2020, de 5 de mayo, por el que se aprueba el Texto Refundido de la Ley Concursal, tras la reforma de la Ley 16/2022 de 5 de septiembre (transposición de la Directiva europea 2019/1023 de reestructuración e insolvencia) en lo que atañe a las costas procesales en el concurso de acreedores.

Las costas las examinaremos en las diferentes fases del concurso de acreedores, así, desde las generadas en caso de declaración de concurso a solicitud del acreedor o de los demás legitimados distintos del deudor, como las que se generen durante toda la tramitación del procedimiento y sus incidentes y demás procedimientos judiciales hasta la eficacia del convenio o, en otro caso, hasta la conclusión del concurso.

Las estudiaremos en la pieza básica del sistema procesal de la legislación concursal, cual es, el incidente concursal como procedimiento especial a través del cual se van a ventilar todas las cuestiones que se susciten durante el concurso y que no tengan señalada expresamente otra tramitación distinta.

Como principal novedad, destacamos que en materia de calificación del concurso de acreedores se establece un régimen específico en materia de condena en costas, que establece reglas especiales frente al régimen general de los artículos 394 y siguientes de la Ley de Enjuiciamiento Civil (en adelante, LEC), de aplicación a los incidentes concursales.

Y en último lugar, realizaremos un pormenorizado estudio sobre la calificación de los créditos provenientes de los gastos y costas judiciales, con la repercusión que la misma tendrá en la masa del concurso y los acreedores.

II. DELIMITACIÓN DEL CONCEPTO, NATURALEZA JURÍDICA Y FINALIDAD DE LAS COSTAS PROCESALES

El Estado —afirma MORENO CATENA[1]— al asumir el deber de proporcionar a los ciudadanos un «servicio público de justicia» prohibiendo la tutela privada de los derechos, tiene la obligación de facilitar a los justiciables los medios materiales y humanos que les permitan el ejercicio real de la tutela judicial efectiva, derecho fundamental consagrado en el art. 24 de la Constitución Española (en adelante, CE). La sustanciación de cualquier procedimiento —indica el autor— lleva aparejado unos desembolsos económicos ciertos, unos costos importantes que corren a cargo del Estado y de los litigantes. Por tanto, cuando los litigantes soliciten la intervención de los tribunales deben entender que dicha actividad procesal les generará una serie de gastos que deberán asumir; si bien, el artículo 119 CE contempla «el derecho a la justicia gratuita cuando así lo disponga la ley y, en todo caso, respecto de quienes acrediten insuficiencia de recursos para litigar» por lo que, el justiciable que carezca de recursos económicos se encuentra amparado por la garantía constitucional del artículo 24 CE, que le facilita la accesibilidad a la tutela, pero —concluye MORENO CATENA— no alcanza, en cambio, a las decisiones jurisdiccionales adoptadas en materia de costas en un procedimiento concreto[2].

---

1 MORENO CATENA, V., "Los costes del proceso civil", en CORTÉS DOMÍNGUEZ, V. y MORENO CATENA, V. (dir.): *Derecho Procesal Civil Parte General* 10ª Edición, Tirant lo Blanch, 2019, p. 477.

2 STC 102/2020, de 21 de septiembre —FJ2 y 3—. Recuerda que la condena en costas no se incluye dentro del derecho a la tutela judicial efectiva, lo que implica

Entre los gastos que se generan en un proceso, están los que se destinan por parte del Estado y de las Comunidades Autónomas que tienen transferidas las competencias en materia de Justicia, al funcionamiento la Administración de Justicia (medios personales, materiales, digitalización…) y a los que se dedica una partida de su presupuesto; los que tienen que asumir las partes para reclamar sus derechos o para la defensa de estos; y los de terceros que participan en el proceso como testigos o peritos.

Dentro de los gastos que las partes suelen verse obligadas a realizar, se encuentran los que se generan con carácter previo al proceso, como las consultas con profesionales (abogados, procuradores, peritos…), o para la elaboración de informes u obtención de documentos; también pueden tener lugar otros gastos al margen del proceso —una vez iniciado—, como los que pueden surgir cuando se mantienen reuniones con los letrados de las otras partes, o para la preparación del juicio, o por el trabajo que se realice con peritos, negociaciones entre las partes, etc.; e incluso, también se pueden generar gastos por las actuaciones procesales de las partes, como puede ser, realizar un desplazamiento para practicar un reconocimiento judicial; también se generan otros gastos indispensables para el ejercicio de la actividad procesal como son el abono de la tasa judicial, el depósito judicial para recurrir o para interponer demanda de revisión; y otros de naturaleza fiscal, como la liquidación del impuesto correspondiente que devenguen los actos que figuren en los documentos que deban aportarse al proceso.

Estos gastos, salvo los que tienen reconocido el derecho a litigar gratuitamente —según la Ley de Asistencia Jurídica Gratuita—, serán abonados por la parte a cuya instancia son causados, constituyéndose como una verdadera carga a medida que se vayan produciendo[3], e incluso podrán ser reclamados por los titulares de tales créditos[4] sin esperar a que el proceso

---

que el legislador puede definir libremente su contenido y los requisitos que han de guiar la imposición judicial de las costas procesales. En ese marco, descarta también que el art. 246.3 LEC, al establecer un régimen de condena en costas para la estimación total o parcial de la impugnación (distinto al común del art. 394.2 LEC), resulte contrario al art. 14 CE.

3 Por tal motivo, de no proveerse previamente a su pago, no se realizará la diligencia o actuación postulada o no se dará curso a su petición (art. 343.3 LEC para los peritos); y caso de haberse practicado la diligencia se procederá a la vía de apremio (art. 375.2 LEC para los testigos).

4 Ejemplo de esta tutela del crédito se regula en los arts. 34 y 35 LEC (abogados y procuradores) ofrecimiento de caución en las diligencias preliminares (art. 256.3 LEC) y provisión de fondos a favor del perito (art. 342.3 LEC).

finalice y con independencia del eventual pronunciamiento sobre costas que en éste recaiga (art. 241.1 y 2 LEC). Esta regla rige tanto en primera instancia como en fase de recursos ordinarios y extraordinarios.

Ahora bien, de todos estos «gastos procesales» que hemos enumerado a título ejemplificativo, no todos ellos deben ser conceptuados como «costas del proceso». La Ley considera que son «costas del proceso» solamente una parte de dichos gastos, que serán los que las partes litigantes deban satisfacer o reintegrar a la otra, en la forma que se determine cómo han de hacerse efectivos. La diferencia entre «gastos» y «costas» es muy relevante a efectos prácticos porque la condena al pago de las costas supondrá la imposición a la parte condenada del abono o reintegro de los gastos que se definan como tales, y no en cambio los demás gastos procesales ocasionados a la parte vencedora, que deberá asumirlos a pesar de la condena en costas a la parte contraria.

El concepto de «costas del proceso», se contempla en el artículo 241 LEC. Si bien, en dicho artículo, en realidad, no se define dicho concepto, sino que se describe lo que se consideran «gastos del proceso», afirmando que son aquellos desembolsos que tienen su origen directo e inmediato en la existencia de dicho proceso para después afirmar que las costas son parte de aquéllos que se refieren al pago de una serie de conceptos que se enumeran y que son: 1.º Honorarios de la defensa y de la representación técnica, cuando sean preceptivas; 2.º Inserción de anuncios o edictos que de forma obligada deben publicarse en el curso del proceso; 3º Depósitos necesarios para la presentación de recursos; 4.º Derechos de peritos y demás abonos que tengan que realizarse a personas que hayan intervenido en el proceso; 5.º Copias, certificaciones, notas, testimonios y documentos análogos que hayan de solicitarse conforme a la Ley, salvo los que se reclamen por el tribunal a registros y protocolos públicos, que serán gratuitos; 6.º Derechos arancelarios que deban abonarse como consecuencia de actuaciones necesarias para el desarrollo del proceso y 7.º La tasa por el ejercicio de la potestad jurisdiccional, cuando sea preceptiva.

La naturaleza jurídica de las costas procesales es —siguiendo a CABRERA GALEANO[5]— «la de una responsabilidad civil establecida por la ley para

---

[5] Haciendo referencia a la sentencia de 19 de octubre de 1998 de la Audiencia Provincial de Valencia, () establecía lo siguiente: «Conviene recordar con carácter previo algunos aspectos de la condena en costas. En primer lugar que el fundamento de la misma, bien se siga el criterio del vencimiento, establecido en la actualidad en el proceso civil español con carácter general (art. 523 de la Ley de Enjuiciamiento Civil), o el anteriormente vigente de la mala fe o temeridad (basa-

resarcir al beneficiario derivado de la imposición de los gastos que la contraparte le ha causado como consecuencia de la sustanciación del procedimiento» y la finalidad de éstas es, «restablecer la situación patrimonial de la parte que se ha visto obligada a incurrir en los gastos del proceso como consecuencia de la actuación censurable de la parte contraria»[6].

III. CONDENA EN COSTAS

Como veníamos diciendo, en un principio, cada parte pagará los gastos y costas del proceso que se hayan causado a su instancia conforme se vayan produciendo. Solamente podrán imponerse las costas a la otra parte litigante, si previamente ha sido condenada en una resolución judicial que así lo acuerde.

Son varias las teorías que fundamentan la imposición de costas: una primera que considera que las costas vienen a ser una *sanción* a las partes que han litigado de forma dolosa y con mala fe en el proceso ya que sus pretensiones han resultado infundadas; otra segunda, que cree que deben ser una *indemnización* por los daños causados a la parte que se ha visto obligada a comparecer como demandada para oponerse a una pretensión carente de fundamento o bien, porque ha tenido que iniciar un pleito como consecuencia de la oposición del demandado a dar cumplimiento a una pretensión manifiestamente procedente como consecuencia de la conducta culposa o negligente de la otra parte; y una última, que considera que el mero hecho de ser vencido en juicio debe ser determinante de la condena en costas, ya que es una *necesidad objetiva* (con independencia de cualesquiera consideraciones subjetivas sobre el comportamiento procesal de las partes), a no ser que existan razones que justifiquen que el órgano jurisdiccional acuerde otro pronunciamiento.

La doctrina legal parece inclinarse por la tercera de las teorías expuestas, ya que lo que se busca con la condena en costas es satisfacer a las partes que se han visto obligadas a afrontar una serie de gastos obligatorios en un proceso para obtener en él el reconocimiento de un derecho existente o

---

do en el art. 1902 del Código Civil), es el tratar de resarcir al beneficiario de dicho pronunciamiento de los gastos que la contraparte, la condenada a su pago, le ha causado al obligarla innecesariamente a acudir al proceso (SSTS 11 noviembre 1935 [RJ 19352065] y 3 junio 1940 [RJ 1940516])».

6 CABRERA GALEANO, M., FRANCISCO BLANCO, D. y CABRERA GALEANO, O., *Guía Práctica de Costas Procesales,* Tirant lo Blanch, 2018, p.16.

por haberse visto inquietado por la parte contraria, a la que se le han desestimado todas sus pretensiones.

Para FLORS MATIES[7], la condena en costas es «el pronunciamiento del órgano jurisdiccional en virtud del cual se impone a una sola de las partes el pago de todas las costas causadas en el proceso o en un incidente del mismo. Toda resolución que ponga fin al proceso deberá pronunciarse sobre el pago de las costas, sin necesidad de que medie petición de parte». De hecho —afirma ACHÓN BRUÑÉN— «el pronunciamiento en costas resulta obligado en toda sentencia (art. 209.4º LEC) o resolución, que ponga fin a una instancia, recurso o incidente, pudiendo ser denunciada dicha omisión por las partes *ex* arts. 215.2 LEC y 267.5 LOPJ en el caso de que la condena en costas haya sido interesada en sus respectivos escritos o aun cuando dicha pretensión no se hubiera deducido dado que para el órgano judicial resulta obligado pronunciarse al respecto, por lo que procede efectuar una interpretación extensiva de dichos preceptos»[8].

La parte que ha sido condenada en costas —el sujeto pasivo u obligado al pago— es a la que le han sido desestimadas todas las pretensiones. En cambio, el beneficiario es la parte que se ha visto favorecida en los pronunciamientos y a la que se le abonarán las costas.

El título constitutivo de este derecho es la resolución firme en que aquéllas se imponen, y en virtud del cual se confiere un crédito en favor de la parte vencedora que puede hacerlo efectivo, frente a la condenada al pago, por el procedimiento privilegiado que la LEC establece para ello, que se denomina tasación de costas[9] y se regula en el Título VII del Libro I (artículos 241 a 246).

Esta obligación de pago de las costas es de carácter procesal, accesoria y se deriva del juicio. La relación crediticia tiene lugar exclusivamente entre las partes litigantes, si bien, esta relación es distinta de la relación jurídica que une a cada profesional con su cliente por los servicios prestados, los cuales tienen acción para cobrar sus honorarios y derechos frente a quienes contrataron sus servicios[10].

---

7 FLORS MATIES, J., *GPS Procesal Civil 4a*, Tirant lo Blanch, 2020, p. 547.

8 ACHÓN BRUÑÉN, MJ., *Las costas procesales y las denominadas juras de cuentas. Soluciones a problemas que la LEC silencia*, Bosch, 2008, p.21.

9 El procedimiento de tasación de costas es un procedimiento especial, de carácter sumario y privilegiado que permite su exacción por la vía de apremio.

10 Véase, por todas, Tribunal Supremo, Sala Primera, de lo Civil, Sentencia 96/2006 de 14 Feb. 2006, Rec. 2397/1999, —FJ2—: «1ª Las sentencias de esta Sala sientan

IV. CRITERIOS DE IMPOSICIÓN

Son dos los sistemas teóricos a los que podemos acudir a la hora de adoptar los criterios de imposición de las costas procesales. El primero es el *criterio objetivo o del vencimiento,* que es aquél por el que se condena al litigante que pierde el pleito. Es un sistema de fácil aplicación porque solamente se tiene en cuenta quién es la parte vencedora en el proceso, y quién la vencida, siendo a esta última a la que se le impondrá su pago. El segundo, es el criterio *subjetivo o de la temeridad,* por el que se imponen las costas a quien el Tribunal considere que ha litigado de forma temeraria. Este criterio es más complicado porque requiere valorar la intencionalidad de las partes litigantes, lo que supondrá asumir un cierto margen de discrecionalidad

En el proceso civil español concurren ambos sistemas, y aunque la regla general es la del criterio objetivo de vencimiento (o regla del *victus victori*), este criterio se atempera cuando se faculta al órgano jurisdiccional —como excepción— a no imponer las costas a la parte vencida en el litigio si se estima que existen *serias dudas de hecho o de derecho* (de esta manera se introduce el criterio subjetivo por parte del juzgador).

En la LEC, concretamente en el capítulo VIII «de la condena en costas» del Libro II «de los procesos declarativos», se regula en los artículos 394 y siguientes, la condena en costas en la primera instancia y en el artículo 398, la condena en costas en los recursos de apelación y casación[11].

1. La condena en costas en la primera instancia. Procesos declarativos

Analicemos en primer lugar, la condena en costas en la primera instancia a la que hace referencia el artículo 394 LEC «En los procesos declara-

el criterio unánime de que el crédito originado por las costas "es propio y específico de la parte recurrida frente a la recurrente, a la cual se ha estimado el recurso de casación, no del Abogado y procurador. Estos profesionales tendrán acción para cobrar sus honorarios y derechos de quien contrató sus servicios, y a esta acción le es aplicable la prescripción del artículo 1967, 1º CC" (sentencia de 27 de marzo de 1999, así como sentencias de 23 de mayo de 1996, 6 de junio de 2001, 28 de junio de 2005, entre otras)».

11 Tras la entrada en vigor del Real Decreto-Ley 6/2023, de 19 de diciembre, por el que se aprueban medidas urgentes para la ejecución del Plan de Recuperación, Transformación y Resiliencia en materia de servicio público de justicia, función pública, régimen local y mecenazgo, se modifica el artículo 398 y se elimina cualquier referencia al recurso extraordinario de casación por infracción procesal (en vigor a partir del 20 de marzo de 2024).

tivos, las costas de la primera instancia se impondrán a la parte que haya visto rechazadas todas sus pretensiones, salvo que el tribunal aprecie, y así lo razone, que el caso presentaba serias dudas de hecho o de derecho. Para apreciar, a efectos de condena en costas, que el caso era jurídicamente dudoso se tendrá en cuenta la jurisprudencia recaída en casos similares».

Este precepto consagra el principio de imposición de las costas del pleito siguiendo la teoría del vencimiento objetivo. Es la regla que se aplicará a todos los procedimientos respecto de los que la LEC no establezca un régimen específico en materia de imposición de costas y comprende, —siguiendo la clasificación de FLORS MATIES—[12] los siguientes supuestos:

a) Vencimiento total: que tiene lugar, respecto al actor, cuando se desestima la totalidad de lo pedido en su demanda; y respecto al demandado, cuando se rechaza su petición de absolución porque se estima la demanda.

b) Estimación sustancial de la demanda: se asimila a la situación de vencimiento total por la jurisprudencia. Para el actor, cuando la desviación entre lo pedido y lo concedido se produce en aspectos meramente accesorios; también cuando afecta en cuantía mínima al importe de una indemnización de daños y perjuicios o al criterio de cálculo para determinar su importe. Y para el demandado, cuando, a pesar de no estimarse íntegramente la pretensión del actor, la diferencia entre lo pedido por éste y lo concedido en la sentencia es mínima, de manera que puede afirmarse que se ha producido una estimación sustancial de la pretensión en sus aspectos cualitativos y cuantitativos.

c) Cuando se ejercita una pretensión principal y subsidiaria: En el caso de que se desestime la principal y se estime la subsidiaria, la jurisprudencia considera que constituye un supuesto de vencimiento para el demandado, que ha de soportar la condena en costas.

d) Sobreseimiento: En el caso de acordarse el sobreseimiento del proceso por estimar una excepción procesal alegada por el demandado, ese pronunciamiento supondrá un rechazo de la pretensión del actor, que conllevará la imposición al mismo de las costas causadas conforme al criterio del vencimiento del art. 394.1 LEC (salvo que concurra la excepción prevista en él).

Ahora bien, la excepción a la regla general del vencimiento objetivo, esto es, que no se impongan las costas a la parte vencida, se basa en que el tribunal aprecie, y así lo razone, que el caso presenta serias dudas de hecho

---

12 FLORS MATIES, J., *GPS Procesal Civil 4a* …cit., p.557.

o de derecho, en cuyo caso, cada parte soportará sus costas y la mitad de las comunes.

En definitiva, la ley permite una excepción[13] al criterio del vencimiento en materia de costas en atención a las circunstancias particulares del supuesto (dudas de hecho y de derecho) y/o de la conducta procesal de las partes (temeridad o mala fe); si bien, esta decisión debe ajustarse a una «discrecionalidad razonada»[14], exigencia que se deriva de los arts. 24.1 y 120.3 de la CE que obliga al juzgador a razonar dicha resolución, evitando de esta manera que este arbitrio se pueda convertir en arbitrariedad ya que debe explicar en la sentencia cuáles son esas dudas que quedarán sometidas a revisión en el recurso de apelación[15].

Sobre lo que se consideran «serias dudas de hecho o de derecho», podemos entender que las «dudas de derecho» (o jurídicas) son aquellas que pueden surgir sobre la calificación jurídica de un hecho o los efectos jurídicos que éste provoca, o incluso acerca de la interpretación que deba darse a una norma jurídica, que hacen que cualquiera de las decisiones que puedan acordarse al respecto resulten razonables y admisibles. Uno de los casos más comunes es que existan diferentes posturas en las resoluciones de los tribunales acerca de la solución de un determinado supuesto de hecho (lo que suele ocurrir cuando no se ha pronunciado el Tribunal Supremo sobre una cuestión controvertida, y hasta que no tiene lugar el mismo, surgen diferentes interpretaciones entre las distintas Audiencias Provinciales); de ahí, que para apreciar si el caso es jurídicamente dudoso se debe tener en cuenta la jurisprudencia recaída en casos similares.

---

13 Al tratarse de una excepción, la interpretación debe ser estricta y restringida.

14 Véase, por todas, Tribunal Supremo, Sala Primera, de lo Civil, Sentencia 15/2018 de 12 Enero 2018, Rec. 1923/2015, —FJ3— 5. «Así, se ha establecido con carácter general el criterio del vencimiento en materia de costas (art. 394.1 LEC para la primera instancia y art. 398.1 LEC para los recursos), con la única excepción de que el caso presente serias dudas de hecho o de derecho, en lo que se denomina «discrecionalidad razonada». Con ello se trata de evitar que el sistema del vencimiento sea una consecuencia fatal y automática; pero el criterio general es el de la imposición de costas, de modo que sólo la aplicación discrecional de la excepción debe justificarse, pues exige que concurran circunstancias relevantes, que han de razonarse en su aplicación; mientras que la imposición de las costas ha de entenderse como la consecuencia ordinaria del proceso».

15 Dispone el artículo 397 LEC, en lo relativo a la apelación en materia de costas: «Lo dispuesto en el artículo 394, será de aplicación para resolver en segunda instancia el recurso de apelación en que se impugne la condena o la falta de condena en las costas de la primera instancia».

En cuanto a las «dudas de hecho» (o fácticas), son aquellas en las que los hechos objeto del pleito admiten diversas interpretaciones y, cualquiera de las posturas mantenidas por las diferentes partes litigantes acerca de éstas o de su significado, es razonables y lógica. La razón de ser de la excepción es que el litigio se presenta como inevitable para las partes, ya que al no estar claros los hechos determinantes, y a la vista de las fundadas y serias dudas existentes sobre ellos, no les queda otra opción a los litigantes que acudir a los tribunales para que resuelvan la controversia.

Tanto las dudas de hecho como de derecho han de ser serias (es decir, real e importante o de consideración, no basta una incertidumbre sin más —que es lo común en cualquier contienda judicial —se requiere un plus), deben ser objetivas (que puedan ser apreciadas por cualquier operador jurídico), fundadas y razonables, esto es, que resulte sumamente complejo a las partes conocer cuáles son los hechos que fundamentan la pretensión, los efectos jurídicos que producen, ya porque sean susceptibles de interpretarse de diferentes maneras, ya porque exista jurisprudencia contradictoria.

e) Estimación o desestimación parcial: En caso de estimación o desestimación parcial de las pretensiones, cada parte abonará las costas causadas a su instancia y las comunes por mitad, a no ser que hubiera méritos para imponerlas a una de ellas por haber litigado con temeridad (artículo 394.2 LEC). La temeridad a la que se refiere este artículo es, tanto la temeridad en sentido estricto (la parte litigante omite cualquier tipo de diligencia para conocer si la pretensión ejercitada en el proceso es razonable) como de la mala fe (la parte litigante, a sabiendas de que no le asiste la razón, insta y mantiene su postura en el proceso). Ahora bien, si el tribunal aprecia la temeridad o mala fe para imponer las costas, deberá motivarlo.

f) Limitación cuantitativa de las costas: El artículo 394. 3 LEC dispone que cuando se impongan las costas al litigante vencido, estas se deben sujetar a un límite cuantitativo, (salvo que el tribunal declare la temeridad del litigante condenado en costas), de forma que aquél solo estará obligado a pagar, de la parte que corresponda a los abogados y demás profesionales que no estén sujetos a tarifa o arancel, una cantidad total que no exceda de la tercera parte de la cuantía del proceso, por cada uno de los litigantes que hubieran obtenido tal pronunciamiento; a estos solos efectos, las pretensiones inestimables se valoran en 18.000 euros, salvo que, en razón de la complejidad del asunto, el tribunal disponga otra cosa. Una vez establecida cuál es la tercera parte de la cuantía del proceso, habrá de añadirse a la cantidad correspondiente al IVA[16]. Si bien, tras la Ley 42/2015, de 5 de octubre de

16 ATS 19 de abril de 2017, Rec.1746/2013.

reforma de la LEC, el artículo 243.2 LEC acabó con la discusión acerca de la inclusión del IVA en las costas, indicando que en la tasación, los honorarios de abogado y procurador han de incluir el IVA que, sin embargo, no se computará a efectos del límite establecido en el artículo 394. 3 LEC.

Esta limitación cuantitativa —según explica Flors Matíes[17]— se aplica al supuesto previsto en el apartado 1 de este artículo 394 LEC (regla objetiva del vencimiento) al igual que para el caso de estimación «sustancial» de la demanda, pero no en aquellos casos en los que siendo parcial la estimación o la desestimación de las pretensiones, la condena en costas a una de las partes se basa en la apreciación por el tribunal de haber litigado con temeridad (artículo 394.3 II LEC, en relación con el 394.2 LEC).

En último lugar, y continuando con la exégesis del artículo 394 LEC en el apartado 3 segundo párrafo se prevé, que cuando en la resolución que ponga fin al proceso fuera condenado en costas quien hubiera obtenido el reconocimiento del derecho a la asistencia jurídica gratuita o quien lo tuviera legalmente reconocido, éste quedará obligado a pagar las causadas en su defensa y las de la parte contraria, si dentro de los tres años siguientes a la terminación del proceso viniere a mejor fortuna, quedando mientras tanto interrumpida la prescripción del artículo 1.967 del Código Civil. Se presume que ha venido a mejor fortuna cuando sus ingresos y recursos económicos por todos los conceptos, superen el doble del módulo previsto en el artículo 3[18], o si se hubieran alterado sustancialmente las circunstancias y condiciones tenidas en cuenta para reconocer el derecho conforme a la presente Ley (artículo 36.2 de la Ley 1/96, de 10 de enero de Asistencia Jurídica Gratuita) (en adelante, Ley 1/96) en relación con el Real Decreto 141/2021, de 9 de marzo, por el que se aprueba el Reglamento de asistencia jurídica gratuita.

---

17 FLORS MATIES, J., *GPS Procesal Civil 4ª* ...cit., p.561.

18 El artículo 3 Ley 1/96, de 10 de enero de Asistencia Jurídica Gratuita dispone: «Requisitos básicos. 1. Se reconocerá el derecho de asistencia jurídica gratuita a aquellas personas físicas que careciendo de patrimonio suficiente cuenten con unos recursos e ingresos económicos brutos, computados anualmente por todos los conceptos y por unidad familiar, que no superen los siguientes umbrales: a) Dos veces el indicador público de renta de efectos múltiples vigente en el momento de efectuar la solicitud cuando se trate de personas no integradas en ninguna unidad familiar. b) Dos veces y media el indicador público de renta de efectos múltiples vigente en el momento de efectuar la solicitud cuando se trate de personas integradas en alguna de las modalidades de unidad familiar con menos de cuatro miembros. c) El triple de dicho indicador cuando se trate de unidades familiares integradas por cuatro o más miembros o que tengan reconocida su condición de familia numerosa de acuerdo con la normativa vigente».

Y el cuarto de los apartados del artículo 394 LEC dispone que, en ningún caso se impondrán las costas al Ministerio Fiscal en los procesos en que intervenga como parte.

Además de estas disposiciones generales que regula el artículo 394 LEC, se contemplan en los siguientes artículos unos supuestos especiales para la condena en costas que se caracterizan porque el proceso termina por actos de disposición de las partes: el allanamiento y el desistimiento.

a) El allanamiento del demandado —se regula en el artículo 395 LEC—, puede tener lugar:

   – si se allana a la demanda antes de contestarla, en este caso, no procederá la imposición de costas, salvo que el juez, razonándolo debidamente, aprecie mala fe en su comportamiento (art. 395.1). La LEC establece que se entenderá que en todo caso existe mala fe, si antes de presentada la demanda se hubiese formulado al demandado requerimiento fehaciente y justificado de pago, o si se hubiera iniciado procedimiento de mediación o dirigido contra él solicitud de conciliación (art. 395.1, II).

   – si se allana a la demanda tras la contestación a la demanda, en este caso, se estará a lo dispuesto en el art. 394.1 (art. 395.2).

b) El desistimiento del actor —se regula en el artículo 396 LEC— y puede tener lugar:

   – Antes de que el demandado sea emplazado para contestar a la demanda o estando éste en rebeldía, es decir, supuestos en los que no se requiere el consentimiento del mismo (art. 20.2 LEC). En este caso, las costas se impondrán al actor (art. 396.1 LEC).

   – Después del emplazamiento, y el demandado presta su consentimiento (art. 20.3 LEC). No se condenará en costas a ninguno de los litigantes (art. 396.2 LEC).

   – Después del emplazamiento, el demandado se opone al mismo, pero se acuerda por el juez el sobreseimiento del proceso. Se imponen las costas al demandante, a excepción que se motive por el tribunal que no deben imponerse por algún motivo que lo justifique.

   – En el juicio verbal, si el demandante no asistiese a la vista del juicio y el demandado no alegare interés en la continuación del proceso, se le tendrá a aquél por desistido de la demanda y se le impondrán las costas causadas (art. 442.1 LEC).

Además de estos supuestos —continuando con la exposición de FLORS MATÍES[19]— la LEC contempla «otros supuestos sobre particulares del criterio objetivo del vencimiento o de la desestimación total de la pretensión contenido en el art. 394 que se establecen en diversos preceptos de la LEC relativos a los incidentes de acumulación de autos (arts. 85.2[20] y 97.2 LEC[21]), a los de recusación (art. 112 LEC[22]), al incidente extraordinario de nulidad de actuaciones (art. 228.2 LEC[23]), al incidente de impugnación de la tasa-

---

19 FLORS MATIES, J., *GPS Procesal Civil 4a,* ...cit., p.563.

20 El artículo 85 LEC dispone en lo relativo a los efectos del auto que deniega la acumulación «1. Denegada la acumulación, los juicios se sustanciarán separadamente.2. El auto que deniegue la acumulación condenará a la parte que la hubiera promovido al pago de las costas del incidente si hubiere actuado con temeridad o mala fe».

21 El artículo 97 LEC regula la «Prohibición de un segundo incidente de acumulación.1. Suscitado incidente de acumulación de procesos en un proceso, no se admitirá solicitud de acumulación de otro juicio ulterior si quien la pidiera hubiese sido el iniciador del juicio que intentara acumular. 2. El Letrado de la Administración de Justicia rechazará mediante decreto dictado al efecto la solicitud formulada. Si, a pesar de la anterior prohibición, se sustanciase el nuevo incidente, tan pronto como conste el hecho el Tribunal declarará la nulidad de lo actuado a causa de la solicitud, con imposición de las costas al que la hubiere presentado».

22 El artículo 112 LEC, en lo relativo a la decisión del incidente, costas y multa, acuerda que «1. El auto que desestime la recusación acordará devolver al recusado el conocimiento del pleito o causa, en el estado en que se hallare y condenará en las costas al recusante, salvo que concurrieren circunstancias excepcionales que justifiquen otro pronunciamiento. Cuando la resolución que decida el incidente declare expresamente la existencia de mala fe en el recusante, se podrá imponer a éste una multa de 180 a 6.000 euros. 2. El auto que estime la recusación apartará definitivamente al recusado del conocimiento del pleito o causa. Continuará conociendo de él, hasta su terminación, aquel a quien corresponda sustituirle».

23 El artículo 228 LEC regula el incidente excepcional de nulidad de actuaciones, y en el apartado 2 estipula «Admitido a trámite el escrito en que se pida la nulidad fundada en los vicios a que se refiere el apartado anterior de este artículo, no quedará en suspenso la ejecución y eficacia de la sentencia o resolución irrecurribles, salvo que se acuerde de forma expresa la suspensión para evitar que el incidente pudiera perder su finalidad, por el Letrado de la Administración de Justicia se dará traslado de dicho escrito, junto con copia de los documentos que se acompañasen, en su caso, para acreditar el vicio o defecto en que la petición se funde, a las demás partes, que en el plazo común de cinco días podrán formular por escrito sus alegaciones, a las que acompañarán los documentos que se estimen pertinentes. Si se estimara la nulidad, se repondrán las actuaciones al estado inmediatamente anterior al defecto que la haya originado y se seguirá el procedimiento legalmente establecido. Si se desestimara la solicitud de nulidad, se condenará, por medio de auto, al solicitante en todas las costas del incidente

ción de costas (art. 246.3 LEC), a la audiencia en rebeldía (art. 506 LEC[24]), al juicio de revisión (art.516 LEC[25]), a las tercerías (arts. 603, 616, 619, 620 LEC), en materia de medidas cautelares (arts. 730[26], 735, 741 LEC) etc.».

2. *La condena en costas de los recursos*

Cuando se resuelve un recurso, el órgano decisor debe pronunciarse sobre las costas que se deban imponer siguiendo los criterios legalmente establecidos.

Ahora bien, la LEC no regula expresamente la imposición de costas en los recursos de reposición, ni en los de revisión, si bien ello no es óbice para que, atendiendo al principio de indemnidad que impera en el régimen de imposición de costas, el Tribunal deba pronunciarse, además de sobre el objeto del recurso, sobre las costas causadas, y lo haga ateniéndose a las reglas del art. 394 LEC.

En cuanto a los recursos de apelación y casación[27], según ordena la ley, el pronunciamiento sobre costas debe efectuarse por el órgano jurisdiccio-

---

y, en caso de que el Tribunal entienda que se promovió con temeridad, le impondrá, además, una multa de noventa a seiscientos euros. Contra la resolución que resuelva el incidente no cabrá recurso alguno».

24 El artículo 506 LEC regula las costas en la rescisión de sentencias firmes. «1. Cuando se declare no haber lugar a la rescisión solicitada por el litigante condenado en rebeldía, se impondrán a éste todas las costas del procedimiento. 2. Si se dictare sentencia estimando procedente la rescisión, no se impondrán las costas a ninguno de los litigantes, salvo que el tribunal aprecie temeridad en alguno de ellos».

25 El artículo 516 LEC regula la decisión sobre la revisión de sentencia firme «2 Si el tribunal desestimare la revisión solicitada, se condenará en costas al demandante y perderá el depósito que hubiere realizado

26 El artículo 730 LEC versa sobre los momentos para solicitar las medidas cautelares y refiere que: «1. Las medidas cautelares se solicitarán, de ordinario, junto con la demanda principal.2. Podrán también solicitarse medidas cautelares antes de la demanda si quien en ese momento las pide alega y acredita razones de urgencia o necesidad. En este caso, las medidas que se hubieran acordado quedarán sin efecto si la demanda no se presentare ante el mismo Tribunal que conoció de la solicitud de aquéllas en los veinte días siguientes a su adopción. El Letrado de la Administración de Justicia, de oficio, acordará mediante decreto que se alcen o revoquen los actos de cumplimiento que hubieran sido realizados, condenará al solicitante en las costas y declarará que es responsable de los daños y perjuicios que haya producido al sujeto respecto del cual se adoptaron las medidas»

27 Téngase en cuenta que el recurso extraordinario por infracción procesal (arts. 468 a 476 LEC) ha quedado sin contenido en virtud de lo dispuesto en el art. 103.92 del Real Decreto-ley 6/2023, de 19 de diciembre. Esta modificación entra

nal en toda sentencia o auto que ponga fin al recurso (art. 209. Regla 4ª LEC). En estos recursos, si se desestiman todas las pretensiones del recurrente, se aplicará lo dispuesto en el art. 394 (vencimiento objetivo) y, por tanto, se le impondrán las costas; salvo que el caso presente, y así se aprecie por el tribunal, serias dudas de hecho o de derecho, teniendo en cuenta la jurisprudencia recaída en casos similares (art. 398.1 LEC) en los que cada parte abonará las costas causadas a su instancia y las comunes por mitad. Esta regla de imposición de costas se aplica tanto si se desestiman las pretensiones alegadas en el recurso, por razones de fondo como por incurrir en causa de inadmisión del recurso. En el caso de que se estimen dichos recursos, total o parcialmente, no se condenará en las costas a ninguno de los litigantes (art. 398.2 LEC), por lo que cada parte deberá soportar las causadas por su actuación en el recurso. En ningún caso podrá imponerse las costas a la parte recurrida.

Sobre si se aplica la limitación cuantitativa contemplada en el artículo 394.3 LEC, la reducción de los honorarios de abogados y demás profesionales que no están sujetos a tarifa o arancel a una cantidad total que no exceda de la tercera parte de la cuantía del proceso, cuando existe condena en costas al desestimarse totalmente los expresados recursos, el TS ha considerado que también se aplica a los recursos[28].

Otra de las cuestiones que se plantea la doctrina legal es qué ocurre cuando se desiste del recurso interpuesto, ya que la LEC no prevé tal supuesto concretamente para los recursos, sino que lo contempla de forma general para el proceso en el artículo 396 LEC, en este caso, la jurisprudencia tiene establecido que el desistimiento del recurso comporta la imposición de las costas causadas a la parte que desiste.

Distinto del desistimiento del recurso (que es la declaración de voluntad del recurrente de no querer continuar la impugnación de la resolución recurrida, lo que la convertirá en firme) es que se declare desierto el recurso (que tiene lugar cuando una vez interpuesto el recurso (de apelación o casación), se emplaza por el tribunal a quo (artículo 458. 3.II LEC, para el recurso de apelación, y artículo 482.1 LEC, para recurso de casación) a las partes para comparecer ante el tribunal ad quem, y si estas no lo hacen dentro del plazo señalado, el LAJ declarará desierto el recurso y se hará

en vigor el 20 de marzo de 2024, según establece la disposición final 9.2 del citado Real Decreto-ley.

28 ATS 30 de enero de 2009, Rec.1306/2005; ATS 13 de diciembre de 2010, Rec.1541/2003 y ATS 17 de enero de 2012, Rec. 670/2009.

firme la resolución recurrida, no previéndose la imposición de las costas procesales en estos casos

3. La condena en costas en la ejecución

El art. 539 LEC regula las costas y los gastos en el proceso de ejecución y establece «que

en las actuaciones del proceso de ejecución para las que la LEC prevea expresamente pronunciamiento sobre costas, las partes deberán satisfacer los gastos y costas que les correspondan conforme a lo previsto en el art. 241, es decir, a medida que se vayan produciendo, sin perjuicio de los reembolsos que procedan tras la decisión del tribunal sobre su imposición. En los casos no comprendidos en el supuesto anterior, las costas del proceso serán a cargo del ejecutado sin necesidad de expresa imposición, pero hasta su liquidación, el ejecutante deberá satisfacer los gastos que se vayan produciendo por las actuaciones que se realicen a su instancia»

Así, en el proceso de ejecución, las costas que se van generando serán de cargo del ejecutado. Se contempla la regulación de su imposición en los incidentes de oposición a la ejecución, tanto por defectos procesales (artículo 559.2 LEC), en los que si estos no son subsanables o no se subsanan por el ejecutante, se dicta auto dejando sin efecto la ejecución y se le impondrán las costas a éste. Y en caso contrario, esto es, que no se aprecie el defecto procesal alegado por el ejecutado, en este caso, se dictará un auto desestimando la oposición, mandando seguir la ejecución adelante, e imponiéndole al ejecutado las costas de la oposición; como por motivos de fondo (artículo 561.2 LEC) que se regula del mismo modo, y en los que se adopta el criterio objetivo del vencimiento o desestimación total de la pretensión.

Trazadas las principales características de las costas procesales en la LEC —que hemos señalado con carácter general, en aras a facilitar su estudio en la materia concursal—analizaremos las particularidades de las costas procesales en los procedimientos que van surgiendo a lo largo del concurso de acreedores, y posteriormente estudiaremos cómo se integran (masa pasiva) en las deudas que el concursado mantiene con terceros, principalmente con sus acreedores.

V. LAS COSTAS EN EL CONCURSO DE ACREEDORES

En este epígrafe analizaremos las modificaciones que se han introducido tanto por el Real Decreto Legislativo 1/2020, de 5 de mayo por el que se aprueba el texto refundido de la Ley Concursal (en vigor desde el 1 de septiembre de 2020 y vigente hasta el 25 de septiembre de 2022), como por la Ley 16/2022 de 5 de septiembre de reforma del texto refundido de la Ley Concursal para la transposición de la Directiva (UE) 2019/1023 del Parlamento Europeo y del Consejo de 20 de junio de 2019, sobre marcos de reestructuración preventiva, exoneración de deudas, inhabilitaciones, y sobre exoneración de deudas e inhabilitaciones, y sobre medidas para aumentar la eficiencia de los procedimientos de reestructuración, insolvencia y exoneración de deudas, y por la que se modifica la Directiva (UE) 2017/1132 del Parlamento Europeo y del Consejo, sobre determinados aspectos del Derecho de sociedades (directiva sobre reestructuración e insolvencia) (vigente desde el 26 de septiembre de 2022 y el Libro III «de las normas de Derecho Internacional Privado», desde el 1 de enero de 2023) (en adelante TRLC) en lo que atañe a las costas procesales en el concurso de acreedores.

1. En la declaración de concurso

El presupuesto objetivo del concurso de acreedores es la «insolvencia», que se define como el estado en que se encuentra el deudor que no puede cumplir regularmente con sus obligaciones exigibles, ya sea de forma actual (una situación de hecho cierta) o inminente[29] (una mera previsión de no poder cumplir regular y puntualmente sus obligaciones en el plazo de los tres meses siguientes). Así, según indica GUERRERO PALOMARES, el auto de declaración de concurso viene precedido de una solicitud de parte[30] (ya sea del deudor, o de un acreedor u otro legitimado[31]) y, en su caso, de la tramitación de un procedimiento contencioso donde se enfrentan el

---

29 TORTUERO ORTIZ, J., CAMPUZANO LAGUILLO, AB., & SEBASTIÁN QUETGLAS, R. *Tomo XXI Esquemas de Derecho Concursal 14a Edición*, Tirant lo Blanch, 2023, p.79.

30 En el Derecho concursal español rige el principio dispositivo o de rogación, de forma que solo están legitimados para instar el concurso el deudor o cualquiera de sus acreedores; en ningún caso cabe la posibilidad de que el Juez lo declare de oficio. Tampoco está legitimado el Ministerio Fiscal, a quien se impone la intervención cuando en las actuaciones por delitos contra el patrimonio y contra el orden socioeconómico se pongan de manifiesto indicios de estado de insolvencia de algún presunto responsable penal.

31 En algunos tipos de sociedades, la legitimación se extiende a los socios que sean personalmente responsables de las deudas de aquéllas (art. 3.3 TRLC) y, en el caso de la herencia, estarán legitimados para solicitar la declaración del concurso el administrador de la herencia yacente, los herederos y los acreedores del deudor fallecido cuando no se haya aceptado la herencia pura y simplemente (art. 568.1 TRLC).

acreedor o legitimado instante del concurso y el deudor que se opone a aquella declaración[32].

La declaración del concurso ha de ser instada por persona que esté legitimada para ello; así, podemos distinguir dos modos de iniciar el procedimiento: el *concurso voluntario*, que es el que insta el propio deudor cuando se encuentra en una situación de insolvencia actual[33] o inminente; y el *concurso necesario*, que es el que se declara a instancia de un acreedor o cualquier otro sujeto legitimado, y que en su solicitud deberá detallar cuál es el crédito que ostenta frente al deudor, y los supuestos indiciarios de la situación de insolvencia de éste (los denominados legalmente «hechos presuntos reveladores» de la insolvencia que se regulan en el artículo 2.4 TRLC[34]), entre otros (artículo 13 TRLC), a lo que el deudor podrá, una vez se le emplace para contestar, allanarse, por estar conforme, u oponerse, basándose en la inexistencia del hecho o en que, aun existiendo, no se encuentra en estado de insolvencia. Tras la celebración de una Vista, en la que se practicará la prueba, el Juez dictará auto, en el plazo de tres días declarando el concurso, o bien desestimando tal solicitud.

Una de las reformas introducidas por la Ley 16/2022, de 5 de septiembre es la relativa a la regulación de las costas procesales (y a su calificación como crédito) en el procedimiento de solicitud de concurso necesario, así, el artículo 24 TRLC dispone que «En caso de declaración de concurso

---

32 GUERRERO PALOMARES, S., *Derecho Procesal Concursal.* Tirant lo Blanch, 2020, p.79.

33 El deudor tiene el derecho a solicitar su declaración de concurso y el deber de hacerlo dentro de los dos meses siguientes a la fecha en que hubiera conocido o debido conocer su estado de insolvencia actual.

34 El artículo 2.4 TRLC determina que «La solicitud de declaración de concurso presentada por cualquier acreedor deberá fundarse en alguno de los siguientes hechos externos reveladores del estado de insolvencia: 1.º La existencia de una previa declaración judicial o administrativa de insolvencia del deudor, siempre que sea firme. 2.º La existencia de un título por el cual se haya despachado mandamiento de ejecución o apremio sin que del embargo hubieran resultado bienes libres conocidos bastantes para el pago. 3.º La existencia de embargos por ejecuciones en curso que afecten de una manera general al patrimonio del deudor. 4.º El sobreseimiento generalizado en el pago corriente de las obligaciones del deudor. 5.º El sobreseimiento generalizado en el pago de las obligaciones tributarias exigibles durante los tres meses anteriores a la solicitud de concurso; el de las cuotas de la seguridad social y demás conceptos de recaudación conjunta durante el mismo período, o el de los salarios e indemnizaciones a los trabajadores y demás retribuciones derivadas de las relaciones de trabajo correspondientes a las tres últimas mensualidades. 6.º El alzamiento o la liquidación apresurada o ruinosa de sus bienes por el deudor».

a solicitud de acreedor o de los demás legitimados distintos del deudor, las costas tendrán la consideración de créditos contra la masa. En caso de desestimación de la solicitud, el auto condenará al solicitante al pago de las costas, salvo que el juez aprecie, y así lo razone, que el caso presentaba serias dudas de hecho o derecho. La condena al pago de las costas al acreedor que hubiera solicitado la declaración de concurso no procederá si el crédito de que fuera titular hubiera vencido seis meses antes de la presentación de la solicitud, salvo caso de temeridad o mala fe».

Además, tras la reforma de este artículo 24, y para evitar el uso torticero de la presentación de solicitudes de concurso necesario con el ánimo de presionar al deudor no insolvente, el legislador contempla —artículo 27 TRLC[35]—que el acreedor instante pueda, no solo ser condenado al pago de las costas procesales, sino también a los daños y perjuicios causados al deudor en caso de desestimación de su solicitud, a diferencia de lo que sucedía en el sistema anterior, en el que solo había condena en costas en caso de mala fe o injusticia manifiesta. Ahora bien, aunque la única excepción para la no imposición de costas procesales es que el juez aprecie, y así lo razone, que el caso presentaba serias dudas de hecho o derecho, la jurisprudencia ha eximido de su imposición en diferentes casos tales como, cuando a pesar de no haber quedado acreditado el hecho revelador de la insolvencia alegado por el instante, con los datos que el acreedor podía razonablemente obtener, cabía sostener con aparente fundamento su concurrencia (AP Barcelona auto 26 de noviembre de 2010), o cuando el deudor removió su inicial estado de insolvencia al tiempo de celebrarse la vista, e incluso al tiempo de que quedarán los autos vistos para dictar sentencia tras la práctica de diligencias finales (AP Madrid auto 30 de mayo de 2016). También la Ley 16/2022, ha modificado este artículo en el sentido de exonerar de la imposición de costas procesales al acreedor solicitante de concurso necesario denegado, si el crédito del que fuera titular hubiera

---

35 El artículo 27 TRLC dispone en lo relativo a la indemnización de daños y perjuicios. «1. En caso de desestimación de la solicitud de concurso, una vez firme el auto, el deudor podrá presentar escrito ante el juez que hubiera conocido de la misma solicitando liquidación de los daños y perjuicios que considere que le han sido causados por esa solicitud, acompañando una relación detallada de esos daños y perjuicios. Al escrito podrá acompañar los documentos, dictámenes e informes periciales que estime convenientes.2. La determinación de la existencia y de la cuantía de los reclamados se ajustará a lo establecido en la Ley 1/2000, de 7 de enero, de Enjuiciamiento Civil, para la liquidación de daños y perjuicios.3. Una vez determinados los daños y perjuicios, se requerirá de pago al solicitante del concurso, procediéndose de inmediato, si no los pagase, a su exacción forzosa».

vencido seis meses antes de la presentación de la solicitud, salvo caso de temeridad o mala fe. Se introduce así, una garantía jurídica para que el acreedor que se encuentre en esa situación (crédito vencido seis meses antes) se anime a presentar la solicitud ante la práctica eliminación del riesgo inherente al fracaso de la misma.

Otra de las cuestiones que no podemos obviar en relación a las costas procesales es, la posibilidad —según art. 25 TRLC— de recurrir en apelación el auto que declare el concurso necesario o desestime la solicitud, el cual no tendrá efectos suspensivos, salvo que el juez acuerde lo contrario; en caso de haberse acordado medidas cautelares, el juez habrá de pronunciarse sobre su mantenimiento total o parcial durante la pendencia del recurso; o de recurrir en reposición, sin ulterior recurso, los demás pronunciamientos del auto de declaración de concurso. El apartado quinto de este artículo establece expresamente que en caso de que estos recursos sean desestimados, se acordará la condena en costas del recurrente.

En otro orden de cosas, también se pueden plantear otros escenarios no previstos en el TRLC como son, que el deudor no comparezca a la Vista, o que en dicho acto haya desistido de su oposición o se allane, en este caso, procederá dictar auto declarando el concurso, pero sin imposición de costas; al igual que en el supuesto de que el deudor no hubiera formulado oposición o, en general, para el caso de que el deudor emplazado se allanase a la pretensión del solicitante (artículo 19 TRLC), supuestos todos ellos en los que la Ley Concursal no prevé la imposición de costas.

2. *En la Sección de calificación*

Otra de las novedades que ha introducido la Ley 16/2022 de transposición de la Directiva 2019/1023 es un régimen específico para las costas procesales en la Sección de Calificación del concurso de acreedores, amén de la supresión del dictamen del Ministerio Fiscal[36] e innovaciones relativas a la presentación del informe de calificación, con continuidad de plazos para acelerar la tramitación de la sección sexta[37].

---

36 Se elimina la participación como parte en esta Sección del Ministerio Fiscal, al que ya sólo le pondrá en conocimiento el juez la situación cuando en los informes de calificación se pongan de manifiesto hechos que puedan ser constitutivos de delitos perseguibles de oficio (artículo 450 bis TRLC).

37 GUILLAMÓN RUIZ, M., "Novedades en materia de calificación, rendición de cuentas y conclusión del concurso tras la reforma del Texto Refundido de la Ley" en FORTEA GORBE, JL. y TALENS SEGUÍ, J. (dir.) *La Reforma Concursal de la Ley*

La calificación del concurso[38] —según SANCHO GARGALLO, I., — «es una fase eventual del procedimiento que tiene por objeto verificar si en la generación o agravamiento de la insolvencia ha mediado culpa grave o dolo del deudor o en caso de persona jurídica, de sus administradores o liquidadores de hecho o de derecho y en consecuencia determinar las responsabilidades que esos sujetos han podido incurrir por esas conductas». La pieza de calificación, como regla general, se abre en todos los concursos, en el momento en que finaliza la fase común (artículo 446.1 TRLC) y en el mismo auto que pone fin a aquella.

Tanto la administración concursal (en adelante, AC), como los acreedores que hubieran formulado alegaciones para la calificación del concurso como culpable, podrán presentar también un informe con propuesta de resolución del concurso como culpable, siempre que representen, al menos, el cinco del pasivo o sean titulares de créditos por importe superior a un millón de euros según la lista provisional presentada por la AC (artículo 449 TRLC). Si el informe de calificación de la AC solicitara la calificación del concurso como culpable, cualquier acreedor o persona que acredite interés legítimo podrá personarse en la sección sexta para defender esa calificación (artículo 450 ter TRLC). Una vez abierta la sección sexta, ésta concluirá con la sentencia de calificación que determinará el carácter fortuito o culpable del concurso. Si el concurso es declarado culpable, la sentencia deberá contener los siguientes pronunciamientos: la causa en que se fundamente la calificación, con referencia a los hechos y a los fundamentos de derecho que resulten de aplicación; los sujetos que resulten afectados por la calificación del concurso como autores o cómplices, las consecuencias de la calificación del concurso y la materia de las costas procesales (artículo 455 TRLC).

Y así, se regula de manera innovadora —en el apartado 3— las costas procesales, indicando la reglas especiales que deben seguirse:

> «1.ª La sentencia que *desestime* la solicitud de calificación del concurso como culpable a solicitud de la administración concursal no condenará a ésta al pago de las costas, salvo que concurra temeridad».

Por tanto, la AC, solo puede ser condenada en costas si se desestima la calificación culpable, cuando concurra temeridad. Si bien, y dado que

16/2022 a debate. Un nuevo paradigma en el tratamiento de la insolvencia, Tirant lo Blanch, 2023, p. 371.

38 SANCHO GARGALLO, I., *La Calificación Del Concurso de Acreedores,* Tirant lo Blanch, 2021, p. 45.

ninguna alusión se hace en este párrafo a los acreedores legitimados que han ejercitado también la pretensión de calificación presentando un informe propio y que ha sido desestimada, en este caso, lo que se deduce es que se aplicarán los criterios generales de la LEC (artículo 394, principio de vencimiento objetivo), y se les condenará al pago de las costas procesales, salvo que el juez aprecie la existencia de graves dudas de hecho o de derecho.

> «2.ª La sentencia que *estime* la solicitud de calificación del concurso como culpable, no condenará a las personas afectadas por la calificación o declarados cómplices al pago de las costas en que hubieran incurrido los legitimados personados en la sección sexta para defender la calificación del concurso como culpable».

En este supuesto se exonera de una condena en costas a las personas declaradas culpables y a sus cómplices, pero a su vez, se les priva a los acreedores legitimados del derecho a ser resarcidos en los gastos que hubieran tenido que realizar para instar la solicitud de declaración culpable del concurso de acreedores. Este precepto provoca un efecto repulsivo para los acreedores pues se les niega, en todo caso el resarcimiento de las costas procesales en que hubieran incurrido por disposición legal, y a su vez, asumen el riesgo de ser condenados a las costas en el caso de declararse el concurso fortuito, y apreciarse temeridad procesal.

Tampoco se hace referencia alguna a la AC en este párrafo, para el caso de que se estime su solicitud de culpabilidad del concurso de acreedores, lo que se traduce en la remisión a los criterios generales de la LEC (artículo 394, principio de vencimiento objetivo), y por tanto en la imposición de las costas a los condenados.

Como conclusión, en la sección de calificación, tanto el acreedor legitimado como la AC, deberán valorar si les compensa la presentación de informe de calificación culpable ante el riesgo de una condena en costas.

3. *En el Incidente concursal*

La única modificación que ha sufrido el incidente concursal tras la Ley 16/2022 de transposición de la Directiva 2019/1023, ha sido su renumeración, que ha pasado de ubicarse en el Capítulo III, al Capítulo II «Del incidente concursal» del Título XII «De las normas procesales generales, del procedimiento abreviado, del incidente concursal y del sistema de recursos». El incidente concursal se regula en los artículos 532 a 543 TRLC, y constituye una pieza básica de la arquitectura del proceso concursal[39]. El incidente concursal se configura como un procedimiento especial a través del cual se resolverán un elevado número de materias diversas. El TRLC prevé dos tipos de incidentes concursales: uno común, con el ámbito de aplicación del artículo 532.1 TRLC, y otro especial, cuya esfera se concreta a la materia laboral (artículo 541 TRLC).

Las costas en el incidente concursal —según el artículo 542 TRLC— se rigen por el régimen general de la LEC en materia de costas —expuesto en epígrafes anteriores—, tanto en cuanto a su imposición como en lo relativo a su exacción, y serán inmediatamente exigibles, una vez firme la sentencia, con independencia del estado en que se encuentre el concurso. En cambio, la sentencia que recaiga en el incidente concursal en materia laboral se regirá en materia de costas por lo dispuesto en la Ley 36/2011, de 10 de octubre, reguladora de la jurisdicción social.

VI. CALIFICACIÓN DE LAS COSTAS PROCESALES COMO CRÉDITO EN EL CONCURSO DE ACREEDORES

Dado que la finalidad esencial del concurso es satisfacer a los acreedores del deudor, la regulación de la clasificación de los créditos es una materia primordial. A través de la clasificación —o calificación o graduación— de créditos, se busca garantizar la eficacia de las preferencias en el concurso y asegurar una satisfacción mínima a la generalidad de los acreedores.

La masa pasiva del concurso se integra por los créditos contra el concursado existentes a la fecha de la declaración del concurso. Estos créditos se denominan «créditos concursales» y se regulan en la Sección 1ª *De las clases de créditos,* del CAPÍTULO III *De la clasificación de los créditos concursales,* del TÍTULO V *De la masa pasiva* del LIBRO I *Del concurso de acreedores* del TRLC. Concretamente el art. 269 TRLC los clasifica y divide en tres grandes grupos: 1º.—los «privilegiados», a su vez divididos en créditos privilegiados especiales y con privilegio general; 2º.—los «ordinarios», definidos en forma negativa, como aquéllos que no son, ni privilegiados, ni subordinados; y 3º—, los «subordinados», estos últimos, gozan de menor protección, y se satisfacen en último lugar. Aparte, en el artículo 242 TRLC 2022 se regulan unos créditos que pueden considerarse «créditos contra la masa», que tienen en la práctica una preferencia de cobro respecto del resto de los créditos concursales, pues deben satisfacerse a sus respectivos vencimientos (artículo 245.2 TRLC).

---

39 GUERRERO PALOMARES, S. *Derecho Procesal Concursal,* ...cit., p.173.

En atención a la clasificación de créditos reseñada, analizaremos cuál es la calificación que se le dará a las costas procesales como crédito en el concurso de acreedores. Si bien, es necesario antes de ello —siguiendo lo dispuesto en la STS 89/2019, de 13 de febrero de 2019— distinguir entre costas y gastos judiciales en la Ley Concursal[40]. «El crédito por costas requiere que la concursada haya sido condenada al pago de las costas ocasionadas a la otra parte en aquel pleito que, iniciado antes de la declaración de concurso, continuó en interés del concurso porque no se provocó su terminación mediante allanamiento, teniendo en cuenta que la concursada era la demandada, o mediante transacción. En el caso, el crédito por costas nació con la sentencia dictada en primera instancia que las impuso a la concursada, sin perjuicio de que la determinación de su cuantía quedara pendiente de la posterior tasación. De este modo, este crédito por costas que es posterior a la declaración de concurso (...) debe ser considerado «crédito contra la masa». De acuerdo con esta jurisprudencia, el primer presupuesto para que el crédito por costas frente al deudor concursado pueda considerarse crédito contra la masa es que sea posterior a la declaración de concurso. Esto es, que el crédito por costas haya nacido después de la declaración de concurso. Como el crédito por costas nace con la sentencia que las impone, la fecha de la sentencia ha de ser posterior a la declaración de concurso. Pero no basta este presupuesto. Es necesario también que la sentencia que condena en costas se haya dictado en un procedimiento continuado después de la declaración de concurso, en interés de este último, por no haber hecho uso la administración concursal de la facultad de allanamiento o, en su caso, de desistimiento, que hubiera impedido cargar a la masa directa y totalmente las correspondientes costas. En supuestos especiales en donde el pleito queda para sentencia con anterioridad a la declaración de concurso, pero se dicta esta con posterioridad a dicha declaración la regla no se altera por la demora del juzgador en resolver. Esta larga demora no justifica que se anticipe la fecha del nacimiento del crédito al momento en que quedó el pleito para sentencia. Sigue siendo la fecha de la sentencia el momento relevante para entender nacido el crédito por costas, y por razones de seguridad jurídica no conviene generar una ficción de que, en supuestos de gran demora, durante la cual se abrió el concurso, el crédito a estos efectos habría surgido al quedar el procedimiento para sentencia».

---

40 CAMPUZANO LAGUILLO, AB., SANJUAN MUÑOZ, E., *Gps Concursal 5a Edición*, Tirant lo Blanch, 2022. p. 127

Así, la clasificación de las costas y gastos judiciales en el proceso concursal o en otros procesos, ya sean de la AC, del deudor o de los acreedores, según THOMÀS PUIG[41], resulta la siguiente:

1. Costas en caso de solicitud de concurso necesario

Como ya avanzábamos, una de las reformas introducidas por la Ley 16/2022, de 5 de septiembre es la relativa al artículo 24 TRLC que dispone que «En caso de declaración de concurso a solicitud de acreedor o de los demás legitimados distintos del deudor, las costas tendrán la consideración de créditos contra la masa. En caso de desestimación de la solicitud, el auto condenará al solicitante al pago de las costas, salvo que el juez aprecie, y así lo razone, que el caso presentaba serias dudas de hecho o derecho. La condena al pago de las costas al acreedor que hubiera solicitado la declaración de concurso no procederá si el crédito de que fuera titular hubiera vencido seis meses antes de la presentación de la solicitud, salvo caso de temeridad o mala fe», y el también reformado artículo 242.1. TRLC, que enumera los *créditos contra la masa*, y en su apartado 4º refiere que lo son «Los créditos por costas en caso de declaración de concurso a solicitud del acreedor o de los demás legitimados distintos del deudor», por tanto, — y a diferencia de la legislación anterior a la reforma de la Ley 16/2022 en la que se regulaban los créditos contra la masa en el art. 84.2. 2º LC —la novedad es que solo se considerarán créditos contra la masa, las costas generadas por la estimación de la solicitud de la declaración de concurso necesario, y no en cambio, las generadas en el concurso voluntario, como son los gastos y las costas judiciales necesarios para la solicitud y la declaración de concurso

por el deudor, que ostentarán la calificación de créditos concursales ordinarios (art.269.2 TRLC), a salvo de que se puedan calificar como créditos privilegiados generales por razón de derivar de la prestación de un servicio profesional por una persona natural en la modalidad de trabajo personal no dependiente (art.280.3º TRLC).

2. Créditos por publicidad de resoluciones judiciales y adopción de medidas cautelares

El art. 242.1. 5º TRLC considera créditos masa a los « (...) créditos por la publicidad de la declaración de concurso y de cualquier otra resolución

[41] THOMÀS PUIG, PM., "Créditos contra la masa activa", en GALLEGO SÁNCHEZ (dir.) *Derecho Concursal y Preconcursal, Texto refundido de la Ley Concursal tras la reforma por la Ley 16/2022,* Tirant lo Blanch; 2022. p.1349

judicial que acuerde el juez (del concurso), así como los relativos a la adopción de medidas cautelares». Si bien, el artículo 35.1 TRLC, ha acordado la gratuidad de la publicación de este edicto de declaración de concurso, tanto en el BOE, como en el RPC, quedando por tanto excluido de la partida de gastos procesales.

3. *Créditos por asistencia y representación del concursado y de la AC*

Son créditos contra la masa ex art. 242.1. 6º TRLC: «Los créditos por la asistencia y representación del concursado y de la AC durante toda la tramitación del procedimiento y sus incidentes y demás procedimientos judiciales en cualquier fase del concurso cuando su intervención sea legalmente obligatoria o se realice en interés de la masa hasta la eficacia del convenio o, en otro caso, hasta la conclusión del concurso, con excepción de los ocasionados por los recursos que interponga el concursado contra resoluciones del juez cuando fueren total o parcialmente desestimados con expresa condena en costas».

En este apartado se hace referencia a las costas judiciales que se generan en el proceso concursal en curso y sólo en relación con gastos de representación y asistencia, salvo que sean costas derivadas de recursos que se interpongan contra resoluciones del juez cuando fueren total o parcialmente desestimados con expresa condena en costas, en cuyo caso, su desestimación total o parcial, no será crédito masa del art. 242.1 6º TRLC 2022 ni, tampoco del art. 242.1. 8º TRLC 2022.

Los créditos derivados de la asistencia y representación del concursado se consideran créditos contra la masa tanto en el proceso concursal y sus incidentes como en otros procedimientos, siempre y «cuando su intervención sea legalmente obligatoria o se realice en interés de la masa».

La intervención del letrado del concurso, no siempre genera un crédito masa sus honorarios, pues quedará sujeta a la valoración del Juzgado, para evitar que se cometa cualquier tipo de abuso durante el concurso (como actuaciones superfluas, vagas, o innecesarias). Y en relación con la asistencia de la AC, tras la reforma el art. 511 TRLC se regula la necesidad de que la AC sea oída siempre sin necesidad de comparecencia en forma, y que cuando intervenga en incidentes o recursos deba ir asistida de letrado, salvo que ya lo sea el AC o auxiliar delegado, en cuyo caso, la dirección técnica de incidentes y recursos se entenderá incluida en sus funciones.

4. *Créditos por gastos y costas judiciales por asistencia y representación del concursado, AC o acreedores legitimados en juicios que inicien o continúen en interés de la masa*

El art. 242.1. 7º TRLC establece que son créditos contra la masa: «Los créditos por los gastos y las costas judiciales ocasionados por la asistencia y representación del concursado, de la AC o de acreedores legitimados en los juicios que, en interés de la masa, continúen o inicien conforme a lo dispuesto en esta ley, salvo lo previsto para los casos de desistimiento, allanamiento, transacción y defensa separada del deudor y, en su caso, hasta los límites cuantitativos en ella establecidos».

El crédito masa de este precepto se refiere a las costas derivadas del inicio o continuación de juicios declarativos en los que el deudor sea parte y que, al declararse el concurso, estén en tramitación (arts. 136 y 137 TRLC), salvo aquéllos que se acumulen al concurso (art. 138 TRLC) o cuya tramitación quede suspendida (art. 139 TRLC) y a las costas derivadas del ejercicio de acciones del concursado (a las que se refiere el art. 120 TRLC). Estas acciones deben estar previstas en la legislación concursal[42]; en estos casos el acreedor puede ejercitar acciones en «interés de la masa», lo que significa que el resultado del juicio le permitirá incrementar la masa activa y/o reducir la masa pasiva, en ambos casos se contribuye a mejorar la posición de los acreedores; la valoración del «interés de la masa» debe realizarse una vez la sentencia ya sea firme y se sepa el resultado a los efectos de poder valorar los gastos procesales que se consideran créditos contra la masa.

5. *Condena en costas por desestimación, allanamiento o desistimiento en demandas o recursos presentados por la AC o por el concursado con autorización de ésta.*

El art. 242.1. 8º TRLC establece que: «Los créditos por la condena al pago de las costas como consecuencia de la desestimación de las demandas que se hubieran presentado o de los recursos que se hubieran interpuesto

---

42 Como las acciones de responsabilidad que puedan corresponder al concursado, a los acreedores o a terceros por actos u omisiones de los administradores concursales y auxiliares delegados que lesionen directamente los intereses de aquellos (art. 98.1 TRLC); la acción patrimonial del concursado ejercitada a su costa por los acreedores en interés de la masa (art. 122 TRLC) o el ejercicio de acciones rescisorias por la administración concursal o subsidiariamente por los acreedores (arts. 231 y 232 TRLC).

por la AC o por el concursado con autorización de la AC o como consecuencia del allanamiento o del desistimiento realizados por la AC o por el concursado con autorización de la AC. En caso de transacción, se estará a lo pactado por las partes en materia de costas».

Antes de la reforma del TRLC, en juicios declarativos en tramitación al declararse el concurso, en los quc el deudor fuera parte, las costas impuestas a consecuencia del allanamiento o del desistimiento autorizados, se consideraban crédito concursal, al igual que las derivadas de una posible transacción; actualmente son calificados como créditos contra la masa.